谨以本书向
中国改革开放四十周年
献礼

陈安

The Discourse with Chinese Characteristics

An CHEN on International Economic Law

中国特色话语
陈安论国际经济法学

陈安 著

第一卷

北京大学出版社
PEKING UNIVERSITY PRESS

作者近影。
（2018年3月）

华夏情怀,极目鹭海。
(2018年3月)

厦大毕业,腼腆青涩。
(1950年6月)

复旦进修,风华正茂。
(1956年2月)

作者应邀初访哈佛大学：渴求新知识，苦寒只等闲。
（1981-1983年）（1）

作者应邀初访哈佛大学：渴求新知识，苦寒只等闲。
（1981-1983年）（2）

作者应邀赴澳大利亚悉尼大学讲学。
（1986年）

作者应聘赴美国路易斯与克拉克西北法学院担任客座教授。（1990-1991年）

哈佛大学法学院前副院长柯恩（Jerome Cohen）教授应邀来厦，进行中美学术交流。（2004年秋）

纽约大学洛文菲尔德（Andreas Lowenfeld）教授应邀到海牙国际法院，与作者进行中美学术交流。（2005年5月）

蹉跎半生
韶华虚掷
青山满目
夕霞天际
老牛破车
壶拉到底
余热未尽
不息奋蹄

甲申重阳柒拾伍叟
迷平自嘲兼为自勖

作者自嘲自勖。
（2005年重阳）

《国际经济法学刍言》两卷本书照。
（2005年）

创业团队，勠力同心。左起：曾华群、作者、徐崇利、廖益新、李国安。
（2005年）

书房一隅。
（2008年）

《陈安论国际经济法学》五卷本书照。
（2008年）

作者八十生辰，厦大法学院校友聚首母校，举办"陈安教授学术思想研讨会"。左起：台湾东吴大学老教授林诚二、厦大党委副书记辜芳昭、作者、厦门市委副书记钟兴国、中国政法大学教授吴焕宁、厦大法学院院长徐崇利。
（2009年5月）

料峭春寒，夕阳沙滩，栈道漫步，意兴恬淡。
（2012年）

"邋遢"偷闲，海滨练字："忍一时风平浪静，退半步海阔天空！"
（2012年5月）

应邀题字"廌园",镌院前巨石,与全院师生共勉:弘扬獬豸精神,触不直者去之!
(2012年)

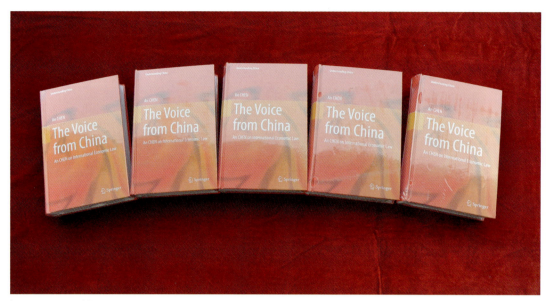

德国 Springer 版 *The Voice from China: An CHEN on International Economic Law* 英文专著书照。
（2013 年）

重访成都杜甫草堂，接受唐代先贤熏陶。
（2016 年 7 月）

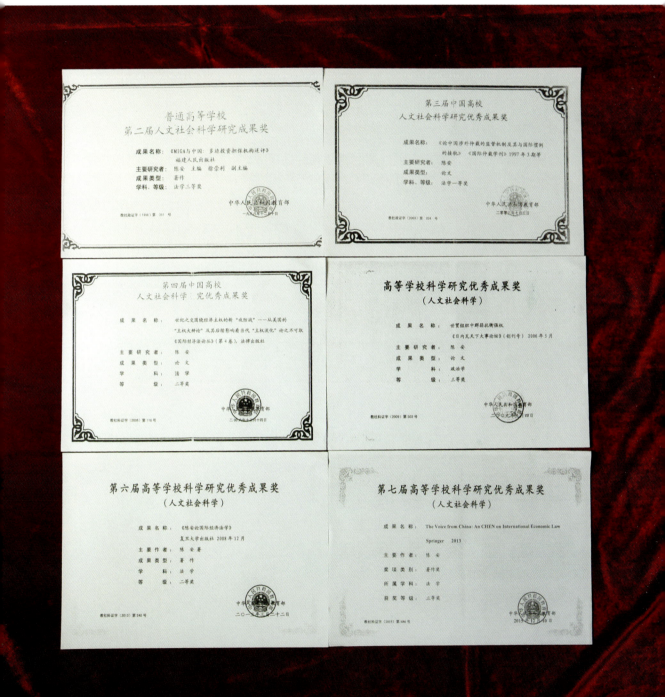

作者论著六次获得国家级优秀科研成果奖。
（中国高校人文社科奖）

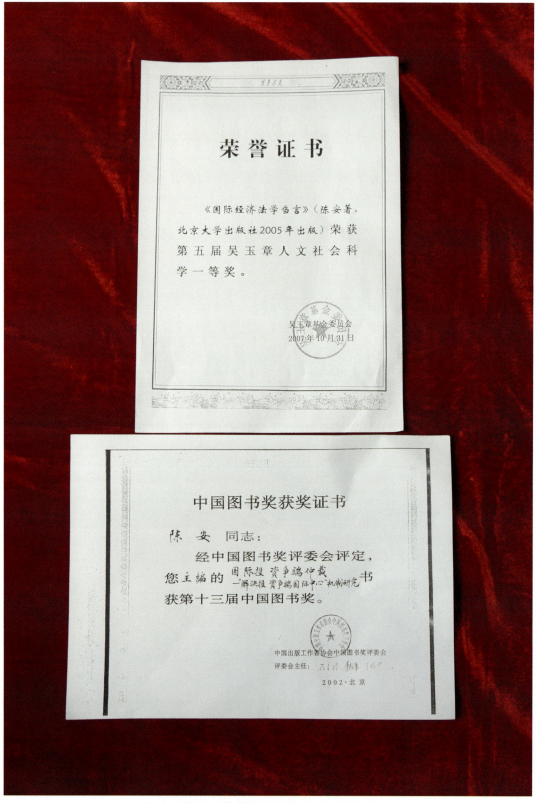

作者论著多次获得省部级优秀科研成果奖。
（吴玉章一等奖、中国图书大奖）

第二届全国法学教材与科研成果奖

证 书

中华人民共和国司法部

《国际投资争端仲裁——"解决投资争端国际中心机制"研究》（陈安主编，复旦大学出版社，2001年9月）荣获司法部法学教材与法学优秀科研成果一等奖。

证书编号：第2002011号

作者论著多次获得省部级优秀科研成果奖。
（司法部一等奖）

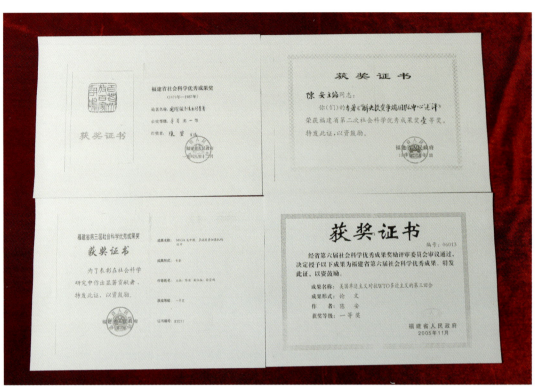

作者论著多次获得省部级优秀科研成果奖。
（福建省一等奖）

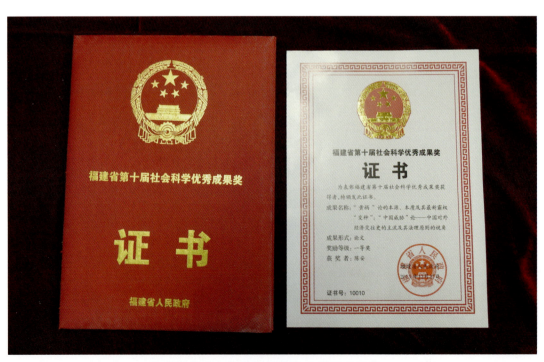

作者论著多次获得省部级优秀科研成果奖。
（福建省一等奖）

作者在中国法学理论建设和法治建设中做出杰出贡献,被授予"全国杰出资深法学家"称号。(中国法学会遴选、国务院审批的中国法学大奖,2012年9月)

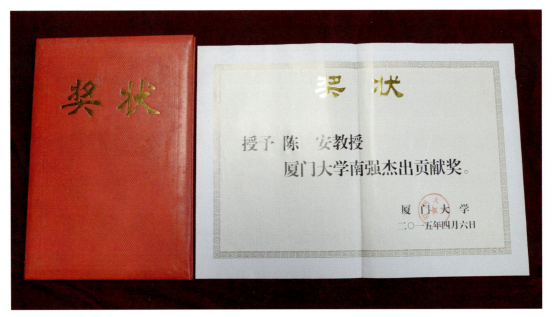

作者在中国法学理论建设和法治建设中做出杰出贡献,被授予"厦门大学南强杰出贡献奖"。
(厦门大学最高学术荣誉奖,2015年4月)

作者论著被授予"全国优秀社会科学普及作品"荣誉证书。
(2016年10月)

图书在版编目(CIP)数据

中国特色话语:陈安论国际经济法学(全四卷)/陈安著. —北京:北京大学出版社,2018.12
ISBN 978-7-301-29908-1

Ⅰ.①中… Ⅱ.①陈… Ⅲ.①国际经济法学—研究 Ⅳ.①D996

中国版本图书馆 CIP 数据核字(2018)第 214399 号

书　　　名	中国特色话语:陈安论国际经济法学(全四卷) ZHONGGUO TESE HUAYU: CHEN AN LUN GUOJI JINGJI FAXUE (QUAN SI JUAN)
著作责任者	陈　安　著
责 任 编 辑	刘秀芹　徐　音　尹　璐　朱梅全
标 准 书 号	ISBN 978-7-301-29908-1
出 版 发 行	北京大学出版社
地　　　址	北京市海淀区成府路 205 号　100871
网　　　址	http://www.pup.cn　新浪微博　@北京大学出版社
电 子 信 箱	sdyy_2005@126.com
电　　　话	邮购部 010-62752015　发行部 010-62750672　编辑部 021-62071998
印 刷 者	北京中科印刷有限公司
经 销 者	新华书店
	787 毫米×1092 毫米　16 开本　163.25 印张　彩插 8　2925 千字 2018 年 12 月第 1 版　2019 年 1 月第 2 次印刷
定　　　价	598.00 元(全四卷)

未经许可,不得以任何方式复制或抄袭本书之部分或全部内容。
版权所有,侵权必究
举报电话: 010-62752024　电子信箱: fd@pup.pku.edu.cn
图书如有印装质量问题,请与出版部联系,电话: 010-62756370

作者简介

　　陈安，厦门大学法学教授、博士生导师，国际知名的中国学者。1981—1983年应邀在哈佛大学研修，兼部分讲学；其后多次应邀赴欧洲、美洲、大洋洲、亚洲十几个国家参加国际学术会议或讲学。主要学术兼职：中国国际经济法学会会长(1993—2011年)、荣誉会长(2012年迄今)；中国政府依据《华盛顿公约》三度遴选向"解决投资争端国际中心"(ICSID)指派的国际仲裁员(1993—2016年)等。2012年获"全国杰出资深法学家"荣誉称号。近四十年来，陈安立足于中国国情和国际弱势群体即广大发展中国家的共同立场，致力于探索和开拓具有中国特色的国际经济法学这一新兴边缘学科。撰写的主要著作有《国际经济法学刍言》《陈安论国际经济法学》、The Voice from China: An CHEN on International Economic Law(《中国的呐喊：陈安论国际经济法》，德国 Springer 出版社2013年版)；主编和参撰的合著40余种，独撰中、英双语专题论文数十篇，合计约2500余万字。其学术论著先后获得国家级、省部级科研优秀成果一等奖18项、二等奖11项，多种著作被广泛采用为全国高校本科生、研究生法学教材或教学参考书。《人民日报》《光明日报》《法制日报》等报刊以及国务院学位委员会刊物《学位与研究生教育》多次报道他的学术观点和有关事迹。美国、英国多种"国际名人录"均列有陈安的个人小传。

　　在法律实务方面，陈安是兼职资深国际商务律师，跨国公司法律顾问；中国国际经济贸易仲裁委员会(CIETAC)仲裁员；国际商会中国国家委员会专家(ICCCEX)；国际商会中国国家委员会律师团成员；国际商会(ICC)国际仲裁案件仲裁员；法国国际仲裁协会(IAI)仲裁员；美国国际仲裁员名册(RIA)仲裁员；科伦坡国际仲裁中心(KLRCA)仲裁员。

内 容 提 要

　　本书是我国著名国际经济法学家陈安教授在中国实行改革开放基本国策四十年来,潜心研究国际经济法学这一新兴边缘学科的主要成果的第四次汇总、精选、融合、提炼,全书共290余万字,分列四卷七编,即国际经济法基本理论(一),国际经济法基本理论(二),国际投资法,国际贸易法,国际经济法热点学术问题长、短评,有关陈安学术论著和学术观点的书评等,有关陈安学术活动的报道、函件等。全书各编专论均立足于中国国情,从当代国际社会弱势群体即第三世界的视角,探讨和论证当代国际经济法学科领域的基本理论以及热点、难点实践问题。作者致力于实行"拿来主义"和"消化主义"相结合,在积极学习和引进西方有关国际经济法学新鲜知识的基础上,站在中国和国际弱势群体即发展中国家的共同立场,认真加以咀嚼消化,取其精华,弃其糟粕,逐步创立起以马克思主义为指导的,具有中国特色的国际经济法学科体系和理论体系,努力为国际社会弱势群体"依法仗义执言",为维护其应有平等权益而锻造和提供必备的法学理论武器。作者认为,完成此等大业,需要几代中国学人的持续刻苦钻研和共同努力开拓。这是贯穿本书始终的学术理念和学术追求,也是本书的基本学术主张和论述主线。

　　学界评议认为,陈安教授的诸多论著凝聚了作者四十年来潜心研究国际经济法学这一新兴边缘学科独到的心得体会,乃是构建中国特色国际经济法学的奠基之作和扛鼎之作,堪称"一剑淬砺四十年"。这些论著"对海外读者全面了解中国国际经济法学者较有代表性的学术观点和主流思想具有重要意义。内容结构自成一体,观点新颖,具有中国风格和中国气派,阐释了不同于西方发达国家学者的创新学术理念和创新学术追求,致力于初步创立起以马克思主义为指导的具有中国特色的国际经济法理论体系,为国际社会弱势群体争取公平权益锻造了法学理论武器"。其中,批判当代国际霸权主义和强权政治、反击当前甚嚣尘上的美国霸权版"中国威胁"谰言的犀利剖析和独到论证,尤其显得旗帜鲜明,史论结合,说理透辟,雄辩滔滔,令人信服。

鸣 谢

本书出版,获得厦门大学哲学社会科学繁荣计划专项资金、厦门大学法学院法学教育发展资金的资助。此前,各项专题研究曾相继获得国家社会科学基金、国家教委博士点专项基金等的资助。谨此致谢。

承全国人民代表大会常务委员会副委员长曹建明教授发来专函惠予鼓励、鞭策;北京大学校领导吴志攀教授亲自为本书撰写序言;厦门大学党委书记张彦教授惠予关怀、鼓励;北京大学出版社党委书记金娟萍编审、社长王明舟编审、总编辑张黎明编审、副总编辑杨立范编审、总编室陈健主任和诸位领导精心统筹安排,大力支持本书的出版;负责全稿终审的李昭时编审,负责全稿复审的王业龙副编审,担任各卷责编的刘秀芹老师、徐音老师、尹璐老师、朱梅全老师,通力分工协作,严谨审阅,精心加工,一丝不苟,付出大量辛劳;厦门大学社科处处长陈武元教授和张随刚老师长期关注学术,多方惠予鼎助;青年学友王海浪博士、陈欣博士、李庆灵博士、杨帆博士、蒋围博士、谷婀娜博士、翟雨萌博士生、张金矜博士生等,大力襄助作者整理和校对数百万字书稿,认真细致,不惮其烦,并且分别参与了七篇专论的合作撰写。对于上述诸位领导、老师和学友,均此谨致谢忱。

陈 安
2018 年 12 月 12 日

简目

作者简介 i

内容提要 ii

鸣谢 iii

第一卷

吴志攀教授序言 0001

曹建明教授来信 0004-1

《中国特色话语:陈安论国际经济法学》自序 0005

《陈安论国际经济法学》自序 0010

《国际经济法学刍言》自序 0016

大师评论 0018

学者导言 0025

第一编　国际经济法基本理论（一） 0047

第1章　论国际经济法学科的边缘性、综合性和独立性 0049

第2章　评对中国国际经济法学科发展现状的几种误解 0074

第3章　论国际经济关系的历史发展与南北矛盾 0085

第4章　论国际经济法的产生和发展 0107

第5章　论学习国际经济法是贯彻对外开放国策必备的"基本功" 0130

第6章　源远流长的中国对外经济交往及其法理原则 0135

第7章	中国长期实行和平外交政策是历史的必然:驳斥列强的"中国威胁"论	0154
第8章	评"黄祸"论的本源、本质及其最新霸权"变种":"中国威胁"论	0159
第9章	美国长期推行侵华反华政策绝非历史的偶然:"美利坚帝国"穷兵黩武四百年	0198
第10章	论中国在构建NIEO中的战略定位:聚焦评析"新自由主义经济秩序"论、"WTO宪政秩序"论、"经济民族主义"论	0234
第11章	再论旗帜鲜明地确立中国在构建NIEO中的战略定位:聚焦评析全面、完整、准确地理解邓小平"对外二十八字方针"	0260
第12章	三论中国在构建NIEO中的战略定位:聚焦评析"匹兹堡发轫之路"走向何方——G20南北合作新平台的待解之谜以及"守法"与"变法"等理念碰撞	0282
第13章	四论中国在构建NIEO中的战略定位:聚焦评析WTO体制下的立法、执法、守法与变法	0306
第14章	五论中国在构建NIEO中的战略定位:聚焦评析中国特色全球治理理念的历史来由与实践轨迹	0335
第15章	六论中国在构建NIEO中的战略定位:聚焦评析中国在"金砖国家"崛起十年中的引领作用以及"守法"与"变法"理念的碰撞	0349
第16章	论马克思列宁主义对弱小民族国家主权学说的重大贡献	0379
第17章	论经济主权原则是当代国际经济法首要的基本规范	0578
第18章	论中国在"入世"谈判中应当坚持经济主权原则	0593
第19章	论中国"入世"后海峡两岸经贸问题"政治化"之防治	0599
第20章	世纪之交在经济主权上的新争议与"攻防战":综合评析十年来美国单边主义与WTO多边主义交锋的三大回合	0626
第21章	世纪之交在经济主权原则上的新争议与"攻防战"对发展中国家的重大启迪	0677
第22章	论社会帝国主义主权观的一大思想渊源:民族虚无主义的今昔	0683
第23章	中国南海疆土:卧榻之旁,岂容强霸鼾睡?——剖析菲律宾"南海仲裁案"之悖谬与流毒	0706

第 24 章　金鸡报春,聆听龙吟,辨析鹰嚣
　　——学习习近平近期讲话的点滴感悟 ⋯⋯⋯⋯⋯⋯⋯⋯⋯⋯⋯⋯ 0745
第 25 章　论国际经济法中的公平互利原则是平等互利原则的重大发展 ⋯ 0776
第 26 章　"南北矛盾"的词源、发展与中国的两手应对 ⋯⋯⋯⋯⋯⋯⋯⋯⋯ 0787
第 27 章　论南北合作是解决南北矛盾的最佳选择 ⋯⋯⋯⋯⋯⋯⋯⋯⋯⋯ 0813
第 28 章　论全球合作的新兴模式和强大趋势:南南合作与"77 国集团" ⋯ 0820
第 29 章　论南南联合自强五十年的国际经济立法反思
　　——从万隆、多哈、坎昆到香港 ⋯⋯⋯⋯⋯⋯⋯⋯⋯⋯⋯⋯⋯⋯ 0835
第 30 章　南南联合自强:年届"知命",路在何方?
　　——国际经济秩序破旧立新的中国之声 ⋯⋯⋯⋯⋯⋯⋯⋯⋯⋯ 0861
第 31 章　论"有约必守"原则在国际经济法中的正确运用 ⋯⋯⋯⋯⋯⋯⋯ 0899

第二卷

第二编　国际经济法基本理论(二) ⋯⋯⋯⋯⋯⋯⋯⋯⋯⋯⋯⋯⋯⋯⋯⋯ 0911

第 1 章　论"适用国际惯例"与"有法必依"的统一 ⋯⋯⋯⋯⋯⋯⋯⋯⋯⋯⋯ 0913
第 2 章　中国涉外仲裁监督机制评析 ⋯⋯⋯⋯⋯⋯⋯⋯⋯⋯⋯⋯⋯⋯⋯⋯ 0928
第 3 章　论中国的涉外仲裁监督机制及其与国际惯例的接轨 ⋯⋯⋯⋯⋯⋯ 0942
第 4 章　中国涉外仲裁监督机制申论 ⋯⋯⋯⋯⋯⋯⋯⋯⋯⋯⋯⋯⋯⋯⋯⋯ 0978
第 5 章　再论中国涉外仲裁的监督机制及其与国际惯例的接轨
　　——兼答肖永平先生等 ⋯⋯⋯⋯⋯⋯⋯⋯⋯⋯⋯⋯⋯⋯⋯⋯⋯ 0989
第 6 章　论中国执行外国仲裁裁决机制的形成和不足 ⋯⋯⋯⋯⋯⋯⋯⋯⋯ 1058
第 7 章　论中国涉外仲裁程序中当事人的申辩权和对质权
　　——就香港百利多投资有限公司诉香港克洛克纳东亚有限公司
　　　一案向香港高等法院提供的专家意见书 ⋯⋯⋯⋯⋯⋯⋯⋯⋯ 1068
第 8 章　就中国涉外仲裁体制答英商问(专家意见书) ⋯⋯⋯⋯⋯⋯⋯⋯⋯ 1078
第 9 章　论涉外仲裁个案中的偏袒伪证和纵容欺诈
　　——CIETAC 1992—1993 年个案评析 ⋯⋯⋯⋯⋯⋯⋯⋯⋯⋯⋯ 1088
第 10 章　论涉外仲裁个案中的越权管辖、越权解释、草率断结和有欠透明
　　——CIETAC 2001—2002 年个案评析 ⋯⋯⋯⋯⋯⋯⋯⋯⋯⋯⋯ 1132

第11章　论中国法律认定的"违法行为"及其法律后果
　　　　——就广东省广信公司破产清算债务讼案问题答外商摩根公司问
　　　　（专家意见书） ………………………………………………… 1183

第12章　论中国内地土地使用权的回收与变卖
　　　　——就香港某债务讼案问题答台商问（专家意见书） ………… 1192

第13章　小议"法无明禁即为合法"
　　　　——就外资企业"设董"自主权问题答英商问（专家意见书） … 1199

第三编　国际投资法 …………………………………………………… 1205

第1章　OPIC述评：美国对海外私人投资的法律保护及典型案例分析 … 1207

第2章　从OPIC到MIGA：跨国投资保险体制的渊源和沿革 …………… 1303

第3章　多边投资担保机构与美国在华投资 ………………………………… 1391

第三卷

第三编　国际投资法（续） ………………………………………………… 1415

第4章　ICSID与中国：我们研究"解决投资争端国际中心"的现实动因和
　　　　待决问题 ……………………………………………………………… 1417

第5章　中—外双边投资协定中的四大"安全阀"不宜贸然拆除
　　　　——美、加型BITs谈判范本关键性"争端解决"条款剖析 ……… 1470

第6章　区分两类国家，实行差别互惠：再论ICSID体制赋予中国的四大
　　　　"安全阀"不宜贸然全面拆除 ……………………………………… 1499

第7章　"南北矛盾视角"应当"摒弃"吗？
　　　　——聚焦"中—加2012 BIT" ………………………………………… 1536

第8章　国际投资法中"身份混同"问题之宏观剖析与中国应对 ………… 1559

第9章　全球治理背景下有关"国际投资法庭"提议臧否之中国观 ……… 1591

第10章　中国—秘鲁1994年双边投资协定可否适用于"一国两制"下的
　　　　中国香港特别行政区？
　　　　——香港居民谢业深 v. 秘鲁政府征收投资案件的法理剖析 …… 1609

第11章　我国涉外经济立法中可否规定对外资绝不实行国有化 ………… 1659

第12章 是重新闭关自守,还是扩大对外开放?
　　——论中美两国经济上的互相依存以及"1989年政治风波"后
　　在华外资的法律环境 …………………………………………………… 1672
第13章 中国对欧洲在华直接投资的法律保护及其与国际惯例的接轨 … 1690
第14章 外商在华投资中金融票据诈骗问题剖析
　　——香港东方公司 v. 香港泰益公司案件述评 ………………………… 1708
第15章 外商在华投资中的担保与反担保问题剖析
　　——香港上海汇丰银行有限公司 v. 厦门建设发展公司案件述评
　　……………………………………………………………………………… 1718
第16章 外商在华投资"征收"索赔迷雾中的庐山面目
　　——英商 X 投资公司 v. 英商 Y 保险公司案件述评(一) ……… 1743
第17章 外商在华投资"征收"索赔中的"脚踩两船"与"左右逢源"
　　——英商 X 投资公司 v. 英商 Y 保险公司案件述评(二) ……… 1772
第18章 外商在华投资中的"空手道"融资:"一女两婿"与"两裁六审"
　　——中国深圳市中方四公司 v. 泰国贤成两合公司案件述评 … 1790

第四编　国际贸易法 …………………………………………………………… 1839

第1章 某些涉外经济合同何以无效以及如何防止无效 ………………… 1841
第2章 跨国商品代销中越权抵押和争端管辖权问题剖析
　　——意大利古西公司 v. 香港图荣公司案件述评 ……………………… 1868
第3章 外贸汇票承兑争端管辖权冲突问题剖析
　　——美国约克公司 v. 香港北海公司案件述评 ………………………… 1882
第4章 指鹿为马　枉法裁断
　　——评香港高等法院"1993年第 A8176号"案件判决书 ………… 1917
第5章 外贸争端中商检结论暧昧、转售合同作伪问题剖析
　　——中国 A 市 MX 公司 v. 韩国 HD 株式会社案件述评 ………… 1949
第6章 外贸代理合同纠纷中的当事人、管辖权、准据法、仲裁庭、债务人等
　　问题剖析
　　——韩国 C 公司 v. 中国 X 市 A、B 两家公司案件述评 ………… 1967
第7章 中国中禾公司采购巴西大豆含毒案件专家意见书:含毒可能致癌
　　依法严禁进口 …………………………………………………………… 2000
第8章 论英国 FOSFA 裁决严重枉法、不予执行
　　——中国中禾公司采购巴西大豆含毒案件述评[专家意见书] …… 2014

第四卷

第五编　国际经济法热点学术问题长、短评 ··· 2055

　第 1 章　改进我国国际法教育的"他山之石"
　　　　　——欧美之行考察见闻 ·· 2057
　第 2 章　从难从严训练　成果人才并出 ·· 2066
　第 3 章　"博士"新解 ··· 2074
　第 4 章　是"棒打鸳鸯"吗？
　　　　　——就"李爽案件"评《纽约时报》报道兼答美国法学界同行问 ········ 2081
　第 5 章　小议对外学术交流的"大忌" ·· 2111
　第 6 章　向世界展现中国理念 ··· 2113
　第 7 章　朝着合作共赢方向发展　推动国际经济法理念变革 ······················ 2115
　第 8 章　建构中国特色国际法学理论 ·· 2117
　第 9 章　"左公柳"、中国魂与新丝路
　　　　　——"七七事变"七十周年随笔 ·· 2119

第六编　有关陈安学术论著和学术观点的书评等 ·································· 2125

　第 1 章　《陈安论国际经济法学》书评荟萃 ·· 2127
　第 2 章　《中国的呐喊》书评荟萃 ·· 2177
　第 3 章　陈安早期论著书评荟萃(1981—2008) ···································· 2408
　第 4 章　群贤毕至，少长咸集，坐而论道，畅叙旧情 ······························ 2436

第七编　有关陈安学术活动的报道、函件等 ······································· 2455

　第 1 章　媒体报道 ·· 2457
　第 2 章　学界来函 ·· 2475
　第 3 章　陈安学术小传及历年主要论著目录(以倒计年为序) ······················· 2518
　第 4 章　陈安论著、业绩获奖一览(以倒计年为序/2016—1960) ···················· 2525

索引 ·· 2528

后记 ·· 2546

目录

作者简介 ... i
内容提要 ... ii
鸣谢 ... iii

第一卷

吴志攀教授序言 ... 0001
曹建明教授来信 ... 0004-1
《中国特色话语：陈安论国际经济法学》自序 ... 0005
《陈安论国际经济法学》自序
 以勤补拙·羡鱼结网·薄技立身·赤子情怀·知识报国 ... 0010
《国际经济法学刍言》自序 ... 0016
大师评论 ... 0018
 Ⅰ 致力知己知彼 出色研究成果
  ——《美国对海外投资的法律保护及典型案例分析》序言
                韩德培 0018
 Ⅱ 一剑淬砺三十年：中国特色国际经济法学的奠基之作
  ——推荐《陈安论国际经济法学》 ... 朱学山 0019
 Ⅲ 弘扬中华学术 投身国际争鸣
  ——推荐《陈安论国际经济法学》 ... 郭寿康 0021
 Ⅳ 对第三世界思想体系的重大创新来自中国
  ——评陈安教授《南南联合自强五十年的国际经济立法反思：
   从万隆、多哈、坎昆到香港》一文
         〔南斯拉夫/塞尔维亚〕布拉尼斯拉夫·戈索维奇 0022

学者导言 ·· 0025

  Ⅰ 追求全球正义 抵制国际霸权 ·················· 〔韩〕李庸中 0025

  Ⅱ 独树中华一帜 跻身国际前驱
    ——访《陈安论国际经济法学》作者陈安教授 ··············· 张永彬 0030

  Ⅲ 老艄公的铿锵号子 发出时代的最强音
    ——《中国的呐喊:陈安论国际经济法》读后的点滴感悟 ······ 曾令良 0036

  Ⅳ 知识报国 耄耋不辍 ·························· 李庆灵 杨 帆 0039

第一编　国际经济法基本理论(一)

第1章　论国际经济法学科的边缘性、综合性和独立性 ·················· 0049

  一、狭义说:国际经济法是国际公法的新分支 ························· 0050

  二、广义说:国际经济法是调整国际(跨国)经济关系的国际法、国内法的
    边缘性综合体 ··· 0051

  三、对以上两大学派观点的分析 ·· 0052

  四、国际经济法与国际公法的联系和区别 ··································· 0063

  五、国际经济法与国际私法的联系和区别 ··································· 0064

  六、国际经济法与内国经济法的联系和区别 ································· 0067

  七、国际经济法与国际商务惯例的联系和区别 ······························ 0070

第2章　评对中国国际经济法学科发展现状的几种误解 ················ 0074

  一、"不科学"论或"不规范"论 ·· 0075

  二、"大胃"论或"长臂"论 ··· 0078

  三、"浮躁"论或"炒热"论 ··· 0079

  四、"翻版"论或"舶来"论 ··· 0080

第3章　论国际经济关系的历史发展与南北矛盾 ····················· 0085

  一、早期的国际经济交往与国际经济关系的初步形成 ······················ 0087

  二、资本主义世界市场的形成与国际经济关系的重大发展 ················· 0090

  三、社会主义国家的出现、众多弱小民族的独立与国际经济关系的本质
    变化 ··· 0101

第4章　论国际经济法的产生和发展 ································ 0107

  一、萌芽阶段的国际经济法 ··· 0109

二、发展阶段的国际经济法 ……………………………………………… 0110
　　三、转折更新阶段的国际经济法 ………………………………………… 0116

第5章　论学习国际经济法是贯彻对外开放国策必备的"基本功" …… 0130
　　一、中国实行经济上对外开放国策的主要根据 ………………………… 0130
　　二、深入学习国际经济法学对贯彻上述基本国策的重大作用 ………… 0132

第6章　源远流长的中国对外经济交往及其法理原则 ………………… 0135
　　一、中国现行的对外开放国策是中国历史上优良传统的发扬光大 …… 0136
　　二、古代中国的对外经济交往及其法理内涵 …………………………… 0137
　　三、半殖民地半封建中国的对外经济交往及其"法理"内涵 ………… 0145
　　四、社会主义新中国的对外经济交往及其法理原则 …………………… 0148

**第7章　中国长期实行和平外交政策是历史的必然：驳斥列强的"中国
　　　　威胁"论** ………………………………………………………… 0154
　　一、第一条历史轨迹：儒家理念熏陶下平等的和平外交 ……………… 0154
　　二、第二条历史轨迹：西方列强入侵下屈辱的和平外交 ……………… 0157
　　三、第三条历史轨迹：西方列强威胁下独立的和平外交 ……………… 0157
　　四、"中国威胁"谰言是登峰造极的"贼喊捉贼" ……………………… 0158

第8章　评"黄祸"论的本源、本质及其最新霸权"变种"："中国威胁"论 … 0159
　　一、引言："中国威胁"论是历史还是现实？是虚构还是真实？ ……… 0160
　　二、"黄祸"论的本源和本质 ……………………………………………… 0162
　　三、还历史以本来面目：源远流长的中国对外经济交往及其法理
　　　　原则 ……………………………………………………………………… 0177
　　四、结束语：尊重历史，达成共识 ……………………………………… 0196

**第9章　美国长期推行侵华反华政策绝非历史的偶然："美利坚帝国"穷兵
　　　　黩武四百年** ……………………………………………………… 0198
　　一、有时历史似乎会倒退 ………………………………………………… 0200
　　二、劣迹斑斑，罪行累累：美国建国前后四百年来的殖民扩张实践 … 0201
　　三、美国的"天定命运"社会思潮 ……………………………………… 0221
　　四、美国的"实用主义"哲学理念 ……………………………………… 0223
　　五、美国"跨世纪谰言"的总根源：美国的垄断资本主义—帝国主义
　　　　经济体制 ………………………………………………………………… 0225
　　六、中国的底线：绝不拿主权权益做交易，不惹事，但也不怕事 …… 0230

第10章 论中国在构建NIEO中的战略定位:聚焦评析"新自由主义经济秩序"论、"WTO宪政秩序"论、"经济民族主义"论 ………… 0234

一、引言:国际经济秩序、国际经济法与南北矛盾 ………… 0235

二、历史上中国的自我定位 ………… 0236

三、今后中国的自我定位:建立NIEO的积极推手和中流砥柱之一 ……… 0239

四、简评针对当代国际经济秩序和中国定位的几种论说 ………… 0246

五、几点结论 ………… 0258

第11章 再论旗帜鲜明地确立中国在构建NIEO中的战略定位:聚焦评析全面、完整、准确地理解邓小平"对外二十八字方针" ………… 0260

一、今后中国在建立NIEO中的自我定位理应包含四个方面 ………… 0261

二、科学地确立中国的战略定位,必须全面、完整、准确地理解邓小平的"对外二十八字方针" ………… 0263

三、落实科学发展观,与时俱进地实践邓小平的"对外二十八字方针" …… 0270

四、几点结论 ………… 0280

第12章 三论中国在构建NIEO中的战略定位:聚焦评析"匹兹堡发轫之路"走向何方

——G20南北合作新平台的待解之谜以及"守法"与"变法"等理念碰撞 ………… 0282

一、两大事件,互相呼应,中国身影,举世瞩目 ………… 0283

二、落实科学发展观,与时俱进地实践邓小平的"对外二十八字方针" …… 0284

三、"匹兹堡发轫之路"走向何方的待解之谜 ………… 0289

四、防止国际强权在"匹兹堡发轫之路"上开倒车必须厘清的若干基本概念、信念和理念 ………… 0294

五、"匹兹堡发轫之路"途程中的"北北串联"与"南南联合" ………… 0303

六、几点基本结论 ………… 0304

第13章 四论中国在构建NIEO中的战略定位:聚焦评析WTO体制下的立法、执法、守法与变法 ………… 0306

一、中国"世龄"满九晋十 ………… 0307

二、WTO及其相关国际经济关系必须力行法治 ………… 0307

三、六十多年来国际经济法立法进程中的"6C律" ………… 0308

四、WTO及其"游戏规则"的立法、守法和变法 …………………………… 0310
　　五、WTO的执法机构DSB是国际经济领域的"包青天"吗？ …………… 0312
　　六、在"守法""适法"中趋利避害，在"南南联合"中"变法图强" ………… 0319
　　七、弱势群体"变法图强"之途曲折多艰，但势必与时俱进，前景光明 …… 0322
　　八、简短的结论 …………………………………………………………… 0331
　　附录　简评洛文费尔德教授关于国际经济秩序和国际经济法的若干
　　　　　观点 ………………………………………………………………… 0332

第14章　五论中国在构建NIEO中的战略定位：聚焦评析中国特色全球
　　　　治理理念的历史来由与实践轨迹 …………………………………… 0335
　　一、当代中国特色全球治理理念之鲜明提出 …………………………… 0336
　　二、中国特色全球治理理念之历史来由 ………………………………… 0336
　　三、理念、体制、话语权与实力之辩证互动 ……………………………… 0338
　　四、两种全球治理理念碰撞演进的前瞻 ………………………………… 0345

第15章　六论中国在构建NIEO中的战略定位：聚焦评析中国在"金砖国家"
　　　　崛起十年中的引领作用以及"守法"与"变法"理念的碰撞 ………… 0349
　　一、引言：笔者学习和研究NIEO的心路历程和求知进程 ……………… 0351
　　二、金砖合作体制是顺势而为，还是逆势而动？ ……………………… 0358
　　三、金砖合作体制是守法行事，还是违法行事？ ……………………… 0362
　　四、金砖合作体制是追求民主治理，还是追求垄断治理？ …………… 0367
　　五、如何全面、完整、准确地理解习近平治国理政导世的理念体系？ … 0370

第16章　论马克思列宁主义对弱小民族国家主权学说的重大贡献 ………… 0379
　　一、近代民族殖民地问题的产生，马克思、恩格斯关于民族殖民地问题的
　　　　基本理论 …………………………………………………………… 0381
　　二、第二国际后期，列宁在民族殖民地问题上反对修正主义的斗争 …… 0412
　　三、第二国际破产以后十月革命胜利以前，列宁在民族殖民地问题上
　　　　进一步反对修正主义的斗争 ……………………………………… 0466
　　四、十月革命以后第三国际初期，列宁在民族殖民地问题上清除修正
　　　　主义流毒的斗争 …………………………………………………… 0516

第17章　论经济主权原则是当代国际经济法首要的基本规范 ……………… 0578
　　一、南北矛盾与国际经济法基本原则的演进 …………………………… 0579
　　二、经济主权原则的提出 ………………………………………………… 0581

三、经济主权原则的形成过程及其基本内容 ……………………………… 0583

第 18 章　论中国在"入世"谈判中应当坚持经济主权原则 …………… 0593
　　一、新加坡 WTO 部长会议分歧的根因：南北国家经济主权之争 ……… 0594
　　二、南方国家强调经济主权的来由 ………………………………………… 0594
　　三、经济主权原则已成为当代国际社会的共识 …………………………… 0595
　　四、经济主权原则的主要内容 ……………………………………………… 0596
　　五、各国对经济主权的自愿限制 …………………………………………… 0597
　　六、中国维护经济主权的基本立场 ………………………………………… 0598

第 19 章　论中国"入世"后海峡两岸经贸问题"政治化"之防治 ……… 0599
　　一、适用于两岸经贸关系的 WTO 基本规则 ……………………………… 0600
　　二、两岸经贸问题被台湾地区当局"政治化"的现实和可能 …………… 0601
　　三、防止两岸经贸争端被台湾地区当局"政治化"的几种设想 ………… 0604
　　四、几点结论 ………………………………………………………………… 0624

第 20 章　世纪之交在经济主权上的新争议与"攻防战"：综合评析十年来美国单边主义与 WTO 多边主义交锋的三大回合 ………………………… 0626
　　一、新争议的缘起：乌拉圭回合与世贸组织 ……………………………… 0629
　　二、新争议在美国的折射："1994 年主权大辩论" ………………………… 0630
　　三、美国的"主权大辩论"与美国的"301 条款" ………………………… 0638
　　四、美国"主权大辩论"的后续影响之一："301 条款"争端案 ………… 0641
　　五、美国"主权大辩论"的后续影响之二："201 条款"争端案 ………… 0667
　　六、美国"主权大辩论""301 条款"争端案以及"201 条款"争端案之宏观小结：庆父不去，鲁难未已！ …………………………………………… 0674

第 21 章　世纪之交在经济主权原则上的新争议与"攻防战"对发展中国家的重大启迪 ……………………………………………………………… 0677
　　一、增强忧患意识，珍惜经济主权 ………………………………………… 0678
　　二、力争对全球经贸大政决策权实行公平的国际再分配 ………………… 0679
　　三、善用经济主权保护民族权益，抵御霸权欺凌和其他风险 …………… 0680
　　四、警惕理论陷阱，摒除经济主权"淡化"论、"过时"论、"废弃"论 … 0681

第 22 章　论社会帝国主义主权观的一大思想渊源：民族虚无主义的今昔 … 0683
　　一、三种谬论，一大基石 …………………………………………………… 0684

二、追本溯源，看"俄国佬精神"与民族虚无主义的早期结合 ………………… 0689
三、斥祖国"无所谓"论，"我们是社会主义祖国的护国主义者" ……………… 0693
四、"刮一刮"红色表皮，"你就会发现他是大俄罗斯沙文主义者" …………… 0697
五、借鉴历史，明辨真伪 ……………………………………………………………… 0702

第 23 章　中国南海疆土：卧榻之旁，岂容强霸鼾睡？
——剖析菲律宾"南海仲裁案"之悖谬与流毒 ………………………… 0706

一、菲律宾南海案仲裁庭组建染有先天严重"胎毒"：国际三股邪恶势力
　　"杂交"而生的畸形产儿 …………………………………………………………… 0709
二、菲律宾南海仲裁案实体裁决：枉法裁断　满纸荒唐 …………………………… 0717
三、菲律宾南海仲裁案裁决对中国的严重不利影响 ………………………………… 0728
四、菲律宾南海仲裁案仲裁裁决的悖谬与流毒 ……………………………………… 0730
五、本案仲裁裁决作出后中国南海面临的国际形势：有利不利并存　虎
　　狼环伺未已 …………………………………………………………………………… 0740
六、结论：忧患意识　居危思危　肃清流毒　任重道远　玉帛干戈　两手
　　并重　增强国力　自求多福 ………………………………………………………… 0744

第 24 章　金鸡报春，聆听龙吟，辨析鹰嚣
——学习习近平近期讲话的点滴感悟 …………………………………… 0745

一、中国智慧为世界经济走出困境涤荡雾霾 ………………………………………… 0746
二、美国总统换届引发全球关注，"鹰派"言论甚嚣尘上 …………………………… 0752
三、力争建立友好大国关系，时刻不忘强军兴军备战 ……………………………… 0765
四、简短的结论：报晓金鸡甫去，骏犬接踵奔来，新年全球何往，谜底
　　尚待揭开！ …………………………………………………………………………… 0768

第 25 章　论国际经济法中的公平互利原则是平等互利原则的重大发展 ……… 0776

一、公平互利原则的提出 ……………………………………………………………… 0777
二、公平互利原则的形成过程及其主要宗旨："公平"与"互利"的联系和
　　区别 …………………………………………………………………………………… 0778
三、公平互利原则的初步实践之一例：非互惠的普遍优惠待遇 …………………… 0782

第 26 章　"南北矛盾"的词源、发展与中国的两手应对 ………………………… 0787

一、"南北矛盾"的提出及其产生背景 ………………………………………………… 0788
二、冷战结束前的"南北矛盾" ………………………………………………………… 0792

三、冷战结束后的"南北矛盾" ································· 0797
　　四、"南北矛盾"的未来与中国的两手应对 ························· 0807

第27章　论南北合作是解决南北矛盾的最佳选择 ······················ 0813
　　一、全球合作原则的中心环节：南北合作 ························· 0814
　　二、南北合作原则初步实践之一例：《洛美协定》和《科托努协定》 ········ 0816
　　三、《洛美协定》和《科托努协定》的生命力与局限性 ················· 0818

第28章　论全球合作的新兴模式和强大趋势：南南合作与"77国集团" ······ 0820
　　一、南南合作与南北合作的联系和区别 ··························· 0821
　　二、南南合作的战略意义 ····································· 0823
　　三、南南合作的初步实践："77国集团"的初露头角、一度削弱与重整
　　　　旗鼓 ··· 0825
　　四、南南合作实践的强化与"多哈发展回合"的曲折进程 ·············· 0830

第29章　论南南联合自强五十年的国际经济立法反思
　　　　——从万隆、多哈、坎昆到香港 ····························· 0835
　　一、多哈回合全球谈判的法律实质 ······························ 0837
　　二、从万隆到多哈：五十多年来南南联合自强始终在曲折中行进 ······· 0838
　　三、多哈—坎昆进程中南南联合自强的新面貌和新曲折 ··············· 0842
　　四、香港会议前南北矛盾的僵局及其"乍暖还寒" ··················· 0844
　　五、香港会议的积极成果："千呼万唤始出来，犹抱琵琶半遮面" ········ 0848
　　六、香港会议后南北谈判的断而复续与僵局的再现 ················· 0852
　　七、从五十多年来南南联合自强的历史轨迹展望DDA和WTO今后的
　　　　走向 ··· 0854

第30章　南南联合自强：年届"知命"，路在何方？
　　　　——国际经济秩序破旧立新的中国之声 ······················· 0861
　　一、引言：南南联合步入"知天命"之年 ·························· 0863
　　二、从万隆到福塔莱萨：南南联合的曲折发展 ······················ 0865
　　三、国际经济法律实践中的南南联合 ···························· 0870
　　四、中国对南南联合事业的自我定位 ···························· 0887
　　五、余论："知命之年"，再度出发 ······························· 0895
　　附录　加利先生约稿邀请函（原函及中译） ······················· 0897

第 31 章　论"有约必守"原则在国际经济法中的正确运用 …… 0899
一、有约必守原则的基本内容 …… 0900
二、对有约必守原则的限制 …… 0903

第二卷

第二编　国际经济法基本理论(二)

第 1 章　论"适用国际惯例"与"有法必依"的统一 …… 0913
一、关于"国际惯例"的诸般学说 …… 0914
二、关于"国际惯例"理论要点之管见 …… 0917
三、"与国际惯例接轨"不能凌驾"有法必依" …… 0922
四、结语 …… 0926

第 2 章　中国涉外仲裁监督机制评析 …… 0928
一、中国《仲裁法》的涉外仲裁监督规定与《民事诉讼法》有关规定的接轨 …… 0930
二、中国《仲裁法》的涉外仲裁监督规定与国际条约有关规定的接轨 …… 0932
三、中国《仲裁法》的涉外仲裁监督规定与当代各国仲裁立法通例有关规定的接轨 …… 0934
四、中国涉外仲裁监督问题的"特殊性"及其有关机制与国际条约、国际惯例接轨的必要性 …… 0937

第 3 章　论中国的涉外仲裁监督机制及其与国际惯例的接轨 …… 0942
一、中国的审判监督、内国仲裁监督与涉外仲裁监督的同异及其待决问题 …… 0945
二、中国两类仲裁监督"分轨"立法之合理性问题 …… 0949
三、加强现行中国涉外仲裁监督机制的几点设想 …… 0975

第 4 章　中国涉外仲裁监督机制申论 …… 0978
一、内国仲裁监督与涉外仲裁监督"分轨制",并非"国际社会的普遍做法" …… 0979
二、英国的仲裁监督并未实行"分轨制",其涉外仲裁监督并非"只管程序运作,不管实体内容" …… 0981

三、终局而不公、终局而违法的裁决不是受害一方"当事人最主要的
　　期望" ·· 0983
四、"无权监督、无计可施"的担心不是"多余的" ····························· 0984
五、结束语 ·· 0988

第5章　再论中国涉外仲裁的监督机制及其与国际惯例的接轨
——兼答肖永平先生等 ·· 0989

一、对内国仲裁监督与涉外仲裁监督实行"分轨",这是国际社会的普遍
　　做法或"符合国际上的通行做法"吗？有何依据？ ·························· 0991

二、英国的仲裁监督,是否实行"内外有别"的"分轨制"？它对于涉外
　　仲裁的监督是否"只管程序运作,不管实体内容"？ ························ 0994

三、美、德、法诸国的仲裁监督,联合国《仲裁示范法》的有关规定,是否
　　实行"内外有别"的"分轨制"？对于涉外仲裁的监督是否"只管程序
　　运作,不管实体内容"？ ··· 1007

四、当事人选择仲裁解决争议,"最主要的就是期望获得一份终局
　　裁决"吗？终局而不公、终局而违法的裁决,是受害一方当事人
　　"最主要"的期望吗？ ·· 1035

五、"应更注重效益"论、"预防保护主义"论、"抵制司法腐败"论、
　　"仲裁一片净土"论能否成为涉外仲裁排除实体监督的正当"理由"？
　　·· 1038

六、依照现行的涉外仲裁监督机制,对于实体内容上错误或违法的涉外
　　裁决,包括凭伪证作出或基于贪赃枉法作出的涉外裁决,任何权威
　　机关都无权监督,无计可施。"这种担心是多余的"吗？ ··············· 1049

七、结束语 ·· 1055

第6章　论中国执行外国仲裁裁决机制的形成和不足 ··············· 1058
一、1949—1978 年(约 30 年):相关立法基本空白 ·························· 1059
二、1979—1994 年(约 15 年):国内逐步立法＋参加国际公约 ············ 1060
三、1995 年迄今 ·· 1063
四、中国有关执行外国仲裁裁决的立法仍有待改善 ·························· 1067

第7章　论中国涉外仲裁程序中当事人的申辩权和对质权
——就香港百利多投资有限公司诉香港克洛克纳东亚有限公司
一案向香港高等法院提供的专家意见书 ································· 1068

一、专家简况 1070
二、咨询的问题：当事人可否对 CIETAC 自行指定专家作出的鉴定提出
抗辩？ 1070
三、专家的看法和意见 1071
附录 1075

第 8 章　就中国涉外仲裁体制答英商问（专家意见书） 1078
一、仲裁和诉讼（俗称"告状"或"打官司"）有何不同？ 1079
二、"仲裁协议"是否必须采取另立合同的形式？ 1080
三、英商 Y 能源有限公司申请仲裁，是否已经具有充分的根据？ 1081
四、由中国国际经济贸易仲裁委员会进行仲裁，与一般国内民事仲裁
以及由法院审判相比较，其主要区别是什么？ 1082
五、有人说："即使你仲裁胜诉了，到本省本市执行不了，你也没办法。"
这种说法对不对？ 1083
六、从申请仲裁到裁决和执行，会拖延不少时间，在此期间内对方如借口
处于仲裁中而不执行合同，M 电厂势必瘫痪。遇此情况，对方应承担
什么法律责任？ 1084
七、如果对方不愿或不能履行合同，英商 Y 公司是否即可按《合资经营
合同》第 29 条进行索赔？其赔偿额依法应如何确定？ 1085
八、有人说，政策变化属于"不可抗力"。这种说法能否成立？ 1086

第 9 章　论涉外仲裁个案中的偏袒伪证和纵容欺诈
　　　　——CIETAC 1992—1993 年个案评析 1088
一、本案案情梗概 1089
二、本案仲裁申请书 1091
三、关于香港 PH 公司 S 先生欺诈行为的补充说明 1094
四、本案讼争主要问题剖析（代理词） 1103
五、关于《(1993)贸仲字第 3470 号裁决书》的法律意见书
　　——对本案裁决执法不公的批评、质疑和建议 1122

第 10 章　论涉外仲裁个案中的越权管辖、越权解释、草率断结和有欠透明
　　　　——CIETAC 2001—2002 年个案评析 1132
小引 1134
一、本案案情梗概 1136

二、本案裁决书"仲裁庭意见"一稿与二稿的径庭与突变 ……………… 1141

三、本案裁决中的越权管辖裁断和越权代庖解释 ……………………… 1158

四、本案仲裁后期的草率断结和断结后的有欠透明 …………………… 1173

五、几项寄语 ……………………………………………………………… 1179

六、尾声 …………………………………………………………………… 1182

第11章 论中国法律认定的"违法行为"及其法律后果
——就广东省广信公司破产清算债务讼案问题答外商摩根公司问(专家意见书) ……………………………………………………… 1183

一、专家简况 ……………………………………………………………… 1184

二、本案的梗概和咨询的问题 …………………………………………… 1184

三、专家的看法和意见 …………………………………………………… 1186

第12章 论中国内地土地使用权的回收与变卖
——就香港某债务讼案问题答台商问(专家意见书) ……………… 1192

一、专家简况 ……………………………………………………………… 1193

二、本案咨询的问题 ……………………………………………………… 1193

三、专家的看法和意见 …………………………………………………… 1194

第13章 小议"法无明禁即为合法"
——就外资企业"设董"自主权问题答英商问(专家意见书) …… 1199

一、在华外商独资有限责任公司可以设立也可以不设立董事会 ……… 1200

二、中外合资企业或中外合作企业的董事会人数不得少于3人,但外商独资企业的董事会人数可以少于3人 ……………………………… 1201

三、两人董事会或偶数董事会避免决策"僵局"的具体办法 ………… 1202

四、新颁《国务院关于投资体制改革的决定》深受外商欢迎,应予认真贯彻 …………………………………………………………………… 1203

五、结论 …………………………………………………………………… 1204

第三编 国际投资法

第1章 OPIC述评:美国对海外私人投资的法律保护及典型案例分析 … 1207

韩德培先生序言 ………………………………………………………… 1208

前言 ……………………………………………………………………… 1209

一、从中美投资保险和投资保证协定谈起 1212
二、海外私人投资公司的历史沿革和设置意图 1216
三、海外私人投资公司的基本体制 1237
四、海外私人投资公司对若干索赔案件处断概况 1249
五、若干初步结论 1300

第2章 从OPIC到MIGA：跨国投资保险体制的渊源和沿革 1303
一、跨国投资保险体制的渊源和沿革：从OPIC到MIGA 1306
二、多边投资担保机构的概貌 1314
三、研究多边投资担保机构对于中国的重大现实意义 1335
附录 多边投资担保机构的十五年发展历程 1340

第3章 多边投资担保机构与美国在华投资 1391
前言 1392
一、MIGA与世界银行集团之间的关系 1394
二、MIGA与解决投资争端国际中心之间的关系 1396
三、MIGA与美国欧皮克公司之间的关系 1399
四、中国学者的观点及中国的有关立法 1400
五、美国对MIGA的看法以及相应的立法 1404
六、MIGA对保护美国在华投资可能发挥的重大作用 1406
七、结语 1414

第三卷

第三编 国际投资法（续）

第4章 ICSID与中国：我们研究"解决投资争端国际中心"的现实动因和待决问题 1417
一、问题的提出：在中国境内的涉外投资争端中，外国的"民"可否控告中国的"官" 1419
二、"解决投资争端国际中心"的由来及其仲裁体制 1424
三、中国与"解决投资争端国际中心"早期关系的发展进程 1432

四、关于中国应否参加《华盛顿公约》、可否接受"解决投资争端国际中心"仲裁体制的分歧意见 ………………………………………… 1435

五、中国参加《华盛顿公约》、接受"解决投资争端国际中心"仲裁体制后面临的新形势和待决问题 ……………………………………… 1447

六、《国际投资争端仲裁——ICSID 机制研究》一书的内容结构 ……… 1468

第 5 章 中—外双边投资协定中的四大"安全阀"不宜贸然拆除
——美、加型 BITs 谈判范本关键性"争端解决"条款剖析 ………… 1470

一、中国型 BITs 中争端解决条款与《华盛顿公约》相关条款的"接轨" … 1472

二、美、加型 BITs 谈判范本关键性"争端解决"条款之基本规定 …… 1476

三、中国在 BIT 谈判中不宜贸然接受上述条款或其"变种" ………… 1479

四、结论:有关今后中外 BIT 谈判的几点管见 ………………………… 1495

第 6 章 区分两类国家,实行差别互惠:再论 ICSID 体制赋予中国的四大"安全阀"不宜贸然全面拆除 ………………………………… 1499

一、问题的缘由 ……………………………………………………………… 1501

二、中国型 BITs 中争端解决条款与《华盛顿公约》相关条款"接轨"的简要回顾 ………………………………………………………… 1503

三、中国在 BITs 谈判中不宜贸然接受美国型的争端解决条款或其"变种" ……………………………………………………………… 1505

四、有关今后中外 BIT 谈判的几点思考 ………………………………… 1522

五、区分两类国家,实行差别互惠的理论依据和实践先例 …………… 1528

六、结论 ……………………………………………………………………… 1534

第 7 章 "南北矛盾视角"应当"摒弃"吗?
——聚焦"中—加 2012 BIT" …………………………………………… 1536

一、中国国家的科学定性:迄今仍是发展中国家——仍属于南方国家范畴 ………………………………………………………………… 1538

二、南北矛盾的源与流 ……………………………………………………… 1540

三、"中—加 2012 BIT"的缔结乃是南北利益交换和互相妥协的典例:聚焦"征收补偿"条款 …………………………………………… 1543

四、"中—加 2012 BIT"的缔结乃是南北利益交换和南北互相妥协的典例:聚焦"争端解决"条款 …………………………………………… 1548

五、多哈回合谈判是构建国际经济规则不能"摒弃南北矛盾视角"的最大明证 …………………………………………………………… 1556

六、结束语 ··· 1557

第8章　国际投资法中"身份混同"问题之宏观剖析与中国应对 1559
　　一、身份混同非均衡化的表现 ······································· 1560
　　二、身份混同非均衡化的成因 ······································· 1565
　　三、身份混同非均衡化引发的问题 ································ 1568
　　四、身份混同非均衡化的国家应对——中国视角 ············ 1573

第9章　全球治理背景下有关"国际投资法庭"提议臧否之中国观 1591
　　一、全球治理背景下国际投资法庭模式的浮现 ·············· 1592
　　二、欧盟版国际投资法庭体制的关键内容 ····················· 1597
　　三、中国关于国际投资法庭模式的应对 ························ 1600
　　四、几点结论 ··· 1608

第10章　中国—秘鲁1994年双边投资协定可否适用于"一国两制"下的中国香港特别行政区？
　　　　　——香港居民谢业深 v. 秘鲁政府征收投资案件的法理剖析 ········ 1609
　　一、本案案情梗概 ··· 1611
　　二、主要争议和初步看法 ··· 1612
　　三、关于申请人之中国国籍问题 ·································· 1613
　　四、关于中—秘BIT 1994适用于在香港享有居留权的中国公民问题 1616
　　五、关于中—秘BIT 1994中仲裁条款的适用范围问题 ···· 1627
　　六、关于中—秘BIT 1994中最惠国条款的适用范围问题 · 1636
　　七、结论 ·· 1658

第11章　我国涉外经济立法中可否规定对外资绝不实行国有化 1659
　　一、问题缘起 ··· 1660
　　二、两种歧议 ··· 1661
　　三、四点管见 ··· 1664
　　四、结论：务必留权在手，但决不任意滥用 ··················· 1671

第12章　是重新闭关自守，还是扩大对外开放？
　　　　　——论中美两国经济上的互相依存以及"1989年政治风波"后在华外资的法律环境 ········ 1672
　　一、华盛顿：最惠国≠最喜欢的国家 ····························· 1673

  二、北京：最惠国——中美同舟　　1676
  三、燕子悄无声，天暖翩然来　　1678
  四、有利于外国投资者的中国法律多面体上又新增六面　　1681
  五、娃娃与洗澡水　　1688

第13章　中国对欧洲在华直接投资的法律保护及其与国际惯例的接轨　　1690
  一、中国国内法对在华外资的保护　　1691
  二、中国吸收外资政策新近的重要发展及其相应的法律措施　　1697
  三、中国参加缔结的国际条约对在华外资的保护　　1699

第14章　外商在华投资中金融票据诈骗问题剖析
    ——香港东方公司 v. 香港泰益公司案件述评　　1708
  一、本案案情梗概　　1709
  二、本案讼争主要问题剖析　　1710
  附录　福建省高级人民法院民事判决书　　1715

第15章　外商在华投资中的担保与反担保问题剖析
    ——香港上海汇丰银行有限公司 v. 厦门建设发展公司案件述评
    　　1718
  一、本案案情梗概　　1719
  二、厦门建发公司答辩状　　1721
  三、本案讼争主要问题剖析　　1729
  四、本案中方代理律师致香港汇丰银行中国业务部总经理罗素
    先生函　　1740

第16章　外商在华投资"征收"索赔迷雾中的庐山面目
    ——英商 X 投资公司 v. 英商 Y 保险公司案件述评（一）　　1743
  一、本案案情梗概　　1744
  二、咨询的问题　　1745
  三、专家的看法和意见　　1746
  四、结论　　1757
  附录　　1759

第17章　外商在华投资"征收"索赔中的"脚踩两船"与"左右逢源"
    ——英商 X 投资公司 v. 英商 Y 保险公司案件述评（二）　　1772

第18章　外商在华投资中的"空手道"融资："一女两婿"与"两裁六审"
    ——中国深圳市中方四公司 v. 泰国贤成两合公司案件述评　　1790

一、本案案情梗概 ……………………………………………………… 1791
　　二、本案各方当事人的主张和仲裁庭对事实的认定 …………………… 1793
　　三、本案仲裁庭的合议评析和终局裁断 ………………………………… 1820
　　附录 ………………………………………………………………………… 1827

第四编　国际贸易法

第1章　某些涉外经济合同何以无效以及如何防止无效 …………………… 1841
　　一、"合同必须信守"与"违法合同自始无效" ………………………… 1842
　　二、"鳗苗"风波——数项合同一连串违法 …………………………… 1844
　　三、合同主体不合格导致合同无效 …………………………………… 1848
　　四、合同内容不合法导致合同无效 …………………………………… 1852
　　五、两起涉嫌"欺诈"的涉外合同纠纷 ………………………………… 1858
　　六、无效合同的处理和预防 …………………………………………… 1864

第2章　跨国商品代销中越权抵押和争端管辖权问题剖析
　　　　——意大利古西公司 v. 香港图荣公司案件述评 …………………… 1868
　　一、本案案情梗概 ……………………………………………………… 1869
　　二、本案民事诉状 ……………………………………………………… 1870
　　三、本案争端管辖权问题剖析——对图荣公司答辩状的反驳 ………… 1872
　　四、本案讼争商品所有权问题剖析 …………………………………… 1876
　　附录 ……………………………………………………………………… 1880

第3章　外贸汇票承兑争端管辖权冲突问题剖析
　　　　——美国约克公司 v. 香港北海公司案件述评 ……………………… 1882
　　一、本案案情梗概 ……………………………………………………… 1883
　　二、关于约克公司与北海公司争议案件的专家意见书 ………………… 1883
　　三、关于约克公司与北海公司争议案件专家意见书的重要补充 ……… 1898
　　四、评英国皇家大律师狄克斯（A. R. Dicks Q. C.）的书面证词 ……… 1901

第4章　指鹿为马　枉法裁断
　　　　——评香港高等法院"1993年第A8176号"案件判决书 ………… 1917
　　引言 ……………………………………………………………………… 1919

一、本案案情梗概 ·· 1919
二、判决质疑之一：关于本案的管辖权问题 ······································ 1924
三、判决质疑之二：关于中国内地法律"承认"本案汇票争端之"独立性"
   问题 ·· 1936
四、判决质疑之三：关于本案被告的答辩权问题 ······························ 1945

第5章 外贸争端中商检结论暧昧、转售合同作伪问题剖析
——中国A市MX公司 v. 韩国HD株式会社案件述评 ·············· 1949

一、本案案情梗概 ·· 1950
二、A市的商检证书结论暧昧，不足采信
   ——韩国HD公司的答辩书及反请求书 ······································ 1951
三、MX公司的"转售合同"涉嫌凭空伪造或逃税走私（一）·············· 1958
四、MX公司的"转售合同"涉嫌凭空伪造或逃税走私（二）·············· 1961
五、本案的仲裁庭意见和终局裁决 ··· 1964

第6章 外贸代理合同纠纷中的当事人、管辖权、准据法、仲裁庭、债务人等问题剖析
——韩国C公司 v. 中国X市A、B两家公司案件述评 ················ 1967

一、本案案情梗概 ·· 1968
二、关于当事人和管辖权的争议 ··· 1971
三、关于准据法的争议 ·· 1979
四、关于仲裁庭人数和人选的争议 ··· 1982
五、关于无单放货和货款债务人的争议 ·· 1989
六、本案终局裁决 ·· 1995
七、从本案实践看现行《ICC仲裁规则》及其执行中的瑕疵 ··············· 1996

第7章 中国中禾公司采购巴西大豆含毒案件专家意见书：含毒可能致癌依法严禁进口
·· 2000

一、专家简况 ·· 2001
二、本案案情梗概 ·· 2002
三、咨询的问题 ··· 2004
四、专家的看法和意见 ·· 2005
五、简短的结论 ··· 2013

第8章 论英国FOSFA裁决严重枉法、不予执行
——中国中禾公司采购巴西大豆含毒案件述评［专家意见书］········· 2014

一、专家简况 ·· 2016
二、本案案情梗概 ··· 2016
三、中禾公司咨询的问题 ·· 2021
四、专家的看法和意见 ··· 2023
五、结论:英国FOSFA裁决严重枉法,依法应不予承认、不予执行 ····· 2053

第四卷

第五编　国际经济法热点学术问题长、短评

第1章　改进我国国际法教育的"他山之石"
　　——欧美之行考察见闻 ··· 2057
　一、关于国际法专业人才的培养 ·· 2058
　二、关于国际法资料中心的建立 ·· 2064
　三、关于国际法专业力量的合作 ·· 2065

第2章　从难从严训练　成果人才并出 ·· 2066
　一、实行"大运动量"训练,过法学专业英语关 ····························· 2067
　二、多学科交叉渗透,建立合理的知识结构 ································· 2069
　三、理论联系实际,提高实务工作能力 ······································· 2070
　四、充分信赖,畀以"重担",严密组织,严格把关 ························ 2071
　五、赋予较大"成才自留权",加速形成"人才生产力" ··················· 2072

第3章　"博士"新解 ··· 2074
　附录一　官员与老板:心仪博士帽 ··· 2076
　附录二　"教授"贬值为哪般 ·· 2077
　附录三　该挤挤"学术泡沫"了 ··· 2079

第4章　是"棒打鸳鸯"吗?
　　——就"李爽案件"评《纽约时报》报道兼答美国法学界同行问 ···· 2081
　一、李爽是何许人?"李爽案件"的背景如何? ···························· 2082
　二、李爽触犯了什么法律?犯了什么罪? ··································· 2084
　三、是打击"鸳鸯"的无情棒,还是拯救沉沦的救生圈? ················ 2087
　附录一　中国拘禁了法国男人的情妇 ·· 2092

附录二	法国外交官说中国拘留了他的未婚妻	2094
附录三	小题大做	
	——评白天祥等人在所谓"李爽案件"上的喧嚷	2094
附录四	The Li Shuang Case: A Wet Blanket over Romantic Love?	2096
附录五	《纽约时报》报道英文原文	2108

第5章 小议对外学术交流的"大忌" 2111
第6章 向世界展现中国理念 2113
第7章 朝着合作共赢方向发展 推动国际经济法理念变革 2115
第8章 建构中国特色国际法学理论 2117
第9章 "左公柳"、中国魂与新丝路
　　　　——"七七事变"七十周年随笔 2119

第六编　有关陈安学术论著和学术观点的书评等

第1章 《陈安论国际经济法学》书评荟萃 2127
　一、陈安：知识报国，壮心不已 2127
　二、中国国际经济法学的基石之作
　　——评陈安教授的《论国际经济法学》 2130
　三、试论秉持第三世界共同立场的中国特色国际经济法学派的形成及其代表性成果 2132
　四、从陈安教授辛勤探索的结晶中感悟其治学之道 2145
　五、中国特色国际经济法学的理念与追求
　　——《陈安论国际经济法学》的学术创新与特色贡献 2149
　六、中国参与经济全球化管理的战略思考
　　——评《陈安论国际经济法学》的主导学术理念 2166

第2章 《中国的呐喊》书评荟萃 2177
　一、中国呐喊　发聋振聩 2178
　　　The Enlightening and Thought-provoking Voice from China 2180
　二、晨起临窗坐　书香伴芳菲
　　——喜览《中国的呐喊：陈安论国际经济法》 2182
　　　By the Casement at Dawn, in the Fragrance of New Book

——A Joyful Browse of *The Voice from China*: *An CHEN on International Economic Law* ………………………… 2183

三、弘中华正气 为群弱发声 …………………………………… 2185
Spreading China's Justice, Voicing for the Global Weak ………… 2187

四、老艄公的铿锵号子 发出时代的最强音
——《中国的呐喊：陈安论国际经济法》读后的点滴感悟 ……… 2190
The Sonorous Work Song of an Old Helmsman of International Economic Law
——Some Reflections and Thoughts After Reading *The Voice from China*: *An CHEN on International Economic Law* ……… 2193

五、天下视野 家国情怀 公平秉守
——读《中国的呐喊：陈安论国际经济法》…………………… 2198
Global Perspective, State Position and Equity Pursuance
——Introducing *The Voice from China*: *An CHEN on International Economic Law* ………………………………… 2203

六、"提出中国方案、贡献中国智慧"的先行者
——评《中国的呐喊：陈安论国际经济法》…………………… 2209
A Pioneer in "Providing China's Proposal and Contributing China's Wisdom"
——Review on *The Voice from China*: *An CHEN on International Economic Law* ………………………………… 2213

七、追求全球正义 抵制国际霸权 ……………………………… 2220
Pursuing Global Justice Resisting International Hegemony ……… 2225

八、国家主权等国际经济法宏观问题的深刻反思
——评《中国的呐喊：陈安论国际经济法》…………………… 2232
Reflections on State Sovereignty and Other Grand Themes of International Law …………………………………………… 2235

九、精当透彻的论证 尽显大师的风采
——简评《中国的呐喊：陈安论国际经济法》………………… 2241
Precise and Thorough Analyses——Illustrating a Guru's Profound Knowledge

——A Brief Commentary on *The Voice from China*: *An CHEN on International Economic Law* ·················· 2246

十、独具中国风格气派　发出华夏学术强音
　　——评《中国的呐喊：陈安论国际经济法》·················· 2254
　Academic Voice with Chinese Characteristics
　　——A Commentary on *The Voice from China*: *An CHEN on International Economic Law* ·················· 2261

十一、把准南方国家共同脉搏的学术力作
　　——评《中国的呐喊：陈安论国际经济法》·················· 2269
　A Highly Recommendable Monograph that Senses the Pulse of the South ·················· 2270

十二、国际经济法研究的"中国立场"
　　——读《中国的呐喊》有感 ·················· 2272
　A Chinese School of Jurisprudence on International Economic Law ·················· 2276

十三、不为浮云遮眼　兼具深邃坚定
　　——评《中国的呐喊：陈安论国际经济法》·················· 2281
　Never Covered by Cloud, Insisting Profound Insight
　　——Comments on *The Voice from China* ·················· 2282

十四、任你风向东南西北　我自岿然从容不迫
　　——国际经济新秩序的重思：以陈安教授的国际经济法研究为视角 ·················· 2285
　Disregarding Whither the Wind Blows, Keeping Firm Confidence of His Owns
　　——A Revisit to Prof. Chen's Research on NIEO ·················· 2290

十五、老战士新呐喊　捍卫全球公义
　　——评《中国的呐喊：陈安论国际经济法》·················· 2296
　An Old Warrior's New Defense of Global Justice
　　——Comments on *The Voice from China* ·················· 2298

十六、二十五年实践显示了 1991 年陈安预言的睿智 中美国际经贸关系
需增进互补、合作和互相依存
——评《中国的呐喊》专著第十四章 ………………………… 2302
Twenty-Five Years of Experience Show the Wisdom of An Chen's
1991 Prediction of Increasing Complementarity, Cooperation and
Interdependence of Sino-American International Business Relations
——Comments on Chapter 14 of Chen's Monograph …………… 2304

十七、评陈安教授英文专著《中国的呐喊》：聚焦 ISDS 和 2015 中美 BIT
谈判 ……………………………………………………………… 2307
Review on Prof. Chen's English Monograph
——Focusing on the ISDS & 2015 China-U.S. BIT Negotiation … 2312

十八、矢志不渝倡导南南联合自强与国际经济新秩序
——评陈安教授专著《中国的呐喊：陈安论国际经济法》……… 2317
A Tireless Advocate for S-S Coalition and NIEO: Comments
on Prof. Chen's Monograph ……………………………………… 2321

十九、中国呼声 理应倾听
——评陈安教授专著《中国的呐喊》 ……………………………… 2326
China's Voice Deserves Hearing
——Comments on Prof. Chen's *The Voice from China* ……… 2329

二十、魅力感召、法治理念与爱国情怀之和谐统一
——读陈安教授《中国的呐喊》有感 …………………………… 2333
Harmonization of Charisma, Jurisprudence and Patriotism
——The Inspiration from *The Voice from China*: An CHEN on
International Economic Law ……………………………………… 2342

二十一、驳"中国威胁"论——史学、政治学与法学的视角
——读陈安教授《中国的呐喊》第四章 ………………………… 2355
Rebutting "China's Threat" Slander from the Perspectives of
History, Politics and Jurisprudence
——On Chapter 4 of Professor Chen's Monograph *The
Voice from China* ………………………………………………… 2358

二十二、论国际经济法的普遍性
——评《中国的呐喊：陈安论国际经济法》……………………… 2364

On the Universality of International Economic Law
——Comments on *The Voice from China*: An CHEN on
International Economic Law ·· 2372
国際経済法の普遍性について
——An Chen，*The Voice from China*: An CHEN on International
Economic Law，Berlin/Heidelberg：Springer，2013 を素材に
··· 2385

二十三、一部深邃厚重的普及读物
——评陈安教授对"中国威胁"谰言的古今剖析 ·············· 2393
A Profound but Popular Reading Material
——On the Anatomy of the "China Threat" Slander
by Professor Chen ··· 2397

二十四、揭露"中国威胁"论的本质：三把利匕剖示美霸谰言真相 ············ 2402
"China Threat" Slander's Ancestors & Its US Hegemony
Variant: Dissecting with Sharp Daggers ································· 2404

第 3 章　陈安早期论著书评荟萃（1981—2008） ································· 2408

一、立意新颖务实　分析缜密深入　理论实践交融
——对陈安主编《国际投资法的新发展与中国双边投资条约的
新实践》一书的评价 ·· 2408

二、内容丰富　系统完整　洵是佳作
——《美国对海外投资的法律保护及典型案例分析》评介 ······ 2409

三、评陈安主编的国际经济法系列专著（1987 年版）··················· 2410

四、新视角：从南北矛盾看国际经济法
——评陈安主编的《国际经济法总论》··································· 2413

五、独树中华一帜　跻身国际前驱
——评陈安主编的《MIGA 与中国》······································· 2418

六、深入研究　科学判断
——《"解决投资争端国际中心"述评》简介 ························· 2419

七、国际投资争端仲裁研究的力作
——评《国际投资争端仲裁——"解决投资争端国际中心"机制
研究》··· 2421

八、俯视规则的迷宫
　　——读陈安教授主编的《国际经济法学专论》 …………………… 2424

九、"问题与主义"中的"问题"
　　——读《国际经济法学专论》 ………………………………………… 2428

十、高屋建瓴 视角独到
　　——推荐《晚近十年来美国单边主义与WTO多边主义交锋的三大回合》 ……………………………………………………………………… 2431

十一、以史为师 力排"众议"说理透辟
　　——推荐《南南联合自强五十年的国际经济立法反思》 …………… 2433

十二、紧扣学科前沿 力求与时俱进
　　——推荐《国际经济法学》(第三版) ………………………………… 2434

第4章　群贤毕至,少长咸集,坐而论道,畅叙旧情 …………………… 2436

一、在"中国国际经济法的研究方法暨陈安教授学术思想"研讨会上的致辞 ……………………………………………………………………… 2436

二、我与陈安教授 …………………………………………………………… 2438

三、诲人不倦 师道悠悠 …………………………………………………… 2439

四、陈安老师与中国国际经济法事业 …………………………………… 2440

五、知识报国 后学师范 …………………………………………………… 2442

六、春分化雨育新人 ……………………………………………………… 2444

七、八十感怀 ………………………………………………………………… 2445

八、高山仰止
　　——写于陈安老师八十寿诞之际 ……………………………………… 2448

九、五"严"源自一"爱" …………………………………………………… 2452

第七编　有关陈安学术活动的报道、函件等

第1章　媒体报道 …………………………………………………………… 2457

一、在哈佛的讲坛上
　　——访厦门大学政法学院副院长陈安 ………………………………… 2457

二、他把法的目光投向世界与未来
　　——访厦门大学法律系陈安教授 ……………………………………… 2459

三、适应对外开放和发展外向型经济需要，国际经济法系列专著问世 2462

四、为对外开放铺路
　　——记厦门大学法学教授陈安 2463

五、就闽台两省结拜"姊妹"一事，厦门大学法学教授发表看法 2465

六、理性务实的学术交流盛会
　　——1993年两岸法学学术研讨会综述 2466

七、春风吹拂紫梅　白鹭振翅腾飞
　　——陈安教授谈厦门获得立法权 2468

八、第十二届"安子介国际贸易研究奖"颁奖大会圆满结束（摘要） 2470

九、第十二届"安子介国际贸易研究奖"颁奖 2471

十、中国特色国际经济法学的探索者和开拓者
　　——陈安教授 2472

十一、十位厦大学者入选中国杰出社会科学家 2474

第2章　学界来函 2475
一、来函概述 2475
二、来函选辑 2483

第3章　陈安学术小传及历年主要论著目录（以倒计年为序） 2518
一、陈安学术小传 2518
二、陈安历年主要论著 2519

第4章　陈安论著、业绩获奖一览（以倒计年为序/2016—1960） 2525
一、国家级、省部级一等奖 2525
二、国家级、省部级二等奖 2526
三、国家级三等奖 2527
四、厦门大学最高荣誉奖 2527

索引 2528

后记 2546

吴志攀* 教授序言

陈安老师的大作即将由北京大学出版社出版,嘱我作序。借用陈老师自己的说法,就是"修旧补新,融为一体,成为'第四代升级版多卷本'"。这段话出自耄耋学者的手笔,这是何等的幽默与勤奋啊!

老师的书让学生作序,我诚惶诚恐。虽然,史上也有先生让学生作序的,但那些人都是老师的得意门生,而我是私淑弟子,只看过老师的书,未曾经老师面授。

说到看过老师的书,这让我回想起30年前的一件事。

1986—1987年,我到香港收集做博士论文的资料。有一天,我到港岛北角半地下的森记书局去淘书。书架上密密麻麻地摆满了书,我从书脊的书名中,看到了一本《国际货币金融法》,上面写着"陈安主编,鹭江出版社"。陈老师的大名,我虽早已知晓,但那是我第一次在香港书店里找到他的书。

那时,作为博士研究生的我,初到香港,在北角宝马山上的树仁学院,一边教暑期班的本科课程,一边收集做博士论文的资料。在导师芮沐教授的指导下,我的研究方向选定在香港银行法领域。

初到香港,我的第一个感觉就是这里的书价比内地的高。我每个月由学校提供1200港币生活费,并有免费住房,我感觉生活得很好,但要想买书,就囊中羞涩了。

在香港我买的第一本书就是陈安老师的这本书,拿回到宝马山上学校的宿舍里,我很快就读完了。当时国内经济体制改革、对外开放,急需这类的专业书籍。内地图书当时运到香港出售,书价比原来的定价要增加好几倍。我记得那时人民币与港币的兑换率是一元人民币兑换两元三角左右的港币。由于香港书价昂贵,所以香港从内地选的书都是很扎实的著作,陈老师的这本书,也是改革开放之后内地第一本国际金融法的专著。

到香港的头一个月,我看见专业书就忍不住要买,以至于第一个月的生活费几乎都让我买书了。多亏内地在该学院任教的张耀晖教授接济,我才能生活下去。

现在回想起来,我依然好奇:为什么内地厦门出版的书,在北京的书店里难以看

---

* 吴志攀,北京大学教授、博士生导师,原北京大学党委常委、常务副校长,中国法学会副会长。

到，而在香港书店里却能买到呢？不该是当时厦门与香港的交流，比与内地北方的交流还更多一些吧？或者，香港的书店采购经理们，比内地北方书店的采购员，更加敏感地留意内地出版的有关金融、财经、法律等领域的图书吧？总之，这个问题，至今我也没有找到答案。

回内地多年之后，我在北大图书馆里又看到陈老师的这本书，好像见到老朋友一样，那封面、目录、各章节、版权页等都太熟悉了。今年夏天，我在办公室收拾旧书的时候，又看到这本书。这真是缘分啊！这么多年过去了，这本书的纸张虽已老旧，但扉页上依然留着我当年在香港北角森记书局买书的签名以及年月日。那字是用钢笔蘸蓝墨水写的，不易褪色。

二十多年前，我才有机会第一次拜见作者陈老师。陈老师的相貌与我此前想象的样子，有不小的差别。可能是我长期生活在北方的原因，看到的人大多是粗犷的模样，而陈老师个子不高，皮肤白净，眉清目秀，说话的声音也很轻细，完全不是我想象中的身材魁伟、浓眉大眼、声音浑厚的大学者的范儿。这只能证明我太不熟悉南方学人了，在过去内地北方与南方在许多方面的交流，确实还不如内地南方与香港地区的交流多呢。至少从距离上看，厦门距离香港更近，气候也更相似。

这是我拜读的第一本陈安老师的书。三十年过去了，我又在厦门和北京拜见过陈安老师多次，他虽然年纪越来越大，但在相貌上几乎没有什么变化，依然是我第一次见到他时的样子。

这次陈老师嘱我写序，不敢推辞，刚好也将我对陈老师的认识与感悟写出来。

1. 陈老师等许多老学者与我的导师芮沐教授一样，都是在旧中国接受法学教育，中华人民共和国成立后一直在高校法学院工作的。在20世纪80年代初，国内改革全面展开，他们抓住改革开放的契机，利用他们长期积累的学识和资料，加之他们的外语优势，在国际经济法等新学科初创阶段，做了大量教研工作，无论是课堂教学、基础资料整理，抑或编写教材、培养学生的工作等，都为以后国内这一法学新领域的发展与国际交流做出了历史性的贡献。当时，老一代学者的工作态度，真可谓是夜以继日，没有假期的。当时，他们的工资待遇不高，住房不宽敞，家庭负担也比较重，还有就是他们大多年事已高，但是他们毫无怨言，加班加点，他们的工作精神、他们的干劲，今天回想起来，依然让我感动不已。他们的工作激情，就好像火山喷发那样，在多年沉寂之后，突然爆发起来。这也许是因为在他们年轻的时候，没有研究学问的环境。当他们年近半百或花甲，甚至古稀之年时，科学的春天才终于来临。所以，他们积累多年的思考、收集的资料，都化为语言与文字，一涌而出。

2. 陈老师那一代老前辈工作的时间都很长，特别是在古稀之后，依然在持续高强度的工作。例如，我的导师芮沐教授，我跟芮先生读博士时，他已经八十多岁了。还有年过八旬的赵理海教授，当选国际海洋法院大法官之后，他搭乘国际与国内航班时，我曾多次到机场接送。有一次我在机场接回国休假的赵先生，不巧赶上那趟航班晚点，本应该是当天下午6点多降落的，可是赵先生下飞机时，已经是翌日凌晨4点了，但他的精神依然很好。还有王铁崖教授出任前南斯拉夫国际刑事法庭大法官，倪征燠先生出任联合国国际法院大法官时，也都已是高龄。武汉大学的韩德培教授、中国人民大学的郭寿康教授都是高龄后依然在一线工作着。现在厦门大学的陈安教授，已年近九旬，他依然发电子邮件，同时也亲笔手写信件。我最近收到陈教授的信件，字体遒劲、气力饱满！

3. 陈老师长期在厦门大学法学院工作，他不知疲倦地从青年到中年再到老年，一直在工作，没有停歇。陈老师现在应该是我们这个学科领域依然在工作的最高龄的老前辈，没有之一。记得有一次我利用到厦门开会的机会，到陈老师的家里去看望他。那时他刚刚从病中恢复，坐在沙发上，老先生比较虚弱，但说话的声音依然清晰有力。他那次跟我谈的都是国际经济法的研究工作、学术期刊和论坛的选题等，丝毫没有谈自己的病情。这样一位老学者，养病期间心里想的全是学术，脑子里装的只有科研，唯独没有他自己。那次谈话给我留下很深刻的印象，厦门大学法学院的国际经济法重点学科、研究基地能有今天，与陈老师的长期倾力奉献是分不开的。

厦门大学法学院长期以来在国际经济法领域处于国内领军地位，这一学科是国家重点学科。厦门大学法学院无论是在人才培养、梯队建设、论文发表，还是在学会发展、政策咨询、国际交流等方面都长期保持着优势，这是非常不容易的。因为发展并不都是顺风顺水，有时是逆水行舟，困难重重。但是，作为这艘学术航船的掌舵人，陈老师有着坚韧的性格、不屈不挠的精神，在任何情况下，他都能持之以恒，不改初心。由于陈老师的坚持和努力，一些在旁人看似不可能的事，他领导的学术团队最后都做成了。别人改弦更张，停止探索的时候，陈老师率领的学术团队仍然继续努力，坚持跑到胜利的终点。我作为见证人为此而感动，为他的耐力和毅力所折服，因为在我身上，缺乏的恰恰就是陈老师的这一点。

4. 陈老师的学术贡献有许多方面，就我所了解的有限范围，陈老师在内地最早系统地出版了国际金融法的教材，较早地出版了国际贸易投资争端解决机制的系统著作。另外，在他的指导下，他的学术团队在国际税法、国际贸易法、国际投资法、国际金融法、国际争端解决机制等领域，都有非常系统的研究与成果发表。

陈老师最深远的学术贡献还在于他所培养的优秀人才。他带出来的研究生，已经在国内许多高校的法学院成为学术骨干。特别是他们团队中成员的治学态度都跟他一样严谨和踏实,很少见到从他门下出来的人有浮躁和炫耀的,都是勤奋地做基础工作,不求名利地埋头苦干。以他的坚韧与毅力,努力与奋斗,他所开创的学会、论坛、年会和期刊都是最早的,而且还是持续不断的。他培养出来的年轻学者,就像种子一样,将这种优良的学术风气,带到全国各地生根发芽,开花结果。

在陈老师的视野中,最重要的是在国际经济法领域存在的实际问题,如何解释、如何解决实际问题,是他的学术著作中最有价值的部分。在过去四十多年的时间里,陈老师在学术领域辛勤耕耘,形成了他独具特色的观点,并且在许多国际会议上阐述他的观点。他的观点不是西方的观点,而是具有中国特色的学术观点。他多次在国际上发言,给外国同行留下深刻印象。他的观点与外国学者们的观点不同,但是他的问题意识、观念价值,以及表述问题的方式等,由于具有中国特色,虽然不一定能够被外国学者们全部接受,但却获得了普遍理解和尊敬。陈老师的问题意识对我们后辈学生永远都是有意义的,对于我们的学科发展也是有意义的。

《中国特色话语:陈安论国际经法学》四卷本的出版体现了两个重要的价值,一是学术史价值,二是学者的使命价值。从这四卷书中,可以看到对国际经济法基本理论问题的研究,也可以看到对国际经济法实际问题的分析与解决的资料,还可以看到国际同行的分析与评论,以及媒体的报道等历史资料。再过多少年之后,如果有人要研究中国的国际经济法发展过程,这套书就是比较完整的史料。

作为一位学者,陈老师的使命感是非常明显的,这对于增强中国在国际上的话语权是有意义的。特别是在今天,我们面临国际贸易战,我们面临国际上种种不讲理的霸权行为,这些行为已经到了令人难以容忍的地步。但是,我们的政府还得忍,我们的企业还得想更多的办法,以便渡过难关。可是,我们学者用不着忍,学者在此时就要拍案而起,学者就要仗义执言,像陈老师那样,发出中国的声音。陈老师一直在大声疾呼,大声呼号,就像鲁迅当年的呐喊一样,陈老师的呐喊给中国政府、给人民都长了劲。

再回到20世纪80年代中期,我写博士论文的参考书就有我从香港买到的陈老师所主编的《国际货币金融法》。这本书对我后来的教学和研究影响很大,我的成长从中受益颇多,但是我却一直没有机会向陈安老师表达谢意。三十年竟然这么快地过去了,今天我有了难得的机会,在此,请让我向陈老师表达深深的谢意。

吴志攀

2018年12月5日

曹建明*教授来信

尊敬的陈安教授：

欣闻先生的专著《中国特色话语：陈安论国际经济法学》四卷本正式出版，谨向您致以衷心的祝贺和崇高的敬意！拜读先生大作，感动和敬佩之情，再一次从心底油然而生。这部著作既是您四十年学术成就的集大成之作，也是以中国方案向国际经济新秩序发出的中国之声；既凝聚着您四十年不息奋蹄、研精覃思的深邃睿智，又彰显了岁月沉淀、时代淬炼的深厚造诣；既是您四十年主要研究成果的"升级版"，更是中国国际经济法理论与实践的"升华版"。全书四卷七编，体系纵横分明、脉络清晰，论理厚重渊博、求真务实。细细读来，章章篇篇都烙下了中国改革开放的深刻印记，字里行间都彰显着国际经济法学的交流、交融和交锋，不愧是一部中国特色国际经济法的扛鼎之作！我想，这是您对中国改革开放四十周年最好的献礼和纪念！

多年来，给我十分深刻的印象是，每次倾听先生侃侃而谈，您讲的最多的就是"公平正义"和"中国声音"。您总是说"以文会友，以友辅仁；知识报国，兼济天下"。让我内心深深感动和敬佩的是，您是这样讲的，更是身体力行这样做的。您学贯中西、著作等身，在耄耋之年依然老骥伏枥、思维敏捷、笔耕不辍，不断深入思考国际经济法学特别是中国特色国际经济法学的发展，并为之奉献了自己的全部心血和智慧。这些年来，我不断收到您的《国际经济法学刍言》两卷本、《陈安论国际经济法学》五卷本、英文专著《中国的呐喊：陈安论国际经济法》等鸿篇巨著，每次都仿佛看到了您矢志不渝、严谨治学的身影。字里行间，我读到的不仅是您学术成果的结晶，更是深深感受到了您作为中国老一辈法学家的历史责任和使命担当。

让我内心深深感动和敬佩的是，先生始终以天下视野、中国视角潜心研究国际

---

* 曹建明，国际经济法教授，第十三届全国人大常委会副委员长，原最高人民检察院检察长，原华东政法学院院长。

经济法这一新兴学科,并做出了前瞻性、引领性和开创性的贡献。特别是,四十年来,您始终坚持以马克思主义立场、观点、方法观察世界、分析世界,坚定不移地反对霸权主义、强权政治、单边主义和双重标准,对南北矛盾和南南联合、经济全球化和经济主权原则、美国单边主义和WTO多边主义的冲突等一系列重大问题进行了深入的战略思考,致力于探索我们面临的时代课题。您立足众多发展中国家共同的公平权益和正义主张,始终理直气壮地抵制和批判国际霸权主义,竭尽全力不断为国际社会弱势群体鼓与呼,旗帜鲜明地倡导和维护公平正义的国际秩序。您发出的中国声音、中国呐喊,不仅对建立和完善中国特色国际经济法学做出了重要贡献,也为中国积极参与全球治理,推动建设相互尊重、公平正义、合作共赢的新型国家关系,贡献了中国智慧和中国方案。先生的学术品格、家国情怀,在中国法学界为我们树立了中国学派的大师风范。

  当今世界错综复杂,充满更多不确定性,并正在经历新一轮大发展大变革大调整。世界又一次站在历史的十字路口。习近平总书记反复强调,中国坚持对外开放的基本国策,积极参与全球治理体系改革和建设,推动人类命运共同体建设,为中国国际经济法学研究指明了方向。我们要向先生学习,以更加坚定的自信、更加坚韧的定力、更加开阔的视野,努力以中国智慧和中国实践,为中国特色社会主义法治理论和世界法治文明建设做出贡献。我坚信,伴随着中国改革开放新的伟大征程,中国特色国际经济法学研究必将走向更加繁荣美好的未来!您的这部新著也必将鼓舞和激励更多的中国学人在此领域奋力开拓、砥砺前行!

  借此机会,衷心祝愿您健康长寿、学术长青!

曹建明

2018 年 12 月 10 日

《中国特色话语:陈安论国际经济法学》自序

当代中国,正处于和平发展与实现中国梦的关键阶段。中国经济的持续发展和人民生活水平的普遍提高,引发了发达国家当权者的持续关注以及鹰派人士的猛烈抨击。例如,2010 年 4 月 15 日,时任美国总统奥巴马明目张胆地在白宫对全世界声称:"如果超过十亿的中国居民也像澳大利亚人、美国人现在这样生活,那么我们所有的人都将陷入十分悲惨的境地,因为那是这个星球所无法承受的。"[1]东海问题、南海问题、台海问题、韩国"萨德"问题等,归根结底,也都是以美国为首的强霸发达国家打压中国崛起的具体表现。

具体到国际经济法层面,发达强权霸权国家利用现存国际经济法律规范规则,作为打压中国和平发展与实现中国梦的手段,更是"随心所欲"和"得心应手"。例如,美国为首迫使中国"入世"时承受"非市场经济身份"这一歧视待遇,于 2016 年原定期满之后,仍然顽固坚持视中国为"非市场经济国家"等等[2]。

众所周知,迄今通行的国际经济法律规范规则及其相应的"理论学说",主要是以美国为首的强霸发达国家主持制定并主导推动的,其中含有不少公然欺凌、歧视

---

[1] 参见叶青、薛牧青:《奥巴马称中国人不应过美式生活,华人表示气愤》,http://news.sohu.com/20100514/n272123699.shtml/feed/atom/。See Face to Face with Obama,http://www.abc.net.au/7.30/content/2010/s2872726.htm. 在这篇报道中,澳大利亚记者 Kerry O'Brien 就解决"碳排放难题"采访美国总统奥巴马:"Kerry O'Brien: Do you feel that you are making headway with President Hu on this front? President Obama: Well, you know I think China has an enormous interest in solving this problem. You know if you talk to Chinese leaders I think they will acknowledge immediately that if over a billion Chinese citizens have the same living patterns as Australians and Americans do right now then all of us are in for a very miserable time, the planet just can't sustain it."

[2] 参见高攀、金旼旼:《美政府告知世贸组织不承认中国市场经济地位》,http://news.xinhuanet.com/world/2017-12/02/c_1122047636.htm. 美国贸易代表办公室 2017 年 12 月 1 日向新华社记者证实,美政府已向世贸组织正式提交书面文件,反对在反倾销调查中给予中国"市场经济地位"待遇,并于 11 月 30 日首次对全球公布这份文件。美国政府认为,按照世贸组织的前身《关税及贸易总协定》有关反倾销协议的规定和几十年的法律判例,美国政府可以继续在反倾销调查中拒绝采用中国"非市场经济条件下"形成的价格和成本,而采用符合市场经济的第三方国家的数据。对此,中国外交部发言人耿爽 12 月 1 日针锋相对、斩钉截铁地表示,《中国加入世贸组织议定书》第 15 条明确规定,自 2016 年 12 月 11 日起,在对华反倾销中采用"替代国"价格计算倾销幅度的做法必须终止。所有世贸组织成员都应该重信守诺,严格遵守国际法的准则,切实履行国际条约义务。耿爽强调,所谓"非市场经济国家"的概念并不存在于世贸组织的多边规则中,只是个别成员冷战时期的国内产物。根据《中国加入世贸组织议定书》第 15 条,反倾销"替代国"做法需严格依照中国加入议定书的规定如期取消。

全球弱势群体(即众多发展中国家)的"劣法""恶法"和相应的违反时代潮流的"歪论邪说",这些"劣法""恶法"和相应的"歪论邪说",长期损害中国和全球弱势群体应有的公平合理权益,因此,**迫切需要顺应时代潮流,构建具有中国特色的国际经济法学理论新体系,增强中国参与全球治理的话语权,抵制甚嚣尘上的霸权主义"垄断治理"理念,增强方兴未艾的国际平权"民主治理"理念,追求国际公平正义,造福全球黎庶大众。**

具体而言,构建具有中国特色的国际经济法学理论新体系,应当朝着以下方向、瞄准几个主要目标,不懈不怠,持续发力:

第一,国际秩序,除旧布新;抵制霸权,追求正义。

当代世界,存在着"南北"两大类国家,即众多发展中国家与少数发达国家。20世纪60年代以来,发展中国家为维护主权和独立,反对国际掠夺与控制,提出了变革国际经济旧秩序、建立国际经济新秩序的宏大目标。经过数十年来的群体奋斗,虽已取得一定成果,但由于"南北"实力对比悬殊,强霸发达国家坚持既得利益,国际经济秩序"除旧布新"和"破旧立新"进程频频,步履维艰,进展缓慢。从发展中国家的视角看,当代现存的国际经济秩序有公平合理的部分,也存在不少不公平不合理的部分。国际社会中,恃强凌弱、仗富欺贫的现象始终存在,迄未绝迹。因此,国际经济秩序应当与时俱进地继续"除旧布新"和"破旧立新",追求和实现更大程度和更高水平的国际公平正义。

国际经济法律规范是国际经济秩序的法律化。相应地,现存的国际经济法律规范,有公平合理的、符合发展中国家应有权益的"良法",但仍然存在不少不公平不合理的、损害发展中国家应有权益的"劣法"和"恶法"。因此,现存的国际经济法律规范及其相关的国际经济法学理论,也有待与时俱进地"除旧布新""破旧立新""开拓创新",追求和实现更大程度和更高水平的国际公平正义。有鉴于此,**创建具有中国特色的国际经济法学理论新体系,是时代赋予中国国际经济法学人的历史使命,责无旁贷。**

数十年来,中国联合其他发展中国家,在各种国际平台上为变革国际经济旧秩序和变革不合理的国际经济法律规范而不懈奋斗,有效地争得和维护了国际弱势群体的正当权益。进入21世纪以来,"建立国际经济新秩序"之呼声进一步上升到更为宏观的层面。努力推动"全球治理体系变革",日益成为国际社会密切关注的新焦点。

第二,全球治理,体系变革;中国话语,引领变革。

国际经济秩序与全球治理体系,两者互相渗透,密不可分,也是同类概念的不同表述。随着中国综合实力的增强,中国政府开始强调在全球治理体系变革的过程中,应更多地发出中国声音,以发挥引领作用。

2016年9月27日,习近平同志在中共中央政治局的重要讲话[3]中指出,随着时代发展,现行全球治理体系与时代潮流**不适应的地方越来越多**,国际社会对**全球治理体系变革的呼声越来越高**。推动全球治理体系变革是国际社会大家的事,要坚持共商共建共享原则,使关于全球治理体系变革的主张转化为各方共识,形成一致行动。中国要坚持为发展中国家发声,加强同发展中国家团结合作。加强全球治理、推动全球治理体系变革是大势所趋。我们要抓住机遇、顺势而为,要继续向国际社会阐释我们关于推动全球治理体系变革的理念,引导各方形成共识,加强协调合作,共同推动**全球治理体系变革**。

近年来,中国的大国外交、周边外交和南南合作外交,全方位多层次地协调推进,充分显示了中国外交的创新活力,也一再弘扬了**中国特色全球治理理念和实践**的引领示范作用。

众所周知,"理论一经掌握群众,也会变成物质力量"[4],"没有革命的理论,就不会有革命的运动"[5]——马克思和列宁的这两句至理名言,已被中外大量史实所反复验证。中国要引导利益不同、见解相异的南北各方形成共识,共同推动**全球治理体系变革**,确实必须下很大的力气,"继续向国际社会阐释我们关于推动全球治理体系变革的理念",让全球各方聆听到清晰、坚定的中国话语,借以凝聚人心,形成众志,使它转变成物质力量,从而引领这种体系变革,由理念变为现实。

第三,服务国策,经世致用;独立思考,取精弃粕。

由上可见,"推动全球治理体系变革"并"在国际社会发出中国声音并引领这种变革"已逐渐发展成为中国当前的国策。相应地,作为中国国际经济法学人,应就此展开研究,服务国策,经世致用。

国际经济法学是新兴的边缘性、综合性学科,迄今尚未形成举世公认的、科学的理论体系。自1978年中国实行对外开放政策以来,中国持续引进原由西方发达强国(即原先的殖民主义强国)主持制定的国际经济法律规范及其有关学术著作。来自西方发达国家的有关国际经济法学的学术专著,其基本特点之一,是立足于各自本国的实际,以发达强国利益为核心,重点研究其作为发达强国在对外经济交往中产生的法律问题,作出符合发达强国权益的分析、论证和倡议。因此,其中难免蕴含着

---

[3] 参见习近平:《加强合作推动全球治理体系变革 共同促进人类和平与发展崇高事业》,http://news.xinhuanet.com/2016-09/28/c_1119641652.htm。

[4] 《黑格尔法哲学〈批判〉导言》,载《马克思恩格斯选集》第1卷,人民出版社1995年版,第9页。

[5] 《列宁全集》第2卷,人民出版社1984年版,第443页。

和掺杂着**坚持发达强国既得权益、维护国际经济旧秩序**的内容,不符合或违反中国和众多发展中国家(即原先的殖民地、半殖民地弱国)的应有权益。因此,很有必要在积极引进和学习有关国际经济法学新知识的基础上,认真加以咀嚼消化,密切联系中国的实际,从中国人的角度和第三世界的共同立场来研究和评析当代的国际经济法,敢于和善于**开拓创新**,经过相当长期的努力,逐步创立起以马克思主义为指导的,具有中国特色的国际经济法学理论新体系。

来自西方发达国家(特别是美国)的有关国际经济法学的若干学术名著,风行全球,享有国际盛誉。其中确实含有大量新鲜知识,值得学习,为我所用。但是,其中也确实蕴含着和掺杂着殖民主义、资本帝国主义、强权政治、霸权主义的传统思维和思想流毒。有鉴于此,中国人必须学会"取其精华,弃其糟粕",在国际学术论坛上,既要谦虚谨慎,认真学习和吸收有益的新知,切忌闭目塞听,妄自尊大;又要敢于和善于对外来的种种"权威"理论或"时髦"学说,密切结合中国国情和当代世情,深入探讨,独立思考,加以鉴别,乃至质疑,切忌妄自菲薄,盲目附和。为此,就要认真刻苦地学历史,钻理论,摆事实,讲道理,有据有理地阐明自己的见解,敢于和善于发出中华之声和弱势群体之声,平等地参加国际热点难点问题的讨论和争鸣,追求客观真理和社会公平。

笔者虽然不才,学力有限,但近四十年来一直努力切实遵循上述政治方向,紧密配合上述迫切需要,为构建中国特色国际经济法学理论新体系,增强中国参与全球治理的话语权,尽其绵薄,贡献涓滴,以期汇入促进国际经济秩序革新和推动全球治理体系变革的时代潮流,抵制甚嚣尘上的霸权主义"垄断治理"理念,增强方兴未艾的全球平权"民主治理"理念,追求国际公平正义,造福全球黎庶大众。

正是在此种时代背景下,笔者不揣浅陋,推出《中国特色话语:陈安论国际经济法学》四卷本。

四十年来,笔者曾经对个人主要科研成果三度汇总整理推出,即 2005 年北京大学出版社推出的《国际经济法学刍言》(两卷本,约 210 万字),2008 年复旦大学出版社推出的《陈安论国际经济法学》(五卷本,约 311 万字),2013 年德国 Springer 出版社推出的英文专著 *The Voice from China : An CHEN on International Economic Law*(一卷本,16 开本,852 页)。每次汇总整理,都并非遴选各篇论文的简单相加,而是融合性大翻修,留意各编各章各篇之间的逻辑联系和互相呼应,使全书浑为一体,成为单卷本或多卷本学术专著。它们先后三度获得国家级优秀成果奖。

现在"与时俱进",经过重新整理,有删减,有增补,有改写,在北京大学出版社鼎力支持下推出的新版四卷本,实质上是个人四十年来主要科研成果的再次大翻修,即结合晚近十年来学习研究新的心得体会,全面改写而成的"第四代升级版"专著,全稿约290万字。

谨此诚挚期待,海内外同行方家和广大读者针对本书的不妥不足,惠予批评指正,帮助国际经济法理论战线的耄耋一兵,提高认识,继续参加"知识报国、兼济天下"的理论战斗。

陈 安

戊戌(2018年)仲夏 鹭岛之滨

《陈安论国际经济法学》自序
以勤补拙·羡鱼结网·薄技立身·赤子情怀·知识报国

一

2005年7月,承北京大学出版社副总编辑杨立范等学友惠予鼎力支持,推出了拙著《国际经济法学刍言》(以下简称《刍言》)上、下两卷,共约211万字。此书出版后,获得广大读者肯定和厚爱,经同行专家评审,于2007年10月获第五届"吴玉章人文社会科学奖"[1]一等奖。

《刍言》推出后三年来,老牛在夕霞暮色中,奋蹄未敢稍懈,遂又有多项耕耘新果,分别以中、英双语相继发表于中外权威学刊,获得国内外同行好评。承蒙复旦大学出版社张永彬副总编辑厚意邀约,热忱支持,精心筹划,现将这些最新研究心得,加以整理汇辑;同时,将《刍言》原有内容全面增订,推出这部新书,题为《陈安论国际经济法学》,分列为五卷,共约310万字。

这部五卷本新书中所反映和论述的,多是当代国际经济法学前沿的最新信息或动态,多是这一领域理论和实践中出现的新热点问题和难点问题。从这个意义上说,现在奉献给读者的这部新书,并不是《刍言》的简单再版或扩容,而可以说是笔者针对三年来本学科领域新问题进行探索的心得体会的全面综合整理和创新汇辑,是野叟的"献曝"新举。诚挚期待海内外同行惠予指正。

---

[1] "吴玉章人文社会科学奖"面向全国,每隔五年评选一次,主要奖励国内有重大影响的优秀哲学社会科学论著,旨在促进我国哲学社会科学的发展和繁荣。该奖共包括马克思主义理论、哲学、教育学、历史学、中国传统文化与语言文字学、新闻学、经济学和法学等八个学科,每个学科设特等奖、一等奖各1项,优秀奖2—3项(据《吴玉章基金委员会公告》)。

二

回首近八十年蹉跎岁月,不无点滴感悟。概而言之,就是以勤补拙·羡鱼结网·薄技立身·赤子情怀·知识报国。

若论天赋,笔者自幼虽非愚鲁不堪,也绝非颖聪过人,平平庸庸而已。五岁随同兄姐入学,一次考试遇若干填空选择题,一头雾水,但硬着头皮"填上"空格,居然侥幸全数正确,得了"满分"。慈母闻讯揽入怀中,爱抚、期许有加。严父得悉侥幸实情,则表扬期许之余,又有批评教诲:"为人、做事、治学,来不得半点侥幸取巧。天赋平庸,可以以勤补拙。事事如此,日日如此,方能真正成长。"

日常见同侪中突出优秀者,读史中慕博学广识者,常有艳羡之言。又获严父耳提面命:"临渊羡鱼,不如退而结网。"家境清贫拮据,但父亲仍勉力送诸子女入学,谆谆相告:"我家无恒产,日后不可能留下什么遗产。现在送你们入学,便是我日后赠给你们的唯一遗产。积财千万,不如薄技在身,学得薄技,方能立身不败。学必恃勤,技必求精"。

时值日寇侵华,国难当头。师长、家长反复喻以至理:爱我中华,不畏强暴;多难兴邦,众志成城。身为稚童,弱腕无力握大刀杀敌,唯有勤奋掌握知识,日后方能参与振兴中华,报效祖国。服膺儒学的父亲,对历史上毁家纾难、忠贞殉国、视死如归的文文山推崇备至,且对其《正气歌》作独到解读:"'天地有正气,杂然赋流形。下则为河岳,上则为日星;于人曰浩然,沛乎塞苍冥。'——这是千古不朽的名句。文天祥那般光照日月的浩然正气,虽非人人可及,却是人人可学、应学、应养。个人的刚正,赤子的情怀,民族的气节,都要从大处着眼,从小处着手,长期自律自养,才能逐步走向孟轲所倡导的富贵不能淫,贫贱不能移,威武不能屈之境界。"家长和师长的此类教诲,点点滴滴,沁入稚嫩心田,此后数十年来未尝或忘,成为做人和治学南针。

抗日战争胜利前夕,父亲病逝。翌年,我考入厦门大学。此后三年,大学图书馆丰富的图书以及地下党领导的多次反美反蒋爱国学生运动,使我开始接触和接受马克思列宁主义的启蒙和陶冶。1949年10月中华人民共和国成立,鸦片战争以来百余年中国罹受的民族灾难和丧权辱国惨痛,终于结束。那时那种"四海欢腾,普天同庆"的情景,至今记忆犹新。

正是在这样的历史环境下,逐步形成了笔者基本的理念定位、价值坐标和观察视角。

三

上述这种基本的定位、坐标和视角,在笔者大学毕业后迄今五十八年的粉笔生涯和偷闲爬格过程中,历经寒暑风雨,始终未变,又有所发展。从《陈安论国际经济法学》这部新书的各篇专论中,亦可概见笔者对此矢志不渝的坚持和努力。全书各篇无论是学理探索,还是实务剖析,均是个人直抒坦陈的管见,也都是废寝忘餐,焚膏继晷,博采、消化和吸收中外新知之一得。概括说来,其自身略具开拓创新的特色,可举例简介如下:

- **阐明学术理念和学术追求**。全书各篇均从当代国际社会弱势群体即第三世界的视角,探讨和论证国际经济法学这一新兴的边缘性、综合性学科。当代发达国家国际经济法诸多论著的共同基本特点,是重点研究**发达国家**对外经济交往中产生的法律问题,作出符合发达国家权益的分析和论证。反观中国,作为积贫积弱的**发展中国家**之一员,这样的研究工作还处在幼弱阶段,远未能适应我国对外交往的迫切需要和对外开放的崭新格局。因此,必须实行"拿来主义"和"消化主义",在积极引进和学习西方有关国际经济法学新鲜知识的基础上,密切联系中国国情,站在中国和国际弱势群体即第三世界的共同立场,认真加以咀嚼消化,取其精华,弃其糟粕,逐步创立起以马克思主义为指导的,具有中国特色的国际经济法学科体系和理论体系,努力为国际社会弱势群体"依法仗义执言",提供维护应有平等权益的**法学理论武器**。完成此等大业,需要几代中国学人的刻苦钻研和奋力开拓。这是贯穿本书始终的学术理念和学术追求,也是本书的基本学术主张和论述主线。[2]

- **探索建立国际经济新秩序的规律和路径**。本书旁征博引,史论结合,有理有据地揭示近代史上的"殖民十恶",论证全球弱小民族坚持爱国主义、要求改变国际经济旧秩序和更新国际经济立法的正当性;强调当代国际经济秩序和国际经济法律规范的破旧立新,势必循着**螺旋式上升的"6C 轨迹"**,即 Contradiction(矛盾)→Conflict(冲突或交锋)→Consultation(磋商)→Compromise(妥协)→Cooperation(合作)→Coordination(协调)→Contradiction New(新的矛盾),依靠群体力量,联合奋斗,步履维艰,迂回曲折地逐步实现。既不能盲目"乐观",期待"毕其功于一役";也

---

[2] 参见本书第一编之 I、II、III、IV、V,分别题为《论国际经济法学科的边缘性、综合性和独立性》《论国际经济关系的历史发展与南北矛盾》《论国际经济法的产生和发展》《论源远流长的中国对外经济交往及其法理原则》《论学习国际经济法是贯彻对外开放基本国策必备的"基本功"》。

不能盲目"悲观",遇到挫折就灰心丧志;更不能奢望只凭孤军奋斗,即可克敌制胜。总结历史,以史为师,国际弱势群体争取和维护平权地位和公平权益,舍韧性的**"南南联合自强"**,别无他途可循。[3]

- **论证当代国际经济法的基本原则**。本书全面阐明当代国际经济法的四大基本原则,重点论证**经济主权原则是当代国际经济法首要的基本规范**,并以晚近十几年来美国单边主义与WTO多边主义交锋的三大回合作为典型,揭示当代霸权主义的"双重标准"和伪善面目,提醒全球弱势群体增强忧患意识,珍惜和善用经济主权确保和维护民族正当权益;**警惕理论陷阱**,切忌懵懵然地附和、接受当今颇为"时髦"的、来自西方霸权主义国家的经济主权"淡化"论、"弱化"论和"过时"论。[4]

- **探讨中国对外经济交往史及其法理原则**。笔者钻研**中国史籍**,整理史实,探讨源远流长的中国对外经济交往及其法理原则,论证积极开展对外经济交往自古以来就是中国的历史主流和优良传统。应当加深认识当代中国实行对外开放基本国策的**历史渊源**和**深厚积淀**,从而自觉推动其独立自主、平等互惠的法理原则"与时俱进"。[5]

- **研究国际投资条约及其相关体制**。笔者长期重点研究有关国际投资的双边协定、多边公约以及相关的 OPIC、MIGA、ICSID 等基本体制及其实际运行,探讨中国和其他发展中国家如何在这些体制中**趋利避害**;并依据研究成果,努力践行知识报国夙志,多次应邀积极向国家主管部门提供**决策咨询建议和立法建言**。[6]

- **评议中国涉外仲裁监督机制立法**。针对国内人云亦云的学术讹传,笔者广泛查核有关国际先进立法的第一手外文文献,对照探讨中国**涉外仲裁监督机制**现行立法的优点和缺失,力排"众议",澄清讹传,提出建立严格监督体制、防阻执法腐败、保

---

[3] 参见本书第一编之 II、XII、XIII、XIV,分别题为《论国际经济关系的历史发展与南北矛盾》《论南北合作是解决南北矛盾的最佳选择》《论全球合作的新兴模式和强大趋势:南南合作与"77 国集团"》《南南联合自强五十年的国际经济立法反思——从万隆、多哈、坎昆到香港》。

[4] 参见本书第一编之 VI、VII、VIII、IX、X、XI、XV,分别题为《论马克思列宁主义对弱小民族国家主权学说的重大贡献》《论经济主权原则是当代国际经济法首要的基本规范》《当代经济主权问题纵横谈》《世纪之交在经济主权上的新争议与"攻防战"》《综合评析十年来美国单边主义与WTO多边主义交锋的三大回合》《论社会帝国主义主权观的一大思想渊源:民族虚无主义的今昔》《论国际经济法中的公平互利原则是平等互利原则的重大发展》《论"有约必守"原则在国际经济法中的正确运用》。

[5] 参见本书第一编之 IV,题为《论源远流长的中国对外经济交往及其法理原则》。

[6] 参见本书第三编之 I、II、III、IV、V、VI、VII、VIII,分别题为《OPIC 述评:美国对海外私人投资的法律保护及典型案例分析》《从 OPIC 到 MIGA(多边投资担保机构):跨国投资保险体制的渊源和沿革》《"多边投资担保机构"与美国在华投资》《ICSID 与中国:我们研究"解决投资争端国际中心"的现实动因和待决问题》《论中外双边投资协定中的四大"安全阀"不宜贸然拆除——美、加型 BITs 谈判范本关键性"争端解决"条款剖析》《区分两类国家,实行差别互惠:再论 ICSID 体制赋予中国的四大"安全阀"不宜贸然全面拆除》《中国—秘鲁 1994 年双边投资协定可否适用于一国两制下的中国香港特别行政区?》《我国涉外经济立法中可否规定对外资绝不实行国有化?》;并参见第二编之 VI,题为《论中国关于外国仲裁裁决在华执行体制之形成与不足》。

证公正仲裁的**立法建议**。[7]

- **研析涉外经贸争端仲裁典案**。笔者秉持公正公平原则,在国际经贸仲裁实务中针对涉外投资和贸易争端个案的处断,依法祛邪扶正,并撰文从**理论**上**伸张正义**,进一步探讨相关的法理问题,提出**创新见解**。[8]

- **澄清和批驳外国媒体等对中国的误解和非难**。多年来,笔者有的放矢,针对外国媒体、政坛和法学界对中国的各种误解和非难,撰写多篇双语专论,予以澄清和批驳;通过**学术论证**,努力维护中国的国家尊严、国际信誉和民族自尊,弘扬**中华爱国主义**。[9]

由于具有以上开拓创新的特色,学界同行专家评议认为本书各篇所论,堪称鲜明地"独树中华一帜",乃是创建具有中国特色的国际经济法学理论的奠基之作,为创立具有中国特色的国际经济法学理论体系开了先河。同时,其中多篇专论以中文、英文双语撰写,英文本多发表于外国权威性学术刊物,[10]其特点是运用当代国际

---

[7] 参见本书第二编之 II、III、IV、V、VI,分别题为《中国涉外仲裁监督机制评析》《论中国的涉外仲裁监督机制及其与国际惯例的接轨》《中国涉外仲裁监督机制申论》《再论中国涉外仲裁的监督机制及其与国际惯例的接轨——兼答肖永平先生等》《论中国关于外国仲裁裁决在华执行体制之形成与不足》。

[8] 参见本书第二编之 VII、VIII、IX、X、XI、XII、XIII,分别题为《论中国涉外仲裁程序中当事人的申辩权和对质权〔就香港百利多投资有限公司诉香港克洛克纳东亚有限公司一案向香港高等法院提供的专家意见书〕》《就中国涉外仲裁体制答英商问〔专家意见书〕》《论涉外仲裁个案中的偏袒伪证和纵容欺诈——CIETAC 1992—1993 年个案评析》《论涉外仲裁个案中的越权管辖、越权解释、草率断结和有欠透明——CIETAC 2001—2002 年个案评析》《论中国法律认定的"违法行为"及其法律后果——就广东省广信公司破产清算债务讼案问题答外商摩根公司问〔专家意见书〕》《论中国内地土地使用权的回收与变卖——就香港某债务讼案问题答台商问〔专家意见书〕》《小议"法无明禁即为合法":外资企业"设董"自主权简析〔专家意见书〕》。

同时,参见本书第三编之 XI、XII、XIII、XIV、XV,分别题为《外商在华投资中金融票据诈骗问题剖析——香港东方公司 v. 香港泰益公司案件述评》《外商在华投资中的担保与反担保问题剖析——香港上海汇丰银行有限公司 v. 厦门建设发展公司案件述评》《外商在华投资"征收"索赔迷雾中的庐山面目——英商 X 投资公司 v. 英商 Y 保险公司案件述评(一)》《外商在华投资"征收"索赔中脚踩两船,左右逢源,权利兼得——英商 X 投资公司 v. 英商 Y 保险公司案件述评(二)》。

另参见本书第四编之 II、III、IV、V、VI、VII,分别题为《跨国商品代销中越权抵押和争端管辖权问题剖析——意大利古西公司 v. 香港图荣公司案件述评》《外贸汇票承兑争端管辖权冲突问题剖析——美国约克公司 v. 香港北海公司案件述评》《一项判决三点质疑——评香港高等法院"1993年第 A8176 号"案件判决书》《外贸争端中商检结论暧昧、转售合作伪问题剖析——中国 A 市 MX 公司 v. 韩国 HD 株式会社案件述评》《外贸代理合同纠纷中的当事人、管辖权、准据法、仲裁庭、债务人等问题剖析——韩国 C 公司 v. 中国 X 市 A、B 两公司案件述评》《论英国 FOSFA 裁决之严重枉法,不予执行——中国中禾公司采购巴西含毒大豆案件述评》。

[9] 参见本书第二编之 I,题为《论"适用国际惯例"与"有法必依"的统一》;第四编之 I,题为《某些涉外经济合同何以无效以及如何防止无效》;第三编之 IX、X,分别题为《是重新闭关自守? 还是扩大对外开放?——论中美两国经济上的互相依存以及"1989 年政治风波"后在华外资的法律环境》《中国对欧洲在华直接投资的法律保护及其与国际惯例的接轨》;第六编之 IV,题为《是"棒打鸳鸯"吗?——就"李爽案件"评〈纽约时报〉报道兼答美国法学界同行问》;第七编之 XII、XIII、XIV、XV、XVI、XVII,分别题为"To Close Again, or to Open Wider: The Sino-U. S. Economic Interdependence and the Legal Environment for Foreign Investment in China After Tiananmen""China's Special Economic Zones and Coastal Port Cities: Their Development and Legal Framework""Should an Absolute Immunity from Nationalization for Foreign Investment Be Enacted in China's Economic Law?""Why Some Sino-Foreign Economic Contracts Are Void and How Voidness Can Be Prevented""To Open Wider, or to Close Again: China's Foreign Investment Policies and Laws""The Li Shuang Case: A Wet Blanket Over Romantic Love?"。

[10] 参见本书第七编之 I~XVIII。

法理论,致力为包括中国在内的发展中国家弱势群体"依法仗义执言",力争成为当代第三世界争取国际经济平权地位的法学理论武器,前辈专家和学界人士认为可谓"一剑淬砺三十年"。[11] 笔者理解:学界同仁的上述溢美之词是对本人"**薄技立身·赤子情怀·知识报国**"感悟的认同、鼓励和最新鞭策。

* * *

本书五卷各编各篇,曾相继获得国家社会科学基金、国家教委博士点专项基金、高教部—教育部科研专项基金、对外经贸部—商务部专项委托研究基金、福建省政府专项科研基金以及上海文化发展基金会图书出版专项基金的资助。全书总篇幅较大,在策划、审稿、编辑加工和出版问世的全过程中,蒙复旦大学出版社诸位领导惠予鼎力支持,张永彬副总编辑倾注了许多心血和辛劳;刘云紫、张泽忠、王海浪、池漫郊、杨小强、季烨等青年学友惠予全面襄助,均此谨致深切谢忱。

陈 安

戊子(2008 年)金秋

鹭岛之滨

---

[11] 参见本书第八编之 I"媒体报道",含《光明日报》《人民日报》(海外版)等 10 篇;本书第八编之 II"论著评论",含(I)韩德培先生:《致力知己知彼 出色研究成果》,(II)朱学山先生:《一剑淬砺三十年:中国特色国际经济法学的奠基之作》,(III)郭寿康先生:《弘扬中华学术 投身国际争鸣》,(IV) B. Gosovic:《对第三世界思想体系的重大独特贡献来自中国》,(V)商务部条法司:《立意新颖务实 分析缜密深入 理论实践交融》,(VI)吴焕宁教授:《独树中华一帜,跻身国际前驱》等 15 篇;本书第八编之 III"学界来函",含中华人民共和国常驻世界贸易组织代表团团长孙振宇大使来函,中华人民共和国商务部条法司多次来函,中国驻美国旧金山总领馆领事朱文德来函,"南方中心"(South Centre)秘书长 Branislav Gosovic 来函,《世界投资与贸易学报》《日内瓦天下大事论坛》季刊主编 Jacque Werner 来函,"多边投资担保机构"(MIGA)首席法律顾问 L. Weisenfeld 来函,"解决投资争端国际中心"(ICSID)法律顾问 A. Parra 来函,美国《天普大学国际法与比较法学报》学术论文编辑 L. K. Kolb 来函,纽约法学院《国际法与比较法学报》主编 E. H. Higa 来函,哈佛大学法学院助理院长、东亚法学研究所副所长 F. E. Snyder 来函,波士顿大学法学院教授、哈佛大学东亚法学研究所前副所长 F. K. Upham 来函,哈佛大学法学院斯托利讲座教授、东亚法学研究所所长 A. von Mehren 来函,日本金融经济专家杉原启示来函等。

《国际经济法学刍言》自序

国际经济法学是一门新兴的边缘性学科。托改革开放国策之福，它在中国应运而昌，日益为国人所瞩目。笔者从事这门学科的学习、教学和研究，凡二十余年。平日寒窗冷凳，潜心探索本学科的中外新知，每有所悟、所得或所争，辄整理成文，陆续发表，以求教于海内外同行先进。所持管见，虽未必思虑周全，但均属个人研究心得和独立见解，亦从一个侧面反映了晚近二十余年间国际经济法律问题研讨的发展轨迹。近年来，海内外同行学人函询和索要历年拙作者日多，难以一一回应。回顾、反思这些学术论著及学术观点，虽乏荦荦真知灼见，然作为千虑一得或求知记录，至今或仍不无参考价值。踌躇再三，终于决定筛选其中一百九十余万言，辑为《国际经济法学刍言》一书，出版问世，便于同行继续评论指教，更冀能成为法苑之一叶一草，以衬托满园争艳之法学百花。中国自古有"敝帚自珍"和"野人献曝"之说，笔者以为，"自珍"者与"野人"之识见虽属浅陋，其诚真则未尝不可嘉许也。

本书分列八编，即国际经济法基本理论（一）、国际经济法基本理论（二）、国际投资法、国际贸易法、涉台经济法、国际法教育、英文版论文以及附录。除附录外，每编各含若干篇专题论文，合计五十九篇。其中，有前沿理论探索，有实务案例剖析，有咨询问题详解，有异议意见直抒，有长篇论证，有小议浅谈，亦有中英双语论文。简言之，内容、形式各异。然全书各篇共同特点有三：一是力求贯彻理论联系实际原则，有的放矢，不事空谈；二是秉笔直书，坦陈管见，有欠"委婉"，不事模棱；三是各篇均独立成文，又互有交叉，从不同视角，互相呼应，并融为一体。

较之海内外同行先进，笔者学术途程起步甚晚，实为"后学"，积淀殊薄。如今古稀逾六，垂垂老矣！回首五十五载粉笔生涯，偷闲"爬格"，可谓步履蹒跚，不无感慨。来日无多，值此梳理拙作，缀篇成书之际，偶得三十二字，不拘平仄，类似"打油"，录以自嘲，兼为自勖：

    蹉跎半生，韶华虚掷。
    满目青山，夕霞天际，

老牛破车,一拉到底,
余热未尽,不息奋蹄!

在成书过程中,承北京大学出版社杨立范副总编惠予鼎力支持,并亲自担任本书责编之一;资深责编冯益娜和李志军为本书精心加工,付出了辛劳。又承厦门大学曾华群、廖益新、徐崇利、李国安、单文华、林忠、陈辉萍、朱晓勤、房东、蔡庆辉等诸位同仁以及魏艳茹、刘云紫、王海浪、程红星、项剑、雷超、王中美等诸位青年学友惠予多方襄助,对杨副总编,冯、李两位责编,厦大诸位同仁及"忘年交"之厚意与辛劳,谨此表示由衷谢忱。

陈 安

乙酉(2005年)盛夏

鹭岛之滨

大师评论

I 致力知己知彼 出色研究成果
——《美国对海外投资的法律保护及典型案例分析》序言

韩德培[*]

从十一届三中全会以来，我国就把对外开放定为长期的基本国策，作为加快社会主义现代化建设的战略措施。党还号召我们："充分利用国内和国外两种资源，开拓国内和国外两个市场，学会组织国内建设和发展对外经济关系两套本领。"我国的四化建设，可以说是百业待举，需要大量的资金；而资金不足却又是我国经济发展中一个亟待解决的问题。因此，在坚持自力更生，充分发挥本国的人力、物力和财力的基础上，还必须积极引进和利用外资，以加速我国的社会主义现代化建设。

据悉，当前世界各地总共约有8000亿美元的银行存款和游资正在到处寻求投资机会。而我国有丰富的资源，有10亿人口的巨大市场，又有很高的国际威望，对它们很有吸引力。我们应该利用这个机会，积极而又妥善地引进和利用外资，以弥补国内资金的不足，加快现代化建设的速度。在引进和利用外资时，我们必须研究和了解资本输出国对它们的国外投资是怎样实行法律保护的，它们是采取什么样的保护体制，它们的有关法律和法令是怎样规定和怎样实施运用的。这样才能知己知彼，胸有成竹，而避免盲目行事，使自己处于不利的地位。即使一旦发生纠纷，也能公平合理地予以解决，使我国和对方的合法权益都得到保障。

目前我国法学界已开始注意研究有关国际投资方面的法律问题。陈安同志的这部著作，就是在这方面很出色的一项研究成果。他以美国"海外私人投资公司"作为中心环节，分析和论述了美国对海外美资的法律保护体制。他对这个"海外私人投资公司"的历史背景、美国当局的有关意图、"海外私人投资公司"的基本体制以及

---

[*] 本篇评论作者韩德培先生是武汉大学资深教授、博士生导师，中国国际法学界的老前辈权威学者，长期担任中国国际私法学会会长。

该公司对若干索赔案件的处断情况,都一一作了扼要的介绍和中肯的评析。特别难能可贵的是,他利用在美国从事研究工作的机会,用心收集了有关海外美资风险的典型索赔案例,通过理论与实践的结合,深刻地揭示出美国当局所设置的一整套法律保护体制,在实际上是如何运转和发挥作用的。这为当前我国法学界研究英美普通法系国家的法律和法律制度提供了一个很好的榜样。不但如此,他还编译和附录了较多的英文原始资料,这些资料是我们在国内不容易找到、看到的,对我们研究西方发达国家保护海外投资的现行体制,具有很重要的参考价值。他的这种认真务实的研究态度,是非常值得称道和敬佩的。我想读者们读过此书后,也一定会深有同感的。谨志数语以为序。

1985 年 5 月 26 日

Ⅱ 一剑淬砺三十年:中国特色国际经济法学的奠基之作
—— 推荐《陈安论国际经济法学》

朱学山[*]

2005 年由北京大学出版社出版的《国际经济法学刍言》一书,含上、下两卷,约 212 万字。它是陈安教授潜心研究国际经济法学二十七年间所获成果的汇辑。我曾经通读过这部专著,觉得这些科研成果,弥足珍贵,它们不仅在国内(不限于法学界)产生广泛、深刻的影响,而且有鲜明的中国特色,堪称"独树中华一帜",因而在世界(特别是在第三世界)也具有重大影响。

经全国性同行专家评议,《国际经济法学刍言》一书获得第五届"吴玉章人文社会科学奖"一等奖。此奖五年一评,档次颇高,获此奖项,足见此书的学术价值已获国内学界普遍肯定。

此书于 2005 年出版后,陈安教授仍孜孜不倦,勤于笔耕。三年以来,他又撰写了多篇学术专题论文,陆续发表于第三世界国际组织的学术公报以及中、外权威学术刊物。其中多篇被进一步转载或被收辑于海外英文及韩文学术刊物或学术专著,产生了重要的国际学术影响,获得国内外同行广泛好评。

现在,作者将三年来这些最新研究心得,加以整理汇辑;同时,将《国际经济法学刍言》原有内容全面增订,综合形成一部新书,命名为《陈安论国际经济法学》,分列

---

[*] 本篇评论作者朱学山先生是安徽大学国际法学科资深教授,中国国际法学界的老前辈权威学者。

五卷,共约310万字,由复旦大学出版社推出。

这部新著秉持和发展了他三十年来一贯的学术追求,即体察当代南北矛盾的现实,依据和提炼第一手资料,运用当代国际法理论,通过学术论证,致力为发展中国家弱势群体"依法仗义执言",为当代第三世界争取国际经济平权地位精心锻造理论武器,三十年如一日,不渝不懈,可谓"一剑淬砺三十年"。

在这部新著的"自序"中,作者清晰地勾勒出本书的体貌,简要地陈述了书中的创见及一些重要观点,这些话语,实事求是,质朴无华,没有丝毫夸饰,我完全认同。我认为,这部学术专著具有以下优点和特点:

1. 20世纪70年代末,陈安教授着手研究国际经济法,其时在我国很少人承认有国际经济法这一个法律部门。三十年过去了,《国际经济法学刍言》和《陈安论国际经济法学》相继问世,如今可以说,国内学界已没有人不承认国际经济法是一个独立的法律部门,因为已经有了足以令人信服的国际经济法学理论。2005—2008年相继推出的《国际经济法学刍言》和《陈安论国际经济法学》就是中国国际经济法学理论的奠基之作。

2. 从无到有,创建中国国际经济法学理论是艰难的。单说探究源远流长的中国对外经济交往及其法理原则,就已经不容易;而作为法律学人,去研究资本主义的发迹史,从而揭露殖民主义的滔天罪恶,论证国际经济秩序破旧立新的历史正当性,就更不容易了。可以说,每前进一步,都会遇到这样那样的难题。所有这些难题,陈安教授将其逐一解决了,而且举重若轻,所以我觉得:《国际经济法学刍言》和《陈安论国际经济法学》是创建中国国际经济法学理论的扛鼎之作。

3. 陈安教授主张:要争取建立国际经济新秩序,要认真看待并切实维护国家经济主权,要坚决贯彻、落实我国的对外开放的基本国策,并着力保障国家在对外经济交往中的合法权益。在这些理论与中国国情结合的基础上,他提出重要的涉外国策建言和立法建议,或者剖析涉外经贸争端仲裁典案,匡谬祛邪,伸张正义,这些都已为国家做出许多实实在在的贡献。可见,《国际经济法学刍言》和《陈安论国际经济法学》是学术报国、经世致用之作。

4. 陈安教授治学,是非常严谨的,例如他所援用的资料,必求其为第一手资料。其所撰文章,文字优美,气势流畅;尤其难得的是,他用外文写出的文章,同用母语写出的文章一样动人。必要时论辩滔滔,令人折服。凡此亦颇有可供当代学人及莘莘学子借鉴之处。我以为毋妨说:《国际经济法学刍言》和《陈安论国际经济法学》是能够引领群伦并有助于启迪后进之作。

此外,《国际经济法学刍言》和《陈安论国际经济法学》作为学术专著,还有其他许多优点、特点,例如它们气势恢宏、视野开阔,以及内容的与时俱进,等等。

因此,我非常乐于向学术界以及有关实务部门积极推荐《国际经济法学刍言》,特别是积极推荐《陈安论国际经济法学》这部新的学术精品,以进一步扩大和弘扬我中华特色学术在海内外的影响,扬我国光。

2008 年 8 月 8 日

Ⅲ 弘扬中华学术 投身国际争鸣
——推荐《陈安论国际经济法学》

郭寿康[*]

陈安教授是中国国际经济法的奠基人之一,也是中国国际经济法这门前沿学科的领军人物。我国传统法学(包括中华人民共和国成立前和成立后)只讲授国际公法与国际私法,没有开设过国际经济法课程。国外法学院系也大体如此。改革开放以来,陈安教授积极倡导建立中国国际经济法这门课程与学科,逐步形成了中国国际经济法的体系。万事开头难,陈安教授为创建中国国际经济法,费尽心血,成绩卓越,发表和出版了大量的优秀论文、教材与专著,做出了重大的具有历史意义的贡献。2005 年由北京大学出版社出版的《国际经济法学刍言》(上、下两卷,211 万字),是二十余年来其著作的精华与代表,也是本学科发展中又一里程碑。

《国际经济法学刍言》是国际经济法学这门学科的扛鼎之作,不但显示出作者知识渊博、深思熟虑,而且多有创新之见。二战后,逐渐兴起的国际经济法学,其阵地多为发达国家的作者、专家所占领,发展中国家声音微弱,居于劣势。陈安教授这部专著旗帜鲜明地站在国际弱势群体即广大发展中国家的立场,理直气壮地阐明对国际经济法学中的热点问题观点,持之有故、言之成理,为当代国际社会弱势群体争取经济平权地位提供有力的理论武器。尤其是用英语发表的作品,在国际上影响很大,既体现出发展中国家的主张与立场,也扩大了我国的国际影响,为我国的国际经济法学赢得了国际声誉。

书中论证的螺旋式上升的"6C 轨迹"论,无疑是作者多年研究的创新之论。

这部著作理论密切联系实际,对我国政府有关部门处理国际经济法律问题有重

---

[*] 本篇评论作者郭寿康先生是中国人民大学资深教授、博士生导师,中国国际法学界的老前辈权威学者,2012 年被授予"全国杰出资深法学家"荣誉称号。

大参考价值。这从商务部条法司和我国常驻 WTO 使团团长孙振宇大使的有关函件里可以清楚地看到。

这部专著出版于 2005 年，以其学术成就受到学界广泛好评，并已获得"吴玉章人文社会科学优秀成果"一等奖。最近，复旦大学出版社建议把陈安教授 2005—2008 年这三年间相继发表的多篇中文、英文新专题论文，添加和融汇到上述专著中，进行大幅度增订更新，推出篇幅共约 311 万字、质量更高的五卷本新书，我认为此举对于弘扬中华学术，促进法学繁荣，很有积极意义，值得大力支持，故特郑重推荐如上。

2008 年 3 月 15 日

Ⅳ 对第三世界思想体系的重大创新来自中国
—— 评陈安教授《南南联合自强五十年的国际经济立法反思：从万隆、多哈、坎昆到香港》*一文

〔南斯拉夫/塞尔维亚〕布拉尼斯拉夫·戈索维奇**

陈安教授撰写的这篇文章，为研究"南南合作"和促进第三世界思考这一重要主题做出了重要贡献。总的说来，研究"南南合作"这一主题，往往劳而无功，并且似乎无助于推动南北之间在发展问题上的对话和谈判，但是，作者却以其研究成果丰富了这一主题领域的国际学术成果和学术文献。实际上，就上述主题的研究而言，这篇文章的相当独特和富有价值之处，在于它是来自中国的一位杰出学者。迄今为止，中国尚未针对这一极其重要的议题充分地提供有代表性的国际文献。

---

* 由陈安教授撰写的这篇论文一直受到国际学术界的广泛重视。这篇文章的结论部分最先以"South-North Conflicts in a Historical Perspective"(《从历史角度看南北冲突》)为题，于 2006 年发表在权威性的 *South Bulletin*《南方公报》第 120 期。此后，其全文以"Reflections on the South-South Coalition in the Last Half Century from the Perspective of International Economic Law-making"为题，于 2006 年 4 月发表在 *The Journal of World Investment & Trade*（*JWIT*，即《世界投资与贸易学报》）第 7 卷第 2 期。应 *JWIT* 编辑 Jacques Werner 先生的要求，这篇论文经修订后又以新的标题"Weak Versus Strong at the WTO"(《WTO 中群弱抗衡强权》)于 2006 年 4 月发表在 *The Geneva Post Quarterly*（*The Journal of World Affairs*, *JWA*，即《日内瓦天下大事论坛》季刊）第 1 卷第 1 期。随着时间的推移，这篇论文获得国际学术界越来越多的关注。其修订版已被翻译成韩语，并于 2006 年 6 月发表在韩国重要的学术刊物 *The Journal of Inha Law* 第 9 卷第 2 期。这篇论文再次修订后的英文本被收录在 Yong-Shik Lee 教授主编的 *Economic Law Through World Trade: A Developing World Perspective*（《从发展中国家视角看世界贸易中的经济法》）一书由 Kluwer Law International 出版社 2007 年出版。

** 本篇评论作者布拉尼斯拉夫·戈索维奇（Branislav Gosovic）先生是一位国际知名人士，资深联合国退休官员，曾先后在联合国贸易与发展会议（UNCTAD）、联合国环境署（UNEP）、联合国拉丁美洲和加勒比经济委员会（ECLAC）等机构工作；其后在发展中国家政府间组织——"南方中心"长期担任秘书长，达 14 年之久（1991—2005）。目前担任设立在日内瓦的"全球发展战略研究会"（DAG）执行秘书。

在本文中，陈安教授运用宏观的历史眼光，观察发展中国家在世界舞台上作为一个集团，采取集体行动开展南北谈判的努力进程，把发展中国家自1955年万隆会议起就开始作出的各种努力，与当前在WTO体制中发生的各种事件联系起来加以综合分析，从中强调了两个根本事实：

1. 多年来发展中国家采取联合行动的持续性及其斗争的正当性。

2. 当前，这种联合行动也正在WTO体制内部进行之中。它不像先前GATT阶段、乌拉圭回合谈判阶段或WTO诞生初期那样，每个国家各自为政，而南方国家的集体行动则被认定为"联合国和77国政治的干扰和入侵"，从而受到百般阻挠，甚至遭到强烈反对。

在乌拉圭回合的谈判过程中，在WTO各种不平等协定的实施过程中，发展中国家面临来自北方国家的种种压力，经受了种种磨难，这就让发展中国家意识到，在号称"整平游戏场地"而实则向发达国家高度倾斜的谈判中，只有采取必要的集体行动，才能促进和维护它们自己的各种权益。

陈安教授在这篇精辟的论文里，阐述了在WTO发展进程中一向盛行的实力较量，以及发展中国家集体行动的应运而生，进而强调指出在这一重要组织中，实行密切而高效的南南合作，具有战略性的、生死攸关的重大作用。他把几十年来所发生的各种事件以及发展中国家作出的不懈努力串联起来，综合分析，让人们清楚地看到了南方国家在国际舞台上一直面临的各种挑战和障碍，以及它们始终不渝的努力，争取缔造一个更为公正、公平的世界经济秩序，促进它们自身发展。同时，他也揭示了蕴含于南南联合和奋斗自强之中的法理基础。

陈安教授提供了十分充足但又绝不多余的经验详情，从全局的观点提出了综合分析的见解，这就极大地帮助了读者，尤其是那些入世未深的青年读者，去领悟全球所面临的存亡攸关的各种挑战。他们本来未必很了解有关的历史背景，或很深刻地意识到各种问题的连续性和相互关联性。

陈安教授对南南合作秉持积极肯定的态度，包括极其重视建立适当的组织机构以支持南南合作，这种看法是十分令人鼓舞和深受欢迎的。在全面认识到问题和困难的同时，他提出了"6C律"的观点 Contradiction（矛盾）→ Conflict（冲突）→ Consultation（磋商）→ Compromise（妥协）→ Cooperation（合作）→ Coordination（协调）→ Contradiction New（新的矛盾），强调坚韧不拔、不懈斗争的重要性，强调应当认真贯彻和不断更新国际经济法的公平准则和实践惯例，把其作为开展国际合作的核心内容之一。许多发展中国家人士时常因为路途上困难重重，在南北对话和南南合作中进展缓慢或停滞不前，感到灰心丧气。陈安教授提出的上述看法，势必使那些心灰气馁的发展中国家人士感到印象深刻,很受启迪。

最能振奋人心的是陈安教授这篇论文所表达的乐观主义和坚定信念。文章的特别重要之处是它来自于中国,而且将会在中国这个国家被广泛阅读,对广大读者,包括那些处于决策地位的决策者们产生深刻影响,从而能够促使他们的国家在全方位的南南合作中日益成为举足轻重的力量和领导性因素。因此,如果说这篇论文及其各项建议已经清晰地展现出了某种结论的话,那就是:国际弱势群体通过下定决心,坚韧不拔地采取集体行动,开展南南合作,并以必要的人力、财力和组织机构,致力于支持和实现这一目标,就可以获得巨大的、硕果累累的成功。

尽管关于WTO的故事随着香港部长级会议的落幕而暂时告一段落,但是这并不会让陈安教授的这篇论文显得过时。恰恰相反,香港会议以后出现的种种事态发展,已经充分说明这篇论文依据历史所阐明的有关主题主旨仍然合理有效,并且具有深远的影响。因此,陈安教授的这篇文章不仅仍然可以作为学生和学者的标准读物,而且对于许多决策者和参与WTO等谈判磋商和日常活动的人士说来,也是可供参考的标准。同时,还可以指望它能对促进南南合作,加强南南合作的机制和组织机构产生积极的影响。

无疑,这一长篇论文的重大意义就在于,它为当代全球弱小民族国家提供了用以抗衡强权和抵制霸权的理论利器和实践工具。

2008年1月18日

(张泽忠译)

学 者 导 言

I 追求全球正义 抵制国际霸权

〔韩〕李庸中*

小 引

陈安教授经过长期刻苦钻研,完成了鸿篇巨著,邀请我撰写书评。对我而言,为这样一位令人敬仰的学者撰写书评,是喜出望外的殊荣。第一次见到陈安教授,可以回溯到2011年。当时,经蔡从燕教授推荐,我代表韩国《东亚与国际法学刊》(*Journal of East Asia and International Law*),专程前往厦门采访陈安教授。采访在厦门大学法学院的大楼进行。我还记得,厦门大学法学院靠近景色优美的海滨,整个厦门大学法学院的气氛非常专业化,稳重温文,具有合作精神。陈安教授和厦门大学法学院的其他教师如陈辉萍教授,以及陈安教授亲切和善的女儿陈仲洍的热情接待,给我留下深刻的印象,令我有宾至如归之感。我走进宽敞的会面房间,就看到陈安教授已经带着温暖的笑容在等我。我立刻意识到他是一位名副其实的学者,是一位具有深厚美德的"士",善于以其无比顽强的力量对抗任何压制真理(veritas)的行为。在我诚挚问候之后,他谦逊且友好地说:"李博士! 我们之间有两个共同之处。首先,中国和韩国都曾经遭受日本军国主义的侵略。其次,我和你都推崇孔儒之道,因为你的名字'庸中'与一部儒家经典著作《中庸》密切相关。"确实如此,我们之间的会面访谈也正是在这些共识的基础上积极地展开的。

陈安教授在采访过程中提到的许多有趣故事,深深地吸引了我(整个采访的问答记录刊登在英文版《东亚与国际法学刊》第4卷第2期,并被辑入《中国的呐喊:陈

---

* 李庸中(Eric Yong Joong Lee),韩国东国大学法学院教授,李儁(YIYUN)国际法研究院院长,《东亚与国际法学刊》(*Journal of East Asia and International Law*)主编。

安论国际经济法》(以下简称《中国的呐喊》)这本书的导言部分[1]。作为中国国际经济法的旗手学者,他具有卓越的才华和坚守的原则,思维清晰,博闻广识,严谨缜密,充满智慧。他对国际法的重要性具有深刻厚实的理解。

在我回到韩国之后,我们之间一直保持频繁的联系。2014 年,陈安教授邀请我为《中国的呐喊》一书撰写书评。一开始我有所犹豫,因为我觉得自己不够资格为这样一位我从心底深深敬佩的杰出学者的著作撰写书评,这将会是我要承担的最艰难的任务之一。然而,最后我还是接受了陈安教授的提议,因为我觉得我有责任祝贺他把自己的学术主张传播到国际社会。我的评论本身也许并非对这一著作的确切评价,但我的粗浅评说却表达了一位年轻外国学者对作者的仰慕和敬意。

一、作者简介

陈安教授在 1929 年 5 月出生于福建省东北部的一个小山村,在其成长过程中,很大程度上受到父亲的影响和教育。他的父亲是位儒家学者和诗人,1945 年辞世。1946 年,17 岁的陈安教授考进厦门大学开始学习法律。此后,由于历史的原因,自1953 年起他的法学学习和研究令人遗憾地中断了 27 年,直到 1980 年厦门大学法学院重新建立。那时,陈安教授已经五十来岁。他敏锐地意识到中国不仅需要建立国内法律体系,而且,由于中国开始实施对外开放的战略,还需要有自己的国际经济法体系。陈安教授决定专注从事国际经济法的研究。然而,在那个时代,中国缺乏现代的法律教科书,更遑论有关国际经济法的各种文献。1981 年,一个偶然的机会,陈安教授遇到美国的 Jerome Cohen 教授并与之就学术观点展开争论,最后,陈安教授被邀请到哈佛大学继续从事法学研究。从此之后,他利用所有到国外访问和参加学术会议的机会,带回大量相关的英文书籍和资料。辑入《中国的呐喊》一书的一系列专论就是其研究的主要成果。它们反映了陈安教授严谨的学术素养、爱国主义情怀和历史责任感。陈安教授是"新中国国际经济法学的奠基人之一",他的学术生涯和中国改革开放的国策息息相关。在法学实践中,他又是一名国际商事领域的律师,多家跨国企业的法律顾问,同时还是 ICSID、ICC、IAI 和 RIA 的仲裁员。

除了国际经济法,陈安教授还爱好诗歌、文学和书法艺术。在东亚,一名完美的学者通常都有这些方面的修养。他性格温和、热心,有勇往直前的信念。他经历了中国被外国占领、内战和社会革命的历程。所有这些,都不能阻止他对人类社会真

---

[1] See A Dialogue with Judicial Wisdom, Prof. An CHEN: A Flag-Holder Chinese Scholar Advocating Reform of International Economic Law, *Journal of East Asia and International Law*, Vol. 4, No. 2, pp. 477-502; An Chen, *The Voice from China: An CHEN on International Economic Law*, Springer, 2014, pp. xxxi-lviii.

理、公平的追求。甚至可以说,这些磨难帮助他在中国学术乃至国际学术上达到难以超越的高峰。陈安教授经常论证对人类社会和平以及共同繁荣的崇高追求,不失为我们这个时代的一位杰出的良师益友。

二、著作内容

《中国的呐喊》这部专著,汇辑了陈安教授在过去30多年所撰写的24篇英文论文,是陈安教授从1980年开始多年从事国际经济法学术研究的代表作。这本书涵盖了中国所面临的有关国际经济法的许多疑难问题。在该书中,这24篇文章被分为6部分:当代国际经济法的法理;当代经济主权论;中国在当代国际经济秩序中的战略定位;当代双边投资条约;中国的涉外经济立法;当代中国在国际经济争端解决中的实践。各部分的内容相互联结并保持良好平衡。陈安教授的法理观念和学术见解在许多方面不苟同于美国和欧洲国际法研究的主流观点。《中国的呐喊》这著作的出版具有相当重大的意义,因为它打造了中国在国际经济法领域话语权的坚实基础。通过陈安教授周全深入的研究,中国开始在世界上发出自己的声音,表达自己的理念。从这个意义上说,《中国的呐喊》这一标题有相当深刻的喻义。除了学术内容精彩独到之外,这本书由久负盛名的斯普林格出版社负责出版,编辑加工十分专业,装帧精美,封面设计也很典雅大方,值得称道。

三、"黄祸"论(Yellow Peril)

中国对于西方来说一直是个神秘的国度。其主要原因在于中国具有广阔的疆土,大量的人口,漫长的历史和古老的文明,现代的共产主义理念,而且在1978年之前一直坚持闭关锁国的政策。但是,更关键的是,在西方人思想的深处,曾经不知不觉地根植了所谓"黄祸"论的传言。最近,这种思想又从他们的潜意识中悄悄爬出来,进入真实的世界,变成为一个恶毒的说法,即"中国威胁"论。在《中国的呐喊》第三章,陈安教授分析了"黄祸"论以及其现代变种"中国威胁"论的起源、演变和在国际社会的法律意义。一些中国学者似乎也同样意识到这两个概念之间的历史联系。例如,中山大学陈东教授指出:"'中国威胁'论并非是在过去二十年才出现的新的概念。它可以回溯到19世纪,例如,在沙俄时代米哈伊尔·巴枯宁撰写的《国家制度与无政府状态》一书中,就谈到了'来自东方(中国)的巨大和可怕的威胁'。德皇威廉二世制作的形象漫画《欧洲人啊,保卫你们的信仰和家园》,就描述了19世纪末欧洲人对中国的普遍看法。"[2]陈东教授还指出:"'黄祸'论的根源在于一些欧洲人将黄色面孔的中国人视为'不文明的'和愚蠢的破坏者,他们对西方的'文明社会'可能造成巨大的威胁。"[3]

然而,单凭这种历史回溯的方法,往往还不是认识现今"中国威胁"论的关键所在。当代美国霸权版的"中国威胁"论最早出现在20世纪90年代中叶,其主要鼓吹者是布什政府下的美国政客和学者。到了21世纪的最初几年,这一谰言开始变得相当尖锐刺耳。看来当时布什政府是刻意地杜撰出"中国威胁"论这个口号,意在阻止经济和政治影响力迅速增长的中国进一步扩展,影响到亚洲—太平洋地区,以便于美国全盘统治东亚。对当时唯一的"超级大国"美国而言,中国可能是美国在这一地区军事和经济霸权主义的潜在威胁。"中国威胁"论正是在此种权力交替的国际环境中产生。"中国威胁"论可能不是"黄祸"论在当代的简单转型,因为"黄祸"论主要是欧洲人在特定环境下的看法,"黄祸"论的产生实际上起源于13世纪蒙古人入侵欧洲后,欧洲人面对黄色脸孔的中国人和中国文明产生的根深蒂固的自卑情绪。因此,"黄色"一词可能不是指亚洲人皮肤的颜色,它指的是蒙古骑兵在入侵过程中掀起的黄色沙暴。对当时的欧洲人而言,他们是魔鬼,只有全能的上帝能战胜他们。

这一假设在陈东教授的《谁在威胁谁?"中国威胁"论和布什政策》一文中得到很好的论证。陈东教授认为,布什政府抱有"单极世界的梦想"可以解释"中国威胁"论的来由。[4]陈东教授引用伊肯贝利撰写的论文《美国的帝国野心》,指出,美国人将布什的政策视为"美国能保持单极世界从而没有任何竞争者的宏伟的战略",但这有可能造成"世界更加危险和分裂,因此也会威胁到美国的安全"。[5]陈东教授还特别援引福音教派的理论作为论证布什政策的基础。他认为,"中国威胁"论是布什构建以美国为中心的单极世界的实用工具。[6]

陈安教授在《中国的呐喊》一书中对前述布什政策下的种种"中国威胁"论作了概括总结。陈安教授认为:

> 它们是美国出现的层次最高、频率最繁、影响最大的美国官方版的"黄祸"论——"中国威胁"论。它们是美国国会、美国国防部、美国高层智囊"三结合"产

---

[2] Dong Chen, Who Threatens Whom? The "Chinese Treat" and the Bush Doctrine, *Journal of East Asia and International Law*, Vol. 7, 2014, p. 32.

[3] Ibid.

[4] Ibid., pp. 39-40.

[5] G. Ikenberry, America's Imperial Ambitions, *Foreign Affairs*, Vol. 81, 2002, p. 44.

[6] Dong Chen, Who Threatens Whom? The "Chinese Treat" and the Bush Doctrine, *Journal of East Asia and International Law*, Vol. 7, 2014, pp. 42-43.

物。美国国防部门的部门利益昭然若揭……（苏联解体）和冷战结束后,对于始终保持着"古怪癖好"的惯性思维的美国人而言……他们需要找到（苏联以外）另一个明确的、强大的新"威胁",而中国正好就是美国人一向极力虚构的危及美国安全的新的"严重威胁"。[7]

我十分赞同陈安教授对"中国威胁"论的看法,即"中国威胁"论就是"21世纪美国霸权最新修订版的"黄祸"论,它体现为美国"鹰派"反华议员每年一度集中渲染"中国威胁"的《中国军力报告》,美中经济与安全审议委员会的《审议报告》,以及各种媒体的呼应鼓噪。[8]

四、经 济 主 权

在《中国的呐喊》一书的第四章和第五章,陈安教授探讨了更为根本性的经济主权问题。随着经济全球化和各国间互相依存性的增强,单个国家的经济主权成为论战的焦点之一。陈安教授对WTO的多边主义和美国的单边主义作了对比分析。他非常精彩地比较分析了美国汉金教授和杰克逊教授关于美国单边主义和WTO多边主义的不同观点。他引用许多相关案例批判美国单边主义凌驾于其他国家主权之上。他的分析和评论有意识地涵盖《美国贸易法》中的201条款和301条款,WTO体系形成过程中的各种主权冲突,美国国内的1994年主权大辩论,美国的主权和其他国家的主权之间的关系,美国与欧盟之间经济主权的争夺,美国与日本之间的汽车争端,美国与欧盟之间的香蕉争端,WTO争端解决机构针对美国301条款的专家组报告等。

陈安教授探讨了多边体制时代各主权国家合作协调的问题。他的观点谅必建立在中国过往历史经验的基础上,包括被列强侵占的灾难和国内战争的痛楚,这些灾难和痛楚陈安教授都曾经亲身经历过。我完全赞同陈安教授的观点。绝大多数亚洲国家都曾经一度沦为殖民地,对亚洲人说来,"主权"不应该是个虚构的神话,它是民族自决的现实。

五、结　　论

陈安教授《中国的呐喊》一书,无论对中国、整个亚洲,还是对国际社会,都是一

---

[7] An Chen, *The Voice from China: An CHEN on International Economic Law*, Springer, 2014, pp.64-65.另参见陈安:《评"黄祸"论的本源、本质及其最新霸权"变种":"中国威胁"论》,载《现代法学》2011年第6期,第20—21页。

[8] Ibid., pp.67-68.另参见同上论文,第22页。

项重大的成就和贡献。此书追求和论证的目标是,国家间应当在公平和均衡的基础上开展经济合作。这本著作的核心和焦点可以概括为:为世界群弱呐喊,追求全球正义,抵制国际霸权。

这也是"了解中国"系列专著的出发点,即从建立国际经济新秩序的角度来理解和看待中国。对于今后愿意追随陈安教授的学术界人士和实务工作者而言,《中国的呐喊》将会成为杰出的范本。就我而言,我正处在陈安教授开始从事国际法研究的年龄。他不渝不懈的努力和学术热情会一直激励着亚洲乃至全球的国际法工作者。陈安教授的精神也一直鼓舞我保持永无止境的求知欲。无论何时,我都热切地期待未来新的一卷《中国的呐喊》问世。由于陈安教授老当益壮,依然矍铄健朗,我希望新书的出版不会等待太久。在这里,我再次对《中国的呐喊》一书出版,表达发自内心的深深的祝贺之忱。

(译者、编辑:陈　欣)

Ⅱ　独树中华一帜　跻身国际前驱
——访《陈安论国际经济法学》作者陈安教授

张永彬*

汇集我国著名法学家陈安教授自改革开放 30 年来研究国际经济法学主要成果的五卷本《陈安论国际经济法学》,近日由复旦大学出版社出版,并于 2009 年 5 月 10 日在厦门大学召开的"中国国际经济法的研究方法暨陈安教授学术思想研讨会"上,举行了隆重的首发仪式。《陈安论国际经济法学》的出版,被认为是中国学者构建中国特色国际经济法学派的奠基之作和代表性成果,引起了中外法学界的极大关注。本人有幸与陈先生结缘多年,并担任此"五卷本"的责任编辑。特对陈先生进行了访谈,以下是访谈的主要内容。

年过半百重返法学领域

张永彬(以下简称"张"):首先祝贺您的五卷本巨著出版并在厦门大学首发。相比其他社会科学学科,法学的教学和研究由于众所周知的原因曾经被中断,记得《人

---

* 张永彬,复旦大学出版社副总编辑、编审。

民日报》(海外版)曾报道您是51岁才开始重返法学领域,您当时为何选择研究国际经济法学?

陈安(以下简称"**陈**"):谢谢您的祝贺。我51岁重返法学领域,是在别人冲刺的年龄才起跑,这是我们这一代法学工作者特殊的遭遇,可以说我国认真恢复法学特别是国际法的教学和研究,和我国实行改革开放尤其是对外开放的基本国策几乎是同步的。对外开放首先遇到的是大量的国际经济法律问题,正如1992年7月7日《人民日报》一篇题为《为对外开放铺路》的采访报道中说的那样,我"重返法学领域于改革开放之始",我的"学术生命从此与改革开放紧密相连"。1981年初我与一位美国著名教授进行了一场偶然争鸣,随后我应邀前往哈佛大学法学院从事国际经济法研究,并兼部分讲学。此后我多次应邀出访欧、美、澳、亚多国,参加国际学术会议或讲学,从而得以直接接触和学习国际前沿学术新知,扩大视野,加深思考,并提出自己的学术见解。因此可以说,托邓小平路线和对外开放国策之福,才有这五卷本的问世。

张:在您重返法学领域之前,曾从事多个学科的教学,能否作一个简单介绍。

陈:1950年7月,我从厦大法律系毕业后,服从组织分配,历经法院、厦大法律系、厦大马列主义教研室、厦大教育系、厦大历史系等单位,多次奉命"转行",直到1978年底,适逢邓小平路线指引下的"拨乱反正",改革开放。1980年,厦大复办法律系,我又奉命"归队",重操已经荒疏了27年的旧业——法律,开始关注"久违"了的国际法,特别是国际经济法领域的大量新鲜知识和信息,边学习,边教学,边研究。

令学生"发抖"的"为师之道"

张:研讨会上很多同事、学生的发言中,提到您教学的严格时,不约而同地用了"严酷"一词,能否向外界"透露"一点您的"为师之道"?

陈:"养不教,父之过。教不严,师之惰。"——《三字经》所总结的这12个字,是对为人父、为人师者的著名警语。不严格要求学生就是做老师的懒惰、懈怠、失职。常言道,"严师出高徒",严格的教育、训练乃是青年学生成才的必然途径。"严酷"主要是对作业粗糙草率的严肃批评,但"苦口"实出于"婆心"。

并不是所有的老师都敢于严格要求学生。如果自己备课不认真、钻研不刻苦、治学不严谨,甚至马马虎虎,敷衍塞责,这样的老师,通常便不敢从严要求学生,甚至不惜以"廉价的分数"博取和换来懒惰学生"廉价的好感",这就难免误人子弟,显然有违"为师之道"了。

秉持"三人行必有我师"的古训和"能者为师"的准则,提倡学术民主,敢于向自己的学生和青年同事讨教、请益,从善如流,乐于接受来自他们的有益异议,这也是"为师之道"的必备素质。在我们这里,不少青年学生和团队成员都曾经是我的一字之师、一失之师、一得之师,或资料信息之师。这也是我们这里几代老中青成员之间"知识互补"风气较浓的"诀窍"所在。

可见,我们团队提倡的"为师之道"就是敢于"互相苛求"和敢于"不耻下问"相结合。

张: 您的学生以感激之情首次向外界公开并"命名"了您当年的严格训练为"魔鬼训练法",如果现在让您施教,您是否还会那样"严酷"?

陈: 过去我只听说此法曾被称为"怨声载道法",现在得知又晋级为"魔鬼训练法"。准确些说,应当是"金刚怒目,菩萨心肠"。"魔鬼"云云,主要是指在"国际经济法原始文献精读选译"课的作业和学位论文的撰写过程中,把周恩来总理所称道的日本教练大松博文对中国女排实行的"大运动量"苦练基本功,移植于大量翻译作业,而且不容许研究生轻视中文、英文基本功,不容许在学位论文中有粗制滥造、草率马虎、错别字多、标点乱用,却又自命为"胸怀大志,不拘小节"。现在,"老牛拉破车",我仍在带博士生,上述"苛求"之习,依然故我,"秉性难移"。但回想当年批评时常有"疾言厉色""劈头盖脸""不留情面"之处,确实期待"挨批"的青年学友们海涵。好在他们绝大多数"不念旧恶",还不远千里,"自掏腰包"(自付旅差费)前来参加这场研讨会,济济一堂,对"魔鬼"老头美言相加,这种胸襟和度量,令人感动,值得学习。

老而弥坚 躬耕不辍

张: 在研讨会上,我国台湾地区著名学者林诚二教授在发言中称赞您著作"不等身",即您著作累计厚度超过了您的身高。我注意到您最近20年来先后取得了11项国家级、省部级科研成果一等奖,7项国家级、省部级科研成果二等奖,获奖等级之高、数量之多,在中国人文社会科学学者中是罕见的,而在上述11项一等奖成果中,有9项是在您70岁退休以后取得的。退休后本应颐养天年,您却躬耕不辍,是什么原因使您保持如此长久和旺盛的学术生命?除了上述获奖课题研究之外,您最近十年还从事哪些重要学术活动?

陈: 弹指之间,我已届耄年。前50年,蹉跎岁月,虚掷韶华;后30年,欣逢邓小平路线指引下的太平盛世,来日无多,产生了紧迫感:必须急起直追,努力"抢回"一点失去的时间,赶在"老年痴呆症"光临之前,多做些力所能及的"知识报国"点滴小事,汇入振兴中华的大潮,才能对此生有个起码交代。退休后10年来,除个人继续笔耕外,还力争不负国内同行所托,在志士仁人的鼎力支持和共襄盛举下,使中国国际经济法学会获得中华人民共和国民政部批准,正式登记成为国家一级的民间学术社团。通过这个学术平台,更有效地积极开展国际经济法领域的国内外学术交流,逐渐形成和确立了"**以文会友,以友辅仁,知识报国,兼济天下**"的学会宗旨和共识。我所初创和主编的《国际经济法学刊》,在全国同行先进的积极参与下,定位为全国性、开放性的国际经济法领域优秀学术著述的集刊,现由北京大学出版社出版。10 年来,已连续出版 15 卷。其学术水平和社会影响受到国内外理论界和实务界的普遍肯定和赞誉,并已入选"中文社会科学引文索引"(CSSCI)学术数据来源集刊。可以说,这是又一个全国同行共创、共有、共享的重要学术交流平台。

张:您在五卷本专著"自序"的标题下列出了"**以勤补拙·羡鱼结网·薄技立身·赤子情怀·知识报国**"20 个字,这是否可视为您的人生总结或感悟?

陈:这 20 个字,既是对过去的感悟,也是今后的追求。"自序"中的许多注解,分别指明全书五卷 310 万字论述中体现了八个方面的中国特色,可以作为"导读"主线和具体索引,加以参考。(详见复旦大学出版社 2008 年版五卷本"自序")

独树中华一帜

张:五卷本专著中,有很多代表发展中国家立场、独树中华一帜的观点,如您提出的著名的"6C 轨迹"论,您能否略作说明,并再列举一二?

陈:"6C 轨迹"论是依据大量史实,探索建立国际经济新秩序的规律和路径,得出的初步结论。通过史论结合,有理有据地揭示近代史上的"殖民十恶",论证全球弱小民族坚持爱国主义,要求改变国际经济旧秩序和更新国际经济立法的正当性;强调当代国际经济秩序和国际经济法律规范的破旧立新,势必循着螺旋式上升的"**6C 轨迹**",即 Contradiction(矛盾)→Conflict(冲突或交锋)→Consultation(磋商)→Compromise(妥协)→Cooperation(合作)→Coordination(协调)→Contradiction New(新的矛盾),依靠群体力量,联合奋斗,步履维艰,迂回曲折地逐步实现。全球弱小民族既不能盲目"乐观",期待"毕其功于一役";也不能盲目"悲观",遇到挫折就灰心丧志;更不能奢望只凭孤军奋斗,即可克敌制胜。总结历史,以史为师,国际弱势群体争取和维护平权地位和公平权益,舍韧性的"**南南联合自强**",别无他途可循。(参见本书第一编之 II、XII、XIII、XIV 各篇专论)

多年来,我一直注意有的放矢,针对外国媒体、政坛和法学界对中国的各种误解和非难,撰写多篇双语专论,予以澄清和批驳;通过**学术论证**,努力维护中国的国家尊严、国际信誉和民族自尊,弘扬**中华爱国主义**(参见本书第二编之 I,第四编之 I,第三编之 IX、X,第六编之 IV,第七编之 XII、XIII、XIV、XV、XVI、XVII 各篇论)。可以说,这些专题论文在国际法学论坛上更加具有"**独树中华一帜**"的特色。

张:您作为中国国际经济法学的奠基人之一,1993 年至今连选连任中国国际经济法学会会长,在国际权威期刊上发表了 18 篇长篇英文版专题论文,其中《南南联合自强五十年的国际经济法立法反思》一文,被长期担任发展中国家政府间组织"南方中心"秘书长的国际知名人士 Branislav Gosovic 先生评价为"对第三世界思想体系的重大创新来自中国",为我国的国际经济法赢得了极大声誉。在这方面您有何经验和体会?

陈:中国人在国际学术论坛上既要谦虚谨慎,认真学习和吸收有益新知,切忌闭目塞听,妄自尊大;又要敢于对外来的种种"权威"理论,衡诸国情和世情,深入探讨,独立思考,加以鉴别,乃至质疑,切忌妄自菲薄,盲目附和。简言之,要认真刻苦地学历史,钻理论,摆事实,讲道理,有据有理地阐明自己的见解,敢于发出中华之声和弱势群体之声,平等地参加国际热点难点问题的讨论和争鸣,追求客观真理和社会公平。

跻身国际前驱

张:五卷本专著第一卷的插页中收录了您 1981 年初访哈佛大学的两张照片和您与哈佛大学法学院前副院长柯恩(Jerome Cohen)教授 2004 年重逢于厦门国际学术会议的照片,看来您很重视与哈佛的渊源。听说您跟柯恩教授曾在有关征收外资问题上有过一场针锋相对的辩论,能说说有关的情况吗?

陈:1981 年初,在美国享有"中国通"美誉的柯恩教授来访厦门,在一场演讲中批评新中国政府不尊重私有财产,随意没收(confiscate)外国人资产;为了吸引外商来华投资,应当在立法中规定绝对不侵犯外国人的一切财产。我认为,他的这些批评不符合中国的实际情况,并列举中国的有关法律规定逐一予以反驳,同时援引美国的相关法律和国际惯例,辨析"没收"(confiscation)与"征收"(expropriation)的区别。柯恩教授当即表示:"你的知识补充了我的不足",并邀请我前往哈佛访问和讲学。后来,以此次辩论为基础,我撰写了相关的中英双语论文《我国涉外经济立法中可否规定对外资绝不实行国有化》,其中有关观点被后来的修订立法所吸收。(参见本书第三编之 VIII、第七编之 XV)

2004 年,柯恩教授应邀来厦门参加国际学术会议,老友重逢,聚叙甚欢,但我们之间又在美国单边主义与 WTO 多边主义之间矛盾冲突的问题上各持己见,激烈争辩。可以说,我们是"不打不相识"的"诤友",在互相尊重对方的基础上,通过国际性

前沿问题的学术争鸣,实行知识互补,达到共同提高。(参见本书第一编之X、第七编之I)

张: 我注意到插页中还有一张您于2005年与美国著名的洛文费尔德(Andreas F. Lowenfeld)教授在海牙交流学术观点的照片。五卷本专著第一卷第一编第一篇论文《论国际经济法学科的边缘性、综合性和独立性》一文,对流行于全美的洛文费尔德教授宣扬"美国立场"的《国际经济法》通用教材中的观点,提出了尖锐的批评。这其中是否隐含着您与国际权威在某些方面存在着重大的立场分歧?

陈: 您的见解和评论是颇为中肯的。洛文费尔德教授在国际经济法学领域建树颇多,素享国际盛誉。但是,他的某些学术观点却弥漫着或残留着殖民主义、扩张主义、霸权主义气息。这是国际弱势群体即发展中国家不能苟同的。作为发展中国家一员的中国,其学人固然可以而且应当从洛文费尔德教授的著作中学习国际经济法前沿知识的精华,却不能不加以认真思考、鉴别和必要的剔除,以致连同其中包含的糟粕,囫囵吞下。

美国另外两位权威教授汉金(Louis Henkin)和杰克逊(John Jackson),前者曾担任美国国际法学会会长,是举世公认的国际公法老前辈、学术权威,后者长期以来担任美国政府外贸国策的高级顾问,以"WTO之父"闻名于世。对于他们的著作,也应当采取"一分为二"的态度,去粗取精,去伪存真。收辑于本书的《**世纪之交在经济主权上的新争议与"攻防战":综合评析十年来美国单边主义与WTO多边主义交锋的三大回合**》一文,就是针对这两位权威教授在当代国家主权与美国霸权问题上的不当观点和错误见解,诸如弱国"主权过时"论、"淡化"论、美国"主权(霸权)优先"论等等,进行了有理有据的剖析和批评,提醒全球弱势群体增强忧患意识,珍惜和善用经济主权,确保和维护民族正当权益;**警惕理论陷阱**,切忌懵懵然地附和、接受当今颇为"时髦"的、来自西方霸权主义国家的有关经济主权的各种似是而非的主张。我认为,这既是国际弱势群体即发展中国家的学者们的权利,也是这些学者们义不容辞的职责。(参见本书第一编之X、第七编之I等篇专论)

张: 在研讨会上,您在"感言"中提出要"敢言",要为创建中国的国际经济法学派努力,这部五卷本专著的书名也参照国际上著名法学著作常用的"××论××法"的惯例命名,这是否可以理解为也是一种"跻身国际前驱"的自信自强之举?

陈: "创建中国的国际经济法学派",此议最初是1993年在中国国际经济法学会年会期间由中国社科院法学所李泽锐教授和上海复旦大学法学院董世忠教授提出来的。我认为,这项创议既**符合中国的国情,也符合时代的需要**。中国人当然不能妄自尊大,但也不必妄自菲薄。"创建中国的国际经济法学派",当然不可能一蹴而就,也不可能期待在三五年、一二十年之中由几个人完全实现。要完全实现,并获得广泛的国际认同,需要几代中国学人群体的连续努力和不懈追求。**中国人应当有这种志气和抱负**,从现在就起步,朝这个方向迈步前进。

至于以人名冠于书名,确有不少先例,诸如《奥本海国际法》《戴西和莫里斯论冲突法》等等。我以自己的名字冠于五卷本,主要是表示书中所论,均属**个人学习和研究心得体会**,**文责自负**。把此举理解为也是当代中国人排除百年来不应有的民族自卑,开始树立应有的"跻身国际前驱"的**自信自强**心愿之一,似也非绝对不可。阁下以为然否?

2009 年 5 月 11 日

Ⅲ 老艄公的铿锵号子[*] 发出时代的最强音
——《中国的呐喊:陈安论国际经济法》读后的点滴感悟

曾令良[**]

金秋收获时节,欣悉《中国的呐喊:陈安论国际经济法》(*The Voice from China: An CHEN on International Economic Law*,以下简称《中国的呐喊》)面世。这部新著集中了中国国际经济法学奠基人之一陈安先生三十多年学术研究之精华,由举世闻名的国际权威出版社同时向全球推出纸质版精装本和电子版。晚辈获陈老前辈惠赠其巨著,受宠若惊,感激之余,不禁感叹如下数语,以飨读者。

一、创新远征 教材开路

陈先生不愧为学界泰斗,学术常青常新。他数十年如一日,研究不息,笔耕不止,出版和发表的著述字数以数百万计。根据晚辈初步观察,中国改革开放后的头 20 年,陈先生研究的重心主要是通过主编不同版本的《国际经济法》教材、创办和主编《国际经济法论丛》及其改版的《国际经济法学刊》,创立和不断完善中国的国际经济法学体系。此外,他还在国际商事仲裁和国际投资争端解决等领域著书立说。与此同时,陈先生在国(境)内外一系列重要学术刊物上就国际经济法基本理论和实践

---

[*] 号子,指集体劳动协同用力时,为统一步调、减轻疲劳等所唱的歌,通常由一人领唱,大家应和。参见《现代汉语词典》(第 7 版),商务印书馆 2016 年版,第 521 页。

[**] 曾令良,时任武汉大学资深教授、"长江学者"特聘教授、国际法研究所所长。

中的重大和热点问题分别用中文和英文发表了数十篇具有重要影响的论文。

二、"三步进行曲"与"陈氏国际经济法"

进入 21 世纪,陈先生的学术成就集中体现在其先后出版的三部巨著之中。这三部代表作可谓是陈先生近十几年来学术创新的"三步进行曲",节节攀升,直至巅峰。首先,由北京大学出版社于 2005 年推出《国际经济法学刍言》上、下两卷本,共计 210 余万字。三年后的 2008 年,在原有著述的基础上由复旦大学出版社推出了《陈安论国际经济法学》五卷本,共计 300 余万字。诚如先生自言:这部新著"并不是《刍言》的简单再版或扩容",而是作者"针对本学科领域新问题进行探索的心得体会的全面增订和创新汇辑"。更令人震撼的是,如今,虽然先生已 85 岁高龄,但是追求学术之壮心不已,再次由国际权威出版机构向全球推出其英文巨著《中国的呐喊》。至此,"陈氏国际经济法"不仅深深扎根和流行于华语世界,而且将在全球各种不同文化的国家和地区广泛传播和推广,必将产生深远的国际影响。

三、"三性"理论与"6C 律"

《中国的呐喊》重申和再现了"陈氏国际经济法"。[1] 20 世纪 90 年代初,陈先生率先提出了国际经济法学的"三性"基本特征,即"边缘性""综合性"和"独立性",并将这一新的理论贯穿于此后他主编的教材、出版的著作和发表的论文之中。"三性"理论科学地揭示了国际经济法学作为一门新兴学科的内涵和外延,阐明了国际经济法与其他相邻学科之间的区别与联系,论证了这一新兴学科体系上的综合性和相对独立性。如今,"三性"理论早已被国际经济法学界所普遍接受,广泛应用于中国的国际经济法教学与研究之中,结束了曾长期困扰学界的关于国际经济法学的定性之争。

《中国的呐喊》创造性地揭示了国际经济关系、国际经济秩序和国际经济法发展与更新"6C 律"。"6C 律"是陈先生通过洞察和总结数十年来围绕建立国际经济新秩序的南北斗争的历程而得出的规律性认识,并预言这一规律在全球化快速发展的当下和明天将持续下去。所谓"6C 律"(依笔者看来,似乎是"7C 律"),就是描述国际经济秩序和法律规范破旧立新的螺旋式上升轨迹,即"矛盾"(Contradiction)→"冲突或交锋"(Conflict)→"磋商"(Consultation)→"妥协"(Compromise)→"合作"

---

[1] See An Chen, On the Marginality, Comprehensiveness, and Independence of International Economic Law Discipline, in An Chen, *The Voice from China: An CHEN on International Economic Law*, Springer, 2013, pp. 3-29.

(Cooperation)→"协调"(Coordination)→"新的矛盾"(Contradiction New)。[2] 陈先生巧妙地运用 7 个英文单词的首字母予以概括和表述,既贴切,又便于记忆,其学术智慧可见一斑。

四、捍卫弱者主权 抨击国际霸权

《中国的呐喊》向国际社会阐释中国对外经济交往的法理内涵和原则,揭露当今美国等国宣扬的"中国威胁"论是近代西方列强"黄祸"论的翻版,二者的 DNA 一脉相承,其本质是"政治骗术",其目的是蛊惑人心,误导国际舆论,贬损中国。[3] 陈先生锋利的言辞依据的是历史和事实,秉持的是正义和公理,捍卫的是中国的正面形象和正当合法的利益。

《中国的呐喊》先后三论中国在建立国际经济新秩序中的战略定位。陈先生主张中国应成为"建立国际经济新秩序的积极推手""南南联合自强的中流砥柱之一";中国应"既坚持战略原则的坚定性","又审时度势,坚持策略战术的灵活性"。[4] 依陈先生之见,正在和平崛起的中国"不宜只是现存国际经济秩序的'改良者'、南北矛盾的'协调者',而应是'改革者'之一"[5]。我坚信,这一观点道出了中国和其他发展中国家及其国际经济法学界共同的心声,并且已经得到一些欧美学者的赞许。

旗帜鲜明、直抒己见,是陈先生为人、做事、治学的原则和特点,这同样贯穿于《中国的呐喊》之中。这里仅举一例。近年来,在改革现有国际经济法及国际经济秩序的问题上,西方国际法学界一度流行"新自由主义经济秩序"论、"WTO 宪政秩序"论、"经济民族主义扰乱全球化秩序"论。对此,陈先生告诫中国和广大发展中国家及其学人,不可盲从或附和,应实行有鉴别的取舍,尤其要警惕西方"淡化""弱化"主权和鼓吹主权"过时"的"理论陷阱"。[6]

《中国的呐喊》将广大发展中国家描述为"全球弱势群体",强调这些弱势群体国

---

[2] See An Chen, A Reflection of the South-South Coalition in the Last Half Century from the Perspective of International Economic Lawmaking: From Bandung, Doha, and Cancún to Hong Kong, in An Chen, *The Voice from China: An CHEN on International Economic Law*, Springer, 2013, pp. 207-239.

[3] See An Chen, On the Source, Essence of "Yellow Peril" Doctrine and Its Latest Hegemony "Variant"——the "China Threat" Doctrine: From the Perspective of Historical Mainstream of Sino-foreign Economic Interactions and Their Inherent Jurisprudential Principles, in An Chen, *The Voice from China: An CHEN on International Economic Law*, Springer, 2013, pp. 45-99.

[4] An Chen, What Should Be China's Strategic Position in the Establishment of New International Economic Order? With Comments on Neoliberalistic Economic Order, Constitutional Order of the WTO, and Economic Nationalism's Disturbance of Globalization, in An Chen, *The Voice from China: An CHEN on International Economic Law*, Springer, 2013, pp. 167-206.

[5] Ibid.

[6] Ibid.

家应"珍惜和善用经济主权",呼吁"南南联合自强",反对美国的单边主义和西方强势群体国家在国际经济和贸易关系中实行"双重标准",坚持多边主义,以争取和维护全球弱势群体在国际经济秩序中的平等地位和公平权益。[7]

五、旗帜鲜明 中国风格 中国气派 时代强音

总之,《中国的呐喊》具有鲜明的中国风格和中国气派,代表着中国国际经济法学先进的理论,发出的是全球弱势群体国家强烈呼吁建立公平、公正的国际经济新秩序的共同心声。《中国的呐喊》的出版,再次体现了一代宗师非凡的学术气度和追求学术卓越的精神。陈先生不愧为中国国际经济法学的舵手和国际经济秩序"破旧立新"的旗手。更重要的是,陈先生学术成就的重大意义和影响已经超越了国际经济法学本身,正如有关国际机构的高级人士所评价的,"(《中国的呐喊》)是对当代世界政治研究和认识的重要贡献";同时,"应成为了解和研究中西关系人士的必读物,尤其是应作为发展中国家的领导人、高级经贸谈判官员培训的指导用书",甚至作为这些国家高等院校的教材。[8] 总之,《中国的呐喊》无疑是中国国际经济法学界具有代表性的学术权威之音,是向世界发出的强音和高音。我坚信,这部巨著的出版将对国际经济法学的发展产生深远的影响!

Ⅳ 知识报国 孜孜不辍

李庆灵* 杨 帆**

我们是陈安老师招收的2010级、2011级博士生,谨就入学前后耳闻目睹的只鳞片爪以及亲身经历的点滴感受,写下这篇实录。作为见证,也作为献礼,祝愿2018年北京大学出版社版《中国特色话语:陈安论国际经济法学》四卷本能够引起中外学界更广泛的共鸣。

---

[7] See An Chen, A Reflection of the South-South Coalition in the Last Half Century from the Perspective of International Economic Lawmaking: From Bandung, Doha, and Cancún to Hong Kong, in An Chen, *The Voice from China: An CHEN on International Economic Law*, Springer, 2013, pp. 207-239.

[8] See Branislav Gosovic, WTO Citadel Needs to Be Challenged by the South; An Important and Creative Contribution from China to the Ideology of Third World, both compiled in An Chen, *The Voice from China: An CHEN on International Economic Law*, Springer, 2013, Annex, pp. 754-765.

* 李庆灵,厦门大学法学院国家重点学科国际法专业博士,现任广西师范大学法学院助理教授。
** 杨帆,厦门大学法学院国家重点学科国际法专业博士,现任厦门大学法学院助理教授。

一、中国呐喊 全球倾听

2008年底,年已耄耋的陈安老师汇集自改革开放以来30年研究国际经济法学的主要成果,辑为五卷本《陈安论国际经济法学》(约311万字),由复旦大学出版社推出。《陈安论国际经济法学》的出版,被认为是中国学者构建中国特色国际经济法学派的奠基之作和代表性成果,引起了中外法学界的很大关注。

紧接着,陈安老师所撰英文专著《中国的呐喊:陈安论国际经济法》(*The Voice from China: An CHEN on International Economic Law*,852页,以下简称《中国的呐喊》),又在2013年由享有国际学术盛誉的德国权威出版社Springer向全球推出,进入了国外主流发行传播渠道,从而在中外国际经济法学界引起更加广泛的关注。

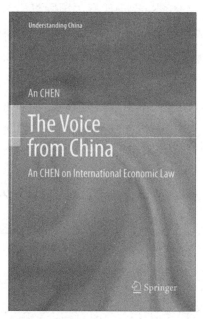

本书汇集作者自1980年以来三十多年不同时期撰写的24篇英文专论。全书分为六部分,分别探讨和论证当代国际经济法基本理论和重要实践的重大学术前沿问题。这些英文专论原稿绝大部分发表于中外知名学刊,立足于中国国情,以马克思主义为指导,从当代国际社会弱势群体即第三世界的视角,有的放矢,针对当代国际经济法学科领域的基本理论及热点难点实践问题,发出与西方强权国家主流观点截然不同的呼声和呐喊。在积极参与国际学术争鸣当中,大力宣扬众多发展中国家共同的正义主张和基本立场,有理有据地揭示某些西方主流理论误导之不当和危害,从而避免在实践上损害包括中国在内的国际弱势群体的公平权益。这也正是本书命名为《中国的呐喊》之由来。

这部英文专著于2013年获得"国家社会科学基金中华学术外译项目"正式立项,据悉,这是我国国际经济法学界获得此立项的第一例。按照全国社科规划办公室文件解释,"中华学术外译项目"是2010年由全国社会科学规划领导小组批准设立的国家社科基金新的重大项目,旨在促进中外学术交流,推动我国社会科学优秀成果和优秀人才走向世界。它主要资助我国社会科学研究的优秀成果以外文形式在国外权威出版机构出版,进入国外主流发行传播渠道,增进国外对当代中国、中国社会科学以及中国传统文化的了解,提高中国社会科学的国际影响力。

诚如专家评审意见所指出的那样,这部英文专著"对海外读者全面了解中国国际经济法学者较有代表性的学术观点和主流思想具有重要意义。全书结构自成一体,观点新颖,具有中国风格和中国气派,阐释了不同于西方发达国家学者的创新学术理念和创新学术追求,致力于初步创立起以马克思主义为指导的具有中国特色的国际经济法理论体系,为国际社会弱势群体争取公平权益锻造了法学理论武器"。

《中国的呐喊》一书,在展现作者中国特色学术思想和创新成果的同时,也为中国国际经济法学界向世界发声搭建了国际传播平台。本专著出版之后,反响强烈,国内外高端学者纷纷撰文评论与回应,迄今已经收到书评26篇,已经由北京大学出版社出版的《国际经济法学刊》第19卷第2期至第23卷第2期特辟专栏,陆续以中英双语集中发表,荟萃聚合,形成弘扬中华学术正气、追求国际公平正义的共鸣强音。

鉴于此书出版后国际学术效应良好,德国Springer出版社又主动提出进一步开展学术合作的建议,要求陈安教授主持组织另外一套系列英文学术专著,总题定名为"当代中国与国际经济法"(Modern China and International Economic Law),遴选和邀请一批中外知名学者围绕这个主题,撰写创新著作,提交该出版社出版,每年至少推出两部。经认真磋商,双方已达成协议,正式签署合同,并已启动执行。相信此举将会为进一步提升中华法学学术在世界学术界的知名度和影响力做出新的贡献。

中国国家主席习近平曾经指出,"文明因交流而多彩,文明因互鉴而丰富";"文明是平等的,人类文明因平等才有交流互鉴的前提"。近来他又强调我国在国际事务中应当积极"提出中国方案,贡献中国智慧"。可以说,陈安教授上述力作向全球发行及其良好效应和后续举措,对于促进**中外不同特色**的文明在**平等前提下**交流互鉴,对于在国际事务中提出中国方案,提升中国的话语权,都将起到应有的积极作用。

二、"老牛"破车 不息奋蹄

回首往事:1950年7月,陈安老师从厦大法律系毕业后,服从组织分配,历经任职地方法院,返回母校法律系执教,法律系停办,执教于马列主义教研室,经历"文化大革命",下放农村锻炼,又返校执教于教育系、历史系,简言之,多次奉命"转行"。直到1978年底,欣逢邓小平同志主持拨乱反正、推行改革开放国策后,1980年,厦大复办法律系,陈安老师才奉命"归队","重操"已经荒疏了27年的"旧业"——法律。此时陈老师虽已年逾半百,但仍秉持"知识报国、学以致用"的素志和夙愿,根据国家急需,刻苦潜心研究国际经济法学这一新兴的边缘性学科,克服各种困难,不渝不懈,带领青年硕士、博士研究生,筚路蓝缕,披荆斩棘,共同创业。学界舆论形容他是"在人生途程中应当'冲刺'的时候才开始'起跑'"[1]。但是,陈老师却自信"以勤补拙,顽强拼搏,可以'抢回'一些已经流逝的时间,才能对此生有个交代"。迨至2004年,他已年逾古稀,满75岁,重阳节有感,缀32字自嘲自勖:

　　蹉跎半生,韶华虚掷!青山满目,夕霞天际[2]。
　　老牛破车,一拉到底!余热未尽,不息奋蹄[3]!

天道酬勤,果然不假:近30多年来,陈安老师坚持勤奋笔耕,孜孜矻矻,其科研成果相继获得了19项国家级、省部级科研优秀成果一等奖,9项国家级、省部级科研优秀成果二等奖,其获奖等级之高、数量之多,在中国人文社会科学学者中是罕见的,而在上述19项一等奖成果中,16项是在他70岁退休以后取得的[4]——"退"而不"休",既不栽花赏草,也不养鸟遛狗,却夜以继日,笔耕不辍,硕果累累,人嘲其"傻",他却自得其乐,而且乐此不疲,堪称个性独特,"固执"非凡!

三、创建学派　中国特色

除个人的学术努力外,陈安老师还不负国内同行所托,在志士仁人的鼎力支持下,使中国国际经济法学会获得中国民政部批准,正式登记成为国家一级的民间学术社团。通过这个学术平台,更有效地开展国际经济法领域的国内外学术交流,逐渐确立了"以文会友,以友辅仁,知识报国,兼济天下"的学会宗旨和共识。陈安老师创建和主编的《国际经济法学刊》,在全国同行的积极参与下,定位为全国性、开放性的国际经济法领域优秀学术著述的集刊,由北京大学出版社出版。1998年以来,已连续出版23卷。其学术水平和社会影响受到国内外理论界和实务界的普遍肯定和赞誉,并已连续五度入选"中文社会科学引文索引"(CSSCI)学术数据来源集刊。

据陈老师回忆,"创建中国特色的国际经济法学派",此议最初是1993年在中国国际经济法学会珠海年会期间由中国社科院法学所李泽锐教授和上海复旦大学法学院董世忠教授提出来的。陈老师认为,这项创新建议符合中国的国情,也符合时代的需要。中国人当然不能妄自尊大,但也不必妄自菲薄。"创建中国特色的国际

---

[1] 参见杨亚南:《为对外开放铺路:记厦门大学法学教授陈安》,载《人民日报》(海外版)1992年7月7日。
[2] 陈老师自称,受老帅叶剑英晚年《八十抒怀》诗句启发:"老夫喜作黄昏颂,满目青山夕照明!"参见黄禹康:《老夫喜作黄昏颂——叶剑英与聂荣臻的友谊深情》,载《世纪桥》2009年第4期。
[3] 陈老师自称,受诗人臧克家《老黄牛》诗句启发:"老牛自知夕阳晚,不待扬鞭自奋蹄!"参见文洪刚:《老牛自知夕阳晚,不待扬鞭自奋蹄》,http://blog.sina.com.cn/s/blog_6261cecc0100revn.html。
[4] 详见本书第七编第4章"陈安论著、业绩获奖一览(以倒记年为序/2016—1960)"。

经济法学派"，当然不可能一蹴而就，也不可能期待在三五年、一二十年之中由寥寥几个人完全实现。要完全实现，并获得广泛的国际认同，需要几代中国学人群体的连续努力和不懈追求。中国人应当有这种志气和抱负，从现在就起步，朝这个方向迈步前进。

四、夕阳璀璨 "老牛"奋蹄

陈安老师在1946年秋考入享有"南方之强"之誉的国立厦门大学，攻读法学专业。迄今为止，已在厦大经历了71个寒暑。2016年10月，时值厦大法学院建院九十周年大庆，陈老师以多年"老院长"和当年"老学生"的双重身份，应邀撰写了一篇短文和一首小诗，总结了他一贯倡导和身体力行的为人治学的基本原则和心得体会，即"一个目标，四条途径"或"一个目标，四种精神"，并深入浅出、图文并茂、通俗易懂地加以阐释。这里不妨照抄如下：

陈安教授阐释国际经济法学科的
"一个目标，四种精神"

厦门大学法学院国际经济法学科历来提倡"一个目标，四种精神"。"一个目标"就是"知识报国，兼济天下"八个字，前四字，涵义明确；后四字"兼济天下"，源出《论语》，赋予时代新意就是：我们不但要维护自己的国家安全和兴旺发达，也要想到第三世界几十亿人口的弱势群体，他们在历史上曾受西方强霸国家多年的殖民统治，至今还积贫积弱，没有彻底翻身。我们要运用法律知识，特别是国际经济法的知识，作为武器，来为这些国际弱势群体大众应得的平等权益，仗义执言，联合奋斗，建立国际经济政治新秩序。我们的目标是：把爱国主义与国际主义结合起来，以法律知识作为武器，既为祖国服务，同时也为全世界弱势群体争取平等权益服务。

"四种精神"，在厦大国际经济法学科点已经形成了一种传统。第一种精神就是"冷凳精神"。愿坐"冷板凳"，耐得寂寞，耐得清贫，孜孜不倦，努力为国家做贡献，为世界弱势群体做贡献。

第二种精神就是"团队精神"。团队成员分工协作，共同努力，集体攻关；在协作之中，提倡"能者为师"，提倡"平等讨论"；提倡老中青融洽相处，做学术的"忘年交"；提倡"学术民主"，敢于开展"争鸣"，互相补益，达到共同提高。

第三种精神就是"老牛精神"。人人都会老，是自然规律，无可回避，届龄退休，顺理成章，不必"失落"。相反，只要一息尚存，都很乐意"退而不休"，奋蹄不息，持之以恒，继续以普通一兵身份，"超龄服役"，持枪战斗，再做一些力所能及的"知识报国,兼济天下"的奉献。

第四种精神就是"獬豸精神"。厦大法学院院徽上的"神兽",叫獬豸。这是我们中华正气的形象化身和集中体现:坚持刚正不阿,"触不直者(邪恶)去之"。院徽的左下方是一个古篆体的"灋"(法)字,它是"廌"(豸)、"去"和"水"三字的融合体,意指神兽獬豸目光如电,善于识别正邪忠奸,也指它刚直不阿,敢于"触不直者(邪恶)去之",而且执法如山,"一碗水端平"。神兽右上方一个天平图像,也含此意。这是中西合璧,追求"自然公正"(natural justice),即公平、正义、公正。此院徽是30年前我们大家共同构思设计的。不少来访的国内外嘉宾友人都称赞它"图像灵动,寓意深刻"。(见下图)

法学院九十诞辰祝福词
——厦门大学法律系1950届毕业生 法学院教授 陈安
(步"厦大校歌"原词原韵,求朗朗上口,不拘平仄)

自强!自强!学海何洋洋!
鹭江深且长,致吾知于无央!充吾爱于无疆!
厦大法学院,吾侪老亲娘。亲娘九十岁,饱历沧与桑!
如今逢盛世,创新齐提倡,更上一层楼,你我共承担。
踏上新起点,征程路漫漫,学院有传统,传统待弘扬:
求知为报国,兼济弱者强。甘坐冷板凳,不写空文章。
团队精神好,互补短与长。老牛不服老,奋蹄永向前。

獬豸目如电,洞察忠与奸,独角触邪恶,锋利胜钢枪。
人人谈法治,法治非天降!前程多险阻,勇往排万难!
人无万年寿,花无万年灿,唯我法学院,万年可辉煌!
端赖后来者,开来以继往,岁岁天行健,不息万年长!

古谚说过:"诗言志"。确实如此。人们看到:在夕阳璀璨余晖照耀下,"老牛"先生仍在不息奋蹄向前!2018年版《中国特色话语:陈安论国际经济法学》四卷本的问世,就是明证之一。

第一编
国际经济法基本理论(一)

第一章

第1章 论国际经济法学科的边缘性、综合性和独立性[*]

>> 内容提要

有关国际经济法和国际经济法学的内涵与外延,中外法学家众说纷纭,迄无定论。本文对法学界中较为流行的"狭义说"和"广义说"分别予以简扼评析,指出其中的臧否得失;论证国际经济法是调整国际经济关系的各种法律规范的总称,是一种多门类、跨学科的边缘性综合体;国际经济法与相邻法律部门国际公法、国际私法、内国经济法以及国际商务惯例之间,既有紧密的联系,又有明显的区别;国际经济法学是以国际经济法这一边缘性综合体作为研究对象的独立的新兴学科。

>> 目 次

一、狭义说:国际经济法是国际公法的新分支

二、广义说:国际经济法是调整国际(跨国)经济关系的国际法、国内法的边缘性综合体

三、对以上两大学派观点的分析

四、国际经济法与国际公法的联系和区别

五、国际经济法与国际私法的联系和区别

六、国际经济法与内国经济法的联系和区别

七、国际经济法与国际商务惯例的联系和区别

---

[*] 本章的基本内容,原载于笔者参撰和主编的《国际经济法总论》(法律出版社1991年版),先后经两度修订和增补,分别发表于《中国国际法年刊》1995年本(中国对外翻译出版公司1996年版,约1.8万字)和《国际经济法论丛》第1卷(法律出版社1998年版,约4.4万字)。此后,又经多次修订或剪裁,分别辑入笔者参撰和主编的《国际经济法学》(北京大学出版社1994—2017年第1—7版)、《国际经济法学新论》(高等教育出版社1994—2017年第1—4版)、《国际经济法学专论》(高等教育出版社2002—2007年第1、2版)、《国际经济法》(法律出版社1999—2017年第1—4版)。

国际经济法,顾名思义,是泛指调整国际经济关系的各种法律规范。换句话说,它是调整国际经济关系的各种法律规范的总称。

"国际经济关系"一词,可作狭义和广义两种理解。狭义的理解,指的是国家政府之间、国际组织之间或国家政府与国际组织之间的各种经济关系。国际经济关系的主体,一般限于国家[1]和国际组织。广义的理解,指的是包含上述国家政府、国际组织相互之间的各种经济关系,但又远远超出上述范围。举凡跨越一国国境的经济交往,都属于国际经济关系。国际经济关系的主体,除了国家政府、国际组织之外,还包括从事跨越一国国境的各种经济交往活动的个人(自然人)和法人。

由于对"国际经济关系"一词的不同理解,也由于观察角度和研究方法上的差异,国内外学者对于国际经济法的含义和范围,见仁见智,众说纷纭,但基本上可划分为两大类,即狭义说与广义说。

一、狭义说:国际经济法是国际公法的新分支

这种观点认为,国际经济法只是调整国家政府相互之间、国际组织相互之间以及国家政府与国际组织之间经济关系的法律规范。传统的国际公法,主要用于调整国家政府之间、国际组织之间以及国家政府与国际组织之间的政治关系,忽视它们相互之间的经济关系。随着国际经济交往的发展,逐渐形成了专门用来调整上述国际经济关系的新的法律分支,这就是国际经济法。

在国际经济法发挥调整作用的过程中,在国际经济关系领域里享受法定权利和承担法定义务的主体,即国际经济法的主体,依然是国家或国际组织。国际经济法的主体与国际公法的主体是完全一致的,而且只限于国际公法的主体。属于任何国家的自然人或法人,尽管也从事跨越一国国境的经济交往,但他们或它们本身并不是国际公法的主体,从而也不是国际经济法的主体。他们或它们与异国自然人、法人以及与异国政府之间的经济关系,一般地说,也并非直接由国际公法或国际经济法加以调整。

由于国际经济法是专门用来调整国际公法各主体之间的经济关系的法律规范,所以,它属于国际公法范畴,是国际公法的一个新分支,是适用于经济领域的国际公法。

---

[1] 在当代国际法的实践中,正在为争取独立而斗争的民族往往也被承认为国际法的主体。相对于国际社会中已经独立存在的国家而言,正在争取独立的民族被视同准国家或过渡性的国际法主体。下同。

因此，国际经济法的内容限于调整国际经济关系的各种国际公约、条约、协定以及属于公法性质的各种国际惯例。国际私法和各国的涉外经济法，实质上都是各国的国内法，都不属于国际经济法范围。

持此类观点的主要代表人物，有英国的施瓦曾伯格（G. Schwarzenberger）、日本的金泽良雄以及法国的卡罗（D. Carreau）等人。[2]

二、广义说：国际经济法是调整国际（跨国）经济关系的国际法、国内法的边缘性综合体

这种观点认为：国际经济法是调整跨越一国国境的经济交往的法律规范。它所调整的对象，不仅仅限于国家政府相互之间、国际组织相互之间以及国家政府与国际组织之间的经济关系，而且包括大量的分属于不同国家的个人之间、法人之间、个人与法人之间以及他们与异国政府或国际组织之间的各种经济关系。

在国际经济法发挥调整作用的过程中，在国际经济关系领域里享受法定权利和承担法定义务的主体，即国际经济法的主体，不但包括从事跨越国境的经济交往的国家政府和国际组织，而且包括从事此种经济交往的一切自然人和法人。

由于国际经济法是用来调整从事跨越国境经济交往的各种公、私主体之间经济关系的法律规范，所以，它并不专属于单一的国际公法范畴，不单纯是国际公法的分支，不仅仅是适用于经济领域的国际公法。恰恰相反，它的内涵和外延，早已大大地突破了国际公法单一门类或单一学科的局限，而扩及于或涉及国际私法[3]、国际商法以及各国的经济法[4]和民商法等，形成了一种多门类、跨学科的边缘性综

---

[2] 关于这三位学者各自基本观点的简介，参见陈安主编：《国际经济法总论》，法律出版社1991年版，第77—82页；陈安主编：《国际经济法学专论》（上编·总论），高等教育出版社2002年版，第50—54页。

[3] 关于"国际私法"一词的含义，国内外法学界颇有分歧。为便于说明问题，本书采用《中国大百科全书·法学》专设词条的解释："指在世界各国民法和商法互相歧异的情况下，对含有涉外因素的民法关系，解决应当适用哪国法律的法律。"它又被称为"法律冲突法"或"法律适用法"。关于"国际商法""国际贸易法"的含义，法学界见仁见智，也未统一。其大体内容，可参看《中国大百科全书·法学》中"商法""国际贸易法""经济法"等有关词条，中国大百科全书出版社1984年版，第228、222、327、505页等；2005年修订版，第202—203、279—208、436页。

[4] 关于"经济法"一词的内涵和外延，中外法学界众说纷纭，尚无定论。为阐述方便，本书采广义说，即此词泛指用以调整社会生产、交换、分配、消费过程中各种经济关系的全部法律规范。它既包含用以调整社会非平等主体之间各种"纵向"经济关系的法律规范，也包含用以调整个人、法人各平等主体之间的各种"横向"经济关系的法律规范。但是，鉴于国内法学界经过多年争论之后，目前一般倾向于把调整前一类经济关系的法律规范归入"经济法"范畴，把调整后一类经济关系的法律规范归入"民商法"范畴，为便于读者理解，本书行文中有时也将"经济法"和"民商法"两词并列，相提并论，以明其含义之广泛性。参见《中国大百科全书·法学》中"经济法""民法"和"商法"词条，中国大百科全书出版社1984年版，第327—330、412—416、505—506页；2005年修订版，第279—280、347—349、436页。

合体。

因此,国际经济法的内容并不仅仅局限于调整国际(跨国)经济关系的国际公约、条约、协定以及属于公法性质的各种国际惯例。除此之外,它还理应包括用以调整一切跨越国境的经济关系的国际私法、国际商法和国际商务惯例,以及各国经济法和民商法的涉外部分。诚然,国际私法和各国的经济法、民商法的涉外部分本质上都是各国的国内法,但是,既然它们都在各个主权国家的领域内调整和制约着跨越国境的经济交往活动,从宏观上看,也就不能不承认它们是国际经济法的一个重要组成部分,归属于国际经济法的范围。

持此类观点的主要代表人物,有美国的杰塞普(P. Jessup)、斯泰纳(H. J. Steiner)、瓦格茨(D. F. Vagts)、杰克逊(J. H. Jackson)、洛文费尔德(A. F. Lowenfeld)以及日本的樱井雅夫等人。[5]

以上所述,是外国学者对国际经济法含义的不同理解和基本分歧。

在中国,由于众所周知的历史原因,对国际经济法学曾经长期缺乏深入全面的研究。1978年底以后,在中国共产党十一届三中全会正确路线的指引下,在经济上对外开放这一基本国策的鼓舞下,中国法学界的学者们以空前的热情,急起直追,对国际经济法学这门新兴的法学学科进行认真的探讨和开拓。他们的基本观点,分别倾向于国际上流行的前述狭义说或广义说,但都立足于中国的实际,各抒己见,对有关问题作了新的论证和阐述。[6] 他们的见解,尽管分歧很大,甚至针锋相对,但都颇有助于人们更深入地思考,更全面地探索。

三、对以上两大学派观点的分析

上述第一派学者,持狭义说。他们按照传统的法学分科的标准,严格地划清国际法与国内法、"公法"与"私法"的界限,认为国际经济法乃是国际公法的一个新分支。从纯粹理论上说,这种主张具有界限分明、避免混淆的长处。但衡诸当今国际经济交往的客观情况,却存在着不切实际的缺陷。

"国际"(international)一词,作为定语,历来就有两种用法,一是专用于修饰国家

---

[5] 关于这六位学者各自基本观点的简介,参见陈安主编:《国际经济法总论》,法律出版社1991年版,第83—91页;陈安主编:《国际经济法学专论》(上编·总论),高等教育出版社2002年版,第54—63页。

[6] 参见史久镛:《论国际经济法的概念和范围》;姚梅镇:《国际经济法是一个独立的法学部门》;王名扬:《国际经济法是一门独立的学科》;汪暄:《略论国际经济法》,载《中国国际法年刊》,中国对外翻译出版公司1984年版,第359—397页。

政府与国家政府之间某些行为或某些事物,诸如"国际谈判""国际条约""国际战争""国际均势"等等;二是泛用于修饰跨越一国国界的各种行为或各种事物,诸如"国际往来""国际运输""国际旅游""国际影响"等等。在论述"国际经济关系"或"国际经济法"时,把"国际"一词的使用严格限制在前一种含义的"专指"上,而绝对排除后一种含义的"泛指",这是有悖常识和不符事实的。因此,美国学者杰塞普等人主张用"跨国"(transnational)一词取代"国际",专供上述"泛指"之用。[7] 这样做,虽然可能有含义更加明确之利,但也并非逻辑概念上的绝对必要。因为"国际"一词本来就具有"跨国"的广泛内涵和外延。

有鉴于此,本书在论及"国际经济关系"或"国际经济法"时,其中"国际"一词,均采"泛指"含义。

从当代的客观事实来看,国际经济交往以及由此产生的在经济领域中的国际法律关系(以下简称"国际经济法律关系"),其主体从来就不局限于国家政府和国际组织。随着世界经济的发展,以属于不同国籍的自然人或法人(特别是跨国公司)为主体的一方或双方,跨越一国国境的经济来往,愈来愈占有重要的地位;在某些经济领域,甚至还担任主角。因此,显然不能不承认个人、法人(特别是跨国公司)也是国际经济法律关系的主体。在综合观察国际经济关系的全局并探讨其中存在的各种法律关系时,如果把眼光仅仅停留在纯粹以国家政府或国际组织作为主体双方的经济法律关系上,全然无视以个人或法人作为主体之一方或双方的经济法律关系,那就是无视大量事实,势必严重脱离实际。

以个人或法人作为主体一方或双方的跨越一国国境的多种经济交往,包括分别属于不同国籍的个人与个人之间、法人与法人之间、个人与法人之间、个人或法人与异国政府之间、个人或法人与国际组织之间的经济交往,在性质上均非一国内部的交往,显然都不能纳入国内经济关系的范畴。如果把这许多种跨越一国国境的经济交往都排除在国际经济关系的范畴以外,在逻辑上是难以自圆其说的。不能设想:在人类社会还划分为不同的国家、还存在着国境或国界的条件下,竟然会出现一种既非国内也非国际的十分奇特的经济关系。

纯粹以国家或国际组织作为主体双方的经济关系,诸如国家政府之间或国家政府与国际组织之间有关投资、贸易、信贷、技术转让等方面的经济关系,应由国际公法规范加以调整和制约,这当然是不言而喻的。然而,在当代现实生活中,大量出现并日益增多的以个人或法人作为主体一方或双方的国际经济关系,则不但受有关的

---

[7] See Philip Jessup, *Transnational Law*, The Yale University Press, 1956, pp. 1-2, 106-107. 参见〔美〕斯泰纳、瓦格茨:《跨国法律问题》,1986年英文第3版,序言第19—20页;及1976年英文第2版,序言第15页。

国际公法规范的调整和制约,而且受有关的国际私法规范、各该交往国家的国内涉外经济法规范以及国内民商法规范的调整和制约。在调整和制约此类国际经济关系过程中,国际法与国内法,"公法"与"私法",国际商法与各国的涉外经济法、民商法往往同时发挥作用,并互相渗透,互为补充。另外,东道国的国内法往往占有主导地位。

试以一家跨国公司的国际投资项目为例:

设甲国(发达国家)的 A 公司在乙国(发展中国家)投资兴业设厂。对这种国际性(即跨国性)的投资活动或投资关系,如果细加分析,就不难看到它实际上受到多种类别、多种层次的法律规范的调整和制约。

第一,按照国际公法上公认的基本原则,任何独立国家都享有"领域管辖权"(territorial jurisdiction,或译为"属地管辖权"),即国家对于在其所属领域内的一切人和物以及发生的事件,除按国际法规定享有外交特权与豁免的以外,有权按照本国的法律和政策实行全面的管辖。[8] 据此,A 公司的上述投资活动理所当然要受东道国即乙国制定的用以调整境内外国人投资的各种法律规范的保护、管理和约束,作为乙国国内法的涉外投资法、外汇管理法、涉外税法等等,都在直接适用之列。

第二,不少发达国家,为了确保本国国民在国外投资的安全,往往与吸收外资的发展中国家逐一签订了双边性的关于互相保护对方国民投资的条约或协定。与此同时,又往往由发达国家政府官办的投资保险公司(如美国政府专设的"海外私人投资公司")出面,与本国的海外投资者签订保险合同,承保海外投资的各种政治性风险。[9] 一旦发生了属于承保范围内的风险事故,即由这种保险公司依约照章理赔,并随即取代投保人即本国投资者作为债权人的法律地位,向东道国政府实行国际代位索赔。为防止东道国政府事后拒赔,又预先在前述关于互相保护对方国民投资的双边国际条约或协定中立下专款,明文规定东道国政府同意上述外国投资保险公司享有国际代位索赔权,以资"约束"。[10]

如果甲、乙两国之间签订过上述国际条约或协定,而甲国国内又盛行上述海外投资保险制度,那么,A 公司在乙国的投资,不但受到乙国国内法的保护、管理和约

---

[8] 参见周鲠生:《国际法》(上册),商务印书馆1983年版,第217页;王铁崖主编:《国际法》,法律出版社1995年版,第126—127页。

[9] 通常又称"非商业性风险",指外国投资企业被东道国政府征收、国有化,东道国境内发生战乱,东道国政府加强外汇管制并禁止外币汇出境外,致使外资企业蒙受损失。

[10] 参见陈安:《美国对海外投资的法律保护及典型案例分析》,鹭江出版社1985年版,第5—6、10—11、24、46—49页;陈安:《国际经济法学刍言》(上),北京大学出版社2005年版,第458、461、470—471、486—488页。

束,而且受到甲国国内法(特别是其中的海外投资管理法规与海外投资保险法规)的保护、管理和约束;不但受到甲、乙两国国内法的调整,而且受到两国国际条约或协定的调整。就上述代位索赔权而言,它本来只是基于甲国国内合同法和保险法而产生的权利,即原属甲国国内私法上的权利,却通过上述国际条约的专款规定而"国际化"和"公法化"了。国际投资活动是国际经济交往中最常见的现象之一。在调整国际经济关系过程中,传统法学分科中的国际法、国内法以及"公法""私法"之互相渗透,互相交融,互相补充,由此可见一斑。

随着国际投资活动的日益频繁,出于加强国际投资保险的实际需要,1985年10月,国际社会中出现了一部新的多边性国际商务专题公约,即《多边投资担保机构公约》[11],建立了国际投资保险的新体制。依据该公约的规定,具有缔约国国籍的外国投资者可以就其在另一缔约国(即东道国)国境内的国际(跨国)投资,向新设立的"多边投资担保机构"(MIGA)直接交费"投保",订立保险合同,以预防在东道国可能遇到的各种非商业性风险。一旦发生合同所"承保"的风险事故,"多边投资担保机构"依约向"投保人"支付了赔偿金之后,就取代了该投保人在法律上的债权人地位,有权依照公约规定向上述投资项目所在的东道国(缔约国)的政府实行"代位索赔"。[12]

如所周知,针对保险合同中投保人与承保人双方的权利义务关系以及由此派生的对特定第三人的代位请求权,各国国内立法和国际商务惯例中向来都贯穿着基本相同的法理原则,而上述公约对此进一步加以肯定和确认,使得这些法理原则对于缔约国产生了新的国际公法上的约束力。设使前述甲、乙两国都是上述公约的缔约国,而A公司又曾就其在乙国境内的投资向上述国际机构"投保",那么,在调整这一国际投资关系过程中,各门各类法律规范的交错和融合现象就更加明显了。

第三,A公司在乙国投资兴办的工厂为了开展生产,往往需从乙国境外购买和引进先进的生产技术、机器设备、原材料、零部件等等;其生产成品又往往有相当一部分销往国际市场。这些国际采购和国际销售行为,形成了由国际投资关系派生出来的一种国际贸易关系。综合地用以调整此种关系的法律规范不但包括各有关国家的国内法,即投资项目所在国、技术设备和原材料零部件供应国以及生产成品输

---

[11] 这部公约是在联合国专门机构"国际复兴开发银行"(通称"世界银行")倡议和主持下缔结的,1985年10月开放供世界银行各成员国及非成员国瑞士签署,1988年4月正式生效。中国在1988年4月28日签署了该公约,随后又完成了法定的批准手续。迄2005年5月19日止,该公约的正式成员国已达165个,其中22个为发达国家,142个为发展中国家;MIGA机制在运作上的灵活性及其国际公法上的约束力,均大大超过OPIC之类的旧模式。详见陈安、徐崇利主编:《MIGA与中国:多边投资担保机构述评》,福建人民出版社1996年版,第1—50页。

[12] 参见《多边投资担保机构公约》第1、11、13—18条,载〔美〕希哈塔(I. F. Shihata):《多边投资担保机构与外国投资》,1988年英文版,第356—362页。

入国各自的民商法规和对外贸易法规,诸如合同法、买卖法、专利法、商标法、海商法、票据法、保险法、海关法、关税法、进出口许可证法、商品质量检验法等等,而且往往包括有关的国际公约和国际商务惯例,诸如1994年《关税及贸易总协定》《世界贸易组织协定》《联合国国际货物销售合同公约》《保护工业产权巴黎公约》《关于提单法规统一化的国际公约》(通常简称《海牙规则》)、《联合国海上货物运输公约》(通常简称《汉堡规则》)、《统一汇票本票法公约》《统一支票法公约》;国际商会制定的《国际贸易术语解释通则》《跟单信用证统一惯例》《托收统一规则》《联合运输单证统一规则》;伦敦保险协会制定的《货物保险条款》;国际海事委员会制定的《约克—安特卫普规则》(又称"共同海损理算规则")等等。

第四,A公司在乙国投资所得利润,按国际上公认的"来源地税收管辖权"原则,理应遵照乙国的所得税法,缴纳税款。与此同时,按国际上公认的"住所地税收管辖权"原则,又理应遵照其国籍所属国即甲国的所得税法,缴纳税款。为了避免甲、乙两国对于同一征税对象各自享有的法定征税权发生激烈的矛盾冲突,为了避免同一纳税人承担过重的税负或逃脱应尽的纳税义务,甲、乙两国政府往往缔结了关于"对所得相互避免双重征税和防止偷漏税"的双边协定。A公司在乙国的投资赢利所得,以及由此派生出来的一种国际税收关系,就是由甲、乙两国各自的国内税法以及两国间有关征税的国际协定加以综合调整的。此外,如果A公司欲将其在乙国赢得的税后纯所得汇出乙国境外,就会进一步形成由国际投资关系派生出来的一种国际货币金融关系,它必然要受到有关国家各自制定的货币金融管理法规(特别是乙国的外汇管理法)的调整和约束。如果这些国家都是"国际货币基金组织"的成员国,那么,这些国家各自制定的货币金融管理法规,从整体上说,又都势必与具有全球影响的多边国际公约《国际货币基金协定》的基本条款,在许多方面是互相渗透和互相衔接的。

第五,A公司在乙国进行投资活动过程中,如与东道国政府机构、一般法人或自然人发生争端,根据国际公认的"用尽当地行政及司法救济"(the exhaustion of local administrative and judicial remedies)原则,选择用以调整和解决这种国际(涉外)投资争讼关系的法律规范时,首先当然适用乙国即东道国现行的民法、商法、经济法、民事诉讼法、行政诉讼法、仲裁法或国内现行的商务仲裁规则。在这一过程中,如遇法律选择或法律冲突问题,当然也应优先适用乙国制定的法律适用条例、冲突法规范或国际私法规范。

如果当地救济手段已经用尽,或者争端双方事先另外依法商定提交东道国以外的国际商事仲裁机构裁决,或者乙国即东道国与A公司国籍所属的甲国之间签订的关于互相保护投资双边协定中另有明确规定,则用以调整和解决上述国际(涉外)投资争讼关系的法律规范,包括实体性规范和程序性规范,就可能不再是东道国的国内法,而可能是其他国家的经济法、民商法、诉讼法、仲裁法或商事仲裁规则;也可能是依据《解决国家与他国国民间投资争端公约》(Convention on the Settlement of Investment Disputes Between States and Nationals of Other States,以下简称《华盛顿公约》),[13]提交"解决投资争端国际中心"(ICSID),按照该公约以及该中心的有关规定和仲裁规则,适用争端当事人协议选择的法律规范,或者在当事人并无上述协议的情况下,综合适用东道国的国内法规范以及有关的国际法规范予以调整、处断。[14]

第六,即使 A 公司是甲国的国有公司或官办公司,与甲国政府机构的关系十分密切,或者实际上就是代表甲国政府在乙国进行投资活动,而且它在乙国实行经济交往的对方当事人本身就是东道国政府,用以调整此类国际投资关系的法律规范,不但并不限于有关的国际公法规范,而且仍然应以东道国的国内法规范(包括其涉外经济法、民商法以及冲突法等等)为主。因为 A 公司既然是以公司的身份参与国际经济交往,它就不是一个主权实体,因而只具有一般企业法人的法律地位;它所从事的就是一种"非主权行为",因而理应接受东道国国内公法、私法的调整、管理和制约。

综上分析,一项普普通通的国际投资活动,一种屡见不鲜的国际经济法律关系,其所涉及和所适用的各门各类法律规范就如此之多。举一可以反三,由此可以看出:用以调整跨越一国境界的经济关系的国际经济法,确实是一个涉及国际法与国内法、"公法"与"私法"、国际商法以及各国涉外经济法、民商法等多种法律规范的边缘性综合体。它是根据迫切的现实需要"应运而兴"的综合性法律部门,可以说它是一门独立的边缘性法学学科。这门新兴学科的边缘性和综合性,并非出于人为的任意凑合,而是国际经济法律关系本身极其错综复杂这一客观存在的忠实反映;也是科学地调整这种复杂关系、对其中复杂的法律"症结"加以"综合诊断"和"辨证施治"的现实需要。

面对这种客观现实,就不宜拘泥于法学的传统分科,把实际上由多门类法学犬

---

[13] 截至 2005 年 5 月 25 日,签署参加本公约的已有 155 个国家,其中 142 个国家已经交存了正式批准书。中国在 1990 年 2 月签署参加本公约,继而在 1993 年 1 月提交了正式批准书。迄今全体缔约国名单以及签署、批准日期详见 List of Contracting States and Other Signatories of the Convention (as of May 25, 2005), http://www.worldbank.org/icsid/constate/c-states-cn.htm。

[14] 参见《华盛顿公约》第 42 条,载陈安主编:《国际投资争端仲裁——"ICSID"机制研究》,复旦大学出版社 2001 年版,附录第 579 页。

牙交错和互相渗透而构成的这一边缘性综合体,全盘纳入某个单一传统分科的狭窄框架,视为该单一分科的简单分支,进行纯概念的论证;或者把这一有机的边缘性综合体,加以人为的割裂,分别纳入各个传统分科,进行互相隔绝的、东鳞西爪的、纯学理的探讨。作为当代的法律学人,理应根据这一边缘性综合体自身固有的本质和特点,坚持理论与实际紧密结合的科学方法,以当代国际经济交往中涌现的各种现实法律问题作为中心,严格按照其本来面貌和现实需要,打破法学传统分科的界限,对原先分属各门各类的有关法律规范进行跨学科的综合研究和探讨。只有这样,才能学以致用,切实有效地解决各种理论问题和实务问题。

前述持广义说的第二派学者,其基本研究途径,是沿着学以致用、切实有效地解决现实法律问题这个方向行进的。他们从当代国际经济交往的客观情况出发,从解决实际问题的现实需要出发,认识到并顺应着国际经济法这一法律部门的边缘性、综合性和独立性,对它进行跨门类、跨学科的综合探讨,从方法论上说,是面向实际、有所创新和可资借鉴的。但是,其中某些学者的基本立场却不是无可非议的。

例如,杰塞普所首倡的"跨国法"理论,是同他所鼓吹的削弱各国独立主权、组建"国际政府"或"世界政府"、排除主权"障碍""接受国际法的优先地位"等说教极其紧密地联系在一起的。他认为,在通常的传统观念上,把国家主权理解为一种绝对的、不受限制的国家意志,传统的国际法就是建立在这种"流沙"般的基础之上。随着国际社会和国际形势的发展,无限制的主权已经不被认为是国家最宝贵和最需求的属性,各国国家主权至高无上的传统观念日益过时。像联合国这样的国际社会组织的发展表明,最终有可能出现一种局面,以某种"联合主权""共同意志优越权"来取代旧的单一国家的主权。只有在世界社会已经成功地组建了国际政府、"集体意志"凌驾于各主权国家的"个别意志"之上的条件下,法律的职能才得以充分发挥。与此同时,他又鼓吹国际法应当直接适用于个人;个人与国家一样,也应是国际法的主体,并且直接受国际法的保护,从而便于外国人在其权益受到东道国侵害时直接追究东道国的侵权责任;而且在法律的适用上,东道国应当"接受国际法的优先地位"。[15]

应当指出:杰塞普提出上述主张之际,正值20世纪40年代末。如所周知,当时第二次世界大战结束不久,美国国势鼎盛煊赫,处在全球巅峰地位,联合国事实上受到美国的全盘控制和随意左右。在这种情况下鼓吹把联合国组织发展成为"世界政府",强调"集体意志"高于各主权国家的"个别意志",以"联合主权"取代"单国主权",其醉翁之意,是不言自明的。

---

[15] See Philip C. Jessup, *A Modern Law of Nations*, The Macmillan Company, 1948, pp. 2, 12-13, 40-42. 另参见周鲠生:《现代英美国际法的思想动向》,世界知识出版社1963年版,第10—12、25—26、33—35、65—71页。

至于他所鼓吹的"接受国际法的优先地位"云云,那也不过是旧曲新唱,众多弱小民族东道国对此都是记忆犹新、耳熟能详的:当年西方殖民主义列强正是信口妄言弱小民族的国内法"够不上西方文明的水平""不符合西方文明国家的标准",鼓吹传统的"国际法"和西方国家的国内法"优越"于东道国的国内法,并以暴力迫使弱小民族接受"领事裁判权",排斥东道国法律对于外国人的管辖和约束。时至今日,也还有一些西方国际法学者鼓吹用所谓的"国际法"为标准来"甄别"和否定发展中国家的国内法。不难看出:杰塞普的"优先"说,与上述论调是一脉相承、互相呼应的。

十分明显,"国际政府""国际法优先"等学说的本质,在于要求弱国撤除民族与国家藩篱,摈弃主权屏障。在这种条件下提倡全面推行和运用所谓的"跨国法",就难免带有浓烈的殖民主义、扩张主义、霸权主义气息。

再如,洛文费尔德教授在1975—1979年相继推出总标题为《国际经济法》的六卷系列教材,它们对于国际经济法学科体系的初步成形,固然做出了较大的贡献,但综观其六厚册系列教材的立论基点,却存在着很明显的局限性:在分析和判断国际经济交往各种法律症结的是非曲直过程中,时时以美国的国内立法作为最高圭臬,事事以美国资产者的实际利益为最后依归。

试举一例:20世纪70年代初期,智利政府为维护国家经济主权,发展民族经济,曾采取法律措施,对境内涉及国民经济命脉的外资企业加强约束,或逐步转归智利国民参股经营,或逐步收归国有,并给外商以适当补偿。美国的庞大跨国企业"国际电话电报公司"为保住在智利境内的既得利益,主动拨出巨额"捐款"100万美元,紧密配合美国中央情报局,密谋干涉智利内政,甚至派遣要员潜入智利,进行政治收买,策动罢工、暴乱,从事颠覆活动。事机败露之后,国际舆论大哗,传为世界丑闻;美国国内公正人士,也多加抨击挞伐。面对此等大是大非,洛文费尔德却在一篇序言中宣称:"本书对于'国际电话电报公司',既不赞扬,也不谴责";"对于智利的有关事态,既不接受左派的主张,也不赞同右翼的说法",只是"尽可能客观地提供资料"。[16]而在论及"国际电话电报公司"在智利的种种不法行为时,他却以转述裁决书观点的方式,公然曲为辩解,说什么"在投资保证合同中,并无明文规定禁止'国际电话电报公司'在智利境内以及在美国境内设法阻挠(智利的)阿连德总统当选,或

---

[16] See Andreas F. Lowenfeld, *International Economic Law*, Vol. 2, *International Private Investment*, 2nd ed., Mathew Bender, 1982, Preface, p. vii.

设法施加压力促使阿连德垮台"[17]。言外之意显然是,合同既无明文禁止规定,则此类粗暴干涉东道国内政的不法行为,就不宜追究或"情有可原"了。其立场之"客观",于此可见一斑。

尤其应当指出:时至今日,洛文费尔德教授在其2002年推出的《国际经济法》教材中,对于占全球人口70%的发展中国家的正义主张和法学见解,诸如改革国际经济旧秩序,建立国际经济新秩序,确立国际经济法新准则,维护和尊重各弱小民族国家的经济主权和经济立法等等,仍然秉持和坚守其一贯的"美国立场",加以漠视、贬低和否定。例如,1974年在联合国大会上以压倒性多数赞成票通过的《各国经济权利和义务宪章》(以下简称《宪章》),尽管已经经历了国际社会二三十年的实践检验,获得国际社会的广泛认同,形成了"法的确信",但在这部流行全美的通用教材中,却一直被看成是"离经叛道"的,"背离了传统国际法"(departure from the traditional international law)的,因此是没有法律拘束力的。其言曰:

> 时隔1/4世纪多之后,回首看看,如今《宪章》与它在当年的表现相比,已经显得不那么重要了。如果当初确实存在把国际投资从国际法中分离出来的努力,则那种努力并没有得逞,尽管在20世纪60—70年代论战中提出的有关"主权"的各种诉求及其各种共鸣呼声,仍然不断地在联合国以及其他各种国际论坛中不绝于耳。……有一些《宪章》支持者的言论虽然力图赋予"国际经济新秩序"以法律的性质,并且把有关决议等同于立法,但这些挑战性见解看来基本上都属于政治性质。
>
> 美国和其他跨国公司的母国都反对发展中国家提出的这些挑战,不同意在各种传统原则中作出任何改变,否认通过国家实践(与联合国的决议相比较)已经在习惯法中对这些传统原则作出了替换或者修改。资本输出国的立场是:这些传统要求既坚实地建立在财产拥有者的道义权利上,也建立在一个有效国际体制的需求之上。此外,它们还争辩说,对于殖民时代所确立的适用于投资的各种传统准则,无论可以提出什么反对理由,这些传统准则显然应该适用于投资者和独立政府在商业基础上通过协商所作出的各种安排。[18]

---

[17] Andreas F. Lowenfeld, *International Economic Law*, Vol. 2, *International Private Investment*, 2nd ed., Mathew Bender, 1982, Preface, p. vii. 关于美国国际电话电报公司干涉智利内政并因投资保险合同涉讼一案,详况参见陈安:《国际经济法学刍言》(上),北京大学出版社2005年版,第525—531页;陈安主编:《舌剑唇枪:国际投资纠纷五大著名案例》,鹭江出版社1986年版,第97—166页。

[18] Andreas F. Lowenfeld, *International Economic Law*, Oxford University Press, 2002, pp. 412-414.

以上这段文字,颇耐人寻味。如细加揣摩,至少可以提出以下几个问题:

(1) 在 1974 年联合国大会上以压倒性多数赞成票通过的《宪章》,体现了当代国际社会绝大多数成员共同的国家意志和共同的法律理念,它应当最符合少数服从多数的民主原则,也最能体现维护国际社会几十亿弱势人群的人权(主权和发展权)原则。美国素以"全球民主典范"自诩,素以"全球人权卫士"自许,可谓满口"仁义道德",何以在涉及国际社会的民主、国际弱势群体的人权(主权和发展权)的关键问题上,如此言行不一,完全背离和抛弃其一贯奉为至高圭臬的民主原则、人权原则?

(2)《宪章》通过之后,"时隔 1/4 世纪多之后",对于历经国际社会多年实践早已形成的国际性的"法律确信"和法律理念,何以竟可闭目塞听,熟视无睹,仍然只定性为"属于政治性质"?何以始终不能定性为属于法律性质,成为具有法律拘束力的行为规范?

(3) 自 20 世纪 60 年代以来,在联合国及其他各种国际论坛上,来自全球弱势群体的主权诉求与各种正义呼声,既然始终不断,一直"不绝于耳"(continued to be heard),那么,以"领导世界"和指引全球走向为己任的世界头号大国,何以竟可"充耳不闻"或"置若罔闻"?

(4) 以"时代先驱"自命的美国,何以对于殖民主义时代确立的、陈旧的、"传统的"国际法准则和殖民主义者的"道义信念",如此念念不忘和恋恋不舍,而对于体现 21 世纪新时代精神的国际法新生规范,却又如此视如敝屣,甚至视若寇仇?

以上这些问题,对于一切襟怀坦荡、不抱偏见的法律学人说来,都是值得深思、质疑和对照的,也都是不难逐一剖析、明辨是非和知所取舍的。

更坦率些说,此例再次表明:任何美国权威学者,尽管十分饱学,在全球享有学术盛誉,但是,只要他时时以美国的国内立法作为最高圭臬,事事以美国资产者的实际利益为最后依归,则其著书立说之中,在某些关键问题上,确实难免带有浓烈的殖民主义、扩张主义、霸权主义气息。

析微而知著。由此可见,顺应国际经济秩序除旧布新的历史潮流,适应维护广大第三世界国家正当权益的现实需要,对待国际经济法这门新兴边缘学科的现有知识和现有体系,"拿来主义"与消化主义应当并重,即应在"拿来"之后,认真咀嚼消化,吸收其营养,排除其糟粕,逐步创立起以马克思主义为指导的、体现第三世界共同立场的、具有中国特色的国际经济法学科新体系和理论新体系。这确实是当代中国法律学人的历史职责。

大约二十年以前，一份有分量的长篇调查报告就已客观地反映和记录了当时中国国际经济法学研究欣欣向荣的现状和发展趋势，明确总结出：正是对外开放的国策推动了中国国际经济法学的迅速发展。这篇调查报告充分肯定了中国国际经济法学作为独立法律学科地位的确立以及法律学科体系的初步建立；并且指出：目前，我国各政法院校、大学的法学院和法律系一般都将国际经济法学作为一门主要的专业课程，一些大学的国际金融、世界经济专业也将国际经济法学列为必修课程。"国际经济法学所取得的丰硕成果及其对我国国际经济法律实践所产生的积极影响，初步证明了广义国际经济法学说的科学性，也展示了广义国际经济法学广阔的发展前景和强大的生命力。"[19]

但是，学界仍然有人对中国国际经济法学科发展的现状存在一些误解，诸如"不科学"或"不规范"论、"大胃"论或"长臂"论、"浮躁"论或"炒热"论、"翻版"论或"舶来"论等等，都有待于通过讨论和争鸣，逐一加以剖析和澄清。[20]

如前所述，国际经济法是一种多门类、跨学科的边缘性综合体，其内容涉及国际公法、国际私法、国际商法以及各国的涉外经济法、民商法等。其所以称为"边缘性"，在于它只分别涉及上述各种有关门类法律规范的部分内容，而并不囊括这些有关门类法律规范的全部内容；它只是上述各类法律规范部分内容的综合，而不是这些法律规范全部内容的总和。这种"边缘性"既表明它的独立性，即它是一种新的独立的门类，也表明它的综合性，即它与相邻门类有多方面的错综和交叉。有如自然科学中的生物化学、生物物理、物理化学等等，它们都是科技发展过程中相继出现的新的独立学科，它们各自与原有的单一的生物、化学或物理学科有着极其密切的关系。但是，不能简单地分别把它们的整体全盘纳入原有的单一的生物、化学或物理学科。

兹试就国际经济法与相邻法律部门的密切联系和明显区别，分别简析如下。

---

[19] 参见李双元：《中国国际经济法学研究的现状和发展趋势》（调查报告），载《法学家》1996年第6期，第3—6页。

[20] 参见陈安：《论国际经济法学科的边缘性、综合性和独立性》，第八部分"评对国际经济法学科发展现状的几种误解"，载陈安主编：《国际经济法论丛》（第1卷），法律出版社1998年版，第48—64页；陈安：《国际经济法学刍言》（上），北京大学出版社2005年版，第22—30页；本书第一编第2章。

四、国际经济法与国际公法的联系和区别

大体说来,用以调整国际经济关系的国际公法规范,属于国际经济法范畴;用以调整国际政治关系以及其他非经济关系的国际公法规范,不属于国际经济法范畴。例如,《关税及贸易总协定》《国际货币基金协定》《各国经济权利和义务宪章》《世界贸易组织协定》等,属于前者;《维也纳外交关系公约》《维也纳条约法公约》等,则属于后者。有些综合性的国际公约,既用以调整某方面的国际政治关系,又用以调整某方面的国际经济关系,则其中涉及经济领域的有关条款,属于国际经济法范畴。例如,《联合国海洋法公约》中关于"专属经济区"的权利与义务、大陆架资源的归属与分割、公海海底资源的勘探与开发等方面的规定,显然都属此类。《联合国宪章》中规定用以调整国际经济关系的基本准则,当然也应归入此类。

如果进一步把国际经济法的整体内容与国际公法作一比较,则可以看到以下几点重大区别:

第一,权利与义务的主体大有不同。国际公法的主体限于国家与各类国际组织(指各国政府之间的各类组织,下同),国际经济法的主体则包括国家、各国政府之间的经济组织、民间国际商务组织、国际商务仲裁机构以及不同国籍的国民(含自然人与法人,下同)。

第二,所调整的对象大有不同。国际公法主要调整国家之间的政治、外交、军事以及经济等诸方面的关系,而且历史传统上向来以调整诸项非经济性质的国际关系为主,直到第二次世界大战以后才渐有转变,使经济领域的国际关系在国际公法调整诸对象中的比重有所上升,但仍显然不占主导地位。国际经济法的调整对象则排除了国家、国际组织相互之间属于政治、外交、军事等非经济领域的各种关系,而突出了国家、国际组织相互之间属于经济领域的各种关系,与此同时,又囊括了大量的国家或国际组织与异国国民之间、不同国籍的国民之间的属于经济领域的各种关系。

第三,法律规范的渊源大有不同。国际公法的渊源主要是各种领域的国际条约和国际惯例;而国际经济法的渊源则排除了各种非经济领域的国际条约和国际惯例,突出了经济性的国际条约和国际惯例,同时大量吸收了国际私人商务惯例与各国国内的涉外经济立法。

可见,国际公法中涉及经济方面的行为规范是国际经济法的重要渊源;国际公

法中与经济无关的行为规范并非国际经济法的渊源;国际经济法的渊源并不局限于国际公法中涉及经济方面的行为规范。

综上所述,不难看出:国际经济法与国际公法,从各自的总体上说,具有不同的内涵和外延,具有不同的质的规定性。两者在部分内容上虽互相渗透和互有交叉,可以相互为用,但从整体上说,毕竟不能相互取代。简言之,它们是两种既有密切联系又有明显区别的、各自独立的法律部门。相应地,国际经济法学与国际公法学,是两门具有同样关系的、各自独立的学科。

五、国际经济法与国际私法的联系和区别

这里提到的"国际私法",指的是在世界各国民法和商法互相歧异的情况下,针对含有涉外因素的民法关系或商法关系,指定或确定应当适用哪国法律的法律,又称"法律冲突法"(law of conflict of laws)或"法律适用法"。其中包含的各项具体准则,通常简称"冲突规范"或"抵触规则"。

众所周知,这种"法律冲突法"或"法律适用法"所调整的对象主要是各国涉外的私人之间的关系,而不是国家之间的关系。由于西方法学界在传统上把民法和商法划入"私法"范畴,加之涉外因素往往又泛称"国际"因素,所以通常把此类"法律冲突法"或"法律适用法"称为"国际私法"。但是,严格说来,"国际私法"中包含的法律规范,通常既不是"国际"的,也不是"私法"。它只是间接地调整跨越一国国界的私人之间的关系,即通过解决因不同国家对同一私人关系具有不同法律规定而引起的冲突,包括管辖上的冲突,来解决上述私人关系;而且主要依靠各国自己的国内立法来解决这种冲突。因此,在这个意义上,国际私法既是国内法,又属于西方法学传统分科中公法的范围,即实质上只是一种国内公法。作为辅助手段,有些国家也通过缔结某些多边条约或双边条约,对某些法律冲突问题采取同样的解决原则,作出统一的规定。这种辅助性的法律冲突规范,对于缔约国来说,就具有国际公法上的约束力,从而同时成为国际公法的一个组成部分。[21]

作为法律冲突规范的国际私法,可以进一步划分为用以调整国际(涉外)私人间

---

[21] 如"海牙国际私法会议"在第二次世界大战结束至1988年召开第16届会议期间,先后制定了有关国际私法的公约31部,但参加缔约的国家不多,有些公约至今尚未生效。又如拉丁美洲的一些国家1928年在哈瓦那缔结公约,制定了《布斯塔曼特法典》,目前在15个缔约国中生效。

经济关系的法律冲突规范与用以调整国际(涉外)私人间人身关系(即非经济关系)的法律冲突规范。前一类冲突规范用以间接调整跨越一国国界的私人之间的经济关系,因此,理应属于国际经济法范畴。后一类冲突规范所间接调整的对象,虽然也是跨越一国国界的私人之间的关系,但由于这种关系属于人身关系,并非经济关系,因此,这类冲突规范不应纳入国际经济法的范畴。例如,《中华人民共和国民法通则》第147、148条有关涉外婚姻或涉外扶养方面的法律适用原则,虽然也是间接调整跨越一国国界的私人之间关系的冲突规范,却并不属于国际经济法的范畴。

由此可见,国际私法中涉及经济方面的冲突规范是国际经济法的渊源,国际私法中与经济无关的冲突规范并非国际经济法的渊源。

如果进一步把国际经济法的整体内容与国际私法作一比较,则可以看出以下几点重大区别:

第一,权利与义务的主体不同。国际私法的主体,通常限于不同国籍的国民(含自然人与法人)以及各种民间性的国际组织机构。国家与各国政府间的国际组织(包括政府间国际经济组织),一般不是国际私法的主体。国际经济法的主体,则既包括经济领域中跨越一国国界的"私法"关系上的主体,又包括经济领域中国际公法关系上的主体,即国家与各国政府间的国际组织。在通常情况下,国家与各国政府间的国际组织是以主权实体的身份从事国际经济交往,因而是国际公法意义上享受权利与承担义务的主体,同时也是国际经济法意义上享受权利与承担义务的主体。只有在特殊情况下,如果国家与各国政府间组织不以主权实体的身份,而以非主权实体的身份,即一般私法法人的身份,从事跨越一国国界的经济交往或经贸活动,它们才可能成为国际私法关系上的主体。

第二,调整的对象不同。国际私法所调整的跨越一国国界的私人间关系,可分为经济关系与人身关系两大类,国际经济法则只调整前一类而不调整后一类。如果单从这个方面看,国际经济法所调整的对象的范围,远比国际私法狭窄。但是,由于国际经济法调整的对象中还包括国家、各国政府间组织、不同国籍的国民相互之间大量的经济交往关系,因此,从总体上看,国际经济法所调整的对象的范围,又远比国际私法广泛得多。

第三,发挥调整功能的途径或层次不同。国际私法是关于民法、商法的法律适用法,而不是实体法。在国际私法的对称术语上,实体法指的是可以直接用来确认当事人权利义务并解决有关纷争的法律规范,如民法、商法、国际经济法中的实体规范,等等。而国际私法只是指出应当适用哪一国家的实体法和程序法来解决当事人的权利义务问题,它本身并不直接确认当事人的权利义务或解决有关的讼争。

在处断跨越一国国界的私人之间权利义务争端时,国际私法发挥其调整功能一般要通过三个步骤或三个层次:首先,要"定性",即由法院或仲裁机构确认某项涉外民事或商事案件所涉及的法律关系的性质,从而确定它应当适用哪一条冲突规范(或抵触规则);其次,要确认"连结点",即确认这一条冲突规范(或抵触规则)借以规定上述法律关系应当适用什么法律的根据;再次,综合上述两项确认,选定"准据法",即选定某国某种实体法作为判断是非曲直的标准和依据,来调整上述法律关系,解决上述法律争端。[22] 由此可见,换言之,国际私法在针对任何法律关系发挥调整功能时,都需要经过相应的实体法的中介,因而是间接的调整。反之,在门类繁多、内容丰富的国际经济法各种规范中,除了程序法规范和具有经济性质的冲突规范以外,绝大部分本身就是实体法,它在发挥调整功能时,无须再经过任何中介,因而是直接的调整。

第四,法律规范的渊源不同。国际私法的渊源主要是各国有关法律冲突或法律适用方面的国内立法,并辅以某些有关法律冲突或法律适用方面的国际惯例以及对缔约国有拘束力的具有同类内容的国际条约。国际经济法的渊源则排除了国际私法上述诸渊源中有关人身方面即非经济方面的法律冲突规范或法律适用规范,突出了其中有关经济方面的法律冲突规范或法律适用规范,同时大量吸收了属于实体法和程序法性质的、有关经济领域的国际公法规范、国际私人商务惯例以及各国国内的涉外经济立法。

综上所述,可以看出:国际经济法与国际私法,从各自的总体上说,具有不同的内涵和外延,具有不同的质的规定性。两者在部分内容上虽互相渗透和互有交叉,可以相互为用,但从整体上说,毕竟不能相互取代。简言之,国际经济法与国际私法,是两种既有密切联系又有明显区别的、各自独立的法律部门。相应地,国际经济法学与国际私法学,是两个具有同样关系的、各自独立的学科。

---

[22] 试举一例:外商甲在中国某市向乙房产公司购得一幢大楼,后发生产权纠纷,向该市法院起诉。法院定性为"涉外不动产所有权问题"。《中华人民共和国民法通则》第144条规定"不动产的所有权,适用不动产所在地法律",按照本条冲突规范(即抵触规则),法院确认其"连结点"是"不动产所在地",据此,决定以"不动产所在地法"即中国的法律(包括该市的地方性法规)作为准据法,处断本案,解决争端。

六、国际经济法与内国经济法的联系和区别

这里所说的"内国经济法",泛指各国分别制定的用以调整各种经济关系的各种国内立法。[23]

国际经济交往活动的一大特点,在于此类活动必是跨越一国国界的。这是它区别于一国国内经济交往活动的根本界限。但是,任何跨越一国国界的经济交往活动,诸如贸易、投资、信贷、运输、保险、技术转让等等,总有一部分或甚至大部分是在某一东道国的国境之内进行的。就此点而言,这是国际经济交往活动近似于该东道国国内经济交往活动的共同之处。根据国际社会公认的主权原则,特别是其中的"领域管辖权"(即"属地管辖权",territorial jurisdiction)准则,各国对于部分地或大部分在本国国境内开展的国际(涉外)经济交往活动,理所当然地享有充分的依法予以管辖的权力。同时,根据国际社会公认的"属地优越权"(territorial supremacy)准则,各国的国内法在管辖本国境内的涉外经济交往活动、调整本国境内的涉外经济关系方面,应当优先适用。因此,各国国内经济立法中用以调整涉外经济关系的法律规范,当然也是国际经济法的重要组成部分。

各国用以调整本国境内涉外经济关系的各种法律规范,其立法形式有二:一种是"涉外涉内统一",即某些法律规范既适用于内国某种经济关系,又适用于境内同类的涉外经济关系。例如,中国的《中华人民共和国专利法》《中华人民共和国商标法》《中华人民共和国合同法》[24]等,即属此类。又如,《中华人民共和国民法通则》中关于基本原则、企业法人、民事法律行为和代理、民事权利、民事责任、诉讼时效等基本条款,也属此类。另一种是"涉外涉内分流",即某些法律规范只适用于内国某种经济关系,而不适用于境内同类的涉外经济关系,或者相反,只适用于境内某种涉外经济关系,而不适用于内国同类的经济关系。前者如《中华人民共和国全民所有制

---

[23] 何谓"经济法",学者们界说不一。这里采用广义说:举凡用以调整经济关系的各种法律规范,可统称为"经济法"。其中既包括调整纵向经济关系的管理性法律规范,也包括调整横向经济关系的民商法规范。参见《中国大百科全书·法学》,中国大百科全书出版社1994年版,第327—330页。

[24] 1999年10月1日以前,中国有三部经济合同法并存,即《中华人民共和国经济合同法》《中华人民共和国涉外经济合同法》以及《中华人民共和国技术合同法》,三者分工调整三类不同的经济合同。为适应我国经济发展的需要,经过多年酝酿和反复讨论,第九届全国人民代表大会第二次会议于1999年3月15日通过了《中华人民共和国合同法》,将上述三部合同法融为一体,并作了大量的修订补充。其第428条规定:"本法自1999年10月1日起施行,《中华人民共和国经济合同法》《中华人民共和国涉外经济合同法》《中华人民共和国技术合同法》同时废止。"

工业企业法》[25]和《中华人民共和国企业所得税暂行条例》[26],等等;后者如中国的《中外合资经营企业法》《中外合作经营企业法》《外资企业法》《对外合作开采海洋石油资源条例》以及《外商投资企业和外国企业所得税法》,等等。

可见,在经济立法"涉外涉内统一"的场合,那些同时用以调整经济领域中内国关系与涉外关系的国内法,既属于内国经济法范畴,同时也属于国际经济法范畴。反之,在经济立法"涉外涉内分流"的场合,那些单纯用以调整经济领域中内国关系即经济非涉外关系的国内法,如《中华人民共和国全民所有制工业企业法》等,显然就不属于国际经济法范畴了。

此外,还有一些国内法,如《中华人民共和国国籍法》等,虽然也用以调整涉外关系,但这种涉外关系却不具备经济性质。这种用以调整涉外非经济关系的国内法,显然也不属于国际经济法范畴。

确认各国(特别是东道国)涉外经济立法(或经济立法中的涉外部分)是国际经济法整体中的一个有机组成部分,必须注意排除来自西方某些强权发达国家的两种有害倾向。第一种是蔑视弱小民族东道国涉外经济立法的权威性,排斥或削弱这些法律规范对其本国境内涉外经济关系的管辖和适用,即排除或削弱其"域内效力";第二种是夸大强权发达国家涉外经济立法的权威性,无理扩张或强化这些法律规范对本国境外涉外经济关系的管辖和适用,即扩张或强化其"域外效力"。

在殖民主义横行的年代,不少弱小民族东道国内曾经出现"领事裁判权",它排斥甚至取消了东道国法律和法院对境内外国人的适用和管辖,是第一种有害倾向的典型表现之一。时至今日,它的躯壳虽已逐步从历史上消失,但它的"魂灵"却不断以新的较为隐蔽的形式顽强地表现自己。[27]

至于第二种有害倾向,其典型表现之一,是美国不断扩大其"域外管辖"(extraterritorial jurisdiction)的理论与实践。"域外管辖",指的是一国将本国法律的适用范围或法院的管辖范围扩展到本国领域以外。以1890年制定的《保护贸易和商务不受非法限制与垄断危害法》[28]为代表,一百多年来,美国的多种涉外经济立法中往往规定:任何行为被认为对美国的商务和贸易产生实质性的不良效果,不论此种行为是何人所为或发生在何处,均应受美国法律的管辖,并依美国法律追究责任,实行制

---

[25] 该法第1条规定,它只适用于中国的全民所有制工业企业。这意味着,它对于中国境内的非全民所有制的工业企业(包括集体所有制、个体所有制、中外合资经营、中外合作经营、外商独资经营的工业企业),概不适用。

[26] 该法第1条规定把中国境内的外商投资企业和外国企业排除在适用范围之外。这意味着它只适用于中国境内的内资企业。

[27] 参见陈安主编:《国际经济法总论》,法律出版社1991年版,第159—173页。

[28] 此项立法的草案当时是由参议员谢尔曼(J. Sherman)提出的,通常简称《谢尔曼法》(Sherman Act),又称《谢尔曼反托拉斯法》(Sherman Anti-Trust Act)。

裁。纵使行为人并无美国国籍,行为地并非在美国国境之内,也概不例外。第二次世界大战结束后,在相当长的一段历史时期里,美国凭恃其鼎盛国力,在多种涉外经济立法[29]中扩大"域外管辖"的范围,常常借口对美国国内外贸易产生"较大的实质性的不利影响",对于由非美国国民完全在美国境外进行的经贸活动,也横加干预,导致与经贸活动所在地东道国的冲突,激起国际上强烈反应。不少国家,包括一些国势较弱的发达国家,采取对抗措施,以维护本国的经济主权和商务利益。

众所周知,各国主权平等和互不干涉内政是现代国际法的公认基石。据此,各国对本国境内的一切人和事物都享有管辖权,只有少数依法豁免者除外。此种"领域管辖"或"域内管辖"已被公认为最基本的管辖原则,并且通常居于最优先的地位,以此为基础,各主权国家也可以在某些特定情况下平等互惠地享有"域外管辖权"。例如,对于居住在境外的具有本国国籍的自然人和法人及其各种行为,对于境外外国人危害本国安全和重大权益的公认犯罪行为(如伪造本国货币等),以及破坏国际社会安宁秩序的公认犯罪行为(如海盗、贩奴等),均可行使"域外管辖权"[30],从而使本国有关的法律规范具有"域外效力"。但是,运用本国法律实行"域外管辖"时,理当充分顾及他国的主权和其他权益,注意掌握合理的范围和分寸,不能不问行为人是否具有本国国籍、行为本身是否构成国际社会公认的重大罪行等等因素,而任意扩展本国法律规范"域外效力"的范围。否则,就成为对"域外管辖权"的滥用,从而势必损害他国主权,削弱或侵害了他国的"域内管辖权"及其法律规范的"域内效力",导致国际冲突,破坏国际社会各成员间的平等合作和共同发展。

近年来,由于美国国力的下降和衰落以及美国经贸对手国家的反对和抵制,美国在其涉外经济立法和涉外经济司法中极力扩大"域外管辖"的理论与实践,已遇到重重障碍,因而开始略有改弦更张;但百年来的传统积习和现实的既得利益,又使得它痼疾屡发,力图尽可能多地保住现有阵地。因此,国际范围内强者扩大其涉外经济立法"域外效力"与弱者抵制此种"域外效力"的争斗,仍然方兴未艾。[31]

综上剖析,不难看出:藐视弱小发展中国家涉外经济立法的合理权威,削弱其"域内效力",与鼓吹强大发达国家涉外经济立法的凌驾地位,扩展其"域外效力",这两种现象貌似相反,实则相成,而且同出一源。若隐若现的强权观念和或明或暗的

---

[29] 诸如《与敌国贸易法》《国际紧急经济权力法》《出口管制法》《反抵制法》以及《外国主权豁免法》等。其最新事例则是1996年间通过的《赫尔姆斯—伯顿法》(Helms-Burton Act)以及《达马托法》(D'Amato Kennedy Act)。
[30] 参见《中华人民共和国刑法》第7—10条。
[31] 参见王建生:《美何以推行赫—伯法,欧盟一致坚持报复权》,载《人民日报》(海外版)1996年10月31日第6版,徐崇利:《简评美国的"域外经济制裁"立法》,载《法制日报》1997年3月1日第8版。

霸权政策,乃是它们的共同基础。因此,在确认各国国内的涉外经济立法是国际经济法整体中的一个重要组成部分之际,对上述国际现实,不能不明辨和牢记,并采取相应的对策。

七、国际经济法与国际商务惯例的联系和区别

这里提到的"国际商务惯例",主要指由各种国际性民间团体制定的用以调整国际私人(自然人、法人)经济关系的各种商务规则。

国家或各国政府间组织如果以非主权实体的身份与异国私人实行经济交往,从事跨越一国国界的一般经贸活动,并且自愿选择适用国际商务惯例,那么,由此形成的国际经济关系,也应当受国际商务惯例的规范和约束。

国际商务惯例是由跨越一国国界的经贸活动在长期实践的基础上逐步形成和发展起来的。在其形成和发展的初期,它们一般尚未完全定型或尚未正式成文。后来,随着实践的积累和为了更便利于实践,某些国际性民间组织便把国际商务惯例中比较定型的行为规范和行为准则,分门别类,编纂成文,供当事人选择使用。诸如"国际商会"编纂的《国际贸易术语解释通则》《跟单信用证统一惯例》《托收统一规则》;"国际海事委员会"编纂的《约克—安特卫普规则》(共同海损理算规则),等等。这些成文的规范和准则由于含义明确,使用方便,国际商人大都乐意采用和遵从,于是它们就逐步形成为当代国际商务惯例的主体。此外,有些国家鉴于国际商务惯例中的某些行为规范和行动准则已经相当成熟,遂依照立法程序或缔约程序使它们进一步转化和上升成为这些国家的国内法规或国际条约。此时,对于各该有关国家说来,这些规范和准则就不再属于国际商务惯例的范畴,而分别属于各国国内法或国际公法的范畴了。在这个过程中,随着时间的推移和新实践的再积累,又有许多新的国际商务惯例在国际经济交往中相继出现和形成;而且在其出现和形成的初期阶段,一般又是未完全定型或未正式成文的。如此不断循环补充和"新陈代谢",促使国际商务惯例的内容和效用,不断地上升到新的高度和扩大到新的广度。

作为调整跨越一国国界的私人经济关系的一种行为规范,国际商务惯例当然也是国际经济法这一边缘性综合体的有机组成部分。但是,这种类型的行为规范或这一组成部分却有重大的独特之处,从而大大有别于国际经济法整体中的其他组成部分或其他类型的行为规范。换句话说,它既不属于国际公法范畴,也不属于国际私

法(冲突法)或各国经济立法的范畴,却自成一类。[32] 其独特之处在于:

第一,它的确立,并非基于国家的立法或国家间的缔约;而作为国际经济法其余组成部分的各国经济法、国际私法以及国际公法的有关法律规范,却无一例外,都必须经过国内立法或国际缔约等程序才能确立。

第二,它对于特定当事人具有的法律上的约束力,从总体上说,并非直接来源于国家的主权或其他强制权力,而是来源于当事人各方的共同协议和自愿选择。如果没有当事人的合意采用,一般说来,它就毫无约束力可言。反之,国际经济法整体中其余类型法律规范的约束力,则不但毫不仰赖于当事人的协议采用,而且往往可以逆着当事人的意愿径自发挥其应有作用,如果当事人这种意愿违反有关强制性法律规定的话。

第三,当事人在订立合同时,对于某一项现成的国际商务惯例,只要各方合意议定,就既可以全盘采用,也可以有所增删,悉听自便。反之,当事人对于调整特定国际经济关系的许多强制性法律条款,则只有全面遵照办理的义务,并无随意增删更改的自由。

第四,国际商务惯例对于特定当事人的约束力,虽然一般并非直接来源于国家的主权或其他强制权力,但是,这种约束力的实施或兑现,却往往必须借助于国家的主权或其他强制权。例如,合同当事人一方任意食言,无视自愿选择采用的某项国际商务惯例的约束力,为了解决争端,除可提交仲裁并自愿执行仲裁裁决之外,最终往往要通过法院(具有强制权力的机关之一)作出判决或裁定,借以兑现和显示此项国际惯例的约束力。就此点而言,国际商务惯例的约束力既区别于又类似于一般民商法律条款。从法理上分析,当事人在订立合同时既已自愿选择采用某种现成的国际商务惯例,则此种惯例中所规定的权利和义务,就转化成为该项合同所确认和确立的权利和义务,由**合同法**给予法律上的保障,并赋予法律上的约束力和强制力。因此,一方擅自违约,就要承担法律上的责任。

※ ※ ※

国际经济法与相邻法律部门的密切联系和明显区别,大体如上。作为边缘性综合体,国际经济法与国际公法、国际私法、各国经济法以及国际商务惯例等各种行为规范之间,具有错综复杂的互相交叉、互相渗透和互相融合的关系。兹试以简图粗

---

[32] 关于国际商务惯例在各国经济立法体系中的地位和作用,参见陈安:《论适用国际惯例与有法必依的统一》,载《中国社会科学》1994年第4期,第77—89页;陈安:《国际经济法学刍言》(上),北京大学出版社2005年版,第215—226页。

略示意如下(见图 1-1-1)。

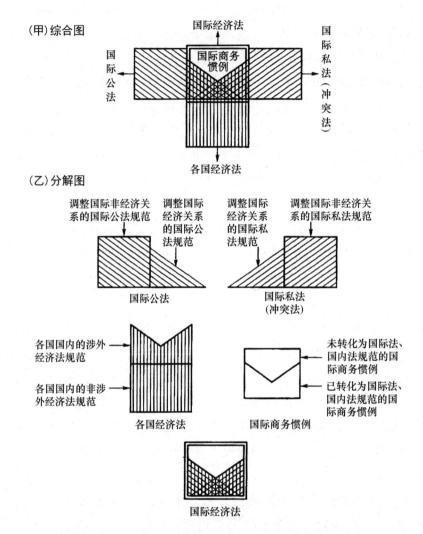

图 1-1-1　国际经济法与相邻法律部门相互关系示意图[33]

注:本图所称"各国经济法",泛指各国分别制定的用以调整各种纵向和横向的经济关系的全部法律规范。本书对经济法采广义说,参见本章"六、国际经济法与内国经济法的联系和区别"。

如前所述,随着国际经济交往的日益频繁,随着由此形成的国际经济法律关系的日益错综复杂化,人们面临的现实是:在剖析某一种国际经济法律关系或处断某一类国际经济法律问题之际,往往发现这种关系或这类问题实际上牵涉到多种类别的法律部门,受到多种类别、多种层次法律规范的调整和制约。因此,顺应客观形势的发展和现实的需求,人们在理论探讨和实务处理中,日益不再拘泥于法律的传统

---

[33]　See Andreas F. Lowenfeld, *International Economic Law*, Oxford University Press, 2002, pp. 412-414.

分类或法学的传统分科,突破了国际法与国内法、"公法"与"私法"等的分类界限或分科范围,转而采取以某种国际经济法律关系或某类经济法律问题为中心的研讨途径或剖析方法,逐步实现了从"以传统法律类别为中心"到"以现实法律问题为中心"的重要转变。

这种转变,也逐步体现在新型的法律分类或新型的法学分科之中。

根据"以现实法律问题为中心"的分类方法或分科标准,国际经济法这一跨门类、跨学科的边缘性综合体,大体上可以划分为国际贸易法、国际投资法、国际货币金融法、国际税法、国际海事法、国际经济组织法以及国际经济争端处理法等若干大类。每一大类还可以进一步划分为若干较小的专门分支和再分支。以国际贸易法为例,就可以进一步细分为国际货物买卖法、国际技术转让法、国际产品责任法、国际货物运输法、国际工程承包合同法、外贸管制法、国际商事仲裁规范,等等。其余大类,可以类推。

在国际经济法这一边缘性综合体的各大类、分支和再分支相互之间,往往又有新的、不同层次的交叉、渗透和融合。出于实践的需要,这些法律分类和相应的法学分科有日益细密的明显趋向。分类分科较细,有利于针对形形色色现实的经济法律问题分别进行比较深入细致的综合研究,有利于正确剖析和处断国际经济交往中不断涌现的新的法律问题。

上述各大类、分支和再分支相互之间的交叉渗透以及分类、分科的日益细密,使国际经济法这一边缘性综合体日益发展成为内容十分丰富、结构比较完整的、独立的学科体系。

在认识这一边缘性、综合性新兴学科体系的基础上,当然还应当进一步辨明:法律门类、法学分科和法学课程三者紧密关联,互相衔接,但内涵有别,并非同一概念。一般而论,各门法学课程的设置和教材内容的取舍是与各种法律门类、各个法学分科相对应、相吻合的。但在课程设置和教材取舍上应当认真考虑各相邻学科、相邻课程之间的"分工合作",善于灵活处理。

时至今日,国际经济法既已形成为多门类、跨学科的边缘性综合体,构成了一个独立的学科体系,适应着其内容十分丰富而又互相交叉渗透这一特点,在课程设置和教材处理上,无论是在国际经济法学科与其他相邻的传统法学分科之间,还是在国际经济法学科体系内部各分支学科、再分支学科之间,都应当互相配合,各有侧重,既避免不必要的重复,也避免不应有的疏漏。

第 2 章　评对中国国际经济法学科发展现状的几种误解

>> 内容提要

近年来,国内法学界有人对中国国际经济法学初步的学术繁荣景象存在一些误解或非议。这些误解或非议的具体说法不一,但都对中国国际经济法学的进一步健康发展从而更有效地服务于中国对外开放的基本国策具有一定的消极影响。其根源主要在于对"广义国际经济法学"的内涵及处延,即对国际经济法学这一新兴学科的边缘性、综合性以及独立性缺乏应有的、比较深入的了解和理解。因此,很有必要对一些比较"典型"的说法逐一加以剖析和澄清。

>> 目　次

一、"不科学"论或"不规范"论
二、"大胃"论或"长臂"论
三、"浮躁"论或"炒热"论
四、"翻版"论或"舶来"论

前文提到,在党的十一届三中全会正确路线指引下,在改革开放基本国策的鼓舞下,中国法学界对国际经济法学这门新兴边缘学科进行了认真的探讨和开拓。自1978年底以来,短短二十九年,这门学科的研究就从原先的几近空白,迅速走向茁壮成长和初步繁荣,缩短了与国际上同类学科研究先进水平之间的差距。特别值得注意的是:中国的许多法律学人在研究和探讨国际经济法时,始终抓住当代国际经济法律关系中的主要矛盾,从南北矛盾、南北对话和南北合作的视角,站在广大发展中国家共同的原则立场,密切结合中国的实际国情,对当代国际经济秩序新旧更替历史进程中衍生的重大法律问题和重大法理问题进行了开拓性的探讨、剖析和论述,从而初步构筑起具有中国特色的国际经济法学科体系和理论体系,并且正在继续向纵深和横广发展,为进一步确立和完善这种新型的、独树中华一帜的学科体系和理论体系不懈努力,使其更切合、更有效地服务于建立国际经济新秩序的宏伟目标。

前文还提到,一份有分量的长篇调查报告客观地反映和记录了中国国际经济法学研究欣欣向荣的现状和发展趋势,明确总结出:正是对外开放的国策推动了中国国际经济法学的迅速发展;充分肯定了中国国际经济法学作为独立法律学科地位的确立和学科体系的初步建立;并且指出,目前,我国各政法院校、大学的法学院和法律系一般都将国际经济法学作为一门主要的专业课程,一些大学的国际金融、世界经济专业也将国际经济法学列为必修课程。"国际经济法学所取得的丰硕成果及其对我国国际经济法律实践所产生的积极影响,初步证明了广义国际经济法学说的科学性,也展示了广义国际经济法学广阔的发展前景和强大的生命力。"[1]

面对这种蒸蒸日上的、初步的学术繁荣景象,中国国际经济法学界的学人们既受到鼓舞,也受到鞭策,深感责任重大,应当更加努力地"奋蹄"前进,更加勤勉地俯首耕耘。

但是,近年来国内法学界也有人对中国国际经济法学初步的学术繁荣景象,存在一些误解或非议。这些误解或非议的具体说法不一,但都对中国国际经济法学的进一步健康发展从而更有效地服务于中国对外开放的基本国策,具有一定的消极影响。其根源主要在于对"广义国际经济法学"的内涵及处延,即对国际经济法学这一新兴学科的边缘性、综合性以及独立性缺乏应有的、比较深入的了解和理解。因此,很有必要对以下几种比较"典型"的说法逐一加以剖析和澄清。

一、"不科学"论或"不规范"论

这种说法认为,传统的法学门类或法学分科中本来就没有什么"国际经济法"或"国际经济法学"。把国际经济法学与国际公法、国际私法、(内国)民商法、(内国)经济法等学科并列,成为法学一级学科所属的另一门独立的二级学科,势必会造成内容上的重复、繁杂和界限不清,混淆了其他相邻学科的传统分野。因此,主张把它纳入"国际法"的范畴或"经济法"的范畴。否则,就是"不科学"或"不规范"。

对于这种误解,第1章的第二部分末段以及第三、四、五、六、七诸部分,实际上已

---

[1] 参见李双元:《中国国际经济法学研究的现状和发展趋势》(调查报告),载《法学家》1996年第6期,第3—6页。

作了澄清,既指出了国际经济法学与各门相邻学科的密切联系,又剖析了它与各相邻学科的明显区别,充分地揭示出:国际经济法的"**边缘性**"绝非"囊括一切"或"兼并一切";它的"**综合性**"绝非简单的"总和相加""杂烩拼盘"或"人为的凑合";它的"**独立性**"绝非"标新立异"或"另立门户"。一言以蔽之,国际经济法学之所以与其他法学二级学科并列,成为法学中另一门独立的二级学科,乃是渊源于其自身的质的规定性,渊源于其内在的、逻辑上的必然,乃是当代现实法律生活的客观需要。时至今日,否定国际经济法的边缘性、综合性和独立性,就像否定自然科学中新兴的生物化学、生物物理、物理化学、海洋生物、海洋物理、海洋化学等边缘学科一样,是囿于传统和固步自封的一种"闭目塞听",是对现代科学和现实生活最新发展的一种"熟视无睹"。这当然是不应提倡的。

自20世纪80年代初以来,上述"不科学"或"不规范"论作为一种学术上的见解、歧议或误解而存在,已非一日。见仁见智,这本是学术争鸣中的正常现象,而且有助于争鸣各方原有认识的提高和深化。但这种学术上的误解一旦和某种行政上的权力结合起来,并且进而凭借某种行政权力,无视学术发展的客观规律,单凭臆断就否定国际经济法这门新兴边缘学科的独立性,否定国际经济法在法学教育体制中作为一门独立的二级学科而存在,一定要把它正在茁长中的魁梧身躯,**整体地**塞进某个单一相邻学科狭隘框架的某一角落,从而严重影响它的正常发育,削弱它的学科建设,那就不是无关宏旨、可予默许的小事。

1997—1998年由教育行政部门颁行修订后的《授予博士、硕士学位和培养研究生的学科、专业目录》(以下简称《新目录》),其中关于将国际公法、国际私法和国际经济法三个原二级学科合并为"国际法"的规定,就是上述误解与权力结合,或权力偏信了误解,进而由权力来推行误解的一种产物。它本身就是违反"科学、规范、拓宽"的基本原则和调整初衷的。对此,已经有内行的老前辈权威学者率先发出了科学的呐喊,[2]值得认真加以重视。在这方面,决策者或其智囊们显然应当多多倾听来自教学科研基层第一线许多法学老兵们的呼声,采纳其合理的建议,或者作出令人信服的解释说明,似乎不宜"你说你话,我行我素";也不宜动辄以"非学术性因素"之类的标签唬人,堵塞言路。

众所周知,科学,指的是如实地反映自然、社会、思维等**客观规律**的分科**知识体系**。"科学研究的区分,就是根据科学对象所具有的特殊的矛盾性。因此,对于某一

---

[2] 参见韩德培:《谈合并学科和设立博士点的问题》,载《法学评论》1996年第6期,第2—7页;《论国际公法、国际私法与国际经济法的合并问题》,载《国际经济法论丛》(第1卷),法律出版社1998年版,第1—8页。

现象的领域所特有的某一种矛盾的研究,就构成某一门科学的对象。"[3]国际公法、国际私法和国际经济法这三门法学分支所分别反映的客观规律、所探讨的特殊矛盾、所构成的知识体系,彼此之间虽有一定的联系,却有很大的差异,而且可以说,差异远远大于联系。它们各自的研究对象,它们的性质、任务、法律关系主体、法律渊源以及所涉范围等等,均有显著的、重大的不同。从三者的基本分野上说,国际公法是实体法,它的研究领域一般不包含国内法规范。国际私法在本质上是国内法而非国际法,而且属于适用法而非实体法。国际经济法则是在国际经济领域或跨国经济交往这一特定领域里,综合国际法和国内法、公法和私法、实体法与非实体法的各个相关边缘部分,形成了一门新兴的、统一的和独立的法律**知识体系**。因此,不能仅因三者的名称中均有"国际"字样,就望文生义地把它们简单归并为同一个二级学科。

另外,专业目录的修订应反映现代科学发展的趋势和适应国内外经济法律形势发展的客观需要。国际经济法学作为一门新兴的综合性学科,正是适应了研究和解决当代错综复杂的跨国经济法律问题的客观需要。它突破了19世纪传统的国际法与国内法、公法与私法的法学分科界限的束缚,而在法学领域内形成了一门多学科交叉的边缘性学科。它注重从国际法和国内法的联系、公法和私法的结合来分析研究国际经济法律现象和处理跨国交易的法律问题。这一新兴的综合性学科的产生,符合现代科学相互渗透、交叉发展的现实趋势,而且已经得到国内外法学界的普遍认同,即已经形成该学科**约定俗成**的国际性规范名称。有鉴于此,自1982年起,国家教委就正式将国际经济法学列为法学二级学科。这是符合国际经济法学发展的时代潮流和历史趋势的,是与国际的**通行做法**和**通行称谓**互相**衔接的**。对这一学科的合乎时代潮流的正确定位,确曾对中国国际经济法学的学科建设和茁壮成长,起了极大的推动和促进作用。二十多年来的长期实践,已经充分验证了这一学科定位的科学性、合规律性和旺盛活力。这种实践经验本来是值得珍惜和应当坚持和发扬的。

令人遗憾的是,现行的《新目录》却轻率地取消了国际经济法学作为二级学科的独立存在,将它并入"国际法"学科,这显然是违反当代学科发展规律的一种**历史倒退**,既不符合该学科的国际性规范名称,也不符合真正意义上的学科范围拓宽精神。一句话,这种做法既不科学,也不规范。以往的实践经验已经反复证明:违反科学发

---

[3]《毛泽东选集》第1卷,人民出版社1991年版,第284页。有关"科学"的定义还可参见"科学"词目,载《辞海》,上海辞书出版社1979年版,第1764页;《汉语大词典》(第8卷),汉语大词典出版社1991年版,第57页。

展客观规律的决定,往往是难以贯彻的,最后势必还要重新改过来,再来一次"拨乱反正",这不但徒耗精力,而且易引起思想混乱。[4]

二、"大胃"论或"长臂"论

这种说法认为,当今中国法学界愈来愈多的学人认同于广义的国际经济法学,这是"不正常"的。广义国际经济法学的内涵如此之丰,外延如此之宽,其所涉及的法学门类和学科如此之多,其研究范围如此之广,表明了持广义国际经济法学观点的学人们"胃口太大","手臂太长","侵入"或"侵害"了其他相邻学科的传统领域。这种误解的渊源,也是出自于未能正确理解这门新兴学科的边缘性和综合性,误将边缘性看作"囊括性",把综合性看作"相加的总和"。对于这种误解,上文第一点已经作了说明和剖析,兹不另赘。这里需要补充说明的是:当代科学的发展,需要鼓励相邻学科的相互交叉和渗透,在研究的过程中,只要有利于学术的发展,有利于认识的深化,有利于现实问题的解决,就不应当囿于任何门户之见,划分学术"领地",甚至实行"领地割据"。今日中国法学领域中许许多多分科,尽管都已在不同程度上取得了重要的成果,但在任何分科中,也都还存在着薄弱环节,有待加强,存在着"生荒地"和"熟荒地",有待于进一步开垦。如果在有关的边缘地带尚未开拓或尚未充分开拓,有"外来"劳工自愿参加耕耘,让国人共享学术繁荣的美果,学术心胸豁达开朗者谅必是乐观其成的。

---

[4] 在当代国际学术界,作为一门学科,"国际法"已经约定俗成地专指国家之间的法律,专指调整国家之间关系的法律规范的总和。《新目录》把专门调整非国家之间关系的法律冲突规范——国际私法,以及主要调整非国家之间经济关系的国际经济法,全部纳入专门调整国家之间关系的"国际法"范畴,这就完全扭曲、搅混了"国际法"这一概念最基本的内涵和明确的外延,造成了逻辑上的极度混乱。

中外学术界对于"国际法"一词约定俗成的诠解,可参见《布莱克法学辞典》,1979年英文第5版,第733页;〔英〕劳特派特修订:《奥本海国际法》(上卷·第1分册),王铁崖、陈体强译,商务印书馆1981年版,第3页;〔英〕詹宁斯、瓦茨修订:《奥本海国际法》(第1卷),1992年英文第9版,第4页;周鲠生:《国际法》(上册),商务印书馆1983年版,第3页;王铁崖主编:《国际法》,法律出版社1995年版,第1—5页等。

王铁崖教授是国际法方面的老前辈权威学者,他明确指出:"为了与国际私法相区别而把国际法称为国际公法,是不必要的。因为国际公法与国际私法并不是国际法的两个分支;严格地说,国际私法既不是'国际',也不是'私法'"(见上引王铁崖主编书,第4页)。这种内行见解,也显然迥异于《新目录》前述的外行分类,即把国际私法、国际经济法、国际公法三者硬拼合在一起,同时并列为"国际法"的三个分支,并标明"国际法学(含国际公法、国际私法、国际经济法)",显得相当不伦不类。

三、"浮躁"论或"炒热"论

这种说法认为,近年来中国法学界愈来愈多的学人积极参与国际经济法学的研究、探索和开拓,乃是一股"浮躁之气",以致把国际经济法学这门学科"愈炒愈热",很"不正常"。

任何学术研究,都可能持两种治学态度,或存在两种现象,一种是放眼世界,瞄准前沿,潜心学术,埋头耕耘,多出成果,服务国策,独树中华一帜,跻身国际前驱,为此目的,"板凳愿坐十年冷,文章不写半句空";另一种是既不甘寂寞,又不愿刻苦,急功近利,但求速成,以致浮皮潦草,抄抄摘摘,人云亦云,以讹传讹。这两种治学态度,历来既存在于自然科学的研究领域,也存在于社会科学的研究领域,既存在于社会科学中的法学领域,也存在于社会科学中的非法学领域,既可能存在于法学领域中的国际经济法学科,也可能存在于法学领域中的任何非国际经济法学科。对于前一种治学态度,不论其存在于何类科学、何门学科,都是应当提倡和赞扬的,对于后一种治学态度,则不论其出现于何类科学、何门学科,都是应当反对和批判的。在这方面,应当坚持同一标准,一视同仁地从严要求。从这个意义上说,也仅仅是从这个意义上说,上述批评意见有其合理的内核。有则改之,无则加勉,值得从事国际经济法研究的学人们认真重视,虚心倾听。

但是,如果不分清浩浩主流和涓涓支流,不辨明九指与一指,把"浮躁"和"炒热"之类的贬词,作为对近年来中国国际经济法学欣欣向荣景象的总体评价,那就显然是以偏概全,有失偏颇、有欠公平的。

一种社会景象(包括学术景象)的出现,无论是走向兴旺还是走向冷落,是逐步升温还是逐步降热,大都有一定的社会背景。就兴旺或升温而言,也大都体现着一种强烈的社会需要,这就是通常人们所说的"大势所趋,应运而生",也是唯物史观用以观察事物的基本原理和基本常识之一。前文提到,晚近二十几年来,中国的国际经济法学研究,从几近空白而日益茁长,走向初步繁荣,这完全是"托"了经济上对外开放这一基本国策的"福",正是适应了全国上下齐心协力积极贯彻这一英明决策的社会急需。由于众所周知的历史原因,中国对国际经济法学这门学科的研究以及对通晓国际经济法的人才的培养,一直处在相当落后的状态。1978年底以后,对外经济开放的春风吹拂着这片长年的冻土,中国法学界的许多志士仁人,在这片解冻的土地上经过多年的辛勤耕耘,才促进了有关专业知识的茁长和积累,推动了有关专业人才的培养和供应,这才开始改变了上述长期落后的状态,初步满足了国家和社会的急需。具体说来,这种社会急需,主要体现在通过国际经济法专业知识的积累和国际经济法专业人才的培养,以期达到依法办事、完善立法、以法护权、据法仗义以及发展法学等五个方面的目标。

显然,只要不存成见,清除偏见,就不难如实地看到:正是"国际经济交往的迅速发展以及由此而来的对国际经济法人才的迫切需要,导致了中国国际经济法学的产生,而国际经济法学的发展又大大促进了国际经济法人才的培养"[5],并进一步满足国家和社会的急需。

"愈炒愈热"论把一门社会急需的科学,视同资本市场投机买卖中的一种"股票",似乎该学科在今日中国的欣欣向荣,有如某种"股票",由某些实权人物或经济大腕在幕后"炒作""吐纳"或"兴风作浪"。这当然只是一种纯属主观的幻觉,而产生这种幻觉的原因之一,就在于有关历史唯物主义的素养稍嫌不足。

四、"翻版"论或"舶来"论

这种说法认为,近年来中国法学界出现的广义国际经济法学说,不过是美国法学家杰塞普倡导的"跨国法"学说的翻版。"跨国法"学说是一种否定弱国主权,鼓吹美国霸权的学说,是一种有毒的"舶来品"。对它,只能批判和抵制,不能借鉴和参考,更不能移植、照搬或吸收。

这种误解或非难的产生,主要原因之一,似乎在于持此论者并未对中国的广义国际经济法学说进行近距离的观察,仔细辨认其真实的面貌和真正的主张,而只是站在高处,远远眺望一下其模糊的背影,"似曾相识",便遽下结论,张冠李戴,指李为张了。

杰塞普及其美国后继者的大体主张、基本立场及其霸权主义倾向与实质,第1章第三部分的后半,已作简扼评析,毋庸多赘。这里再就美国"杰塞普们"倡导的"跨国法"与中国法学界许多学人认同的广义国际经济法之间的本质区别和原则分野,作一简单概括:

第一,杰塞普鼓吹的"跨国法",是个内容非常广泛、可以囊括一切法律门类的范畴,几乎是无所不包。他认为"跨国法"这个概念,"可以广泛地囊括调整一切跨越国

---

[5] 参见李双元:《中国国际经济法学研究的现状和发展趋势》(调查报告),载《法学家》1996年第6期,第6页。

境所发生的事件和行为的法律"。它的内容,"不但包括民法和刑法,而且包括国际公法和国际私法,也包括各国国内法中的其他公法和私法,甚至还包括不属于上述标准范畴的其他法律规范"。[6] 与此相反,中国法学界许多人士所认同的广义国际经济法,其内涵和外延,比杰塞普所鼓吹的"跨国法"要严谨、实在、具体得多。它的范围,仅仅限于调整跨越一国国境的经济交往的法律规范,一切不涉及经济领域的法律规范,即非经济性质的法律行为准则,概不属于广义国际经济法的范畴。因此,它与刑法、一般行政法等非经济领域的大量法律规范,应无牵涉。更重要的是,杰塞普鼓吹的"跨国法"把一切门类的法律,都塞入其硕大无朋的"巨囊"之中,是典型的"囊括"论,而中国的广义国际经济法学说则仅仅强调跨国经济领域的法律规范涉及多门类、多学科的边缘性。一个是无所不包的"囊括性"概念,一个是有限范围的"边缘性"概念,在逻辑上是截然不同的两个范畴,显然是不能混为一谈的。

第二,杰塞普鼓吹的"跨国法",打着"世界政府""联合主权""'国际法'优先"的旗号,为觊觎、削弱、否定众多弱小民族的国家主权提供"法理依据",其宗旨在于促使弱国撤除民族与国家藩篱,摈弃主权屏障,从而使美国的国际扩张主义和世界霸权主义得以"通行无阻"。这是巩固和加强国际经济旧秩序的"法律守护神"的"理论"。[7] 与此相反,中国法学界许多人士所认同的广义国际经济法,则坚持维护和尊重一切国家(特别是众多弱小民族国家)的政治主权和经济主权,坚持在跨国经济交往中,一切国家不分大小、贫富、强弱,经济主权一律平等;全面地认真贯彻公平互利、全球合作和有约必守等最基本的法理原则;坚决反对以大压小、仗富欺贫、恃强凌弱的国际强权政治和经济霸权主义;努力为促进国际经济秩序的新旧更替和破旧立新,进行法学呐喊、法理论证和法律服务。[8]

第三,杰塞普及其后继者鼓吹的"跨国法"理论体系中存在着前文提到的两大霸权倾向。一是藐视弱小民族东道国涉外经济立法的权威性,排斥或削弱这些法律规范对其本国境内涉外经济关系的管辖和适用,即排除或削弱其"域内效力";二是夸大强权发达国家涉外经济立法的权威性,无理扩张或强化这些法律规范对本国境外涉外经济关系的管辖和适用,即扩张或强化其"域外效力"。[9] 与此相反,中国法学

---

[6] See Philip C. Jessup, *Transnational Law*, Yale University Press, 1956, pp. 1-4, 7, 15, 17, 106-107.

[7] See Philip C. Jessup, *A Modern Law of Nations*, The Macmillan Company, 1948, pp. 2, 12-13, 40-42. 另参见周鲠生:《现代英美国际法的思想动向》,世界知识出版社1963年版,第10—12、25—26、33—35、65—71页。

[8] 参见《国际经济关系与国际经济法》《国际经济法的基本原则》,载陈安主编:《国际经济法总论》,法律出版社1991年版,第1—57、156—211页;《国际经济法基本理论(一)》,载陈安:《国际经济法学刍言》(上卷),北京大学出版社2005年版,第3—211页;张军力、阚文新:《当代经济主权问题纵横谈》,载《法制日报》1997年3月22日第8版。

[9] 参见本书第一编第1章第六部分后半,同时参见徐崇利:《简评美国的"域外经济制裁立法"》,载《法制日报》1997年3月1日第8版。

界许多人士所认同的国际经济法,则坚持揭露和抨击这种"视强国立法如神物,视弱国立法如草芥"的悖谬,对它进行坚决的抵制和挞伐。

以上原则主张和见解,已散见于和体现在二十几年来中国法律学人撰写的有关国际经济法的各类著作之中。这些主张和见解与杰塞普的"跨国法"理论相比较,显然是泾渭分明、壁垒对峙的。对于这些原则主张和见解,毫无深入研究了解,或熟视无睹,或竟不屑一顾,却随便把"杰塞普翻版"之类的帽子或标签强加于中国持广义国际经济法学说的法律学人,这怎能以理服人呢?"翻版"论者果能扎扎实实地具体列举出中国法律学人撰写的几本著作、几篇论文,持之有故、言之成理地充分论证和揭示它们是和杰塞普"跨国法"理论体系中的霸权主义观点沆瀣一气的,或是与它共鸣的,或是为它张目的,或是充当其应声虫的,那就确实能显示出其立场坚定、旗帜鲜明、当头棒喝、催人猛醒,否则,仅仅挥舞一顶帽子或乱贴一片标签,却又说不出一个所以然来,除显示其学力不足和学风浮躁之外,何能令人心悦诚服?

中国的学术论战史上向来就有一种没出息的"战术",即"装腔作势,借以吓人","以为这一吓,人家就会闭口,自己就可以'得胜回朝'了"。实则,"无论对什么人,装腔作势借以吓人的方法,都是要不得的。因为这种吓人战术,对敌人是毫无用处,对同志只有损害"。[10]

至于说到"舶来"论,那也只是一种标签。时至今日,仍然仰仗这种标签来唬人,显见是何等的不合时宜。

人类文明数千年来的发展史表明,任何国家、民族文明和文化的进步,除了依靠本国人民的创造、积累之外,都离不开借鉴和吸收外来文化中的积极因素和有益养分。数千年来,不同文化相互之间的撞击、交锋、激荡、扬弃、接近、渗透、汇合、交融的过程,可谓无日不在进行,而且随着时间的推移,日益加速进行,不断地把各国的文化从而也把全世界的文化推向新的高度和新的繁荣。

自然科学的事例不必说了,太远太偏的社会科学事例也不必说了。试以马克思主义的诞生和传播为例。众所周知,如果不是批判地吸收了德国的古典哲学、英国的古典政治经济学和法国的空想社会主义,没有这三个来源,就不会诞生马克思主义,就不会有马克思主义的三个组成部分,即辩证唯物主义与历史唯物主义、政治经济学以及科学社会主义。对于马克思本人与广大德国人说来,英国和法国的上述学说,不都是地道的"舶来品"吗?其后,对于列宁与广大俄国人说来,马克思主义不也是纯属"舶来品"吗?不结合俄国的实际发展马克思主义这种"舶来品",何来列宁主

---

[10] 参见毛泽东:《反对党八股》,载《毛泽东选集》第3卷,人民出版社1991年版,第835页。

义?"十月革命一声炮响,给我们送来了马克思列宁主义"[11],对于广大中国人说来,没有马克思列宁主义这一"舶来品",也就不可能出现马克思列宁主义同中国实际相结合的两次历史性飞跃,产生了两大理论成果[12],即先后产生了毛泽东思想和邓小平理论,指引中国的革命和建设不断走向伟大的胜利。

再以国际经济法的相邻学科国际法理论的诞生和传播为例。近代国际法的奠基人格劳秀斯是荷兰人,举世闻名的《战争与和平法》是他撰写的主要的国际法著作。如果荷兰以外的世界各国都拒绝这一荷兰"舶来品",何来今日国际法学之风行全球和繁花似锦?对广大中国学人说来,《奥本海国际法》不也是"舶来品"吗?尽管其中含有许多维护国际政治和经济旧秩序的糟粕,甚至含有鼓吹国际强权政治、为国际霸权主义张目的毒素,但在今日中国,又有哪几个刻苦治学的国际法学人不认真地阅读它,并且批判地吸收和利用其中有益的知识?

中国人民崇敬的伟大文化旗手鲁迅先生,对于中外的一切反动势力,敢于"横眉冷对千夫指",毫无崇洋媚外的奴颜与媚骨。但正是他,以高瞻远瞩的革命胆略,率先倡导对外来文化要采取"拿来主义",为我所用。他强调,对于含糟带粕甚至有毒的"舶来品","我们要运用脑髓,放出眼光,自己来拿";怕被污染而全然不敢拿,是"孱头";不分青红皂白,盲目地一概排斥,是"昏蛋";全盘接受,欣然吸毒,则是"废物"。[13] 显然,鲁迅主张这样处置"舶来品":放胆拿来,排其毒素,弃其糟粕,取其精华。

据我们所知,当今中国持广义国际经济法之说的学者们,正是这样处置"跨国法"理论的。他们揭露和批判西方"跨国法"论者的立场和观点,指出其中含有浓烈的扩张主义气息与霸权主义毒素,同时指出"跨国法"论者的方法论不无可资借鉴之处。换言之,中国的广义国际经济法学说,所参考借鉴和批判地吸收的,仅仅是西方某些"跨国法"学者们研究跨国经济交往诸项法律问题的方法,即从当代国际经济交往的客观情况出发,从解决实际问题的需要出发,以各种现实法律问题为中心,突破

---

[11] 参见毛泽东:《论人民民主专政》,载《毛泽东选集》第4卷,人民出版社1991年版,第1471页。

[12] 参见江泽民:《高举邓小平理论伟大旗帜,把建设有中国特色社会主义事业全面推向二十一世纪》(在中国共产党第十五次全国代表大会上的报告),第三部分。

[13] 参见鲁迅:《拿来主义》,载《鲁迅全集》(第6卷),人民出版社1981年版,第38—41页。鲁迅在该文中曾以生动的譬喻,评述对舶来品的几种态度:有一个人得了一所大宅子,"怎么办呢?我想,首先是不管三七二十一,'拿来'!但是,如果反对这宅子的旧主人,怕给他的东西染污了,徘徊不敢进门,是孱头;勃然大怒,放一把火烧光,算是保存自己的清白,则是昏蛋。不过因为原是羡慕这宅子的旧主人的,而这回接受一切,欣欣然地蹩进卧室,大吸剩下的鸦片,那当然更是废物。'拿来主义'者是全不这样的。他占有,挑选。看见鱼翅,并不就抛在路上以显其'平民化',只要有养料,也和朋友们像萝卜白菜一样地吃掉,只不用它来宴大宾;看见鸦片,也不当众摔在毛厕里,以见其彻底革命,只送到药房里去,以供治病之用,……总之,我们要拿来。我们要或使用,或存放,或毁灭。那么,主人是新主人,宅子也就会成为新宅子。然而首先要这人沉着,勇猛,有辨别,不自私"。

传统法学分科的界限,对有关法律问题进行跨门类、跨学科的综合探讨,从而切实有效地加以解决。仅此而已,岂有他哉?

"他山之石,可以攻玉。"[14] 勤劳智慧的中国人,早在远古的《诗经》时代,就已总结出这一条宝贵的经验,并形成为优秀的民族传统。中国人向来强调:"我国文化的发展,不能离开人类文明的共同成果";中国人应当坚决抵制各种外来腐朽思想文化的侵蚀,同时又要坚持"以我为主,为我所用"的原则,"博采各国文化之长",并且"向世界展示中国文化建设的成就"。[15] 历史已经证明并将继续证明:坚持和发扬中华民族的这一优秀传统,正是中国文化数千年来历久不衰并且日益走向繁荣、走向世界的关键所在。

综上所述,可以看出:对于中国国际经济法学科发展现状的几种误解或非议,其主要原因之一,在于对广义国际经济法学科的边缘性、综合性和独立性缺乏深入的了解和应有的理解。而其中的某种非议,又隐隐约约地带着学术上"圈地运动"和"领域割据"的阴影。应当说,这是很不利于中国法学的整体繁荣及阔步走向世界的。纵观今日中国法学的蓬勃发展,可谓繁花似锦,呈现出一片喜人的盛况,较之当年的冷冷清清,凋零枯萎,早已不可同日而语。但也不能不看到,无论法学的何门类何学科,都还有许多耕耘不足、远未充分开垦的地带,甚至还有不少不毛之地,亟待众人勠力同心,奋锄拓殖。学术上原无什么绝对的"专属区",更不该有什么"独家禁地",不许他人涉足。因此,中国法学界的志士仁人,不论其擅长或专攻何门类、何学科,似均宜摒除、捐弃门户之见,从各自不同的角度,各尽所能,齐心协力,尽力地开拓和尽多地产出具有中国特色的法学硕果和上佳精品,共同为振兴中国法学,跻身国际前列,进而为世界法苑的百花争妍和绚丽多彩,做出应有的贡献!

---

[14] 原作"他山之石,可以为错",错,打磨玉器。语见《诗经·小雅·鹤鸣》。
[15] 参见江泽民:《高举邓小平理论伟大旗帜,把建设有中国特色社会主义事业全面推向二十一世纪》(在中国共产党第十五次全国代表大会上的报告),第八部分。

第 3 章　论国际经济关系的历史发展与南北矛盾*

>> **内容提要**

国际经济关系是国际经济法借以产生和发展的主要根据,同时又是国际经济法加以调整的主要对象。要了解国际经济法和国际经济法学产生和发展的概况,就不能不先对国际经济关系的发展过程及其主要矛盾作简扼的历史回顾。本文从宏观上简述人类社会国际经济关系发展的三大主要阶段,即早期的国际经济交往与国际经济关系的初步形成,资本主义世界市场的形成与国际经济关系的重大发展,社会主义国家的出现、众多弱小民族的独立与国际经济关系的本质变化。全文以较多篇幅重点概述了资本主义时期漫漫数百年间盛行于全球的弱肉强食和"殖民十恶",勾勒了国际经济旧秩序的初始轮廓,追溯了当今世界性"南北矛盾"的历史渊源、斗争焦点和力量对比,指出当代国际经济法正是在这样的历史条件下逐步产生和发展起来的。

>> **目　次**

一、早期的国际经济交往与国际经济关系的初步形成
二、资本主义世界市场的形成与国际经济关系的重大发展
　　(一)自由资本主义时期

---

* 据统计,迄 2017 年 12 月 5 日为止,联合国会员国总数为 193 个,其中原为殖民主义宗主国的发达国家约 22 个,占会员国总数的 11.5%;原为殖民地、半殖民地的发展中国家约 171 个,占会员国的绝大多数(资料来源:https://www.un.org/zh/member-states/index.html)。从地理位置上看,大多数发展中国家都处在几个主要发达国家的南面,因而国际上通常把全球的发展中国家统称为"南方国家",把全球的发达国家统称为"北方国家",相应地,把这两大类国家之间的矛盾简称为"南北矛盾"。

本章的部分内容,原载于笔者参撰和主编的《国际经济法总论》(法律出版社 1991 年版),先后经多次修订增补,分别辑入笔者参撰和主编的《国际经济法学》(北京大学出版社 1994—2017 年第 1—7 版);《国际经济法学新论》(高等教育出版社 1994—2017 年第 1—4 版);《国际经济法学专论》(高等教育出版社 2002—2007 年第 1,2 版);《国际经济法》(法律出版社 1999—2017 年第 1—4 版)。

（二）帝国主义时期
三、社会主义国家的出现、众多弱小民族的独立与国际经济关系的本质变化
（一）相继出现了十几个社会主义国家
（二）相继出现了一百多个新的民族独立国家
（三）全球实际上划分为三个世界
（四）世纪之交，国际经济秩序破旧立新的争斗进入新的回合

国际经济关系既是国际经济法调整的对象，又是国际经济法和国际经济法学产生的基础。

唯物史观认为：人类社会发展的一定阶段的经济制度，即生产关系的总和，是社会的经济基础；构成经济基础的生产关系的总和，是由一定的生产资料所有制形式以及由此决定的交换关系、产品分配关系结合组成的有机统一体。建立在这种经济基础之上的政治、法律等制度以及相应的社会意识形态，构成社会的上层建筑。经济基础的性质决定上层建筑的性质，与此同时，上层建筑又具有相对的独立性，并对经济基础起着积极的反作用。历史唯物主义的这些基本原理，是对人类社会长期发展进程客观事实的科学总结。它是对各国社会进行科学解剖的利器，也是对国际社会实行科学分析的指南。

国际经济法作为国际社会中的一种法律制度或一个法律部门，国际经济法学作为国际社会中的一种意识形态或一门法学学科，都是国际社会上层建筑的组成部分，其产生、发展和作用也受上述客观规律的支配。

国际关系可以区分为外交、政治、军事、文化、法律、经济等许多方面和许多层次，这些方面和层次彼此之间是互相渗透、互相影响的。但归根结底，在一般情况下国际经济关系是起着决定作用的因素。全世界自然资源和其他生产资料在国际社会中的占有形式和占有关系，以及由此决定的国际交换关系和国际的产品分配关系，是国际经济关系的基本内容。它们是国际经济法借以产生和发展的主要根据，同时又是国际经济法加以调整的主要对象。

国际经济法学作为研究国际经济法的一门法学学科或一种社会意识形态，其产生和发展，也取决于和反作用于各个历史阶段的国际经济关系。总的说来，国际经济法和国际经济法学，都是随着国际经济关系的发展而发展的。

因此，要了解国际经济法和国际经济法学产生与发展的概况，就不能不先对国际经济关系形成和演进的过程以及其中蕴含的主要矛盾作简扼的历史回顾。

一、早期的国际经济交往与国际经济关系的初步形成

不同的人类社会群体之间,由于彼此所处自然环境的差异、生产水平的高低和产品种类的区别,从远古时代起,就逐步开始进行产品交换和经济交往,以其所有易其所无,以其所多易其所少,以其所贱易其所贵,通过这些活动,维持自己的生存和改善自己的生活。不同社会群体之间的这种产品交换和经济交往,最初是在氏族之间或部落之间进行的。阶级和国家产生以后,这种经济交往,除了在各国国内不同地区之间进行之外,随着时间的推移,以日益扩大的规模和日益多样的形式,超越单个国家的领土疆界频繁地进行,从而形成、建立了国际经济关系。

早期的国际经济关系,主要体现为国际贸易。根据史籍记载,早在公元前一千多年,亚洲、欧洲、非洲之间就已出现国际贸易活动。其中最为活跃的,首推地中海东岸西亚地区的古国腓尼基。腓尼基人立国于当今黎巴嫩和叙利亚的沿海一带,境内森林资源丰富,利于大量造船。地理条件的"得天独厚",使腓尼基人自古即以善于航海、经商著称。他们经营木材、美酒、染料等物,并以各种金属器具、饰物和玻璃制成品,换取海外的棉织物、五谷、乌木、黄金、象牙之类的衣食必需品和罕缺奢侈品,同时大量掳掠和贩卖奴隶,融商人与海盗于一体。其国际经济交往活动范围,由东向西逐步扩展,至公元前10世纪前后,相继推进到现今的塞浦路斯、西西里岛、撒丁岛、法国、西班牙以及北部非洲等地区,并在地中海各岛及沿岸建立了许多殖民地。其中最大的一块殖民地建立于公元前9世纪,称为迦太基,即位于现今北非的突尼斯境内。

腓尼基衰落之后,希腊继之崛起。希腊位于地中海巴尔干半岛南部,三面临海,港湾优良,享有特殊的舟楫之利。在公元前8世纪至公元前6世纪间,希腊境内形成数以百计的"城邦",即以一个城市为中心兼治周围若干乡村的小国。许多城邦在形成过程中经历了对外移民运动,从本质上说,这是城邦奴隶主阶级主持的扩张侵略活动,他们到海外觅取新地,奴役和掠夺当地居民,进行商业剥削,并在当地建立新的城邦组织。如意大利、法国南部、西西里岛以及黑海沿岸等地,都曾建立起希腊人统治的新城邦。这些新邦与母邦之间有相当紧密的经济联系,促进了希腊本土工商业的繁荣。

希腊称雄于地中海地区的国际贸易,长达七八百年。后来它的这种地位逐渐为罗马帝国所取代。罗马原是意大利半岛中部的一大城邦,发展到公元前3世纪初,它

陆续征服了半岛中部诸邦以及南部的希腊人城邦,继而挥戈南下,又与另一奴隶制殖民强国迦太基争夺资源和奴隶,抢夺西部地中海的霸权。历经三场大战,持续百余年(前264—前147年),以迦太基彻底覆亡而告终。罗马占领了原属当时迦太基的全部领土,称霸于西部地中海地区。

与此同时,罗马也向东部地中海地区实行军事扩张,先后征服了希腊马其顿王国、埃及托勒密王国和叙利亚塞琉古王国。公元前27年,罗马改制为帝国。通过长期的攻城掠地、开疆拓土,至公元1世纪,罗马帝国拥有空前庞大的领域,北部边界达到现今欧洲的英国、德国、奥地利、匈牙利和罗马尼亚等地,东边直抵西亚的幼发拉底河,南面囊括非洲的埃及、北苏丹、利比亚、突尼斯、阿尔及利亚等,西边面临大西洋。此时,地中海成了罗马帝国的"内湖",海上运输畅通,加之帝国政府在境内修筑了许多康庄大道,陆上交通也相当便利,因此,欧、亚、非三洲商品交流和商务往来空前频繁。除大宗贩运交易粮、油、酒、铝、锡、陶器等基本商品之外,北欧的琥珀、非洲的象牙以及东方的宝石和香料等奢侈品也琳琅满目,云集各大市场。首都罗马和埃及海港亚历山大里亚,当时都已发展成为国际性的工商业大城市。

中国的绫罗绸缎,也通过著名的国际商道——"丝绸之路"远销于罗马帝国各地,极受西亚和欧、非人士欢迎。身着中国绸缎,成为宫廷与上层社会的一大时尚,经久不衰。中国古代史籍中提到的"大秦",即指罗马帝国。史载:罗马使节和商人多次从陆路和海路抵达中国,特别提到"大秦王安敦"于东汉桓帝延熹九年(公元166年)遣使送来象牙、犀角和玳瑁,并与当时的中国王朝建立了通商友好关系。[1] 三国与晋代史籍也有关于罗马遣使与中国修好和开展经济往来的记载。

除了地中海沿岸亚、欧、非三洲之间以及东西方之间的国际经济交往外,幅员广袤的亚洲内部,自古以来也在东亚、中亚、西亚以及南亚各地区各国之间开展着国际商品交流和国际商务往来。早在罗马帝国建立以前约五百年,从公元前6世纪末叶起,以伊朗高原为中心的波斯帝国雄踞于中亚和西亚地区,帝国境内筑有四通八达的驿道网,其主要干线西起小亚细亚爱琴海沿岸的以弗所,东至当时京都之一的苏撒,全长约2400公里,中央政权责成沿途各郡地方官务必保证驿道商旅安全,客观上有力地促进了中亚、西亚各地各国之间的商业发展。波斯帝国于公元前330年被马其顿—希腊征服灭亡以后,经过一段时间,自公元前2世纪中叶起,安息王国崛起于

---

[1] 参见《后汉书·西域传》,中华书局1965年版,第10册,第2920页。文中所称"大秦安敦王"指罗马帝国安托尼努斯王朝的第四个皇帝马可·奥里略·安托尼努斯(161—180年在位)。

同一地区,统治中亚和西亚一带长达五百年之久。它地当中、西亚国际商道要冲,国际经济交往频繁、发达。

中国从西汉时起就与安息国有经济和文化交流。史书记载:汉武帝曾于公元前115年遣使安息,安息使者也到中国回访,并以"大鸟卵"和"眩人"(魔术师)献赠于汉。[2] 公元97年,班超遣甘英出使罗马帝国,曾抵达安息访问波斯湾。当时中国的丝绸和铁制品等畅销中亚并远及罗马等地,杏、桃、甘蔗等水果和经济作物也在此时由中国传到伊朗高原。同时,葡萄、石榴、核桃、苜蓿等则由中亚和伊朗等地相继传入中国。

东亚与南亚之间的国际经济交往也始于公元前。史载:西汉张骞出使西域,于公元前128年左右行经大月氏、大夏(今中亚地区阿富汗北部与塔吉克斯坦中南部一带)时,见到当地商人从南亚次大陆印度辗转贩运而来的中国商品,诸如出产于中国四川的麻布和邛山竹杖(蜀布、邛杖),并由此推断中国西南地区与南亚印度之间很早就有商品交流和商务往来。[3] 公元1世纪中叶以后,原先统治中亚地区的贵霜帝国逐步征服了南亚次大陆的北半部诸小国,版图大张,西起咸海,东接葱岭(帕米尔高原),连成一片。它往西与安息、罗马,往东与中国,往南与整个南亚次大陆都有贸易往来。中国的丝绸、瓷器、漆器,罗马帝国的玻璃器皿和宝石,印度的香料和象牙等,都经过贵霜帝国国境,进行东西南北相互之间的国际交流。当时还有水上国际商道,从非洲东北的埃及经红海利用季候风使商船驶至印度河口,溯流而上至富楼沙城,然后接上陆路,往东越过葱岭抵达中国境内。

举一可以反三。从以上的简介中,不难概见两点:第一,世界各地区各国之间的经济交往可谓源远流长,国际经济关系的初步形成和逐步发展,迄今已经绵延两三千年。第二,古代的国际经济交往活动,主要表现形式是国际贸易。在相当长的一段历史时期中,国际商品交易和国际商务往来虽然随着时间的推移而不断发展和扩大,取得长足的进步,但是总的说来,由于当时社会生产力水平低下,由于奴隶制和封建制生产方式的落后,由于关山阻隔与交通困难,国际经济交往发展的节奏是比较缓慢的,形式是比较简单的,规模也是比较有限的。这种情况一直延续到公元15世纪左右,即直到欧洲中世纪时期的结束。

---

[2] 参见《汉书·张骞、李广利传》,中华书局1962年版,第9册,第2696页。
[3] 同上书,第2689—2690页。

二、资本主义世界市场的形成与国际经济关系的重大发展

(一) 自由资本主义时期

15世纪末16世纪初,世界历史酝酿着并随即开始发生巨大的变化,国际经济关系的发展也开始进入一个急剧变化、空前动荡的历史时期。在这个历史时期中,国际经济关系最基本的特征是:由于资本主义开拓了世界性的市场,使全球一切国家的生产和消费愈来愈具有世界性了。"过去那种地方的和民族的自给自足和闭关自守状态,被各民族的各方面的互相往来和各方面的互相依赖所代替了。"[4]世界各地区的国际经济交往,其节奏之快捷、形式之多样、规模之宏大,都是前所未有,日新月异的。

由于社会生产力的发展,15世纪末16世纪初,亚洲和欧洲的一些先进国家,如中国、印度的部分地区、英国、法国等,封建生产关系逐渐衰落,资本主义生产关系开始产生。在各种因素的综合作用下,欧洲西部各国的资本主义发展较快。

资本主义的产生和发展经历了一个资本原始积累的过程。在西欧各国,这个过程是对内对外使用空前残酷的暴力手段完成的,即在国内残暴地剥夺小生产者的生产资料,迫使他们只能依靠出卖劳动力为生;对国外残暴地掠夺殖民地人民,以积聚大量财富和资本。其中,对外掠夺起着尤其重要的作用。马克思曾经根据大量历史事实,对此作了总结:"美洲金银产地的发现,土著居民的被剿灭、被奴役和被埋葬于矿井,对东印度开始进行的征服和掠夺,非洲变成商业性地猎获黑人的场所——这一切标志着资本主义生产时代的曙光。这些田园诗式的过程是原始积累的主要因素。"[5]可见西欧的资本主义和物质文明,一开始就是靠吸吮亚洲、非洲和美洲人民的鲜血成长壮大的。

在此后长达数百年的历史时期里,殖民掠夺和弱肉强食,成为欧美强国与亚洲、非洲、拉丁美洲广大地区各弱小民族国际经济关系的主流。它所造成的历史症结和后遗症状,是当今世界"南北矛盾"的渊源和焦点,也是当今世界改造国际经济旧秩序、建立国际经济新秩序所必须正视的现实问题和主要关键。国际经济关系中的这

---

[4] 马克思、恩格斯:《共产党宣言》,载《马克思恩格斯选集》第1卷,人民出版社1972年版,第276页。
[5] 马克思:《所谓原始积累》(《资本论》第1卷第24章),载《马克思恩格斯选集》第2卷,人民出版社1972年版,第265页。

些历史症结和现实问题,有待于运用国际经济法准则,公平合理地加以调整、解决。因此,对于学习和研究国际经济法学的人来说,大体回顾和了解这个历史过程是很有必要的。

众所周知,当代国际经济关系中的主要矛盾是"南北矛盾",即全世界众多发展中国家与为数不多的发达国家之间的矛盾。"冰冻三尺,非一日之寒。"南北矛盾的渊源,显然应当回溯到西方强国近代的殖民活动。

如前所述,殖民活动,古已有之。但当年腓尼基人和希腊人的对外殖民,限于地中海沿岸地区,距离不远,规模也小。而迢迢万里,远涉重洋,到异国异地实行规模愈来愈大的殖民掠夺活动,则肇端于15世纪。在此以前的相当时期里,一批批来自东方的各种奢侈商品和名贵特产源源输入西欧,大大刺激了当地上层社会的贪欲,使他们十分垂涎东方的财富。随着当时欧洲商品货币经济的日益发达,黄金已经成为一切"物质财富的物质代表"和一切"商品的上帝",[6]因此,不择手段地极力搜求黄金,就成为西欧一切剥削者的共同狂热兴趣。当时西欧在《马可波罗游记》的影响下,盛传东方诸国是遍地黄金宝石的"仙境"。但是,通往东方的陆上道路自15世纪下半期以来已被崛起于西亚和地中海东部一带的奥斯曼土耳其帝国所遮断。于是,由封建君主封官许愿、富商巨贾出钱资助、冒险家出力卖命,漂泊远洋去寻找新航路的活动盛极一时。"葡萄牙人在非洲海岸、印度和整个远东寻找的是黄金;黄金一词是驱使西班牙人横渡大西洋到美洲去的咒语;黄金是白人刚踏上一个新发现的海岸时所要的第一件东西。"[7]

为了发横财,葡萄牙的殖民主义者于1415年就占领了非洲西北的休达地区。随后又继续南下,在非洲西岸进行殖民掠夺和强占土地。1492—1502年,哥伦布先后四次向西横渡大西洋,陆续发现了美洲的岛屿与大陆;1497—1498年,达·伽马向南绕过非洲的好望角抵达亚洲的印度;1519—1522年,麦哲伦及其同伴从欧洲西岸出发,向西南穿越了美洲南端的海峡,进一步向西航经太平洋、印度洋,最后回到欧洲,首次完成了环球航行(麦哲伦本人于1521年航抵菲律宾时因进行侵略活动被当地居民击毙)。这些"地理大发现",为进一步开展全世界规模的殖民掠夺开辟了前所未有的广阔场所。自此以后,欧洲各国的殖民主义者依仗其坚船利炮,在全球各地肆行掠夺和占领,从16世纪至19世纪90年代初这数百年间,就使亚洲、非洲、美洲亿万平方公里的大好河山相继沦为殖民地和半殖民地,使这些地区的亿万人民纷纷罹

---

[6] 参见马克思:《政治经济学批判》,载《马克思恩格斯全集》第13卷,人民出版社1962年版,第114、115页。
[7] 恩格斯:《论封建制度的瓦解和民族国家的产生》,载《马克思恩格斯全集》第21卷,人民出版社1965年版,第450页。

遭丧权辱国甚至灭种的惨祸。

在这几百年中,葡萄牙、西班牙、荷兰、英国、法兰西、德意志等国,既互相争夺,又互相勾结,先后或同时横行诸大洋,肆虐全世界。到了19世纪90年代前期,这些殖民强国所分别霸占的殖民地面积,相当于各自本土的几倍、十几倍、几十倍乃至于一百多倍。例如,葡萄牙的殖民地达240多万平方公里,约为本土的27倍;荷兰的殖民地达200万平方公里,约为本土的50倍;殖民地遍及全球、号称"日不落帝国"的英国,其本土面积只不过24万多平方公里,而其霸占的殖民地面积却多达3050多万平方公里,两者相比,其殖民地面积,竟为本土面积的125倍之多!中国古籍《山海经》所录怪诞故事中虚构的"蛇吞象",竟然成为当时国际经济关系的真实写照!另外,俄国沙皇的贪婪凶恶丝毫不亚于英国:沙俄这个本土面积500多万平方公里的欧洲国家,到了19世纪70年代,竟已霸占和侵吞了1700多万平方公里的殖民地[8],与英国并列而成为全世界两大殖民霸主。

虽然西方殖民主义者对弱小民族实行掠夺的手段,在资本原始积累时期、"自由"资本主义时期以及后来的垄断资本主义时期有不同的表现形式、不同的侧重方面,但是,总的说来,15世纪以来的数百年间,欧洲列强在亚、非、美广大地区实行殖民掠夺的历史,是一部火与剑的历史,也是一部血和泪的历史。正如马克思所揭露的,殖民主义者"只有用人头做酒杯才能喝下甜美的酒浆"[9]。其掠夺手段之残暴无耻,达到前所未有的地步。下面所列举的十个方面(不妨简称为"殖民十恶"),只是其中的一斑:

---

[8] 列宁:《社会主义的原则和1914—1915年的战争》及《帝国主义是资本主义的最高阶段》中的两份统计表,载《列宁选集》第2卷,人民出版社1972年版,第671、800页。
另据日本大盐龟雄所著《最新世界殖民史》一书(商务印书馆1930年中译本)附录"世界殖民地现势一览表"及"近世殖民史年表"累计估算,可概括如下:

表 1-3-1　1895年列强殖民地面积概况　　　　　　　（面积单位:万平方公里）

国名	殖民地面积	宗主国本土面积	殖民地面积相当于宗主国本土的倍数
英国	3051.9	24.4	125.0
俄国	1740.0	540.0	3.2
法国	839.7	55.1	15.2
德国	265.7	35.6	7.5
葡萄牙	242.5	8.9	27.2
比利时	235.5	3.0	78.5
荷兰	202.0	4.1	49.3
西班牙	31.5	50.4	0.6

[9] 马克思:《不列颠在印度统治的未来结果》,载《马克思恩格斯全集》第9卷,人民出版社1961年版,第252页。

1. 欺蒙诈骗,以贱易贵

早在15世纪末,哥伦布在他的航海日记中就记载:他的同伴们用玻璃碎片、碎碗破盆之类的废物换取美洲印第安人手中的小金块和珍珠。[10] 达·伽马首航亚洲,闯到印度之后,也是采取以贱易贵的骗术,满载两大船的香料和象牙回欧,牟取暴利达6000％![11] 至于后来的英国殖民魁首塞西尔·罗得斯的诈骗手腕,则更加骇人听闻:1888年,他竟以1000支旧步枪、一艘破汽艇和每月100英镑津贴作为代价,与南非马达别列酋长洛本古拉订立所谓"友好"条约,骗取了津巴布韦全境近40万平方公里广阔地区(相当于英国本土一倍半或10个荷兰)富饶金矿的开采权;又残暴镇压马达别列人民的反抗。他就此戴上了英国开普殖民地"总理"的乌纱帽,还用他的名字强把津巴布韦这片土地命名为罗得西亚。

2. 明火执仗,杀人越货

欧洲的殖民者当然不满足于区区的"巧取",主要还是靠残暴的豪夺。例如,1532年11月,以毕萨罗为首的一伙西班牙殖民主义者在一场突然袭击中杀害了数以万计的秘鲁印卡族的印第安人,绑架了印卡国王阿塔华尔巴,勒索巨额赎金:强迫印卡人用黄金填满监禁印卡国王的22英尺长17英尺宽的一间牢房,用白银填满较小的另外两间房子。等到收齐了这一批价值数千万美元的金银之后,为了斩草除根,却又杀了这个国王。[12] 正是通过诸如此类的凶残手段,从1521年到1560年这40年中,西班牙殖民者从美洲掠夺了黄金15.7万公斤、白银467万公斤;从15世纪末到16世纪末这100年中,葡萄牙殖民者从非洲抢劫了黄金27.6万公斤。

殖民主义者在非洲、亚洲的所作所为,和在美洲如出一辙。据当年目击者的记载,1832年法国殖民军在阿尔及利亚的一场屠杀中所抢到的"战利品"里面,竟然有许多镯子还戴在被砍下来的手腕上,耳环还挂在一块一块的耳肉上。[13] 在印度,英国殖民侵略者每于攻陷城堡进行血腥屠杀的同时,打开国库,抢个精光。"军官和士兵进城的时候是穷光蛋或者负债累累,而出城的时候都突然变成了富豪。"[14]他们在杀人越货之后,还要大发议论,论证自己十分"克制"和"宽仁"。就是那个1757年血

---

[10] 参见〔苏联〕马吉多维奇:《哥伦布》,吴洛夫译,新知识出版社1958年版,第12、24页。
[11] 参见〔美〕海斯等:《世界史》,纽约1946年英文版,第423页。
[12] 参见〔美〕福斯特:《美洲政治史纲》,纽约1951年英文版,第3章第3节。
[13] 参见〔法〕马赛尔·艾格列多:《阿尔及利亚民族真相》,维泽译,世界知识出版社1958年版,第45页。
[14] 恩格斯:《英国军队在印度》,载《马克思恩格斯全集》第12卷,人民出版社1962年版,第526页。
恩格斯在这里指的是1857年英国殖民军攻陷印度奥德首府勒克瑙后纵兵洗劫两星期的情景。据当年英国《泰晤士报》军事通讯员威廉·罗素报道,当时英军官兵抢到了大量金银和珍珠、翡翠、钻石,"有些军官真正发了大财,……在放军装的破箱子里,藏着一些小匣子,里面装着苏格兰和爱尔兰的整个庄园,装着世界上……各个地方的舒适的渔猎别墅"。

洗孟加拉的罪魁罗伯特·克莱武,在独吞盗赃 20 万英镑和无数珍宝之后,竟恬不知耻地在英国议会自吹:"富裕的城市在我脚下,壮丽的国家在我手中,满贮金银珍宝的财宝库在我眼前。我统共只拿了 20 万镑。直到现在,我还奇怪那时为什么那样留情。"[15]

沙皇俄国的侵华急先锋哈巴罗夫曾率领一群沙俄殖民者闯入中国的黑龙江流域,对达斡尔人等沿江各族人民大肆烧杀掳掠。他在攻陷中国境内的一个大寨堡之后于 1652 年 8 月上送沙皇的一份报"功"呈文中写道:"……我们靠上帝保佑和托皇上的福,……杀死了大人和小孩 661 人,……我们从达斡尔人那里夺得马匹,大小共计 237 匹,还夺得牛羊牲畜 113 头。"[16]

为了表彰哈巴罗夫的侵华"功勋",后来沙皇竟把从中国强夺去的边城伯力市命名为"哈巴罗夫斯克",一直沿用至今。

3. 践踏主权,霸占领土

这是殖民主义者使掠夺稳定化、经常化、长期化的必要手段和必然趋势。从经济学的观点看来,领土本身便意味着肥沃的土地、广袤的牧场、茂密的森林和珍贵的矿藏;领土上的千万居民则是用之不竭的劳动力和取之不尽的赋税财源。夺得了领土便意味着攫取了这一切财富,殖民主义者是深知这个真谛的。因此,亚、非、美的广阔疆土,往往在所谓"先占"的"原则"下一大片又一大片地沦为欧洲列强的殖民地。凡是社会经济发展比较迟缓落后、处在原始社会末期和奴隶社会初期的地区,概被诬称为"野蛮地域",视同"无主地",谁能最早发现,捷足先登,抢先占领,便归谁所有。

"先占"原则的孪生兄弟便是所谓"腹地主义"(或译"背后地主义"):殖民者只要在海岸上抢占几个据点,升起国旗,就可以公开宣布对这些地区以及海岸背后的大片内陆腹地实行"保护"或直接领有。以非洲为例,直到 1876 年,欧美的殖民主义者所侵占的海岸地区只占非洲总面积的 10%。从地图上看,星星点点,零零落落,有如叮在人体上吮血的若干蚂蟥和臭虫。然而,在"腹地主义"的国际协定下,再加上实力占领,短短数十年间,便将余下的 90% 的非洲土地鲸吞瓜分殆尽。

4. 横征暴敛,榨取脂膏

西方殖民主义者搜刮聚敛的经常来源,是以暴力为后盾,强征名目繁多的苛捐杂税。

---

[15] 转引自李乾亨:《资本原始积累史话》,中国青年出版社 1979 年版。
[16] 《叶罗菲伊·哈巴罗夫报告他在黑龙江进行军事活动的呈文》,载〔苏联〕列别吉夫等编:《苏联历史文选》(第 1 卷),苏联教育部国家科学教育出版社 1949 年版,第 438—440 页。

比利时在刚果的殖民当局向当地居民勒索珍贵的象牙和橡胶，限期交纳，对逾期未交者即派兵持刀割下耳朵，砍下手足，甚至砍下脑袋，作为"证物"送交当局查验。逼税暴行层出不穷，据目击者斯坦利的记述："每一公斤象牙的价值等于一个男子、妇女或小孩的生命；常常为五公斤象牙就烧掉一个住所，为一对象牙就消灭一个村庄，为二十只象牙就毁掉整整一个省，并连同所有的居民、村庄和种植园也一起毁掉。"[17]

英国殖民当局在印度课征的土地税，比印度历代封建主苛重得多、残酷得多，往往是三倍四倍地猛增。他们"希望从印度居民的血液中榨取黄金"[18]，因此，为了逼税经常滥施各种酷刑，而殖民当局的土地税收入就在受刑者的惨叫哀号声中直线上升。沉重的盘剥，造成频仍的饥荒。单1770年的一次大饥荒，就饿死了1000万人，真是哀鸿遍野，殍尸盈壑！面对这种惨相，孟加拉省督哈斯丁却无耻地向上司报"功"说："尽管本省居民至少饿死了1/3，耕地面积也随之减少，然而1771年土地税纯收入甚至超过了1768年的数额……由于采取了暴烈措施，使它得以赶上原先的水平。"[19]

5. 强制劳役，敲骨吸髓

在采矿、筑路、挖河、垦殖等需要大量劳动力的部门，西方殖民主义者长期地广泛推行强制劳役，迫使亚、非、美人民从事极其繁重的无偿劳动和半无偿劳动，造成大量死亡。

在墨西哥、秘鲁、玻利维亚等地，被强迫在金银矿山服劳役的印第安人，每五人中就有四个在第一年里因过劳而含恨死去，以致一旦被强征，就形同被宣判死刑：被征者的亲人和家庭预先为他们举行送葬仪式，以示诀别和哀悼。[20]

在赤道非洲，被迫在热带密林和沼泽泥淖中披荆斩棘、筑路铺轨的当地群众，因不堪劳累折磨而纷纷倒毙，每修一公里铁路就要付出约200条生命的代价，几乎每一根枕木就由一具尸骸"幻变"而成。在埃及，1859—1869年用变相的奴隶劳动开凿成的苏伊士运河，两岸荒冢累累，草草掩埋着12万名因过劳、饥饿和疫疠而相继丧生的挖河民工，浩浩河水，混合着无数孤儿寡妇的血泪。

在热带和亚热带地区的种植园中，殖民主义者用皮鞭和刑棍逼迫奴隶们每天劳

---

[17]〔苏联〕奥尔德罗格等主编：《非洲各族人民》，莫斯科1954年版，第10章第4节。
[18] 马克思：《政府在财政问题上的失败。——马车夫。——爱尔兰。——俄国问题》，载《马克思恩格斯全集》第9卷，人民出版社1961年版，第254页。
[19]〔英〕哈斯丁斯：《致东印度公司董事会的报告（1772年11月3日）》，转引自〔英〕杜德：《今日印度》，伦敦1940年英文版，第115页。
[20] 参见〔苏联〕古柏尔等：《殖民地保护国新历史》（上卷·第1册），吴清友译，读书出版社1949年版，第96页。

动 18 小时至 19 个小时,即使最健壮的青年,也经受不了如此残酷的蹂躏压榨,短期内便精疲力竭而死,众多劳工入园后的平均寿命不过六七年。

6. 猎取活人,贩卖奴隶

猎奴和贩奴,是役奴的继续和延长。在美洲,长期的屠杀和虐杀,使印第安族土著居民人口锐减。矿山、种植园数量的增加和规模的扩大同奴隶来源的日益衰竭形成了尖锐的矛盾。为了解决这个矛盾,西方殖民者广泛采取毒辣的办法,以非洲人"猎取"非洲人:由西方殖民者出枪出弹,唆使非洲沿岸部落酋长发动"猎奴战争",掳掠内陆活人,交给殖民者,以换取廉价商品和新的枪支弹药。贩奴商人在换得这些"猎获物"后,便将这些会说话的"黑色牛马"锁上脚镣,像装填牲口一样把他们塞进运奴船的货舱,贩给美洲的矿主和园主,牟取百分之几百到百分之一千的暴利。[21] 在海运中,常因船上疫疠流行或缺粮缺水,大批还活着的奴隶被抛到海里喂鲨鱼。

据大略统计,从 16 世纪至 19 世纪三百多年间,奴隶贸易使非洲总人口共损失了约一万万人,长期猎奴战争和大量贩奴虐杀所造成的经济力、人力上的严重破坏,是整个非洲大陆长期落后的主要原因之一。殖民者用非洲亿万黑人的堆堆白骨,为欧美"先进文明"的大厦填筑了牢实的基础。

役奴、猎奴、贩奴的妖风也刮到了亚洲。在印尼,荷兰殖民者曾在苏拉威西岛实行"盗人制"。为此目的而专门训练了大批盗人的匪徒,把盗劫到手的"人赃"投入孟加锡等地的秘密监狱,待机启运。[22] 在旧中国,西方殖民者也连骗带劫,掠走了数以百万计的"契约华工",当作"猪仔"转卖给海外各地的矿主、园主,用黄种奴隶来扩充棕种奴隶和黑种奴隶的数量,迫使中华儿女成千累万地惨死异土![23]

7. 垄断贸易,单一经济

著名的资产阶级思想家孟德斯鸠曾公开宣扬:"殖民之宗旨,在于取得最优惠之贸易条件。……吾人规定在殖民地区宗主国独揽贸易权利,此事道理甚明。"[24] 长期以来,西方殖民者就是按这个"宗旨"和"规定"行事的。在严刑峻法的限制下,殖民地几乎只能向宗主国出口自己的主要产品,也只能从宗主国进口自己所需要的主要产品,而商品价格和关税比率,却由宗主国单方规定。在这一出一进、贱卖贵买过程中,殖民地人民受到了双重的盘剥,这样的"贸易"实际上是一种变相的抢劫。

贸易的垄断与生产的畸形是紧密结合的。西方殖民主义者长期以严刑峻法强

---

[21] 参见〔美〕福斯特:《美国历史中的黑人》,纽约 1954 年英文版,第 2 章第 2 节。
[22] 参见马克思:《资本论》,载《马克思恩格斯全集》第 23 卷,人民出版社 1972 年版,第 820 页。
[23] 参见〔美〕泰勒·丹涅特:《美国人在东亚》,商务印书馆 1960 年版,第 454—455 页;卿汝楫:《美国侵华史》(第 1 卷),人民出版社 1962 年版,第 99—100 页。
[24] 〔法〕孟德斯鸠:《论法的精神》(下册),张雁深译,商务印书馆 1963 年版,第 69—70 页。

迫殖民地人民集中人力、物力实行农、牧业的单一种植或单一经营,以适应宗主国在世界市场上牟取暴利的需要。这就严重阻挠和破坏了这些地区国民经济的正常健康发展,使其成为经济上缺手断足的畸形怪胎。大片良田沃土被霸占去辟为种植园或牧场,使千千万万的农民流离失所,沦为雇工奴隶;工业严重落后,日用必需品完全仰赖宗主国进口,宗主国则耍弄杀价收购农产品和抬价卖出工业品的惯伎,把殖民地人民推进更加贫穷痛苦的深渊。

8. 种毒贩毒,戕民攫利

众所周知,鸦片是一种麻醉性毒品,吸食成瘾,会严重戕害健康,缩短寿命。然而,剥削者的行动哲学历来就是"只要我能多捞一把,哪管它寸草不生"。从18世纪末叶起,英国殖民主义者就在印度强迫孟加拉地区的农民大量种植罂粟制造鸦片,低价收购,高价出卖,从而使贩毒捞钱成为英国殖民者"自己财政系统的不可分割的部分"。[25]

杀人不见血的毒品源源不断地输进中国,"换"走的却是中国人民血汗凝成的茶叶、蚕丝和巨量白银。由于银源日益枯涸,加之鸦片流毒全国,严重戕害民族健康,连清朝政府中的一些有识之士也惊呼,这样下去,"是使数十年后,中原几无可以御敌之兵,且无可以充饷之银。兴思及此,能无股栗?!"[26]当清朝政府迫于人民群众的强烈要求,对西方鸦片贩子采取严禁措施时,殖民主义者竟发动侵略战争,于烧杀劫掠之余,还要收取杀人放火的"手续费":以"水陆军费"为名勒索巨额"赔款"。单单1840—1842年的第一次鸦片战争,就勒索了"赔款"2100万银元,相当于当时清朝政府全年财政总收入的1/3。真是"甚至诗人的幻想也永远不敢创造出这种离奇的悲剧题材"[27]!对于由这场历史悲剧带来的一连串沉重民族灾难与种种恶果,中国人民是记忆犹新的!

9. 毁灭文化,精神侵略

早在西方殖民者的祖先们还处在蒙昧、野蛮的时代,亚洲、非洲、美洲的劳动人民就已经创造了许多灿烂的古文化,积累了许多古代文明宝藏。但在殖民侵略下,这些古文化、古文明却纷纷惨遭摧残和毁灭。

例如,1532年,欧洲殖民主义者在"征服"秘鲁的过程中,把许多古代神庙中各种金银壁饰等艺术珍品洗劫一空。

又如,1860年,英法侵略军闯进了北京的圆明园,对清朝皇帝搜刮全国民财惨淡

---

[25] 参见马克思:《鸦片贸易史》,载《马克思恩格斯全集》第12卷,人民出版社1962年版,第587页。
[26] 林则徐:《钱票无甚关碍宜重禁吃烟以杜弊源片》,载《林则徐集(奏稿)》(中册),中华书局1965年版,第601页。
[27] 马克思:《鸦片贸易史》,载《马克思恩格斯全集》第12卷,人民出版社1962年版,第587页。

经营了150多年的豪华别宫,于恣意劫掠破坏之后,又付之一炬,大火三日不熄,使这座收藏着数千年历史奇珍和文物典籍因而举世罕有的宏伟宝库和园林艺术典范,化为一片瓦砾和灰烬!在殖民掠夺史上,这一类文化浩劫,古今中外,不知凡几,它给全世界人类文化造成的惨重损失,是无法估量的。

既毁其精华,又塞以糟粕。殖民主义者通过传宗教、办学校、出书报等等精神侵略活动,推销各种精神鸦片,力图摧毁殖民地、半殖民地人民的民族意识,磨灭其爱国心和革命性;同时,千方百计地培植一小撮奴颜媚骨以及为虎作伥的民族败类,充当他们巩固殖民统治、扩大殖民掠夺的工具和帮凶。

10. 血腥屠杀,种族灭绝

在殖民掠夺和霸占土地的过程中,殖民主义者对于稍敢反抗或留恋乡土不愿迁徙的土著居民,往往采取极端残暴的种族灭绝政策。据16世纪曾直接参与殖民侵略活动的西班牙人拉萨·卡萨斯的记述,西方殖民者是如此屠杀起义的印第安人的:"他们闯进村镇,不放过小孩、老人、妇女、产妇,把所有的人都杀光,……他们互相打赌能否一刀把人劈成两半,能否一斧把头砍下或把脏腑剖开,他们夺下母亲怀里的婴儿,把脑袋往石头上撞……或是把母亲和婴儿背靠背绑在一起丢到河里。"[28]为了把印第安人斩尽杀绝,那些"虔诚"地信奉基督教,以"仁慈、博爱"自我标榜的西方殖民者,竟公然悬赏杀人:1703年,北美新英格兰地区的殖民者在立法会议上决定,每剥得一张印第安人的头盖皮给赏金40镑;1720年,这种头盖皮竟然"涨价",每张给赏金100镑。[29]这一类惨绝人寰的反动法令,自1641年起竟然在整个美洲大力推行达170多年!

为了更迅速地灭绝土著居民,西方殖民者还采取了令人发指的手段:传播瘟疫!他们抓住土著小孩,强行注射烈性传染病细菌,然后放回去令其发作传病。用诸如此类的狠毒办法往往在极短的时间内就使几百个部落彻底灭绝,大片大片的土地断了人烟。然后,这里就成为殖民者们最理想的新种植园和新牧羊场![30]

总之,西方殖民主义者的种种暴行,是罄竹难书的。以上所粗略列举的十个方面,只不过是殖民掠夺这一股历史浊流中的一涓一滴。

漫漫数百年,一部殖民史,就是一部弱肉强食史,也就是欧美列强和全世界众多弱小民族之间的国际经济关系史的主要内容。而在这段期间里,列强之间的国际经济关系,也自始至终充满着争夺殖民地、争夺世界自然资源、争夺世界市场的酷烈

---

[28] 转引自〔苏联〕格拉齐安斯基等编:《中世纪史文献》(第3卷),莫斯科1950年版,第43—44页。
[29] 参见马克思:《资本论》,载《马克思恩格斯全集》第23卷,人民出版社1972年版,第821—822页。
[30] 参见苏联科学院:《美洲印第安人》,生活·读书·新知三联书店1960年版,第324、358页。

搏斗。

从宏观上分析这一历史阶段国际经济关系的全局,可以概括出如下几个特点:

第一,全世界自然资源和其他生产资料在国际社会里的占有形式和占有关系发生了急剧的变化。在暴力的条件下,这种占有形式和占有关系的民族性不断削弱,世界性不断增强。寥寥几个西方强国直接占有了或实际上控制了全世界绝大部分自然资源和其他生产资料,从而在国际经济关系中处于统治和支配的地位,而全世界众多弱小民族在丧失政治主权的同时也丧失了经济主权,本国的经济命脉操纵在外国人手中,本国的物质财富源源外流,从而在国际经济关系中处于被统治、被支配的地位。

第二,在上述占有形式和占有关系的基础上,一切国家的生产、交换、分配、消费诸种经济关系,也愈来愈具有世界性。许多国家新建工业所加工的已经不是本地的原料,而是远隔重洋辗转运来的异国原料;它们的花样翻新的产品,不仅供本国本地消费,而且同时远销异邦,供全世界各地消费。新的社会需求层出不穷,这些新需求只有靠远地异邦的土特产品和精尖产品才能得到满足。因此,国际商务往来空前频繁,国际经济交往的形式日益多样化,规模也日益扩大;各国经济之间的互相依存关系也空前密切、空前广泛。

第三,在国际经济领域中,在上述占有、交换、分配、消费诸关系中,暴力和强制始终贯穿于全过程,发挥了"经久不衰"的作用。暴力和强制,或者是开创上述诸关系的"前导"和"先锋",或者是维护这些关系的"后盾"和"卫士",或者是巩固这些关系的"基础"和"装甲"。在这种条件下,国际经济交往中大量产生和反复出现不平等、不等价、不公平、非自愿、非互利的现象和模式。

第四,这种以暴力和强制为主要柱石、以弱肉强食为共同本质的不平等、不等价、不公平、非自愿、非互利的模式,在长期的实践过程中,往往被确立为规章制度,被规定为行为准则,甚至被制定为法律规范,作为一种"合法"的秩序被固定下来,形成"法定的"国际经济秩序。这样的国际经济秩序,就是当今全世界人民,特别是第三世界众多发展中国家和弱小民族所同声谴责的"国际经济旧秩序"的"原版"和渊源。

(二) 帝国主义时期

随着时间的推移,资本主义、殖民主义的国际经济关系和国际经济秩序在本质依然如故的情况下发展到一个新的阶段:在19世纪的最后30年中,自由资本主义逐步向垄断资本主义过渡。19世纪末20世纪初,世界资本主义终于发展成为帝国主义。"帝国主义,作为美洲和欧洲然后是亚洲的资本主义的最高阶段,截至1898—1914年这一时期已完全形成。"[31]

帝国主义是垄断的资本主义。垄断资本的统治是帝国主义最基本的特征。在帝国主义时代,资本主义所固有的各种矛盾日益激化。除了帝国主义各国内部无产阶级同资产阶级之间的矛盾十分尖锐之外,在国际经济关系和政治关系方面也出现新的动荡局面:

第一,帝国主义国家之间的经济、政治矛盾空前尖锐。各国垄断组织的出现,不仅没有消弭竞争,反而促使竞争在更广阔的范围、更巨大的规模、更激烈的程度上继续进行,几个大国都想争夺霸权。在19世纪的最后25年中,各大国垄断集团为了争夺销售市场、原料产地和投资场所,展开了抢先占领势力范围和瓜分世界的空前猛烈的恶斗。到了19世纪末20世纪初,整个世界业已被瓜分完毕。由于资本主义发展的不平衡性,帝国主义列强实力对比不断发生变化,经济急速发展的后起国家要求按照实力的新对比重新瓜分世界,因而在帝国主义各国之间,充满了从别人手上夺取殖民地,重新分配势力范围,重新排列世界霸主座次的矛盾冲突。这些矛盾冲突导致了1898年的美西战争、1899—1902年的英布战争、1904—1905年的日俄战争,而且愈演愈烈,后来终于酿成了1914—1918年的第一次世界大战。

第二,被压迫民族同帝国主义国家之间的经济、政治矛盾空前尖锐。由于垄断组织的形成大大激化了世界范围的竞争,由于只有占领殖民地,夺得更多的廉价原料、劳力以及更大的市场和投资场所,才能充分保障垄断组织获得胜利,在19世纪的最后25年和20世纪初,帝国主义列强以前所未有的速度和疯狂性,加紧侵略扩张和加强殖民掠夺。以非洲为例,在1876年殖民国家布鲁塞尔国际会议之前,列强在非洲侵夺的殖民地只占该洲全部面积的1/10,到了20世纪初,列强已将这个面积达3000万平方公里的富饶大陆宰割瓜分殆尽,灭亡了几十个国家,几乎所有的非洲国家和地区全都沦为殖民地和保护国,只剩下埃塞俄比亚和利比里亚两国表面上勉强保持一定程度的独立。在瓜分世界的过程中,英、俄、法、德、美、日六个国家在第一次世界大战以前抢占的殖民地面积竟达6500万平方公里,约等于它们本国面积总和的四倍[32],相当于六个半欧洲。

在帝国主义时代,列强对亚、非、拉美弱小民族的殖民掠夺变本加厉,进入一个新的阶段。列强在它们所攫取或控制的亚、非、拉广大地区,进一步确立和加强了一

---

[31] 列宁:《帝国主义和社会主义运动中的分裂》,载《列宁选集》第2卷,人民出版社1995年版,第705页。
[32] 根据列宁所引用的统计数字,当时这六国本土面积总和是1650万平方公里。参见《列宁全集》第26卷,人民出版社1988年版,第325页;《列宁全集》第27卷,人民出版社1990年版,第393页。

整套殖民统治秩序。它们除了继续实行商品输出,沿用从贱买贵卖到杀人越货那一系列老谱之外,还凭借暴力和强制,大量采取资本输出的新手法,在殖民地和附属国境内就地举办企业盘剥厚利。换言之,在弱小民族已经丧失国家主权,无法独立自主,无权对外来投资进行选择、控制、管理、监督的情况下,在不平等和非自愿的条件下,它们利用亚、非、拉地区地价贱、工资低、原料廉的条件,在当地投资举办各种企业,把资本的吸血管伸进一切经济领域。它们到处霸占矿山油田,垄断铁路交通,独揽河海航运,把持对外贸易,包办关税邮电,专卖烟酒食盐,摧残和扼杀当地民族工业的嫩芽等,从而完全控制了弱小民族的国民经济命脉,榨取了天文数字般的巨额垄断利润;它们广设银行,滥发纸钞,聚敛资金,高利盘剥,操纵金融,左右财政;它们巧立名目,滥定苛捐杂税,肆意横征暴敛,搞得弱小民族国穷财尽,民不聊生;它们扶植和勾结亚、非、拉当地最反动腐朽的政治势力和民族败类,以"太上皇"自居,实行白色恐怖统治;它们对胆敢实行反抗的弱小国家和民族,动辄大举兴兵,炮轰火焚,滥施屠戮,洗劫城乡,之后还要勒索骇人听闻的巨额"赔款",竭泽而渔。[33]

由此可见,历史发展进入帝国主义时代以后,资本主义、殖民主义的国际经济关系和国际经济秩序,就其世界性、一体性以及互相依存性而言,虽然发展到一个新的阶段,具有自身的某些特色,但暴力和强制,依然是其主要柱石;弱肉强食依然是其共同本质;不平等、不等价、不公平、非自愿、非互利的诸般模式和规范,不但依然存在,而且变本加厉了。

三、社会主义国家的出现、众多弱小民族的独立与国际经济关系的本质变化

有侵略掠夺,就有反抗斗争。在国际经济关系领域,一部殖民掠夺史,同时也是一部反殖民斗争史。数百年来殖民主义、资本主义、帝国主义的盘剥压榨和暴虐统治,把殖民地、半殖民地人民推进了苦难深渊,与日俱增的民族灾难和亡国灭种的惨痛经历从反面深刻地教育了他们,大大促进了民族意识的觉醒,迫使被压迫民族奋起反抗,一直到拿起武器,用革命的暴力反对反革命的暴力。这种反抗外来侵略掠

---

[33] 以列强对中国的两次敲诈为例:日本侵华的"甲午战争"后,1895年的《马关条约》规定:中国清政府必须"赔偿"日本军费2亿两白银。当时清政府每年税收总数不过七八千万两白银,"赔款"竟3倍于此数,而且要在3年内交清,否则要额外加息。八国联军侵华战争后,1901年的《辛丑条约》规定:中国应"赔款"4.5亿两白银,加上逐年分期付款外加利息,合计近十亿两。其中沙皇俄国分赃最多,独吞赃银1.3亿两,占"赔款"总额的29%(不包括利息)。所有这些沉重负担,被全部转嫁到中国劳动人民身上,使他们更加艰难竭蹶,陷入绝境。

夺、维护国家独立、争取民族解放的艰苦斗争,向来是前仆后继,此伏彼起,连绵不断,遍及全球的。可以说,几个世纪以来,未有一日止息,到了20世纪初期以后,它又进一步与世界社会主义革命的历史洪流汇合,向着旧世界的国际经济秩序和国际政治秩序发起猛烈的冲击。

1914年爆发的第一次世界规模的帝国主义大战给苦难深重的各国被压迫人民增添了无穷的新灾难,逼使人民群众更快地走上根本推翻资本帝国主义制度的革命道路;同时,大战削弱了帝国主义列强的力量,十分有利于革命人民从最薄弱的一个环节冲破世界资本帝国主义体系的锁链,而它果然首先在沙皇俄国被冲破了!在以列宁为首的布尔什维克党的领导下,俄国人民在1917年俄历10月25日(公历11月7日)推翻了帝国主义政府,建立了世界上第一个社会主义国家。

十月社会主义革命的胜利,削弱了国际帝国主义势力,改变了全世界压迫民族和被压迫民族两大营垒之间的力量对比,有利于被压迫民族的解放事业,并且为进一步改变旧世界的国际经济秩序提供了一个良好的开端。

在当时及其后28年中,在列宁和斯大林领导下的这第一个社会主义国家,乃是全球唯一的社会主义国家;国内的社会主义革命和社会主义建设虽然取得许多重大成就,但在国际环境上,它仍处在世界资本主义的四面包围之中,有如资本主义汪洋中的一座孤岛。因此,就国际经济关系和国际经济秩序的整体和全局而言,殖民主义、资本主义、帝国主义旧世界的传统关系和传统秩序仍然占有压倒的优势,仍然在全世界绝大部分地区占有统治的和支配的地位。

这种局面延续了相当一段时间,直到第二次世界大战结束以后,才开始逐步产生并正继续产生着本质的、重大的变化:70多年来旧的国际经济关系和国际经济秩序,即建立在暴力、强制、掠夺、压榨、盘剥基础上的国际经济关系和国际经济秩序,已经无法完全守住其原有的阵地,无法保住其原有的统治和支配地位,它们被迫处于"且战且退"之中;相应地,新的国际经济关系和新的国际经济秩序,即建立在和平、自愿、平等、公平、互利基础上的国际经济关系和国际经济秩序,则正在披荆斩棘、节节进取之中。

这种局面的出现,是因为在第二次世界大战结束以后的70多年中,世界上的各种力量经过长期的较量和斗争,几度重新排列组合,使国际革命力量与反动力量的对比、进步力量与保守力量的对比发生了重大的变化。这种力量对比的变化,主要体现在以下四个方面:

(一)相继出现了十几个社会主义国家

这就更加严重地削弱了世界资本帝国主义体系,更加沉重地打击了国际殖民主义体制。特别是曾经长期沦为半殖民地半封建国家的中国,各族人民经过一百多年艰苦卓绝的斗争,终于在中国共产党的领导下于1949年推翻了帝国主义、封建主义和官僚资本主义的统治,取得了新民主主义革命的伟大胜利,建立了社会主义国家。在面积相当于整个欧洲的广阔土地上,约占全世界人口1/5的中国人民,从此彻底摆脱了世界资本帝国主义和国际殖民主义的统治和支配,这就意味着传统的国际经济关系和国际经济旧秩序失掉了一大片阵地,同时也意味着在进一步改造国际经济旧关系和旧秩序、建立国际经济新关系和新秩序的斗争中出现了新的中坚力量。尽管1991年苏联在内外各种因素综合作用下解体,人类在社会主义道路上一度受到严重挫折,但是,这在人类通往社会主义、共产主义的历史长河中只是短暂的现象;以中国为中流砥柱的全球社会主义事业仍在克服险阻,排除万难,继续前进,并且不断取得举世瞩目的新成就。

(二) 相继出现了一百多个新的民族独立国家

这是全世界殖民地、半殖民地众多被压迫弱小民族经过几个世纪的浴血奋战,用无数生命换取来的伟大胜利成果。国际形势发展中的这一重大飞跃,开始于第二次世界大战结束后的初期,至20世纪60年代,形成一个高潮。具体说来,20世纪40年代中期至40年代末,争得民族独立的有印度尼西亚、越南、老挝、叙利亚、约旦、菲律宾、巴基斯坦、印度、缅甸、斯里兰卡、朝鲜等11个国家;50年代中,争得民族独立的有利比亚、柬埔寨、苏丹、摩洛哥、突尼斯、加纳、马来西亚、几内亚等8个国家;60年代中,争得民族独立的国家有如雨后春笋,纷纷破土而出,数目激增,计有喀麦隆、塞内加尔、多哥、马达加斯加、扎伊尔、索马里、贝宁、尼日尔、上沃尔特、象牙海岸、乍得、中非、刚果、塞浦路斯、加蓬、马里、尼日利亚、毛里塔尼亚、塞拉利昂、科威特、坦桑尼亚、西萨摩亚、卢旺达、布隆迪、阿尔及利亚、牙买加、特立尼达和多巴哥、乌干达、肯尼亚、马拉维、马耳他、赞比亚、冈比亚、马尔代夫、新加坡、圭亚那、博茨瓦纳、莱索托、巴巴多斯、也门、瑙鲁、毛里求斯、斯威士兰、赤道几内亚等44个国家;70年代中,争得民族独立的又有汤加、斐济、孟加拉、巴林、卡塔尔、阿拉伯联合酋长国、马哈马联邦、几内亚比绍、格林纳达、莫桑比克、佛得角、科摩罗、圣多美和普林西比、巴布亚新几内亚、安哥拉、苏里南、塞舌尔、吉布提、所罗门群岛、图瓦卢、多米尼加联邦、圣卢西亚、基里巴斯、圣文森特和格林纳丁斯等24个国家;80年代中,争得民族独立的国家又陆续增添了津巴布韦、瓦努阿图、伯利兹、安提瓜和巴布达、圣克里斯托弗、文莱等;90年代中,又有纳米比亚、马绍尔群岛、密克罗尼西亚、帕劳、瑙鲁、汤加等地相继争得独立,并被联合国接纳为会员国。至此,曾经长期遭受殖民统治的全球弱小民族,几乎全部赢得了国家独立。

全世界殖民地、半殖民地如此众多的被压迫弱小民族纷纷争得了民族解放和国家独立,这就使得建立在殖民主义、帝国主义、霸权主义基础上的传统国际经济关系和国际经济旧秩序,遭到相当深刻的破坏和全面的冲击,古老的殖民主义体系已经陷于土崩瓦解状态,殖民主义、帝国主义、霸权主义势力已经不能按照老谱左右一切、继续统治下去。这是问题的一个方面。

问题的另一个方面是:许多亚、非、拉美国家在取得政治独立之后相当长的时期里,原先的宗主国或其他发达国家的殖民主义、帝国主义、霸权主义势力依然以不同形式在不同程度上控制着这些国家的经济命脉,旧的经济结构并没有根本改变。帝国主义势力,特别是超级大国采用了新殖民主义形式,[34]继续对原先的殖民地和半殖民地——发展中国家进行剥削和掠夺。它们运用各种手段,直接或间接地继续占有或控制发展中国家的自然资源,继续以十分苛刻的条件向发展中国家输出资本,榨取超额利润。它们继续设法在发展中国家推行和控制畸形的单一经济,并利用在国际市场上的垄断地位,压低发展中国家原料和初级产品的价格,抬高自己工业制品的出口价格,进行不等价的交换,以牟取暴利。

这种现实局面促使众多发展中国家清醒地认识到:一个国家取得了政治独立,只是走了第一步,还必须巩固这个独立。归根到底,政治独立和经济独立是密不可分的。没有政治独立,就不可能争取经济独立;而没有经济独立,一个国家的政治独立就是不完全、不巩固的。发展中国家为了达到完全、巩固的独立,就必须进一步肃清国内的殖民主义残余势力,必须从根本上改变旧的经济结构,即独立自主地掌握本国的经济命脉,充分利用本国的自然资源,逐步地、大力地发展本国的民族经济。每一个发展中国家在本国进行的所有这些努力,同时又是在全世界范围内改变国际经济旧关系、改造国际经济旧秩序这一总斗争中的有机组成部分。

(三) 全球实际上划分为三个世界

第二次世界大战后数十年间,世界上各种政治力量在长期的纵横捭阖过程中,发生了分化和改组,因此,世界实际上存在着互相联系又互相矛盾着的三个方面,从

---

〔34〕 早在100年以前(1917年),列宁就曾根据当时的事实提醒人们注意:在帝国主义时代,"典型的国家形式不仅有两大类国家,即殖民地占有国和殖民地,而且有各种形式的附属国,它们在政治上、形式上是独立的,实际上却被财政和外交方面的附属关系的罗网包围着";他指出,必须不断揭露帝国主义列强惯用的骗术,即"帝国主义列强打着建立政治上独立的国家的幌子,来建立在经济、财政和军事方面都完全依赖于它们的国家"。参见列宁:《帝国主义是资本主义的最高阶段》,载《列宁选集》第2卷,人民出版社1995年版,第648页;《民族和殖民地问题提纲初稿》,载《列宁选集》第4卷,人民出版社1995年版,第221页。

而使全球划分为三个世界[35]：首先，美国、苏联是第一世界，苏联在1991年瓦解之后，美国遂成为第一世界中唯一的超级大国；亚、非、拉美发展中国家和其他地区的发展中国家是第三世界；处在这两者之间的发达国家是第二世界。中国是一个社会主义国家，也是一个发展中国家，它和其他发展中国家曾经有过共同的经历，当前又面临着共同的斗争。过去、现在和将来长时间共同的处境和共同的利害，决定了中国属于第三世界。

就第三世界而言，众多发展中国家占有世界人口的70%以上，分布在全球广阔的地区，其经济上、政治上的潜力都是巨大的、雄厚的。但由于长期遭受殖民主义、帝国主义、霸权主义的掠夺和盘剥，它们在争得政治独立后相当长的时期里，在经济上仍处在相当贫弱的地位。它们是传统的国际经济旧关系和国际经济旧秩序长期的受害者，而且还在继续遭受这种旧关系和旧秩序的严重损害，因此，它们最强烈、最坚决地要求彻底改变这种旧关系，彻底改造这种旧秩序，而代之以新的、建立在平等自愿和公平互利基础上的国际经济关系和国际经济秩序。所以，它们是当今世界上反帝、反殖、反霸斗争的主力军，是改造国际经济旧秩序和创建国际经济新秩序的最强大的动力。

就第一世界而言，美国这个唯一的超级大国，以世界霸主自居，在全球推行其政治上、经济上的霸权主义。它用不同的方式力图把亚、非、拉美的发展中国家置于它的控制之下，同时还要欺负那些实力不如它的发达国家。它竭力对别国进行经济剥削，榨取别国的财富，攫取别国的资源。它经常以大欺小、以强凌弱、以富压贫，力图保住和扩大既得利益。一句话，它是国际经济旧关系和国际经济旧秩序的守护神。在当今世界性的"南北矛盾"中，它是广大发展中国家的主要对立面。

就第二世界而言，它们同第一世界、第三世界都有矛盾，具有两面性。它们当中的一些国家，至今还对第三世界国家保持着不同形态、不同程度的殖民主义剥削关系。同时，属于第二世界的所有这些发达国家，又都在不同程度上受着那个超级大国的控制或欺负，从而都在不同程度上具有摆脱超级大国控制和欺负的要求。在某些情况下，它们从自身的利益出发，甚至可以对第三世界反对殖民主义的斗争作出一些让步，或者对第三世界国家反对霸权主义的斗争表示一定的支持或中立。因此，它们是第三世界众多发展中国家在反对国际经济旧关系、改造国际经济旧秩序、建立国际经济新秩序这一长期斗争过程中可以争取、可以联合的力量。

---

[35] 参见《关于三个世界划分问题》，载《毛泽东文集》第8卷，人民出版社1999年版，第441页；《中华人民共和国代表团团长邓小平在联大特别会议上的发言》(1974年4月10日)，载《人民日报》1974年4月11日第1版。

（四）世纪之交，国际经济秩序破旧立新的争斗进入新的回合

在 20 世纪最后 10 年和进入 21 世纪之际，世界历史进程出现了新的态势，[36]其主要特点在于：第一，以美苏两个超级大国为主体、延续近半个世纪的冷战已告结束，国际局势总体上走向缓和，和平与发展成为当代世界的主题，要和平、谋稳定、促合作、求发展成为全球人民的共同愿望和历史潮流；在世界多样性的客观规律支配下，世界多极化的趋势日益明显。第二，冷战虽已结束，但"意识落后于存在"，冷战思维仍然阴魂不散，时时作祟；天下还很不太平，霸权主义和强权政治在各种新"包装"下有新的发展，全球唯一的超级大国依然力图主宰世界，一有风吹草动，"新干涉主义"和"新炮舰政策"时时肆虐，严重威胁世界的和平、稳定和发展。第三，在世界经济领域，全球化趋势在加速发展，它的正面作用和负面作用同时并存，也同样突出：一方面，资本、技术、知识等生产诸要素跨越国界的加速流动和合理配置，促进了世界经济的发展，给各国带来了新的发展机遇。另一方面，发达国家凭借其经济实力上的绝对优势，在制定国际经贸"游戏规则"中掌握着绝对的"主导权"，从而成为全球化进程中最大的受益者，而相形之下，大多数发展中国家则受益很小或并未受益，有些甚至被"边缘化"；与此同时，经济全球化使国际竞争空前激烈，弱国遭受的金融风险和经济风险明显增加，南北两大类国家贫富差距和发展悬殊继续拉大，"数字鸿沟"成倍加深，[37]南北矛盾日益突出，广大发展中国家的经济安全和经济主权面临空前的压力和严重的挑战。这些突出的负面作用集中地体现在了新旧世纪之交，不公平、不合理的国际经济旧秩序远未根本改变，公平、合理的国际经济新秩序也远未真正确立。因此，在全球化加速发展的新条件下，破除国际经济旧秩序与维护这种旧秩序，建立国际经济新秩序与阻挠这种新秩序，这两种国际力量或两大国际营垒之间的争斗已经进入新的回合，国际经济秩序的破旧立新，依然任重而道远。

从宏观上看，在国际经济关系和国际经济秩序领域，当今世界性南北矛盾的历史渊源、斗争焦点、力量对比以及新近的发展，其大体脉络有如上述。人们用以调整国际经济关系的近现代意义上的国际经济法，正是在这样的历史背景和社会条件下逐步产生和发展起来的。

---

[36] 参见江泽民：《在联合国千年首脑会议上的讲话》《在中非合作论坛 2000 年部长会议开幕式上的讲话》《在亚太经合组织第 8 次领导人非正式会议上的讲话》，分别载《人民日报》2000 年 9 月 8 日、10 月 11 日、11 月 17 日。

[37] 有关统计资料表明：40 年前，全世界最富人口和最穷人口的人均收入比例是 30∶1，如今已上升到 74∶1；20 年前，联合国成员中仅有 20 多个属于"最不发达国家"，如今已增加到 48 个。世界经济发展失衡现象日趋严重，全球有 13 亿人生活在绝对贫困线以下，日平均生活费用不足一美元。发达国家拥有全球生产总值的 86% 和出口市场份额的 82%，而占世界人口绝大多数的发展中国家仅分别拥有相应总值的 14% 和相应份额的 18%。参见江泽民：《在联合国千年首脑会议上的讲话》《在联合国千年首脑会议分组讨论会上的发言》，分别载《人民日报》2000 年 9 月 8 日、9 月 9 日。

第 4 章 论国际经济法的产生和发展[*]

>> 内容提要

国际经济法肇端于何时？学者们见解不一。笔者认为，其渊源甚早。从宏观上分析，国际经济法大体上经历了萌芽、发展和转折更新三大阶段，三者既前后相承，又各具特色；而每一大阶段又可划分为若干时期和若干层面。萌芽阶段的国际经济法指的是从公元前古希腊、罗马时代的"罗得法"，罗马法中的"万民法"至中世纪时期民间编纂的各种国际商事习惯法典等；发展阶段的国际经济法指的是从 17 世纪至 20 世纪中叶资本主义世界市场形成和发展时期的双边国际商务条约、近现代国际习惯或惯例、多边国际商务专题公约、多边国际专项商品协定、近现代国际商务惯例、近现代各国商事立法等；转折更新阶段的国际经济法指的是从 20 世纪中期第二次世界大战结束迄今 60 年来的布雷顿森林体制和关贸总协定、创立国际经济法新规范的斗争、多边国际商务专题公约的发展、区域性或专业性国际经济公约的出现、国际商务惯例的发展、各国涉外经济法的发展以及经济全球化明显加快与国际经济法面临的新挑战等。

>> 目　次

一、萌芽阶段的国际经济法
二、发展阶段的国际经济法
　（一）双边国际商务条约
　（二）近现代国际习惯或惯例
　（三）多边国际商务专题公约

---

[*] 本章部分内容原载于笔者参撰和主编的《国际经济法总论》（法律出版社 1991 年版），先后经多次修订增补，分别辑入笔者参撰和主编的《国际经济法学》（北京大学出版社 1994—2017 年第 1—7 版）；《国际经济法学新论》（高等教育出版社 1994—2017 年第 1—4 版）；《国际经济法学专论》（高等教育出版社 2002—2007 年第 1、2 版）；《国际经济法》（法律出版社 1999—2017 年第 1—4 版）。

（四）多边国际专项商品协定

（五）近现代国际商务惯例

（六）近现代各国商事立法

三、转折更新阶段的国际经济法

（一）布雷顿森林体制和关贸总协定

（二）创立国际经济法新规范的斗争

（三）多边国际商务专题公约的发展

（四）区域性或专业性国际经济公约的出现

（五）国际商务惯例的发展

（六）各国涉外经济法的发展

（七）经济全球化明显加快与国际经济法面临的新挑战

国际经济交往中所发生的国际经济关系，在每一特定历史阶段，往往形成某种相对稳定的格局、结构或模式，通常称之为"国际经济秩序"。国际经济秩序的建立和变迁，取决于国际社会各类成员间的经济、政治和军事的实力对比。国际经济秩序与国际经济法之间有着极其密切的关系。

国际经济法，就其广义的内涵而言，是各国统治阶级在国际经济交往方面协调意志或个别意志的表现。

各国的统治阶级为了自身的利益，总是尽力把自己所需要、所惬意的各种秩序建立起来，固定下来，使它们具有拘束力、强制力，于是就出现了各种法律规范。从这个意义上说，法律就是秩序的固定化和强制化。秩序是内容，法律是形式；秩序是目的，法律是手段。法律与秩序两者之间的这种密切关系是具有普遍性的。它不但存在于一国范围内，而且存在于国际社会中。国家、法人、个人相互之间在长期的国际经济交往过程中，有许多互利的合作，也有许多矛盾和冲突。经过反复多次的合作、斗争和妥协，逐步形成了各个历史时期的国际经济秩序。与此同时，在各国统治阶级相互合作、斗争和妥协的基础上，也逐步形成了维护这些秩序的、具有一定约束力或强制性的国际经济行为规范，即国际经济法。

国际经济法是巩固现存国际经济秩序的重要工具，也是促进变革旧国际经济秩序、建立新国际经济秩序的重要手段。

在国际经济和国际经济法的发展过程中，始终贯穿着强权国家保持和扩大既得经济利益、维护国际经济旧秩序与贫弱国家争取和确保经济平权地位、建立国际经济新秩序的斗争。这些斗争，往往以双方的妥协和合作而告终，妥协、合作之后又因新的利害矛盾和利益冲突而产生新的争斗,如此循环往复不已,每一次循环往复,均是螺旋式上升,都把国际经济秩序以及和它相适应的国际经济法规范,推进到一个新的水平或一个新的发展阶段。新的国际经济法规范一经形成和确立,就能更有效地进一步变革国际经济的旧秩序,更有力地巩固和加强国际经济的新秩序。

那么,作为国际经济行为规范的国际经济法,是在什么时候开始出现的呢?

对于这个问题,学者见解不一。一种见解认为:国际经济法是国际公法的一个新分支。它是调整国家、国际组织相互之间经济关系的法律规范。传统的国际公法主要调整国家间的政治关系,即使在第二次世界大战前的20世纪30年代,国际经济关系仍处于弱肉强食法则支配之下的无法律状态,国家可以为所欲为,不受任何法律约束。直到20世纪40年代,在联合国主持下相继出现了《国际货币基金协定》和《国际复兴开发银行协定》以及《关税及贸易总协定》以后,才开始了用多边条约调整国家间经济关系的新时代。它标志着国际经济关系方面的无法律状态的结束和新兴的国际经济法的出现。[1]

另一种见解认为:国际经济法不仅包括调整国家、国际组织相互之间经济关系的法律规范,而且包括调整私人(自然人、法人)相互之间以及公私之间超越一国国界的一切经济关系的法律规范。国际经济法的这两个部分都渊源甚早。就后者而言,它的萌芽状态,甚至可以追溯到古代中国的夏、商、周以及西方的古希腊、罗马时期;即使就前者而言,它开始出现,也远早于20世纪40年代。换言之,至迟在资本主义世界市场逐步形成、各种国际商务条约相继出现之际,就开始产生用以调整国家相互之间经济关系的法律规范。

衡诸历史事实,上述第二种见解是比较可以接受的。从宏观上分析,迄今为止,国际经济法经历了萌芽、发展、转折更新三大阶段,而每一个大阶段又可划分为若干个时期。每个阶段和每个时期既前后相承,又各具特色。兹试概述如下:

一、萌芽阶段的国际经济法

早在公元前,地中海沿岸亚、欧、非各国之间就已出现频繁的国际经济往来和国际贸易活动。在长期实践的基础上,各国商人约定俗成,逐步形成了处理国际商务的各种习惯和制度。这些习惯和制度,有的由有关国家的法律加以吸收,规定为处

---

[1] 参见王铁崖主编:《国际法》,法律出版社1981年版,第411—413页。

理涉外商务的成文准则;有的则由各种商人法庭援引作为处理国际商务纠纷的断案根据,日积月累,逐步形成为有拘束力的判例法或习惯法。可以说,这些商事法规或商事习惯法,实质上就是国际经济法的最初萌芽。

散见于某些间接记载中的"罗得法",罗马法中的"万民法",中世纪民间编纂的国际性商事习惯法法典,诸如13世纪至16世纪流行于地中海沿岸各地的《康索拉多海商法典》(Consolato del Mare,或 The Consulate of the Sea)、阿马斐(Amalfi)法、比萨(Pisa)法、奥列隆(Oleron)法、威斯比(Wisby)法、汉萨(Hansa)法等海事商事法典,以及17世纪前后各国的立法机关参照这些民间编纂的商事法典制定的国内法等,可以统称为早期的国际商事法。它们是萌芽阶段的国际经济法的一种渊源和一个组成部分,其调整对象主要是私人与私人之间超越一国国界的经济(贸易)关系;它所直接涉及的经济法律关系的主体,是私人而不是国家。

至于国际经济法的另一个组成部分,即以国家为主体、用来调整国家与国家之间经济关系的法律规范,在古代和中世纪时期尚属罕见。不过,中世纪后期出现的欧洲某些城市国家之间缔结的重要商约,作为近现代国际商务条约的萌芽和先河,在近现代国际经济法的发展史上仍具有一定的意义。其中最引人注目的是"汉萨联盟"的商务规约。汉萨联盟是14—17世纪北欧诸城市国家结成的商业、政治联盟组织,以北德意志诸城市国家为主,其主要目的在于互相协调和保护各加盟城市国家的贸易利益和从事贸易的各加盟国的公民,并且共同对付联盟以外的"商敌"。西方有的学者认为,中世纪此类贸易联盟的某些商务规约,为后来的某些国际公法原则提供了发展的基础。[2]

二、发展阶段的国际经济法

17世纪以后,资本主义世界市场逐步形成,世界各民族国家之间的经济贸易交往空前频繁,国际经济关系空前密切,相应地,国际经济法也进入了一个崭新的发展阶段。从17世纪到20世纪40年代,数百年间,用以调整国际经济关系的国际条约、国际习惯或惯例和国内立法大量出现,日益完备。

---

[2] 参见〔英〕劳特派特修订:《奥本海国际法》(上卷·第1分册),王铁崖、陈体强译,商务印书馆1981年版,第55—56页。

(一) 双边国际商务条约

在这段历史时期里,先后陆续出现了许多双边性的国际商务条约,它们可以大体区分为两类,即平等的和不平等的。如果缔约国双方都是主权完全独立、国力大体相当的国家,缔约时双方都完全出于自愿,条款内容是互利互惠的,双方所签订的条约就是平等条约;如果缔约国双方的国力强弱悬殊,其中一方主权并不完全独立,因屈服于各种威胁或暴力而被迫缔约,条款内容是片面特惠的,所签订的条约则是不平等条约。在这段历史时期里,西方强国之间签订的各种双边商务条约和协定,属于前一类;西方列强与亚洲、非洲、拉丁美洲众多弱小民族之间签订的各种双边商务条约、专项商务协定或含有商务条款的其他国际条约,则属于后一类。前一类为数不多,后一类则不胜枚举。

各种不平等条约中片面的经济特惠条款以及贯穿着弱肉强食精神的各种国际习惯或惯例,也是当年国际经济法的重要组成部分,而就西方列强与全世界众多弱小民族之间的经济关系而言,则是当年国际经济法的主要组成部分。除了强行割取大片疆土和勒索巨额"赔款"的条款之外,诸如强迫弱小民族同意给予关税税率"议定"权和"议允"权,[3]甚至鸠占鹊巢,干脆夺取了海关管理权,同时限制和压低内地征税税率,以利于洋货舶来品大量倾销,强占"租界"和强行"租借"大片土地,攫取和垄断矿山开采权、铁路修筑权和管理权、内河航运权、"势力范围"控制权,强索片面的最惠国待遇[4]等等,也都通过有关的条约和协定,逐步上升为当年用以调整国际经济关系的法律规范。

(二) 近现代国际习惯或惯例

与双边国际商务条约并存的,还有许多用以调整国际经济关系的国际习惯。有些习惯或惯例在今天看起来是十分荒唐的,但在当年却风行一时,并且获得西方资产阶级国际法"权威"学者的肯定和论证,被认为是传统国际法的一个组成部分。试以国际土地资源的取得方式为例。从经济学的观点看来,领土本身便意味着耕地、

---

[3] 例如,鸦片战争后于1842年签订的《中英南京条约》第10条规定:英国商人在中国通商各口岸应纳的进出口货物的关税税率,"均宜秉公议定",即应与英方商议并取得英方同意。1844年签订的《中美望厦条约》第2条进一步规定:"倘中国日后欲将税例更变,须与合众国领事等官议允",即应与美方商议并获得美方"批准"。简言之,根据此类条约,中国关税税则的制定和修改,都必须完全符合外国侵略者的利益并事先获得他们的首肯。中国的关税自主权从此被破坏无遗,国门洞开,国库收入毫无保障,民族工业受到严重摧残。

[4] 例如,1843年签订的《中英虎门条约》第8条规定:中国日后如果"有新恩施及各国,亦应准英人一体均沾"。后来列强迫使中国签订的许多不平等条约中,也有同类规定,形成了"一强勒索特权,列强援例共享"的"连锁反应"局面,使中国的主权受到极其严重的损害。

种植园、牧场、森林、矿藏和税源。按照当年传统的国际习惯或惯例,对于这些自然资源和财富源泉的取得,竟然可以采取征服、先占、时效之类的形式。征服,指的是一国可以凭借武力强占他国的领土。换言之,即使是发动侵略战争,强占他国领土,劫夺其自然资源,只要切实有效地实现了占领或占有,则这种占领或占有就是"合法"的。先占,在民法上的原意,指的是对无主物的最先占有者可以取得该物的所有权。它被移植到国际法上,指的是国家可以占取无主地,取得对它的主权,而所谓"无主地",是指当时不属于任何国家的土地。根据解释,它不但指海中荒岛之类完全无人居住的土地,而且在国际实践中,主要是指当年亚洲、非洲、美洲广大的部落地区。换言之,尽管这些地区自古以来就有千千万万土著居民世代生息、劳动和繁衍,尽管他们是当地土地和一切自然资源的天然主人,但只要他们还是部落组织而尚未建成国家,这些地区就仍然被认定为不属于任何国家的"无主地",西方"文明"国家就可以随心所欲地按"先占"原则对它们抢先占领,实行统治,"合法地"攫取一切自然资源。至于时效,指的是一个国家拥有的部分领土,纵使当初是不正当地和非法地占有的,只要占有者在相当长的时期内"安安稳稳"地继续占有,以致形成了"一般信念",认为事物现状是符合"国际秩序"的,那么,这个国家就被认定为这些领土的合法所有者。换言之,时间的流逝可以使一切侵占他国领土及其资源的既成事实从非法变成"合法"。[5]

十分明显,在上述这个历史阶段中被用来调整列强与众多弱小民族之间国际经济关系的各种条约、协定和国际习惯或惯例,都贯穿着强烈的殖民主义、帝国主义、霸权主义精神,而且根据西方资产阶级国际法"权威"学者的论证,都是传统的国际公法的组成部分。诚如中国晚清一位思想家所揭露的:在当时,"公法乃凭虚理,强者可执其法以绳人,弱者必不免隐忍受屈也"[6]。换句话说,这些国际行为规范或行动准则,是与当年国际的强弱实力对比相适应的,是强者用以维持当年国际经济秩序的一种"恶法"。

由此可见,就这个历史时期的国际经济关系而言,并非处在全然"无法律状态",而是处在恶法统治状态;并非弱肉强食"不受任何法律约束"的时代,而是弱肉强食本身"合法化"的时代。

---

[5] 参见〔英〕劳特派特修订:《奥本海国际法》(上卷·第2分册),王铁崖、陈体强译,商务印书馆1981年版(译自1955年英文版),第74—81、90—92页;〔英〕詹宁斯、瓦茨修订:《奥本海国际法》(第1卷·第2分册),王铁崖等译,中国大百科全书出版社1995年版(译自1992年英文修订版),第74—79、87—89页;周鲠生:《国际法》(下册),商务印书馆1983年版,第444—452页。

[6] (清)郑观应:《盛世危言·公法》(卷一),光绪二十四年(1898年)三味堂刊,第42页。

(三) 多边国际商务专题公约

除了双边性商务条约和协定之外，在这个历史阶段的后期，又陆续出现了多边性的国际商务专题公约。其中影响较大的，如1883年签订的《关于保护工业产权的巴黎公约》，专门对技术发明的专利权、商标和商号的专用权等事项作出统一规定，并实行统一的国际保护；1886年签订的《关于保护文学艺术作品的伯尔尼公约》，专门对作品的版权问题作出统一规定，实行国际性的共同保护；1891年签订的《关于商标国际注册的马德里协定》，专门对商标申请国际注册的内容、效力、收费、转让等事项作出比较详细的统一规定；1910年签订于布鲁塞尔的《关于船舶碰撞法规统一化的国际公约》[7]和《关于海上援助和救助法规统一化的国际公约》，专门对各种水域船舶碰撞的损害赔偿问题以及水上施救行为的报酬索取问题分别作了统一的规定；1924年签订的《关于提单法规统一化的国际公约》（通常简称《海牙规则》），专门对海上运输中托运人与承运人双方的权利和义务作出统一规定；1929年签订的《关于国际航空运输法规统一化的公约》（通常简称《华沙国际航运公约》或《华沙公约》），专门对国际客货空运的收费、保险、赔偿等问题制定了统一的规则；1930年、1931年相继签订于日内瓦的《统一汇票本票法公约》《统一支票法公约》，专门对国际贸易支付和货币流通中使用本票、汇票及支票的有关事宜制定了统一的法律规范，等等。

(四) 多边国际专项商品协定

在国际贸易中，各利害冲突的有关国家为了避免两败俱伤，往往针对某些"商战"激烈的专项商品达成多边性的国际协定，就其生产限额、销售价格、出口配额、进口限制、关税比率等方面的问题，实行国际性的妥协、统制和约束，这就是种类繁多的国际卡特尔专项商品协定。此类多边专项商品协定早在19世纪末20世纪初就已陆续出现，至第一次世界大战以后，特别是经历了1929年世界性的"生产过剩"和经济危机以后，更是层出不穷。其中影响比较重大的，如1902年、1931年以及1937年先后三度签订的国际砂糖协定，1931年的国际锡协定，1933年的国际小麦协定，1934年的国际橡胶协定等等，都属于此类多边性国际专项商品协定，构成了国际经济法的部分内容。

上述多边国际商务专题公约、多边国际专项商品协定，与其他种类的国际经济

---

[7] 原文为"International Convention for the Unification of Certain Rules of Law in Regard to Collisions"，常见的译法是《关于船舶碰撞统一法律规则的国际公约》或《统一船舶碰撞法律规则的国际公约》，似均不甚贴切，故予改译。以下几个条约名称，可予类推。

法规范相比,具有自身的独特之处:第一,它们的内容和范围相当具体和狭小,具有特定的专题性或专项性,不像《友好通商航海条约》那样笼统和广泛;第二,它们的作用和效果,往往直接地落实到各缔结国从事商务活动的个人或企业,实际上主要用来调整私人之间的涉外经济关系,不像一般商务条约那样主要用来调整缔约国政府之间的经济关系;第三,它们以国际公约的形式出现,对于缔约国政府具有法律拘束力,因而同时具有直接调整国家政府之间经济关系的性质,不像一国涉外经济立法或国际商务惯例那样对于国家政府不发生国际公法上的拘束力。许多国家在参加签订此类国际公约后,还进一步根据公约的规定对本国国内法的相应部分加以修订、补充,使两者一致化。

(五) 近现代国际商务惯例

为了减少和避免国际经济交往中的误会和纷争,缩短商事合同谈判和签订过程,提高国际商务活动的效率,有些国际性的商人组织或学术团体,往往归纳和整理商务活动中的某些习惯做法,制定和公布各种商务规则,供各国商事当事人在谈判和草拟合同条款时自由选择采用。这些规则一经采用,就成为对合同当事人具有拘束力的经济行为规范。例如,1860年,欧美多国商界人士在英国格拉斯哥港共同制定了理算共同海损的统一规则,通常简称为《格拉斯哥规则》,随后在1864年和1877年经过两度修订,改名为《约克—安特卫普规则》,又经多次修改补充,一直沿用至今。1908年,具有国际影响的英国伦敦商人组织"劳埃德委员会"(旧译"劳合社")正式推出"劳氏海上救助合同标准格式",其后历经多次修订,一直被国际海运界广泛采用。1928年至1932年,国际法协会制定了《华沙—牛津规则》,专对CIF(简称"到岸价格")买卖合同双方所承担的责任、费用和风险作了统一的规定。1933年,国际商会公布了《商业跟单信用证统一惯例》,专门对国际贸易结算中最常用因而争端最多的信用证支付方式,规定了统一的准则并作出统一的解释。1936年,国际商会制定了《国际贸易术语解释通则》,专门对国际贸易合同中最常见的九种价格术语作了统一的解释。国际商会的以上两种条规,作为早期蓝本,之后也屡经修订补充。其中许多基本内容至今一直沿用。

作为国际经济行为规范,这一类国际商务惯例也具有自身的特色:第一,其有关文本都是由国际性民间团体或非政府组织制定的,并非官方文件。第二,所定各项规则,本身并不具备法律上的拘束力或强制力,仅供各国商务当事人立约参考和自由选用,并可由当事人酌情自行修改补充。但当事人一旦采用并订入正式合同条款,就立即产生法律约束力。第三,国家政府机关或国有企业如以一般法人身份参加国际商务活动,而且在有关经济合同中明文规定选用某种国际民间商务条款,即同样要受它约束,负有履行这些条规的法律义务。

(六) 近现代各国商事立法

除了上述各种现象以外,近现代各个民族国家中商事立法逐渐完备,这也是在这一历史阶段中国际经济法迅速发展的一个重要方面。其所以这样,是因为:第一,随着资本主义的发展和世界市场的形成,近现代较大规模的商事活动向来具有越出一国国境的特性,因此,随着时间的推移,各国国内商事立法大多参考和吸收了国际商务活动中所约定俗成的各种惯例。由于渊源大体相同或相近,各国的商事法规往往具有很大的国际共同性。国际惯例逐步转化和上升为各国的正式法规,显然是一种重大发展。第二,各国的商事法规虽然都是国内法,一般适用于国内的商务活动或商事行为,但由于主权国家享有属地管辖权(territorial jurisdiction)和属人管辖权(personal jurisdiction),因此,各国的商事法规也同时适用于本国商人涉外的商务活动或商事行为,即也被用来调整一定的国际经济关系,从而成为国际经济法规范的一个重要组成部分,并大大丰富了国际经济法的内容,推进了国际经济法的发展。

可以说,法国在1673年和1681年先后颁行的《商事条例》和《海商条例》,[8]是近现代民族国家统一国内商事立法的滥觞。后来在1807年颁行的《法国商法典》,就是在上述两种条例的基础上修订补充而成的。19—20世纪,法国又通过许多单行成文法以弥补上述商法典的不足。各国受法国影响而制定的商法,有1838年的《荷兰商法》和《希腊商法》、1850年的《土耳其商法》、1870年的《比利时商法》、1883年的《埃及商法》、1885年的《西班牙商法》、1888年的《葡萄牙商法》,以及随后仿效西班牙、葡萄牙的拉丁美洲诸国商法。德国在1900年颁行的《德国商法典》,对于其后奥地利、日本以及北欧斯堪的纳维亚半岛诸国的商事立法也有很大影响,成为这些国家所师承的立法蓝本。上列这类国家当时都是"民法典"与"商法典"并存并行,民事活动按民法规定处理,商事活动按商法规定处理,这种立法体制通称"民商分立主义"。与此相反,在民法典之外不再另订商法典,把商事法律规范纳入民法典之中,这种立法体制通称"民商合一主义"。民商合一的做法开始于瑞士1911年颁行的《瑞士民法典》,后来也有一些国家效仿。在英国,原将商事法融于"普通法"与"衡平法"之中,后两者都是不成文法或判例法;1882年以后陆续制定了涉及票据、买卖、商标、保险、版权、破产、财产、公司等各种专项问题的单行商事法规,使商事法规逐渐成文

---

[8] 这两种条例当时都是以法国国王路易十四的名义颁布的,所以也称为"商事令"和"海事令"。

化。美国本仿英制,实行不成文法;自1896年以后,相继制定许多统一的商事法案,仅供联邦各州立法时参考采用,而并非指令全国各地一体遵行。就此点而言,美国与英国的成文商法又有不同。

总之,在前述历史阶段里的许多事实表明:近现代各民族国家的商事法制中,不论是"民商分立""民商合一"的大陆方式,还是英美方式,其共同趋势有二:第一,作为国内法的商事法规,内容日益丰富完备,并逐步走向国际统一化;第二,这些国内法同时被用来调整一定的国际经济关系,即本国商人的涉外商务活动,成为此类涉外商务活动的行事准则或行为规范,从而大大丰富了国际经济法的内容,推进了国际经济法的发展。

三、转折更新阶段的国际经济法

自从1945年第二次世界大战结束以后,国际社会产生了并继续产生着重大的变化。世界上各种力量几度重新组合,形成了新的国际力量对比。众多殖民地、半殖民地的被压迫弱小民族,纷纷挣脱殖民枷锁,出现了一百多个新的民族独立国家,构成第三世界,并且作为一支新兴的、独立的力量登上国际政治和国际经济的舞台。[9] 它和第一、第二世界既互相依存和合作,又互相抗衡和斗争,导致国际经济关系逐步发生重大转折,出现新的格局,相应地,国际经济法的发展也逐步进入"除旧布新"的重大转折时期。

(一) 布雷顿森林体制和关贸总协定

第二次世界大战结束后的初期,欧洲因饱遭战祸而疮痍满目,急需大量外来经济援助以促进经济的复兴和发展。美国在这场战争中由于各种特殊条件,不但未受战祸摧残,反而发了大财,国力鼎盛。它力图通过对外经济援助活动以及协调西方发达国家之间的经济关系,以巩固和加强自己在世界经济中遥遥领先的地位。战后在国际经济关系领域中发挥了重大作用的"布雷顿森林体制"(Bretton Woods Regime)与《关税及贸易总协定》,就是在这样的历史背景下相继出现并积极运转的。

大战结束前一年,经过美国的积极策动,1944年7月在美国东北部新罕布什尔

---

[9] 据统计,截至2017年12月5日,联合国会员国总数为193个,其中原为殖民主义宗主国的发达国家约22个,占会员国总数的11.5%;原为殖民地、半殖民地的发展中国家约171个,占会员国总数的88.5%。参见联合国官网,https://www.un.org/zh/member-states/index.html。

州的布雷顿森林中召开了联合国货币金融会议，45 个与会国家签订了《国际货币基金协定》和《国际复兴开发银行协定》。大战结束后，在 1945 年 12 月分别正式成立了相应的组织机构。1947 年 10 月，23 个国家在日内瓦签订了《关税及贸易总协定》，并随即成立了相应的组织机构。这三项协定及其相应机构都具有全球性的影响。前两项协定的主旨，是要在世界范围内促进货币和金融方面的国际合作，从而促进国际货币金融关系相对稳定和自由化。后一项协定的主旨，是要在世界范围内促进关税和贸易方面的国际合作，从而促使国际贸易自由化。[10]

以这三项协定为契机，国际社会开始进入以多边国际商务条约调整重大国际经济关系的重要阶段，这是国际经济法发展过程中的一个新阶段。其所以这样，是因为这个阶段具有不同于以往阶段的新特点：第一，过去虽已出现过用来调整国际经济关系的多边条约或国际公约，但它们所调整的对象，一般都是比较次要的、带技术性的专门事项，如专利权、商标权、船舶碰撞、海难救助、货运提单、票据流通之类；它们对各国经济生活与国际经济关系的实际影响，往往限于某个小环节或小局部。而上述三个多边协定所调整的对象，则是国际货币金融、国际关税壁垒和国际贸易往来等牵动整个体制的重大问题、要害问题，影响到各国经济生活和国际经济关系的全局和根本。第二，过去虽已有过许多双边性的商务条约（如"友好通商航海条约"之类）中有些条款也简略地涉及关税、贸易、货币汇兑问题，但一般只作笼统抽象的规定，缺乏切实具体的措施，更非以实现国际货币流通自由化、商品流通自由化作为主要目标，其有关规定的广度和深度，远逊于上述三个多边专项协定。第三，过去这些双边性商务条约，规定不一，其适用范围也只限于缔约双方，远不如上述三个多边专项协定具有广泛得多的国际统一性和普遍性。

20 世纪 40 年代中期这三项世界性多边协定的出现和运转，对于战后欧洲各国经济的恢复与发展，对于调整国际经济关系和促进国际经济合作，发挥了一定的积极作用。但是，以这三项多边协定为主要支柱的国际经济体制和格局，本身存在重大的缺陷。从本质上和整体上看，它是旧时代国际经济旧秩序的延续，而不是新时代国际经济新秩序的开端。因此，对 40 年代建立起来的国际经济秩序不宜评价过高，更不能认为它"具有划时代的意义"。其所以如此，是因为：

首先，40 年代中期参加上述多边协定缔约会议的国家，主要是西方发达国家。协定的有关条款内容，主要反映了以美国为首的西方发达国家的利益和要求。当

---

[10] 参见陈安主编：《国际经济法学》，北京大学出版社 2017 年版，第九章第二节，第 447—458 页。1994 年 4 月，《关税及贸易总协定》进一步发展成为《世界贸易组织协定》。迄 2017 年底止，参加世贸组织的成员方已达 164 个；参加国际货币基金组织和国际复兴开发银行（即世界银行）的成员国已达 189 个。See The World Trade Organization, http://www.wto.org/; The World Bank, http://www.worldbank.org/.

时,绝大多数第三世界国家还处在殖民地或半殖民地地位,没有代表出席。因此,它们的利益和愿望在这些协定中未能获得应有的反映和尊重。

以当时的《国际货币基金协定》为例,它规定了美元与黄金的固定比价,使美元等同于黄金,成为世界通用的货币,从而让美国在世界金融领域中享有特权,居于绝对统治地位长达27年,直到1971年以后情况才有所变更。它对积贫积弱的发展中国家为缓解国际收支逆差而提出的贷款申请和筹资活动施加了苛刻的条件限制。它是以国家为单位的政府间组织,却排除"一国一票"的平权原则,而采用类似股份公司的"加权表决制"(weighted vote)。在这个组织的权力机构中,各国理事和所选执行董事表决权的大小,取决于各该国认缴基金份额的多寡。各国借款权的大小,也按同一原则核定。例如,美国一国的投票权约占总投票权的20%左右,而不少贫弱国家的投票权仅分别占总投票权的0.1%或0.01%,有的小国甚至只占0.003%,大小悬殊数百倍甚至数千倍。占世界人口70%的发展中国家,投票权的总和只占基金组织总投票权的33%左右。这意味着第三世界众多贫弱国家参与决策的权力甚为微弱,遇到国际收支逆境,也难以获得贷款,或只能获得极其有限的贷款,有如杯水车薪。而少数富有的发达国家则宛如公司大股东,操纵着基金组织的决策权,时常出现以富欺贫的局面。

再以当时的《关税及贸易总协定》为例,它要求各缔约国在国际贸易中无条件实行互惠,完全对等地大幅度削减关税,逐步实行国际贸易自由化。此项原则适用于经济发展水平相当的发达国家之间,基本上是公平的;但无条件地推行于经济发展水平悬殊的发达国家与发展中国家之间,则显失公平。因为发达国家的生产技术水平高,资金实力雄厚,商品竞争能力强,出口总额大,因而可以在发展中国家削减进口关税的条件下攫取厚利;反之,发展中国家的商品在国际市场上的竞争能力弱,出口总额小,因而从发达国家进口关税的对等减让中所取得的实惠就要小得多。另外,在经济实力悬殊的国家之间无差别地对等削减关税,往往导致发展中国家国内市场的丢失、民族工业的受害和对外贸易的萎缩。

其次,特别应当看到:在20世纪40年代中期至50年代,全世界众多弱小民族中只有少数摆脱了外国统治,争得独立,旧式的殖民统治体系在全球范围内仍占主导地位,这当然谈不上什么新时代的降临。进入60年代以后,许多殖民地、半殖民地虽然相继争得政治独立,但作为取得政治独立的条件,往往被迫签约同意保留原宗主国在当地的既得权益和特惠待遇,从而在经济上仍然处于从属和附庸的地位。长期殖民统治所形成的极不合理的国际生产"分工"体系,使得这些新独立的国家仍是畸形经济的原料产地;极不公平的国际交换体系使得它们继续遭受发达国家"贱买贵卖"的掠夺；高利贷式的国际金融体系使得它们债台高筑，财政拮据加深；"国中之国"式的跨国公司体系使得它们的经济命脉、自然资源和国计民生仍然操纵在外国资本手中。所有这些，都归结为世界财富的国际分配体系基本上保留着旧日的面貌：贫富极度悬殊，富国继续盘剥穷国，从而造成富国愈富、穷国愈穷。

可见，在上述这个时期里，就国际经济结构的整体和国际经济关系的全局来看，远未脱离旧日那种弱肉强食和以富欺贫的窠臼。从本质上说，它仍然属于旧时代国际经济旧秩序的历史范畴。相应地，用以维护国际经济旧秩序的各种国际经济法旧原则和旧规范仍然起着支配的作用。前述三项多边国际协定也是在这种经济基础上建立起来并为这种经济基础服务的，因此，这些协定中原先所体现的国际经济法原则及其有关规范，就不能不深深地打上了国际经济旧秩序的烙印。它们和其他领域的国际经济法旧原则、旧规范一起，都面临着不断改造和根本变革的历史课题。

正因为如此，第二次世界大战结束后70多年来，全世界众多弱小民族始终不渝地为改造国际经济旧秩序和建立国际经济新秩序、废除国际经济法旧规范和创立国际经济法新规范而进行的斗争，从未停顿止息。

(二) 创立国际经济法新规范的斗争

在创立国际经济法新规范的斗争中，有几个重大回合，是特别引人注目的：

1. 第一次亚非会议（万隆会议）

1955年4月，包括中国在内的28个摆脱了殖民统治的亚洲和非洲国家在印度尼西亚的万隆集会，第一次在没有殖民国家参加下，讨论了弱小民族的切身利益问题，并以《亚非会议最后公报》的形式，向全世界宣告了亚非弱小民族共同的奋斗目标和行动准则：坚决反对外国的征服、统治和剥削，迅速根除一切殖民主义祸害，支持民族自决，维护国家主权和民族独立，并在互利和主权平等的基础上，在生产、金融、贸易、航运、石油等诸多方面，开展国际经济合作。为此目的，必要时可以采取集体行动，或制定共同政策，或"在国际会谈中事先进行磋商，以便尽可能促进它们共同的经济利益"。会议初步形成了"南南联合自强"的战略思想，首先吹响了发展中国家共同为改造国际政治经济旧秩序而团结战斗的号角。50年前的首次亚非会议，是亚非民族解放运动的一座重要里程碑，是国际关系史上的一个伟大创举。从那时起，亚非发展中国家作为一支独立的新兴力量，更加有力地登上了国际舞台。那次会议所确立的处理国家关系的十项原则，为建立公正合理的国际政治经济新秩序奠定了重要基础。那次会议所倡导的团结、友谊、合作的"万隆精神"，成为半个世纪以来激励广大发展中国家为实现民族振兴和推动人类进步而不懈奋斗的强大动力，有力地推动了亚非国家的联合自强,促进了世界的和平与发展。[11]

2.《关于自然资源永久主权的宣言》

1960年以后,许多殖民地纷纷独立,它们连同先前已经挣脱殖民枷锁的发展中国家,构成联合国会员国的绝大多数,迅速扩大了弱小民族在这个世界性组织中的发言权和决策权,改变了早先联合国由寥寥几个西方大国控制的局面。在众多发展中国家的联合斗争下,联合国大会于1960年底通过了《关于给予殖民地国家和人民独立的宣言》,庄严宣布"必须迅速和无条件地结束一切形式的殖民主义"。接着,在1962年底又通过了《关于自然资源永久主权的宣言》,承认各国对本国境内的一切自然资源都享有不可剥夺的永久主权;尊重各国的经济独立,一切国家都有权依据本国的利益自由处置本国的自然资源;为了开发自然资源而被引进的外国资本,必须遵守东道国的各种规章制度,服从东道国国内法的管辖;在一定条件下,东道国政府有权对外资企业加以征用或收归国有。这些宣言在当时的历史条件下也被塞进了维护西方殖民主义者既得利益的若干条款,[12]但从整体上说,它们毕竟为发展中国家彻底摆脱新、旧殖民主义的剥削和控制,维护国家经济主权,建立新的国际经济秩序,提供了法理上的有力根据。

3. 联合国贸易和发展会议

在发展中国家的积极倡议和大力推动下,1964年底组成了联合国贸易和发展会议(United Nations Conference on Trade and Development,UNCTAD),成为联合国在经济方面的一个常设专门机构。发展中国家通过这个组织,依靠自己表决权上的优势,专门针对国际贸易和经济开发方面的问题,逐步制定和推行比较公平合理的新原则、新规范,从而逐步改变国际经济旧秩序,建立国际经济新秩序。为了实现这一目标,亚洲、非洲、拉丁美洲许多发展中国家以及欧洲的南斯拉夫在1964年联合组成了"七十七国集团"。此后,属于这个集团的国家在许多重大的国际问题上,特别是在建立国际经济新秩序的问题上都采取统一行动。每届联合国大会以及每届联合国贸发会议召开之前,这个集团都预先召开部长级会议,协商在联合国大会或联合国贸发会议上如何统一步调,"用一个声音说话",以便在国际经济秩序"除旧布新"的斗争中取得新的成就。目前参加这个集团的发展中国家已达131个,但习惯上

---

[11] 参见胡锦涛:《与时俱进 继往开来 构筑亚非新型战略伙伴关系——在亚非峰会上的讲话》,载《人民日报》2005年4月23日第1版。

[12] 参见陈安主编:《国际经济法总论》,法律出版社1991年版,第171—172页;陈安主编:《国际经济法学专论》(上编·总论),高等教育出版社2002年版,第273—275页。

沿用原有的名称。[13] 可以说,联合国贸发会议的组织以及七十七国集团的积极活动,意味着过去受西方大国"分而治之"的许多弱小民族,开始把零星分散的反抗行动汇集起来,团结成为统一的力量,组织成为改造国际经济旧秩序的战斗联盟,并且不断取得重要成果。例如,1964年和1968年先后两届联合国贸发会议在国际贸易方面大力倡导和率先制定的有利于发展中国家的"非互惠的普惠待遇"等改革方针和新的法理原则,经过发展中国家的不懈努力,逐渐在不同程度上为国际社会所承认,并逐渐渗透到有关国际经济关系的多边协定之中,从而促使国际经济法和国际经济秩序朝着"除旧布新"的方向迈进。

4.《建立国际经济新秩序宣言》与《各国经济权利和义务宪章》

20世纪50年代和60年代国际经济秩序和国际经济法在除旧布新方面取得的初步成就,为20世纪70年代国际经济法的重大发展奠定了良好的基础。

1971年,中国恢复了在联合国中的合法席位。作为一个拥有全球1/5人口的社会主义国家和发展中国家,作为联合国安全理事会中的一个常任理事国,中国坚定地与第三世界众多发展中国家站在一起,共同奋斗。联合国内部这一新的格局,对于变革国际经济旧秩序和国际经济法旧规范、建立国际经济新秩序和国际经济法新规范起了重大的促进作用。

20世纪70年代以来,南北矛盾[14]上升到一个新的层次:发展中国家在总结经验的基础上,开始要求对现存的国际经济结构从整体上逐步实行根本变革,即对国际生产分工、产品交换以及利益分配等方面的现行体制,逐步加以全局性和大幅度的调整和改革。发达国家(特别是其中的超级大国)为了维护既得利益,反对上述主张;迫于形势,也只愿意实行局部的、微小的改良。换言之,从70年代开始,南北分歧的焦点日益明显地集中于整个国际经济结构应否实行根本变革,其核心内容则在于世界财富如何实行国际再分配。30多年来,关于国际经济秩序和国际经济法基本规范新旧更替、破旧立新问题的论争,就是围绕着上述焦点和核心而展开的。

在众多发展中国家的强烈要求下,联合国大会于1974年4月召开了第6届特别

---

[13] 据统计,迄2005年5月31日止,七十七国集团的实际成员国总数为131个。中国虽未直接参加该集团,但在国际性南北磋商和谈判中,一向与该集团保持密切协作关系。资料来源:http:///www.g77.org。

[14] "南北问题"或"南北矛盾"一词是英国劳埃德银行行长Oliver Franks于1959年11月的一次演讲中首次提出来的,该演讲以《新的国际均衡:对西方世界的挑战》(The New International Balance:Challenge to the Western World)为题,发表于1960年1月16日的《星期六评论》(Saturday Review)。由于当时经济、社会发展水平比较高的国家即发达国家(主要是后来于1961年成立的OECD的成员国和原苏联、东欧国家),基本上都位于地球的北部,而其他较贫穷落后的国家即发展中国家,则主要集中在以赤道为中心的热带和亚热带地区,而这些地区在位于地球北部的发达国家看来,就是在它们的南边,所以发达国家与发展中国家之间的问题或矛盾就被简称为"南北问题"或"南北矛盾"。

会议,围绕着"原料和发展"这一主题,专门讨论了反对殖民主义剥削和掠夺、改造国际经济结构的基本原则和具体安排,一致通过了《建立国际经济新秩序宣言》(以下简称《宣言》)和《建立国际经济新秩序行动纲领》(以下简称《纲领》)。《宣言》指出,第二次世界大战结束后30多年来,大批弱小民族虽已取得独立,但旧殖民统治的残余和新殖民主义的控制,仍然是阻挠发展中国家与弱小民族获得彻底解放和全面进步的最大障碍。世界财富的国际分配极不公平、极不合理:发展中国家占世界总人口的70%,却只享有世界总收入的30%;发达国家与发展中国家之间的鸿沟日益扩大加深。因此,应当刻不容缓地开展工作,以建立一种新的国际经济秩序。这种秩序应当建立在一切国家待遇公平、主权平等、互相依存、共同受益以及协力合作的基础上,用以取代建立在不公平、不平等、弱肉强食、贫富悬殊基础上的现存国际经济秩序,即国际经济旧秩序。

为了建立新的国际经济秩序,《宣言》列举了20条基本法理原则。这些基本法理原则在1974年12月举行的联合国大会第29届会议上得到进一步肯定和论证,并以更加明确的文字载入大会以压倒性多数[15]通过的《各国经济权利和义务宪章》(以下简称《宪章》)这一纲领性、法典性文件。如果把贯穿于《宣言》和《宪章》中的法理原则加以粗略概括,其最主要内容在于:第一,确认了各国的经济主权是不可剥夺、不可让渡、不可侵犯的。各国对本国的自然资源以及境内的一切经济活动,享有完整的、永久的主权。各国有权对它们实行切实有效的控制管理,包括必要时对外资企业实行国有化或将其所有权转移给本国国民。跨国公司的经营活动,必须遵守东道国的政策法令,接受东道国的司法管辖和管理监督;不得强行索取特惠待遇,不得干涉东道国内政。第二,确认应当按照公平合理和真正平等的原则,对世界财富和经济收益实行国际再分配,以遏制和消除富国愈富、贫国愈贫的危险趋向和恶性循环。为此,必须在国际生产分工、国际贸易、国际技术转让、国际税收、国际货币制度、国际资金融通、国际运输、公海资源开发等领域,全面地逐步变革现行的不合理、不公平的体制,并对发展中国家采取各种不要求互惠的优惠措施。第三,确认一切国家,特别是发展中国家,在一切世界性经济问题上都享有平等的参与权、决策权和受益权。国家不论大小,不论贫富,应该一律平等。国际经济事务应该由世界各国共同来管,而不应当由一两个超级大国来垄断,也不应当由少数几个富强的发达国家来操纵。为此,必须在有关的国际组织和有关的国际经济事务上,变革现行的仗富欺贫、恃强凌弱、以大欺小的决策体制。

---

[15]《宪章》草案交付表决时,120票赞成,其中绝大多数是发展中国家。6票反对:美国、英国、联邦德国、丹麦、比利时、卢森堡。10票弃权:日本、法国、意大利、加拿大、奥地利、荷兰、挪威、西班牙、爱尔兰、以色列。

《宣言》和《宪章》的通过，是发展中国家在第二次世界大战后30多年来团结斗争的重大胜利。它们的出现，是对战后多年来建立国际经济新秩序的各项基本要求的集中反映，是这些正当要求开始获得国际社会广泛承认的有力证明，也是国际经济法新旧更替、破旧立新过程中的一次重大飞跃和明显转折。这些纲领性、法典性国际文献所确立的基本法律观念和基本法理原则，是新型的国际经济法基本规范发展的重要里程碑，也是今后进一步建立新型国际经济法规范体系的重要基石。尽管它们在贯彻执行过程中遇到了来自发达国家特别是来自超级大国的种种阻力和重重障碍，尽管至今仍有一些发达国家特别是超级大国的学者极力贬低甚至否认这些纲领性、法典性国际文献的法律效力，[16]但是自从1974年《宣言》和《宪章》诞生以来，愈来愈多的国际司法实践和国际缔约实践[17]直接援引或初步遵循这两大基本文献中所确立的法律观念和法理原则，足见这些新型的法律观念和法理原则符合时代精神和历史潮流，日益深入人心，因而具有强大的生命力。随着时间的推移，它们的法律拘束力势必日益加强，并定将进一步发展成为新型的、完整的国际经济法规范体系。

众所周知，在当代人类社会，法律面前人人平等。但是，在社会群体生活中，各平等个体之间的愿望、意见和要求，不可能时时事事都是完全一致而毫无争议的。因此，在任何正常的群体生活中，少数服从多数乃是最一般的民主原则。换言之，无论在各国内政事务中，还是在国际共同事务中，显然都应当提倡、遵循和贯彻民主原则。就后者而言，"世界上所有的国家，无论大小、贫富、强弱，都是国际社会中平等的一员，都有参与和处理国际事务的权利。各国主权范围内的事情只能由本国政府和人民去管，世界上的事情只能由各国政府和人民共同商量来办。这是处理国际事务的民主原则。在当今时代，世界的命运必须由各国人民共同来掌握"[18]。这个道理是不言而喻的。但是，对于像《宣言》《宪章》这种由联合国大会以压倒性多数通过的纲领性、法典性文献，一向以"全球民主典范"自诩的超级大国及其若干学者，却迄今不肯承认它们在法律上的拘束力。其"口实"之一是：联合国大会并不具有"立法

---

[16] 有关这方面的论争，参见陈安主编：《国际经济法总论》，法律出版社1991年版，第142—146页。

[17] 例如，1975年、1979年、1984年、1990年先后四次《洛美协定》(又称《洛美公约》)的连续签订，可以说是晚近二十九年来国际缔约实践中具有一定积极创新意义的重要事例。其中若干条款初步遵循了《宣言》和《宪章》所确立的国际经济法某些新法理原则。有关概况，参见陈安主编：《国际经济法总论》，法律出版社1991年版，第182—185、190—193页；陈安主编：《国际经济法学专论》(上编·总论)，高等教育出版社2002年版，第305—307、310—313页。

又如，1980年通过的《联合国国际货物销售合同公约》在序言中开宗明义地宣布："本公约各缔约国铭记联合国大会第6届特别会议通过的关于建立新的国际经济秩序的各项决议的广泛目标"，这意味着把《宣言》提出的国际经济法新法理原则，确认为该公约所遵循的基本指导原则和各缔约国所应当遵守的基本行为规范。

[18] 江泽民：《在联合国千年首脑会议上的讲话》，载《人民日报》2000年9月8日。

权",《宣言》和《宪章》等只是"建议"而不是典型的条约。此种"理论",不但全盘否定国际事务中理应切实遵循的民主原则,全然漠视体现了全球绝大多数人民共同意志的这些基本文献,而且全然无视这些基本文献及其法律理念30多年来日益为国际社会所广泛实践、普遍接受和深入人心的客观事实,从而散发着浓烈的霸权主义和强权政治的气息。显然,这是霸权主义者千方百计地维护既得利益因而"利令智昏"的必然结果。作为弱小民族和发展中国家的法律学人,显然应当透过现象看本质,识破其立论的真实意图和客观后果,敢于突破这种似是而非的"传统"的理论樊笼和精神枷锁,理直气壮地为全球弱小民族的共同意志和共同利益大声呐喊,进行新的、科学的法理论证。

(三) 多边国际商务专题公约的发展

第二次世界大战结束以来,随着国际经济交往的进一步扩大和深化,除了用以调整国际货币金融、国际贸易和关税等牵动国际经济关系体制大局的多边国际条约之外,又增添了相当数量次要的、带技术性的国际商务专题公约,体现了国际范围内商事法规统一化日益加强的客观趋势。1952年在联合国教科文组织主持下签订了《世界版权公约》。1964年以西欧国家为主,签订了《国际货物买卖统一法公约》与《国际货物买卖合同成立统一法公约》。1966年联合国大会第21届会议通过决议,设立了"联合国国际贸易法委员会",责成该委员会大力促进国际贸易法的逐步协调和统一。其主要途径有二:一是积极推动缔结各种专题性多边商务公约;二是积极促使国际商务惯例或商业条款法典化。在上述委员会主持下,先后制定并通过了一系列国际商务专题公约,诸如1974年的《国际货物销售时效期限公约》、1978年的《联合国海上货物运输公约》(通常简称《汉堡规则》)、1980年的《联合国国际货物销售合同公约》与《联合国国际货物多式联运公约》、1995年的《联合国独立担保和备用信用证公约》,等等。此外,在联合国国际海事组织主持下,也陆续制定并通过了有关海事的专题公约,如1989年通过的《海上救助国际公约》、1996年通过的《海上运输有害有毒物质的责任和损害赔偿国际公约》。随着时间的推移,在联合国主持下此类世界性专题商务公约还将陆续不断增加数量、扩大范围和加强深度。因此,有人认为,联合国国际贸易法委员会等国际组织机构的成立,是国际商事法规已经形成一个独立法律部门的标志。从此以后,国际商事法规的统一化和法典化进入了一个崭新的发展阶段。

与此同时,在联合国以外,也可以看到国际商事法规日趋统一的动向。例如,在铁路运输、航空运输、专利、商标、版权等商务专题方面,相继出现了一些新的国际性和地区性的公约或协定。诸如1951年欧洲和亚洲社会主义国家缔结的《国际铁路货物联运协定》,1955年签订的关于修改1929年《华沙国际航运公约》的《海牙议定书》,1961年签订的用以补充1929年《华沙国际航运公约》的《瓜达拉哈拉(墨西哥)公约》,1970年签订的《专利合作公约》,等等。

(四) 区域性或专业性国际经济公约的出现

第二次世界大战结束以来,形形色色的区域性或专业性的国际经济条约及其相应组织不断出现,其名目之多,涉及范围之广,都是前所未有的。就其性质和功能而言,可分为三大类:第一类是以西方发达国家为缔约国的国际经济条约及其相应组织,如欧洲共同体、经济合作与发展组织、欧洲联盟等,其主旨在于协调各有关发达国家的经济政策和国际经济关系,并谋求这些发达国家共同的经济利益。第二类是以苏联和东欧社会主义国家为基本缔约国的国际经济条约及其相应组织,如经济互助委员会,其主旨在于调整各有关社会主义国家的经济政策和国际经济关系,实行所谓"社会主义国际分工"和"社会主义经济一体化",加强苏联对有关国家的经济控制。20世纪90年代初以来,这一类区域性组织已随着苏联的解体而归于消亡。第三类是以发展中国家为缔约国的国际经济条约及其相应组织,如西非国家经济共同体、安第斯条约组织、东南亚国家联盟、石油输出国组织、可可生产者联盟、天然橡胶生产国协会等等,其主旨在于协调各有关发展中国家的经济政策和国际经济关系,加强"南南合作",统一步调,联合斗争,反对国际垄断资本特别是超级大国的掠夺和剥削,维护民族经济权益,争取国家经济独立。

(五) 国际商务惯例的发展

第二次世界大战结束以来,在不断总结实践经验的基础上,国际商务惯例的编纂成文,也不断更新,并日趋完备。例如,总部设在法国巴黎的国际商会自从1936年制定《国际贸易术语解释通则》以后,历经1953、1967、1976、1980、1990、2000年多次修订补充,内容大为丰富发展,适用范围也更加广泛。国际商会1933年公布的《商业跟单信用证统一惯例》,历经1951、1962、1974、1983("第400号出版物")、1993年("第500号出版物",于1994年1月1日起实行)五度修订,并自1962年起改名为《跟单信用证统一惯例》。为适应国际商业和金融活动发展的新需要,国际商会又于1958年草拟、1967年修订公布了一套《商业单据托收统一规则》,经十余年实践,于1978年再次修订,并改名为《托收统一规则》。1995年又经过修订,并以"第522号出版物"的形式推出,简称"URC 522",自1996年1月起实行。其后,为了统一规范全球迅速发展的国际备用信用证的实践，国际商会又在1998年4月颁布《国际备用信用证惯例》，简称"ISP 98"或"第590号出版物"，自1999年1月1日起实施。英国伦敦商人组织"劳埃德委员会"自1890年正式推出"劳氏海上救助合同标准格式"之后，历经11次修订，又于2000年推出了新版的合同标准格式。总部设在意大利罗马的"国际统一私法协会"在1994年推出了酝酿多年的《国际商事合同通则》；经过10年的实践和总结，2004年又推出了修订和扩充的新版本。诸如此类不断丰富完善的统一惯例和统一规则，针对国际商务活动有关各方当事人的权利义务分别作了更加明确的规定，对于减少国际商务纷争、促进国际商务发展都起着重大的作用。

（六）各国涉外经济法的发展

至于各国分别制定的涉外经济法，自从第二次世界大战结束以来，也有重大的发展和转折。其主要表现是：第一，在发达国家中，国家垄断资本主义迅速发展成为强大的经济力量，资本主义垄断组织愈来愈直接利用国家机器和立法手段来全面干预国家的经济生活，相应地，各国的经济立法，包括涉外经济法，层出不穷，日益细密。第二，战后英国和美国对德国、美国对日本相当长期的军事占领和管制，以及随后这些主要发达国家在经济上的频繁交往和密切合作，促使英美法系和大陆法系互相渗透和逐步交融，原先分属两大法系的国家的涉外经济立法，无论在内容上还是在形式上，常常出现互相吸收和互相参照的现象。1958年欧洲共同体正式成立时，其6个成员国（法国、联邦德国、意大利、荷兰、比利时、卢森堡）都是大陆法系国家。1973年英国、丹麦和爱尔兰加入欧洲共同体后，共同体又经两度扩充，[19]其12个成员国囊括了西欧分属两大法系的主要发达国家。共同体的有关条约与共同体法规的各项规定，或直接适用于各成员国，或为各成员国的涉外经济立法所吸收，这也促进了两大法系各国涉外经济立法的互相渗透和交融。根据1993年11月1日开始生效的《马斯特里赫特条约》，欧洲共同体已进一步发展成为"欧洲联盟"（European Union），嗣后，又经1995年、2004年和2007年三度扩充，目前已有27个成员国，并将进一步吸收新的成员国。[20] 今后联盟内部两大法系各成员国涉外经济立法的互相渗透与交融，势必更加广泛和深化。第三，战后各种区域性或专业性的国际经济

---

[19] 1981年希腊加入欧共体，1986年西班牙和葡萄牙加入欧共体。

[20] 1995年，奥地利、芬兰和瑞典加入欧盟；2004年5月，捷克、波兰、匈牙利、爱沙尼亚、拉脱维亚、立陶宛、斯洛文尼亚、斯洛伐克、马耳他、塞浦路斯等10个国家同时成为欧盟的新成员，其中塞浦路斯位于地中海东端，在地理区划上属于亚洲。2007年1月1日，罗马尼亚和保加利亚正式成为欧盟成员国。这是欧盟历史上第六次扩大。除此之外，目前正在申请加入欧盟的，还有土耳其等国家。See European Union website, http://www.europa.eu.int/pol/en/arge/index-en.htm.

组织不断出现,日益增多,其有关条约、规则和章程对于各成员国具有法律上的拘束力,促使这些国家各自对国内的经济立法作出相应的调整,从而导致这些成员国的涉外经济法在有关地区或有关领域内渐趋一致或统一。第四,特别值得注意的是,战后相继摆脱殖民统治、取得政治独立的众多弱小民族,都极其注重创建自己的涉外经济立法体系,在投资、贸易、金融、税收等各个方面制定有关的法律和条例,借以保卫国家经济主权,维护民族经济权益,反对国际垄断资本的掠夺、盘剥和控制。这种民族主义的涉外经济立法,近数十年来形成了一股强大的、世界性的立法潮流,其基本精神和核心内容是要在国际经济交往中尽力贯彻自愿、平等、公平和互利的原则。可以说,这是战后国际经济法发展中的一个重要方面和一项重大特色。

(七) 经济全球化明显加快与国际经济法面临的新挑战

近十几年来,世界发生了极其广泛和深刻的变化,科技革命的迅猛发展,生产力的高速增长,国际经济结构的加速调整,大大加快了世界经济全球一体化的进程。各种生产要素和资源优化配置的规律性追求,促使资本、商品、劳力、服务、技术和信息的跨国流动,达到了前所未有的规模和速度,导致国际经济交往的空前频繁和各国经济互相依存的程度日益加深。然而,应当看到,经济全球化乃是一柄"双刃剑",它的积极作用和负面影响都相当突出:一方面,它使世界贸易总额和跨国投资总额连续多年大幅上升,为各国经济发展带来新的机遇,导致世界经济整体持续地稳定增长;另一方面,经济全球化所产生的巨大效益和巨额财富,绝大部分源源流入拥有资金、技术、市场绝对优势的少数发达国家囊中,而综合经济实力处于绝对劣势的众多发展中国家,则只能分享上述效益与财富中的微小份额,以致造成南北两大类国家贫富差距和发展悬殊继续拉大,"数字鸿沟"成倍加深,[21]南北矛盾日益突出。与此同时,有的发达国家还利用经济全球化的强大势头,或者以促进经济全球化为名,凭借经济实力强行设定和推行各种不公平不合理的"国际游戏规则",力图削弱发展中国家的经济主权,甚至制造金融危机和经贸混乱,破坏弱国的经济稳定,从中攫取更多暴利,从而使广大发展中国家的经济安全和经济主权面临空前的压力和严重的威胁。简言之,经济全球化的负面作用集中表现为它在世界财富的国际分配中造成了新的重大失衡和显欠公平,扩大了南北两大类国家的贫富差距,从而导致国际经

---

[21] 据联合国《2005年世界社会状况报告:不平等的困境》揭示,"最近20年至25年,各种不平等现象不断增长……世界国民生产总值的80%属于居住在发达国家中的10亿人口;发展中国家中50亿人口仅拥有余下的20%"。See Report on the World Social Situation 2005: The Inequality Predicament, http://www.un.org/esa/socdev/rwss/media%2005/cd-docs/media.htm. 另参见江泽民:《在联合国千年首脑会议上的讲话》《在联合国千年首脑会议分组讨论会上的发言》,分别载《人民日报》2000年9月8日、2000年9月9日。

济秩序新旧更替的历史进程遇到新障碍,出现新问题。因此,用以调整国际经济关系、更新国际经济秩序的法律规范,即国际经济法,也不能不面临进一步除旧布新的新挑战和新课题。

试以世界贸易组织(WTO)及其法制规则晚近的发展历程为例。1986—1994年的乌拉圭回合的艰难谈判,之所以折冲樽俎长达八年,其根本原因就在于有关世界财富的国际再分配,特别是南北两大类国家经济上的利害得失,很难达成各方都能接受的公平、合理与平衡的协议。紧接着,1994年马拉喀什宣言、乌拉圭回合谈判成果最后文本以及 WTO 协定终于签字和生效以来,又在如何正确理解和全面贯彻这些谈判成果的问题上,各国之间(特别是南北之间),既得利益与期待利益之间,依然龃龉不断,矛盾迭起。鉴于国际经济交往和国际经济秩序中的不公平现象仍然频频出现,发展中国家基于清醒的忧患意识,出于趋利避害的正当要求,已经开始发出新的呼声:"世界多边贸易体制必须进一步改革,发展中国家应该在制定国际贸易体制中发挥更大作用。"[22]事实表明:自1995年初至2005年12月11年间,分别在新加坡(1996年12月)、日内瓦(1998年5月)、西雅图(1999年11—12月)、多哈(2001年9月)、坎昆(2003年9月)以及中国香港(2005年12月)举行的世贸组织六次部长级会议中,先后产生了种种新的分歧,甚至不欢而散或无果而终。这实质上主要是南北矛盾在 WTO 新体制下的重现和延续。所有这些举步维艰的进程表明:它们显然正在进一步积累和发展成为 60 多年来 GATT/WTO 体制发展史上的另一次重大回合,导致"国际游戏规则"重新调整、充实和提高。可以说,在经济全球化明显加快的宏观背景下,国际经济关系、国际经济秩序和国际经济法的发展和更新,就是在"南北矛盾—交锋—磋商—妥协—合作—协调—新的矛盾"这种不断往复和螺旋式上升之中曲折行进的。[23]

可见,国际经济法作为调整国际(跨国)经济关系的国际法与各国国内法的独立综合体,其国际法部分所面临的现实挑战和更新取向,就在于如何扩大和加强众多发展中国家对世界经济事务的发言权、参与权和决策权,把有关的"国际游戏规则"或行为规范制定得更加公平合理,更有效地抑制国际经济关系上的以大压小、仗富欺贫和恃强凌弱,从而更能促进建立起公平、公正、合理的国际经济新秩序;其各国国内法部分(特别是发展中国家的涉外国内法)所面临的现实挑战和更新取向,则在

---

[22] 中国代表团团长周可仁(原中国外经贸部副部长)在联合国贸发会议第十届大会上的发言:《世界多边贸易体制必须改革,发展中国家应发挥更大作用》,载《人民日报》2000年2月14日。

[23] 当代南北矛盾此种规律性的发展进程,似可概括地简称为螺旋式的"6C 轨迹"或"6C 律",即 Contradiction(矛盾)→Conflict(冲突或交锋)→Consultation(磋商)→Compromise(妥协)→Cooperation(合作)→Coordination(协调)→Contradiction New(新的矛盾)。

于如何做到既与国际惯例接轨,又能立足于各自本国的国情,有理、有利、有节地维护各国应有的经济主权;既能充分利用经济全球化带来的巨大机遇,又能切实有效地防范和抵御它给经济弱国可能带来的严重风险。

总之,值此人类跨入21世纪和经济全球化明显加快之际,不公平、不合理的国际经济旧秩序远未根本改变,公平、合理的国际经济新秩序也远未真正确立。因此,国际经济秩序的破旧立新,依然任重而道远;南北之间的交锋,正在进入新的回合,方兴未艾。相应地,国际经济法所面临的新挑战及其"螺旋式上升"的不断更新进程,可谓"路漫漫其修远",有待人们继续锲而不舍地"上下而求索"。

第5章 论学习国际经济法是贯彻对外开放国策必备的"基本功"

>> 内容提要

当代中国的法律工作者或法律学人,必须认真地学好国际经济法,才能掌握必要的知识和本领,更自觉地努力贯彻对外开放的基本国策,积极支持和正确参与对外经济交往,即善于在对外经济交往中,运用国际经济法的知识,做到依法办事,完善立法,以法护权,据法仗义,发展法学,参与全球治理。

>> 目 次

一、中国实行经济上对外开放国策的主要根据
二、深入学习国际经济法学对贯彻上述基本国策的重大作用
  第一,依法办事
  第二,完善立法
  第三,以法护权
  第四,据法仗义
  第五,发展法学
  第六,参与全球治理

一、中国实行经济上对外开放国策的主要根据

实行对外开放是中国长期不变的基本国策。

实行这样的基本国策,是在总结本国多年正反两方面实践经验以及参考国际实

践经验的基础上提出来的。它是深入认识和自觉遵循社会经济发展客观规律的集中表现,也是主动顺应历史趋向和时代潮流的明智决策。

历史表明:16世纪以来的数百年间,随着社会生产力的不断发展,随着资本主义世界市场的形成,全球一切国家的生产、交换和消费,都日益超出一国范围,走向国际化。世界各民族之间经济上的互相往来和互相依赖,逐步取代了原来的闭关自守和自给自足状态。[1] 这是社会生产力发展的客观要求和必然结果,也是人类历史发展的进步过程和必然趋势。第二次世界大战结束以后的几十年来,世界各国生产、交换、分配和消费国际化以及经济全球化的趋势明显增强。中国是当今国际社会的一个积极成员,中国的社会主义经济建设是在当代这样的历史背景和国际条件下开展的,中国的现代化建设是规模宏伟和高度社会化的大生产,这三个基本点,决定了中国在实现社会主义四个现代化和构建社会主义和谐社会过程中,不应该也不可能自我孤立于国际社会之外,相反,中国应该积极参加和利用国际分工,实行平等互利的国际交换,大力发展开放型经济,使国内经济与国际经济实现互接互补。简言之,闭关自守是不可能实现社会主义现代化的。

人类社会的生产技术发展到现在这样的高度水平,世界上没有任何一个国家能够拥有发展本国经济所需要的全部资源、资金,掌握世界各国所有的先进技术,任何国家都必须与其他国家互通有无。对于他国所已有、本国还没有的各种先进技术,在可以现成购买的条件下,就不妨实行等价有偿的"拿来主义"或"买来主义",没有必要一切均由自己从零开始,埋头苦干,暗中摸索。换言之,每个国家都有自己的优势和长处,也都有自己的劣势和短处,需要通过国际交换,扬长避短和取长补短,以便各自耗费最少的社会劳动,取得最佳的经济效益。因此,从经济学观点看来,在平等互利的基础上,积极参加国际分工,充分利用国际交换,就是国内社会劳动的节约,就是劳动生产率的提高,也就是经济发展或经济建设速度的加快。放眼世界,通过这种途径而迅速崛起的先例是屡见不鲜的。

因此,中国在进行社会主义建设的过程中,在贯彻自力更生为主、争取外援为辅方针的过程中,一定要学会充分利用国内和国外两种资源,开拓国内和国外两个市场,学会组织国内建设和发展对外经济交往两套本领。只有这样,才能正确贯彻对外开放的基本国策,才能加速实现社会主义现代化和构建社会主义和谐社会的宏伟目标。

---

[1] 参见马克思、恩格斯:《共产党宣言》,载《马克思恩格斯选集》第1卷,人民出版社1995年版,第276页。

二、深入学习国际经济法学对贯彻上述基本国策的重大作用

作为当代中国的法律工作者或法律学人,认真地学好国际经济法,才能掌握必要的知识和本领,更自觉地努力贯彻对外开放的基本国策,积极支持和正确参与对外经济交往,即善于在对外经济交往中,运用国际经济法的知识,做到依法办事,完善立法,以法护权,据法仗义,发展法学,参与全球治理。兹试分述如下:

第一,依法办事

如前所述,国际经济法是调整国际经济关系的各种法律规范的总称。在现代条件下,世界各国经济交往日益频繁,互相依赖和互相合作日益紧密,互相竞争也不断加强。由于各国社会制度不同,发展水平各异,有关当事国或当事人的利害得失也常有矛盾冲突,彼此之间的经济交往就十分需要借助于国际经济法的统一行为规范加以指导、调整和约束。中国作为国际社会的成员,中国国民(自然人或法人)作为当事人的一方,积极参加国际经济交往,发展国际经济关系,对于这种法律规范的现状和发展趋向进行深入了解,才能自觉地"依法办事",避免因无知或误解引起无谓的纠纷,造成不应有的损失。

第二,完善立法

中国正在努力改善本国的投资环境和贸易环境,促进外商踊跃来华投资或对华贸易。中国对外商的合法权益给予法律保护,对于他们的投资、贸易活动给予法定优惠,同时也要求他们遵守中国的法律,接受中国的法律管理。所有这些涉外的法律规范,既要从中国的国情出发,又要与国际上通行的国际经济法有关规范以及国际商务惯例基本上保持一致或互相"接轨"。为此,就必须广泛深入地了解这些规范和惯例的有关内容,使中国涉外经济法的立法、司法和行政执法工作有所借鉴,做到待遇厚薄得体,管理宽严适当,事事处处,恰如其分;尤其必须在深入学习和研究国际经济法的基础上,立足于中国国情,适时修改和废止与建立社会主义市场经济体制不相适应的法律和法规,并加快立法步伐,为社会主义市场经济提供法律保障。

第三,以法护权

中国在对外经济交往中所面临的对象或对手,主要是在经济上处于强者地位的国际资本。国际资本对于吸收大量外资的中国在客观上发挥的积极作用,国际资本在与中国进行互利互补贸易中发挥的积极作用,都是应当给予肯定的,但是,国际资本唯利是图、不惜损人利己的本质属性,也是众所周知的。诚然,今日中国乃是主权

牢牢在握的独立国家,中国人民十分珍惜自己经过长期奋斗得来的独立自主权利,任何国家不要指望中国做它的附庸,不要指望中国会吞下严重损害中国国家利益的苦果。但是,在对外经济交往中要真正做到独立自主、平等互利,也不是一帆风顺、轻而易举的。在对外经济往来中,中国方面受到国际资本的歧视、愚弄、欺骗、刁难和坑害的事例,大大小小,可谓不胜枚举。如果不熟谙国际经济法的有关规定,或者不掌握对方国家的涉外经济法的有关知识,那就无法打"国际官司",无法运用法律手段来维护中国的应有权益,为振兴中华效力。

第四,据法仗义

随着经济全球化不断深入,世界各国利益相互交织,命运彼此依存。促进普遍发展,实现共同繁荣,符合各国人民的根本利益。但是,由于历史的和现实的种种原因,今日世界财富的占有和分配是很不公平合理的。它是当代南北矛盾的焦点和核心。广大发展中国家正在大声疾呼,要求彻底改变现状,即改革旧的国际经济秩序,建立新的国际经济秩序,促使国际经济体制及相关规则走向公平合理,特别是要充分反映国际社会数十亿弱势人群即广大发展中国家的共同关切,促使经济全球化朝着均衡、普惠、共赢、和谐的方向发展。[2]中国是社会主义国家,也是发展中国家,属于第三世界。这就决定了它必须和广大第三世界一起,联合奋斗,以国际经济法作为一种手段,按照公平合理和平等互利的原则,在国际经济秩序中改旧图新,除旧布新,破旧立新。要做到这一点,就必须通晓和掌握国际经济法的基本原理及其除旧布新、破旧立新的发展趋向,充分了解国际经济法新规范成长过程中的阻力与动力、困难与希望。否则,"赤手空拳",就难以在各种国际舞台的南北抗衡中,运用法律武器和符合时代潮流的法理观念,为全世界众多弱小民族仗义执言和争得公道,促进国际经济秩序的新旧更替。

第五,发展法学

国际经济法学是新兴的边缘性、综合性学科,迄今尚未形成举世公认的、科学的学科体系和理论体系。在某些发达国家中,已相继出版了有关国际经济法学的系列专著,其基本特点之一,是立足于各自本国的实际,以本国利益为核心,重点研究本国对外经济交往中产生的法律问题,作出符合其本国权益的分析和论证。反观中国,这样的研究工作还处在起步阶段,有关论著虽已陆续出现,成果喜人,但其数量和质量,都还远未能适应我国更积极地走向世界,更有效地参与国际竞争的现实迫切需要。为了从法学理论和法律实践上更加切实有力地保证全方位、多层次、宽领

---

〔2〕 参见胡锦涛:《促进普遍发展,实现共同繁荣——在联合国成立60周年首脑会议发展筹资高级别会议上的讲话》,载《人民日报》2005年9月15日第1版。

域的对外开放格局,不断增强国际竞争力,很有必要在积极引进和学习有关国际经济法学新知识的基础上,认真加以咀嚼消化,密切联系中国的实际,从中国人的角度和第三世界的共同立场来研究和评析当代的国际经济法,经过相当长时期的努力,逐步创立起以马克思主义为指导的,具有中国特色的国际经济法学科体系和理论体系。完成这件大事,需要几代人的刻苦钻研,而对于当代中国的法律工作者说来,对于与法律密切相关的经济工作者和管理工作者说来,当然更是责无旁贷的。

第六,参与全球治理

2016年9月27日,习近平在中共中央政治局一次集体学习会议上强调:"要提高我国参与全球治理的能力,着力增强规则制定能力、议程设置能力、舆论宣传能力、统筹协调能力。参与全球治理需要一大批**熟悉党和国家方针政策、了解我国国情、具有全球视野、熟练运用外语、通晓国际规则、精通国际谈判**的专业人才。要加强全球治理人才队伍建设,突破人才瓶颈,作好人才储备,为我国参与全球治理提供有力人才支撑。"[3]中国国际经济法学界广大学人深受鼓舞,认为这是中国领导人与时俱进,提醒当代政治、经济、法律广大专业学人必须加倍努力学习,掌握这新时代的六种本领——"新六艺"[4],才能更有效地践行"知识报国、兼济天下"的素志和夙愿。

---

[3] 习近平:《加强合作推动全球治理体系变革 共同促进人类和平与发展崇高事业》,http://news.xinhuanet.com/2016-09/28/c_1119641652.htm。

[4] "六艺",通常是指中国古代儒家要求学生掌握的六种基本才能:礼、乐、射、御、书、数。礼,礼节(即今德育);乐,音乐;射,射箭技术;御,驾驭马车的技术;书,书法(书写、识字、文字);数,算法(计数)。参见《在线汉语字典》,http://xh.5156edu.com/page/z4616m1375j18888.html。"新六艺"一词,系笔者由此引申而来,并赋以时代新义。

第 6 章　源远流长的中国对外经济交往及其法理原则

>> 内容提要

中国现行的对外开放国策并非决策者"灵机一动",突如其来,而是中国历史上优良传统的发扬光大。本章以史为据,以史为师,回顾和梳理古代中国的对外经济交往及其法理内涵,半殖民地半封建中国的对外经济交往及其"法理"内涵,社会主义新中国的对外经济交往及其法理原则,论证中国现行的对外开放国策乃是中国历史上优良传统的发扬光大,乃是数千年历史上优良传统顺应时代潮流"与时俱进"的利国利民利天下的英明决策,国人应当自觉积极践行。

>> 目　次

一、中国现行的对外开放国策是中国历史上优良传统的发扬光大
二、古代中国的对外经济交往及其法理内涵
　　(一) 古代中国对外经济交往简况
　　(二) 古代中国对外经济交往的法理内涵
三、半殖民地半封建中国的对外经济交往及其"法理"内涵
　　(一) 半殖民地半封建中国对外经济交往简况
　　(二) 强加于半殖民地半封建中国对外经济交往的"法理"
四、社会主义新中国的对外经济交往及其法理原则
　　(一) 独立自主精神的坚持与平等互利原则的贯彻
　　(二) 闭关自守意识的终结与对外开放观念的更新
　　(三) 和平崛起,继往开来,复兴中华

一、中国现行的对外开放国策是中国历史上优良传统的发扬光大

当今世界是开放的世界。世界各国在经济方面的相互合作、相互依赖和相互竞争日益加强。顺应着这一历史趋向和时代潮流,中国从 1978 年 12 月以来坚定地实行经济上对外开放的基本国策,并已取得显著的、重大的成就。

1993 年 3 月,中国《宪法》作出新的规定:"国家实行社会主义市场经济",以国家根本大法的形式,郑重确立了中国经济体制改革的总目标。同年 11 月,中共中央作出《关于建立社会主义市场经济体制若干问题的决定》,号召全国人民齐心协力,"坚定不移地实行对外开放政策,加快对外开放步伐,充分利用国际国内两个市场、两种资源,优化资源配置。积极参与国际竞争与国际经济合作,发挥中国经济的比较优势,发展开放型经济,使国内经济与国际经济实现互接互补"。

自 2001 年 12 月加入世界贸易组织以来,中国正在进一步扩展对外开放的广度和深度,以更加勇敢的姿态进入世界经济舞台,更加积极地实行对外经济交往,发展对外经济合作,开展对外经济竞争。

在中国,实行对外开放这一基本国策,不但有着**充足的现实根据**,而且有着**久远的历史渊源**。

作为东方的文明古国和大国,中国实行对外经济交往和开展国际经济合作,可以说是源远流长的。在漫长的历史岁月中,中国积极开展对外经济交往的优良传统,曾经遭受过严重的扭曲、破坏,并引起种种误解。但是,它本身所具有的生命力又使得它不断冲破险阻,并在新的时代条件下焕发出新的青春。从这个意义上说,**现行的对外开放基本国策,正是中国历史上对外经济交往优良传统的发扬光大**。简略回顾中国积极开展对外经济交往的优良历史传统,探讨其中所蕴含的法理原则,了解其中的经验和教训,[1] 不但大有助于加深认识当代中国实行对外开放的基本国策的"来龙去脉",而且也大有助于驳斥当今美国霸权版的"中国威胁"论。

中国的对外经济交往,可以大体划分为三个阶段:第一阶段,古代中国时期,即奴隶社会后期和封建社会时期,约相当于公元前 4、5 世纪至公元 1840 年;第二阶段,

---

[1] 毛泽东主席向来提倡中国人应当在重视学习外来先进经验的同时,也重视研究中国自己的历史,从中吸取有益的经验和教训;不能对本国的历史一无所知,在心目中"漆黑一团",更不能"言必称希腊,对于自己的祖宗,则对不住,忘记了"。参见《改造我们的学习》,载《毛泽东选集》(一卷本),人民出版社 1967 年版,第 755 页;《毛泽东选集》第 3 卷,人民出版社 1991 年版,第 795—803 页。

半殖民地半封建中国时期,约相当于公元1840年至1949年;第三阶段,社会主义新中国时期,即公元1949年以后。兹分别简述如下。

二、古代中国的对外经济交往及其法理内涵

基于对人类社会发展史的深入考察,恩格斯曾经指出:"随着生产分为农业和手工业这两大主要部门,便出现了直接以交换为目的的生产,即商品生产;随之而来的是贸易,不仅有部落内部和部落边界的贸易,而且还有海外贸易。"[2]这种规律性现象,出现于古代的外国,也出现在古代中国。

(一) 古代中国对外经济交往简况

据史家考证,早在中国第一个奴隶制王朝——夏朝时期(约公元前21世纪至前16世纪),中国大陆的各个部落联盟之间就时常开展跨越联盟疆界的贸易。商朝时期(约公元前16世纪至前11世纪),这种跨越部落联盟疆界的远途商品交换关系有了进一步的发展,并且开始使用来自新疆的玉片和来自沿海的贝壳作为交换的手段,这就是原始形态的货币。从这些原始货币的不同来源地可以推想当时贸易活动跨越地域的辽阔和边远。

到了周朝(始建于公元前11世纪),分封了几十个诸侯国家,它们都要定期向周朝王室朝觐"纳贡",王室则以"赏赐"回礼,尽管"纳贡"有称臣的含义,"赏赐"有恩赐的含义,但在"贡品"和"赐品"之间,**客观上**蕴含着朴素的对价有偿关系,究其实质,就是不同商品跨越国境的远途交换。这种"朝贡贸易"也实行于远方西域各国与周朝王室之间。至于周朝各诸侯国家之间的贸易往来,就更加常见。

春秋战国时期(约公元前8世纪至前3世纪中叶),各诸侯国家之间的经济交往日益频繁,而且开始出现同海外欧洲国家之间的贸易往来,一个明显的标志是:早在公元前4、5世纪之间,中国的丝绸就已开始辗转远销希腊等地。爱琴海与南中国海之间,已经开始有海商活动。

当然,在夏、商、周和春秋战国时期,在中国这片疆土上的各相邻部落联盟或诸侯国家,实际上是正在逐步走向全国统一的各个地方政权,因此,当时中央朝廷和它

---

[2] 恩格斯:《家庭、私有制和国家的起源》,载《马克思恩格斯选集》第4卷,人民出版社1995年版,第163—164页。

们之间以及它们相互之间的贸易往来,还不是近代和现代科学意义上的国际贸易。

公元前221年,秦始皇结束了诸侯割据的局面,建立了统一的中央集权的封建大帝国,其东北和东南边陲疆土分别毗邻朝鲜半岛北部和印度支那半岛东北部。中国与上述两个半岛广大地区的经济贸易往来是相当密切的。中国的丝绸、漆器、铁器很早就跨越国境输往这些地区,而这些地区的土特产品则源源输入中国。但秦朝存续时间甚短,秦始皇在位不过11年,社会缺乏安定,二世胡亥昏庸,内政腐败,旋即为汉所灭。在这样的历史条件下,对外经济往来未获重大发展。

汉朝(公元前202—公元220年)建立于多年战乱之后,政府当局在相当长的时期里采取与民休养生息的政策,社会安定,生产发展,百业兴旺,对外经济交往也日益发达。张骞、班超先后出使沟通西域,率先开拓了历史上著名的国际商道"丝绸之路"。后来此路不断西延,对于促进中国与中亚、西亚、南亚、欧洲、非洲许多国家的经济文化交流起了重大的历史作用。陆道之外,又辟海市。南方的番禺(广州附近)开始成为对外贸易的重要港口都会。当时中国与日本之间以及与印度南部之间的商品交换,就是分别通过北方和南方的远航商船进行的。据史籍记载,两汉时期与中国有"朝贡"贸易(即官方商品交换)关系的国家,已达50多个;早在西汉时期,京都长安就已设有专门接待外国贸易使团的宾馆(即所谓"蛮夷邸");有些来自远方异国的商使,其语言需经两道以上辗转翻译(即所谓"重译"[3]),才能与中国语言相通。由此可以大略想见当时中国的对外经济交往是相当广泛的。

汉朝以后(220—581年)历经三国、魏、晋、南北朝,中国出现了长期的分裂和战乱局面,北方陆路的对外经济交往受到较大影响,南方海道则仍然畅通,海上贸易有了新的重大发展,商船远及今日南太平洋与印度洋之间的爪哇、苏门答腊、斯里兰卡等地。

经过隋朝(581—618年)进入唐朝(618—907年),全国重新统一安定,当权者励精图治,经济、文化迅速发展,居于全球领先水平,使中国成为当时世界最强盛的国家之一,相应地,对外经济文化交往也空前兴旺发达。除了不断拓展和延伸陆上国际商道、扩大通商地域范围外,着重发展了海上贸易。广州、交州、潮州、泉州、明州(今浙江宁波)、楚州(今江苏淮安),都被辟为外贸海港,远洋航船东通日本,南抵南洋诸国,西达波斯湾阿拉伯诸国。政府当局对外商采取宽松优待的政策,"除舶脚、收市、进奉外,任其来往通流,自为交易,不应重加率税";"常加存问","以示绥怀"。[4] 于是各国商人云集,中外商务往来和商品交换盛极一时。随着海上贸易的

---

[3] 参见《后汉书·西域传》,中华书局1982年版,第10册,第2910页。
[4] 参见《全唐文·唐文宗大和八年疾愈德音》,中华书局1982年版,第75卷,第785页。

发展,相继在重要通商口岸设"市舶使",[5]任职官员由中央政权直接委派,专门负责掌管和监督海上船舶贸易来往和入境出境征税事宜,从而初步开创了在中国历史上长达一千多年的"市舶"制度,有人认为这就是后世政府外贸机构和海关机构的最早萌芽。

由于唐代中国农业、手工业生产水平和文化水平都居于当时世界领先地位,加之统治者对于对外经济文化交往采取积极促进的政策,所以当时外国人来中国经商、留学的络绎不绝,长期居留唐土者多达数十万人。留学日久取得唐籍的一些外国人,甚至还由唐朝政府擢用,入仕做官,并引为殊荣。至今一些外国(如日本等)仍称中国人为"唐人",称中国商品为"唐物",称中国文化为"唐文化",足见唐代中国人积极开展对外经济文化交往,促使中国国誉和声威远播,影响至深。这是举世公认的中华民族的骄傲。

宋朝时期(960—1279年),北部政局不稳,陆上国际商道常因战争中断,政府侧重于在南方发展海上国际贸易。宋初,京师设"榷易院",成为中国历史上最早的专门管理对外贸易的中央机构;在江、浙、闽、粤沿海港口设"市舶司",兼具进出口管理、征税、收购舶来品等多项职能;1080年还颁布市舶条例。可以说,这是中国最早的涉外经济立法之一,也是世界历史上最早的进出口贸易成文法规之一。宋室南渡以后,失去半壁江山,遂更加锐意发展海舶贸易,作为当时御敌图存的重要经济支柱之一。因为,"市舶之利,颇济国用","市舶之利最厚,若措置合宜,所得动以百万计,岂不胜取之于民?"[6]据估算,当时单泉州、广州两地一年的外贸收入竟曾高达200万缗,约占当时全国财政收入的20%,可见当时政府对于外贸的倚重。

上述这部制定于11世纪的宋代市舶条例,其后经修订补充,迄宋之末,实施近200年。它在世界贸易立法史上显然具有开创性的历史价值。尽管其原有全文已经失传,但从有关史籍文献的记载中[7],仍不难稽考和窥见其轮廓和梗概,诸如:

(1) 外贸开始规范化。该条例规定了市舶司的职权和职责,它融合了多种职能,成为后世海关与外贸机构的雏形和综合体,使中国古代的对外贸易开始走向规范化、法制化。

(2) 鼓励交易和分类管理。积极鼓励外商海舶("番舶")入境从事贸易,促进中外商品互通有无;逐项列明违禁物品、官府专买专卖货物("官市")以及民间自由交

---

[5] 参见《新唐书·柳泽传》,中华书局1975年版,第13册,第4176页;《旧唐书·代宗纪》,中华书局1975年版,第2册,第274页。

[6] 参见《宋会要辑稿补编·市舶》,全国图书馆文献缩微复制中心1988年版(影印本),第647页。

[7] 参见《宋史·职官七》,"提举市舶司",中华书局1977年版,第12册,第3971页;《宋史·食货下八》,"互市舶法",中华书局1977年版,第13册,第4558—4566页;《宋会要辑稿·职官四四》,上海大东书局1936年版(影印本),第86册,第1—34页。

易货物("民市""听市货与民")的细目,使中外商民有所遵循。

（3）采取"低税"政策。"番舶"进入中国港口,须经当地市舶司派员登船查验,并依法定税率纳税("抽解"),凡珍珠、犀角、象牙、玛瑙、乳香等少数贵重"番货",列为"细色"(高档品),一般税率定为"十取其一"(即10%);其余大量"番货",诸如来自异国的各种特产、药材、香料、木料、棉布等生活用品,均列为"粗色",一般税率定为"十五取一"(约合6.66%)。税后诸物即可依法分别进入"官市"或"民市",实行交易,可谓"低税优惠"。

（4）厉行出口许可制度。商舶从中国港口出海,应向当地市舶司备文申报所载货物名称、数量和目的地("所诣去处")等项,经查验属实,并经当地富户("有物力户")出具担保书后,由市舶司发给"公据"(许可证)放行。回航时,应向原出海港口市舶司交回"公据",并申报从异国("番夷")贩来各物,照章"抽解"后,方可入市。

（5）严禁各种走私逃税活动("漏舶""偷税""大生奸弊,亏损课〔税〕额")。违者除治罪外,没收船、货,并重奖举报、告发人,"给舶物半价充赏"。

（6）切实保护"番商"合法权益。严禁官吏豪绅借势滥权杀价强买"番商"舶货。凡强买舶货"有亏番商者皆重置其罪"(依法从严治罪)。

（7）礼遇外商,救助"海难"。兴建外商宾馆("置'来远驿'"),订立接待送礼规则("立定犒设馈送则例"),"每年于遣发番舶之际,宴设诸国番商,以示朝廷招徕远人之意"。"番舶"遇风暴飘至中国沿海各地,"若损败及舶主不在,官为拯救,录〔登记〕物货,许其亲属召保认还"。

从以上梗概中可以看出:制定于900多年前的这部市舶条例,无疑是后世海关法、外贸法和涉外税法的先河,其基本规定多为后世同类立法所师承和发展。

元朝时期(1271—1368年),中国北部疆土辽阔[8],陆上国际商道畅通无阻,海上贸易也有新的发展。政府以宋法为蓝本,在1293年制定《市舶司则法》22条[9],使外贸管理和税则更加条理化和规范化。同时,由政府出资和备船,选聘精干舶商和

---

[8] 1206年漠北地区蒙古各部落贵族在斡难河源奉铁木真为大汗,尊号成吉思汗,建立蒙古汗国(即大蒙古国,Yeke Mongghol Ulus或The Great Mongol Empire)。1259年后,蒙古汗国开始分裂为"大汗之国"和另外四个"汗国"(钦察汗国、窝阔台汗国、伊利汗国和察合台汗国)。1264年成吉思汗诸孙之一忽必烈夺得蒙古汗国的最高统治权,并在攻占中原等广大地区后,于1271年建立中国元朝,称帝,定都北京。此后,原已分裂出去的另外四个"汗国"名义上承认忽必烈建立的中国元朝宗主权,实际上各自独立为政,并不直接隶属于和听命于元朝皇帝。元朝统一全中国后的疆域是:北到西伯利亚,南到南海,西南包括今西藏、云南,西北至今中亚,东北至外兴安岭、鄂霍次克海。参见白寿彝总主编、陈得芝主编:《中国通史》(第八卷·中古时代·元时期(上)),上海人民出版社2004年版,第355—356、551—584页。

[9] 参见《元史·百官七》,"市舶提举司",中华书局1976年版,第8册,第2315页;《元史·食货二》,"市舶",中华书局1976年版,第8册,第2401—2403页;《元典章·户部八》,"市舶",清光绪戊申年(1908年)校刊本,第8册,第71—79页。

艄工（水手）"入番贸易"，赢利所得按"官七民三"比例分红。除官本贸易外，还允许私舶贸易，并对从事外贸的舶商和艄工加以保护。这就在很大程度上改变了宋代对进口货物统制专卖的"禁榷"政策。由于采取了低税、招徕、保护和奖励等一系列措施，外商纷至沓来，除唐宋以来的传统客商——阿拉伯商人外，还有远自欧洲和北非的商人前来从事贸易。元初来华经商和旅游的意大利人马可·波罗曾将中国的泉州港与地中海国际贸易中心亚历山大港相提并论，认为它们是当时世界上最大的两个外贸港口。

关于元朝时期中国对外交往方面，中外史学界曾经流行一种以讹传讹的说法，说是"中国元朝派大军侵入欧洲造成黄祸"。这具体指漠北地区[10]蒙古人成吉思汗和拔都两度率领大军"西征"。这两次"西征"，究竟是早年游牧部落**蒙古人**所为还是其后文明**中国人**所为？对于这个问题，中外历史学家一向众说纷纭。但无可置疑的是：**第一**，成吉思汗的蒙古汗国建立于1206年，1219—1225年他第一次率军西征时，蒙古人尚未正式入主中国中原及其以南广大地区；[11]**第二**，1235—1242年[12]成吉思汗之孙拔都第二次率军西征时，蒙古人仍然尚未正式入主中国中原及其以南广大地区；[13]**第三**，成吉思汗之另一支系孙子忽必烈南下攻占中国中原及其以南广大地区，并且在此基础上于1271正式建立中国元朝，定都中国北京，[14]是在上述两次西征30年之后，换言之，在1271年之前，中国元朝根本尚未建立；**第四**，蒙古人支系首领忽必烈1271正式建立中国元朝之后，采纳中原汉族体制（"行汉法"），[15]尊孔子儒学，[16]与汉人通婚，[17]蒙汉两族大众基本上逐渐融合为一体，直到1638年蒙族统治阶层被

---

[10] 漠北地区，指瀚海沙漠群的北部，原为蒙古人的活动中心，当年是北方匈奴—蒙古游牧民族向中原汉族发动侵略的根据地，在现今的蒙古高原地区和俄罗斯贝加尔湖一带。成吉思汗及其子窝阔台在位时期，常驻于鄂尔浑河上游一带，这个地区历来是漠北游牧政权的政治中心所在。参见白寿彝总主编、陈得芝主编：《中国通史》（第八卷·中古时代·元时期（上）），上海人民出版社2004年版，第380页。

[11] 参见白寿彝总主编、陈得芝主编：《中国通史》（第八卷·中古时代·元时期（上）），上海人民出版社2004年版，题记第1页，正文第355—402页；蔡美彪等：《中国通史》（第七册），人民出版社2004年版，第4、26、27页。

[12] 成吉思汗死后，其子窝阔台于1935年派出以拔都为统帅的西征军，一路屠杀和掳掠。1241年末，窝阔台死讯传来，蒙古军自巴尔干地区撤回到伏尔加河上，多位领军人物回去争夺汗位。参见蔡美彪：《中国通史》（第七册），人民出版社2004年版，第59、60、61页。

[13] 参见蔡美彪等：《中国通史》（第七册），人民出版社2004年版，第68页。

[14] 1271年，忽必烈正式建国号为"大元"。此时，"大汗的统治地位和诸兀鲁思与大汗的关系已不同于成吉思汗、窝阔台时代；和林也不再是政治的中心。忽必烈以汉地为根基，依靠汉人地主的支持夺得汗位，因之不能不以汉地为中心，建立起元朝的统治"。参见蔡美彪等：《中国通史》（第七册），人民出版社2004年版，第82、83、84、88、89页。

[15] 参见蔡美彪等：《中国通史》（第七册），人民出版社2004年版，第73、74页。

[16] 同上书，第71、72页。

[17] 元朝的婚姻礼制是在至元八年（1271年）基本上确定下来的。这年二月，忽必烈颁布圣旨，其中包括了三项准则：第一，尊重各族的婚俗，各族的人自相婚姻，各从本俗法；第二，以男子为中心，各族的人递相婚姻者，以男方婚俗为主；第三，以蒙古人为上，他族男子与蒙古女子为婚，不必以男方婚俗为主。参见白寿彝总主编、陈得芝主编：《中国通史》（第八卷·中古时代·元时期（上）），上海人民出版社2004年版，第1027页。

汉族朱元璋率领农民起义军击败,从中国中原退回漠北地区与明朝对峙,[18]嗣后改国号为"鞑靼"。在中国中原存续98年期间,中国元朝从未派兵入侵欧洲。可见,前述一度流行的说法,即含糊笼统地说"中国元朝派大军侵入欧洲造成黄祸",那是不符合历史真实的。[19]

明代(1368—1644年)初期,对于唐、宋、元三个朝代700多年来行之有效、经济效益显著的对外经贸体制及有关措施,多沿袭师承,而又有重大发展。洪武、永乐两代政府为了进一步招徕外商,对于来自外国的"贡舶"和"商舶"分别给予不同优惠待遇。前者运来官方互易货物,予以"优值"(从优计价);后者运来民间交换商品予以免税,致使各国商船竞相来华,国际贸易大盛。另外,在1405—1433年,明朝政府相继组织和派遣了规模浩大的远洋船队,由郑和率领,先后七次远航,抵达今日印尼、斯里兰卡、泰国、印度西岸、波斯湾和阿拉伯半岛诸国以及东非索马里、肯尼亚等地,大大促进了当时中国与亚洲、非洲30多个国家之间的政治修好关系和经济贸易关系,其船队规模之大(首航人员竟达27000余人)、贸易地域之广、累计航程之远,以及经历时间之长,都可以说是史无前例的。[20]郑和等人开展对外交往的壮举和业绩,一向彪炳于中外史册,充分体现了中华民族勇于进取、敢于创新、善于开拓的精神。[21]

综上所述,可以看出:自汉唐至明初,中国人的对外开放、对外经济文化交往以

---

[18] 参见白寿彝总主编、陈得芝主编:《中国通史》(第八卷·中古时代·元时期(上)),上海人民出版社2004年版,第550页;蔡美彪等:《中国通史》(第七册),人民出版社2004年版,第314—315页。

[19] 对于这段历史及其争论问题,鲁迅先生曾以其特有的幽默和辛辣写道:"幼小时候,我知道中国在'盘古氏开辟天地'之后,有三皇五帝……宋朝,元朝,明朝,'我大清'。到二十岁,又听说'我们'的成吉思汗征服欧洲,是'我们'最阔气的时代。到二十五岁,才知道所谓这'我们'最阔气的时代,其实是蒙古人征服了中国,我们做了奴才。直到今年(指1934年——引者注)八月里,因为要查一点故事,翻了三部蒙古史,这才明白蒙古人的征服'斡罗思'(即俄罗斯——引者注),侵入匈、奥,还在征服全中国之前,那时成吉思还不是我们的汗,倒是俄人被奴的资格比我们老,应该他们说'我们的成吉思汗征服中国,是我们最阔气的时代'的。"参见《随便翻翻》,载《鲁迅全集》(第6卷),人民文学出版社2005年版,第142页。

[20] 参见《明史·宦官·郑和》,中华书局1974年版,第26册,第7765—7768页。美国一位对郑和研究有素的学者曾将郑和与哥伦布作了有趣的对比,颇能发人深思:"在1405—1433年之间,郑和曾率领当时,或者说在随后的500年间也算是世界上最大的船队进行七次远洋航行。在第一次世界大战之前,没有一个西方国家的舰队能够与之相比。郑和的船队有2.8万名水手和300艘大船。其中最大的船长约400英尺。而哥伦布在1492年首次进行远洋航行时只有90名水手和3艘船,其中最大的船只有85英尺长。郑和的船也是当时世界上最先进的远洋船,其中包括平衡整流舵和防水舱,直到350年后,欧洲才有这种船。郑和船队的先进性再次表明东方在科技领域曾一度遥遥领先于西方。的确,在数千年的历史长河中,除了罗马帝国时代,中国一直比欧洲任何地区都富裕、先进和开放。在哥伦布进行首次远航前的半个世纪,郑和就曾到达东非,并从阿拉伯商人那里了解到欧洲的情况。因此中国人当时穿过好望角,同欧洲建立直接贸易关系应该是件很容易的事。……在郑和的远航活动错失了继续前进、同欧洲建立联系的良机之后,亚洲开始走向相对封闭的状态。而与此同时,欧洲及后来被哥伦布发现的美洲却在迅速崛起。……15世纪中国统治者愚蠢的妄自尊大导致中国几乎没有太大的发展。"参见[美]尼古拉斯·克里斯托夫:《踏勘郑和下西洋的足迹》,原载于《纽约时报杂志》1999年6月6日,中译文连载于《参考消息》1999年6月15—19日。

[21] 参见刘汉俊:《一个民族的征帆——写在郑和下西洋600年之际》,载《人民日报》2005年7月11日第10版;黄菊:《在郑和下西洋600周年纪念大会在的讲话》,载《人民日报》2005年7月12日第1版。

及开拓进取精神,曾经对中国古代社会经济的发展、科技文化的进步以及国际威望的提高,都起到了明显的促进作用。与此同时,中国人也通过长期的、平等互惠的对外经济文化交往,为全球经济文化的不断进步、共同繁荣和丰富多彩做出了重大的贡献。

遗憾的是,这种优良传统和开拓精神,在后来相当长的历史时期内,不但未能进一步发扬光大,反而受到压制和摧残。明代中叶以后,封建统治者愚昧腐败,昏庸颟顸,竟因沿海倭寇为害而实行"海禁",下令关闭口岸,停止对外贸易,实行"锁国"政策。[22] 以后弛禁、复禁,反复多次,直至明朝覆灭,对外经济交往始终未能振作起来。

清朝(1636—1911年)初建,王朝统治者因害怕汉族人士在海外组织反清力量卷土重来,遂变本加厉实行"海禁",在长达三四十年的时间里,规定"寸板不许下海"和"片帆不准入港",违者格杀勿论。遂使中国的对外经济交往更加衰落,一蹶不振。1684年以后,虽一度解禁开港,在江、浙、闽、粤设置四个外贸口岸,但对外来商人又往往不分从事正当贸易抑或进行不轨活动,一律严加限制。1757年又再撤销三个外贸口岸。中国作为东方泱泱大国,当时的大陆国土面积远远超过整个欧洲大陆,其海岸线绵延20000公里以上。[23] 但是,当时欧陆沿海港口,早已星罗棋布,促使欧陆对外经济交往十分兴旺发达;反观当时幅员广袤的中国大陆,却只单限广州一港对外开放,[24]成为中国对外经济交往长期衰败的一大原因。这种荒唐局面,竟然持续80多年,直到1840年鸦片战争的大炮轰开"天朝帝国"的大门。

(二) 古代中国对外经济交往的法理内涵

中国古代史上对外经济交往的兴衰起落,主要脉络大体如上。其间有几条历史轨迹和法理原则隐约可辨,值得后人借鉴:

第一,古代中国开展对外经济交往,是国内生产力发展的结果,也是生产力进一步发展所必需。中国历史上明智的统治者能顺应历史发展的需求,积极推动对外经济交往,体现了强者的远见、自信、胆气和魄力;愚昧的统治者则惯于逆历史潮流而动,妄图禁止对外经济交往,体现了弱者的短视、昏庸、怯懦和无能。两种截然相反的对外经济政策,前者造福社会,后者危害国家,千秋功罪,历史早有评说。

---

[22] 参见《明史·食货五》,"市舶",中华书局1974年版,第7册,第1981页。
[23] 中国在鸦片战争中败北后,俄国沙皇政府"趁火打劫",以武力威胁,迫使中国清朝政府相继签订了1858年的中俄《瑷珲条约》,1860年的中俄《北京条约》等等,侵夺了原属中国的171万平方公里领土及其漫长的海岸线。详见白寿彝总主编、龚书铎主编:《中国通史》(第十一卷·近代前编(上)),上海人民出版社2004年版,第173—175、221页。
[24] 参见《清史稿·食货六》,"征榷",中华书局1976年版,第13册,第3675—3685页。

第二,古代中国的对外经济交往,其主要动因既然植根于社会生产力的发展,它自身就具有强大的生命力。如不因势利导,却愚蠢地加以禁止,总是禁而不止。秦汉以来,在中国古代两千多年的对外经济交往史上,虽然经历了许多曲折和起落,甚至两度锁国闭关,但总的来说,积极开展对外经济交往,显然是历史长河中的主流。相应地,在对外经济交往中积极主动、大胆进取的精神,一向是中华民族诸多优良传统中的一项重要内容。把闭关锁国的失误和蠢举说成是中国历史的主导传统,那是对中国历史的误解、无知或曲解。

第三,在古代中国长期的对外经济交往中,**基本上体现了自主自愿和平等互利的法理原则**。历代政府和百姓对来自异邦的客商,向来以礼相待,优遇有加,使其有利可图。中国传统的大宗出口商品是丝绸、漆器、瓷器、茶叶之类,进口的是中国所罕缺的各种异土方物。这些中外物质文明的交换,是以完全自愿、互通有无、文明交易的方式进行的。较之西方强国对外贸易史上盛行多年的商盗一体、杀人越货、猎奴贩奴之类的罪恶买卖,向来泾渭分明,迥然不同。

中外物质文明的交换,有效地促进了整个人类文明的交融与提高。中国的育蚕、缫丝、制瓷、造纸、印刷、火药、指南针等技术,通过对外经济交往而广泛传播于世界各地,为全人类的进步做出了杰出的贡献。而对外输出的扩大,又反过来不断提高中国的造船、冶金、罗盘等与航海有关的生产技术,不断提高与出口商品有关的各行各业的生产水平。

与此同时,中国原先十分罕缺或全然未见的异邦产品,诸如西域良马、阿拉伯"火油"以及芝麻、蚕豆、菠菜、大蒜、甘蔗、甘薯、玉米、花生、烟草等农作物,也先后从世界各地异邦辗转传入中国,促进了中国畜牧业、农业、手工业的发展。有趣的是:今日中国人日常生活中所不可或缺的棉花和棉布,宋代以前一直是珍稀的"舶来品"。宋元之间才开始从异邦引种的棉花,至元明两朝已普遍种植和大量出产,并使棉纺织业迅速成长为中国新兴的、与国计民生息息相关的主要手工业之一。它不但大大改变了中国历代以丝葛麻褐为主要织物的衣着传统,使广大平民百姓普受其惠(对他们说来,丝绸太贵,葛麻太粗,棉布则物美价廉),而且逐步发展成为中国出口的主要商品之一,同时也成为明代以来国库税收的主要来源之一。[25] 棉花从异域到

---

[25] 据明代鸿儒、史学家丘濬考证:"自古中国所以为衣者,丝麻葛褐四者而已。汉唐之世,远夷虽以木绵〔棉花之古称〕入贡,中国未有其种,民未以为服,官未以为调〔赋税之古称〕。宋元之间,始传其种入中国。关、陕、闽、广,首得其利,盖此物出外夷,闽、广海道舶商,关、陕壤接西域故也。然是时犹未以为征赋,故宋、元史'食货志'〔经济史〕皆不载。至我朝〔明朝〕,其种乃遍布于天下〔中国境内〕,地无南北,皆宜之〔适合种植〕;人无贫富,皆赖之。其利视丝枲〔比之丝和麻〕,盖百倍焉。"参见(明)丘濬:《大学衍义补》卷二十二,"贡赋之常",收辑于《文渊阁四库全书》(影印本),商务印书馆1986年版,第712册,第307页;(汉)桓宽:《盐铁论》(简注本),中华书局1984年版,第224页。

中国"落户生根"的过程，实际上是一项新产品和新技术"引进→消化、发展→输出"的成功事例。

有一种流传甚广的传统观点认为：中国古代的对外经济交往，主要是"朝贡贸易"，旨在满足封建统治者对奢侈品的需要，对中国的经济发展和平民的经济生活，并无多大积极影响，甚至害大于利。其实，这也是一种对历史的误解或偏见，并不符合史实。棉花效劳中华，即是一大例证。可见，在中国古代的对外经济交往中，平等互利既是公平的行为准则，又是正常的社会后果。在对外经济交往中努力实现平等互利，显然是中华民族诸多优良传统中的又一项重要内容。

第四，古代中国的对外经济交往源远流长，并且有过相当发达的时期。但由于历史的和阶级的局限，其规模和意义都难以与近现代的对外经济交往相提并论。它的存在和发展，主要是与中国绵延两千多年的封建制生产方式紧密联系的。因此，对外经济交往的规模、水平和社会影响，在很大程度上受到国内封建自然经济的限制和束缚。封建后期，随着这种生产方式内在活力的不断衰退，对外经济交往也就相应地陷于停滞，甚至走向没落。至于长期以来在对外交往中自视为"天朝大国"，把外国人前来修好通商称为"蛮夷来朝"，在官方换货贸易中硬把对方商品称为"贡"，把中方商品称为"赐"，把接待外商使团的宾馆称为"蛮夷邸"，诸如此类的观念和有关记载，处处显现了封建统治者和封建文人的自大与虚荣。这种阿Q心态，迥异于应有的民族自尊，显然是不足为训和应予批判的。

三、半殖民地半封建中国的对外经济交往及其"法理"内涵

鸦片战争的巨炮轰开中国的大门之后，中国的对外经济交往发生了重大的转折和急剧的变化：从独立自主转变为俯仰由人，从平等互利转变为任人宰割。

（一）半殖民地半封建中国对外经济交往简况[26]

继1840年英国侵华的鸦片战争之后，殖民主义、帝国主义列强又发动了多次侵华战争，如1857年的英法联军战争、1884年的中法战争、1894年的中日战争、1900年的八国联军侵华战争。用战争暴力打败中国，迫使昏庸无能的统治者俯首就范之后，列强不但占领了中国周围许多原由中国保护的国家，而且侵占了或"租借"了中国的一部分领土。例如，日本侵占了台湾和澎湖列岛，"租借"了旅顺，英国侵占了香

---

[26] 参见《中国革命和中国共产党》，载《毛泽东选集》第2卷，人民出版社1991年版，第626—631页。

港,法国"租借"了广州湾。割地之外,又勒索了巨额的赔款。1931—1945年,日本由局部而全面地发动了侵华战争,在长达14年的时间里陆续使中国的大片领土直接沦为日本的殖民地,从而使中国的土地和各种自然资源遭到空前残酷的掠夺和洗劫。

列强强迫中国订立了许多不平等条约,攫取了各种政治、经济特权,严重破坏了中国的政治主权和经济主权。根据这些不平等条约,列强除了取得在中国驻扎军队的权利和领事裁判权之外,还把全中国划分为几个帝国主义国家的"势力范围",即列强按照各自的实力,在中国划定某一地区,作为自己实行政治控制和经济掠夺的专属领域,对中国进行变相的瓜分。例如,长江中下游诸省划为英国的势力范围,云南和两广划为法国的势力范围,山东划为德国的势力范围,福建划为日本的势力范围,东北诸省原划为帝俄的势力范围,1905年日俄战争后,东北地区的南部改划为日本的势力范围。

根据不平等条约,列强控制了中国一切重要的通商口岸,并在许多通商口岸中强占一定地区作为它们直接实行殖民统治的"租界"。它们喧宾夺主和反宾为主,控制了中国的海关和对外贸易,控制了中国的水陆空交通事业(包括至关紧要的内河航行权)。这样,就便于在中国广阔的市场上大量倾销它们的商品,牟取巨额利润。与此同时,又使中国的农业生产服从于西方列强的经济需要,为它们提供大量低廉的原材料和消费品。

根据不平等条约,列强在中国攫取和垄断矿山开采权、铁路修筑权和管理权,经营各种工矿企业,随心所欲地掠夺中国的自然资源,直接利用中国便宜的原料和廉价的劳动力,榨取超额利润,并借此对中国的民族工业进行直接的经济压迫,甚至加以扼杀。

根据不平等条约,列强以苛刻的条件贷款给中国政府,并在中国开设银行,从而垄断了中国的金融和财政,在金融上、财政上扼住了中国的咽喉。

列强除了对中国实行直接的控制、掠夺和盘剥之外,又极力培植了一个买办资产阶级,作为它们的在华代理人,为列强的对华盘剥事业效劳。此外,列强还与中国广大农村的封建势力相勾结,以加强对中国的全面榨取。

列强在对华经济交往中,利用其政治上、军事上的强权地位和经济上、技术上的绝对优势,迫使中国方面接受各种苛刻的不等价交换条件。不等价交换的长年积累和不断扩大,造成中国国际收支的巨额逆差和国民财富的大量外流,造成中国的民穷财尽。为了弥补国际收支逆差,中国不得不大量举借外债,从而加深了中国对列强的依赖和屈从,这又反过来进一步扩大了不等价交换的范围,形成了中国对外经济交往中的恶性循环。

(二) 强加于半殖民地半封建中国对外经济交往的"法理"

半殖民地半封建时期中国的国民经济命脉，完全操纵在殖民主义、帝国主义列强及其在华代理人手中。在这段时期里，由于中国的政治主权和经济主权受到严重破坏，中国的对外经济交往，无论在国际贸易、国际投资、国际金融、国际税收的哪一个方面，无论在国际生产、国际交换、国际分配的哪一个领域，始终贯穿着**两条线索或两大痛楚**：第一，中国这一方无权独立自主，无法自由选择，无力控制管理。在对外经济交往中，往往处在非自愿、被强迫的地位，受制于人，听命于人。第二，中国这一方，人低一等，货贱多级。在对外经济交往中，总是遭到不平等的屈辱，忍受不等价的交换和盘剥。

这两大痛楚并不是孤立存在的，它们蕴含着和体现了当时盛行于国际社会的基本法理：**弱肉强食，理所当然，法所维护**。换言之，弱肉强食的原则，不仅被列强推崇为"文明"国家的正当行为准则，而且通过国际不平等条约的缔结和签订，取得了国际法上的合法地位和约束力。

中国民主革命的先驱孙中山毕生致力于推翻清朝封建统治，建立民主共和，反抗列强侵略中国，废除列强强加于中国的不平等条约。他早在1904年就撰文有力地批判为列强侵华张目的"黄祸"论，指出，一旦中国人获得独立自主并与外国平等交往，"**黄祸**"可以变成"**黄福**"——不仅给中国人而且给全世界都带来大好处、大福祉。[27] 遗憾的是，由于历史的局限和国内外反动势力的阻挠，孙中山先生的真知灼见和善良愿望未能完全实现。

上述这两种历史痛楚，自鸦片战争以来，在中国延续达一百多年，经过中国人民

---

[27] 孙中山写道："有人时常提出这样一种在表面上似乎有道理的论调，他们说：中国拥有众多的人口与丰富的资源，如果它觉醒起来并采用西方方式与思想，就会是对全世界的一个威胁；如果外国帮助中国人民提高和开明起来，则这些国家将由此自食恶果；对于其他各国来说，它们所应遵循的最明智的政策，就是尽其可能地压抑阻碍中国人。一言以蔽之，这种论调的实质就是所谓'黄祸'论。这种论调似乎很动听，然而一加考察，就会发现，不论从任何观点去衡量，它都是站不住脚的。这个问题除了道德的一面，即一国是否应该希望另一国衰亡之外，还有其政治的一面。中国人的本性就是一个勤劳的、和平的、守法的民族，而绝不是好侵略的种族；如果他们确曾进行过战争，那只是为了自卫。……如果中国人能够自主，他们即会证明是世界上最爱好和平的民族。再就经济的观点来看，中国的觉醒以及开明的政府之建立，不但对中国人、而且对全世界都有好处。全国即可开放对外贸易，铁路即可修建，天然资源即可开发，人民即可日渐富裕，他们的生活水准即可逐步提高，对外国货物的需求即可加多，而国际商务即可较现在增加百倍。能说这是灾祸吗？ 国家与国家的关系，正像个人与个人的关系。从经济上看，一个人有一个贫苦愚昧的邻居还能比他有一个富裕聪明的邻居合算吗？ 由此看来，上述的论调立即破产，**我们可以确有把握地说，黄祸毕竟还可以变成黄福**。"参见《中国问题的真解决》，载《孙中山选集》(上卷)，人民出版社1956年版，第61—62页。一百多年前孙中山先生提出的上述预见，正在由当今独立自主、和平崛起的中国逐步实现之中，在互惠、互利、共赢的基础上，中国正在为全球经济共同繁荣带来重大的"黄福"，这是任何不戴霸权有色眼镜的人都无法否认的事实。参见《纪念孙中山先生诞辰150周年大会 习近平发表重要讲话》，http://news.xinhuanet.com/2016-11/11/c_1119896964.htm。

长期的奋力抗争,才以社会主义新中国的成立而告终止。它逝去不久,人们记忆犹新。可以说,今日中国在对外经济交往中之所以如此强调独立自主与平等互利,正是对上述历史痛楚的认真反思和科学总结。中国与第三世界诸国一起,之所以如此大声疾呼要求改造国际经济旧秩序,要求在国际经济交往中废除旧的、弱肉强食的法理原则,建立新的、平等互利的法理原则,其共同目的,正是为了在世界范围内尽早地全面结束这种历史痛楚。

四、社会主义新中国的对外经济交往及其法理原则

解放战争的胜利和中华人民共和国的成立,使中国摆脱了帝国主义及其在华代理人的反动统治,摆脱了半殖民地的屈辱地位,成为政治上完全独立的社会主义主权国家。这就为中国进一步争取经济上的完全独立,包括对外经济交往上的独立,创造了首要的前提。

(一)独立自主精神的坚持与平等互利原则的贯彻

中国人民深知:不实现经济上的独立,包括对外经济交往上的独立,则已经取得的政治独立就是不完全、不巩固的。因此,彻底铲除帝国主义及其在华代理人对于中国国民经济命脉的垄断权和控制权,彻底改变帝国主义及其在华代理人操纵中国对外经济交往的局面,就成为新中国成立初期的当务之急。

中国政府废除了帝国主义列强根据不平等条约在中国攫取的各种特权,收回了长期由帝国主义者越俎代庖的海关管理权,建立了完全独立自主的新海关。把长期由帝国主义在华代理人——中国官僚买办资产阶级巨头垄断经营的、规模庞大的对外贸易(进出口)企业收归国有,改由国家对进出口贸易实行全面的统制管理。对民族资产阶级经营的外贸企业,则实行利用、限制和改造相结合的政策。在国家的金融和财政大业上,也采取一系列有效措施,排除了帝国主义的垄断、操纵和控制。与此同时,在国内生产领域逐步建立了强大的、占主导地位的社会主义国有经济。这样,就终于使中国的对外经济交往彻底摆脱了对帝国主义的依附,走上了完全独立自主的道路。

新中国在对外经济交往中,一贯遵循平等互利的原则,积极开展国际经济合作,充分尊重对方国家的利益,保护各国来华外商的合法权益,在这个过程中,也有效地促进了中国自身的社会主义经济建设。

可以说,**独立自主和平等互利**,乃是新中国在对外经济交往中一贯坚持的、**最基本的法理原则**和行为规范,也是中国对外经济交往健康发展的两大基石。其基本精神,早在中华人民共和国成立前夕,就明文载入《中国人民政治协商会议共同纲领》之中。[28] 其后,在中华人民共和国的根本大法——《宪法》中,又郑重重申。[29] 如果说,中国在沦为半殖民地以前的悠久历史上,在对外经济交往中基本上能够按照自主自愿、平等互利的原则办事,还处在自发的、朴素的阶段,还只是一种传统的习惯,那么,在中华人民共和国成立以后,在对外经济交往中坚持独立自主、平等互利原则,就开始进入自觉的、成熟的阶段。它不但是中国古代对外经济交往史上优良传统的发扬光大,而且由国家的根本大法正式加以肯定和固定,上升为具有法律拘束力的基本行为规范。

(二) 闭关自守意识的终结与对外开放观念的更新

遵循独立自主、平等互利原则开展对外经济交往的道路,是并不平坦的。新中国成立以来在这条道路上就遇到了不少艰难险阻和严重干扰。

从中华人民共和国成立之初起,当时极端敌视中国的美国政府为首组织了长达二十多年的对华经济"封锁"和"禁运",企图从经济上扼杀这个新出现的社会主义政权。在美国策动下,十几个主要的资本主义发达国家在1949年11月成立了"巴黎统筹委员会",统筹推行对社会主义国家的"禁运"政策,严格限制其成员国对社会主义国家的出口贸易。在"巴黎统筹委员会"内部特别设立的"中国委员会",是专门对付中国的禁运执行机构,并且针对中国开列了范围特别广泛的禁运货单,称为"中国禁单"。1969年以后,美国总统尼克松虽曾数次宣布对中国放宽"禁运",但直至1994年3月,"巴黎统筹委员会"仍在发挥作用。[30] 此后,该委员会虽已宣告解散,但其长期对华"禁运"的恶劣影响,至今尚未完全消除。

20世纪50年代至60年代初,由于美国为首组织和推行对华经济封锁政策,中国的对外经济交往对象主要限于当时的苏联和东欧社会主义国家。但是,在50年代

---

[28] 1949年9月29日通过的《中国人民政治协商会议共同纲领》,是新中国成立后的一段时间内国家政府和全国人民的基本行动准则,起着临时宪法的作用。其中,第54、56条规定:中华人民共和国实行独立自主的对外政策,中国政府可在平等互利及互相尊重领土主权的基础上与外国政府建立外交关系。第57条进一步规定:"中华人民共和国可在平等和互利的基础上,与各外国的政府和人民恢复并发展通商贸易关系。"

[29] 1982年通过的《宪法》在"序言"中明文规定:"中国坚持独立自主的对外政策,坚持互相尊重主权和领土完整、互不侵犯、互不干涉内政、平等互利、和平共处的五项原则,发展同各国的外交关系和经济、文化的交流"。此后,中国宪法历经1988年、1993年、1999年以及2004年四度修正,均重申"序言"中的上述规定。

[30] 参见《"巴统"的替代机构面临诸多问题》,载《参考消息》1993年12月28日;《"巴统"虽已解散,出口管制犹存》,载《国际商报》1994年4月26日。

中期以后,苏联在对华经济交往和经济合作中,常常表现出大国沙文主义和民族利己主义倾向,并且假借"社会主义国际分工"的名义,反对中国在独立自主的基础上发展经济,力图使中国成为它的原料供应基地和剩余产品推销市场。自1960年起,当时的苏共领导人将中苏两党之间的思想分歧扩大到国家方面,对中国施加政治上、经济上和军事上的巨大压力,企图迫使中国就范。1960年7月,苏联政府突然片面决定,在一个月内全部撤走当时在中国帮助经济建设的1390名苏联专家;接着,撕毁了343个专家合同和合同补充书;废除了257个重大的科学技术合作项目,并在中苏国际贸易方面对中国实行限制和歧视的政策。这些恶化国家关系的事件,突如其来,严重地破坏了当时中国的对外经济交往和对外经济合作,并且曾经在相当长的一段时期里给中国的社会主义经济建设造成重大的混乱和严重的损失。

半殖民地时期中国长期遭受的历史屈辱,20世纪五六十年代帝国主义所强加于中国的经济封锁,以及霸权主义背信弃义对中国所造成的经济破坏,都激发和增强了中国人民独立自主、自力更生、奋发图强的意识。历史一再教育中国人民:革命和建设的方针要放在自己力量的基点上。在中国这样一个大国,尤其必须主要依靠自己的力量发展革命和建设事业。尽管中国经济文化还相当落后,急需争取外援,特别需要学习外国一切对我们有益的先进事物,但是,中国在对外经济交往中,对待世界上任何大国、强国和富国,都必须坚持自己的民族自尊心和自信心,决不允许有任何奴颜婢膝、卑躬屈节的表现。这样的独立自主意识和自力更生方针,当然是十分必要、完全正确的。

但是,一个倾向掩盖着另一个倾向。在中国特定的历史条件下,也产生了对于独立自主、自力更生的片面认识和错误理解。

中国经历了漫长的封建社会,自给自足的自然经济曾经长期居于统治地位。千百年形成的传统观念促使人们往往用狭隘的自给自足观点去理解社会主义经济建设。

中华人民共和国成立初期的经济建设取得一定成果后,滋长了骄傲自满情绪,长期存在着"左"倾思想:急于求成,忽视客观的经济规律,夸大主观意志的作用。在"左"倾思想影响下,人们忽视参加国际分工、利用国外资源、开拓国外市场的客观需要,认为社会主义国家可以"万事不求人",可以完全按照自己的意志关起门来进行社会主义经济建设,并且不自觉地把独立自主、自力更生同积极开展对外经济交往、大力争取外援机械地割裂开来,甚至对立起来。半殖民地时期的历史屈辱,五六十年代帝国主义的经济封锁和霸权主义的经济破坏,反复多次的、痛苦的历史经验促使人们对于开展对外经济交往深怀戒心,常存疑虑,并且从中派生出闭关自守和盲目排外的情绪。

"文化大革命"时期,林彪、江青两个野心家集团出于篡党夺权的罪恶目的,将上述几种错误思想**搅在一起,推向极端**,把许多正当的和必要的对外经济交往(特别是学习外国先进经验、引进先进技术和发展对外贸易),一概诬为"崇洋媚外""卖国主义"和"洋奴哲学",造成了空前的思想混乱。

在上述几种历史因素和几种错误思想的相互作用下,新中国的对外经济交往不能不受到重大的消极影响,从而使中国的社会主义经济建设一次又一次地失去了调动国外积极因素的良机,造成了许多无谓的损失,拉大了与先进国家经济发展水平的差距。

1978年12月召开的中国共产党第十一届三中全会,开始全面认真地纠正"文化大革命"中及其以前的"左"倾错误,作出了把工作重点转移到社会主义现代化建设上来的战略决策,并且通过国家机关,全面认真地实施这一重大决策。这是新中国成立以来具有深远历史意义的伟大转折。

在全面拨乱反正、全国工作中心转移到经济建设方面的新形势下,中国共产党审时度势,及时提出了在经济上对外开放的基本国策,从而使源远流长的中国对外经济交往,开始进入一个崭新的、更加自觉、更加成熟的历史发展阶段。

1993年,在系统地总结15年来经验的基础上,中国《宪法》正式规定:"国家实行社会主义市场经济";中国共产党第十四届三中全会针对在中国建立社会主义市场经济体制问题,提出了纲领性的文件,从而大大加快了对外开放的步伐,大大加强了对外开放的力度、广度和深度。

历史事实已充分说明:中国的发展离不开世界,关起门来搞建设是不能成功的。实行对外开放,完全符合当今时代的特征和世界经济技术发展的规律,是加快中国现代化建设的必然选择,是中国必须长期坚持的一项基本国策。中国既必须始终把独立自主、自力更生作为自己发展的根本基点,又必须打开大门搞建设,大胆吸收和利用国外的资金、先进技术和经营管理方法,把坚持发扬中华民族的优秀传统文化同积极学习人类社会创造的一切文明成果结合起来,把利用国内资源、开拓国内市场同利用国外资源、开拓国际市场结合起来,把对内搞活同对外开放结合起来,这样,就能不断地为中国社会主义现代化建设提供强大的动力。同时,在对外开放的过程中,必须始终注意维护国家的主权和经济社会安全,注意防范和化解国际风险的冲击。基于这种认识,中共中央进一步强调:中国应当以更加积极的姿态走向世界,不断丰富对外开放的形式和内容,不断提高对外开放的质量和水平,完善**全方**

位、多层次、宽领域的对外开放格局。[31]

(三) 和平崛起,继往开来,复兴中华

进入 21 世纪以来,国际形势继续发生深刻复杂的变化,世界多极化和经济全球化的趋势在曲折中发展,科技进步日新月异,重大的发展机遇与多元的严峻挑战同时并存。尽管当今世界还存在着这样那样的矛盾和冲突,不确定、不稳定因素有所增加,但和平与发展仍是当今时代的主题,世界要和平、国家要发展、人民要合作是不可阻挡的历史潮流。

就中国而言,30 多年来,中国坚定不移地推进改革开放,社会主义市场经济体制初步建立,开放型经济已经形成,社会生产力和综合国力不断增强,各项社会事业全面发展,人民生活总体上实现了**由温饱到小康**的历史性跨越。[32]

总结过去,展望未来,中国人怀着恰如其分的民族自信和民族自豪,不卑不亢地向世界宣布:"今天的中国,是一个改革开放与和平崛起的大国。"[33]

当前,依据最新的战略决策,中国"和平崛起"的进程正在进入一个新的发展阶段,把对外开放与经济改革更加紧密地联系起来。2010 年,中国共产党十七届五中全会宣布,2011—2015 年,中国将在经济社会领域推动一场深刻变革,加快转变经济发展方式,坚持把改革开放作为加快转变经济发展方式的强大动力。要实施**互利共赢**的开放战略,进一步提高对外开放水平,积极**参与全球经济治理**和区域合作,以开放促发展、促改革、促创新,积极创造参与国际经济合作和竞争的新优势。同时,要高举和平、发展、合作旗帜,奉行**独立自主的和平外交政策**,坚持走**和平发展**道路,积极参加国际合作,维护我国主权、安全、发展利益,同世界各国一道推动建设持久和平、共同繁荣的和谐世界。[34]

2012 年 11 月,在举世瞩目之下,中国共产党举行了第十八届代表大会。大会总结了建党和中华人民共和国成立以来的主要历史经验,强调指出:"中国特色社会主义道路,中国特色社会主义理论体系,中国特色社会主义制度,是党和人民九十多年

---

[31] 参见江泽民:《高举邓小平理论伟大旗帜,把建设有中国特色社会主义事业全面推向二十一世纪——在中国共产党第十五次全国代表大会上的报告》(1997 年 9 月 12 日);《在纪念党的十一届三中全会召开二十周年大会上的讲话》(1998 年 12 月 18 日)。

[32] 参见胡锦涛:《中国的发展 亚洲的机遇》,在博鳌亚洲论坛 2004 年年会(含"中国和平崛起与经济全球化圆桌会议")开幕式上的演讲,载《人民日报》2004 年 4 月 25 日第 1 版。

[33] 温家宝:《把目光投向中国》,2003 年 12 月 10 日在哈佛大学发表的演讲,http://www.people.com.cn/GB/shehui/1061/221298.html。

[34] 参见《中国共产党第十七届中央委员会第五次全体会议公报》(2010 年 10 月 18 日),http://news.xinhuanet.com/video/2010-10/18/c_12673249.htm。

奋斗、创造、积累的根本成就，必须倍加珍惜、始终坚持、不断发展。"[35]大会选举产生了以习近平为首的新一代中央领导人。习近平在国家博物馆参观中国《复兴之路》展览时，发表了言简意赅、总结历史、鼓舞人心的重要讲话，强调指出：

> 中华民族的昨天，可以说是"雄关漫道真如铁"。近代以后，中华民族遭受的苦难之重、付出的牺牲之大，在世界历史上都是罕见的。但是，中国人民从不屈服，不断奋起抗争，终于掌握了自己的命运，开始了建设自己国家的伟大进程，充分展示了以爱国主义为核心的伟大民族精神。中华民族的今天，正可谓"人间正道是沧桑"。改革开放以来，我们总结历史经验，不断艰辛探索，终于找到了实现中华民族伟大复兴的正确道路，取得了举世瞩目的成果。这条道路就是中国特色社会主义。中华民族的明天，可以说是"长风破浪会有时"。经过鸦片战争以来170多年的持续奋斗，中华民族伟大复兴展现出光明的前景。现在，我们比历史上任何时期都更接近中华民族伟大复兴的目标，比历史上任何时期都更有信心、有能力实现这个目标。……实现中华民族的伟大复兴，就是中华民族近代最伟大中国梦。因为这个梦想凝聚和寄托了几代人的夙愿，体现了中国人民的整体利益，是每一个中华儿女的共同期盼。……我们为实现中华民族伟大复兴去奋斗的这个历史任务光荣而艰巨，需要一代又一代中国人不懈为之共同努力。所以说，空谈误国，实干兴邦！[36]

这段话，集中地、准确地表达了13亿中国人民的坚强意志和共同心声！

总之，自觉地促使上述这个历史进程早日完成和持续发展，从而进一步推动中国自身的社会主义建设和加强中国在繁荣世界经济中的应有作用，这是历史赋予当代和后代中国人的伟大使命。

---

[35]《中共十八大关于十七届中央委员会报告的决议》(2012年11月14日中国共产党第十八次全国代表大会通过)，http://news.china.com/18da/news/11127551/20121114/17529107.html。

[36] 习近平:《承前启后 继往开来 继续朝着中华民族伟大复兴目标奋勇前进》，http://www.chinadaily.com.cn/dfpd/shizheng/2012-11/29/content_15972654.htm；《习近平参观〈复兴之路〉展览即兴讲话原文》，http://blog.sina.com.cn/s/blog_5198c9b00101b5y2.html。

第 7 章 中国长期实行和平外交政策是历史的必然:驳斥列强的"中国威胁"论

▶▶ 内容提要

中国对外经济交往的主要历史轨迹有三。第一条轨迹:中国对外经济交往是数千年来儒家理念熏陶的必然结果与平等的和平外交。第二条轨迹:鸦片战争后旧中国的对外经济交往是殖民主义和帝国主义列强入侵下屈辱的和平外交。第三条轨迹:社会主义新中国的对外经济交往是西方列强威胁下独立的和平外交。可见,所谓"中国威胁"谰言是最典型的"贼喊捉贼"。

▶▶ 目 次

一、第一条历史轨迹:儒家理念熏陶下平等的和平外交
二、第二条历史轨迹:西方列强入侵下屈辱的和平外交
三、第三条历史轨迹:西方列强威胁下独立的和平外交
四、"中国威胁"谰言是登峰造极的"贼喊捉贼"

本书第 6 章简略地回顾了源远流长的中国对外经济交往的历史,探讨了各个历史阶段中国对外经济交往中蕴含的法理原则。从数千年来中国对外经济交往的简略回顾中,不难窥见若干历史轨迹。

一、第一条历史轨迹:儒家理念熏陶下平等的和平外交

在数千年的历史长河中,中国曾经有过积极开展对外经济交往的优良历史传统。贯穿于古代中国对外经济交往中的法理内涵,是自发的、朴素的独立自主和平

等互利原则。这是无可怀疑的历史主流。

其所以然,是与中国数千年来传承与发展的儒家思想和主流社会意识密切相关的。儒家思想博大精深,本书限于篇幅,不能详述,试举数例,举一反三:

其一,关于构建"大同世界"的理想。早在春秋战国时代,以孔丘为代表的儒家先贤们不满于奴隶制、封建制现实社会的不公不义和战乱频仍,进行反向思维,提出了对构建公平正义、美好和谐社会的理念和追求。《礼记·礼运》"大同"篇,以寥寥107字,简明扼要地勾勒了这种未来美好和谐社会共同体的轮廓:"大道之行也,天下为公,选贤与能,讲信修睦。故人不独亲其亲,不独子其子,使老有所终,壮有所用,幼有所长,鳏、寡、孤、独、废疾者皆有所养,男有分,女有归。货恶其弃于地也,不必藏于己;力恶其不出于身也,不必为己。是故谋闭而不兴,盗窃乱贼而不作。故外户而不闭,是谓大同。"[1]不妨说,这"大同世界"就是"打造人类命运共同体"的最早蓝图,体现了两三千年前中国人的杰出智慧。

其二,关于"四海之内皆兄弟"和"兼善天下"的理念。儒家强调"四海之内皆兄弟也"[2],指的是普天之下所有的国家、民族和个人,不分大小、强弱、贫富,都应当亲如兄弟,平等相待。就每个个人而言,都应当"正心修身齐家"[3],努力端正自己的思想,提高自己的品德和综合素质,把家庭、家风、家教整顿好。在条件不具备的时候,至少应当做到"穷则独善其身",在条件具备的时候,就应当勇于承担,"达则兼善天下",参与"治国平天下"的大业。

---

[1] 这段古文的今译是:在理想社会实现的时候,天下是人们所共有的。把品德高尚的人、能干的人选拔出来,治理国家和社会。人人都讲求诚信原则,培养和睦精神。因此,人们不仅仅把自己的亲人(长辈)作为亲人予以赡养,也不仅仅把自己的子女作为子女予以抚育,而是使每个老年人都能安享晚年,使每个壮年人都能为社会效力,使每个孩子都能健康成长;使老而无妻的人、老而无夫的人、幼而无父的人、老而无子的人、残疾人员,个个都有人加以供养。男子有职务,女子有归宿。对于财货,人们憎恶把它扔在地上的现象,却不必把财货自己私藏;人们都愿意为公众之事竭尽全力,而不为自己谋私利。因此,一切阴谋诡计、坑蒙拐骗就不会发生,强盗、偷窃和一切危害他人的事情也越来越少。于是,家家户户无论白天黑夜都不用关大门了。这就叫做理想社会——"大同世界"。参见《礼记·礼运》"大同"篇。

[2] 《论语·颜渊》。笔者认为,儒家此说乃是中华民族爱国主义的思想渊源和重要内涵之一,与马克思主义国际主义思想的核心理念互相融通。参见陈安:《论中国在构建国际经济新秩序中的战略定位》,载《现代法学》2009年第2期,第5页。

[3] 《礼记·大学》载:"古之欲明明德于天下者;先治其国;欲治其国者,先齐其家;欲齐其家者,先修其身;欲修其身者,先正其心;……心正而后身修,身修而后家齐,家齐而后国治,国治而后天下平。"大意是说:古代那些要使美德彰明于天下的人,要先治理好他的国家;要治理好国家的人,要先整顿好自己的家;要整顿好自己家的人,要先进行自我修养;要进行自我修养的人,要先端正他自己的思想……思想端正了,才能自我修养完善;自我修养完善了,才能家庭整顿有序;家庭整顿有序了,才能治理好国家;国家治理好了,才能促进天下和平稳定。简言之,以自我完善为基础,通过管好家庭,治理好国家,直到平定天下,这是几千年来无数儒家知识分子最尊崇的信条和行动指南。如果不能全部做到,那也应当如《孟子·尽心上》所说,根据主客观条件的不同,做到"穷则独善其身,达则兼善天下"。概括起来,"正心、修身、齐家、治国、平天下"的人生理想与"穷则独善其身,达则兼善天下"的达观态度,两者相互结合补充,传承几千年,影响始终不衰。参见《修身齐家治国平天下的出处?》,http://wenwen.sogou.com/z/q183997694.htm;《穷则独善其身,达则兼济天下什么意思?》,http://wenwen.sogou.com/z/q235274415.htm。

其三,关于"和为贵""和而不同"的理念。儒家强调"礼之用,和为贵。——知和而和,不以礼节之,亦不可行也"[4]。"和",有和平、和谐、调和、协调、适度地互相妥协让步、寻求共识、求同存异、化异为同等丰富含义。凡事都要努力按照"和"的理念去处理,但又不能为和谐而和谐,毫无原则地"和稀泥";应当"以礼节和",即以公平合理的原则和尺度来节制"和"。因此,又提出"君子和而不同"[5]的信条,即君子既能与他人和睦相处,却又不苟同其错误见解,盲从附和。

其四,关于"睦邻友好"的理念。"孟母三迁,择邻教子"的故事,在中国早已家喻户晓。孟轲倡导乡井邻里"出入相友,守望相助,疾病相扶持,则百姓亲睦"[6],强调以仁义胸怀、平等态度善待大小邻国。[7]汉唐盛世相继推出"怀柔四方,亲睦九族"和"化干戈为玉帛"的国策,[8]不断开拓和扩大西域陆上丝绸之路;明初郑和率领庞大船队"七下西洋",不断开拓和扩大海上丝绸之路,其主旨均在广交"友邦与国",睦邻亲善,经贸往来,互通有无,共谋繁荣。这些基本国策和实践事迹,均已彪炳史册,传为中外美谈。

其五,关于"己所不欲,勿施于人"的理念。[9]这短短八个字,揭示了处理人际关系的重要原则。它是指正派的人应当以对待自身的心态来对待他人,尊重他人,平等待人。倘若把自己所讨厌的事物,强加于他人,势必会破坏与他人的和睦友好关系。故切忌将自己所不欲施之于他人。秉持儒家这一传统原则和理念,既然中国人在历史上曾多次饱受外族外敌入侵的祸害,对此深恶痛绝,就不应在自己和平崛起之际和之后,恃强凌弱,侵害他国和四邻。

以上这些儒家理念经过数千年来倡导、实践、传承与发展,互相渗透,融为一体,已被众多中国人所广泛接受和吸收,形成为中华民族的血脉基因和社会主流意识,成为历代中国人处事待人的基本道德规范和行为准则,使历代中国人习惯于以和谐精神凝聚家庭、敦睦邻里、善待他人。和谐文化培育了中华民族热爱和平的民族禀性,因而乐于在"普天之下",实行敦睦外交,广结友邦。当今中国政府坚持奉行的和平发展国策、和平外交政策、全球治理理念,都是上述中华民族的血脉基因和社会主流意识的数千年传承发展和创新性发扬光大。

中国数千年来社会**主流**意识的形成、传承、创新和发扬光大,其主要思想元素和

---

[4] 《论语·学而第一》。
[5] 《论语·子路第十三》;《孟子·尽心下》;《汉语成语词典》,商务印书馆2004年版,第418、1098页。
[6] 《孟子·滕文公上》。
[7] 参见《孟子·梁惠王下》。
[8] 参见《淮南子·原道训》;《贞观政要·戒太子诸王、征伐、安边》。
[9] 参见《论语·卫灵公》。

血脉基因,可粗略概括如上。当然,在概述历史事实主流、社会意识**主流之际**,也不能不注意澄清历史冤案和防止再现历史支流。

例如,1219—1225年铁木真和1235—1242年拔都的两度"西征",都是早年漠北地区游牧部落蒙古人所为,都远在1271年忽必烈建立元朝之前数十年,然后,这部分蒙古人开始接受儒家理念的熏陶,又经历了约百年,逐渐融入中华民族的整体。因此,含糊笼统地说"中国元朝派大军侵入欧洲造成黄祸"云云,那是不符合历史真实的"以讹传讹"或"历史冤案";[10] 坚持此种讹言或冤案者,如果不是出于无知,就是别有用心的。[11]

又如,在中国封建社会后期的一段时间内,由于封建统治者的愚昧和实行"锁国""海禁"政策,上述优良传统曾经受到严重扭曲。但在中外经济交往互动的历史长河中,那只是短暂的小**支流**,挡不住上述历史主流的滚滚向前。不过,今后仍应继续清除任何支流的"流毒",谨防任何支流在某种特定条件下以某种"时髦包装"形式重新出现。

以上阐述的是**数千年来**中国对外经济交往的**第一和首要历史轨迹**。

二、第二条历史轨迹:西方列强入侵下屈辱的和平外交

鸦片战争之后百余年间,半殖民地半封建中国的对外经济交往是在殖民主义和帝国主义列强高压、胁迫和操纵之下进行的,其原有的自发、朴素的独立自主和平等互利的法理原则,被彻底摧毁,荡然无存,取而代之的"法理"原则是丧权辱国的"条约"化和弱肉强食的"合法"化。

在这个历史阶段中,中国是举世公认的**被威胁者**、**被侵略者**,而**包括美国在内的殖民主义**、**帝国主义列强**,则是毋庸置疑的**威胁者**、**侵略者**。

三、第三条历史轨迹:西方列强威胁下独立的和平外交

社会主义新中国建立后,中国开始在新的基础上积极开展对外经济交往,促使中国历史传统上自发的、朴素的独立自主和平等互利的法理原则,开始进入自觉的、成熟的发展阶段。但是,在国内外多种消极因素的综合影响下,这个发展进程曾经

---

[10] 详见本书第一编第6章第二部分关于中国元朝时期对外交往的述评。
[11] 详见本书第一编第6章第二部分关于"黄祸"论的述评。

遇到各种艰难险阻和严重干扰。

在这个历史阶段中,新中国遭受两个超级大国为首的西方列强的封锁、威胁和欺凌,中国**依然是被威胁者、被侵害者**,而**包括美国在内的坚持殖民主义、帝国主义既得利益的列强**,则仍然是毋庸置疑的**威胁者、加害者**。

中国人民经过将近30年艰苦卓绝的对外排除强权和对内拨乱反正,终于在1978年底以来的30多年间,使中国积极开展对外经济交往的优良历史传统,在更加自觉和真正成熟的独立自主与平等互利法理原则指导下,获得辉煌夺目的发扬光大。

一言以蔽之,"从5000多年文明史中走来的中国人民,继承了中华文化的优秀传统,又赋予这一文化新的时代内涵"[12]。当今中国奉行独立自主与平等互利法理原则指导下的和平外交政策,不但是中国数千年优良历史传统的传承和发扬,而且是中国30多年来和平崛起的主要原因之一。没有近30多年来东亚相对安宁的国际和平环境,就不可能有中国近30多年来的和平崛起。今后中国的继续和平崛起,也绝对需要一个在各国独立自主与平等互利法理原则指导下的长期的国际和平环境。这是中国人民、亚洲人民乃至全球人类的共同期待,也是最浅显易懂、不说自明的政治常识。

然而,"**树欲静而风不止**",近十几年来,面对中国逐渐加速和平崛起的现实,美国某些政客、军人和学者时起时伏地、起劲地鼓吹"**中国威胁**"论。

四、"中国威胁"谰言是登峰造极的"贼喊捉贼"

这种谰言,似乎言之凿凿,实则以史为鉴,就不难看出它只不过是19世纪中后期以来形形色色"黄祸"论在新历史条件下的最新变种。其是臧否,当然是个十分重大的现实问题。但是,如果单纯地看现实,就难以明了现实问题的来龙去脉,深刻理解其本源和本质,就难免在认识上流于浅表和偏颇。反之,若能**追本溯源,把现实问题与其历史渊源密切联系,加以综合研究**,又从历史回到现实,加以综合剖析,那就能够由点到面,由表及里,知其底蕴,清醒头脑,从容应对。下文就是力图沿此方向,进行尝试,综合地探讨和剖析"中国威胁"论的古与今、点与面、表与里。大量史实表明,当今甚嚣尘上的"中国威胁"谰言,乃是鸦片战争以来形形色色"黄祸"论的最新霸权"变种",乃是登峰造极的"贼喊捉贼"!

---

[12]《中国的和平发展》白皮书,第四节,http://www.scio.gov.cn/zfbps/ndhf/2011/Document/1000032/1000032_1.htm。

第 8 章 评"黄祸"论的本源、本质及其最新霸权"变种"："中国威胁"论[*]

>> 内容提要

近十年来，面对中国逐渐和平崛起的现实，美国某些政客、军人和学者时起时伏地、起劲地鼓吹"中国威胁"论。它只不过是 19 世纪中后期一度甚嚣尘上的、俄国沙皇版"黄祸"论和德国皇帝版"黄祸"论在新历史条件下的最新变种，它们是一脉相承的；其对中国数千年来对外交往史实主流的歪曲，其危言耸听和蛊惑人心，为反华、侵华活动进行精神动员和舆论准备的"政治骗术"，也是如出一辙的。本章依据 1840 年鸦片战争以来中国饱受列强侵略、压迫、掠夺的痛苦经历，揭示"黄祸"论—"中国威胁"论本质上从来就是一种殖民主义、帝国主义口号；同时，依据中国数千年来对外经济交往的史实及其中蕴含的法理原则，揭示"黄祸"论—"中国威胁"论是严重背离历史真实的。最后，本章提醒善良的人们，切勿对"黄祸"论—"中国威胁"论的实践后果掉以轻心，"居安而不思危"或"居危而不知危"；切勿为美国霸权主义者"火中取栗"！

>> 目　次

一、引言："中国威胁"论是历史还是现实？是虚构还是真实？
二、"黄祸"论的本源和本质
　　（一）19 世纪 70 年代沙皇俄国版的"黄祸"论—"中国威胁"论
　　（二）19 世纪 90 年代德意志帝国版的"黄祸"论—"中国威胁"论

---

[*] 详见陈安：《评"黄祸"论的本源、本质及其最新霸权"变种"："中国威胁"论——从中国对外经贸交往史的主流及其法理原则的视角》，双语论文，中文本发表于《现代法学》2011 年第 6 期；英文本题为"On the Source, Essence of 'Yellow Peril' Doctrine and Its Latest Hegemony 'Variant'—the 'China Threat' Doctrine: From the Perspective of Historical Mainstream of Sino-Foreign Economic Interactions and Their Inherent Jurisprudential Principles", *The Journal of World Investment & Trade*, Vol. 13, No. 1, 2012.

(三)19世纪中后期至20世纪末美国霸权版的"黄祸"论——"中国威胁"论

(四)21世纪以来美国霸权修订版"黄祸"论——"中国威胁"论对其前辈的传承与发展

三、还历史以本来面目:源远流长的中国对外经济交往及其法理原则

(一)中国现行的对外开放国策是中国历史上优良传统的发扬光大

(二)古代中国的对外经济交往及其法理内涵

(三)半殖民地半封建中国的对外经济交往及其"法理"内涵

(四)社会主义新中国的对外经济交往及其法理原则

(五)中国的和平崛起与长期实行和平外交政策是历史的必然

四、结束语:尊重历史,达成共识

一、引言:"中国威胁"论是历史还是现实?是虚构还是真实?

当代"中国威胁"论的老祖宗就是当年的"黄祸"(Yellow Peril)论。它们究竟是对客观事实的反映,还是某些人的别有用心,主观臆断,无中生有?

对这个问题,至少已经争论了140多年。它不但是历史性的问题,而且更加是**重大的现实问题**。其新例证之一是:最近几年来,中国与越南、菲律宾等国在南中国海诸岛领土主权归属上的争议逐渐"升温",中国政府一方面强调,大量史实证明西沙、南沙等群岛自古以来就是中国的领土,维护中国对这些群岛的主权乃是中国的核心利益之一;另一方面,中国坚持和平外交与睦邻友好政策,一贯主张"搁置争议、共同开发",并通过与相关当事国进行双边的平等协商,逐一和平解决争议。[1]

但是,在亚洲地区攫取了霸权利益的美国,为了保持和扩大其既得霸权,虽远在太平洋彼岸,却极力插手太平洋此岸附近的上述问题,挑拨离间,煽风点火,唆使、恣意和支持越南、菲律宾等国采取各种单边的极端手段,对抗中国提出的和平、合理建议,驱使它们为美国"火中取栗"!事实上,美国的行为严重威胁到东南亚地区的和平稳定和有关各国的友好合作,它却"贼喊捉贼",大肆鼓噪"中国威胁"论。中国第一艘航母于2011年8月10日出海试航,美国高层人士和媒体又纷纷借题发挥,说是"中国航母不仅在政治上和军事上威慑周边国家,将来也可能危及美国在亚太地区的利益"。"中国的航母能够,可能被用来威胁中国的邻国、美国盟国和朋友。航母

---

[1] 参见《胡锦涛会晤菲律宾总统 强调把南海建成合作之海》,http://www.chinadaily.com.cn/hqzx/2011-08/31/content_13411364.htm。

能同中国其他军事能力一起被用来危及美国在亚太地区的利益。"紧接着,美国国防部又在其《2011年中国军力报告》中再次全面渲染"中国威胁"论。[2]

对此,中国舆论针锋相对的回应是:"现在,有人介入南海、东海问题,刺激海洋权益争夺加剧。中国以邻为伴、与邻为善,谋求和平发展共同繁荣。中国不当头也不做附庸,不惹谁也不怕谁,不损人利己也不会吞下损害民族根本利益的苦果。有人偏好'中国威胁'论,实质是'威胁中国论'。无中生有的'中国威胁'论忽悠不了世界,居心叵测的'威胁中国论'更吓唬不住中国。"[3]

中国外交部的回应是:"美国国防部年复一年发表这样的报告,对中国正当、正常的国防建设指指点点,其中不乏夸大中国军事实力、散布'中国军事威胁论'的内容。这不是一种负责任的行为,无益于增进中美战略互信,中方坚决反对,……中国坚定不移地走和平发展道路,奉行防御性国防政策,致力于维护和促进亚太地区乃至世界的和平、稳定与繁荣。中国发展有限的军事力量完全是为了维护国家独立、主权和领土完整,不对任何国家构成威胁,任何国家都不必对此感到疑虑。"[4]

中国国防部的回应是:"中国加强国防和军队建设,完全是为了维护国家主权和领土完整,确保经济社会发展的顺利进行,不针对任何国家。随着科技的进步,中国军队发展和更新一些武器装备是很正常的,这也是世界各国军队现代化建设的通行做法。中国军队积极与外军开展交流合作,对外开放不断扩大,始终致力于维护世界和平与地区稳定。美方的报告严重歪曲事实,是完全站不住脚的。"[5]

紧接着,中国国务院于2010年9月6日发表了《中国的和平发展》白皮书,长达13000余字,全面地阐述了中国走和平发展道路的必然性和坚定性,全面地批驳了"中国威胁"论的荒谬性。[6]

美国某些人当今鼓噪的"中国威胁"论,其是非臧否,当然是个十分重大的现实问题。但是,如果单纯地就现实看现实,就难以明了现实问题的来龙去脉,深刻理解

---

[2] 参见《中国拥有航母对美国的影响有多大?》,http://www.voanews.com/chinese/news/20110814-CHINA-AIRCRAFT-CARRIER-IMPACT-ON-US-127687308.html; China's New Aircraft Carrier Bolsters Its Regional Reach—Military Benchmark Illustrates the Status of China's Armed Forces(中国的新航母增强了中国的地区影响力),载《美国新闻与世界报道》周刊网站,2010年8月15日。See also Annual Report to Congress—Military and Security Developments Involving the People's Republic of China 2011, U.S. Department of Defense, released on August 24, 2011, http://www.defense.gov/pubs/pdfs/2011_CMPR_Final.pdf.

[3] 《中国海洋意识的觉醒:航母试航,蛟龙深潜》,载《人民日报》(海外版)2010年8月11日第1版。

[4] 《外交部:中方坚决反对美发表2011年〈涉华军事与安全发展报告〉》,http://www.chinadaily.com.cn/micro-reading/dzh/2011-08-27/content_3618436.html。

[5] 《国防部回应:美军涉华军力报告严重歪曲事实》,http://www.chinadaily.com.cn/hqjs/jsxx/2011-08-26/content_3613429.html。

[6] 参见《中国的和平发展》白皮书,http://www.scio.gov.cn/zfbps/ndhf/2011/Document/1000032/1000032_1.htm。

其本源和本质,就难免在认识上流于浅表和偏颇。反之,若能追本溯源,把现实问题与其历史渊源密切联系,加以综合研究,又从历史回到现实,加以综合剖析,那就能够由点到面,由表及里,知其底蕴,清醒头脑,从容应对。本文之作,就是力图沿此方向,进行尝试,综合地探讨和剖析"中国威胁"论的古与今、点与面、表与里。

20世纪末至21世纪初,面对中国逐渐和平崛起的现实,美国某些政客、军人和学者,基于霸权主义的积习和不合时宜的冷战思维,出于某种特殊需要,或者由于对世界史和中国史的无知,在不同的场合,以不同的形式,起劲地、反复地、时起时伏地鼓吹"中国威胁"论。这种理论,似乎"言之凿凿",不无"依据",颇有"创新",实则以史为鉴,就不难看出它面目依稀,似曾相识:它只不过是19世纪中后期一度甚嚣尘上的、俄国沙皇版的"黄祸"论和德国皇帝版"黄祸"论[7]在新历史条件下的"借尸还魂"。换言之,当今美国霸权版的"中国威胁"论,实质上只不过是当年俄国沙皇版的"黄祸"论和德国皇帝版"黄祸"论的最新修订版或最新"变种",它们是一脉相承的;其对中国数千年来实行的对外经贸交往主流的歪曲,其危言耸听和蛊惑人心,为反华、侵华活动进行精神动员和舆论准备的伎俩和政治骗术,也是如出一辙的。

二、"黄祸"论的本源和本质

"黄祸"论是起源于19世纪的主要针对中国、旨在宰割中国的理论。扩而大之,它又是以肤色为标志的、针对亚洲众多弱小民族的蔑视之称和种族主义谬论。德国著名历史学家、政治思想史学家海因茨·哥尔维策尔依据自己的深入研究和考证,把"黄祸"论定性为"一个帝国主义口号",确认它是欧美列强在侵华过程中经常"**用作愚化和**

---

[7] 参阅德国著名历史学家、政治思想史学家海因茨·哥尔维策尔(Heinz Gollwitzer)的名著《黄祸:一个口号的历史——帝国主义思想研究》(*Die Gelbe Gefahr: Geschichte eines Schlagworts—Studien zum imperialistischen Denken*)。

海因茨认为:"黄祸"论是19世纪70年代开始流行于欧美的帝国主义口号,是欧美帝国主义列强向东方特别是向中国实行殖民主义扩张时期用以欺蒙和动员国内外公众,获得舆论支持的政治骗术。他深入地研究了大量来自英、美、俄、法、德的第一手资料,精辟、尖锐地指出:"黄祸"这个口号的产生、传播和分化"隐隐约约地**显示了帝国主义思想的基本特征**":"口号必须精辟有力、明确易懂;必要时要加以概括,变得粗野和进行歪曲。口号能起镇定人心的作用,或者正如大多数情况那样,**能起煽动作用**,唤起或加深人们的希望和信念,但也能引起或增进人们的疑虑和惧怕。""如果说,口号一般是为了唤起人们政治上的兴趣,把人们的注意力引导到新的方向上去,但它更经常地只是特别**用作愚化和煽惑人民的工具,嗾使人干坏事的手段,或者是为自己辩护的借口**。"海因茨的这种判断,可谓一针见血,点破了"黄祸"论的本质和核心。

详见德国Vandenhoek & Ruprecht出版社1962年出版的该书,前言第8—9页;或其中文译本《黄祸论》,商务印书馆1964年版,前言第6—7页。此外,还可参阅以下有关词条:《黄祸论》, http://baike.baidu.com/view/2335459.htm;《黄祸图》, http://baike.baidu.com/view/649930.htm;《黄祸(Yellow Peril)究竟是什么意思?》, http://blog.sina.com.cn/s/blog_4bbb74a501009080.html。

煽惑人民的工具,嗾使人干坏事的手段,或者是为自己辩护的借口"[8]。

早在1840年鸦片战争之前,欧洲的旅行家、传教士、殖民主义者就到过中国,写过一些论著,对中国当时的社会、宗教、经济、政治、文化、人种等作了描绘,其中虽不乏正面的评价和期待,但更多是负面的丑化和抨击。他们曾将蒙古人西征[9]称为"中世纪最大的黄祸",胡说中国这些黄皮肤、非基督教的异教徒们,一旦觉醒和再度强大,势必给欧美白种人带来新的祸害,即新"黄祸"。[10]然而,学界一般认为,对"黄祸"论加

---

[8] 参见〔美〕杰塞普:《跨国法》,1956年英文版,第1、2、106—107页;〔美〕斯泰纳、瓦格茨:《跨国法律问题》,1986年英文第3版,"序言"第19—20页,及1976年英文第2版,"序言"第15页。

[9] 公元1206年,蒙古族军政首领成吉思汗(Chinggis Khan,1162—1227)统一了蒙古地区的所有蒙古各部,建立了蒙古汗国(The Great Mongol Empire),他也被推举为蒙古国的大汗。1219年,西域的强国花剌子模(Khorazm,现今的土库曼、哈萨克斯地区)当局杀害蒙古商队四百多人,抢劫全部财物,继而又杀害蒙古大汗国派往当地交涉的使者。成吉思汗震怒,亲率二十万大军西征。蒙军长驱直入中亚后,于1220年攻占了花剌子模的都城撒马尔干(Samarkand),其国王西逃,蒙军穷追之,便西越里海、黑海间的高加索,深入俄罗斯(Russ),于1223年大败钦察(Kipchak)和俄罗斯的联军。1225年,成吉思汗凯旋东归。1227年成吉思汗死后,1229年由其第三子窝阔台继位。公元1235年,窝阔台派遣其侄拔都(Batu)率军进行了历时七年的第二次西征,彻底灭亡了花剌子模国,又大举侵入俄罗斯,攻陷莫斯科、基辅诸城,并分兵数路向欧洲腹心挺进。1241年,北路蒙军在波兰西南部击败波兰与日耳曼的联军。中路蒙军主力攻入匈牙利。旋因窝阔台"驾崩",拔都遂于1242年率军东返,1243年初抵达伏尔加下游,随即以此为中心建立了幅员辽阔的"钦察汗国"。欧洲白种人震惊之余,把此次亚洲蒙古族黄种人的短暂入侵事件称为"黄祸"。这跟六百余年后19世纪亚洲人称向东殖民侵略的欧洲白种人为"白祸",成为一个对比。参见白寿彝总主编、陈得芝主编:《中国通史》(第八卷·中古时代·元时期(上)),上海人民出版社2004年版,第355—356、372—376、385—386页;韩儒林主编:《元朝史》,人民出版社1986年版,上册,第83—84、141—156、157—162、263—265、290—293页;(明)宋濂等:《元史》(校勘本),中华书局1978年版,第一册,第12—13、20—22、34、63—65页。另可参见《成吉思汗西征》,http://baike.baidu.com/view/148685.htm;《黄祸论》,http://baike.baidu.com/view/2335459.htm。

这两次"西征",究竟是早年游牧部落**蒙古人**所为,抑或是其后文明**中国人**所为?对于这个问题,中外历史学家一向众说纷纭,莫衷一是。但无可置疑的是:**第一**,成吉思汗的蒙古汗国建立于1206年,1219—1025年他第一次率军西征时,蒙古人尚未正式入主中国中原及其以南广大地区。**第二**,1235—1242年成吉思汗之孙拔都第二次率军西征时,蒙古人仍然尚未正式入主中国中原及其以南广大地区。**第三**,成吉思汗之另一支孙子忽必烈南下攻占中国中原及其以南广大地区,并且在此基础上于1271正式建立中国元朝,定都中国北京,那是在成吉思汗本人率军第一次西征46年之后,也是在拔都率军第二次西征30年之后,换言之,在1271年之前,中国元朝根本尚未建立。**第四**,蒙古人支系首领忽必烈1271正式建立中国元朝之后,采纳中原汉族体制("行汉法"),尊孔子儒学,与汉人通婚,蒙汉两族大众基本上逐渐融合为一体,直到1638年蒙族统治阶层被汉族朱元璋率领农民起义军击败,从中国中原退回漠北(指瀚海沙漠群的北部,原为蒙古人的活动中心,当年是北方匈奴—蒙古游牧民族向中原汉族发动侵略的根据地,在现今的蒙古高原地区和俄罗斯贝加尔湖一带),与明朝对峙,嗣后改国号为"**鞑靼**"。在中国中原存续98年期间,中国元朝从未派兵入侵欧洲。**第五**,如一般流行说法,含糊笼统地说"中国元朝派大军侵入欧洲造成黄祸"云云,那是不符合历史真实的。

对于这段历史及其争论问题,鲁迅先生曾以其特有的幽默和辛辣写道:"幼小时候,我知道中国在'盘古氏开辟天地'之后,有三皇五帝……宋朝,元朝,明朝,'我大清'。到二十岁,又听说'我们'的成吉思汗征服欧洲,是'我们'最阔气的时代。到二十五岁,才知道所谓这'我们'最阔气的时代,其实是蒙古人征服了中国,我们做了奴才。直到今年(指1934年——引者注)八月里,因为要查一点故事,翻了三部蒙史,这才明白蒙古人的征服'斡罗思'(即俄罗斯——引者注),侵入匈、奥,还在征服全中国之前,那时成吉思还不是我们的汗,倒是俄人被奴的资格比我们老,应该他们说'我们的成吉思汗征服中国,是我们最阔气的时代'的。"参见《随便翻翻》,载《鲁迅全集》(第6卷),人民文学出版社2005年版,第142页;《元朝》,http://baike.baidu.com/view/10783.htm;《元朝应该不算是中原王朝,好像西方国家都不承认元朝是中国的一个朝代》,http://zhidao.baidu.com/question/125834105.html?fr=qrl&cid=974&index=1。

[10] 美国著名的"黄祸"吹鼓手斯陶特(A. B. Stout)在其1862年所撰小册子中自称曾参考和引述了上述"高级权威人士"的著作。参见吕浦等编译:《"黄祸论"——历史资料选辑》,中国社会科学出版社1979年版,第7—8页。

以初步"论证"和鼓吹的始作俑者则是沙皇俄国统治时期无政府主义创始人之一巴枯宁。他在1873年出版的《国家制度和无政府状态》[11]一书中开始宣扬"黄祸"论;1893年,英国殖民主义者皮尔逊在《民族生活与民族性》[12]一书中又进一步发挥,使得"黄祸"论基本形成。这是"种族主义"的谬论。但是,最初关于"黄祸"的论述和后来的"黄祸"论的各色"变种",虽然"一脉相承",却又具有各自不同的"时代特色"。

(一) 19世纪70年代沙皇俄国版的"黄祸"论——"中国威胁"论

众所周知,中国是世界五大文明古国之一,曾经经历过国势鼎盛时期,对全人类文明做过长期的、突出的贡献。但是,进入19世纪以后,全球经济已逐步发展到西方资本主义强国主导一切和加强对外扩张的历史阶段,而处在亚洲远东地区的中国,其清代王朝昏庸腐败的统治者却昧于形势,仍然全面坚持其封建主义体制和闭关自守政策,导致社会生产力发展严重滞后,国势日益衰落。在"弱肉强食"的历史法则下,中国成为西方资本主义强国争先恐后地觊觎、侵略、掠夺和瓜分的主要对象。继1840年英国发动鸦片战争击败中国清朝政府之后,殖民主义、帝国主义列强又发动了多次侵华战争,或以战争相威胁,迫使软弱无能的清朝政府同意割地、赔款、设立"租界"、划给"势力范围"等等,使中国陷入半殖民地、殖民地的境地。在这个过程中,中国北部强邻沙皇俄国表现得特别贪婪。中国在鸦片战争中败北后,俄国沙皇政府"趁火打劫",多次以武力威胁,迫使中国清朝政府相继签订了1858年的中俄《瑷珲条约》、1860年的中俄《北京条约》、1864年的《中俄勘分西北界约记》等等,侵夺了原属中国的大片领土及其漫长的海岸线。[13]

俄国人巴古宁率先鼓吹的"黄祸"论,就是在这样的历史背景下出笼的。为了美化俄国沙皇政府的侵华行径,鼓吹"侵华有理",巴枯宁在1873年出版的上述著作中凭空捏造,信口雌黄,硬说中国是"不可避免地从东方威胁俄国的危险"。他深知当时俄国沙皇对四周邻国一向怀有贪得无厌的扩张野心,并且正在得寸进尺地用武力手段侵略和征服四邻,因此,他赤裸裸地向俄国沙皇献策:

---

[11] 巴枯宁在历史上是个臭名昭著的人物,他所著此书曾受到马克思的深刻批判。参见《马克思恩格斯全集》第18卷,人民出版社1964年版,第655—708页。

[12] See Charles H. Pearson, *National Life and Character*, *A Forecast*, Macmillan & Co., London and New York, 1893. 其部分内容的摘要中译,参见吕浦等编译:《"黄祸论"——历史资料选辑》,中国社会科学出版社1979年版,第82—104页。

[13] 通过这些不平等条约,俄国沙皇政府夺取了黑龙江以北、外兴安岭以南的中国领土60多万平方公里;乌苏里江以东的中国领土约40万平方公里;中国西境的巴尔喀什湖、斋桑湖和伊塞克湖周围地区44万多平方公里。三者相加,原属中国的约144万平方公里领土全被俄国沙皇政府鲸吞。详见白寿彝总主编、龚书铎主编:《中国通史》(第十一卷·近代·前编(上)),上海人民出版社2004年版,第173—175页。

既然要进行征服,为什么不从中国开始呢?中国十分富庶,而且对于我们来说在各方面都比印度容易下手,因为在中国和俄国之间,没有任何人和物的障碍。如果行,就走去把它拿来吧!

的确,利用已成为中国的慢性病的混乱和内战,就能在这个地区深入地推进征服事业,看来,俄国政府也正在进行这种策划;它显然力图使蒙古和满洲从中国分割出来……

有些人估计中国有四亿人口,另一些人估计有近六亿居民,这些人口十分拥挤地居住在这个帝国境内,于是现在越来越多的人像阻挡不住的潮流,大批向外移民,有的去澳大利亚,有的横渡太平洋去加利福尼亚,最后,还有大批人可能向北方和西北方移动。那时会怎样呢?那时,从鞑靼海峡到乌拉尔山脉和里海的整个西伯利亚边区,转眼之间就不再是俄国的了。

请想一想,……将来怎么能阻止大批中国人入侵呢?他们不仅会充斥整个西伯利亚,包括我们在中亚西亚的新领地,而且还会越过乌拉尔,直抵伏尔加河之滨!

这就是简直不可避免地从东方威胁俄国的危险。轻视中国人是错误的。他们人口众多,就这一点,就够可怕的了。……在中国腹地的居民受中国文明的影响少得多,他们无比刚毅,悍勇好战,而且在导致千百万人死亡的连绵内战中养成了打仗的习惯。还必须指出,最近一个时期以来,他们开始学会使用现代武器和采取欧式的训练,这是欧洲国家文明的精华和最新成就。只要把这种训练和掌握新式武器、新式战术,同中国人的原始野蛮、缺乏人道观念、缺乏爱自由的本能、习惯于奴隶般服从等特点结合起来,……再考虑到被迫向外寻找出路的中国居民多得惊人,那么你就会懂得从东方威胁着我们的危险是多么巨大了![14]

简言之,在巴枯宁这几段向俄国沙皇献策的谬论中,其主要观点是:第一,中国是必然从东方"威胁"俄国的巨大危险。但是,第二,中国现在内忧不断,国力衰颓,软弱可欺,侵华容易得手,既可消除"威胁",又可开疆拓土,一举两得,何乐而不为?因此,第三,俄国应当"先下手为强",趁机及早动手,从而"深入地推进"对华"征服事业"。

以欧洲文明人自诩的巴枯宁,其强盗逻辑论证得如此"坦率",如此无耻,开了后

---

[14] 〔俄〕巴枯宁:《国家制度和无政府状态》,马骧聪等译,商务印书馆 1982 年版,第 108—109 页;吕浦等编译:《"黄祸论"——历史资料选辑》,中国社会科学出版社 1979 年版,第 1—4 页。此外,可对照巴枯宁原书的英译本:*Statism and Anarchy*, translated and edited by Marshall S. Shatz, Cambridge University Press, 1990, 中国政法大学出版社 2005 年影印本,pp. 99-100。

世"黄祸"论的先河,也令世人大开眼界!

在巴枯宁之流"黄祸"论—"中国威胁"论的迷雾和烟幕下,贪婪无厌的俄国沙皇果然在前述鲸吞中国领土约144万平方公里之后,又更加"深入地推进"对华"征服事业":1881—1884年间,胁迫清政府签订《中俄伊犁条约》与5个《勘界议定书》,共割占了塔城东北和伊犁、喀什噶尔以西约7万多平方公里的中国领土。1892年,沙俄派兵强占了萨雷阔勒岭以西2万多平方公里的中国领土。1914年,沙俄又公然出兵占领了中国唐努乌梁海地区约17万平方公里领土。[15]通过鲸吞和蚕食,沙俄先后夺取和侵占了中国领土171万平方公里以上。这大片被夺的中国领土的面积,约相当于3个法国,或5个德国,或15个中国福建省。

历史开始证明:"黄祸"论—"中国威胁"论乃是公开侵华的**理论先导**,公开侵华则是"黄祸"论—"中国威胁"论的**实践归宿**。

(二) 19世纪90年代德意志帝国版的"黄祸"论—"中国威胁"论

19世纪90年代,欧美殖民主义、帝国主义者为了制造"侵华有理"的舆论,又进一步炮制了修订版的"黄祸"论,即德国版的"中国威胁"论。

相对于英、美、法、俄诸国而言,德国是个后起的资本主义—帝国主义国家。形象地说,在列强举办的、以殖民地人民脂膏为美食的盛宴上,德国是稍为迟到的食客,因此显得特别争先恐后,特别饕餮贪婪,特别不择手段。当年德国外交大臣比洛的名言准确地表达了皇帝威廉二世(Kaiser Wilhelm II)的决心和行动准则,他公开宣称:"让别的民族去分割大陆和海洋,而我们德国人满足于蓝色天空的时代过去了,我们也要为自己争得阳光下的地盘。"[16]因此,除了非洲地区外,远东地区地大、物博、国弱的中国大地,理所当然地就成了德国皇帝"志在必割"其一脔的"唐僧肉"。为了取得国内外舆论的支持,鼓吹"侵华有理"的"黄祸"论就以德国新修订版的形式问世,一度甚嚣尘上。威廉二世不但发动全国报刊大肆鼓噪新的"黄祸"即将来临,而且在1895年甚至亲自构思了一幅《黄祸图》草稿(德文:Die Gelbe Gefahr,英文:The Yellow Peril),让画家赫曼·克纳科弗斯(Hermann Knackfuss)据以画成油画,送给沆瀣一气的俄国沙皇,以互相打气,互相勉励。

与此同时,德国又以《黄祸图》为母本,制成版画,在德、俄两国大量印刷,广泛发

---

[15] 详见白寿彝总主编、龚书铎主编:《中国通史》(第十一卷·近代·前编(上)),上海人民出版社2004年版,第221页;《唐努乌梁海》词条, http://baike.baidu.com/view/72531.htm。

[16] 参见中国中央电视台:《大国崛起·德国》, http://www.bookbao.com/view/200911/12/id_XNDQ1NDc=.html。

图 1-8-1 黄祸图

行,"轰动一时",为进一步公开侵华进行精神动员和舆论准备。[17] 此图的正式名称是威廉二世所题的"欧洲各民族,保卫你们的信仰和家园!"(Völker Europas, wahrt eure heiligsten Güter)。这幅画中居中手持剑的人物是基督教天使长圣米迦勒,他与画中其他手持武器者代表欧洲的基督教徒,而在悬崖对面右后方的佛像与龙代表东方,主要是指中国黄种人。该图可谓"图文并茂",其作画宗旨和综合语言显然是利用欧洲白种人的宗教偏见和种族歧视,号召所有的欧洲人应当在基督教天使长圣米迦勒的带领下,击败来自东方的佛与龙,保卫欧洲人的信仰与家园。在德国皇帝和俄国沙皇的倡导、鼓励、支持和"秘密交易"[18]下,西方还出现了一批关于"黄祸"论的文章和专著,宣扬中国等黄色人种对西方白色人种构成威胁,甚至说,"一旦千百万中国人意识到自己的力量时,将给西方文明带来灾难和毁灭"。

在大规模地对侵华进行精神动员和舆论准备之后不久,这位野心勃勃的德国皇

---

[17] 参见吕浦等编译:《"黄祸论"——历史资料选辑》,中国社会科学出版社1979年版,扉页《黄祸图》,以及第114、131、135—139、218、388页的各种说明。

[18] 据俄国十月革命后公之于众的秘密档案,德国皇帝威廉二世致俄国沙皇尼古拉二世的一封密信中,共谋按照"上帝的召唤",进行肮脏交易,达成分赃协议,互相支持夺取中国不同疆土:"正像我将乐于帮助你解决俄国终将吞并某些领土(按:指中国旅顺口)的问题一样,你也将亲切地使德国能在不妨碍你的某处地方获得一个港口(按:指中国胶州湾)。"See Isaac Don Levine, Letters from the Kaiser to the Czar, 1920. 转引自吕浦等编译:《"黄祸论"——历史资料选辑》,中国社会科学出版社1979年版,第113页。

帝就以"巨野教案"[19]中两名德国传教士被杀为借口,开始公开的、赤裸裸的军事侵华,于1897年11月命令德国驻远东地区的舰队司令率军攻占中国北部的重要门户山东胶州湾(包括青岛),并于1898年3月逼迫中国清朝政府签订丧权辱国的《中德胶澳租借条约》,允许德国在99年内对中国的北方门户胶州湾一带实行长期的直接殖民统治,并把整个山东省划定为德国垄断的势力范围。[20] 两年之后的1900年,这位野心勃勃、贪得无厌的德国皇帝为首组织了臭名远扬的"八国联军",对中国进行了规模空前的侵略战争,肆意烧、杀、抢掠、强奸之余,还迫使中国签订更严重、更全面丧权辱国的《辛丑条约》,[21] 勒索了天文数字般的巨额"赔款",逼迫中国"削平"国防要塞炮台,同意列强在中国京城和多处战略要地长期驻军,全面控制清朝当局充当列强在华统治的代理人,使中国人民遭受空前的浩劫,生灵涂炭,使这个立国数千年、对人类文明做过突出贡献的东方古国,彻底沦为丧失独立自主权的半殖民地,濒临彻底亡国的边缘。

这就是19世纪末修订版的"黄祸"论,即德国版"中国威胁"论的真实立论意图和具体实践后果。这种立论意图和实践后果,在全世界稍具历史常识的人民心目中,包括所有正直的欧美白人在内,都是记忆犹新的,特别是在深受其害的亿万中国人民心目中,更是有切肤之痛,世代难忘。

历史再次证明:"黄祸"论—"中国威胁"论乃是公开侵华的**理论先导**,公开侵华则是"黄祸"论—"中国威胁"论的**实践归宿**。

人们当然不会忘记:这位鼎鼎大名、鼓吹"黄祸"论的德国皇帝,就是后来发动第一次世界大战的罪魁祸首!

人们当然也不会忘记:正是这位德国皇帝鼓吹"白人至上"的"黄祸"论,在德国传统军国主义的孵化下,后来进一步发展为希特勒的"日耳曼民族至上"论和"犹太人卑贱"论,而此人就是后来发动第二次世界大战的罪魁祸首!

---

[19] 参见《巨野教案与德国侵占胶州湾》,http://www.infobase.gov.cn/history/lateqing/200708/article_10942.html。

[20] 德国是一个后起的资本主义国家,在其统一之前,普鲁士—北德同盟即已跃跃欲试地向东方扩张势力,图谋在中国获得一个根据地。德国著名地理学家李希霍芬1869年第三次来华旅行,通过考察向德国当局献策:"胶州湾乃中国最重要之门户";德国"欲图远东势力之发达,非占领胶州湾不可"。中日甲午战争期间,德国力图攫取中国领土的政策更为公开化。1895—1897年,德国多次向清政府提出割让胶州湾供其建立海军基地的无理要求,均遭到婉言拒绝。于是,德国加紧准备采取军事行动。据德国外交档案记载,巨野教案发生后5天,即1897年11月6日,德皇即电谕德国驻远东地区的舰队司令蒂尔皮茨,立即率舰队进攻和占领胶州湾地区。次日,德皇又谕德国外交大臣布洛夫说:"我昨日接到了关于山东曹州府(巨野县)德国教会突被袭击、教士突被杀掠的官方报告,**华人终究给我们提供了……期待好久的理由与事件。我决定立即动手。**"其"坦率"和无耻,跃然纸上,数十年后终于大白于天下! 参见《巨野教案与德国侵占胶州湾》,http://www.infobase.gov.cn/history/lateqing/200708/article_10942.html。

[21] 参见《辛丑条约》,http://baike.baidu.com/view/32139.htm。

(三) 19世纪中后期至20世纪末美国霸权版的"黄祸"论—"中国威胁"论

1840年中国在鸦片战争中败北后,对华"趁火打劫"的不仅仅有俄国沙皇政府和德国皇帝政府。当时的美国政府在列强侵华的"共同事业"中,不但不甘落后,而且"别出心裁",颇有"创新",其荦荦大者,诸如:

(1) 1844年,以武力胁迫中国清朝政府签订《中美望厦条约》,其中第2条完全剥夺了中国政府的关税独立主权,规定"倘中国日后欲将税例更变,须与合众国领事等官议允",即应与美方商议并获得美方"批准"。事后,其他侵华列强也纷纷效尤,逼迫中国政府签订类似的条约条款。根据此类条约条款,中国政府关税税则的制定和修改,都必须完全符合外国侵略者的利益并事先获得它们的首肯和批准。中国的关税自主权从此被破坏无遗,国门洞开,国库收入毫无保障,民族工业受到严重摧残。

(2) 1899年,美国国务卿海约翰分别照会英、法、俄、日、意、德六国,首次提出了"门户开放、利益均沾"政策,倡议列强互换和分享侵华权益,以便协调步伐,进一步彻底瓜分整个中国。一方面,美国承认其他列强在华既得的"租借地"和"势力范围";另一方面,作为交换条件,美国可在其他列强在华一切"租借地"和"势力范围"内享有贸易自由,享有与其他列强同等的低关税等一切权益。"门户开放、利益均沾"政策的提出,是美国侵略中国进入新阶段的标志,是美国侵华全面扩张政策的初熟征候。从此,美国在侵华过程中不再限于简单地追随英国等西方其他列强,而是"后来居上",不断"创新",加紧和扩大了全面侵华的步骤。此项政策的推行,在一定程度上促成了帝国主义宰割中国的同盟,加速了次年的"八国联军"侵华。其后,随着美国实力的进一步增强,此项政策在1922年"华盛顿会议"签订的《九国公约》[22]中得到重申、确认和强调,从而成了美国用来分享乃至排挤其他列强在华利益的有效手段。[23]

(3) 1900年"八国联军"发动规模空前的侵华战争,素以"民主典范""人权卫士"自诩的美国政府竟与暴戾专制的俄国沙皇、德国皇帝紧密勾结,大量派兵积极参与在华杀人越货、勒索赔款、瓜分中国和促使中国濒临亡国的残暴行径,留下极不光彩的历史记录。

(4) 1945年,第二次世界大战结束之际,列强中的德、意、日三国战败,英、法虽

---

[22] 全称为《九国关于中国事件应适用各原则及政策之条约》。该条约于1922年2月6日,由美、英、法、意、日、荷、比、葡、中9国在华盛顿会议上签订。

[23] 参见卿汝楫:《美国侵华史(第二卷)》,三联书店1956年版,第六编,第391—450页。

为"战胜国",但元气大伤,唯独美国"一枝独秀",它不但未遭战争重创,反而大发"战争横财",国力猛增。在1946—1949年中国人民的解放战争中,美国政府为了保持和扩大其在华既得权益,直接插手干涉中国内政,出钱、给武器,甚至派军队全面积极支持蒋介石反动政府,进攻中国解放区,极力阻挠中国人民的革命事业。1949年10月,中国人民经过百年艰苦斗争,终于挣脱殖民枷锁,建立中华人民共和国。之后,美国不仅组织对华全面经济封锁,还发动侵朝战争,直逼中国边境,力图入侵立足未稳的中国,把它"扼杀在摇篮中"。与此同时,美国派出强大的"第七舰队",直接入侵中国的台湾海峡,极力阻挠中国的统一大业,分裂中国国土,造成两岸中国人的严重对立,以便从中渔利,一直延续至今。

在这一百多年的侵华过程中,配合着侵华的需要,论证"侵华有理",美国高层的政客、军人、学者们一直不断玩弄"贼喊捉贼"的把戏,大力鼓吹美国版的"黄祸"论——"中国威胁"论。诸如:

(1)19世纪中后期,中国在西方列强侵略掠夺下,财尽民穷,民不聊生,美国矿山公司和铁路公司趁机从中国招募大量"廉价"的华工"苦力",开发矿山,铺设横贯美国大陆东西的"中央太平洋铁路"(Central Pacific Railroad)。华工为美国经济的快速发展做出了巨大贡献。1851年,美国加州州长麦克道格尔(John McDougall)曾称赞最能吃苦耐劳、安分守己、工资极低的华工,认为他们是加州接受的"最有价值的移民"。然而,随着美国加州经济开始衰败,失业白人增多,白人针对华人就业竞争的憎恨被当时继任州长约翰·比格勒(John Bigler)政治化,他忘恩负义,"卸磨杀驴",竟在1853年带头撰文,将美国底层白人的不幸归咎于为美国立下大功的众多华人苦力和建造铁路的十几万华人劳工,把他们作为"替罪羊",鼓吹新的"黄祸"论。[24]此后,在此类排华"黄祸"论的蛊惑和煽动下,19世纪60—70年代,加州及美国西部地区频频发生白种工人集体凌辱、打劫和屠戮华工的血腥事件;在地方当局的纵容下,当地白人种族主义暴徒甚至公开武装攻打华人住区"唐人街",杀人、纵火、抢劫,无恶不作。

在这过程中,公开为白人暴徒的各种罪行辩护的美国政客和"学者",纷纷摇唇鼓舌,分别从人种学、神学、政治学、经济学、社会学的角度,针对一个中心要害命题,进行貌似"科学"的荒谬"论证",即"白人是上帝创造的最优人种","黄种华人是上帝创造的最劣人种";白人注定应当当主人,华人注定应当当奴仆;白人应予多方呵护,

---

[24] See John Bigler, the part of "Anti-Chinese law", http://en.wikipedia.org/wiki/John_Bigler#Anti-Chinese_laws;Rodman Paul, The Origins of the Chinese Issue in California, *Mississippi Valley Historical Review*, Vol. 35, 1938, pp. 181-196.

华人应予严格限制、排除和驱逐。1876年,美国国会两院指派议员组成联合特别委员会前往加州旧金山调查中国移民问题,召开多次"听证会",并将百余人的"证词",汇辑成1200多页的特别《报告书》,其中充斥大量与美国立国精神和宪法规定背道而驰的种族歧视、宗教偏见,充斥大量丑化、污蔑、鄙视华工和侮辱华工人格的无稽之谈。[25]

正是在这种背景下,1882年,美国国会受理了共和党参议员约翰·米勒(John F. Miller)提交的《排华法案》(Act of Exclusion of Chinese)。[26] 米勒及其同伙主张排华的主要依据是:"美国政府认为,华工来到美国,危及(威胁到)美国某些地区的良好秩序"(法案前言);华人有诸多的恶习和偏见,不可能在生活上美国化,更不可能接受美国建立在基督教基础之上的伦理道德标准;而且华工的大量涌入,造成了同美国工人抢饭碗的紧张态势,云云。尽管当时也有若干正直的美国议员批评此项法案违背了美利坚共和国"自由、平等"的立国原则,但是此项荒谬的、赤裸裸的种族歧视法案最终还是获得了国会多数票的支持和通过。

根据此项臭名昭著的《排华法案》,美国长期严禁华人入境,严禁在美华人取得美国国籍,从而严重限制和剥夺他们应有的基本公民权利,其影响所及,实际上导致

---

[25] 试以被辑入该《报告书》的斯陶特公开鼓吹种族主义的几段荒谬"高见"为例。他论证说:"伟大的高加索种的人们正在迅速地扩展到全世界。……这个种族的一大分支盎格鲁-撒克逊族,现在正占有美国。……高加索人种(包括它的各种类型)被赋予了超越所有其他人种的最高尚的心灵和最美丽的身体。它高居其余一切种族之上,观测着生命的原野。它受造物主的**指派去支配**全人类的命运,造物主授予了它以超过所有其他各种族的权力去研究、赞赏和**统治**上帝在人世间所做的一切。现存的其他不同种族与它建立任何新的结合都不能增进这种天赐的完美品质。不论哪一个种族加入到它里面来,都会对它起破坏作用。""允许一个劣等种族进来,就是自取灭亡。一个政府要保护它的人民,就应该竭力保存种族的纯洁;而且,不问政治理论如何,都应该谨防自己的种族去同劣等的种族相混合。""如果我们容纳坏的血统,那就是自甘引进对我们的生存最致命的仇敌。……每有一个中国佬在我们的土地上永久定居下来,都会使我们自己的血统低。"这位具有"天赐的完美品质"的美国文明白人竟然公开用"乌鸦""蝗虫"这样令人憎恶的动物来形容、辱骂在加州的众多华人"苦力",说他们"完完全全像乌鸦在一块没有人看守的玉米地里抢吃玉米粒";"如同加利福尼亚州的蝗虫猖獗为害于农夫的田地一样,这一群一群的人将会使我们的国家退化。"See Report of the Joint Special Committee to Investigate Chinese Immigration,Washington,Government Printing House,1871,pp. 864-869. 转引自吕浦等编译:《"黄祸论"——历史资料选辑》,中国社会科学出版社1979年版,第9—14页。

读了这几段荒谬"高论",人们不免会质疑:(1)斯陶特的"华人天生低劣论"与希特勒的"犹太人天生低劣论"难道有本质区别吗?希特勒以"犹太人天生低劣论"蛊惑人心,嗾使德国人大规模排犹、屠犹,如果斯陶特有幸当了美国的"大独裁者",组建了"盖世太保",他难道不会从鼓吹大规模排华发展为大规模屠华吗?(2)斯陶特断言盎格鲁-撒克逊族是上帝创造的最优人种,受上帝的指派去支配和统治其他人种,希特勒后来却断言日尔曼族是上帝创造的最优人种,也是受上帝的指派去支配和统治其他人种,究竟谁说的算数?同是"伟大的高加索人种"的两支最优子孙,即盎格鲁-撒克逊族和日尔曼族,在两次世界大战中却互相火拼残杀,难道都是受上帝"指派"和"授权"?(3)当今美、日两国缔结军事同盟,共同反华,何以最优秀的盎格鲁-撒克逊族和最"低劣的黄种人"勾结、混合起来了?最优秀的盎格鲁-撒克逊族的后裔们不怕"退化"或被最"低劣的黄种人"同化吗?……**仁慈的上帝啊,人间多少罪行假尔之名以行?!**

[26] See 1882 Chinese Exclusion Act,Forty-Seventh Congress,Session I,1882,http://www.civics-online.org/library/formatted/texts/chinese_act.html. 另参见《美国1882年〈排华法案〉始末》,http://www.p358.com/news/world/2011/0529/90509.html;《1882年 美国通过〈排华法案〉》,http://news.ifeng.com/history/today/detail_2011_05/06/6208061_0.shtml;雪珥:《美国排华法案130年祭》,载《中国经营报》2011年6月4日。

禁止华人在美拥有房产,禁止华人与白人通婚,禁止华人妻子、儿女移民美国实现家庭团圆,禁止华人在政府就职,等等。这个赤裸裸的、以美国新版"黄祸"论为灵魂的种族歧视法案,竟然实施了61年,直到中国成为美国在二战中盟友后的1943年才被废除。在此之前,美国国会一直装聋作哑,从来没有承认此法与美国人津津乐道的基本立国原则和宪法规定背道而驰!

(2) 新中国成立之初,美国就曾炒作过"中国威胁"论,即所谓中国革命的胜利有可能在东南亚引起多米诺骨牌效应,从而对美国形成"红色威胁"。1950年,朝鲜战争爆发后,美国提出"遏制共产主义在亚洲蔓延"的口号,美国在联合国宣传"中国对邻国的威胁",当时的侵朝美军总司令麦克阿瑟则公开辱骂新中国是"共产主义黄祸"。[27]

(3) 20世纪60年代中期,中国在当时两大超级大国敌视、封锁、围堵、遏制、侵害下,经过苦斗,总算站稳了脚跟;并且纯为自卫,初步掌握了核武器,从而打破了美国的核垄断和核讹诈。相应地,来自美国的"中国威胁"论再度大声鼓噪,甚嚣尘上。当时的美国国务卿腊斯克(David Dean Rusk)、国防部部长麦克纳马拉(Robert Strange McNamara)都亲自上阵,参加反华叫嚣,不遗余力。而主管远东事务的助理国务卿威廉·邦迪(William P. Bundy)则跳得更高。他以"历史学家""中共问题专家"和现任高官的三重身份,发表了以《美国和共产党中国》[28]为题的长篇讲演,信口开河,全面系统论证"中国威胁"论。他以"世界警察"和"亚洲救世主"的腔调,诬称中国企图"征服亚洲",是美国的"大敌",是美国外交政策"面临的最严重和最麻烦的问题"。对于威廉·邦迪的这篇"代表作",下文还将进一步评析。

(4) 著名的美国"冷战思维之父"和外交决策智囊人士乔治·凯南(G. F. Kennan),深谙某些"文明"美国人的思维逻辑。他在1984年概括总结其数十载外交生涯时就曾坦率承认:"我们美国人这个倾向看来真古怪:时时刻刻都想在我们的国境以外找到一个罪恶中心,从而把我们的一切麻烦都算它的账上……每年我们都把国民收入的很大一部分用于生产并出口武器装备,保持庞大的武装力量和设施……我们在冷战中造成一个庞大的既得利益集团。我们已经使自己依赖于这种可憎的行径。假如没有俄国人和他们那莫须有的邪恶作为我们黩武有理的根据,我们还会想出另一些敌手来代替他们。……其结果几乎总是自动而有意识地夸大假想敌国

---

[27] 参见《中国威胁论》,http://www.chinavalue.net/wiki/showcontent.aspx? TitleID=195143。

[28] See William P. Bundy, The United States and Communist China, U. S. Dept. of State Bulletin, February 28, 1966, pp. 310-318. Its electronic copy can be achieved at: http://hdl.handle.net/2027/uc1.b2931899?urlappend=%3Bseq=199.

的军事潜力,从而大大增强全国人民对这个假想敌的怀疑、恐惧和对抗心理。"[29]当年这些"古怪"的美国人终于如愿以偿地找到这样一个"罪恶的中心"——苏联,借以在美国国内进行"敌忾同仇"的精神动员,蒙蔽美国人民盲目地支持美国当局称霸全球的一切行径。

1990—1991年苏联解体以后,"时时刻刻都想在美国国境以外找到一个罪恶的中心"的这些"古怪"的美国人,急于寻找另一个新的"罪恶中心"来填补精神空虚,他们终于又如愿以偿地找到这样一个假想敌和无辜"替身"——正在逐步走上快速发展道路的中国。1992—1997年,处于高层的"古怪"美国人致力于从意识形态、社会制度乃至文化特征的角度展开了对"中国威胁"论的具体论证。

1992年,美国费城外交政策研究所亚洲项目主任芒罗(Ross H. Munro)发表了《正在觉醒的巨龙:亚洲真正的威胁来自中国》,渲染中美军事冲突不可避免。[30]

1995年,美国学者詹姆斯·哈克特(James Hackett)在《敢撄怒龙之逆鳞》一文中更是信口雌黄,主观臆断,并污蔑和挑衅说:"在苏联解体五年之后,一个**新的邪恶帝国正在出现,它的名字叫中国**。"[31]

1996年,哈佛大学教授塞缪尔·亨廷顿(Samuel Huntington)发表了《文明的冲突与世界秩序的重建》,[32]断言儒教文明与伊斯兰教文明的结合将是西方文明的天敌。1997年,亨廷顿教授再次撰文《美国国家利益被侵蚀》[33]重申,苏联解体和冷战的结束使美国失去了一个明确的敌人,以致美国国内政治日益混乱,无法塑造国家认同。他质疑说:"身为一个美国人,就意味着致力于维护自由、民主、个人尊严、私有财产等原则,倘若根本没有一个邪恶的帝国正在哪儿威胁着这些美国原则,那么,做一个美国人到底还有什么意思呢?维护美国的国家利益又何从说起呢?"紧接着,这个教授又告慰善良的美国人:幸亏有他这样一位"先知"已经及时发现"中国会成为一个新的敌人"!显然,他在"掩耳盗铃",自欺欺人,强调用这种"特效药"足以医治美国国内的政治混乱,从而塑造和强化美国人的"国家认同",使一度精神空虚的"文明美国人"重新振作起来,活得更加"有意思"!

20世纪最后十年这一阵又一阵反华喧嚣,确实布起层层迷雾,使部分不明真相的美国人,误信真有新"黄祸"即将来临!

---

[29] 参见〔美〕乔治·凯南:《美国外交》(增订本),葵阳等译,世界知识出版社1989年版,第130、137—138页。
[30] See Ross H. Munro, Awakening Dragon—The Real Danger in Asia is from China, *Policy Review*, Issue 62, Fall 1992, pp. 10-16.
[31] James Hackett, Between Dragon and Wrath, *Washington Times*, Aug. 4, 1995.
[32] 参见〔美〕塞缪尔·亨廷顿:《文明的冲突与世界秩序的重建》,周琪等译,新华出版社1998年版。
[33] See Samuel Huntington, The Erosion of National Interests, *Foreign Affairs*, Sept./Oct., 1997, pp. 76, 5, 28-49.

以上所述史实,可以说是 18 世纪中后期至 20 世纪末这 150 年间各代各色"黄祸"论的简略"家谱"或"族系"。它们实际上是西方列强统治阶层及其御用学者用"白人中心主义"种族歧视、宗教偏见和冷战思维长期杂交后,培养和产出的一代又一代的怪胎和畸形儿。它们在旧中国的百年苦难期间、新中国建立之初、新中国立足初稳之时、中华民族复兴之际一再出现,如影随形,阴魂不散,不断欺骗全球公众,困扰侵害中国。它们的具体面貌虽不完全相同,却总是似曾相识;它们之间世代不灭不变的 DNA,却是"一脉相承"的。对于它们的立论意图和实践后果,全世界稍具历史常识的人,包括所有正直的欧美白人在内,都是心知肚明的:剥去外皮,历代各色"黄祸"论的本质和核心,即是"侵华有理""排华有理""反华有理""遏华有理";而排华、反华和遏华,往往先导于和归宿于侵华!

遗憾的是,历史往往会重演——以大同小异的形式重演。尽管已经进入 21 世纪,但由于对世界历史常识的无知或受狭隘私利的驱动,当代列强中某些当权的政客和军人依然常常有意无意地忘记了这些历史事实,使得百余年之前即已诞生和**臭名远扬**的"黄祸"论或"中国威胁"论,再一次"借尸还魂",死而复生。其最新典型,就是当今美国最新修订版的"中国威胁"论。

(四) 21 世纪以来美国霸权修订版"黄祸"论—"中国威胁"论对其前辈的传承与发展

进入 21 世纪后,美国霸权最新修订版的"黄祸"论—"中国威胁"论,主要体现在美国国防部每年一度的《中国军力报告》(Annual Report to Congress: Military Power of the People's Republic of China) 以及"美中经济与安全审议委员会"(United States-China Economic and Security Review Commission)〔34〕每年一度的对华经贸《审议报告》之中。可以说,这是迄今 11 年来在美国出现的层次最高、频率最繁、影响最大的美国官方版的"黄祸"论—"中国威胁"论。它们是美国国会推动、美国国防部或特设委员会承办、美国高层智囊献策的"三结合"产物。〔35〕

众所周知,美国国会中始终存在着一批**"鹰派"反华议员**,他们往往从极端的意识形态、狭隘的选区利益或个人的"灰色"私利出发,提出种种对华不友好甚至敌视

---

〔34〕 See 22 U. S. C. § 7002 United States-China Economic and Security Review Commission, http://www.uscc.gov/about/charter.php.

〔35〕 参见《美国国防部发表中国军事实力年度报告》,http://www.sina.com.cn;《美国国防部长亲自操刀参与撰写中国军力报告》,http://news.sina.com.cn/c/2005-07-21/02216486531s.shtml;《中国军力报告》,http://baike.baidu.com/view/398103.htm;陆钢、郭学堂:《中国威胁谁?——解读"中国威胁论"》,学林出版社 2004 年版,第 30—33 页。

中国的政策主张,并且利用手中掌握的拨款权力,在拨款法、授权法中塞入自己的私货。《中国军力报告》最初就是根据由美国国会通过的《2000 财政年度国防授权法》[36]的规定产生的。这部法律出笼后,美国国防部就有"法定"的义务,每年一次综合整理其通过一切手段(包括种种卑劣特务手段)收集到的中国军事情报,向美国国会提出详细的书面报告,经国会议员们审议,才能获得美国财政部的国防军费拨款。

在中国军力的评估问题上,美国国防部的"部门利益"显而易见。前文提到,美苏冷战结束后,寻找明确的、实力强大的新"威胁"一直是某些"古怪"的美国人的惯性思维,尤其是美国国防部的一个重要任务,中国就是它多年来一直力图树立的新的重大安全"威胁"。[37]同美国政府的其他部门相比,国防部官员总是更多地强调中国的"威胁",有时国防部部长(如前部长唐纳德·拉姆斯菲尔德)本身就是鼓吹"中国威胁"论的主要人物。

《中国军力报告》之所以能引起各方高度关注,主要原因还在于它的政治思想影响力。从理论或法律角度看,这个报告只是美国国防部向美国国会说明中国军事实力的状况,对美国政府的对华政策没有任何约束力,美国政府的任何部门都没责任据此制定对华政策。但是,如果就此判断这个报告没有实际效用就大错特错了。在美国人的惯性印象中,这个报告是以非常"客观、权威"的面目出现在美国公众和国际社会面前的,它已成为美国各界人士乃至国际社会一些亲美国家判断中国军事实

---

〔36〕 See Sec. 1202, National Defense Authorization Act for Fiscal Year 2000, pp. 271-272, http://thomas.loc.gov/cgi-bin/bdquery/z?d106:SN01059:|TOM:/bss/d106query.html|(美国国会图书馆"立法信息"网站)。
依据本条款规定,一年一度的《中国军力报告》应当分析和预测的具体项目包括 8 项:(1) 中国的总体战略、安全战略与军事战略;(2) 中国的战略趋向,其宗旨在于确保中国成为亚太地区一流政治强国,成为全球其他地区一流的政治与军事存在;(3) 台湾海峡地区的安全形势;(4) 中国针对台湾的战略;(5) 中国陆、海、空军针对台湾地区的战略部署、规模、地点与能力的详情;(6) 中国的军事理论的发展,包括实行军力转变、先发制人打击等;(7) 中国开发、获取先进技术和信息以提高军事能力的各种情况;(8) 评估上一年中国对美国《与台湾关系法》承诺威慑力量的任何挑战。
众所周知,台湾自古以来就是中国领土不可分割的一部分,1950 年美国派出强大的"第七舰队",直接入侵中国的台湾海峡,严重威胁和极力阻挠中国的统一大业,分裂中国国土,以便从中渔利,一直延续至今。1979 年美国在与新中国建立外交关系时当"两面派",一方面在《建交公报》中正式"**承认中华人民共和国政府是中国的唯一合法政府**"(简称"一个中国"原则),另一方面却又在美国的《与台湾关系法》中背信弃义,公开背弃"一个中国"原则,粗暴干涉中国内政,声称"以非和平方式来决定台湾前途的任何努力,都是对西太平洋地区的和平和安全威胁,并为美国严重关切之事",继续卵翼和支持台湾妄图分裂中国的势力,继续威胁和阻挠中国的统一大业。2000 年又通过《2000 财政年度国防授权法》责成美国国防部每年提供《中国军力报告》,**其中 4、5、6、8 各点规定都是专门针对中国台湾地区的中国内政问题的。**——凡此种种,依据当代国际法常识来判断,究竟谁是真正的威胁者?谁是真正的被威胁者?难道不是昭然若揭吗?
〔37〕 在这里,回顾和重温前文提到的德国著名历史学家海因茨·哥尔维策尔的尖锐揭露以及美国资深外交家乔治·凯南的坦率承认,将大有助于加深理解当今最新版"黄祸"论和"中国威胁"论的本质和来由:"黄祸"这个口号"**隐隐约约地显示了帝国主义思想的基本特征**";"它更经常地只是特别**用作愚化和煽惑人民的工具,嗾使人干坏事的手段,或者是为自己辩护的借口**。""我们[美国]在冷战中造成一个庞大的既得利益集团。……其结果几乎总是自动而有意识地夸大假想敌国的军事潜力,从而大大增强了[美国]全国人民对这个假想敌的怀疑、恐惧和对抗心理。"参见前注〔7〕、〔29〕以及有关正文。

力及军事意图的主要依据,这也是美国国会为首推动这个报告出台的初衷和本意。11 年来的经验表明,每年的此项报告出台后,美国学术界、国会人士及政府官员在谈到对华政策时,经常引用《中国军力报告》中的内容支持自己的观点,而随之而来的就是一年一度的"中国威胁"论的大合唱和大鼓噪。可见,这个报告虽不直接约束对华政策,却可通过提供"材料"来错误地影响人心和严重误导美国各界人士的对华判断。

在鼓吹渲染"中国威胁"方面,与美国国防部的《中国军力报告》互相唱和的另一种官方高层报告,是美国国会所属"美中经济与安全审议委员会"每年向国会提交的《审议报告》。设立这个委员会的依据是 2001 年的《国防授权法案》[38],它是一个"跨党派"的委员会,由民主党、共和党两党国会领袖各指派 6 名智囊组成,分别来自商界、劳工界、政府机构和学术界。该委员会的宗旨是"追踪、调查并向国会报告美国和中国双边贸易和经济关系对美国国家安全的影响";"国会要求该委员会评估对华经济政策是否危害或有助于美国国家安全,并且在此评估基础上,为美国立法部门和执法部门提出可以促进美国国家利益的政策建议。"按照国会此项预设的既定指令,这种评估报告的结论是可想而知和不言而喻的。[39] 与美国国防部的《中国军力报告》一样,"美中经济与安全审议委员会"的报告也没有法律约束力,但也切不可小觑其对美国政府对华政策的影响,低估其蛊惑人心和严重误导美国各界人士的实际作用。

前文提到:剥去外皮,140 多年来历代各色"黄祸"论的本质和核心,即是鼓吹**"侵华有理""排华有理""反华有理""遏华有理"**;而鼓吹排华、反华和遏华,往往先导于和归宿于军事行动上的**侵华**!对于进入 21 世纪以来美国霸权最新修订版的"黄祸"论——"中国威胁"论,对于美国"鹰派"人士每年一度集中渲染"中国威胁"的《中国军力报告》、"美中经济与安全审议委员会"的《审议报告》以及各种媒体的呼应鼓噪,也**不能不作如是观。善良的人们,警惕啊!**

140 多年来的史实表明:各代"黄祸"论最惯用的伎俩是"贼喊捉贼",威胁者自称"被威胁",加害人伪装成"受害人",都是严重歪曲历史,完全背离历史的真实。如果进一步追溯两三千年来有案可查的中国对外经济交往史及其法理原则,则更不难看

---

[38] See Sec. 1238, National Defense Authorization Act for Fiscal Year 2001, pp. 336-338, http://thomas.loc.gov/cgi-bin/bdquery/z? d106:HR04205:|TOM:/bss/d106query.html|(美国国会图书馆"立法信息"网站)。依据本条款规定,一年一度的美中经贸安全《审议报告》应当探讨和审查的具体项目至少包括 9 项,其中特别强调严格审议美中贸易标的之中是否含有军用或军民两用的先进技术,是否影响美国国家安全;中国采用的金融交易、资本流动、汇率操纵等措施是否影响美国的国家安全利益,等等。

[39] 参见陆钢、郭学堂:《中国威胁谁?——解读"中国威胁论"》,学林出版社 2004 年版,第 30—33 页。

出:当今美国霸权最新修订版的"黄祸"论——"中国威胁"论,更是严重歪曲历史,完全背离历史的真实。

三、还历史以本来面目:源远流长的中国对外经济交往及其法理原则

(一)中国现行的对外开放国策是中国历史上优良传统的发扬光大

当今世界是开放的世界。世界各国在经济方面的相互合作、相互依赖和相互竞争日益加强。顺应着这一历史趋向和时代潮流,中国从 1978 年 12 月以来坚定地实行经济上对外开放的基本国策,并已取得显著的、重大的成就。

1993 年 3 月,中国《宪法》作出新的规定,"国家实行社会主义市场经济",以国家根本大法的形式,郑重确立了中国经济体制改革的总目标。同年 11 月,中共中央作出《关于建立社会主义市场经济体制若干问题的决定》,号召全国人民齐心协力,"坚定不移地实行对外开放政策,加快对外开放步伐,充分利用国际国内两个市场、两种资源,优化资源配置。积极参与国际竞争与国际经济合作,发挥中国经济的比较优势,发展开放型经济,使国内经济与国际经济实现互接互补"。

2001 年 12 月中国加入世界贸易组织以来,正在进一步扩展对外开放的广度和深度,以更加勇敢的姿态进入世界经济舞台,更加积极地实行对外经济交往,发展对外经济合作,开展对外经济竞争。

在中国,实行对外开放这一基本国策,不但有着充足的现实根据,而且有着久远的历史渊源。作为东方的文明古国和大国,中国实行对外经济交往和开展国际经济合作,可以说是源远流长的。在漫长的历史岁月中,中国积极开展对外经济交往的优良传统,曾经遭受过严重的扭曲、破坏,并引起种种误解。但是,它本身所具有的生命力又使得它不断冲破险阻,并在新的时代条件下焕发出新的青春。从这个意义上说,现行的对外开放基本国策,正是中国历史上对外经济交往优良传统的发扬光大。简略回顾中国积极开展对外经济交往的优良历史传统,探讨其中所蕴含的法理原则,了解其中的经验和教训,[40]不但大有助于加深认识当代中国实行对外开放的

---

[40] 毛泽东同志向来提倡中国人应当在重视学习外来先进经验的同时,也重视研究中国自己的历史,从中吸取有益的经验和教训;不能对本国的历史一无所知,在心目中"漆黑一团",更不能"言必称希腊,对于自己的祖宗,则对不住,忘记了"。参见《改造我们的学习》,载《毛泽东选集》(一卷本),人民出版社 1967 年版,第 755 页;《毛泽东选集》第 3 卷,人民出版社 1991 年版,第 795—803 页。

基本国策的"来龙去脉",而且也大有助于驳斥当今美国霸权版的"中国威胁"论。

中国的对外经济交往,可以大体划分为三个阶段:第一阶段,古代中国时期,即奴隶社会后期和封建社会时期,约相当于公元前4、5世纪至公元1840年;第二阶段,半殖民地半封建中国时期,约相当于公元1840年至1949年;第三阶段,社会主义新中国时期,即公元1949年以后。兹分别简述如下。

(二) 古代中国的对外经济交往及其法理内涵

基于对人类社会发展史的深入考察,恩格斯曾经指出:"随着生产分为农业和手工业这两大主要部门,便出现了直接以交换为目的的生产,即商品生产,随之而来的是贸易,不仅有部落内部和部落边界的贸易,而且还有海外贸易。"[41]这种规律性现象,出现于古代的外国,也出现在古代中国。

1. 古代中国对外经济交往简况

据史家考证,早在中国第一个奴隶制王朝——夏朝时期(约公元前21世纪至前16世纪),中国大陆的各个部落联盟之间就时常开展跨越联盟疆界的贸易。商朝时期(约公元前16世纪至前11世纪),这种跨越部落联盟疆界的远途商品交换关系有了进一步的发展,并且开始使用来自新疆的玉片和来自沿海的贝壳作为交换的手段,这就是原始形态的货币。从这些原始货币的不同来源地可以推想当时贸易活动跨越地域的辽阔和边远。

到了周朝(始建于公元前11世纪),分封了几十个诸侯国家,它们都要定期向周朝王室朝觐"纳贡",王室则以"赏赐"回礼。尽管"纳贡"有称臣的含义,"赏赐"有恩赐的含义,但在"贡品"和"赐品"之间,**客观上蕴含着朴素的对价有偿关系**,究其实质,就是不同商品跨越国境的远途交换。这种"朝贡贸易"也实行于远方西域各国与周朝王室之间。至于周朝各诸侯国家之间的贸易往来,就更加常见。

春秋战国时期(约公元前8世纪至前3世纪中叶),各诸侯国家之间的经济交往日益频繁,而且开始出现同海外欧洲国家之间的贸易往来,一个明显的标志是:早在公元前4、5世纪之间,中国的丝绸就已开始辗转远销希腊等地。爱琴海与南中国海之间,已经开始有海商活动。

当然,在夏、商、周和春秋战国时期,在中国这片疆土上的各相邻部落联盟或诸侯国家,实际上是正在逐步走向全国统一的各个地方政权,因此,当时中央朝廷和它

---

[41] 恩格斯:《家庭、私有制和国家的起源》,载《马克思恩格斯选集》第4卷,人民出版社1995年版,第163—164页。

们之间以及它们相互之间的贸易往来,还不是近代和现代科学意义上的国际贸易。

公元前221年,秦始皇结束了诸侯割据的局面,建立了统一的中央集权的封建大帝国,其东北和东南边陲疆土分别毗邻朝鲜半岛北部和印度支那半岛东北部。中国与上述两个半岛广大地区的经济贸易往来是相当密切的。中国的丝绸、漆器、铁器很早就跨越国境输往这些地区,而当地的土特产品则源源输入中国。但秦朝存续时间甚短,秦始皇在位不过11年,社会缺乏安定,二世胡亥昏庸,内政腐败,旋即为汉所灭。在这样的历史条件下,对外经济往来未获重大发展。

汉朝(公元前202—公元220年)建立于多年战乱之后,政府当局在相当长的时期里采取与民休养生息的政策,社会安定,生产发展,百业兴旺,对外经济交往也日益发达。张骞、班超先后出使沟通西域,率先开拓了历史上著名的国际商道"丝绸之路"。后来此路不断西延,对于促进中国与中亚、西亚、南亚、欧洲、非洲许多国家的经济文化交流起了重大的历史作用。陆道之外,又辟海市。南方的番禺(广州附近)开始成为对外贸易的重要港口都会。当时中国与日本之间以及与印度南部之间的商品交换,就是分别通过北方和南方的远航商船进行的。据史籍记载,两汉时期与中国有"朝贡"贸易(即官方商品交换)关系的外国,已达50多个;早在西汉时期,京都长安就已设有专门接待外国贸易使团的宾馆(即所谓"蛮夷邸");有些来自远方异国的商使,其语言需经两道以上辗转翻译(即所谓"重译")[42],才能与中国语言相通。由此可以大略想见当时中国的对外经济交往是相当广泛的。

汉朝以后,历经三国、魏、晋、南北朝,中国出现了长期的分裂和战乱局面,北方陆路的对外经济交往受到较大影响,南方海道则仍然畅通,海上贸易有了新的重大发展,商船远及今日南太平洋与印度洋之间的爪哇、苏门答腊、斯里兰卡等地。

经过隋朝(581—618年)进入唐朝(618—907年),全国重新统一安定,当权者励精图治,经济、文化迅速发展,居于全球领先水平,使中国成为当时世界上最强盛的国家之一,相应地,对外经济文化交往也空前兴旺发达。除了不断拓展和延伸陆上国际商道、扩大通商地域范围外,着重发展了海上贸易。广州、交州、潮州、泉州、明州(今浙江宁波)、楚州(今江苏淮安),都被辟为外贸海港,远洋航船东通日本,南抵南洋诸国,西达波斯湾阿拉伯诸国。政府当局对外商采取宽松优待的政策,"除舶脚、收市、进奉外,任其来往通流,自为交易,不应重加率税";"常加存问","以示绥怀"。[43] 于是各国商人云集,中外商务往来和商品交换盛极一时。随着海上贸易的

---

[42] 参见《后汉书·西域传》,中华书局1982年版,第10册,第2910页。
[43] 参见《全唐文·唐文宗大和八年疾愈福音》,中华书局1982年版,第75卷,第785页。

发展,相继在重要通商口岸设"市舶使",[44]任职官员由中央政权直接委派,专门负责掌管和监督海上船舶贸易来往和入境出境征税事宜,从而初步开创了在中国历史上长达一千多年的"市舶"制度,有人认为这就是后世政府外贸机构和海关机构的最早萌芽。由于唐代中国农业、手工业生产水平和文化水平都居于当时世界领先地位,加之统治者对于对外经济文化交往采取积极促进的政策,所以当时外国人来中国经商、留学的络绎不绝,长期居留唐土者多达数十万人。留学日久取得唐籍的一些外国人,甚至还由唐朝政府擢用,入仕做官,并引为殊荣。至今一些外国(如日本等)仍称中国人为"唐人",称中国商品为"唐物",称中国文化为"唐文化",足见唐代中国人积极开展对外经济文化交往,促使中国国誉和声威远播,影响至深。这是举世公认的中华民族的骄傲。

宋朝时期(960—1279年),北部政局不稳,陆上国际商道常因战争中断,政府侧重于在南方发展海上国际贸易。宋初,京师设"榷易院",成为中国历史上最早的专门管理对外贸易的中央机构;在江、浙、闽、粤沿海港口设"市舶司",兼具进出口管理、征税、收购舶来品等多项职能;1080年还颁布市舶条例。可以说,这是中国最早的涉外经济立法之一,也是世界历史上最早的进出口贸易成文法规之一。宋室南渡以后,失去半壁江山,遂更加锐意发展海舶贸易,作为当时御敌图存的重要经济支柱之一。因为,"市舶之利,颇济国用","市舶之利最厚,若措置合宜,所得动以百万计,岂不胜取之于民?"[45]据估算,当时单泉州、广州两地一年的外贸收入竟曾高达200万缗,约占当时全国财政收入的20%,可见当时政府对于外贸的倚重。

上述这部制定于11世纪的宋代市舶条例,其后经修订补充,迄宋之末,实施近200年。它在世界贸易立法史上显然具有开创性的历史价值。尽管其原文已经失传,但从有关史籍文献的记载中[46],仍不难稽考和窥见其轮廓和梗概,诸如:

(1) 外贸开始规范化。该条例规定了市舶司的职权和职责,它融合了多种职能,成为后世海关与外贸机构的雏形和综合体,使中国古代的对外贸易开始走向规范化、法制化。

(2) 鼓励交易和分类管理。积极鼓励外商海舶("番舶")入境从事贸易,促进中外商品互通有无;逐项列明违禁物品、官府专买专卖货物("官市")以及民间自由交

---

[44] 参见《新唐书·柳泽传》,中华书局1975年版,第13册,第4176页;《旧唐书·代宗纪》,中华书局1975年版,第2册,第274页。

[45] 参见《宋会要辑稿补编·市舶》,全国图书馆文献缩微复制中心1988年版(影印本),第647页。

[46] 参见《宋史·职官七》,"提举市舶司",中华书局1977年版,第12册,第3971页;《宋史·食货下八》,"互市舶法",中华书局1977年版,第13册,第4558—4566页;《宋会要辑稿·职官四四》,上海大东书局1936年版(影印本),第86册,第1—34页。

易货物("民市""听市货与民")的细目,使中外商民有所遵循。

(3)采取"低税"政策。"番舶"进入中国港口,须经当地市舶司派员登船查验,并依法定税率纳税("抽解"),凡珍珠、犀角、象牙、玛瑙、乳香等少数贵重"番货",列为"细色"(高档品),一般税率定为"十取其一"(即10%);其余大量"番货",诸如来自异国的各种特产、药材、香料、木料、棉布等生活用品,均列为"粗色",一般税率定为"十五取一"(约合6.66%)。税后诸物即可依法分别进入"官市"或"民市",实行交易,可谓"低税优惠"。

(4)厉行出口许可制度。商舶从中国港口出海,应向当地市舶司备文申报所载货物名称、数量和目的地("所诣去处")等项,经查验属实,并经当地富户("有物力户")出具担保书后,由市舶司发给"公据"(许可证)放行。回航时,应向原出海港口市舶司交回"公据",并申报从异国("番夷")贩来各物,照章"抽解"后,方可入市。

(5)严禁各种走私逃税活动("漏舶""偷税""大生奸弊,亏损课〔税〕额")。违者除治罪外,没收船、货,并重奖举报、告发人,"给舶物半价充赏"。

(6)切实保护"番商"合法权益。严禁官吏豪绅借势滥权杀价强买"番商"舶货。凡强买舶货"有亏番商者皆重置其罪"(依法从严治罪)。

(7)礼遇外商,救助"海难"。兴建外商宾馆("置'来远驿'"),订立接待送礼规则("立定犒设馈送则例"),"每年于遣发番舶之际,宴设诸国番商,以示朝廷招徕远人之意"。"番舶"遇风暴飘至中国沿海各地,"若损败及舶主不在,官为拯救,录〔登记〕物货,许其亲属召保认还"。

从以上梗概中可以看出:制定于900多年前的这部市舶条例,无疑开创了后世海关法、外贸法和涉外税法的先河,其基本规定多为后世同类立法所师承和发展。

元朝时期(1271—1368年),中国北部疆土辽阔[47],陆上国际商道畅通无阻,海

---

[47] 1206年(金章宗泰和六年),蒙古贵族在斡难河源奉铁木真为大汗,尊号成吉思汗,建立蒙古汗国(即大蒙古国,Yeke Mongghol Ulus 或 The Great Mongol Empire)。1259年蒙哥大汗去世后,其四弟忽必烈与七弟阿里不哥随即展开了争夺大汗位的战争,蒙古汗国开始分裂为"大汗之国"和另外四个"汗国"(钦察汗国、窝阔台汗国、伊利汗国和察合台汗国)。1264年阿里不哥战败,忽必烈夺得蒙古汗国的最高统治权,并在攻占中国中原等广大地区后,于1271年建立中国元朝,称帝,定都北京。此后,原已分裂出去的另外四个"汗国"名义上承认忽必烈建立的中国元朝宗主权,实际上各自独立为政,并不直接隶属于和听命于元朝皇帝。元朝统一全中国后的疆土是:北到西伯利亚,南到南海,西南包括今西藏、云南,西北至今中亚,东北至外兴安岭、鄂霍次克海。参见白寿彝总主编、陈得芝主编:《中国通史》(第八卷·中古时代·元时期(上)),上海人民出版社2004年版,第355—356、551—584页;韩儒林主编:《元朝史》,人民出版社1986年版,上册,第201—207、263—265、290—293、298页插图;(明)宋濂等撰:《元史》(校勘本),中华书局1978年版,第一册,第12—13、20—22、34、63—65页。同时可参见百度百科"元朝"词条,http://baike.baidu.com/view/10783.htm。

上贸易也有新的发展。政府以宋法为蓝本,在 1293 年制定《市舶司则法》22 条[48],使外贸管理和税则更加条理化和规范化。同时,由政府出资和备船,选聘精干舶商和艄工(水手)"入番贸易",赢利所得按"官七民三"比例分红。除官本贸易外,还允许私舶贸易,并对从事外贸的舶商和艄工加以保护。这就在很大程度上改变了宋代对进口货物统制专卖的"禁榷"政策。由于采取了低税、招徕、保护和奖励等一系列措施,外商纷至沓来,除唐宋以来的传统客商——阿拉伯商人外,还有远自欧洲和北非的商人前来从事贸易。元初来华经商和旅游的意大利人马可·波罗曾将中国的泉州港与地中海国际贸易中心亚历山大港相提并论,认为它们是当时世界上最大的两个外贸港口。

明代(1368—1644 年)初期,对于唐、宋、元三个朝代 700 多年来行之有效、经济效益显著的对外经贸体制及有关措施,多沿袭师承,而又有重大发展。洪武、永乐两代政府为了进一步招徕外商,对于来自外国的"贡舶"和"商舶"分别给予不同优惠待遇。前者运来官方互易货物,予以"优值"(从优计价);后者运来民间交换商品,予以免税,致使各国商船竞相来华,国际贸易大盛。另外,在 1405—1433 年,明朝政府相继组织和派遣了规模浩大的远洋船队,由郑和率领,先后七次远航,抵达今日印尼、斯里兰卡、泰国、印度西岸、波斯湾和阿拉伯半岛诸国以及东非索马里、肯尼亚等地,大大促进了当时中国与亚洲、非洲 30 多个国家之间的政治修好关系和经济贸易关系,其船队规模之大(首航人员竟达 27000 余人)、贸易地域之广、累计航程之远,以及经历时间之长,都可以说是史无前例的。[49] 郑和等人开展对外交往的壮举和业绩,一向彪炳于中外史册,充分体现了中华民族勇于进取、敢于创新、善于开拓的精神。[50]

---

[48] 参见《元史·百官七》,"市舶提举司",中华书局 1976 年版,第 8 册,第 2315 页;《元史·食货二》,"市舶",第 2401—2403 页;《元典章·户部八》,"市舶",清光绪戊申年(1908 年)校刊本,第 8 册,第 71—79 页。

[49] 参见《明史·宦官·郑和》,中华书局 1974 年版,第 26 册,第 7765—7768 页。美国一位对郑和颇有研究的学者曾将郑和与哥伦布作了有趣的对比,颇能发人深思:"在 1405—1433 年之间,郑和曾率领当时,或者说在随后的 500 年间也算是世界上最大的船队进行七次远洋航行。在第一次世界大战之前,没有一个西方国家的舰队能够与之相比。郑和的船队有 2.8 万名水手和 300 艘大船。其中最大的船长约 400 英尺。而哥伦布在 1492 年首次进行远洋航行时只有 90 名水手和 3 艘船,其中最大的船只有 85 英尺长。郑和的船也是当时世界上最先进的远洋船,其中包括平衡整流舵和防水舱,直到 350 年后,欧洲才有这种船。郑和船队的先进性再次表明东方在科技领域曾一度遥遥领先于西方。的确,在数千年的历史长河中,除了罗马帝国时代,中国一直比欧洲任何地区都富裕、先进和开放。在哥伦布进行首次远航前的半个世纪,郑和就曾到达东非,并从阿拉伯商人那里了解到欧洲的情况。因此中国人当时穿过好望角,同欧洲建立直接贸易关系应该是件很容易的事。……在郑和的远航活动错失了继续前进、同欧洲建立联系的良机之后,亚洲开始走向相对封闭的状态。而与此同时,欧洲及后来被哥伦布发现的美洲却在迅速崛起。……15 世纪中国统治者愚蠢的妄自尊大导致中国几乎没有太大的发展。"参见〔美〕尼古拉斯·克里斯托夫:《踏勘郑和下西洋的足迹》,原载于《纽约时报杂志》1999 年 6 月 6 日,中译文连载于《参考消息》1999 年 6 月 15—19 日。

[50] 参见刘汉俊:《一个民族的征帆——写在郑和下西洋 600 年之际》,载《人民日报》2005 年 7 月 11 日第 10 版;黄菊:《在郑和下西洋 600 周年纪念大会在的讲话》,载《人民日报》2005 年 7 月 12 日第 1 版。

综上所述，可以看出：自汉唐至明初，中国人的对外开放、对外经济文化交往以及开拓进取精神，曾经对中国古代社会经济的发展、科技文化的进步以及国际威望的提高，都起到了明显的促进作用。与此同时，中国人也通过长期的、平等互惠的对外经济文化交往，为全球经济文化的不断进步、共同繁荣和丰富多彩做出了重大的贡献。

遗憾的是，这种优良传统和开拓精神，在后来相当长的历史时期内，不但未能进一步发扬光大，反而受到压制和摧残。明代中叶以后，封建统治者愚昧腐败，昏庸颠顶，竟因沿海倭寇为害而实行"海禁"，下令关闭口岸，停止对外贸易，实行"锁国"政策。[51] 以后弛禁、复禁，反复多次，直至明朝覆灭，对外经济交往始终未能振作起来。

清朝（1636—1911年）初建，王朝统治者因害怕汉族人士在海外组织反清力量卷土重来，遂变本加厉实行"海禁"，在长达三四十年的时间里，规定"寸板不许下海"和"片帆不准入港"，违者格杀勿论。遂使中国的对外经济交往更加衰落，一蹶不振。1684年以后，虽一度解禁开港，在江、浙、闽、粤设置四个外贸口岸，但对外来商人又往往不分从事正当贸易抑或进行不轨活动，一律严加限制。1757年又再撤销三个外贸口岸。中国作为东方泱泱大国，当时的大陆国土面积远远超过整个欧洲大陆，其海岸线绵延20000公里以上。[52] 但是，当时欧陆沿海港口，早已星罗棋布，促使欧陆对外经济交往十分兴旺发达，反观当时幅员广袤的中国大陆，却只单限广州一港对外开放，[53] 成为中国对外经济交往长期衰败的一大原因。这种荒唐局面，竟然持续80多年，直到1840年鸦片战争的大炮轰开"天朝帝国"的大门。

2. 古代中国对外经济交往的法理内涵

中国古代史上对外经济交往的兴衰起落，主要脉络大体如上。其间有几条历史轨迹和法理原则隐约可辨，值得后人借鉴：

（1）古代中国开展对外经济交往，是国内生产力发展的结果，也是生产力进一步发展所必需。中国历史上明智的统治者能顺应历史发展的需求，积极推动对外经济交往，体现了强者的远见、自信、胆气和魄力；愚昧的统治者则惯于逆历史潮流而动，妄图禁止对外经济交往，体现了弱者的短视、昏庸、怯懦和无能。两种截然相反的对外经济政策，前者造福社会，后者危害国家，千秋功罪，历史早有评说。

（2）古代中国的对外经济交往，其主要动因既然植根于社会生产力的发展，它自身就具有强大的生命力。如不因势利导，却愚蠢地加以禁止，总是禁而不止。秦汉

---

[51] 参见《明史·食货五》，"市舶"，中华书局1974年版，第7册，第1981页。
[52] 中国在鸦片战争中败北后，俄国沙皇政府"趁火打劫"，以武力威胁，迫使中国清朝政府相继签订了1858年的中俄《瑷珲条约》、1860年的中俄《北京条约》等，侵夺了原属中国的大片领土及其漫长的海岸线。
[53] 参见《清史稿·食货六》，"征榷"，中华书局1976年版，第13册，第3675—3685页。

以来,在中国古代两千多年的对外经济交往史上,虽然经历了许多曲折和起落,甚至两度锁国闭关,但总的来说,积极开展对外经济交往,显然是历史长河中的主流。相应地,在对外经济交往中积极主动、大胆进取的精神,一向是中华民族诸多优良传统中的一项重要内容。把闭关锁国的失误和蠢举说成是中国历史的主导传统,那是对中国历史的误解、无知或曲解。

(3) 在古代中国长期的对外经济交往中,基本上体现了自主自愿和平等互利的法理原则。历代政府和百姓对来自异邦的客商,向来以礼相待,优遇有加,使其有利可图。中国传统的大宗出口商品是丝绸、漆器、瓷器、茶叶之类,进口的是中国所罕缺的各种异土方物。这些中外物质文明的交换,是以完全自愿、互通有无、文明交易的方式进行的。较之西方强国对外贸易史上盛行多年的商盗一体、杀人越货、猎奴贩奴之类的罪恶买卖,向来泾渭分明,迥然不同。

中外物质文明的交换,有效地促进了整个人类文明的交融与提高。中国的育蚕、缫丝、制瓷、造纸、印刷、火药、指南等技术,通过对外经济交往而广泛传播于世界各地,为全人类的进步做出了杰出的贡献。而对外输出的扩大,又反过来不断提高中国的造船、冶金、罗盘等与航海有关的生产技术,不断提高与出口商品有关的各行各业的生产水平。与此同时,中国原先十分罕缺或全然未见的异邦产品,诸如西域良马、阿拉伯"火油"以及芝麻、蚕豆、菠菜、大蒜、甘蔗、甘薯、玉米、花生、烟草等农作物,也先后从世界各地异邦辗转传入中国,促进了中国畜牧业、农业、手工业的发展。有趣的是:今日中国人日常生活中所不可或缺的棉花和棉布,宋代以前一直是珍稀的"舶来品"。宋元之间才开始从异邦引种的棉花,至元明两朝已普遍种植和大量出产,并使棉纺织业迅速成长为中国新兴的、与国计民生息息相关的主要手工业之一。它不但大大改变了中国历代以丝葛麻褐为主要织物的衣着传统,使广大平民百姓普受其惠(对他们说来,丝绸太贵,葛麻太粗,棉布则物美价廉),而且逐步发展成为中国出口的主要商品之一,同时也成为明代以来国库税收的主要来源之一。[54] 棉花从异域到中国"落户生根"的过程,实际上是一项新产品和新技术"引进→消化、发展→输出"的成功事例。

有一种流传甚广的传统观点认为:中国古代的对外经济交往,主要是"朝贡贸

---

[54] 据明代鸿儒、史学家丘濬考证:"自古中国所以为衣者,丝麻葛褐四者而已。汉唐之世,远夷虽以木绵〔棉花之古称〕入贡,中国未有其种,民未以为服,官未以为调〔赋税之古称〕。宋元之间,始传其种入中国。关、陕、闽、广,首得其利,盖此物出外夷,闽、广海通舶商,关、陕壤接西域故也。然是时犹未以为征赋,故宋、元史'食货志'〔经济史〕皆不载。至我朝〔明朝〕,其种乃遍布于天下〔中国境内〕,地无南北,皆宜之〔适合种植〕;人无贫富,皆赖之。其利视丝枲〔比之丝和麻〕,盖百倍焉。"参见(明)丘濬:《大学衍义补》卷二十二,"贡赋之常",收辑于《文渊阁四库全书》(影印本),商务印书馆1986年版,第712册,第307页;(汉)桓宽:《盐铁论》(简注本),中华书局1984年版,第224页。

易",旨在满足封建统治者对奢侈品的需要,对中国的经济发展和平民的经济生活,并无多大积极影响,甚至害大于利。其实,这也是一种历史的误解或偏见,并不符合史实。棉花效劳中华,即是一大例证。可见,在中国古代的对外经济交往中,平等互利既是公平的行为准则,又是正常的社会后果。在对外经济交往中努力实现平等互利,显然是中华民族诸多优良传统中的又一项重要内容。

(4) 古代中国的对外经济交往源远流长,并且有过相当发达的时期。但由于历史的和阶级的局限,其规模和意义都难以与近现代的对外经济交往相提并论。它的存在和发展,主要是与中国绵延两千多年的封建制生产方式紧密联系的。因此,对外经济交往的规模、水平和社会影响,在很大程度上受到国内封建自然经济的限制和束缚。封建后期,随着这种生产方式内在活力的不断衰退,对外经济交往也就相应地陷于停滞,甚至走向没落。至于长期以来在对外交往中自视为"天朝大国",把外国人前来修好通商称为"蛮夷来朝",在官方换货贸易中硬把对方商品称为"贡",把中方商品称为"赐",把接待外商使团的宾馆称为"蛮夷邸",诸如此类的观念和有关记载,处处显现了封建统治者和封建文人的自大与虚荣。这种阿Q心态,迥异于应有的民族自尊,显然是不足为训和应予批判的。

(三) 半殖民地半封建中国的对外经济交往及其"法理"内涵

鸦片战争的巨炮轰开中国的大门之后,中国的对外经济交往发生了重大的转折和急剧的变化:从独立自主转变为俯仰由人,从平等互利转变为任人宰割。

1. 半殖民地半封建中国对外经济交往简况[55]

继 1840 年英国侵华的鸦片战争之后,殖民主义、帝国主义列强又发动了多次侵华战争,如 1857 年的英法联军战争、1884 年的中法战争、1894 年的中日战争,1900 年的八国联军侵华战争。用战争暴力打败中国,迫使昏庸无能的统治者俯首就范之后,列强不但占领了中国周围许多原由中国保护的国家,而且侵占或"租借"了中国的一部分领土。例如,日本侵占了台湾和澎湖列岛,"租借"了旅顺,英国侵占了香港,法国"租借"了广州湾。割地之外,又勒索了巨额的赔款。1931—1945 年,日本由局部而全面地发动了侵华战争,在长达 14 年的时间里陆续使中国的大片领土直接沦为日本的殖民地,从而使中国的土地和各种自然资源遭到空前残酷的掠夺和洗劫。

列强强迫中国订立了许多不平等条约,攫取了各种政治、经济特权,严重破坏了中国的政治主权和经济主权。根据这些不平等条约,列强除了取得在中国驻扎军队

---

[55] 参见《中国革命和中国共产党》,载《毛泽东选集》第 2 卷,人民出版社 1991 年版,第 626—631 页。

的权利和领事裁判权之外,还把全中国划分为几个帝国主义国家的"势力范围",即列强按照各自的实力,在中国划定某一地区,作为自己实行政治控制和经济掠夺的专属领域,对中国进行变相的瓜分。例如,长江中下游诸省划为英国的势力范围,云南和两广划为法国的势力范围,山东划为德国的势力范围,福建划为日本的势力范围,东北诸省原划为帝俄的势力范围,1905年日俄战争后,东北地区的南部改划为日本的势力范围。

根据不平等条约,列强控制了中国一切重要的通商口岸,并在许多通商口岸中强占一定地区作为它们直接实行殖民统治的"租界"。它们喧宾夺主和反宾为主,控制了中国的海关和对外贸易,控制了中国的水陆空交通事业(包括至关紧要的内河航行权)。这样,就便于在中国广阔的市场上大量倾销它们的商品,牟取巨额利润。与此同时,又使中国的农业生产服从于西方列强的经济需要,为它们提供大量贱价的原材料和消费品。

根据不平等条约,列强在中国攫取和垄断矿山开采权、铁路修筑权和管理权,经营各种工矿企业,随心所欲地掠夺中国的自然资源,直接利用中国便宜的原料和廉价的劳动力,榨取超额利润,并借此对中国的民族工业进行直接的经济压迫,甚至加以扼杀。

根据不平等条约,列强以苛刻的条件贷款给中国政府,并在中国开设银行,从而垄断了中国的金融和财政,在金融上、财政上扼住了中国的咽喉。列强除了对中国实行直接的控制、掠夺和盘剥之外,又极力培植了一个买办资产阶级,作为它们的在华代理人,为列强的对华盘剥事业效劳。此外,列强还与中国广大农村的封建势力相勾结,以加强对中国的全面榨取。

列强在对华经济交往中,利用其政治上、军事上的强权地位和经济上、技术上的绝对优势,迫使中国方面接受各种苛刻的不等价交换条件。不等价交换的长年积累和不断扩大,造成中国国际收支的巨额逆差和国民财富的大量外流,造成中国的民穷财尽。为了弥补国际收支逆差,中国不得不大量举借外债,从而加深了中国对列强的依赖和屈从,这又反过来进一步扩大了不等价交换的范围,形成了中国对外经济交往中的恶性循环。

2. 强加于半殖民地半封建中国对外经济交往的"法理"

半殖民地半封建时期中国的国民经济命脉,完全操纵在殖民主义、帝国主义列强及其在华代理人手中。在这段时期里,由于中国的政治主权和经济主权受到严重破坏,中国的对外经济交往,无论在国际贸易、国际投资、国际金融、国际税收的哪一个方面,无论在国际生产、国际交换、国际分配的哪一个领域,始终贯穿着两条线索或两大痛楚:第一,中国这一方无权独立自主,无法自由选择,无力控制管理。在对外经济交往中,往往处在非自愿、被强迫的地位,受制于人,听命于人。第二,中国这一方,人低一等,货贱多级,在对外经济交往中,总是遭到不平等的屈辱对待,忍受不等价的交换和盘剥。

这两大痛楚并不是孤立存在的,它们蕴含着和体现了当时盛行于国际社会的基本法理:弱肉强食,理所当然,法所维护。换言之,弱肉强食的原则,不仅被列强推崇为"文明"国家的正当行为准则,而且通过国际不平等条约的缔结和签订,取得了国际法上的合法地位和约束力。

中国民主革命的先驱孙中山毕生致力于推翻清朝封建统治,建立民主共和,反抗列强侵略中国,废除列强强加于中国的不平等条约。他早在1904年就撰文有力地批判为列强侵华张目的"黄祸"论,指出,一旦中国人获得独立自主并与外国平等交往,"黄祸"可以变成"黄福"——不仅给中国人而且给全世界都带来大好处、大福祉。[56] 遗憾的是,由于历史的局限和国内外反动势力的阻挠,孙中山先生的真知灼见和善良愿望长期未能完全实现。

上述这两种历史痛楚,自鸦片战争以来,在中国延续达一百多年,经过中国人民长期的奋力抗争,才以社会主义新中国的成立而告终止。它逝去不久,人们记忆犹新。可以说,今日中国在对外经济交往中之所以如此强调独立自主与平等互利,正是对上述历史痛楚的认真反思和科学总结。中国与第三世界诸国一起,之所以如此大声疾呼要求改造国际经济旧秩序,要求在国际经济交往中废除旧的、弱肉强食的法理原则,建立新的、平等互利的法理原则,其共同目的,正是为了在世界范围内尽早地全面结束这种历史痛楚。

(四) 社会主义新中国的对外经济交往及其法理原则

解放战争的胜利和中华人民共和国的成立,使中国摆脱了帝国主义及其在华代

---

[56] 孙中山写道:"有人时常提出这样一种在表面上似乎有道理的论调,他们说:中国拥有众多的人口与丰富的资源,如果它觉醒起来并采用西方方式与思想,就会是对全世界的一个威胁;如果外国帮助中国人民提高和开明起来,则这些国家将由此自食恶果;对于其他各国来说,它们所应遵循的最明智的政策,就是尽其可能地压抑阻碍中国人。一言以蔽之,这种论调的实质就是所谓'黄祸'论。这种论调似乎动听,然而一加考察,就会发现,不论从任何观点去衡量,它都是站不住脚的。这个问题除了道德的一面,即一国是否应该希望另一国衰亡之外,还有其政治的一面。中国人的本性就是一个勤劳的、和平的、守法的民族,而绝不是好侵略的种族;如果他们确曾进行过战争,那只是为了自卫。……如果中国人能够自主,他们即会证明是世界上最爱好和平的民族。再就经济的观点来看,中国的觉醒以及开明的政府之建立,不但对中国人,而且对全世界都有好处。全国即可开放对外贸易,铁路即可修建,天然资源即可开发,人民即可日渐富裕,他们的生活水准即可逐步提高,对外国货物的需求即可加多,而国际商务即可较现在增加百倍。能说这是灾祸吗?国家与国家的关系,正像个人与个人的关系。从经济上看,一个人有一个贫苦愚昧的邻居还能比他有一个富裕聪明的邻居合算吗?由此看来,上述论调立即破产,**我们可以确有把握地说,黄祸毕竟还可以变成黄福。**"参见《中国问题的真解决》,载《孙中山选集》(上卷),人民出版社1956年版,第61—62页。一百多年前孙中山先生提出的上述预见,正在由当今独立自主、和平崛起的中国逐步实现之中,在互惠、互利、共赢的基础上,中国正在为全球经济共同繁荣带来重大的"黄福",这是任何不戴霸权有色眼镜的人都无法否认的事实。

理人的反动统治,摆脱了半殖民地的屈辱地位,成为政治上完全独立的社会主义主权国家。这就为中国进一步争取经济上的完全独立,包括对外经济交往上的独立,创造了首要的前提。

1. 独立自主精神的坚持与平等互利原则的贯彻

中国人民深知:不实现经济上的独立,包括对外经济交往上的独立,则已经取得的政治独立就是不完全、不巩固的。因此,彻底铲除帝国主义及其在华代理人对于中国国民经济命脉的垄断权和控制权,彻底改变帝国主义及其在华代理人操纵中国对外经济交往的局面,就成为新中国成立初期的当务之急。

中国政府废除了帝国主义列强根据不平等条约在中国攫取的各种特权,收回了长期由帝国主义者越俎代庖的海关管理权,建立了完全独立自主的新海关。把长期由帝国主义在华代理人——中国官僚买办资产阶级巨头垄断经营的、规模庞大的对外贸易(进出口)企业收归国有,改由国家对进出口贸易实行全面的统制管理。对民族资产阶级经营的外贸企业,则实行利用、限制和改造相结合的政策。在国家的金融和财政大业上,也采取一系列有效措施,排除了帝国主义的垄断、操纵和控制。与此同时,在国内生产领域逐步建立了强大的、占主导地位的社会主义国有经济。这样,就终于使中国的对外经济交往彻底摆脱了对帝国主义的依附,走上了完全独立自主的道路。

新中国在对外经济交往中,一贯遵循平等互利的原则,积极开展国际经济合作,充分尊重对方国家的利益,保护各国来华外商的合法权益,在这个过程中,也有效地促进了中国自身的社会主义经济建设。

可以说,独立自主和平等互利,乃是新中国在对外经济交往中一贯坚持的、最基本的法理原则和行为规范,也是中国对外经济交往健康发展的两大基石。其基本精神,早在新中国成立前夕,就明文载入《中国人民政治协商会议共同纲领》之中。[57]其后,在中华人民共和国的根本大法——《宪法》中,又郑重重申。[58]如果说,中国在沦为半殖民地以前的悠久历史上,在对外经济交往中基本上能够按照自主自愿、平等互利的原则办事,还处在自发的、朴素的阶段,还只是一种传统的习惯,那么,在新中国成立以后,在对外经济交往中坚持独立自主、平等互利原则,就开始进入自觉

---

[57] 1949年9月29日通过的《中国人民政治协商会议共同纲领》,是新中国成立后一段时间内国家政府和全国人民的基本行动准则,起了临时宪法的作用。其中第54、56条规定:中华人民共和国实行独立自主的对外政策,中国政府可在平等互利及互相尊重领土主权的基础上与外国政府建立外交关系。第57条进一步规定:"中华人民共和国可在平等和互利的基础上,与各外国的政府和人民恢复并发展通商贸易关系。"

[58] 1982年通过的《宪法》在"序言"中明文规定:"中国坚持独立自主的对外政策,坚持互相尊重主权和领土完整、互不侵犯、互不干涉内政、平等互利、和平共处的五项原则,发展同各国的外交关系和经济、文化的交流"。此后,中国宪法历经1988年、1993年、1999年以及2004年四度修正,均重申"序言"中的上述规定。

的、成熟的阶段。它不但是中国古代对外经济交往史上优良传统的发扬光大,而且由国家的根本大法正式加以肯定和固定,上升为具有法律拘束力的基本行为规范。

2. 闭关自守意识的终结与对外开放观念的更新

遵循独立自主、平等互利原则开展对外经济交往的道路并不平坦。新中国成立以来在这条道路上就遇到了不少艰难险阻和严重干扰。

从新中国成立之初起,当时极端敌视中国的美国政府为首组织了长达二十多年的对华经济"封锁"和"禁运",企图从经济上扼杀这个新出现的社会主义政权。在美国策动下,十几个主要的资本主义发达国家在1949年11月成立了"巴黎统筹委员会",统筹推行对社会主义国家的"禁运"政策,严格限制其成员国对社会主义国家的出口贸易。在"巴黎统筹委员会"内部特别设立的"中国委员会",是专门对付中国的禁运执行机构,并且针对中国开列了范围特别广泛的禁运货单,称为"中国禁单"。1969年以后,美国总统尼克松虽曾数次宣布对中国放宽"禁运",但直至1994年3月,"巴黎统筹委员会"仍在发挥作用。[59] 此后,该委员会虽已宣告解散,但其长期对华"禁运"的恶劣影响,至今尚未完全消除。

20世纪50年代至60年代初,由于美国为首组织和推行对华经济封锁政策,中国的对外经济交往对象主要限于当时的苏联和东欧社会主义国家。但是,在50年代中期以后,苏联在对华经济交往和经济合作中,常常表现出大国沙文主义和民族利己主义倾向,并且假借"社会主义国际分工"的名义,反对中国在独立自主的基础上发展经济,力图使中国成为它的原料供应基地和剩余产品推销市场。自1960年起,当时的苏共领导人将中苏两党之间的思想分歧扩大到国家方面,对中国施加政治上、经济上和军事上的巨大压力,企图迫使中国就范。1960年7月,苏联政府突然片面决定,在一个月内全部撤走当时在中国帮助经济建设的1390名苏联专家;接着,撕毁了343个专家合同和合同补充书;废除了257个重大的科学技术合作项目,并在中苏国际贸易方面对中国实行限制和歧视的政策。这些恶化国家关系的严重步骤,突如其来,严重地破坏了当时中国的对外经济交往和对外经济合作,并且曾经在相当长的一段时期内给中国的社会主义经济建设造成重大的混乱和严重的损失。

半殖民地时期中国长期遭受的历史屈辱,20世纪五六十年代帝国主义所强加于中国的经济封锁,以及霸权主义背信弃义对中国所造成的经济破坏,都激发了和增强了中国人民独立自主、自力更生、奋发图强的意识。历史一再教育中国人民:革命和建设的方针要放在自己力量的基点上。在中国这样一个大国,尤其必须主要依靠

---

[59] 参见《"巴统"的替代机构面临诸多问题》,载《参考消息》1993年12月28日;《"巴统"虽已解散,出口管制犹存》,载《国际商报》1994年4月26日。

自己的力量发展革命和建设事业。尽管中国经济文化还相当落后,急需争取外援,特别需要学习外国一切对我们有益的先进事物,但是,中国在对外经济交往中,对待世界上任何大国、强国和富国,都必须坚持自己的民族自尊心和自信心,决不允许有任何奴颜婢膝、卑躬屈节的表现。这样的独立自主意识和自力更生方针,当然是十分必要、完全正确的。

但是,一个倾向掩盖着另一个倾向。在中国特定的历史条件下,也产生了对于独立自主、自力更生的片面认识和错误理解。

中国经历了漫长的封建社会,自给自足的自然经济曾经长期居于统治地位。千百年形成的习惯势力和传统观念促使人们往往用狭隘的自给自足观点去理解社会主义经济建设。

新中国初期的经济建设取得一定成果后,滋长了骄傲自满情绪,长期存在着"左"倾思想:急于求成,忽视客观的经济规律,夸大主观意志的作用。在"左"倾思想影响下,人们忽视参加国际分工、利用国外资源、开拓国外市场的客观需要,认为社会主义国家可以"万事不求人",可以完全按照自己的意志关起门来进行社会主义经济建设,并且不自觉地把独立自主、自力更生同积极开展对外经济交往、大力争取外援机械地割裂开来,甚至对立起来。半殖民地时期的历史屈辱,五六十年代帝国主义的经济封锁和霸权主义的经济破坏,反复多次的、痛苦的历史经验促使人们对于开展对外经济交往深怀戒心,常存疑惧,并且从中派生出闭关自守和盲目排外的情绪。

"文化大革命"时期,林彪、江青两个反革命集团出于篡党夺权的罪恶目的,将上述几种错误思想搅在一起,推向极端,把许多正当的和必要的对外经济交往(特别是学习外国先进经验、引进先进技术和发展对外贸易),一概诬为"崇洋媚外""卖国主义"和"洋奴哲学",造成了空前的思想混乱。

在上述几种历史因素和几种错误思想的相互作用下,新中国的对外经济交往不能不受到重大的消极影响,从而使中国的社会主义经济建设一次又一次地失去了调动国外积极因素的良机,造成了许多无谓的损失,拉大了与先进国家经济发展水平的差距。

1978年12月召开的中国共产党第十一届三中全会,开始全面认真地纠正"文化大革命"中及其以前的"左"倾错误,作出了把工作重点转移到社会主义现代化建设上来的战略决策,并且通过国家机关,全面认真地实施这一重大决策。这是新中国成立以来具有深远历史意义的伟大转折。

在全面拨乱反正、全国工作中心转移到经济建设方面的新形势下,中国共产党审时度势,及时提出了在经济上对外开放的基本国策,从而使源远流长的中国对外经济交往,开始进入一个崭新的、更加自觉、更加成熟的历史发展阶段。

1993年,在系统地总结15年来经验的基础上,中国《宪法》正式规定:"国家实行社会主义市场经济";中国共产党第十四届三中全会针对在中国建立社会主义市场经济体制问题,提出了纲领性的文件,从而大大加快了对外开放的步伐,大大加强了对外开放的力度、广度和深度。

历史事实已充分说明:中国的发展离不开世界,关起门来搞建设是不能成功的。实行对外开放,完全符合当今时代的特征和世界经济技术发展的规律,是加快中国现代化建设的必然选择,是中国必须长期坚持的一项基本国策。中国既必须始终把独立自主、自力更生作为自己发展的根本基点,又必须打开大门搞建设,大胆吸收和利用国外的资金、先进技术和经营管理方法,把坚持发扬中华民族的优秀传统文化同积极学习人类社会创造的一切文明成果结合起来,把利用国内资源、开拓国内市场同利用国外资源、开拓国际市场结合起来,把对内搞活同对外开放结合起来,这样,就能不断地为中国社会主义现代化建设提供强大的动力。同时,在对外开放的过程中,必须始终注意维护国家的主权和经济社会安全,注意防范和化解国际风险的冲击。基于这种认识,中共中央进一步强调:中国应当以更加积极的姿态走向世界,不断丰富对外开放的形式和内容,不断提高对外开放的质量和水平,完善全方位、多层次、宽领域的对外开放格局。[60]

进入21世纪以来,国际形势继续发生深刻复杂的变化,世界多极化和经济全球化的趋势在曲折中发展,科技进步日新月异,重大的发展机遇与多元的严峻挑战同时并存。尽管当今世界还存在着这样那样的矛盾和冲突,不确定、不稳定因素有所增加,但和平与发展仍是当今时代的主题,世界要和平、国家要发展、人民要合作是不可阻挡的历史潮流。就中国而言,30多年来,中国坚定不移地推进改革开放,社会主义市场经济体制初步建立,开放型经济已经形成,社会生产力和综合国力不断增强,各项社会事业全面发展,人民生活总体上实现了由温饱到小康的历史性跨越。[61]

总结过去,展望未来,中国人怀着恰如其分的民族自信和民族自豪,不卑不亢地

---

[60] 参见江泽民:《高举邓小平理论伟大旗帜,把建设有中国特色社会主义事业全面推向二十一世纪——在中国共产党第十五次全国代表大会上的报告》(1997年9月12日);《在纪念党的十一届三中全会召开二十周年大会上的讲话》(1998年12月18日)。

[61] 参见胡锦涛:《中国的发展 亚洲的机遇》,在博鳌亚洲论坛2004年年会(含"中国和平崛起与经济全球化圆桌会议")开幕式上的演讲,载《人民日报》2004年4月25日第1版。

向世界宣布:"今天的中国,是一个改革开放与和平崛起的大国。"[62]

当前,中国人民正处在彻底地终结闭关自守意识,进一步更新对外开放观念,努力建立完善的社会主义市场经济体制的发展过程之中;正处在举世瞩目的迅速"和平崛起"过程之中。依据最新的战略决策,中国"和平崛起"的进程正在进入一个新的发展阶段,把对外开放与经济改革更加紧密地联系起来。2010年,中国共产党十七届五中全会宣布,2011—2015年,中国将在经济社会领域推动一场深刻变革,加快转变经济发展方式,坚持把改革开放作为加快转变经济发展方式的强大动力。要实施互利共赢的开放战略,进一步提高对外开放水平,积极参与全球经济治理和区域合作,以开放促发展、促改革、促创新,积极创造参与国际经济合作和竞争的新优势。同时,要高举和平、发展、合作旗帜,奉行独立自主的和平外交政策,坚持走和平发展道路,积极参加国际合作,维护我国主权、安全、发展利益,同世界各国一道推动建设持久和平、共同繁荣的和谐世界。[63]

自觉地促使上述这个过程早日完成和持续发展,从而进一步推动中国自身的社会主义建设和加强中国在繁荣世界经济中的应有作用,这是历史赋予当代中国人的重大使命。

(五) 中国的和平崛起与长期实行和平外交政策是历史的必然

从以上的简略回顾中,不难窥见若干历史轨迹:

第一,在数千年的历史长河中,中国曾经有过积极开展对外经济交往的优良历史传统。贯穿于古代中国对外经济交往中的法理内涵,是自发的、朴素的独立自主和平等互利原则。这是无可怀疑的历史主流。

其所以然,是与中国数千年来传承与发展的儒家思想和主流社会意识密切相关的。儒家历来倡导"四海之内皆兄弟也"[64],"礼之用,和为贵"[65],"己所不欲,勿施

---

[62] 温家宝:《把目光投向中国》,2003年12月10日在哈佛大学发表的演讲,http://www.people.com.cn/GB/shehui/1061/221298.html。
[63] 参见《中国共产党第十七届中央委员会第五次全体会议公报》(2010年10月18日),http://news.xinhuanet.com/video/2010-10/18/c_12673249.htm。
[64] 《论语·颜渊》。笔者认为,儒家此说乃是中华民族爱国主义的思想渊源和重要内涵之一,与马克思主义国际主义思想的核心理念互相融通。参见陈安:《论中国在构建国际经济新秩序中的战略定位》,载《现代法学》2009年第2期,第5页。
[65] 《论语·学而》。意思是,按照公认的正当行为规范来处理一切事情,就是要人和人之间的各种关系,都能够调整适当,使彼此都能融洽相处。孔子认为,过去的明君圣王,在调整人和人关系中最重要的地方,就在于能使人们之间能够根据"礼"的要求,达到普遍和谐。

于人"[66]。这些儒家理念被众多中国人广泛接收,形成为社会主流意识,成为历代中国人处事待人的基本道德规范和行为准则,使历代中国人习惯于"以和谐精神凝聚家庭、敦睦邻里、善待他人"。和谐文化培育了中华民族热爱和平的民族禀性。举世闻名的"丝绸之路"是一条贸易之路、文化之路、和平之路,铭刻下中国古人追求同各国人民友好交流、互利合作的历史足迹。中国明代著名航海家郑和"七下西洋",远涉亚非30多个国家和地区,展现的是中华灿烂文明和先进科技,留下的是和平与友谊。[67]

至于1219—1225年铁木真和1235—1242年拔都的两度"西征",都是早年漠北地区游牧部落蒙古人所为,都远在1271年蒙古人忽必烈建立元朝之前数十年。然后,这部分蒙古人开始接受儒家理念的熏陶,又经历了约百年,逐渐融入中华民族的整体。因此,含糊笼统地说"中国元朝派大军侵入欧洲造成黄祸"云云,那是不符合历史真实的,甚至是别有用心的。

在中国封建社会后期的一段时间内,由于封建统治者的愚昧和实行"锁国""海禁"政策,上述优良传统曾经受到严重扭曲。但在中外经济交往互动的历史长河中,那只是短暂的小支流,挡不住上述历史主流的滚滚向前。

第二,鸦片战争之后百余年间,半殖民地半封建中国的对外经济交往是在殖民主义和帝国主义列强高压、胁迫和操纵之下进行的,其原有的自发、朴素的独立自主、和平等互利的法理原则,被彻底摧毁,荡然无存,取而代之的"法理"原则是丧权辱国的"条约"化和弱肉强食的"合法"化。

在这个历史阶段中,中国是举世公认的被威胁者、被侵略者,而包括美国在内的殖民主义、帝国主义列强,则是毋庸置疑的威胁者、侵略者。

第三,社会主义新中国成立后,中国开始在新的基础上积极开展对外经济交往,促使中国历史传统上自发的、朴素的独立自主、和平等互利的法理原则,开始进入自觉的、成熟的发展阶段。但是,在国内外多种消极因素的综合影响下,这个发展进程曾经遇到各种艰难险阻和严重干扰。

在这个历史阶段中,新中国遭受两个超级大国为首的封锁、威胁和欺凌,中国依然是被威胁者、被侵害者,而包括美国在内的坚持殖民主义、帝国主义既得利益的列

---

[66] 《论语·卫灵公》。这句话揭示了处理人际关系的重要原则,指正派的人应当以对待自身的心态来对待他人,尊重他人,平等待人。倘若自己所讨厌的事物,强加于他人,势必会破坏与他人的和睦友好关系。故切忌将自己所不欲施之于他人。秉持儒家这一传统原则和理念,既然中国人在历史上曾多次饱受外族外敌入侵的祸害,对此深恶痛绝,就不应在自己和平崛起之际和之后,恃强凌弱,侵害他国和四邻。

[67] 参见《中国的和平发展》白皮书,第四节,http://www.scio.gov.cn/zfbps/ndhf/2011/Document/1000032/1000032_1.htm。

强,则仍然是毋庸置疑的威胁者、加害者。

中国人民经过将近30年艰苦卓绝的对外排除强权和对内拨乱反正,终于在1978年底以来的30多年间,使中国积极开展对外经济交往的优良历史传统,在更加自觉和真正成熟的独立自主与平等互利法理原则指导下,获得辉煌夺目的发扬光大。

一言以蔽之,从5000多年文明史中走来的中国人民,继承了中华文化的优秀传统,又赋予这一文化新的时代内涵。当今中国奉行独立自主与平等互利法理原则指导下的和平外交政策,不但是中国数千年优良历史传统的传承和发扬,而且是中国30年来和平崛起的主要原因之一。没有近30年来东亚相对安宁的国际和平环境,就不可能有中国近30年的和平崛起。今后中国的继续和平崛起,也绝对需要一个在各国独立自主与平等互利法理原则指导下的长期的国际和平环境——这是中国人民、亚洲人民乃至全球人类的共同期待,也是最浅显易懂、不说自明的政治常识。[68]

然而,"树欲静而风不止",历史似乎会倒退。美国"冷战思维之父"凯南早在1984年就坦率承认,某些美国人有个"真古怪"的乖癖:"时时刻刻都想在我们的国境以外找到一个罪恶中心,以便把我们的一切麻烦都算在它的账上";"总是自动而有意识地夸大假想敌国的军事潜力,从而大大增强全国人民对这个假想敌的怀疑、恐惧和对抗心理。"[69]如今,怪癖再次发作,他们终于再次如愿以偿地找到这样一个新的"罪恶的中心"——中国,借以在美国国内进行"敌忾同仇"的精神动员,蒙蔽美国人民盲目地支持当今美国当局穷兵黩武、称霸全球的一切行径。于是,形形色色、花样翻新的"黄祸"论—"中国威胁"论又纷纷出笼了,除前述每年一度美国官方抛出最高档次的"中国军事威胁"论、"中国经济威胁"论之外,还有"中国发展模式威胁"论、"中国环境威胁"论、"中国意识形态威胁"论、"中国技术威胁"论、"中国粮食消费威胁"论、"中国食品出口威胁"论、"中国股票威胁"论、"中国移民威胁"论、"中国间谍威胁"论、"中国留学生威胁"论,等等。似乎美国等"西方国家民众面临的一切苦恼都可以归因于中国:税收太高是因为政府必须扩充军备以平衡中国日益现代化的军事力量;全球变暖是因为中国工业发展导致温室气体排放量增加;失业率高是因为中国廉价商品的倾销打垮了国内制造业;吃的东西不安全是因为中国出口的食品有农药残留,连狗生病了,都是因为中国出口的宠物食品含有毒素……其丰富的联想能力不能不让人'佩服'"[70]。

---

[68] 参见《中国的和平发展》白皮书,第四节,http://www.scio.gov.cn/zfbps/ndhf/2011/Document/1000032/1000032_1.htm。

[69] 〔美〕乔治·凯南:《美国外交》(增订本),葵阳等译,世界知识出版社1989年版,第130、137—138页。

[70] 孙力舟:《史海钩沉:人民日报40年前就驳"中国威胁论"》,http://zw.bqjzj.com/detail/eolga.html。

人们不免回想起：大约 45 年前，时任美国高官"远东事务助理国务卿"的威廉·邦迪以《美国和共产党中国》为题，发表了长篇讲演，系统阐述"中国威胁"论。[71] 他宣称"毫无疑义，共产党中国是美国外交政策面临的最严重和最麻烦的问题。美国认为，北京外交政策的目标以及用以实现这些目标的策略，都十分尖锐地触及亚洲的战争与和平问题；触及亚洲以及全球亿万人的自由与生命问题"。他用"世界警察"和"亚洲救世主"的腔调，妄图证明，由于中国的目标是通过革命输出，征服亚洲，而美国的目标是"维护"亚洲国家的"自由和独立"，"帮助亚洲国家取得发展和进步"。因此，美国必须同中国在亚洲和全世界"针锋相对"，美国"没什么选择余地，只能挺身抵抗，以坚定的态度对付共产党中国人"。邦迪这种谬论当即遭到中国《人民日报》一位"观察家"针锋相对的迎头痛击："每一个有常识的人都要问：美国在东太平洋，中国在西太平洋，两国相距何止万里，中国在美国的领土上没有一兵一卒，中国在美国的周围没有一个军事基地，怎么会使美国'没有什么选择余地'，非要同中国大干一场不可呢？""当邦迪站在加利福尼亚一个学院的讲坛上高谈阔论的时候，又是哪个国家的飞机在越南的土地上丢下成千上万吨的炸弹，哪个国家的几十万军队在越南的土地上，使用各种各样的现代化武器，进行一场大规模的侵略战争呢？"[72]

45 年后的今天，当年邦迪论证"中国威胁"的荒谬逻辑似乎仍被美国高官和高层学者们沿袭应用。相应地，中国"观察家"当年的犀利驳斥仍然铿锵有力，掷地有声，只不过如今应当用"伊拉克""阿富汗""巴基斯坦"等国名取代当年的"越南"国名罢了！人们不禁要问：不久之后，还将有哪些国家，特别是亚洲国家，会在"中国威胁"论的恫吓之下，有福"享受"美国恩赐的狂轰滥炸和大军入侵？

最近，中国唯一的一艘航母出海试航，又召来美国某些政客、军人、学者和媒体一阵阵关于"中国威胁"的歇斯底里叫嚣。全球稍具普通常识的人都不禁要问：第一，美国现役航母达 12 艘之多，占全球各国现役航母总数的一半以上，[73] 这 12 艘"利维坦魔兽"（Leviathan）及其舰载飞机在全世界各地海洋横冲直撞，多次侵入他国

---

[71] See William P. Bundy, The United States and Communist China, U. S. Dept. of State Bulletin, February 28, 1966, pp. 310-318. Available at: http://hdl.handle.net/2027/uc1.b2931899?urlappend=%3Bseq=199.

[72] 观察家：《驳邦迪》，载《人民日报》1966 年 2 月 20 日第 4 版。

[73] 据报道，美国现有航母 12 艘，其中 10 艘为尼米兹级核动力航母，每艘达 10.1 万吨；俄罗斯仅有 1 艘"库兹涅佐夫海军元帅"号航母；英国有 1 艘"常胜"级常规动力航母；法国有 1 艘"戴高乐"号核动力航母；意大利有"加里波第"号和"卡沃尔"号 2 艘常规动力航母；巴西有 1 艘"巨人"号航母，即购自法国的前"福熙"号常规动力航母；印度有 1 艘"维拉特"号常规动力航母；泰国有 1 艘"加克里·纳吕贝特"号常规动力航母；西班牙有"亚斯图里阿斯王子"号和"约安·卡洛斯"号 2 艘常规动力航母。资料来源：http://en.wikipedia.org/wiki/Aircraft_carrier#Aircraft_carriers_in_service。

领海领空,狂轰滥炸,屠杀无辜平民妇幼;多次闯到他国的"家门口"耀武扬威,展示"肌肉",进行武力恫吓威胁,粗暴干涉他国内政,破坏他国主权、领土的完整和统一。中国作为百余年来深受其害、饱遭威胁的弱势国家,为保卫本国主权领土的完整和统一,如今刚刚起步,开始有了唯一的一艘航母,却招来美国"中国威胁"论的新污蔑和新威胁,这难道不是"只许州官放火,不许百姓点灯"?第二,中国人口众多,居世界首位;国土广袤,居世界第三;海岸线漫长,居世界前列——如此众多的人口,如此广袤的领土,如此漫长的海岸线,需要有包括航母在内的现代武器装备加以保护和保卫,这是不说自明的,难道还要遵照美国的指示,"说明为什么需要航母"?[74] 美国如今已经拥有12艘航母,它何曾向全世界人民逐一说明过"为什么需要航母?为什么需要这么多航母?"第三,中国是联合国安全理事会五个常任理事国之一,对全世界的安全和稳定负有不可推卸的责任;前不久中国乃是上述五个常任理事国之中唯一没有航母的国家,如今第一艘航母刚刚"呱呱坠地,初试啼声",何以就令已有12艘航母的美国某些人一听到婴儿啼声就如闻当头霹雳,并引发歇斯底里,大叫受到"威胁",这难道不正是说明威胁者开始受到反威胁的"威胁"和警告,不正是说明在全球各地到处威胁他国弱者、到处破坏和平稳定的美国某些人开始稍有忌惮,不能再完全随心所欲,为所欲为了么?对全球真正爱好和平稳定的人们说来,这难道不是值得高兴的好事吗?

四、结束语:尊重历史,达成共识

以上所述,可以说是19世纪70年代迄今140多年以来各种版本"黄祸"论—"中国威胁"论的发展脉络、血缘传承及其实践后果的概况。只要认真对照两三千年来中国对外经济交往的大量史实,全球一切正直和明智人士对"黄祸"论及其最新变种"中国威胁"论不难达成以下应有共识:

第一,"黄祸"论是赤裸裸的种族歧视论之一,各代"黄祸"论和其他种族歧视论的鼓吹者和实践者,大都声名狼藉,留下了极不光彩的历史记录,其中德国的末代皇帝威廉二世、俄国的末代沙皇尼古拉二世、德国的纳粹领袖希特勒,都已盖棺定论,被牢牢地钉在历史的耻辱柱上。

---

[74] 2011年8月10日,美国国务院发言人纽兰在例行新闻发布会上表示,美国对中国发展航母一直表示关切,要求中国就拥有航母进行解释,说明为什么需要航母。详见温宪:《偏执的"关切"》,载《人民日报》2011年8月12日第3版。

第二,各代"黄祸"论的本质和核心都是"侵华有理",都是侵华的前导,都以侵华为归宿。当今美国霸权最新版的"黄祸"论——"中国威胁"论,在达成这一归宿之前,在国际政治方面,是为了恐吓中国的周边国家,以扩张美国自己的势力;在国内政治方面,是通过渲染"中国威胁"来"转移视线",平息民众对美国政府的不满,妄图"一箭三雕"!

第三,各代"黄祸"论最惯用的伎俩和政治骗术是"贼喊捉贼",威胁者自称是"被威胁",加害人伪装成"受害人",都是严重歪曲历史,完全背离历史的真实。

第四,**以史为师**,**以史为鉴**,方能保持清醒头脑和锐利目光,避免遭受"黄祸"论21世纪最新变种——美国霸权版"中国威胁"论的欺蒙和利用,避免**"居安不思危"**或**"居危不知危"**;避免为美国霸权主义者**火中取栗**,**引火烧身**!

第9章 美国长期推行侵华反华政策绝非历史的偶然:"美利坚帝国"穷兵黩武四百年

▶▶ 内容提要

美国外交政策相对稳定的基本理念和基本准则就是对外实行殖民主义、帝国主义、霸权主义,只问目的,不择手段。这种基本理念和基本准则,深深植根于"美利坚帝国"立国前后四百余年的实践传统基因;也深深植根于美国主流社会意识和价值体系的传统基因;特别是深深植根于美国的垄断资本主义—帝国主义的经济体制。

▶▶ 目 次

一、有时历史似乎会倒退

二、劣迹斑斑,罪行累累:美国建国前后四百年来的殖民扩张实践

   (一)英国老殖民主义者的传统

   (二)黑奴贸易的血泪史

   (三)"星条旗"上从13颗星骤增到50颗星:美国在北美急剧扩展领土

   (四)"美利坚帝国"对亚非拉美多次发动侵略战争

三、美国的"天定命运"社会思潮

四、美国的"实用主义"哲学理念

五、美国"跨世纪谰言"的总根源:美国的垄断资本主义—帝国主义经济体制

六、中国的底线:绝不拿主权权益做交易,不惹事,但也不怕事

21世纪以来,美国祭出的美国霸权版"中国威胁"论,是与"菲越版"即**南海版**"中

国威胁"论互相唱和,沆瀣一气的。[1]

再者,此次祭出美国霸权版"中国威胁"论,又是与日本新一代军国主义者的"大和版"即**东海版**"中国威胁"论互相勾结,狼狈为奸的。[2]

回顾至此,细心的、善思考的人们定会提出这样的问题:

1. 美国和日本当年曾经争霸太平洋,互为敌国,势不两立,1942年美国在珍珠港事件中曾受日本狡诈偷袭,损失惨重,1945年日本曾受美国两颗原子弹滥炸,无辜平民数十万死于非命。何以这两个势不两立的敌国,如今却结成同盟,抱成一团?这是历史的必然,还是历史的偶然?就美国一方而言,其外交政策有无相对稳定的基本理念和基本准则?

2. 美国和菲律宾当年是宗主国与殖民地关系,美在菲曾长期拥有庞大的苏比克军事基地,但迫于菲律宾民众的强大压力,自1992年11月下旬起其军事力量已撤出多年,如今又在南海版"中国威胁"论烟幕掩护下,大规模卷土重来,"轮值存在"或"轮换驻扎"[3]。这是历史的必然,还是历史的偶然?就美国一方而言,其外交政策有无相对稳定的基本理念和基本准则?

3. 美国和越南当年曾经互为敌国,势不两立,美国曾以阻遏"红色中国共产主义蔓延"为名,大军入侵南越,在北越土地上狂轰滥炸,血腥屠杀,庐舍为墟,在越南人民长期抗击下,1975年终于彻底败北退出。如今又在南海版"中国威胁"论烟幕掩护下,卷土重来,多方煽动越南反华。这是历史的必然,还是历史的偶然?就美国一方而言,其外交政策有无相对稳定的基本理念和基本准则?

以上三个问题的答案是:上述日本、菲律宾、越南三国国情不一,因此,出现上述三种现象的综合原因也各有不同;但是,就美国一方而言,其外交政策却的确具有相对稳定的基本理念和基本准则。

具体说来,美国外交政策相对稳定的基本理念和基本准则就是对外实行殖民主义、帝国主义、霸权主义,只问目的,不择手段。这种基本理念和基本准则,深深植根于美国立国前一百多年以及立国后二百多年的一脉相承的历史实践传统基因;也深深植根于美国主流社会意识和价值体系的传统基因;特别是深深植根于美国的垄断资本主义——帝国主义的经济体制。

---

[1] 参见陈安:《美国霸权版"中国威胁"谰言的前世与今生》,江苏人民出版社2015年版,第140—144页。
[2] 同上书,第144—169页。
[3] 参见《美国防长访菲律宾 寻求扩大美军在菲轮驻》,http://www.chinanews.com/gj/2013/08-30/5228382.shtml。

一、有时历史似乎会倒退

有案可查的人类历史已经证明:世界历史潮流浩浩荡荡,顺之者昌,逆之者亡。但是世界历史潮流之滚滚向前,不可能不遇到各种障碍,有时历史似乎会倒退。

以美国霸权版的"中国威胁"谰言为例,历史就似乎会倒退,倒退了30多年。一如美国"冷战思维之父"凯南早在1984年就坦率承认的那样,某些美国人有个"真古怪"的乖癖:"时时刻刻都想在我们的国境以外找到一个罪恶中心,从而把我们的一切麻烦都算在它的账上";"总是自动而有意识地夸大假想敌国的军事潜力,从而大大增强全国人民对这个假想敌的怀疑、恐惧和对抗心理。"[4]如今,怪癖再次发作,他们终于再次如愿以偿地找到这样一个新的"邪恶的中心"——中国,借以在美国国内进行"敌忾同仇"的精神动员,蒙蔽美国人民盲目地支持美国当局穷兵黩武、称霸全球的一切行径。于是,形形色色、花样翻新的"黄祸"论—"中国威胁"论又纷纷出笼了。

人们也不免回想起:大约50年前,时任美国高官"远东事务助理国务卿"的威廉·邦迪以《美国和共产党中国》为题,发表了长篇讲演,系统阐述"中国威胁"论。[5]他宣称:"毫无疑义,共产党中国是美国外交政策面临的最严重和最麻烦的问题。美国认为,北京外交政策的目标以及用以实现这些目标的策略,都十分尖锐地触及亚洲的战争与和平问题;触及亚洲以及全球亿万人的自由与生命问题"。他用"世界警察"和"亚洲救世主"的腔调,妄图证明,中国的目标是通过革命输出,征服亚洲,而美国的目标是"维护"亚洲国家的"自由和独立","帮助亚洲国家取得发展和进步"。因此,美国必须同中国在亚洲和全世界"针锋相对",美国"没什么选择余地,只能挺身抵抗,以坚定的态度对付共产党中国人"。邦迪这种谬论当即遭到中国《人民日报》一位"观察家"针锋相对的迎头痛击,其伪善面目暴露无遗。[6]

据史料记载:当年在侵越战争中,为镇压越南人民的反抗,美国总统林登·约翰逊(Lyndon Johnson)批准了军方极其残暴野蛮的"滚雷行动"(Operation Rolling Thunder),对越南民主共和国进行狂轰滥炸,大量屠杀手无寸铁的越南平民和无辜

---

[4] 参见〔美〕乔治·凯南:《美国外交》(增订本),葵阳等译,世界知识出版社1989年版,第130、137—138页。
[5] See William P. Bundy, The United States and Communist China, *U. S. Dept. of State Bulletin*, February 28, 1966, pp. 310-318.
[6] 观察家:《驳邦迪》,载《人民日报》1966年2月20日第4版。参见《滚雷行动》,http://zh.wikipedia.org/zh-tw/%E6%BB%9A%E9%9B%B7%E8%A1%8C%E5%8A%A8。

妇孺。在 1965 年 3 月至 1968 年 11 月历时 3 年零 8 个月的"饱和轰炸"中,美国各种飞机共轰炸 41.1 万架次,据美国中央情报局估计,截至 1968 年 1 月 1 日,美军已经造成北越 3.7 亿美元的损失;北越平均每周有约 1000 人伤亡,在 44 个月长的战役中北越军民一共伤亡约 90000 人,其中 72000 人是平民。[7]

50 年后的今天,当年邦迪论证"中国威胁"的荒谬逻辑[8]似乎仍在被美国高官、高层学者和高级媒体们沿袭应用。相应地,中国"观察家"当年针对此类"中国威胁"谬论所作的犀利驳斥至今仍然铿锵有力,掷地有声,只不过如今应当用"伊拉克""阿富汗""巴基斯坦"等国名取代上述话语中的"越南"国名罢了!人们不禁要问:不久之后,还将有哪些国家,特别是亚洲国家,包括当今中国周边国家某些甘心为美国在亚洲推行霸权政策充当"马前卒"的人们,会在"中国威胁"论的欺蒙、恫吓和利诱之下,有福"享受"美国恩赐的狂轰滥炸、大军入侵和血腥屠杀?

如今,邦迪、凯南虽均已作古[9],但当年邦迪身体力行、凯南坦率揭示的冷战思维,却在美国生生不息,代代相传:2012 年,随着美军在"反恐战争"中取得阶段性成果,奥巴马政府重提和加紧推行"亚太再平衡"战略,即"重返亚太"战略。这个战略的基础和核心,就是按美国立国二百多年的传统,凭武力、靠"拳头"说话,计划从 2013 年开始,至 2020 年,将 60％海军舰艇集中到太平洋地区。[10] 自此时起,原来相对太平的太平洋就日益不太平,波涛起伏,日益动荡不安,进入"多事之秋"!

这些最新行径,不过是"故伎重演""痼疾复发",查查美国祖传"家谱",显见乃是美国建国前后四百年来[11]殖民扩张实践的长期持续和不断延伸。

二、劣迹斑斑,罪行累累:美国建国前后四百年来的殖民扩张实践

马克思和恩格斯不止一次地指出,当今美国人的远祖乃是来自英国的殖民者。英国的殖民者及其政客绅士们实际上就是**一伙海盗**。"惯于吹嘘自己道德高尚的约

---

[7] 参见《滚雷行动》,http://zh.wikipedia.org/zh-tw/%E6%BB%9A%E9%9B%B7%E8%A1%8C%E5%8A%A8。
[8] See William P. Bundy, The United States and Communist China, *U. S. Dept. of State Bulletin*, February 28, 1966, pp. 310-318.
[9] 邦迪死于 2000 年,凯南死于 2005 年。
[10] 参见《亚太再平衡战略》,http://baike.so.com/doc/6232088.html;阮宗泽:《美国"亚太再平衡"战略前景论析》,http://theory.gmw.cn/2014-08/17/content_12584087_8.htm。
[11] 从 1607 年英国在北美建立第一个殖民地到 1776 年英属北美 13 个殖民地宣布独立组建美国,历经 169 年,1776 美国建国迄今(2018 年),又历经 242 年。两者相加,共历 411 年。

翰牛,却宁愿用海盗式的借口经常向中国勒索军事赔款"[12]。那些貌似正人君子、"装出一副基督教的伪善面孔"的达官显宦和社会名流,其所作所为,充分说明他们大量地保留了他们历代"祖先所特有的古老的海盗式掠夺精神"[13]。杀人越货、谋财害命、敲诈勒索、坐地分赃等等,都是他们的祖传惯伎。在对待弱国的外交活动中,他们的拿手好戏是捏造罪名、恫吓讹诈;两面三刀、挑拨离间;收买内奸、组织叛乱;甚至不惜篡改和伪造外交文件,颠倒黑白、欺世惑众,煽动战争歇斯底里。对于这些阴谋诡计和卑劣手段,马克思和恩格斯都援引确凿可靠的事实、史料和文件,一一揭穿内幕,剥夺其招摇撞骗的资本,暴露其丑恶无耻的嘴脸。同时,也严正地警告这些唯利是图的殖民者:他们的侵略掠夺活动所获得的"纯利",只不过是在广大被压迫民族中给自己招来仇恨,终将导致他们自己的彻底覆灭。[14]

英国殖民主义者历代"祖先所特有的古老的海盗式掠夺精神",在他们登上美洲大陆的四百年来,获得了代代传承、扩大,并且由其美国后裔们进一步发展成为不断向全球扩张的美国霸权主义。

在登上美洲大陆的四百年来,英国殖民主义者及其美国后裔们之所以热衷于不断向北美西部、中美、南美、亚洲、非洲乃至全球开疆拓土和扩大势力范围,极力实行殖民主义和帝国主义扩张政策,说到底,就是为了攫取各种自然资源和人间财富。践踏他国主权,霸占他国领土——这是殖民主义者使掠夺稳定化、经常化、长期化的必要手段和必然趋势。从经济学的观点看来,领土本身便意味着肥沃的农耕土地、广袤的种植园、农场、畜牧场;茂密的森林和丰富的木材;地面下各种珍贵的矿藏;领土上的千千万万居民则是用之不竭的劳动力和取之不尽的赋税财源。夺得了领土便意味着攫取了这一切财富,殖民主义者是深知这个真谛的。因此,亚、非、美的广阔疆土,往往在弱肉强食的"丛林原则"下一大片又一大片地沦为欧美列强的殖民地或"势力范围"。进而言之,占领或夺得他国领土之后,又可进一步有权攫取其周边领海、大陆架、经济专属区的水中渔业资源、海底油气资源以及其他各种珍贵矿藏;还可以有权管控周边海上航运和交通要道,从而攫取各种经济利益。

兹就英国殖民主义者及其美国后裔们四百年来的殖民扩张,择其荦荦大端,简述如下:[15]

---

[12] 马克思:《英中条约》,载《马克思恩格斯全集》第12卷,人民出版社1962年版,第605页。
[13] 恩格斯:《英人对华的新远征》,载《马克思恩格斯全集》第12卷,人民出版社1962年版,第186、590页。
[14] 参见马克思:《与波斯签订的条约》,载《马克思恩格斯全集》第12卷,人民出版社1962年版,第249页,并参阅同卷《英中冲突》《议会关于对华军事行动的辩论》《鸦片贸易史》以及第13卷《新的对华战争》等文。
[15] 参见陈安:《美国霸权版"中国威胁"谰言的前世与今生》,江苏人民出版社2015年版,第171—210页。

(一) 英国老殖民主义者的传统

就美国的历史而言,一般的说法是从英国在北美建立殖民地开始的。北美殖民地时期的历史,是指 1607 年英国在北美建立第一个殖民地到 1776 年美国宣布独立时期的历史。17 世纪初,在欧洲列强争夺北美的热潮中,伦敦的富商们在英王的支持下,采用民间集资入股的方式,发起并组建了以殖民北美为目标的"弗吉尼亚公司"或称"伦敦公司"。它的成员由两部分人构成,一是被称作冒险家的股东;二是受股东雇用、从事殖民地开拓的殖民者。[16] 这些公司名为"贸易公司",实为"商盗一体",是英国殖民者在海外进行商业和走私、海盗活动、奴隶贩卖的综合性机构。[17] 北美移民中有富商投机家、破产绅士、冒险家,还有被遣送到北美洲服刑的罪犯,被迫出卖劳动力在欧洲就订立契约而运到北美洲服苦役的贫苦劳动人民、清教徒等。[18]

英国在北美洲东部大西洋沿岸进行了一个多世纪的霸占和侵略活动,陆续建立起 13 个殖民地,称为"英属北美殖民地"(British Colonies in North America)。[19]

以下就四百年来英美殖民主义者在美洲大陆以内和美洲大陆以外的长期侵略扩张行径作概要的回顾,以验证美国霸权主义者当今强化在全球的侵略扩张行径,绝非历史的偶然,而是其祖祖辈辈残暴成性和极端利己的海盗基因(DNA)的必然传承和恶性发展。

(二) 黑奴贸易的血泪史

在美洲,经过欧洲殖民者长期的屠杀和虐杀,美洲印第安民族土著居民人口锐减。矿山、种植园数量的增加和规模的扩大同奴隶来源的日益衰竭,形成了尖锐的矛盾。为了解决这个矛盾,西方殖民者广泛采取毒辣的办法,以非洲人"猎取"非洲人:由西方殖民者出枪出弹,唆使非洲沿岸部落酋长发动"猎奴战争",掳掠内陆活人,交给殖民者,以换取廉价商品和新的枪支弹药。贩奴商人在换得这些"猎获物"后,便把这些会说话的"黑色牛马"锁上脚镣,像装填牲口一样把他们塞进运奴船的货舱,贩给美洲的矿主和园主,牟取百分之几百到百分之一千的暴利。[20] 在海运中,许

---

[16] 参见张敏谦:《从殖民地走向独立的弗吉尼亚》,载《历史研究》1993 年第 2 期,第 142 页。
[17] 参见黄绍湘:《美国通史简编》,人民出版社 1979 年第 1 版,第 11 页。
[18] 同上书,第 12 页。
[19] 同上书,第 9 页。
[20] 参见〔美〕福斯特:《美国历史中的黑人》,纽约 1954 年英文版,第 2 章第 2 节。

多黑奴活活闷死、病死在拥挤不堪的货舱中。贩奴船上的死亡率通常是30%。有时船上疫疠流行或缺粮缺水,船主便下令把大批还活着的奴隶抛到海里喂鲨鱼。

据大略统计,从16世纪至19世纪三百多年间,奴隶贸易使非洲总人口共约损失了一亿,长期"猎奴"战争和大量贩奴虐杀所造成的经济力、人力上的严重破坏,是整个非洲大陆长期落后的主要原因之一。殖民者用非洲亿万黑人的堆堆白骨,为欧美两洲"先进文明"的大厦填筑了牢实的基础。

(三)"星条旗"上从13颗星骤增到50颗星:美国在北美急剧扩展领土

美国领土急剧扩张,主要体现为"西进运动""西北争夺"和"西南战争"。

"西进运动":前文提到,1607年英国殖民主义者开始在北美建立第一块殖民地。此后历经一百多年,此种殖民地相继增至13块。1776年7月,这13块殖民地联合发表《独立宣言》(The Unanimous Declaration of the Thirteen United States of America),宣布脱离宗主国——英国,建立"美利坚合众国"。美国宣布建国之后,美英之间打了七年仗,以英军战败告终。1783年,美、英签订了《巴黎和约》,英国被迫正式承认美国独立,并同意把原属英国的北美阿拉巴契山脉以西、密西西比河以东地区划归美国管辖。自此,迄1898年"美西战争"之后不久,百余年间,美国不断大规模地从东向西极力扩张地盘,史称"西进运动"(Westward Movement)。[21]

概括地说,"西进运动"是指美国东部居民以及来自欧洲的居民,在美国政府刻意组织和多方鼓励之下,向北美西部地区迁移和进行开发的群众性运动。它始于18世纪末,终于19世纪末20世纪初。这种运动大大促进了美国经济的发展,但是,随着"西进运动"的开展,大批土著印第安人惨遭屠杀。可以说,西进史也就是美国对印第安人进行大规模残酷屠杀的历史。[22] 剩余的土著幸存者则被强行驱赶到十分荒凉贫瘠的"保留地"。幸存的印第安人被迫迁徙之路也被称为印第安人的"血泪之路"。[23]

在"西进运动"中,这个一向自我标榜"博爱""平等""自由""民主""人权"的国家,大大加速了剿灭西部原住民的进程。美国政府为了尽快夺取西部的广袤疆土和丰富资源,镇压当地原住民即土著印第安人的反抗,采取了一些惨绝人寰的残暴手段,试图把土著印第安人斩尽杀绝。可以说,对印第安人实行"种族灭绝"政策,乃是美国建国后推行将近百年的基本国策。

---

[21] 参见《西进运动》,http://baike.baidu.com/view/245066.htm。
[22] 参见黄绍湘:《美国通史简编》,人民出版社1979年版,第184页;《西进运动》,http://baike.baidu.com/view/245066.htm。
[23] 参见《西进运动》,http://baike.baidu.com/link?url=idCg1yGBRDpUopCmLcAdJiDOSq_tUdcS4kdiSfn0YKsZk23t2RuZGKkKEvACT2xo。

具有强烈讽刺意味的是,对印第安人雷厉风行地推行"种族灭绝"政策的始作俑者之一,竟然就是那位主笔起草《独立宣言》,冠冕堂皇地向全世界宣称"人人生而平等",并被推崇为"美国民主之父"的美国第三任总统托马斯·杰斐逊(Thomas Jefferson)。此人自1800至1808年连任两届总统。在他第一届任期内,适逢法国拿破仑派遣入侵海地的远征军全军覆没,急需资金来重整旗鼓;另外,拿破仑担心如果美国和英国结盟,对法国开战,英国必将进攻北美大陆中西部法属路易斯安那大片地区,与其让这片领土落入法国宿敌英国之手,不如卖给美国,法国可解除后顾之忧,全力以赴在欧洲大陆争霸,控制整个欧洲。于是,1803年5月2日,美、法签订《路易斯安那购地条约》(The Louisiana Purchase Treaty),法国仅以1500万美元极其低廉的总价款将该大片地区甩卖给了美国,通过此项条约,美国一举鲸吞了2144万平方公里的土地,即从密西西比河西岸到洛基山麓之间的广大地区,每平方公里只支付7美元。[24]

此后,随着疆土大踏步急剧向西推进而大规模驱逐和屠杀印第安人的一系列事件,就是在杰斐逊总统的任期内发生的。自1803年起,征剿、屠杀印第安人成为美国联邦正规军队和民兵的基本任务。到了1814年,美国第四任总统詹姆斯·麦迪逊(James Medison)政府变本加厉,竟然参考1703年北美各殖民地议会屠杀印第安人的奖励标准,[25]颁布法令,规定每上缴一个印第安人(不论男女老少,甚至包括婴儿)的头盖皮,美国政府将会发给奖金50—100美元:每杀死一个12岁以下印第安人婴幼儿或女印第安人奖50美元,每杀死一个12岁以上青壮年印第安人男子奖100美元。正如马克思当初所怒斥的,殖民主义者"只有拿人头做酒杯,才能喝下甜美的酒浆"[26]。

随后,在19世纪60年代到90年代,特别是1864年美国南北内战结束后,根据美国第十六任总统亚伯拉罕·林肯(Abraham Lincoln)颁布的《宅地法》(Homestead Act)[27],

---

〔24〕 参见《美国领土扩张史——金钱+战争,用5000万美元买下大半个美国》,http://blog.sina.com.cn/s/blog_51a059dc01008wl6.html;顾学稼等编著:《美国史纲要》,四川大学出版社1992年版,第118页;《路易西安纳购地案》,http://baike.baidu.com/view/11622077.htm。当年法国路易斯安纳属地的版图远远超出今日美国路易斯安纳州的实际范围。该属地范围包括了美国现今的阿肯色州、密苏里州、艾奥瓦州、明尼苏达州密西西比河以西、南达科他州、北达科他州、内布拉斯加州、新墨西哥州、得克萨斯州北部、奥克拉荷马州、堪萨斯州、蒙大拿州及怀俄明州部分地区、科罗拉多州洛矶山脉以东以及加拿大缅尼托巴、沙士吉万、亚伯达各省南部之密苏里河流域地区,还有现今路易斯安那州密西西比河两岸(包括新奥尔良市)。

〔25〕 参见马克思:《资本论》第1卷,人民出版社1975年版,第821—822页。

〔26〕 马克思:《不列颠在印度统治的未来结果》,载《马克思恩格斯全集》第9卷,人民出版社1961年版,第252页。

〔27〕 1862年颁行的《宅地法》规定,凡一家之长或年满21岁、从未参加叛乱之合众国公民,在宣誓获得土地是为了垦殖目的并缴纳10美元费用后,均可登记领取总数不超过160英亩宅地,登记人在宅地上居住并耕种满5年,就可获得土地执照而成为该项宅地的所有者。《宅地法》还规定一项折偿条款,即如果登记人提出优先购买的申请,可于6个月后,以每英亩1.25美元的价格购买之。这一条款后来被土地投机者所利用。这些规定大大刺激了美国东部的居民、来自欧洲的居民以及土地投机商迅速夺得西部土地的贪欲,从而掀起大规模屠杀西部原住民印第安人的高潮。参见360百科《宅地法》词条,http://baike.so.com/doc/6155485.html;《美国之霸权历史(一) 屠杀印第安人》,http://hi.baidu.com/haochengyong/item/22ede03cb8fd390dceb9fe39。

美国白人屠杀印第安人的活动达到高潮,许多印第安人村庄在一夜之间变成鬼域。在当地民兵的配合下,美国联邦正规军采取分进合击等战术,集中发起了1000多次不同规模的军事行动。这种残暴的屠杀和征剿,从1803年一直持续到1892年,差不多延续了整整一个世纪。[28]

美国历史学家在有关著作中评论这段历史时写道:"美国向西、向南、向北三个方面猛烈推进时,不仅排挤了阻挡它前进的国家,并且残暴地镇压了这些土地上原来的主人——印第安人的反抗。这种残酷地驱逐印第安人的行动是美国历史上最可耻的污点之一,而当时美国许多杰出的民主领袖也曾积极参加这种行动。"[29]

美国廉价购得原法属路易斯安那大片地区之后,"食欲"不减反增。作为此项"西进"大餐末尾添加的一道"甜点",美国将矛头由西面转向东南,就西佛罗里达是否属于路易斯安那地区的问题与西班牙之间发生争执。美国认为西佛罗里达应是路易斯安那的一个组成部分。1804年2月,美国国会通过《摩比尔法案》,将西佛罗里达划入密西西比地区,引起西班牙的愤怒抗议。1815年西班牙呼吁外国帮助它保护佛罗里达,但没有得到任何欧洲列强的响应。因美国1810年占领了珀尔河以西的西佛罗里达地区,1818年占据西班牙据点圣马克斯和彭萨科拉,西班牙又面临西属拉丁美洲各国争取民族独立的斗争,在这种形势下,西班牙只好被迫让步。1819年2月22日,美国与西班牙签订《佛罗里达条约》,规定西班牙将东、西佛罗里达让与美国,同时还放弃对俄勒冈地区的要求权;美国则支付500万美元,作为其向西班牙政府提出的土地所有权要求的代价。[30] 于是,美国继鲸吞了原法属路易斯安那大片地区之后,又逐步向东南蚕食了原西属的佛罗里达地区。

"西北争夺",即美英在西北俄勒冈地区和英属加拿大西部的争夺。俄勒冈是指落基山以西、圣佛朗西斯科湾(旧金山湾)以北、俄属阿拉斯加以南的大片地区。1818年英美签订条约,规定这一区域在10年以内"对双方的臣民和公民开放"。1825年以后,英美俄勒冈问题集中在北纬42度至54度40分之间的区域。[31] 1844年美国民主党总统候选人詹姆斯·波尔克(James Polk)在竞选获胜后不久就提出"北纬54度40分或战争,二选一"(Fifty-four Forty or Fight!)的口号,北纬54度是

---

[28] 据美国一些诚实、严谨的学者在20世纪80年代末期到90年代初期依据史料重新作出的推算,当哥伦布1492年"发现"美洲新大陆时,在现在美国境内居住的印地安人总人口在3000万至1亿之间。到了20世纪70年代,据美国官方统计,被迫分散居住在美国全国各处穷乡僻壤的"保留地"里的印地安人,其总人口还不到80万人。参见《美国之霸权历史(一) 屠杀印第安人》,http://hi.baidu.com/haochengyong/item/22ede03cb8fd390dceb9fe39。

[29] 〔美〕威廉·福斯特:《美洲政治史纲》,冯明方译,人民出版社1956版,第273页。

[30] 参见顾学稼等编著:《美国史纲要》,四川大学出版社1992年版,第119—120页;《路易西安纳购地案》,http://hi.baidu.com/haochengyong/item/22ede03cb8fd390dceb9fe39。

[31] 参见顾学稼等编著:《美国史纲要》,四川大学出版社1992年版,第120—121页。

美国提出的国境线,波尔克的意思是如果英国不接受这条界线,美国将不惜一战,没有妥协的余地。英国起初的态度也很强硬,但其实双方都不愿诉诸战争,最终各自让步。1846年,两国签订协议,俄勒冈地区以北纬49度为界一分为二,南部(除温哥华岛)划给了美国,北部划归英属的加拿大。[32] 1859年,北纬49度以南的俄勒冈地区加入了美国联邦,成为美国的俄勒冈州。[33]

"西南战争",即"美墨战争"。美国1776年独立后,乘欧洲列强在非洲、亚洲争夺殖民地之机,在北美大陆大肆扩张。1823年,美国总统詹姆斯·门罗(James Monroe)提出"美洲是美洲人的美洲"的口号,确立了扩张领土、称霸美洲的基本国策。很快,美国政府的侵略目光便落到了近邻大国墨西哥身上。当时得克萨斯是墨西哥的一个省份。1835年墨西哥宣布要在得克萨斯境内根绝奴隶制,[34]墨西哥得克萨斯和加利福尼亚的美国移民奴隶主因此发动武装叛乱,墨西哥政府出兵镇压,美国竟直接出兵干涉,并支持得克萨斯于次年宣布独立。1845年7月,以疯狂扩张著称的美国总统詹姆斯·波尔克正式宣布把得克萨斯并入美国的版图。几乎与此同时,波尔克又命令扎卡里·泰勒(Zachary Taylor)将军率领一支部队悄悄进驻得克萨斯与墨西哥交界的努埃塞斯河畔,伺机发动侵略战争。当年11月,波尔克以墨西哥应归还美国300万美元债务为要挟,要求墨西哥承认以格兰德河为两国边界,美国以1500万—4000万美元"购买"新墨西哥和加利福尼亚地区,遭到墨西哥政府断然拒绝。1846年5月13日,美国政府向墨西哥宣战,美墨战争正式爆发。1848年2月2日,美墨双方签订了《瓜达卢佩·伊达尔戈条约》。根据条约,美国攫取了墨西哥近一半的领土,合计约230万平方公里(约相当于20个中国福建省,或4个法国,或6.5个德国)[35]。这就是今天美国的加利福尼亚州、内华达州、犹他州、亚利桑那州和新墨西哥州的大部,以及科罗拉多州和怀俄明州的一部分。美国仅仅付给墨西哥1500万美元作为"补偿"。通过美墨战争,美国一跃成为地跨大西洋和太平洋的大国,而且从此成为美洲的主宰。就连亲自参与了战争的美国名将格兰特(Grant)也不得不承认:"这场战争乃是强大民族对弱小民族所进行的最不正义的战争之一。"[36]

在19世纪的最后30年中,"自由"资本主义逐步向垄断资本主义过渡。19世纪

---

[32] 参见王毅:《美国简史》,安徽人民出版社2013年版,第76页。
[33] 参见黄绍湘:《美国通史简编》,人民出版社1979年版,第190页。
[34] 同上书,第186—187页。
[35] 中国福建省面积约为12.14万平方公里;法国面积约为55.16万平方公里;德国面积约为35.7万平方公里。
[36] 《美国之霸权历史(二) 美墨战争》,http://hi.baidu.com/haochengyong/item/67e9620dcf757438f3eafc39。

末 20 世纪初,世界资本主义终于发展成为帝国主义。"帝国主义作为资本主义的最高阶段,到 1898—1914 年间先在欧美然后在亚洲最终形成了。"[37]

帝国主义是垄断的、腐朽的资本主义。垄断资本的统治是帝国主义最基本的特征。在帝国主义时代,资本主义所固有的各种矛盾日益激化。在帝国主义时代,帝国主义国家之间的矛盾空前尖锐。各国垄断组织的出现,不仅没有消弭竞争,反而促使竞争在更广阔的范围、更巨大的规模、更激烈的程度上继续进行。"帝国主义的一个重要的特点,是几个大国都想争夺霸权,即争夺领土。"[38]

在 19 世纪的最后 25 年中,各大国垄断集团为了争夺销货市场、原料产地和投资场所,展开了抢先占领势力范围和瓜分世界的空前猛烈的恶斗。到了 19 世纪末 20 世纪初,整个世界业已被瓜分完毕。由于资本主义发展的不平衡性,帝国主义列强实力对比不断发生变化,经济急速发展的后起国家来到资本主义的吃人筵席时,座位都已占满了,它们不但要求"入席",而且要求"首座",要求按照实力的新对比**重新瓜分世界**,因而在帝国主义各国之间,充满了从别人手上夺取殖民地、重新分配势力范围、重新排列世界霸主座次的矛盾冲突。这些矛盾冲突导致了 1898 年的**美西战争**、1899—1902 年的英布战争、1904—1905 年的日俄战争,而且愈演愈烈,后来终于酿成了 1914—1918 年的第一次世界大战。

就美国而言,1898 年的美西战争是美国从"自由"资本主义逐步向垄断资本主义过渡,并终于发展成为帝国主义的"里程碑"和转折点,也是"美利坚帝国"对亚非拉美多次发动侵略战争的第一恶例。

有人认为,关于美国在北美急剧扩张领土的上述过程,依据密苏里州圣路易斯市"杰斐逊国家领土扩张纪念馆"的展品及其他有关史料,也可以整体概括为五次"西进":原先,美利坚合众国建立之初,它的全部领土限于从英国手里继承下来的、英国在北美的 13 块殖民地,即东部大西洋沿岸狭长地带的 13 个州,因此,当时的美国星条旗上只有 13 颗星。1776 年宣布建国以后,特别是 1783 年美英《巴黎和约》签订以后,美国殖民主义者迅即将领土扩展到密西西比河东岸。这是美国历史上的第一次西进。1803 年,美国第三届总统托马斯·杰斐逊利用拿破仑打了败仗的困境,用极其低廉的价格,从拿破仑手里购买了原属法国势力范围的整个"路易斯安那地区",进一步把领土从密西西比河西岸一直扩展到洛基山麓。这是美国建国以后历

---

[37] 列宁:《帝国主义和社会主义运动中的分裂》,载《列宁选集》第 2 卷,人民出版社 1972 年版,第 884 页。
[38] 列宁:《帝国主义是资本主义的最高阶段》,载《列宁选集》第 2 卷,人民出版社 1972 年版,第 810 页。

史上的第二次西进。19世纪40年代,美国通过发动侵略战争,把原属墨西哥领土的新墨西哥、得克萨斯、科罗拉多、犹他、内华达、亚利桑那、加利福尼亚等大批土地划入了美国版图,把领土一直扩展到太平洋东岸。与此同时,它还从英国手里夺得了俄勒冈、华盛顿州、爱达荷以及蒙大拿、怀俄明等地。这是美国历史上的第三次西进。19世纪60年代,它利用俄国当时所处的困境,仅用720万美元即从沙皇手里购买了阿拉斯加和阿留申群岛,并出兵占领了中途岛,把领土扩展到北冰洋和太平洋。这是美国历史上的第四次西进。1898年,它通过美西战争,占领了西属夏威夷群岛、关岛等地。这就是美国历史上的第五次西进。1959年,阿拉斯加和夏威夷正式以州的身份被纳入美国联邦。从此,**星条旗上由美利坚合众国建国初期的13颗星增加到50颗星。**[39](参看以下两幅美国疆土扩张比较示意图)

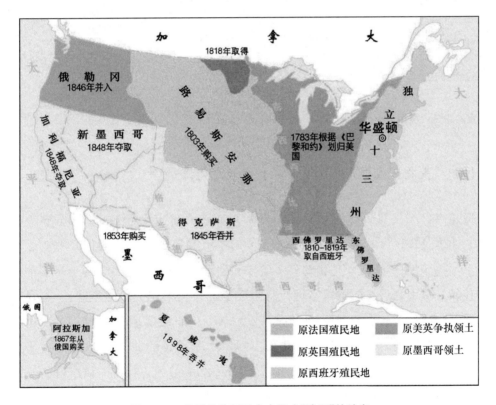

图 1-9-1　美国从他国手中夺取或"购买"的地盘

资料来源:《美国领土扩张》,http://www.chuanjiaoban.com/userfiles/old/uploadfile/2009/1011/20091011021427545.jpg。

---

[39] 参见张海涛:《美国走马观花记》,上海人民出版社1980年版,第111—115页;《何处是"美利坚帝国"的边界》,人民出版社2000年版,359—360页。

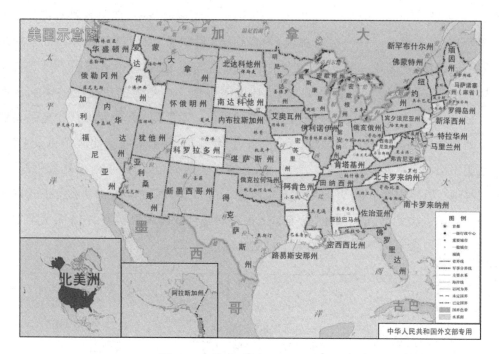

图 1-9-2 美国现今拥有的广袤疆土

资料来源:《美国示意图》,http://www.onegreen.net/maps/m/a/usa3.jpg。

(四)"美利坚帝国"对亚非拉美多次发动侵略战争

1996年1月2日,《纽约时报》刊登了雅可布·海尔布伦(Jacob Heilbrunn)和迈克尔·林德(Michael Lind)两人合撰的文章,题为《**美利坚第三帝国**》,其中概述了美国自19世纪末期以来向外扩张的三个阶段和相继建立的三个帝国,每个帝国都是在击败其强大对手之后对战败者实行控制而逐步扩大美国在全球的影响。"美利坚第一帝国"形成于1898年的美西(西班牙)战争之后,一直延续到1945年第二次世界大战结束。在此期间,美国攫夺了古巴、波多黎各、菲律宾和加勒比的很大一部分地区。"美利坚第二帝国"形成于1945年二战结束之后至1989年底,在此期间,美国以西欧和亚洲为中心,致力于实行强权控制和扩大影响。

1990年起,美国不断在中东地区许诺"承担军事义务",为建立"美利坚第三帝国"奠定基础。1990年8月—1991年2月,美国总统布什发动了一场大规模的海湾战争。它打着"解放科威特"的旗号,表面上看来是一场"正义"战争,但实质上是美国为了从军事上击败伊拉克、重新控制海湾战略要地及其石油资源而进行的地地道道的非正义战争,通过对伊拉克的战争使美国成为波斯湾的支配力量。紧接着,

1991年苏联解体,冷战结束之后,美国又"乘虚而入",向东欧地区和以前是中立的南斯拉夫扩张,要在宿敌原苏联帝国控制的地盘上确立起美国的"宗主权"和军事霸权。[40]

看来,这两位美国人作出的这种概括,不无参考价值,也不妨以此作为框架,对"美利坚帝国"百余年来的暴力扩张行径,按时间顺序,择要予以具体说明,并依据最近十几年来美国加紧"重返亚太"的所作所为,揭示其穷兵黩武的侵略本质和帝国主义的发展趋势。[41]

(1) 武装侵略北非,胁迫西非建立殖民据点

在英、法殖民主义的侵略与掠夺下,北非的埃及、阿尔及利亚、摩洛哥、突尼斯等国先后沦为殖民地和半殖民地。美国资产阶级也十分垂涎非洲的丰富资源,蓄意进行侵略。1801年,美国以镇压的黎波里"海盗"、维护美国商业利益为名,侵入非洲的利比亚,封锁的黎波里港,炮轰城市村镇,强行登陆,并抢劫沿海地区物资。1805年,美国殖民军配合利比亚亡命徒从埃及侵入利比亚,遭到当地人民的英勇抵抗;7月,利比亚被迫签订不平等条约,给予美国片面的最惠国待遇,对美国货物进口豁免关税。1815年3月,美国对阿尔及利亚宣战,6月胁迫阿尔及利亚签订不平等条约。1836年,美国资产阶级用武力迫使摩洛哥、突尼斯接受不平等条约,并向美国缴纳贡款。这是美国对北非诸国武装侵略的开始。美国资产阶级为了打入非洲,还采取了建立殖民据点的办法。1822年,美国以炮舰为后盾,用微不足道的代价,从西非酋长手里强行购买了利比里亚沿岸长130英里、宽40英里的一块土地,建立了美国在非洲的第一个殖民据点,并以美国总统门罗命名为门罗维亚。[42]

(2) 向远东扩张

19世纪30—40年代,美国对外扩张加剧,向远东扩张也是美国侵略者的目标之一。美国在远东的贸易,包括进行鸦片的贸易,为侵略中国开辟了道路。[43] 1832年,美国政府以海军炮舰为前驱,派遣大商人、船长罗伯兹为特使,乘坐"孔雀号"向远东出发。1833年3月30日以炮舰胁迫暹罗订约,然后又驶向马斯卡特,同年9月胁迫马斯卡特苏丹订约。1844年7月3日,强迫中国签订《中美望厦条约》,获得五

---

[40] See Jacob Heilbrunn and Michael Lind, The Third American Empire, *New York Times*, Jan. 2, 1996. 另参见张海涛:《何处"是美利坚帝国"的边界:1946年以来美国对华战略策略史》,人民出版社2000年版,第344—345页。

[41] 有心进一步了解"美利坚帝国"百余年来的暴力扩张行径的读者,请参阅陈安:《美国霸权版"中国威胁"谰言的前世与今生》,江苏人民出版社2015年版,第189—210页。此书的特色是图文并茂,互相印证,史论结合,夹叙夹议,生动活泼,可读性强。

[42] 参见黄绍湘:《美国通史简编》,人民出版社1979年版,第140页。

[43] 同上书,第191页。

口通商的权利、片面最惠国待遇以及领事裁判权。[44]

(3) 美西战争——夺取古、波、菲

1898年的美西战争,是美国为了夺取西班牙的属地古巴、波多黎各和菲律宾而对西班牙进行的重新分割殖民地的战争。美西战争,是美国第一次对外进行大规模的侵略战争,标志着美国对外进行战争政策的起点。[45]战争历时约三个月,开始于1898年5月1日,结束于7月28日。美西两国于1898年10月1日于巴黎举行会议,12月10日订立合约,其要点为:第一,西班牙承认古巴独立,并代偿付古巴对其他国家的一切债务;第二,西班牙将波多黎各、关岛及菲律宾群岛转让给美国;第三,美国对西班牙转让的菲律宾群岛,付以2000万美元的代价。[46]

1898年美西战争接近尾声时,美国从西班牙手中夺走全部古巴,将其纳为保护国,并在关塔那摩湾建立了"关塔那摩美国海军基地"(U. S. Naval Station Guantanamo Bay)。1901年2月,美国总统威廉·麦金莱(William McKinley)签署普拉特修正案,法案规定美国有权对古巴实行军事干涉,并要求古巴让出部分领土给美国建立军事基地和开采煤矿等。普拉特修正案作为附录写入了《古巴宪法》。根据这一法案,美国在1903年从第一任古巴总统埃斯特拉达·帕尔马(Estrada Palma)手中获得一份租借关塔那摩湾部分土地的永久性租契,起始日期为1903年2月23日。1905年埃斯特拉达·帕尔马再次当选总统,反对人士质疑选举程序的合法性,进而发动起义。为支持当时的政府,1906年美国再次出兵侵入古巴,战争直到1909年才结束。[47]

(4) 武装侵略中国

1900年,美国出动包括海军陆战队在内的5000兵力,参加"八国联军"大举侵略中国,占领中国北京,镇压义和团反帝爱国斗争。此后,美帝国主义对中国发动的侵略战争和军事威胁时起时伏,伏而又起,历时一百多年,绵延不断。对此加以总结,可以说,1900年以来美国对华武装侵略和军事威胁,明显分为两个阶段。1900年到1949年为第一阶段。这个阶段美国对华武装侵略的性质,是要进一步把中国变为美国帝国主义的殖民地。1949年10月中华人民共和国成立到1999年为第二阶段。这个阶段美国对华武装侵略和军事威胁的性质,是企图摧毁新中国的社会主义制度,使已经取得民族独立、人民解放的社会主义中国重新沦为美帝国主义的资本主

---

[44] 参见黄绍湘:《美国通史简编》,人民出版社1979年版,第192页。
[45] 同上书,第353页。
[46] 同上书,第357页。
[47] 参见《美国之霸权历史(五) 入侵古巴》,http://hi.baidu.com/haochengyong/item/aa1f752d5ab0d9d60e37f939。

义附属国。这两个阶段是相互联系的,第二阶段是第一阶段在新形势下的继续。由此可见,1900 年以来,"美利坚第一、第二、第三帝国"对中国的武装侵略和军事威胁一直不断;可以说,"美利坚帝国"具有侵略中国的极为恶劣的、迄今长达 124 年的基因传统。[48] 如果从 1844 年以武力威胁、强迫中国签订《中美望厦条约》起算,迄今其凌华侵华基因就存续整整 170 年了! 真是:不读史,不知道;一读史,吓一跳!!

(5) 多次入侵多米尼加

1911 年,多米尼加发生反政府起义,1912 年美国总统威廉·塔夫脱(William Taft)派遣两位"特派官员"前往"视察"多米尼加局势。这两位官员乘一艘载有 750 名海军陆战队员的炮舰,以"保护"海关为名,开往多米尼加的圣多明各港。在其压力下,多米尼加国会被迫另选新总统。但因新总统也无力镇压起义,于是,美国政府公开对起义者进行种种威胁。1913 年 9 月,美国国务卿威廉·J. 布里安(William J. Bryan)宣称,美国将支持"合法当局",阻止一切"叛乱";如果起义者获得成功,美国政府决不承认他们,并将"扣留归属多米尼加部分的海关税款"。驻多米尼加的美国公使以不久将举行一次"公平选举"为饵,诱使起义者放下武器。选举开始时,美国政府不顾多米尼加人民的强烈抗议,竟派出 3 位专员,乘坐军舰来"监督"多米尼加的选举。美国对多米尼加财政上和政治上的干涉,终于发展到武装干涉。1916 年 5 月初,美国政府借口"保护美国的公使馆和美国公民",派遣军舰闯入圣多明各港。舰队指挥官在几十门长射程和大口径炮的火力掩护下,率领大批海军陆战队在多米尼加领土登陆。5 月 13 日,美军占领了首都圣多明各市。[49] 美国海军陆战队对多米尼加的干涉持续至 1924 年。[50]

40 年后,1965 年 4 月 25 日,美国总统林登·约翰逊又一次借口保护美侨生命和财产安全,下令航空母舰"拳击者"号载着 1100 名海军陆战队员,驶抵多米尼加海面。4 月 27 日开始大规模进攻。数日后,随着战局的发展,美国侵略军急剧增至 3.5 万多人,并出动数百架飞机和数十艘军舰以及大批坦克、炮兵部队,对多米尼加人民进行镇压。美国对多米尼加的武装干涉,遭到了许多拉美国家的反对和国际舆论的强

---

[48] 详见张海涛:《何处是"美利坚帝国"的边界——1946 年以来美国对华战略策略史》,人民出版社 2000 年版,第六章第三节,第 368—380 页。其中,作者依据美国《华尔街日报》所载材料及中国学者研究成果,逐一列举了"美利坚帝国"自 1898 年至 1996 年穷兵黩武、凭借军事暴力对外征战、扩展霸权地盘和势力范围的斑斑劣迹;并且集中揭示了 20 世纪这 100 年里"美利坚第一、第二、第三帝国"发动侵华战争和实行军事威胁的累累罪恶。

[49] 参见《美国之霸权历史(八) 入侵多米尼加》,http://hi.baidu.com/haochengyong/item/c802e915a9030d7010 09b536;丁则民、姜德昌:《一百多年来美国对多米尼加的干涉和侵略》,载《吉林师大学报》1965 年第 2 期,第 84—86 页。

[50] 参见顾学稼等编著:《美国史纲要》,四川大学出版社 1992 年版,第 328 页。

烈谴责。[51]

(6) 多次入侵海地

1911年至1915年,海地政局动荡。1915年7月28日,美国总统伍德罗·威尔逊(Woodrow Wilson)下令美军入侵海地,美国海军陆战队士兵随即开赴太子港。为了避免国际社会指责这次赤裸裸的入侵,美国政府对外宣称此举是"要保护有美国人投资的海地,为海地重建和平和秩序"。在占领海地仅仅6个月后,美国"顾问"就已经完全控制了海地的海关、银行以及各类行政系统。此外,美国规定:海地国民生产总值的四成必须用来归还欠美国与法国银行的巨债。美国的这项决定损害了海地广大平民的利益,海地陷入经济停滞。海地一些爱国人士愤怒地抗议:"海地的大批财产都被放进了美国银行家的口袋。"但在美国海军陆战队的武力支持下,美国"顾问"已经完全控制了海地政权。一些美国海军陆战队军官甚至直接成为海地各行政区的首脑,海地人的抗议根本没用。[52] 美国占领军直到1934年才撤走。[53]

(7) 发动侵朝战争

第二次世界大战结束后,原本是日本殖民地的朝鲜被划分为两个部分,北方是苏联的势力范围,而南方则由美国驻军。1948年5月,南朝鲜(韩国)举行了总统大选,李承晚当选总统。在朝鲜北部也建立了朝鲜民主主义人民共和国,金日成为领导人。1950年6月25日,朝鲜内战爆发,金日成领导的朝鲜人民军越过三八线,三天后攻克南朝鲜首都汉城。[54] 美国总统杜鲁门迅速作出了全面干涉朝鲜内战的决定。[55] 6月26日,杜鲁门下令驻日本的美国空军协助南朝鲜作战,27日再度下令美国第七舰队闯入中国台湾的基隆、高雄两个港口,"防守"台湾,极力破坏中国人民统一祖国大业,长期分裂中国。同时,美国驻联合国代表向安理会提交动议案,盗用联合国旗帜,拼凑组成以侵朝美军为主的所谓"联合国军队",美国元帅麦克阿瑟被任命为"联合国军队"总司令。麦克阿瑟下令驱使侵朝美军快速北进,直逼中国边境鸭绿江边,严重威胁到中国安全。1950年10月25日,中国人民志愿军高举"抗美援朝,保家卫国"义旗,跨过鸭绿江进入朝鲜,与朝鲜人民军并肩抗美。

到1951年5月下旬,中朝军队一起连续进行了5次战役,歼敌23万,把敌军从

---

[51] 参见《美国之霸权历史(十三) 占领多米尼加》,http://hi.baidu.com/haochengyong/item/ffd621c0efdc2d51ad00ef39。

[52] 参见《美国之霸权历史(七) 入侵海地》,http://hi.baidu.com/haochengyong/item/cb7e2dd5a4dbbfcd1a72b436。

[53] 参见黄绍湘:《美国通史简编》,人民出版社1979年第1版,第458页。

[54] 参见北文编著:《美利坚风雨二百年——战争给了美国什么》,中国友谊出版公司2006年版,第123页。

[55] 参见《美国之霸权历史(九) 介入朝鲜战争》,http://hi.baidu.com/haochengyong/item/86f175f42648b84a932af239。

鸭绿江边赶回三八线附近,迫使其由战略进攻转入战略防御。1951 年 6 月 30 日,美国被迫接受苏联提出的关于和平解决朝鲜问题的决议,要求与朝中方面举行谈判。朝鲜人民军总司令金日成和中国人民志愿军司令员彭德怀联名复文,表示同意谈判。谈判于 1951 年 7 月 15 日到 1953 年 7 月 27 日《停战协定》签订,历时 2 年零 17 天。谈判时断时续,整个过程交织着战场与谈判会场相互影响的激烈斗争。美国始终抱着不愿平等协商的态度,每当在谈判桌上达不到目的的时候,就在战场上搞军事冒险,先后发动了"夏季攻势""秋季攻势",甚至丧尽人性,大规模使用了鼠疫、霍乱、伤寒等致命传染病的细菌武器。1952 年 10 月,美国又片面中断谈判,向上甘岭阵地发起大规模进攻,但又以惨痛失败而告终,被迫回到谈判桌。1953 年 7 月 27 日,朝中军队一方与美国为主的"联合国军"另一方签署停战协议,谈判的最终结果是在北纬 38 度线建立非军事区。当时参加谈判的侵朝美军总司令克拉克,事后在其回忆录中写道:"我获得了一个不值得羡慕的名声:我是美国历史上第一个在没有取得胜利的停战协定上签字的司令官。"抗美援朝战争的胜利,维护了亚洲和世界和平,大大提高了新中国的国际威望,为新中国的经济建设赢得了一个相对稳定的和平环境。[56]

(8) 侵略古巴

1959 年,卡斯特罗领导古巴人民推翻了美国傀儡、独裁者巴蒂斯塔政权。从 1960 年起,美国中央情报局就开始在美国的佛罗里达州和多米尼加、危地马拉、洪都拉斯纠集古巴流亡分子,积极准备登陆古巴,推翻卡斯特罗革命政府。1961 年初,训练完毕的美国雇佣军被编成代号为"2506"的突击旅,下辖步兵营、摩托化营、空降营、重炮营、装甲分队共七八个营,来势汹汹,气焰嚣张。为了支援雇佣军入侵古巴,美国派遣了 8 架 C-54 运输机、14 架 B-26 轰炸机、10 艘登陆舰艇。五角大楼还派了几艘潜水艇前往古巴沿海侦察地形,物色登陆地点。1961 年 4 月 4 日,美国总统约翰·肯尼迪(John Kennedy)批准了代号为"冥王星"的战役计划。1961 年 4 月 17 日,这支由约 1500 多人组成的美国雇佣军突袭古巴,他们在美国飞机和军舰的直接掩护下在古巴中部登陆,占领了长滩和吉隆滩,并继续向北推进。古巴军民经过 72 小时的战斗,全歼了被包围在吉隆滩的美国雇佣军,共有 90 名雇佣军被古巴军队击毙,其余 1000 余人被俘获,几近全军覆没。这就是震惊世界的吉隆滩之战,美国称之为"猪湾事件"。[57] 史家评说,其凶似虎,其笨如猪!

---

[56] 参见北文编著:《美利坚风雨二百年——战争给了美国什么》,中国友谊出版公司 2006 年版,第 124、126、129 页;《抗美援朝》,http://baike.so.com/doc/5352284.html。

[57] 参见《美国之霸权历史(五) 入侵古巴》,http://hi.baidu.com/haochengyong/item/aa1f752d5ab0d9d60e37f939;《"猪湾事件":古巴击退"美军"入侵》,http://www.huaxia.com/thjq/jsgoucheng/2011/04/2378583.html。

(9) 发动侵越战争

1945年第二次世界大战结束后,胡志明率领共产党军队,与长期驻扎越南的法国军队展开了长达9年的战斗。1954年,被围困的残余法军在奠边府投降,标志着法国在越南近半个世纪的殖民统治彻底终结。此后,越南一分为二,北方成为胡志明领导的社会主义国家,南方则于次年成立了亲美反共的吴庭艳政权。越法战争期间,美国为法军提供了大量的援助,法国的失败与越共的崛起引起了美国的恐慌,也为60年代美军发动侵越战争埋下伏笔。

1959年,越共中央决定武装统一越南。1960年,民族解放阵线成立,它由反吴庭艳政权的各派组成,事实上由越共中央控制。美国总统肯尼迪决定,要在越南问题上显示出美国的力量和"对抗共产主义"的决心。1961年5月,为了进一步帮助吴庭艳政府,肯尼迪派遣一支特种部队进驻南越,这一事件也常被认为是越战开始的标志。[58] 1964年8月4日,美国政府宣称,美国驱逐舰"马多克斯"号和"滕纳·乔埃"号在东京湾(即北部湾)离陆地大约65海里处的公海上进行巡逻时,遭到数目不详的北越鱼雷艇的袭击。事后证明,这是五角大楼为扩大对越战争而蓄意制造的借口。美国政府趁机出台了"逐步升级战略",即所谓"有限度地扩大战争"。接着,美军开始推行穷凶极恶的"饱和轰炸"和"焦土政策",大规模狂轰滥炸越南北方。与此同时,美国还不断增兵。到了1967年,在越南的美军人数超过50万。[59] 但是,在越南人民长期坚决抗击下,美军始终无法征服北越。1973年1月27日,经过长期谈判,美国与越南民主共和国在关于越南问题的《巴黎协定》上签字,宣告美国侵越战争的彻底失败。[60]

(10) 入侵巴拿马

巴拿马国境内的巴拿马运河是通过巴拿马地峡沟通大西洋与太平洋的人工开凿运河,它的开通大大缩短了两大洋之间的航程,使美洲东西海岸航程缩短了7000至8000海里,亚洲到欧洲之间的航程缩短4000至5000海里。开通后的巴拿马运河极大地促进了世界海运业的发展。它与苏伊士运河同样具有世界战略意义,因此素有"世界桥梁"之称。

巴拿马运河由苏伊士运河设计师、法国工程师雷赛布于1880年开始建造,但工程于9年后宣告破产,被迫一度搁置。美国政府后来于1904年购入运河,继续挖掘

---

[58] 参见北文编著:《美利坚风雨二百年——战争给了美国什么》,中国友谊出版公司2006年版,第117页。
[59] 参见《美国之霸权历史(十四) 发动越战》,http://hi.baidu.com/haochengyong/item/031a567011c5d012d0dcb336。
[60] 参见北文编著:《美利坚风雨二百年——战争给了美国什么》,中国友谊出版公司2006年版,第122页。

工程,1914 年巴拿马运河建成通航。[61] 在 1914 年至 1979 年 65 年间,巴拿马运河虽然名义上是由美巴共同组建的"巴拿马运河管理委员会"管理,但实质上一直由美国掌控。为了更好地控制巴拿马国家与巴拿马运河,美国将运河沿岸 1432 平方公里的区域划定为"运河区",区内由美国任命的总督管辖,悬挂美国国旗,施行美国法律,巴拿马人是不能擅自闯进运河区的,形同"国中之国"。1977 年 9 月,巴拿马的奥马尔·托里霍斯·埃雷拉(Omar Torrijos Herrera)将军和美国时任总统吉米·卡特(Jimmy Carter)签订了《巴拿马运河条约》。条约规定,美国应于 22 年后即 1999 年 12 月 31 日将运河全部控制权交还巴拿马,运河运营的全部收入应上缴给巴拿马政府。

但签约后,美国背信弃义,迟迟不肯批准此项条约。1989 年,当时巴拿马独揽大权的军政长官曼纽尔·诺列加(Manuel Noriega)警告说,如果美国不批准这个条约,巴拿马就要破坏运河。[62] 美巴矛盾激化后,1989 年 12 月 20 日,美军公然入侵巴拿马。这是美国自 1973 年侵越战争结束后发动的规模最大的军事行动,隶属于美国"南方司令部"的 1.3 万名美军兵分 5 路,同时向巴拿马城及其周围目标发起突然袭击。诺列加兵败。[63]

美国大动干戈向一个只有 220 万人口的小国——巴拿马发动突然袭击并予以占领之后,根据布什总统的命令,美军将巴拿马政府首脑、国防军司令诺列加将军抓到美国,交美国法院审讯、判刑,投入监狱。美利坚合众国最高法院还为此作出裁决说,美国政府"有权"在国外绑架外国人,直接在美国提出起诉。诺列加将军个人品德在其本国虽有争议,但依据国际法,这属于一国内政,他国无权干涉。而美国布什总统之所以要大举入侵巴拿马,将诺列加捉拿到美国审判,主要是因为巴拿马运河区战略地位重要,而这位诺列加将军又胆敢与美国抗衡,不愿继续服从美国的指挥棒。大举出兵入侵一个小国,公然将它的领导人抓到美国审判,完全践踏这个国家的主权,如此赤裸裸的霸权主义行径,在"美利坚帝国"史上尚属首次,在世界近、现代史上也是空前的。而美国最高法院大法官自诩"公正"的裁决,更是贻笑天下!

美国此举激起全球公愤,[64] 拉丁美洲国家群起强烈反对,指责和揭露美国政府想借机推翻《巴拿马运河条约》,拒不归还巴拿马运河。迫于世界舆论的强大压力,1995 年,美国决定把巴拿马运河如期交还巴拿马政府。1999 年 12 月 31 日正午,巴

---

[61] 参见《巴拿马运河要扩建(图)》,http://hsb.hsw.cn/2006-10/24/content_5830171.htm。
[62] 参见《巴拿马运河》,http://zh.wikipedia.org/wiki/巴拿马运河。
[63] 参见北文编著:《美利坚风雨二百年——战争给了美国什么》,中国友谊出版公司 2006 年版,第 137 页。
[64] 参见《美国一共入侵过几个国家?》,http://wenda.so.com/q/1365728411069594。

拿马政府终于接管了运河的全部控制权。[65] 巴拿马以小抗大,貌似"不智",实则得道多助,失道寡助!这里又是一个明证。

(11)残暴滥炸中国驻南使馆

1999年5月7日午夜,一架从美国密苏里州怀特曼空军基地起飞的美制B-2战略隐形轰炸机用5枚精确制导导弹,从不同角度集中袭击了中国驻南斯拉夫联盟大使馆,我国3名常驻贝尔格莱德的新闻工作者不幸遇难;20余名外交官员和工作人员受伤。依据国际公法,中国驻南联盟大使馆馆址属于中国领土。美国竟然违反一切有关国际法的庄严规定,违反一切国际关系准则,出动飞机滥炸一个主权国家的使馆。这是美国霸权主义发展到了疯狂程度的表现,是对中国主权的严重侵犯。中华人民共和国政府当即发表严正声明,对以美国为首的这一野蛮暴行表示极大愤慨和严厉谴责,提出最强烈抗议。北京、上海、广州、成都等地大批高等院校学生立即分别涌向美国驻华使、领馆,高呼"反对霸权""反对侵略""保卫主权"等口号,举行抗议示威。整个中华民族发出了怒吼。

图 1-9-3　化作废墟的中国驻南斯拉夫使馆

资料来源:《北约轰炸中国大使馆亲历记者:北约的轰炸是有目的、故意的》,http://www.guancha.cn/history/2013_05_08_143209.shtml。

---

[65] 参见《俄罗斯军舰二战后将首次穿越巴拿马运河》,http://www.chinadaily.com.cn/hqgj/2008-12/05/content_7273017.htm。

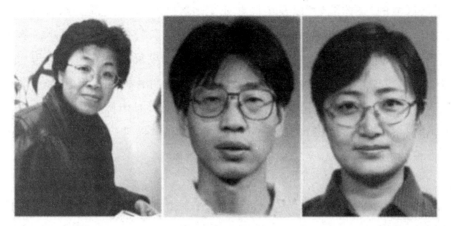

图 1-9-4　图中依次为轰炸中牺牲的新华社女记者邵云环、光明日报社记者许杏虎和妻子朱颖
资料来源：《记者邵云环、许杏虎、朱颖牺牲 14 周年》，http://roll.sohu.com/20130508/n375240891.shtml。

图 1-9-5　中国高校学生在美国驻华使馆前发出怒吼："中国不可欺"！"血债血还"！
资料来源：http://www.baxue.com/junshilishi/34549_5.html。

在中国举国上下愤怒抗议的浪潮声中，美国总统威廉·克林顿（William Clinton）和国务卿奥尔布赖特（Albright）就美国这一"误炸"事件一再向我国政府和我国人民公开表示道歉。但是，美国政府的另一位领导人，即国防部部长威廉·科恩（William Cohen）和国防部、国务院其他高级官员先后出面，相继对中国政府公开发出威胁。助理国防部部长弗兰克·克雷默在美国国会发表证词，竟然把美国在亚洲、太平洋区域的"整体战略"以及美国在亚太地区拥有10万驻军并与日本等国结成的军事同盟关系也搬了出来,极其露骨地对中国"亮剑",公开实行恫吓。美国主流媒体也紧密配合,竟然把我国广大青年学生和其他人民群众对美军飞机轰炸我国驻南联盟使馆举行愤怒抗议与晚清时期的"义和团暴动"相提并论,并把1900年美国海军陆战队参与八国联军对华侵略、占领北京、烧杀抢掠,对中国造成重大灾难一事重新提了出来,不以为耻,反以为荣,用以证明美国拥有"铁拳"和"屠刀",对中国人民实行赤裸裸的威胁。[66]

（12）侵略阿富汗

"9·11"事件之后,美国总统布什宣称"这是一种战争行为",全国上下立即开展严密的调查,种种迹象表明,这场恐怖袭击是以本·拉登为首的"基地"组织策划并实施的。美国要求"基地"组织的庇护者阿富汗塔利班政权将本·拉登交给美国处置,遭到塔利班的拒绝,于是美国声称,不交出本·拉登就武力打击塔利班,迫使其就范。而塔利班表示随时准备与美国打一场"圣战"。2001年10月7日至12月24日,美军对阿富汗塔利班政权和本·拉登"基地"组织发动了旨在打击恐怖主义的战争。随着战争的爆发和发展,美军的战略企图逐渐发生了变化,即不仅要打败"基地"组织,抓捕本·拉登,还要向传统的"势力真空"中亚进行军事渗透,以更有效、更强硬的手段构筑新世纪的军事霸权。[67]

（13）侵略伊拉克[68]

又称"美伊战争"或"伊拉克战争",是美国谎称伊拉克拥有大规模杀伤性武器而发动的长达八年之久（2003年3月20日—2011年12月18日）的大规模全面战争。战争开始之前相当长时间内,美国开动舆论机器,大张旗鼓地渲染"伊拉克拥有大规模杀伤性武器"。2003年3月20日,美国绕开联合国安理会,不顾世界人民的反对,以无耻谎言发动了这场侵略伊拉克战争,伙同英法等国投入侵略军数十万人,直接导致数十万伊拉克平民死亡,数百万伊拉克平民伤残,上千万伊拉克平民流离失所。美军"顺利地"占领了伊拉克全境,"间接"地绞死了伊拉克原总统萨达姆,获得了签约30年的伊拉克石油掌控权,如愿地在中东布下了又一个强悍的军事据点！

这场战争将美国的国力、军力拖在了伊拉克,它像一个不见底的黑洞一样,吸收、消耗着美国的国力和军力,使美国没有更多的力量对付其他的"对手"或"敌对势

---

[66] 参见张海涛：《何处是"美利坚帝国"的边界：1946年以来美国对华战略策略史》,人民出版社2000年版,第1—21页。

[67] 参见北文编著：《美利坚风雨二百年——战争给了美国什么》,中国友谊出版公司2006年版,第179—180页。

[68] 详见《伊拉克战争》,http://baike.so.com/doc/5366621.html#5366621-5602345-5。

力"。

最后,直到美国被迫结束这场肮脏、血腥的战争,也始终无法在伊拉克境内发现传说中的"大规模杀伤性武器"。美国当权者的伪善及丑恶面目也在世人面前暴露无遗。[69]

以上粗略概述了美国立国前一百多年与立国后二百多年来一脉相承的殖民扩张历史实践。

以下接着概述美国立国前一百多年与立国后两百多年来社会的主流意识形态和价值体系,这就是"天定命运"社会思潮和"实用主义"哲学理念的混合产物。可以说,"天定命运"社会思潮和"实用主义"哲学理念乃是美国立国前后四百年来不断实行殖民扩张的精神武装和理论武器。

三、美国的"天定命运"社会思潮

自17世纪中后期以英国清教徒为主的欧洲殖民主义者大规模登上北美大陆开始,"天定命运"论就因经济拓展的客观需要"应运而生",它是基督教教义被扭曲、白人种族"优越"被神化、暴力称霸被"合法化"这三大因素的"杂交产物"。具体说来,英国清教徒为主的欧洲殖民主义者大规模登上北美大陆之后,为了侵夺当地原住民(土著)印第安人的土地和财产,在持续性和大规模的明火执仗、杀人越货的进程中,急需有一种心灵慰藉、精神武器和"理论依据",能够把明火执仗、杀人越货的种种罪恶行径,粉饰成是"奉行上帝意旨",是"替天行道",是"昭昭天命"(Manifest Destiny)[70]。更通俗些说,就是公开宣扬"放火有理""杀人无罪""抢劫有功"! 如此这般的"杂交产物"——"天定命运"论,经过二百多年的持续发展,至19世纪40年代,即美国立国后一百六十多年之际,达到鼎盛,成为美国社会的主流意识和官方的立法准则,其间虽衍生出许多分支流派,但在三大要点上均"不离其宗",即:

第一,**种族主义邪说**:在美国定居的盎格鲁-撒克逊族,是上帝的最佳选民,是造物主创造的最佳生灵,他们天生就应凌驾于其余一切种族之上。

第二,**"受命于天"邪说**:他们受上帝的指派去支配全人类的命运,造物主授权他们去统治造物主在人世间所创造的一切人类和一切事物。

---

[69] 参见《美国侵略伊拉克八年得到了什么?》,http://blog.sina.com.cn/s/blog_5e624bdb0102dsl9.html。
[70] See Manifest Destiny, http://en.wikipedia.org/wiki/Manifest_destiny。另参见"昭昭天命"词条,http://so.360.cn/s?ie=utf-8&src=hao_search&q=昭昭天命。

第三,"暴力称霸合法"邪说:为了执行"昭昭天命"去统治上帝在人世间所创造的一切人类和一切事物,可以随时采取任何手段,既可以大规模杀人越货,也可以残暴屠戮土著,还可以随时发动战争,在美洲大陆以内和以外,任意开疆拓土,更可以暴力输出"美式民主"[71]"和平演变""制造内乱"等,所有这些手段,都是合乎天命,既符合自然法,也符合人间法律的。

图 1-9-6 是一幅鼓吹美国"天定命运"论的油画。图中上空飘然飞行的天使仙女,象征执行"昭昭天命"向北美西部开疆拓土的美国政府,她腋下夹着书本,手执电线,前往西部蛮荒之地"传播文明",引领脚下芸芸众生,或步行,或骑马,或驾着牛车马车,或搭乘火车,向西大踏步迈进。图左下方地面上惊慌失措纷纷逃命的是西部莽原上的野牛群和原住民印第安人。[72]

图 1-9-6 "天定命运"论油画

由此可见,在 19 世纪达到鼎盛阶段的美国"天定命运"论,说到底,就是一种愚民的"符咒",一种"公鸡血"注射,催使素有宗教迷信、种族优越感的为数不少的美国人,陷入高度亢奋、两眼发红、精神迷乱的状态,拿起一切可用的刀枪,用暴力去欺

---

[71] 关于可以暴力输出"美式民主"的典型谰言之一是:美国的"民主制度是那么的高尚完美以致任何边界都拦不住。一个仁慈的造物主当然不会把这种恩惠只赐给少数人;扩张是奉神遣而施教化于暴君压迫下的邻国群众的手段。这不是帝国主义,是执行拯救办法。"参见〔美〕雷·艾伦·比林顿:《向西部扩张——美国边疆史》(下册),周小松等译,商务印书馆 1991 年版,第 206 页。英文原文如下:"their democratic institutions were of such magnificent perfection that no boundaries could contain them. Surely a benevolent Creator did not intend such blessings for the few; expansion was a divinely ordered means of extending enlightenment to despot-ridden masses in nearby countries! This was not imperialism, but enforced salvation."See Ray Allen Billiton, *Westward Expansion, A History of the American Frontier* (Third Edition), Macmillian of the Publishing Co., 1971, p.574.

[72] 资料来源:http://en.wikipedia.org/wiki/Manifest_destiny。

凌、残害、屠杀一切弱势群体,去并吞北美西部原土著的领土;去夺取北美南部原土著的领土及原属其他殖民主义者的属地;更进一步,去夺取中美、南美(拉丁美洲)的广袤疆土和海洋;又更进一步,去夺取亚洲、非洲的广袤疆土和海洋。正如当年德国著名历史学家海因茨·哥尔维策尔批判"中国威胁"论那样,美国的"天定命运"论实质上就是美国的另一种**帝国主义口号**,是美帝国主义向全球实行殖民主义扩张时期用以欺蒙和动员国内外公众、获得舆论支持的政治骗术,这个口号的产生、传播"显示了帝国主义思想的基本特征",用以愚化和煽惑老百姓,嗾使他们去干坏事,或者去为自己的暴力霸权扩张罪行进行辩护。[73]正如马克思在其巨著中引述的一段话所评论的:

> 所谓的基督教人种在世界各地对他们所能奴役的一切民族所采取的野蛮和残酷的暴行,是世界历史上任何时期,任何野蛮愚昧和残暴无耻的人种都无法比拟的。[74]

简言之,这个殖民主义、帝国主义口号及其各种铺陈阐释,集中地、突出地体现了为数不少的美国人极端自私的**"民族利己主义"的灵魂**:"只要我能捞它一把,哪管它寸草不生!哪管它血流成河!"不妨说,这才是"天定命运"论之所以在19世纪40年代的美国风行一时,并被确立为美国长期的外交战略思想,而且直到现在还被不断"发扬光大"的真实思想根源。

为了配合和强化这种极端自私的"民族利己主义"的灵魂,就必须有一种与它相适应的、能帮助它"升华"的哲学理念,这就是逐渐居于美国社会主导地位的实用主义哲学流派。

四、美国的"实用主义"哲学理念[75]

"实用主义"(pragmatism)是从希腊词"πρᾶγμα"(意即"行动")派生出来的。它是产生于19世纪70年代的现代哲学派别,在20世纪的美国成为一种主流哲学理念。对美国的法律、政治、教育、社会、宗教和艺术的研究产生了很大的影响。

---

[73] See Heinz Gollwitzer, *Die Gelbe Gefahr: Geschichte eines Schlagworts-Studien zum imperialistischen Denken*, Vandenhoek & Ruprecht, 1962, Preface, S. 8-9. 另参见其中文译本:《黄祸论》,商务印书馆1964年版,前言第6—7页。
[74] 马克思:《资本论》,载《马克思恩格斯全集》第23卷,人民出版社1972年版,第820页。
[75] 详见《实用主义》(现代哲学派别),http://baike.baidu.com/subview/39074/5082157.htm。

迄今为止,140多年来,美国"实用主义"衍生出许多不同的流派和分支,但是其根本纲领和核心理念却始终"不离其宗"。

"实用主义"的**根本纲领**是:把确定信念作为出发点,把采取行动当作主要手段,把获得实际效果当作最高目的。而实用主义者对行为、行动的解释,完全贯彻了资产阶级极端利己主义世界观的精髓,即只管行动是否能给个人或集团带来某种实际的利益和报酬,而不问这种行动是否合乎客观实际,是否合乎社会伦理原则和道德规范。当道义与实利两者不能兼得时,宁可弃道义而取实利,不可为道义而弃实利。

简言之,"实用主义"的**核心理念**就是只管直接的效用、利益,不管是非对错。**有用即是真理**,无用即为谬误。

第二次世界大战期间,意大利法西斯头子墨索里尼曾经得意洋洋地向世人介绍他应用"实用主义"的宝贵"经验",说他曾将实用主义哲学家奉为良师,声称他从这些人的学说中发现了"行动的信心,生活和战斗的坚强意志,而法西斯的成功大部分得力于此"。[76] 不过,历史却给了他应有的"光荣"结局:二战结束前夕,他被反法西斯的意大利人民处决后,双足被套上了绞索,倒挂着暴尸于意大利米兰街头示众![77]

行文至此,我们已经通过回顾历史,摆出事实,讲明道理,粗略地证明了国际社会现实中确实存在两种背道而驰的国际势力及其影响下的两种历史走向;粗略地揭示了美国长期推行侵华反华政策绝非历史的偶然,阐明了它的历史实践传统基因和意识形态传统基因;从理论与实际的结合上,批判和驳斥了当前美国当权派及其同伙和马前卒们大肆叫嚣鼓噪的东海版"中国威胁"论和南海版"中国威胁"论。

不过,马克思主义唯物史观提醒我们,对人类历史上任何阶段的社会实践活动和社会意识形态,都必须从其社会基础即**经济体制**中去深入探究剖析其总根和主源,才能彻底明了其来龙去脉,明辨是非,正确对应。针对当前美国当权派及其同伙和马前卒们大肆叫嚣鼓噪的东海版"中国威胁"论和南海版"中国威胁"论,也必须从美国迄今已存续一百多年的垄断资本主义——帝国主义经济体制中,去探究剖析其总根和主源,才能彻底明辨是非,正确应对。

---

[76] 参见《实用主义》,http://zh.wikipedia.org/wiki/实用主义。
[77] 参见《意大利法西斯墨索里尼是怎么死的?》,http://wenwen.sogou.com/z/q139253824.htm?w/。

五、美国"跨世纪谰言"[78]的总根源：美国的垄断资本主义—帝国主义经济体制

马克思和恩格斯长期研究人类社会发展史，以大量客观史实为基础，得出科学的结论，认为人类社会发展相继经历五种形态或五种体制，即沿着原始社会—奴隶制社会—封建制社会—资本主义社会—社会主义社会的顺序逐步发展。每一种社会形态或社会体制，分别具有不同性质的"经济基础"和"上层建筑"。

马克思主义认为，"经济基础"指由社会一定发展阶段的生产力所决定的生产关系的总和，是构成一定社会的基础；"上层建筑"是建立在经济基础之上的意识形态，以及与其相适应的政治法律制度和各种设施。

马克思在1859年写的《〈政治经济学批判〉序言》中，对"经济基础"和"上层建筑"的理论作了精辟的表述："人们在自己生活的社会生产中发生一定的、必然的、不以他们的意志为转移的关系，即同他们的物质生产力的一定发展阶段相适合的生产关系。这些生产关系的总和构成社会的经济结构，即有法律的和政治的上层建筑竖立其上并有一定的社会意识形式与之相适应的现实基础。"[79]恩格斯撰写的《反杜林论》《路德维希·费尔巴哈与德国古典哲学的终结》等，特别是在他晚年的书信中，对"经济基础"与"上层建筑"理论作了进一步的丰富和发展。

一定社会的经济基础是该社会的经济关系的体系，即生产关系的总和，主要包括生产资料所有制、生产过程中人与人之间的关系和分配关系等三个方面，其中生产资料所有制是首要的、决定的部分。而一定社会的上层建筑是复杂庞大的体系，由该社会的"观念上层建筑"和"政治上层建筑"两个部分组成。

观念上层建筑包括政治法律思想、道德、宗教、文学艺术、哲学等意识形态。政治上层建筑在阶级社会指政治法律制度和设施，主要包括军队、警察、法庭、监狱、政府机构和政党、社会集团等，其中国家政权是核心。

观念上层建筑和政治上层建筑是相互联系、相互制约的。观念上层建筑为政治上层建筑提供思想理论根据，政治上层建筑为观念上层建筑的传播和实施提供重要的保证。政治上层建筑作为思想的"物质附属物"，是通过人们意识自觉建立的，它

---

[78] 欧美列强统治集团及其谋臣策士们为侵华、排华、遏华、反华而杜撰的谰言，从19世纪中后期的"黄祸"论—"中国威胁"论，直到当今东海版的"中国威胁"论和南海版的"中国威胁"论，版本不断变更，花样不断翻新，至少已经历时一百五十多年，跨越了三个世纪，故堪称"跨世纪谰言"。

[79] 马克思：《〈政治经济学批判〉序言》，载《马克思恩格斯全集》第13卷，人民出版社1962年版，第8页。

一经形成又强烈影响观念上层建筑,要求一定的观念上层建筑与它相适应。

在阶级社会,上层建筑具有阶级性。同一社会形态存在着不同阶级的政治组织和意识形态,它反映着社会经济基础的复杂性和经济关系的对立性。统治阶级的思想则是该社会占统治地位的思想。在无阶级社会,经济关系不具有对立性,上层建筑也不存在阶级性。

"**经济基础**"是"**上层建筑**"赖以存在的根源,是第一性的、决定性的;"**上层建筑**"是经济基础在政治上和思想上的表现,是第二性的、派生的。经济基础决定上层建筑,上层建筑反作用于经济基础。

经济基础对上层建筑的**决定作用**表现在:第一,经济基础决定上层建筑的产生。观念的、政治的上层建筑都是适应经济基础的需要而产生的。上层建筑一经产生便具有相对独立性,有其自身的发展规律和一定的历史继承性。政治上层建筑表面上表现为一种凌驾于社会之上、脱离社会的独立力量。第二,经济基础决定上层建筑的性质。有什么样的经济基础,便会产生什么样的上层建筑。上层建筑的根本性质取决于它的经济基础的性质。

在奴隶制经济基础上建立起来的是奴隶主专政的国家和以奴隶主阶级思想为核心的意识形态。在封建制经济基础上建立起来的是封建主专政的国家和以地主阶级思想为核心的意识形态。在资本主义经济基础上建立起来的是资产阶级专政的国家和以资产阶级思想为核心的意识形态。第三,经济基础决定上层建筑的变革。

上层建筑对经济基础的**反作用**主要表现在积极地为自己的经济基础服务。上层建筑一经产生,便成为一种积极的能动的力量,促进自己经济基础的形成、巩固和发展;同时向阻碍、威胁自己经济基础发展的其他经济关系、政治势力和意识形态进行斗争。政治上层建筑运用强制手段,把人们的行为控制在一定秩序的范围内。观念上层建筑则利用舆论工具,论证自己经济、政治制度的合理性,规范和控制人们的思想与行动。统治阶级凭借整个上层建筑维护和巩固本阶级的政治统治和经济利益。

在经济基础和上层建筑的交互作用中,从根源和派生的关系上看,经济基础是原因,上层建筑是结果。唯物史观既反对否定经济基础决定作用的唯心主义,又反对否定上层建筑反作用的形而上学观点。这两种观点都是违背上层建筑适合经济基础状况的规律的。[80]

---

[80] 参见《经济基础与上层建筑》,http://baike.baidu.com/view/107932.htm? fr=aladdin。

以上粗略地介绍了马克思主义唯物史观和政治经济学的基本原理。这些基本原理是马克思和恩格斯长期研究人类社会发展史、以大量客观史实为基础所得出的科学结论,也是他们继承前人研究成果并加以发展创新所得出的科学结论,因此,这些基本原理是"放之四海而皆准"的普遍真理,当然,也就是我们应当作为理论指南,用以探究剖析美国关于"中国威胁"论这一"跨世纪谰言"的总根源。

马克思在综合考察和论证人类社会历史发展五种形态的基础上,侧重于剖析资本主义社会的经济关系的本性或本质属性。马克思主义政治经济学的"劳动价值"理论和"剩余价值"理论,从商品这一简单"细胞"开始着手,层层深入,犹如剥笋,科学地剖析和揭示了资本主义制度下"必要劳动"与"剩余劳动"的对立性质,从而揭露了资产阶级榨取利润的来源和资本主义剥削的秘密。

限于本书论述的主题和本书的篇幅,这里不能就马克思主义政治经济学对资本主义社会的经济关系进行的科学剖析,作全面系统的介绍,而只对马克思所一再强调的揭示资本主义之"本性"或"本质属性"的核心观点,加以简要的评介。有心深入了解马克思科学剖析资本主义社会的经济关系全貌或概貌的读者,可以通读马克思的权威巨著《资本论》,或者概览任何一本目前我国各大学广泛采用的新版《政治经济学》教科书。

如前文所述,在《资本论》这部权威巨著的《所谓原始积累》一章,马克思列举大量事实,揭示在资本原始积累阶段,殖民主义者—资产者—资产阶级的唯利是图和贪婪本性,指出这些暴徒们唯利是图,所采取的手段是极其残酷和残暴无耻的,是充满了杀人越货、屠杀土著、种族灭绝、武装掠夺、暴力征服的,他们实行这种残暴掠夺的历史是"用血和火的文字载入人类编年史的"。因此,"资本来到世间,从头到脚,每个毛孔都滴着血和肮脏的东西"[81]。为了进一步说明殖民主义者—资产者—资产阶级的这种**"与生俱来"**的**"先天劣根性"**,马克思还引述一段话,十分辛辣地、形象地揭露资本—资本家—资产阶级的唯利是图、不择手段和极端贪婪:"一旦有适当的利润,资本就胆大起来。如果有10%的利润,它就保证被到处使用;有20%的利润,它就活跃起来;有50%的利润,它就铤而走险;为了100%的利润,它就敢践踏一切人间法律;有300%的利润,它就敢犯任何罪行,甚至冒绞首的危险。如果动乱和纷争能带来利润,它会鼓励动乱和纷争。走私和贩卖奴隶就是证明。"[82]

唯利是图者势必贪婪无餍,贪婪无餍者势必永不满足,无餍贪婪者势必不择手段,于是乎,"巧取"不足,就转而豪夺;榨取不足,就转而攫取;贱买贵卖不足,就转而

---

[81] 马克思:《资本论》,载《马克思恩格斯全集》第23卷,人民出版社1972年版,第829页。
[82] 同上书,第829页脚注㉕。

穷兵黩武,屠杀无辜,暴力征服;一国盘剥榨取不足,就转向武装侵略或吞并他国;本大洲恃强凌弱不足,就势必扩及其他大洲,一洋逞霸不足,就势必扩及其他大洋……如此这般,轮番使用,陈陈相因,愈演愈烈,于是,无餍贪婪又往往与无比凶残相伴而行,于是,弱国弱族,就成为刀下之鱼,俎上之肉,听凭强者霸者宰割,以顺遂其饕餮之欲。——回顾前文缕述的"美利坚帝国"立国前后四百年来的斑斑劣迹和累累罪行,难道不就是一直沿着这种历史轨迹步步拓展其全球霸业,猖狂横行天下吗?

前文提到,在 19 世纪的最后 30 年中,"自由"资本主义逐步向垄断资本主义过渡。19 世纪末 20 世纪初,世界资本主义终于发展成为帝国主义,或综合简称"资本帝国主义"。列宁深入考察资本主义发展新阶段的实况,对马克思的有关理论进一步加以补充和创新。[83] 他明确指出,垄断资本的统治是帝国主义最基本的特征;在帝国主义时代,资本主义所固有的各种矛盾日益激化;各国垄断组织的出现,不仅没有消弭竞争,反而促使竞争在更广阔的范围、更巨大的规模、更激烈的程度上继续进行;为了争夺销货市场、原料产地和投资场所,各大国垄断集团展开了抢先占领势力范围和瓜分世界的空前猛烈的恶斗。但整个世界业已被瓜分完毕。由于资本主义发展的不平衡性,经济急速发展的后起帝国主义国家要求按照实力的新对比**重新瓜分世界**,因而在帝国主义各国之间,充满了从别人手上夺取殖民地、重新分配势力范围、重新排列世界霸主座次的矛盾冲突。这些矛盾冲突导致了 1898 年的美西战争等,又进一步导致了 1914—1918 年的第一次世界大战。之后,后起帝国主义国家——德国战败,"美利坚帝国"大陆本土地处两大洋之间,大西洋和太平洋是它的天然屏障,"得天独厚",因此不但未遭重大战祸损失,反而左右逢源,通过向所有参战国出售武器和战争资源而大发战争横财。

又过了 21 年,又由于资本主义发展的不平衡性,第一次世界大战中战败的德国,在希特勒及其纳粹法西斯党徒"复仇主义"疯狂叫嚣中,东山再起,卷土重来,1939 年在欧洲发动了规模空前的第二次世界大战,导致生灵涂炭。在此期间,"美利坚帝国"又重施故技,再次利用"得天独厚"的地理优势,脚踩两船,左右逢源,大发战争横财。直到 1941 年底,因狡诈阴险的日本帝国主义偷袭珍珠港,重创美国海军,美国才被迫参加了反法西斯的正义战争。

但是,1945 年二战结束以来,大量新的事实表明,"美利坚帝国"的帝国主义不但未改恶从善,反而变本加厉,愈演愈烈,更加恶性发展到极致地步,成为全球最大的霸权"暴发户",成为当今世界综合国力最强的、独一无二的超级大国。

---

[83] 参见列宁:《帝国主义和社会主义运动中的分裂》,载《列宁选集》第 2 卷,人民出版社 1972 年版,第 884 页。

说到美利坚帝国主义愈演愈烈的劣根性,就不能不深挖此种劣根性的制度根源和阶级根源,昭示公众。正如前文提到的,曾经长期参与设计美国对外基本国策因而通晓美国对外扩张政策内幕底蕴的资深外交家凯南,早在 20 世纪 80 年代就已在其专著中坦率承认,美国每年都把国民收入的很大一部分用于生产并出口武器装备,保持庞大的武装力量和军事设施。美国在数十年冷战过程中已经造成一个庞大的既得利益集团,从而已经使自己依赖于这种可憎的全国性的穷兵黩武行径。[84] 凯南这里所说的"庞大的既得利益集团",显然就是众所周知的美国**"军事产业复合体"**(Military-Industrial Complex)或**军工产业垄断资产阶级**,其构成分子,不仅有直接从事制造、销售、出口大量武器装备和一切军需用品的企业巨子,不仅有生产、加工、运输各种战略物资的垄断大王,而且还有直接或间接控股这些军工生产企业和海陆空运输公司的金融寡头……因此,美国"军事产业复合体"或军工产业垄断资产阶级实际上控制了全美国的主要经济命脉,进而操纵全美国的主要政治命脉和文化命脉。在美国"民主"选举制度和政治"献金"制度下,最后得以脱颖而出的"精英分子",诸如国会议员、总统、国务卿、国防部部长等,几乎无一不是美国垄断资产阶级惬意的政治代理人或代言人。[85] 顺理成章,由这些精英们所制定的美国对内对外国策,也就几乎无一不是美国垄断资产阶级惬意的、能使他们获得最大利润(30%－100%－300%)的政策,这岂不就是美国垄断资产阶级所精心设计的"连锁反应"和刻意追求的"最佳效果"吗?为了大发战争横财,美国垄断资产阶级总是不断在幕前幕后积极怂恿和大力推动美国当局扩军备战,制造战争,歇斯底里,伺机在世界各地发动规模战争或"局部战争",不惜以千千万万美国普通百姓的血肉之躯充当炮灰,驱使他们奔向全球各地战场,更不惜随时在世界各地给弱者公众制造战争灾难,滥施杀戮,涂炭生灵,这不是屡见不鲜的历史事实吗?

简言之,概括地说,美国建国前后四百年来的恶性殖民扩张,劣迹斑斑、罪行累

---

[84] 参见〔美〕乔治·凯南:《美国外交》(增订本),葵阳等译,世界知识出版社 1989 年版,第 130、137—138 页。

[85] "军工复合体",又称"军工—国会复合体"或"军工铁三角",由国会立法机关、武装部队及支持前两者的军需工业及其后台大老板们组成的庞大利益集团,其间存在国会决策与金钱输送之间的各种关系,这些关系包括提供政治献金、争取批准军费开支、通过游说取得对各种官僚机构和有关行业的支持等等。这个术语通常用指称西方强权国家特别用于专指美国武装部队背后错综复杂、官商互相勾结的系统,有时更广地用于泛指国防物资供应商、承包商、国防研究机构、五角大楼、国会和行政部门之间的合同承包网络、金钱流向及国家资源分配等等。1961 年 1 月 17 日,美国总统艾森豪威尔在连任两届卸任前夕发表的"告别演说"中,曾经坦率承认美国的"铁三角军工复合体"多年来通过国会决策与金钱输送之间的各种关系运作,在全国政治、经济、文化等各种领域,施加影响,全面操控,无所不至,无孔不入,耗费国家巨额财力,扩军备战,从中牟取暴利;其对美国自由民主政治和世界和平愿景的严重负面作用,不可小觑,应当设法遏制和防止。然而,随着时间的推移,五十多年来,美国的"军工复合体"庞大利益集团不仅没有受到限制和削弱,反而愈演愈烈,一直在背后操纵美欧国家的政治、外交、军事和军事战略,它们的影响是极其广泛、持久和极其深远的。See Military-industrial Complex, http://en. wikipedia. org/wiki/Military-industrial_complex. 另参见王毅:《美国简史》,安徽人民出版社 2013 年版,第 183—186、190、198 页。

累、愈演愈烈,其总根源就在于美国的资本帝国主义经济体制以及由此孵育出来的"美利坚帝国"垄断资产阶级的先天劣根性:唯利是图和极端贪婪。

由此可见,当代形形色色的美国霸权版"中国威胁"论及其"东海"变种和"南海"变种,其时起时伏,一再出现和甚嚣尘上,**都不是历史的偶然**。应当说,当前中国周边出现的这种国际现象,说到底,乃是"美利坚帝国"建国前后四百年来的恶性殖民扩张的历史延伸和必然结果,乃是以美国为首的这股国际负面势力逆时代潮流而动的最新表现。

那么,面临当前来势汹汹的、逆时代潮流而动的、以美国为首的这股国际负面势力,中国应当如何对应?究竟有何底线?

六、中国的底线:绝不拿主权权益做交易,不惹事,但也不怕事

无数事实证明:在国家林立的当代世界,弱肉强食之"丛林规则"依然盛行,国际弱势群体得来不易的国家主权,对于他们的生存与发展说来,有如布帛菽粟之不可须臾离!但是,当代国际法的这一基本原则、信念和理念,却时时遇到形形色色、变化多端的挑战和侵害,这就迫使全球弱势群体不能不时刻保持清醒头脑、忧患意识和锐利目光,及时识破、坚决反击形形色色的挑战和侵害,捍卫国家主权这一基本原则、信念和理念,使它始终屹立,岿然不动!

作为全球最大的发展中国家,中国在19世纪至20世纪政治主权、经济主权的"攻防战"中,自鸦片战争以后170多年来,经历过丧权辱国、饱受列强宰割的巨大历史创痛,也经历了通过百年苦斗,恢复国家尊严,在政治上、经济上自己当家作主的巨大历史欢欣。如今,已经步入21世纪,在经济全球化加速发展的新情势下,又面临着新百年中的政治主权、经济主权"攻防战"。际此时刻,面对时起时伏、花样翻新的国际霸权主义和强权政治的种种外来压力、挑衅和侵害,很有必要时时重温邓小平同志早在三十四年前留下的殷殷叮咛:"中国人民珍惜同其他国家和人民的友谊和合作,更加珍惜自己经过长期奋斗而得来的独立自主权利。任何外国不要指望中国做他们的附庸,不要指望中国会吞下损害我国利益的苦果。"[86]

秉持邓小平1982年的殷殷叮咛,温家宝总理在2010年坚定地重申:"在涉及中

---

[86] 邓小平:《中国共产党第十二次全国代表大会开幕词》(1982年9月1日),载《邓小平文选》第3卷,人民出版社1993年版,第372页。

国主权和领土完整的重大问题上,即使是中国很穷的时候,我们也是铮铮铁骨。"[87]"中国讲友好,也讲原则,坚定不移地维护国家的核心利益。在涉及主权、统一及领土完整的问题上,中国决不退让,决不妥协。"[88]

针对新近的国际风云变幻和海疆侵华事态,习近平总书记在2013年1月再次强调:"任何外国不要指望我们会拿自己的核心利益做交易,不要指望我们会吞下损害我国主权、安全、发展利益的苦果。"[89]

2013年4月,中华人民共和国国务院新闻办公室昭告全球公众的中国《国防白皮书》,侧重从政治与军事相结合的角度,阐述和解读了中国新一代领导人在新形势下的坚定信念和决心,指出:当前国际形势保持总体和平稳定的基本态势,但与此同时,世界仍然很不安宁,霸权主义、强权政治和新干涉主义有所上升,局部动荡频繁发生,热点问题此起彼伏,传统与非传统安全挑战交织互动,国际军事领域竞争更趋激烈,国际安全问题的突发性、关联性、综合性明显上升。亚太地区日益成为世界经济发展和大国战略博弈的重要舞台,美国调整亚太安全战略,导致亚太地区格局也产生深刻变化。中国仍面临多元复杂的安全威胁和挑战,生存安全问题和发展安全问题、传统安全威胁和非传统安全威胁相互交织,维护国家统一、维护领土完整、维护发展利益的任务艰巨繁重。有的国家深化亚太军事同盟,扩大军事存在,频繁制造地区紧张局势。个别邻国在涉及中国领土主权和海洋权益的问题上采取使问题复杂化、扩大化的举动,日本在钓鱼岛问题上不断制造事端。针对这些多元、复杂多变的威胁和挑战,中国武装力量必须坚持的首要基本政策和原则,就是维护国家主权、安全、领土完整,保障国家和平发展;坚定不移地实行积极防御军事战略,防备和抵抗侵略,遏制分裂势力,保卫边防、海防、空防安全,维护国家海洋权益和在太空、网络空间的安全利益。**坚持"人不犯我,我不犯人;人若犯我,我必犯人"**,坚决采取一切必要措施维护国家主权和领土完整。[90]

连续几代中国国家领导人三十多年来不断重申和反复强调的这些话,充分体现了中国人民在主权问题上的一以贯之的基本立场,可谓掷地有声、浩气凛然!

2014年3月28日下午,中国国家主席习近平应德国科尔伯基金会邀请在柏林发表演讲。会上习近平指出,几十年来,中国始终坚持独立自主的和平外交政策,反

---

[87]《温家宝总理答中外记者问》,载《人民日报》2010年3月15日第2版。
[88] 温家宝:《认识一个真实的中国》(在第六十五届联大一般性辩论上的讲话),http://politics.people.com.cn/GB/1024/12800629.html。
[89] 习近平:《更好统筹国内国际两个大局 夯实走和平发展道路的基础》,http://news.xinhuanet.com/politics/2013-01/29/c_114538253.htm。
[90] 参见《中国武装力量的多样化运用》(国防白皮书),http://news.xinhuanet.com/mil/2013-04/16/c_124567705.htm。

对霸权主义和强权政治,不干涉别国内政,永远不称霸,永远不搞扩张。我们在政策上是这样规定的、制度上是这样设计的,在实践中更是一直这样做的。当然,中国将坚定不移维护自己的主权、安全、发展利益,任何国家都不要指望我们会吞下损害中国主权、安全、发展利益的苦果。在回答关于中国周边外交政策的问题时,习近平指出,远亲不如近邻。从国与国的关系讲,朋友可以选择,但邻居是无法选择的,要世代相处下去。无论是从理智上还是从感情上,我们都认为与邻为善、以邻为伴是唯一正确选择。中国对周边国家坚持亲、诚、惠、容的理念。当前,中国同周边国家的关系总体是好的。我们主张通过协商和对话妥善管控分歧,解决争议。在事关中国主权和领土完整的重大原则问题上,我们**不惹事,但也不怕事**,坚决捍卫中国的正当合法权益。[91]

2014年4月8日,中国国务委员兼国防部部长常万全在与美国国防部部长哈格尔举行的联合记者会上强调,领土主权问题是中国的核心利益。在领土主权问题上,我们不会妥协,不会退让,不会交易,更不允许受到一丝一毫的侵犯。中国军队肩负着维护国家主权、安全和领土完整的使命,我们时刻做好应对各种威胁和挑战的准备,只要党和人民需要,就能召之即来、来之能战、战之必胜。[92] 8月中旬,中国《人民日报》又针对哈格尔在澳大利亚发表的谰言,刊登专文警告说:"中国也不是好欺负的,对于无理挑衅行为,必将做出清晰坚定的回应。"[93]

中国国务院总理李克强2014年4月10日在博鳌亚洲论坛主旨演讲[94]中提到,中国将继续坚持走和平发展道路,奉行睦邻友好的周边外交政策。同时,我们维护本国领土主权的意志是坚定不移的,愿通过和平手段解决争端的主张也是明确的。对加强海上合作的积极行动,我们会倾力支持;对破坏南海和平稳定的挑衅行为,我们会果断回应。中国人历来讲求"以德报德,以直报怨"[95],我们重情义,不会亏待朋友;我们讲原则,坚定维护根本立场。

2016年3月31日,习近平与美国总统奥巴马在华盛顿会晤时,针对中国南海的风云变幻和波涛迭起,再次重申中国的"底线",明确警告国际黩武势力:"中国坚定

---

[91] 参见《习近平谈领土主权问题:我们不惹事但也不怕事》,http://news.qq.com/a/20140329/002299.htm; http://military.china.com/important/11132797/20140330/18421267_7.html。

[92] 参见《常万全与美国国防部长哈格尔举行联合记者会》,http://news.mod.gov.cn/headlines/2014-04/09/content_4502883.htm。

[93] 《美不断坏规矩 中国必回击无理挑衅》,http://www.chinanews.com/mil/2014/08-14/6491214.shtml。

[94] 《李克强在博鳌亚洲论坛2014年年会开幕式上的主旨演讲(全文)》,http://www.fmprc.gov.cn/mfa_chn/zyxw_602251/t1145916.shtml。

[95] "以德报德,以直报怨",出自《论语·宪问》。"以直报怨"指以公平正直的态度对待伤害自己的人,其含义甚广,包括"人不犯我,我不犯人;人若犯我,我必犯人"。

维护在南海的主权和相关权利,坚定致力于维护南海地区和平稳定,坚持通过同有关当事国直接协商谈判和平解决争议。中方尊重和维护各国依据国际法享有的航行和飞越自由,同时不会接受任何以航行自由为借口损害中国国家主权和安全利益的行为。"[96]

一言以蔽之,中国尽管努力贯彻"和为贵""化干戈为玉帛"原则,但当代霸权龙头老大,一贯"虎狼成性",怙恶不悛,为维持其全球霸主地位,总是时时"化玉帛为干戈",到处穷兵黩武,肆意入侵他国领土、领海、领空,破坏国际安宁和世界和平秩序,面对此种无情现实,中国人民自宜牢记传承数千年的古训:"安而不忘危,存而不忘亡,治而不忘乱",[97]尽早未雨绸缪,做好周全准备,"以革命的两手对付反动的两手"[98]:朋友来了,有好酒;豺狼来了,有猎枪![99]

---

[96] 《外媒关注"习奥会":中国坚定维护南海主权》,http://news.163.com/16/0402/14/BJLFDT3900014AEE.html;《习近平访美敲打奥巴马:在韩部署萨德反导损人不利己》,http://mil.news.sina.com.cn/china/2016-04-01/doc-ifxqxcnp8362667.shtm。

[97] 参见《周易·下》。另参见《人民日报》评论部:《习近平用典》,人民日报出版社 2015 年版,第 29—30 页。习近平同志曾在讲话中指出:要善于运用底线思维的方法,凡事从坏处准备,努力争取最好的结果,做到有备无患、遇事不慌,牢牢把握主动权。参见慎海雄:《领导干部要善于底线思维》,http://news.xinhuanet.com/politics/2013-04/07/c_115289665.htm201。

[98] 毛泽东语:"我们是用了革命的两手政策来对付反动派的反革命两手政策的"。参见毛泽东:《读苏联〈政治经济学教科书〉的谈话》(一九五九年十二月——一九六零年二月)》,载《毛泽东文集》第 8 卷,人民出版社 1999 年版,第 103—148 页。

[99] 20 世纪 50 年代反映中国人民抗美援朝、保家卫国英雄史诗的经典电影《上甘岭》,其主题歌《我的祖国》,数十年来代代传唱不衰。其中第三阕歌词是:"好山好水好地方,条条大路都宽畅。朋友来了,有好酒;若是那豺狼来了,迎接它的有猎枪!这是强大的祖国,是我生长的地方,在这片温暖的地方,到处都有和平的阳光!"此歌准确地表达了中国人民热爱和平家园和敢于迎头痛击任何入侵的强霸势力、任何"虎豹豺狼"的坚定意志和坚强决心。

第 10 章　论中国在构建 NIEO 中的战略定位：聚焦评析"新自由主义经济秩序"论、"WTO 宪政秩序"论、"经济民族主义"论

▶▶ 内容提要

20 世纪 80 年代以来，国际社会中力图阻挠或扭曲建立国际经济新秩序（NIEO）历史潮流的各种学说层出不穷，诸如"新自由主义经济秩序"论、"WTO 宪政秩序"论、"经济民族主义扰乱全球化秩序"论等等。这类学说虽然激发了一些新的有益思考，却确实造成了一系列新的思想混乱。建立 NIEO 乃是 20 世纪 50 年代以来全球弱势群体数十亿人口争取国际经济平权地位的共同奋斗目标，当代中国人应当全面、完整、准确地加深理解邓小平的"韬光养晦、有所作为"方针，将中国在建立 NIEO 历史进程中的战略坐标和基本角色，定位为旗帜鲜明、言行一致的积极推动者。中国理应进一步发扬传统的具有独特内涵的中华民族爱国主义，通过 BRICSM 类型的"南南联合"群体，成为建立 NIEO 的积极推手和中流砥柱之一。总之，中国人民务必保持清醒，谨防落入上述各种"时髦"理论的陷阱。

▶▶ 目　次

一、引言：国际经济秩序、国际经济法与南北矛盾
二、历史上中国的自我定位
　（一）古代中国的自我定位
　（二）近现代中国的自我定位
　（三）鸦片战争后 160 余年来形成的主流民族意识及其对中国定位的影响

三、今后中国的自我定位:建立 NIEO 的积极推手和中流砥柱之一

四、简评针对当代国际经济秩序和中国定位的几种论说

    (一)"新自由主义经济秩序"论初剖

    (二)"WTO 宪政秩序"论初剖

    (三)"经济民族主义扰乱全球化秩序"论初剖

五、几点结论

一、引言:国际经济秩序、国际经济法与南北矛盾

国际经济交往中所发生的国际经济关系,在每一特定历史阶段,往往形成某种相对稳定的格局、结构或模式,通常称之为"国际经济秩序"。国际经济秩序的建立和变迁,取决于国际社会各类成员间的经济、政治和军事的实力对比。与此同时,在各国统治阶级相互合作、斗争和妥协的基础上,也逐步形成了维护这些秩序的、具有一定约束力或强制性的国际经济行为规范,即国际经济法。国际经济法是巩固现存国际经济秩序的重要工具,也是促进变革国际经济旧秩序、建立国际经济新秩序(NIEO)的重要手段。

在国际经济秩序和国际经济法的发展过程中,始终贯穿着强权国家保持和扩大既得经济利益、维护国际经济旧秩序与贫弱国家争取和确保经济平权地位、建立国际经济新秩序的矛盾和斗争,简称"南北矛盾"。南北矛盾冲突的焦点和实质,是全球财富的国际再分配。而新、旧国际经济秩序的根本分野,则在于全球财富国际再分配之公平与否。

史实证明,当代南北矛盾的利益冲突"并非一日之寒",南北合作的进程必然是步履维艰,曲折行进。相应地,国际经济秩序和国际经济法律规范的破旧立新、新旧更替,势必循着螺旋式上升的"6C 轨迹"或"6C 律",即 Contradiction(矛盾)→Conflict(冲突或交锋)→Consultation(磋商)→Compromise(妥协)→Cooperation(合作)→Coordination(协调)→Contradiction New(新的矛盾),逐步实现。[1] 从万隆、多哈、坎昆到香港,再到现在,回顾并总结南南联合自强 50 多年国际经济立法的历史进程,国际弱势群体即众多发展中国家面对当代国际社会的基本现实,即战略上的"南

---

[1] 关于"6C 律"的详细论述,参见陈安:《论国际经济关系的历史发展与南北矛盾》,载《国际经济法学刍言》(上卷),北京大学出版社 2005 年版,第 31—69 页。

弱北强"和"南多北寡",不能不以史为师,保持清醒的头脑、足够的耐心、不挠的韧性,采取战略原则坚定性与策略战术灵活性相结合的对策。国际经济秩序和国际经济法律规范的除旧布新,争取和维护国际弱势群体的平权地位和公平权益,舍韧性的"南南联合自强"(South-South Self-Solidarity),别无他途可循。[2]

作为全球最大的发展中国家和正在和平发展中的大国,在建立国际经济新秩序的历史进程中,中国理应发挥重要作用。在此背景下,科学地从战略上定位中国在参与国际经济活动、建立国际经济新秩序中的角色,不但是国际社会的期待,也是中国自身实现"和平发展"战略目标的需要。

二、历史上中国的自我定位

为了科学地确定中国在建立国际经济新秩序中的战略定位,我们一方面要善于审时度势,合理借鉴外来先进经验,另一方面也必须重视学习中国自己的历史,从中汲取有益的经验和教训。不能对本国的历史一无所知,在心目中"漆黑一团",更不能"言必称希腊,对于自己的祖宗,则对不住,忘记了"。

在当代国际经济秩序中,中国当代的地位是从古代中国、近现代中国的历史定位中发展而来。因此,有必要回溯历史,明其"来龙",知其"去脉"。

(一) 古代中国的自我定位

据史家考证,在漫长的古代中国历史上(公元前11世纪—公元1840年左右),中国一直处于奴隶社会和封建社会时期,并以"中央王国"和"天朝大国"自居。具体表现为:

首先,周朝(始建于公元前11世纪)便确立了中央政府与周边几十个诸侯国之间的"赐"与"贡"关系,这种原始形态的"国际"物物交易,虽然并不是近现代意义上真正的国际贸易,却蕴含着朴素的等价有偿关系。

其次,"中央王朝"在对待周边国家和地区的态度上,存在着一定的自大与轻狂。例如,将生活在周边地区的少数民族称为"东夷、西戎、南蛮、北狄",认为他们都是没有开化,尚处于蒙昧甚至野蛮时期的民族。早在西汉时期,京城长安就设有专门接待外国贸易使团的高级宾馆,却用"蛮夷邸"这一轻蔑词汇为它命名。汉唐以降,直

---

[2] 详见陈安:《南南联合自强五十年的国际经济立法反思——从万隆、多哈、坎昆到香港》,载《中国法学》2006年第2期,第121页。

至明末清初,尽管已经通过陆上"丝绸之路"与远洋航行,与亚、欧、非许多国家开展了多种形式的产品交换,却十分固执地硬把蕴含着朴素等价有偿交换关系的外商(番舶)与中国朝廷之间的产品交换,称为"朝贡"与"赏赐"。[3]

最后,"中央王朝"统治者在对自我的认知方面,主张"普天之下,莫非王土;率土之滨,莫非王臣",并自命"天子",自认为是"受命于天,君临天下(万邦)"。

以上简要事实,可通过图 1-10-1 表示。从中可以看出,古代中国在参与国际经济交往的过程中,虽然也提倡朴素的平等互利,但这种平等却是建立在"天朝大国"的光环之下,其中所昭示的幼稚无知和盲目自大也是显而易见的。

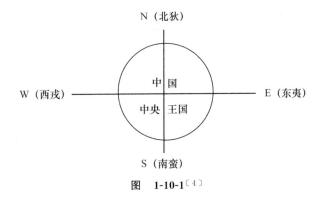

图 1-10-1 [4]

(二) 近现代中国的自我定位

从秦朝统一全中国,历经汉唐至明初,中国一直坚持对外开放的基本国策。开拓"丝绸之路""郑和七下西洋"等事件素为世人称道,为中外经济文化的交流互补和发展传承,贡献甚多。但遗憾的是,从明代中叶以后,封建统治者开始奉行"闭关锁国"的政策,并在诸多内外因素的综合作用下,导致了昔日的"中央王国"日益衰败。随着鸦片战争的大炮轰破"天朝"的国门,中国开始了长达一个多世纪的苦难历程。其间,国人及外界对中国定位的认识有所不一。

昏庸腐败的统治者对自身的定位一落千丈。从"天朝大国"的妄自尊大,到见识西方坚船利炮之后的妄自菲薄,对外一再纤尊降贵,卑躬屈节,奴颜婢膝,日益丧失基本的国格和人格;对内则竭力强化对芸芸子民的残暴专制统治,甚至无耻地宣称:中华锦绣江山和国家权益"宁赠友邦,不与家奴"。

---

[3] 参见陈安:《论源远流长的中国对外经济交往及其法理原则》,载《国际经济法学刍言》(上卷),北京大学出版社 2005 年版,第 70—84 页。

[4] 图 1-10-1 中的长方形+字交叉线坐标,既表示中国的地理位置,也表示当时中国人自己心目中的政治位置,即自我"政治定位"。

外国强权人物此时对中国的定位可分化为两类：一类以日本的伊藤博文、田中之流为代表，视中国为"东亚病夫"，认为可任凭欺凌宰割，无力反抗；另一类则稍具战略眼光，认为中国拥有辉煌的历史，其潜在力量与未来声威不可小觑，法国的拿破仑曾喻中国为"东方睡狮"，便是一例。

与此同时，中国的爱国志士也没有停止对中国国家自我定位的探索。以李大钊、陈独秀、周恩来等为代表的一大批仁人志士，身处"多难之邦"，大声疾呼"多难兴邦""振兴中华"，极力倡导"天下兴亡，匹夫有责"。革命先行者孙中山先生更是高瞻远瞩，反复强调要"联合世界上以平等待我之民族，共同奋斗"！

（三）鸦片战争后160余年来形成的主流民族意识及其对中国定位的影响

鸦片战争至今的中国可大致划分为三个历史阶段：(1) 1840—1949年(109年)，其主要特点是中华民族在列强欺凌下处在"丧权辱国"的境地；(2) 1949—1978年（约30年），其主要特点是"中国人民从此站起来了"，开始跻身于当代世界独立民族之林，但又遭遇各种外患和内忧，包括"文化大革命"，社会主义建设受到严重阻挠和破坏；(3) 1978—2008年（约30年），其主要特点是中共中央在邓小平理论指引下，全面拨乱反正，力行改革开放基本国策，率领全民投入中国特色社会主义建设，综合国力日益提高。

综观近现代中国历史发展，中华民族历经160余年的历史磨难和苦斗而日益觉醒。为了实现"民族复兴、振兴中华"的宏愿，中国人民奉行民族自强、自主、自尊、自豪之道，逐渐形成了具有独特内涵的"中华民族的爱国主义"这一主流意识。它历经种种曲折、挫折与磨难，在来自西方的革命思潮马克思列宁主义的启迪和指引下，融合中国的国情，排除各种错误思潮的干扰，一次又一次地不断升华到新的更高的层次。随着国内外形势的发展，以"中华民族的爱国主义"为基础，中国对自身在建立国际政治经济新秩序中的战略定位也日益明晰。

然则，何谓"中华民族的爱国主义"？

笔者认为，内涵丰富的"中华民族的爱国主义"至少包含以下五个主要方面：第一，"中华民族的爱国主义"是国际主义与爱国主义的高度结合。《共产党宣言》中的"全世界无产者联合起来"，中国儒家学说中的"四海之内，皆兄弟也"，当代弱小民族的"全球弱势群体是一家"，这些主张的核心价值和基本理念是互通互融的。在此基础上逐步兴起的全球性"南南联合自强"，自然理应成为中国参与建立国际经济新秩序的基本准则和基本途径。第二，"中华民族的爱国主义"主张爱祖国，也爱世界；主张全球各国，不论大小、贫富、强弱，均应平等待人，不卑不亢；公平互利，互助互补。

第三,"中华民族的爱国主义"主张爱本土,也爱四邻;主张与邻为善,以邻为伴;搁置争议,共创双赢。在中日、中越、中菲之间领土争端的解决上,这一点表现得尤为突出。第四,"中华民族的爱国主义"主张"旗帜鲜明,是非分明,和而不同"。[5] 既能和谐地与世界一切国家友好相处,却又一向旗帜鲜明,是非分明,从不含糊暧昧,更不盲从附和。第五,"中华民族的爱国主义"意味着中国将秉持上述诸项准则,独立自主地、积极地参与全球性多边协定和地区性多边协定、双边协定及其相关组织机构。

纵观中华人民共和国成立以来,特别是改革开放以来的发展历程,不难发现中国一直在"中华民族的爱国主义"的指引下,努力奉行这样的基本准则,即"独立自主、公平互利,联合广大发展中国家,共同奋斗",力争包括中国在内的全球弱小民族,在世界经贸大政问题上,取得应有的平等的发言权、参与权、决策权,借以促进国际经济新秩序的建立,实现全球的共同繁荣。

三、今后中国的自我定位:建立 NIEO 的积极推手和中流砥柱之一

以史为鉴,可以知兴衰。笔者认为,在建立国际经济新秩序的过程中,中国应当立足于自身的历史,把握现有国际经济秩序的大局,科学地、合理地从长远角度确立自己的战略定位。具体说来,今后中国在建立 NIEO 中的自我定位至少应当毫不含糊地包含以下四个方面:

第一,中国理应成为建立国际经济新秩序的积极推手。世间常理从来是"不破不立",破旧方能立新,除旧方能布新。在国际经济旧秩序尚未完全退出历史舞台的背景下,为了实现南北公平,中国作为发展中的大国之一,理应以公正、公平、合理的国际经济新秩序作为长远奋斗目标,积极倡导和参与建设和谐世界。

第二,中国理应致力于成为南南联合自强的中流砥柱之一。作为当代奉行和平发展方针的大国,中国当然不会选择再次成为昔日的"中央王国"而盲目自大,却不能不成为"南南联合自强"的中流砥柱之一(如图 1-10-2 所示)。作为大国,应当具有大国的意识和风范,勇于承担,与其他发展中国家一起联合行动。在 WTO 的 2001 年多哈会议、2003 年坎昆会议、2005 年香港会议上以及近八年来"南北对话"的全过程中,中国与印度、巴西、南非和墨西哥等 BRICSM 成员的协调合作,都可视为成功

---

[5] 参见《论语·子路第十三》。"君子和而不同,小人同而不和。""和而不同"是中国儒家提倡的良好品德之一。"和",即和谐,"同",即苟同。"和而不同"意指能和谐地与他人友好相处,却又不盲从附和。参见《汉语成语词典》,商务印书馆 2004 年版,第 418 页。

的范例。[6]

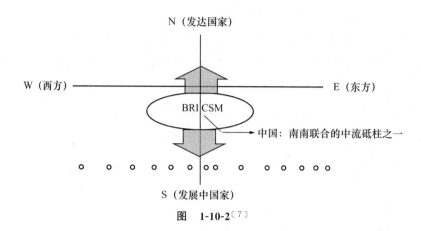

图 1-10-2[7]

第三，中国与全球弱势群体共同参与建立国际经济新秩序的战略目标，理应坚定不移，始终不渝。即应当坚持战略原则的坚定性，始终不渝地立足于广大发展中国家的共同立场和本国的核心利益，致力为建立公正、公平、合理的国际经济新秩序而长期斗争。这一基本立场，无论是在改革开放之初，还是在"入世"后的今天，始终未变，将来也不应轻率变更。

与此同时，中国在建立国际经济新秩序的过程中应审时度势，坚持策略战术的灵活性，一方面，既要充分认识到各类发达国家并非"铁板一块"，从而因时、因地、因国而调整策略，适当地区别对待，既要开展南北之间的合作，又要进行有理有利有节的斗争；[8]另一方面，更要充分认识到众多发展中国家之间的差异性，自觉抵制霸权强权发达国家的分化瓦解、各个击破策略，善于进行南南之间的沟通协调，力争在"南南联合"内部求大同，存小异，实现"一致对外"。

第四，中国在建立国际经济新秩序进程中的自我定位，理应旗帜鲜明，和而不同。在此过程中，既有合作又有斗争，表现得有理有利有节，没有屈从，没有"软骨"，不是国际掮客，不是左右逢源，绝不含糊暧昧，绝不模棱两可。

---

[6] 详见陈安：《南南联合自强五十年的国际经济立法反思——从万隆、多哈、坎昆到香港》，载《中国法学》2006年第2期。

[7] 图 1-10-2 中的长方形＋字交叉线坐标，既表示当代大多数发展中国家的地理位置，也表示当代发展中国家在南北矛盾中的政治位置，即自我"政治定位"。其中"BRICSM"一词，是新"金砖五国"的简称：BR 代表 Brazil（巴西），I 代表 India（印度），C 代表 China（中国），S 代表 South Africa（南非），M 代表 Mexico（墨西哥）；其余较小的许多圆块，代表各自分散的众多的发展中国家。椭圆形表示这五个主要发展中大国结合和凝聚成为"南南联合"的一个整体，成为在全球性南北对话中代表国际弱势群体发言的中坚力量。"BRICSM"一词的另一重要含义是：以上述五国为中流砥柱的"南南联合自强"**新思潮、新主张、新战略思维**（在英语中，带"-sm"语尾的词一般指主义、思潮、体制等）。

[8] 例如，自 2000 年以来，中国应对海南岛军机事件、科索沃使馆被炸事件、伊拉克战争问题、伊朗核争端问题、朝核争端问题、中日东海石油争端问题、南海诸岛领土与资源争端问题，从整体上说，都体现了有理有利有节的基本精神，都显示出"旗帜鲜明，是非分明，和而不同"，值得认真回顾与总结。

这样说,是否不符合中国的现实国情?是否不自量力,口唱高调,哗众取宠?是否偏离邓小平所谆谆提醒和告诫的"对外二十八字方针"[9]?

否!否!否!

有一种见解认为:邓小平提出的"善于守拙,决不当头,韬光养晦",就是告诫中国的领导人和广大群众应当明哲保身,只管本国内部事务,不管全球大是大非。的确,在如何处理国际关系上,邓小平说过:"第三世界有一些国家希望中国当头。但是我们千万不要当头,这是一个根本国策。这个头我们当不起,自己力量也不够。当了绝无好处,许多主动都失掉了","中国也永远不当头"。[10]但这一英明决断却被少数人作了不正确的领会和理解。这些人认为,如今全球建立国际经济新秩序的努力,困难重重,步履维艰,国际弱势群体即第三世界的实力不足,前景颇不乐观,在此种宏观环境下,中国人对于邓小平的上述对外战略思维和"处世之道",应当"认真重温和切实遵循"。因此,中国人今后不宜再坚持建立国际经济新秩序这一第三世界的共同奋斗目标。

但是,这种见解和看法至少忽略了以下基本事实:

1. 邓小平本人正是建立国际经济新秩序最早的倡议者之一。

1974年在联合国大会特别会议上,邓小平郑重宣布:中国是一个社会主义国家,也是一个发展中国家,中国属于第三世界国家。中国同大多数第三世界国家一样具有相似的苦难经历,面临共同的问题和任务。中国把坚决同第三世界国家一起为反对帝国主义、霸权主义、殖民主义而斗争,看作自己神圣的国际义务。中国坚决站在第三世界国家一边,而且永远不称霸。

正是在邓小平亲自参加的这一次联大特别会议上,他代表中国政府向国际社会提出了建立国际经济新秩序的基本主张。他说,国家之间的政治和经济关系,都应该建立在"和平共处五项原则"的基础上;国际经济事务应该由世界各国共同来管,而不应该由少数国家来垄断。占世界人口绝大多数的发展中国家应该参与决定国际贸易、货币、航运等方面的大事;发展中国家对自己的自然资源应该享有和行使永久主权;对发展中国家的经济援助应该严格尊重受援国家的主权,不附带任何条件,不要求任何特权;对发展中国家提供的贷款应该是无息或低息,必要时可以延期偿

---

[9] 邓小平提出的"对外二十八字方针"的内容是:"冷静观察,稳住阵脚,沉着应付,善于守拙,决不当头,韬光养晦,有所作为。"这些内容并不是一次性提出来的,而是对邓小平在各个场合谈话内容的归纳。参见《邓小平文选》第3卷,人民出版社1993年版,第321、326、363页;李琪珍:《论邓小平的外交战略思想》,载《广东社会科学》2000年第6期,第75—76页;陈向阳:《解读韬光养晦政策:仍是中国对外战略自觉选择》,http://news.sina.com.cn/c/2005-09-07/16467705377.shtml。

[10] 参见邓小平:《善于利用时机解决发展问题》(1990年12月24日),载《邓小平文选》第3卷,人民出版社1993年版,第363页。

付甚至减免;对发展中国家的技术援助应该实用、有效、廉价、方便。邓小平还强调:各国的事务应当由各国人民自己来管,发展中国家人民有权自行选择和决定他们自己的社会、经济制度。

正是在邓小平亲自参加的这一次联大特别会议上,大会通过了《建立国际经济新秩序宣言》和《建立国际经济新秩序行动纲领》,促使建立新的国际经济秩序成为全球发展中国家数十亿人口的共同奋斗目标。作为具有"言行一致""言必信、行必果"优良民族传统的大国的英明领导人,邓小平在世界庄严论坛上公开阐述的全球性战略思维以及中国在建立国际经济新秩序中的自我战略定位,理应是经过深思熟虑和一以贯之的。[11]

2. 邓小平本人在反复强调要"韬光养晦""千万不要当头"的同时,也一再强调"要有所作为""要积极推动建立国际政治经济新秩序"。

邓小平提出,像中国这样的一个大国,"在国际问题上无所作为不可能,还是要有所作为","要积极推动建立国际政治经济新秩序"。换言之,邓小平关于中国"决不当头"的战略思维,绝不意味着在全球性南北矛盾等大是大非问题上,在国际经济秩序的新旧更替、弃旧图新、破旧立新的奋斗进程中,不再高举甚至悄悄丢弃了NIEO这一面鲜明亮丽的大纛,转而偃旗息鼓,提倡含糊暧昧,模棱两可,明哲保身,消极回避。恰恰相反,像中国这样一个大国,在重大国际问题上理所当然地还是要有所作为,要旗帜鲜明地"积极推动建立国际政治经济新秩序"。

3. 作为邓小平理论及其全球战略思维的继承者和接班人,当前新一代的中国国家领导人正在积极倡导"南南联合",积极推动建立国际政治经济新秩序。

新一代的中国国家领导人在这方面的行动事例,是中国在2001年"多哈发展回合"谈判启动前后最近这七八年来,在WTO内外围绕着南北矛盾与南北合作而积极参与的国际实践。众所周知,由于中国等发展中大国的综合国力和国际影响的逐步提高,在前文提到的WTO多哈会议、坎昆会议、香港会议的全过程中,中国与印度、巴西、南非和墨西哥等BRICSM成员曾多次通力协作,折冲樽俎,使得国际霸权与强权不能随心所欲,操纵全局,从而为国际弱势群体争得较大的发言权。[12]

4. 新一代的中国国家领导人在2007年10月间与时俱进、开拓创新地提出了必须坚持以邓小平理论为指导,深入贯彻落实**科学的发展观**,并且正在进一步把邓小平理论及其全球战略思维与新形势下的新实践密切地结合起来,积极地有所作为,使邓小

---

[11] 参见邓小平:《在联大特别会议上的发言》,载《人民日报》1994年4月11日第1版。
[12] 详见陈安:《南南联合自强五十年的国际经济立法反思——从万隆、多哈、坎昆到香港》,载《中国法学》2006年第2期。

平理论及其全球战略思维,在新形势下"既一脉相承又与时俱进",[13]上升到更高层次。

在这方面,有两大最新的实践事例特别值得注意并且发人深思:

事例之一:在"南南联合自强"和"南北对话"的历史途程中,近几年来出现的一种新的力量组合和新的对话方式,开始渐露头角,举世瞩目:由最发达强国组成的"七国集团"或"八国集团"的首脑与若干主要发展中国家的领导人**定期会晤**,开展南北对话,磋商"天下大事",共谋解决全球性热点难题。此种对话方式已实行数次,如2008年7月在日本举行的八国集团首脑与中国、印度、巴西、南非和墨西哥五个主要发展中国家领导人的对话会议。

会议期间,中国领导人胡锦涛针对这种"南南联合自强"和"南北对话"的**新形式**作了精辟的分析。[14]他指出:当今世界正处在大变革、大调整之中。**近年来,发展中国家整体力量上升、团结合作加强,在国际事务中的影响和作用日益增长**。中国、印度、巴西、南非和墨西哥五国都是重要的发展中国家,人口占世界的42%,国内生产总值占世界的12%。加强五国的协调合作,不仅有利于各自国家发展,也有利于加强"南南合作",推动"南北对话",推进人类和平与发展的崇高事业。过去的一年里,五国初步建立起多个层面的协调机制,围绕同八国集团举行对话会议,密切沟通,加强协调,取得了积极成果。应该以此为基础,继续作出努力。当前,五国已成为世界经济体系的重要组成部分和世界经济增长的重要推动力量,应该就世界经济增长中的重大问题加强沟通和协调,开展互惠互利的双边和多边合作,共同应对不利因素,保持经济较快发展的势头和活力,继续为世界经济发展做出贡献。[15]

胡锦涛主席强调:"南南合作是发展中国家取长补短、实现共同发展的重要途径。我们**应该为促进南南合作做出积极贡献,起到表率作用**。一方面,我们应该共同促进多边主义和国际关系**民主化**,增强发展中国家在国际事务中的参与权和决策

---

[13] 参见《胡锦涛在党的十七大上的报告》,http://news.xinhuanet.com/politics/2007-10/24/content_6939223_2.htm;《胡锦涛强调要深入贯彻落实科学发展观》,http://cpc.people.com.cn/GB/104019/104098/6378312.html。

[14] 参见《胡锦涛在发展中五国领导人集体会晤时的讲话》,http://news.xinhuanet.com/newscenter/2008-07/08/content_8512384.htm。

[15] 2008年6—7月在日内瓦开展南北谈判期间,WTO总干事拉米曾主持召开只有美国、欧盟、加拿大、日本、印度、巴西和中国代表参加的小型会议,预先磋商有关的重大热点、难点问题,被简称为多哈谈判的"G7会议"(G7,即 Group of Seven)。国际舆论对此种会议形式有所非议。8月13日,拉米在新德里接受印度《金融快报》专访,就多哈谈判有关问题回答了记者的提问。其中有一段对话值得注意:"记者:很多人批评G7会议的形式不透明,不具有包容性。这种谈判形式会延续下去吗?拉米:我们需要达成共识,G7就是达成共识的起点。G7占全球贸易总量的80%,并且代表了其他发达国家和发展中国家集团。如果它们达成共识,就有利于30国部长达成共识,最后推动153个WTO成员达成共识。除此之外,我们没有别的办法。15年前的核心国家只有美国、欧盟、加拿大和日本四个,现在加上印度、巴西和中国,是因为世界发生了变化。这毫不神秘。"参见《拉米在新德里就多哈回合接受专访》,载上海WTO事务咨询中心:《WTO快讯》第160期(2008年8月1日—8月31日),第11页。

权,为发展中国家发展争取有利外部环境。另一方面,我们应该**积极推动**国际经济、金融、贸易、发展体系**改革,维护发展中国家正当权益**,提高发展中国家应对各种风险和挑战的能力,促进世界经济均衡、协调、可持续发展。"[16]

胡锦涛主席的这些分析,言简意赅,既总结了"南南联合自强"的过去,又展望了"南南联合自强"的未来,还着重强调了上述五个主要发展中国家所承担的全球性历史任务及其在"南南联合自强"中应当发挥的**表率作用**和**中流砥柱作用**。这些精辟分析,引起了全球公众的共同关注,对于中国今后在推动建立国际经济新秩序历史进程中的自我战略定位,尤其具有启迪和指导意义。

事例之二:在2008年11月"华盛顿峰会"的南北对话中,上述积极地有所作为的**表率作用**和**中流砥柱作用**,再一次获得实践的验证:当前,全球正在经历着严重的国际金融危机。其波及范围之广、影响程度之深、冲击强度之大,为20世纪30年代以来所罕见。全球的主要发达国家和主要发展中国家的首脑于2008年11月中旬在美国华盛顿举行二十国峰会,共商应对之策。

包括中国、巴西、阿根廷、印度、印尼、墨西哥、南非在内的主要发展中国家,聚首华盛顿,旗帜鲜明地提出:国际社会应该认真总结这场世界性金融危机的教训,在所有利益攸关方充分协商的基础上,对国际金融体系进行必要的改革。国际金融体系改革,应该坚持建立公平、公正、包容、有序的国际金融新秩序的方向,应该坚持全面性、均衡性、渐进性、实效性的原则。其中的全面性,就是要总体设计,全面改革和完善有关的国际金融体系、货币体系、金融组织、国际金融规则和程序。均衡性,就是要统筹兼顾,平衡体现各方利益,形成各方更广泛有效参与的决策和管理机制,尤其要体现新兴市场国家和发展中国家利益。同时,特别强调:应该推动国际金融组织改革,改革国际金融组织决策层产生机制,提高发展中国家在国际金融组织中的代表性和发言权。[17]

此种旗帜鲜明的主张由来已久,但在全球经历着严重的世界性金融危机之际重新提出,可谓意义非凡,举世瞩目。不妨说,这是针对现有的国际金融组织机制("**布雷顿森林体系**",Bretton Woods System)及其中体现的国际经济旧秩序,再次吹响了**变革图新的号角**,发达强权国家实在难以再"一如既往"地置若罔闻。

2008年以上这些最新事态一再表明:

第一,"南南联合自强"的**战略思想**正在全球范围内日益深入人心,成为国际弱

---

[16] 《胡锦涛在发展中五国领导人集体会晤时的讲话》,http://news.xinhuanet.com/newscenter/2008-07/08/content_8512384.htm。

[17] 参见《胡锦涛在金融市场和世界经济峰会上的讲话:通力合作、共度时艰》,http://news.xinhuanet.com/newscenter/2008-11/16/content_10364070.htm。

势群体力争获得和维护国际平权地位的主要手段之一。

第二,"南南联合自强"的**战略目标**,始终不渝地聚焦于力争在全球性经贸大政问题上享有公平合理的发言权、参与权和决策权。[18]

第三,"南南联合自强"的**根本宗旨**,始终不渝地瞄准推动国际经济秩序逐步实行弃旧图新的全面改革,改变当代全球财富国际分配严重不公的现状,逐步实现全球财富公平合理的国际再分配,实现全球经济的共同繁荣。[19]

总之,近几年来国内外形势的最新发展与全球性南北谈判的实践,已经促使中国人**更加全面、更加完整、更加准确地**领会邓小平提出的"对外二十八字方针"的真谛。可以预期:今后中国势必会更善于掌握"韬光养晦"与"有所作为"的革命辩证法。[20] 既不不自量力,以"救世主"自居,空唱高调,争"出风头",锋芒毕露,树敌过多,孤军猛冲;也不在全球南北矛盾的大是大非上暧昧含糊,依违模棱,消极回避,随人

---

[18] 参见陈安:《论中国在建立国际经济新秩序中的战略定位》《南南联合自强五十年的国际经济立法反思:从万隆、多哈、坎昆到香港(2008年增订本)》,分别收辑于陈安:《陈安论国际经济法学》(第一卷),复旦大学出版社2008年版,第一编之Ⅵ和之ⅩⅣ。

[19] 据多家媒体报道,此次20国峰会拉开了国际金融改革的序幕,从而在推动国际经济秩序实行新旧更替逐步改革的途程中,开始进入新的历史转折点。美联社认为,此次峰会"发誓在未来的日子里更好地对全球市场进行监管,对在20世纪40年代建立的已经运转不灵的金融机构,如国际货币基金组织,进行改革","还表明,全球舞台上力量平衡发生了变化,重要的新兴经济体正在要求发出更大的声音"。英国首相布朗在峰会后举行的记者会上明确表示:"这是通向新布雷顿森林体系之路……很显然,我们正在努力建立今后新的体制"。他指出,国际货币基金组织和世界银行都需要彻底改革。因为,"在1945年建立的体制不一定是应对2008年的问题、全球经济、全球竞争以及全球资本流动的最好办法"。法新社认为,"中国、巴西、印度和印度尼西亚等国不仅在过去为少数工业化国家保留席位的全球决策圆桌上赢得了重要圆席,还在预防金融动荡的努力中迫使富国作出了让步"。它转述巴西总统卢拉在会后的感受:"我很高兴地离开华盛顿,因为世界地缘政治框架有了新的格局"。"没有道理在没有20国集团成员共同参与的情况下,做出政治和经济方面的任何决定,解决全球金融危机必须有发展中国家参与其中。"印度尼西亚总统苏西洛·班邦·尤多约诺说:"我希望20国集团峰会是迈向国际金融框架改革的一个起点,以让国际金融框架反映21世纪的现实。"布什在峰会结束后说:"显然,必须让20国集团的成员国都参加,而不是八国集团或13国集团。"韩联社报道,韩国总统李明博认为:"这次峰会具有历史意义,新兴经济体也参与到以前由发达国家垄断的全球重大问题的讨论中来,这是百年不遇的……从现在起,这些全球问题应由发达国家和新兴经济体共同来讨论"。法新社更进一步报道,面临全球众多发展中国家强烈要求改革现存国际金融体制的强大压力,国际货币基金组织总裁多米尼克·斯特劳斯卡恩也不得不对此次20国集团峰会的成果表示欢迎,并表示:"今天的与会者使这次峰会的意义重大。一种比以往任何时候都更有活力而且涵盖面更广的国际经济新秩序正在形成"。至于日本的共同社,一向特别关注其紧邻中国在国际舞台上的动态,它认为:在此次金融峰会上,"中国国家主席胡锦涛作为新兴市场国家的代表,以充满自信的神情"发表了讲话。共同社强调:此后,"世界从G7(西方七国)时代进入了G20(二十个国家和地区)时代。金融峰会以克服金融危机为首要议题,也是中国正式参与国际规则制订的历史性转折点"。"中国先发制人。峰会召开前,中国与巴西、印度、俄罗斯召开了第一次四国财政部长会议,确认四国将在峰会上团结一致。"以上信息,参见《20国峰会拉开国际金融改革序幕》《中国成功避免"广场协议"重演》等报道,分别载《参考消息》2008年11月16日第1版、2008年11月19日第16版。

[20] 国内有学者认为:"韬光养晦"绝不是消极无为。准确把握"韬光养晦,有所作为"战略方针,应强调:第一,避免孤立地谈"韬光养晦",而应与"有所作为"紧密结合。"韬光养晦"与"有所作为"是一个整体,不能将二者割裂,不能偏废,而应兼顾,更不能将二者对立起来。"有所作为"就是对"韬光养晦"的有力补充,即中国在"韬光养晦"的同时还应有所建树。"有所作为"可被视作"韬光养晦"的最终目的。第二,"韬光养晦"本身不仅是手段,也是一种相对独立、相对完整、自成体系的对外战略思想。"韬光养晦"要随着形势、环境、条件的变化而发展,其本身就包含了刚健有为、自强不息、积极进取的主动性,绝不是消极无为的被动反应。第三,"韬光养晦"绝不意味着对外搞阴谋诡计、勾心斗角、拉帮结派,相反却是自我约束、自律自制、光明磊落、襟怀坦白。美国2002年的《中国军力报告》硬把中国的"韬光养晦"战略说成是"在国际上进行战略欺骗",这是蓄意歪曲。中国对外既要坚持"韬光养晦"、含而不露、适可而止、留有余地、注意分寸,又要"有所作为"、当仁不让、主持公道、追求正义、捍卫权益。参见陈向阳:《解读韬光养晦政策:仍是中国对外战略自觉选择》,http://news.sina.com.cn/c/2005-09-07/16467705377.shtml。

俯仰,无所作为。相反,充满智慧的中国人势必会秉持科学的发展观,总结新的实践经验,把邓小平早在 34 年之前率先在联大郑重提出的前述倡议,在 18 年之前概括提出的"对外二十八字方针",与今后在新形势下的新实践,密切地结合起来,积极地有所作为,使邓小平理论及其全球战略思维,"既一脉相承又与时俱进",[21]上升到更高层次,指引中国人通过更有效的南南联合,与其他主要发展中国家一起,共同成为建立国际经济新秩序的积极推手和中流砥柱。

四、简评针对当代国际经济秩序和中国定位的几种论说

20 世纪 80 年代以来,曾经风起云涌的建立国际经济新秩序的斗争表面上似乎日趋平寂。与此同时,国际法学界各种理论也层出不穷或花样翻新,诸如"新自由主义经济秩序"论、"WTO 宪政秩序"论、"经济民族主义扰乱全球化秩序"论,等等。形形色色的"秩序"学说蜂起,"各领风骚",影响不小。在建立国际经济新秩序理论问题上,这几种理论互相交叉、渗透、呼应,各有新鲜见解或老调新谈。它们虽然在相当程度上激发了新的有益思考,却也造成了某些新的思想混乱。因此,作为当代的中国学人,似有必要借鉴鲁迅名言,实行"拿来主义"和"消化主义",吸收之前应先加以剖析,实行认真的比较和鉴别,以明取舍,切忌追赶新鲜时髦,囫囵吞枣。

(一)"新自由主义经济秩序"论初剖

"新自由主义",顾名思义,是在亚当·斯密古典自由主义思想的基础上"推陈出新"建立起来的一个新的理论体系,这种理论体系也称为"华盛顿共识"[22],包含了一

---

[21] 参见《胡锦涛在党的十七大上的报告》,http://news.xinhuanet.com/politics/2007-10/24/content_6939223_2.htm。

[22] "华盛顿共识"一词最早于 1989 年由约翰·威廉姆森(John Williamson)提出。1989 年,美国国际经济研究所在华盛顿召开一次研讨会,探讨一些被 OECD(Organization for Economic Co-operation and Development)认为是恰当的经济政策在拉丁美洲的实施成效。美国国际经济研究所前所长约翰·威廉姆森在该研讨会的背景文件中列出了十项他认为得到总部设在华盛顿的各机构所普遍认可,而且也是拉丁美洲各国所需的经济政策,并将它称为"华盛顿共识"。"华盛顿共识"提出的十项基本政策包括:(1)加强财政纪律、平衡财政赤字、降低通货膨胀以及稳定宏观经济形势;(2)反对财政补贴,主张应将财政支出的重点放在有利于改善资源配置和收入分配的公共领域;(3)进行税制改革,扩大税基,边际税率适中;(4)利率市场化,同时应当防止实际利率成为负利率;(5)汇率市场化,建立一种有竞争力的汇率制度;(6)实行贸易自由化以及市场开放政策;(7)放松对外国直接投资的限制,实行投资自由化;(8)将国有企业私有化;(9)放松政府对经济领域的管制;(10)加强对私有财产的保护。See John Williamson, A Short History of the Washington Consensus, Paper commissioned by Fundación CIDOB for a conference "From the Washington Consensus towards a New Global Governance", Barcelona, September 24-25, 2004, http://www.iie.com/publications/papers/williamson0904-2.pdf; John Williamson, What Washington Means by Policy Reform, in John Williamson (ed.), Latin American Adjustment: How Much Has Happened? Peterson Institute for International Economics, April 1990, http://www.iie.com/publications/papers/paper.cfm?ResearchID=486。

些有关全球经济秩序方面的内容。20世纪80年代,在撒切尔夫人和里根政府的大力推动下,新自由主义由一种经济理论和学说嬗变为主要发达资本主义国家的国家意识形态和主流价值观,并在全世界范围内广泛传播。

论者认为,虽然"华盛顿共识"所提出的第1、2、3项政策具有一定的合理性,但从总体上看,它所捏出的经济政策是以新自由主义理论为基础,片面强调和依赖市场的作用,鼓吹贸易自由化、投资自由化、金融自由化、利率市场化、国企私有化以及放松政府对经济活动的管制。可以说,宣扬全面自由化、市场化和私有化的新自由主义和"华盛顿共识"的本质是为国际垄断资本在全球扩张服务的。

发达国家的整体经济实力,经数百年来殖民主义的盘剥和积累,极其雄厚,其跨国公司治理良好,而且全面占有技术和资金的绝对优势。鼓吹让遭受殖民主义长期盘剥而积贫积弱的发展中国家及其脆弱的民族产业,与发达国家及其跨国公司在国际市场上"自由竞争",无异于鼓吹"以卵击石"。这是个简单的常识。要求一个先天不足、后天失调的弱女子,与一个训练有素的彪形大汉拳击手,遵守同样的搏击规则进行"自由"较量,其胜负结果之极不公平是可想而知、不言而喻的。按照这种表面上"平等""自由"的规则构建起来的"新自由主义"国际经济关系和国际经济秩序,实质上和实践上必然是严重的不平等,必然是强国和霸国的自由扩张以及对弱小民族的自由宰割。在这种意义上可以说,"新自由主义经济秩序"的说教及其实践,实质上乃是殖民主义、资本主义、帝国主义"三位一体"的国际经济旧秩序在当代的更新和翻版,充其量只不过是"新瓶装旧酒"或"换汤不换药"罢了。

另外,强权发达国家在鼓吹全球化和自由化方面存在着严重的双重标准。例如,在国际贸易领域,强权发达国家一方面要求发展中国家降低各类非农产品的进口关税和各种非关税壁垒,"积极融入世界经济体系",扩大"非农进入"(NAMA,Non-Agricultural Market Access)的广度和范围;另一方面自己却设置各种"绿色壁垒",阻挠发展中国家的产品自由进入其市场,同时对自己本来不具竞争优势的产业(如农产品)提供高额补贴和国内资助,促进其自由地长驱直入国际市场。八年来"多哈发展回合"谈判之步履维艰与僵局频频,其主要障碍和症结,即在于此。[23]又如,在国际投资领域,强权发达国家一方面要求发展中各国实行"准入自由"和"国民待遇",便于其自由地长驱直入国际投资市场;另一方面却频频以"国家安全"为堂皇

---

[23] 参见陈安:《南南联合自强五十年的国际经济立法反思——从万隆、多哈、坎昆到香港》,载《陈安论国际经济法学》,复旦大学出版社2008年版,第一编之 XIV。

借口,阻挠略有实力的发展中国家投资收购或接管其国内企业。[24]

新自由主义鼓吹国有企业私有化和弱化政府职能,则旨在削弱发展中国家管理自己经济事务的权力,力图使发展中国家在毫不设防的情况下听任国际垄断资本通行无阻,为所欲为。有关资料和研究成果表明:20世纪70年代以来,在新自由主义影响下,墨西哥、智利、阿根廷、乌拉圭、巴西等中北美和拉美国家先后都实行了对外开放的贸易自由化政策,加快进行国营企业私有化,减少甚至取消国家对价格、汇率、利率、租金、工资等的全面干预和控制,开放金融市场,放宽对外资的限制。然而,这些国家的新自由主义改革"试验"并没有带来经济持续快速增长、就业充分、人民生活水平大幅提高、社会稳定和谐等预期目标。相反,拉丁美洲的经济增长速度与采取其他战略的经济体,特别是东亚迅速增长的新兴工业化经济体相比,显得十分缓慢。自1980年至1996年,这些经济体的年均国内生产总值增长始终超过7%。而拉丁美洲20世纪80年代年均国内生产总值增长只有1.8%,90年代为3.3%。更为严重的是,国有企业私有化,使一些国民经济命脉产业归入私人资本和外国资本私囊,听凭它们掌控操纵,呼风唤雨,失业问题更为严重;收入分配不公问题日益突出,两极分化和贫困化十分严重;民族企业陷入困境;国家职能遭到削弱,社会发展被严重忽视;金融自由化导致金融危机频发。1994年的墨西哥金融危机、1999年的巴西货币危机和2001年的阿根廷债务危机等,都与金融自由化有关。

国际实践反复证明,新自由主义从根本上说是代表国际垄断资产阶级利益的,其所标榜的自由化、市场化、私有化和全球化,归根到底是为了将其他国家与民族纳入西方垄断资本国际循环的链条之中。在这种为国际垄断资本利益服务的新自由主义国际经济秩序中,失去独立自主发展权的发展中国家只能处于边缘和依附地位,只能依靠发达国家的施舍而分得些许"残羹冷饭"。

国际实践反复证明,"新自由主义经济秩序"论所鼓吹的自由化,事实上只是迎合国际垄断资本需求的自由化,而不是增进全世界人民福祉的万应灵丹。

在中国,"新自由主义经济秩序"论不是没有影响的。例如,有一种见解认为,当前,国际上建立国际经济新秩序运动的高潮已过,并且不断走下坡路,日渐式微衰落,现在业已陷入低潮。相形之下,国际上新自由主义经济秩序却日益勃兴,且为发展中国家所"广泛接受"。在此种宏观环境下,就中国而言,既然中国实力不如人,而且又是"现存自由主义国际经济体制的最大受益者之一","中国已经发现在这种公开的市场体制内运作能够获得巨大的经济回报",加之现在秉持"和谐世界"理念,正

---

[24] See UNCTAD, World Investment Report 2006—FDI from Developing and Transition Economies:Implications for Development, p. 226. 另参见陈安:《国际经济法学(第4版)》,北京大学出版社2007年版,第358—359页。中资企业中海油收购美国本土企业尤尼可失败,港资李泽楷收购加拿大航空公司失败,原因也都是所谓的"国家安全"等非经济因素。参见《经济民族主义》,http://www.chinavalue.net/wiki/showcontent.aspx? titleid=223238。

在实施"和平崛起"战略,所以应当采取务实态度,"不再以推翻既存的国际经济秩序为目标",应当转而接受并积极融入当代新自由主义经济秩序当中。具体而言,中国应当积极转变自己的角色,从昔日的体系外"革命者"转变为现有新自由主义国际经济秩序的"改良者",乃至"维护者"和"建设者"。在积极融入新自由主义国际经济秩序的同时,中国应当成为南北国家间的"桥梁"和"纽带",以及南北矛盾的"调停人""中间人"和"麻烦解决者"。

这种见解的政治与地理坐标,可表示为图1-10-3,俾便与图1-10-2互相比较:

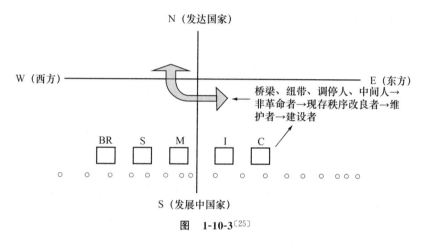

图 1-10-3[25]

笔者认为,上述见解博采广收了大量的西方信息,[26]怀着为国献策的善良愿望,

---

[25] 图中下方各自分散的小方块中,其较大的五块BR、I、C、S、M,分别代表分散的巴西(Brazil)、印度(India)、中国(China)、南非(South Africa)、墨西哥(Mexico);其余较小的许多圆块,代表各自分散的众多的发展中国家。

[26] 诸如:S. D. Krasner, Structural Causes and Regimes Consequences: Regimes as Intervening Variable, *International Organization*, Vol. 36, 1982, pp. 187-190;[美]斯蒂芬·D.克莱斯勒:《结构冲突:第三世界对抗全球自由主义》,李少华译,浙江人民出版社2001年版,第1章"导言:论点";Z. Elkins, A. T. Guzman & B. A. Simmons, Competing for Capital: The Diffusion of Bilateral Investment Treaties, 1960-2000, *International Organization*, Vol. 60, 2006, pp. 811-846;K. J. Vandevelde, A Brief History of International Investment Agreements, *U. C. Davis Journal of International Law & Policy*, Vol. 12, 2005, p. 180;[美]罗伯特·基欧汉、约瑟夫·奈:《权力与相互依赖》,门洪华译,北京大学出版社2002年版,第11—20页;A. Chayes & A. H. Chayes, *The New Sovereignty: Compliance with International Regulatory Agreements*, Harvard University Press, 1995, p. 27;K. Raustiala, Rethinking the Sovereignty Debate in International Economic Law, *Journal of International Economic Law*, Vol. 6, 2003, pp. 841-878;[美]Alastair Iain Johnson:《美国学者关于中国与国际组织关系研究概述》,肖欢译,载《世界经济与政治》2001年第8期,第52页(其中概述了美国学者所认定和鼓吹的所谓"中国对待国际体系由'体系的革命者'到'体系的改革者',再到'体系的维护者和建设者'之角色转变"云云的过程);陈志敏、崔大伟主编:《国际政治经济学与中国的全球化》,上海三联书店2006年版,第233—261页;[美]埃德加·博登海默:《法理学:法律哲学与法律方法》,邓正来译,中国政法大学出版社2004年版,第二部分"法律的性质与作用";[英]赫德利·布尔:《无政府社会:世界政治秩序研究》,张小明译,世界知识出版社2003年版,第74—75页;G. J. Ikenberry, The Rise of China and the Future of the West: Can the Liberal System Survive? *Foreign Affairs*, Vol. 87, January/February, 2008, pp. 23-37. 其中鼓吹:"既存的自由主义国际经济体制具有开放性、广泛性、统合性、深厚性、耐久性及合法性,其容易加入,却难以被推翻。自由主义国际经济秩序的本性将塑造正在崛起的国家之选择——到底是进行挑战,还是融入;而事实上中国已经发现在这种公开的市场体制内运作能够获取巨大的经济回报"。因此,这些西方学者研究得出的一个基本结论是:中国的崛起虽可能改变国际权力结构,但只要管理得当,西方的世界秩序(包括自由主义国际经济秩序)仍可长存。

也进行了努力创新的思考。这是应当充分肯定的。但是,它却至少存在四个有待进一步深入思考的问题。

第一,这种"角色转化论"和"融入论"模糊了中国在建立国际经济新秩序中对自身定位的应有选择、科学选择和一贯实践,因而是有待商榷和未必可取的!相反,中国应当一如既往,仍然旗帜鲜明地反对国际经济旧秩序,仍然为实现南北公平[27]而积极推动国际经济新秩序的建立。正如邓小平所言:"中国永远都站在第三世界一边,中国永远不称霸,中国也永远不当头。但在国际问题上无所作为不可能,还是要有所作为。作什么?我看要积极推动建立国际政治经济新秩序。"显而易见,在国际经济秩序的除旧布新问题上,我们应当立场坚定,是非分明,旗帜鲜明,积极推动,绝不能消极被动,敷衍应付,更不能含糊、暧昧、模棱、骑墙。

第二,这种"角色转化论"和"融入论"似乎对当代"南南联合"的必要性和重要性未予应有的强调。中国永远不称霸,中国也永远不当头。故自始至终务必谦虚谨慎,戒骄戒躁,切忌恃强凌弱,盛气凌人,过分张扬。与此同时,在面临南北矛盾和国际经济秩序除旧布新的大是大非问题时,自始至终务必旗帜鲜明,当仁不让,责无旁贷,敢于和善于与具有一定实力的主要发展中国家,通 BRICSM 之类的"南南联合",共同为国际弱势群体主持公道、追求正义、争取和捍卫平等权益。

面对当今现有的显失公平的国际经济秩序,不论何等西方权威美其名为"新自由主义经济秩序"或"WTO 宪政秩序",都不宜"照单全收""全盘遵办",而必须全面剖析:对于其中有利于国际弱势群体发展的某些市场规则,应予支持和发扬;对于其中不利于甚至有害于国际弱势群体发展的某些市场规则,则应通过与全球主要发展中国家加强 BRICSM 之类的"南南联合",力争加以重大革新,改弦更张,不断地、自觉地、积极地推动国际经济秩序的新旧更替、除旧布新和破旧立新。这一奋斗目标当然不可能期待其实现于一两年、三五年、十几年,但是,这一光明正大、理直气壮的奋斗目标,在任何时候都无须讳言,不必隐瞒,更不能悄悄放弃。尽管在这次"长征"途程中坎坷崎岖,潮起潮落,步履维艰,进展缓慢,但全球南北矛盾未缓,既然耳畔"涛声依旧",[28]就应胸中信心满满!

---

[27] 2008年,温家宝总理在联合国的发言中强调:当今"世界4/5的人口在发展中国家,发达国家人口只占1/5。人人都有平等的生存权利。如果广大发展中国家继续贫困,说明当今世界是不公平、不和谐的,也注定是不稳定的"。参见《温家宝在联合国千年发展目标高级别会议上的讲话》,http://news.xinhuanet.com/world/2008-09/26/content_10112612.htm。温家宝总理这段话画龙点睛地道破了当代全球财富国际分配严重不公的现状以及当今世界不和谐、不安定、不稳定的根本原因,指明了建立国际经济新秩序、对全球财富实行公平合理的国际再分配,才是实现全世界和谐、安定、稳定、繁荣的根本途径。

[28] 指第三世界数十亿贫困人口的疾苦之声以及要求改变国际现存不公平经济秩序的疾呼之声,有如不息浪涛,依旧不绝于耳!

第三,这种"角色转化论"和"融入论"似乎高估了中国一国"单枪匹马"沟通南北、奔走东西的力量与作用,而低估了前述 BRICSM 式"南南联合"在南北对话中的群体实力与砥柱作用。

第四,这种"角色转化论"和"融入论"似乎未能明确区分策略战术的灵活性与战略原则的坚定性、策略的阶段性与战略的连续性、低潮的间歇性与高潮复起的可能性和必然性。历史证明,溯自 1955 年"万隆会议"迄今,五十多年以来,在当代国际社会中,在国际经济秩序新旧更替的进程中,历经多次潮起潮落,始终存在着相反的两种力量、两种理论、两种走向:一种是加强南南合作的理论和实践,积极推动国际经济秩序和国际经济法(国际经济"游戏规则")的逐步全面更新,从而实现公平互利基础上的"南北合作"和全球繁荣;另一种是花样翻新,巧立美名,编造各种"理论",力图瓦解"南南合作"的坚定信心和不懈实践,从而步步为营,维护少数经济强权国家在国际经济旧秩序和国际经济现有"游戏规则"下的既得利益。这两种力量、两种理论、两种走向之间的国际较量和角力,今后还将长期存在。国际经济秩序破旧立新、新旧更替的历程,依然任重而道远。但"南南合作"、国际经济秩序破旧立新的道路合乎时代需要,定会与时俱进,越走越宽![29]

(二)"WTO 宪政秩序"论初剖

与"新自由主义经济秩序"论互相呼应,"WTO 宪政秩序"论也是有关国际经济秩序的一种较为流行的建构设想。其最具权威的理论家是曾经在 GATT/WTO 机构长期担任要职的彼得斯曼教授(Professor Ernst-Ulrich Petersmann)。他提出的"WTO 宪政秩序"论,其核心是预先承诺提高和确保某些规范性价值准则,主张对一整套预先承诺的规范性价值准则赋予特别崇高的地位(privileging)。[30]彼得斯曼教授认为,宪政体制(constitutionalism,又译"宪政理念""宪政主义")已成为人类最重要的一种发明,用以保护公民平等权利和限制政府滥用权力。因为通过宪法设定一整套"预先承诺的规范",可以克服人类理性不完美和眼光短浅所导致的未来风险。基于这种宪政理念和思想,彼得斯曼教授主张,应当让 WTO 的自由贸易规则发挥宪法功能,让 WTO 各成员方通过预先承诺而自我约束,从而逐步将对外贸易法律和政

---

[29] 参见陈安:《南南联合自强五十年的国际经济立法反思——从万隆、多哈、坎昆到香港》,载陈安:《陈安论国际经济法学》(第一卷),复旦大学出版社 2008 年版,第一编之 XIV。

[30] See Jeffrey L. Dunoff, Constitutional Conceits: The WTO's "Constitution" and the Discipline of International Law, *European Journal of International Law*, Vol. 17, Iss. 3, 2006, p. 647. 另参见[美]Jeffrey L. Dunoff:《宪政的幻象:WTO 的"宪法"和国际法的规训》,陈喜峰译,载《国际经济法学刊》2007 年第 14 卷第 2 期,第 34—36 页。

策宪法化,最终达到保障贸易自由的目的。

与此同时,彼得斯曼教授认为"不可剥夺的核心人权具有宪法至上性",而且从人权和宪政民主的角度看,各国国内政府和各种政府间组织(国内和国际规则)的民主合法性,源自人民的同意,以及尊重和保护不可剥夺的人权和"宪法性契约",因此有必要将人权理念和规则引入WTO内。他主张,普遍承认的人权规则应作为WTO争端解决机构解释WTO规则的相关上下文加以适用,WTO法也应以与WTO各成员方的人权义务相符合的方式来解释和适用。

彼得斯曼教授的"WTO宪政秩序"论要求WTO各成员方的对外贸易政策和法律逐步宪法化,以此方式抵制寻租的国内利益集团对"贸易自由"的侵蚀,要求将"贸易自由"当成一种基本的人权加以保护,最终达到保护人权和实现国际贸易法治秩序的目的。

从一般意义上讲,上述主张自有其合理的一面。但"WTO宪政秩序"论没有将贸易自由、人权保障放在"南北关系"和"内部矛盾"这一更宽广、更根本的背景下加以探讨,有意无意地对此全球性的关键问题保持沉默和回避,因此,其所提出的主张在实践中不但无法真正地保护人权,反倒提供了可利用的空间,让国际强权者用以侵犯国际弱势群体即众多发展中国家的人权——平等的生存权、平等的发展权,从而在实践上成为助强侵弱的新借口和助纣为虐的新工具。

具体说来,必须在其夺目的"宪政"光环下,认真剖析其阴影中的三大弊端:

第一,"WTO宪政秩序"论的先天性缺陷和致命性弱点在于:它忽略了当代WTO体制及其规则缺乏坚实的、真正的民主基础。

两百多年来各国"宪政"演进的历史表明:尽管宪政的形式多种多样,但无一例外,宪政必须源自民主,没有民主就没有宪政可言。没有真正民主的选举(不论是直接选举还是间接选举),产生人民群众的议政代表以及由此而选定的执政团队或领导人,岂能诞生什么宪政?从这个意义上说,宪政必须是民主的"亲生儿女",宪政的血液和躯体中必须含有真正的、足够的民主DNA;必须有正当、合法的"出生证"。否则,任何美其名的"宪政"的体制,都只能是宪政的异类,甚至可能是一种天生的怪胎或吞噬民主的妖魔,而绝不可能是人们心目中所崇敬的"宪政"之神。

说到民主,就不能不紧密地联系到人口数量及个人的平等的选举权。当代任何一个宪政国家,就其最基本的体制而言,没有一个不是按全国各地区人口数量的多寡和比例来推选议政代表和执政团队,进行国家大事的决策和执行。反观现行的WTO体制,如所周知,历经"乌拉圭回合"八年谈判而终于形成的当今WTO体制及其各种规则,其诞生过程就是相当不民主的。其"一国一票"和"协商一致"的决策机制貌似"平等、民主",实则自始至终主要由寥寥几个霸权、强权国家左右全局,操纵一切。作为国际弱势群体的众多发展中国家,在WTO体制形成的全过程中,其参与权与决策权往往受到各种因素的限制,不可能有真正平等的实施和发挥,到头来,只剩下俯首在体现了霸权强权国家"集团意志"和"既定方针"的协议上签字画押。

诚然,在众多发展中国家据理力争下,其间也产生了某些对国际弱势群体的"优惠待遇"协定或条款,诸如《农产品协定》中的有关优惠条款和其他多种协定中的"特殊与差别待遇"条款等,但事后都逐一显露了它们的原形:不是虚情假意、口是心非的伪善承诺,就是画饼充饥、有名无实的空头支票。七八年来,"多哈发展回合"谈判众多发展中国家要求认真落实上述两大类协议条款的正当要求,重重关卡,一路险阻,一再"碰壁"的经历,就是最生动的写照。[31]

更为重要的是:如所周知,众多发展中国家的人口占全球总人口的80%以上,但是,这些积贫积弱的数十亿人口群体何曾在WTO体制中享有相应比例(80%)的发言权、参与权与决策权?何能在WTO体制中为自身争得应有的、平等的、公平的经济权益?既然占全球人口总数4/5的弱势群体在WTO体制中不享有实质的、真正平等的民主决策权利,还侈谈什么全球范围内的"WTO体制宪政化"?

国际经济组织的此类"民主赤字"问题,一直以来为人们所关注和诟病。就连彼得斯曼教授自己也不得不引述当年联合国前秘书长加利的批评:"国际社会的民主仍处在一个非常初级的阶段",承认民主缺失问题是国际法律体系最薄弱的环节。既然如此,在民主缺失这个最薄弱的环节未能克服之前,"WTO体制宪政化"的理想国就有如墙上画饼,岂能充饥?

第二,就WTO体制的"司法"和"执法"过程而言,它虽然素来被称赞为摆脱了"权力导向"(power oriented),转而实行"规则导向"(rule oriented),"规则面前,人人平等",但其所"司"之法和所"执"之法,在其"立法"过程中却完完全全是"权力导向"(power oriented)之下的产物,带着先天的不公胎记。虽说各个协定文本的谈判一般需要各成员方协商一致通过,但其实都是各方综合实力或明或暗博弈和较量的结果。"立法"过程的"权力导向"实践决定了WTO规则及其"司法"和"执法"过程只可能对强者更有利,而无法真正做到强弱之间实质性的公平。乌拉圭回合谈判就是一个最好的注脚。中国"入世"过程所不得不接受若干"不利条款"的实践,至今让国人耿耿于怀,也是一个具体的例证。

十几年来,WTO的"司法"和"执法"实践确实做了一些值得称道的好事,但也确

---

[31] 参见陈安:《南南联合自强五十年的国际经济立法反思——从万隆、多哈、坎昆到香港》(增订本),载陈安:《陈安论国际经济法学》(第一卷),复旦大学出版社2008年版,第一编之XIV。

实出现过"财大者力大气粗"、霸权或强权国家不受约束或规避制裁的弊端,实质上也体现了"规则导向"向"权力导向"的异化、转化。其典型事例包括2000—2004年曾经轰动一时的针对美国贸易法"301条款"争端案件和"201条款"争端案件的裁断和执行,也遭到国际正直人士的非议和抨击。[32]

第三,"WTO宪政秩序"论要求将贸易自由宪法化、最高化、绝对化的主张是不可取的。贸易自由作为一种经济理念和经济政策能否被当成基本人权加以颂扬和维护,是令人生疑的。WTO宪政化理论简单地认为贸易自由必然地、普遍地对所有人有利,依此逻辑,就应当把贸易自由当成神圣不可侵犯的原则。其实,这既不符合历史,也不符合现实。因为:

其一,从本质上讲,不论是贸易保护还是贸易自由,对一国及其国民而言并不存在永恒的利与不利。不论从西方发达国家的经济发展历程,还是从新兴工业化国家的经济发展历程来看,国家的经济发展政策和外贸政策都是经历一段从保护到开放的逐步开放过程。如果在本民族工业尚处于非常幼稚而不具竞争力的情况下,奉行完全开放和自由的经济政策,那么该国的民族工业必然在跨国公司强大的竞争优势面前纷纷倒闭,而这个国家也将注定无法走上独立自主的经济发展道路,只能沦为他国的经济附庸。

其二,就当今世界而言,不分青红皂白地将贸易自由宪法化、神圣化,势必成为实力雄厚的发达国家侵犯贫弱发展中国家经济主权的工具;从而,它所保护的充其量只是仅占全球总人口20%的发达国家的人权,而非占全球总人口80%的发展中国家的人权。当今,发达国家的产业体系健全完善,其跨国公司更是富可敌国,掌握着绝对的资本和技术优势,而且在许多产业领域保持着垄断优势。完全的、绝对的贸易自由化无疑给他们提供了一个"施展武功"、聚敛财富的绝佳平台。反观绝大多数发展中国家,至今仍然积贫积弱,尚无法解决温饱问题,更谈不上拥有健全的民族工业体系或有竞争力的民族产业。在这种情况下,完全开放、毫不设防的贸易自由,显然无助于它们真正实现经济发展,改善国内人权状况,反而只会加速和加深它们被边缘化。对发展中国家而言,落实国际社会对它们承诺的"发展权"才是促进其经济发展,维护其国内人权的根本方法。而通过鼓吹绝对的贸易自由来"维护"发展中

---

[32] See Seung Wha Chang, Taming Unilateralism Under the Trading System: Unfinished Job in the WTO Panel Ruling on United States Sections 301-310 of the Trade Act of 1974, *Law and Policy in International Bussiness*, Vol, 31, No. 4, 2000; An Chen, The Three Big Rounds of U.S. Unilateralism Versus WTO Multilateralism During the Last Decade: A Combined Analysis of the Great 1994 Sovereignty Debate, Section 301 Disputes (1998-2000), and Section 201 Disputes (2002-2003), South Centre pamphlet, T. R. A. D. E. Working Papers 22, http://www.southcentre.org/publications/workingpapers/paper22/wp22.pdf.

家的人权,如果不是伪善,也是无知,有如"饱汉不懂饿汉饥"!它可能是"仁者"的设想或"智者"的设计,但在实践中却无异于缘木求鱼,无异于追寻海市蜃楼,而且类似于"社会庸医",胡乱开方,药不对症,误人性命!

(三)"经济民族主义扰乱全球化秩序"论初剖

如果说,"新自由主义经济秩序"论和"WTO宪政秩序"论的实质和效应在于以画饼式的美好设计,力图诱使国际弱势群体离开原定的建立国际经济新秩序的奋斗目标,那么,"经济民族主义扰乱全球化秩序"论的实质和效应则在于以莫须有的"罪名",力图迫使国际弱势群体离开原定的建立国际经济新秩序的奋斗目标。

在当代西方发达国家某些理论家、政治家的政治经济词汇中,"经济民族主义"常被用作贬义词,指的是发展中国家违反国际经济全球一体化"时代潮流",与经济全球化"对着干"的一种思潮、政策。"经济民族主义"被指责为把本民族的经济利益放在至高无上的地位,具有民族狭隘自私、盲目排外、不顾全球经济发展大局、但求利己、不愿利他、不能睦邻,甚至损人利己、以邻为壑等孤独特性和不良表现,成为这一系列负面评价的同义语。[33]简言之,"经济民族主义"已逐渐发展成为国际政治学和国际经济学上常见的一种莫须有的"罪名"。[34]

作为反弹,国际弱势群体的学者们则针锋相对,理直气壮地提出了自己对"经济民族主义"的应有诠释和理解,试举两例:"经济民族主义,英文称作'Economic Nationalism',是指一个国家独立后,强调以经济独立为主要内容的民族主义。""何谓经济民族主义?在我看来,经济民族主义是一种价值观念,是一种追求,它将本国

---

[33] See James A. Dorn, The Danger of Economic Nationalism, http://www.cato.org/pub_display.php?pub_id=9483; Mark Williams, Wal-Mart in China: Will the Regulatory System Ensnare the American Leviathan? *Connecticut Law Review*, Vol. 39, May 2007, p. 1361; Raymond J. Ahearn, Europe: Rising Economic Nationalism? CRS Report for Congress, *Order Code RS*, Vol. 22, July 6, 2006, p. 468; Review by Latha Varadarajan, The Life and Times of Economic Nationalism, *International Studies Review*, Vol. 8, 2006, pp. 90-92; Dr. Michael A. Weinstein, Economic Brief: Economic Nationalism, http://www.pinr.com/report.php?ac=view_printable&report_id=343&language_id=1; Tom Switzer, Economic Nationalism: It's Back to the Future, http://www.ipa.org.au/library/Review53-2%20Economic%20Nationalism.pdf; Eyal Press, The Voice of Economic Nationalism, http://www.theatlantic.com/issues/98jul/buchanan.htm; Lyndon Rowe, The Odd Bedfellows of Economic Nationalism, http://www.ipa.org.au/library/review50-4%20Odd%20Bedfellows%20of%20Economic%20Nationalism.pdf.

[34] 其最新的事例是:2008年9月9日,在中国欧盟商会发布年度白皮书《欧盟企业在中国建议书2008/2009》的北京现场,该商会主席伍德克含蓄却不含糊地表达了欧盟企业对"中国经济民族主义"的异议,说是在中国出现的"经济民族主义日益值得关注"。据报道,这份篇幅长达400页、比往年厚1/4的报告引人注目地将"中国的经济民族主义"列为一大问题。当然,中国学者如同往常一样对这类指责作出了反驳,聚焦于指出欧盟的经济民族主义有过之而无不及。See EU Businesses Worried by "Economic Nationalism" in China, http://www.dw-world.de/dw/article/0,2144,3633627,00.html. 另参见梅新育:《经济民族主义是坏东西吗?》,http://opinion.hexun.com/2008-09-18/108969886.html。

经济利益视为追求的首要目标,视为经济政策的终极目的,期望提高本国在国际经济体系中的地位。这样一个价值观念实在是天经地义,理所当然,也是人类社会进步的动力。不能想象,一个人没有奋发图强、力争上游的精神追求,却能够掌握自己的命运,增强自己的能力,推进自己的事业;一个国家,如果没有不甘落后、奋发图强、力求自立于世界民族之林的精神追求,却能够实现本国的经济社会的可持续发展,却能够有效提高本国在国际经济体系中的地位,那也同样是不可想象的。只有在经济民族主义价值观的驱动下,各个国家之间才能出现争先恐后的竞争,进而推动整个人类社会的进步。只要国家是国际政治的基本单元,从政治到经济的民族主义就是正当的,是一个群体维护自己权益的基本手段,数百年内我们不必指望这一点发生任何根本变化。对于一个发展中国家而言,强调经济民族主义尤其重要,只有这一点,才是激励一个民族奋发向上,赶超发达国家,自立于世界民族之林的根本动力。"[35]

笔者认为,以上两则诠释,把"经济民族主义"理解为全球各民族特别是各弱小民族坚持在经济上独立自主,坚持国际经济主权,这是基本正确的。它们基本上反映了当代国际政治经济关系的现实;符合于和遵循了《联合国宪章》及联合国一系列有关民族自决权、弱小民族国家主权问题的决议;也符合于和遵循了马克思列宁主义关于民族自决权、弱小民族国家主权问题的基本理论原则。归根结底,这种诠释体现了为当代国际社会弱势群体仗义执言,为建立国际经济新秩序而奋斗的时代精神。兹试逐一简析如下:

第一,"经济民族主义"反映了当代国际政治经济关系和南北矛盾的现实。毋庸讳言,当代国际政治经济关系中的主要矛盾,就是南北矛盾。北方世界强权发达国家借助于全球经济一体化进程加速的潮流,凭借自身的强大实力,打着"建立新自由主义经济秩序""自由贸易"的旗号,力图冲破南方世界即全球弱小民族国家的主权藩篱,长驱直入其境内,攫取更大乃至最大的经济利益。作为自卫性的反弹和反击,全球弱小民族国家当然必须强调掌握和运用自己手中仅存的民族经济主权,依法据理,捍卫本民族借以生存和发展的经济命脉和经济权益。

"作用愈大,反作用也愈大,两者等值反向。"看来,牛顿发现的关于自然界物体

---

[35] 梅新育:《经济民族主义是坏东西吗?》,http://opinion.hexun.com/2008-09-18/108969886.html. 笔者认为,对上述诠释似还可作些补充:当今世界存在着两类不同性质的"经济民族主义",一类是国际弱势群体在强权发达国家大规模经济入侵情况下为求自保而实行的"经济民族主义",它是被迫自卫的,因而是正当的、理直气壮的、表里如一的;另一类则是强权发达国家对外对内实行"双重标准"下的"经济民族主义",即对外鼓吹"自由主义",借以长驱直入贫弱国家的广阔市场,对内则以"国家安全""环境保护"之类的口实,实行"经济民族主义",阻挠贫弱国家的产品或资本进入本国市场。这后一类"经济民族主义",实质上是地道的、绝对的"民族利己主义",变相的"大国沙文主义",真假参半的"经济自由主义"。它往往是内外不一、表里不一、言行不一、充满伪善的。

运动之第三定律,在人类社会领域也是"适用"的、合理的、正当的。来自全球弱势群体的"经济民族主义"的强烈反弹,正是"牛顿力学第三定律"在当代社会南北矛盾中的一种"体现"。

第二,"经济民族主义"符合于和遵循了《联合国宪章》及联合国一系列有关民族自决权、民族主权问题的决议。1945年《联合国宪章》第1条第2款作为联合国的宗旨,提出了"发展国家间以尊重人民平等权利及自决原则为根据之各国间的友好关系"。1955年第10届大会第3委员会决定把"民族自决权"作为《联合国人权公约》草案的第1条,明确规定"所有民族均享有自决权,根据此种权利,自由地决定其政治地位及自由从事其经济、社会与文化之发展"。1960年联大又通过了《关于给予殖民地国家和人民独立的宣言》。根据这项决议,"民族自决权"已被确立为殖民地独立的合法权利。在1970年第25届大会通过的关于《国际法原则宣言》等若干决议中,再次确认了"民族自决权"。至此,在20世纪60年代尚持否定态度的西方各国,也终于明确承认自决权为所有民族的合法权利。[36]

可见,当代某些西方理论家针对"经济民族主义"的各种非难和抨击,实质上就是对弱小民族国家经济主权的非难和否定。而这种非难和否定完全是违背《联合国宪章》及联合国一系列决议的。看来,当代这些非难者和抨击者忘记了自己国家的先辈代表当年也曾在联合国会场上举手通过了这些庄严的宪章和决议。这类"政治健忘症"实在令人难以谅解,遑论令人信服。

第三,"经济民族主义"符合于和遵循了马克思列宁主义关于民族自决权、弱小民族主权问题的基本理论原则。在近现代历史上,资产阶级国际法学者视西方发达国家的主权问题如神物,论述不少;反之,视殖民地、半殖民地弱小民族国家主权问题如草芥,论证不多。即使有,也尽歪曲贬抑之能事。在帝国主义时代,在第一次世界大战前后这段期间,列宁把马克思主义推进到列宁主义阶段。在1895年恩格斯去世后约30年的长时期中,列宁反复多次论及殖民地、半殖民地弱小民族的自决权——弱小民族的国家主权问题,对于无产阶级的国际法理论,特别是对当代国际法上的国家主权学说做出了杰出的贡献。列宁的这些论述,对于其后全球众多弱小民族挣脱殖民枷锁、争取国家主权独立,发挥了极大的启蒙和动员作用,并且成为第二次世界大战结束以来当代众多发展中国家(第三世界)用以抵御和抗击强权国家欺凌的理论武器,当然也是当代"经济民族主义"的主要思想渊源之一。换言之,当代"经济民族主义"的思潮和政策,完全符合列宁当年所大力倡导和反复论证的弱小

---

[36] 参见日本国际法学会编:《国际法辞典》,外交学院国际法教研室校订,世界知识出版社1985年版,第239—240页。

民族自决原则——弱小民族完全独立自主的国家主权原则[37],而且正是在列宁上述理论原则指导下在当代"与时俱进"的最新实践。

第四,"经济民族主义"体现了为当代国际社会弱势群体仗义执言、争取和维护其平等权益、为建立国际经济新秩序而努力奋斗的时代精神。显而易见,它正是1974年联大一致通过的《建立国际经济新秩序宣言》特别强调的"国家经济主权原则"的另一种表述。[38]它自始至终都是名正言顺、理直气壮的。为国际弱势群体仗义执言的中外学人面临来自西方强权国家的针对"经济民族主义"的种种非难、抨击,完全不必"自感理短"、"自惭形秽",反而应当善于予以澄清,敢于予以反驳,敢于和善于坚持真理,"我行我素",继续朝着维护弱小民族国家平等权益、推动建立国际经济新秩序的正确目标迈步向前。

五、几 点 结 论

第一,"建立国际经济新秩序"乃是全球弱势群体数十亿人口争取国际经济平权地位的共同奋斗目标和行动纲领。自1955年"万隆会议"初步设定"南南联合自强"战略方针以推动建立国际经济新秩序以来,历经多次潮起潮落,不断冲破明难暗礁。五十多年来,争取和维护国际弱势群体平等权益运动发展的总趋势,是不断地螺旋式上升的。对此,应当从长期战略视角予以观察和评估,决定相应的行止,不宜只从短期战术角度考虑得失、取舍、行止。

第二,源自西方强权国家的"新自由主义经济秩序"论或"WTO宪政秩序"论,虽有某些合理内核,可资借鉴,但整体而言,它们企图取代"建立国际经济新秩序"论,从而可能是麻痹、瓦解国际弱势群体斗志和信心的一种精神鸦片。"经济民族主义扰乱全球化秩序"论,同样有其合理内核,可予兼听,但整体而言,它企图阻挠建立国际经济新秩序的不懈实践,压制国际弱势群体的斗志和信心,从而可能是一种精神枷锁。全球弱势群体对此类含有精神鸦片或精神枷锁毒素的理论,亟宜全面深入剖析,不宜贸然全盘接受。

第三,中国既是全球弱势群体的一员,又是最大的发展中国家之一。中国积极参与和努力推动建立国际经济新秩序,应属当仁不让,责无旁贷。因此,对邓小平同

---

[37] 参见陈安:《论马克思列宁主义对弱小民族国家主权学说的重大贡献》,载陈安:《陈安论国际经济法学》(第一卷),复旦大学出版社2008年版,第一编之Ⅵ。

[38] 参见陈安:《论经济主权原则是当代国际经济法首要的基本规范》,载陈安:《陈安论国际经济法学》(第一卷),复旦大学出版社2008年版,第一编之Ⅶ。

志倡导的具有中国特色的"韬光养晦,有所作为"方针,应当作全面的、辩证的、完整的、准确的理解;应当秉持科学发展观关于"既一脉相承又与时俱进"的基本精神,加深理解,丰富实践,认真总结。中国应当在"积极推动建立国际经济新秩序"的总方向上,成为"南南联合自强"的中流砥柱之一。

第四,在建立国际经济新秩序的时代总潮流中,中国的自我战略定位理应一如既往,继续是旗帜鲜明的积极推动者之一,是现存国际经济秩序的改革者之一。不宜只是现存国际经济秩序的"改良者"、南北矛盾的"协调者"。简言之,中国理应进一步发扬传统的、具有独特内涵的中华民族爱国主义,通过 BRICSM 类型的"南南联合"群体,成为建立国际经济新秩序的积极推手和中流砥柱之一。

第11章 再论旗帜鲜明地确立中国在构建 NIEO 中的战略定位：聚焦评析全面、完整、准确地理解邓小平"对外二十八字方针"*

≫ 内容提要

20世纪80年代以来，曾经风起云涌的建立国际经济新秩序（NIEO）的斗争表面上似乎日趋平寂。与此同时，国际学界各种理论也层出不穷，造成某些新的思想混乱。本文剖析有关当代国际经济秩序和中国定位的几种论说，强调：建立 NIEO 乃是全球弱势群体数十亿人口争取国际经济平权地位的共同奋斗目标。这一光明正大、理直气壮的奋斗目标，任何时候都毋庸讳言，不必隐瞒，更不能悄悄放弃。中国人理应与时俱进，落实科学的发展观，全面、完整、准确地理解邓小平提出的"韬光养晦，有所作为"方针；[1]中国在建立 NIEO 中的战略定位，理应一如既往，仍是旗帜鲜明的建立 NIEO 的积极推动者之一。中国理应进一步发扬传统的、具有独特内涵的中华民族爱国主义，通过 BRICSM 类型的"南南联合"群体，成为建立 NIEO 的积极推手和中流砥柱之一。

---

* 本文原作题为《论中国在建立国际经济新秩序中的战略定位——兼评"新自由主义经济秩序"论、"WTO 宪政秩序"论、"经济民族主义扰乱全球化秩序"论》，初稿草于2008年夏，曾提交中国国际经济法学会2008年年会交流。其后经数度修订，完稿于2008年底，发表于《现代法学》2009年第2期，全文约3.2万字（以下简称"本文原作"）。现经征得该刊主编孙长永教授、本文责编徐泉教授同意，摘取其中部分内容，增添2009年初以来的最新事态发展和最新信息，改写为现在的更新文本，全文约2.5万字，文题也按论述的新视角焦点作相应更改，以就教于更多海内外方家和读者，冀能就当代这一热点问题展开更广泛、更深入的探讨，共同提高认识。对于《现代法学》惠予支持的厚意，谨致谢忱。

[1] 邓小平提出的"对外二十八字方针"是："冷静观察，稳住阵脚，沉着应付，善于守拙，决不当头，韬光养晦，有所作为。"这些内容并不是一次性提出来的，而是学界对邓小平在各个场合谈话内容的归纳。参见《改革开放政策稳定，中国大有希望》（1989年9月4日）、《善于利用时机解决发展问题》（1990年12月24日），载《邓小平文选》第3卷，人民出版社1993年版，第321、363页；李琪珍：《论邓小平的外交战略思想》，载《广东社会科学》2000年第6期，第75—76页；陈向阳：《解读韬光养晦政策：仍是中国对外战略自觉选择》，http://news.sina.com.cn/c/2005-09-07/16467705377.shtml；许少民：《"韬光养晦有所作为"刍议》，http://www.chinathinktank.cn/。

目　次

一、今后中国在建立 NIEO 中的自我定位理应包含四个方面

二、科学地确立中国的战略定位，必须全面、完整、准确地理解邓小平的"对外二十八字方针"

三、落实科学发展观，与时俱进地实践邓小平的"对外二十八字方针"

四、几点结论

本文原作的第一部分作为引言，简述国际经济秩序、国际经济法与南北矛盾之间的相互关联。

本文原作的第二部分回顾和探讨了历史上中国的自我定位，包括：(1) 古代中国的自我定位；(2) 近现代中国的自我定位；(3) 鸦片战争后 160 余年来形成的主流民族意识及其对中国定位的影响。

本文原作的第三部分集中探讨新中国在当代国际社会中应有的战略定位问题，强调中国理应成为建立 NIEO 的积极推手和中流砥柱之一。

本文原作的第四部分简扼评析有关当代国际经济秩序和中国定位的几种"时髦"论说，诸如"新自由主义经济秩序"论、"WTO 宪政秩序"论、"经济民族主义扰乱全球化秩序"论，指出这几种论说均不符合当代国际社会和中国国情的现实，并且背离了当代全球弱势群体数十亿人口争取国际经济平权地位的共同奋斗目标。全球弱势群体，特别是中国的学人，对此类含有精神鸦片或精神枷锁毒素的"时髦"理论，亟宜保持清醒头脑和鉴别能力，加以全面深入剖析，切忌贸然全盘接受，坠入理论陷阱。

现在提交《国际经济法学刊》专栏（或专辑）进一步讨论的这份改写文本，主要包含上述本文原作的第三部分，即**"今后中国的自我定位：建立 NIEO 的积极推手和中流砥柱之一"**，第四部分之若干段落，以及自 2009 年初以来最新事态发展和最新信息的综合剖析。兹简略阐述管见要点如下：

一、今后中国在建立 NIEO 中的自我定位理应包含四个方面

以史为鉴，可以知兴衰。在建立国际经济新秩序的过程中，中国应当立足于自身的历史，把握现有国际经济秩序的大局，科学地、合理地从长远角度确立自己的战略定位。具体说来，今后中国在建立 NIEO 中的自我定位至少应当毫不含糊地包含

以下四个方面:

第一,中国理应成为建立国际经济新秩序的积极推手。世间常理从来是"不破不立",破旧方能立新,除旧方能布新。在国际经济旧秩序尚未完全退出历史舞台的背景下,为了实现南北公平,中国作为发展中的大国之一,理应以公正、公平、合理的国际经济新秩序作为长远奋斗目标,积极倡导和参与建设和谐世界。

第二,中国理应致力于成为南南联合自强的中流砥柱之一。作为当代奉行和平发展方针的大国,中国当然不会选择再次成为昔日的"**中央王国**"而盲目自大,却不能不成为南南联合的**中流砥柱**之一(如图 1-11-1 所示)。作为大国,应具有大国意识和风范,勇于承担,与其他发展中国家一起联合行动。在 WTO 的 2001 年多哈会议、2003 年坎昆会议、2005 年香港会议上以及近八年来南北对话的全过程中,中国与印度、巴西、南非和墨西哥等 BRICSM 成员的协调合作,都可视为"南南联合自强"的成功范例。[2]

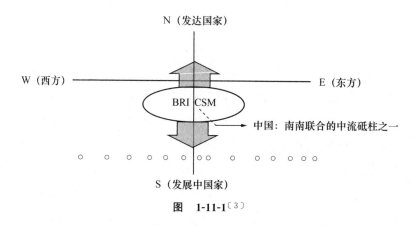

图 1-11-1 [3]

第三,中国与全球弱势群体共同参与建立国际经济新秩序的战略目标,理应坚定不移,始终不渝。即应当坚持战略原则的坚定性,始终不渝地立足于广大发展中国家的共同立场和本国的核心利益,致力于为建立公正、公平、合理的国际经济新秩序而长期斗争。这一基本立场,无论是改革开放之初,还是在"入世"后的今天,始终未变,将来也不应轻率变更。

---

〔2〕 详见陈安:《南南联合自强五十年的国际经济立法反思——从万隆、多哈、坎昆到香港》,载《中国法学》2006 年第 2 期。

〔3〕 图 1-11-1 中的长方形+字交叉线坐标,既表示当代大多数发展中国家的地理位置,也表示当代发展中国家在南北矛盾中的政治位置,即自我"政治定位"。其中"BRICSM"一词,是新"金砖五国"的简称:BR 代表 Brazil(巴西),I 代表 India(印度),C 代表 China(中国),S 代表 South Africa(南非),M 代表 Mexico(墨西哥);其余较小的许多圆块,代表各自分散的众多的发展中国家。椭圆形表示这五个主要发展中大国结合和凝聚成为"南南联合"的一个整体,成为在全球性南北对话中代表国际弱势群体发言的中坚力量。"BRICSM"一词的另一重要含义是:以上述五国为中流砥柱的"南南联合自强"**新思潮、新主张、新战略思维**(在英语中,带"-sm"语尾的词一般指主义、思潮、体制等)。

与此同时，中国在建立国际经济新秩序的过程中又应审时度势，坚持策略战术的灵活性，一方面，既要充分认识到各类发达国家并非"铁板一块"，从而因时、因地、因国而调整策略，适当地区别对待，既要开展南北之间的合作，又要进行有理有利有节的斗争；[4]另一方面，更要充分认识到众多发展中国家之间的差异性，自觉抵制霸权强权发达国家的分化瓦解、各个击破策略，善于进行南南之间的沟通协调，力争在"南南联合"内部求大同，存小异，实现"一致对外"。

第四，中国在建立国际经济新秩序进程中的自我定位，理应旗帜鲜明，和而不同。[5]在此过程中，既有合作又有斗争，表现得有理有利有节，没有屈从、没有"软骨"，不是国际捐客，不是左右逢源，绝不含糊暧昧，绝不模棱两可。

这样说，是否不符合中国的现实国情？是否不自量力，口唱高调，哗众取宠？是否偏离邓小平所谆谆提醒和告诫的"对外二十八字方针"？

否！否！否！

二、科学地确立中国的战略定位，必须全面、完整、准确地理解邓小平的"对外二十八字方针"

就我国学界而言，对于以下两种比较流行的见解，似有必要予以剖析和澄清：

1. 第一种见解认为：邓小平提出的"善于守拙，决不当头，韬光养晦"，就是告诫中国的领导人和广大群众应当明哲保身，只管本国内部事务，不管全球大是大非。因为，邓小平说过："第三世界有一些国家希望中国当头。但是我们千万不要当头，这是一个根本国策。这个头我们当不起，自己力量也不够。当了绝无好处，许多主动都失掉了……中国永远不称霸，中国也永远不当头。"[6]如今全球建立国际经济新秩序的努力，困难重重，步履维艰，国际弱势群体即第三世界的实力不足，前景颇不乐观，在此种宏观环境下，中国人对于邓小平的上述对外战略思维和"处世之道"，应当认真重温和切实遵循。因此，中国人今后不宜再坚持建立国际经济新秩序这一第

---

[4] 例如，自 2000 年以来，中国应对海南岛军机事件、科索沃使馆被炸事件、伊拉克战争问题、伊朗核争端问题、朝核争端问题、中日东海石油争端问题、南海诸岛领土与资源争端问题，从整体上说，都体现了有理有利有节的基本精神，都显示出**旗帜鲜明，是非分明，和而不同**，值得认真回顾与总结。

[5] 参见《论语·子路第十三》："君子和而不同，小人同而不和。""和而不同"是中国儒家提倡的良好品德之一。"和"即和谐，"同"即苟同。"和而不同"意指能和谐地与他人友好相处，却又不盲从附和。参见《汉语成语词典》，商务印书馆 2004 年版，第 418 页。

[6] 邓小平：《善于利用时机解决发展问题》(1990 年 12 月 24 日)，载《邓小平文选》第 3 卷，人民出版社 1993 年版，第 363 页。

三世界的共同奋斗目标。

但是,这种见解和看法至少忽略了以下基本事实:

(1) 邓小平本人正是建立国际经济新秩序最早的倡议者之一。

1974年在联合国大会特别会议上,邓小平郑重宣布:中国是一个社会主义国家,也是一个发展中国家,中国属于第三世界。中国同大多数第三世界国家一样具有相似的苦难经历,面临共同的问题和任务。**中国把坚决同第三世界国家一起为反对帝国主义、霸权主义、殖民主义而斗争,看作自己神圣的国际义务。中国坚决站在第三世界国家一边,而且永远不称霸。**

正是在邓小平亲自参加的这一次联大特别会议上,他代表中国政府向国际社会提出了**建立国际经济新秩序**的基本主张。他说,国家之间的政治和经济关系,都应该建立在"和平共处五项原则"的基础上;**国际经济事务应该由世界各国共同来管,而不应该由少数国家来垄断。**占世界人口绝大多数的发展中国家应该参与决定国际贸易、货币、航运等方面的大事;发展中国家对自己的自然资源应该享有和行使永久主权;对发展中国家的经济援助应该严格尊重受援国家的主权,不附带任何条件,不要求任何特权。邓小平还强调:**各国的事务应当由各国人民自己来管,发展中国家人民有权自行选择和决定他们自己的社会、经济制度。**

正是在邓小平亲自参加的这一次联大特别会议上,大会通过了《**建立国际经济新秩序宣言**》和《**建立国际经济新秩序行动纲领**》,促使**建立新的国际经济秩序成为全球**发展中国家数十亿人口的**共同奋斗目标**。作为具有"言行一致""言必信、行必果"优良民族传统的大国的英明领导人,其在世界庄严论坛上公开阐述的全球性战略思维以及中国在**建立国际经济新秩序中的**自我战略定位,理应是经过深思熟虑和一以贯之的。[7]

(2) 正是邓小平本人在反复强调要"韬光养晦""千万不要当头"的同时,也一再强调"**要有所作为**","**要积极推动建立国际政治经济新秩序**"。

邓小平提出,像中国这样的一个大国,"在国际问题上无所作为不可能,还是要有所作为。作什么?我看要积极推动建立国际政治经济新秩序"[8]。换言之,邓小平关于中国"决不当头"的战略思维,绝不意味着在全球性南北矛盾等大是大非问题上,在国际经济秩序的新旧更替、弃旧图新、破旧立新的奋斗进程中,不再高举甚至悄悄丢弃了 NIEO 这一面鲜明亮丽的大纛和义旗,转而偃旗息鼓,提倡含糊暧昧,模

---

[7] 参见邓小平:《在联大特别会议上的发言》,载《人民日报》1994年4月11日第1版。

[8] 邓小平:《善于利用时机解决发展问题》(1990年12月24日),载《邓小平文选》第3卷,人民出版社1993年版,第363页。

棱两可,明哲保身,消极回避。恰恰相反,像中国这样一个大国在重大国际问题上理所当然地还是要有所作为,要旗帜鲜明地"积极推动建立国际政治经济新秩序"。

(3) 邓小平本人早在1977年就明确提出应当完整地、准确地理解毛泽东思想,切忌割裂、歪曲、损害毛泽东思想。他十分强调:"要对毛泽东思想有一个完整的准确的认识,要善于学习、掌握和运用毛泽东思想的体系来指导我们各项工作。只有这样,才不至于割裂、歪曲毛泽东思想,损害毛泽东思想。"[9]众所周知,邓小平理论乃是对毛泽东思想的继承与发展,邓小平理论本身也是一个完整的体系,邓小平的"对外二十八字方针"本身,则是一个辩证的、全球战略思维的整体,任何时候都应加以完整、准确地理解,不能断章取义,以免割裂、歪曲、损害邓小平理论及其辩证的全球战略思维。

(4) 作为邓小平理论及其全球战略思维的继承者和接班人,当前新一代的中国国家领导人正在积极倡导"南南联合",积极推动建立国际政治经济新秩序。

新一代中国国家领导人在这方面的突出实践,是在2001年"多哈发展回合"谈判启动前后最近这七八年来,引领中国在WTO内外围绕着南北矛盾与南北合作而积极参与重大国际活动。众所周知,由于中国等发展中大国的综合国力和国际影响的逐步提高,在前文提到的WTO多哈会议、坎昆会议、香港会议的全过程中,中国与印度、巴西、南非和墨西哥等BRICSM成员曾多次通力协作,折冲樽俎,使得国际霸权与强权不能随心所欲,操纵全局,从而为国际弱势群体争得较大的发言权。[10]

2. 第二种见解 认为,当前,国际上建立国际经济新秩序运动的高潮已过,并且不断走下坡路,日渐式微衰落,现在业已陷入低潮。相形之下,国际上新自由主义经济秩序却日益勃兴,且为发展中国家所"广泛接受"。在此种宏观环境下,就中国而言,既然中国实力不如人,而且又是"现存自由主义国际经济体制的最大受益者之一","中国已经发现在这种公开的市场体制内运作能够获得巨大的经济回报",加之现在秉持"和谐世界"理念,正在实施"和平崛起"战略,所以应当采取务实态度,"不再以推翻既存国际经济秩序为目标",应当转而接受并积极融入当代新自由主义经济秩序当中。具体而言,中国应当积极转变自己的角色,从昔日的体系外"革命者"转变为现有新自由主义国际经济秩序的"改良者",乃至"维护者"和"建设者"。在积极融入新自由主义国际经济秩序的同时,中国应当成为南北国家间的"桥梁"和"纽带",以及南北矛盾的"调停人""中间人"和"麻烦解决者"。

---

[9] 邓小平:《完整地准确地理解毛泽东思想》(1977年7月21日),载《邓小平文选》第2卷,人民出版社1994年版,第42页。

[10] 详见陈安:《南南联合自强五十年的国际经济立法反思——从万隆、多哈、坎昆到香港》,载《中国法学》2006年第2期。

这种见解的政治与地理坐标,可表示为图1-11-2,俾便与图1-11-1互相比较:

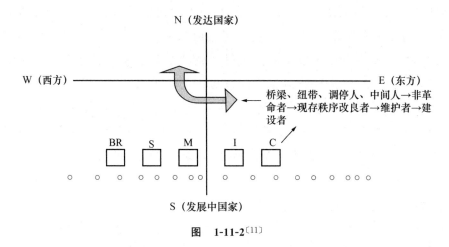

图 1-11-2[11]

笔者认为,上述见解博采广收了大量的西方信息,[12]怀着为国献策的善良愿望,也进行了努力创新的思考。这是应当充分肯定的。但是,这种见解却在理论渊源(或理论血缘)上和实践效应上,至少存在五个方面有待进一步深入思考的问题。

第一,这种"角色转化论"和"融入论"的"原产地",实际上就是素以"世界领袖"自居的当代超级大国——美国。在这方面,美国两位著名教授论及中国在现存国际经济秩序中定位问题的三篇文章颇有代表性,传播颇广,在国际上和在中国国内,共鸣、附和者不少。第一篇是美国哈佛大学教授 Alastair Iain Johnson(中文译名"江忆恩")撰写、肖欢容翻译的《美国学者关于中国与国际组织关系研究概述》[13],其中概述了美国学者所认定和鼓吹的所谓中国"角色转变",即中国对待现存国际体制的基本立场,已经由现存"体制的革命者",演变到现存"体制的改革者",再演变到现存"体制的维护者"。第二篇也是这位哈佛教授所撰,题为《中国和国际制度:来自中国之外的视角》,是其前文的姊妹篇。第三篇是美国普林斯顿大学特设讲座教授 G. J. Ikenberry 撰写的《中国的崛起与西方的未来:自由主义体制能否长存?》,其中鼓吹:(1)国际经济秩序的特性促使正在崛起的国家进行慎重的选择——是对它进行挑战,还是顺从地融入其中。以西方为中心、由美国领导的现存国际经济秩序,其独特之处在于它是自由主义性质的而不是帝国主义性质的,它具有不同凡响的开放性、统合性、合法性和经久不衰性。它的各种规则和机构具有不断增强的全球性民主根

---

[11] 图 1-11-2 中下方各自分散的小方块中,较大的五块 BR、I、C、S、M,分别代表巴西(Brazil)、印度(India)、中国(China)、南非(South Africa)、墨西哥(Mexico);其余较小的许多圆块,代表各自分散的众多的发展中国家。

[12] 详见本文原作,载《现代法学》2009 年第 2 期,第 12 页注②。

[13] 本文载于《世界经济与政治》2001 年第 8 期。

基和资本主义基础。尽管它有所局限,却能导致巨大的经济增长和巨大的经济实力。因此,现存的西方秩序极难被推翻,却容易加入其中。(2)在现存的西方体制下,其经济门槛很低,潜在利益却很高。中国已经发现在此种西方体制即开放性市场体制的运作中能够获得巨大的经济利益回报。(3)有幸的是,此种经济秩序早就已经现成存在。对美国而言,只要把现存的国际经济秩序扩大化和宪政化,就足以使中国只能努力争取成长为现存经济秩序中羽翼丰满的成员之一,而别无其他选择。(4)美国虽不能阻挠中国的崛起,却能够设法确保中国只能在美国及其西方伙伴 20 世纪以来已经设定的各种规则和体制的范围之内行事。(5)美国在全球的现有地位虽然可能弱化,但美国所领导的现存国际体制却能够在 21 世纪中仍然居于统治地位。[14]

众所周知,面对中国的崛起,美国当权者及其智囊人士中历来就有"鹰派"和"鸽派"之分。"鹰派"公然鼓吹以强大实力对付和遏制莫须有的"中国威胁","鸽派"则极力主张以"怀柔"的政策和似是而非的理论,诱使中国就范入彀,在美国设定的现存国际经济体制中当一名循规蹈矩的"模范生"。上述两位美国著名教授的有关论说,就其实质而言,当均属对华"鸽派"之列,但其"师心自用,指点天下"和"世界领袖,舍我其谁"的傲态,却跃然纸上,彰明较著;而其"潜在台词"和"弦外之音"则显然是:中国理应在、只能在美国设定和美国领导的现存国际经济秩序和现存经济体制之下,安分守己,服服帖帖,全盘接受现状,藉以从中谋求自己的利益,既不得心怀"不轨",也不得稍有"叛逆",更不容"聚众造反"!——尽管现存经济秩序和现存经济体制中仍有不少显失公平、仗富欺贫、恃强凌弱之处。[15]

---

[14] See G. J. Ikenberry, The Rise of China and the Future of the West: Can the Liberal System Survive? *Foreign Affairs*, Vol. 87, January/February, 2008, pp. 23-37. 其原文要点可摘录如下:(1) It is the nature of the international order that shapes a rising state's choice between challenging that order and integrating into it. The U. S.-led order is distinctive in that it has been more liberal than imperial—and so unusually accessible, legitimate, and durable. Its rules and institutions are rooted in, and thus reinforced by, the evolving global forces of democracy and capitalism. It is capable of generating tremendous economic growth and power while also signaling restraint—all of which make it hard to overturn and easy to join. (2) In the Western system, the barriers to economic participation are low, and the potential benefits are high. China has already discovered the massive economic returns that are possible by operating within this open-market system. (3) Fortunately, such an order is in place already. The task now is to make it so expansive and so institutionalized that China has no choice but to become a full-fledged member of it. (4) The United States cannot thwart China's rise, but it can help ensure that China's power is exercised within the rules and institutions that the United States and its partners have crafted over the last century. (5) The United States' global position may be weakening, but the international system the United States leads can remain the dominant order of the twenty-first century.

[15] 参见陈安:《论国际经济关系的历史发展与南北矛盾》《世纪之交在经济主权上的新争议与"攻防战":综合评析十年来美国单边主义与 WTO 多边主义交锋的三大回合》《论国际经济法中的公平互利原则是平等互利原则的重大发展》《南南联合自强五十年的国际经济立法反思:从万隆、多哈、坎昆到香港》,分别收辑于《陈安论国际经济法学》(第一卷),复旦大学出版社 2008 年版,第一编之 II、X、XII、XV。

值得注意的是,面对美国著名教授的上述论说,在中国学界的有关论著中乐意予以应和及认同者,也不乏其人,不乏其文。例如,王逸舟教授主编的《磨合中的建构:中国与国际组织关系的多视角透视》一书的"导论",不惜以浓墨重彩,不惮其烦地向读者介绍上述美国哈佛教授见解的"权威"性:"哈佛教授江忆恩被公认是比较熟悉中国情况而且对我友好的外国学者";他"不仅中文流利和熟悉中国的对外关系,且以对国际关系理论前沿的精通而闻名,被认为是国际关系学界建构理论的代表者之一和欧美'中国学'的新领军人物之一,……单从研究水平上讲,他的确有相当的独特性和前沿性,可以说是目前国际上公认的权威学者之一";"江忆恩教授长期在哈佛大学这样的学术重镇从事国际关系理论和东亚国际关系研究和教学工作,尤其对中国外交和国际关系问题有精深而独到的见解。我专门约请他参加本课题组,写作《扫描国际组织与中国的关系:欧美研究界的若干视角》一文,不止是为了使我们的最终成果更具有国际学术背景,更重要的是通过这种方式开阔中国学者的眼界。"[16] 该书"导论"用"精深而独到的见解"和足以"开阔中国学者的眼界"这样的词汇,如此高度评价、认同和赞扬江忆恩教授的上述论说,衡诸客观事实和当代中国的国际实践,似不完全妥切,因而有待进一步深入思考和认真商榷。

第二,这种"角色转化论"和"融入论"在理论上模糊了中国在建立国际经济新秩序中对**自身定位**的应有选择、科学选择和一贯实践,因而更是有待进一步认真商榷和未必可取的!相反,中国应当一如既往,仍然旗帜鲜明地反对国际经济旧秩序,仍然为实现南北公平[17]而积极推动国际经济新秩序的建立。正如邓小平所言:**中国永远都站在第三世界一边,在国际问题上无所作为不可能,要有所作为,要积极推动建立国际政治经济新秩序。**[18]显而易见,在国际经济秩序的除旧布新问题上,中国应当立场坚定,是非分明,旗帜鲜明,**积极推动**,绝不能消极被动,敷衍应付,更不能含糊、

---

[16] 王逸舟主编:《磨合中的建构:中国与国际组织关系的多视角透视》,中国发展出版社2003年版,第4—5、10、34、345—358页。该书主编把江忆恩教授撰写的论文附于书末,但其篇名却由译者王军改定为《中国和国际制度:来自中国之外的视角》,异于该书主编在正文中之上述译名。经函询江忆恩教授本人,据其2009年3月9日复函称:附录于该书之末的这篇论文,其英文原题是"China and International Organizations: Perspectives from Outside China"。

[17] 2008年,温家宝总理在联合国的发言中强调:当今"世界五分之四的人口在发展中国家,发达国家人口只占五分之一。人人都有平等的生存权利。如果广大发展中国家继续贫困,说明当今世界是**不公平、不和谐**的,也注定是**不稳定**的"。参见《温家宝在联合国千年发展目标高级别会议上的讲话》(2008年9月25日),http://news.xinhuanet.com/world/2008-09/26/content_10112612.htm。温家宝总理这段话画龙点睛地道破了当代全球财富国际分配严重不公的现状以及当今世界不和谐、不安定、不稳定的根本原因,指明了建立国际经济新秩序,对全球财富实行公平合理的**国际再分配**,才是实现全世界和谐、安定、稳定、繁荣的根本途径。

[18] 参见邓小平:《善于利用时机解决发展问题》(1990年12月24日),载《邓小平文选》第3卷,人民出版社1993年版,第363页。

暧昧、模棱、骑墙。

第三,这种"角色转化论"和"融入论"似乎对当代"南南联合"的必要性和重要性未予应有的强调。诚然,中国永远不称霸,中国也永远不当头,故自始至终务必谦虚谨慎,戒骄戒躁,切忌恃强凌弱,盛气凌人,过分张扬。但是,与此同时,在面临南北矛盾和国际经济秩序除旧布新的大是大非问题时,却自始至终务必旗帜鲜明,当仁不让,责无旁贷,敢于和善于与具有一定实力的主要发展中国家,**通过 BRICSM 之类的"南南联合"**,共同为国际弱势群体主持公道、追求正义、争取和捍卫平等权益。

面对当今现存的多处显失公平的国际经济秩序,不论何等西方学术"权威"美其名为"新自由主义经济秩序"或"WTO 宪政秩序",都不宜"照单全收""全盘遵办",而必须全面剖析:对于其中有利于国际弱势群体发展的某些市场规则,应予支持和发扬;对于其中不利于甚至有害于国际弱势群体发展的某些市场规则,则应通过与全球主要发展中国家加强 BRICSM 之类的"南南联合",力争加以重大革新,改弦更张,不断地、自觉地、**积极地推动**国际经济秩序的新旧更替、除旧布新和破旧立新。这一奋斗目标当然不可能期待其实现于一两年、三五年、十几年,但是,这一**光明正大、理直气壮的奋斗目标**,在任何时候都**毋庸讳言,不必隐瞒**,**更不能悄悄放弃**。尽管在这次"长征"途程中坎坷崎岖,潮起潮落,步履维艰,进展缓慢,但全球南北矛盾未缓,既然耳畔"涛声依旧",[19]就应胸中信心满满!

第四,这种"角色转化论"和"融入论"似乎高估了中国一国"单枪匹马"沟通南北、奔走东西的力量与作用,而低估了前述 BRICSM 式"南南联合"在南北对话中的群体实力与砥柱作用。

第五,这种角色"转化论"和"融入论"似乎未能明确区分策略战术的灵活性与战略原则的坚定性、策略的阶段性与战略的连续性、低潮的间歇性与高潮复起的可能性和必然性。历史证明,溯自 1955 年"万隆会议"迄今,五十多年来,在当代国际社会中,在国际经济秩序新旧更替的进程中,历经多次潮起潮落,始终存在着相反的两种力量、两种理论、两种走向:一种是加强南南合作的理论和实践,积极推动国际经济秩序和国际经济法(国际经济"游戏规则")的逐步全面更新,从而实现公平互利基础上的南北合作和全球繁荣;另一种是花样翻新,巧立美名,编造各种"理论",力图瓦解南南合作的坚定信心和不懈实践,从而步步为营,维护少数经济强权国家在国

---

[19] 指第三世界数十亿贫困人口的**疾苦之声**以及要求改变国际现存不公平经济秩序的**疾呼之声**,有如不息浪涛,依旧不绝于耳!

际经济旧秩序和国际经济现有"游戏规则"下的既得利益。这两种力量、两种理论、两种走向之间的国际较量和角力,今后还将长期存在。国际经济秩序破旧立新、新旧更替的历程,依然任重而道远。但南南合作、国际经济秩序破旧立新的道路合乎时代需要,定会与时俱进,越走越宽![20]

三、落实科学发展观,与时俱进地实践邓小平的"对外二十八字方针"

新一代的中国国家领导人秉持与时俱进、开拓创新的精神,在 2007 年 10 月间提出:必须坚持以邓小平理论为指导,深入贯彻落实**科学的发展观**,并且正在进一步把邓小平理论及其全球战略思维与新形势下的新实践密切地结合起来,积极地有所作为,使邓小平理论及其全球战略思维,在新形势下"既一脉相承又与时俱进",[21]上升到更高层次。

在这方面,有**四大**最新的实践事例特别值得注意并且发人深思:

最新事例之一:在南南联合自强和南北对话的历史途程中,近几年来一种新的力量组合和新的对话方式开始渐露头角,举世瞩目:由最发达强国组成的"七国集团"或"八国集团"的首脑与若干主要发展中国家的领导人**定期会晤**,开展南北对话,磋商"天下大事",共谋解决全球性热点难题。此种对话方式已实行数次,其新近一次就是 2008 年 7 月在日本举行的八国集团首脑与中国、印度、巴西、南非和墨西哥五个主要发展中国家领导人的对话会议。

会议期间,中国领导人胡锦涛针对这种南南联合自强和南北对话的**新形式**作了精辟的分析。[22] 他指出:当今世界正处在大变革大调整之中。**近年来,发展中国家整体力量上升、团结合作加强**,在国际事务中的影响和作用日益增长。中国、印度、巴西、南非和墨西哥五国都是重要的发展中国家,人口占世界的 42%,国内生产总值占世界的 12%。**加强五国的协调合作,不仅有利于各自国家发展**,也有利于加强南南合作、推动南北对话、推进人类和平与发展的崇高事业。过去的一年里,五国初步

---

[20] 参见陈安:《南南联合自强五十年的国际经济立法反思——从万隆、多哈、坎昆到香港》(增订本),载陈安:《陈安论国际经济法学》(第一卷),复旦大学出版社 2008 年版,第一编之 XIV。

[21] 参见《胡锦涛在党的十七大上的报告》(2007 年 10 月 24 日),http://news.xinhuanet.com/politics/2007-10/24/content_6939223_2.htm;《胡锦涛强调要深入贯彻落实科学发展观》(2007 年 10 月 15 日),http://cpc.people.com.cn/GB/104019/104098/6378312.html。

[22] 参见《胡锦涛在发展中五国领导人集体会晤时的讲话》,http://news.xinhuanet.com/newscenter/2008-07/08/content_8512384.htm。

建立起多个层面的协调机制,围绕同八国集团举行对话会议密切沟通、加强协调,取得了积极成果。应该以此为基础,继续作出努力。当前,五国已成为世界经济体系的重要组成部分和世界经济增长的重要推动力量,应该就世界经济增长中的重大问题加强沟通和协调,开展互惠互利的双边和多边合作,**共同应对不利因素**,保持经济较快发展的势头和活力,继续为世界经济发展做出贡献。[23]

胡锦涛强调:"南南合作是发展中国家取长补短、实现共同发展的重要途径。**我们应该为促进南南合作做出积极贡献、起到表率作用**。一方面,我们应该共同促进多边主义和国际关系**民主化**,增强发展中国家在国际事务中的参与权和决策权,为发展中国家发展争取有利外部环境。另一方面,我们应该**积极推动**国际经济、金融、贸易、发展体系**改革,维护发展中国家正当权益**,提高发展中国家应对各种风险和挑战的能力,促进世界经济均衡、协调、可持续发展。"

胡锦涛主席的这些分析,言简意赅,既总结了南南联合自强的过去,又展望了南南联合自强的未来,还着重强调了上述五个主要发展中国家所承担的全球性历史任务及其在南南联合自强中应当发挥的**表率作用**和**中流砥柱作用**。这些精辟分析,引起了全球公众的共同关注,对于中国今后在推动建立国际经济新秩序历史进程中的自我战略定位,尤其具有启迪意义和指导意义。

最新事例之二:在 2008 年 11 月华盛顿峰会的南北对话中,上述积极地有所作为的**表率作用**和**中流砥柱作用**,再一次获得实践的验证。

当前,全球正在经历严重的国际金融危机。全球的主要发达国家和主要发展中国家的首脑于 2008 年 11 月中旬在美国华盛顿举行**二十国峰会**,共商应对之策。包括中国、巴西、阿根廷、印度、印尼、墨西哥、南非在内的主要发展中国家,聚首华盛顿,旗帜鲜明地提出:国际社会应该认真总结这场世界性金融危机的教训,在所有利益攸关方充分协商的基础上,**对国际金融体系进行必要的改革**。国际金融体系改革,应该坚持建立**公平、公正、包容、有序的国际金融新秩序**的方向,应该坚持全面性、均衡性、渐进性、实效性的原则。其中的**全面性**,就是要总体设计,**全面改革**和完

---

[23] 2008 年 6—7 月在内瓦开展南北谈判期间,WTO 总干事拉米曾主持召开只有美国、欧盟、加拿大、日本、印度、巴西和中国代表参加的小型会议,预先磋商有关的重大热点难点问题,被简称为多哈谈判的"G7 会议"。国际舆论对此种会议形式有所非议。8 月 13 日,拉米在新德里接受印度《金融快报》专访,就多哈谈判有关问题回答了记者的提问。其中有一段对话值得注意:"记者:很多人批评 G7 会议的形式不透明,不具有包容性。这种谈判形式会延续下去吗?拉米:我们需要达成共识,G7 就是达成共识的起点。G7 占全球贸易总量的 80%,并且**代表了其他发达国家和发展中国家集团**。如果他们达成共识,就有利于 30 国部长达成共识,最后推动 153 个 WTO 成员达成共识。除此之外,我们没有别的办法。**15 年前的核心国家只有美国、欧盟、加拿大和日本四个,现在加上印度、巴西和中国,是因为世界发生了变化。这毫不神秘**。"参见《拉米在新德里就多哈回合接受专访》,载上海 WTO 事务咨询中心:《WTO 快讯》第 160 期(2008 年 8 月 1 日—8 月 31 日),第 11 页。

善有关的国际金融体系、货币体系、金融组织、国际金融规则和程序。**均衡性**,就是要统筹兼顾,平衡体现各方利益,形成**各方更广泛有效参与的决策和管理机制**,尤其要体现新兴市场国家和发展中国家利益。同时,特别强调:应该推动国际金融组织改革,**改革国际金融组织决策层产生机制,提高发展中国家在国际金融组织中的代表性和发言权**。[24]

此种旗帜鲜明的主张由来已久,但在全球经历着严重的世界性金融危机之际重新提出,可谓意义非凡,举世瞩目翘首,抱有强烈的期待和具有强大的张力,不妨说,这是针对现有的国际金融组织机制(**布雷顿森林体系**)及其中体现的**国际经济旧秩序**,再次吹响了**变革图新**的号角,发达强权国家实在难以再"一如既往"地置若罔闻。

在这方面,日本媒体作了比较客观的积极评论。[25]例如,《朝日新闻》的专题报道指出,新兴市场国家正在深入参与到以发达国家为中心的国际金融体系中来,新兴市场国家参与感的增强是国际金融体系框架的最大变化。报道认为,胡锦涛主席提出的中国将以负责任的态度支持国际金融组织根据国际金融市场变化增加融资能力的观点,是这一变化的具体体现。《每日新闻》的社论认为,发达国家和发展中国家在峰会上显示了团结应对金融危机的姿态,会议确立了前进的方向,值得肯定。对于胡锦涛主席的发言,该报认为中国鲜明地表现出"发展中国家代表"的身份。《读卖新闻》的社论说,仅靠发达国家间的协商来应对世界性金融和经济危机已无可能,新兴市场国家领导人参与对话具有历史性意义。能否明确方向是本次会议的焦点,与会领导人设法统一步调,最终发出了共同应对考验的信息。《日本经济新闻》的社论对与会各国显示出团结应对金融危机的姿态表示欢迎,并且报道说,在此次峰会上凸显了一种客观现实:没有中国和印度等新兴市场国家的合作就无法构筑国际金融新秩序。《产经新闻》的报道说,胡锦涛主席的讲话突出地表明了发展中国家要求增加发言权的主张。

日本媒体的这些报道显然聚焦于和反映了这样的客观事实:面临全球性金融危机,不断强化的南南联合在合理地解决南北矛盾、促进南北合作进程中,正在发挥日益增强的积极作用,不容小觑;中国在其中积极地"有所作为"的事实及其表率作用和中流砥柱作用,尤其引人瞩目。

最新事例之三:2009年1月28日在瑞士达沃斯举行的世界经济论坛年会中,中

---

[24] 参见《胡锦涛在金融市场和世界经济峰会上的讲话:通力合作,共度时艰》(2008年11月15日),http://news.xinhuanet.com/newscenter/2008-11/16/content_10364070.htm。

[25] 参见《日本媒体积极评价国际金融峰会》(2008年11月17日),http://news.xinhuanet.com/world/2008-11/17/content_10371913.htm。

国领导人关于主要发展中国家在承担全球性历史任务及在南南联合自强中应当积极地有所作为,应当发挥**表率作用**和**中流砥柱作用的主张**,又再一次获得实践的验证。

中国国务院总理温家宝出席这次会议并发表了题为《坚定信心,加强合作,推动世界经济新一轮增长》[26]的特别致辞,全面阐述了中国对世界金融经济形势的看法和主张。他强调,当前,应当抓紧落实二十国集团领导人金融市场和世界经济峰会以来达成的广泛共识,不仅要采取更加积极有效的措施渡过当前难关,而且要努力推动建立**公正**、**合理**、健康、稳定的**世界经济新秩序**,包括推进国际贸易体制、国际金融体系的**改革**,建立**国际贸易新秩序**,特别是加快建立**国际金融新秩序**;切实保护发展中国家利益,促进世界经济共同发展。

据日本记者报道,现在许多国家领导人支持将八国集团扩大为包括中国和印度等新兴国家在内的二十国集团的构想。"中国总理温家宝1月28日在达沃斯发表演讲时说,**应该构筑世界经济新秩序**。他强调,**占世界GDP 80%以上的二十国集团应当成为主角**。此外,英国首相布朗1月31日表示,八国集团已经不能应对全球性问题。作为主席国,英国有意于4月份在伦敦举行的二十国集团第二次金融峰会上提议定期举行二十国集团峰会。"[27]

最新事例之四:2009年4月1—3日在英国伦敦举行的二十国集团第二次金融峰会上,中国领导人关于主要发展中国家在承担全球性历史任务及在南南联合自强中应当积极地有所作为,应当发挥**表率作用**和**中流砥柱作用的主张**,关于应当积极**推进国际金融秩序破旧立新,进而积极推进国际经济秩序逐步地全面弃旧图新的主张**,又再一次获得更加有力的实践的验证。

中国领导人胡锦涛在此次峰会上发表了题为《携手合作,同舟共济》的重要讲话。[28]他指出,当前,国际金融危机仍在蔓延和深化,世界经济金融形势十分复杂严峻。任何国家都不可能独善其身,合作应对是正确抉择。我们应该认清形势、加强沟通、相互支持、携手合作、共克时艰。具有广泛代表性的**二十国集团**,是国际社会

---

[26] 参见《温家宝就建立世界经济新秩序提五点意见》,http://news.enorth.com.cn/system/2009/01/29/003878737.shtml。

[27] 《多国赞同以G20取代G8》(日本《读卖新闻》2009年2月2日报道),载《参考消息》2009年2月3日第1版。当然,对于外国媒体的此类报道,作为南南联合中流砥柱之一的中国,自应继续保持清醒冷静的头脑,进行"一分为二"的科学分析:既看到中国综合国力的提高所导致的国际地位的提高和国际影响的扩大,又看到中国在整体上仍然是国际弱势群体之一,远未彻底摆脱近两百年来所逐步形成的积贫积弱地位,从而确立自己在当代国际社会中应有的战略定位。参见宋国友:《不要轻言G20替代G8》,http://news.xinhuanet.com/world/2008-11/20/content_10386758.htm。

[28] 参见胡锦涛:《携手合作,同舟共济——在二十国集团领导人第二次金融峰会上的讲话》,http://news.xinhuanet.com/newscenter/2009-04/03/content_11122834.htm。

共同应对国际经济金融危机的**重要有效平台**。

他再次旗帜鲜明地强调：应当**进一步推进现存国际金融秩序的改革**。应该抓紧落实华盛顿峰会达成的重要共识，坚持全面性、均衡性、渐进性、实效性的原则，推动国际金融秩序不断朝着公平、公正、包容、有序的方向发展。尤其应当针对时弊，采取六个方面的改革措施，包括尽快制定普遍接受的国际金融监管标准和规范，完善行为准则和监管制度；改进国际货币基金组织和世界银行治理结构，**提高发展中国家的代表性和发言权**；完善国际货币体系，健全储备货币发行调控机制，促进国际货币体系多元化、合理化，等等。[29]

胡锦涛郑重声明：面对国际金融危机冲击，中国将一如既往，继续坚持对外开放的基本国策，始终不渝地奉行互利共赢的开放战略；作为国际社会负责任的成员，始终积极参与应对国际金融危机的国际合作；中国将一如既往，在南南合作框架内，继续向其他发展中国家提供力所能及的援助；中国将一如既往，继续同国际社会加强宏观经济政策协调，**推动国际金融体系改革**，积极维护多边贸易体制稳定，为推动恢复世界经济增长做出应有贡献。[30]

胡锦涛在此次伦敦金融峰会的上述重要讲话，实际上是集中概括和再度重申了全球金融危机爆发以来，包括中国在内的南南之间多次多边和双边磋商协调后达成的共同主张，即**应当积极推进国际金融秩序破旧立新，进而积极推进国际经济秩序逐步地全面弃旧图新**。这种主张在此次峰会内外的"南北对话"中都引起重大的反响，获得国际舆论相当广泛的认同、肯定和赞扬，它们从不同的角度，以不同的语言，表达了大体相同的意思：中国再次突出地显示在强化南南联合、推动建立国际经济新秩序的历史事业中，确实更加积极地"有所作为"，确实正在发挥表率作用和中流砥柱作用。例如：[31]

美国媒体 CNN 评论说，中国是本届 G20 金融峰会的"主要玩家"，掌握着整个会议的进程。中国现在现金充沛，经济继续增长并且银行系统也比较稳定。当世界权

---

[29] 参见周小川：《关于改革国际货币体系的思考》，http://news.xinhuanet.com/fortune/2009-03/24/content_11060507.htm。其中强调：应当创造一种与主权国家脱钩并能保持币值长期稳定的国际储备货币，从而避免主权信用货币作为储备货币的内在缺陷，这是国际货币体系改革的理想目标。这种主张已经获得许多国家政府和许多国际金融专家的肯定和认同，认为它是一种特效良药，大有助于治疗和预防由于美元长期享有垄断地位和特权地位而导致的国际金融现存体制中的严重痼疾。

[30] 参见胡锦涛：《携手合作，同舟共济〈在二十国集团领导人第二次金融峰会上的讲话〉》，http://news.xinhuanet.com/newscenter/2009-04/03/content_11122834.htm。

[31] 参见《中国影响力引关注，美媒称 G20 首脑应北京会晤》，http://news.xinhuanet.com/world/2009-03/30/content_11099256.htm；《G20 伦敦金融峰会催生国际新秩序》，http://news.xinhuanet.com/world/2009-04/04/content_11129541.htm；《外媒：伦敦金融峰会成果超预期，中国表现抢眼》，http://news.xinhuanet.com/world/2009-04/04/content_11130624.htm。

力系统在这次金融危机中进行大调整时,中国正在寻求一个更有利的位置。[32] 美国《华盛顿邮报》3月29日题为《望向北京》的文章说,若在100年以前,伦敦作为峰会举行地点在情理之中。但现在已身处21世纪了,二十国集团的元首们不应该在(伦敦)大本钟的影子下出谋划策。他们理应坐在北京天安门广场边的会议大厅里。文章称,"首届二十国集团峰会去年在华盛顿举行,这说得过去。若第二次峰会是在北京举行,将等于发出一个清晰信号,承认华盛顿—北京轴心是当今世界最重要的关系;它是全球经济脱困的关键因素。如两国携手合作,世界会变得繁荣和稳定;若彼此作对,世界的未来将会像最悲观的预言家所预测的那么黯淡"。[33]

英国《每日电讯报》在4月3日的头版报道中,直截了当地取了这样的标题:《G20:布朗宣布世界新秩序》。英国《卫报》在评论文章中指出,在这场全球金融危机中,中国显然逐渐成为21世纪的世界力量,而在这次的G20伦敦峰会中,中国显然已经成为全球政治顶级圆桌会议中的最关键成员。

德国《法兰克福汇报》称,中国的声誉在此次全球金融危机中大幅上升,以至于世界银行行长佐利克把G20伦敦峰会称为"G2峰会"。佐利克说:"没有一个强大的两国集团,二十国集团将很失望。"《法兰克福汇报》进一步评论说,中国的自信已日益扩大。在过去几周里,中国政府放弃了以往对华盛顿的外交克制。总理温家宝对中国购买美国国债的安全性公开表示担心,中国人民银行行长周小川建议取消美元作为国际储备货币的地位,创造独立于一国主权货币之外的"超级货币"。

法国《费加罗报》评论说,中国是此次峰会的大"赢家"之一,中国凭借巨大的外汇储备,在峰会上发出了自己的声音,确立了自己的地位。法国《世界报》在其网站上发表的题为《中国确认在世界新秩序中的主角地位》的文章称,几个月来,中国的身影出现在各种国际谈判中。在此次峰会上,中国国家主席胡锦涛表现得"放松而自信",中国领导人成为这次峰会上真正的焦点。法国《论坛报》说,中国在金融峰会之前就展开了积极的外交活动,并派出了阵容强大的代表团跟随胡锦涛主席出访。同时,中美两国元首的会晤也引起了人们广泛关注,这些都显示了中国实力的日益增强。法国《费加罗报》题为《华盛顿、北京与其他国家》的文章指出,当前的全球性危机证明了这样一个事实:世界的重心如今在华盛顿和北京之间。二十国集团替代八国集团,这是一个将各大洲与全球发展结合起来的巧妙创举。不过,每个人都依赖美国和中国的未来。美国人的生活和消费是靠着从中国借来的钱和中国制造的

---

[32] 参见《G20伦敦金融峰会催生国际新秩序》,http://news.xinhuanet.com/world/2009-04/04/content_11129541.htm。

[33] 参见《中国影响力引关注,美媒称G20首脑应北京会晤》,http://news.xinhuanet.com/world/2009-03/30/content_11099256.htm。

产品。中国的增长和财富则依靠山姆大叔的需求。"中美国"(Chinamerica)处在经济秩序的中心。[34]

在南美洲,巴西《圣保罗报》指出,这次会议开始寻求全球共识,推动"可持续经济的价值观和原则",认为二十国集团已经替代了由发达国家组成的八国集团,成为一个讨论世界问题的首要论坛。[35]

在亚洲,新加坡《联合早报》4月3日发表的署名文章认为,**伦敦峰会开启了世界经济新秩序的篇章**。[36]它把历史与现实作了简明的对比:在二战之后的几十年时间里,以美国为核心的七国集团不仅主宰着全球经济和金融事务,而且还在世界政治与安全问题上表现得铁板一块。金融危机爆发之后,这个集团却不堪一击。在这所谓的"七大工业国"之内,意大利和加拿大已经没有了声音;日本还在孤独地挣扎;美英与德法对峙,成了相互对垒的阵营。这种混乱的局面,是现有世界秩序陷入困境的表征。而刚刚闭幕的二十国集团伦敦峰会,无论其具体成果将受到何种评价,在根本意义上,它就是**旧秩序走向终结、新秩序开始萌芽**的历史性象征。

这篇文章一针见血地指出,所谓旧秩序的终结,就是**布雷顿森林体系的崩溃**。简单地说,少数几个富裕国家主宰全球经济事务的历史,再也不能延续下去了。作为世界旧秩序中的核心力量,美国多年来在国际政治、经济和安全领域的政策和行为,特别是它发动的伊拉克战争,都一再削弱了其作为"世界警察"的道德基础和道义威信;由于其金融体制引发了全球性金融灾难,结果使曾经被视为楷模的美国发展模式,如今备受世界的指责和诟病。可以说,美式资本主义的光辉不再,意味着原有的世界秩序失去了灵魂;美国和其他发达国家的经济衰落,意味着原有秩序失去了实力的支撑。世界旧秩序之所以难以为继,还因为原有体制发生了内部分裂,美国再也不能恃其实力和模式的优越性,来发挥领导作用。

这篇署名文章强调:在放任自流的资本主义给世界经济带来巨大灾难的今天,伦敦峰会将标志着,未来的世界经济和金融体系,就是要埋葬没有良心的自由资本主义。自由资本主义的终结,在客观上能帮助人们解释一些现实的问题,那就是,任何一个发展模式都并非无懈可击,它所取得的成功也不意味着永远的成功,更不能证明适用于全世界。

---

[34] 参见《"中美国"成世界经济重心》,载法国《费加罗报》2009年4月13日;伊夫·特雷阿尔:《华盛顿、北京与其他国家》,载《参考消息》2009年4月15日第8版。

[35] 参见《外媒:伦敦金融峰会成果超预期,中国表现抢眼》,http://news.xinhuanet.com/world/2009-04/04/content_11130624.htm。

[36] 参见《联合早报:伦敦峰会开启世界经济新秩序》,http://news.xinhuanet.com/world/2009-04/03/content_11125270.htm。

这篇署名文章的重要结论是：实际上，在二十国集团中，我们可以看到很多不同的发展模式，特别是已经持续了30年的中国模式。其巨大成功之处是任何人都不该否认的。谁都应该看到，假若没有中国模式，当前的全球经济就更加显得死气沉沉，其复苏前景就必定少了一个希望，少了一分动力。因此，二十国集团伦敦峰会的历史意义，不在于各国领导人在最后公报里说了些什么，而在于这次峰会让全世界既看到了过去的失败，更看到了未来的希望。这个希望并非来自于某一个国家或者某一个利益集团，而是来自于能够代表更多人诉求、维护更多人利益的世界经济新秩序。

最后，值得一提的是，香港《经济日报》的一篇专题报道格外引起人们的注意。它说，经过这次峰会，中国已经赢得了全世界特别是世界列强的尊重，恰如其分地展现了符合国力的影响力，**反映了中国在国际事务上的新思维**。[37]此语可谓言简意赅，意味深长。

与此同时，香港《南华早报》的一篇文章则从另一角度语重心长地提醒说："中国在二十国集团峰会上的表现成为媒体关注热点。或许此次峰会是中国融入国际社会的又一里程碑。但是北京的官员不应飘飘然，尤其不能因为有关中美'两国集团'的报道而飘飘然。"[38]香港《东方日报》题为《中国须慎防被"捧杀"》的另一篇文章则完全摒弃了"外交辞令"，更为直截了当地提醒中国人："有海外评论G2成了G20峰会的核心。G2即是指世界经济的两大火车头美国和中国。然而，俗话说'人贵有自知之明'。……何以中国在伦敦受到英、美诸国极力抬举呢？说穿了是钱作怪。中国号称'世界工厂'，除了出口大量价廉物美商品供应全球消费者压抑通胀抬头之外，中国吸收的外资及赚取的外汇也愈积愈多，现已接近两万亿美元，居世界第一位。并且，在G20多数国家陷入经济负增长的情况下，中国仍是唯一保持8％大幅增长的国家。故此，西方国家的眼睛都盯着中国的腰包，左一句'中国要做个负责任大国'，右一个G20位置的显要安排，其用意至为明显，希望中国'舍己为人''英雄救美（美、欧）'而已。但是，中国有13亿人口，当前的国民生产总值和外（汇）储（备）用13亿基数一除，人均仍处低水平，在各国中排得很后。故此，中国决不能在吹捧面前飘飘然，应该首先把自己的事情搞好！"[39]

---

[37] 参见《港澳舆论：G20峰会上中国恰如其分地展现了符合国力的影响力》，http://news.xinhuanet.com/newscenter/2009-04/03/content_11127105.htm。

[38] 参见《中国成发展中世界事实领袖》，载《参考消息》2009年4月7日第8版。

[39] 参见《中国须慎防被"捧杀"》，载《参考消息》2009年4月8日第8版。

其实,《中国须慎防被"捧杀"》一文警语中所运用的"除法",早在五年半以前的 2003 年冬天,就已由中国总理温家宝率先在美国哈佛大学的一场著名演讲中鲜明地提了出来。他强调:"人多,不发达,这是中国的两大国情。中国有 13 亿人口,不管多么小的问题,只要乘以 13 亿,那就成为很大很大的问题;不管多么可观的财力、物力,只要除以 13 亿,那就成为很低很低的人均水平。这是中国领导人任何时候都必须牢牢记住的。"[40] 2009 年 5 月下旬在中国—欧盟峰会期间,温家宝总理又面向全球媒体记者,坦率地批评了源自美国高层人士的有关"G20 变为 G2"、形成"中美国(Chinamerica)两国集团""中美两国共治全球"之类的虚妄之说。他郑重声明:尽管中国的发展取得了巨大成就,但仍然是一个发展中国家。中国实现现代化还需要很长时间,经过多少代人的艰苦努力。"中国坚持独立自主的和平外交政策,奉行互利共赢的开放战略,愿意同所有国家发展友好合作关系,**绝不谋求霸权**。一两个国家或大国集团不可能解决全球的问题,多极化和多边主义是大势所趋,人心所向。**有人说,世界将形成中美共治的格局,这是毫无根据的,也是错误的。**"[41]

※　※　※

概言之,在 2008 年盛夏—2009 年暮春短短 9 个月期间发生的上述事例一再表明:

第一,南南联合自强的**战略思想**正在全球范围内日益深入人心,成为国际弱势群体力争获得和维护国际平权地位的主要手段之一。

第二,南南联合自强的**战略目标**,始终不渝地聚焦于反对任何国际霸权和国际强权,聚焦于力争发展中国家在全球性经贸大政问题上享有公平合理的发言权、参与权和决策权。[42]

第三,南南联合自强的**根本宗旨**,始终不渝地瞄准推动**国际经济秩序逐步实行弃旧图新的全面改革**,改变当代全球财富国际分配严重不公的现状,逐步实现全球

---

[40]《温家宝总理哈佛演讲:把目光投向中国》(2003 年 12 月 10 日),http://www.people.com.cn/GB/shehui/1061/2241298.html。

[41]《温家宝与欧盟领导人会见记者时的讲话》(2009 年 5 月 21 日),http://china.com.cn/news。

[42] 参见陈安:《论中国在建立国际经济新秩序中的战略定位》《南南联合自强五十年的国际经济立法反思:从万隆、多哈、坎昆到香港》(2008 年增订本),分别收辑于《陈安论国际经济法学》(第一卷),复旦大学出版社 2008 年版,第一编之 VI、XIV。

财富公平合理的国际再分配,实现全球经济的共同繁荣。[43]

第四,南南联合自强的**战略目标**和**根本宗旨**不可能一蹴而就,其实现过程不但需要"戒躁",即需要耐心和韧性,而且需要"戒骄",即需要谦虚谨慎,包括在形势大好的新情况下继续保持必要的"韬光养晦"。

第五,正是包括上述事例在内的近些年来国内外形势的最新发展与全球性南北谈判的实践,促使中国人更加**全面**、更加**完整**、更加**准确**地领会邓小平"对外二十八字方针"的真谛;促使中国人正在**"与时俱进"**地加深理解邓小平关于**中国在构建国际经济新秩序中战略定位的科学思维**。

可以预期:今后中国势必会更善于**掌握"韬光养晦"与"有所作为"的革命辩证法**,[44]既不不自量力,以"救世主"自居,空唱高调,争"出风头",锋芒毕露,树敌过多,孤军猛冲;也不在全球南北矛盾的大是大非上暧昧含糊,依违模棱,消极回避,随人

---

[43] 据多家媒体报道,2008年11月在华盛顿举行的二十国峰会拉开了国际金融改革的序幕,从而在推动国际经济秩序实行新旧更替逐步改革的途程中,开始进入新的历史转折点。美联社认为,此次峰会"发誓在未来的日子里更好地对全球市场进行监管,对在20世纪40年代建立的已经运转不灵的金融机构,如国际货币基金组织,进行改革","还表明,全球舞台上力量平衡发生了变化,重要的新兴经济体正在要求发出更大的声音。"英国首相布朗在峰会后举行的记者会上明确表示:"这是通向新布雷顿森林体系之路……很显然,我们正在努力建立今后新的体制。"他指出,国际货币基金组织和世界银行都需要彻底改革。因为,"在1945年建立的体制不一定是应对2008年的问题、全球经济、全球竞争以及全球资本流动的最好办法"。法新社认为,"中国、巴西、印度和印度尼西亚等国不仅在过去只为少数工业化国家保留席位的全球决策圆桌上赢得了重要席位,还在预防金融动荡的努力中迫使富国作出了让步"。它转述巴西总统卢拉在会后的感受:"我很高兴地离开华盛顿,因为世界地缘政治框架有了新的格局。""没有道理在没有二十国集团成员共同参与的情况下,作出政治和经济方面的任何决定,解决全球金融危机必须有发展中国家参与其中。"印度尼西亚总统苏西洛·班邦·尤多约诺说:"我希望二十国集团峰会是迈向国际金融框架改革的一个起点,以让国际金融框架反映21世纪的现实。"布什在峰会结束后说:"显然,必须让二十国集团的成员国都参加,而不是八国集团或十三国集团。"韩联社报道,韩国总统李明博认为:"这次峰会具有历史意义,新兴经济体也参与到以前由发达国家垄断的全球重大问题的讨论中来,这是百年不遇的";"从现在起,这些全球问题应由发达国家和新兴经济体共同来讨论"。法新社更进一步报道,面临全球众多发展中国家强烈要求改革现存国际金融体制的强大压力,国际货币基金组织总裁多米尼克·斯特劳斯卡恩也不得不对此次二十国集团峰会的成果表示欢迎,并表示:"今天的与会者使这次峰会的意义重大。一种比以往任何时候都更有活力而且涵盖面更广的**国际经济新秩序正在形成**"。至于日本的共同社,一向特别关注其近邻中国在国际舞台上的动态,它认为在此次金融峰会上,"中国国家主席胡锦涛作为新兴市场国家的代表,以充满自信的神情"发表了讲话。共同社强调:此后,"世界从G7(西方七国)时代进入了G20(二十个国家和地区)时代。金融峰会以克服金融危机为首要议题,也是中国正式参与国际规则制定的历史性转折点。""中国先发制人。峰会召开前,中国与巴西、印度、俄罗斯召开了第一次四国财政部长会议,确认四国将在峰会上团结一致。"以上信息,参见《20国峰会拉开国际金融改革序幕》《中国成功避免"广场协议"重演》等报道,分别载于《参考消息》2008年11月16日第1版、2008年11月19日第16版。

[44] 国内有学者认为:"韬光养晦"绝不是消极无为。准确把握"韬光养晦,有所作为"战略方针,应强调:第一,避免孤立地谈"韬光养晦",而应与"有所作为"紧密结合。"韬光养晦"与"有所作为"是一个整体,不能将二者割裂,不能偏废,而应兼顾,更不能将二者对立起来。"有所作为"就是对"韬光养晦"的有力补充,即中国在"韬光养晦"的同时还应有所建树。"有所作为"可被视作"韬光养晦"的最终目的。第二,"韬光养晦"本身不仅是手段,也是一种相对独立、相对完整、自成体系的对外战略思想。**"韬光养晦"要随着形势、环境、条件的变化而发展,其本身就包含了刚健有为、自强不息、积极进取的主动性,绝不是消极无为的被动反应**。第三,"韬光养晦"绝不意味着对外搞阴谋诡计、勾心斗角、拉帮结派,相反却是自我约束、自律自制、光明磊落、襟怀坦白。美国2002年的《中国军力报告》硬把中国的"韬光养晦"战略说成是"在国际上进行战略欺骗",这是蓄意歪曲。中国对外既要坚持"韬光养晦"、含而不露、适可而止、留有余地、注意分寸,又要"有所作为"、当仁不让、主持公道、追求正义、捍卫权益。参见陈向阳:《解读韬光养晦政策:仍是中国对外战略自觉选择》,http://news.sina.com.cn/c/2005-09-07/16467705377.shtml。

俯仰,无所作为。相反,充满智慧的中国人势必会秉持**科学的发展观**,总结新的实践经验,把邓小平早在 34 年之前率先在联大郑重提出的前述倡议,在 18 年之前概括提出的"对外二十八字方针",与**此后**在新形势下的新实践密切地结合起来,积极地有所作为,使邓小平理论及其全球战略思维,在新形势下"既一脉相承又与时俱进",上升到更高层次,指引中国人通过更有效的南南联合,**与其他主要发展中国家一起,共同成为建立国际经济新秩序的积极推手和中流砥柱。**

四、几 点 结 论

第一,"建立国际经济新秩序"乃是全球弱势群体数十亿人口争取国际经济平权地位的共同奋斗目标和行动纲领。自 1955 年"万隆会议"初步设定"南南联合自强"战略方针以推动建立国际经济新秩序以来,历经多次潮起潮落,不断冲破明滩暗礁。五十多年来,争取和维护国际弱势群体平等权益运动发展的总趋势,是不断地螺旋式上升。对此,应当从长期战略视角予以观察和评估,决定相应的行止,不宜只从短期战术角度考虑得失、取舍、行止。

第二,源自西方强权国家的"新自由主义经济秩序"论或"WTO 宪政秩序"论,虽有某些合理内核,可资借鉴,但整体而言,它们企图取代"建立国际经济新秩序"论,从而可能是麻痹、瓦解国际弱势群体斗志和信心的一种**精神鸦片**。[45] "经济民族主义扰乱全球化秩序"论,同样有其合理内核,可予兼听,但整体而言,它企图阻挠建立国际经济新秩序的不懈实践,压制国际弱势群体的斗志和信心,从而可能是一种**精神枷锁**。[46] 全球弱势群体对此类含有精神鸦片或精神枷锁毒素的理论,亟宜全面深

---

〔45〕 参见陈安:《论中国在建立国际经济新秩序中的战略定位——兼评"新自由主义经济秩序"论、"WTO 宪政秩序"论、"经济民族主义扰乱全球化秩序"论》,第四部分之(一)(二),载《现代法学》2009 年第 2 期。

最新的国际实践雄辩地证明,"新自由主义"乃是当前席卷全球的金融危机的始作俑者和罪魁祸首。针对"新自由主义经济秩序"说教的伪善本质、欺骗作用及其与当前全球性金融危机的因果关系,澳大利亚总理陆克文撰写专文揭示:当前,全球金融危机已演变为经济危机和就业危机,对金融、实体经济及各国政府收支平衡产生巨大冲击。在很多国家,甚至演变成社会危机和政治危机。这一后果的始作俑者就是过去 30 多年以来自由市场意识形态所主导的新自由主义经济政策。在 20 世纪 30 年代的大萧条中,不受约束的自由市场主义本已名誉扫地,但到 70 年代,由于英国首相撒切尔和美国总统里根的推崇而重新翻身,成为经济界的正统。但是,"事实证明,**新自由主义及其所伴生的自由市场至上主义,不过是披着经济哲学外衣的个人贪欲**。在 1987 年的股市崩盘、1994 年的墨西哥金融危机、1997 年的亚洲金融危机、2000 年的互联网泡沫破裂期间,美联储一直盲目相信市场的正确性,坚持通过大幅降息的方法增加市场流动性,这一方法屡试不爽,直到本次次贷危机爆发。事后,**美联储前主席格林斯潘也不得不承认,自由市场主义是不正确的。**"参见《新自由主义是全球金融危机祸首》,载《参考消息》2009 年 2 月 10 日第 3 版。

〔46〕 参见陈安:《论中国在建立国际经济新秩序中的战略定位——兼评"新自由主义经济秩序"论、"WTO 宪政秩序"论、"经济民族主义扰乱全球化秩序"论》,第四部分之(三)。

入剖析,不宜贸然全盘接受。

第三,中国既是全球弱势群体的一员,又是最大的发展中国家之一。中国积极参与和努力推动建立国际经济新秩序,应属当仁不让,责无旁贷。因此,对邓小平倡导的具有中国特色的"韬光养晦,有所作为"方针,应当作**全面的、辩证的、完整的、准确的理解**;应当秉持**科学发展观**关于"既一脉相承又与时俱进"的基本精神,加深理解,丰富实践,认真总结。中国应当在"**积极推动建立国际经济新秩序**"的总方向上,成为南南联合的中流砥柱之一。

第四,在建立国际经济新秩序的时代总潮流中,中国的**自我战略定位**理应一如既往,继续是旗帜鲜明的积极推动者之一,是现存国际经济秩序的改革者之一。不宜只是现存国际经济秩序的"改良者"、南北矛盾的"协调者"。简言之,中国理应进一步发扬传统的、具有独特内涵的中华民族爱国主义,[47]通过 BRICSM 类型的"南南联合"群体,成为建立国际经济新秩序的**积极推手和中流砥柱之一**。

(编辑:龚 宇)

---

[47] 参见陈安:《论中国在建立国际经济新秩序中的战略定位——兼评"新自由主义经济秩序"论、"WTO 宪政秩序"论、"经济民族主义扰乱全球化秩序"论》,第四部分之(三)。

第 12 章　三论中国在构建 NIEO 中的战略定位：聚焦评析"匹兹堡发轫之路"走向何方

——G20 南北合作新平台的待解之谜以及"守法"与"变法"等理念碰撞[*]

>> **内容提要**

20 世纪 70 年代以来，南北之间围绕建立国际经济新秩序（NIEO）的争斗几度潮起潮落，落而又起。在这过程中，作为全球最大发展中国家的中国，其在构建 NIEO 中的战略定位问题，中外学界对此见仁见智，分歧不小。笔者针对这一重大的理论与实践问题，曾连续撰文进行探讨，本文是其中的第三篇，故称《三论……》。本文聚焦于 2009 年 9 月下旬中国领导人在"匹兹堡二十国集团（G20）峰会"上与时俱进地

---

[*] 本文是笔者探讨同一问题的系列论文的第三篇。第一篇题为《论中国在建立国际经济新秩序中的战略定位——兼评"新自由主义经济秩序"论、"WTO 宪政秩序"论、"经济民族主义扰乱全球化秩序"论》（简称《一论》），发表于《现代法学》2009 年第 2 期。嗣后经中山大学陈东副教授通力协作，其英文改写增订本题为 "What Should Be China's Strategic Position in the Establishment of New International Economic Order? With Comments on Neo-liberalistic Economic Order, Constitutional Order of the WTO and Economic Nationalism's Disturbance of Globalization"，发表于 *The Journal of World Investment & Trade*, Vol. 10, No. 3, 2009。其后，依据 2009 年初以来的最新事态发展和最新信息，从新的视角加以改写，题为《旗帜鲜明地确立中国在构建 NIEO 中的战略定位——兼论与时俱进，完整、准确地理解邓小平"对外二十八字方针"》（简称《二论》），发表于《国际经济法学刊》2009 年第 16 卷第 3 期。随后发表的题述这篇文章是在上述两篇文章的基础上针对同一问题加以进一步剖析，可简称《三论》，发表于《国际经济法学刊》2009 年第 16 卷第 4 期。谨以此文就教于更多海内外方家和读者，冀能就当代这一热点问题展开更广泛、更深入的探讨，共同提高认识。

贯彻邓小平"对外二十八字方针"[1]的最新实践,针对此次G20峰会郑重宣布的"匹兹堡发轫之路"的两种前途的"待解之谜"作了探讨,进而强调:为了防止强权国家在"匹兹堡发轫之路"上再次开倒车,蹈覆辙,包括中国在内的国际弱势群体务必保持清醒头脑,厘清若干重要的观点、概念、信念和理念,用正确的、符合时代潮流的观点、概念、信念和理念,努力推进建立国际经济新秩序的新实践。

目 次

一、两大事件,互相呼应,中国身影,举世瞩目
二、落实科学发展观,与时俱进地实践邓小平的"对外二十八字方针"
三、"匹兹堡发轫之路"走向何方的待解之谜
四、防止国际强权在"匹兹堡发轫之路"上开倒车必须厘清的若干基本概念、信念和理念
　　(一)国际经济秩序与国际经济法
　　(二)当今现存国际经济秩序的"新"与"旧"
　　(三)国际经济法的立法、守法与变法
　　(四)建立国际经济新秩序与南北合作共建和谐世界
　　(五)建立国际经济新秩序与全球性多边、区域性多边、双边的"协调发展"
五、"匹兹堡发轫之路"途程中的"北北串联"与"南南联合"
六、几点基本结论

一、两大事件,互相呼应,中国身影,举世瞩目

2009年9月25日至10月1日短短七天间,世界上发生的两件大事,强有力地磁吸了全球数十亿大众的眼球:一件大事是10月1日发生在中国北京的中华人民共和国成立六十周年庆典,它规模宏大、隆重热烈、气势磅礴,其现实意义之重大和历史意义之久远,几乎是全球同碑,罕有异议。另一件大事于9月25日发生在美国匹兹

---

[1] 邓小平提出的"对外二十八字方针"的主要内容是:"冷静观察,稳住阵脚,沉着应付,善于守拙,决不当头,韬光养晦,有所作为。"这些内容并不是一次性提出来的,而是学界对邓小平在各个场合谈话内容的归纳。参见邓小平:《改革开放政策稳定,中国大有希望》(1989年9月4日)、《善于利用时机解决发展问题》(1990年12月24日),载《邓小平文选》第3卷,人民出版社1993年版,第321、363页;李琪珍:《论邓小平的外交战略思想》,载《广东社会科学》2000年第6期,第75—76页;陈向阳:《解读韬光养晦政策:仍是中国对外战略自觉选择》,http://news.sina.com.cn/c/2005-09-07/16467705377.shtml;许少民:《"韬光养晦有所作为"刍议》,http://www.chinathinktank.cn/。

堡,即"二十国(G20)集团"峰会指定由"二十国集团"成为今后全球南北两类国家实行南北对话、南北经济合作的主要平台。[2] 这两件大事,前者彰明较著,不容置疑,毋庸赘述;后者则"短聚即散",转瞬销声,貌似无足轻重。但是,如果认真回顾1955年"万隆会议"之后54年来"南南联合自强"事业的曲折迂回,[3] 再放眼今后数十年南北对话的可能进程,则后者可能与日俱增的历史里程碑意义,固然不宜盲目乐观,却也不可轻慢小觑。古人说过:"风起于青萍之末,浸淫溪谷,……激飓熛怒;耽耽雷声,回穴错迕;蹶石伐木,梢杀林莽。"[4] 以这段话来形容上述后一事件日后可能产生的巨大影响,大概不会被误解为是夸大其词或哗众取宠。何况,上述这两件大事,貌似"风马牛不相及",实则是互相渗透、紧密相联的。因为:第一,两者都凸显了新中国魁梧高大的身影及空前的国际地位、国际影响;第二,如果没有新中国60年积累的综合国力和国际声誉,就不会有匹兹堡"二十国集团峰会"上"中华之声"的震荡全球;第三,如果没有匹兹堡"二十国集团峰会"上"中华之声"的仗义执言,也就无从彰显当代中国在全球的厚重历史责任感和泱泱大国形象,无从鲜明地体现出它日益成为倡导南南联合自强、改革现存国际经济秩序的中流砥柱和积极推手之一。

形势逼人!面对新的形势,学人理应思考、再思考。

二、落实科学发展观,与时俱进地实践邓小平的"对外二十八字方针"

新一代的中国国家领导人秉持与时俱进、开拓创新的精神,在2007年10月间提出:必须坚持以邓小平理论为指导,深入贯彻落实**科学的发展观**,并且正在进一步把

---

〔2〕 See Leaders' Statement: The Pittsburgh Summit, September 24-25, 2009, Preamble, par. 19. "We designated the G-20 to be the premier forum for our international economic cooperation. We established the Financial Stability Board (FSB) to include major emerging economies and welcome its efforts to coordinate and monitor progress in strengthening financial regulation." Accessible at: http://www.pittsburgsummit.gov/mediacenter/129639.htm. See also Annys Shin and Michael D. Shear, Reflecting New Global Economic Order, More Expansive G-20 to Replace G-8, *Washington Post*, Friday, September 25, 2009, http://www.washingtonpost.com/wp-dyn/content/article/2009/09/24/AR2009092404910_2.html? sid=ST2009092405208.

〔3〕 参见陈安:《南南联合自强五十年的国际经济立法反思——从万隆、多哈、坎昆到香港》,载《中国法学》2006年第2期;其增订本收辑于《陈安论国际经济法学》(第一卷),复旦大学出版社2008年版,第一编之XIV。

〔4〕 据有关文献记载,楚襄王与宋玉有一段对话:王曰:"夫风,始安生哉?"宋玉对曰:"夫风生于地,起于青萍之末。浸淫溪谷,盛怒于土囊之口。缘泰山之阿,舞于松柏之下;飘忽溯涝,激飓熛怒;耽耽雷声,回穴错迕;蹶石伐木,梢杀林莽。……"译成今文的大意是:楚襄王说:"风最初从哪里开始发生呢?"宋玉回答说:"风在大地上生成,从青萍这种水草的末梢飘起。逐渐进入山溪峡谷,在大山洞的洞口怒吼。然后沿着大山弯曲处继续前进,在松柏之下狂舞乱奔。它迅猛移动,撞击木石,发出乒乒乓乓的巨响,其势昂扬,像恣肆飞扬的烈火,闻之如轰轰霹雳雷声,视之则回旋不定。吹翻大石,折断树木,冲击密林草莽。……"资料来源:http://wenda.tianya.cn/wenda/thread?tid=5f3388f779da0aca&clk=wttpcts。

邓小平理论及其全球战略思维与新形势下的新实践密切地结合起来,积极地有所作为,使邓小平理论及其全球战略思维,在新形势下"既一脉相承又与时俱进",[5]上升到更高层次。

在这方面,有**五大**最新的实践事例特别值得注意并且发人深思:

最新事例之一:在南南联合自强和南北对话的历史途程中,近几年来一种新的力量组合和新的对话方式开始渐露头角,举世瞩目:由最发达强国组成的"七国集团"或"八国集团"的首脑与若干主要发展中国家的领导人**定期会晤**,开展南北对话,磋商"天下大事",共谋解决全球性热点难题。此种对话方式已实行数次,其新近一次就是2008年7月在日本举行的八国集团首脑与中国、印度、巴西、南非和墨西哥五个主要发展中国家领导人的对话会议。

会议期间,中国领导人胡锦涛针对这种南南联合自强和南北对话的**新形式**作了精辟的分析。[6]他指出:当今世界正处在大变革大调整之中。**近年来,发展中国家整体力量上升、团结合作加强,在国际事务中的影响和作用日益增长**。中国、印度、巴西、南非和墨西哥五国都是重要的发展中国家,人口占世界的42%,国内生产总值占世界的12%。**加强五国的协调合作,不仅有利于各自国家发展,也有利于加强南南合作、推动南北对话、推进人类和平与发展的崇高事业**。过去的一年里,五国初步建立起多个层面的协调机制,围绕同八国集团举行对话会议密切沟通、加强协调,取得了积极成果。应该以此为基础,继续作出努力。当前,五国已成为世界经济体系的重要组成部分和世界经济增长的重要推动力量,应该就世界经济增长中的重大问题加强沟通和协调,开展互惠互利的双边和多边合作,**共同应对不利因素**,保持经济较快发展的势头和活力,继续为世界经济发展做出贡献。[7]

胡锦涛强调:"南南合作是发展中国家取长补短、实现共同发展的重要途径。我

---

[5] 参见《胡锦涛在党的十七大上的报告》(2007年10月24日),http://news.xinhuanet.com/politics/2007-10/24/content_6939223_2.htm;《胡锦涛强调要深入贯彻落实科学发展观》(2007年10月15日),http://cpc.people.com.cn/GB/104019/104098/6378312.html.

[6] 参见《胡锦涛在发展中五国领导人集体会晤时的讲话》,http://news.xinhuanet.com/newscenter/2008-07/08/content_8512384.htm. 引文中的黑体为摘引者所加。下同。

[7] 在2008年6—7月日内瓦开展南北谈判期间,WTO总干事拉米曾主持召开只有美国、欧盟、加拿大、日本、印度、巴西和中国代表参加的小型会议,预先磋商有关的重大热点难点问题,被简称为多哈谈判的"G7会议"。国际舆论对此种会议形式有所非议。8月13日,拉米在新德里接受印度《金融快报》专访,就多哈谈判有关问题回答了记者的提问。其中有一段对话值得注意:"记者:很多人批评G7会议的形式不透明,不具有包容性。这种谈判形式会延续下去吗?拉米:我们需要达成共识,G7就是达成共识的起点。G7占全球贸易总量的80%,并且**代表了其他发达国家和发展中国家集团**。如果他们达成共识,就有利于三十国部长达成共识,最后推动153个WTO成员达成共识。除此之外,我们没有别的办法。**15年前的核心国家只有美国、欧盟、加拿大和日本四个,现在加上印度、巴西和中国,是因为世界发生了变化。这毫不神秘**。"参见《拉米在新德里就多哈回合接受专访》,载上海WTO事务咨询中心:《WTO快讯》第160期(2008年8月1日—8月31日),第11页。

们应该为促进南南合作做出积极贡献、起到**表率作用**。一方面,我们应该共同促进多边主义和国际关系**民主化**,增强发展中国家在国际事务中的参与权和决策权,为发展中国家发展争取有利外部环境。另一方面,我们应该**积极推动**国际经济、金融、贸易、发展体系**改革**,**维护发展中国家正当权益**,提高发展中国家应对各种风险和挑战的能力,促进世界经济均衡、协调、可持续发展。"[8]

胡锦涛的这些分析,言简意赅,既总结了南南联合自强的过去,又展望了南南联合自强的未来,还着重强调了上述五个主要发展中国家所承担的全球性历史任务及其在南南联合自强中应当发挥的**表率作用**和**中流砥柱作用**。这些精辟分析,引起了全球公众的共同关注,对于中国今后在推动建立国际经济新秩序历史进程中的自我战略定位,尤其具有启迪意义和指导意义。

最新事例之二:在 2008 年 11 月中旬华盛顿峰会的南北对话中,上述积极地有所作为的**表率作用**和**中流砥柱作用**,再一次获得实践的验证。

当时,全球正在经历严重的国际金融危机。全球的主要发达国家和主要发展中国家的首脑在美国华盛顿举行**二十国集团峰会**,共商应对之策。包括中国、巴西、阿根廷、印度、印度尼西亚、墨西哥、南非在内的主要发展中国家,聚首华盛顿,旗帜鲜明地提出:国际社会应该认真总结这场世界性金融危机的教训,在所有利益攸关方充分协商的基础上,**对国际金融体系进行必要的改革**。国际金融体系改革,应该坚持建立**公平、公正、包容、有序的国际金融新秩序**的方向,应该坚持全面性、均衡性、渐进性、实效性的原则。其中的**全面性**,就是要总体设计,**全面改革**和完善有关的国际金融体系、货币体系、金融组织、国际金融规则和程序。**均衡性**,就是要统筹兼顾,平衡体现各方利益,形成**各方更广泛有效参与的决策和管理机制**,尤其要体现新兴市场国家和发展中国家利益。同时,特别强调:应该推动国际金融组织改革,**改革国际金融组织决策层的产生机制**,提高发展中国家在国际金融组织中的代表性和发言权。[9]

此种旗帜鲜明的主张由来已久,但在全球经历着严重的世界性金融危机之际重新提出,可谓意义非凡,举世瞩目翘首,抱有强烈的期待和具有强大的张力,不妨说,这是针对现有的国际金融组织机制(**布雷顿森林体系**)及其中体现的**国际经济旧秩序**,再次吹响了**变革图新**的号角,发达强权国家实在难以再"一如既往"地置若罔闻。

最新事例之三:2009 年 1 月 28 日在瑞士达沃斯举行的世界经济论坛年会中,中

---

[8]《胡锦涛在发展中五国领导人集体会晤时的讲话》,http://news.xinhuanet.com/newscenter/2008-07/08/content_8512384.htm。

[9] 参见《胡锦涛在金融市场和世界经济峰会上的讲话:通力合作,共度时艰》(2008 年 11 月 15 日),http://news.xinhuanet.com/newscenter/2008-11/16/content_10364070.htm。

国领导人关于主要发展中国家在承担全球性历史任务及在南南联合自强中应当积极地有所作为,应当发挥**表率作用**和**中流砥柱作用的主张**,再一次获得实践的验证。

中国国务院总理温家宝出席这次会议并发表了题为《坚定信心,加强合作,推动世界经济新一轮增长》[10]的特别致辞,全面阐述了中国对世界金融经济形势的看法和主张。他强调,当前,应当抓紧落实二十国集团华盛顿金融峰会以来达成的广泛共识,不仅要采取更加积极有效的措施渡过当前难关,而且要努力推动建立**公正**、**合理**、**健康**、**稳定的世界经济新秩序**,包括推进国际贸易体制、国际金融体系的**改革**,建立**国际贸易新秩序**,特别是加快建立**国际金融新秩序**;切实保护发展中国家利益,促进世界经济共同发展。

据日本记者报道,现在"许多国家领导人支持将八国集团扩大为包括中国和印度等新兴国家在内的二十国集团的构想"。中国总理温家宝 2009 年 1 月 28 日在达沃斯发表演讲时说,**应该构筑世界经济新秩序**。他强调,**占世界 GDP 80％以上的二十国集团应当成为主角**。此外,英国首相布朗 2009 年 1 月 31 日表示,八国集团已经不能应对全球性问题。作为主席国,英国有意于 2009 年 4 月份在伦敦举行的二十国集团第二次金融峰会上提议定期举行二十国集团峰会。[11]

最新事例之四:2009 年 4 月 1—3 日在英国伦敦举行的二十国集团第二次金融峰会上,中国领导人关于主要发展中国家在承担全球性历史任务及在南南联合自强中应当积极地有所作为,应当发挥**表率作用**和**中流砥柱作用的主张**,关于应当积极推进国际金融秩序破旧立新,进而积极推进国际经济秩序逐步地全面弃旧图新的主张,又一次获得更加有力的实践的验证。

中国领导人胡锦涛在此次峰会上发表了题为《携手合作,同舟共济》的重要讲话。[12]他指出,当前,国际金融危机仍在蔓延和深化,世界经济金融形势十分复杂严峻。任何国家都不可能独善其身,合作应对是正确抉择。我们应该认清形势、加强沟通、相互支持、携手合作、共克时艰。具有广泛代表性的 **20 国集团**,是国际社会共同应对国际经济金融危机的**重要有效平台**。

---

〔10〕参见《温家宝就建立世界经济新秩序提五点意见》,http://news.enorth.com.cn/system/2009/01/29/003878737.shtml。

〔11〕《多国赞同以 G20 取代 G8》(日本《读卖新闻》2009 年 2 月 2 日报道),载《参考消息》2009 年 2 月 3 日第 1 版。当然,对于外国媒体的此类报道,作为南南联合中流砥柱之一的中国,自应继续保持清醒冷静的头脑,进行"一分为二"的科学分析:既看到中国综合国力的提高所导致的国际地位的提高和国际影响的扩大,又看到中国在整体上仍然是国际弱势群体之一,远未彻底摆脱近两百年来所逐步形成的积贫积弱地位,从而确立自己在当代国际社会中应有的战略定位。参见宋国友:《不要轻言 G20 替代 G8》,http://news.xinhuanet.com/world/2008-11/20/content_10386758.htm。

〔12〕参见胡锦涛:《携手合作,同舟共济——在二十国集团领导人第二次金融峰会上的讲话》,http://news.xinhuanet.com/newscenter/2009-04/03/content_11122834.htm。

他再次旗帜鲜明地强调:应当**进一步推进现存国际金融秩序的改革**。应该抓紧落实华盛顿峰会达成的重要共识,坚持全面性、均衡性、渐进性、实效性的原则,推动国际金融秩序不断朝着公平、公正、包容、有序的方向发展。尤其应当针对时弊,采取六个方面的改革措施,包括尽快制定普遍接受的国际金融监管标准和规范,完善行为准则和监管制度;改进国际货币基金组织和世界银行治理结构,**提高发展中国家的代表性和发言权**;完善国际货币体系,健全储备货币发行调控机制,促进国际货币体系多元化、合理化,等等。[13]

胡锦涛郑重声明:面对国际金融危机冲击,中国将一如既往,继续同国际社会加强宏观经济政策协调,**推动国际金融体系改革**,积极维护多边贸易体制稳定,为推动恢复世界经济增长做出应有贡献。

胡锦涛在此次伦敦金融峰会的上述重要讲话,实际上是集中概括和再度重申了全球金融危机爆发以来,包括中国在内的南南之间多次多边和双边磋商协调后达成的共同主张,即**关于应当积极推进国际金融秩序破旧立新,进而积极推进国际经济秩序逐步地全面弃旧图新**。这种主张在此次峰会内外的"南北对话"中都引起重大的反响,获得国际舆论相当广泛的认同、肯定和赞扬,它们从不同的角度,以不同的语言,表达了大体相同的意思:中国再次突出地显示在强化南南联合、推动建立国际经济新秩序的历史事业中,确实更加积极地"有所作为",确实正在发挥表率作用和中流砥柱作用。[14]

最新事例之五:2009年9月23—25日在美国匹兹堡举行的二十国集团第三次金融峰会上,中国领导人关于主要发展中国家在承担全球性历史任务及在南南联合自强中应当积极地有所作为,应当发挥**表率作用**和**中流砥柱作用的主张**,关于应当**积极推进国际金融秩序破旧立新,进而积极推进国际经济秩序逐步地全面弃旧图新的主张**,不但再一次获得更加有力的实践的验证,而且获得了南北共同指定"匹兹堡发轫之路"的重要突破(详见下文)。

---

[13] 参见周小川:《关于改革国际货币体系的思考》,http://news.xinhuanet.com/fortune/2009-03/24/content_11060507.htm。其中强调:应当创造一种与主权国家脱钩并能保持币值长期稳定的国际储备货币,从而避免主权信用货币作为储备货币的内在缺陷,这是国际货币体系改革的理想目标。这种主张已经获得许多国家政府和许多国际金融专家的肯定和认同,认为它是一种特效良药,大有助于治疗和预防由于美元长期享有垄断地位和特权地位而导致的国际金融现存体制中的严重疾病。

[14] 参见《中国影响力引关注,美媒称G20首脑应北京会晤》,http://news.xinhuanet.com/world/2009-03/30/content_11099256.htm;《G20伦敦金融峰会催生国际新秩序》,http://news.xinhuanet.com/world/2009-04/04/content_11129541.htm;《外媒:伦敦金融峰会成果超预期,中国表现抢眼》,http://news.xinhuanet.com/world/2009-04/04/content_11130624.htm;《G20伦敦金融峰会催生国际新秩序》,http://news.xinhuanet.com/world/2009-04/04/content_11129541.htm;《"中美国"成世界经济重心》,载法国《费加罗报》4月13日;伊夫·特雷阿尔:《华盛顿、北京与其他国家》,载《参考消息》2009年4月15日第8版;《温家宝与欧盟领导人会见记者时的讲话》(2009年5月21日),http://china.com.cn/news。

胡锦涛在此次峰会上再次强调,要坚定不移地刺激经济增长,坚定不移地推进国际金融体系改革,坚定不移地推动世界经济平衡发展。在谈到坚定不移地推进国际金融体系改革时,胡锦涛说,二十国集团领导人在前两次金融峰会上达成了推进国际金融体系改革的政治共识,这是我们向全世界作出的庄严承诺。现在,国际经济金融形势有所好转,但我们推进改革的决心不能减弱、目标不能降低。特别应当着力提高发展中国家的代表性和发言权,不断推动改革取得实质性进展。[15]

三、"匹兹堡发轫之路"走向何方的待解之谜

匹兹堡峰会期间特别引人瞩目的重大议题之一,是今后"二十国集团峰会"这一南北对话形式在全球经贸大政讨论和决策过程中的地位和作用如何常规化、体制化的问题。

美国《华盛顿邮报》2009年9月24日率先在《反映全球经济新秩序:以G20取代G8》这则电讯中独家报道了美国某高官透露的重大信息:

> 一位白宫高级官员在本周四(24日)晚间谈道:峰会上有人提出动议,主张由全球二十个最大经济体组成的集团(G20)永久性地取代八国集团(G8),以作为今后开展国际经济合作的主要论坛。此项动议要求赋予发展中国家更大的影响力。美国总统奥巴马一直在推动此项改革。前来匹兹堡参加二十国集团经济峰会的世界领导人即将在本周五(25日)共同宣布此项改革。此举将使各国官方达成日益增长的共识,承认二十国集团更广泛的成员结构能够更好地代表全球经济的新面貌。传统上,八国集团一直是世界一流经济强国的聚会议事场所,其成员席位一向由美国和其他西方国家全盘占据,近年来因为它把世界上一些经济发展最快的国家排除在外而日益受到批评诟病。[16]

---

[15] 参见《胡锦涛:坚定不移推进国际金融体系改革》,http://finance.sina.com.cn/;/20090926/03066796791.shtml。

[16] Reflecting New Global Economic Order, More Expansive G-20 to Replace G-8, *Washington Post*, September 25, 2009. "PITTSBURGH, Sept. 24—The Group of 20 largest economies will permanently replace the G-8 as the main forum for international economic cooperation in a move expected to give greater clout to developing nations, a senior White House official said Thursday night. The change, which has been pushed by President Obama, will be announced Friday by world leaders attending the G20 economic summit in Pittsburgh. It would make official a growing consensus that the G20's broader membership better represents a new global economy. Traditionally, the Group of Eight has served as the gathering place for the world's top economic powers, but in recent years its membership—dominated by the United States and other Western nations—has increasingly been criticized for leaving out several of the world's fastest-growing countries."

《华盛顿邮报》可谓"近水楼台先得月",这篇独家报道确有很大的新闻价值,但其不足在于露尾藏头,语焉不详,而且略有过度美化拔高奥巴马之嫌。与此同时,据英国《泰晤士报》报道,[17]新"动议"者,其实主要是巴西总统卢拉,他在24日仗义执言,大力呼吁以G20取代G8成为全球首要领导论坛,借以使发展中国家在国际舞台上取得与发达国家平起平坐的合适位置。卢拉在接受记者采访时明确表示:"我认为除G20外没有理由再设G8或类似集团。我们应当确保现在G20能成为讨论全球主要经济决策的重要论坛。"[18]显而易见,卢拉总统的此种主张与中国胡锦涛主席的发言中强调"应当着力提高发展中国家的代表性和发言权"的上述主张,强有力地互相呼应,体现了全球南方国家的共同意志,并在此次峰会讨论中逐渐占了上风,所以,"G20将可能在未来两年内逐步取代G8,成为全球首要峰会。明年分别于加拿大和韩国举行的G20峰会将成为G8逐步淘汰的开始"。[19]事后看来,此项《泰晤士报》的报道似比《华盛顿邮报》更为翔实可靠。

2009年9月25日匹兹堡峰会闭幕前正式公布的《领导人声明》,洋洋万言,列举了此次峰会达成的各项共识,其中多处使用"我们共同承诺"(we commit)、"我们共同保证"(we pledge)之类的措辞,颇有"信誓旦旦"之意,在其最后结论中则以**"匹兹堡发轫之路"**(**The Path from Pittsburgh**)为题正式宣布:

> 现在,我们共同指定(we designate)"二十国集团峰会"作为我们今后开展国际经济合作的主要平台……我们一致同意2010年6月在加拿大、2010年11月在韩国分别举行"二十国集团峰会"。我们还共同期待随后每年聚会一次,2011年将在法国聚会。[20]

---

[17] 参见《泰晤士报:G20将辩论是否淘汰G8》, http://www.sina.com.cn. See also G20 to Debate Plan to Phase out G8 over Next Two Years, http://business.timesonline.co.uk/tol/business/economics/article6848498.ece.

[18] Brazilian President Lula: "I believe that today, if you want me to be sincere, I believe that there is no other reason for G8 group or any other 'G'. I believe that we should guarantee that the G20 should be now an important forum to discuss the major economic issues of the world." See Extended Interview: Brazilian President Luiz Inacio Lula da Silva at the G-20, September 24, 2009, http://www.pbs.org/newshour/bb/latin_america/july-dec09/lulafull_09-24.html.

[19] 参见《泰晤士报:G20将辩论是否淘汰G8》, http://www.sina.com.cn. See also G20 to Debate Plan to Phase out G8 over Next Two Years, http://business.timesonline.co.uk/tol/business/economics/article6848498.ece.

[20] Leaders' Statement: The Pittsburgh Summit, September 24-25, 2009. "The Path from Pittsburgh: 50. Today, we designated the G20 as the premier forum for our international economic cooperation. We have asked our representatives to report back at the next meeting with recommendations on how to maximize the effectiveness of our cooperation. We agreed to have a G20 Summit in Canada in June 2010, and in Korea in November 2010. We expect to meet annually thereafter, and will meet in France in 2011." Accessible at: http://www.pittsburghsummit.gov/mediacenter/129639.htm.

国际舆论对此次峰会的整体成就,褒贬不一。但对于其中**"匹兹堡发轫之路"**的正式宣示,则一般认为,这是"二十国集团峰会"这一南北对话主要平台今后日益常规化、体制化的重要依据和良好开端。

笔者认为,对**"匹兹堡发轫之路"**的内涵、意义和前景,既不能估价过高,也不宜轻慢小觑。必须以辩证的、历史的思想方法予以观察,方能有正确的剖析和对待。

现状是历史的继续与发展。从历史上看,通过南南联合自强,逐步建立国际经济新秩序的战略主张,最初开始形成于1955年的"万隆会议",此后,建立国际经济新秩序的进程迂回曲折,步履维艰,尽管经历了多次潮起潮落,但其总趋向是始终沿着螺旋式上升的"6C轨迹"[21],逐步地、不断地取得新的成就。国际弱势群体通过54年矢志不渝的联合奋斗和长期积累,才能在国际经贸大政上逐步取得一定的参与权、发言权、决策权,其参与决策的范围和程度,从无到有,从小到大,积54年之联合奋斗,才开始出现如今南北平起平坐对话平台开始常规化、机制化、体制化的新局面。2009年9月25日"二十国集团峰会"《领导人声明》中指定的**"匹兹堡发轫之路"**,其主要内涵和重大意义,就在于它以国际文献的郑重形式指明了南北合作承先启后、继往开来的新要求、新方向、新途径、新里程;其核心内容就是要努力促使今后南北平起平坐对话的方式常规化、机制化、体制化。

在这个意义上,不妨说,**"匹兹堡发轫之路"**很可能发展成为南南联合自强、建立**国际经济新秩序的新转折和新起点**。其所以堪称为"新",不但在于把它与1955年至1976年(从"万隆会议"召开至"七国集团"形成)这个"旧"阶段中南北较量的"旧"局面相比,而且在于把它与1976年至2009年(从"七国集团"形成至匹兹堡峰会召开)这个"旧"阶段中南北较量和对话的"旧"局面相比。有关前一"旧"阶段中南北较量和对话的局面,在前注所引拙文中已有概述,兹不另赘。有关后一"旧"阶段中南北较量和对话的原局面,则可概述如下:1976年以来,国际经济秩序的发展方向都是由寥寥几个最强发达国家即七国集团主导,其间1997年,俄罗斯被它接纳为正式成员国,G7变为G8,但实质上仍由G7主导一切。1997年发生的亚洲金融危机催生了"二十国集团"(G20)[22]。为防止亚洲金融风暴重演和扩大,1999年由八国集团和十一个新兴经济体国家及欧盟共同组成一个**非正式**对话机制,以促进国际金融及货币

---

[21] 螺旋式上升的"6C轨迹"或"6C律",即Contradiction(矛盾)→Conflict(冲突或交锋)→Consultation(磋商)→Compromise(妥协)→Cooperation(合作)→Coordination(协调)→Contradiction New(新的矛盾)。每一次循环往复,都并非简单的重复,而是螺旋式的上升,都把国际经济秩序以及和它相适应的国际经济法规范,推进到一个新的水平或一个新的发展阶段,国际社会弱势群体的经济地位和经济权益也获得相应的改善和保障。

[22] "二十国集团"(G20)成立于1999年9月25日,其成员包括美国、日本、德国、法国、英国、意大利、加拿大、俄罗斯、中国、阿根廷、澳大利亚、巴西、印度、印度尼西亚、墨西哥、沙特阿拉伯、南非、韩国、土耳其和作为一个实体的欧盟。

政策的稳定。但 G20 成立以来,仅限在每年一次的财长和央行行长会议,实际上并未在国际经济体系中发挥重大的、主要的作用。世界经济及其他全球性经贸大政问题主要还是由 G8 或 G8+5[23]非正式对话机制讨论解决。[24] 2009 年 9 月 25 日**"匹兹堡发轫之路"之"新"及其值得重视,就在于它强调和指定历时整整十年的 G20 南北对话机制,应当从非正式机制开始转轨成为正式的、常规的、主要的机制,从而很可能进一步发展成为南南联合自强、建立国际经济新秩序的新转折和新起点。**

但是,从历史上的经验教训看,全球公众理应继续保持清醒头脑和敏锐目光,预测"匹兹堡发轫之路"今后发展的另一种可能前景:时过境迁,强权发达国家之"信誓旦旦"迅即转化为"口惠而实不至"的一纸空头支票。因为:

第一,凭实力,逞强权,耍权术,乃是强权发达国家在国际舞台上的积习和痼疾,极难"幡然悔悟",立地成佛。全球性金融危机爆发以来,超级大国国力骤然大减,霸气稍敛,其他六强面对国内外危局,也捉襟见肘,因而对实力不断增强的主要发展中国家和新兴经济体不能不有所企求和有所让步。匹兹堡峰会《领导人声明》上达成的各项南北共识(保证、承诺)以及**"匹兹堡发轫之路"**郑重宣布,说到底,无非是强权国家迫于形势压力不得不作出的暂时退让和有限妥协,并非出于心甘情愿,决意从此改弦更张,弃旧图新。一旦南北实力对比出现新的重大变化,很难保证强权国家不会旧病复发,而会真心实意地继续沿着此**"匹兹堡发轫之路"**规规矩矩、切切实实地往前迈步。它们中途改变方向,甚至断然回头再走老路,都不是不可能的。

第二,生病的骆驼比马大,更比羊大得多。在全球范围南北两类国家的实力对比上,"北北串联"的实力远远超过"南南联合",这是毋庸置疑的现实。即使单从二十国集团内部实力对比的现状看,南北力量对比上的"南弱北强",也是毋庸置疑的,而且势必在今后相当长的一段历史时期里,持续存在此种基本态势。这是因为历史上数百年残酷的殖民统治和殖民掠夺给众多弱小民族造成的积贫积弱,积重难返,不可能在短期内获得根本改变。诚然,南南联合的群体凝聚力愈大,就愈有助于改变"南弱北强"的战术态势和战术劣势,甚至可以转化为暂时的战术优势,这是五十年来的"南北较量史"上所反复证明了的。但是,迄今为止,南南联合自强所发挥的力量和作用,虽能在一时一事上获得可喜的成果与胜绩,却难以在总体上根本改变"南弱北强"的战略态势和战略劣势,更不可能在某一次角力中使国际强权对手"一

---

[23] 参见本文前述"最新事例之一"及有关注解[6][7]。
[24] 参见《从 G6 到 G20:世界新秩序显雏形》,http://www.takungpao.com/news/09/09/28/LT2-1148711.htm。

败涂地"和从此"一蹶不振"。可见,"匹兹堡发轫之路"的郑重宣告和正式"指定",固然是南南联合奋斗的一项新成就,固属可喜,但是,即使今后南北平起平坐对话的方式常规化、机制化、体制化,即使今后发展中国家在全球经贸大政问题上的发言权、决策参与权有所扩大和强化,但在可预见的相当长时期内,"南弱北强"的战略态势和战略劣势仍难以根本改变,因此,今后相当时期内,"匹兹堡发轫之路"仍然可能并不平坦,更非康庄笔直。

第三,匹兹堡峰会《领导人声明》洋洋万言的字里行间,似乎还藏有若干玄机,有待进一步推敲,并且引起合理的猜测。试举一例:该声明中多处使用"我们共同承诺"(we commit)、"我们共同保证"(we pledge)之类的措辞,信誓旦旦,语气坚定,声调铿锵。但在其最后结论中宣布**"匹兹堡发轫之路"**时,使用的措辞却是"我们共同指定"(we designate),既不是"承诺"(commit),不是"保证"(pledge),也不是正式的"决定"(decide),而只是"指定"(designate)。相形之下,语气、语调似有所减弱,不那么坚定强烈,力度和音量也显然变小了。再进一步,细读前述《华盛顿邮报》2009 年 9 月 24 日(即《领导人声明》发布前夕)率先在《反映全球经济新秩序:以 G20 取代 G8》电讯中独家报道美国某高官透露的重大信息:峰会上有人提出动议,主张以 **G20 永久性地取代 G8**(The Group of 20 largest economies **will permanently replace** the G8 as the main forum for international economic cooperation)。十分有趣和耐人寻味的是:经用电脑反复查核美国国务院发布的英文版《领导人声明》全文,通篇迄未发现有 G20 **"will permanently replace** the G8"这样的表述;甚至也未发现有字句专就 G20 和 G8 之间的未来关系加以明确表述或发表任何看法。

因此,如果《华盛顿邮报》此篇报道并非主观臆测,空穴来风,则其可能的解释之一似是:(A) 原先确有以 **G20 永久性地取代 G8** 此议(如巴西总统前述主张即属此类),而且声势不小,很可能正式纳入《领导人声明》文本,以致白宫高官向美国大报抢先透露此项重大信息。(B) 经过峰会各方的折冲樽俎,角力较量,此议的力度和鲜明度在最后时刻被大大削弱,改用现在正式文本中比较"缓和、折中、含糊"的表述,俾便为各方所愿意接受。(C) 今后 G8 的存废问题似暂无定论,且待日后再议。但事实上,迄今为止 G8 仍然健在,仍然相当活跃,也未闻有任何定期"解散"的信息。(D) 相反,不难设想:为维护和扩大既得利益,G8 成员们在今后的各种南北对话中,不可能不按照旧例事先串连,协调立场,共商对策,共谋对付 G20 内外的发展中国家成员提出的改革要求。从这种意义上说,G8 本身或其变体、替身,恐不会从此销声匿迹,更遑论"已经走入历史"。[25]

析微知著。综上,国际学人对匹兹堡峰会理应从两个视角进行综合观察:一方面,此次峰会确有某些弃旧图新的共识,意义重大,不宜轻慢小觑;另一方面,建立国际经济新秩序的前途,依然漫漫而崎岖,不宜过早盲目乐观。"**匹兹堡发轫之路**"是南南联合自强和南北合作的新成果;"**匹兹堡发轫之路**"的未来前景,仍有**两种可能**。要使它进一步发展成为康庄坦途,则坚持南南联合自强和南北合作,仍是不二法门。必须假以时日,必须坚持韧性,二者不可缺一。

与此同时,国际弱势群体要防止"**匹兹堡发轫之路**"重新倒退成为泥泞崎岖的羊肠小径,甚至再度堵塞,则不能不认真厘清若干似是而非的观点,澄清若干基本概念、信念和理念,辨明是非,认准正确的"路标",避免接受误导,走上歧途。

四、防止国际强权在"匹兹堡发轫之路"上开倒车必须厘清的若干基本概念、信念和理念

为促使"匹兹堡发轫之路"逐步向符合当代历史潮流的正确的方向持续延伸,避免其逆反历史潮流而倒退,当前理论上有待厘清和澄清的基本概念和理念问题可举例如下:

"建立国际经济新秩序"是否仅为政治理念,与法律无关?现存的国际经济秩序究竟已经是新秩序,抑或仍然是旧秩序?作为国际经济法学人,是否应当弘扬"守法",而不宜轻言"变法"?是否应当以"建立和谐世界"的理念取代"建立国际经济新秩序"的理念?是否应当以"全球性多边、区域性多边、伙伴性双边、自强性单边全面协调发展"的理念取代"建立国际经济新秩序"的理念?

下文将针对这些基本概念和理念问题逐一进行探讨。

(一)国际经济秩序与国际经济法

众所周知,国际经济交往中所发生的国际经济关系,在每一特定历史阶段,往往形成某种相对稳定的格局、结构或模式,通常称之为"国际经济秩序"。国际经济秩

---

[25] 近期中文媒体中也出现关于"G20将永久取代G8"的报道。对照前述英文版《领导人声明》原文,此说恐有失实之虞。例如,香港《大公报》2009年9月28日所载《从G6到G20 世界新秩序显雏形》一文称,"二十国集团匹兹堡峰会的最大成就莫过于正式宣布,G20将永久取代G8(八国集团)";"G8长达三十余年的霸业已经走入历史";"从G8到G20,是一个时代的终结,世界开始进入了建立国际新秩序的新时期。"——这些提法似均有待进一步查核和商榷。资料来源:http://www.takungpao.com/news/09/09/28/LT2-1148711.htm。

序的建立和变迁,取决于国际社会各类成员间的经济、政治和军事的实力对比。国际经济秩序与国际经济法之间有着极其密切的关系。

各国的统治阶级为了自身的利益,总是尽力把自己所需要、所惬意的各种秩序建立起来,固定下来,使其具有拘束力、强制力,于是就出现了各种法律规范。从这个意义上说,法律就是秩序的固定化和强制化。秩序是内容,法律是形式;秩序是目的,法律是手段。法律与秩序两者之间的这种密切关系是具有普遍性的。它不但存在于一国范围内,而且存在于国际社会中。国家、法人、个人相互之间在长期的国际经济交往过程中有许多互利的合作,也有许多矛盾和冲突。经过反复多次的合作、斗争和妥协,逐步形成了各个历史时期的国际经济秩序。与此同时,在各国统治阶级相互合作、斗争和妥协的基础上,也逐步形成了维护这些秩序的、具有一定约束力或强制性的国际经济行为规范,即国际经济法。

国际经济法是巩固现存国际经济秩序的重要工具,也是促进变革旧国际经济秩序、建立新国际经济秩序的重要手段。

在国际经济秩序和国际经济法的发展过程中,始终贯穿着强权国家保持和扩大既得经济利益、维护国际经济旧秩序与贫弱国家争取和确保经济平权地位、建立国际经济新秩序的争斗。这些争斗,往往以双方的妥协和合作而告终,妥协、合作之后又因新的利害矛盾和利益冲突而产生新的争斗,如此循环往复不已。每一次循环往复,均是螺旋式上升,都把国际经济秩序以及和它相适应的国际经济法规范,推进到一个新的水平或一个新的发展阶段。新的国际经济法规范一经形成和确立,就能更有效地进一步变革国际经济的旧秩序,更有力地巩固和加强国际经济的新秩序。

历史事实表明:数百年来,国际经济秩序与国际经济法的新旧更替、推陈出新、弃旧图新、除旧布新、破旧立新的历史进程,一直在自发地、自觉地、曲折地、"与时俱进"地发展之中。

(二) 当今现存国际经济秩序的"新"与"旧"

"新"与"旧"是一对概念,通常用于比较前后相承的两种事物。历史性事物之从旧到新,往往是一个缓慢渐进的过程,不可能一蹴而就,因而在相当时期内往往是旧中渐渐生新,新中仍然含旧,新旧混合并存于一体。但是,绝不能因此就模糊了新与旧的应有界限。因为,在每一个历史阶段,人们区分当时历史事物的新与旧,都必有一定的标准和圭臬。按人们的信念和理念,在特定的历史阶段,"新",有其特定的"质"的规定性;"旧",也有其特定的"质"的规定性,两者不容混淆。

那么，就当今现存的国际经济秩序而言，它是属于"新"质的范畴，还是属于"旧"质的范畴？正确判断这个问题，取决于对新旧比较时段的选择以及对新旧比较标准和内涵的设定。

如果以1945年第二次世界大战结束作为新旧两个历史阶段的分界，则1945年以后六十多年以来，国际社会产生了并继续产生着重大的变化。世界上各种力量几度重新组合，形成了新的国际力量对比。众多殖民地、半殖民地的被压迫弱小民族，纷纷挣脱殖民枷锁，出现了一百多个新的民族独立国家，构成第三世界，并且作为一支新兴的、独立的力量登上国际政治和国际经济的舞台。[26]它和第一、第二世界既互相依存和合作，又互相抗衡和斗争，导致国际经济关系逐步发生重大转折，出现新的格局，相应地，国际经济秩序和国际经济法的发展也逐步进入新旧更替、除旧布新的重大转折。

但是，六十多年以来，由于历史上长达二三百年殖民统治和殖民掠夺造成的恶果，众多原殖民地、半殖民地被压迫弱小民族建立的发展中国家，至今仍然积贫积弱，积重难返；与发达国家群体相较，发展中国家群体在国际经济与政治综合实力对比上，仍然远远处于绝对的劣势，悬殊巨大。因此，在发达国家群体的操持下，国际经济交往中旧日原有的各种体制、法制、规章、规则，依然在很大程度上继续存在并且继续发挥着主导作用，世界财富的国际分配依然存在严重的不公。因此，当今现存的国际经济秩序较之1945年以前殖民主义肆虐全球、公开掠夺、横行无忌的境况，虽然已有相当程度的更新和变化，但从整体而言，若干强权国家把持全局、仗富欺贫、恃强凌弱的旧经济秩序，仍然尚未发生根本的、本质的改变，从而使当今现存的国际经济秩序处在复杂多元的"拉锯"之中，即新旧混存于一体，并且正在继续较量：旧的步步坚壁，力图守住旧有阵地；新的步履维艰，难以争得新的平权。简言之，迄今为止显然不能认为原有的不公平、不合理的国际经济旧秩序已经脱胎换骨，获得了根本的改造，已经改变成了公平、合理的国际经济新秩序。

况且，就新旧比较的标准和内涵而言，早在1974年联合国两次大会通过的《建立国际经济新秩序宣言》与《各国经济权利和义务宪章》这两大纲领性文献中，就已作

---

[26] 据统计，迄今为止，联合国会员国总数为193个。其中原为殖民主义宗主国的发达国家约22个，占会员国总数的11.5%；原为殖民地、半殖民地的发展中国家约为173个，占会员国总数的88.5%。资料来源：http://www.un.org/zh/member-states/index.html。

了明确的设定,体现为 20 个弃旧图新的基本原则和基本目标。[27]迄今为止,这 20 个弃旧图新的基本原则和基本目标都远远未能充分实现,旧秩序的本质和内涵远未全面消失,新秩序的本质和内涵也远未全面确立。因此,迄今为止显然不能认为原有的不公平、不合理的国际经济旧秩序已经脱胎换骨,获得了根本的改造,已经改变成了公平合理的国际经济新秩序。

一言以蔽之,改造国际经济旧秩序,确立国际经济新秩序,仍然任重道远!如果轻率认定当今现存国际经济秩序已经就是全球弱势群体数十年来所奋力争取的国际经济新秩序,则衡之于上述标准和当代现况,显然不符事实。如果依据此种轻率认定出发,进而片面强调对当今现存国际经济秩序应予维护,不宜轻言改革,就无异于劝导国际弱势群体安于不公平、不合理的现状,"知足常乐",这显然只是一种麻痹弱者斗志的误导。

(三) 国际经济法的立法、守法与变法

有一种观点认为:作为国际法学者,应当"在法言法",大力强调严格"守法"和依法行事,不宜轻言现存国际经济秩序和现存国际经济法的改革。要求改革现存的国际经济秩序,那是一种政治理念或政治口号[28],依此行事,往往会违反或触犯现行的国际法和国际经济法,从而承担国际违法责任和国际道义责任。

这种观点,有正确的部分,也有似是而非的部分,值得认真探讨。

这里特别需要注意的是:现存国际经济法的"立法""守法"与"变法"之间的辩证互动关系。

从法律角度看,当代世界性经贸大政的磋商和决策过程实质上就是国际经济法的"立法"过程。数十年来,其最为常见的三大弊端是:

---

[27] 参见《建立国际经济新秩序宣言》《各国经济权利和义务宪章》。如果把贯穿于宣言和宪章中的法理原则加以粗略概括,其最主要之点在于:第一,确认了各国的经济主权是不可剥夺、不可让渡、不可侵犯的。各国对本国的自然资源与境内的一切经济活动,享有完整的、永久的主权。跨国公司的经营活动,必须遵守东道国的政策法令,接受东道国的司法管辖和管理监督;不得强行索取特惠待遇,不得干涉东道国内政。第二,确认应当按照公平合理和真正平等的原则,对世界财富和经济收益实行国际再分配,以遏制和消除富国愈富、贫国愈贫的危险趋向和恶性循环。为此,必须在国际生产分工、国际贸易、国际技术转让、国际税收、国际货币制度、国际资金融通、国际运输、公海资源开发等领域,全面地逐步变革现行的不合理、不公平的体制,并对发展中国家采取各种不要求互惠的优惠措施。第三,确认一切国家,特别是发展中国家,在一切世界性经济问题上都享有平等的参与权、决策权和受益权。国家不论大小,不论贫富,应该一律平等。国际经济事务应该由世界各国共同来管,而不应当由一两个超级大国来垄断,也不应当由少数几个富强的发达国家来操纵。为此,必须在有关的国际组织和有关的国际经济事务上,变革现行的仗富欺贫、恃强凌弱、以大欺小的决策体制。参见陈安主编:《国际经济法学》,北京大学出版社 2008 年版,第 14—16 页的简要评介。

[28] 例如,美国权威教授洛文费尔德即坚持此种霸气观点。See Andreas F. Lowenfeld, *International Economic Law*, Oxford University Press, 2002, pp. 412-414; or its 2nd edition, 2008, pp. 492-493.

第一，只由七八个最发达国家的首脑或其代表（如七国集团或"八脑会议"），进行密室磋商，"黑箱作业"，或进行半公开、半隐秘的讨价还价，定出基调或基本框架之后，交由十几个或二十几个发达国家组成的经济性组织或区域性组织（如"经合组织"或"欧洲联盟"），协调各方利害关系，定出共同主张和一致步调，然后才提交全球性的经贸大政会议或国际经济组织进行讨论。这种做法，从一开始就排除了、剥夺了全球众多发展中国家的知情权和参与权，常令它们不明就里，措手不及，缺乏必要和足够的思想准备、理论准备和实践准备，从而在磋商或论战过程中处在劣势或弱势地位。

第二，事先就在全球性国际经济组织的体制规章中定出不公平、不合理的表决制度，实行表决权力大小不一甚至极端悬殊的投票安排。在这方面的典型表现，就是迄今为止仍在国际货币基金组织和世界银行中大行其是的"加权表决制"，它使寥寥几个经济大国，或区区十几个经济强国加在一起，就可以操纵全球性重大经济事务的决策。其中，超级大国所享有的特多投票权或特大表决权，往往可以在很大程度上左右重大决策，甚至可以在一定条件下实现其独家否决的特权。而众多发展中国家在这种极不合理、极不公平的决策体制下，往往陷入进退维谷的两难选择：一是被迫签字"画押"，吞下苦果；另一是被迫退出困境，自行"孤立"。在全球经济一体化、各国经济互相紧密依存的现实情势下，两者势必都会损害到弱国的经济主权和各种经济权益。

第三，就全球唯一的超级大国而言，它在世界性经贸大政的磋商和决策进程中，历来奉行的"国策"是"本国利益至上"和"对人对己双重标准"，这是它的两大行动准则。它不但可以在这种磋商和决策过程中，凭借其经济实力上的绝对优势，纵横捭阖，左右或操纵全局，而且可以在全球性经济会议决策之后，随时根据自己的需要，拒不遵守或完全背弃自己依国际条约承担的义务，凭借自己经济实力上的强势，刚愎自用，一意孤行。[29]

上述三大弊端集中到一点，其首要症结就在于世界性经贸大政决策权力的国际分配存在着严重不公。

这种决策权力分配不公所直接导致的后果是：国际经济秩序的主要决定权，国

---

[29] 1998—2004 年美国在"301 条款"案件和"201 条款"案件中的蛮横表现便是其典型事例之一。参见陈安：《美国 1994 年的"主权大辩论"及其后续影响》，载《中国社会科学》2001 年第 5 期；《美国单边主义对抗 WTO 多边主义的第三回合——"201 条款"争端之法理探源和展望》，载《中国法学》2004 年第 2 期。See also An Chen, The Three Big Rounds of U. S. Unilateralism Versus WTO Multilateralism During the Last Decade: A Combined Analysis of the Great 1994 Sovereignty Debate, Section 301 Disputes(1998-2000), and Section 201 Disputes (2002-present), http://www.southcentre.org/publications/workingpapers/paper22/wp22.pdf. 以上中英文本均已重新整理并收辑于《陈安论国际经济法学》，复旦大学出版社 2008 年版，分别列为第一编之 X、第七编之 I。

际经贸往来"游戏规则"的制定权和确立权,往往操控在若干经济强国、经济大国和超级经济大国之手,从而必然造成全球财富的国际分配也随之出现严重不公。

如所周知,全球财富国际分配的严重不公,正是当代世界中国际经济旧秩序未获根本改造和仍然持续存在的最本质的表现,也是众多发展中国家的经济主权和经济权益得不到保证和经常受到侵害的主要恶果。一言以蔽之,权力分配与财富分配之间往往存在着不可分割的因果关系,这是人类社会中"古今中外莫不皆然"的真实历史和无情现实。有鉴于此,为了改变全球财富国际分配的严重不公,就必须从"源头"上根本改变世界性经贸大政决策权力分配的严重不公。

可以说,全球众多发展中国家之所以如此突出强调一切国家应当对世界性经贸大政享有平等的参与权和决策权,其根本原因就在于此。

面对当今现存的各种国际经济立法,包括形形色色的国际经贸"游戏规则",国际弱势群体固然不能予以全盘否定,也无力加以彻底改造,但是,当然更不能全盘接受,服服帖帖,心甘情愿地忍受其中蕴含的各种不公与不平。对待当今现存的各种国际经济立法,正确的态度理应是:以公正、公平为圭臬,从争取与维护国际弱势群体的平权利益的视角,予以全面的检查和审查,实行**"守法"与"变法"的结合**。凡是基本上达到公正公平标准,因而符合于改造国际经济旧秩序、建立国际经济新秩序需要的,就加以沿用、重申,就强调"守法";凡是违反这种需要的,就要强调"变法",并通过各种方式和途径,据理力争,努力加以改订、废弃或破除。

由此可见:

第一,要求改革现存的国际经济秩序,并非单纯是一种政治口号或政治理念。它实质上也是要求"变法"的法律理念、法律信念和法制奋斗目标。五六十年来国际弱势群体追求实现"变法"的理念、信念和奋斗目标,尽管前途多艰,曲折崎岖,但矢志不渝,持之以恒,毕竟推动国际经济秩序和国际经济法走上了逐步"吐故纳新"和"除旧布新"的道路,使国际弱势群体在一定程度上逐步改变了完全无权、听凭国际强权国家任意摆布的处境。

第二,面对现存国际经济法律规范中蕴含的各种不公与不平,面对当代强权国家往往拒不遵守或完全背弃自己依国际条约承担的义务,凭借自己经济实力上的强势,一意孤行,国际弱势群体耳际不免又回响起中国晚清一位思想家的警语:"公法乃凭虚理,强者可执其法以绳人,弱者必不免隐忍受屈也。"[30]此语是对当年弱肉强食境况的法律概括,在当今也未完全失去其法律现实意义。在当代国际经济法的现

---

[30] (清)郑观应:《盛世危言·公法》(卷一),三味堂刊光绪二十四年(1898年),第42页。

存体制和法制下,如果不分青红皂白,一味苛求国际弱势群体全盘地、无条件地、绝对地"守法",而不奋起力争改变、消除现存的显失公平的诸般"游戏规则",努力为"变法"鼓与呼,当然不符合当代任何正直法律学人的法律理念,更是偏离了为国际弱势群体仗义执言的法律学人的法律职责。

第三,自 2001 年底开始启动的、迄今长达八年的"多哈发展回合"谈判,实质上就是一场"变法"与"反变法"两种集团力量之间的谈判和较量,就是国际弱势群体针对当代国际经济法现存体制和法制之中的某些不公平、不合理的 WTO"游戏规则",依法[31]提出了正当的"变法"要求。而国际强权国家集团眼看当初开出的口惠而实不至的"变法"支票(承诺改革原有的农产品市场准入、国内资助、出口补贴等现行规则等)被要求兑现,便恃强食言,制造种种借口,设置种种障碍,力图阻挠和否定公平合理的"变法"要求。

第四,面对当代国际社会"南弱北强"、实力悬殊的战略态势,面对国际强权国家集团(G7 之类)在国际经济领域中已经形成的"长达三十余年的霸业"格局,国际弱势群体要求"变法"图强,既不可能一蹴而就,也不应该"无所作为",苟安现状,更不应该单枪匹马,各自为政。实践反复证明:唯一可行和有效之途径就是南南联合,动员和凝聚集团实力,不渝不懈,坚持建立国际经济新秩序、**"变法图强"**的理念和目标,一步一个脚印地迈步前进。

(四) 建立国际经济新秩序与南北合作共建和谐世界

有一种观点认为:中国当前正在继续和平崛起,正在贯彻和平发展方针,正在倡导建立和谐世界,因此,现在强调建立国际经济新秩序,可能不符合当前我国领导人倡导的构建和谐世界的理念和目标,因而主张以"建立和谐世界"的理念取代建立国际经济新秩序的理念。

笔者认为,这种担心是一种善意的误解。

当代这个世界是否已经可以称为"和谐世界"? 当然不是!从现实看,毋宁说,当代这个世界迄今还是一个很不和谐的世界。因为,在当代国际社会中,历史上数百年殖民掠夺造成的恶果迄今未能基本消除,更谈不上根本消除;种种变相的弱肉强食、分配不公、贫富悬殊至今在全球范围内还普遍存在;在国际强权集团的把持

---

[31] 这里的"依法",主要指依照和履行 1994 年《WTO 协定》涵盖的《农业协定》之中的诺言以及落实 2001 年 WTO 第四次部长级会议通过的《多哈宣言》等多边国际协定和相关法律文献的规定。参见陈安:《南南联合自强五十年的国际经济立法反思——从万隆、多哈、坎昆到香港》,载《中国法学》2006 年第 2 期;其增订本收辑于《陈安论国际经济法学》(第一卷),复旦大学出版社 2008 年版,第一编之 XIV。

下,损人利己、以邻为壑的"丛林规则"依然在不同领域、不同程度上发挥主导作用;国际弱势群体要求改变严重不公现状、获得平等权益的疾呼之声仍然不绝于耳。事实反复证明:产生这种种不和谐现象的根源,就在于当今现存的国际经济秩序与相关的国际经济法之中,还存在**深层次、结构性**的不公平不合理的体制、法制、规章、规则。相应地,倡导和坚持进一步从深层次、结构性上改革现存的国际经济秩序,除旧布新,进一步建立公平合理的国际经济新秩序,正是"对症下药",逐步从根本上消除这些不和谐,从不和谐走向和谐的不二法门。

从这个意义上说来,积极推动建立国际经济新秩序与积极开展南北合作共建和谐世界,乃是同类理念的不同表述,两者之间并无本质差异。如果只是侈言建立"和谐世界",而对当今现存世界之中的各种**不公平、不合理因而不和谐**的现象熟视无睹,避而不谈;对当今国际弱势群体要求改革不公平、不合理的体制和法制的疾呼之声置若罔闻,不予理睬,不倡导和坚持进一步深层次、结构性地改革现存的国际经济秩序,不除旧布新,不进一步建立公平合理的国际经济新秩序,则"和谐世界"云云,充其量只是纸上谈兵,缘木求鱼,空中楼阁。

正因为如此,中国领导人在各种国际论坛上倡导建立和谐世界的同时,毫不含糊地指出:"**世界经济失衡根源是南北发展严重不平衡**",反复多次旗帜鲜明地强调要通过南北合作,采取切实有效的措施,逐步地、有序地、坚持不懈地改革现存的国际货币金融体制、国际贸易体制等,进而推动现存国际经济秩序全面的除旧布新,建立和确立国际经济新秩序。[32]

(五)建立国际经济新秩序与全球性多边、区域性多边、双边的"协调发展"

有一种观点认为:中国在当代国际经济实践中的战略定位,不宜突出南北矛盾,强调积极建立国际经济新秩序,而应积极投身于现存多边体制的建设,积极推进区域经济一体化,加强与主要贸易伙伴的双边关系,完善中国自身的涉外法制,简言之,即定

---

[32] 参见本文第二部分所列五大"最新事例"。另参见胡锦涛:《坚定合作信心,振兴世界经济》(在新加坡出席2009年亚太经合组织工商领导人峰会上的讲话,2009年11月13日);《合力应对挑战,推动持续发展》(在亚太经合组织第十七次领导人非正式会议上的讲话,2009年11月15日)。其中反复强调:当前这场国际金融危机充分暴露了世界经济发展方式不可持续、国际金融体系存在重大缺陷等突出问题,国际经济体系的内在矛盾尚未得到根本解决。"世界经济失衡根源是南北发展严重不平衡"。因此,应当认真审视导致危机发生的深层次原因和各经济体在危机中暴露出来的深层次矛盾,从世界经济长远发展考虑,从多方入手,积极推动国际贸易体制改革、国际金融体系改革,切实解决世界经济中的深层次、结构性问题。"应该继续努力,坚持全面性、均衡性、渐进性、实效性的原则,推动国际金融体系改革朝着公平、公正、包容、有序方向发展,营造有利于世界经济健康发展的制度环境。我们应该继续提高发展中国家在国际金融机构中的代表性和发言权,尽快落实二十国集团领导人匹兹堡峰会确定的量化改革目标,完善国际金融机构决策程序和机制。"资料来源:http://news.xinhuanet.com/world/2009-11/13/content_12450406.htm;http://news.xinhuanet.com/world/2009-11/15/content_12460924.htm。

位于现存的"全球性多边、区域性多边、主要伙伴双边、自身单边的全面协调和发展"。

笔者认为,期待或追求当代经济关系"全面协调发展",却讳言当代国际社会客观存在的主要矛盾,即讳言南北矛盾,而不明确指出当今国际经济关系中不协调的主要症结及辨症施治化解症结之方,这就有如前述侈言建立"和谐世界"而不明确指出和排除当代国际经济关系中的诸般不和谐现象产生的根源一样,其实践结果不是望梅止渴,便是南辕北辙。

其实,当代各种多边协定、多种双边协定之并存,其中很大一部分本身就是南北矛盾的产物,而且至今仍然蕴含着亟待解决的南北矛盾。

第一,试以WTO的全球性多边协定为例:1986年为组建WTO而开展的"乌拉圭回合"谈判,之所以长达八年之久,其主要原因就在于全球性南北矛盾难以轻易协调解决。1994年"乌拉圭回合"谈判终于结束,WTO终于正式建成,总算显示了南北合作的精神。但是,WTO终于建成之后,15年来,其内部南、北两大类成员之间既有互相依存、互利合作的一面,又有矛盾重重、龃龉不断的一面。2001年底决定开启的"多哈发展回合"谈判,断断续续至今,又长达八年,看来是新一轮的"乌拉圭回合"。究其原因,说到底,就是WTO内部两类国家在农产品贸易等问题上的利害冲突在一定程度上激化,其间充满了局部性的但相当重要的"变法"和"反变法"之争,必须予以重新协调解决,实质上仍然脱不了南北矛盾这一大框架、大范畴。

第二,试以若干区域性多边协定的存在与发展为例:"欧洲联盟"之类的组织是以发达国家为主体和主导的国家群体,它所追求的国际经济体制及其相应的法制,当然以维护和扩大发达国家的既得利益为依归。反之,"东南亚国家联盟"之类的组织是以发展中国家为主体和主导的国家群体,它所追求的国际经济体制及其相应的法制,当然以争取和维护发展中国家的平权利益为圭臬。这两类国际组织各有自己的特定追求,必须在一定程度、一定范围内"各自为政、各行其是",而不愿意完全统合、融化于WTO这一全球性多边体制及其相关法制之中。从这个意义上说,许多区域性多边组织之所以同时存在与发展,本身就是全球性南北矛盾的一种产物,就是企求以集团实力对付集团实力,各自维护和争得最大份额的经济权益。

第三,再以若干双边协定为例:当今世界诚然存在着许多真正平等互利的双边协定。但是,不能不看到:也还存在着弱势国家在特定条件下(包括在强势对手逼迫和利诱下)不得不暂时容忍和勉强接受的双边协定。在后一类双边协定中,往往体现了南北矛盾的短暂妥协,但是,其中南北矛盾并未化解,在一定条件下势必又会重生龃龉,弱势国家就会要求重启谈判,对原协定加以修改或废止。还不能不看到:在某些重要经贸议题上,当今强权大国在WTO多边平台上受到发展中国家群体的抵制,因而不能贯彻其单边主义强权意图之余,往往转而以"双边协定"或"地区性安排"的形式,对发展中国家群体实行"各个击破、分而治之"。

第四,无论是全球性多边、区域性多边还是伙伴性双边,在实行各种形式的南北合作过程中,其间无不同时存在着、潜在着不同程度和不同形式的南北矛盾。只从**形式上**企求和期待它们之间"全面协调发展",而不从**实质上**明言其中种种不协调的症结所在,并致力于化解和排除这些症结,这就近乎以悦耳的"外交辞令"遮掩了当今普遍存在的南北矛盾。诚然,在一定场合,"外交辞令"是必要的,但不能只靠"外交辞令"争得弱势群体应有的平权利益。换言之,只有明确地宣示当代国际社会和国际经济体系中存在的权力和权益的严重分配不公和由此导致的南北矛盾,只有旗帜鲜明地弘扬建立国际经济新秩序的信念、理念和目标,并致力于开展南北合作,共同促进国际经济秩序逐步弃旧图新,才能真正有效地鼓舞和动员国际弱势群体努力摆脱当今不公平处境和争得国际平权地位。

五、"匹兹堡发轫之路"途程中的"北北串联"[33]与"南南联合"

前文提到,匹兹堡峰会上全球南北两类主要国家领导人共同宣布和"指定二十国集团峰会作为今后开展国际经济合作的主要平台",使存续已达十年之久的 G20 南北对话机制从非正式、非常规、非主要的机制**开始转轨**成为正式的、常规的、主要的机制。

实现这种重要转轨,是南北合作的新产物,也是南北矛盾的新起点。何以见得?试再简析如下:

第一,前文说过,匹兹堡峰会《领导人声明》并未明文规定今后 G20 永久性地取代 G8,也并未规定今后 G8 何去何从或何时解散、消失。因此,在可预见的将来,今后二十国集团峰会中的南北对垒、抗衡和角力,势必仍将长期存在。更明确些说,在 G20 内部开展南北对话过程中,"仍然健在"的 G8 为维护和扩大强者的既得利益,势必继续在全球经贸大政问题上预先从事例行的、经常性的"北北串联",共同定调之后,再出示"方案",向南方主要国家群体"要价"。对此,为争取和维护国际平权利益,改变既定的不公平、不合理的现状,南方主要国家群体势必"还价"。讨价还价之间,不免仍要出现常规的、不激烈的乃至激烈的南北冲突和抗衡。实践证明:国际上的折冲樽俎,面对强者集团的实力,弱者集团只有凝聚和凭借自己的实力,才能有平

---

[33] "串联"是中国"文化大革命"时期的流行用语,多指拉帮结伙,不问是非,大搞"派性"。

等的讨价还价地位。因此,在"北北串联"的压力下,继续实行例行的、经常的"南南联合"仍然势在必行,也不得不如此。

第二,在 G20 这一功能更新后的主要平台上,南南联合的主要宗旨和追求仍然是大力促使现存国际经济秩序进一步新旧交替、弃旧图新,走向更公平、更合理的国际经济新秩序;与此相反,"北北串联"的主要宗旨和追求则是极力守住既得利益,保持和扩大现存国际经济秩序中的不公平、不合理的种种体制和法制。因此,在今后的时日里,在 G20 这一正式的、常规性的"开展国际经济合作的主要平台"中,国际弱势群体要求进一步改革现存国际经济秩序和国际强权国家集团尽力维护现存国际经济秩序之间的矛盾、冲突,仍将长期存在,争斗仍将长期开展,这是不可避免的、毋庸置疑的。

第三,如前文所述,就当前 G20 中南北双方的综合力量对比而言,G8 实行"北北串联"的实力和效果仍远远优胜于以"BRICSM"G5 为主体的"南南联合",因而 G8 在功能更新强化后的 G20 这个平台中仍然居于主导地位。这种力量对比,在可预见的相当长时期内不会发生根本改变。对此,"南南联合"一方不能不保持清醒的认识。因此,后者尤其应当旗帜鲜明地坚持建立国际经济新秩序的信念、理念和目标,才能更有效地动员和凝聚自己一方的实力,力争"匹兹堡发轫之路"不再回头走上国际强权集团任意操纵一切、决定一切的老路,使国际经济秩序除旧布新的进程又陷入无休止、无效率的"拉锯"状态。

第四,今后,在 G20 这一主要平台内外的南北合作和南北角力过程中,作为弱势群体的南方国家集团,由于自身实力的不足,因而在变革国际经济旧秩序进程中不可能企求一帆风顺,更不可能奢望短期内"大功告成",相反,必须坚持耐心和韧性,必须审时度势,量力而为,采取机动灵活的策略,包括必要时实行一定的妥协和退让,以求得南北合作不完全破裂。但不论作出何种必要的退让和妥协,都不应伤害到国际弱势群体的根本利益,更不应当悄然放弃逐步变革国际经济旧秩序、建立国际经济新秩序这一战略目标和战略理念。

基于以上探讨和剖析,不妨在本文即《三论》之末,重申和补充笔者在前述《一论》和《二论》中归纳的几点基本结论。

六、几点基本结论

第一,建立国际经济新秩序乃是全球弱势群体数十亿人口争取国际经济平权地位的共同**奋斗目标**和**战略理念**。这一光明正大、理直气壮的奋斗目标和战略理念,任何时候都无须讳言,不必隐瞒,不能含糊暧昧,不能模棱两可,更不能悄悄放弃。中国人理应与时俱进,落实科学的发展观,全面、完整、准确地理解邓小平提出的"韬光养晦,有所作为"方针;中国在建立国际经济新秩序中的战略定位,理应一如既往,仍是旗帜鲜明的积极推动者之一。

第二,南南联合自强的**战略思想**正在全球范围内日益深入人心,成为国际弱势群体力争获得和维护国际平权地位的主要手段之一。

第三,南南联合自强的**战略目标**,始终不渝地聚焦于反对任何国际霸权和国际强权,聚焦于力争发展中国家在全球性经贸大政问题上享有公平合理的发言权、参与权和决策权。

第四,南南联合自强的**根本宗旨**,始终不渝地瞄准推动**国际经济秩序逐步实行弃旧图新的全面改革**,改变当代全球财富国际分配严重不公的现状,逐步实现全球财富公平合理的国际再分配,实现全球经济的共同繁荣。

第五,南南联合自强的**战略目标**和**根本宗旨**不可能"计日程功",更不可能在短期内"大功告成",其实现过程不但需要"戒躁",即需要耐心、毅力和韧性,而且尤其需要"戒骄",即需要谦虚谨慎,包括在形势大好的新情况下继续保持必要的"韬光养晦"。

第六,"匹兹堡发轫之路"更新和增强了"二十国集团峰会"这一南北对话主要平台的功能,略为强化了国际弱势群体在全球经贸大政问题上的话语权。但是,在这一平台之内和之外,强权国家集团通过"北北串联"主导全球经贸大政以及"南南联合"奋力抵制和抗衡"北北串联"的局面,迄未根本改变。因此,国际弱势群体务必坚持建立国际经济新秩序的奋斗目标和**战略理念**,务必坚持和强化南南联合的实践。这"两个坚持",乃是促使"匹兹堡发轫之路"沿着国际经济秩序逐步弃旧图新方向不断前进和防止倒退的必要保证。

第七,中国既是全球弱势群体的一员,又是最大的发展中国家之一。中国积极参与和努力推动建立国际经济新秩序,应属当仁不让,责无旁贷。基于以上各点,今后中国在构建国际经济新秩序中的战略定位,理应是通过更有效的南南联合,与其他主要发展中国家一起,共同成为建立国际经济新秩序的积极推手和中流砥柱。

(编辑:曲秋实)

第 13 章　四论中国在构建 NIEO 中的战略定位：聚焦评析 WTO 体制下的立法、执法、守法与变法*

>> 内容提要

在中国加入 WTO"满九晋十"之际，针对目前国内外学界流行的某些看法，提出若干商榷意见和建言是很有必要的。中国人亟宜认真总结加入 WTO 九年以来的实践经验，对 WTO 的体制及其立法、法治、执法的现状进行一分为二的科学剖析和判断，提高认识，用以指导今后的新实践。中国和国际弱势群体既要在 WTO 现存体制中"守法"和"适法"，在实践中精通其运行规则，使其为我所用，最大限度地趋利避害；又要在实践中明辨是非臧否，深入探究 WTO 现行体制中对国际弱势群体明显不利和显失公平的各种条款规定和"游戏规则"，认真思考其变革方向，并通过"南南联合"，凝聚力量，推动"变法图强"，促使 WTO 法制和法治与时俱进，造福全球。

>> 目　次

一、中国"世龄"满九晋十

二、WTO 及其相关国际经济关系必须力行法治

三、六十多年来国际经济法立法进程中的"6C 律"

四、WTO 及其"游戏规则"的立法、守法和变法

　　（一）国际弱势群体应当全盘否定或全盘接受 WTO 现行的"游戏规则"吗？

　　（二）要求对 WTO 不公平"游戏规则"实行变法只是"政治"口号吗？

---

* 本文原稿约 9000 字，题为《中国加入 WTO 十年的法理断想：简论 WTO 的法治、立法、执法、守法与变法》，发表于《现代法学》2010 年第 6 期。后依据笔者数月来的后续思考和心得，对原稿加以全面修订和扩充，撰就 25000 字新稿，题为《论 WTO 体制下的立法、执法、守法与变法》，发表于《国际经济法学刊》2010 年第 17 卷第 4 期，俾便进一步请国内外同行惠予批评指教。文中若干外文资料是厦门大学国际经济法研究所博士研究生康安峰、李庆灵协助收集的，谨此致谢。

五、WTO 的执法机构 DSB 是国际经济领域的"包青天"吗？
　　（一）WTO 的执法机构 DSB 的"先天不足"
　　（二）WTO 的执法机构 DSB 的"后天失调"
六、在"守法""适法"中趋利避害，在"南南联合"中"变法图强"
七、弱势群体"变法图强"之途曲折多艰，但势必与时俱进，前景光明
　　（一）1947—2000 年弱势群体"变法图强"之曲折多艰及其可喜成就
　　（二）2000—2010 年弱势群体"变法图强"之曲折多艰及其光明前景
八、简短的结论
附录　简评洛文费尔德教授关于国际经济秩序和国际经济法的若干观点

一、中国"世龄"满九晋十

中国传统民俗素有"虚岁"与"实岁"之说。自 2001 年 12 月中国"入世"起算，中国"世龄"[1]的"实岁"转瞬即将"满九晋十"，稚童阶段即将终结，少年阶段即将肇始。值此转折之际，从法理的视角，回顾、考察 WTO 这个世界性经济组织及其相关国际经济关系的法治、立法、执法、守法与变法进程，追溯历史，总结现状，展望未来，显然是很有必要的。特别是拥有全球总人口 1/5 的中国，正在持续崛起，对全球经济兴衰负有历史责任，对 WTO 及其相关国际经济关系的法治、立法、执法、守法与变法问题，如何客观地深入考察，如何科学地剖析判断，如何审慎稳重地行动，都势必对全世界产生巨大影响，举足轻重。

二、WTO 及其相关国际经济关系必须力行法治

全球拥有 60 多亿人口，分属于 190 多个国家，WTO 这个世界性经济组织现在拥有 153 个成员方。与这么多国家或成员方密切相关的国际经济关系错综复杂，多种利益互相碰撞冲突，互相犬牙交错，互相渗透依存。为了避免互相碰撞冲突的多种利益方两败俱伤，各个（或各类）利益方势必在一定阶段上通过磋商谈判，寻求和

---
[1] 入党入团，可计算党龄、团龄。依此类推，"入世"似也可计算"世龄"，作为衡量有关成员成熟程度的标准之一。

走向各方都能接受的利益交汇点(convergence),达成妥协,并将其内容以条约、协定、法规等形式固定下来,形成有法定约束力的行为规范或"游戏规则",对相关的国际经济关系"依法施治"——法治,借以维持相应的国际经济秩序。

"WTO这个组织及其相关国际经济关系必须力行法治"这一命题,如今已成为全球公众的主流共识,这是不争的事实。但是,在有关经济领域内据以"施治"的上述行为规范或"游戏规则",即有关的国际经济法,当初是如何制定和确立的?它们是否公开、公平、公正?应当如何立法?如何执法?如何守法?如何变法?对于这些具体问题,却因各方利害关系的新旧冲突而纷争不断,时起时伏,伏而又起。这也是无可争辩、不容忽视的现实。

三、六十多年来国际经济法立法进程中的"6C 律"

第二次世界大战结束以来,在全球经济的发展过程中,始终贯穿着强权国家与弱势群体之间的争斗,前者力图维护既定的国际经济秩序和国际经济立法,以保持和扩大既得的经济利益;后者力争更新现存的国际经济秩序和国际经济立法,以获得经济平权地位和公平经济权益。六十多年来,这些争斗往往以双方的妥协而告终,妥协之后又因新的矛盾而产生新的争斗,如此循环往复不已。这种历史进程似可概括地称为**螺旋式的"6C 轨迹"或"6C 律"**,即 Contradiction(矛盾)→Conflict(冲突或交锋)→ Consultation(磋商)→ Compromise(妥协)→ Cooperation(合作)→ Coordination(协调)→Contradiction New(新的矛盾)……但每一次循环往复,都并非简单的重复,而都是螺旋式的上升,都把国际经济秩序以及和它相适应的国际经济法规范推进到一个新的水平或一个新的发展阶段,国际社会弱势群体的经济地位和经济权益也获得相应的改善和保障。

从法理角度看,当代世界性经贸大政的磋商和决策过程实质上就是国际经济法的"立法"过程。数十年来,其"立法"过程最为常见的三大弊端是:

第一,只由七八个最发达国家的首脑或其代表(如"七国集团"或"八脑会议")进行密室磋商,"黑箱作业",或进行半公开、半隐秘的讨价还价,定出基调或基本框架之后,交由十几个或二十几个发达国家组成的经济性组织或区域性组织(如"经合组织"或"欧洲联盟"),协调各方利害关系,定出共同主张和一致步调,然后才提交全球性的经贸大政会议或国际经济组织进行讨论。这种做法,从一开始就排除了、剥夺了全球众多发展中国家的知情权和参与权,常令它们不明就里,措手不及,缺乏必要和足够的思想准备、理论准备和实践准备,从而在磋商或论战过程中处在劣势或弱势地位。

第二,事先就在全球性国际经济组织的体制规章中定出不公平、不合理的表决制度,实行表决权力大小不一甚至极端悬殊的投票安排。在这方面的典型表现,就是迄今为止仍在国际货币基金组织和世界银行中大行其是的"加权表决制",它使寥寥几个西方发达大国和强国加在一起,就可以操纵全球性重大经济事务的决策。其中,超级大国所享有的特多投票权或特大表决权,往往可以在很大程度上左右重大决策,甚至可以在一定条件下实现其独家否决的特权。众多发展中国家在这种极不合理、极不公平的决策体制下,往往陷入进退维谷的两难选择:一是被迫签字"画押",吞下苦果;另一是被迫退出困境,自行"孤立"。在经济全球化、各国经济互相紧密依存的现实情势下,两者势必都会损害到弱国的经济主权和各种经济权益。

第三,就全球唯一的超级大国而言,它在世界性经贸大政的磋商和决策进程中,历来奉行的"国策"是"本国利益至上"和"对人对己双重标准",这是它的两大行动准则。它不但可以在这种磋商和决策过程中,凭借其经济实力上的绝对优势,纵横捭阖,左右或操纵全局,而且可以在全球性经济会议决策之后,随时根据自己的需要,拒不遵守或完全背弃自己依国际条约承担的义务,凭借自己经济实力上的强势,一意孤行。[2]

上述三大弊端集中到一点,其首要症结就在于世界性经贸大政决策权力的国际分配存在着严重不公。

这种决策权力分配不公所直接导致的后果是:国际经济秩序的主要决定权,国际经贸往来"游戏规则"的制定权和确立权,往往把持在若干西方发达大国、强国和超级大国之手,从而必然造成全球财富的国际分配也随之出现严重不公。

众所周知,全球财富国际分配的严重不公,正是当代世界国际经济旧秩序未获根本改造和仍然持续存在的最本质的表现,也是众多发展中国家的经济主权和经济权益得不到保证和经常受到侵害的主要恶果。一言以蔽之,权力分配与财富分配之间往往存在着不可分割的因果关系,这是人类社会中"古今中外莫不皆然"的真实历

---

[2] 1998—2004年美国在"301条款"案件和"201条款"案件中的蛮横表现便是其典型事例之一。参见陈安:《美国1994年的"主权大辩论"及其后续影响》,载《中国社会科学》2001年第5期,第146—152页;《美国单边主义对抗WTO多边主义的第三回合——"201条款"争端之法理探源和展望》,载《中国法学》2004年第2期,第153—164页。See also An Chen, The Three Big Rounds of U. S. Unilateralism Versus WTO Multilateralism During the Last Decade: A Combined Analysis of the Great 1994 Sovereignty Debate, Section 301 Disputes(1998-2000), and Section 201 Disputes (2002-present), http://www.southcentre.org/publications/workingpapers/ paper22/ wp22. pdf. 以上中英文本均已重新整理并收辑于《陈安论国际经济法学》,复旦大学出版社2008年版,分别列为第一编之X、第七编之I。

史和无情现实。有鉴于此,为了改变全球财富国际分配的严重不公,就必须从"源头"上根本改变世界性经贸大政决策权力分配的严重不公。

可以说,全球众多发展中国家之所以如此突出强调一切国家应当对世界性经贸大政享有平等的参与权和决策权,其根本原因就在于此。

国际弱势群体要求改变世界经贸大政决策权力分配以及与世界财富国际分配的严重不公,归根结底,就是要求改变、改革现存的有关"立法",就是要求"变法"。

四、WTO 及其"游戏规则"的立法、守法和变法[3]

有一种观点认为:作为国际法学人,应当"在法言法",大力强调严格"守法"和依法行事,不宜轻言现存国际经济秩序和现存国际经济法的改革。要求改革现存的国际经济秩序,那是一种政治理念或政治口号[4],依此行事,往往会违反或触犯现行的国际法和国际经济法,从而承担国际违法责任和国际道义责任。

这种观点,有正确的部分,也有似是而非的部分,值得认真探讨。

这里特别需要注意的是:现存国际经济法(涵盖但不限于 WTO"游戏规则")的"立法""守法"与"变法"之间的辩证互动关系。

(一) 国际弱势群体应当全盘否定或全盘接受 WTO 现行的"游戏规则"吗?

面对当今现存的各种国际经济立法,包括形形色色的国际经贸"游戏规则",国际弱势群体固然不能予以全盘否定,也无力加以彻底改造,但更不能全盘接受,服服帖帖,心甘情愿地忍受其中蕴含的各种不公与不平。对待当今现存的各种国际经济立法,包括当今现存的 WTO"游戏规则",正确态度理应是:以公正、公平为圭臬,从争取与维护国际弱势群体的平权利益的视角予以全面的检查和审查,实行"守法"与"变法"的结合。凡是基本上达到公正、公平标准,符合改造国际经济旧秩序、建立国际经济新秩序需要的,就加以沿用、重申,就强调"守法";凡是违反这种需要的,就要强调"变法",并通过各种方式和途径据理力争,努力加以改订、废弃或破除。

---

[3] 参见陈安:《三论中国在构建 NIEO 中的战略定位:"匹兹堡发轫之路"走向何方——G20 南北合作新平台的待解之谜以及"守法"与"变法"等理念碰撞》,载《国际经济法学刊》2009 年第 16 卷第 4 期,北京大学出版社 2010 年版,第 1—29 页。

[4] 例如,美国权威教授洛文费尔德即坚持此种霸气观点。See Andreas F. Lowenfeld, *International Economic Law*, Oxford University Press, 2002, pp. 412-414;or its second edition, 2008, pp. 492-493. 另参看笔者在本文"附录"中对其专著的摘引和评析,原载于《陈安论国际经济法学》(第一卷),复旦大学出版社 2008 年版,第 13—16 页。

(二) 要求对 WTO 不公平"游戏规则"实行变法只是"政治"口号吗？

第一，要求改革现存的国际经济秩序，并非单纯是一种政治口号或政治理念。它实质上也是要求"**变法**"的**法律理念、法律信念和法制奋斗目标**。六十多年来国际弱势群体追求实现"变法"的理念、信念和奋斗目标，尽管前途多艰，曲折崎岖，但矢志不渝，持之以恒，毕竟推动国际经济秩序和国际经济法走上了逐步"吐故纳新"和"除旧布新"的道路，使国际弱势群体在一定程度上逐步改变了完全无权、听凭国际强权国家任意摆布的处境。

第二，对现存国际经济法律规范中蕴含着的各种不公与不平，当代强权国家曾经许诺加以改变。但它们往往恃强食言，拒不遵守或完全背弃自己依国际条约承担的义务，凭借自己经济实力上的强势，一意孤行。可以说，"强者可执其法以绳人，弱者必不免隐忍受屈"〔5〕这一警语，不但是当年弱肉强食境况的法律概括，而且在当今也未完全失去其法律现实意义。在当代国际经济法的现存体制和法制下，如果不分青红皂白，一味苛求国际弱势群体全盘地、无条件地、绝对地"守法"，而不奋起力争改变、消除现存的显失公平的诸般"游戏规则"，努力为"变法"鼓与呼，当然不符合当代任何正直法律学人的法律理念和法律职责。

第三，1945 年二战结束后六十多年来，当代国际社会中"变法"与"反变法"的争斗时起时伏，伏而又起，迄未停息。其新近事例之一即 2001 年底开始启动，**迄今迁延九年，即将进入第十年的 WTO"多哈发展回合"谈判，实质上就是一场"变法"与"反变法"两种集团力量之间的谈判和较量**，就是国际弱势群体针对当代国际经济法现存体制和法制之中的某些不公平、不合理的 WTO"游戏规则"，依法提出了正当的"变法"要求。而国际强权国家集团眼看当初开出的**口惠而实不至的"变法"支票**（承诺改革原有的农产品市场准入、国内资助、出口补贴等现行规则等）被要求兑现，便**恃强食言**，制造种种借口，设置种种障碍，力图阻挠和**否定**公平合理的"**变法**"要求。〔6〕

第四，面对当代国际社会"南弱北强"、实力悬殊的战略态势，面对国际强权国家集团（七国集团之类）在国际经济领域中已经形成的"长达三十余年的霸业"格局，国

---

〔5〕（清）郑观应：《盛世危言·公法》，上海古籍出版社 2008 年版，第 452 页。作者是中国晚清时期一位著名的思想家，他对当年西方列强侵略中国时所持的弱肉强食的"国际公法"借口作了尖锐的揭露。

〔6〕参见陈安：《南南联合自强五十年的国际经济立法反思——从万隆、多哈、坎昆到香港》，载《中国法学》2006 年第 2 期，第 85—103 页；陈安：《陈安论国际经济法学》（第一卷），复旦大学出版社 2008 年版，第 479—506 页，第四卷，第 1808—1852 页。See also An Chen, A Reflection on the South-South Coalition in the Last Half Century from the Perspective of International Economic Law-making: From Bandung, Doha and Cancún to Hong Kong, *The Journal of World Investment & Trade*, Vol. 7, No. 2, 2006, pp. 201-233.

际弱势群体要求"变法"图强,既不可能一蹴而就,也不应该"无所作为",苟安现状,更不应该单枪匹马,各自为政。实践反复证明:唯一可行和有效之途径就是**南南联合**,动员和凝聚集团实力,不渝不懈,坚持建立国际经济新秩序、"**变法图强**"的理念和目标,一步一个脚印地迈步前进。[7]

五、WTO的执法机构DSB是国际经济领域的"包青天"吗?

众所周知,WTO中的"争端解决机构"(DSB)就是WTO这个组织中或体制下的"执法机构"或"司法机构"。西方学界推崇为"WTO之父"的美国权威教授 **John Jackson**,也相当自豪地在其有关论著中多次把他主导设计出来的、拥有一定法定强制权力的这一"执法机构"或"司法机构",说成是国际经济争端解决机制发展史上的一大创新或创造,誉之为"皇冠上的明珠","独一无二、彪炳史册";强调"在所有的国际司法机构中,WTO争端解决机制应当被认为是最为重要和权力最大的司法体制",其地位和作用甚至已超过联合国体制下的国际法院。[8] **John Jackson** 对于WTO/DSB这一"执法机构"的高度评价,不但在西方,而且在中国,都获得不少(虽然不是全部)学界人士的赞许和认同。

但是,事物总是"一分为二"的。十六年来,WTO/DSB这一"执法机构"固然在解决国际经济争端方面确实发挥了重大的作用,做出了重要的贡献,但却远非尽善尽美,毫无阙失。就其整体而言,不妨说是成绩巨大,问题不少,"先天不足,后天失调"。

(一) WTO的执法机构DSB的"先天不足"

就DSB的"**先天不足**"而言,其首要表现,在于WTO/DSB所"执"的"法"(当今现存的WTO"游戏规则")中未必都是"良法"。众所周知,其中就包含不少不公平、不合理、空口约许、有名无实、恃强凌弱、助强欺弱的规定,严重扭曲了正常健康的国

---

[7] 参见陈安:《旗帜鲜明地确立中国在构建NIEO中的战略定位——兼论与时俱进,完整、准确地理解邓小平"对外二十八字方针"》,载《国际经济法学刊》2009年第16卷第3期,北京大学出版社2009年版,第55—82页;陈安:《三论中国在构建NIEO中的战略定位:"匹兹堡发轫之路"走向何方——G20南北合作新平台的待解之谜以及"守法"与"变法"等理念碰撞》,载《国际经济法学刊》2009年第16卷第4期,北京大学出版社2010年版,第1—29页。

[8] See John Jackson, *Sovereignty, the WTO and Changing Fundamentals of International Law*, Cambridge University Press 2006, pp.134-135. 另可参见其中译本:《国家主权与WTO:变化中的国际法基础》,赵龙跃、左海聪、盛建明译,社会科学文献出版社2009年版,第159—160页。

际贸易,对国际弱势群体的现存困境起了雪上加霜的伤害作用。

其典例之一:"多哈发展回合"谈判中国际弱势群体强烈要求加以改革的、发达强权国家坚持不改的农产品市场准入、国内资助、出口补贴等现行规则等,就是WTO/DSB现行体制中加以默许和纵容的"劣法"或"恶法"。[9]

其典例之二:当代中国乃是全球最大的**发展中国家**,也是已经基本上建立了**市场经济体制的国家**。当代中国的这两种经济身份已经日益获得秉持客观公正、不抱偏见的国际人士的普遍认同。但是,这两种经济身份迄今都没有在WTO/DSB体制或法制中获得明确的肯定。

早在2003年,中国总理温家宝就在国际论坛上郑重指出中国仍然是发展中国家的基本理由。他强调:"人多,不发达,这是中国的两大国情。中国有13亿人口,不管多么小的问题,只要乘以13亿,那就成为很大很大的问题;不管多么可观的财力、物力,只要除以13亿,那就成为很低很低的人均水平。这是中国领导人任何时候都必须牢牢记住的。"[10]

2010年9月24日,温家宝又在联合国大会上对当代中国的基本国情作了更具体、更全面、更令人信服的客观分析。他强调:"中国国内生产总值位居世界第三,但人均水平较低,只相当于发达国家的十分之一左右。中国经济已保持三十多年的快速增长,但进一步发展受到能源、资源和环境的制约。中国若干重要产品产量位居世界前列,但总体上仍处于全球产业链的低端。中国已经成为国际贸易大国,但出口产品技术含量和附加值低,核心技术仍然大量依赖进口。中国沿海地区和一些大中城市呈现出现代化的繁荣,但中西部和广大农村的不少地方仍然相当落后,还有1.5亿人口生活在联合国设定的贫困线之下。中国民生有了很大改善,但社会保障体系不健全,就业压力很大。中国社会政治生活日趋活跃,公民基本权利得到较好的维护,但民主法制还不够健全,社会不公和贪污腐败等问题依然存在。中国现代化走到今天,先进落后并存,新旧矛盾交织,面临诸多前所未有的挑战。中国仍然处于社会主义初级阶段,仍然属于发展中国家。这就是我们的基本国情,这就是一个真实的中国。"[11]

但是,当代中国的上述两种经济身份并没有在WTO/DSB体制或法制中获得明

---

[9] 参见陈安:《南南联合自强五十年的国际经济立法反思——从万隆、多哈、坎昆到香港》,载《中国法学》2006年第2期,第85—103页。

[10] 《温家宝在美国哈佛大学演讲:把目光投向中国》,http://www.chinanews.com.cn/n/2003-12-12/26/380015.html。

[11] 《认识一个真实的中国——温家宝在第65届联大一般性辩论上的讲话》,http://politics.people.com.cn/GB/1024/12800629.html。

确的肯定。更有甚者,在若干强权发达国家的操持下,还迫使中国在"入世"之初不得不在勉强接受了甚至超过发达国家接受标准的各种"不利条款",因而使中国经常受到不公待遇。

六年多以前,即中国"入世"两年多之后,上述各种不公平的"不利条款"在实践中日益显现出对中国经济、对全球贸易健康发展的负面影响。一位研究 WTO 的资深专家曾撰写专题论文,[12]针对《中国加入世贸组织议定书》(以下简称《议定书》)与《中国加入世贸组织工作组报告书》(以下简称《工作组报告书》)中对待中国显失公平的各种"不利条款",包括"非市场经济条款""特定产品过渡性保障机制条款""纺织品过渡性保障措施条款"以及"贸易政策过渡性审查机制条款"作了客观的对比和科学的分析。简要地说:

第一,《议定书》第 15 条就是所谓"非市场经济条款"。[13]它规定:从中国"入世"之日起 15 年内,原产于中国的进口产品进入一 WTO 成员地区,该进口成员在认定中国产品是否涉嫌补贴和倾销时,有权不使用 WTO 通常使用于来自市场经济地区产品的计价比较方法,相反,有权使用不依据与中国国内价格或成本进行严格比较的方法。这就是中国"入世"后如此频繁地在世界各地(特别是在西方各发达国家)遭遇产品"反倾销"调查困扰的主要原因。众所周知,1993 年中国《宪法》第 15 条明文规定"国家实行社会主义市场经济",据此,中国采取多种措施全面实行市场经济改革,至今已超过 27 年,然而至今在产品出口方面仍然时时遭到"非市场经济条款"歧视待遇的无理伤害。

试问:这样的"游戏规则",公平何在? 它难道是无可厚非、无须变革的良法?

第二,《议定书》第 16 条就是所谓"特定产品过渡性保障机制条款"。[14]它规定:从中国"入世"之日起 12 年内,如原产于中国的产品在进口至任何 WTO 成员领土时,其增长的数量或所依据的条件对生产同类产品或直接竞争产品的进口国内生产者造成或威胁造成市场扰乱(或造成或威胁造成进入其市场的重大贸易转移),则受此影响的 WTO 成员有权在防止或补救此种影响所必需的限度内,对此类产品撤销减让或限制来自中国的进口。

---

[12] 参见高永富:《中国入世法律文件中若干对华不利条款评析》,载《国际经济法学刊》2004 年第 11 卷第 4 期,第 46—81 页。

[13] 参见《中国加入世贸组织议定书》,http://www.people.com.cn/GB/jinji/31/179/20020125/656050.html;高永富:《中国入世法律文件中若干对华不利条款评析》,载《国际经济法学刊》2004 年第 11 卷第 4 期,第 47—56 页;赵维田:《中国入世议定书条款解读》,湖南科学技术出版社 2006 年版,第 91—98 页。

[14] 参见《中国加入世贸组织议定书》,http://www.people.com.cn;赵维田:《有失公平的保障条款——解读〈中国加入世贸组织议定书〉第 16 条》,载《国际贸易》2002 年第 4 期,第 35—39 页;高永富:《中国入世法律文件中若干对华不利条款评析》,载《国际经济法学刊》2004 年第 11 卷第 4 期,第 57—62 页。

这种专门针对中国一般产品的"特定产品过渡性保障措施"具有明显的选择性与歧视性,完全背离了《GATT 1994》第 13 条等的明文规定。

《GATT 1994》第 13 条规定:"任何缔约方不得禁止或限制来自任何其他缔约方领土的任何产品的进口,……除非来自所有第三国的同类产品的进口……同样受到禁止或限制。"[15]《保障措施协议》第 2 条第 2 款也明确规定:"保障措施应针对一正在进口的产品实施,而不考虑其来源。"[16]这说明保障措施虽然是一种自由贸易的例外,但仍然遵循 WTO 的基本原则:不歧视原则(包括最惠国待遇原则和国民待遇原则),即一成员如要实施保障措施,就应不分产品的来源,对所有国家一视同仁地实施保障措施。它是对事不对人的。但是,《议定书》第 16 条第 1 款却规定:"如原产于中国的产品……"这意味着任何一个 WTO 成员都可以专门针对中国产品,有选择性地采取保障措施,从而有权背离《GATT 1994》第 13 条与《保障措施协议》所规定的"非选择性"。这样一来,在不受"不歧视"原则限制的情况下,任何进口方及第三方在对中国实施"特保措施"时就显得轻易了许多,顾忌少了许多。尤其是其他成员方出口产品占进口国比例很大,而中国产品仅占很小比例时,其歧视性就更为严重。这样,作为受限制的中国产品将面临严峻的贸易壁垒的无理伤害。

试问:这样的"游戏规则",公平何在?它难道是无可非议、无须变革的良法?

第三,《工作组报告书》第 241—242 段的规定就是所谓"纺织品过渡性保障措施条款"。[17] 它规定:从中国"入世"之日起 8 年内,任何 WTO 成员单方认定来自中国的纺织品增加到造成进口国"市场扰乱"的,就有权针对这些中国的纺织品单方采取限制性的"保障措施"。按照 WTO 有关"保障措施"的一般规则,[18]进口国对外来产品采取限制性的"保障措施",必须提供证据,证明其国内同类产品的产业确实受到外来产品的严重损害或严重损害威胁。然而,根据上述"纺织品特殊保障措施条款",WTO 进口成员针对中国纺织品采取"特保措施"时,却可不必提供确凿证据,证明其国内同类产品的产业确实受到外来产品的严重损害或严重损害威胁。同时,根

---

[15] 《世界贸易组织乌拉圭回合多边贸易谈判结果法律文本》,对外贸易经济合作部国际经贸关系司译,法律出版社 2000 年版,第 440—442 页。

[16] 同上书,第 275 页。

[17] 参见《中国加入世贸组织工作组报告书》,http://dcj.mofcom.gov.cn/aarticle/zcfb/cw/200504/20050400077963.html;《商务部外贸司有关负责人谈纺织品问题》,http://www.mofcom.gov.cn/aarticle/ae/ai/200409/20040900283142.html。2005 年,中国商务部部长尖锐地指出:"究其 242 段条款的本质,因为它专门针对中国,所以我们认为它是歧视性的"。"归根结底,对中国纺织品采取数量限制,在 WTO 自由贸易这个普遍的原则下是不光彩的,是一种保护主义。……讲自由贸易,应该是同等的竞争条件,而且既然达成了协议,就应该是真实的,而不是达成了协议以后不执行,或者在达成的协议中又埋下很多伏笔,我觉得这就是双重标准。"资料来源 http://www.mofcom.gov.cn/aarticle/bb/200505/20050500104637.html。

[18] 参见《GATT 1994》第 19 条、《保障措施协议》第 2 条第 1 款。

据《工作组报告书》第 242 段(g)项的字面含义,中国纺织品所面对的实际上是双重的"特保措施",其最后期限是 2013 年年底。也就是说,中国的纺织品在 2013 年年底之前必须一直忍受十分苛刻的歧视待遇,不可能完全融入 WTO 的自由贸易体制,享受 WTO 规则下的公平竞争环境。

试问:这样的"游戏规则",公平何在?它难道是无可厚非、无须变革的良法?

第四,《议定书》第 18 条就是所谓"贸易政策过渡性审议机制条款"。[19]

诚然,对 WTO 所有成员的贸易政策定期进行审议是十分有必要的。然而,从专门针对中国的"贸易政策过渡性审议机制"来看,把它与对一般 WTO 成员的贸易审议机制相比,明显存在"另眼看待"、过严过苛的弊病:一是对中国的贸易政策审议,不仅要在总理事会层面上,而且要在其下属的 16 个理事会和委员会上进行;二是要求中国在审议前提供的信息十分广泛,内容特别具体、繁杂、琐细;三是对中国的贸易政策审议的频率很高,即"入世"后 8 年内每年进行;四是对中国贸易政策的审议并未取代按 WTO 贸易政策审议机制的正常审议,即除了要对中国进行每年一次额外的过渡性审议外,还要进行每两年或四年一度的总理事会的正常贸易政策审议。面对这些十分苛刻的专门针对中国贸易政策审议的歧视待遇,中国的经济主权受到了远远超过一般 WTO 成员的、特别严格的干扰、限制和约束,迄今已忍受多年,而且"动辄得咎",常遭无理责难。

试问:这样的"游戏规则",公平何在?它难道是无可厚非、无须变革的良法?

九年以来以上两个典例,即国际弱势群体在"多哈发展回合"谈判中正当的变法要求屡屡受阻、中国"入世"之后不得不长期忍受歧视待遇的实践,足以说明:WTO/DSB 的现存法制及其所"执"的"法",其中就包含不少不公平、不合理、恃强凌弱、助强欺弱的规定,严重扭曲了正常健康的国际贸易,对国际弱势群体的现存困境起了无理的伤害作用。简言之,WTO/DSB 的现存法制及其所"执"的"法",多有"先天不足"之处,这是不容置疑的客观存在。

在此种条件下,WTO/DSB 如果不分青红皂白,不辨其为**良法**、**劣法**抑或**恶法**,一味僵死地"有法必依""执法必严",则不但不能祛邪扶正、制暴安良,反而很可能是助邪压正,助纣为虐了。

---

[19] 参见《中国加入世贸组织议定书》,http://www.people.com.cn;高永富:《中国入世法律文件中若干对华不利条款评析》,载《国际经济法学刊》2004 年第 11 卷第 4 期,第 77—79 页;赵维田:《中国入世议定书条款解读》,湖南科学技术出版社 2006 年版,第 120—124 页。

(二) WTO 的执法机构 DSB 的"后天失调"

就 DSB 的"后天失调"而言,其首要表现,在于 WTO/DSB 之"执法"实践中不乏"执法不公""迁就强权"和"执法低能"先例。试举三例以资佐证:

其典例之一:在审理 1998—2000 年欧盟牵头的三十余国诉美国的"301 条款"案件中,DSB 专家组采取了"模棱两可"的手法,先是虚晃一枪,最终却采信"被告"无理狡辩的态度和手法,在实质上偏袒了霸气凌人的超级大国及其恶名昭著的"301 条款",[20] 因而遭到了国际舆论的批评和诟病:"'美国 301 条款案'专家组的审结报告在政治上是很精明圆滑的(astute),但其法律根基的某些方面,却是破绽百出的(flawed)。对于世贸组织争端解决机构今后的发展说来,这份审结报告所具有的政策方针性含义,令人产生了严重的关切和忧虑。"[21]

九年前,笔者曾撰写长篇专文,针对 DSB 本案专家组偏袒超级大国及其"301 条款"的裁断作了进一步的剖析。[22] 文章指出,这份审结报告的论证"特色"是:通过玩弄文字游戏,"小骂大帮忙",对美国"301 条款"这一霸权立法及其霸权实践,加以袒护宽纵,因而留下了令人不敢恭维的执法形象以及一系列的法律疑窦和隐患。就其执法形象而言,其特点是:(1)自我设限,谨小慎微,有法不依,有亏职守,缺乏刚正不阿、严正执法的胆气和魄力;(2)在"两大"之间,依违两可,双方讨好,八面玲珑;(3)对违法霸权及其恶法,欲纵故擒,貌擒实纵,先作"小骂",后帮大忙;(4)归根结底,袒护霸权,曲为辩解,疑窦甚多,隐患不少。

就其执法隐患而言,可能逐步导致以下四种"连锁反应":

第一,美国今后可以利用本案专家组所作的审断结论,作为最新的"**保护伞**"和"**避弹衣**",继续无所忌惮地利用其"301 条款"的霸权立法,继续维护、巩固和扩大其全球经济霸主的地位;继续通过单边主义的威胁和讹诈,进一步打开外国贸易对手的国内市场,攫取非分的、不平等的权益,而又不受 WTO/DSB 多边体制的约束,完全避开或貌视在 WTO/DSB 体制中遭到法律指控和反向制裁的后续"风险"。

第二,其他**经济强国**今后可以"以美为师",仿此办理,以含糊其辞、掩人耳目的

---

[20] See Report of the Panel, United States Sections 301-310 of the Trade Act of 1974, WT/DS152/R, 22 December, 1999, http://www.wto.org/english/tratop-e/dispu-e/wtds152r.doc.

[21] Seung Wha Chang, Taming Unilateralism Under the Trading System: Unfinished Job in the WTO Panel Ruling on United States Sections 301-310 of the Trade Act of 1974(《在贸易体制中驯服单边主义:世贸组织专家组在 1974 年〈美国贸易法〉第 301—310 条裁断中的未了职责》), *Law and Policy in International Bussiness*, Vol. 31, No. 4, 2000, p. 1156.

[22] 参见陈安:《世纪之交围绕经济主权的新"攻防战"》,第四部分,载《国际经济法论丛》(第 4 卷),法律出版社 2001 年版,第 95—131 页。

国内"行政声明",掩护本国各种形式的单边主义立法和措施,各行其是,既可欺凌弱势贸易对手,又可避免受害的经济弱国援用WTO多边体制加以指控和制裁。

第三,为自卫计,各**经济弱国**也将被迫采取含糊其辞的国内"行政声明",以规避WTO多边贸易体制的约束规定,规避自己承担的国际义务。

第四,在上述各种**单边主义**国内立法的**交互撞击**下,WTO全体成员经多年努力共同建立起来的一体化**多边体系**,其根基势必逐步被彻底**撞毁**,终将使WTO体制陷于土崩瓦解,荡然无存,造成历史的大倒退。

由此可见,世人对本案专家组审结裁断的司法作风和执法形象及其后续影响,确实不可掉以轻心,不宜听之任之,必须加以深入揭露和批判。

其典例之二:在审理2002—2004年欧盟牵头的22个国家和地区诉美国的"201条款"案件中,DSB专家组和上诉机构终于作出美国败诉的裁断,这当然是值得肯定的。但是,其中对于美国已经从其推行了21个月之久的单边主义"保障措施"中捞到了大量实惠,"已经达到了预期的目的",而对于美国给其他国家从事钢铁生产和钢铁贸易的对手造成重大损失这一霸道行为,却没有给予应有的谴责,也没有责令美国对因此受害的对手给予应有的损害赔偿。[23]由于"讨了大便宜,却不受任何惩罚",促使当时的美国总统对其霸气条款和霸权行径,不但不作任何检讨,反而进一步公开宣称:美国今后仍将继续"执行我们自己的贸易法律",并且将进一步强化针对外国进口产品的"监督措施"。足见美国在此次"败诉"后,对受到全球诟病的本国单边主义霸权立法,仍然毫无改弦更张、弃旧图新之意。这也从一个侧面反映出**John Jackson**教授所津津乐道的WTO/DSB现行体制的"强制力",对刚愎自用、霸权成瘾的美国说来,是并不强大、十分有限,甚至是显得软弱的。

其典例之三:在审理1998—2006年欧盟诉美国的FSC案件(US-Tax Treatment for Foreign Sales Corporations,简称"美国FSC案")中,两个主要WTO成员之间在关于出口补贴的问题上进行了长达八年多的漫长博弈和反复较量,才在WTO/DSB的争端解决机制下,以美国败诉最终得到了解决。[24]国内外知名的WTO专家张玉

---

[23] 参见陈安:《美国1994年的"主权大辩论"及其后续影响》,载《中国社会科学》2001年第5期,第146—152页;《美国单边主义对抗WTO多边主义的第三回合——"201条款"争端之法理探源和展望》,载《中国法学》2004年第2期,第153—164页。See also An Chen, The Three Big Rounds of U. S. Unilateralism Versus WTO Multilateralism During the Last Decade: A Combined Analysis of the Great 1994 Sovereignty Debate, Section 301 Disputes (1998-2000), and Section 201 Disputes (2002-present), http://www. southcentre. org/publications/ workingpapers/ paper22/ wp22. pdf. 以上中英文本均已重新整理并收辑于五卷本《陈安论国际经济法学》,复旦大学出版社2008年版,分别列为第一编之X、第七编之I。

[24] 参见张玉卿:《由案例掌握WTO的争端解决规则(DSU)——评介美国FSC出口补贴案》,载张玉卿:《WTO案例精选——评介美国FSC案》,中国商务出版社2017年版,前言。

卿教授特撰写30万字专著,对本案例作了完整介绍,从立案开始直至案件的全部终结,包括历史背景、案件程序和实体问题,加以细致介绍和精辟剖析,值得认真研读学习。至于如何看待拖延八年才获得此案最终结局,如何看待WTO/DSB在此案中的断案效率和实际效果,似乎不妨引用John Jackson教授的一段较为客观的评价作为参考和补充:"如果某一争端在被拖延了十年之后才得以解决,那么其结果与事实上根本没有得到解决没什么两样,同时说明如此行事的争端解决机制体制根本无法有效运作。"[25]可惜,John Jackson教授并未明白表示是否愿意运用这一较为客观的评价标准,具体直接地评价他所津津乐道的WTO/DSB现行体制的"强制力"。这是有待人们进一步思考和澄清的。

概言之,在以上诸典型案例中体现的WTO/DSB现行体制之"先天不足,后天失调",特别是它对霸权国家霸权行为约束力之"弱"与"慢",似已显现出这一执法机构远非定能有效"缚住苍龙"的强力"长缨",更远不能称之为当代国际经济领域的"包青天"。这一被誉为"独一无二、彪炳史册"、功效盖世的执法机构,这颗熠熠生辉的"皇冠上的明珠",在其纵容"劣法"、袒护"恶法"、怯对强权的若干场合,未必始终光彩夺目,反而往往显得暗淡无光。

看来,这一执法机构的现存体制和规则本身,也还有待于通过逐步"变法",始能逐步改善,并真正发挥其保护弱者、扶正祛邪、制"暴"安良的应有功能。

六、在"守法""适法"中趋利避害,在"南南联合"中"变法图强"

中国"入世"瞬将"满九晋十"。九年的实践大大加深了中国人特别是中国法律学人对WTO现存法制的认识。如加以概括和总结,不妨说:应当"一分为二"地看待WTO的现存法制(包括其实体法和程序性的多种"游戏规则"),固不应予以全盘否定,也不宜予以全盘肯定,包括不宜全盘肯定其DSB争端解决机制和有关规则。

马克思主义认识论认为,人类经常面临如何适应世界、认识世界和改造世界的问题。一百多年前,马克思曾经精辟地指出:"哲学家们过去只是用不同的方式解释世界,而问题在于改变世界。"[26]其判断于今仍具有很强的指导意义。认识世界,是适应世界和改造世界的基本前提。而人类的实践活动始终不能仅以认识世界、解释

---

[25] See John Jackson, *Sovereignty, the WTO and Changing Fundamentals of International Law*, Cambridge University Press 2006, p.147, note 8. 另可参见其中译本:《国家主权与WTO:变化中的国际法基础》,赵龙跃、左海聪、盛建明译,社会科学文献出版社2009年版,第176页。

[26]《马克思恩格斯选集》第1卷,人民出版社1995年版,第5页。

世界和适应世界为最终依归,更为关键的一环在于通过实践对世界进行能动的改造,以促进人类社会健康、和谐的长远发展。

WTO 自 GATT 演进而来,成员方已由 GATT 最初的 23 个扩展至 153 个,其影响日广。根据 WTO 总干事拉米先生的演讲,他乐观地估计在未来的十年里,其成员方总数可能很容易达到 180 个。[27] WTO 建立起来的这一套宏伟的体制,日益体现出的是"规则导向"而非"权力导向"的特点,那么这是否意味着所有的成员方只需要遵从 WTO 所制定的规则就万事大吉或者说天下太平了呢?

答案不言自明。正如前文所述,国际经济法的立法过程始终贯穿了"6C 律",而 WTO 的现存执法机构亦绝非国际经济领域中的"包青天"!更何况 WTO 包含的诸多规则至今存在着大量的例外及模糊之处,特别是对国际弱势群体开具空头支票,口惠而实不至之处,对这些规则的例外、模糊以及有名无实之处,各成员方无不是从自身权益的角度进行主张和阐述。在此领域,成员方同样矛盾重重,任何所谓的"礼让"或者"自谦"都很可能意味着成员方自身重大权益的受损。这种认识,是我们探讨 WTO 中立法、守法、执法的基本认知前提,也是我们主张对 WTO 规则进行必要的变法或者改造的合法性与合理性所在。

基于这种现实,面对当代强者(发达国家集团)既定的 WTO 法律体制,包括中国在内的国际弱势群体也存在如何适应它、认识它和改造它的课题。由于在 WTO 体制的"立法"过程中,包括中国在内的国际弱势群体几乎没有话语权或话语权受到严重限制和歧视,其个体力量和群体力量都相当薄弱,因此,它们对待 WTO 既定体制的态度和经历大体上是这样的:

第一,"入世"之初,对于 WTO 既定的立法、法制、"法治",都只能先予"适应"和"守法",在"适应"和"守法"的实践检验中不断加深认识。发展中国家在考虑是否加入 WTO 时,实际上处于一种两难的境地。一方面,由于全球化不断推进、世界各国的经济相互依存程度不断加深,发展中国家意识到要实现自身的发展就不能自我封闭、闭关锁国,而排斥参加相应的全球性经济组织;另一方面,发展中国家同时意识到若要加入这些国际组织,它们首先将面对的是由发达国家主导制定的且自己并不熟悉的国际经济"游戏规则",亦不确切地知道这些规则最终会给自身的发展带来怎样的实践影响。在经过审慎权衡利弊得失之后,众多发展中国家最终还是选择了积极融入而非自我隔绝。加入 WTO 即是其中一例。此番取舍的过程,多少显示出发展中国家在某种程度上的"无奈"和"无助"。当然,发展中国家唯有先通过加入和参

---

[27] See Pascal Lamy, The Doha Round Marks a Transition from the Old Governance of the Old Trade Order to the New Governance of a New Trade Order, http://www.wto.org/english/news_e/sppl_e/ sppl173 _e. htm.

与、适应与遵守,方可为日后更多地介入国际经济事务、分享更大的国际经济事务决策权奠定现实基础。

第二,在"适应"和"守法"的实践检验中,既努力精通其各种游戏规则,使其"为我所用",从而最大限度地趋利避害,又立足于国际弱势群体的共同权益,进行检验和判断,明辨其是非臧否,思考其变革方向。强调对 WTO 规则的适应,旨在使发展中国家迅速了解和把握它们,对其辩证看待和利用。实际上,发展中国家加入 WTO 后,通过自身的努力,的确取得了一些显著进步,总体实力得到了加强。例如,WTO 总干事拉米先生于 2010 年 10 月 1 日出席伯尔尼世界贸易研究所成立十周年庆典时指出:"在短短的十五年里,发展中国家在世界贸易中所占份额由三分之一迅速上升到一半以上——中国已超越日本成为世界上第二大经济体,还超过德国成为世界上最大的出口国。"[28]这也生动说明,WTO 体制对发展中国家存在有利的或者说可资利用的一面。与此同时,发展中国家还要清醒地看到 WTO 体制中当初对其无理设定的种种"不利条款"和不公平待遇,理当积极思考应对之策。

第三,对于 WTO 现存体制中显失公平、伤害国际弱势群体共同权益的任何立法和规则,敢于理直气壮、旗帜鲜明地提出变革——"变法"要求,并且通过"南南联合",凝聚集体力量,始终不渝地为实现"变法"、维护和增进国际弱势群体的平权地位和公平利益而奋斗。主张对 WTO 规则的变法,强调的则是对 WTO 中对发展中国家不公平、不合理的规则的改变。一个由强者片面设定,甚至利用发展中国家实力所限、参与不足或者相关经验欠缺而加重其义务的规则,缺乏让成员方对该规则予以遵守的正当性。另外,当初为吸引发展中国家加入 WTO 或者取得发展中国家在知识产权等领域的让步,发达国家曾就削减农产品补贴等向发展中国家作出了相应的承诺,只是时至今日,有很多诸如此类的承诺,犹如"空头支票",口惠而实不至。当发展中国家在嗣后的经贸实践中发现该规则的陷阱或者不利时,自然有权利要求对该规则的改变。

WTO 总干事拉米先生注意到,"尽管美国、欧盟、日本仍然是 WTO 的核心成员方,但是它们不再居于支配地位。新兴的成员方,如中国、印度、巴西现在扮演着甚至在 20 年前都难以想象得到的角色。同时,其他发展中国家自然也想要在与其有日益增长的利害关系的体制内享有话语权"[29]。在 WTO 中乃至整个世界经济领域,力量对比正在发生深远的变化。发展中国家是 WTO 中重要的组成部分和活动力量,

---

[28] Pascal Lamy, The Doha Round Marks a Transition from the Old Governance of the Old Trade Order to the New Governance of a New Trade Order, http://www.wto.org/english/news_e/sppl_e/sppl173_e.htm.

[29] Ibid.

其积极参与 WTO 规则的扬弃、创新,不仅对其自身权益的维护至关重要,而且对促进 WTO 规则朝着更为公平、均衡、合理方向演进意义非凡。虽然发展中国家单个实体仍然相对较为薄弱,但是整体力量得到了进一步的增长,这也决定了发展中国家作为一种人口众多的群体力量,有可能在国际经济领域发出独立的呼声并提出独立的权益主张。而发展中国家的斗争策略则在于坚定不移地维护和捍卫弱者正当权益,强化和深化"南南联合"。

总而言之,探讨 WTO 及其相关国际经济关系的法治、立法、执法、守法与变法,提醒世人特别是国际弱势群体深入思考和推动 WTO 规则的"确立、执行、遵守与改变",做到"与时俱进",具有重要意义。可以说,WTO 开启了实现国际经济关系的法治化的重要一页,但要真正实现国际经济关系的法治化则是一个漫长的历史进程,需要整个国际社会的共同努力。现阶段,对于发展中国家而言,至关重要的是如何在"适法""守法"的过程中增进对 WTO 既存规则的认识,趋利避害,为我所用;如何在国际经济竞争与合作中实现"南南联合"以"变法图强",从而捍卫本国正当的经济权益,促进国际经济法制的公平构建、完善及实践,不断提高国际经济法治水平,以促进全球经济的共同繁荣。

七、弱势群体"变法图强"之途曲折多艰,但势必与时俱进,前景光明

(一) 1947—2000 年弱势群体"变法图强"之曲折多艰及其可喜成就

当今国际社会的弱势群体,历史上全都遭受过长达一二百年甚至更长的殖民地或半殖民地统治和掠夺。二战结束后,它们虽然纷纷挣脱了殖民枷锁,但绝大多数迄今仍未根本改变其积贫积弱境地,其个体和群体的综合国力,均远逊于当代的强权发达国家集团。前文提到,面对当代国际社会"南弱北强"、实力悬殊的战略态势,面对国际强权国家集团在国际经济领域已经形成的"霸业"格局和"反变法"阻力,国际弱势群体要求"变法"图强,当然不可能一蹴而就。但是,二战结束后六十多年来,在国际弱势群体自觉地实行**南南联合**,不渝不懈地集体奋斗之下,**"变法图强"**之途,尽管曲折迂回,步履维艰,从宏观上看,却一步一个脚印地迈步前进。[30]

试以 1947—2010 六十多年来 GATT/WTO 体制中的"立法、守法、变法、反变

---

[30] 参见陈安:《南南联合自强五十年的国际经济立法反思——从万隆、多哈、坎昆到香港》,载《中国法学》2006 年第 2 期,第 85—103 页。

法、终于逐步变法"的历史进程为例：

1947年10月，23个国家在日内瓦签订了《关税及贸易总协定》（简称《总协定》或《GATT 1947》），并随即成立了相应的组织机构。此项协定的主旨，是要在世界范围内促进关税和贸易方面的国际合作，从而促使国际贸易自由化。当时参加和主持缔约会议的国家，主要是西方发达国家。协定的有关条款内容，主要反映了以美国为首的西方发达国家的利益和要求。当时，绝大多数第三世界国家还处在殖民地或半殖民地地位，没有代表出席。因此，它们的利益和愿望在这些协定中未能获得应有的反映和尊重。《GATT 1947》要求各缔约国在国际贸易中无条件地实行互惠，完全对等地大幅度削减关税，逐步实行国际贸易自由化。具体规定如下：[31]

第1条　普遍最惠国待遇

1. 在对进口或出口、有关进口或出口或对进口或出口产品的国际支付转移所征收的关税和费用方面，在征收此类关税和费用的方法方面，在有关进口和出口的全部规章手续方面，以及在第3条第2款和第4款所指的所有事项方面，任何缔约方给予来自或运往任何其他国家任何产品的利益、优惠、特权或豁免应立即无条件地给予来自或运往所有其他缔约方领土的同类产品。

此项原则适用于经济发展水平相当的发达国家之间，基本上是公平的；但无条件地推行于经济发展水平悬殊的发达国家与发展中国家之间，则显失公平。因为发达国家的生产技术水平高，资金实力雄厚，商品竞争能力强，出口总额大，因而可以在发展中国家削减进口关税的条件下攫取厚利；而发展中国家的商品在国际市场上的竞争能力弱，出口总额小，因而从发达国家进口关税的对等减让中所取得的实惠就要小得多。另外，在经济实力悬殊的国家之间无差别地对等削减关税，往往导致发展中国家国内市场的丢失、民族工业的受害和对外贸易的萎缩。

在20世纪40年代中期至60年代，全世界众多弱小民族中先后摆脱了外国统治，争得独立，开始自主地参与国际经贸交往。它们在实践中，日益觉察到《GATT 1947》原先所体现的国际经济法原则及其有关规范，深深地打上了国际经济旧秩序的烙印，和其他领域的国际经济法旧原则、旧规范一起，都面临不断改造和根本变革的历史课题。

1955年4月，包括中国在内的28个摆脱了殖民统治的亚洲和非洲国家在印度尼西亚的万隆集会，第一次在没有殖民国家参加下，讨论了弱小民族的切身利益问

---

[31] 参见《GATT 1947》第1条1款；《世界贸易组织乌拉圭回合多边贸易谈判结果法律文本》，对外贸易经济合作部国际经贸关系司译，法律出版社2000年版，第424页。

题,并以《亚非会议最后公报》的形式,向全世界宣告了亚非弱小民族共同的奋斗目标和行动准则;首先吹响了发展中国家共同为改造国际政治经济旧秩序,为变革国际经济法旧原则、旧规范而团结战斗的号角。为此目的,亚非国家必要时可以采取集体行动,或制定共同政策,或"在国际会谈中事先进行磋商,以便尽可能促进它们共同的经济利益"。可以说,从那时起,发展中国家在南北矛盾十分尖锐、南北力量对比悬殊的历史条件下,初步形成了"南南联合自强"的战略思想。[32]

  在发展中国家的积极倡议和大力推动下,1964年底组成了联合国贸易和发展会议(UNCTAD),成为联合国在经济方面的一个常设专门机构。发展中国家通过这个组织,依靠自己表决权上的优势,专门针对国际贸易和经济开发方面的问题,逐步制定和推行比较公平合理的新原则、新规范,从而逐步改变国际经济旧秩序,建立国际经济新秩序。为了实现这一目标,许多发展中国家在 1964 年联合组成了"七十七国集团"(参加这个集团的发展中国家已达 131 个)。此后,属于这个集团的国家在许多重大的国际问题上,特别是在变革不公平、不合理的国际经济法,建立国际经济新秩序的问题上,都采取统一行动。可以说,UNCTAD 与七十七国集团的积极活动,意味着过去受西方大国"分而治之"的许多弱小民族,已经开始把零星分散的反抗行动汇集起来,团结成为统一的力量,组织成为改造国际经济旧秩序的战斗联盟,并且不断取得重要成果。

  前文提到,在二战结束后推行了几十年的《GATT 1947》,其中关于无条件地实施"互惠、最惠国、无差别"待遇的原则,对于发展中国家与发达国家之间的贸易往来是显失公平的。在 1964 年 UNCTAD 的首届大会上,与会的 77 个发展中国家共同呼吁改变《GATT 1947》中不合理、不公平的规定,要求发达国家排除不利于发展中国家出口的障碍,针对来自发展中国家的商品给予普遍的、非互惠的和非歧视的关税优惠待遇,并把这种要求与建立国际经济新秩序的总要求紧密联系起来,加以强调。此议最初于 1964 年由当时担任 UNCTAD 秘书长的劳尔·普雷毕施(Raul Prebisch)提出交付讨论,1968 年在新德里经 UNCTAD 第二届大会基本通过。其大体框架是:"发达国家应当给予全体发展中国家减让,把发达国家之间相互给予的一切减让,推广给予发展中国家;在给予这些减让时,不应要求发展中国家以任何减让作为回报。……应当把所有发展中国家作为一个整体,给予新的优惠减让;这种优

---

[32] 参见《亚非会议最后公报》,http://big5.china.com.cn/chinese/2005/wlhy50/838285.htm;胡锦涛:《与时俱进 继往开来 构筑亚非新型战略伙伴关系——在亚非峰会上的讲话》,载《人民日报》2005 年 4 月 23 日第 1 版。

惠,不应推广给予发达国家。"[33]这一原则,初步描绘了非互惠的普惠待遇的基本轮廓。

经过众多发展中国家多年的联合斗争,促使 GATT 这一国际公约组织先后在 1964 年 11 月、1971 年 6 月以及 1979 年 11 月对十分僵硬的、**无条件的**"互惠、最惠国、无差别"的原有体制,三次作了**局部的修订和变更**,逐步地认可和肯定了专门给予发展中国家出口产品的"非互惠的普惠待遇"与"非互惠的关税普惠制"。[34]

具体进程如下:

第一步:1964 年 11 月,GATT 各成员同意在原《GATT 1947》中专门增加第 36—38 条,列为协定的第四部分,题为"贸易与发展",作出专门有利于发展中国家的新规定。其中,第 36 条第 1 款明文强调了本部分的基本原则和目标:

> 各缔约方注意到欠发达国家与其他国家之间生活水平存在很大差距;……注意到缔约方全体能够使欠发达缔约方采取特殊措施,以促进其贸易和发展;协议如下:需要快速和持续地扩大欠发达缔约方的出口收入。……由于许多欠发达缔约方继续依赖有限范围的初级产品出口,需要最大限度地为这些产品进入世界市场提供更优惠和可接受的条件,只要适当,需要制定措施以稳定和改善这些产品在世界市场中的条件,特别包括旨在获得稳定、公正和有利价格的措施,从而使世界贸易和需求得以扩大,使这些国家的出口实际收入得到有活力和稳定的增长,从而为其经济发展提供不断扩大的资源。……在削减或取消针对欠发达缔约方贸易的关税和其他壁垒的谈判中,发达缔约方不期望因其作出的承诺而获得互惠。

于是,对国际弱势群体有利的、**不要求互惠**的、较为公平的国际贸易原则,开始正式载入《GATT 1947》这个全球性的国际商务条约。

第二步:1971 年 6 月,GATT 各成员正式通过了针对原《GATT 1947》第 1 条普遍最惠国待遇的"豁免条款",决定在**十年期限之内**,授权发达国家可以背离普遍的最惠国原则,对发展中国家给予普遍的、非互惠的关税优惠待遇。具体规定如下:

> 在不影响《GATT 1947》其他任何条款规定的前提下,《GATT 1947》第 1 条

---

[33] See UNCTAD, Proceedings of the United Nations Conference on Trade and Development, Vol. 1 (Sales No. 64. Ⅱ. B. 11), United Nations, 1964, pp. 18, 25-26; United Nations, http://www.unctad.org/templates/Page.asp? intItemID = 2309&lang = 1; The History of UNCTAD 1964-1984, http://www.unctad.org/templates/webflyer.asp? docid=13749&intItemID=3358&lang=1&mode=downloads.

[34] 参见《GATT 1947》决议:L/3545,L/4093。另参见汪暄:《论关税及贸易总协定下的贸易自由化》,高燕平:《国际贸易中的普遍优惠制》,均载《中国国际法年刊》,中国对外翻译出版公司 1986 年版,第 44、59、60、63、161—163 页。

应予豁免实施,为期十年,在必要的范围内允许发达国家……针对原产于发展中国家和领土的产品,给予优惠的关税待遇,以便对这些发展中国家和领土实施普遍优惠关税制(generally preferential tariff treatment),……但不对其他缔约方的同类产品给予此种优惠待遇。[35]

于是,对国际弱势群体有利的、不要求互惠的、较为公平的国际贸易原则,具体应用于**关税领域**,并正式定名为"普遍优惠关税制",简称"普惠制"(GSP),但是其有效期只以十年为限。

第三步:1979 年 11 月,GATT 各成员正式通过一项新的"授权条款"(enabling clause),题为"给予发展中国家有差别的、更有利的优惠待遇、互惠以及更充分参与权",针对原《GATT 1947》第 1 条普遍最惠国待遇的规定,创设了一项"永久性的豁免",允许各给惠国分别根据各自的"普惠制"规定,对发展中国家给予优惠关税待遇。具体规定如下:

> 尽管《GATT 1947》第 1 条作出了"关于普遍最惠国待遇的"各种规定,各缔约方仍然有权给予发展中国家有差别的、更有利的优惠待遇,而不把此种待遇给予其他缔约方。
>
> …………
>
> 发达国家不期望因其在贸易谈判中对发展中国家的贸易承诺降低或取消关税和其他壁垒而获得互惠,也就是说,发达国家在贸易谈判过程中,不期望发展中国作出不符合它们各自发展、财政和贸易需要的贡献。因此,发达的缔约方不应寻求,欠发达的缔约方也不应被要求作出不符合后者发展、财政和贸易需要的减让。[36]

嗣后,上述"授权条款"中的这一长段文字被简化并被正式吸收于《GATT 1947》,纳入《GATT 1947》的"附件Ⅰ:注释和补充规定"(Annex I, Ad Article XXXVI, Paragraph 8),专门列为一款,即

> 关于第 36 条第 8 款:
> 各方理解,"不期望获得互惠"的措辞指,依照本条所列目标,不应期望欠发

---

[35] GATT, Generalized System of Preferences(Decision of 25 June 1971,L/3545,BISD 18S/24),http://www.lexisnexis.com/.

[36] GATT,Differential and More Favourable Treatment Reciprocity and Fuller Participation of Developing Countries(Decision of 28 November 1979, L/4903, BISD 26S/203-205), https://www.wto.org/english/docs_e/legal_e/enabling1979_e.htm.

达缔约方在贸易谈判过程中,做出不符合它们各自发展、财政和贸易需要的贡献,同时考虑以往贸易发展的情况。[37]

至此,国际弱势群体针对《GATT 1947》第1条"普遍最惠国待遇"实行必要变法的正当要求,终于如愿以偿,即从原定的发达国家与发展中国家之间"无条件地实行互惠待遇",最终变革为"发达国家不期望获得互惠"。而这个过程,如果从1964年第一次变法起算,迄1979年"尘埃落定",正式地、成熟地实行重大变法,竟然长达15年之久。国际弱势群体从这一关键性的历史事例和实践历练中获得了重大的启迪:它们针对不公平的"游戏规则"寻求变法的道路,从来就是崎岖不平的;但是,只要坚持不懈,群策群力,集体奋斗,就一定能够赢得光明的前景。

在上述这个过程中,发展中国家通过集体的努力,还积极促使此种普惠原则和普惠关税制在1974年正式载入联合国大会通过的《建立国际经济新秩序宣言》和《各国经济权利和义务宪章》等具有国际权威性的法律文献。通过这些国际公约组织、国际法律文献以及相应的国际关税实践,逐步在法律上确立了普惠待遇原则和普惠关税制的国际合法地位和国际法律确信。这说明:从1947年起,发展中国家在实践中逐步觉察到当时既定的国际贸易行为规范貌似"平等",符合人人熟知的"法律面前人人平等"的原则,实则其中隐藏着和掩盖了极大的事实上的不平等[38]和显失公平。它们经过将近三十年的据理力争和共同奋斗,终于推动《GATT 1947》的旧法律规范和原有的"游戏规则"实行了局部的"变法":从很不合理和显失公平开始走向较为合理和较为公平,并且获得国际社会的普遍认同,形成国际的法律共识和法律确信,从而使国际弱势群体的权益获得局部的改善和提高。

---

[37]《GATT 1947》附件 I,关于第 36 条第 8 款;《世界贸易组织乌拉圭回合多边贸易谈判结果法律文本》,对外贸易经济合作部国际经贸关系司译,法律出版社 2000 年版,第 492 页。

[38] 在当代发达国家与发展中国家的经济交往中,尽管以不平等条约为基础的公开的不平等,一般说来已经大为削弱或不复存在,但是,发达国家仍然凭借其经济实力上的绝对优势,对历史上积贫积弱因而经济上处于绝对劣势的发展中国家进行貌似平等实则极不平等的交往。其常用的主要手段,就是对于经济实力悬殊、差距极大的国家,"平等"地用同一尺度去衡量,用同一标准去要求,实行绝对的、无差别的"平等待遇"。其实际效果,有如要求先天不足、大病初愈的弱女与体魄强健、训练有素的壮汉,在同一起跑线上"平等"地赛跑,从而以"平等"的假象掩盖不平等的实质。为了纠正形式平等或虚假平等关系,创设新的实质平等关系,就应当积极采取各种措施,让经济上贫弱落后的发展中国家有权单方面享受非对等性的、不要求直接互惠回报的特殊优惠待遇,并且通过给予这些貌似"不平等"的特惠待遇,来补偿历史上的殖民主义过错和纠正现实中的显失公平弊病,以实现真正的、实质上的平等,达到真正的公平。这种新的平等观,是切合客观实际需要的,是科学的,也是符合马克思主义基本观点的。早在百余年前,马克思在剖析平等权利时指出,用同一尺度去衡量和要求先天禀赋各异、后天负担不同的劳动者,势必造成各种不平等的弊病,并且断言:"要避免所有这些弊病,权利就不应当是平等的,而应当是不平等的。"(参见马克思:《哥达纲领批判》,载《马克思恩格斯选集》第 3 卷,人民出版社 1995 年版,第 305 页。)马克思的这种精辟见解,对于我们深入理解当代发展中国家提出的关于贯彻公平互利原则、实行非互惠普惠制等正义要求,具有现实的指导意义。参见陈安:《论国际经济法中的公平互利原则是平等互利原则的重大发展》,载陈安:《陈安论国际经济法学》,复旦大学出版社 2008 年版,第 444—454 页。

与此同时,由众多发展中国家弱小民族凝聚分散力量而形成的综合实力,在联合国体系内各种政治、经济的论坛和舞台上发挥了应有的作用:运用第三世界在联合国内平等表决制形成的多数优势,促使联合国的各种机构通过了比较公平合理和有利于发展中国家的决议,其中包括若干具有法律约束力的决定;推动联合国创设了一些新的机构或机制,实施有助于贫弱国家经济增长的各种方案[39];通过联合国各种讲坛的论战或有关的决议,对国际社会中的政治霸权和经济霸权加以批判、抵制和约束;敦促联合国各有关机构就全球性经济发展严重失衡、世界财富的国际分配严重不公、南北两类国家贫富悬殊的鸿沟不断扩大等重大问题加强研究评析,采取相应的有效措施,逐步加以解决。

20世纪80年代初至90年代中期,由于国际形势的发展变化,七十七国集团所体现的南南合作的整体力量及其在国际舞台上的影响有所削弱。在许多国际多边谈判中,特别是在长达八年之久(1986—1994)的GATT/WTO乌拉圭回合谈判之中,发展中国家往往未能像昔日那样凝聚共识,集体决策,联合行动,从而在多边谈判中处在弱势地位。相形之下,发达国家,特别是其中的经济大国和强国,却常能在旧体制之下,凭借其综合实力,操纵全局,在制定国际经贸大政方针及其"游戏规则"方面处在绝对主导的地位。

因此,如何在WTO这个号称"经济联合国"的新体制中发挥发展中国家集团的作用,提高自己在制定全球经贸大政方针及其法律规则问题上的发言权、参与权、决策权,就成为七十七国集团面临的新课题。

(二) 2000—2010年弱势群体"变法图强"之曲折多艰及其光明前景

21世纪伊始,七十七国集团从发展中国家权益的角度,回顾和总结了1995年初至2001年初WTO体制运作六年过程中的利弊得失。在2001年10月22日,七十七集团发表了一份宣言[40],用"一分为二"的观点,既肯定了这一多边贸易体制在促进全球共同发展进程中的重要作用与积极意义,又指出了其中存在许多亟待认真贯彻实施的郑重诺言与亟待纠正更新的先天缺陷,即对待发展中国家的权利与义务的

---

[39] 诸如:推动各有关国家缔结各种专项商品协定、实施综合性商品方案、设立公共基金,以促进发展中国家资源的开发和初级商品的出口;促进召开援助最不发达国家的各种专题会议,减免穷国的官方债务;促进修订对发展中国家不利的国际运输规则,控制损害技术落后国家的限制性商业做法;设计和阐明各种南南合作的项目,就弱国经济发展的重大外部环境和条件问题开展南北对话,促进制订和实施连续性的"联合国十年发展规划"(UN Decades of Development)等等。See South Centre, Thirty Years of the Group of 77 (1964-1994), United for a Global Partnership for Development and Peace, South Centre Publications, 1994, pp. 1-8.

[40] See G77, Declaration by the Group of 77 and China on the Fourth WTO Ministerial Conference at Doha (Qatar, 22 October 2001), http://www.g77.org/Docs/Doha.htm.

失衡和不公,并就贯彻现有的合理协定,纠正现有的各种缺陷提出了全面改进的"变法"建议,引人注目的是:这些"变法"要求乃是以七十七国集团当时所实际涵盖的131个发展中国家发表共同宣言的方式,正式提交在卡塔尔首都多哈市举行的WTO最高决策机构——第四次部长级会议,显示出众多发展中国家在新千年新世纪伊始举行的南北多边谈判中,确实是**"有备而来"**,确实是国际政治经济舞台上不可忽视的有组织、有纲领的集体力量。

在众多发展中国家重新凝聚和强烈要求下,2001年11月10日,WTO第四次部长会议通过了《多哈宣言》,决定:以全球发展中国家普遍面临的发展问题为中心,全面启动新一轮的全球性多边贸易谈判(通称"多哈发展回合"谈判,或简称"DDR"),以便对现有的WTO体制和规则,即有关的国际经济立法,加以必要的改善和更新。

从法理的角度看,WTO体制及其各项多边规则乃是当代国际经济法的一个重要组成部分。因此,十年来举世瞩目的"多哈发展回合"谈判,其法理实质或法理定性,乃是针对有关世界贸易的现行国际经济立法如何进一步除旧布新、如何进一步"变法"问题而开展的新一轮全球性磋商。

会议还通过了《关于中国加入世界贸易组织的决定》,中国自2001年12月11日起正式成为WTO成员。这就为众多发展中国家在WTO体制内部开展南南合作和进行联合奋斗、共同推动"变法",增添了强大的中坚力量。

前文提到,迄今迁延九年,已经进入第十年的WTO"多哈发展回合"谈判,实质上就是一场"变法"与"反变法"两种集团力量之间的冗长角力和反复较量。九年来谈判进展缓慢,并多次陷入僵局,"奄奄一息",却又多次"起死回生"。尽管九年来"反变法"集团坚持既得利益,"寸土必守",导致变法行程一直步履维艰,但在国际弱势群体的积极推动下,"变法"的合理要求也不断获得进展,逐步前进,前景渐显光明。据法新社2010年9月22日报道,多年来一直主持"多哈发展回合"谈判的WTO总干事拉米评估认为:"多哈发展回合"谈判十周年之际可能是完成谈判的一个契机,换言之,参加"多哈发展回合"谈判的成员们有望在2011年11月达成协议。这在技术上是可行的,因为"我们已经完成了80%的工作,现在只剩下20%的工作有待完成"。[41]

鉴于WTO第七次部长级会议原定的2010年内完成谈判的目标已无可能实现,只能寄希望于2011年各成员的继续努力,WTO总理事会在对现有谈判进程进行审查和评估之后,于2010年10月21日决定将于2011年12月15至17日举行第八届

---

[41] "I often say that we've done 80 percent of the job, and all that remains now is 20 percent," Lamy said. See Finishing Doha Round by 2011 "Technically Doable": WTO Chief, http://ca.news.finance.yahoo.com/s/22092010/24/f-afp-finishing-doha-round-2011-technically-doable-wto-chief.html.

部长级会议,以期能给153个成员达成一个最终协议的机会。[42] 尽管"多哈发展回合"并没能在2010年底之前如期完成,但是从目前各方的表态来看,WTO官员与大多数成员对于2011年的谈判前景还是持乐观态度。

这种乐观态度在2010年11月12日发表的《二十国集团首脑首尔峰会宣言》[43]中获得有力的进一步肯定。该宣言昭告全球公众:

> 现在,首尔峰会表态如下:……我们郑重承诺指示我们各自的谈判人员认真投入全面的谈判,使多哈发展回合迅速获得成功的、雄心勃勃的、全面的、平衡的结局,这种结局完全符合多哈发展回合的特定宗旨,并且建立在已经取得的进展基础之上。我们一致认为,2011年是机遇来临的关键一年,尽管机遇较小;我们各自的谈判代表必须抓紧谈判和加大力度。现在是我们必须完成终局谈判的时候了。一旦终局谈判达成协议,我们承诺在我们各自不同体制下尽快寻求必要的正式批准通过。同时,我们承诺抵制各种形式的贸易保护主义措施。

在此之前,2010年10月初,拉米有所"预感"地在瑞士伯尔尼"世界贸易研究所"十周年庆典上表达了他对多边贸易谈判前景所持的乐观展望。他认为,作为国际经济合作历史上最为成功的例子,**面对反复多次"濒临死亡"的预言,WTO始终显示出强大的生命力。**[44] 这种观点与笔者在2006年4月间提出的看法是"不谋而合"的。当时正值2005年WTO香港会议后"多哈发展回合"谈判一再陷于僵局之际,全球弥漫一片悲观气氛,"WTO即将瓦解"和"濒临死亡"的流言四起,笔者当时在一篇长文中针对此种悲观判断作出理论剖析,强调:

> 五十年来,南北矛盾与南北依存始终是同时存在的。经济全球化的加速发展和贫富鸿沟的扩大,常常激化或加深了南北之间的矛盾与冲突;但与此同时,

---

[42] See WTO, Summary of General Council Meeting of 21 October 2010, http://www.wto.org/english/news_e/news10_e/summary_gc_oct10_e.htm; WTO to Hold Ministerial Meeting in Dec. 2011 for 1st Time in 2 Years, http://english.kyodonews.jp/news/2010/10/50232.html; Trade Talks Need Political Signal from G20 Summit: WTO Chief, http://news.ph.msn.com/business/article.aspx?cp-documentid=4411029.

[43] See The G20 Seoul Summit Leaders' Declaration (November 11-12, 2010), http://www.g20.org/Documents2010/11/seoulsummit_declaration.pdf.

[44] Lamy said, "The multilateral trading system remains the most successful example of international economic cooperation in history — and despite repeated predictions of an imminent death, it has shown a remarkable ability to grow, adapt and rejuvenate itself over the years. The GATT's transformation into the WTO in 1995 proves that reform is possible. The ease with which the old Quad leadership has made way for a new G5 — including rising powers such as India and Brazil — underlines the system's pragmatism and flexibility." See Pascal Lamy, The Doha Round Marks a Transition from the Old Governance of the Old Trade Order to the New Governance of a New Trade Order, http://www.wto.org/english/news_e/sppl_e/sppl173_e.htm.

也强化了南北之间互相依赖的程度。两者之间的经济互补性和日益强化的互相依赖性(经济利益的犬牙交错和相互交织),使得国际强权者不可能与全球众多发展中国家坚持对抗到底,断绝经济往来。面对占全球 80% 以上人口的、不断增强其内部凝聚力、并非"一盘散沙"的国际弱势群体提出的正当要求和强大压力,国际强权者在权衡利弊的前提下,往往不得不作一定的让步和妥协。五十年来不断出现的南北抗衡僵局,总会通过南北的对话和磋商,找出双方对抗利益的中间交汇点(convergence),并在适当的"火候"下,达成南北合作,避免两败俱伤,实现"双赢"新局。尽管这种新局面随后又常常遭到南北新矛盾和新冲突的削弱甚至破坏,但经济全球化加速发展的时代潮流和南北必须互相依赖的客观现实,又赋予南北合作以强大的生命力。从这种意义上说,**南北合作会"生病",甚至会"身患重症",但不会迅速"无药可医,不治而亡"**。五十年来反复出现的前述"**6C 轨迹**",就是这方面的历史记录和事实明证。可见,2003 年坎昆会议失败后,国际舆论上一度出现的"北赢南输"论和"两败俱伤,WTO 前景暗淡,面临瓦解"的悲观看法,与前述"南赢北输,WTO 从此步入坦途"的看法一样,也是缺乏足够的历史依据和现实依据的。[45]

八、简短的结论

总之,以史为鉴,可以明兴替。1947—2010 六十多年来 GATT/WTO 体制中的"立法、守法、变法、反变法、终于逐步变法"的历史进程,至少雄辩有力、令人信服地表明了以下几点:

第一,GATT/WTO 体制中的某些很不合理和显失公平的旧法律规范和原有的"游戏规则",因其很不利于和侵害了全球弱势群体数十亿人口的合理权益,因其不符合甚至违反了当代的历史潮流,故六十多年来在国际"变法"力量的不懈推动下,逐步地"弃旧图新"。

第二,GATT/WTO 体制下某些显失公平的旧法律规范和原有"游戏规则"的"变法"进程尽管阻力重重,步履维艰,但因其符合全球弱势群体数十亿人口的合理权益和当代的历史潮流,故从宏观上看,其总趋向是"与时俱进"的,其前景是相当光明的。

---

[45] 参见陈安:《南南联合自强五十年的国际经济立法反思——从万隆、多哈、坎昆到香港》,载《中国法学》2006 年第 2 期,第 85—103 页。

第三，GATT/WTO体制下某些显失公平的旧法律规范和原有"游戏规则"的"变法"，不能期待国际强权势力的恩赐，而必须依靠国际弱势群体自身的长期联合奋斗。对国际弱势群体而言，欧仁·鲍狄埃（Eugène Edine Pottier）1871年所撰《国际歌》中的警句至今仍具有现实的指导意义："从来就没有什么救世主，也不靠神仙皇帝。要创造人类的幸福，全靠我们自己！"

第四，以上三点，不但适用于科学地考察和剖析GATT/WTO体制下某些显失公平的旧法律规范和原有"游戏规则"的"变法"进程，而且可以举一反三，也适用于科学地考察和剖析当代某些显失公平的国际经济法律规范以及国际经济秩序不断弃旧图新、与时俱进的宏观进程。

（编辑：李庆灵）

附录　简评洛文费尔德教授关于国际经济秩序和国际经济法的若干观点[46]

洛文费尔德教授在1975—1979年相继推出总标题为《国际经济法》的六卷系列教材，它们对于当代国际经济法学科体系的初步成形做出了较大的贡献。这是应予充分肯定的。但是，综观其立论基点，却存在着很明显、很重大的局限性：他在分析和判断国际经济交往各种法律症结的是非曲直过程中，时时以美国的国内立法作为最高圭臬，事事以美国资产者的实际利益为最后依归；对于众多弱小民族维护经济主权的强烈要求和正当行为，诸如加强对本国境内跨国公司和外国人的法律管辖与约束等等，则态度暧昧，或貌似持平公正而实存对美偏袒。

试举一例：20世纪70年代初期，智利政府为维护国家经济主权，发展民族经济，曾采取法律措施，对境内涉及国民经济命脉的外资企业加强约束，或逐步转归智利国民参股经营，或逐步收归国有，并给外商以适当补偿。当时，美国庞大跨国企业"国际电话电报公司"（ITT）为保住在智利境内的既得利益，主动拨出巨额"捐款"100万美元，紧密配合美国中央情报局，密谋干涉智利内政，甚至派遣要员潜入智利，进行政治收买，策动罢工、暴乱，从事颠覆活动。事机败露之后，国际舆论大哗，传为世界丑闻；美国国内公正人士，也多加抨击挞伐。面对此等大是大非，洛文费尔德却在一篇序言中宣称："本书对于'国际电话电报公司'，既不赞扬，也不谴责"；"对于智利的有关事态，既不接受左派的主张，也不赞同右翼的说法"，只是"尽可能客观地提

---

[46] 作为本文脚注[4]的补充。

供资料"。[47] 而在论及"国际电话电报公司"在智利的种种不法行为时，却以转述裁决书观点的方式，公然曲为辩解，说什么"在投资保证合同中，并无明文规定禁止'国际电话电报公司'在智利境内以及在美国境内设法阻挠（智利的）阿连德总统当选，或设法施加压力促使阿连德垮台"。[48] 言外之意显然是，合同既然无明文禁止规定，则此类粗暴干涉东道国内政的不法行为，就不宜追究或"情有可原"了。其立场之"客观"，于此可见一斑。

尤其应当指出：时至今日，洛文费尔德教授在其2002年推出、2008年修订再版、流行全球的《国际经济法》的一卷本教材中，对于占全球人口70%的发展中国家的正义主张和法学见解，诸如改革国际经济旧秩序，建立国际经济新秩序，确立国际经济法新准则，维护和尊重各弱小民族国家的经济主权和经济立法等等，他仍然秉持和坚守其一贯的"美国立场"，加以漠视、贬低和否定。例如，1974年在联合国大会上以压倒性多数赞成票通过的《各国经济权利和义务宪章》，尽管已经经历了国际社会二三十年的实践检验，获得国际社会的广泛认同，形成了"法的确信"，但在洛文费尔德这本流行全球的通用教材中，却一直被视为"离经叛道"的，"背离了传统国际法" (departure from the traditional international law) 的，因此是没有法律拘束力的。其言曰：

> 时隔1/4世纪多之后，回首看看，如今《各国经济权利和义务宪章》与它在当年的表现相比，已经显得不那么重要了。如果当初确实存在把国际投资从国际法中分离出来的努力，则那种努力并没有得逞，尽管在20世纪60—70年代论战中提出的有关"主权"的各种诉求及其各种共鸣呼声，仍然不断地在联合国与其他各种国际论坛中不绝于耳。……有一些《宪章》支持者的言论虽然力图赋予"国际经济新秩序"以法律的性质，并且把有关决议等同于立法，但这些挑战性见解看来基本上都属于政治性质。
>
> 美国和其他跨国公司的母国都反对发展中国家提出的这些挑战，不同意在各种传统原则中作出任何改变，否认通过国家实践（与联合国的决议相比较）已经在习惯法中对这些传统原则作出了替换或者修改。资本输出国的立场是：这些传统要求既坚实地建立在财产拥有者的道义权利上，也建立在一个有效国际

---

[47] See Andreas F. Lowenfeld, *International Economic Law*, Vol. 2, *International Private Investment*, 2nd ed., Mathew Bender, 1982, Preface, p. vii.

[48] Ibid., p. 170. 关于美国"国际电话电报公司"干涉智利内政并因投资保险合同涉讼一案，详况参见陈安：《国际经济法学刍言》（上），北京大学出版社2005年版，第525—531页；陈安：《陈安论国际经济法学》（第二卷），复旦大学出版社2008年版，第919—925页；陈安主编：《舌剑唇枪：国际投资纠纷五大著名案例》，鹭江出版社1986年版，第97—166页。

体制的需求之上。此外,它们还争辩说,对于殖民时代所确立的适用于投资的各种传统准则,无论可以提出什么反对理由,这些传统准则显然应该适用于投资者和独立政府在商业基础上通过协商所作出的各种安排。[49]

以上这段文字,颇耐人寻味。如细加揣摩,至少可以提出以下几个问题:

(1) 在1974年联合国大会上以压倒性多数赞成票通过的《各国经济权利与义务宪章》,体现了当代国际社会绝大多数成员共同的国家意志和共同的法律理念,它应当最符合少数服从多数的民主原则,也最能体现维护国际社会几十亿弱势人群的人权(主权和发展权)原则。美国素以"全球民主典范"自诩,素以"全球人权卫士"自许,可谓满口"仁义道德",何以在涉及国际社会的民主、国际弱势群体的人权(主权和发展权)的关键问题上,如此言行不一,完全背离和抛弃其一贯奉为至高圭臬的民主原则、人权原则?

(2)《各国经济权利与义务宪章》通过之后,"时隔1/4世纪多之后",对于历经国际社会多年实践早已形成的国际性的"**法律确信**"和法律理念,何以竟可闭目塞听,熟视无睹,仍然只定性为"属于政治性质"?何以始终不能定性为属于**法律性质,成为具有法律拘束力的行为规范**?

(3) 自20世纪60年代以来,即四十多年以来,在联合国及其他各种国际论坛上来自全球弱势群体的主权诉求及其各种正义呼声,既然始终不断,一直"**不绝于耳**"(continued to be heard),那么,以"领导世界"和指引全球走向为己任的世界头号大国,何以竟可"**充耳不闻**"或"**置若罔闻**"?

(4) 以"时代先驱"自命的美国,何以对于**殖民主义时代确立的**、陈旧的、"**传统的**"国际法准则和殖民主义者的"**道义信念**",如此念念不忘和恋恋不舍,而对于体现21世纪新时代精神的国际法新生规范,却又视如敝屣,甚至视若寇仇?

以上这些问题,对于一切襟怀坦荡、不抱偏见的法律学人说来,都是值得深思、质疑和对照的,也都是不难逐一剖析、明辨是非和知所取舍的。

---

[49] Andreas F. Lowenfeld, *International Economic Law*, Vol. 2, *International Private Investment*, 2nd ed., Mathew Bender, 1982, Preface, p. vii.

第 14 章　五论中国在构建 NIEO 中的战略定位：聚焦评析中国特色全球治理理念的历史来由与实践轨迹

>> 内容提要

二战结束后 70 年来，全球治理的两大基本理念及其相应体制，一直在矛盾对立中不断碰撞嬗变。1974 年，邓小平依据毛泽东关于划分"三个世界"的理论，在联合国大会特别会议世界论坛上，第一次旗帜鲜明地公开提出和科学论证中国特色的全球治理理念。它是数千年中华文化中积极的处世之道和治理理念在长期实践中的积淀、升华、继承、发展与创新。近年来，中国的大国外交、周边外交和南南合作外交，协调推进，不拘一格，亮点频频，丰富多彩，充分显示了中国外交的创新活力；也一再弘扬了中国特色全球治理理念和实践的引领示范作用。回首往昔，以史为师，寻找两种全球治理理念碰撞演进的轨迹，探讨理念、体制、话语权与实力之辩证互动，将大有助于正视现实，看准方向，迈往未来。当前，加强全球民主治理、推动全球治理体系变革乃是大势所趋。中国要抓住机遇、顺势而为，高举全球治理体系变革大纛，推动国际秩序朝着更加公正合理的方向发展，为促进人类和平与发展的崇高事业做出更大贡献。

>> 目　次

一、当代中国特色全球治理理念之鲜明提出
二、中国特色全球治理理念之历史来由
三、理念、体制、话语权与实力之辩证互动
　（一）1974—2000 年：理念原则鲜明提出与实践绩效初步呈现
　（二）2001—2015 年：理念不断创新、实力不断提高与实践绩效硕果累累

(三) 2016年新起点及其后续：理念、实力、绩效之新里程碑——G20杭州峰会

四、两种全球治理理念碰撞演进的前瞻

一、当代中国特色全球治理理念之鲜明提出

新中国建立六十多年以来，中国一直主张和追求在民主原则指导下确立全球治理体制。1974年，邓小平依据毛泽东关于划分"三个世界"的理论，在联合国大会特别会议世界论坛上，第一次旗帜鲜明地公开提出和科学论证中国特色的全球治理理念，郑重宣布：中国是一个社会主义国家，也是一个发展中国家，中国属于第三世界。中国把坚决同第三世界国家一起为反对帝国主义、霸权主义、殖民主义而斗争，看作是自己神圣的国际义务。中国永远不称霸。国家之间的政治和经济关系，应该建立在和平共处五项原则的基础上；国际经济事务应该由世界各国共同来管，而不应该由少数国家来垄断。占世界人口绝大多数的发展中国家应该参与决定国际经贸大政。邓小平特别强调：应当充分尊重发展中国家的主权，各国的事务应当由各国人民自己来管，各国人民有权自行选择和决定他们自己的社会、经济制度。[1] 在此次长篇发言中，国家主权、民族自决、和平共处、民主治世、反帝、反霸、反殖、反垄断、永不称霸、睦邻友好、南南联合自强等基本原则，均已鲜明昭示世人，斩钉截铁，毫不含糊。

邓小平的此次长篇发言，既不是主观臆想，也不是闭门造车。可以说，它是数千年中华文化中积极的处世之道和治理理念在长期实践中的积淀、消化、吸收、升华、继承、发展与创新。这种进程，源远流长，厚积薄发，有待后人追本溯源，认真发掘，深入领会。

二、中国特色全球治理理念之历史来由

限于篇幅，不能详述，试举数例，举一反三：

其一，关于构建"大同世界"的理想。早在春秋战国时代，以孔丘为代表的儒家

---

[1] 参见邓小平：《在联大特别会议上的发言》，载《人民日报》1994年4月11日第1版。

先贤们不满于奴隶制、封建制现实社会的不公不义和战乱频仍,进行反向思维,提出了对构建公平正义、美好和谐社会的理念和追求。《礼记·礼运》"大同"篇,以寥寥107字,简明扼要地勾勒了这种未来美好和谐社会共同体的轮廓:"大道之行也,天下为公,选贤与能,讲信修睦。故人不独亲其亲,不独子其子,使老有所终,壮有所用,幼有所长,鳏、寡、孤、独、废疾者皆有所养,男有分,女有归。货恶其弃于地也,不必藏于己;力恶其不出于身也,不必为己。是故谋闭而不兴,盗窃乱贼而不作。故外户而不闭,是谓大同。"[2]不妨说,这"大同世界"就是"打造人类命运共同体"的最早蓝图,体现了两三千年前中国人的杰出智慧。

其二,关于"四海之内皆兄弟"和"兼善天下"的理念。儒家强调"四海之内皆兄弟也"[3],指的是普天之下所有的国家、民族和个人,不分大小、强弱、贫富,都应当亲如兄弟,平等相待。就每个个人而言,都应当"正心修身齐家"[4],努力端正自己的思想,提高自己的品德和综合素质,把家庭家风家教整顿好。在条件不具备的时候,至少应当做到"穷则独善其身";在条件具备的时候,就应当勇于承担,"达则兼善天下",参与"治国平天下"的大业。

其三,关于"和为贵""和而不同"的理念。儒家强调"礼之用,和为贵。……知和而和,不以礼节之,亦不可行也"[5]。"和",有和平、和谐、调和、协调、适度地互相妥协让步、寻求共识、求同存异、化异为同等丰富含义。凡事都要努力按照"和"的理念去处理,但又不能为和谐而和谐,毫无原则地"和稀泥";应当"以礼节和",即以公平

---

[2] 这段古文的今译是:"在理想社会实现的时候,天下是人们所共有的。把品德高尚的人、能干的人选拔出来,治理国家和社会。人人都讲求诚信原则,培养和睦精神。因此,人们不仅仅把自己的亲人(长辈)作为亲人予以赡养,也不仅仅把自己的子女作为子女予以抚育,使每个老年人都能安享晚年,使每个壮年人都能为社会效力,使每个孩子都能健康成长;使老而无妻的人、老而无夫的人、幼而无父的人、老而无子的人、残疾人员,个个都有人加以供养。男子有职务,女子有归宿。对于财货,人们憎恶把它扔在地上的现象,却不必把财货自己私藏;人们都愿意为公众之事竭尽全力,而不必为自己谋私利。因此,一切阴谋诡计、坑蒙拐骗就不会发生,强盗、偷窃和一切危害他人的事情也越来越少。于是,家家户户无论白天黑夜都不用关大门了。这就叫做理想社会——'大同世界'。"参见《礼记·礼运》"大同"篇。

[3] 《论语·颜渊》。

[4] 《礼记·大学》。原文是:"古之欲明明德于天下者;先治其国;欲治其国者,先齐其家;欲齐其家者,先修其身;欲修其身者,先正其心……心正而后身修,身修而后家齐,家齐而后国治,国治而后天下平。"大意是说:古代那些要使美德彰明于天下的人,要先治理好他的国家;要治理好国家的人,要先整顿好自己的家;要整顿好自己家的人,要先进行自我修养;要进行自我修养的人,要先端正他自己的思想……思想端正了,才能自我修养完善;自我修养完善了,才能家庭整顿有序;家庭整顿有序了,才能治理好国家;国家治理好了,才能促进天下和平稳定。简言之,以自我完善为基础,通过管好家庭,治理好国家,直到平定天下。这是几千年来无数儒家知识分子最尊崇的信条和行动指南。如果不能全部做到,那也应当如《孟子·尽心上》所说,根据主客观条件的不同,做到"穷则独善其身,达则兼济天下"。概括起来,"正心、修身、齐家、治国、平天下"的人生理想与"穷则独善其身,达则兼济天下"的达观态度,两者相互结合补充,传承几千年,影响始终不衰。资料来源:http://wenwen.sogou.com/z/q183997694.htm;http://wenwen.sogou.com/z/q235274415.htm。

[5] 《论语·学而第一》。

合理的原则和尺度来节制"和"。因此,又提出"君子和而不同"[6]的信条,即君子既能与他人和睦相处,却又不苟同其错误见解,盲从附和。

其四,关于"睦邻友好"的理念。"孟母三迁,择邻教子"的故事,在中国早已家喻户晓。孟轲倡导乡井邻里"出入相友,守望相助,疾病相扶持,则百姓亲睦"[7],强调以仁义胸怀、平等态度善待大小邻国。[8] 汉唐盛世相继推出"怀柔四方,亲睦九族"和"化干戈为玉帛"[9]的国策,不断开拓和扩大西域陆上丝绸之路,明初郑和率领庞大船队"七下西洋",不断开拓和扩大海上丝绸之路,其主旨均在广交"友邦与国",睦邻亲善,经贸往来,互通有无,共谋繁荣。这些基本国策和实践事迹,均已彪炳史册,传为中外美谈。

其五,关于"己所不欲,勿施于人"[10]的理念。这短短八个字,揭示了处理人际关系的重要原则。它是指正派的人应当以对待自身的心态来对待他人,尊重他人,平等待人。倘若把自己所讨厌的事物强加于他人,势必会破坏与他人的和睦友好关系。故切忌将自己所不欲施之于他人。秉持儒家这一传统原则和理念,既然中国人在历史上曾多次饱受外族外敌入侵的祸害,对此深恶痛绝,就不应在自己和平崛起之际和之后,恃强凌弱,侵害他国和四邻。

以上这些儒家理念经过数千年来倡导、实践、传承与发展,互相渗透,融为一体,已形成为中华民族的血脉基因和主流意识,成为历代中国人处事待人的基本道德规范和行为准则。当今中国政府坚持奉行的和平发展国策、和平外交政策、全球治理理念,都是上述中华民族的血脉基因和主流意识的数千年传承发展和创新性发扬光大。

三、理念、体制、话语权与实力之辩证互动

理念是体制的构建蓝图,体制是理念的现实载体。全球治理理念如何转化为全球治理体制,取决于世界各国(或集团)之间话语权如何分配,话语权如何分配又取决于世界各国(或集团)综合实力的大小。但是,不同品质的全球治理理念对于国际话语权的分配,进而对全球治理体制的确立和运作,一直发挥着不容小觑的、反向的

---

[6] 参见《论语·子路第十三》;《孟子·尽心下》;《汉语成语词典》,商务印书馆2004年版,第418、1098页。
[7] 《孟子·滕文公上》。
[8] 参见《孟子·梁惠王下(三)》。
[9] 参见《淮南子·原道训》;《贞观政要·戒太子诸王、征伐、安边》。
[10] 《论语·卫灵公》。

能动作用。不同品质的全球治理理念的根本分野,在于它们是否符合时代潮流,是否公平合理,是否符合全球几十亿弱势群众的根本利益。

本章试以上述中国特色全球治理理念及其实践进程为例,加以阐明。为叙述方便,这种进程似可在时间节点上粗略地划分为三个阶段,即 1974—2000 年、2001—2015 年、2016 年新起点及其后续,三者紧密衔接,不断传承发展,攀登新高。

(一) 1974—2000 年:理念原则鲜明提出与实践绩效初步呈现

42 年前,当邓小平在联合国大会上第一次旗帜鲜明地论证中国特色全球治理理念之际,尽管"言者谆谆",但强权霸权发达国家却"听者藐藐"[11],置若罔闻;亚非拉美发展中国家尽管为数众多,但实力分散,尚未充分聚合,在两大类国家"实力对比"和博弈较量中,一直居于明显弱势。因此,中国提出的全球治理理念,尽管符合时代潮流,公平合理,故一度绩效初显,但其后仍然长期被垄断话语权、决策权的西方列强"束之高阁"。这种局面,迄 20 世纪末,虽略有改善,但没有根本转变。

(二) 2001—2015 年:理念不断创新、实力不断提高与实践绩效硕果累累

经过接连几代新中国领导人带领中国亿万大众艰苦奋斗,不渝不懈,进入 21 世纪以来,中国综合国力持续大幅度增长,迅速和平崛起。同时,中国积极主动联合若干主要的新兴经济体国家和广大弱势群体,形成日益强劲的实力,在越来越大程度上改变了南北博弈原有的实力对比。

特别是,2013 年习近平同志主政以来,在新中国历代领导人既定战略方针的基础上,既一脉相承,又开拓创新,频频出访,仆仆风尘,广交友邦,连续牵头提出了开拓陆上丝绸之路经济带、海上丝绸之路经济带,组建金砖国家银行、亚洲基建投资银行,合作打造人类命运共同体,共商共建共享等等一系列崭新的全球治理理念,积极努力践行,突出地显示了敢于和善于"提出中国方案,贡献中国智慧"的胆略和气魄,并且充分利用各种国际论坛,发挥独特的语言艺术,积极弘扬这些全球治理理念,**使其深入人心,凝聚众志,化为物质力量**,开始突破了寥寥几个强霸国家长期垄断世界经贸大政话语权、决策权原有的不公平格局和不合理国际秩序,绩效累累,举世瞩目。

---

[11] 参见《诗经·大雅·抑》:"诲尔谆谆,听我藐藐。"

值得国人称道和自豪的是,2015年9月19—23日习近平专程访英五日,获得英国女王祖孙三代和首相政要们"超级高规格"的盛情款待,上演了"东方君子与西方绅士亲睦握手"的精彩喜剧,开拓了中英经贸合作新的"黄金时代",在全球引起巨大轰动。此举可谓立足英国,面向欧洲,辐射全球。紧接着,发生连锁效应,荷、德、法各国首脑在10月底11月初相继密集访华,竞争在华商机。德、法两国驻华大使甚至在《人民日报》联名发表长篇文章,论证和强调德、法是中国在欧盟的核心伙伴[12],其唯恐英国在对华经贸合作中"独领风骚、一枝独秀"之心态,坦率"毛遂自荐"之热情,均跃然纸上。

紧接着,习近平以越南、新加坡之行,与这两个南陆/南海邻国深化和提升睦邻友好关系。此举可谓立足越、新,面向东盟,辐射周边,进一步促进了中国—东盟的和谐合作。

再紧接着,习近平的巴黎之行和非洲之行,又谱写了中国特色全球治理理念和实践的最新篇章。就巴黎之行而言,习近平发表了《携手构建合作共赢、公平合理的气候变化治理机制》[13]的重要讲话,提出了中国的主张,传递了应对全球气候变化的中国声音,充分体现了中国作为负责任大国的诚意与担当,引领了此次巴黎谈判的方向。就非洲之行而言,习近平主持了中国和非洲共五十个国家首脑参加的"中非合作论坛峰会",为未来中非合作作出新规划,描绘新蓝图,注入新动力。多位学者认为,习近平本次非洲之行是近年来中非级别最高、涉及面最广、分量最重的一次外交行动,也是2015年中国系列重大外交的收官之作。[14]

(三) 2016年新起点及其后续:理念、实力、绩效之新里程碑——G20杭州峰会

进入2016年以来,中国的大国外交、周边外交和南南合作外交,全方位、多层次

---

[12] 参见《德法是中国在欧盟的核心伙伴》,载《人民日报》2015年10月26日;闵凡祥:《德法驻华大使署名文章的弦外之音与中国应对之策》,http://www.gmw.cn/xueshu/2015-11/03/content_17589345.htm. 作者认为,上述联署文章的核心意思与目的在于,通过向中国展示德、法两国的实力与优势,说明德、法两国不但是欧盟国家中最具资格成为中国未来核心伙伴的国家,而且两国还非常愿意做"中国在欧盟的核心伙伴"。因此,在未来对欧交往与合作中,中国应以德、法作为合作国家的首选,这将会给中国未来的发展与成功带来巨大帮助。

[13] 参见习近平:《在气候变化巴黎大会开幕式上的讲话》,http://politics.people.com.cn/n/2015/1201/c1024-27873625.html。

[14] 参见习近平:《在中非合作论坛约翰内斯堡峰会上的总结讲话》,http://news.qq.com/a/20151206/008746.htm;《习近平2015年出访"压轴戏"开启多边外交新高度》,http://news.cntv.cn/2015/12/07/ARTI1449487908090198.shtml;肖玮、南淄博:《收官南非:一年走访14国》,http://news.xinhuanet.com/fortune/2015-12/07/c_128505001.htm;吴斌、程思炜:《2015习近平出访这一年:足迹遍布亚欧美非四大洲》,http://news.sina.com.cn/c/sd/2015-12-07/doc-ifxmihae9144779.shtml?cre=newspagepc&mod=f&loc=1&r=a&rfunc=26。

地协调推进,又取得了一系列新绩效。其中,全球寄予最大厚望、对全球治理后续影响最大的,莫过于9月上旬由中国以轮值主席国身份在杭州主持召开的二十国集团(G20)[15]领导人第十一次峰会。

此次峰会发表了《二十国集团领导人杭州峰会公报》和28份具体成果文件。这些成果体现了共迎挑战的伙伴关系精神,明确了世界经济的前进方向,必须走创新和改革之路,制订了一系列务实的行动计划,展现了谋求共同发展的决心,释放了一个重要信号:二十国集团不仅属于二十国,也属于全世界,特别是属于广大发展中国家和人民。这体现了中国办会的独特视角,也反映了广大发展中国家的普遍愿望。总之,杭州峰会成果数量多、分量重,在深度和广度上都取得了重大突破,在国际上树立起新的"全球标杆"。[16]

世界舆论给杭州峰会贴上了"中国智慧""中国雄心""中国特色"等许多标签。这是实至名归、毫不虚夸的。此次峰会确实富有鲜明的中国特色:在议程设置上体现了战略视野。中方将杭州峰会的主题确定为"构建创新、活力、联动、包容的世界经济",聚焦制约世界经济增长的深层次问题,既面向当前,也着眼长远,对症下药、标本兼治,让世界经济能够从杭州再出发。中方的议程设置得到了二十国集团成员和国际社会的广泛支持和充分肯定,有力地凝聚了各方共识,推进了务实行动,为峰会的成功奠定了基础。

中国作为东道主,既倡导、提出国际经济合作的理念和倡议,也践行在先,促成了许多成果的达成,**充分展现了在杭州峰会中的主导、引领作用**。

中国作为东道主,始终坚持开放、透明、包容的办会理念,全方位地走出去开展二十国集团**外围对话**,走进联合国,走进非盟总部,走进最不发达国家、内陆国和小岛国,倾听各方利益诉求,对话覆盖了几乎所有联合国会员国。倾听来自社会各界的声音,打造最广泛共识,赢得了各方支持和认同。

中国作为东道主,在安排上精心设计,体现了中国印记,既延续二十国集团传统安排,也大胆进行创新,实现了"西湖风光、江南韵味、中国气派、世界大同"的有机结

---

[15] 二十国集团(G20)是一个国际经济合作论坛,于1999年9月25日由八国集团(G8)的财长在华盛顿宣布成立,属于布雷顿森林体系框架内非正式对话的一种机制,由原八国集团与其余十二个重要经济体组成。该组织的宗旨是为推动已工业化的发达国家和新兴市场国家之间就实质性问题进行开放及有建设性的讨论和研究,以寻求合作并促进国际金融稳定和经济的持续增长,按照以往惯例,国际货币基金组织与世界银行列席该组织的会议。二十国集团的成立为国际社会齐心协力应对经济危机,推动全球治理机制改革带来了新动力和新契机,全球治理开始从"西方治理"向"西方和非西方共同治理"转变。2016年9月4日至5日,二十国集团领导人第十一次峰会在中国杭州举行,这也是中国首次举办首脑峰会。资料来源:http://baike.so.com/doc/7371469-7639195.html。

[16] 参见《杨洁篪就二十国集团领导人杭州峰会接受媒体采访》,http://news.xinhuanet.com/world/2016-09/07/c_129272028.htm。

合,充分展示了中华文化的博大精深和深厚底蕴。

在二十国集团领导人杭州峰会系列活动中,中方作为主席国,提出了一系列重要理念,最集中的反映是在习近平主席与会的重要讲话中,特别是习主席在二十国集团工商峰会上发表的题为《中国发展新起点 全球增长新蓝图》[17]的主旨演讲。这篇讲话,围绕世界对中国经济的关切,发出了权威声音;着眼困扰世界经济的难题,给出了中国答案。

在演讲中,习主席以历史的眼光和宏阔的视野,回顾中国改革开放的伟大征程,立足中国今天所处新的历史起点,展望中国未来发展方向,提出了五个"坚定不移"的重要理念,与我国"十三五"规划提出的创新、协调、绿色、开放、共享五大发展理念相呼应,展现了中国未来发展的宏伟蓝图,有力回应了国际社会对中国发展方向和中国经济前景的关注,极大地增强了各方信心,释放出中国在实现自身发展的同时,也将为世界带来更多机遇的重要信号。

针对当前世界经济中的突出问题,习主席提出了共同构建创新型、开放型、联动型和包容型世界经济的主张。其核心和实质,就是抓住创新这个动力,沿着开放的路径,本着联动的精神,追求包容的目标,让增长和发展惠及所有国家和人民。

这些重要主张,是对当前世界经济面临的重大突出问题综合施策、标本兼治的中国方案,折射出中国的发展符合而且引领着世界经济潮流,表明中国正日益走向世界经济发展的最前沿。

在演讲中,习主席还**首次全面阐述了中方的全球经济治理观**。习主席指出,全球经济治理应该以平等为基础,以开放为导向,以合作为动力,以共享为目标,共同构建公正高效的全球金融治理格局、开放透明的全球贸易投资治理格局、绿色低碳的全球能源治理格局、包容联动的全球发展治理格局。[18]

有效的全球经济治理,是世界经济良性运行的保障。在中国主办二十国集团峰会这样一个历史时刻,习主席提出中方的全球经济治理观,表明中国作为一个负责任大国,在更大范围、更深层次、更高水平参与全球经济治理的同时,积极致力于为全球经济治理贡献中国理念和中国智慧。这一重要思想的提出,不仅是对中国在全球经济治理领域理念和主张的系统总结,也是对中国外交政策理念的进一步丰富与发展。在全球化逆风而行,世界经济乌云密布的背景下,中国坚持倡导平等、开放、合作、共享的全球经济治理观,体现了中国作为主席国的担当和勇气,也为二十国集

---

[17] 参见习近平:《中国发展新起点 全球增长新蓝图》,http://www.g20.org/dtxw/201609/t20160903_3305.html。

[18] 同上。

团机制作为全球经济治理核心平台的未来发展指明了方向。

二十国集团领导人杭州峰会在二十国集团发展史上具有**里程碑式**的意义。杭州峰会让世界认识到，必须坚持走创新改革之路，必须坚持走完善治理之路，必须坚持走合作共赢之路，必须坚持走共同发展之路。杭州峰会是二十国集团历史上发展中国家参与最多的一次，发展成为杭州峰会的一面旗帜。要把共同发展、共享繁荣的理念贯穿于二十国集团未来发展之中。[19]

概括起来说，此次会议在全球治理上取得了三大突破，将成为引领世界经济实现强劲、可持续、平衡、包容增长的崭新起点。[20]

第一大突破，**连接南北——治理结构更包容**。从G7/G8再到G20，国际治理框架持续演进背后的动力，是全球格局变化所带来的新需求。当下，全球新兴经济体对世界经济增长的贡献已经超过50%，但新兴经济体在全球治理机制中并没有获得相匹配的话语权。因此，要发挥二十国集团对于全球治理的重要性，首先就必须从成员结构着手弥补"南北鸿沟"，让新的治理结构更好地反映世界经济格局和实力对比的新现实，增加新兴市场国家和发展中国家的代表性和发言权。除了结构优化，治理目标也更加包容。中国国家主席习近平明确表示，希望向国际社会传递这样一个信号：二十国集团不仅属于二十个成员，也属于全世界。"我们的目标是让增长和发展惠及所有国家和人民，让各国人民特别是发展中国家人民的日子都一天天好起来！"[21]

第二大突破，**由短到长——治理视角更优化**。二十国集团峰会最初的目标就是针对当时导致危机的金融体制问题和漏洞采取措施，把急救室的病人从危险中抢救过来。近年来，二十国集团如何在后危机时代找到新议程发挥新的作用，避免成为单纯的外交平台，成为各方关注的议题。对此，习近平表示，二十国集团有必要进一步从危机应对机制向长效治理机制转型，从侧重短期政策向短中长期政策并重转型。[22] 由短到长的治理视角变化体现在各国达成的共识中。此次峰会重点着墨结构性改革，设定结构性改革优先领域、指导原则和指标体系等举措，在二十国集团历史上还是第一次。

---

[19] 参见《杨洁篪就二十国集团领导人杭州峰会接受媒体采访》，http://news.xinhuanet.com/world/2016-09/07/c_129272028.htm。

[20] 参见《G20杭州峰会实现全球治理新突破》，http://news.xinhuanet.com/world/2016-09/06/c_129271909.htm。

[21] 参见习近平：《中国发展新起点 全球增长新蓝图》，http://www.g20.org/dtxw/201609/t20160903_3305.html。

[22] 参见习近平：《在二十国集团领导人杭州峰会上的闭幕辞》，http://politics.people.com.cn/n1/2016/0905/c1001-28692951.html。

第三大突破，强调行动——治理方式更务实。一个行动胜过一打纲领。在此次峰会上，习近平强调说："我们应该让二十国集团成为行动队，而不是清谈馆。"[23] 全球治理更加务实的趋势也体现在各方达成的共识中，杭州峰会第一次就落实联合国2030年可持续发展议程制订行动计划，《二十国集团全球投资指导原则》成为全球首个多边投资规则框架。联合国秘书长潘基文对中国把联合国2030年可持续发展议程设为本次峰会的核心议题之一表示"非常感谢"。他强调，推动可持续发展"说易行难"，中国推动峰会在可持续发展议题上制订行动计划，这是历史性的贡献。国际货币基金组织总裁拉加德也认为习近平强调的"行胜于言"对于未来全球治理尤为关键，并呼吁二十国集团领导人落实杭州峰会成果，以拉动世界经济增长。

2016年9月27日，习近平在主持中共中央政治局集体学习时，就二十国集团领导人杭州峰会和全球治理体系变革议题加以简明扼要的回顾和总结。他强调，随着国际力量对比消长变化和全球性挑战日益增多，**加强全球治理、推动全球治理体系变革是大势所趋。我们要抓住机遇、顺势而为**，推动国际秩序朝着**更加公正合理的方向发展**，更好地维护我国和广大发展中国家的共同利益，为实现"两个一百年"奋斗目标、实现中华民族伟大复兴的中国梦营造更加有利的外部条件，为促进人类和平与发展的崇高事业做出更大贡献。[24]

习近平强调，二十国集团领导人杭州峰会是近年来我国主办的级别最高、规模最大、影响最深的国际峰会。我们运用议题和议程设置主动权，打造亮点，突出特色，开出气势，形成声势，引导峰会形成一系列具有开创性、引领性、机制性的成果，实现了为世界经济指明方向、为全球增长提供动力、为国际合作筑牢根基的总体目标。在这次峰会上，我们首次全面阐释我国的全球经济治理观，首次把创新作为核心成果，首次把发展议题置于全球宏观政策协调的突出位置，首次形成全球多边投资规则框架，首次发布气候变化问题主席声明，首次把绿色金融列入二十国集团议程，**在二十国集团发展史上留下了深刻的中国印记**。

习近平强调，**全球治理格局取决于国际力量对比，全球治理体系变革源于国际力量对比变化**。我们要坚持以经济发展为中心，**集中力量办好自己的事情，不断增强我们在国际上说话办事的实力**。我们要积极参与全球治理，主动承担国际责任，但也要尽力而为、量力而行。

习近平指出，随着时代发展现行全球治理体系**不适应**的地方越来越多，国际社

---

[23] 习近平：《在二十国集团领导人杭州峰会上的开幕辞》，http://world.people.com.cn/n1/2016/0904/c1002-28689927.html。

[24] 参见《习近平：加强合作推动全球治理体系变革 共同促进人类和平与发展崇高事业》，http://news.xinhuanet.com/2016-09/28/c_1119641652.htm。

会对全球治理体系变革的呼声越来越高。推动**全球治理体系变革**是国际社会大家的事,要坚持共商共建共享原则,使关于全球治理体系变革的主张转化为各方共识,形成一致行动。**要坚持为发展中国家发声,加强同发展中国家团结合作。**

习近平强调,当前,要拓展杭州峰会成果,巩固和发挥好二十国集团全球经济治理主平台作用,推动二十国集团向长效治理机制转型。要深入推进"一带一路"建设,推动各方加强规划和战略对接。习近平指出,党的十八大以来,我们提出践行正确义利观,推动构建以合作共赢为核心的新型国际关系,打造人类命运共同体,打造遍布全球的伙伴关系网络,倡导共同、综合、合作、可持续的安全观,等等。这些理念得到国际社会的广泛欢迎。要继续向国际社会阐释我们关于推动**全球治理体系变革**的理念,坚持要合作而不要对抗,要双赢、多赢、共赢而不要单赢,不断寻求最大公约数、扩大合作面,引导各方形成共识,加强协调合作,共同推动**全球治理体系变革**。

总之,回顾近年来,中国的大国外交、周边外交和南南合作外交,全方位多层次地协调推进,不拘一格,亮点频频,丰富多彩,充分显示了中国外交的创新活力;突出展现了中国全方位外交的蓬勃生机;[25]也一再**弘扬了中国特色全球治理理念和实践的引领示范作用**。

相形之下,超强美国的当权首脑在 2015—2016 年多次的习奥会晤中,虽然信誓旦旦,认同习近平提出的"不冲突、不对抗、相互尊重、合作共赢"方针,共同提升两国战略合作关系,同意在南海等问题上开展良性互动,言犹在耳,但却时时加强在中国南海兴风作浪,派遣军机、军舰多次入侵中国海陆空,公开挑衅,"其反复无常的做派令人诧异","有悖于国际大义和自身承诺"。[26] 足见其不识时务,违反世界和平潮流,如仍一意孤行,必将失尽天下人心,自食其果!

四、两种全球治理理念碰撞演进的前瞻

回首往昔,以史为师,寻找其演进轨迹,大有助于正视现实,看准方向,迈往未来。

轨迹一:坚持"垄断治理"者因其违反历史潮流,失道寡助,当前虽仍貌似强势,但正在从鼎盛不断走向式微。反之,追求"民主治理"者因其顺应历史潮流,得道多

---

[25] 参见郝斐然:《大国周边齐推进 中国外交掀热潮》,http://www.xinhuanet.com/world/jrch/652.htm。
[26] 参见《南海本无事 美国来搞事 有人想搞事 中国人不怕事》,http://tuku.club.china.com/data/thread/1013/2781/35/67/5_1.html。

助,当前虽仍貌似弱势,但正在从"星火"不断走向"燎原"。

轨迹二:实力大小决定理念胜负,追求"民主治理"者必须苦练**"内功"**。"垄断治理"者崇拜实力,只承认实力。追求"民主治理"的弱者若不苦练**"内功"**,增强自己的综合国力,和平崛起,就无从获得强霸对方应有的尊重,促其从昂头傲视、睥睨弱者,改变为俯首平视、学会谦虚。

历史证明:1840 年鸦片战争以来,弱肉强食的"丛林规则"和暴行在旧中国肆虐一百多年,在这个历史阶段中被用来调整列强与众多弱小民族之间国际政治经济关系的各种条约、协定和国际习惯或惯例,以及由此构成的国际体制,都贯穿着强烈的殖民主义、帝国主义、霸权主义精神,而且根据西方资产阶级国际法"权威"学者的论证,都是传统的国际公法的组成部分。诚如中国晚清一位思想家所揭露的:在当时,"公法乃凭虚理,强者可执其法以绳人,弱者必不免隐忍受屈也"[27]。换句话说,这些国际行为规范或行动准则,是与当年国际的强弱实力对比相适应的,弱者之所以不免隐忍受屈,就是因为其国家实力远逊于西方列强。

进入中华民国时期后,中国政界学界又流传着"弱国无外交"[28]慨叹,愤懑而又无奈。因为外交是内政的延续,是以国力作为基础的。弱小的国家综合实力很差,根本无法在国际关系折冲樽俎中与强权国家互相抗衡,平起平坐,更遑论取得优势和主导地位。它们通常只能被迫听凭强大的国家的宰割而无力反抗。即使有若干特别出色的外交家(如中华民国北洋政府时代的顾维钧)在外交场合做到"将在外君命有所不受",敢于和善于横眉冷对强权,坚持国格和正义,据理力争,雄辩滔滔,为祖国争得一定的国际舆论同情和权益,但归根结底还是无法仅仅依靠外交途径挽救丧权辱国的败局。[29]

可见,要在外交中获得公平合理的话语权和决策权,其首要前提在于奋发图强,尽力做到内政修明,大幅度提高自身的经济、军事综合国力,即苦练**"内功"**,**最大限度地增强自身的硬实力**。

轨迹三:"民主管理"理念本身不是物质力量,但可以转化为物质力量。转化之

---

[27] (清)郑观应:《盛世危言·公法》,光绪二十四年(1898 年)三味堂刊,卷一,第 42 页。
[28] 中华民国北洋政府时代的外交总长陆征祥在总结其当年外交实践时,曾愤懑而又无奈慨叹说:"弱国无公义,弱国无外交!"资料来源:http://baike.baidu.com/link? url=lBKbPGqY863gCE7IQMQlrF7_DEOfANU81O5uad2s_r5K8mkqeRbTA0qLj4RFn1gmqN39DS6JKVIDAKh1gRaQIK。
[29] 资料来源:http://baike.baidu.com/view/83939.htm#2_8。

道,在于努力传播弘扬此种正确理念,使其"掌握群众"[30],即千方百计地通过宣传教育,使此种正确理念日益深入人心,凝聚众志,引导广大群众不渝不懈地付诸实践,进行长期的奋斗拼搏,才能最终克"敌"(即"垄断治理"理念)制胜。可以说,这种从"软实力"转化而来的"硬实力",一旦从量的积累发展到质的飞跃,其威力就如核子潜能的"爆炸",任何貌似强大的"垄断治理"体制,就不可避免地终归土崩瓦解。1927—1949 年,中国人民革命事业在马克思主义理论指引下从井冈山的"星星之火"发展到全中国的红旗飘扬,就是这方面的典型历史例证。

轨迹四:弘扬"民主治理"理念、改革"垄断治理"体制的进程,不能单靠一国之力,单枪匹马,"单刀赴会"。因此,追求"民主治理"者除必须苦练**"内功"之外,还必须苦练"外功"**——只有致力于"南南联合",形成国际强劲合力,才能在"南北谈判"中力争平起平坐,促使或迫使现存"垄断治理"体制的"守护神"不断弃旧图新,破旧立新,不断走向公平合理的"民主治理"体制。

轨迹五:"垄断治理"体制的既得利益集团,并非铁板一块。其中不乏奉行"只有永恒利益,没有永恒敌友"[31]实用主义哲学的精明国家,它们属于"民主治理"体制倡导者可以从对方阵营中调动的积极因素。调动有方,即可壮大我方实力和话语权,削弱和孤立对方营垒中的最顽固者。可以说,这是"民主治理"体制倡导者必须练好的**另一种"外功"**。前述 2015 年 9 月 19—23 日习近平专程访英五日上演"东方君子与西方绅士亲睦握手"精彩喜剧之后,迅即在欧洲荷、德、法各国发生的连锁效应,就是这方面的典型例证。

轨迹六:"民主治理"体制的倡导者尽管努力贯彻"和为贵""化干戈为玉帛"原则,但"垄断治理"体制既得利益集团中的霸权龙头老大,"虎狼成性",为维持其全球霸主地位,总是时时"化玉帛为干戈",到处穷兵黩武,肆意入侵他国领土、领海、领空,破坏国际安宁和世界和平秩序,面对此种无情现实,"民主治理"体制倡导者自宜"安而不忘危,存而不忘亡,治而不忘乱",[32]尽早未雨绸缪,做好周全准备,"以革命

---

[30] 马克思名言:"批判的武器当然不能代替武器的批判,物质力量只能用物质力量来摧毁,但是理论一经**掌握群众**,也会变成物质力量。理论只要说服人,就能掌握群众;而理论只要彻底,就能说服人。所谓彻底,就是抓住事物的根本。但人的根本就是人本身。"参见《〈黑格尔法哲学批判〉导言》,载《马克思恩格斯选集》第 1 卷,人民出版社 1995 年版,第 9 页。

[31] 二战时期英国首相丘吉尔的名言。英文原话是: Neither friends nor rivals are everlasting, but only profits. 它源自 19 世纪英国首相帕麦斯顿的一句话,"A country does not have permanent friends, only permanent interests"(没有永远的朋友,仅有永远的利益),它也成为英国外交的立国之本。资料来源:http://bbs.tiexue.net/post2_6698845_1.html。

[32] 参见《周易·系词下》;人民日报评论部:《习近平用典》,人民日报出版社 2015 年版,第 29—30 页。

的两手对付反动的两手"[33]:朋友来了,有好酒;豺狼来了,有猎枪![34]

中国国家主席习近平以更铿锵有力、更斩钉截铁的话语,再一次强调:天下并不太平,和平需要保卫。我们的英雄军队有信心、有能力打败一切来犯之敌!我们的英雄军队有信心、有能力维护国家主权、安全、发展利益!今天的世界,国际形势正发生前所未有之大变局;我们面临难得机遇,正在抓住机遇,大步迈进,同时必须清醒看到,前进道路从来不会是一片坦途,必然会面对各种重大挑战、重大风险、重大阻力、重大矛盾,必须进行具有许多新的历史特点的伟大斗争。[35]

我军必须始终聚焦备战打仗,锻造召之即来、来之能战、战之必胜的精兵劲旅。安不可以忘危,治不可以忘乱。**我们捍卫和平、维护安全、慑止战争的手段和选择有多种多样,但军事手段始终是保底手段**。人民军队必须强化忧患意识,坚持底线思维,确保在党和人民需要的时候拉得出、上得去、打得赢。中国人民珍爱和平,我们决不搞侵略扩张,但我们有战胜一切侵略的信心。我们绝不允许任何人、任何组织、任何政党,在任何时候,以任何形式,把任何一块中国领土从中国分裂出去,谁都不要指望我们会吞下损害我国主权、安全、发展利益的苦果。人民军队要坚决维护中国共产党领导和我国社会主义制度,坚决维护国家主权、安全、发展利益,坚决维护地区和世界和平。[36]

轨迹七:在全球治理体系中,始终存在"顺势而为、倡导变革"和"逆势而为、反对变革"这两种国际势力。当前,随着国际力量对比消长变化,加强全球民主治理、推动全球治理体系变革乃是大势所趋。中国应当抓住机遇,顺势而为,当仁不让,与金砖国家一起,共同高举全球治理体系变革的正义大纛,发挥旗手的引领作用,联合全球众多发展中国家与愿意顺应历史潮流的一切发达国家,加强合作,共同推动国际秩序朝着更加公正合理的方向发展,为促进人类和平与发展的崇高事业做出更大贡献。[37]

---

[33] 毛泽东语:"我们是用了革命的两手政策来对付反动派的反革命两手政策的"。参见毛泽东:《读苏联〈政治经济学教科书〉的谈话(一九五九年十二月——一九六〇年二月)》,载《毛泽东文集》第 8 卷,人民出版社 1999 年版,第 103—148 页。

[34] 20 世纪 50 年代反映中国人民抗美援朝、保家卫国英雄史诗的经典电影《上甘岭》,其主题歌《我的祖国》,数十年来代代传唱不衰。其中第三阕歌词是:"好山好水好地方,条条大路都宽畅。朋友来了,有好酒;若是那豺狼来了,迎接它的有猎枪! 这是强大的祖国,是我生长的好地方,在这片温暖的地方,到处都有和平的阳光!"此歌准确地表达了中国人民热爱和平家园和敢于迎头痛击任何入侵的强霸势力、任何"虎豹豺狼"的坚定意志和坚强决心。

[35] 参见《习近平建军 90 周年阅兵讲话:有能力打败一切来犯之敌》,http://news.china.com/focus/jianjun90/news/13000810/20170730/31017385.html。

[36] 参见《习近平:绝不允许任何一块中国领土从中国分裂出去》,http://news.163.com/17/0801/10/CQODI9S40001875N.html。

[37] 参见《习近平:加强合作推动全球治理体系变革 共同促进人类和平与发展崇高事业》,http://news.xinhuanet.com/2016-09/28/c_1119641652.htm。

第 15 章 六论中国在构建 NIEO 中的战略定位：聚焦评析中国在"金砖国家"崛起十年中的引领作用以及"守法"与"变法"理念的碰撞

>> 摘要

"金砖国家"[1]集团崛起于 2007—2008 年，迄今历时 10 年，在改革国际经济旧秩序（OIEO），构建国际经济新秩序（NIEO）的历史进程中，在全球治理体系变革的历史进程中，排除障碍，稳步前进，成就突出，并且以 2017 年在中国厦门市举行的"第九届金砖国家峰会"圆满结束作为新的起点，开始新的征程，进入了金砖国家合作机制的第二个金色 10 年。面对这种蓬勃发展和蒸蒸日上的发展势头，国际社会中"有人欢喜有人愁"，褒贬不一：既有"龙吟殷殷"，也有"鹰嚣鸦噪"；国际社会对于中国在

---

[1] 2001 年，美国高盛公司首席经济师吉姆·奥尼尔（Jim O'Neill）首次提出"金砖四国"这一概念。现在常见于媒体的"金砖国家合作机制"特指 2008 年以来，新兴市场国家代表举行系列会谈和建立峰会机制，逐步拓展而成的国际政治实体。原先"金砖四国"（BRIC）一词是指巴西（Brazil）、俄罗斯（Russia）、印度（India）和中国（China）。这四个国家英文名称的第一个字母合并起来是"BRIC"，与英语单词的砖（Brick）类似，而且经济潜力巨大，显示出金色璀璨的发展前景，因此被称为"金砖四国"。2008 年，在时任中国领导人胡锦涛牵头创议和科学论证下，"金砖四国"拓展为"金砖五国"即巴西（Brazil）、印度（India）、中国（China）、南非（South Africa）和墨西哥（Mexico），其英文名称的首字母合并起来是"BRICSM"。2008 年以后墨西哥逐渐淡出"金砖国家"合作机制。2010 年 12 月，中国作为"金砖国家"合作机制轮值主席国，与巴西、俄罗斯、印度一致商定，吸收南非（South Africa）作为正式成员加入"金砖国家"合作机制，改组后"金砖五国"的英文简称遂更改为"金砖国家"（BRICS）。以上概念内涵 17 年来演进过程，参见百度百科"brics"（金砖国家）词条，https://baike.so.com/doc/6986011-7208763. 另参见陈安：《论中国在建立国际经济新秩序中的战略定位——兼评"新自由主义经济秩序"论、"WTO 宪政秩序"论、"经济民族主义扰乱全球化秩序"论》（简称《一论》），载《现代法学》2009 年第 2 期，第 3—18 页。嗣后其英文改写增订本题为"What Should Be China's Strategic Position in the Establishment of New International Economic Order? With Comments on Neo-liberalistic Economic Order, Constitutional Order of the WTO and Economic Nationalism's Disturbance of Globalization, *The Journal of World Investment & Trade*, Vol. 10, No. 3, 2009, pp. 359-396. 中国知网（Cnki）亦转载了陈安撰写的这篇论文的中文版。

"金砖国家"崛起10年中发挥的引领作用,对于"守法"与"变法"、全球"垄断治理"与全球"民主治理"等大是大非问题,也频频发生理念碰撞。本章粗略梳理和聚焦评析上述各种褒贬和理念碰撞,提出笔者个人的看法,参加国际争鸣,并就教于海内外读者。

目 次

一、引言:笔者学习和研究 NIEO 的心路历程和求知进程
  (一)汲取新知识,获得新启蒙
  (二)论中国在建立 NIEO 中的战略定位:聚焦评析"新自由主义经济秩序"论、"WTO 宪政秩序"论、"经济民族主义"论
  (三)再论旗帜鲜明地确立中国在构建 NIEO 中的战略定位:聚焦评析与时俱进,全面、完整、准确地理解邓小平"对外二十八字方针"
  (四)三论中国在构建 NIEO 中的战略定位:聚焦评析"匹兹堡发轫之路"走向何方——G20 南北合作新平台的待解之谜以及"守法"与"变法"等理念碰撞
  (五)四论中国在构建 NIEO 中的战略定位:聚焦评析 WTO 体制下的立法、执法、守法与变法
  (六)五论中国在构建 NIEO 中的战略定位:聚焦评析中国特色全球治理理念的历史来由与实践轨迹

二、金砖合作体制是顺势而为,还是逆势而动?
  (一)何谓"势"? 何谓"顺势而为"?
  (二)中国人"顺势而为"的一脉相承与开拓创新
  (三)金砖合作体制是推进全球治理体系变革的主导合力和崭新阶段

三、金砖合作体制是守法行事,还是违法行事?
  (一)关于守法行事与违法行事的歧议
  (二)金砖合作"不是要动谁的奶酪,而是要努力把世界经济的蛋糕做大"
  (三)金砖合作对现存国际经济秩序是否只追求"量变",不追求"质变"?

四、金砖合作体制是追求民主治理,还是追求垄断治理?
  (一)金砖合作推动全球经济治理改革,各国平等相待,反对强食弱肉
  (二)金砖合作推动国际关系民主化,反对霸权主义和强权政治
  (三)金砖合作反对霸权强权,追求国际公平正义

五、如何全面、完整、准确地理解习近平治国理政导世的理念体系?
  (一)面对逆流,逆水行舟

(二) 主权底线,居安思危

(三) 军事手段,捍卫和平

(四) 不冲突,不对抗,互相尊重,合作共赢

(五) 全面、完整、准确地理解习近平治国理政导世的理念体系

一、引言:笔者学习和研究 NIEO 的心路历程和求知进程

(一) 汲取新知识,获得新启蒙

"NIEO"一词,是英文"New International Economic Order"的缩写。

笔者学习和研究 NIEO 问题,肇始于 1979 年春暖花开的季节。当时正值中国共产党十一届三中全会结束不久,全国人民在邓小平理论和路线指引下,勠力同心,迈上社会主义"四个现代化建设"的康庄大道。此时,尽管笔者已届"知命"之年,历经多次奉命"转行",原先略有基础的法律专业已经荒疏了 27 年!但出于强烈的不甘落后心理和如饥似渴的求知欲望,决心急起直追,力图以勤补拙,"抢回"一些虚掷的韶光。与此同时,笔者开始学习日文,偶然在厦大南洋研究所资料室发现了当时极其难得的日本国际问题研究所刊行的《国际问题》杂志以及日本亚洲非洲研究所刊行的《亚非研究》杂志,喜出望外。遂从中遴选日本早稻田大学山冈喜久男教授等人撰写的有关 NIEO 的六篇专题论文,以"蚂蚁啃骨头"的笨办法,勤查《日汉大词典》,逐字逐句地译成中文,积之大半年,居然完成了自己设定的任务,获得了有关 NIEO 的启蒙知识,初步尝到求得新鲜知识的"甜头"和扩大学术视野的愉悦。从这个意义上说,日本早稻田大学山冈喜久男教授等人乃是笔者素未谋面的启蒙老师。至此,笔者学习和研究 NIEO 问题的兴趣和信心大增,接着,又从厦门大学图书馆中"尘封十年、无人问津、极其稀缺、绝无仅有"的英文版孤本《1974 年联合国年鉴》中,觅得 1974 年两次联合国大会通过的有关 NIEO 的三份基本文献,译为中文,辑为《国际经济立法的历史和现状》一书的"附录",提交当时处在初创阶段的法律出版社,在 1982 年推出,以飨广大读者。此时,笔者有幸奉命"归队",调回停办 27 年后复办的厦大法律系,重操法律旧业,心情复杂,喜忧参半:喜的是今后可以专注钻研法学了;忧的是脑中国际法新知识缺漏甚多,专业资料信息奇缺,极难觅得,无米之炊,巧妇尚且难为,

何况不是巧妇。此种窘境,可从《国际经济立法的历史和现状》[2]这本编译小册子的简短序言中窥见一斑。短序全文如下:

> 第二次世界大战以后,特别是近二十年来,随着第三世界的觉醒及国际力量对比的变化,在国际经济关系中出现了一系列新的法律问题,亟待深入探讨研究。国际经济立法正是在这种新的国际形势下应运而生的学科,这是一门新兴的学科,也是一门边缘性的学科。它所研究的对象,同一般的国际关系、国际之间的经济交往和经济秩序,特别是同国际公、私法上的一般行为规范和特定行动准则,都有极其密切的关系。
>
> 国际经济立法这门新兴学科究竟包含哪些具体内容?它的体系结构究竟是怎样组成的?……这些问题,目前国内外学术界都还在研究探索之中,各位国际法学者见仁见智,界说不一。但是,国际经济立法是国际法科学领域中新近出现的一个重要分支,而且它的重要性正在与日俱增,这两点已经是公认的定论,很少有人再明确地表示异议了。
>
> 本书所收六篇论文,选自日本国际问题研究所刊行的《国际问题》杂志以及日本亚洲非洲研究所刊行的《亚非研究》杂志。各篇文章的作者所采取的立场、观点和方法,并不一致;对问题进行分析的角度以及分析的深浅,亦多有不同。但是他们都在不同程度上就国际经济立法的历史、现状及其可能的发展趋向,作了一番研究探讨,提供了有关这门学科的学术见解和文献资料。可以说,这六篇文章从某些侧面反映了当今世界国际法学术界对国际经济立法这门学科开展研讨的最新动态,也部分地反映了日本各派学者在这门学科中的最新研究成果。因此,本着鲁迅先生所提倡的"拿来主义"精神,特为译出,并略加编排,以供我国经济学界、国际关系学界,特别是国际法学界参考。
>
> 当然,这些论文中有些观点未必尽妥,有的观点则是错误的。读者自不难运用马克思主义基本原则加以分析鉴别。
>
> 上述诸论文多处印证,评论和阐发一九七四年联合国大会第六届特别会议以及第二十九届常会先后通过的有关国际经济立法的三项基本文件,这三项文件在现代国际经济立法史上占有突出的地位;在当前国际经济斗争中,其重要性日益彰明。兹特全文译出,附录于后,俾便读者参照阅读,窥其全豹。唯附录文件系直接译自英文,而本书论文从这些文件中摘引的句段则系转译自日文。由于所据文本不同,译文略有出入。为了分别保持其原有面貌,译者未将两种

---

[2] 参见陈安编译:《国际经济立法的历史和现状》,法律出版社1982年版,序言。

中译文字加以统一。

在编译过程中,对若干较为生僻的名词、史实和案例原委,多在本书中第一次出现时作了简要的注释,冀能为部分初学同志提供阅读方便。编译者限于学力,在选编、译文和译注中难免有不妥或讹误之处,敬祈读者惠予指正。

陈　安
一九八一年三月,志于厦门大学法律系

(二) 论中国在建立 NIEO 中的战略定位:聚焦评析"新自由主义经济秩序"论、"WTO 宪政秩序"论、"经济民族主义"论[3]

1981 年金秋,又是托中国推行改革开放国策之福,加之一场偶发的中美学术争鸣,笔者获邀赴美研修,开始接触和认真学习原先在中国难以见到的大量英文书刊,努力对个人一知半解、或明或暗的知识缺漏,特别是 NIEO 和国际经济法方面的知识缺漏,加以修补,并从中国和第三世界的共同立场和视角独立思考,对西方发达国家的学术主张加以鉴别、扬弃,取精弃粕,开拓创新。此时,由于西方强霸发达国家的操控和南北国家实力对比的消长,关于构建 NIEO 的潮流和声势,从 20 世纪 70 年代的风起潮涌逐渐走向"衰落退潮",各种"时髦"学说纷纷出笼惑众,于是一场新的理论争鸣和交锋,就不可避免地在全球论坛上出现了。

《论中国在建立国际经济新秩序(NIEO)中的战略定位:聚焦评析"新自由主义经济秩序"论、"WTO 宪政秩序"论、"经济民族主义"论》是笔者在 2009 年初推出的、参加新的理论争鸣和交锋的一篇专论。其核心观点是:20 世纪 80 年代以来,国际社会中力图阻挠或扭曲建立 NIEO 历史潮流的各种学说层出不穷,诸如"新自由主义经济秩序"论、"WTO 宪政秩序"论、"经济民族主义扰乱全球化秩序"论等等。这类学说虽然激发了一些新的有益思考,却确实造成了一系列新的思想混乱。建立 NIEO 乃是 20 世纪 50 年代以来全球弱势群体数十亿人口争取国际经济平权地位的共同奋斗目标,当代中国人应当全面、完整、准确地加深理解邓小平的"韬光养晦,有所作为"方针,将中国在建立 NIEO 历史进程中的战略坐标和基本角色,定位为旗帜鲜明、言行一致的积极推动者。中国理应进一步发扬传统的具有独特内涵的中华民族爱国主义,通过 BRICSM 类型的"南南联合"群体,成为建立 NIEO 的积极推手和中流砥柱之一。总之,中国人务必保持清醒,谨防落入上述各种"时髦"理论的陷阱。

---

〔3〕 参见陈安:《论中国在建立国际经济新秩序(NIEO)中的战略定位:聚焦评析"新自由主义经济秩序"论、"WTO 宪政秩序"论、"经济民族主义"论》,载《现代法学》2009 年第 3 期,第 3—18 页。

(三) 再论旗帜鲜明地确立中国在构建 NIEO 中的战略定位:聚焦评析与时俱进,全面、完整、准确地理解邓小平"对外二十八字方针"[4]

这是笔者在 2009 年推出的、参加新的理论争鸣和交锋的第二篇专论。其核心观点是:20 世纪 80 年代以来,曾经风起云涌的建立 NIEO 的斗争表面上似乎日趋平寂。与此同时,国际学界各种理论也层出不穷,造成某些新的思想混乱。本章剖析有关当代国际经济秩序和中国定位的几种论说,强调:建立 NIEO 乃是全球弱势群体数十亿人口争取国际经济平权地位的共同奋斗目标。这一光明正大、理直气壮的奋斗目标,任何时候都无须讳言,不必隐瞒,更不能悄悄放弃。中国人理应与时俱进,落实科学的发展观,全面、完整、准确地理解邓小平提出的"韬光养晦,有所作为"方针;中国在建立 NIEO 中的战略定位,理应一如既往,仍是旗帜鲜明地建立 NIEO 的积极推动者之一。中国理应进一步发扬传统的、具有独特内涵的中华民族爱国主义,通过 BRICSM 类型的"南南联合"群体,成为建立 NIEO 的积极推手和中流砥柱之一。

(四) 三论中国在构建 NIEO 中的战略定位:聚焦评析"匹兹堡发轫之路"走向何方——G20 南北合作新平台的待解之谜以及"守法"与"变法"等理念碰撞[5]

这是笔者在 2009 年推出的、参加新的理论争鸣和交锋的第三篇专论。其核心观点是:20 世纪 70 年代以来,南北之间围绕建立 NIEO 的争斗几度潮起潮落,落而又起。在这过程中,作为全球最大发展中国家的中国,对于其在构建 NIEO 中的战略定位问题,中外学界见仁见智,歧议不少。本章聚焦于 2009 年 9 月下旬中国领导人在"匹兹堡二十国集团(G20)峰会"上与时俱进地贯彻邓小平"对外二十八字方针"的最新实践,针对此次二十国集团峰会郑重宣布的"匹兹堡发轫之路"(The Path from Pittsburgh)的两种前途的"待解之谜"作了探讨,进而强调:为了防止强权国家在"匹兹堡发轫之路"上再次开倒车、蹈覆辙,包括中国在内的国际弱势群体务必保持清醒头脑,厘清若干重要的观点、概念、信念和理念,用正确的、符合时代潮流的观点、概念、信念和理念,努力推进建立 NIEO 的新实践。

---

[4] 参见陈安:《旗帜鲜明地确立中国在构建 NIEO 中的战略定位——兼论与时俱进,完整、准确地理解邓小平"对外二十八字方针"》,载《国际经济法学刊》2009 年第 16 卷第 3 期,第 55—81 页。

[5] 参见陈安:《三论中国在构建国际经济新秩序中的战略定位:"匹兹堡发轫之路"走向何方——G20 南北合作新平台的待解之谜以及"守法"与"变法"等理念碰撞》,载《国际经济法学刊》2009 年第 16 卷第 4 期,第 1—29 页。

(五) 四论中国在构建 NIEO 中的战略定位:聚焦评析 WTO 体制下的立法、执法、守法与变法[6]

这是笔者在 2010 年推出的、参加新的理论争鸣和交锋的第四篇专论。其核心观点是:在中国加入 WTO"满九晋十"之际,针对国内外学界流行的某些看法,提出若干商榷意见和建言是很有必要的。中国人亟宜认真总结加入 WTO 九年以来的实践经验,对 WTO 的体制及其立法、法治、执法的现状,进行一分为二的科学剖析和判断,提高认识,用以指导今后的新实践。中国和国际弱势群体既要在 WTO 现存体制中"守法"和"适法",在实践中精通其运行规则,使其为我所用,最大限度地趋利避害;又要在实践中明辨是非臧否,深入探究 WTO 现行体制中对国际弱势群体明显不利和显失公平的各种条款规定和"游戏规则",认真思考其变革方向,并通过"南南联合",凝聚力量,推动"变法图强",促使 WTO 法制和法治与时俱进,造福全球。

(六) 五论中国在构建 NIEO 中的战略定位:聚焦评析中国特色全球治理理念的历史来由与实践轨迹[7]

这是笔者在 2016 年底推出的、参加新的理论争鸣和交锋的第五篇专论。其核心观点是:二战结束后 70 年来,全球治理的两大基本理念及其相应体制,一直在矛盾对立中不断碰撞嬗变。1974 年,邓小平依据毛泽东关于划分"三个世界"的理论,在联合国大会特别会议世界论坛上,第一次旗帜鲜明地公开提出和科学论证中国特色的全球治理理念。它是数千年中华文化中积极的处世之道和治理理念在长期实践中的积淀、升华、继承、发展与创新。近年来,中国的大国外交、周边外交和南南合作外交协调推进,不拘一格,亮点频频,丰富多彩,充分显示了中国外交的创新活力,也一再弘扬了中国特色全球治理理念和实践的引领示范作用。回首往昔,以史为师,寻找两种全球治理理念碰撞演进的轨迹,探讨理念、体制、话语权与实力之辩证互动,将大有助于正视现实,看准方向,迈往未来。当前,加强全球民主治理、推动全球治理体系变革乃是大势所趋。中国要抓住机遇,顺势而为,高举全球治理体系变革大纛,推动国际秩序朝着更加公正合理的方向发展,为促进人类和平与发展的崇高事业做出更大贡献。

---

[6] 参见陈安:《中国加入 WTO 十年的法理断想:简论 WTO 的法治、立法、执法、守法与变法》,载《现代法学》2010 年第 6 期,第 114—124 页。

[7] 陈安:《高举体系变革大纛 发挥旗手引领作用——全球治理:中国的理念与实践轨迹》,载《国际经济法学刊》2016 年第 23 卷第 3 期,第 1—17 页;陈安:《向世界展现中国理念》,载《人民日报》2016 年 6 月 5 日第 5 版;陈安:《朝着合作共赢方向发展 推动国际经济法理念变革》,载《人民日报》2016 年 11 月 7 日第 16 版。

※　※　※

时序更新,进入了 2017 年。

这一年,遇上了两大时间节点:就中国而言,2012 年中国共产党第十八届代表大会结束以来的五年,是党和国家发展进程中很不平凡的五年。五年来,党中央科学把握当今世界和当代中国的发展大势,顺应实践要求和人民愿望,推出一系列重大战略举措,出台一系列重大方针政策,推进一系列重大工作,解决了许多长期想解决而没有解决的难题,办成了许多过去想办而没有办成的大事。[8] 在内政和外交的方方面面,继往开来,开拓创新,取得了辉煌的成果。当前,全国人民在以习近平总书记为核心的中国共产党领导下,正在为实现中华民族伟大复兴的梦想,不渝不懈,继续拼搏奋斗。

就"金砖国家"而言,经历了崛起的第一个十年,克服困难,排除障碍,也取得了举世瞩目的重大成果,特别在改革国际经济旧秩序、构建 NIEO 历史进程中,在全球治理体系变革历史进程中,稳步前进,成就突出,并且以 2017 年在中国厦门市举行的"第九届金砖国家峰会"圆满结束作为新的起点,开始新的征程,进入了金砖国家合作机制的第二个金色十年。

面对这种蓬勃发展和蒸蒸日上的发展势头,国际社会中"有人欢喜有人愁",褒贬不一:既有"龙吟殷殷",也有"鹰嚣鸦噪";国际社会对于中国在"金砖国家"崛起十年中发挥的引领作用,对于"守法"与"变法"、全球"垄断治理"与全球"民主治理"等大是大非问题,也频频发生理念碰撞。

对于"金砖国家"崛起十年以及中国在其中发挥的引领作用,国际社会中的"龙吟殷殷",即予以认同、肯定和赞扬之声,已见于十年来中外媒体大量的正面报道[9] 之中,限于篇幅,这里不再罗列赘述。其中有一篇中国学者撰写的专论,把近十年来西方媒体对"金砖国家"崛起以及中国在其中发挥引领作用的各种评论,归纳为十种:(1)"金砖褪色"论;(2)"外金里砖"论;(3)"空谈俱乐部"论;(4)"机制无效"论;

---

[8] 参见习近平:《高举中国特色社会主义伟大旗帜 为决胜全面小康社会实现中国梦而奋斗》,http://cpc.people.com.cn/n1/2017/0728/c64094-29433645.html。

[9] 参见《参考消息》专栏《金砖机制与全球治理》系列文章:(1)《金砖之父:金砖国家应联手应对全球性挑战》,http://ihl.cankaoxiaoxi.com/2017/0828/2225312.shtml;(2)《俄专家认为金砖机制助推新全球化》,http://ihl.cankaoxiaoxi.com/2017/0829/2225855.shtml;(3)《印学者认为金砖机制扩大发展中国家影响力》,http://ihl.cankaoxiaoxi.com/2017/0830/2226151.shtml;(4) 王文、关兆宇:《澄清对金砖机制的十大误解》,http://ihl.cankaoxiaoxi.com/2017/0831/2226658.shtml;(5)《巴西专家:金砖机制改变全球政治经济格局》,http://ihl.cankaoxiaoxi.com/2017/0901/2227111.shtml;(6)《金砖国家引领全球治理变革》,http://ihl.cankaoxiaoxi.com/2017/0904/2227794.shtml。

(5)"金砖无芯"论;(6)"中国独大"论;(7)"金砖要消灭 G7"论、"金砖要摧毁国际经济秩序"论、"金砖是乱臣贼子"论;(8)"金砖失和"论;(9)"金砖排他"论;(10)"金砖务虚"论。专论认为,在金砖国家合作机制走完第一个十年、启程走上第二个十年之际,为了澄清思想混乱,匡正国际视听,很有必要认真破除上述"看衰"金砖的十大"迷思"或"唱衰"金砖的十大谎言。[10] 此文的归纳,虽还有待进一步准确化,但基本框架不错,可资参考,有助于引发深层思考。

至于国际社会中对于"金砖国家"崛起十年以及中国在其中发挥的引领作用发出的非议、怀疑、质疑、"鹰嚣鸦噪"之声,或出于无知,或出于偏见,或出于恶意,也屡见于以美国为首的西方列强媒体大量的负面报道之中,[11] 限于篇幅,这里也不再逐

---

[10] 参见王文、关兆宇:《澄清对金砖机制的十大误解》,http://ihl.cankaoxiaoxi.com/2017/0831/2226658.shtml. 其中提到"谎言 7:金砖革命论",中文原文:"从金砖国家第一次合作开始,就有一些声音在说,'金砖要革 G7 的命','要革国际经济秩序的命',这就是'金砖革命论'"。王文撰写的这篇文章还有另外两种版本,一种是英文版:Wang Wen, Guan Zhaoyu, 10 Myths About Brics Debunked(王文、关兆宇:《有关金砖的十种谎言被揭穿了》),https://www.ft.com/content/50fe74e6-8f0a-11e7-a352-e46f43c5825d. 其英文是:From the beginning of Brics co-operation, many have claimed the "Brics will destroy the G7", and the "the Brics will ruin the international economic order", giving rise to the myth that the Brics are disruptive. 还有一种是中英双语对照版,发表于"英文联播",其中文本标题却改为《唱衰"金砖"的十个谎言》,与发表于《参考消息》的中文标题的含义不一致,甚至大相径庭。"谎言"通常指故意捏造,恶意歪曲事实;"误解"则通常并无恶意,"谎言"与"误解"两者似不宜随便混用或互相取代。再者,如果以其英文版为准,则"'金砖要革 G7 的命','要革国际经济秩序的命',这就是'金砖革命论'",这种中译似不尽符合英文原意,不够贴切,易滋疑义,有待商榷。兹改译如正文,供讨论参考。

[11] 如美国"美国之音"(The Voice of America,VOA)、《纽约时报》(New York Times)、Washington Post(《华盛顿邮报》)以及英国《金融时报》(Finance Times)等等。试举一例:作为美国政府的重要"喉舌",美国之音早在 2015 年 7 月 9 日就发表过一篇综合性报道,题为《专家:美担心金砖峰会标志反西方同盟的成立》,表达了美国当局的忧心忡忡,说是当时作为 G7(七国集团)的强劲对手,金砖国家元首第七次会晤在俄罗斯乌法举行,"**一些美国学者认为这次峰会标志着反西方同盟的成立,意在挑战当前的国际秩序**"。资料来源:https://www.voachinese.com/a/brics-summit-20150708/2854494.html. 时隔两年多,美国之音在 2017 年 9 月 6 日又发表一篇综合性报道,题为《**金砖十,习重塑国际秩序的又一尝试?**》,公然抨击金砖厦门峰会取得的丰硕成果,说是美国康奈尔大学贸易政策高级教授、布鲁金斯学会高级研究员普拉萨德(Eswar Prasad)认为,中国正在塑造一个新的多边体系,一个体系的基调和游戏规则由它(中国)确定的、具有"中国特色"的多边主义。这种形式的多边主义与美国等西方经济体所主张的那种全球秩序大不相同。"它基于交易原则,**回避民主、人权和言论自由等价值观**,而这些正是美国长期以来努力在全球推广的价值观","北京的战略主要有两个方面:一个是在现有的国际机构中扩大自己的影响力,从内部改变游戏规则;一个是建立自己的国际机构,从而**给北京控制资金、制定规则的一些项目披上多边主义的外衣**"。"中国的'一带一路'以及去年开始运营的亚投行等项目**让北京能够在一大群国家背后藏匿自己的影响力,那些国家表面上在这些机构的运行中扮演重要角色,而实际上只能服从北京的命令。中国这样做还有效地把自己潜在的地缘政治对手拉入了自己的经济怀抱。**"资料来源:https://www.voachinese.com/a/global-order-order-20170905/4016449.html. See also Eswar Prasad, **How China Aims to Limit the West's Global Influence**(《中国如何狙击西方的全球影响》),https://www.nytimes.com/2017/09/01/opinion/china-west-democracy.html. 这篇专文表达了**美国当局及其高层智库对中国参与引领金砖的复杂心情:敌视、嫉妒、惶急、诽谤、挑拨和无奈。**兹摘录其英文原稿供学界分析批判:With the United States apparently pulling back from multilateralism, China is deploying to great effect an approach that has been some years in the making but is now bearing fruit. This form of multilateralism is built on transactional principles very different from the type of global order the United States and other Western economies have championed, one built on trust and mutual cooperation. It will eschew values like democracy, human rights and freedom of expression, which the United States has long sought to promote around the world. Beijing's strategy has two main prongs. The first is to change the rules of the game from within, by expanding Chinese influence in existing international institutions. With its rising economic clout, China has also been able to raise its voting shares at international financial institutions like the International Monetary Fund and the World Bank. At these organizations, the United States and other advanced Western economies together still have the dominant voting power. So, China(转下页)

一缕述,仅择其中和"守法"与"变法"、全球"垄断治理"与全球"民主治理"等大是大非问题密切相关者,着重予以评析。

为论述方便,本章拟紧密衔接笔者此前所撰五篇系列专论,按以下层次逐步展开:金砖合作体制是顺势而为,还是逆势而为?金砖合作体制是守法行事,还是违法行事?金砖合作体制是追求民主治理,还是追求垄断治理?如何全面、完整、准确地理解习近平治国理政导世的理念体系?

二、金砖合作体制是顺势而为,还是逆势而动?

(一)何谓"势"?何谓"顺势而为"?

"势",是个多义词,含势能、势力、趋势、形势、局势、走势、姿势、潮流趋向等等;[12]就其所属学科而言,含自然科学中的物理学,也包含人文社会科学中的历史学、社会学、经济学、政治学、外交学、军事学、国内关系学、国际关系学等领域。

因此,"顺势而为"一词,如果用于人文社会科学领域,主要是指顺应历史走向,顺应时代潮流趋向,顺应大众人心所向,去做事,去行动。与此相反,"逆势而动",主要是指违背历史走向,违背时代潮流趋向,违背大众人心所向,去做事,去行动。

厘清"势"与"顺势而为"的基本含义,有利于进一步阐明和区分一系列大是大非的现实理念问题和热点问题,诸如澄清"守法"与"违法"的歧议,区分"民主治理"与"垄断治理"的界限,明辨"追求公义"与"追求强权"的分野。

(接上页)has been subtle in its approach, creating alliances with other emerging-market countries like India and Russia to advance its priorities. The second prong of China's strategy is to set up its own international institutions. These put a multilateral sheen on projects in which Beijing controls the purse strings and also makes the rules of the game. Initiatives like One Belt, One Road — the plan to invest $1 trillion or more in transcontinental infrastructure — and the Asian Infrastructure Investment Bank, which started operation last year, allow Beijing to cloak its influence behind the facade of a large group of countries, all with ostensibly significant roles in running these institutions rather than a position that requires them to follow Beijing's commands. When China wants to show off its raw economic power, it can put on quite a show. The One Belt, One Road conference held in Beijing in May drew nearly 30 national leaders from four continents, an array of former heads of state, and numerous leaders from major public and private financial organizations. The gathering will someday be remembered not for who attended or for how much money was put up, but rather as a display of the Chinese strategy to expand its geopolitical influence. The professed multilateral nature of its initiatives allows Beijing to pull other countries more tightly into its fold. It becomes harder for countries that do not share China's values to stay on the sidelines. Many countries joining with China say they must do so to influence these new institutions from the inside rather than just complain about them from the outside. This was the justification when Britain, Germany and France signed up to become founding members of the Asian infrastructure bank, leaving the United States fuming.

[12] 参见《在线汉语字典》,"势"字,http://xh.5156edu.com/html3/2597.html。

(二) 中国人"顺势而为"的一脉相承与开拓创新

中国人运用中国智慧认定"金砖合作体制乃是顺势而为",其思想渊源可以追溯到 40 多年前,即 1974 年邓小平同志依据毛泽东同志关于"三个世界"理论在联合国大会上向全球宣讲的长篇发言。[13] 其精髓和核心在于"各国的事由各国人民自己来管,世界的事由世界各国共同来管,反对全球垄断治理,倡导全球民主治理"。就近期而言,可以追溯到胡锦涛同志 2008 年在日本北海道南北对话会议期间所作的多次发言。[14] 其精粹和核心在于"通过南南联合自强,开展南北平等对话"。就最近而言,则可以衔接到 2016 年习近平同志在中国杭州主持二十国集团峰会期间发表的系列讲话。[15] 其精粹和核心在于"倡导和推动全球治理体系变革,走向更加公平合理,共建共享幸福安康的人类命运共同体",显然,这是传承和融汇毛泽东、邓小平、胡锦涛的上述理念和实践,继往开来,开拓创新,既一脉相承,又与时俱进。

2016 年 9 月 27 日,习近平同志在主持中共中央政治局集体学习时,就二十国集团领导人杭州峰会和全球治理体系变革议题加以简明扼要的回顾和总结。他强调,随着国际力量对比消长变化和全球性挑战日益增多,加强全球治理、推动全球治理体系变革是大势所趋。我们要抓住机遇、顺势而为,推动国际秩序朝着更加公正合理的方向发展,更好地维护我国和广大发展中国家的共同利益,为实现"两个一百年"奋斗目标、实现中华民族伟大复兴的中国梦营造更加有利的外部条件,为促进人类和平与发展的崇高事业做出更大贡献。

习近平指出,二十国集团领导人杭州峰会是近年来我国主办的级别最高、规模最大、影响最深的国际峰会。我们运用议题和议程设置主动权,打造亮点,突出特色,开出气势,形成声势,引导峰会形成一系列具有开创性、引领性、机制性的成果,实现了为世界经济指明方向,为全球增长提供动力,为国际合作筑牢根基的总体目标。这次峰会在二十国集团发展史上留下了深刻的中国印记。

习近平强调,全球治理格局取决于国际力量对比,全球治理体系变革源于国际

---

[13] 参见《邓小平在联大第六届特别会议上的发言》(1974 年 4 月 10 日),http://www.people.com.cn/GB/shizheng/252/6688/6715/20011023/588430.html。

[14] 参见《胡锦涛 2 天出席近 20 场会议 中国在八国峰会分量很重》,http://cpc.people.com.cn/GB/64093/95111/95113/7497442.html。其中科学地论证"南南联合自强、开展南北对话"的两次讲话尤其重要,即《胡锦涛在发展中五国领导人集体会晤时的讲话》(2008 年 7 月 8 日,日本札幌)、《胡锦涛在八国集团同发展中国家领导人对话会议上的讲话》(2008 年 7 月 9 日,日本北海道洞爷湖)。这两次讲话,简明扼要地阐述了中国对重大国际问题的看法和主张,发挥了引导全球合作发展方向的重要作用。

[15] 参见《习近平在二十国集团领导人杭州峰会上的闭幕辞》,http://cpc.people.com.cn/n1/2016/0906/c64094-28693244.html。相关资料还可参见《二十国集团领导人杭州峰会》,http://www.xinhuanet.com/world/2016G20/jdxw.htm。

力量对比变化。我们要坚持以经济发展为中心,集中力量办好自己的事情,不断增强我们在国际上说话办事的实力。我们要积极参与全球治理,主动承担国际责任,但也要尽力而为,量力而行。

习近平指出,随着时代发展,现行全球治理体系不适应时代要求的地方越来越多,国际社会对全球治理体系变革的呼声越来越高。推动全球治理体系变革是国际社会大家的事,要坚持共商共建共享原则,使关于全球治理体系变革的主张转化为各方共识,形成一致行动。要坚持为发展中国家发声,加强同发展中国家团结合作。当前,要拓展杭州峰会成果,巩固和发挥好二十国集团全球经济治理主平台作用,推动二十国集团向长效治理机制转型。

习近平指出,党的十八大以来,我们提出践行正确义利观,推动构建以合作共赢为核心的新型国际关系,打造人类命运共同体,打造遍布全球的伙伴关系网络,倡导共同、综合、合作、可持续的安全观等等。这些理念得到国际社会的广泛欢迎。要继续向国际社会阐释我们关于推动全球治理体系变革的理念,坚持要合作而不要对抗,要双赢、多赢、共赢而不要单赢,不断寻求最大公约数,扩大合作面,引导各方形成共识,加强协调合作,共同推动全球治理体系变革。

总之,回顾近五年来,含成功主办的二十国集团杭州峰会在内,中国的大国外交、周边外交和南南合作外交,全方位多层次地协调推进,不拘一格,亮点频频,丰富多彩,充分显示了中国外交的创新活力,突出展现了中国全方位外交的蓬勃生机,也一再弘扬了中国特色全球治理理念和实践的引领示范作用。

(三) 金砖合作体制是推进全球治理体系变革的主导合力和崭新阶段

2017年,金砖合作体制经历了其金色发展的第一个十年,并以9月初金砖国家厦门峰会为新起点,迎来了其金色发展的第二个十年。此次峰会的主题是围绕"深化金砖伙伴关系,开辟更加光明未来"展开的,回顾总结金砖合作,勾画未来发展蓝图,开启合作新航程。[16]

笔者前文《五论》[17]提到,全球治理格局取决于国际力量对比,全球治理体系变革源于国际力量对比变化。实力大小决定理念胜负,追求"民主治理"者必须苦练"内功"。"垄断治理"者崇拜实力,只承认实力。追求"民主治理"的弱者若不苦练

---

[16] 参见习近平:《深化金砖伙伴关系 开辟更加光明未来——在金砖国家领导人厦门会晤大范围会议上的讲话》,http://news.xinhuanet.com/politics/2017-09/04/c_1121602495.htm。

[17] 参见陈安:《高举体系变革大纛 发挥旗手引领作用——全球治理:中国的理念与实践轨迹》,载《国际经济法学刊》2016年第23卷第3期,第1—17页。

"内功",增强自己的综合国力,和平崛起,就无从获得强霸对方应有的尊重,促其从昂头傲视、睥睨弱者,改变为俯首平视、学会谦虚。要在外交中获得公平合理的话语权和决策权,其首要前提在于奋发图强,尽力做到内政修明,大幅度提高自身的经济、军事综合国力,即苦练"内功",最大限度地增强自身的硬实力。与此同时,还必须苦练"外功"——只有致力于"南南联合",形成国际强劲合力,才能在"南北谈判"中力争平起平坐,促使或迫使现存"垄断治理"体制的"守护神"不断弃旧图新,破旧立新,不断走向公平合理的"民主治理"体制。

十年来,国际社会中南北角力的实践历程已经反复证明,金砖合作体制乃是当代推进全球治理体系变革的主导合力和"主要引擎"。

把金砖合作放在世界发展和国际格局演变的历史进程中来看,2008年以来金砖五国立足国内,集中精力发展经济,改善民生,导致经济实力不断增长,可以概括为五个层次:

第一,十年间,中国的经济实力增长迅速:经济总量增长239%,货物进出口总额增长73%,成为世界第二大经济体,13亿多中国人民的生活水平实现大幅度飞跃,中国为世界和地区经济发展做出的贡献也越来越大,一直居于金砖五国的领先地位。[18]

第二,十年间,五国经济总量增长179%,贸易总额增长94%,城镇化人口增长28%,为世界经济企稳复苏做出突出贡献,也让30多亿人民有了实实在在的获得感。[19]

第三,十年间,五国经济总量占世界经济比重从12%上升到23%,贸易总额比重从11%上升到16%,对外投资比重从7%上升到12%,为完善全球治理,促进世界经济增长做出了重要贡献。[20]

第四,进入21世纪以来,新兴市场国家和发展中国家群体性崛起,近几年来这些国家对世界经济增长的贡献率稳居高位,达到80%,是当之无愧的主引擎。[21]

第五,2017年,由金砖国家厦门峰会主持国中国发起,创造了"金砖+"的崭新模式,邀请金砖国家和埃及、墨西哥、泰国、塔吉克斯坦、几内亚五国领导人,共同出席新兴市场国家与发展中国家对话会,以扩大金砖合作的辐射作用和受益范围。与会

---

[18] 参见《习近平在金砖国家工商论坛开幕式上的讲话》,http://www.xinhuanet.com/politics/2017-09/03/c_1121596338.htm。

[19] 同上。

[20] 参见《商务部召开例行新闻发布会》,http://www.mofcom.gov.cn/article/ae/slfw/201706/20170602597540.shtml。

[21] 参见《习近平在金砖国家工商论坛开幕式上的讲话》,http://www.xinhuanet.com/politics/2017-09/03/c_1121596338.htm。

的各国领导人经对话磋商,一致同意建立更广泛的发展伙伴关系,加快落实 2030 年可持续发展议程。可以预期,此种"金砖+"创新模式,随着时间的推移,其参与者将如"滚雪球"般越滚越大,使以金砖五国为核心的"南南合作自强"实力越来越强。[22]

金砖合作机制的实力日益增强,引起举世瞩目,但也有人侧目而视,亦有人怒目而视。虽视角各异,却共同聚焦于观察此种合作机制今后的走向:凭借日益增强的实力,此种合作机制今后是守法行事,还是违法行事?

三、金砖合作体制是守法行事,还是违法行事?

(一) 关于守法行事与违法行事的歧议

"守法"与"违法",两者仅仅一字之差,对其进行辨识、区分和认定,貌似十分简单,实则相当复杂,有待层层剥笋。

此处所说的"法",显指国际经济法,即现存国际经济秩序的法律体现,或现存全球治理体系的法律表达。

现存的国际经济法本身,用唯物辩证法观察,是"一分为二"的,即既有"良法",又有"劣法"和"恶法"。因此,对待现存的国际经济法,既不能盲目地一律排斥,也不能盲目地全盘接受。具体说来,对其中的良法,应当切实遵守,对其中的劣法和恶法,应当在适法的同时,努力予以抵制,并集聚实力,积极推动变法。

换言之,面对当今现存的各种国际经济立法,包括形形色色的国际经贸"游戏规则",中国与国际弱势群体固然不能予以全盘否定,也无力立即加以彻底改造,但更不能全盘接受,服服帖帖,心甘情愿地忍受其中蕴含的各种不公与不平。对待当今现存的各种国际经济立法,正确态度理应是:**以公正、公平为圭臬**,从争取与维护国际弱势群体的平权利益的视角予以全面的检查和审查,实行"守法"与"变法"的结合。凡是基本上达到公正公平标准,因而符合改造国际经济旧秩序、建立 NIEO 需要的,就加以沿用、重申,就强调"守法";凡是违反这种需要的,就要强调"变法",并通过各种方式和途径,据理力争,努力加以改订、废弃或破除。[23]

---

[22] 参见习近平:《深化金砖伙伴关系 开辟更加光明未来——在金砖国家领导人厦门会晤大范围会议上的讲话》,http://news.xinhuanet.com/politics/2017-09/04/c_1121602495.htm。

[23] 参见陈安:《中国加入 WTO 十年的法理断想:简论 WTO 的法治、立法、执法、守法与变法》,载《现代法学》2010 年第 6 期,第 114—124 页。

(二) 金砖合作"不是要动谁的奶酪,而是要努力把世界经济的蛋糕做大"

习近平同志以生动活泼、通俗易懂的语言,说明金砖国家即"新兴市场国家和发展中国家的发展,不是要动谁的奶酪,而是要努力把世界经济的蛋糕做大"[24]。

那么,联系到现存国际经济秩序或全球经济治理体系之"与时俱进、新陈代谢、吐故纳新、弃旧图新、破旧立新"这个时代主题,联系到现存国际经济法之"守法、违法、变法"这个时代主题,究竟应当怎样全面、完整、准确地理解习近平同志的这种譬喻和这段话语? 这是有待理论界和实务界共同回顾历史,以史为师,深入探讨和认真领会的新课题。

回顾历史,围绕着上述这个时代主题而展开的南北大论战和国际大争鸣由来已久,时起时伏,伏而又起,至少可以追溯到1974年联合国两次代表大会通过《建立国际经济新秩序宣言》等三大文献之际。[25] 进入21世纪以来,围绕着上述这个时代主题而展开的国际大争鸣,也始终未有一日完全停息。特别是随着全球最大发展中国家即中国的和平崛起,国际视线越来越聚焦于和平崛起的中国对上述时代主题所持的主张及其引起的巨大影响。[26]

在这方面,美国两位著名教授论及中国在现存国际经济秩序中定位问题的三篇文章颇有代表性,传播颇广,在国际上和在中国国内共鸣、附和者不少。[27] 第一篇是美国哈佛大学教授 Alastair Iain Johnson(中文译名"江忆恩")撰写、肖欢容翻译的《美国学者关于中国与国际组织关系研究概述》,其中概述了美国学者所鼓吹的所谓中国"角色转变",即中国对待现存国际体制的基本立场,已经由现存"体制的革命者",演变到现存"体制的改革者",再演变到现存"体制的维护者"。第二篇也是这位哈佛大学教授所撰,题为《中国和国际制度:来自中国之外的视角》,是前文的姊妹篇。第三篇是美国普林斯顿大学特设讲座教授 G. J. Ikenberry 撰写的《中国的崛起与西方的未来:自由主义体制能否长存?》,其中鼓吹:(1) 国际经济秩序的特性促使正在崛起的国家进行慎重的选择——是对它进行挑战,还是顺从地融入其中? 以西方为中心、由美国领导的现存国际经济秩序,其独特之处在于它是自由主义性质的

---

[24] 《习近平在金砖国家工商论坛开幕式上的讲话》,http://www.xinhuanet.com/politics/2017-09/03/c_1121596338.htm。
[25] 参见陈安编译:《国际经济立法的历史和现状》,法律出版社1982年版,序言。
[26] 同上书,第3—18页。
[27] 这三篇文章的出处及其在中国引起的争鸣概况,参见陈安:《旗帜鲜明地确立中国在构建NIEO中的战略定位——兼论与时俱进,完整、准确地理解邓小平"对外二十八字方针"》,载《国际经济法学刊》2009年第16卷第3期,第二部分。科学地确立中国的战略定位,必须全面、完整、准确地理解邓小平的"对外二十八字方针"。

而不是帝国主义性质的,它具有不同凡响的开放性、统合性、合法性和经久不衰性。它的各种规则和机构具有不断增强的全球性民主根基和资本主义基础。尽管它有所局限,却能导致巨大的经济增长和巨大的经济实力。因此,现存的西方秩序极难被推翻,却容易加入其中。(2)在现存的西方体制下,其经济门槛很低,潜在利益却很高。中国已经发现在此种西方体制即开放性市场体制的运作中能够获得巨大的经济利益回报。(3)有幸的是,此种经济秩序早就已经存在。对美国而言,只要把现存的国际经济秩序扩大化和宪政化,就足以使中国只能努力争取成长为现存经济秩序中羽翼丰满的成员之一,而别无其他选择。(4)美国虽不能阻挠中国的崛起,却能够设法确保中国只能在美国及其西方伙伴20世纪以来已经设定的各种规则和体制的范围之内发展。(5)美国在全球的现有地位虽然可能弱化,但美国所领导的现存国际体制却能够在21世纪仍然居于统治地位。

众所周知,面对中国的崛起,美国当权者及其智囊团中历来就有"鹰派"和"鸽派"之分。"鹰派"公然鼓吹以强大实力对付和遏制莫须有的"中国威胁","鸽派"则极力主张以"怀柔"的政策和似是而非的理论,诱使中国就范入彀,在美国设定的现存国际经济体制中当一名循规蹈矩的"模范生"。上述两位美国著名教授的有关论说,就其实质而言,当均属对华"鸽派"之列,但其"师心自用,指点天下"和"世界领袖,舍我其谁"的傲态却跃然纸上,彰明较著。而其"潜在台词"和"弦外之音"则显然是:中国理应在、只能在美国设定和美国领导的现存国际经济秩序和现存经济体制之下安分守己,服服帖帖,全盘接受现状,藉以从中谋求自己的利益;既不得心怀"不轨",也不得稍有"叛逆",更不容"聚众造反"!——尽管现存经济秩序和现存经济体制中仍有不少显失公平、仗富欺贫、恃强凌弱之处。

这种"角色转化论"和"融入论"在理论上模糊了中国在建立NIEO中对自身定位的应有选择和一贯实践,因而是有待认真商榷和显不可取的!中国应当一如既往,仍然旗帜鲜明地反对国际经济旧秩序,仍然为实现南北公平而积极推动NIEO的建立。正如邓小平所言,中国永远站在第三世界一边,在国际问题上无所作为不可能,要有所作为,要积极推动建立国际政治经济新秩序。显而易见,在国际经济秩序的除旧布新问题上,中国应当立场坚定,是非分明,旗帜鲜明,积极推动,绝不能消极被动,敷衍应付,更不能含糊、暧昧、模棱、骑墙。

面对当今多处显失公平的国际经济秩序,不论何等西方学术"权威"美其名为"新自由主义经济秩序"或"WTO宪政秩序",都不宜"照单全收""全盘遵办",而必须全面剖析:对于其中有利于国际弱势群体发展的某些市场规则,应予支持和发扬;对于其中不利于甚至有害于国际弱势群体发展的某些市场规则,则应通过与全球主要发展中国家加强"南南联合",力争加以重大革新,改弦更张,不断地、自觉地、积极地推动国际经济秩序的新旧更替、除旧布新和破旧立新。这一光明正大、理直气壮的奋斗目标,任何时候都毋须讳言,不必隐瞒,更不能悄悄放弃。

历史证明:溯自 1955 年"万隆会议"迄今,六十多年以来,在当代国际社会中,在国际经济秩序新旧更替的进程中,历经多次潮起潮落,始终存在着相反的两种力量、两种理论、两种走向:一种是加强南南合作的理论和实践,积极推动国际经济秩序和国际经济法(国际经济"游戏规则")的逐步、全面更新,从而实现公平互利基础上的南北合作和全球繁荣;另一种是花样翻新,巧立美名,编造各种"理论",力图瓦解南南合作的坚定信心和不懈实践,从而维护少数经济强权国家在国际经济旧秩序和国际经济现有"游戏规则"下的既得利益。这两种力量、两种理论、两种走向之间的国际较量和角力,今后还将长期存在。国际经济秩序破旧立新、新旧更替的历程,依然任重而道远。但南南合作、国际经济秩序破旧立新的道路合乎时代需要,定会与时俱进,越走越宽!

鉴此,笔者认为,对前述习近平同志通俗易懂的譬喻,不能断章取义,不能认定这个譬喻就是"点明金砖合作要义"。[28]因为,金砖合作的真正要义,在于推动国际经济秩序破旧立新、新旧更替的历程,在于推动全球经济治理体系变革,反映世界经济格局现实。因为,正是习近平同志本人在宣示"新兴市场国家和发展中国家的发展,不是要动谁的奶酪,而是要努力把世界经济的蛋糕做大"之后,又在同一段话中强调指出"我们要合力引导好经济全球化走向,提供更多先进理念和公共产品,推动建立更加均衡普惠的治理模式和规则,促进国际分工体系和全球价值链优化重塑。要推动全球经济治理体系变革,反映世界经济格局现实,并且完善深海、极地、外空、网络等新疆域的治理规则,确保各国权利共享、责任共担"。[29]

鉴此,笔者进一步认为,对前述习近平同志通俗易懂的譬喻,必须联系习近平治国理政导世的理念体系的其他论述,加以全面、完整、准确的理解和解读,才能领悟到其真实"要义"或"真谛"。下文将就此再作进一步的深入探讨。

(三)金砖合作对现存国际经济秩序是否只追求"量变",不追求"质变"?

谈现存国际经济秩序的"除旧布新",谈国际经济法的"变法",谈全球经济治理

---

[28] 参见罗来军:《习主席点明金砖合作要义:不动谁的奶酪 做大世界经济蛋糕》,http://cpc.people.com.cn/xuexi/n1/2017/0906/c385474-29519138.html。

[29] 参见《习近平在金砖国家工商论坛开幕式上的讲话》,http://www.xinhuanet.com/politics/2017-09/03/c_1121596338.htm。

体系的"变革",必然涉及"量变"和"质变"问题。除旧布新、变法、变革,都是通过量变和质变,从一种性质的事物转变为另一种性质的事物,最终都是由旧质向新质的转化和飞跃。

马克思主义唯物辩证法认为,量变和质变的辩证关系可概括为三点:第一,量变是质变的必要准备。"不积跬步,无以至千里;不积小流,无以成江海。"[30]征途千里是一步步完成的,江海浩瀚是涓涓细流汇聚而成的。没有量变的积累,质变就不会发生。第二,质变是量变的必然结果。任何事物单纯的量变都不会永远持续下去。量变达到一定程度必然引起质变。冰一直加热,必然变成水,水一直加热,必然变成气。第三,量变和质变是相互渗透的。蚕的一生经历了从卵、幼虫、蛹、飞蛾成虫的过程。每一次变化都是阶段性或局部性的质变。所谓阶段性或局部性的质变,指的是事物就其全局来说,性质未变,而其中个别部分发生了性质的变化。这种变化,只要不改变全局,就属于阶段性或局部性的部分质变。[31]

同理,谈现存国际经济秩序的除旧布新,谈国际经济法的"变法",谈全球经济治理体系的"变革",必须不忘初心,敢于和善于审时度势,逐步地但坚定地追求"变法",追求"质变",不应"作茧自缚",只追求"量变",不追求"质变"。[32]

当然,现存的国际经济秩序或全球经济治理体系,其形成的过程是"冰冻三尺非一日之寒",相应地,其"变革"和"质变"的全过程,当然不可能一蹴而就,计日程功。然而,其"变革"过程的每一阶段或每一局部,却又都是阶段性或局部性的"质变",即从不公正、不公平变革为较公正、较公平,直到现存的国际经济秩序或全球经济治理体系发生根本性变化,达到全局性的、完全的公正和公平。所以,全球弱势群体对于实现自己的奋斗目标,既要有足够的信心,又要有足够的耐心和韧性。

---

[30] 《荀子·劝学篇》,载张觉:《荀子译注》,上海古籍出版社1995年版,第6页。
[31] 参见赵家祥、聂锦芳、张立波:《马克思主义哲学教程》,北京大学出版社2003年版,第160—162页;《量变与质变在现实生活中的作用》,http://www.doc88.com/p-600927329433.html。
[32] 毛泽东同志非常精辟地阐明了事物量变与质变的辩证关系。他强调:"新陈代谢是宇宙间普遍的永远不可抵抗的规律。依事物本身的性质和条件,经过不同的飞跃形式,一事物转化为他事物,就是新陈代谢的过程。任何事物的内部都有其新旧两个方面的矛盾,形成为一系列的曲折的斗争。斗争的结果,新的方面由小变大,上升为支配的东西;旧的方面则由大变小,变成逐步归于灭亡的东西。而一旦新的方面对于旧的方面取得支配地位的时候,旧事物的性质就变化为新事物的性质。由此可见,事物的性质主要是由取得支配地位的矛盾的主要方面所决定的。取得支配地位的矛盾的主要方面起了变化,事物的性质也随着起变化。""世界上总是这样以新的代替旧的,总是这样新陈代谢、除旧布新或推陈出新的。"这种理论对于后世界弱势群体追求实现国际经济秩序的"除旧布新",实现全球经济治理体系的"变革",具有深远的启迪和指导意义。参见毛泽东:《矛盾论》,载《毛泽东选集》第1卷,人民出版社1991年版,第304—327页。

四、金砖合作体制是追求民主治理,还是追求垄断治理?

前文提到,44年前,当邓小平在1974年联合国大会上第一次旗帜鲜明地论证中国特色全球治理理念之际,尽管"言者谆谆",但强权霸权发达国家却"听者藐藐",置若罔闻;亚非拉美发展中国家尽管为数众多,但实力尚未充分聚合,在两大类国家"实力对比"和博弈较量中,一直居于明显弱势。因此,中国提出的全球治理理念,仍然长期被垄断话语权、决策权的西方列强"束之高阁"。

这种局面,迄20世纪末,虽略有改善,但没有根本转变。经过接连几代新中国领导人带领中国亿万大众艰苦奋斗,进入21世纪以来,中国综合国力持续大幅度增长,积极主动联合若干主要的新兴经济体国家和广大弱势群体,形成日益强劲的实力,在越来越大程度上改变了南北博弈原有的实力对比。

特别是,2013年习近平同志主政以来,在新中国历代领导人既定战略方针的基础上,既一脉相承,又开拓创新,广交友邦,连续牵头提出了开拓陆上丝绸之路经济带、海上丝绸之路经济带,组建金砖国家银行、亚洲基建投资银行,合作打造人类命运共同体,共商共建共享等一系列崭新的全球治理理念,积极努力践行,突出地显示了敢于和善于"提出中国方案,贡献中国智慧"的胆略和气魄,并且充分利用各种国际论坛,积极弘扬这些全球治理理念,使其深入人心,凝聚众志,化为物质力量,开始突破了寥寥几个强霸国家长期垄断世界经贸大政话语权、决策权的原有不公平格局和不合理国际秩序,绩效累累,举世瞩目。

如今,中国牵头推动的金砖合作体制进一步发展的势头旺盛,国际霸权强权势力垄断管控全球经济"一统天下"的局面,确被捅破了一角,失去某些既得利益和霸占地盘,于是"以小人之心度君子之腹",耿耿于怀,大放厥词,发泄不满,于是,"金砖要消灭G7"论、"金砖要摧毁国际经济秩序"论、"金砖是捣乱分子"论、[33]"金砖排他"论、"中国独大"论、"金砖清谈馆"论等纷纷出笼,力图混淆视听,颠倒是非,从而继续死死抱住原先垄断旧制的既得利益和霸占地盘。

---

[33] See Wang Wen, Guan Zhaoyu, 10 Myths About Brics Debunked(王文、关兆宇:《有关金砖的十种谎言被揭穿了》), https://www.ft.com/content/50fe74e6-8f0a-11e7-a352-e46f43c5825d. 在英国《金融时报》上发表的"10 Myths About Brics Debunked",其英文用语是:"From the beginning of Brics co-operation, many have claimed the 'Brics will destroy the G7', and the 'Brics will ruin the international economic order', giving rise to the myth that the Brics are disruptive."

(一) 金砖合作推动全球经济治理改革,各国平等相待,反对强食弱肉

针对诸如此类的谎言或误解,习近平同志以宽容、坚定、明确的说理,择要作了澄清,以正国际视听。[34] 兹试概述如下:

现在,我们正处在一个大发展大变革大调整的时代。和平与发展的时代潮流日益强劲。世界多极化、经济全球化、文化多样化、社会信息化深入发展,**弱肉强食的"丛林法则"、你输我赢的"零和游戏"不再符合时代逻辑**,和平、发展、合作、共赢成为各国人民的共同呼声。在这样的大背景下,一大批新兴市场国家和发展中国家异军突起,在国际事务中发挥着日益重要的作用。金砖合作也应运而生,金砖国家携手同行,成长为世界经济的新亮点,为世界经济企稳复苏做出突出贡献,也让三十多亿人民有了实实在在的获得感。

十年中,金砖国家秉持多边主义,倡导公平正义,就国际和地区重大问题发出声音、提出方案。**我们五国积极推动全球经济治理改革**,提升新兴市场国家和发展中国家的代表性和发言权;高举发展旗帜,带头落实千年发展目标和可持续发展目标,加强同广大发展中国家对话合作,谋求联合自强。

回顾来时路,有三条启示十分重要,应该在今后的合作中发扬光大。一是**平等相待**、求同存异。金砖国家不搞一言堂,凡事大家商量着来。我们五国尊重彼此的发展道路和模式,相互照顾关切,致力于增进战略沟通和政治互信。合作中难免遇到一些分歧,但只要坚定合作信念、坚持增信释疑,就能在合作道路上越走越稳。二是务实创新、合作共赢。金砖国家不是碌碌无为的清谈馆,而是知行合一的行动队。目前已经涵盖经贸、财金、科教、文卫等数十个领域,对合作共赢的新型国际关系作出生动诠释。三是胸怀天下、立己达人。我们五国从发起之初便以"对话而不对抗,结伴而不结盟"为准则,倡导遵循《联合国宪章》宗旨和原则以及国际法和国际关系基本准则处理国家间关系,愿在实现自身发展的同时同其他国家共享发展机遇。如今,金砖合作理念得到越来越多的理解和认同,成为国际社会的一股正能量。这些都是金砖精神的具体体现,是我们五国历经十年合作凝聚的共同价值追求。这种精神在实践中不断升华,为五国人民带来福祉,也让世界因金砖合作而有所不同。

(二) 金砖合作推动国际关系民主化,反对霸权主义和强权政治

金砖合作体制勇担金砖责任,维护世界和平安宁。和平与发展互为基础和前

---

[34] 参见《习近平在金砖国家工商论坛开幕式上的讲话》,http://www.xinhuanet.com/politics/2017-09/03/c_1121596338.htm。

提。要和平不要冲突、要合作不要对抗是世界各国人民的共同愿望。金砖国家是世界和平的维护者、国际安全秩序的建设者。要加强在国际和地区重大问题上的沟通和协调,汇聚金砖合力。我们要维护《联合国宪章》宗旨和原则以及国际关系基本准则,坚定维护多边主义,**推动国际关系民主化,反对霸权主义和强权政治**。

新兴市场国家和发展中国家的发展,不是要动谁的奶酪,而是要努力把世界经济的蛋糕做大。我们要合力引导好经济全球化走向,提供更多先进理念和公共产品,推动建立更加均衡普惠的治理模式和规则,确保各国权利共享、责任共担。作为具有全球影响力的合作平台,金砖合作的意义已超出五国范畴,承载着新兴市场国家和发展中国家乃至整个国际社会的期望。要促进南南合作和南北对话,汇聚各国集体力量,联手应对风险挑战。**我们应该扩大金砖合作的辐射和受益范围,推动"金砖+"合作模式**,打造开放多元的发展伙伴网络,让更多新兴市场国家和发展中国家参与到团结合作、互利共赢的事业中来。厦门会晤期间,中方举行新兴市场国家与发展中国家对话会,邀请来自全球不同地区国家的五位领导人共商国际发展合作和南南合作大计,推动落实 2030 年可持续发展议程。[35]

习近平同志就金砖合作体制理念、目标、实践和走向所作阐明,摆事实,讲道理,雄辩滔滔,以理服人,实质上都是有的放矢,针锋相对地、平和而又有力地反驳了"唱衰金砖的十种谎言"或"对金砖机制的十大误解",澄清了混淆视听的迷雾,匡正了被颠倒的是非,排除了肤浅的误解误信。

(三)金砖合作反对霸权强权,追求国际公平正义

新中国建立以来历代国家领导人坚持反对殖民正义、反对帝国主义、反对霸权主义、反对强权政治,数十年来不渝不懈,其终极目标,就是力图构建 NIEO,就是追求实现国际公平正义。习近平同志作为最新一代中国国家领导人,在新的时代条件下,继往开来,开拓创新,把新中国历代领导人反殖、反帝、反霸、反强权的革命传统,推进到新高度、新水平和新规模,牵头引领崛起已经十年的金砖合作体制,顺应时代潮流,顺应全球弱势群体要求变革国际经济治理体系的呼声,顺势而为,其终极目标,也就是追求造福全球数十亿黎庶大众,追求实现国际公平正义。这是历史的、逻辑的、理所当然的结论。

---

[35] 参见习近平:《深化金砖伙伴关系 开辟更加光明未来——在金砖国家领导人厦门会晤大范围会议上的讲话》,http://www.xinhuanet.com/politics/2017-09/04/c_1121602495.htm;习近平:《深化互利合作 促进共同发展——在新兴市场国家与发展中国家对话会上的发言》,http://www.xinhuanet.com/2017-09/05/c_1121608786.htm。

但是,事物总是"一分为二"的。在时代潮流的主流势不可挡、滚滚向前之际,同时还存在种种逆流。对此,不必担心害怕,也不能疏忽小觑。对此,习近平同志雄才大略,早已胸有成竹。**关键在于必须全面、完整、准确地理解习近平治国理政导世的理念思想和战略体系。**

五、如何全面、完整、准确地理解习近平治国理政导世的理念体系?

(一)面对逆流,逆水行舟

用辩证唯物主义"一分为二"的观点看当代世界的客观事实,一方面,可以看到进入 21 世纪以来,新兴市场国家和发展中国家群体性崛起,成为不可逆转的时代潮流。近几年,这些国家对世界经济增长的贡献率稳居高位,2016 年达到 80%,是推动世界经济进一步发展当之无愧的主引擎。近期,世界经济呈现向好态势,国际贸易和投资回升,新一轮科技和工业革命蓄势待发,新产业、新技术、新业态层出不穷。从这个意义上讲,新兴市场国家和发展中国家面临难得的发展机遇。

但是,同时也要看到事物的另一面,即:第一,金砖合作体制进一步发展的势头旺盛,国际霸权强权势力垄断管控全球经济的"一统天下"的局面,确被捅破了一角,失去某些既得利益和霸占地盘,但霸权主义者坚持**"美国第一""朕即国家"和"冷战惯性思维",痼疾难愈**,不愿改弦更张,甚至企求历史倒退;第二,全球南北两大类国家集团实力对比,虽南长北消,但远非势均力敌,霸权强势仍然"健在",不甘愿与弱势群体平起平坐,平等磋商,互利共赢;第三,世界经济下行风险和不确定性在同步上升,多边贸易谈判举步维艰,《巴黎协定》落实遭遇阻力。部分国家内顾倾向加重,参与国际发展合作意愿减退,其政策调整的外溢效应仍在发酵。[36] 世界经济进入新旧动能加速转换的关键期,各方围绕利益、规则的博弈日益激烈,新兴市场国家和发展中国家所处的外部环境更加复杂、严峻。

面对这种新的形势,新兴市场国家和发展中国家必须牢记"逆水行舟,不进则

---

[36] 参见习近平:《深化互利合作 促进共同发展——在新兴市场国家与发展中国家对话会上的发言》,http://www.xinhuanet.com/2017-09/05/c_1121608786.htm。显然,习近平同志这段话确有所指。例如,美国总统特朗普上台后,极力推行"美国第一"(America First)国策,即把美国一国私利凌驾于全球公共利益之上,鼓吹新的贸易保护主义;带头设置种种障碍,使全球性多边贸易谈判举步维艰;不顾国际信义,退出美国前任总统奥巴马已经签署的《巴黎协定》,力图破坏已经正式生效的、为全球造福的国际协定,一意孤行到底! 参见《习近平就气候变化〈巴黎协定〉正式生效致信联合国秘书长潘基文》,http://www.xinhuanet.com/politics/2016-11/04/c_1119853185.htm;《美国正式向联合国递交退出〈巴黎协定〉意向通知》,http://news.qq.com/a/20170805/004683.htm。

退"的箴言,需要同舟共济,坚定信心,联手营造有利发展环境,努力实现更大发展,为世界经济增长做出更大贡献。为此,务必努力做到:第一,加强团结协作,共同构建开放型世界经济;第二,加强团结协作,共同落实2030年可持续发展议程;第三,加强团结协作,共同把握世界经济结构调整的历史机遇;第四,加强团结协作,共同建设广泛的发展伙伴关系。

(二) 主权底线,居安思危

中国牵头推动的金砖合作体制,在全球南北各方围绕利益、规则的博弈日益激烈之际,其所处的外部环境更加复杂、严峻。这种更加复杂、严峻的外部环境,当然不仅限于经济环境,因为,经济环境不是孤立自在的,它与国际政治环境、军事环境始终是息息相关、紧密联系、不可分割的。就中国而言,在牵头推动金砖合作体制、促进全球经济治理体制变革之际,无论回顾本国百年丧权辱国的历史惨痛,还是环顾当前外部复杂、严峻的现实环境,都应牢记主权底线,居安思危,时刻不能或忘!

具体言之,二战结束七十多年来,时代主流是和平与发展,但地区战争、局部战争,或大或小,或长或短,从未间断。全球"民主治理"体制的倡导者尽管努力贯彻"和为贵""化干戈为玉帛"原则,但全球"垄断治理"体制既得利益集团中的霸权龙头老大,"虎狼成性",为维持其全球霸主地位,总是时时"化玉帛为干戈",到处穷兵黩武,肆意入侵他国领土、领海、领空,破坏国际安宁和世界和平秩序。面对此种无情现实,"民主治理"体制倡导者自宜"安而不忘危,存而不忘亡,治而不忘乱",[37]尽早未雨绸缪,做好周全准备,"以革命的两手对付反动的两手"[38]:朋友来了,有好酒;豺狼来了,有猎枪![39]

就中国而言,当前中国主权和国家安全始终面临严重威胁。在东海领域,美国霸权主义势力与日本军国主义势力狼狈为奸,复辟侵华步伐加速,对中国虎视眈眈,伺机而动;在南海领域,美国霸权主义势力军机军舰入侵频频,对中国南疆"抵近侦察",随时可能"擦枪走火";在台海领域,美国霸权主义势力与"台独"势力互相勾结,极力阻挠和破坏中国统一大业。一言以蔽之,"天下并不太平,和平需要保卫"!

---

[37] 参见《周易·系词下》;人民日报评论部:《习近平用典》,人民日报出版社2015年版,第29—30页。
[38] 毛泽东语:"我们是用了革命的两手政策来对付反动派的反革命两手政策的。"参见毛泽东:《读苏联〈政治经济学教科书〉的谈话》(一九五九年十二月——一九六〇年二月),载《毛泽东文集》第8卷,人民出版社1999年版,第103—148页。
[39] 20世纪50年代反映中国人民抗美援朝、保家卫国英雄史诗的经典电影《上甘岭》,其主题歌《我的祖国》,数十年来代代传唱不衰。其中第三阕歌词是:"好山好水好地方,条条大路都宽畅。朋友来了,有好酒;若是那豺狼来了,迎接它的有猎枪!这是强大的祖国,是我生长的好地方,在这片温暖的地方,到处都有和平的阳光!"此歌准确地表达了中国人民热爱和平家园和敢于迎头痛击任何入侵的强霸势力、任何"虎豹豺狼"的坚定意志和坚强决心。

鉴此,中国人不能不强化忧患意识,居安思危,居危知危,未雨绸缪,及早防患未然,努力化危为安。

(三) 军事手段,捍卫和平

对当前此种外部复杂、严峻的现实环境,习近平同志早已了然于胸,并且反复多次提醒国人,必须早做准备,随时敢于和善于以军事手段捍卫和平。

2017年,习近平同志以更铿锵有力、更斩钉截铁的话语再一次强调:天下并不太平,和平需要保卫。我们的英雄军队有信心、有能力打败一切来犯之敌!我们的英雄军队有信心、有能力维护国家主权、安全、发展利益!今天的世界,国际形势正发生前所未有之大变局;我们面临难得机遇,正在抓住机遇,大步迈进,同时必须清醒看到,前进道路从来不会是一片坦途,必然会面对各种重大挑战、重大风险、重大阻力、重大矛盾,必须进行具有许多新的历史特点的伟大斗争。[40]

我军必须始终聚焦备战打仗,锻造召之即来、来之能战、战之必胜的精兵劲旅。安不可以忘危,治不可以忘乱。我们捍卫和平、维护安全、慑止战争的手段和选择有多种多样,但军事手段始终是保底手段。人民军队必须强化忧患意识,坚持底线思维,确保在党和人民需要的时候拉得出、上得去、打得赢。中国人民珍爱和平,我们决不搞侵略扩张,但我们有战胜一切侵略的信心。我们绝不允许任何人、任何组织、任何政党,在任何时候,以任何形式,把任何一块中国领土从中国分裂出去,谁都不要指望我们会吞下损害我国主权、安全、发展利益的苦果。人民军队要坚决维护中国共产党领导和我国社会主义制度,坚决维护国家主权、安全、发展利益,坚决维护地区和世界和平。[41]

(四) 不冲突,不对抗,互相尊重,合作共赢

中国人虽然必须早做准备,随时敢于和善于以军事手段捍卫和平,但又不轻易动用军事手段;只要还有可能,就尽力以和平谈判手段,化解矛盾,管控冲突,避免与入侵者迎头相撞。据媒体报道,早在2013年6月初习近平同志访美之际就以题述的"十四字方针",精准地概括了"建立中美新型大国关系"的要义。时任美国总统奥巴马在"庄园接待"中笑容可掬,对此表示认同说:"中美探讨了在互利互尊基础上新的

---

[40] 参见《习近平在庆祝中国人民解放军建军90周年阅兵时的讲话》,http://www.xinhuanet.com/mil/2017-07/30/c_129667879.htm。

[41] 参见《习近平:绝不允许任何一块中国领土从中国分裂出去》,http://news.163.com/17/0801/10/CQODI9S40001875N.html。

合作模式,欢迎中国和平崛起。"当时曾有舆论十分乐观,称之为"开启了中美'跨越太平洋合作'的新篇章"[42]。

但是,此后不久,奥巴马却迅即显露出狰狞面目,公然加紧推行"亚太再平衡"即重返亚太战略,变本加厉地以中国为假想敌,限期调集60%的海军舰艇,加强遏华、堵华、反华、侵华,使中美两国冲突对抗风险剧增。[43]

可见,中方提出的"不冲突、不对抗、互相尊重、合作共赢"方针,只是单方善良意愿,能否实现,端视对方即美方是否言行一致,不搞口是心非。如今,商人出身的美国现任总统特朗普,经常信口开河,说话做事"特离谱",前后不一,自相矛盾颇多,这是世人有目共睹的。因此,此人今后在对华政策上能否言行一致,更需拭目以待。

但是,就在美国现任总统特朗普访华前不久,即2017年9月下旬,就有中国某学者轻率地为特朗普唱赞歌、贴金箔。据新华社报道称:

> 谈及特朗普执政以来的中美关系,王文认为,今年前三个季度,中美关系发展**好于预期**。中美关系的积极度和稳定性**超过预期**。王文说,特朗普上台前显现政策不确定性、"黑天鹅效应"以及在美国政治体制内的革命性等特点,但上台后,不仅没有颠覆中美关系,反而推动"中美关系向正向发展走了很多步",**大大超过预期**。尤其在中美两国元首海湖庄园会晤之后,两国关系出现更多积极迹象。中美在全球问题上的合作度也**超过预期**。王文说,"过去我们认为中国在对外开拓尤其是参与全球治理时可能会受到美国冲击",但实际上,今天中美两国合作广泛。另外,王文认为,特朗普本人对中国的积极态度和内心好感度也**超过预期**。[44]

王文在访谈中,对特朗普上台以来九个月的"政绩"赞誉有加。连续用了1个"好于预期"+3个"超过预期"+1个"大大超过预期",一共给予5个"大赞",这是否符合事实?是否过于轻信?是否不够清醒?是否麻痹了自己,误导了舆论?是否高兴得太早了?是否还需"拭目以待,听其言,观其行"?——这6个大问题,似均仍有待于世人特别是中国人全面的认真思考和严格的实践检验。

此后50天,特朗普总统率领庞大美商团队正式访华,好客的中国人给予了盛情款待,慷慨地签署了大大有利于美方的、总值高达2500亿美元的经济贸易大单,特朗普笑容满面,喜滋滋地带着这份"A+"的成绩报告单回美"报功邀宠"去了。但转眼

---

[42]《跨越太平洋的合作》,http://news.cntv.cn/2013/06/10/VIDE1370869079333816.shtml。
[43] 参见《亚太再平衡战略》,https://baike.so.com/doc/6232088-6445427.html。
[44]《人大重阳金融研究院执行院长王文:人文交流促中美增信释疑》,https://www.scio.gov.cn/zhzc/35353/35354/Document/1564218/1564218.htm。

之间,此人却迅即开始显露出真相,与美国前总统奥巴马如出一辙:2017 年 12 月 12 日,特朗普在国防部部长马蒂斯与美军参谋长联席会议主席邓福德陪同下,签署《2018 财政年度国防授权法案》(National Defense Authorization Act for Fiscal Year 2018)。[45] 中国台湾地区媒体 13 日报道称,该法案提及考虑**美台军舰互停的适当性与可行性**,以及邀请台湾地区参加"红旗"军演等举措。这项高达 7000 亿美元的国防预算法中有诸多附加条款,有关"美台防务关系"的部分就在这些条款中。其中包括美国应强化与台湾地区之间长久的伙伴与合作关系;美国应根据台湾地区需要,定期移转让台湾地区维持足够自卫能力所需的防御装备与服务;邀请台湾地区参与如"红旗"等军演;美方应根据通过的国防授权法案,执行美台资深军官与资深官员互相交流的计划,以增进双方军事关系。据台湾地区《联合报》报道,美国国会还认为,美方应支持扩大台湾地区人员在美受训或与美军共同受训的交流计划;在西太平洋进行美台海军演习;考量美台军舰重新相互停靠的适当性与可行性。

特朗普当日在签署仪式前致辞表示,当削弱自身防御能力时,就会招致侵略,预防冲突的最好方法是做好准备。他说,《2018 财政年度国防授权法案》将让美军获得更多资源,向盟友发出明确的信息,并对敌人发出坚定的警告,即美国强大、坚定,并且做好准备。

在此之前,12 月 8 日,中国驻美公使李克新在华盛顿曾**获悉**,美国国会的《2018 财政年度国防授权法案》竟敢明目张胆地要求美国国防部评估**美台军舰互相停靠的可能性**,当即明确告知美国国会议员助理:如果美国胆敢派遣军舰到台湾,中国政府就势必启动《反分裂国家法》。**李克新当时严词警告美国切勿玩火自焚:"美国军舰抵达高雄之日,就是我解放军武力统一台湾之时。"**但紧接着,两名美国共和党参议员却要求特朗普政府面对中国"威胁"不要胆怯。

2017 年 12 月 11 日,中国外交部发言人陆慷在记者会上重申,我们将坚决维护

---

[45] 美国的《国防授权法案》是美国国会 2001 年的立法,在"保护美国国防安全"的幌子下,专对美国霸权的假想敌国或对手的军事战略和军事实力进行"评估",说三道四,肆意抹黑,包括鼓吹渲染"中国威胁"谰言,欺骗国内外公众,为美国霸权主义势力对外侵略扩张制造"舆论",寻求"支持"。为此,美国国会内部专门设立一个"美中安全审议委员会",必须每年向国会提交一份《审议报告》。"美中安全审议委员会"是一个"跨党派"的委员会,由民主党、共和党两党国会领袖各指派 6 名智囊组成,分别来自商界、劳工界、政府机构和学术界。该委员会的宗旨是"追踪、调查并向国会报告美国和中国双边贸易和经济关系对美国国家安全的影响";国会要求该委员会评估对华经济政策是否危害或有助于美国国家安全,并且在此评估基础上,为美国立法部门和执法部门提出可以促进美国国家利益的政策建议。"按照国会此项预设的既定指令,这种评估报告的结论是可想而知和不言而喻的。美国国会所属"美中安全审议委员会"的报告虽然没有法律约束力,但人们也切不可小觑其对美国政府对华政策的影响,低估其蛊惑人心和严重误导美国各界人士的实际作用。2001 年的《国防授权法案》的具体内容详见:Sec. 1238, National Defense Authorization Act for Fiscal Year 2001, pp. 336-338, http://thomas.loc.gov/cgi-bin/bdquery/z? d106;HR04205;|TOM:|bss/d106query.html|(美国国会图书馆"立法信息"网站)。有关《2018 财政年度国防授权法案》内容详见:https://www.congress.gov/bill/115th-congress/house-bill/2810/text。

国家主权和领土完整,绝不容忍国家分裂的历史悲剧重演;中方一贯坚决反对美台进行任何形式的官方往来和军事联系。[46]

2017年12月19日,中国外交部发言人华春莹在记者会上针对美国政府发表的《国家安全战略报告》(National Security Strategy of the United States of America)涉华内容,敦促美方停止故意歪曲中方战略意图,摒弃冷战思维和"零和"博弈等过时观念。她强调,中国始终是世界和平的建设者、全球发展的贡献者、国际秩序的维护者,中国在世界各地的经济和外交活动受到各国普遍欢迎。国际社会对此是有目共睹的,任何国家、任何一个什么报告想歪曲事实、恶意诋毁都是徒劳的。中方一贯认为,作为最大的发展中国家与最大的发达国家、世界前两大经济体,中美两国在维护世界和平稳定、促进全球发展繁荣方面肩负着重要的责任,拥有广泛的共同利益。合作是中美唯一正确选择,共赢才能通向更好未来。作为两个大国,中美之间存在一些分歧不足为怪。对此,应该在尊重彼此核心利益和重大关切的基础上,采取建设性方式妥善处理。中方敦促美方停止故意歪曲中方战略意图,摒弃冷战思维和"零和"博弈等过时观念,否则只会损人害己。[47]

2017年12月21日,中国国防部就美"国安报告"涉华涉军言论强硬表态指出,美国政府12月18日发表的《国家安全战略报告》罔顾事实,渲染炒作中国国防现代化建设,质疑中国军力发展意图,同和平与发展的时代主题和中美两国关系发展大势背道而驰。中国国防部强调:

> 中国始终是世界和平的建设者、全球发展的贡献者、国际秩序的维护者。中国始终不渝走和平发展道路。中国军队致力于同各国军队加强军事交流合作,在力所能及范围内承担更多国际责任和义务,提供更多公共安全产品。中国为维护世界和平、促进共同发展做出的重要贡献,国际社会有目共睹。任何国家、任何一个报告想歪曲事实、恶意诋毁都是徒劳的。中国坚定奉行独立自主的和平外交政策,维护国际公平正义,反对把自己的意志强加于人,反对干涉别国内政,反对以强凌弱。中国决不会以牺牲别国利益为代价来发展自己,也决不放弃自己的正当权益。**反观个别国家,动辄将本国利益凌驾于他国和国际社会共同利益之上,脑子里满是"零和"博弈的陈旧思维,一会儿给这个国家贴标签,一会儿给那个国家下定义,处处凸显利己主义,国际社会对此自有公论。**

---

[46] 参见《特朗普签了! 2018美国防授权法纳入评估台美军舰互停》,http://www.guancha.cn/local/2017_12_13_438940.shtml。

[47] 参见《外交部回应美国国家安全战略报告涉华内容》,http://news.xinhuanet.com/overseas/2017-12/19/c_1122136663.htm。

作为世界上最大的发展中国家和发达国家,中美两国合则两利,斗则俱伤。合作是中美两国唯一正确的选择,共赢才能通向更好的未来。[48]

2018年1月17日晚,美国"霍珀"号导弹驱逐舰未经中国政府允许,擅自进入中国黄岩岛12海里内海域。中国海军依法对美舰进行了识别查证,予以警告驱离。

1月20日,外交部发言人陆慷就此事答记者问时表示:美方军舰有关行为损害中国的主权和安全利益,对中方在有关海域开展正常公务活动的船只和人员安全造成严重威胁,违背国际关系基本准则。中方对此表示强烈不满,将采取必要措施,坚定维护中国主权。陆慷表示,中国对黄岩岛及其附近海域拥有无可争辩的主权。中方一向尊重和维护各国依据国际法在南海享有的航行和飞越自由,但坚决反对任何国家以航行和飞越自由为名,损害中国的主权和安全利益。"我们强烈敦促美方立即纠正错误,停止此类挑衅行为,以免损害中美关系和地区和平稳定。"[49]

事实表明:中国某位学者在2017年9月对特朗普的赞美吹捧,对比2017年12月至2018年1月中国政府官员精英们反复多次对美国当局的严词警告,不但突出显示了该中国学者只看现象不究本质,虽夸夸其谈,貌似学贯中西,博古通今,一时风头颇健,[50]却难免流于浅薄浮躁,眼光短浅;同时,相形对比之下,也突出显示了中国政府官员精英们善于透过现象揭露本质,立场坚定,义正辞严,掷地有声!

进而言之,世人如果深入了解美国立国前后四百多年的殖民扩张史,就不难发现美国历代许多总统和高层军政人物惯于在全球各地无事生非,制造事端,穷兵黩武,擅闯他国家园,为非作歹,其根本原因还在于美国国内庞大的军工集团垄断资产阶级对美国当局的操纵和驱使。[51]

可见,习近平同志之所以强调,"必须清醒看到,前进道路从来不会是一片坦途,必然会面对各种重大挑战、重大风险、重大阻力、重大矛盾,必须进行具有许多新的历史特点的伟大斗争"[52],确实是有的放矢、语重心长、值得深思的。

---

[48] 参见《国防部就美"国安报告"涉华涉军言论强硬表态》,https://item.btime.com/371jirg2mlv9rfqsq3o99h8lkj0? from=ssk22017-12-21。

[49] 《外交部发言人就美国导弹驱逐舰进入黄岩岛12海里范围答记者问》,http://www.xinhuanet.com/world/2018-01/20/c_1122288587.htm。

[50] 参见王文:《智库人的江湖——在中国智库治理论坛上的发言》,http://www.guancha.cn/WangWen/2016_12_19_384911.shtml;王文:《美国很焦虑 中国要伐谋》,http://news.xinhuanet.com/world/2016-12/27/c_129422070.htm;王文:《中国学者到国外,何时能有高额出场费?》,http://news.hexun.com/2017-03-01/188327621.html;王文:《特朗普首访中国,主动权已不在美国手中》,http://www.guancha.cn/WangWen/2017_11_05_433544.shtml。

[51] 详见陈安:《美国霸权版"中国威胁"谰言的前世与今生》,第三章第五节"美国长期推行侵华反华政策绝非历史的偶然",江苏人民出版社2015年版,第133—226页;本书第一编第9章"美国长期推行侵华反华政策绝非历史的偶然:'美利坚帝国'穷兵黩武四百年"。

[52] 参见《习近平在庆祝中国人民解放军建军90周年阅兵时的讲话》,http://www.xinhuanet.com/mil/2017-07/30/c_129667879.htm。

同时亦可见,习近平同志反复强调,"我军必须始终聚焦备战打仗,锻造召之即来、来之能战、战之必胜的精兵劲旅"[53],确实是洞察当今世局和军情,知己知彼,立于不败之地的。

(五)全面、完整、准确地理解习近平治国理政导世的理念体系

2012年"党的十八大以来,以习近平同志为核心的党中央团结带领全党全国各族人民,紧紧围绕'两个一百年'奋斗目标和中华民族伟大复兴的中国梦,举旗定向、谋篇布局、攻坚克难、强基固本,开辟了治国理政新境界,开创了党和国家事业发展新局面,赢得广大干部群众的衷心拥护,在国际社会产生重大影响。这五年党和国家各项事业之所以能开新局、谱新篇,根本的就在于有习近平总书记系列重要讲话精神和治国理政新理念新思想新战略的科学指引"。"以习近平同志为核心的党中央治国理政新理念新思想新战略是十八大以来全党理论创新和实践创新的集中体现,是马克思主义中国化最新成果,开拓了马克思主义在当代中国发展的新境界。"[54]这是客观的回顾和科学的总结。

中国人民学习和贯彻党中央治国理政新理念新思想新战略,首先必须全面、完整、准确地理解习近平治国理政导世的理念体系,不应片面、不完整、不准确地理解这种理念体系。之所以强调这个问题,是缘于新中国建立以来,先后曾经有过两度不完整、不准确地理解毛泽东思想和邓小平理论的历史经验教训。

众所周知,新中国建立以来,作为中国革命指南的毛泽东思想,曾经被曲解、割裂过,造成了人们的思想混乱。1976年毛泽东同志逝世后,邓小平在1977年就明确提出应当完整地、准确地理解毛泽东思想,切忌割裂、歪曲、损害毛泽东思想。他十分强调:"要对毛泽东思想有一个完整的准确的认识,要善于学习、掌握和运用毛泽东思想的体系来指导我们各项工作。只有这样,才不至于割裂、歪曲毛泽东思想,损害毛泽东思想。"[55]

1981年6月,中共中央十一届六中全会一致通过了《关于建国以来党的若干历史问题的决议》,拨乱反正,澄清和纠正了"文化大革命"造成的思想混乱,使中国革

---

[53] 参见《习近平:绝不允许任何一块中国领土从中国分裂出去》,http://news.163.com/17/0801/10/CQOD I9S40001875N.html。

[54] 《迎接党的十九大暨〈以习近平同志为核心的党中央治国理政新理念新思想新战略〉出版座谈会》,https://www.chinanews.com/gn/2017/07-03/8268043.shtml。

[55] 邓小平:《完整地准确地理解毛泽东思想》(1977年7月21日),载《邓小平文选》第2卷,人民出版社1994年版,第42页;习近平:《在纪念毛泽东同志诞辰120周年座谈会上的讲话》,http://news.xinhuanet.com/politics/2013-12/26/c_118723453.htm。

命和建设得以继续沿着正确的道路大步迈进。[56]

"1989年政治风波"之后,以美国为首的西方列强对中国发动了"经济制裁",在新的不利形势下,邓小平提出了"对外二十八字方针":"冷静观察,稳住阵脚,沉着应付,善于守拙,决不当头,韬光养晦,有所作为。"对此,中外学术界又曾产生各种曲解和误解,造成新的思想混乱。

经过将近十年的深入的探讨和争鸣,学界终于明确今后中国必须善于掌握邓小平提出的"韬光养晦"与"有所作为"的革命辩证法,既不不自量力,以"救世主"自居,空唱高调,争"出风头",锋芒毕露,树敌过多,孤军猛冲;也不在全球南北矛盾的大是大非上暧昧含糊,依违模棱,消极回避,随人俯仰,无所作为。相反,充满智慧的中国人势必会总结新的实践经验,把邓小平早在1974年率先在联大郑重提出的前述倡议,在1990年概括提出的"对外二十八字方针",与此后在新形势下的新实践密切地结合起来,积极地有所作为,使邓小平理论及其全球战略思维,在新形势下"既一脉相承又与时俱进",上升到更高层次,指引中国人通过更有效的南南联合,与其他主要发展中国家一起,共同成为建立NIEO的积极推手和中流砥柱。[57]

以习近平同志为核心的党中央治国理政新理念新思想新战略,是全党理论创新和实践创新的集中体现,是马克思主义中国化的最新成果,开拓了马克思主义在当代中国发展的新境界。作为中国革命的最新指南,它本身也是一个完整的体系,是一个辩证的[58]、全球战略思维的整体,任何时候都应加以完整、准确地理解,不能断章取义,取其一点,不及其余,以免割裂、歪曲、损害习近平理论及其辩证的全球战略思维,错误解读习近平治国理政导世的理念体系。这是全国人民必须牢记和共勉的。

这样提醒,既非危言耸听,也非杞人忧天,因为当前有些媒体和学者的某些言论,已出现不妥解读或错误解读的苗头,似不可不及时留意和杜渐防微。[59]

---

[56] 参见《关于建国以来党的若干历史问题的决议》,http://cpc.people.com.cn/GB/64162/71380/71387/71588/4854598.html。

[57] 参见陈安:《旗帜鲜明地确立中国在构建NIEO中的战略定位——兼论与时俱进,完整、准确地理解邓小平"对外二十八字方针"》,载《国际经济法学刊》2009年第16卷第3期,第55—81页。

[58] 两千多年前,中国儒家先贤荀况曾以极其简洁的、充满**辩证**思维的语言,概述以"王道"和"仁义"治理天下的主张,即"仁眇天下,义眇天下,威眇天下。仁眇天下,故天下莫不亲也。义眇天下,故天下莫不贵也。威眇天下,故天下莫敢敌也。以不敌之威,辅服人之道,故不战而胜,不攻而得,甲兵不劳而天下服。是知王道者也"(《荀子·王制》)。这段话的大意是:**仁、义、威,三种手段必须同时具备,缺一不可**,相辅相成,灵活运用。奉行王道的君主,他的仁爱,高于天下各国,道义高于天下各国,威势高于天下各国。仁爱高于天下各国,所以天下没有谁不亲近他。道义高于天下各国,所以天下没有谁不尊重他。威势高于天下各国,所以天下没有谁敢与他为敌。拿不可抵挡的威势去辅助使人心悦诚服的仁义之道,可以不战而胜,不攻而得,不费一兵一甲天下就归服了。这就是懂得以"王道"治理天下的君主。

不妨说,以习近平同志为核心的党中央提出的治国理政新理念新思想新战略,包括**反复强调战备、强军兴军、树立军威在内**,乃是中国先贤面对当时"天下"外部复杂、严峻环境,善于**居安思危、辩证思维、两手准备**在新历史条件下的重大创新发展。

[59] 参见本章第五部分(四)。

第16章　论马克思列宁主义对弱小民族国家主权学说的重大贡献[1]

▶▶ 内容提要

本篇专论回顾和探讨国际共产主义运动史上有关"民族自决"问题的长期论战，研究国际公法上有关弱小民族国家主权学说的争鸣辩难，侧重论述殖民地、半殖民地弱小民族国家主权——民族自决权问题在国际共运队伍中的论战过程及其发展历史。

在近现代历史上，资产阶级国际法学者视西方发达国家的主权问题如神物，论述不少；反之，视殖民地、半殖民地弱小民族国家主权问题如草芥，论证不多。即使有，也极尽歪曲贬抑之能事。第二次世界大战后，联合国在新形势下把尊重弱小民族国家主权——民族自决权作为组织宗旨和重大原则列入宪章；特别是嗣后数十年以来，亚非拉大量殖民地在长期斗争后纷纷宣告独立，成为新的主权国家，并继续为争得彻底、完整的独立主权而斗争；联合国大会也一再讨论和通过有关尊重和维护弱小民族国家主权的各种具体决议。因此，现在连最保守的西方资产阶级国际法学者，也不得不重视从历史与现状的结合上，对国际法中弱小民族国家主权这一重大课题进行认真的研究。这是问题的一方面。

问题的另一方面是：在帝国主义时代，列宁把马克思主义推进到列宁主义阶段。在1895年恩格斯去世后约三十年的长时期中，列宁反复多次论及殖民地、半殖民地弱小民族的自决权——国家主权问题，对于无产阶级的国际法理论，特别是国际法上的国家主权学说作出了杰出的贡献。

本篇专论把1895—1924年列宁在弱小民族国家主权这个重大历史课题上的分散论述加以系统整理和综合研究，探讨其学说体系的发展过程；同时，收集、整

---

[1] 本篇专论篇幅约22万字，曾于1981年由三联书店以单行本出版，题为《列宁对民族殖民地革命学说的重大发展》。辑入本书时对单行本原有标题和体例稍作调整，其基本内容保留原貌，未作重大改动。

理与列宁同时代的各种机会主义流派在同一问题上的著作和观点,进行比较分析和评论批判,冀能以史为师,明辨是非。因此,本篇专论对于总结国际共运中的民族殖民地学说,研究国际公法中的弱小民族国家主权学说,对于探讨当代众多发展中国家(第三世界)的历史来由、现实地位和发展趋向,均略具索引作用和参考价值。

▶▶ 目　次

一、近代民族殖民地问题的产生,马克思、恩格斯关于民族殖民地问题的基本理论
　　(一)近代殖民主义者的侵略活动和殖民地、半殖民地人民的反抗斗争
　　(二)马克思、恩格斯在民族殖民地问题上的基本观点

二、第二国际后期,列宁在民族殖民地问题上反对修正主义的斗争
　　(一)帝国主义时代基本矛盾的激化和修正主义路线的出现
　　(二)列宁对伯恩施坦、万-科尔之流在民族殖民地问题上谬论的斗争
　　(三)列宁对爱尔威之流在民族殖民地问题上谬论的斗争
　　(四)列宁对鲍威尔之流在民族殖民地问题上谬论的斗争

三、第二国际破产以后十月革命胜利以前,列宁在民族殖民地问题上进一步反对修正主义的斗争
　　(一)第一次世界大战爆发,民族殖民地问题进一步尖锐化
　　(二)列宁对考茨基之流在民族殖民地问题上谬论的斗争
　　(三)列宁对库诺夫、谢姆柯夫斯基之流在民族殖民地问题上谬论的斗争

四、十月革命以后第三国际初期,列宁在民族殖民地问题上清除修正主义流毒的斗争
　　(一)1917年底至1924年初民族殖民地问题面临的新形势
　　(二)列宁对第二国际余孽们在民族殖民地问题上谬论的斗争
　　(三)列宁对第三国际内部布哈林、罗易之流在民族殖民地问题上"左"倾空谈的斗争

一、近代民族殖民地问题的产生，马克思、恩格斯关于民族殖民地问题的基本理论

(一) 近代殖民主义者的侵略活动和殖民地、半殖民地人民的反抗斗争

黄金——"上帝"和"咒语"

迢迢万里，远涉重洋，到异国异地实行殖民掠夺，这种活动，肇端于 15 世纪。它是作为西欧各国资本原始积累的一项主要因素而出现在人类历史上，也作为西欧各国剥削阶级的罪行录而载于史册。

"掠夺是一切资产阶级的生存原则"[2]，也是一切剥削阶级的共同圣经。欲壑最难填！他们不满足于对本国人民的压榨，在拼命吸吮本国劳动者脂膏的同时，又把贪婪的眼光盯着国外。在 15 世纪时，西欧各国的商业资本已经相当活跃，一批又一批地输入西欧的绫罗绸缎、珠宝首饰、香料珍馐等东方各色奢侈商品和名贵特产，绚丽多姿，琳琅满目，招惹得西欧上层社会的剥削者们眼花缭乱，大大刺激了他们的无尽贪欲，使他们更加垂涎东方的财富。

随着当时欧洲商品货币经济的日益发达，黄金已经成为一切"**物质财富的物质代表**"[3]，变成了一切"商品的上帝"![4] 因比，不择手段地极力搜求黄金，就成为西欧一切剥削者的共同狂热。无论是铜臭熏天的豪商巨贾、式微没落的封建贵族，还是位居至尊的专制君主，都毫无例外地匍匐在黄金面前，成为黄金拜物教的虔诚信徒。他们像苍蝇逐臭一样，拼命地追寻黄金。

当时西欧在《马可·波罗游记》的影响下，盛传东方诸国是遍地黄金宝石的"仙境"：黄金之多，难以计数；黄金之贱，有如砖石；而当地居民之"蠢"，竟又达到对黄金"不知何用"的地步。[5] 但是，通往东方的陆上道路自 15 世纪下半期以来已被崛起于西亚和地中海东部一带的奥斯曼土耳其帝国所遮断。于是，由封建君主封官许愿、豪商巨贾出钱资助、冒险家和亡命之徒出力卖命，飘泊远洋去寻找新航路的活动

---

[2] 马克思：《致路·库格曼(1870 年 12 月 13 日)》，载《马克思恩格斯全集》第 33 卷，人民出版社 1973 年版，第 167 页。
[3] 马克思：《政治经济学批判》，载《马克思恩格斯全集》第 13 卷，人民出版社 1973 年版，第 114、115 页。
[4] 同上。
[5] 参见《马可·波罗行纪》，冯承钧译注，商务印书馆 1936 年版，下册，第 623 页；中册，第 494 页。

盛极一时。正如恩格斯所指出的:"葡萄牙人在非洲海岸、印度和整个远东寻找的是黄金;黄金一词是驱使西班牙人横渡大西洋到美洲去的咒语;黄金是白人刚踏上一个新发现的海岸时所要的第一件东西。"[6]

对于这类活动的掠夺目的和掠夺性质,早期的殖民主义者们几乎是直言不讳的。例如,在哥伦布和麦哲伦先后同西班牙君主签订的书面协定中,除了由国王把他们预封为新发现土地的钦差和总督,并允许他们把这些官衔和权力传诸子孙之外,还逐项列出希望从大洋彼岸捞到的主要财富:"珍珠或宝石、黄金或白银、香料以及其他物品";特别是还明文规定了立约双方对于未来掠夺搜刮所得财物的分赃比例。真可谓"未见鹿踪,先议分肥"!而哥伦布在他给西班牙君主的海外来书中,除了极言发现黄金之多和盛赞"黄金甚至可以使灵魂升入天堂"之外,还向国王夫妇保证:要想方设法,使当地"所有的黄金……万无一失地源源流进陛下的财库之中"。至于非洲西部一带曾经被长期命名为"胡椒海岸""象牙海岸""黄金海岸""奴隶海岸",南美洲北部沿岸曾被称呼为"珍珠海岸",亚洲南部的马鲁古群岛曾被标明为"香料群岛",所有这些名称,正是早期欧洲殖民主义者从事掠夺活动的坦白自供状,也是殖民活动之掠夺本质的历史见证!

为了发横财,早在15世纪之初,葡萄牙的殖民主义者就于1415年占领了非洲西北的休达地区。随后又继续南下,在非洲西岸进行殖民掠夺和强占土地。到了15世纪末16世纪初,1492—1502年哥伦布先后四次向西横渡大西洋,陆续发现了美洲的岛屿和大陆;1497—1498年达·伽马向南绕过非洲的好望角抵达亚洲的印度;1519—1522年麦哲伦及其同伴向西南穿越了美洲南端的海峡,进一步航经太平洋、印度洋,最后回到欧洲,首次完成了环球航行(麦哲伦本人于1521年航抵菲律宾时因进行侵略活动被当地居民击毙)。这些"地理大发现",为进一步开展全世界大规模的殖民掠夺开辟了前所未有的广阔场所。自此以后,欧洲各国的殖民主义者依仗其坚船利炮,在全球各地肆行掠夺和占领,从16世纪至19世纪90年代初这数百年间,就使亚洲、非洲、美洲亿万平方公里的大好河山相继沦为殖民地和半殖民地,使这些地区的亿万人民纷纷罹遭丧权辱国甚至亡族灭种的惨祸。

在这几百年中,葡萄牙、西班牙、荷兰、英吉利、法兰西、德意志等国,既互相争夺,又互相勾结,先后或同时横行诸大洋,肆虐全世界。到了19世纪90年代初期,这些殖民强国所分别霸占的殖民地面积,相当于各自本土的几倍、十几倍、几十倍乃至于一百多倍。例如,葡萄牙的殖民地达240多万平方公里,约为本土的27倍;荷兰的

---

[6] 恩格斯:《论封建制度的瓦解和民族国家的产生》,载《马克思恩格斯全集》第21卷,人民出版社1965年版,第450页。

殖民地达 200 万平方公里,约为本土的 50 倍;殖民地遍及全球、号称"日不落帝国"的英吉利,其本土只不过 24 万多平方公里,而霸占的殖民地却多达 3050 多万平方公里,两者相比,其殖民地面积竟为本土的 125 倍之多!怪诞故事中所虚构的"蛇吞象"[7],竟然成为当时国际关系的真实写照,成为活生生的历史事实!截至 1895 年,欧洲列强侵占殖民地的大体情况如表 1-16-1 所示:

表 1-16-1　1895 年列强殖民地面积概况[8]　　　（面积单位:万平方公里）

国名	殖民地面积	宗主国本土面积	殖民地面积相当于宗主国本土的倍数
英国	3051.9	24.4	125.0
俄国	1740.0	540.0	3.2
法国	839.7	55.1	15.2
德国	265.7	35.6	7.5
葡萄牙	242.5	8.9	27.2
比利时	235.5	3.0	78.5
荷兰	202.0	4.1	49.3
西班牙	31.5	50.4	0.6

在当时国际殖民主义者中,其贪婪凶恶丝毫不亚于英国的,首推沙俄。沙俄这个本土面积五百多万平方公里的欧洲国家,到了 19 世纪 70 年代,竟已霸占和侵吞了 1700 多万平方公里的殖民地,[9]与英国并列而成为全世界两大殖民霸主。

如所周知,沙俄原是东欧内陆的一个国家。但好几代的沙皇却都梦寐以求地企图"建立一个从易北河到中国、从亚得利亚海到北冰洋的伟大的斯拉夫帝国"[10]。为了实现称霸世界的狼子野心,这个缺乏出海口因而一时无法仿效西欧诸国扬帆远征的内陆国家,便采取了"与众不同"的、臭名远扬的"大陆膨胀政策",对紧贴着它的四周弱国、小国,豪夺巧取,择肥而噬。自 17 世纪末叶的彼得一世(1682—1725 年)以来,历代沙皇精心炮制和拼命推行一项北取、西攻、南犯、东侵的扩张称霸计划,发动了一系列的侵略战争。通过穷兵黩武和蚕食鲸吞,到了 19 世纪 80 年代初,沙俄竟从东欧内陆一个不大的国家迅速"膨胀"成为一个地跨欧、亚两洲的庞大殖民帝国,成

---

[7] 中国古籍《山海经》所录怪诞传闻中,有一条是:"巴蛇食象,三岁而出其骨。"明人罗洪先曾以"人心不足蛇吞象,世事到头螳捕蝉"诗句,形容剥削阶级的贪婪无餍和强食弱肉。

[8] 本表殖民地面积,系根据日本大盐龟雄所著《最新世界殖民史》一书附录"世界殖民地现势一览表"及"近世殖民史年表"累计估算。

[9] 参见列宁所撰:《社会主义的原则和 1914—1915 年的战争》及《帝国主义是资本主义的最高阶段》中的两份统计表,分别载《列宁选集》第 2 卷,人民出版社 1972 年版,第 671、800 页。

[10] 恩格斯:《德国和泛斯拉夫主义》,载《马克思恩格斯全集》第 11 卷,人民出版社 1962 年版,第 223 页。

为一座迫害、奴役、掠夺、剥削一百三十多个弱小民族的庞大监狱,从而"打破了民族压迫的世界纪录"[11]!

殖 民 十 恶

目的的卑鄙决定了手段的卑鄙。利欲熏心决定了无恶不作。西方殖民主义者对弱小民族实行掠夺的手段,在资本原始积累时期、"自由"资本主义时期以及后来的垄断资本主义时期,虽然有不同的表现形式、不同的侧重方面,但是,总的说来,15世纪以来的数百年间,欧洲列强在亚、非、美广大地区实行殖民掠夺的历史,是一部火与剑的历史,也是一部血和泪的历史。殖民主义者为了发财致富,欠下了亚、非、美人民一笔又一笔的血债,正如马克思所揭露的,他们"只有用人头做酒杯才能喝下甜美的酒浆"[12],其掠夺手段之残暴无耻,达到前所未有的地步。下面所列举的十个方面,只是其中的一斑:

欺蒙诈骗,以贱易贵 早在15世纪末,哥伦布在他的航海日记中就记载,他的同伙们用玻璃碎片、碎碗破盆之类的废物换取美洲印第安人手中的小金块和珍珠。[13]达·伽马于首航亚洲,闯到印度之后,也是采取以贱易贵的骗术,满载两大船的香料和象牙回欧,牟取暴利达6000%![14] 至于后来的英国殖民魁首谢西尔·罗得斯的诈骗手腕,则更加骇人听闻:1888年,他竟以一千支旧步枪、一艘破汽艇和每月一百英镑津贴作为代价,与南非马达别列酋长洛本古拉订立所谓"友好"条约,骗取了津巴布韦全境近四十万平方公里广阔地区(相当于英国本土一倍半或十个荷兰)富饶金矿的开采权,同时残暴镇压马达别列人民的反抗。两年之后他就戴上了英国开普殖民地"总理"的乌纱帽,还用他的名字强把津巴布韦这片土地命名为罗得西亚。

明火执仗,杀人越货 欧洲的殖民者当然不满足于区区的"巧取",主要还是靠残暴的豪夺。例如,1532年11月,以毕萨罗为首的一伙西班牙殖民主义者在一场突然袭击中杀害了数以万计的秘鲁印卡族的印第安人,绑架了印卡国王阿塔华尔巴,勒索巨额赎金:强迫印卡人用黄金填满监禁印卡国王的22英尺长17英尺宽的一间牢房,用白银填满较小的另外两间房子。等到收齐了这批价值数千万美元的金银之后,为了斩草除根,却又杀了这个国王。[15] 就是通过诸如此类的凶残手段,从1521

---

[11] 列宁:《关于自决问题约争论总结》,载《列宁全集》第22卷,人民出版社1958年版,第354页。
[12] 马克思:《不列颠在印度统治的未来结果》,载《马克思恩格斯全集》第9卷,人民出版社1961年版,第252页。
[13] 参见〔苏联〕马吉多维奇:《哥伦布》,吴洛夫译,新知识出版社1958年版,第12、24页。
[14] 参见〔美〕海斯等:《世界史》,纽约1946年英文版,第423页。
[15] 参见〔美〕福斯特:《美洲政治史纲》,纽约1951年英文版,第三章第三节。

年到 1560 年这 40 年中,西班牙殖民者就从美洲掠夺了黄金 15.7 万公斤,白银 467 万公斤;从 15 世纪末到 16 世纪末这一百年中,葡萄牙殖民者就从非洲抢劫了黄金 27.6 万公斤。

殖民强盗们在非洲、亚洲的所作所为,和在美洲如出一辙。据当年目击者的记载,1832 年法国殖民军在阿尔及利亚的一场屠杀中所抢到的"战利品"里面,竟然有许多"女人戴的镯子还戴在被砍下来的手腕上,耳环还挂在一块一块的耳肉上"[16]。在印度,英国殖民侵略者每于攻陷城堡进行血腥屠杀的同时,打开国库,抢个精光。"军官和士兵进城的时候是穷光蛋或者负债累累,而出城的时候都突然变成了富豪"[17]。他们在杀人越货之后,还要哼哼地大发议论,论证自己十分"克制"和"宽仁"。就是那个 1757 年血洗孟加拉的罪魁罗伯特·克莱武,在独吞盗赃二十万英镑和无数珍宝之后,竟恬不知耻地在英国议会自吹:"富裕的城市在我脚下,壮丽的国家在我手中,满贮金银珍宝的财宝库在我眼前。我统共只拿了二十万镑。直到现在,我还奇怪那时为什么那样留情。"

与克莱武可以"比美"的,是沙皇俄国的侵华急先锋哈巴罗夫。这个大刽子手曾率领一股沙俄殖民匪徒窜入中国的黑龙江流域,对达斡尔人等沿江各族人民大肆烧杀掳掠。他在 1652 年 8 月的一份报"功"呈文中写道:

> 在包围了中国境内的一个大寨堡之后,我命令翻译喊话,说我们的国家是伟大的,我们的全俄沙皇亚历克赛·米海伊洛维奇大公是威震四方的统治者,……不许抵抗,快缴械投降,要向我们的皇上缴纳你们力所能及的实物贡品……
>
> 我们靠上帝保佑和托皇上的福,把俘虏来的达斡尔人全部砍下头来,……杀死了大人和小孩六百六十一人,……托皇上的福,我们夺下了这个寨堡,……抓到的妇女俘虏,年老的、年轻的以及小姑娘共计二百四十三名,俘虏小孩一百一十八名;我们从达斡尔人那里夺得马匹,大小共计二百三十七匹,还夺得牛羊牲畜一百一十三头。[18]

---

[16] [法]马赛尔·艾格列多:《阿尔及利亚民族真相》,维泽译,世界知识出版社 1958 年版,第 45 页。
[17] 恩格斯:《英国军队在印度》,载《马克思恩格斯全集》第 12 卷,人民出版社 1962 年版,第 526 页。
恩格斯在这里指的是 1857 年英国殖民军攻陷印度奥德首府勒克瑙后纵兵洗劫两星期的情景。据当年英国《泰晤士报》军事通讯员威廉·罗素报道,当时英军官兵抢到了大量金银和珍珠、翡翠、钻石,"有些军官真正发了大财,……在放军装的破箱子里,藏着一些小匣子,里面装着苏格兰和爱尔兰的整个庄园,装着世界上……各个地方的舒适的渔猎别墅"。
[18] 《叶罗菲伊·哈巴罗夫报告他在黑龙江进行军事活动的呈文》,载〔苏联〕列别吉夫等编:《苏联历史文选》(第一卷),苏联教育部国家科学教育出版社 1949 年版,第 438—440 页。

在历史的审判台前,当年这份报"功"呈文如今已成为自供状和自绘像,它活画出殖民匪徒的狂妄、无赖和绝灭人性。根据史料的记载,沙俄的波雅科夫和哈巴罗夫之流甚至还把活生生地被杀害的中国人的尸体当作美味食物,还用孩子的父母做炙架来烧烤儿童。[19] 自诩"文明"的沙俄殖民者,原来是一群衣冠野兽![20]

践踏主权,霸占领土 这是殖民强盗们使掠夺稳定化、经常化、长期化的必要手段和必然趋势。亚、非、美的广阔疆土,往往是在所谓"先占"的"原则"下一大片又一大片地沦为欧洲列强的殖民地的。凡是社会经济发展比较迟缓落后、处在原始社会末期和奴隶社会初期的地区,概被诬称为"野番地域",视同"无主地",谁能最早发现,捷足先登,抢先占领,便归谁所有。[21] 按照此种强盗逻辑,受雇于英国王室的殖民先驱卡博特自称曾在 1496 年的大西洋航行中从船上远远地隐约望见北美大陆的影子,英国居然可以堂而皇之地以此作为"理由",主张享有北美大陆的领土权。1500 年葡萄牙的海军将领加布拉尔在非洲沿岸的航行中被暴风刮到了南美洲的巴西海岸,于死里逃生之余,也居然可以在国际上宣称:在亚马孙河以南的一切土地,全归葡萄牙领有。

"先占"原则的孪生兄弟便是所谓"腹地主义"(或译"背后地主义"):殖民者只要在海岸上抢占几个据点,升起国旗,就可以公开宣布对这些地区以及海岸背后的大片内陆腹地实行"保护"或直接领有。直到 1876 年,欧美的殖民主义者所侵占的海岸地区只占非洲总面积的 10%。从地图上看,星星点点零零落落,有如叮在人体上吮血的若干蚂蟥和臭虫。然而,在"腹地主义"的国际协定下,再加上实力占领,短短数十年间,便将余下的 90% 的非洲土地,鲸吞瓜分殆尽。

尤其荒谬的是:别人的神圣疆土,居然也可以作为"嫁妆"来赠送或索取。例如,1662 年,葡萄牙公主凯瑟琳与英国国王查理二世结婚时,原属印度的葡占孟买岛竟

---

[19] 参见〔苏联〕瓦西里也夫:《外贝加尔的哥萨克们》,徐滨等译,商务印书馆 1977 年版,第 58 页;〔英〕拉文斯坦:《俄国人在黑龙江》,陈霞飞译,陈泽宪校,商务印书馆 1974 年版,第二章、第三章。

[20] 苏联领导集团坚持为野兽歌功颂德,至今仍把哈巴罗夫的臭名强加于被侵占的原中国城市伯力,称之为"哈巴罗夫斯克"。20 世纪 30 年代出版的《苏联大百科全书》曾经根据确凿的历史事实公正地指明:哈巴罗夫是"沙俄远东殖民政策侵略计划的传播者"。到了 60 年代,在《苏联小百科全书》上,苏联领导集团却无耻地篡改历史事实,把同一个哈巴罗夫美化为"俄罗斯新土地的发现者"。

[21] 被西方资产阶级推崇为国际法"学术权威"的奥本海便是如此鼓吹的:"先占是一个国家的占取行为,通过这种行为,该国有意识地取得当时不在其他国家统治下的土地的主权。……先占的客体,只限于不属于任何国家的土地,这种土地,或则完全无人居住(如荒岛),或则虽有当地土人居住而他们的社会共同体并不被认为是一个国家。居住在一定地域的土著居民也许具有部落组织,但不必把它当作国家看待。"参见〔德〕奥本海:《国际法》,伦敦 1920 年版,第 383—384 页;周鲠生:《国际法大纲》,商务印书馆 1932 年版,第 121—123 页;〔日〕大盐龟雄:《最新世界殖民史》,葛绥成译,商务印书馆 1930 年版,第 350—351 页。

以"嫁妆"名义随她"陪嫁"给了英国[22];1884年,德国汉堡的一个殖民商人拐走了桑给巴尔国王的妹妹,私奔成婚之后,竟由德国帝国政府出面,派出巡洋舰,强索"嫁妆",迫使桑给巴尔国王签约割地方罢。

像这一类的匪徒行径和强盗信条,竟被西方殖民主义者正式定为国际惯例或国际法规,而亚、非、美亿万人民祖祖辈辈数千年来劳动于斯、生息于斯的锦绣河山,也就是在这一类的国际准则下变成了"无主地",成为西方盗匪们的刀下鱼和俎上肉,被肆意宰割。

横征暴敛,榨取脂膏 西方殖民主义者搜刮聚敛的经常来源,是以暴力为后盾,强征名目繁多的苛捐杂税。

据史料记载,沙俄殖民匪徒自从爬过乌拉尔山在西伯利亚建立若干据点之后,便四出强征各种实物税。在17世纪中叶,仅向西伯利亚各族土著强征的黑貂税一项,即占整个俄国国库收入的1/3。[23] 当地人民稍有违逆反抗,接踵而来的便是上述哈巴罗夫式的血腥大屠杀。

比利时在刚果的殖民当局向当地居民勒索珍贵的象牙和橡胶,限期交纳,对逾期未交者即派兵持刀割下耳朵,砍下手足,甚至砍下脑袋,作为"证物"送交当局查验。逼税暴行层出不穷,据目击者斯坦利的记述,"每一公斤象牙的价值等于一个男子、妇女或小孩的生命;常常为五公斤象牙就烧掉一个住所,为一对象牙就消灭一个村庄,为二十只象牙就毁掉整整一个省,并连同所有的居民、村庄和种植园也一起毁掉"[24]。

英国殖民当局在印度课征的土地税,比印度历代封建主苛重得多、残酷得多,往往是三倍四倍地猛增。他们"希望从印度居民的血液中榨取黄金"[25],因此,为了逼税经常滥施各种酷刑,而殖民当局的土地税收入就在皮鞭刑棍的挥舞呼啸声和当地人民的惨叫哀号声中直线上升。沉重的盘剥,造成频仍的饥荒。单1770年的一次大饥荒,就饿死了一千万人,真是哀鸿遍野,殍尸盈壑!面对这种惨象,孟加拉省督哈斯丁斯却无耻地向上司报"功"说:"尽管本省居民至少饿死了1/3,耕地面积也随之减少,然而1771年土地税纯收入甚至超过了1768年的数额";"由于采取了暴烈措

---

[22] 参见〔印度〕尼赫鲁:《印度的发现》,齐文译,世界知识出版社1956年版,第383页。孟买岛位于印度西岸附近,即今日印度第二大城市孟买所在地,面积为235平方公里,与大陆有堤道相连,人口约六百万。

[23] 貂皮当时是俄国用于国际交换的重要手段,类于黄金储备。参见〔苏联〕古多什尼科夫编:《西伯利亚历史文选》,莫斯科1932年版,第31页。

[24] 〔苏联〕奥尔德罗格等主编:《非洲各族人民》,莫斯科1954年版,第10章,第4节。

[25] 马克思:《政府在财政问题上的失败。——马车夫。——爱尔兰。——俄国问题》,载《马克思恩格斯全集》第9卷,人民出版社1961年版,第254页。

施,使它得以赶上原先的水平"。[26] 而1789年印度总督康华礼在总结其同伙武力侵占孟加拉近三十年来的殖民"德政"时,则被迫供认:原先极其富饶的孟加拉广阔地区,"现在已是一片只有野兽栖居的荒漠之地"[27]了。

强制劳役,敲骨吸髓 在采矿、筑路、挖河、垦殖等需要大量劳动力的部门,西方的殖民掠夺者长期地广泛推行强制劳役,迫使亚、非、美人民从事极其繁重的无偿劳动和半无偿劳动,导致大量人员死亡。

在墨西哥、秘鲁、玻利维亚等地,被强迫在金银矿山服劳役的印第安人,每五人中就有四个在第一年里含恨死去,以致一旦被强征,就形同被宣判了死刑:被征者的亲人和家族会预先为他们举行送葬仪式,以示诀别和哀悼。[28]

在赤道非洲,被迫在热带密林和沼泽泥淖中披荆斩棘、筑路铺轨的当地群众,因不堪劳累折磨而纷纷倒毙,每修一公里铁路就要付出约二百条生命的代价,几乎每一根枕木就是一具尸骸转化而成。在埃及,1859—1869年用变相的奴隶劳动开凿成的苏伊士运河,两岸荒冢累累,草草掩埋着12万名因过劳、饥饿和疫疠而相继丧生的挖河民工,浩浩河水,混和着无数孤儿寡妇的血泪。

在热带和亚热带地区的种植园中,殖民恶霸用皮鞭和刑棍逼迫奴隶们每天劳动18至19小时,即使最健壮的青年,也经受不了如此残酷的蹂躏压榨,短期内便精疲力竭而死,众多劳工入园后的平均寿命不过六七年。"种植园主认为使壮年的奴隶劳动致死,比维持衰老的奴隶更为有利"[29];而奴隶们一般经过"七年的残酷役使后,就比一头老牛还不如,一具牲畜似的尸体就被丢弃在奴隶区的废物堆中"[30],能够活到老年的奴隶竟成为"罕见之物"!

猎取活人,贩卖奴隶 猎奴和贩奴,是役奴的继续和延长。在美洲,长期的屠杀和虐杀,使印第安族土著居民人口锐减。矿山种植园数量的不断增加和规模的不断扩大同奴隶来源的日益衰竭,形成了尖锐的矛盾。为了解决这个矛盾,西方殖民者广泛采取毒辣的办法,以非洲人"猎取"非洲人:由西方殖民者出枪出弹,唆使非洲沿岸部落酋长发动"猎奴战争",虏掠内陆活人,交给殖民者,以换取廉价商品和新的枪支弹药。贩奴商人在换得这些"猎获物"后,便把这些会说话的"黑色牛马"锁上脚镣,像装填牲口一样把他们塞进运奴船的货舱贩给美洲的矿主和园主,牟取百分之

---

[26] 参见〔英〕哈斯丁斯:《致东印度公司董事会的报告(1772年11月3日)》,载〔英〕杜德:《今日印度》,伦敦1940年版,第115页。
[27] 〔英〕康华礼:《1789年9月18日的备忘录》,载〔英〕杜德:《今日印度》,伦敦1940年版,第116页。
[28] 参见〔英〕古柏尔等:《殖民地保护国新历史》,读书出版社1949年版,上卷第一册,第96页。
[29] 〔美〕史裴尔斯:《美国奴隶贸易》,纽约1907年版,第51页。
[30] 〔美〕阿赛维陀:《巴西文化》,纽约1950年版,第46页。

几百到百分之一千的暴利。[31] 在海运中,常因船上疫疠流行或缺粮缺水,船主便下令把大批还活着的奴隶抛到海里喂鲨鱼,甚至使贩奴航线上的大群鲨鱼养成了尾追运奴船只寻食活人的习惯。

据大略统计,从16世纪至19世纪的三百多年间,万恶的奴隶贸易使非洲总人口共约损失了一万万人,长期猎奴战争和大量贩奴虐杀所造成的经济力、人力上的严重破坏,是整个非洲大陆长期落后的主要原因之一。殖民者用非洲亿万黑人的堆堆白骨,为欧美"先进文明"的大厦填筑了牢实的基础。

役奴、猎奴、贩奴的妖风也刮到了亚洲。在印尼,荷兰殖民者曾在苏拉威西岛实行盗人制。为此目的还专门训练了大批盗人的匪徒,把盗劫到手的"人赃"投入孟加锡等地的秘密监狱,待机启运。[32] 在旧中国,西方殖民者也连骗带劫,弄走了数以百万计的"契约华工",当作"猪仔"转卖给海外各地的矿、园主,用黄种奴隶来扩充棕种奴隶和黑种奴隶的行列,迫使中华儿女成千累万地惨死异土![33]

垄断贸易,单一经济 著名的资产阶级代言人孟德斯鸠曾公开宣扬:"殖民之宗旨,在于取得最优惠之贸易条件。……吾人规定在殖民地区宗主国独揽贸易权利,此事道理甚明。"[34]长期以来,西方殖民者就是按这个"宗旨"和"规定"行事的。在严刑峻法[35]的限制下,殖民地几乎只能向宗主国出口自己的主要产品,也只能从宗主国进口自己所需要的主要产品,而商品价格和关税比率,却由宗主国片面规定。在这一出一进、贱卖贵买过程中,殖民地人民受到了双重的盘剥,这样的"贸易"实际上是一种变相的抢劫。

垄断的魔掌不但控制了贸易,也控制了生产,其中的突出表现之一,是以同样的严刑峻法强迫殖民地人民集中人力、物力实行农、牧业的单一种植或单一经营,以适应宗主国在世界市场上牟取暴利的需要。这就严重阻挠和破坏了这些地区国民经济的正常健康发展,使它形同头大身小、缺手断足的畸形怪胎。大片良田沃土被霸占去辟为种植园或牧场,使千千万万的农民流离失所,沦为雇工奴隶;工业严重落后,日用必需品完全依赖宗主国进口,宗主国则要弄杀价收购农产品和抬价卖出工

---

[31] 参见〔美〕福斯特:《美国历史中的黑人》,纽约1954年英文版,第二章第二节。
[32] 参见马克思:《资本论》,载《马克思恩格斯全集》第23卷,人民出版社1972年版,第820页。
[33] 参见〔美〕泰勒·丹涅特:《美国人在东亚》,姚曾廙译,商务印书馆1960年版,第454—455页;卿汝楫:《美国侵华史》(第1卷),人民出版社1962年版,第99—100页。
[34] 〔法〕孟德斯鸠:《论法的精神》(下册),张雁深译,商务印书馆1963年版,第69—70页。
[35] 例如,荷兰殖民者就曾把印尼班达岛的一万多名居民几乎全部杀光,只是因为岛上部分人"违禁"把特产香料豆蔻卖给了非荷兰的其他商人。

业品的惯伎[36],把殖民地人民推进更加贫穷痛苦的深渊。

种毒贩毒,戕民攫利 以科学文明自诩的西方殖民者,深知鸦片是一种麻醉性毒品,吸食成瘾,会严重戕害健康,缩短寿命。然而,剥削者的行动哲学历来就是"只要我能多捞一把,哪管它寸草不生"。他们用武装走私和买通各地贪官污吏的办法,向东方特别是向中国,大量抛售鸦片,大发横财。

从18世纪末叶起,英国殖民主义者就在印度强迫孟加拉地区的农民大量种植罂粟制造鸦片,低价收购,高价出卖。以1813年为例,当时印度上等鸦片每箱销售价格是2428卢比,而成本费用则只有237卢比,还不到卖价的1/10,其赢利部分,就由当地英国殖民政府和殖民商人瓜分。运销中国,又可再大捞一笔,从而使贩毒捞钱成为英国殖民者"自己财政系统的不可分割的部分"[37]。

杀人不见血的毒品源源不断地输进中国,"换"走的却是中国人民血汗凝成的茶叶、蚕丝和巨量白银。18、19世纪来中国"经商"的俄国人,有许多便是以毒品"换"茶叶的鸦片贩子。[38]

由于银源日益枯涸,加以鸦片流毒全国,严重戕害民族健康,连清朝统治阶层中的一些有识之士也惊呼,这样下去,"是使数十年后,中原几无可以御敌之兵,且无可以充饷之银。兴思及此,能无股栗?!"[39]当清朝政府迫于人民群众的强烈要求,对西方鸦片贩子采取严禁措施时,殖民主义者竟发动侵略战争,于烧杀劫掠之余,还要收取杀人放火的"手续费":以"水陆军费"为名勒索巨额"赔款"。单单1840—1842年的第一次鸦片战争,就勒索了"赔款"2100万银元,相当于当时清朝政府全年财政总收入的1/3。真是蛮横之极,无耻之尤!

西方殖民主义者所强加的鸦片贸易和鸦片战争,在幅员辽阔、人口几乎占当时全世界1/3的中国土地上演出了一场极其惨痛的历史悲剧,"甚至诗人的幻想也永远不敢创造出这种离奇的悲剧题材"[40]!对于由这场历史悲剧开始带来的深重民族灾

---

[36] 这类情况甚至一直持续到今天。例如,近十多年来,在苏联和亚、非、拉国家之间的贸易中,一辆吉普车起先只能换14袋咖啡,后来可换43袋;一台拖拉机,先换9包棉花,后换25包;一吨钢材,先换1吨香蕉,后换4吨;一辆小轿车,先换2吨可可,后换6吨。又如,在20世纪70年代初,亚、非、拉的香蕉生产国每出口1吨香蕉,本国只获得零售价格的11.5%,而号称"香蕉帝国"和"绿色魔鬼"的美资跨国公司——联合果品公司等外国企业则攫取了零售价格的88.5%。

[37] 马克思:《鸦片贸易史》,载《马克思恩格斯全集》第12卷,人民出版社1962年版,第587页。

[38] 苏联高级外交官齐赫文斯基图妄图抵赖沙皇殖民主义者贩毒残害中国人民的罪行(见〔苏联〕齐赫文斯基主编:《中国近代史》,莫斯科1972年俄文版,第120,222页)。可是"不幸"得很,早在1857年,革命导师马克思就根据当时众所周知的确凿事实,无情地揭穿了这一可耻罪行。铁证如山,岂容赖掉!(参见马克思:《俄国的对华贸易》,载《马克思恩格斯全集》第12卷,人民出版社1962年版,第167页。)

[39] 林则徐:《钱票无甚关碍宜重禁吃烟以杜弊源片》,载《林则徐集(奏稿)》(中册),中华书局1965年版,第601页。

[40] 马克思:《鸦片贸易史》,载《马克思恩格斯全集》第12卷,人民出版社1962年版,第587页。

难与种种恶果，中国人民是记忆犹新、永不忘怀的！

毁灭文化，精神侵略 早在西方殖民者的祖先们还处在蒙昧、野蛮的时代，亚洲、非洲、美洲的劳动人民就已经创造了许多灿烂的古文化，积累了许多古代文明宝藏。但在殖民侵略者的铁蹄下，这些古文化、古文明却纷纷惨遭摧残和毁灭。1532年，欧洲殖民主义者在"征服"秘鲁的过程中，像大群饿狼，扑向各地金碧辉煌的古代神庙，把历代能工巧匠精心制作的各种金银壁饰等古代艺术珍品洗劫一空。"所有这些华丽的物品，对西班牙人来说，只不过是些金属矿藏"[41]！美洲古国文明的一大精华，就此荡然无存。

1860年，英法侵略军闯进了北京的圆明园，对清朝皇帝搜刮全国民财惨淡经营了一百五十多年的豪华别宫，于恣意劫掠破坏之后，又付之一炬，大火三日不熄，使这座收藏着数千年历史奇珍和文物典籍因而举世闻名、罕有其匹的宏伟宝库和园林艺术典范，化为一片灰烬和瓦砾！在殖民掠夺史上，这一类文化浩劫，古今中外，不知凡几，它给全世界人类文化造成的惨重损失是无法估量的。

既毁其精华，又塞以糟粕。殖民者通过传宗教、办学校、出书报等精神侵略活动，推销各种精神鸦片，力图摧毁殖民地、半殖民地人民的民族意识，磨灭其爱国心和革命性，把一副又一副的精神枷锁套在他们身上；同时，千方百计地培植一小撮亲洋崇洋、奴颜媚骨的知识分子以及为虎作伥、认贼作父的民族败类，充当他们巩固殖民统治、扩大殖民掠夺的工具和帮凶。

对于精神侵略和奴化教育的巨大"妙用"，当年的"中国通"、美国伊利诺伊大学校长詹姆士是深知其中"三昧"的。他曾向美国总统献策力陈：只要大力对年青一代的中国人施加奴化"教育"，就"一定能够使用最圆满和最巧妙的方式控制中国的发展"；"为了扩张精神上的影响而花一些钱，即使只从物质意义上说，也能够比用别的方法收获得更多。商业追随精神上的支配，是比追随军旗更为可靠的"。西方殖民者从事精神侵略所造成的累累恶果，至今还使亚、非、拉人民的革命和建设事业深受其害，有待继续肃清。

血腥屠杀，种族灭绝 在殖民掠夺和霸占土地的过程中，殖民盗匪们对于稍敢反抗或留恋乡土不愿迁徙的土著居民，往往采取极端残暴的种族灭绝政策。据16世纪曾直接参与过殖民侵略活动的西班牙人拉萨·卡萨斯的记述，西方殖民者就是如此骇人听闻地血腥屠杀起义的印第安人的："他们闯进村镇，不放过小孩、老人、妇女、产妇，把所有的人都杀光，……他们互相打赌能否一刀把人劈成两半，能否一斧

---

[41] 格里奥勒：《伟大的探险家们》，巴黎1948年版，第68页。

把头砍下或把脏腑剖开,他们夺下母亲怀里的婴儿,把脑袋往石头上撞……或是把母亲和婴儿背靠背绑在一起丢到河里"[42]。为了把印第安人斩尽杀绝,那些"虔诚"地信奉基督教、以"仁慈、博爱"自我标榜的西方殖民者,竟公然悬赏杀人:1703年,北美新英格兰地区的殖民者在立法会议上决定,每剥得一张印第安人的头盖皮给赏金40镑;1720年,这种头盖皮竟然"涨价",每张给赏金100镑。[43] 这一类惨绝人寰的反动法令,自1641年起竟然在整个美洲大力推行达170多年!

直到19世纪中叶,西方殖民者仍在美洲以外推行类似的悬赏制度。1866年,在"剿灭"新西兰土著居民毛利人的战争中,英国《惠灵顿独立报》公开鼓吹:应该规定斩首"奖酬"。据新西兰作家史考特的记载,当时有个以凶悍闻名的殖民匪徒汤姆·亚当逊,一发现毛利人,就拼命抢先砍下头颅,把这种"战利品"装入麻袋,"当这些装满人头的麻袋搬到怀摩特尔上校的营帐里时,人头撒满在地,滚到行军床下、办公桌下,上校的脚边,亚当逊便有了充分的理由请求奖赏"[44]。至于法国将军佩利西埃在1845年镇压阿尔及利亚起义时,竟将一千多名藏在山洞里的土著妇孺全部用烈火毒烟活活烧死熏死,这一绝灭人性的暴行当时曾轰动全球,但他事后却因诸如此类的军"功"而青云直上,晋升为元帅,其所得的"奖赏"和"荣誉",更远非亚当逊可比!

为了更大量更迅速地灭绝土著居民,西方殖民者还采取了令人发指的手段:传播瘟疫!他们抓住土著小孩,强行注射烈性传染病细菌,然后放回去发作传病。用诸如此类的狠毒办法往往在极短的时间内就使几十个、几百个部落彻底毁灭,断种绝根,大片大片的土地断了人烟。然后,这里就成为殖民者们最理想的新种植园和新牧羊场![45]

总之,西方殖民匪徒们的种种暴行和血债,是罄竹难书、擢发难数的。以上所粗略列举的十个方面,只不过是殖民掠夺这一股历史浊流中的一涓一滴。

数百年来,殖民掠夺者的辩护士们费尽心机,力图遮掩和美化这些罪恶的历史,然而墨写的谎言终究盖不住血写的事实。漫漫数百年,一部殖民史,在"仁义道德"的字里行间,实际上满本都写着两个字:吃人!

哪里有侵略压迫,哪里就有抗暴战斗

一部殖民掠夺史,同时又是一部反殖民斗争史。数百年间,既是那些披着人皮

---

[42] 〔苏联〕格拉齐安斯基等编:《中世纪史文献》(第3卷),莫斯科1950年版,第43—44页。
[43] 参见马克思:《资本论》,载《马克思恩格斯全集》第23卷,人民出版社1972年版,第821—822页。
[44] 〔苏联〕莫洛克等编:《近代史文献》(第1卷),莫斯科1958年版,第241页。
[45] 参见苏联科学院米克鲁霍-马克来民族学研究所:《美洲印第安人》,史国纲译,三联书店1960年版,第324、358页。

的殖民虎狼们吃人的过程,也是殖民地、半殖民地人民成百次成千次地抗击和严惩这些虎狼的过程。这种反殖民、反侵略、反掠夺、反奴役、反剥削、反压迫的斗争,前赴后继,此伏彼起,连绵不断,遍及全球!可以说,几个世纪以来未有一日止息!

单就近代而言,仅在17世纪中叶至19世纪90年代初这段期间里,这种反抗斗争中规模较大、影响深远的有:1649—1652年爱尔兰人民的反英起义;1659年与1673—1677年南非霍屯督人的两次抗荷战争;1661—1662年中国人民驱逐荷兰侵略者、收复台湾的战争;1674—1679年与1685—1706年印尼人民的反荷起义;1675—1676年北美印第安人反对英国殖民者的战争;1739年北美南卡罗来纳黑人奴隶的暴动;1767—1799年南印度迈索尔人民坚持了32年之久的反英保卫战;1779年开始、坚持了百年之久的南非人民抗击西方殖民者的自卫战争——"卡弗尔战争";1780—1781年秘鲁印第安人的大起义;1791—1803年海地黑人奴隶的独立解放战争;1798年和1800年埃及开罗人民打击法国侵略军的两次英勇起义;1805年开始、持续了一百年的西非阿散蒂人的抗英战争;1810—1826年西班牙美洲殖民地的独立解放战争;1817年以后葡属巴西争取独立解放的起义斗争;1825—1830年印尼爪哇人民的抗荷大起义;1830—1831年波兰人民反抗沙俄殖民统治的民族起义;1838—1842年阿富汗人民的抗英战争;1840—1842年中国人民抗击英国侵略军的第一次鸦片战争;1848年和1867年爱尔兰人民反抗英国殖民统治的两度武装起义;1848年罗马尼亚人民抗击沙俄反革命殖民侵略军的英勇战斗;1848—1852年波斯(伊朗)巴布教徒反对本国封建王朝和沙俄等外国殖民掠夺者的起义;1849年匈牙利人民抗击沙俄和奥国反动军队的民族解放战争;1851—1864年举世瞩目的、中国人民反对殖民主义侵略者及其走狗清王朝的太平天国革命;1856—1860年中国人民抗击英法侵略联军的第二次鸦片战争;1857—1859年声势浩大的印度民族大起义;1863年震撼全欧的波兰人民反抗沙俄异族统治、争取民族独立的再次大规模起义;1867—1868年埃塞俄比亚人民的抗英斗争;1868—1878年古巴人民反对西班牙殖民统治的解放战争;1871年阿尔及利亚人民的反法起义;1872年菲律宾人民的反西班牙起义;1879年南非祖鲁人的抗英战争;1881—1885年苏丹人民痛惩英国殖民者、威震非洲大陆的全民大起义;1882年埃及人民的抗英战争;1882—1885年东非马达加斯加人民的抗法战争;1887年埃塞俄比亚人民的抗意战争;1889—1894年西非达荷美人民的抗法战争;1891年开始的西非几内亚人民的抗法战争;1893年南非马达别列人民的抗英战争,等等。

在千百次反击殖民侵略者的武装斗争中,殖民地、半殖民地的人民面对拥有巨舰利炮、武装到牙齿的凶恶敌人,不畏强暴,拿起大刀、长矛、弓箭乃至棍棒、石头之类的原始武器,迎头痛击入侵之敌,严厉地惩罚了为非作歹的殖民侵略者。他们敢于斗争,也善于斗争,往往以一当十,出奇制胜,打得殖民侵略者抱头鼠窜,甚至全军覆没,大长弱小民族的志气,大灭殖民强盗的威风!

让我们简略回顾若干史例,以窥一斑。

美洲 据史料记载,早在1511—1512年,印第安酋长阿多欧先后在瓜哈巴岛(即今戈纳夫岛)和古巴岛上率众开展游击战,奇袭西班牙殖民者,使他们死伤累累,一度龟缩寨堡之中几达三个月之久,日夜提心吊胆。"自从到新大陆以来,西班牙人第一次知道恐惧是怎么一回事。"后来阿多欧因叛徒告密被俘,临刑前,西班牙随军神父惺惺作态,假仁假义地要他"受洗""忏悔",皈依基督,以便灵魂"升天"。他横眉冷对,嗤之以鼻,凛然宣称:宁愿下地狱,也决不同凶残屠杀印第安人的殖民匪徒们一起进天堂,表现了与殖民匪徒誓不两立、不共戴天的英雄气节。[46]

在智利中部和南部,阿拉乌干族印第安人长期坚持抗击欧洲殖民者的斗争,1553年在图卡佩尔的一次战役中,奋力全歼侵略军,生擒智利的第一任殖民"总督"瓦尔迪维亚。据传说,当时阿拉乌干人对这个杀人如麻的匪首采取了意味深长的惩罚方式:在处决之前,阿族首领劳塔罗对他说:"你此来是为了捞到金子,现在我特地满足你的愿望。"说罢,命人用炽热的黄金溶液灌进他的咽喉肚肠,充分"满足"了这位殖民盗魁炽烈的黄金馋欲。此后,智利人民继续长期抗战,终于迫使西班牙殖民者于1602年同意签订条约,承认瓢瓢河以南的广大地区归属阿拉乌干族统辖。直到19世纪80年代末,阿拉乌干人在艰苦斗争中卓有成效地保卫了自己的神圣疆土,长达二三百年。[47]

同印第安人的顽强斗争互相支持、互相辉映的,是美洲黑人奴隶对殖民统治者的英勇反抗。其中声势最浩大、影响最深远的,首推1791—1803年圣多明各岛上海地黑人奴隶的独立解放战争。当时全岛各地数十万黑奴纷纷揭竿而起,岛上到处火光冲天,把长期折磨黑奴的许多"活地狱"和吸血魔鬼——1400多个规模巨大的咖啡、甘蔗种植园,连同那些作恶多端的种植园奴隶主,通通烧成灰烬。在杰出的黑人领袖杜桑·卢维杜尔率领下,起义军在战斗中迅速锻炼成长,所向披靡,声威大振。在整整12年的艰苦卓绝的斗争中,武装力量始终没有超过2万人的海地黑奴,先后粉碎了法国、西班牙和英国庞大殖民军队的四次军事镇压和武装侵略,使这些一向

---

[46] 参见〔美〕菲·方纳:《古巴史和古巴与美国的关系》(第1卷),涂光楠等译,三联书店1964年版,第5—12页。

[47] 参见〔美〕福斯特:《美洲政治史纲》,纽约1951年英文版,第三章、第五章第二节;〔智〕加尔达梅斯:《智利史》,辽宁大学历史系翻译组译,辽宁人民出版社1975年版,第86—92页。

称王称霸的殖民强国损兵折将十几万人[48]而又一无所得，先后被迫承认海地独立。海地黑人以自己的顽强战斗，砸烂了民族的和阶级的双重枷锁，建立了拉美第一个摆脱殖民统治和废除奴隶制度的新国家，并在1803年11月的独立宣言中郑重宣告："我们恢复了我们原有的尊严，维护了我们的权利，我们宣誓：永远不把我们的权利委弃给任何强国！"这一伟大胜利，树立了奴隶们自己解放自己的光辉榜样，为整个拉美殖民制度和奴隶制度的崩溃敲响了第一声丧钟，有力地鼓舞和推动了后来遍及拉美各地的民族独立解放斗争。

非洲 非洲各族人民开始抗击殖民侵略者，和拉美人民差不多一样早。早在1510年，葡萄牙驻印度首任总督阿尔美达曾在归途中率领六十余名殖民者登上南非陆地实行侵略掠夺，被当地群起自卫的霍屯督人一举全歼，从而使欧洲殖民者侵占南非的时间推迟了142年，直到1652年荷兰人才得以在开普建立南非的第一个殖民据点。

历史上著名的"卡弗尔战"，从1779年开始，迄1879年，前后持续竟达百年之久，南非人民不屈不挠，多次严惩了殖民侵略者。其中单单伊汕德尔瓦纳一役，就把骄横一世的英国殖民军当场击毙1300多人，遗尸遍野，溃不成军。恩格斯曾经盛赞南非人民在反殖民反侵略战争中表现出罕见的勇猛顽强，他说："卡弗尔人-祖鲁人……做出了任何欧洲军队都不能做的事情。他们没有枪炮，仅仅用长矛和投枪武装起来，在英国步兵——在密集队形战斗上被公认为世界第一——的后装枪的弹雨之下，竟然一直向前冲到刺刀跟前，不止一次打散英军队伍，甚至使英军溃退……英国人诉苦说，卡弗尔人比马走得还快，一昼夜比马走得还远，这就可以证明这种野蛮人（按：指处于氏族社会的民族）的能力和毅力。"[49]

在东非，埃塞俄比亚人民于1887年迎头痛击入侵的意大利殖民侵略军，彻底干净地加以消灭。后来在1895—1896年的自卫战争中，再度打得17000多名意大利侵略者全军覆没，迫令意大利在战败的和约上签字，无条件承认埃塞俄比亚独立。意军的两番惨败，给殖民主义大国、强国提供了触目惊心的"前车之鉴"，也使非洲弱小民族大大增强了以小胜大、以弱胜强的决心和斗志。

非洲人民反殖斗争史上规模最大的一次武装斗争，是1881年爆发于北非苏丹的马赫迪起义。短短一年间，义军队伍就从原先的300多人迅速扩展至15万人，势如燎原烈火。1883年11月在乌拜伊德以南的希甘一役，起义军出奇制胜，仅仅经过一

---

[48] 参见〔特〕埃里克·威廉斯：《加勒比地区史》（上册），辽宁大学经济系翻译组译，辽宁人民出版社1976年版，第393—400页。

[49] 恩格斯：《家庭、私有制和国家的起源》，载《马克思恩格斯全集》第21卷，人民出版社1965年版，第111—112页。

个上午的伏击激战,就把前来镇压的11000多名英国远征军分割聚歼,英军魁首希克斯及其手下军官全部命丧黄沙,万余侵略军中只有200多人侥幸死里逃生,"报丧"去了。英国反动政府改派戈登为驻苏丹总督,率军对付起义。此人当年在中国曾因指挥屠杀太平天国革命军有"功"而被清政府授以"提督"高官,赏以"穿黄缎马褂、顶戴花翎"殊荣。后来又因其多年凶残险诈的殖民生涯而深获英国反动政府赏识,认为"光凭他的名字就具有魔力"。然而,面对英雄的苏丹人民,戈登赴任不到一年,就黔驴技穷,被重重围困在喀土穆城,在1884年底的日记和家信中发出了绝望的哀鸣:"我们忍受着一连串的悲苦和焦虑","这或许是我写给你的最后一封信。……我们的末日快要到了!"在这一点上,他倒确有一点"先见之明":1885年1月,起义军破城而入,犁庭扫穴、全歼困兽之际,一杆凝聚着民族大恨的长矛刺穿了戈登的胸膛,使这个血债累累、怙恶不悛的刽子手登时丧命,为苏丹人民,也为中国太平军的英烈们报了深仇!此后不久,苏丹全境基本解放。苏丹便以独立国家的雄姿屹立在非洲大陆达十四年。这一场全民反殖武装斗争的辉煌胜利影响深远。它令人信服地证明:弱小民族只要敢于斗争,善于斗争,任何强大的殖民侵略者,包括当时号称世界头等强国的英国,都是可以打败的。

亚洲 在亚洲近代史上,也出现过弱小民族屡挫强敌从而在相当长时期内保卫了民族独立的光辉事例。1838年,英军大举侵入阿富汗并攻陷首都喀布尔。坚贞不屈的阿富汗首都人民于1841年11月率先发动了声势浩大的武装起义,严惩侵略占领军。许多为非作歹的英国军官连同侵略者总头目麦克诺登先后毙命。在纷起响应的全国各地起义人民的沉重打击下,侵略者被迫撤军,仓皇逃窜,沿途又遭到阿富汗爱国游击队的截击,非死即伤,一败涂地。关于当时英军的狼狈凄凉相,在马克思的笔记中曾经留下这样的实录:"1842年1月13日,贾拉尔阿巴德(在夏贾汗浦尔附近)城墙上的哨兵们眺望到一个穿英国军服的人,褴褛不堪,骑在一匹瘦马上,马和骑者都受重伤;这人就是布莱敦医生,是三个星期以前从喀布尔退出的一万五千人当中的唯一幸存者。他因饥饿而濒于死亡。"[50] 三十多年以后,阿富汗人民在1879—1880年又奋起抗击进犯的数万英国侵略军,他们不顾本国反动统治者的妥协投降,坚持抗战,终于再度驱敌出境,粉碎了殖民侵略者完全吞并阿富汗的狼子野心。阿富汗人民不可侮!!

在南亚次大陆,1857—1859年的印度民族大起义也在世界人民反殖斗争史上留下了璀璨的一页。密拉特第一支义军举事不到六天,就解放了政治中心德里,威震

---

[50] 马克思:《印度史编年稿》,人民出版社1957年版,第165—166页。

全国，引起各地连锁反应，使英国殖民者闻风丧胆。义军号召印度所有爱国志士，"在一个旗帜下战斗，用鲜血的洪流把印度斯坦土地上的英国名字冲洗干净"。在坚持三个月的德里保卫战中，印度人民给围城敌军以严重杀伤。一名英国军官里德少校在日记中私下供认："再没有任何人比起义军战斗得更勇敢了……我曾一度想到我们要完蛋了。"即使在城墙被英军重炮轰毁后，起义者仍坚持巷战，从每栋房子的屋顶、窗户和阳台纷纷射出复仇的弹雨，战况惨烈，六天之内就打死英军五千余人，击毙两名英军司令。德里以及其他起义中心的保卫战、游击战中的许多壮烈事迹，共同构成了印度民族的一大历史骄傲。[51] 历时两年多的这场反英大起义，从政治、军事、财政等各个方面，严重地削弱了殖民侵略者的实力和元气，"使英国的统治从印度的一端到另一端发生动摇"[52]。

在东亚，朝鲜人民抗击殖民侵略者的光荣革命传统是源远流长、著称于世的。早在19世纪30年代至60年代，英、法、美等国曾先后多次对朝鲜推行"炮舰政策"，进行侵略活动，均因遭到朝鲜人民坚决抵抗而失败。1871年5月，不甘失败的美国殖民者卷土重来，再次大举进犯。面对来势汹汹的强敌，朝鲜军民毫无惧色，奋起浴血苦战。侵略军首领镂斐亚眼看不能得逞，无可奈何地向美国政府报告："朝鲜人决心殊死战斗，他们的勇敢世所罕见，从来没有一个民族能够超过他们！"侵略者遭到迎头痛击之后，伤亡狼藉，来犯的五艘巨舰中三艘遭重创，最后只好夹着尾巴逃窜回国去了。在抗击侵略者期间，汉城等城市街道上都矗立石碑，上刻："洋夷侵犯，非战则和。主和卖国！戒我万年子孙！"[53]这一流芳百世的"斥和誓词"，反映了朝鲜人民传统的、崇高的爱国情操，表达了他们誓死战斗绝不降敌的坚强决心！

至于中国人民反对殖民主义的斗争，整个说来，它是从1840年鸦片战争以来的中国人民民主革命的一个重要组成部分。这方面的专著很多，这里就不罗列了。

尽管在当时的历史条件下，美、非、亚各洲人民的反殖斗争，由于没有先进的工人阶级及其政党的领导，由于敌我力量对比的悬殊，而经受了无数次暂时的失败和挫折，但是，他们在抗争过程中宁死不屈，"把独立视为珍宝、把对外族统治的仇恨置于生命之上"[54]的革命精神，以及无数可歌可泣的英雄业迹，却永垂青史，千秋万代，闪耀着不可磨灭的光辉，鼓舞着后继者的斗志。所有这一切，都为后来全世界被压

---

[51] 参见〔印度〕孙得拉尔：《1857年印度民族起义简史》，文仲叔等译，三联书店1957年版，第40、82、99—101页。

[52] 马克思：《印度起义》，载《马克思恩格斯全集》第12卷，人民出版社1962年版，第260页。

[53] 参见朝鲜民主主义人民共和国科学院历史研究所：《朝鲜通史》，吉林人民出版社1975年版，第24—27页。

[54] 恩格斯：《阿尔及利亚》，载《马克思恩格斯全集》第14卷，人民出版社1964年版，第104页。

迫民族和被压迫人民进一步开展反殖、反帝、反霸的斗争,树立了良好的榜样,积累了丰富的经验,初步开辟了走向胜利的道路!

(二) 马克思、恩格斯在民族殖民地问题上的基本观点

作为无产阶级革命学说的伟大创始者和奠基人,马克思和恩格斯当年在全面研究资本主义基本矛盾,制定革命理论和路线的过程中,对于同无产阶级社会主义革命事业息息相关的民族殖民地问题,也进行了深入的探讨,并在综观无产阶级世界革命全局的基础上,"提供了关于民族殖民地问题的基本的主要的思想"[55]。

马克思、恩格斯关于民族殖民地问题的基本思想,是整个马克思主义无产阶级革命学说的重要组成部分,是全世界无产者和被压迫民族实行革命斗争的指南。兹择其大要,分四个方面简述如下:

深刻揭示民族殖民地问题产生的社会阶级根源

马克思、恩格斯深刻地揭示了民族殖民地问题产生的客观历史过程和社会阶级根源,科学地阐明了民族压迫和殖民掠夺现象同资本主义制度之间的内在有机联系,愤怒声讨西方资产阶级的种种殖民暴行,特别着重揭露当时两个最庞大的殖民帝国——英国和沙俄——反动统治者的贪婪、伪善与凶残,借以教育和动员全世界无产者和被压迫民族为反对一切殖民主义,特别为反对两大殖民首恶而团结战斗。

"田园诗"与血泪史 几百年以来,殖民掠夺者的反革命事业尽管每天都在做,但是在剥削阶级御用文人的笔下,在机会主义者的口中,那些从事殖民活动的冒险家、亡命徒、传教士、巨腹贾,往往都成了传奇式的英雄人物,他们所从事的反革命事业,往往被描绘成传播文明、施恩赐福,充满了"诗情画意",而且"在温和的政治经济学中,从来就是田园诗占统治地位"[56]。他们所竭力宣扬的一整套,概括起来,无非就是侵略有"功",掠夺有"理",反抗有"罪"。因此,廓清这些迷雾和烟幕,让人们明白事情的真相,就成为马克思、恩格斯有关民族殖民地问题著作中的一项重要内容。

马克思考察分析了大量的历史事实,发现欧洲各国的资产阶级之所以能够从无到有、从小到大地不断发展起来,主要就是靠对欧洲大陆以外的广大地区实行凶残的殖民掠夺而积累了大量原始的资本。马克思指出:在美洲,金银产地的发现,土著居民的被剿灭、被奴役和被埋葬于矿井,在亚洲,对印度进行征服和劫掠,在非洲,把

---

[55] 斯大林:《和第一个美国工人代表团的谈话》,载《斯大林全集》第10卷,人民出版社1954年版,第90页。
[56] 马克思:《资本论》,载《马克思恩格斯全集》第23卷,人民出版社1972年版,第782页。

黑人当作野兽来捕猎和贩卖,所有这些,都是欧洲资产阶级实行资本原始积累的主要因素。"在欧洲以外直接靠掠夺、奴役和杀人越货而夺得的财宝,源源流入宗主国,在这里转化为资本"[57]。可见,由亚洲、非洲、美洲人民的鲜血和脂膏转化而成的一笔又一笔的横财,乃是欧洲资本家们暴发致富的源泉。

一般地说,资本家为了攫取利润,总得先垫支一些本钱,叫做"以本求利",但是在殖民掠夺活动中,资本的原始积累却往往是"在不预付一个先令的情况下进行"[58]的。传说中的炼金术士能够"炼铁成金"甚至"点石成金",而殖民主义者往往比他们更为"高明",竟能"从无中生出金来"。[59] 炼金术士历来无一不是骗子歹徒,而以"勤俭起家"这类谎言自我标榜的殖民主义者比这些骗子歹徒更加荒唐无稽、更加厚颜无耻!为了恢复历史的本来面目,马克思列举了大量的事实,雄辩地揭示:整个殖民制度,"是以最残酷的暴力为基础"的。[60] "当我们把自己的目光从资产阶级文明的故乡转向殖民地的时候,资产阶级文明的极端伪善和它的野蛮本性就赤裸裸地呈现在我们面前,因为它在故乡还装出一副很有体面的样子,而一到殖民地它就丝毫不加掩饰了"。"难道资产阶级做过更多的事情吗?难道它不使个人和整个民族遭受流血与污秽、穷困与屈辱就达到过什么进步吗?"[61] 由此可见,西方资产阶级的暴发史是用血和火的文字写成的,以殖民掠夺作为主要因素的资本"原始积累的方法决不是田园诗式的东西"[62],"资本来到世间,从头到脚,每个毛孔都滴着血和肮脏的东西"[63]!

"约翰牛"和"俄国熊" 在马克思和恩格斯所处的时代里,英国和沙皇俄国是实行殖民侵略掠夺最为疯狂的两个大国,成为当时国际上的两大恶霸。马克思、恩格斯极端憎恶和鄙夷地称之为"约翰牛"和"俄国熊",多次以犀利的笔锋,无情地戳穿和剖开这一野牛、一恶熊身上披着的美丽画皮。

马克思和恩格斯不止一次地指出,英国的殖民者及其政客绅士们实际上就是一伙海盗。"惯于吹嘘自己道德高尚的约翰牛,却宁愿用海盗式的借口经常向中国勒索军事赔款"[64]。那些貌似正人君子、"装出一副基督教的伪善面孔"的达官显宦和

---

[57] 马克思:《资本论》,载《马克思恩格斯全集》第23卷,人民出版社1972年版,第822、819页。
[58] 同上书,第821页。
[59] 同上。
[60] 同上书,第819页。
[61] 马克思:《不列颠在印度统治的未来结果》,载《马克思恩格斯全集》第9卷,人民出版社1961年版,第250、251页。
[62] 马克思:《资本论》,载《马克思恩格斯全集》第23卷,人民出版社1972年版,第782、829页。
[63] 同上。
[64] 马克思:《英中条约》,载《马克思恩格斯全集》第12卷,人民出版社1962年版,第605页。

社会名流,其所作所为,充分说明他们大量地保留了他们历代"祖先所特有的古老的海盗式掠夺精神"[65]。杀人越货、谋财害命、敲诈勒索、坐地分赃等等,都是他们的祖传惯伎。在对待弱国的外交活动中,他们的拿手好戏是捏造罪名、恫吓讹诈;两面三刀、挑拨离间;收买内奸、组织叛乱;甚至不惜篡改和伪造外交文件,颠倒黑白,欺世惑众,煽动战争歇斯底里。对于这些阴谋诡计和卑劣手段,马克思和恩格斯都援引确凿可靠的事实、史料和文件,一一揭穿内幕,剥夺其招摇撞骗的资本,暴露其丑恶无耻的嘴脸。同时,也严正地警告这些唯利是图的殖民者:他们侵略掠夺活动所获得的"纯利",只不过是在广大被压迫民族中给自己招来仇恨,终将导致他们的彻底覆灭。[66]

对于"俄国熊"贪婪凶残的本性、称霸世界的野心、狡诈狠毒的手腕、阴险伪善的面具以及腐朽虚弱的本质,马克思和恩格斯反复进行了全面的、深刻的揭露。

他们指出,沙皇俄国对外政策的主旨,就是要征服全世界,实现世界霸权。它可以不断变换手法,但称霸全球的主旨和目的,却从来不会改变。[67]沙俄御用诗人捷尔沙文在颂扬叶卡特林娜二世的侵略"战果"时曾写道:"俄罗斯啊,……迈步前进,全世界就是你的。"恩格斯认为,这句诗概括地表达了沙皇的自负和狂妄。马克思还根据史实,开列清单,揭示俄国自彼得大帝以来向四邻弱国鲸吞大片领土的概况,其中单单向南就"迈步前进"了约一千英里,而仅在18世纪末以后的短短60年间,其所侵夺的领土面积以及这些领土的重要性,就等于俄罗斯帝国在此以前的整个欧洲部分。[68]

为了实现称霸世界的既定目的,沙俄政府历来就是不择手段的。马克思和恩格斯多次指出,在对外交往中,"俄熊无疑也是什么事都能做"[69],它惯于把虚构的口实和藻饰的威逼凑合起来,也惯于把狂妄的野心、狡猾的伎俩和十足的野蛮糅在一起;它不惜背信弃义,阴谋颠覆,谋刺暗杀,也不惜卑躬屈节,重金贿买;它"头在圣彼得

---

[65] 恩格斯:《英人对华的新远征》,载《马克思恩格斯全集》第12卷,人民出版社1962年版,第186页,并参见同卷第590页。

[66] 参见马克思:《与波斯签订的条约》,载《马克思恩格斯全集》第12卷,人民出版社1972年版,第249页。另参见同卷《英中冲突》《议会关于对华军事行动的辩论》《鸦片贸易史》以及第13卷《新的对华战争》等文。

[67] 参见马克思:《1867年1月22日在伦敦纪念波兰起义大会上的演说》,载《马克思恩格斯全集》第22卷,人民出版社1958年版,第226页;恩格斯:《俄国沙皇政府的对外政策》,载《马克思恩格斯全集》第22卷,人民出版社1958年版,第24页。

[68] 参见马克思:《土耳其问题。——〈泰晤士报〉。——俄国的扩张》,载《马克思恩格斯全集》第9卷,人民出版社1961年版,第131页。

[69] 有一则笑语,说是有两位波斯学者在研究熊,其中一位从未见过这动物,就问道:熊究竟是生崽还是下蛋?另一位比较熟悉的回答说:"熊这种动物什么事都能做。"马克思借用了这句话,轻蔑地、辛辣地嘲笑了"俄国熊"的无恶不作。参见《俄国对土耳其的政策。——英国的工人运动》,载《马克思恩格斯全集》第9卷,人民出版社1961年版,第188—189页。

堡而在欧洲各国内阁里有其爪牙"[70];它"为了用毒药和匕首等等除掉妨碍它的人能干出什么事情来,巴尔干半岛近百年的历史可以提供足够的实例"[71]。一言以蔽之,它"有多大本领就能干出多大的伤天害理的事情"[72]!

坏事做绝,好话说尽,干得卑鄙龌龊,讲得冠冕堂皇——这是沙俄实行殖民扩张的一大特色。恩格斯根据大量史实对这个特色作了总结。他指出,沙皇政府每次掠夺领土,都是拿"开明""自由主义""解放"各族人民作为幌子。它拼命鼓吹要建立"斯拉夫民族大家庭",甚至打着"援助斯拉夫兄弟"的旗号发动战争,但受"援"的小"兄弟"总是在事后"饱尝了沙皇式解放的滋味",[73]在那个"大家庭"中横遭专制家长的统治和蹂躏,吃尽苦头,受够奴役。

在列强瓜分中国的罪恶勾当中,沙皇俄国突出地扮演了一个翻云覆雨、左右逢源、口蜜腹剑、阴险狠毒的角色。单以英法联合侵华的第二次鸦片战争为例,如恩格斯所揭露的,当时沙俄一方面"挺身出来"把自己伪装成"中国的秉公无私的保护人",并在缔结和约时"俨然以调停者自居",另一方面却乘人之危,"正好在这个时候从中国夺取了一块大小等于法德两国面积的领土和一条同多瑙河一样长的河流"。恩格斯还英明地预见到:沙俄决不会满足于这一点,就此罢手。它还必将通过"确定边界"之类的鬼蜮惯伎,继续把中国领土"一块一块地割去",而且"俄国军队不论哪一天都能够向北京进发"![74]

欧洲一切反动势力的主要堡垒 在欧洲的国际政治生活中,沙俄帝国总是极力支持欧洲的一切反动势力,甚至多次公开出兵入侵别国,镇压和绞杀当地的革命运动,并趁机"开疆拓土",攫取各种反动权益。长期以来,它在欧洲国际社会中扮演着"世界宪兵"的可耻角色,骄横跋扈,成为"欧洲一切反动势力的堡垒"[75]。

恩格斯认为,马克思的一个功劳就在于,他第一个在1848年指出,并从那时起不止一次地强调,由于沙俄帝国是欧洲反动势力的主要堡垒,由于这个帝国一贯抱着统治全欧的野心,其目的在于使欧洲无产阶级的胜利成为不可能,因此,"西欧的工

---

[70] 马克思:《国际工人协会成立宣言》,载《马克思恩格斯全集》第16卷,人民出版社1964年版,第14页。
[71] 恩格斯:《帝俄高级炸药顾问》,载《马克思恩格斯全集》第21卷,人民出版社1965年版,第222页。
[72] 恩格斯:《俄国沙皇政府的对外政策》,载《马克思恩格斯全集》第22卷,人民出版社1958年版,第17页。
[73] 参见恩格斯:《俄国沙皇政府的对外政策》,载《马克思恩格斯全集》第22卷,人民出版社1958年版,第51页,并参见同卷第21、26页;《马克思恩格斯全集》第16卷,人民出版社1964年版,第181—182页。
[74] 参见恩格斯:《俄国在远东的成功》,载《马克思恩格斯全集》第12卷,人民出版社1972年版,第662、664—665页。
[75] 恩格斯:《流亡者文献》,载《马克思恩格斯全集》第18卷,人民出版社1964年版,第576页;《马克思恩格斯全集》第22卷,人民出版社1958年版,第15页。

人政党不得不与俄国沙皇政府作殊死战"[76]。马克思和恩格斯直到他们的晚年,经常把是否坚决反抗当时沙俄帝国的侵略政策,作为划分欧洲政治力量以及区别欧洲民族运动是否应当受到国际无产阶级赞助的一个界线。在这个问题上,马克思、恩格斯正是基于对当时欧洲各国错综复杂的民族矛盾和阶级矛盾进行全面的观察和科学的分析,找出欧洲国际工人运动和被压迫民族最凶恶最危险的主要敌人,提醒全欧以工人阶级为首的被压迫人民和被压迫民族,必须集中目标,针锋相对,认真对付,奋力抗击。

当年沙俄帝国的侵略扩张政策不仅直接蹂躏了欧洲各弱小民族,而且还直接威胁着欧洲一些发达国家的民族独立。因此,无产阶级革命导师一方面始终坚决反对这些国家的机会主义者利用"保卫祖国"的口号来掩盖自己对于无产阶级国际主义的背叛;另一方面,也教导这些国家的无产阶级应当在一定条件下高举民族独立的旗帜,为反对沙俄帝国的侵略威胁站在斗争的最前列。

例如,1891年沙俄帝国曾经积极准备发动侵德战争,旨在取消德意志民族的独立,把德国从一个业已实现统一的国家拉回到分裂、割据的状态。就在沙俄侵德战争迫在眉睫之际,恩格斯明确指出,沙俄帝国是西方各民族的敌人,如果它打败并征服了当时工人运动比较发达的德国,他们带来的不是自由而是奴役,不是进步而是野蛮,整个"欧洲的社会主义运动就要停滞二十年"[77];"沙皇取得胜利就等于欧洲被奴役"[78]。正是在这种情况下,恩格斯教导说:如果当时的德国政府接受工人政党提出的条件,那么,德国工人政党可以向政府表示准备支持它反抗外敌。恩格斯认为,这样做将有利于德国乃至全欧革命形势的发展。

鉴于沙俄帝国全面地、严重地危害着欧洲许多弱小民族甚至一些发达国家的独立生存,恩格斯强调说,"推翻沙皇政府,消灭这个威胁着整个欧洲的祸害,——我认为,这是解放中欧和东欧各民族的首要条件"[79]。

就在"俄国熊"张牙舞爪、称王称霸的时候,马克思和恩格斯却敏锐地洞察了它外强中干和腐朽虚弱的本质。他们指出,沙俄以其传统的诡计可以把欧洲的宫

---

[76] 恩格斯:《俄国沙皇政府的对外政策》,载《马克思恩格斯全集》第22卷,人民出版社1958年版,第15页;《马克思恩格斯全集》第8卷,人民出版社1965年版,第56—57页。

[77] 恩格斯:《致奥古斯特·倍倍尔(1891年9月29日)》,载《马克思恩格斯全集》第38卷,人民出版社1972年版,第157页,并参见同卷第172页;《马克思恩格斯全集》第6卷,人民出版社1961年版,第172页;《马克思恩格斯全集》第22卷,人民出版社1958年版,第294页;《列宁全集》第22卷,人民出版社1958年版,第334页;《列宁全集》第35卷,人民出版社1959年版,第239、255页。

[78] 恩格斯:《德国的社会主义》,载《马克思恩格斯全集》第22卷,人民出版社1971年版,第298页。

[79] 恩格斯:《致若昂·纳杰日杰(1888年1月4日)》,载《马克思恩格斯全集》第37卷,人民出版社1971年版,第5页。

廷——昏庸的上层统治者捏进自己的圈套,但是它在对付革命人民的时候却是完全无能为力的。同时,由于其经济政治制度的极端反动腐朽,"沙皇帝国内部具有在大力促使它灭亡的因素"[80]。在这样的内外条件下,全世界人民一定会"在看到我们大家最大的敌人——俄国沙皇制度的骄横一世之后,再看到它的(已经开始了的)衰落和彻底垮台"[81]!无产阶级革命导师代表历史对沙皇罗曼诺夫王朝作出这一严正的死刑判决,果然在1917年被人民铁面无私地执行了。

以上所述,是马克思、恩格斯关于民族殖民地问题基本思想的第一个方面。

雄辩论证无产阶级国际主义,尖锐批判资产阶级反动民族主义

马克思、恩格斯雄辩地论证了无产阶级国际主义的基本原则,教导全世界的无产者必须抵制资产阶级反动民族主义的思想毒害,实行国际性的阶级团结,为反对资本主义、殖民主义实行联合的斗争。他们尤其致力于揭露强国的地主资产阶级通过对外实行民族压迫和殖民掠夺,借以在国内巩固反动统治和加强阶级压迫这一毒辣手腕,启发宗主国的无产者认识到支持殖民地人民争得民族解放乃是他们自己争得阶级解放的首要条件。此外,他们还提醒无产者要善于识别民族虚无主义的"左"倾空谈,看穿它在"国际主义"伪装下为大国强族的并吞暴行张目的反动实质。

分散的努力会遭到共同的失败　在对外侵略扩张和殖民掠夺中,欧美的地主资产阶级及其在工人运动中的代理人经常鼓吹大国沙文主义、狭隘民族主义和"种族优越"等谬论,用以分裂各国工人阶级和其他劳动者,驱使他们为本国剥削者的利益而互相为敌,骨肉相残,或者为本国剥削者的利益去征服和残害弱国弱族的阶级兄弟。

针对地主资产阶级的这种恶毒用心和无耻骗局,马克思和恩格斯不懈地进行揭露和斗争。从马克思主义诞生的第一天起,他们就谆谆教导说:"工人没有祖国",响亮地提出"全世界无产者,联合起来"[82]的战斗口号。

他们反复启发各国无产者一定要识破本国剥削者关于祖国、民族的伪善说教,摒除狭隘的偏见,超越国家和民族的界限,实现国际主义的阶级团结,在反压迫反剥削的斗争中采取联合的行动。这样做,不但是完全可能的,而且是绝对必要的,它是

---

[80] 恩格斯:《〈论俄国的社会问题〉一书导言》,载《马克思恩格斯全集》第18卷,人民出版社1964年版,第642页;《马克思恩格斯全集》第9卷,人民出版社1964年版,第262页;《马克思恩格斯全集》第16卷,人民出版社1964年版,第175页;《马克思恩格斯全集》第39卷,人民出版社1974年版,第399页。

[81] 恩格斯:《致彼·拉·拉甫洛夫(1890年12月5日)》,载《马克思恩格斯全集》第37卷,人民出版社1971年版,第509页。

[82] 马克思、恩格斯:《共产党宣言》,载《马克思恩格斯选集》第1卷,人民出版社1972年版,第270、286页。

"无产阶级获得解放的首要条件之一"[83]。

马克思、恩格斯指出：现代的资本压迫，无论在英国或法国，无论在美国或德国，都是一样的。不同国家不同民族的无产者，其基本的阶级地位和阶级命运并无本质的差别，从这个意义上说来，无产者已经"失去了任何民族性"[84]。而不同国家不同民族的资产者，尽管他们之间存在着各种矛盾和争斗，但在对付无产者这一点上却总是沆瀣一气，往往实行国际性的勾结。因此，无产者"应当以各民族的工人兄弟联盟来对抗各民族的资产阶级兄弟联盟"[85]，才能获得斗争的胜利和阶级的解放。反之，各国各族的无产者如果受骗上当，自相分裂残杀，或者忽视了国家间的阶级团结，忽视了"在解放斗争中坚定地并肩作战"，那就势必会使他们自己"受到惩罚，——使他们分散的努力遭到共同的失败"[86]。

奴役其他民族的民族是在为自身锻造镣铐　为了全人类的彻底解放，也为了自身的彻底解放，大国、强国、宗主国的无产阶级必须全力支持殖民地、半殖民地的民族解放斗争。因为，殖民掠夺和殖民统治不仅给殖民地、半殖民地的人民造成灾难，而且也给大国、强国、宗主国的人民造成灾难。马克思和恩格斯多次告诫说："奴役其他民族的民族是在为自身锻造镣铐"[87]，"压迫其他民族的民族是不能获得解放的"[88]。

马克思就英国对爱尔兰的殖民统治作了精辟的分析。他回顾了自己对这个问题认识不断深化的过程：原先，他曾长期认为可以借助英国工人阶级运动的高涨来推翻统治爱尔兰的殖民制度；但是，经过多年更深入的考察研究之后，他却得出了相反的信念，认为只要英国工人阶级没有摆脱爱尔兰，那就毫无办法。因为，对爱尔兰实行殖民奴役，正是英国本土反动统治者物质力量和精神力量的重大源泉，也是英国工人阶级意识深受毒害和英国社会革命受阻的首要根因。

当时英国的地主资产阶级一方面对爱尔兰的劳动人民进行残酷的盘剥和掠夺，攫得了巨量财富，从而增强了在英国本土的统治实力；另一方面又强迫爱尔兰贫民作为廉价劳动力大量迁入英国本土，利用英国工人与爱尔兰移民工人在民族、宗教、社会地位上的差异以及就业机会上的竞争，在两者之间进行挑拨和煽动，竭力制造

---

[83] 马克思、恩格斯：《共产党宣言》，载《马克思恩格斯选集》第1卷，人民出版社1972年版，第270、286页。
[84] 同上书，第262页。
[85] 马克思、恩格斯：《论波兰》，载《马克思恩格斯选集》第1卷，人民出版社1972年版，第289—290页。
[86] 马克思：《国际工人协会成立宣言》，载《马克思恩格斯全集》第16卷，人民出版社1964年版，第13页。
[87] 马克思：《机密通知》，载《马克思恩格斯全集》第16卷，人民出版社1964年版，第474页。
[88] 恩格斯：《流亡者文献》，载《马克思恩格斯全集》第18卷，人民出版社1964年版，第577页。另参见《马克思恩格斯全集》第4卷，人民出版社1958年版，第410页；《马克思恩格斯全集》第32卷，人民出版社1974年版，第359页。

对立和分裂,使他们互相敌视,以便分而治之。特别是竭力在英国工人中培养民族优越感,使他们觉得自己是统治民族的一分子[89],充当了英国地主资产阶级对付爱尔兰人民的工具,这就大大麻痹和削弱了英国工人对本民族剥削者的阶级斗争,从而客观上延长和加强了本族地主资本家的统治,归根结底,使英国工人自身继续披戴着雇佣奴隶的沉重枷锁和镣铐。

基于以上分析,马克思断定:第一,"**不是在英国,而只有在爱尔兰**才能给英国统治阶级以决定性的打击"。杠杆一定要安放在爱尔兰。为了加速英国的社会革命,唯一的办法就是使爱尔兰独立。因此,第二,英国工人阶级的直接的绝对的利益,是要英国断绝现在同爱尔兰的关系。应当唤醒英国工人阶级,使他们意识到:"**爱尔兰的民族解放对他们来说**并不是一个抽象的正义或博爱的问题,而是**他们自己的社会解放的首要条件**"[90]。

马克思关于爱尔兰问题的论述,提出了一个在国际共产主义运动中具有普遍意义的、极为重要的原理:资本主义先进宗主国本土缺乏革命形势,往往在很大程度上是由拥有殖民地和肆行殖民掠夺所造成的;在这种情况下,殖民地人民争取民族独立的革命斗争便成为打击宗主国反动统治者和促进无产阶级革命的决定性力量。因此,宗主国无产者要摆脱自身遭受的阶级奴役,就非大力支持殖民地摆脱民族奴役不可!

民族虚无主义与"俄国佬精神" 为了支持被压迫民族的解放斗争,不但必须批判公开的、赤裸裸的大国沙文主义,而且必须批判隐蔽的、带保护色的大国沙文主义,其中包括披着"国际主义"美丽外衣的民族虚无主义。

在第一国际成立初期,来自法国的蒲鲁东主义者极力鼓吹他们那种以小资产阶级空想为基础的"社会革命",对任何民族问题都持全盘否定的态度。他们要求第一国际把全部注意力集中在他们所设计的"社会革命"(实则是改良主义的海市蜃楼)上,根本不必过问同无产者"无关"的民族问题。他们硬说民族特性是"无稽之谈",一切民族特性和民族本身都是"陈腐的偏见",工人阶级犯不着为此分心。他们特别反对把声援波兰人民抗击沙俄殖民统治和抵抗俄国佬对整个欧洲的威胁,作为全欧工人阶级共同的战斗任务,列入第一国际代表大会的议事日程,并且信口雌黄,诬蔑

---

[89] 恩格斯曾经指出,当时在英国工人中间广泛流行着一种错误观念:"他们比爱尔兰人高一等,对爱尔兰人说来他们是贵族,正如蓄奴州的最堕落的白人认为自己对黑人说来是贵族一样。"参见《马克思恩格斯全集》第18卷,人民出版社1964年版,第87页。

[90] 《马克思致齐·迈耶尔和奥·福格特(1870年4月9日)》,载《马克思恩格斯全集》第32卷,人民出版社1974年版,第656—657页,并参见同卷第398页;《马克思恩格斯全集》第16卷,人民出版社1964年版,第473—475页。

提出这种议案的马克思主义者"抄袭了"波拿巴主义的反动的民族原则。[91] 针对这类极端荒谬的观点,马克思、恩格斯进行了尖锐的揭露和坚决的反击。马克思指出,这种民族虚无主义观点实质上就是提倡由"模范的"强大民族来吞并各个弱小民族。在波兰问题上持这种观点,那就是被"俄国佬精神束缚住了",客观上充当了俄国佬"最新的同盟者"[92],即成为沙俄推行霸权主义政策、肆意奴役掠夺弱小民族的可耻帮凶。恩格斯强调:对于弱小民族的工农大众说来,民族压迫是他们前进道路上的第一个障碍,排除民族压迫是一切健康和自由的发展的基本条件。无产阶级的国际运动,无论如何只有在独立民族的范围内才有可能,国际合作只有在平等者之间才有可能,因此,从国际观点来看,民族独立绝不是很次要的事情,恰恰相反,"民族独立是一切国际合作的基础"[93]。

蒲鲁东分子所鼓吹的民族虚无主义,乍看起来似乎也是主张打破民族狭隘眼界、超越于民族界限之上的,因而与马克思所倡导的无产阶级国际主义略有几分"相似",但是,取消民族主权独立观念,无视民族压迫,非难民族解放运动,这就意味着要求弱小民族安于被压迫被奴役的现状。所以,它实际上既是对无产阶级国际主义的严重歪曲,又是对无产阶级爱国主义的彻底背离。有鉴于此,恩格斯无情地揭露说,如果属于统治民族的第一国际会员竟然要求被征服的和继续受压迫的民族忘掉自己的民族性和丧权辱国的民族处境,高唱什么"抛开民族分歧"等等,那么,"这就不是国际主义,而只不过宣扬向压迫屈服,是企图在国际主义的掩盖下替征服者的统治辩护,并使这种统治永世长存"[94]。

以上所述,是马克思和恩格斯关于民族殖民地问题基本思想的第二个方面。

严格区分革命的民族运动和反动的民族运动

马克思和恩格斯坚定地站在被压迫弱小民族这一边,热情赞扬和崇高评价它们反抗殖民奴役争取民族解放的革命斗争,认定殖民地、半殖民地人民的革命斗争必将对宗主国的革命发生巨大的积极影响和促进作用;在反对欧洲资产阶级反动统治的革命斗争中,殖民地、半殖民地的被压迫民族是宗主国无产阶级最好的同盟军;而

---

[91] 参见恩格斯:《工人阶级同波兰有什么关系?》,载《马克思恩格斯全集》第16卷,人民出版社1964年版,第170—171页,并参见同卷第583页。

[92] 《马克思致恩格斯(1866年1月5日)》,载《马克思恩格斯全集》第31卷,人民出版社1972年版,第172页,并参见同卷第224、230—231页。

[93] 《恩格斯致卡·考茨基(1882年2月7日)》,载《马克思恩格斯全集》第35卷,人民出版社1971年版,第262页。另参见《马克思恩格斯全集》第22卷,人民出版社1965年版,第430页。

[94] 恩格斯:《关于爱尔兰支部和不列颠联合委员会的相互关系》,载《马克思恩格斯全集》第18卷,人民出版社1964年版,第87页。

众多被压迫民族在反抗侵略者的过程中互相声援,加强斗争,必将冲破殖民统治的重重黑暗,迎来民族解放的无限光明。从无产阶级的革命利益出发,马克思和恩格斯十分注意严格区分革命的民族运动和反动的民族运动,对前者加以坚决支持,对后者加以无情揭露。

历史的"报应":种蒺藜者必得刺 马克思和恩格斯满腔热情地歌颂弱小民族争取独立解放的正义斗争,并对它寄以厚望;同时,又义正词严地痛斥殖民主义者对这种斗争的恶毒诬蔑和无耻诽谤。

在论及印度人民反抗斗争的一系列著作里,马克思指出,"他们看来好像天生疲沓,但他们的勇敢却使英国的军官们大为吃惊";"无论如何我们都可以满怀信心地期待……这个巨大而诱人的国家将复兴起来"[95]。在1857年印度民族大起义期间,英国殖民者通过御用报刊一方面为自己涂脂抹粉,开脱罪责;另一方面又血口喷人,反诬起义者对待英国人十分"暴虐"。对此,马克思怀着极大的无产阶级义愤,就英国殖民者长期对印度人民滥施酷刑和血腥屠杀的情况作了专题调查研究,并援引英国官方"蓝皮书"中的确凿材料以及英国驻印文武官员来信中的自供言词,逐桩历数其残酷暴行,严正指出:印度的英国统治者,绝不像他们想在世人面前装扮的那样,是印度人民的非常温和的和无可责难的"恩人",是"至仁至善"的体现者。印度人民企图赶走擅权肆虐的外国侵略者和征服者,这是天然合理的。英国殖民者在印度的所作所为是如此残酷无情和绝灭人性,印度人民忍无可忍,给予必要的惩罚,那也是殖民者罪有应得,无可厚非! 同时,"就算起义的印度人在起义和斗争的狂怒中犯下了硬说是他们犯下的那些罪行和暴虐,又有什么奇怪呢?"[96]马克思辛辣地讥讽说:"人类历史上存在着某种类似报应的东西,按照历史上报应的规律,制造报应的工具的,并不是被压迫者,而是压迫者本身"[97]!

英国政客们对中国人民的抗英义举也曾反咬一口,诬蔑中国人为"野蛮人""不道德"等等。对此类无耻谰言,马克思也痛加诛伐,以正视听。他尖锐揭露英国人向中国大量贩毒(鸦片)牟取暴利,就是"年年靠摧残人命和败坏道德来充实英国国库"[98]。一旦中国人被迫采取措施禁毒,英国殖民者就发动侵略战争,这难道不是"半野蛮人维护道德原则,而文明人却以发财的原则来对抗"[99]? 可见,在荒谬离奇

---

[95] 马克思:《不列颠在印度统治的未来结果》,载《马克思恩格斯全集》第9卷,人民出版社1961年版,第251页。

[96] 马克思:《印度刑罚的调查》,载《马克思恩格斯全集》第12卷,人民出版社1962年版,第296页,并参见同卷第291页。

[97] 马克思:《印度起义》,载《马克思恩格斯全集》第12卷,人民出版社1962年版,第308、311—312页。

[98] 马克思:《英人在华的残暴行动》,载《马克思恩格斯全集》第12卷,人民出版社1962年版,第178页。

[99] 马克思:《鸦片贸易史》,载《马克思恩格斯全集》第12卷,人民出版社1962年版,第587页。

的强盗逻辑中,"野蛮"与"文明"完全被颠倒了!马克思列举"英国军官亲笔记载下来的暴行"[100]——滥烧、滥杀、狂抢、强奸等巨量事实,愤怒地指出:"中国人针对着英国人提出的每一件控诉,至少可以提出九十九件控诉!"[101]

恩格斯对中国人民采取暴动、夜袭、投毒、锄奸等游击战的方法惩罚侵略者的英勇行为,也给予充分肯定和赞扬。他指出:中国人民找到了自己独特的、行之有效的抵抗方法,这种方法如能彻底实行,就会使殖民侵略者大吃苦头,步步败北。因此,一切外国人切"不要像骑士般的英国报纸那样去斥责中国人可怕的残暴行为,最好承认这是为了保卫社稷和家园的战争,这是为了保存中华民族的人民战争";为了抗击侵略者,"既然只有这种方法能生效,那么中国人管得着这些吗?"[102]

最好的同盟军 马克思和恩格斯对殖民地、半殖民地人民的民族解放运动和革命斗争给予崇高的评价,认为它是宗主国无产阶级革命的催化剂、引爆器、同盟军。

在论及中国的太平天国革命时,马克思指出,推动这次大爆炸的毫无疑问是英国的大炮,英国的对华侵略掠夺引起了中国的革命,而这场革命又必将反过来对英国并通过英国对整个欧洲发生巨大的影响。中国人民革命斗争的高涨,沉重地打击了殖民侵略者的各种掠夺活动,使资本主义市场急剧缩小,英国对华贸易陷于瘫痪,势必导致其国内工业衰落、金融恐慌,加速经济危机和政治危机的到来。马克思断言:"中国革命将把火星抛到现代工业体系的即将爆炸的地雷上,使酝酿已久的普遍危机爆发,这个普遍危机一旦扩展到国外,直接随之而来的将是欧洲大陆的政治革命"。[103]

在论及印度1857年的民族大起义时,鉴于它大量地吸住和成批地痛歼英国反动军队,严重地削弱了英国的统治阶级,大大有利于英国本土工人阶级的解放斗争,马克思高兴地指出:"印度使英国不断消耗人力和财力,现在是我们最好的同盟军"[104]。

在论及19世纪波兰人民的多次抗俄起义时,马克思和恩格斯认为,处在殖民地地位的"波兰是实现俄国对世界霸权的贪欲的最重要的工具"[105],对波兰实行军事占

---

[100] 马克思:《印度起义》,载《马克思恩格斯全集》第12卷,人民出版社1962年版,第309页。
[101] 马克思:《英人在华的残暴行动》,载《马克思恩格斯全集》第12卷,人民出版社1962年版,第177页。
[102] 恩格斯:《波斯和中国》,载《马克思恩格斯全集》第12卷,人民出版社1962年版,第232页,并参见同卷第228页。
[103] 参见马克思:《中国革命和欧洲革命》,载《马克思恩格斯全集》第9卷,人民出版社1961年版,第114、110、112页;《马克思恩格斯全集》第12卷,人民出版社1962年版,第74、76页。
[104] 《马克思致恩格斯(1858年1月14日)》,载《马克思恩格斯全集》第29卷,人民出版社1972年版,第250页,并参见同卷第270、297—303、318—332、337—338页。
[105] 马克思:《1867年1月22日在伦敦纪念波兰起义大会上的演说》,载《马克思恩格斯全集》第16卷,人民出版社1964年版,第226—227页。

领和殖民统治,既是沙皇借以进一步觊觎、威胁全欧的强固据点和前进基地,又是沙皇借以煽起沙文主义狂热、断送和扼杀国内革命运动,巩固本土反动统治的重要手段。所以,"波兰的独立和俄国的革命是互为条件的",只要沙皇俄国的大批反动军队还侵占着波兰,俄国人民就既不能获得政治解放,也不能获得社会解放;而"一旦俄国失去波兰,俄国国内的运动就会壮大到足以推翻现存秩序的地步"。[106] 正因为如此,马克思、恩格斯再三号召全欧的工人阶级务必大力声援和支持波兰人民抗击沙俄殖民统治、争取民族独立解放的正义斗争,强调用革命方法解决波兰问题是摧毁欧洲反动堡垒——沙皇制度的基本前提。[107]

马克思和恩格斯认为,全世界各被压迫民族争取独立解放的正义斗争都是互相支持的。这些斗争可以削弱共同的敌人,往往使殖民主义者顾此失彼,疲于奔命,穷于应付。

1857年前后数年间,中国、波斯(伊朗)、印度几乎同时或相继开展抗英武装斗争,汇合成亚洲民族解放斗争史上的一次重大高潮。马克思和恩格斯敏锐地看出这些斗争彼此间在客观上互相支援的关系。马克思指出,正是在英国对波斯的战争几乎把原驻印度孟加拉管区的欧洲兵全部抽光了的时候,印度的民族大起义就立刻爆发了;起义使英国殖民当局惊惶失措,手忙脚乱,被迫立即从波斯调回侵略军,同时"命令正在前往中国途中的额尔金勋爵和阿希伯纳姆将军的部队停止前进",中途截回侵华兵力。可见,波、中人民的抗英斗争吸引和牵制了大量英军,客观上为印度人民的起义创造了极其有利的条件,而印度人民的起义又反过来给波、中人民的抗英斗争提供了有力的支援。[108] 同时,中、波、印的这些抗争打击了殖民主义者的凶焰,削弱了他们的实力,打乱了他们的侵略部署,又进一步鼓舞和推动了亚洲其他国家的反殖战斗。面对这种大好形势,马克思充满喜悦地断定:"英印军队中的起义与亚洲各大国对英国统治的普遍不满同时发生,因为在孟加拉军内的起义无疑与波斯战争和中国战争有密切的联系,——所有这些,都是过去从未有过的事情"[109]。

反对反动的民族运动　马克思和恩格斯从来不把民族运动本身看成孤立自在

---

[106] 参见恩格斯:《流亡者文献》,载《马克思恩格斯全集》第18卷,人民出版社1964年版,第578页,并参见同卷第629—630页。

[107] 参见马克思:《临时中央委员会就若干问题给代表的指示》,载《马克思恩格斯全集》第16卷,人民出版社1964年版,第222页,并参见同卷第170—171、177、181—182、229页;《马克思恩格斯全集》第4卷,人民出版社1958年版,第540—541页;《马克思恩格斯全集》第15卷,人民出版社1963年版,第614—615页;《马克思恩格斯全集》第18卷,人民出版社1964年版,第575—576、630、642—643页。

[108] 史载:当时正在进行抗英斗争的中国广东人民听说"印度已叛,英兵败绩,连丧其渠",于是"辗转传言","人心大喜"。参见(清)华廷杰:《触藩始末》(卷中)。

[109] 马克思:《印度军队的起义》,载《马克思恩格斯全集》第12卷,人民出版社1962年版,第252、254页。

和至高无上的运动,不加区别地一概予以支持。作为无产阶级的革命导师,他们总是对一切民族运动进行具体的历史的分析,判断它们是否有利于无产阶级开展革命斗争,是否有利于推动社会历史前进,并以此作为准绳,决定是否予以支持赞助。

在一定的历史条件下,有一些小民族所开展的民族运动是直接为某个反动大国的侵略扩张和霸权主义效劳的,对于这种逆历史潮流而动的民族运动,马克思、恩格斯历来是加以无情揭露和坚决反对的。他们在19世纪中后期对待捷克人和南方斯拉夫人的民族运动所持的态度,就是这方面的范例。

1848年欧洲大陆革命风暴正盛之际,长期在奥匈帝国奴役下的捷克人和南方斯拉夫人(均为斯拉夫族的分支)掀起了民族解放运动的新高潮,提出了一系列强烈的革命民主主义要求,甚至在布拉格发动了武装起义。对于他们这种争取摆脱异族反动统治的义举,马克思、恩格斯曾予以热情的关注和支持。但是,从这次起义被镇压以后,这些小民族中的地主资产阶级反动分子全盘把持了民族运动的领导权,大肆鼓吹和推行"泛斯拉夫主义",使民族运动的内容、性质和客观作用朝着反动的方向发生了根本变化。马克思、恩格斯敏锐地、及时地觉察了这一点,并理所当然地对它进行毫不留情的谴责和批判。

当年喧嚣一时的"泛斯拉夫主义",是俄国沙皇政府为推行侵略扩张政策而制造的一种反动民族主义"理论";它以纯属虚构的所谓全体斯拉夫人具有同一"民族特性"作为幌子,鼓吹要使居住在欧亚两洲的一切斯拉夫人合并溶化成为一个以俄罗斯人为中心的强大统一的"民族",建立一个空前庞大的"斯拉夫帝国"。对此,马克思、恩格斯一针见血地揭露说:"泛斯拉夫主义是圣彼得堡内阁的发明,它的目的无非是要把俄国的欧洲疆界向西面和南面推进"[110];"想把整个欧洲变成斯拉夫种族、尤其是这个种族的唯一强有力的部分即俄罗斯人的领土"[111]。简言之,它是沙俄政府用以吞并弱国弱族和"争夺世界霸权的骗人计划"[112]。这个计划一旦得逞,俄国式的封建农奴制就势必推行于全欧,全欧就势必出现严重的历史大倒退。

在这样的历史条件下,捷克等一些曾经受到异族压迫的小民族把实现"泛斯拉夫主义的统一"当作开展民族运动的宗旨,那就是"自觉或不自觉地直接为俄国的利益服务"[113],势必成为**"俄国的鞭子"**[114];而在实践上他们果然成了沙俄用以镇压匈

---

[110] 马克思、恩格斯:《社会主义民主同盟和国际工人协会》,载《马克思恩格斯全集》第18卷,人民出版社1964年版,第492页。

[111] 恩格斯:《德国的革命和反革命》,载《马克思恩格斯全集》第8卷,人民出版社1961年版,第56页。

[112] 恩格斯:《致卡尔·考茨基(1882年2月7日)》,载《马克思恩格斯全集》第35卷,人民出版社1971年版,第263页;《马克思恩格斯全集》第22卷,人民出版社1965年版,第55页。

[113] 恩格斯:《德国的革命和反革命》,载《马克思恩格斯全集》第8卷,人民出版社1961年版,第57页。

[114] 恩格斯:《匈牙利的斗争》,载《马克思恩格斯全集》第6卷,人民出版社1961年版,第201、334、336页。

牙利革命的帮凶和打手。

鉴于捷克等小民族中那些混入革命队伍的反动分子业已把本民族的解放运动引向邪途,纳入直接为沙俄霸权主义效劳的轨道,从而使整个民族运动变了质;鉴于这些反动分子及其追随者实际上已经成为部署在欧洲的"俄国前哨部队",[115]为俄国侵略者充当马前卒,因此,恩格斯愤怒地指出,他们所从事的乃是一场"荒唐的、反历史的运动",他们的所作所为表明:"他们为了一个独立民族的幻影而出卖了革命事业",按此发展下去,这个独立民族的命运"至多也不过同俄国统治下的波兰民族的命运一样"![116]

以上所述,是马克思、恩格斯关于民族殖民地问题基本思想的第三个方面。

正确指明彻底解决民族殖民地问题的根本道路

马克思、恩格斯在深入揭露民族殖民地问题产生根源的基础上,在深刻揭示民族压迫与阶级压迫、殖民掠夺现象与资本主义制度之间必然联系的基础上,为民族殖民地问题的彻底解决指明了唯一正确的根本道路:推进无产阶级社会主义世界革命,在全球范围内消灭一切剥削制度和一切剥削阶级。

早在马克思主义诞生初期,早在资产阶级还处于上升、全盛、绝对统治的阶段,早在殖民主义势力横行肆虐全球、气焰绝顶嚣张的时代,马克思和恩格斯就满怀信心地断言全世界的资本主义殖民体系终将没落崩溃和彻底覆灭。他们指出:资本主义社会"现存的所有制关系是造成一些民族剥削另一些民族的原因",为了从根本上彻底解决民族殖民地问题,彻底根除民族压迫和殖民统治,使全球一切民族能在平等基础上真诚地团结互助,就必须在全世界实行无产阶级社会主义革命,彻底消灭现存的所有制关系,消灭资本主义和一切剥削制度。因此,"无产阶级对资产阶级的胜利同时就是一切被压迫民族获得解放的信号"[117]。基于对人类历史发展规律,特别是对资本主义社会发展规律进行深刻的科学分析,马克思和恩格斯代表全世界无产者庄严、豪迈地宣布:"资产阶级的灭亡和无产阶级的胜利是同样不可避免的!""民族内部的阶级对立一消失,民族之间的敌对关系就会随之消失";"人对人的剥削一消灭,民族对民族的剥削就会随之消灭"![118]

---

[115] 参见恩格斯:《民主的泛斯拉夫主义》,载《马克思恩格斯全集》第6卷,人民出版社1961年版,第341—342页;《列宁全集》第22卷,人民出版社1958年版,第334—335页。
[116] 参见恩格斯:《德国的革命和反革命》,载《马克思恩格斯全集》第8卷,人民出版社1961年版,第56、57页。
[117] 马克思、恩格斯:《论波兰》,载《马克思恩格斯选集》第1卷,人民出版社1972年版,第287—288页。
[118] 参见马克思、恩格斯:《共产党宣言》,载《马克思恩格斯选集》第1卷,人民出版社1971年版,第263、270页。

以上所述,是马克思、恩格斯关于民族殖民地问题基本思想的第四个方面。

马克思和恩格斯的上述基本观点,为无产阶级关于民族殖民地问题的革命理论奠定了坚实的基础。

这些基本观点,是列宁在帝国主义时代在民族殖民地问题上开展反修斗争的理论根据。在反对国际帝国主义和国际修正主义的伟大斗争中,列宁全面地继承、捍卫和发展了马克思主义,把马克思主义提高到一个新的阶段,其中也包括把马克思、恩格斯关于民族殖民地问题的革命学说,推向一个新的高峰。

二、第二国际后期,列宁在民族殖民地问题上反对修正主义的斗争

(一)帝国主义时代基本矛盾的激化和修正主义路线的出现

巴黎公社革命失败以后,在19世纪的最后30年中,"自由"资本主义逐步向垄断资本主义过渡。19世纪末20世纪初,世界资本主义终于发展成为帝国主义。"帝国主义作为资本主义的最高阶段,到1898—1914年间先在欧美然后在亚洲最终形成了"[119]。

帝国主义是垄断的、腐朽的、垂死的资本主义。垄断资本的统治是帝国主义最基本的特征。在帝国主义时代,资本主义所固有的各种矛盾日益激化。

三大基本矛盾空前尖锐

在帝国主义时代,资本主义国家内部无产阶级同资产阶级的矛盾空前尖锐。一小撮垄断资本家为了攫取高额的垄断利润,在经济上对工农大众实行更加残酷的剥削。除了千方百计延长劳动时间和压低实际工资的故伎外,资本家还"发明"和采用了加紧榨取工人血汗的各种"科学"制度,通过什么"泰罗制""福特制""赫尔斯制""罗文制""康脱制",拼命加强工人的劳动强度,"无情地绞尽他所有的力量,以三倍于原先的速度榨取雇佣奴隶一点一滴的神经和筋肉的能力"[120]。每逢经济危机,资本家就向劳动者转嫁危机损失,不但把千千万万的劳动者抛进本来就已十分庞大的失业队伍,而且实行通货膨胀,造成物价飞腾,使劳动者备受双重的熬煎。灯红酒绿、一掷万金与啼饥号寒、暴尸街头,两种现象同时并存,社会更加分裂为对立的两

---

[119] 列宁:《帝国主义和社会主义运动中的分裂》,载《列宁选集》第2卷,人民出版社1972年版,第884页。
[120] 列宁:《榨取血汗的"科学"制度》,载《列宁全集》第18卷,人民出版社1959年版,第594页。

极:"一方面是一小撮卑鄙龌龊的沉溺于奢侈生活的亿万富翁,另一方面是千百万永远在饥饿线上挣扎的劳苦大众"[121]。

在政治上,西方资产阶级日益走向全面反动。他们拼命扩大和强化军事官僚国家机器,进一步缩小和取消人民仅存的一点民主权利,对国内人民群众实行更加残暴的反动统治。同时,在列强征服和争夺殖民地的过程中,连年征战,不断扩军,赋税激增,人民群众不仅要负担浩繁的战费,而且要充当卖命的炮灰。侵略战争给他们带来了无穷灾难。

凡此种种,把资本主义国家中的广大群众更加推进水深火热之中。到20世纪初,劳动与资本的冲突已经达到新的顶点,在欧美各主要国家里,数十万乃至成百万工人一齐发动的声势浩大的罢工斗争和示威游行彼伏此起,接二连三。在许多地方,工人们与前来镇压的反动军警展开了流血搏斗,甚至还筑起街垒,开展了巷战。其中尤以1905年爆发的俄国革命影响最大,标志着自从巴黎公社失败以来长达三十余年的国际资本主义"和平"发展时期业已终结。形势表明:无产阶级革命运动在欧美各国发展的程度虽不平衡,形式也不尽相同,但是总的说来,国际社会主义运动已经向前迈进了一大步,无产者大军已经在一系列阶级冲突中大大提高了觉悟性和组织性,无产阶级同资产阶级的决定性斗争也愈来愈近;而在阶级斗争特别尖锐激烈的某些国家里,"财产私有者和劳动者之间的决斗已经一天比一天临近了",广大无产者长期蕴积心头的阶级仇恨一旦迸发,"'和平的'议会斗争局面就要被真正的内战场面所代替"[122]。

殖民地、半殖民地人民的死敌——帝国主义垄断资产阶级在国内面临"山雨欲来风满楼"的险境,这在客观上为被压迫民族的解放斗争提供了有利的条件。

在帝国主义时代,帝国主义国家之间的矛盾空前尖锐。

各国垄断组织的出现,不仅没有消弭竞争,反而促使竞争在更广阔的范围、更巨大的规模、更激烈的程度上继续进行。"帝国主义的一个重要的特点,是几个大国都想争夺霸权,即争夺领土"[123]。

在19世纪的最后25年中,各大国垄断集团为了争夺销货市场、原料地和投资场所,展开了抢先占领势力范围和瓜分世界的空前猛烈的恶斗。到了19世纪末20世纪初,整个世界业已被瓜分完毕。由于资本主义发展的不平衡性,帝国主义列强实力对比不断发生变化,经济急速发展的后起国家来到资本主义的吃人筵席时,座位

---

[121] 列宁:《给美国工人的信》,载《列宁全集》第28卷,人民出版社1956年版,第44页。
[122] 列宁:《世界政治中的引火物》,载《列宁全集》第15卷,人民出版社1959年版,第159、161页。
[123] 列宁:《帝国主义是资本主义的最高阶段》,载《列宁选集》第2卷,人民出版社1972年版,第810页。

都已占满了,它们不但要求"入席",而且要求"首座",要求按照实力的新对比重新瓜分世界,因而在帝国主义各国之间,充满了从别人手上夺取殖民地、重新分配势力范围、重新排列世界霸主座次的矛盾冲突。这些矛盾冲突导致了1898年的美西战争、1899—1902年的英布战争、1904—1905年的日俄战争,而且愈演愈烈,后来终于酿成了1914—1918年的第一次世界大战。

帝国主义列强之间的矛盾冲突和彼此撕拼,使它们的力量互相削弱,这在客观上又为被压迫民族的解放斗争提供了另一项有利的条件。

在帝国主义时代,被压迫民族同帝国主义的矛盾空前尖锐。

由于垄断组织的形成大大激化了世界范围的竞争,由于"只有占领殖民地,才能充分保障垄断组织获得胜利"[124],在19世纪的最后25年和20世纪初,帝国主义列强以前所未有的速度和疯狂性,加紧侵略扩张和加强殖民掠夺。以非洲为例,在1876年殖民国家布鲁塞尔国际会议之前,列强在非洲侵夺的殖民地只占该洲全部面积的1/10,到了20世纪初,列强已将这个面积达3000万平方公里的富饶大陆宰割瓜分殆尽,灭亡了几十个国家,几乎所有的非洲国家和地区全都沦为殖民地和保护国,只剩下埃塞俄比亚和利比里亚两国表面上勉强保持一定程度的独立。在瓜分世界的过程中,英、俄、法、德、美、日六个最大的帝国主义国家在第一次世界大战以前抢占的殖民地面积竟达6500万平方公里,约等于它们本国面积总和的四倍[125],相当于六个半欧洲。

在这六个国家中,沙俄帝国主义又具有自己的"特色":同其他帝国主义国家相比,沙俄的资本帝国主义较薄弱,而军事封建帝国主义却是比较强大的,因此在对外侵略扩张中显得特别穷兵黩武、暴虐野蛮。同时,它的四邻多是幅员辽阔的弱国,而且没有大海阻隔,因此它在对外侵略扩张中又显得特别肆无忌惮、就近吞噬。简言之,它在"军事力量上的垄断权,对极广大领土或掠夺异族如中国等的极便利地位的垄断权,部分地补充和代替了现代最新金融资本的垄断权"[126]。

19世纪末20世纪初,沙俄这条国际社会中的凶恶巨蟒虽已吞咽了比它自身大三倍多、面积接近于两个欧洲大陆[127]的四邻疆土,仍然毫不餍足,继续把血盆大口张

---

[124] 列宁:《帝国主义是资本主义的最高阶段》,载《列宁选集》第2卷,人民出版社1972年版,第802页。

[125] 根据列宁所引用的统计数字,当时这六国本土面积总和是1650万平方公里。参见《列宁全集》第21卷,人民出版社1959年版,第282页;《列宁全集》第22卷,人民出版社1958年版,第250页。

[126] 列宁:《帝国主义和社会主义运动中的分裂》,载《列宁选集》第2卷,人民出版社1972年版,第893页,并参见第635页注解。

[127] 根据列宁所引用的统计数字,1914年俄国本土的面积是540万平方公里,它已侵夺到手的殖民地面积是1740万平方公里。整个欧洲的面积是1040万平方公里。参见《列宁全集》第21卷,人民出版社1959年版,第282页。

向四邻。特别是当时既富饶又积弱的中国，在它眼中"不过是一块肥肉"[128]。它在1858—1884年短短二十多年中强行割夺中国疆土150多万平方公里之后，还得陇望蜀，拼命要"在中国割取一块更肥的肉"[129]。它拟订了霸占中国东北各省辟为"黄俄罗斯"的罪恶计划，并逐步予以实施；它在1898年元旦致德国的一份备忘录中公然宣称："中国北部各省，包括全部满洲、直隶及新疆在内，是我们独占的行动范围"。沙皇尼古拉二世的陆军大臣库罗巴特金在1903年2月16日的日记中供认："我们皇上的脑袋中有宏大的计划：为俄国夺取满洲，把朝鲜并入俄国。还想把西藏并入本国。要夺取波斯；不仅要占博斯普鲁斯，还要占达达尼尔……"[130]后来，此人又在呈给尼古拉二世的秘密奏折中叫嚣，改变中国和俄国的边界是非常紧急的事，并提出从中国新疆西陲天山的汗腾格里峰到海参崴之间划一直线作为边界，使西起伊犁、中经外蒙和内蒙、东迄满洲，即中国西北、华北、东北的半壁江山，尽行囊括进沙俄帝国的版图。[131]

总之，正如列宁所总结的：在帝国主义列强瓜分中国的罪恶活动中，沙皇俄国"是最先伸出魔掌的"[132]；在列强大肆殖民扩张、争夺世界霸权的过程中，"数百年来，沙皇政府比任何专制魔王更厉害地掠夺和压迫其他民族，……使大俄罗斯人腐化堕落，成为屠杀其他民族的刽子手"[133]，它是"欧洲和亚洲的野蛮、残暴、反动的主要堡垒"[134]。

在帝国主义时代，列强对亚、非、拉弱小民族的侵略扩张和殖民掠夺进入了空前疯狂的新阶段。包括沙俄在内的帝国主义列强，在它们所攫取或控制的亚、非、拉广大地区，确立和加强了一整套极端野蛮、极端残暴的殖民统治秩序。它们除了继续袭用从贱买贵卖到杀人越货那一系列老谱之外，还大量采取资本输出的新手法，利

---

[128] 列宁：《新生的中国》，载《列宁全集》第18卷，人民出版社1959年版，第395页。
[129] 列宁：《评国家预算》，载《列宁全集》第5卷，人民出版社1959年版，第302页。
[130] 《库罗巴特金日记》，苏俄《红档》杂志1922年第2卷，第31页。
[131] 参见苏联《新东方》杂志1992年第6卷，第270页。
列宁在"帝国主义"笔记中也摘录了同样的材料：沙皇俄国"在东亚也一贯按预先考虑好的计划……在实行扩张，目的在于直接占领一直到长城脚下的大片领土，并获得在东亚的霸权"（参见《列宁全集》第39卷，人民出版社1986年版，第765页）。按照这个预定计划，沙俄政府在19世纪末20世纪初又采取了一系列的侵略行动。例如，1892年违约越界出兵中国帕米尔地区，再占中国萨雷阔勒岭以西两万多平方公里领土；1896年强迫清朝政府签订《中俄密约》，攫取在中国东北修筑中东铁路的特权；1898年强迫清朝政府签订《旅大租地条约》，强行"租借"旅顺、大连和辽东半岛；1899年勾结英国，划分两国在华"势力范围"，把中国长城以北广大地区划为沙俄"势力范围"；1900年勾结其他帝国主义国家，拼凑八国侵华联军，血腥屠杀中国人民，还派遣十几万侵略军占领中国东北三省，长期拒不撤军；1911年策动中国外蒙古一小撮活佛、王公，宣称"独立"，实际上把外蒙古变为沙俄殖民地；1912年先后策动中国黑龙江呼伦贝尔地区和内蒙古哲里木盟的封建主进行叛乱，宣称"独立"；同时直接出兵侵占中国新疆伊犁、喀什噶尔和阿尔泰地区，并策动多次叛乱，等等。
[132] 列宁：《中国的战争》，载《列宁全集》第4卷，人民出版社1959年版，第335页。
[133] 列宁：《无产阶级在我国革命中的任务》，载《列宁全集》第24卷，人民出版社1957年版，第38页。
[134] 列宁：《民族问题提纲》，载《列宁全集》第19卷，人民出版社1959年版，第238页。

用亚、非、拉地区地价贱、工资低、原料廉的条件,举办各种企业,把资本的吸血管伸进一切领域,简直是无孔不入,无所不包,使吸吮殖民地、半殖民地人民膏血的罪恶勾当更加扩大化、经常化、制度化。它们到处霸占矿山油田,垄断铁路交通,独揽河海航运,把持对外贸易,包办关税邮电,专卖烟酒食盐,摧残和扼杀当地民族工业的嫩芽……从而完全控制了弱小民族国民经济的全部命脉,榨取了天文数字般的巨额垄断利润;它们广设银行,滥发纸钞,聚敛资金,高利盘剥,操纵金融,左右财政;它们巧立名目,滥定苛捐杂税,肆意横征暴敛,搞得弱小民族国穷财尽,民不聊生;它们暴戾恣睢,草菅人命,于更加大量地劫夺财富的同时,更加大量地制造死亡;[135]它们扶植和勾结亚、非、拉当地最反动腐朽的政治势力和民族败类,以"太上皇"自居,实行白色恐怖统治;它们对胆敢实行反抗的弱小国家和民族,动辄大举兴兵,炮轰火焚,庐舍为墟,血雨腥风,滥施屠戮,残害妇孺,洗劫城乡。之后,还要勒索骇人听闻的巨额"赔款",实行竭泽而渔、杀鸡取卵式的搜刮敲剥。[136]

压迫愈重,反抗愈猛

帝国主义强盗变本加厉的疯狂掠夺和暴虐统治把殖民地、半殖民地人民推进了苦难深渊的最底层,与日俱增的民族灾难和亡国灭种的惨痛经历从反面深刻地教育了他们,大大促进了民族意识的觉醒。现实生活迫使被压迫民族以更大的决心,在更大的规模上用革命的暴力反对反革命的暴力,拿起武器,前仆后继地投入抗击帝国主义、维护国家独立、争取民族解放的艰苦斗争。从19世纪最后五六年至20世纪初,短短十几年间,亚、非、拉广大地区被压迫民族反侵略、反掠夺、反压迫、反奴役的起义和战斗,如风雷四起,震荡全球。其中比较突出的,如:自1891年开始一直坚持到1898年西非几内亚人民的抗法战争;1894—1895年朝鲜人民"逐灭倭夷""灭尽权贵"的抗日革命战争;1894—1895年中国人民的抗日战争;1894—1896年东非马达加

---

[135] 以拉丁美洲为例,据统计,在帝国主义时代,美国从拉美榨取的金钱财富每年为20亿美元,平均每分钟约4000美元;同时,在拉美造成的非正常死亡每年多达200万人,平均每分钟约四人。拉美人民愤怒地指出:"每抢走我们一千块美元,就给我们留下一具死尸。一千块美元一具死尸,这就是所谓帝国主义的价格。"按此推算,每五年就掠走100亿美元,留下1000万具尸首! 又以亚洲的印度为例,由于帝国主义的残酷掠夺,印度仅在19世纪的后25年内就发生了18次严重饥荒,单单死于饥馑者竟多达1500万人。这还仅仅是一个国家的数字,举一可以反三!

[136] 以列强对中国的两次敲诈为例:日本侵华的"甲午战争"后,1895年的《马关条约》规定:中国清政府必须"赔偿"日本"军费"2亿两白银。当时清政府每年税收总数不过七八千万两白银,"赔款"竟三倍于此数,而且要在三年内交清,否则要额外加息。八国联军侵华战争后,1901年的《辛丑条约》规定:中国应"赔款"4.5亿两白银,加上逐年分期付款外加利息,合计近10亿两。其中沙皇俄国分赃最多,独吞赃银1.3亿两,占"赔款"总额的29%(不包括利息)。事后沙俄的外交大臣拉姆斯道夫得意忘形,自供这次侵华战争是历史上少有的"最够本的战争"(参见〔苏联〕罗曼诺夫:《俄国在满洲》,陶文钊等译,商务印书馆1980年版,第262页)。所有这些沉重负担,被全部转嫁到中国劳动人民身上,使他们更加艰难竭蹶,陷入绝境。

斯加人民的抗法战争；1895—1896 年埃塞俄比亚人民大败意大利侵略军的战争；1895—1898 年拉美古巴人民反对西班牙殖民统治的独立解放战争；1896 年南非马达别列人民的反英起义；1896—1902 年菲律宾人民先后反抗西班牙和美国的民族独立战争；1898—1900 年苏丹人民的抗英战争；1899—1900 年中非乍得人民的抗法战争；1900—1901 年中国人民抗击"八国联军"的斗争；1900 年西非阿散蒂（加纳）人民的第八次抗英战争；1901—1920 年东非索马里人民的抗英斗争；1904—1907 年西南非霍屯督人民和赫列罗人民的抗德战争；1906 年南非祖鲁人民的反英起义；1907—1911 年朝鲜人民的抗日游击战争；1909 年和 1911 年伊朗人民两度抗击沙俄和英国反革命干涉军的战斗；1911 年北非摩洛哥人民的反法起义；1911—1912 年北非的黎波甲（利比亚）人民的抗意战争；1911—1916 中国人民抗击沙俄侵略中国北部和西北部边疆的斗争；1914 年墨西哥人民抗击美国反革命干涉军的战斗。在亚、非、拉地区以外，欧洲的被压迫民族也多次掀起反帝、反殖的武装斗争。其中较突出的，如 1910—1912 年阿尔巴尼亚人民反抗土耳其殖民统治、争取民族独立的胜利起义等。

特别重要的是：历史已经前进到了 19 世纪末 20 世纪初，就时代尺度而言，无产阶级革命已经成为直接实践的问题，资本帝国主义国内人民的革命斗争同殖民地、半殖民地人民的反帝斗争联成共同战线，互相呼应，互相推动，使得帝国主义垄断资产阶级陷入"后院熊熊火起，前庭烈焰冲天"的重围。形势说明：帝国主义给自己准备了灭亡的条件。正是帝国主义对全世界的残酷压迫剥削，驱使殖民地、半殖民地的人民大众和帝国主义自己国家内的人民大众共同走上了消灭帝国主义的伟大斗争道路。

群丑跳梁和反修斗争

在这种情况下，富有反动政治经验、善于要弄反革命两手的帝国主义垄断资产阶级深知：要挽救自己的灭亡，不但需要自己直接出面对国内外起来造反的奴隶们实行血腥的屠杀和甜蜜的欺骗，而且需要从奴隶阵营中物色和豢养一批叛徒来充当自己的代理人，让他们出面来维护资产阶级，这"比资产者亲自出马还好"[137]。

当时，由于资产阶级的收买，欧美列强的工人队伍中业已形成了工人贵族阶层。对于他们说来，"有奶便是娘"，因而他们的最高行动准则就是尽力保住国内外的资本主义、殖民主义、帝国主义吃人制度，反对任何革命斗争。再加上当时大量小资产阶级"同路人"涌入工人队伍及其先锋队，带进了资产阶级、小资产阶级的世界观和

---

[137] 列宁：《共产国际第二次代表大会》，载《列宁全集》第 31 卷，人民出版社 1958 年版，第 203 页。

思想影响。工人贵族和他们一起,成为第二国际内部机会主义日益抬头的社会基础。只是由于马克思的亲密战友、在国际共产主义运动中具有崇高威望的恩格斯仍然健在,他以无产阶级革命导师所特有的锐利眼光和坚定原则,对国际工人运动中的一切机会主义思潮,在它们刚刚露头的时候,就及时识别,并率领国际无产阶级革命派予以迎头痛击,才使其当时未能泛滥成灾。

1895年恩格斯逝世后,各国机会主义分子认为时机已到,开始兴风作浪,猖狂跳梁。他们窃踞第二国际的领导地位,把马克思主义的基本原则诬为过时的"教条",明目张胆地群起围攻和全面篡改马克思主义的革命学说,系统地提出了一整套修正主义的理论、纲领和路线,闹得乌烟瘴气,把整个国际共产主义运动引向危险的邪途。

当时,由马克思和恩格斯所亲手培育的德国社会民主党在国际共产主义运动中素来享有传统的威信,因而这个党的某些领导人在篡改和背叛马克思主义的过程中,尤其起着欺世惑众和罪魁祸首的作用。诚如列宁所愤怒揭露的,他们"首先要负玷污社会主义的责任"[138];"以前,德国社会民主党曾是权威,而现在**它已经是个无恶不作的榜样了!**"[139]

面对国际修正主义者所掀起的排天浊浪,无产阶级革命导师列宁以大无畏的反潮流精神,挺身而出,团结和领导各国无产阶级革命左派,对第二国际那些享有"权威"的"大人物"们实行坚决的反击,针锋相对地揭露和批判他们所鼓吹的修正主义谬论和修正主义路线,坚定不移地继承和捍卫了马克思主义的革命原则。在这个斗争过程中,列宁在马克思恩格斯革命学说的基础上,根据帝国主义时代新的历史条件和新的革命实践,全面分析了帝国主义的各种矛盾,揭示了帝国主义的发展规律,进一步阐明了关于无产阶级革命和无产阶级专政的理论和路线,创造性地解决了帝国主义时代无产阶级革命和无产阶级专政的一系列重大问题,从而极大地丰富和发展了马克思主义,把马克思主义推进到列宁主义阶段。"列宁主义是帝国主义和无产阶级革命时代的马克思主义"[140]。

列宁断言,帝国主义是垄断的、腐朽的、垂死的资本主义,是资本主义发展的最高阶段和最后阶段。帝国主义是无产阶级革命的前夜。

列宁提醒人们注意:帝国主义的一个重要特点就是几个大国都想争夺霸权;帝国主义战争是帝国主义政策的必然继续,因此,帝国主义是战争的根源。为了维护

---

[138] 列宁:《战争和俄国社会民主党》,载《列宁全集》第21卷,人民出版社1959年版,第12页。
[139] 列宁:《给亚·施略普尼柯夫》,载《列宁全集》第35卷,人民出版社1959年版,第150页。
[140] 斯大林:《论列宁主义基础》,载《斯大林全集》第6卷,人民出版社1956年版,第63页。

世界和平,必须对帝国主义开展坚决的斗争。

列宁指出,帝国主义不仅剥削本国无产阶级和其他劳动人民,而且压迫和掠夺全世界弱小民族。他强调,要实现无产阶级和被压迫民族的解放,决不能走改良主义的道路,而只能走革命的道路;先进资本主义国家的无产阶级解放运动应当同殖民地、半殖民地的民族解放运动结成革命的联盟。帝国主义必然将在国际无产阶级和被压迫民族的联合斗争中灭亡。

在深入研究资本主义发展不平衡规律的基础上,列宁得出结论:社会主义将首先在一个或几个国家中获得胜利,而不能在一切国家中同时获得胜利。相应地,国际上社会主义和资本帝国主义的长期斗争,将包括一整个历史时代,社会主义国家应当高度警惕和全力防止帝国主义进行颠覆和侵略的危险。

对于披着"社会主义"外衣的帝国主义者即社会帝国主义者的伪善和危险,列宁作了尖锐无情的揭露。

一切革命的根本问题是国家政权问题。列宁详尽透彻地论述了无产阶级革命的根本问题,即无产阶级专政问题。他指出,通过暴力革命打碎资产阶级国家机器之后建立起来的无产阶级专政,是无产阶级同农民和其他一切劳动者的特种形式的阶级联盟。无产阶级专政不是阶级斗争的结束,而是阶级斗争在新形式中的继续,是夺得政权的无产阶级为镇压剥削阶级的复辟和抵抗外来的侵略,为反对旧社会的黑暗势力和反动传统而进行的顽强斗争,即流血的与不流血的、暴力的与和平的、军事的与经济的、教育的与行政的斗争。列宁论证了无产阶级专政国家在资本主义包围条件下能够一国建成完全的社会主义社会,并且为建设社会主义拟定了一整套切实可行的基本方针和方法。列宁极力强调必须广泛采用当代先进技术进行社会主义经济建设,并以简明易懂的生动语言提出了一个著名的公式:共产主义就是苏维埃政权加全国电气化。

无产阶级在革命斗争中必须坚持自己的独立性和领导权。列宁把马克思、恩格斯关于无产阶级领导权的基本思想要点,扩展成为关于无产阶级领导权的系统学说。

列宁认为,要实现无产阶级革命,建立和巩固无产阶级专政,头等重要的是无产阶级要建立一个用马克思主义武装起来的、真正革命的、同机会主义彻底决裂的政党,即共产党。这个政党是无产阶级阶级组织的最高形式,是无产阶级政权的领导力量。列宁为无产阶级制定了完善的建党学说和建党原则。

在帝国主义和无产阶级革命时代,列宁主义的完整思想体系,是指引全世界无产者和被压迫民族的革命解放斗争不断走向胜利的明亮灯塔,随着时间的推移,它愈来愈广泛地放射出灿烂的光辉!

斗争焦点之一:如何对待民族解放运动

在帝国主义和无产阶级革命时代,民族殖民地问题是无产阶级革命总问题的一个重要部分。帝国主义三大矛盾的激化及其解决,无一不是与民族殖民地问题直接牵连和息息相关的。所以,第二国际修正主义分子在全面篡改、"修正"马克思主义的过程中,适应着帝国主义资产阶级的需要,在民族殖民地问题上也散播了种种谬论,制造思想混乱,力图麻痹、瓦解和破坏殖民地、半殖民地的民族解放运动。因此,第二国际后期在民族殖民地问题上进行反修斗争,就成为国际马克思主义者反对国际修正主义者这一总斗争中的重要组成部分。

在民族殖民地问题上所展开的斗争和论战,焦点在于应当怎样估价和对待殖民地、半殖民地的民族解放运动。是歌颂、声援、支持、促进,还是诬蔑、拆台、破坏、镇压?围绕这个问题展开的斗争和论战,对无产阶级世界革命事业有着极其重要的意义。

如所周知,殖民地是帝国主义的生命线。欧美各国的殖民主义者、帝国主义者向来就把殖民地、半殖民地人民的血液和脂膏,作为喂肥自己的营养品,也作为维持国内阶级"和平"、抑制国内阶级斗争的麻醉剂。资产阶级对外实行民族压迫和殖民掠夺,正是欧美各国内部反资本主义决战长期迁延的主要原因之一。从这个意义上说,长期以来,占有并统治着广阔的殖民地、半殖民地,是帝国主义资产阶级最巨大的后备力量,它对于欧美发达国家的无产阶级革命说来,原是一个严重的消极因素。生活本身愈来愈雄辩地证明,马克思关于"奴役其他民族的民族是在为自身锻造镣铐"的论断确是颠扑不破的真理。

殖民地、半殖民地民族解放运动的不断加强,是一个化消极因素为积极因素、化反革命后备力量为革命后备力量的剧变过程。殖民地、半殖民地人民的革命斗争,是砍断帝国主义生命线的巨斧,是猛摧国际帝国主义危厦的"极大的世界风暴"[141]。所以,它是世界无产阶级革命的伟大同盟军,也是制止不义战争、保卫世界和平的强大力量。

因此,殖民地、半殖民地的民族解放运动和反帝革命斗争,它所牵涉到的,不仅是亚、非、拉广大地区亿万人民的解放问题,而且是欧美发达国家无产阶级和其他劳苦大众的解放问题。换句话说,它对于全人类解放事业说来,不是一个战术性问题,

---

[141] 列宁:《马克思学说的历史命运》,载《列宁全集》第18卷,人民出版社1959年版,第583页。

而是一个战略性问题;不是一个局部性问题,而是一个全局性问题。它作为一条极其重要的战线,关系着、影响着、在一定意义上甚至决定着整个国际无产阶级世界革命事业的成败。

由此可见,自第二国际后期以来,国际共产主义运动内部在民族殖民地问题上所展开的论战,不是孤立存在的。它实质上是在无产阶级世界革命总问题上马克思主义总路线同修正主义总路线之间对立斗争的一个有机组成部分;它在一个极其重要的领域,从一个极其重要的角度,反映了国际共产主义运动队伍中世界革命促进派与世界革命取消派之间的势不两立。

在这场严峻斗争中,列宁始终是一个伟大的旗手。他在全面地继承、捍卫和发展马克思主义的过程中,也在民族殖民地问题上继承和捍卫了马克思主义的基本原则,反击了修正主义者对它的篡改、歪曲和阉割,并且在反修斗争中,创造性地丰富和发展了马克思主义关于民族殖民地问题的理论。

列宁主义民族观的严整体系逐步确立

如前所述,马克思和恩格斯当年在分析爱尔兰、印度、中国、中欧各国、波兰、匈牙利等国的事件时,已经提供了关于民族殖民地问题的基本的、主要的思想。列宁在自己的著作中论述同一问题时,就是以马克思和恩格斯的这些思想为基础,同时又作了一系列新的、重大的添加。斯大林将列宁在民族殖民地问题上对马克思主义的重大发展作了简捷总结和概括,认为:"列宁在这方面的新贡献在于:(甲)他把这些思想集合成为一个关于帝国主义时代民族殖民地革命学说的严整体系;(乙)他把民族殖民地问题和推翻帝国主义的问题联系起来;(丙)他宣布民族殖民地问题是总的国际无产阶级革命问题的一个组成部分"[142]。

有斗争,才能发展。真理是在同谬误作斗争中间发展起来的。列宁关于帝国主义时代民族殖民地革命学说的严整体系,是在马克思主义民族观同机会主义民族观反复多次的激烈交锋中,是在全面批判第二国际修正主义者关于民族殖民地问题各种谬论的长期过程中,逐步形成、确立和完善起来的。

第二国际修正主义分子从帝国主义资产阶级的反动立场出发,向来总是狭隘地、孤立地看待民族问题,因而在他们关于民族问题的各种谬论中,贯穿着三个方面的割裂:

第一,把民族问题和殖民地问题割裂开来。他们考察和谈论民族问题,通常总

---

[142] 斯大林:《和第一个美国工人代表团的谈话》,载《斯大林全集》第10卷,人民出版社1954年版,第90、85—86页。

是把它局限在主要和"文明"民族有关问题的狭小范围以内,只是对欧洲某些没有充分主权的民族的命运表示"关怀",而对于欧洲以外的众多"不文明"民族,对亚、非、拉那些遭受最残酷民族压迫的亿万人民,则根本不放在眼里,极力回避这些殖民地、半殖民地大量被压迫民族的彻底解放问题,借以维护帝国主义列强对亚、非、拉广大地区的殖民统治。

第二,把民族殖民地问题和推翻帝国主义的问题割裂开来。他们把民族压迫看成是与资本压迫、与整个资本帝国主义制度无关的问题,鼓吹在保存资本帝国主义制度的前提下,对殖民政策实行这样那样的"改变"或"改良",似乎就可以消除民族压迫,解决民族殖民地问题。他们极力掩盖资本帝国主义制度与民族压迫现象之间的必然因果关联,隐瞒产生民族压迫的真正根源,在被压迫民族中散布幻想,借以转移反帝斗争的视线,从而瓦解和取消民族解放运动。

第三,把民族殖民地问题和国际无产阶级世界革命总问题割裂开来。他们把被压迫民族的解放斗争看成是与国际无产阶级世界革命互不相干的两码事。一方面,被压迫民族的解放问题似乎可以离开无产阶级革命的大道,可以不必进行艰苦的反帝革命斗争,就能平平静静、安安稳稳地得到解决;另一方面,欧美无产阶级革命似乎更可以不必同殖民地、半殖民地的民族解放运动直接结成联盟,就能取得胜利,因而欧美无产者及其政党无须大力支持和切实援助亚非拉广大地区被压迫民族的反帝革命斗争。他们极力贬低甚至抹杀殖民地、半殖民地的民族解放运动在国际无产阶级世界革命中的地位和作用,阻挠全世界无产者和全世界被压迫民族的联合斗争,以便对世界反帝革命力量实行分化瓦解和各个击破,彻底葬送整个国际无产阶级世界革命事业。

第二国际修正主义分子在民族殖民地问题上所搞的这三大割裂,从根本上背离了马克思、恩格斯关于民族殖民地问题的基本思想原则,也是对帝国主义时代民族殖民地问题客观现实的熟视无睹和严重歪曲。

列宁在批判修正主义谬论的过程中,从新时代的客观现实出发,创造性地运用马克思、恩格斯关于民族殖民问题的基本思想原则,为当代民族解放运动解决了一系列根本性的问题,从而把民族殖民地问题革命理论推进到一个新的阶段。

列宁明确地把民族问题和殖民地问题紧密地联系起来。他从世界范围内观察民族关系的全貌,对新历史阶段与日俱增的大量事实加以高度概括,提出了关于帝国主义时代全世界已经分裂成为压迫民族和被压迫民族两大对立营垒的著名论断,强调指出:在当前这个时代,民族压迫以及由此产生的两大民族营垒的矛盾对抗,已经发展成为世界性的现象。因此,民族问题已从局部的问题变成了全局的问题,也就是说,它早已越出了局部地区一国数国的范围,变成为遍及全球各大洲的殖民地、半殖民地被压迫民族摆脱国际帝国主义枷锁的世界性问题。列宁对整个世界作这样的划分,准确地反映了帝国主义时代民族关系、国际关系中最基本最重要的现实,成为国际无产阶级和世界革命人民考察和分析民族殖民地问题的基本出发点,成为帝国主义时代民族殖民地革命学说严整体系的一个立论基础。

列宁明确地把民族殖民地问题和推翻帝国主义的问题紧密地联系起来。他深刻地论证了帝国主义的经济实质和政治实质,令人信服地指出当代殖民掠夺、民族压迫和暴力兼并之所以变本加厉和全面加强,民族压迫现象之所以遍及全球,其源盖出于资本帝国主义制度。帝国主义是一切民族压迫现象的总祸根,是殖民地、半殖民地一切被压迫民族的死敌。被压迫民族同帝国主义之间的矛盾对抗是不可调和的,而帝国主义的本性又是不可能改变的。因此,如果对帝国主义抱幻想、等恩赐,如果满足于点点滴滴的"改良",而不全力开展反帝革命斗争,不从根本上推翻帝国主义,那么,被压迫民族就不可能获得彻底解放,民族殖民地问题就无从解决。列宁关于帝国主义实质和本性的科学分析,关于务必根本推翻帝国主义的革命教导,为全世界无产者和被压迫民族规定了唯一正确的斗争大方向,成为帝国主义时代民族殖民地革命学说严整体系的主导思想。

列宁明确地把民族殖民地问题和国际无产阶级世界革命总问题紧密地联系起来。他第一次把被压迫民族反对帝国主义的斗争看作世界无产阶级社会主义运动的一个组成部分,即第一次明确认定民族殖民地问题是国际无产阶级世界革命总问题的一个组成部分。他反复阐明:民族殖民地问题只有和无产阶级革命相联系并在无产阶级革命的基础上才能得到彻底解决;而先进国家的无产阶级革命也必须同殖民地、半殖民地的反帝解放运动结成革命联盟才能取得胜利。他创造性地提出了"全世界无产者和被压迫民族联合起来"的战略方针,号召这两大革命力量在全球范围内结成国际反帝统一战线,共同发动革命进攻,以击败和埋葬国际帝国主义。在第二国际修正主义思潮泛滥、欧美先进国家工人革命运动受到严重腐蚀破坏的情况下,列宁对占世界人口绝大多数的殖民地、半殖民地人民的反帝革命斗争特别寄以厚望,断定它必将反转来影响先进国家,促使这些国家工人阶级革命化,给长期处于停滞状态的欧美无产阶级社会主义革命运动以有力的推动。因此,列宁极力强调:先进国家的无产阶级及其政党对于殖民地、半殖民地的反帝革命斗争和民族解放运动,务必言行一致地、切切实实地予以全力支持和直接援助。列宁关于民族殖民地问题是国际无产阶级世界革命总问题一部分的光辉论述,关于全世界无产者与被压迫民族联合起来的战斗号召,成为帝国主义时代民族殖民地革命学说严整体系的核心内容。

列宁深入分析了被压迫民族的地主资产阶级在反帝革命斗争中的两面性,提出了在民族解放运动中无产阶级必须坚持革命领导权的光辉思想。他批判了风行一时的所谓"民族文化自治"的修正主义民族纲领,科学地解释和深入地阐发了民族自决权的基本原则,极力强调遭受帝国主义殖民统治压迫的弱小民族必须为真正的、彻底的独立自主而斗争,它们理应有权在政治上从殖民帝国中分离出来,组建本民族独立自主的国家。列宁雄辩地论证在帝国主义时代民族解放战争不仅是可能的,而且是不可避免的、进步的、革命的,从而为全世界殖民地、半殖民地被压迫民族彻底挣脱帝国主义锁链、彻底实现独立解放指明了正确的途径,等等。列宁的这一系列关键性的具体教导,使帝国主义时代民族殖民地革命学说的严整体系成为更加切实可行的实践指南。

列宁在批判第二国际修正主义分子的过程中所逐步创立的关于帝国主义时代民族殖民地革命学说的严整体系,作为民族殖民地问题革命理论发展的新阶段,在国际共产主义运动的历史上,在全世界被压迫民族争取自由解放的斗争中,具有极其深远的指导意义。

(二) 列宁对伯恩施坦、万-科尔之流在民族殖民地问题上谬论的斗争

恩格斯逝世以后,在国际共产主义运动内部首先就民族殖民地问题挑起论战的,不是别人,正是臭名昭著的修正主义鼻祖伯恩施坦(1850—1932)。他明目张胆地为帝国主义的殖民掠夺政策曲为辩护,洗刷罪恶。在这个问题上同伯恩施坦唱和最密、最力的,是荷兰籍的修正主义头目万-科尔(1852—1925)。此人曾窃踞第二国际社会党执行局委员要职,屡屡以殖民地问题"理论专家"的姿态在国际代表大会上做报告,起草决议,几乎"垄断"了有关这个问题的主要发言权。这一"狼"一"狈"在民族殖民地问题上所极力鼓吹的种种谬论,在当时各国的社会沙文主义分子中具有典型性和代表性,并且已经逐渐形成一股国际性的反动思潮。其内容大体如下:

所谓"利益有关"和"资源人类共有"

1899年,伯恩施坦在他所写的《社会主义的前提和社会民主党的任务》一书中,十分露骨地表述了他对民族殖民地问题所持的帝国主义态度。正像他在无产阶级革命的其他一切基本问题上都彻底背叛马克思主义一样,他在民族殖民地问题上也彻底地抛弃了无产阶级国际主义,拼命宣扬大国沙文主义和民族利己主义。

在伯恩施坦嘴里，德国国内的阶级对立不见了，剩下的只是"国家"和"民族"。他援引当时帝国主义国家中的统治阶级被迫承认劳动者享有点滴政治权利和经济权利的"新事实"，证明无产阶级已经在自己的"祖国"享受到了不少的"福利"，因而他们"对于民族利益不能漠不关心"，并由此得出结论说，马克思当年在《共产党宣言》中谆谆教导的"工人没有祖国"这句话，已经"丧失了它的大部分真理性"；"国际主义在今天还过于遥远，看来它是属于未来时代的东西"，顺应着这种"新条件"，德国社会民主党必须成为一个能够坚决"保卫德国利益"的"民族的政党"[143]。

伯恩施坦把德国容克资产阶级狭隘卑鄙的阶级私利冒充为整个"国家"和"民族"的利益，声嘶力竭地叫嚣：为德国夺取殖民地和实行殖民掠夺，是"事关民族的重大利害"，决不能"怯懦地让步"[144]。他恬不知耻地论证说，德国每年要从属于其他国家的殖民地输入大量热带产品，既然"享受热带植物的产品是无可非难的"，那么，尽力想方设法去占有和扩大属于德国的殖民地，以便"自己栽培这些植物"，"从自己的殖民地取得这些产品的一部分"，"也就能够是无可非难的了"[145]。

就是根据诸如此类的强盗逻辑，伯恩施坦公然抨击马克思主义创始人所一再强调的"压迫其他民族的民族是不能获得解放的"这一著名论断，胡说什么"认为殖民地的扩展将推迟社会主义实现的这一观念，归根到底是以……完全过时的思想为基础的"，因此，"德国社会民主党对于德意志帝国的殖民政策根本没有什么可以害怕的。""没有理由把取得殖民地看成是从根本上应当予以谴责的事"[146]。

伯恩施坦的大国沙文主义和民族利己主义立场，在"胶州湾事件"上暴露得更为彻底。1897—1898年，德国的社会主义报刊曾严词谴责本国帝国主义者派兵霸占中国胶州湾的强盗行径。伯恩施坦却气急败坏地称：对于这种严厉谴责"我是完全不能赞同的"。他信口雌黄说，夺取胶州湾"对德国人民有很大利害关系"，所以德国"社会民主党不应当在原则上反对这件事"。他厚颜无耻地鼓吹，在列强瓜分中国的肮脏勾当中，德国应当捷足先登，以免坐失时机，说"即使德国不取得胶州湾，俄国也会继续实行它的包围政策，并且一有机会就占据满洲的港湾"，因比德国决不能"袖

---

[143] 参见〔德〕伯恩施坦：《社会主义的前提和社会民主党的任务》，柏林1921年版，第204—206页。另参见同书1923年德文增补修订版相应部分。
[144] 同上书，第206页。
[145] 同上书，第211页。
后来，伯恩施坦还利用和迎合德国小市民的自私心理，大力歌颂殖民掠夺给宗主国居民在"食品方面掺进了许多有营养的和美味的热带产品"，"有助于降低肉价"和"面包价格"，并寡廉鲜耻地高喊："我要感激这些殖民事业"！参见〔德〕伯恩施坦：《社会主义和殖民问题》，载《社会民主党和殖民地》，柏林1919年版，第59页。
[146] 参见〔德〕伯恩施坦：《社会主义的前提和社会民主党的任务》，柏林1921年版，第209—210页。

手旁观",而"应当确保一个地盘,使自己……也能以此为基础……对中国的事情的进展发生影响,而不致不得不满足于事后提出抗议"。根据这种"先下手为强"的强盗哲学,伯恩施坦得出了一个纯帝国主义式的结论:"只要租借(按:在帝国主义者的字典里,'租借'只是霸占的讳称)胶州湾……只是为了使德国在中国的将来利益获得保障,那么在这一限度内社会民主党也就可以对此表示赞同"[147]。

以上就是伯恩施坦的"利益有关"论。伯恩施坦狂妄地宣称,他的这种理论是德国社会民主党在确立对待殖民政策的态度时应当遵循的、"起决定作用的基本观点"[148]。

其次,伯恩施坦鼓吹说:"任何部落、任何民族和任何种族都不能说对任何一块居住着的土地有一种绝对的权利。地球不归属于任何尘世之人,它是全体人类的财富和财产"[149]。乍一听,冠冕堂皇,无以复加,伯恩施坦似乎是个十足的"共产"主义者!莫非他主张把德意志民族居住着的土地以及地皮下蕴藏的煤、铁、钾盐等富饶资源无偿地贡献给"全体人类"?当然不是!他的真意,原来是:"承认野蛮人对于被他们占有的土地的权利也只能是有条件的。归根到底,较高的文明在这里也有更大的权利"[150]。据此,世世代代在亚、非、拉劳动生息的"不文明"的当地人民,对本国土地和资源的神圣主权,只能是"有条件"、有限制的,而远在千里万里之外的"不野蛮"的欧美资产阶级,对亚、非、拉的广阔土地和富饶资源,却理应享有无条件、无限制的"更大的权利"了!以"文明人"和"社会主义者"自诩的伯恩施坦,就是以如此蛮横无赖的口吻"论证"问题的。

伯恩施坦的谬论出笼后受到国际马克思主义者的严厉批判,而殖民地问题"理论家"万-科尔却狡猾地为这个同伙呐喊助威。他在1904年第二国际的阿姆斯特丹

---

[147] 〔德〕伯恩施坦:《社会主义的前提和社会民主党的任务》,柏林1921年版,第207—208页。
把伯恩施坦在瓜分中国问题上所说的这些话,同早些时候德国的皇帝和外交大臣在同一问题上用同一语调所说的话对照一下,伯恩施坦的帝国主义奴才面目就更加昭然若揭了。1895年,德皇威廉二世在给首相何伦洛熙的一项指示中说:"倘使俄国着手占领朝鲜领土或一个海口(按指中国的口岸),则我们就当立即占据威海卫,以不使英国或法国军队也像在非洲一样地捷足先登。一个既成事实总是比抗议容易为别国尊重"。
两年之后,在出兵侵占胶州湾的前几天,这个皇帝在给外交大臣布洛夫的一项指示中又说:"我决定立即动手。……千百个德国商人在获悉德意志帝国终于在东亚取得一个矾固立足点的时候,必将欢欣鼓舞,兴高采烈!"——在这里,威廉二世供认夺取胶州湾是为了德国资产阶级的利益,而不是伯恩施坦所瞎扯的"德国人民"的利益。"主子"的直供戳穿了"奴才"的胡诌。参见《德国外交文件有关中国交涉史料选译》(第1卷),陈瑞芹译,商务印书馆1960年版,第3648、3690号文件。
1897年,德外交大臣布洛夫在帝国议会中为侵占胶州湾一事辩解时说:"我们不愿消极站在旁边,而让他人分割世界","让别的民族去分割大陆和海洋而我们德国人只满足于蓝色的天空的时代已经过去了。我们也要为自己要求日光下的地盘"。参见〔苏联〕阿·伊·莫洛克等编:《世界近代史文献》(第2卷),耿淡如译,高等教育出版社1957年版,第1分册,第121—122页。
[148] 〔德〕伯恩施坦:《社会主义的前提和社会民主党的任务》,柏林1921年版,第211页。
[149] 〔德〕伯恩施坦:《社会主义和殖民问题》,载《社会民主党和殖民地》,柏林1919年版,第58页。
[150] 〔德〕伯恩施坦:《社会主义的前提和社会民主党的任务》,柏林1921年版,第211页。

代麦大会上做了有关殖民地问题的冗长报告,集中地、全面地论述了社会沙文主义者在民族殖民地问题上的反动路线。他在报告中大耍两面派手法:开头装模作样地对殖民暴行作了一番"谴责",并且发誓赌咒"要毫不容情地向资本主义的殖民政策宣战"!在虚晃一枪之后,他话锋一转,就请出了马尔萨斯的亡灵,闪烁其词地胡说什么列强对外实行殖民掠夺是由于欧洲"旧大陆上过分拥挤""人口过剩"和"文明国家感到无法满足本国居民的需要"引起的。他无耻地歪曲马克思主义关于生产资料社会化的主张,用偷换概念的卑鄙手法,胡诌什么在民族和国家仍然存在的情况下地球上的一切土地和资源都是"全人类的财产",应当"属于所有的人";并以此作为"理论根据",进而诬蔑亚、非、拉人民"还处在未成熟时期","没有能力开发地下富饶资源和我们星球上最肥沃的地方",只会"毫无意义地用原始方法去毁坏集体财富"。为了"抢救"人类的"集体财富",欧洲的文明国家"应当为了全人类的利益而加以干预",使这些土地和资源"向世界全体居民提供生活资料"![151]

由此,万-科尔推导出这样的结论:"殖民地不仅目前存在,而且在以后许多世纪里还将存在;殖民地将密不可分地列入人类历史"。因为,在目前,"人类团结的时代是很遥远的事。在社会主义时代没有到来以前,为了等待这种制度而不去扩大殖民地,那是一种空想";在将来,即使社会主义时代到来了,但由于"现代国家已无法脱离能够给工业和人类生活需要提供某些原材料和热带产品的地区",因此"殖民地甚至在未来的社会主义制度下也是必要的"。于是,万-科尔大声疾呼:不应当不分场合,"不分时间和地点地对任何殖民统治都进行谴责"。[152]

不言而喻,万-科尔所作的喋喋论证,全是为了竭力掩盖殖民掠夺之真正的社会经济根源和阶级根源,用各种"自然因素"为殖民主义者、帝国主义者开脱罪责;似乎是"事出无奈,情有可原"。在他的心目中,亚、非、拉的亿万人民命里注定应当"为了全人类的利益"而千秋万代永当奴隶。实际上,万-科尔想喊而未喊的口号是:"殖民掠夺万岁!"

资产阶级化的无产阶级和社会帝国主义者

伯恩施坦和万-科尔都是当年一度享有国际"声望"的头面人物。他们头上戴的是"社会主义者"的桂冠,口中说的却是帝国主义者的谰言。为什么会出现这种怪诞现象?他们公然歌颂帝国主义殖民掠夺暴行的荒谬"理论",竟然能够在党内外都拥

---

[151] 参见〔荷〕万-科尔:《殖民政策和社会民主党》,载〔苏联〕布拉斯拉夫斯基编:《第一国际第二国际历史资料》,新莫斯科出版社1926年版,第168号文件。
[152] 同上。

有相当数量的信徒和追随者,乃至于形成一股社会思潮,这又当如何理解?对于这类谬论谰言,应当从什么角度深揭猛批,方能击中要害,肃清流毒?——凡此,都是当时亟待科学地加以解答的问题。

伯恩施坦和万-科尔之流的这类"理论"同他们所具有的社会民主党人的身份是如此毫不相容,这类"理论"的荒谬性和反动性是如此彰明昭著,以致以列宁为首的国际马克思主义者没有必要花费过多的精力对其"论据"一一详予驳斥,而只是着重于无情揭露这些谬论的阶级实质和社会根源。

列宁认为,在工人运动和社会主义政党内部出现这种公然为殖民掠夺张目的社会思潮,同工人贵族这一社会阶层的形成有着直接的因果关联。他反复多次系统地回顾了马克思和恩格斯当年对工人贵族的论述,并根据帝国主义时代出现的新情况作了更加全面、更加深入的剖析。

众所周知,工人贵族最早出现于英国,这是英国特定的历史条件所决定的。从19世纪中叶起,英国就具备了帝国主义的两大特征:拥有大量的殖民地领土;在世界市场上占垄断地位,因而拥有巨额的垄断利润。老奸巨猾的英国资产阶级为了巩固国内老巢的资本主义统治,在使用反革命暴力镇压工人运动的同时,还凭借上述"有利"条件,不惜以攫自殖民地的超额利润的一小部分,对成批的工人阶级上层分子进行多种形式的收买和腐蚀,借以分化工人队伍,瓦解工人阶级的革命斗争。

早在19世纪50年代末,恩格斯就已敏锐地觉察到英国资产阶级这种阴险收买政策所造成的严重恶果。他尖锐地指出:在英国这个"剥削全世界的民族"里,无产阶级实际上日益资产阶级化了,看来事情终将导致这样的地步,即除了资产阶级之外,还要有一个"资产阶级化的无产阶级"[153],即"工人阶级中的贵族"[154]。他们依靠资产者的"恩赐",即依靠资本家吃人筵席上扔下来的骨渣和滴下来的油水,日子过得颇为"美满",在生活方式上日益向资产阶级靠拢,因而在思想方式上和政治立场上,也日益向资产阶级靠拢,和资产者有着愈来愈多的共同语言。尽管他们身为工人或者"代表"工人,但是,资产阶级式的"体面"观念却已经深深地渗入他们的肺腑,因而他们并不重视在本阶级群众中获得信任和享有声望,却以能够得到"上流社会"那些阔佬大亨、红衣主教、行政长官等资产阶级头面人物的垂青和器重引为殊荣,受宠若惊。甚至连曾被恩格斯称为当时英国工运中最优秀人物的汤姆·曼,也向别人

---

[153] 《恩格斯致马克思(1858年10月7日)》,载《马克思恩格斯全集》第29卷,人民出版社1972年版,第344—345页。

[154] 恩格斯:《一八四五年和一八八五年的英国》,载《马克思恩格斯全集》第21卷,人民出版社1965年版,第228页。

津津乐道他"将同市长大人共进早餐",以炫耀自己身份不凡![155]

总的说来,这些工人贵族和他们的资产阶级雇主之间的关系简直是"情投意合"的:"不但雇主非常满意他们,而且他们也非常满意雇主"[156]。他们深知自己的优裕生活仰仗于雇主们所从事的殖民事业,出于切身的利害得失,就不能不毫无保留地、同资产者完全一样地支持和赞助本国反动政府的殖民政策,以便"十分安然地"和资产阶级"共享英国的殖民地垄断权和英国在世界市场上的垄断权"[157]。

列宁一再强调:马克思和恩格斯关于英国工人贵族的论述"极能说明问题","是值得细细玩味的",必须"**全面**加以研究",并且应当把它"当作最好的武器来运用"。[158] 显然,这些言论之所以必须加以充分重视和认真研究,首先是因为它对于列宁所处的时代说来,具有普遍的典型意义和迫切的现实意义。

列宁指出,到了20世纪初,帝国主义列强已经完成了对整个世界的分割,其中每个国家都剥削着全世界的一部分,都在相当程度上占有世界市场的垄断地位和拥有殖民地的垄断权,地球上7500万平方公里的全部殖民地中,有6500万平方公里,即86%集中在六大强国手里。就全球范围来说,帝国主义已经从当年的萌芽状态成长为世界性的统治体系。随着资本主义在帝国主义时期的发展和成长,随着欧美所有资本主义大国先后都侵夺霸占了大量的殖民地,于是,当年只是在英国一国出现的用殖民掠夺巨额收入的一部分收买豢养大批工人贵族的独特现象,也就逐渐扩展成为所有这些大国广泛出现的普遍现象。[159] 简言之,到了20世纪初,原先那种英国式的收买和变节,已经在国际上泛滥成灾,成为一大"时代特色"!

根据列宁的分析,可以看出:进入帝国主义时代以后,各大强国垄断资产阶级对工人阶级上层分子的收买还具有以下几个特点[160]:第一,用于收买的经费十分庞大。

---

[155] 参见《恩格斯致弗·阿·左尔格(1889年12月7日)》,载《马克思恩格斯全集》第37卷,人民出版社1971年版,第316页。

[156] 恩格斯:《一八四五年和一八八五年的英国》,载《马克思恩格斯全集》第21卷,人民出版社1965年版,第228页。

[157] 《恩格斯致卡·考茨基(1882年9月12日)》,载《马克思恩格斯全集》第35卷,人民出版社1971年版,第353页;《马克思恩格斯全集》第21卷,人民出版社1965年版,第231页;《马克思恩格斯全集》第36卷,人民出版社1974年版,第59—60页。

[158] 参见列宁:《〈约·菲·贝完尔致弗·阿·左尔格等书信集〉俄译本序言》《帝国主义和社会主义运动中的分裂》,载《列宁全集》第12卷,人民出版社1959年版,第358、359页;《列宁全集》第23卷,人民出版社1958年版,第112页。

[159] 参见列宁:《打着别人的旗帜》,载《列宁全集》第21卷,人民出版社1959年版,第130页;《列宁全集》第22卷,人民出版社1958年版,第277页;《列宁全集》第23卷,人民出版社1958年版,第114页。

[160] 参见《列宁全集》第21卷,人民出版社1959年版,第90—91、110、130页;《列宁全集》第22卷,人民出版社1958年版,第185—186页;《列宁全集》第23卷,人民出版社1958年版,第114—115页;《列宁全集》第27卷,人民出版社1958年版,第453—454页;《列宁全集》第29卷,人民出版社1956年版,第10—11页;《列宁全集》第31卷,人民出版社1958年版,第169、202页。

它虽然只不过是殖民掠夺超额利润的一个"零头",其相对数字,即它在利润总数中所占比例是很小的,但其绝对数字则相当惊人。据列宁统计,在第一次世界大战以前仅英、法、德这三个从殖民地掠夺财富最多的国家,其他收入不算,单单资本输出一项,每年就可榨取利润80亿到100亿法郎。资产阶级完全可以从中拿出5亿法郎来施舍给工人上层分子,进行收买。这5亿,只不过是百中抽五抽六,但它本身却是一笔天文数字!由于经费如此"充裕",所以,第二,进行收买的形式十分多样,范围十分广泛:或巧立名目,为工人议员、工会首领、合作社领导人、工人报刊编辑记者们设置各种"肥缺""美差",授以高官厚禄,并于高额"薪俸"之外,另给各种"津贴"和"外快";或举办各种经济文化"福利",规定各种社会政治特权,专供工人上层分子享用;或对某部门某行业的熟练技工发放优厚工资和酬金,等等。通过诸如此类的手法,千方百计地对工人上层分子实行直接的和间接的、公开的和隐蔽的、有形的和无形的广泛收买。基于以上两点,又导致了第三点,即被收买的人数众多。他们在整个工人队伍中只居极少数,同千百万中、下层工人群众对比起来,他们只不过是一小撮,但就他们本身的数量而言,则不是数以百计、千计,而是达到了数以万计的程度,从而在帝国主义列强国内各自形成一个比较广泛、比较稳定的社会阶层。

存在决定意识。在资产阶级的收买和豢养下,工人贵族阶层享有安稳富足、高人一等的生活,他们全然摆脱了贫苦大众的灾难和痛苦,也彻底丧失了贫苦大众的革命情绪。概括地说,他们的"生活方式、工资数额和整个世界观"都已经"完全市侩化"和"资产阶级化",他们精神面貌上的特征是:极端狭隘自私,但求利己,不顾他人死活;贪得无厌,形同市侩;特别是具有强烈的"帝国主义情绪"和"最浓厚的狭隘的行会习气以及小市民的和帝国主义的偏见"。[161] 因此,他们理所当然地成为帝国主义垄断资产阶级及其奴仆第二国际机会主义者的主要社会支柱。

工人贵族这种强烈的帝国主义情绪和浓厚的帝国主义偏见,在对待殖民地解放问题上,表现得尤其突出、尤其明显。他们是帝国主义殖民掠夺政策和殖民扩张政策的狂热的支持者和拥护者,成为猖獗的社会沙文主义思潮的社会阶级基础。

正是紧紧抓住这个关键问题,列宁对于在工运队伍中出现社会沙文主义思潮同垄断资产阶级实行殖民掠夺这两者之间的内在必然联系,作了极其深刻的揭露。他指出,欧洲许多国家由于广泛推行殖民政策的结果,使本国的"无产者**在一定程度上**陷入了这样的境地:养活全社会的,**不是**他们的劳动,而几乎是被掠夺的殖民地人民

---

[161] 参见《列宁全集》第21卷,人民出版社1959年版,第219页;《列宁全集》第22卷,人民出版社1958年版,第185—186页;《列宁全集》第31卷,人民出版社1958年版,第3、169页。

的劳动"[162]。特别是一小撮"大"国对殖民地的剥削,使"文明"世界愈来愈变成叮在数万万"不文明"的民族身上的寄生虫,而"帝国主义国家的无产阶级中的特权阶层,部分地也依靠数万万不文明的民族过活"[163]。正因为如此,对于那些尝到了殖民掠夺的"甜头"、分享了"'大块蛋糕'的一点碎屑"的工人贵族们说来,失去了殖民地就意味着丧失了高官厚禄和美衣玉食的主要源泉;反之,保住和扩大本国的殖民版图,则意味着能够继续享用"大块蛋糕"的一份和更大一份碎屑,即继续保住和进一步扩大自身享有的各种经济特权和政治特权。在这种情况下,就"形成了使无产阶级沾染上殖民沙文主义的物质经济基础",帝国主义的意识形态也渗透到工人阶级里面去了。由于受到这种意识形态的长期腐蚀和严重毒害,以致在某些国家里,甚至"连无产阶级也有些热衷于侵略"[164]。

于是乎就在各国工人队伍和社会主义运动内部发生了国际性的严重分裂[165]:一方面,饱受残酷压迫剥削的广大无产者要求推翻资本帝国主义,实现社会主义;另一方面,长期养尊处优的工人贵族则力求保住资本帝国主义,力求把本民族变成永远叮在他人身上的寄生虫,靠剥削掠夺殖民地人民来坐享"清福"。这种严重分裂,在思想路线上反映为国际马克思主义同国际机会主义的根本对立:"国际马克思主义是反对帝国主义,而国际机会主义则是拥护帝国主义的"[166]。

显而易见,伯恩施坦和万-科尔之流在民族殖民地问题上极力鼓吹"利益有关"论和"资源人类共有"论等等,明目张胆地拥护帝国主义实行殖民掠夺,这十分直截了当地反映了那些从殖民掠夺中分享了一杯人肉羹汤因而与本国垄断资产阶级一个鼻孔出气的工人贵族特权阶层的情绪和利益。

作为一个社会主义者,作为无产阶级政党的一个领导成员,竟然堕落到公开为殖民掠夺政策唱颂歌,对此,列宁一针见血地指出:"这就是直接采取了资产阶级的观点。这就是为了使无产阶级服从……目前特别嚣张的资产阶级帝国主义,而跨出的决定性的一步";这就是直接"退向资产阶级的世界观,替殖民战争及野蛮行为辩护"[167]。

---

[162] 列宁:《斯图加特国际社会党代表大会》,载《列宁全集》第 13 卷,人民出版社 1959 年版,第 61 页。
[163] 列宁:《帝国主义和社会主义运动中的分裂》,载《列宁选集》第 2 卷,人民出版社 1972 年版,第 884 页;《列宁全集》第 21 卷,人民出版社 1959 年版,第 130 页。
[164] 列宁:《斯图加特国际社会党代表大会》,载《列宁全集》第 13 卷,人民出版社 1959 年版,第 60、61 页。
[165] 参见《列宁全集》第 10 卷,人民出版社 1958 年版,第 40—41 页;《列宁全集》第 18 卷,人民出版社 1959 年版,第 354、545—546 页;《列宁全集》第 19 卷,人民出版社 1959 年版,第 35—36、370—371 页;《列宁全集》第 20 卷,人民出版社 1958 年版,第 369—370 页。
[166] 列宁:《社会主义与战争》,载《列宁全集》第 21 卷,人民出版社 1959 年版,第 290 页。
[167] 参见列宁:《斯图加将国际社会党代表大会》,载《列宁全集》第 13 卷,人民出版社 1959 年版,第 60、70 页。

这些无产阶级叛徒的世界观、立场、观点同帝国主义垄断资产阶级实际上毫无二致,所不同的仅仅在于他们暂时还混迹于国际共运队伍之中,身上还披着社会主义者的外衣。因此,列宁恰如其分地把伯恩施坦、万-科尔这一类修正主义分子称为"社会帝国主义者",即口头上的社会主义者,实际上的帝国主义者。[168] 他们和帝国主义资产阶级有着"共同奋斗的目标",即"依靠剥削亚非两洲来建立一个帝国主义的欧洲";他们的基本社会作用,就是为帝国主义资产阶级充当"资本主义的**看门狗**"[169]。对于社会沙文主义、社会帝国主义在欧洲猖獗泛滥的现象,列宁后来总结说:"收买就是整个问题的症结所在"[170]!

社会帝国主义者鼓吹"利益有关"论,大力宣扬民族利己主义。同他们针锋相对,列宁从开始革命活动的初期起,就始终不懈地大力宣传天下劳苦大众是一家的无产阶级国际主义思想。早在1895年底到1896年夏,列宁在沙皇政府所设的彼得堡监狱中为尚在酝酿筹建阶段的俄国工人革命政党草拟党纲草案[171]时,就已明确指出:从根本上说来,"全世界工人的利益和目的是完全共同一致的",应当"把各个民族和各个国家的工人阶级团结成一支工人大军"[172]。列宁强调:资本是一种国际势力;统治工人的资本家阶级并不限于在一个国家内进行自己的统治。随着资本主义、帝国主义经济的发展,资本家的剥削活动日益加速地越出民族和国家的界限,资本家的国际协会出现了,国际性勾结大大加强了,资本的统治愈来愈成为国际性的了。面对这种强大的国际性的阶级敌人,"只有工人进行反对国际资本的共同斗争,各国工人争取解放的斗争才会有所成就"[173]。因此,在反对国际资本家阶级的共同斗争中,对于任何一国一族的无产者说来,即使是属于异国异族的无产者,也是自己的战友和同志;反之,即使是同属本国本族的资本家,也是自己的革命对象或阶级敌人。

在后来的一系列著作中,列宁反复多次阐述了上述思想原则。它是全世界无产

---

[168] 参见列宁:《帝国主义是资本主义的最高阶段》,载《列宁全集》第22卷,人民出版社1958年版,278页;《列宁全集》第21卷,人民出版社1965年版,第219、302页;《列宁全集》第29卷,人民出版社1956年版,第458页。

[169] 列宁:《帝国主义和社会主义运动中的分裂》,载《列宁全集》第23卷,人民出版社1958年版,第108页。
叛徒们对于叛徒面目之被揭露,是十分害怕的。第二国际的一个大头目王德威尔德就曾在一次发言中承认:"一个社会党人的最大耻辱,莫过于被称为资产阶级的走狗。"参见〔苏联〕布拉斯拉夫斯基编:《第一国际第二国际历史资料》,新莫斯科出版社1926年版,第265号文件。

[170] 列宁:《共产国际第二次代表大会》,载《列宁全集》第31卷,人民出版社1958年版,第202页。

[171] 这份党纲草案是列宁用牛奶汁密写在一本医学书籍的字行缝隙中的。为严守秘密,防备狱卒发觉,列宁巧妙地用干面包块挖成小"墨水瓶",内贮牛奶汁供书写用。遇有危险,就迅即把这种书写"设备"放进口中咀嚼吞下。他在一封致狱外战友的书信中曾幽默地透露说:"我今天一共吃了六个墨水瓶。"寥寥数字,也蕴含着无产阶级革命家在狱中的顽强、机智和达观。

[172] 参见列宁:《社会民主党纲领草案及其说明》,载《列宁全集》第2卷,人民出版社1959年版,第81—82页。

[173] 同上书,第82页。

者(特别是强国大族的无产者)摆脱民族利己主义的狭隘自私眼界,联合战斗,共谋解放的根本指南。

所谓殖民地人民"愚昧、低能"和殖民者的"道义责任"

在前述 1904 年阿姆斯特丹代表大会上的那次长篇报告中,万-科尔还以贵族老爷的傲慢姿态,恶毒诽谤亚洲、非洲和美洲广大地区的劳动者,抹杀殖民地、半殖民地人民的巨大革命潜力,悍然反对无条件地让一切被压迫民族获得彻底的独立解放。

据他说,在这些地区,"真正的无产阶级的形成过程将是相当困难的",由于天生的"种族"的影响和"历史"的影响,"土著居民很少有可能在某一时期内……形成有觉悟的无产阶级"。他诬蔑殖民地的广大无产者只是"一大批没有任何坚强活动能力的、因贫困而道德败坏的、体力衰退和精神空虚的退化了的奴隶",他们"不能依靠自己的力量"来进行反对资本主义、殖民主义的斗争,不能依靠自己的斗争来解放自己。万-科尔还恶毒攻击:由于殖民地人民"在政治上根本没有自治的习惯","一旦长期的托管有所放松,就会陷于无政府状态和贫困",所以欧洲的文明国家决"不应当简单地放弃旧殖民地",就像决不能"把一个身体衰弱或没有独立意识因而非有我们帮助不可的孩子完全撇开不管"一样!否则,就简直是"毫无恻隐之心"了![174]

那么,该怎么"管"呢?万-科尔播布了这样的"福音":有朝一日,死死啃住殖民地不放的欧洲宗主国的老爷们,会突然自愿改变其吞噬殖民地人民的豺狼本性,在继续保持殖民统治的前提下,"履行神圣的道义的责任","使这个孩子长大成人";"尽到自己的荣誉的责任,支持弱者,扶持被压迫者,使那块被它弄得贫困不堪的地区繁

---

[174] 参见〔荷〕万-科尔:《殖民政策和社会民主党》,载〔苏联〕布拉斯拉夫斯基编:《第一国际第二国际历史资料》,新莫斯科出版社 1926 年版,第 168 号文件。

把万-科尔关于殖民地人民"根本没有自治的习惯"因而"不应当"独立的谰言,对照以下两段史料,是颇耐人寻味的:

近代重新瓜分世界的帝国主义战争的始作俑者、著名的帝国主义分子、前美国总统麦金莱在 1898 年从西班牙手中夺得菲律宾后,又凶残地镇压了菲律宾人民争取民族解放的起义。他是这样为自己的罪行辩解的:"我们不能容许菲律宾人自治,因为他们对自治尚未有准备,而菲律宾的独立将会马上导致比西班牙战争还要坏的无政府无纪律状态。"参见《世界近代史文献》(第 2 卷第 2 分册),高等教育出版社 1957 年版,第 466 页。

1960 年 7 月间,正当刚果人民如火如荼地开展反殖民主义斗争时,美国的《明星晚报》发表社论说:"刚果共和国的不愉快事件是一件客观的教训,它说明如果自治权掌握在没有充分准备的人的手中会多么危险";刚果的"黑种居民非常缺乏了解民主过程和懂得如何治理的人才。在目前,独立看来只是潜在的无政府状态"。8 月,美国垄断资产阶级的"舌头"李普曼在就刚果问题所发表的一篇政论中说:"刚果的悲剧是刚果本身拥有的有训练的领袖、行政人员、技术人员非常少。比利时给予他们独立,但是没有使他们对独立有所准备"。他鼓吹说,对刚果说来,"文明"的白人殖民者是"无法替代的"。参见 1960 年 7 月 9 日《明星晚报》及 8 月 17 日《纽约先驱论坛报》。

万-科尔的口吻,与同辈的、业已死去的帝国主义者以及后辈的、仍然活着的帝国主义者,是如此酷似,甚至雷同。这当然不是用语的巧合,而是立场的一致。老帝国主义者—修正主义者—新帝国主义者,原是三位一体的啊!

荣起来",保证"备受压迫的人们能够获得美好的未来"。[175] 其具体办法,就是通过宗主国的"国家"出面"干预",在殖民地实行一些"社会改革",诸如"举办公益事业、实行卫生措施、创办学校"[176]、减轻负担、反对高利贷等等,来"防止土著居民的极端贫困化"("稍微"贫困化一点是理所应当的!)。甚至连如何适当"改善"殖民地的监狱制度,也赫然列入了万-科尔仁慈的"改革"计划(而殖民地造反者坐坐牢房也是理所应当的!)。据说,经过宗主国文明老爷们这么一番施恩赐福、慈航普度,灾难深重的芸芸众生,似乎就能统统跳出殖民掠夺的苦海,进入极乐世界——"获得美好的未来"!

十分明显,万-科尔的上述诽谤,旨在败坏殖民地、半殖民地人民掌握自己命运的信心;而万-科尔的上述"福音",则旨在散布对帝国主义者的幻想,从而麻痹殖民地、半殖民地人民的反帝决心,瓦解他们的反帝斗志。

在万-科尔及其同伙的把持下,1904年第二国际阿姆斯特丹代表大会所通过的关于殖民政策的决议,充满了浓重的机会主义色彩。它公然背弃了八年前伦敦代表大会所提出的关于殖民地人民彻底实行民族自决的要求,而代之以帝国主义者可以任意解释因而可以完全接受的提法:"按照土著居民的发展程度,给予他们尽可能广泛的自由和自治"。按决议的规定,帝国主义宗主国社会民主党人的任务,并不是无条件地从精神上和物质上全力支援殖民地人民争取民族独立的反帝革命斗争,而只是通过社会民主党的"议会党团","力求把对外政策置于议会的有效的监督之下",通过宗主国议会来自我"约束"一下殖民主义者所使用的残暴手段;并采取万-科尔式的上述诸般"社会改革"和"公益事业"来略微"改善"殖民地土著居民的处境。[177] 这样,就万事大吉了!

仇恨引导奴隶们去建立最伟大的历史功勋

对于伯恩施坦、万-科尔之流西方贵族老爷们所宣扬的殖民地人民"愚昧、低能"论,列宁根据事实,痛加驳斥。

列宁列举了20世纪初期在波斯、土耳其、印度、中国、印度尼西亚等地如火如荼地开展的革命斗争,高度评价和热情赞扬殖民地、半殖民地人民的革命造反精神和巨大革命潜力。他把这些革命斗争称为"世界政治中的引火物",充满喜悦地指出:烈火这样明显地蔓延燃烧到昨天还在沉眠不醒的大多数亚洲国家去,这说明殖民

---

[175] 参见〔荷〕万-科尔:《殖民政策和社会民主党》,载〔苏联〕布拉斯拉夫斯基编:《第一国际第二国际历史资料》,新莫斯科出版社1926年版,第168号文件。
[176] 〔苏联〕布拉斯拉夫斯基编:《第一国际第二国际历史资料》,新莫斯科出版社1926年版,第169号文件。
[177] 同上。

地、半殖民地民族革命的日益尖锐化是绝对不可避免的。殖民主义者、帝国主义者及其走狗们残酷的压迫剥削,使得殖民地、半殖民地那些"闭塞的、迟钝的、无知无识的奴隶"们,在心胸中长期积藏了强烈的仇恨,革命斗争的实践正在日益"把现代奴隶群众中的仇恨集中起来",而"奴隶们一旦意识到自己的可耻的奴隶地位,这种仇恨就会引导他们去建立最伟大的历史功勋"。[178]

在总结大量历史事实的基础上,列宁一贯极力强调:"世界上没有一个地方的群众摆脱压迫和专横的真正解放,不是这些群众自己进行独立、英勇、自觉斗争的结果"[179]。这条宝贵的历史经验,显然是放之四海而皆准的普遍真理,它当然也完全适用于亚洲、非洲和美洲广大地区被压迫民族摆脱殖民奴役的抗争。换句话说,被压迫民族绝对不能把取得真正解放的希望寄托在西方殖民老爷们身上。如果放弃斗争,期待他们会接受其本国"议会监督"从而履行"道义责任",恩赐解放,那不但是缘木求鱼,而且无异于与虎谋皮!

因此,一切马克思主义者的责任,在于进一步唤醒和激发殖民地、半殖民地被压迫民族中亿万"现代奴隶群众"对于殖民统治者的阶级深仇和民族大恨,全力支持他们开展的斗争。列宁指出,像万-科尔那样,既不从根本上反对殖民掠夺政策,又十分蔑视殖民地的人民群众,根本"不谈在群众中进行反对殖民地掠夺的宣传和唤起殖民地被压迫群众的反击和抵抗的精神,却只注意列举现行制度下殖民地生活的可能的'改革'",那么,贯穿在这种主张中的,决"不是无阶级的阶级斗争精神,而是十足的小资产阶级的,甚至更坏些,简直是官僚的改良主义的精神"。[180] 而混迹于国际共产主义运动中的改良主义者,如所周知,历来就是社会庸医[181]:面对社会制度的沉疴险症,他拿出几片阿司匹林,几钱薄荷甘草,拍着胸发誓:保证药到病除!

列宁的这些论述,从本质上拆穿了万-科尔之流所设置的骗局,并且为全世界殖民地、半殖民地被压迫民族的真正解放指明了唯一正确的道路:依靠自己的力量,通过自己的斗争,掌握自己的命运。

"落后的欧洲和先进的亚洲"

当时,在国际无产阶级革命队伍中,有些人眼看整个欧洲的反资本主义决战长期迁延下去,十分悲观失望。列宁认为,这种情绪是十分近视、十分懦弱的。他指

---

[178] 参见列宁:《世界政治中的引火物》,载《列宁全集》第 15 卷,人民出版社 1959 年版,第 157、162 页。
[179] 列宁:《农奴制崩溃的五十周年》,载《列宁全集》第 17 卷,人民出版社 1959 年版,第 72 页;《列宁全集》第 23 卷,人民出版社 1958 年版,第 276 页。
[180] 参见列宁:《国际社会党执行局会议》,载《列宁全集》第 15 卷,人民出版社 1959 年版,第 218—219 页。
[181] 参见马克思、恩格斯:《共产党宣言》,载《马克思恩格斯选集》第 1 卷,人民出版社 1972 年版,第 244 页。

出,在一向被视为文明先进的欧洲,当权的资产阶级已经"衰老"和"活活地腐朽",他们维护一切落后、衰败、垂死的制度,支持一切黑暗、反动的势力;而一向被视为愚昧落后的亚洲,被压迫民族的数万万人民却正在觉醒起来,追求光明和自由,蓬蓬勃勃,一派革命生机。正是在这个意义上,列宁作出了关于"落后的欧洲和先进的亚洲"这一著名论断,发蒙震聩,使人耳目一新。他提醒人们应当从这个"似乎是不合情理的"论断中去认识"一种辛辣的真理"[182];教导人们应当从殖民地、半殖民地亿万人民正在投入斗争的大量事实和大好形势中看到希望,倍添勇气。一方面,他强调说,欧洲列强长期的殖民掠夺和压迫奴役,正在亚洲炼出几百万、几千万的无产者,"欧洲的觉悟的工人已经有了亚洲的同志,而且人数将不是与日俱增,而是与时俱增"[183];另一方面,他指出:"极大的世界风暴的新泉源已在亚洲涌现出来了。……我们现在正处在这些风暴盛行及其'反转来影响'欧洲的时代"[184]。显然,这首先是因为亚洲殖民地、半殖民地人民的反帝革命斗争必将严重削弱欧洲无产阶级所沾染的"殖民沙文主义的物质经济基础"[185],从而有力地促使欧洲无产者进一步革命化。

鉴于被压迫民族的革命潜能发挥出愈来愈巨大的威力,鉴于殖民地、半殖民地人民的反帝革命斗争在整个无产阶级世界革命中占有极其重要的地位,列宁把亚洲人民奋起反帝反封建同欧洲无产阶级的革命战斗并列,作为划分世界历史时代的首要标志。他高兴地指出:"亚洲的觉醒和欧洲先进无产阶级夺取政权的斗争的展开,标志着20世纪初所揭开的全世界历史的一个新的阶段"[186],标志着"无产阶级的国际斗争已经走上一个新的、比从前高得无可比拟的阶段"[187]。

大家知道,西方许多资产阶级史学家数百年来一贯信奉和拼命鼓吹"欧洲中心"论,把欧洲说成是人类文明和世界历史发展的唯一主轴,世界的一切都围绕着欧洲运转,欧洲决定世界的一切。在这种阶级偏见和地域偏见影响下所形成的社会观念,不是鄙视亚、非、拉,就是漠视亚、非、拉;不是认为亚、非、拉人民理应屈从殖民老爷,就是认为亚、非、拉人民的革命斗争无足轻重。而列宁却敢于力排众议,早在20世纪初就教育人们要冲破这种传统偏见的束缚。他放眼世界,全球在胸,把一向被殖民老爷们视为"落后、低能、愚不可及"的殖民地、半殖民地人民的觉醒,摆在世界历史发展全局中如此重要的地位上加以考察和作出评价,这充分显示了无产阶级革

---

[182] 参见列宁:《落后的欧洲和完进的亚洲》,载《列宁全集》第19卷,人民出版社1959年版,第82—83、67—68页。
[183] 列宁:《世界政治中的引火物》,载《列宁全集》第15卷,人民出版社1959年版,第158页。
[184] 列宁:《马克思学说的历史命运》,载《列宁全集》第18卷,人民出版社1959年版,第583页。
[185] 列宁:《斯图加特国际社会党代表大会》,载《列宁全集》第13卷,人民出版社1959年版,第61页。
[186] 列宁:《亚洲的觉醒》,载《列宁全集》第19卷,人民出版社1959年版,第68页。
[187] 列宁:《世界政治中的引火物》,载《列宁全集》第15卷,人民出版社1959年版,第156页。

命导师所独具的伟大襟怀和高瞻远瞩。

同时,从列宁的这些论述中可以看出两点极其重要的思想:第一,殖民地、半殖民地的民族民主革命斗争和欧洲无产阶级夺取政权的社会主义革命斗争是紧密相连、互相影响、互相促进的。列宁此时虽还未直接指明被压迫民族的反帝革命斗争是无产阶级社会主义世界革命的一个组成部分,但这种思想观点显然正在形成和日益成熟。第二,在欧洲各先进资本主义国家革命形势的发展处在停滞状态、反资本主义决战长期迁延的情况下,革命者应当更加充分重视被压迫民族反帝革命斗争的新风暴,支持和促进它以更大的声势"反转来影响"暂时停滞的欧洲,从而推动整个无产阶级世界革命事业的发展。

对于地域辽阔、人口众多、灾难深重的中国人民的反帝革命斗争,列宁尤其寄以厚望。他指出,长期以来,在帝国主义列强眼里"中国不过是一块肥肉",俄、日、英、德等帝国主义强盗纷纷都来"争尝这块肥肉"。20世纪初,积弱的中国终于开始走向新生,"地球上四分之一的人口已经从酣睡中清醒,走向光明、运动和斗争了"[188]!尽管当时中国人民的革命斗争还不是社会主义性质的,但已引起列宁的高度重视。1912年1月,即在中国辛亥革命爆发后不久,列宁就在历史上著名的、使布尔什维克形成为一个独立政党的"布拉格会议"上,亲自执笔草拟了《关于中国革命》的决议,揭露和声讨当时俄国国内反动势力所掀起的反华叫嚣以及妄图趁中国发生革命动乱的时机占领中国北部几个省份的狼子野心,并且以整个代表会议的名义,向推翻了帝国主义走狗清封建王朝反动统治的中国革命人民,表达了俄国无产阶级的衷心祝贺。决议中明确指出:"中国人民的革命斗争具有世界意义,因为它将给亚洲带来解放、使欧洲资产阶级的统治遭到破坏"[189]。

列宁的这些光辉论述,对亚、非、拉革命人民说来,是武装头脑的强大武器,也是操在手中的锋利剑刀。它既鼓舞亚、非、拉人民敢于斗争、敢于胜利,也教育他们善于剖开那些自称"社会主义者"和"马克思主义者"而又诬蔑亚、非、拉人民"愚昧低能",贬低中国革命伟大世界意义的西方救世主们的美丽画皮,看清其躯壳中所隐藏的背叛无产阶级、敌视世界革命的肮脏内腑。此外,对于那些至今头脑中还存留着"欧洲中心"论流毒,至今还漠视和轻视亚、非、拉第三世界民族解放运动巨大历史意义的人们说来,他们理应从列宁早在20世纪初就作出的明确教导中获得教益。

---

[188] 列宁:《新生的中国》,载《列宁全集》第18卷,人民出版社1959年版,第395页。
[189] 列宁:《俄国社会民主党第六次("布拉格")全国代表会议》,载《列宁全集》第17卷,人民出版社1959年版,第457页。

"传播文明"的"赞歌"

如果说,"利益有关"论、"资源人类共有"论以及殖民地人民"愚昧、落后"论之类,论证的是掠夺有"理";那么,"传播文明论"论证的则是侵略有"功"!

在论证帝国主义列强对亚洲和美洲实行殖民侵略的彪炳"功勋"方面,万-科尔和伯恩施坦也是沆瀣一气,引吭合唱的。例如,伯恩施坦的赞歌是:许多殖民地也都深深"受到欧洲文明的殖民侵入的恩惠"[190]!而万-科尔的颂曲则是:在殖民地"白人带来的不是毁灭而是建设"[191]!

万-科尔早在1904年的阿姆斯特丹代表大会上,就搬弄一些貌似"马克思主义"的辞句,居然企图运用"社会发展规律"来论证殖民掠夺的"进步"作用。他力图掩盖西方殖民匪徒们在亚洲、非洲和美洲杀人越货、敲骨吸髓、造成种种严重后果的滔天罪行,却百般歌颂这些盗匪是"企图把工业资本主义移植到这些热带国家里来",而这就意味着"开化",意味着"传播文明"!万-科尔再次耍弄偷换概念的诡辩惯伎,把殖民主义等同于资本主义,然后以"历史唯物主义者"的神气论证说,对殖民地,"我们的责任不是阻止资本主义(按:实指殖民主义,下同)的发展——这是人类历史上的一个必经环节;我们甚至应当……促使资本主义的诞生",因为"资本主义是经济进化的不可避免的阶段……即使必须牺牲旧的所有制形式也在所不惜"。万-科尔给亚、非、拉人民"算命"说:"原始民族只有经过这个各各他[192],才能走向文明"![193]

继阿姆斯特丹代表大会之后,万-科尔在1907年的斯图加特代表大会上,再次兜售他的上述破烂货。所不同的是,这一次,他说得更加露骨了,并且由于得到当时在国际共产主义运动中享有权威地位的德国社会民主党的绝大多数代表的支持,气焰也更加嚣张了!在他所主持起草的关于殖民地问题的议案中,鼓吹各国社会党的议员应当分别向本国政府建议缔结一项国际条约,共同规定一套"保护土著居民权利"的"殖民公法",互相"保证",共同遵守。[194] 这实质上是企图通过国际立法手续,把残暴的殖民制度本身肯定下来,巩固起来,使国际帝国主义者可以"依法"剥削和掠夺殖民地人民。

---

[190] 〔德〕伯恩施坦:《社会主义和殖民问题》,载《社会民主党和殖民地》,柏林1919年版,第58页。

[191] 〔荷〕万-科尔:《社会民主党的殖民政策的任务》,摘译自苏联《东方学问题》1959年第3期,第53页。

[192] "各各他"是《圣经》中耶稣死难处。——译"髑髅地"。据说,耶稣在此地被钉在十字架上折磨死后,就升入"天堂"了。参见《马可福音》第15、16章。

[193] 参见〔荷〕万-科尔:《殖民政策和社会民主党》,载〔苏联〕布拉斯拉夫斯基编:《第一国际第二国际历史资料》,新莫斯科出版社1926年版,第168号文件。

[194] 参见《万-科尔在斯图加特代表大会上代表殖民问题委员会提交大会的决议草案》,载《社会民主党斯图加特代表大会会议记录》,柏林前进书店1907年版,第24页。

尤其猖狂的是，万-科尔在伯恩施坦和大卫等人的共同策划和积极支持下，竟然明目张胆地要求整个代表大会通过决议，共同肯定："大会并不在原则上和在任何时候都谴责一切的殖民政策，殖民政策在社会主义制度下可以起传播文明的作用"[195]。这种要求，遭到与会马克思主义者的坚决反对，万-科尔却顽固地坚持说："只要人类存在一天，殖民地便存在一天"。他气势汹汹地向当时坚持马克思主义立场的代表们发出连珠炮式的责问："难道……想要中断殖民地向现代社会制度提供那些必不可缺的原料吗？难道……想要放弃殖民地的不可估量的财富吗？"那些反对殖民制度的"代表们难道愿意对于简单地废除目前的殖民制度承担全部责任吗？……难道……作为社会民主党人竟想逃避为使落后民族获得较高的教育和提高水平而不懈工作的义务吗？"这一连串的"难道"，以抢劫犯的坦率自供始，却又以鳄鱼的慈悲眼泪终，多少还夹杂着不应"逃避义务"云云的"仁义"之词。可是，万-科尔在最后解释他自己的"创造性"发明——未来的"社会主义的殖民政策"时，竟干脆把脸一抹，现出本相，杀气腾腾地叫嚣：这种政策，也同资本主义的殖民政策一样，在开头也必须以武力征服殖民地作为起点。他说，有人认为"我们应当把机器和工具带到非洲去，这是书呆子的迂腐理论！……如果我们把机器带给中非的野蛮人，他们会用它干啥？他们也许会围着它跳舞，也许他们所崇拜的许多偶像又会增加一个。……如果我们欧洲人带着机器和工具到那儿去，我们就会成为土著居民的毫无自卫能力的牺牲品。因此，我们务必手持武器前往那里，即使……把这种做法称为帝国主义，那也无伤大雅"[196]！——流着眼泪的鳄鱼终于张开了血盆大口，露出了满嘴獠牙！

另一条更大的鳄鱼——伯恩施坦为了给同伙撑腰壮胆，也在大会上张牙舞爪，宣扬弱肉理应强食。他把欧美殖民强国一概美化为"文明"民族，把殖民地、半殖民地人民一概蔑称为"非文明"民族，并公然叫嚣："文明民族对非文明民族的一定的监护是必要的，这是社会主义者应该承认的。……文化发达的民族完全有理由在不同的情况下使不发达的民族屈从自己"[197]！据此，凡是不承认亚洲、非洲、美洲人民理应"屈从"西方殖民主义者这一"天经地义"的人，就一律没有资格当"社会主义者"！

---

[195]《万-科尔在斯图加特代表大会上代表殖民问题委员会提交大会的决议草案》，载《社会民主党斯图加特代表大会会议记录》，柏林前进书店1907年版，第24页。

[196]《万-科尔在斯图加特代表大会上的发言》，载《社会民主党斯图加特代表大会会议记录》，柏林前进书店1907年版，第36—37页。

[197]《伯恩施坦在斯图加特代表大会上的发言》，载《社会民主党斯图加特代表大会会议记录》，柏林前进书店1907年版，第28—29页。伯恩施坦的"监护"说和德国狂热帝国主义分子的"种族"论有异曲同工之妙。后者鼓吹："种族生物学的世界观告诉我们，有治人的种族和治于人的种族。……侵略常常是治人的种族的事业……这一类人能够侵略，可以侵略，应该侵略！而他们也应该是主人，他们做主人乃是为了他们自己和别人的福利！"把羊吞掉，乃是为了使羊的灵魂早日升入"天国"——地道的虎狼语言！参见〔德〕维纳·洛赫：《德国史》，北京大学历史系近现代史教研室译，三联书店1959年版，第274页。

还有一个德国的修正主义分子、"经济学家"大卫[198]，力图在"殖民政策"和"社会主义"之间拉线搭桥，替乌鸦和夜莺叙家谱攀亲戚。他"论证"说："社会主义力求使人类有可能利用全世界的生产力，力求引导一切种族和民族的人民走向更高的文明，……殖民思想按其本质说来，乃是社会主义运动总的文明化目标的一个组成部分"[199]！

比利时的泰尔瓦格和奥地利的佩内多菲等人也在会上为万-科尔的提案摇旗鼓噪。

在这次国际代表大会上，马克思主义者和修正主义者"两派正好势均力敌，于是斗争空前激烈地展开了"[200]。

经过反复交锋，代表大会终于以微弱多数票通过了革命派提出的修正案，尖锐地谴责了殖民政策，万-科尔的提案以128票对108票（另10票弃权）而被否决。"社会党内的机会主义在这里暴露了自己的真面目"[201]，这是国际马克思主义者的一项重大胜利！可是，一项内容如此反动、用语如此离奇古怪的提案，起先竟能在大会专设的殖民问题委员会中获得多数委员的通过，继而又能在全体代表大会上获得接近半数代表（多来自占有大量殖民地的帝国主义强国）的赞同，这就鲜明地显示出：社会沙文主义的思潮，业已在世界共产主义运动中形成一股国际性的危险逆流；整个第二国际内部的沙文主义、修正主义病症，已经开始进入膏肓！

"传播文明"！这是一切帝国主义者及其奴仆在美化殖民政策时最常用的一次遮羞布。马克思主义者对于这种蛊惑人心的弥天大谎，一贯是大力予以揭露和痛斥的。

第二国际在恩格斯逝世后一年（当时在国际内部机会主义分子尚未占上风）召开的伦敦代表大会就曾通过一项决议，明确指出："殖民政策无论以宗教为借口或以传播文明为借口，它的实质都只是为了资本家阶级的特殊利益而扩大资本主义的剥

---

[198] 埃布阿德·大卫（1863—1930），德国社会民主党右翼首领之一，德国机会主义杂志《社会主义月刊》创办人。1903年出版《社会主义与农业》一书，被列宁称为"修正主义在农业问题上的主要著作"。第一次世界大战期间，大卫成为社会沙文主义分子，在所著《世界大战中的社会民主党》一书中，他极力为德国社会民主党右翼在帝国主义战争中的沙文主义立场辩解。1919年，他参加德国资产阶级共和国联合政府内阁，担任内政部部长。后来成为德国帝国主义复仇主义的赞助人。

[199] 《大卫在斯图加特代表大会殖民问题委员会上对万-科尔提出的殖民地问题决议草案的修正案》，载《社会民主党斯图加特代表大会会议记录》，柏林前进书店1907年版，第111页。

[200] 列宁：《斯图加特国际社会党代表大会》，载《列宁全集》第13卷，人民出版社1959年版，第59—60页。

[201] 同上。

削范围。"[202]后来,如上所述,第二国际的修正主义分子伯恩施坦和万-科尔之流彻底背弃了这项决议。

同他们相反,以列宁为首的国际马克思主义者则始终坚持和发扬了这一决议的思想。

早在第二国际斯图加特代表大会以前,列宁就已无情地揭露了帝国主义者及其奴仆们"传播文明"论的欺骗性和反动性。他在许多光辉论著中,一贯以极其强烈的无产阶级义愤,多次谴责帝国主义者在这一伪善幌子下对殖民地、半殖民地人民欠下了累累血债。

在1907年第二国际斯图加特代表大会上以及代表大会以后,列宁对反动透顶的"传播文明"论作了进一步的揭露和斗争。

列宁是以俄国社会民主工党代表的身份参加斯图加特代表大会的。大会就各项议程设立了几个专门的委员会,委托它们预先讨论有关专题,并拟定决议草案提交大会进一步讨论表决。当时在第二国际中影响最大、势力最强的德国社会民主党的右派代表们,如蔡特金所说,"在大多数委员会和在大多数问题上都成了机会主义的首领",在殖民问题委员会内部也不例外。

列宁当时主要是在关于军国主义问题的委员会中工作,没有直接参加殖民问题委员会,但他却自始至终极其关注和直接指导了殖民问题委员会中国际马克思主义者的反修斗争。在大会全体会议开始讨论殖民地问题之前,列宁又成功地领导了布尔什维克和波兰、德国左派社会民主党人的联席会议,商定了国际马克思主义者在这个问题上的一致态度。此外,列宁还进行了细致的工作,团结和组织了那些没有实行殖民政策或深受殖民政策折磨的小国的代表,终于在大会全体会议上否决了万-科尔所提出的、得到德国代表伯恩施坦和大卫等人极力支持的关于殖民地问题的反动提案。

斯图加特代表大会闭幕以后,列宁立即撰文严厉地驳斥了伯恩施坦和万-科尔之流所鼓吹的、据说"可以起传播文明作用"的"社会主义殖民政策"。列宁以历史上和现状中不容狡赖的巨量事实作为依据,严正指出,殖民政策"是以直接奴役未开化

---

[202] 〔苏联〕布拉斯拉夫斯基编:《第一国际第二国际历史资料》,新莫斯科出版社1926年版,第136号文件。
在用宣传宗教或传播文明为借口来掩饰殖民暴行方面,前美国总统麦金莱的一段伪善辞令是颇为典型的:"我每晚,直到午夜,在白宫里徘徊着……我不止一次跪下来向万能的上帝祈求启发和指导。有一天夜里,有下面一些连我自己也不知道的思想涌现在我的脑海中……对我们来说,没有其他办法可想,唯有攫取全部菲律宾群岛,教育和提高菲律宾人,使他们文明起来,并对他们灌注基督教的理想,因为从人道上讲,他们都是我们的弟兄,耶稣钉死在十字架上也是为了他们。"据麦金莱自称,在得到"上帝"的这些"启示"以后,"我才上床,悠然入睡"!显然,麦金莱的"上帝"不是别人,就是美国的垄断资产阶级。参见〔苏联〕阿·伊·莫洛克等编:《世界近代史文献》(第2卷第2分册),耿淡如译,高等教育出版社1957年版,第466—167页。

的民族为基础的,资产阶级实际上是在殖民地实行奴隶制度,使当地人遭受闻所未闻的侮辱和压迫,用提倡酗酒、散播梅毒向当地人'传播文明'"。以奴役弱小民族为基础的殖民政策,同社会主义显然是水火不能相容的,因此,所谓"'社会主义殖民政策'这个概念本身就是荒谬绝伦的"。[203]

后来,列宁在《世界政治中的引火物》《巴尔干和波斯的事变》《意土战争的结局》《文明的欧洲人和野蛮的亚洲人》《落后的欧洲和先进的亚洲》等一系列论著中,又多次严词声讨了以"文明"自诩的殖民主义者的种种兽行,并进一步揭露了以"传播文明"为幌子的殖民政策在落后地区历史发展过程中所起的极端反动的作用。

列宁指出,在帝国主义时代,欧洲所谓"文明国家"的当权者——垄断资产阶级为了维护垂死的资本主义奴隶制度和野蛮的殖民统治,总是极力"支持一切落后的、垂死的、中世纪的东西"[204],他们一方面"为对付文明程度最低却最渴望民主的亚洲国家"而组成"文明国家"的"**反革命联盟**";[205]另一方面又与殖民地、半殖民地的一切反动势力、历史渣滓、野心家、卖国贼狼狈勾结,残暴镇压和共同扼杀一切民族民主革命运动,劫夺当地资源,摧残民族经济,千方百计地阻挠和破坏殖民地、半殖民地正常的社会历史发展进程,使这些地区在经济上、政治上、文化上陷于全面的、长期的停滞和落后,使当地的千百万群众在死亡线上呻吟挣扎。而一旦殖民地、半殖民地人民觉醒起来造反,"那时'先进的'欧洲就会大喊什么'文明'、'秩序'、'文化'和'祖国'"而"出动**大炮**"了;[206]一旦被压迫民族奋起同反动的殖民制度与国内外反动派作斗争,那些平日装模作样"虔诚地信仰基督教的俄国军人",那些最"文明"的欧洲政客,就会立即"充当国际刽子手的角色",露骨地显示出他们自己"竟变成了什么样的**野兽**"。[207]

在这方面,沙俄帝国主义者干得特别"出色"。远的姑且不谈,单就20世纪初期而论,几乎所有同俄国相邻的弱小国家的民族民主革命运动,都一无例外地要遭到来自圣彼得堡和莫斯科的反革命干涉和镇压。前述1900年沙俄反革命侵略军在"传播文明"旗号下勾结列强残酷扼杀中国义和团起义,只不过是其中一例。列宁指出,在1907—1908年波斯爆发革命期间,剽悍野蛮的沙俄"哥萨克……就在波斯建立镇压革命的功勋",血腥屠杀波斯革命人民,"热心地替反革命效劳"[208],力图"扼杀波斯

---

[203] 参见列宁:《斯图加特国际社会党代表大会》,载《列宁全集》第13卷,人民出版社1959年版,第60、71页。
[204] 列宁:《落后的欧洲和先进的亚洲》,载《列宁全集》第19卷,人民出版社1959年版,第82页。
[205] 参见列宁:《巴尔干和波斯的事变》,载《列宁全集》第15卷,人民出版社1959年版,第195页。
[206] 参见列宁:《落后的欧洲和先进的亚洲》,载《列宁全集》第19卷,人民出版社1959年版,第83页。
[207] 参见列宁:《世界政治中的引火物》,载《列宁全集》第15卷,人民出版社1959年版,第156页。
[208] 同上。

革命"[209];1908年爆发的土耳其革命,"一下子就碰上了以俄国为首的列强们的反革命联盟"[210];而巴尔干半岛诸国的民族民主革命运动,则更是一向得到"仁慈"沙皇的亲切"关怀",可是,"俄国黑帮分子对'斯拉夫兄弟'的关怀是再反动不过的了。这种'关怀'掩盖着早已使俄国在巴尔干声名狼藉的那些最卑鄙无耻的阴谋。这种'关怀'一向就是要摧残某些巴尔干国家的**真正的民主**"[211]。一句话,支持反动和镇压革命,充当世界宪兵和国际刽子手,素来就是俄国沙皇的祖传本能和世袭职业。而所有这些,又素来都是在所谓"传播文明""开明""进步""解放各族人民"之类的金字招牌下干出来的。

沙皇俄国之所以如此敌视四邻弱国的民族民主革命运动,必欲置之死地而后快,是出于它对外争夺世界霸权、对内维持反动统治的绝对需要。列宁指出,这些弱国人民争取民族独立、争取民主权利的斗争日益加强和取得胜利,这就是"在漫长的俄国国境线上建立起自由制度,从而为阻难黑帮沙皇政府的政策和促进俄国的革命高涨创造新的条件",而这种情况的出现,恰恰是沙皇政府所最害怕、最禁忌、最讳言的。因此,列宁号召俄国的革命者,务必揭穿沙俄反动政府及其外交家们的伪善辞令,撕下"伪君子的假面具"[212],"向人民说明事情的真相"[213],全力声援弱国的革命运动。

总之,列宁在上述充满战斗精神的光辉论著中不容置辩地揭示出:包括沙俄在内的帝国主义列强及其奴仆们的所谓"传播文明",实际上是传播了文明的反面,即野蛮和反动;他们的所谓"促进繁荣",实际上是促进了繁荣的死敌,即凋敝和赤贫!同时,针对所谓拥护"社会主义的殖民政策"这一欺世惑众的口号,针对沙俄等帝国主义者及其奴仆们在鼓吹殖民政策时善于花样翻新、变换手法和装腔作势地反对殖民掠夺政策的一种形式而"主张同一政策的另外一种形式",列宁提出了一个毫不含糊的战斗口号:"我们要打倒任何形式的殖民政策"[214]!这个口号极其鲜明地体现了国际马克思主义者同任何形式任何变种的殖民掠夺主义势不两立、彻底决裂的坚定立场。

"毫无私心"地伸出魔掌

尤其值得全世界人民衷心敬仰的是:作为国际无产阶级革命导师,列宁对于本

---

[209] 列宁:《巴尔干和波斯的事变》,载《列宁全集》第15卷,人民出版社1959年版,第194、202页。
[210] 同上。
[211] 同上。
[212] 同上书,第195页。
[213] 同上书,第202页。
[214] 同上书,第203页。

国的帝国主义——沙皇政府打着"传播文明"旗号恣意侵略掠夺弱小民族的滔天罪行,历来是大义凛然,毫不留情地进行尖锐的揭露和愤怒的声讨,从而为全世界的无产阶级及其政党,特别是为拥有殖民地的大国强国的无产阶级及其政党,树立了一个光辉的楷模!列宁是当之无愧的伟大的无产阶级国际主义者。

1900年,沙皇政府伙同其他七个帝国主义国家发动侵华战争,共同镇压义和团的反帝爱国运动,血腥屠杀中国人民。沙俄陆军大臣库罗巴特金命令俄国侵略军在残害中国人民和进犯中国首都北京的过程中,"皆应首先着鞭,居于主要地位";同时,沙俄又单独倾巢出动十几万大军,大举入侵中国东北三省,铁蹄所到之处,焚烧劫杀,暴行累累,惨绝人寰,令人发指!沙皇的御用文人和俄国的社会沙文主义分子则紧密配合反革命军事侵略,在国内大造反革命舆论,他们颠倒黑白,硬说侵华战争是出于"中国人仇视欧洲文化和文明引起的";他们恶毒诬蔑中国"黄种人野蛮,仇视文明",无耻叫嚣"俄国负有开导使命",入侵中国是旨在"传播文明""毫无私心"等等;在侵华俄军制造重重灾难把中国人民推进血泊之后,他们更是兴高采烈,欢呼"欧洲文化击败了中国野蛮",欢呼俄罗斯"文明传播者"完成了"使命",建树了"殊勋"!

"在这一片欢呼声中,只是听不到千百万劳动人民的先进代表——觉悟工人的声音"[215]。

面对弥天的毒雾妖氛,列宁在俄国革命工人的第一份报纸——《火星报》的创刊号上发表专文,义愤填膺地揭穿了事情的真相。他指出,在此次侵华战争的前几年,沙俄帝国政府就已"毫无私心"地霸占了中国的旅顺口,现在又"毫无私心"地侵占中国的东北三省,而且"毫无私心"地每天只付给被迫修筑铁路的中国工人十个戈比的生活费,以致"不得不引起以温顺出名的中国人的愤怒"。这些"毫无私心"的行径,证明沙俄政府在帝国主义列强掠夺中国和瓜分中国的罪恶勾当中,"是最先伸出魔掌的"。

列宁指出,沙俄勾结列强瓜分中国,开头是"像贼那样偷偷摸摸进行的",一旦中国人民起而反抗,沙俄帝国主义者"就像野兽一样猛扑到"中国人民身上,"杀人放火,把村庄烧光,把老百姓驱入黑龙江中活活淹死,枪杀和刺死手无寸铁的居民和他

---

[215] 列宁:《中国的战争》,载《列宁全集》第1卷,人民出版社1955年版,第213页。以下四段中的引语,均见于此文,不另注出处。

们的妻子儿女"[216],他们"不惜残杀妇孺,更不用说抢劫皇宫、住宅和商店了"[217]。

特别重要的是,列宁无情揭露了沙皇如此"毫无私心"地在中国"传播文明"的本质和根源。他指出,"沙皇政府在中国的政策是一种犯罪的政策",这种政策,仅仅对俄国一小撮资本家大亨、"对一小撮身居军政要职的贵族有利",它不仅给中国人民造成严重祸害,而且也给俄国人民带来更残酷的压迫剥削:俄国工农被迫卖命当炮灰,军费激增而引起捐税负担加重,田园荒芜,家庭破产,资本家加紧压榨,"工人的状况恶化,农民的死亡有增无减,西伯利亚大闹饥荒——这就是对中国的战争能够带来而且已经带来的灾难"。

列宁还深刻揭露了俄国反动统治者发动反华叫嚣的卑鄙目的和险恶用心:"竭力毒害人民群众的政治意识",转移斗争视线,以保持国内的反动统治。他指出:"凡是只靠刺刀才能维持的政府……都早就懂得一个真理:人民的不满是无法消除的,必须设法把这种对政府的不满转移到别人身上去",必须"挑拨民族仇恨和使劳动人民的注意力离开其真正的敌人"。

因此,列宁号召俄国革命人民奋起对沙皇政府开展针锋相对的斗争,粉碎他们用大俄罗斯沙文主义毒害群众政治意识的罪恶阴谋,"打碎战争强加在劳动人民身上的新的枷锁",打倒本国反动统治者,"结束政府的专制统治"。

(三) 列宁对爱尔威之流在民族殖民地问题上谬论的斗争

马克思主义关于民族殖民地问题的革命理论,不仅遭到右倾机会主义的攻击和阉割,而且遭到左倾机会主义的歪曲和篡改。在后一种场合,法国的社会民主党人古斯达夫·爱尔威是一个代表人物。

祖国"无所谓"论

古斯达夫·爱尔威(1871—1944)的职业是新闻工作者和律师,原先接近法国的无政府主义者,后来加入法国社会民主党。

---

[216] 史载:当时侵华俄军曾在黑龙江畔原属中国的领土海兰泡和江东六十四屯制造了骇人听闻的大惨案。根据目击者的记录,1900年7月17日上午11时许,俄军把海兰泡好几千中国居民驱赶围困在黑龙江边以后,就"各持刀斧,东砍西劈,断尸粉骨,音震酸鼻,伤重者毙岸,伤轻者死江,未受伤者皆投水溺亡,骸骨漂溢,蔽满江洋。……询知惨杀溺毙者五千余名"。同一天,俄军又把江东六十四屯的大量中国居民驱赶"聚于一大屋中,焚毙无算"。(参见《瑷珲县志》第八卷。)其余未烧死的中国人统被赶入水深流急的黑龙江中,大量淹死。

[217] 关于帝俄侵略者在此次战争中抢劫皇宫,有如下一段自供实录:一个帝俄外交官,自叙他当时随同侵俄军将领涅维奇等百余人闯进北京皇宫珠宝室"参观"时的奇妙经历:"……只见桌子上放着空盒、盒盖和托盘,东西却不翼而飞了……我发现同伴们的衣袋都显著地鼓了起来,怪不得虽然天气炎热,他们当中的几个人却穿上了大衣和斗篷。"(按:当时是阳历8月下旬,"三伏天"刚过数日)。参见〔苏联〕科罗斯托维奇:《俄国在远东》,俄国东方教育出版公司1922年版,第85—86页。

在20世纪的最初几年中,帝国主义列强重新瓜分世界、争夺世界霸权的矛盾冲突愈演愈烈,各国的反动统治者一方面疯狂扩军备战,加速军国主义化的步伐,另一方面在国内拼命煽起沙文主义狂热,以"保卫祖国"为名,力图驱使本国劳动者为他们火中取栗,卖命当炮灰。针对这种情况,各国马克思主义者大力开展斗争,反对军国主义化,揭露帝国主义战争的罪恶本质,借以戳穿"卫国"骗局,提醒劳动者切勿上当。而伪马克思主义者爱尔威也独树一帜,在他自己主办的《社会战争报》上,在法国社会党内,在第二国际的会议上,经常以极左面目出现,宣传他那独特的反对军国主义的斗争纲领和策略,曾经轰动一时。

爱尔威歪曲了无产阶级国际主义思想,对"民族""祖国"这一类概念采取了极端虚无主义的立场。他对于任何维护祖国主权和民族独立的言论和行动,都一概扣上"民族主义"的帽子,加以绝对的否定。在1907年第二国际斯图加特代表大会上,爱尔威鼓吹说,"任何祖国都只是资本家的奶牛";"祖国是统治阶级的祖国,与无产阶级无关"。对无产阶级说来,无论生活在哪一个祖国都无所谓,生活在君主制的德国,或共和制的法国,或专制的土耳其,反正都一样;无论是德国受法国统治还是法国受德国统治,对无产阶级也都无所谓。由于无产阶级横竖都要遭受资本家的剥削,所以"资本家在什么样的民族和什么样的政府的标帜之下进行剥削,对于无产阶级说来是无关紧要的"。因此,爱尔威强调:"祖国对于所有无产者来说都只是幻想,说真的,他们犯不着为了幻想而拼得头破血流"。

基于这种观点,爱尔威蔑视任何有关民族独立和国家主权的观念,表示坚决反对任何涉及"祖国"和"民族"问题的战争。据他说,这是"马克思主义"的思想观点,因为马克思本人就说过:"工人没有祖国"。

在大力鼓吹这些奇谈怪论的基础上,爱尔威进一步要求以代表大会的名义,宣布反对一切战争,并号召全世界无产者用"罢战"和起义来对付任何性质的战争。爱尔威的计划"很简单":任何战争一旦爆发,在宣战那一天,社会党的现役士兵统统开小差,后备兵则宣布罢战,统统坐在家里不出来;同时,工人阶级很快就会转入公开的反抗,即举行起义。爱尔威断定:这时"由于作战的军队驻在国境上,起义胜利的机会就更大了"[218]。

不能拒绝在民族战争中保卫祖国

在当时,爱尔威的真实面目尚未充分暴露,列宁对爱尔威的主张作了一分为二

---

[218] 参见〔苏联〕布拉斯拉夫斯基编:《第一国际第二国际历史资料》第182号、183号文件;《列宁全集》第13卷,人民出版社1959年版,第63、74页;《列宁全集》第15卷,人民出版社1959年版,第168—169页。

的、马克思主义的具体分析。一方面,他肯定爱尔威的思想从一定意义上说包含有"一线灵活的东西",包含有"一个实际上正确的内容":它企图说明当时修正主义者、社会沙文主义者所宣扬的资产阶级爱国主义的欺骗性,强调工人阶级国际团结的重要性;同时鼓吹无产者为了对付战争,必须采取革命的行动手段,而不应当仅仅局限于修正主义者所崇拜的温良恭俭让的议会斗争。但是,另一方面,列宁又十分严厉地指出,就整体而言,爱尔威所宣扬的只是一种"半无政府主义的谬论"。列宁从斗争的手段、斗争的目的以及否定革命战争(包括民族解放战争)、否定任何民族和祖国观念等方面,尖锐地揭露了爱尔威及其信徒们这种轻率浮夸的言论的反动性。

就其斗争手段而言,爱尔威及其信徒们的主张实际上是一种盲动冒险主义。他们不对斗争的具体环境进行正确的形势估量和阶级估量,而像无政府主义者那样,"盲目相信一切直接行动的神奇力量,把这种'直接行动'从整个社会政治局势中抽了出来",用简单机械、千篇一律的策略来对付千变万化的斗争局势,其实践结果就必然是作茧自缚,"剥夺无产阶级选择决战时机的权利,而把这种权利交给敌人",从而导致革命力量的无谓损失。因此,爱尔威开出的万应"策略药方"实际上是一种"英勇的愚蠢"![219]

就其斗争目的而言,爱尔威及其信徒们摆在首位的,是"和平"而不是革命,为了反对战争,"为了反对军国主义而忘记社会主义"[220]。他们只强调以和平代替战争,而并不强调以社会主义代替资本主义,不强调利用战争所产生的危机加速推翻资产阶级。他们不可原谅地"忘记了战争同资本主义的因果关系",如果按照这种主张去做,就等于"一方面把一切战斗准备(要知道,这里说的是起义)都用来同结果(战争)作斗争,另一方面却让原因(资本主义)继续存在"[221]。可见,爱尔威及其信徒们的反战纲领充其量只是扬汤止沸而不去釜底抽薪;而其客观意义则是在资本主义条件下保持"和平"的稳定性,维持资本主义式的"和平"秩序,使革命人民永远遭受剥削压迫,永远遭受掠夺战争的磨难。

就其不分青红皂白地反对一切战争、否定任何有关祖国和民族的思想观点而言,爱尔威及其信徒们的主张尤其具有极大的反动性。它实际上是在极左的伪装下为极右的资产阶级沙文主义和世界主义张目。

---

[219] 参见列宁:《好战的军国主义和社会民主党反军国主义的策略》,载《列宁全集》第15卷,人民出版社1959年版,第169—171页。

[220] 列宁:《斯图加特国际社会党代表大会》,载《列宁全集》第13卷,人民出版社1959年版,第75页。

[221] 列宁:《好战的军国主义和社会民主党反军国主义的策略》,载《列宁全集》第15卷,人民出版社1959年版,第169页;《列宁全集》第13卷,人民出版社1959年版,第64页。

列宁指出,"战争是资本主义的必然产物,无产阶级不能拒绝参加革命战争"[222]。列宁特别强调:祖国这个政治的、文化的和社会的环境,是无产阶级进行阶级斗争过程中最强有力的因素,所以,"无产阶级不能对自己为之进行斗争的政治、社会和文化的条件采取无所谓的、漠不关心的态度,因而,他们对本国的命运也不能抱无所谓的态度"[223]。列宁严厉驳斥了对马克思所说的"工人没有祖国"一语的曲解。他屡屡援引马克思本人当年在第一国际内部嘲笑和驳斥法国蒲鲁东主义者歪曲无产阶级国际主义思想的事例,说明民族虚无主义与大国沙文主义之间的"血缘关系"[224],说明那种不分青红皂白地否定一切民族、祖国的思想言论,实际上是全盘否定一切弱小民族争取民族解放、维护民族尊严、捍卫祖国独立的神圣权利,从而为觊觎他国领土主权的侵略者提供了最好的"理论根据",助长了帝国主义者、扩张主义者的气焰。

1914年8月,在第一次世界大战爆发后的最初几天里,就是这个善于哗众取宠、一向极力鼓吹民族虚无主义的爱尔威,竟猛然摇身一变,变成了一个极端的社会沙文主义分子,并自告奋勇地作为参战志愿兵去报到了。后来,他又和历来公开鼓吹社会沙文主义的桑巴、托马以及盖德等人加入了法国资产阶级的"全民族的"战争政府。[225] 这件事当然只不过是当时整个国际机会主义逆流中的一个小水泡,然而这个具有强烈讽刺意义的小水泡,却十分具体、十分生动地显示了民族虚无主义与大国沙文主义作为孪生兄弟的血缘关系,从一个小小的侧面证实了马克思和列宁上述见解的无比正确。"河水的流动就是泡沫在上面,深流在下面。然而就连泡沫也是本质的表现!"[226]

在革命洪流的冲刷下,爱尔威这个曾经名噪一时的小丑迅速沉没、销声匿迹了。但是,爱尔威之流从法国普鲁东分子那里继承得来并广为兜售的民族虚无主义观点与祖国"无所谓"论,却由于具有极左的、"革命"词句的装潢,仍在继续扩散。其流毒所及,甚至使当时国际革命左派队伍中的一些人也深受影响,在不同的时期和不同的历史条件下出现了种种糊涂观念。总的说来,他们致力于揭露和反对资产阶级文痞和修正主义分子所鼓吹的在业已爆发的帝国主义战争中"保卫祖国"的骗局,这是完全正确的。但其中有些人却从真理再往前"多走了一步",进而怀疑和否定在帝国主义时代所发生的一切保卫祖国独立或争取民族解放的战争;也有些人醉心于反对

---

[222] 列宁:《斯图加特国际社会党代表大会》,载《列宁全集》第13卷,人民出版社1959年版,第63页。
[223] 列宁:《好战的军国主义和社会民主党反军国主义的策略》,载《列宁全集》第15卷,人民出版社1959年版,第168—169页。
[224] 参见《列宁全集》第20卷,人民出版社1958年版,第437—438页;《列宁全集》第21卷,人民出版社1959年版,第389页。
[225] 到了20世纪30年代,此人又进一步堕落,积极鼓吹法国同法西斯德国敦睦亲近。
[226] 列宁:《黑格尔〈逻辑学〉一书摘要》,载《列宁全集》第38卷,人民出版社1986年版,第134页。

被压迫民族中的资产阶级狭隘民族主义,却忽略甚至忘记了比它更危险、更凶恶多倍的压迫民族中的资产阶级大国沙文主义,有如列宁所讽喻的:"猫是老鼠心目中最凶的野兽"[227]。

为了进一步肃清爱尔威之流的思想流毒,澄清关于"祖国"和"民族"问题上的糊涂观念,列宁在第一次世界大战爆发、第二国际破产之后迄十月革命胜利之初,又反复地就这个问题作了一系列的阐释和论述。

列宁并不限于就事论事,而是从方法论入手,对认识模糊的同志进行耐心的启发。他指出,马克思主义的全部精神和整个体系要求人们在领会每一个革命原理时,必须做到三点:第一,历史地看问题;第二,同其他原理联系起来,全面地理解;第三,同具体的历史经验联系起来加以考察。如果违反了这三点要求,竟然脱离具体的历史条件和具体的历史实践经验,静止地、孤立地、片面地抓住马克思、恩格斯说过的只言片语,把它从马克思主义的整个科学体系中割裂出来,当作"一般原则"和"一般的死板的公式硬套"到"五花八门、形形色色、错综复杂"的事物上去,那就是"陷入了抽象议论和反历史观点的泥坑",[228]就会得出完全错误甚至荒谬可笑的结论,就会给革命事业造成严重的危害。

根据马克思主义的历史观点和科学精神,列宁首先对"工人没有祖国"一语作了经典性的解释。他指出,马克思、恩格斯这句话的原意只是说,各国无产者的经济状况是国际性的,他们的阶级敌人和解放条件也是国际性的,因此他们的国际团结比民族团结**更为重要**。[229] 也就是说,全世界的无产者,不论属于哪个国家哪个民族,都是同命运、共呼吸的阶级兄弟;由于他们有着共同的阶级遭遇、共同的阶级敌人和共同的奋斗目标,而且只有通过联合的斗争才能获得共同的解放,因此,他们应当不问国家、民族的差别,实现国际性的阶级团结,进行国际性的阶级搏斗。在这个意义上,不妨说,马克思、恩格斯所教导的"工人没有祖国",和他们所号召的"全世界无产者联合起来",实际上是同一思想观点的不同表述。可见,"工人没有祖国"一语的原意,与祖国"无所谓"论以及任何其他民族虚无主义观点,都是风马牛不相及的。

其次,列宁强调,为了准确地理解和掌握"工人没有祖国"这一原理的真谛,务必把它同马克思、恩格斯的其他教导联系起来加以考察。他提醒人们注意:不是别人,

---

[227] 列宁:《论民族自决权》,载《列宁选集》第2卷,人民出版社1972年版,第537页。
[228] 列宁:《给印涅萨·阿尔曼德(1917年1月19日)》,载《列宁全集》第35卷,人民出版社1959年版,第262、238页。
[229] 参见列宁:《给印涅萨·阿尔曼德(1916年11月20日)》,载《列宁全集》第35卷,人民出版社1959年版,第234—235页。

而正是"同一个马克思曾经不止一次地**号召**进行**民族**战争"[230];而恩格斯也曾在 1859 年和 1891 年先后两度直接激发德国人的**民族**感情,直接号召德国人民奋起进行民族战争,抗击侵略者,保卫祖国。

一方面讲工人没有祖国,另一方面又号召保卫祖国,从表面上看来,似乎"马克思和恩格斯今天说东,明天说西,是他们头脑不清楚吗"? 针对这个问题,列宁斩钉截铁地回答说:"不是的!"

列宁进一步明确指出,"祖国是个历史的概念。……关于祖国和保卫祖国的原理**不可能**在一切条件下都是同样适用的"[231]。无产阶级对"祖国"和"民族",在不同的历史条件下应当采取不同的态度。他反复强调这样的思想:在帝国主义战争中,"保卫祖国"当然是一种骗局,由于这种战争从双方来说都是掠夺性的,因而无产阶级对它的态度应当遵循这样的原则:"二贼相争,两败俱伤"。但是,在民族解放战争中,就完全是另一回事了。"受民族压迫的国家为反对实行民族压迫的国家而'保卫祖国',这不是欺骗,社会主义者也**决不反对**在这样的战争中保卫祖国"[232];"依我看,在民族战争中承认'保卫祖国'是**完全**符合马克思主义的",因此,无产阶级"不能拒绝在民族战争中保卫祖国",否则,就将犯"天大的错误"![233]

我们是社会主义祖国的护国主义者

十月革命胜利以后,列宁又针对那些否定一切"保卫祖国"、对社会主义祖国的国防抱轻率态度的错误思想作尖锐的批判。

列宁指出,承认保卫祖国,就是承认战争的正当性和正义性。要衡量和判断任何战争是否正当、正义,只能从它归根到底是否有利于争取无产阶级解放这一标准和观点出发,其他标准、其他观点,我们是不承认的。根据这条根本原则,凡是剥削阶级为了巩固自己的反动统治而进行的战争,就是罪恶的战争,在这种战争中的"护国主义"就是卑鄙行为,就是背叛社会主义;而凡是已经取得政权的无产阶级为了保卫社会主义胜利果实,为了巩固和发展社会主义而被迫进行的战争,则是完全正当的和神圣的。因此,列宁庄严地宣告:"我们是 1917 年 10 月 25 日以后的护国派","**必须**保卫**社会主义**祖国"。"谁要是对无产阶级已经获得胜利的国家的国防采取轻

---

[230] 列宁:《给印涅萨·阿尔曼德(1916 年 11 月 30 日)》,载《列宁全集》第 35 卷,人民出版社 1959 年版,第 239 页。

[231] 同上书,第 238—239 页。

[232] 列宁:《论对马克思主义的讽刺和"帝国主义经济主义"》,载《列宁全集》第 23 卷,人民出版社 1958 年版,第 25、198 页;《列宁全集》第 35 卷,人民出版社 1959 年版,第 263 页。

[233] 参见列宁:《给印涅萨·阿尔曼德(1916 年 11 月 30 日)》,载《列宁全集》第 35 卷,人民出版社 1959 年版,第 239 页。

率的态度,他就是在破坏同国际社会主义的联系。……当我们已成为开始组织社会主义的统治阶级的代表时,我们就要求一切人**严肃地**对待国防"[234]。"我们是社会主义祖国的护国主义者"[235]。

当年,正是在列宁上述思想的指导和武装下,俄国工农大众第一次以国家主人的身份,奋起抗击外国侵略者,进行了"真正的卫国战争"[236]。

十月革命胜利后不久,帝国主义列强以进行反革命叛乱的俄国白卫分子为内应,对刚刚诞生因而还十分幼弱的社会主义国家发动武装进攻。他们互相勾结,凭借其强大的反革命武力,先后在乌克兰、高加索、西伯利亚和伏尔加流域等广阔地区,颠覆了初建的苏维埃政权,实现了反革命复辟,对千千万万工农群众实行反攻倒算和血腥屠杀。

战争是政治的继续。帝国主义侵略者当时追求的目的,不仅在于扶植俄国地主资本家白卫势力实行反革命复辟,借以从中捞取巨额报偿和各种特权;也不仅在于直接占领和掠夺社会主义国家的土地和资源,对俄国劳动人民实行直接的盘剥;而且还在于企图扑灭已经在这里燃烧起来并且将蔓延到全世界去的社会主义革命的火焰。帝国主义列强对第一个社会主义国家发动侵略战争的政治目的决定了战争的性质:这是一场非正义的、反革命的、罪恶的战争。

在当时苏维埃俄国方面,俄国人民在布尔什维克党领导下奋起抗击帝国主义侵略者及其走狗,则是一场完全正义的、革命的、神圣的战争。这场卫国战争的正义性,不仅体现在它是为了保卫革命俄国的主权的独立和领土的完整;也不仅体现在它是为了保卫俄国工农群众已经获得的社会主义革命胜利成果,解除重新强加在他们身上的阶级灾难和阶级枷锁,从而有利于俄国劳动人民争取彻底的阶级解放;而且还体现在它是为了保卫社会主义世界革命的第一块基地、根据地,是为了"在波涛汹涌的帝国主义大海中保持住苏维埃政权这一全世界工人和劳动人民所瞩目的孤岛"[237],牵制和削弱国际帝国主义的力量,从而有利于推进世界革命,有利于全世界劳动人民争取彻底的阶级解放。正是在这个意义上,列宁认为当时俄国人民为抗击国际帝国主义侵略者及其白卫走狗们所进行的卫国战争,"不仅是在拯救俄国革命,而且是在拯救国际革命"[238];"每一个上前线的人都懂得,他不仅是为俄国革命的命

---

[234] 列宁:《论"左派"幼稚性和小资产阶级性》,载《列宁全集》第27卷,人民出版社1958年版,第306页。
[235] 列宁:《在全俄中央执行委员会和莫斯科苏维埃联席会议上关于对外政策的报告》,载《列宁全集》第27卷,人民出版社1958年版,第351页。
[236] 列宁:《奇谈与怪论》,载《列宁全集》第27卷,人民出版社1958年版,第61页。
[237] 列宁:《在全俄中央执行委员会和莫斯科苏维埃联席会议上关于对外政策的报告》,载《列宁全集》第27卷,人民出版社1958年版,第350页。
[238] 列宁:《在工业博物馆群众大会上的演说》,载《列宁全集》第28卷,人民出版社1956年版,第65页。

运而斗争,而且是为整个国际革命的命运而斗争"[239]。

由此可见,社会主义祖国的护国主义既是无产阶级爱国主义的一种体现,也是无产阶级国际主义的一种体现。它是无产阶级国际主义与无产阶级爱国主义的高度统一。它的立足点,是极其鲜明的全世界无产阶级的阶级利益观念和阶级解放观念,因而迥异于地主资产阶级所惯常鼓吹的狭隘的、抽象的"民族"观念或"民族尊严"观念。

列宁在解释社会主义祖国的护国主义时,强调指出:"我们保卫祖国不受帝国主义者的侵犯,我们在保卫祖国,……我们维护的不是大国主义(俄国遗留下来的除了大俄罗斯以外,没有任何其他东西),不是民族利益,我们肯定地说,社会主义的利益,世界社会主义的利益高于民族的利益,高于国家的利益"[240]。在这里,列宁显然是把社会主义祖国的护国主义同大国沙文主义、狭隘民族主义严格地划清了界限,绝对不容混淆。

面对当时大片国土沦于敌手和千百万劳动者惨遭涂炭的严酷现实,列宁所领导的苏维埃政府发出了"社会主义祖国在危急中"的警报。

布尔什维克党和政府动员全民以各种形式积极参加抗战。

俄国人民在列宁为首的布尔什维克党的领导下,上下一心,全力以赴,经过艰苦卓绝的斗争,终于扭转了濒于危亡的险境,沉重地打击了气焰极其嚣张的帝国主义侵略者,把他们驱出国境,镇压了猖獗一时的白卫反革命叛乱,取得了保卫社会主义祖国战争的伟大胜利。

同时,正由于这是一场保卫社会主义世界革命基地的正义战争,因此,它就理所当然地获得了全世界无产阶级和革命人民的同情和支持。

当时,有大批居住在俄国的外国工人(其中包括大量中国工人)纷纷参加红军队伍,有的还组成了国际团和国际旅,直接为俄国革命人民的卫国战争付出了鲜血和生命。

许多资本主义国家的工人以罢工等形式阻挠运送武器和军需品给帝国主义侵略军及其白卫走狗,并在"不许侵犯俄国"的口号下成立各种"行动委员会",积极开展反对反革命武装干涉的斗争,从各个方面给幼弱的苏维埃俄国及其卫国战争以有力的支持和声援。

列宁在总结这一点时,形象地指出:"只要国际资产阶级向我们举起拳头来,他

---

[239] 列宁:《在全俄教育工作第一次代表大会上的演说》,载《列宁全集》第 28 卷,人民出版社 1956 年版,第 68 页。

[240] 列宁:《在全俄中央执行委员会和莫斯科苏维埃联席会议上关于对外政策的报告》,载《列宁全集》第 27 卷,人民出版社 1958 年版,第 351、343 页。

们的手就会被本国工人抓住"[241]。他强调:"正是这种全世界工农劳动群众、甚至最敌视我们的强国的工农劳动群众对我们的支持和同情,成了最根本最有决定性的因素,使敌人对我们的一切侵犯归于失败"[242]。

列宁的上述理论教导以及当年俄国人民卫国战争的革命实践,给我们以极其有益的启示:当问题涉及反对民族压迫、争取民族解放的时候,特别是当问题涉及保卫社会主义祖国领土和主权的完整,对帝国主义及其走狗的侵略进攻实行自卫反击的时候,如果像当年法国的蒲鲁东分子或爱尔威分子那样,在"国际主义"的美丽幌子下贩卖民族虚无主义的私货,胡诌什么"国境线从哪里通过对我们共产党人来说不是主要问题",把正义的卫国行动诬蔑为"狭隘民族主义"或"大国沙文主义",那么,这就是根本忘记了当年俄国革命人民曾经在列宁领导下为抗击帝国主义侵略者而进行过卫国战争的光荣斗争史,根本忘记了全世界革命人民对当年幼弱的革命俄国的卫国战争提供过巨大的支援;这也就是根本背叛了无产阶级国际主义,根本背叛了马克思列宁主义。这种人,要么是侵略者的帮凶,要么是侵略者的后台,要么本身就是穷凶极恶的侵略者,三者必居其一,甚至一身而二三任焉。

(四) 列宁对鲍威尔之流在民族殖民地问题上谬论的斗争

19世纪60年代,马克思在论述波兰和爱尔兰问题时,曾经提出民族自决权的原则。[243] 根据这个原则,一切民族都有权按照自己的意志决定自己的命运,遭受殖民统治的被压迫民族有权在政治上同压迫民族自由分离,建立自主独立的民族国家。

1896年第二国际伦敦代表大会通过决议,重申了马克思关于民族自决权的正确主张,明确宣告:"大会主张一切民族都有完全的自决权";同时号召一切被压迫民族的工人"参加全世界觉悟工人的队伍,和他们一起为战胜国际资本主义而奋斗"[244]。这个决议高举无产阶级国际主义旗帜,把反对大国沙文主义和反对狭隘民族主义紧密地、有机地结合起来,"能够给无产阶级在民族问题上的阶级政策提供唯一正确的指示"[245],因而成为当年资本主义先进国家各个无产阶级政党制定民族纲领时所理

---

[241] 列宁:《在制革业职工代表大会上的演说》,载《列宁全集》第31卷,人民出版社1958年版,第276、273—274页。
[242] 列宁:《全俄苏维埃第九次代表大会》,载《列宁全集》第33卷,人民出版社1957年版,第118页。
[243] 参见马克思:《乔治·豪威耳先生的国际工人协会史》,载《马克思恩格斯全集》第19卷,人民出版社1963年版,第164页;《马克思恩格斯全集》第31卷,人民出版社1972年版,第381、405页。
[244] 〔苏联〕布拉斯拉夫斯基编:《第一国际第二国际历史资料》,新莫斯科出版社1926年版,第136号文件。
[245] 列宁:《论民族自决权》,载《列宁选集》第2卷,人民出版社1972年版,第544页。

应共同遵守的基本原则。1903年,在俄国社会民主工党第二次代表大会上,正是由于列宁的坚持,承认民族自决权的原则被正式明文载入俄国党的党纲。

第二国际的修正主义分子为了维护帝国主义资产阶级的利益,拼命歪曲、篡改和攻击关于民族自决的思想原则,极力鼓吹"民族文化自治"论,因而引起国际马克思主义者的坚决回击。当时,关于民族自决和"民族文化自治"的论战,体现了马克思主义民族纲领与修正主义民族纲领的根本对立。

所谓"民族文化自治"

对"民族文化自治"这一修正主义民族纲领加以全面系统论证的主要"理论家",是奥地利社会民主党的鲍威尔[246]和伦纳[247]。鲍威尔所写的《民族问题和社会民主党》以及伦纳所写的《民族问题》是第二国际修正主义分子鼓吹"民族文化自治"谬论的代表作。

鲍威尔、伦纳之流在考察民族问题时,漠视甚至抹杀阶级分析和阶级斗争观点,把民族标准放在首要的甚至唯一的地位。他们认为,"民族是自治的个人联盟",是"由一群现代人组成的、和'地域'无关的文化共同体";[248]"民族就是那些在共同命运的基础上形成了共同性格的人们的全部总和"[249]。换言之,在他们看来,人群之所以构成为民族,其基础就是他们具有共同的"性格"和"文化",而这种共同"性格"和"文化"的形成,却和他们的共同经济生活、共同居住地域等物质条件没有任何本质上的联系,甚至纯然"无关"。

从这种唯心主义的民族观出发,他们极力主张工人政党解决民族问题的首要措施就是应当想方设法去"组成民族",即把散处全国各地的具有"共同性格"和"共同文化"的个人,不问其是否具有共同经济生活和共同居住地域,一律根据自报民族归属逐个登记,"编制民族名册",以便"共同组成"一个包括各个对立阶级的民族,构成一个法定的整体,选出"民族委员会"和本民族的"大臣",规定民族权利义务,掌管本民族的文化教育事业。据说,按此办理,不但可以"消除民族纠纷",解决民族问题,

---

[246] 奥托·鲍威尔(1882—1938),奥地利社会民主党和第二国际首领之一,第二国际著名的民族问题"理论家";所谓"奥地利马克思主义"学派的修正主义理论的主要骨干之一;社会沙文主义者,于1918年参加奥地利资产阶级共和国政府内阁,担任外交部部长;维也纳第二半国际的头子之一。十月革命后,要弄两面派手法,恶毒攻击无产阶级专政和殖民地、半殖民地的民族解放运动。

[247] 卡尔·伦纳(1870—1950),奥地利社会民主党右翼首领和"理论家",社会沙文主义头子;所谓"奥地利马克思主义"学派的修正主义思想家,以"经济民主"论极力掩盖资本主义固有矛盾,美化帝国主义制度;"奥、德合并"论的积极吹鼓手;1919年曾出任奥地利资产阶级共和国总理;1945—1950年担任奥地利总统。

[248] 参见〔奥〕卡尔·伦纳:《民族问题》,奥地利公益出版社1909年版,第19、43页。

[249] 〔捷〕奥托·鲍威尔:《民族问题和社会民主党》,彼得堡镰刀出版社1909年版,第139页。

而且还可以成为未来的社会主义社会的一种雏形。因为,据他们说,"社会主义的社会制度……将把人类分成一些以民族为界限的团体";在社会主义时代,"人类将分成一些民族自治团体"[250],云云。

鲍威尔、伦纳之流在论述民族权利问题时,漠视甚至抹杀被压迫民族的政治、经济权利,把文化权利放在首要的甚至唯一的地位。他们认为,各民族在文化权利上的不平等,是产生民族纠纷的关键所在,因此必须从"文化自治"着眼来"解决"民族问题。按照他们的上述设计建立起来的民族组织及其中央机关也只管"文化"问题,不管"政治"问题。由民族全体成员选举产生的"民族委员会就是民族文化议会,它有权规定原则并批准经费,借以照管民族学校事宜,照管民族文学、艺术和科学,借以建立学院、博物馆、美术陈列馆、剧院"[251]等等。鲍威尔之流断言:通过这种"唯一可能的办法",就可以使民族文化成为"全体人民的财富",并且把包括一切对抗阶级的民族全体成员"团结"成为一个同命运、共呼吸的"民族文化共同体"。[252] 于是乎民族压迫就此烟消云散,弱小民族也就此心满意足了。

鲍威尔、伦纳之流在论述民族权利平等的实现手段时,漠视甚至抹杀一切革命途径,把改良主义途径放在首要的甚至唯一的地位。他们鼓吹:只能经历"缓慢而痛苦的过程","逐步走向民族自治";民族自治和民族自由决不是"靠大胆的坚决行动就可以实现的"。他们避而不谈遭受殖民统治的被压迫民族的政治自决和分离自由,硬把保持现状、维护反动奥匈帝国的"完整"作为争取民族平权的前提,公开扬言:"我们的出发点是假定奥国各民族将仍然留在他们现时居住的国家联盟以内",即只准在强加给他们的现有帝国国界之内,在这个民族压迫的大牢笼之中,来调整"各民族相互间的关系和他们全体对于国家的关系"。[253]

"民族文化自治"这一修正主义的民族纲领,经过鲍威尔、伦纳之流的系统"论证",披上了"社会主义的铁甲",在当时带有很大的欺骗性。它博得了地主资产阶级的喝彩,因而也就成为第二国际其他各国修正主义分子抄袭、仿效的"范本",流毒甚广。在欧洲一些多民族国家中,他们纷纷根据"民族文化自治"的谬论,对民族自决权这一马克思主义的民族纲领大举猖狂进攻。就俄国而言,国内各派修正主义分子在这个问题上所制造的思想混乱已经"达到破坏党纲的地步"[254]。他们恶毒地攻击

---

[250] 参见〔捷〕奥托·鲍威尔:《民族问题和社会民主党》,彼得堡镰刀出版社1909年版,第368、375、552、555、556页;〔奥〕卡尔·伦纳:《民族问题》,奥地利公益出版社1909年版,第19、74、88—89、226页。

[251] 〔奥〕卡尔·伦纳:《民族问题》,奥地利公益出版社1909年版,第234页。

[252] 参见〔捷〕奥托·鲍威尔:《民族问题和社会民主党》,彼得堡镰刀出版社1909年版,第553页。

[253] 同上书,第399、422页。另参见〔奥〕卡尔·伦纳:《民族问题》,奥地利公益出版社1909年版,第14、281—282页。

[254] 列宁:《关于民族问题的批评意见》,载《列宁全集》第20卷,人民出版社1958年版,第1页。

列宁提出的关于把俄国各族工人团结和融合在统一的阶级组织之中的正确主张,诬蔑它是所谓"同化的陈词滥调",妄图使俄国工人及其统一的阶级组织按照民族的标准划分开来,陷于四分五裂。

是民族自决,还是"民族文化自治"?在这场关于两种根本对立的民族纲领的争论过程中,当时国际上有一些左派社会民主党人也一度有过糊涂思想。

他们一方面表示坚决反对一切民族压迫,承认一切民族权利平等,另一方面却又认为:承认民族自决权,即承认遭受殖民统治的被压迫民族有权在政治上同压迫民族自由分离,另行组织独立自主的民族国家,这就等于支持和助长被压迫民族的资产阶级民族主义,不利于各族无产阶级的团结斗争。他们根据欧洲个别被压迫民族[255]在特定历史条件下暂时不宜提出分离独立口号的局部情况,推导出一般性、全局性的结论,要求一般地、普遍地否定民族自决权,作为处理全欧洲乃至全世界民族问题的基本纲领、原则。他们发表了一些文章,提出了自己的错误见解,指摘和反对俄国的马克思主义者在自己的党纲中承认民族自决权。

左派犯错误,右派利用,历来如此。"民族文化自治"论形形色色的鼓吹者们"抓住了"这些左派同志的错误论点和论据,在1913年前后一段时期中更加猖獗地抨击马克思主义者关于实行民族自决的主张,一时骂声四起,来势汹汹,有如进行"十二个民族的侵犯"[256]。

在这种情况下,列宁不能不以相当大的注意力,对鲍威尔之流及其俄国应声虫们所鼓噪的"民族文化自治"论进行全面的、深刻的揭露和批判,科学地解释和深入地阐发了马克思主义关于民族自决权的光辉思想原则。在论战、斗争过程中,列宁对某些左派革命同志的糊涂思想,本着政治上热情爱护的精神,进行了严肃认真的批评,帮助他们纠正错误,团结对敌。可以说,当列宁发表文章严肃批评某些左派同

---

[255] 这里主要是指欧洲的波兰。波兰的民族独立问题和民族解放运动在19世纪中期具有重大的全欧性意义,马克思和恩格斯都曾积极支持波兰的独立要求。到了20世纪初,由于历史条件的变化,波兰民族独立问题已失去这种全欧性的特殊的革命意义,而且对当时的波兰工人说来,民族问题已退居次要地位。波兰的马克思主义者认为,波兰工人当时面临的主要任务是同俄罗斯工人结成最紧密的联盟,共同开展阶级斗争,反对沙俄反动统治者,才能促进社会主义事业和波兰民族解放事业的发展。因此,他们坚决批判当时波兰国内流行的资产阶级狭隘民族主义思潮,反对波兰小资产阶级的民族主义狂热,反对在当时即提出波兰分离独立的口号,以免分散和转移波兰革命群众的主要注意力,削弱波兰工人与俄罗斯工人的阶级团结和共同奋斗。这些,在当时当地条件下都是正确的。但是,他们在批判波兰狭隘民族主义时,犯了"以偏概全"的错误,走向了另一个极端,要求从根本上全面否定民族自决权这一基本原则。这在理论上是"忘记**特殊**和**一般**在逻辑上的基本区别",而在实际上就是"醉心于反对波兰民族主义,因而忘记了大俄罗斯人的民族主义";"因害怕被压迫民族的资产阶级民族主义,而在**事实**上作了大俄罗斯人黑帮民族主义的帮凶!"因害怕"助长"被压迫民族的狭隘民族主义,而在客观上助长了压迫民族的大国沙文主义。关于当时波兰所处的特殊历史条件,列宁曾作过精辟分析。详见《列宁全集》第20卷,人民出版社1958年版,第412、415、432—435、453—454页;《列宁全集》第22卷,人民出版社1958年版,第340、342—346、353页。

[256] 列宁:《论民族自决权》,载《列宁选集》第2卷,人民出版社1972年版,第507页。

志的糊涂思想和错误论据时,实质上是为了要剥夺那些修正主义右派分子手中的理论"武器",粉碎他们身上的理论"装甲",把他们揪出来示众。[257]

民族问题上的两种世界观

观察和分析民族问题,当然不能完全离开民族的标准,这是无可置疑的。马克思主义者在看待和处理民族问题时,从来就坚决反对民族虚无主义,从来就对民族标准、民族感情等因素给以应有的、足够的重视,这也是众所周知的。但是,马克思主义者从来就认为:在阶级社会中,民族问题并不是孤立自在的。就革命斗争的全局而言,"民族问题和'工人问题'比较起来,只有从属的意义"[258]。因此,无产阶级及其政党对待有关民族的一切问题,都必须从无产阶级的阶级利益出发,"从无产阶级争取实现社会主义的阶级斗争的观点来看"[259]。也就是说,观察和处理民族问题,必须把无产阶级的阶级标准放在首要地位;对于阶级标准说来,民族标准只是第二位的东西,民族标准必须服从阶级标准。

其所以然,是由于任何民族从来就分裂为彼此对抗的阶级。列宁指出:在"每一个现代民族中,都有两个民族"[260]。在股份公司里,各不同民族的资本家都是坐在一起的,共同进行剥削;在工厂里,各不同民族的工人都在一起劳动,汗水流在一起,共同遭受剥削。由于阶级命运、阶级利益的一致,因此,每当阶级矛盾激化、阶级利害冲突十分尖锐的时候,各种政治力量的组合总是冲破民族的界限和壁垒,人群集团都是按阶级而不是按民族划分的。[261]

面对民族内部阶级对抗的现实,资产者和无产者从各自的阶级利益出发,采取了截然相反的态度。

作为剥削者,而且在民族人口中处于极少数地位,资产阶级总是力图掩盖和粉饰阶级对抗现实,以保持现状和扩大既得利益。为此目的而采取的手段之一,就是把民族标准放在首要的甚至唯一的地位,拼命鼓吹资产阶级民族主义,把本阶级的狭隘私利一概冒充为全民族的共同要求,极力突出和强调民族的"共同性",千方百计地模糊无产者的阶级意识:对内,提倡民族内部的阶级调和;对外,破坏不同民族的无产者之间的阶级团结,借以转移斗争视线,削弱和瓦解无产阶级反对资本主义

---

[257] 参见《列宁全集》第20卷,人民出版社1958年版,第395、411、452—453、454页;《列宁全集》第22卷,人民出版社1958年版,第353页。

[258] 列宁:《论民族自决权》,载《列宁选集》第2卷,人民出版社1972年版,第548页。

[259] 列宁:《关于民族问题的批评意见》,载《列宁全集》第20卷,人民出版社1958年版,第20页。

[260] 同上书,第15页。

[261] 同上书,第19页。

压迫、剥削的阶级斗争。

换言之,鼓吹资产阶级民族主义,既可以无限夸大民族"共同性"从而否定本民族内部的阶级对抗性,又可以无限夸大民族间的"对抗性"从而否定不同民族无产者的阶级共同性;既可以欺骗无产者去同本族资产者无条件地实行"阶级合作",又可以煽动无产者去同外族的阶级兄弟实行骨肉相残。用心可谓极毒。列宁对这种情况作了总结,明确指出:"猖狂的资产阶级民族主义在钝化、愚弄和分化工人,使工人听任资产阶级摆布——这就是当代的基本事实"[262]。

作为被剥削者,而且在民族人口中处于多数地位,无产阶级总是敢于正视民族内部阶级对抗的现实,并且务必立足于这种现实,始终保持着清醒的阶级意识,从无产阶级的阶级利益出发,来审查和鉴别资产阶级以"全民族"名义提出的一切要求,以决定给予支持还是加以反对。

早在马克思主义奠立之初,在论及无产阶级政党应当支持具有历史进步意义的民族民主运动时,马克思和恩格斯就强调:"共产党一分钟也不忽略教育工人尽可能明确地意识到资产阶级和无产阶级的敌对的对立"[263]。

对于这一条基本原则,列宁在新的历史条件下作了进一步的阐发。他指出:马克思主义同民族主义是不能调和的。诚然,民族原则在资产阶级社会中具有历史的必然性,因此,在估计这个社会时,马克思主义者完全承认民族运动的历史合理性。然而,要使这种承认不至于变成替民族主义辩护,就应该极严格地只限于承认这些运动中的进步的东西,即"应该使这种承认不致使无产阶级的意识受到资产阶级思想的蒙蔽"[264]。这种无产阶级的阶级意识理所当然地要求各族无产者:既要同本族的资产者严格划清阶级界限,又要同外族的无产者全力加强阶级团结;坚决反对资产阶级反动民族主义,始终坚持无产阶级国际主义。

对于这方面的思想,列宁作了精辟的概括,明确指出:"资产阶级的民族主义和无产阶级的国际主义——这是两个不可调和的敌对的口号,它们同整个资本主义世界的两大阶级营垒相适应,代表着民族问题上的**两种**政策(也是两种世界观)。"[265]

在两大阶级营垒、两种民族问题世界观的根本对立中,所谓"民族文化自治"的理论和纲领及其鼓吹者究竟是属于哪一边的呢?列宁尖锐地揭露说:"这个纲领主要的、根本的罪过,就在于它想要实现最精致的和最绝对最彻底的民族主义"[266];而

---

[262] 列宁:《关于民族问题的批评意见》,载《列宁全集》第20卷,人民出版社1958年版,第7页。
[263] 马克思、恩格斯:《共产党宣言》,载《马克思恩格斯选集》第1卷,人民出版社1972年版,第285页。
[264] 列宁:《关于民族问题的批评意见》,载《列宁全集》第20卷,人民出版社1958年版,第17页。
[265] 同上书,第9页。
[266] 同上书,第16—17页。

"民族文化自治"论的鼓吹者们事实上就是要把资产阶级反动民族主义思想灌输到工人中间去。

民族文化与国际文化

"民族文化自治"论的鼓吹者鲍威尔、伦纳及其俄国信徒们极力主张严格按照民族标准"划分"社会全体成员,硬要用人为的办法将业已散居全国各地的同族成员勉强收拢起来,箍在一起,"组成"一个民族。这种主张是和社会发展进程背道而驰的,也是和阶级斗争进程根本抵触的。

列宁全面地考察了资本主义发展过程中民族关系的发展规律,发现"在民族问题上有两个历史趋向。第一个趋向是民族生活和民族运动的觉醒,反对一切民族压迫的斗争,民族国家的建立。第二个趋向是民族之间各种联系的发展和日益频繁,民族壁垒的破坏,资本、一般经济生活、政治、科学等的国际统一的形成"[267]。列宁说,马克思主义的民族纲领正是充分考虑到这两个客观趋向,因而首先是坚持民族平等,反对任何民族特权,坚持民族自决权;其次是坚持国际主义原则,毫不妥协地反对用任何形式的资产阶级反动民族主义思想毒害无产阶级。他反复教导全世界无产者,既要反对大国沙文主义,也要反对狭隘民族主义;既要反对民族压迫,也要反对盲目排外。

历史表明:资本主义经济的不断发展,日益改变了民族闭关自守的局面。不同民族之间的经济往来、政治联系、文化交流、易地迁居以及异族通婚,特别是各族工人在共同斗争中形成的阶级团结等,日益加强着打破民族壁垒、消除民族差别、促使民族同化的趋势。列宁认为,这种趋势是促使资本主义转变为社会主义的最大动力之一,它本身就标志着资本主义已经成熟,正在向社会主义社会转变。从人类社会发展进程看,这种民族同化融合的趋势,只要不是采取暴力兼并和强食弱肉的手段而是建立在完全自愿和真正平等的基础之上,它就包含着极大的历史进步作用,这是不容置疑的。

因此,无产阶级历来反对任何巩固民族主义、隔离一切民族的做法,"相反地,它赞同一切帮助消除民族差别、打破民族壁垒的东西,赞同一切促使各民族之间的联系日益紧密和促使各民族融合的东西"[268]。

"民族文化自治"论的鼓吹者们把民族标准放在首位,认为在任何情况下,都是民族壁垒愈高愈好,民族鸿沟愈深愈好,民族孤立性和民族狭隘性愈强愈好,并且恶

---

[267] 列宁:《关于民族问题的批评意见》,载《列宁全集》第20卷,人民出版社1958年版,第10页。
[268] 同上书,第18—19页。

毒攻击马克思主义的民族同化融合观点,这只能证明他们是逆历史潮流而动,妄想"扭转历史的车轮,……想让历史倒过来走"[269]。

对于鲍威尔之流所最为津津乐道的"民族文化"本身,列宁坚持唯物史观,进行了深入的阶级分析。

列宁认为不能离开经济和政治来空谈文化。在任何资本主义社会中,真正的阶级斗争都首先是在经济和政治的领域内进行的。经济、政治和文化之间,有着本与末、决定与被决定的紧密联系。撇开经济权利、政治权利而侈谈文化权利,硬要把文化教育问题同经济、政治领域分离、割裂和隔绝开来,这不但是本末倒置和舍本逐末,而且是一种根本不可能实现的荒谬空想。

就文化领域而言,由于民族内部的阶级分裂和对抗,相应地,"每一种民族文化中,都有两种民族文化"[270]:一种是属于本族被剥削被压迫劳动人民的进步的、革命的文化,即民主主义的和社会主义的思想体系,它是维护劳动者利益的;另一种是属于本族剥削者压迫者即地主资产阶级的落后的、反动的文化,它是维护剥削者利益的。在资本主义社会中,前一种文化一般都还不太发达,后一种文化则在本民族中占有统治地位,因此,所谓"民族文化"一般说来就是这个民族的地主资产阶级的文化。这就是"民族文化"的阶级底细。

但是,"资产者的全部利益要求散布超阶级的民族文化的信仰"[271]。他们为了保持和扩大既得利益,总是费尽心机地把"民族文化"当作一个整体描绘成为"超阶级"的东西:一方面鼓吹对本族"民族文化"的绝对迷信,以便用"民族文化"的口号作为大旗,来掩盖本阶级的阶级意图和阶级私利;另一方面煽动对外族进步文化、革命文化的盲目排斥,以便用"民族文化"的口号作为鸿沟,来分裂不同民族的工人阶级。凡属本族所"固有"的,哪怕是糟粕和痈疽,也应视同珍宝和神物;凡属外族所传来的,即使是精华和灵药,也应看作洪水和猛兽。通过这种恶毒的反动宣传,借以加强地主资产阶级思想体系对劳动人民的腐蚀和毒害,阻挠他们在外来进步文化和革命文化的熏染启迪下加速阶级觉醒,破坏各族工人的阶级团结。

根据这些事实,列宁严肃地指出:"民族文化的口号是资产阶级的(而且常常是黑帮—教权派的)骗人工具"[272];"宣传'民族文化自治',就是宣传把**民族分开**,……并且实际上是使一个民族的工人同**该民族的**资产阶级接近"[273];"民族文化自治"论

---

[269] 列宁:《关于民族问题的批评意见》,载《列宁全集》第20卷,人民出版社1958年版,第12页。
[270] 同上书,第6—7、15页。
[271] 同上书,第7页。
[272] 同上书,第5页。
[273] 同上书,第25页。

的思想基础和核心内容,就是要巩固和确立资产阶级反动民族主义,借助于特别的国家机关牢固地长久地"隔离一切民族"[274]。因此,"谁拥护民族文化的口号,谁就只能站在民族主义市侩的行列里,不能站在马克思主义者的行列里"[275]。

同民族主义市侩们相反,马克思主义者既已弄清了所谓"民族文化"的阶级底细,当然就理应对任何"民族文化"(包括本族的和外族的)都采取一分为二的态度:支持和发扬其中进步的革命的成分,揭露和批判其中落后的反动的成分。因此,马克思主义者坚决反对鲍威尔之流鼓吹的"民族文化"口号,积极提倡"民主主义的和全世界工人运动的国际文化"[276]这一口号,即无产阶级国际主义文化的口号。

列宁解释说:国际文化现在已经由各国无产阶级系统地建立起来,它不是把"民族文化"(不论是哪一个民族集体的)全盘接受下来,而是"**只**吸取**每个**民族文化中彻底民主的和社会主义的因素"[277]。我们提倡这个口号,只是为了从每个民族的文化中取出民主主义的和社会主义的成分,以便同每个民族的剥削者压迫者阶级的反动文化、同资产阶级反动民族主义对抗;同时,积极鼓励各族工人打破民族界限,互相交流和互相学习进步的、革命的被剥削者被压迫者阶级的文化,以利于共同提高觉悟,加强团结斗争。

如果不这样对待"民族文化"问题,如果强大民族中的马克思主义者不认真尊重和学习弱小民族中的进步文化和革命文化,稍为漠视遭受殖民统治的弱小民族关于完全平等和民族自决的正义要求,那么,他就会滚到资产阶级反动民族主义泥潭中去;同理,如果弱小民族中的马克思主义者把对强大民族中压迫者的合理仇恨,扩大为对强大民族中的无产阶级文化和无产阶级事业也采取疏远或仇恨态度,那他就同样会滚到资产阶级反动民族主义泥潭中去。

由此可见:把任何一种民族文化看成铁板一块,加以绝对肯定或绝对否定,都是错误的;把任何两种民族文化,互相当作整体,把它们对立起来,也是错误的。资产者的利益要求按照民族标准分裂工人队伍,予以各个击破;无产者的利益则要求按照阶级标准团结各族工人,共同进行胜利的战斗。因此,"任何鼓吹把这一民族的工人同那一民族的工人分离的论调,任何攻击马克思主义的'同化思想'的言论,任何在谈论有关无产阶级问题时把一个民族文化当作整体来同另一个似乎是整体的民族文化对立起来的行为,都是**资产阶级**民族主义思想的表现,都应该坚决反对"[278]。

---

[274] 列宁:《关于民族问题的批评意见》,载《列宁全集》第20卷,人民出版社1958年版,第18页。
[275] 同上书,第8页。
[276] 同上书,第7页。
[277] 列宁:《民族问题提纲》,载《列宁全集》第19卷,人民出版社1959年版,第239页。
[278] 参见列宁:《关于民族问题的批评意见》,载《列宁全集》第20卷,人民出版社1958年版,第7、15、16页。

因此，列宁站在极其鲜明的无产阶级国际主义立场，明确宣布："以工人阶级为首的真正的民主派举起了各民族完全平等的旗帜，发出了各民族工人在他们的阶级斗争中融合起来的号召。我们就是持着这种观点反对所谓'民族文化'自治的"[279]。

民族自决与各民族工人融合

作为资产阶级在民族问题上的世界观，资产阶级民族主义在不同条件下有不同的表现形式。在压迫民族中，它一般主要表现为大国沙文主义；在被压迫民族中，它一般主要表现为狭隘民族主义。可以说，这是屡见不鲜的。

"民族文化自治"论，就其人为地高筑民族壁垒，加深民族鸿沟，力图隔离一切民族，反对民族自然融合而言，特别是就其反对各族工人团结同化而言，它是一种狭隘民族主义思潮。这是问题的一个方面。就其在帝国主义殖民统治和民族压迫十分残暴的条件下只谈"文化自治"而不谈政治自决而言，就其只允许在保持殖民帝国所谓"国家完整"（即保持强族绝对殖民统治的现状）这一前提下，实行若干微小改良以"解决"民族问题而言，它又是和大国沙文主义思潮直接相通的。这是问题的另一个方面。

正由于"民族文化自治"论同时具有这两个方面的内容，无怪乎它既能博得被压迫民族地主资产阶级的喝彩，又能获得压迫民族地主资产阶级的赞同；无怪乎在它的鼓吹者队伍中既有被压迫民族的修正主义分子，同时又有压迫民族的修正主义分子；也无怪乎它的鼓吹者中有不少人可以从今天的狭隘民族主义者一下子就变成明天的大国沙文主义者和社会帝国主义者，或者在这两者之间转来转去。

与"民族文化自治"这一修正主义、改良主义纲领完全相反，马克思主义者所提出的"民族自决"这一革命纲领，首先是坚决反对资本帝国主义压迫民族中地主资产阶级的大国沙文主义，同时也是坚决反对被压迫民族中地主资产阶级的狭隘民族主义的。

列宁明确指出："所谓民族自决，就是民族脱离异族集体的国家分离，就是成立独立的民族国家"[280]；"从十九世纪中叶以来，民族自决始终都正是被了解为政治自决，即组织独立民族国家的权利"[281]。在异族殖民统治下，被压迫民族要求分离独立的倾向，反映了他们摆脱民族压迫的强烈愿望。马克思主义者坚决主张遭受殖民统治的一切被压迫民族享有政治自决权即分离独立权，这种要求，正是反对一切民族

---

[279] 列宁：《关于民族政策问题》，载《列宁全集》第20卷，人民出版社1958年版，第218页。
[280] 列宁：《论民族自决权》，载《列宁选集》第2卷，人民出版社1972年版，第509页。
[281] 同上书，第529页。

压迫的彻底表现,[282]也就是反对压迫民族中的大国沙文主义的彻底表现。这个道理是不说自明的。

那么,承认殖民帝国中被压迫民族享有自决权即自由分离权,会不会"助长"被压迫民族中的狭隘民族主义?对于这个问题,列宁也作了令人信服的分析。

列宁强调:任何民族的无产阶级只要稍微拥护本民族资产阶级的特权,都必然会引起另一民族的无产阶级对它的不信任,都会削弱工人的国际阶级团结,都会分散工人而使资产阶级称快。十分明显,压迫民族中的无产阶级如果否认遭受本族殖民统治的被压迫民族享有自决权即自由分离权,实际上就必然是拥护本民族资产阶级对弱小异族实行压迫的特权,从而给被压迫民族中的资产阶级以最好的口实和把柄,借以扩大宣传狭隘民族主义,煽动本族工人盲目仇视外族工人,盲目追随本族资产阶级。

如果压迫民族中的无产阶级旗帜鲜明地坚决承认遭受本族殖民统治的被压迫民族享有自决权,实际上就必然是反对本民族资产阶级对弱小异族实行压迫的特权,这就势必会大大增强被压迫民族中无产阶级对压迫民族中无产阶级的信任,引以为阶级兄弟和革命同志,从而大大缩减被压迫民族中资产阶级兜售狭隘民族主义的市场,使他们煽动盲目排外仇外情绪、破坏各族工人的阶级团结、扩大资本家阶级私利的如意算盘全然落空。

列宁援引1905年挪威从瑞典王国中分离独立的史例,高度赞扬当时瑞典无产阶级所持的国际主义立场,使得挪威无产阶级深信瑞典无产阶级没有沾染上瑞典地主资产阶级的大国沙文主义。他指出:"瑞典工人这样承认挪威人的分离权,结果**促进了**挪威和瑞典两国工人的紧密联合,**促进了**他们同志般的充分的阶级团结。"[283]

可见,承认遭受殖民统治的弱小民族享有民族自决权,不仅大有助于在压迫民族的无产者中增强阶级意识,清除大国沙文主义的思想毒害,而且大有助于在被压迫民族的无产者中提高阶级觉悟,抵制狭隘民族主义的腐蚀影响。不妨说,这就是承认民族自决权和反对狭隘民族主义之间的辩证关系。列宁嘲笑道,只有头脑简单到极点的人,才会认为马克思主义者既主张承认民族自决权又反对狭隘民族主义的立场是"自相矛盾"的。[284]

总之,工人阶级的阶级利益要求各民族的工人达到完全的团结和最紧密的统

---

[282] 参见列宁:《社会主义革命和民族自决权》,载《列宁全集》第22卷,人民出版社1958年版,第140页。
[283] 列宁:《论民族自决权》,载《列宁选集》第2卷,人民出版社1972年版,第536、540页,另参见同卷第720—721页。
[284] 同上书,第546页。

一,以便在阶级对阶级的斗争中,共同奋斗,战胜共同的阶级敌人。因此,马克思主义政党在民族政策上的任务就应当是两个方面的:一方面,坚决反对一切反动的民族主义,首先是反对大国沙文主义;必须坚持一切民族完全平等,承认一切遭受殖民统治的民族都有自决权,即民族分离权。另一方面,正是为了同一切民族中的各种反动民族主义胜利地进行斗争,必须坚持无产阶级斗争和无产阶级组织的统一和团结,使它们不顾资产阶级的民族隔绝的倾向而极紧密地融合为一个国际整体。列宁简要地总结说:"各民族完全平等,各民族有自决权,各民族工人融合起来,——这就是马克思主义教导给工人的民族问题纲领。"[285]

决不纵容被压迫民族要求特权的趋向

前面提到,有人提出责难,说是承认民族自决权就等于支持被压迫民族的资产阶级民族主义。针对此种论调,列宁尖锐地指出:这是幼稚的胡说。"因为承认这种**权利**,既毫不排斥**反对**分离的鼓动和宣传,也毫不排斥对资产阶级民族主义的揭露"[286]。

怎样理解这两个"毫不排斥"?

就第一个"毫不排斥"而言,既承认民族自决权即自由分离权,又不排斥宣传反对分离,在"头脑简单"的形而上学者看来,这岂不是"自相矛盾"?

否!

列宁一贯强调:无产阶级在民族问题上的政策与资产阶级根本不同。无产阶级始终把阶级和阶级斗争的标准放在第一位,"把各民族无产者之间的联合看得高于一切,提得高于一切,而从工人的阶级斗争**着眼**来估计一切民族要求,一切民族的分离"[287]。无产阶级认为民族要求应当服从无产阶级斗争的利益;无产阶级只是为了获得民族间的和平与平等权利,获得最好的阶级斗争环境,才支持资产阶级提出的民族要求。

因此,决不能把民族自决权即政治分离权的问题同某一民族实行分离是否适当的问题混淆起来。无产阶级政党在坚决反对帝国主义兼并融合、坚持一切民族都享有摆脱异族殖民统治的自由分离权的前提下,对于某一民族在某个时期实行分离是否适当的问题,应当在各个不同的场合,根据整个社会发展的利益和无产阶级争取

---

[285] 列宁:《论民族自决权》,载《列宁选集》第2卷,人民出版社1972年版,第566、535、545页。

[286] 列宁:《论俄国社会民主工党的民族纲领》,载《列宁全集》第19卷,人民出版社1959年版,第547页。

[287] 列宁:《论民族自决权》,载《列宁选集》第2卷,人民出版社1972年版,第523、521页。

社会主义的阶级斗争的利益,分别地加以解决。[288] 如果在当时当地的具体条件下实行分离有利于促进整个社会发展,有利于无产阶级开展争取社会主义的阶级斗争,就应进行赞同分离的宣传鼓动;反之,就应进行反对分离的宣传鼓动。

列宁以俄国为例,指出:全俄马克思主义者,首先是大俄罗斯族马克思主义者承认民族自决权,决不排斥某个被压迫民族的马克思主义者去宣传反对分离,"正像承认离婚权并不排斥宣传反对某个离婚案件一样"[289]。简言之,"自决权是一回事,而某个民族在某种情况下**是不是适合**实行自决即分离——这又是另外一回事"[290]。

就第二个"毫不排斥"而言,由于在民族运动中被压迫民族的资产阶级总是力图用民族标准来取代和抹煞阶级标准,总是把本阶级的一切要求都冒充为全民族的利益所在,"号召无产阶级无条件地支持它的要求"[291],因此,无产阶级当然应该保持清醒的头脑,善于识别,切忌盲从,并对其中的某些要求进行必要的揭露和斗争。

列宁对于被压迫民族的资产阶级进行了极其深刻的阶级解剖:在民族问题上,被压迫民族的资产阶级一方面具有反对民族压迫的进步趋向,每个被压迫民族的资产阶级民族主义,都含有反对压迫的一般民主主义内容;另一方面,他们又具有同压迫民族的资产阶级一样的阶级劣根性,即都害怕和敌视无产阶级,"都打算使本民族取得特权,或者使本民族获得特殊利益"[292]。

由此,就往往出现这样的情况:第一,被压迫民族的资产阶级"同其他民族的资产阶级勾结起来损害无产阶级利益"[293],在一定条件下,甚至可以同压迫民族的资产阶级狼狈为奸,共同反对本国劳动人民。第二,他们往往只求"保证**自己的**利益,不管其他民族的处境如何(不管它们受到什么损害)"[294]。即但求利己,不惜损人!他们自身属于遭受帝国主义大国欺压的弱小民族,而对于比他们更加弱小的民族或国家,则又摆出大国大族的臭架子,尽力之所能及,肆行欺压。例如,当年波兰资产者之欺压犹太人等等。

因此,列宁十分强调:在民族运动中,无产阶级只是在一定的方向上支持资产阶级,始终只是有条件地支持资产阶级,"应该极严格地只限于承认这些运动中的进步

---

[288] 参见列宁:《1913年俄国社会民主工党中央委员会夏季会议的决议》,载《列宁全集》第19卷,人民出版社1959年版,第427页,另参见同卷第237页;《列宁全集》第24卷,人民出版社1957年版,第269页。
[289] 列宁:《论族自决权》,载《列宁选集》第2卷,人民出版社1972年版,第564页。
[290] 列宁:《立宪民主党人和"民族自决权"》,载《列宁全集》第19卷,人民出版社1959年版,第527—528页。
[291] 列宁:《论民族自决权》,载《列宁选集》第2卷,人民出版社1972年版,第522页。
[292] 同上书,第521页。
[293] 同上书,第522页。
[294] 同上。

的东西"[295]。对被压迫民族的资产阶级所提出的一切要求,无产阶级政党"必须**在原则上划清两种趋势**"[296],区别对待:当被压迫民族的资产阶级反对民族压迫,开展反帝反封建斗争的时候,我们比任何人都更坚决更大胆地给予支持;而当被压迫民族的资产阶级从其阶级劣根性出发,鼓吹盲目排外,破坏各族工人的阶级团结和共同斗争的时候,当他们勾结外族资产阶级狼狈为奸的时候,特别是当他们要求本民族特权,甚至欺压和侵略其他更为弱小的民族的时候,我们就应当毫不留情地加以揭露,开展最坚决的斗争。

一句话,"我们反对压迫民族的特权和暴力,同时丝毫也不纵容被压迫民族要求特权的趋向"[297],坚决"不向任何一个民族答应提供**损害**其他民族利益的**任何东西**"[298]!

如果公然不顾这项马克思主义的起码原则,支持某一被压迫民族中资产阶级的反动民族主义,支持他们扩张主义的罪恶行动,诸如对其他更加弱小的被压迫民族大动干戈、侵犯边疆、肢解国家、颠覆吞并等等,那么,这种行径和这种人,就显然是彻底背叛了无产阶级国际主义,彻底背叛了马克思列宁主义!

三、第二国际破产以后十月革命胜利以前,列宁在民族殖民地问题上进一步反对修正主义的斗争

(一) 第一次世界大战爆发,民族殖民地问题进一步尖锐化

帝国主义列强之间重新瓜分殖民地、争夺世界霸权的矛盾斗争,在 20 世纪开初的十几年中愈演愈烈,日益激化。国际危机、军事冲突和局部战争此起彼伏,频仍不断。

列强各打如意算盘,各怀叵测鬼胎,都想挖对方墙脚,从对方口中抢肉吃。这国的殖民者和那国的殖民者,不是在这里剑拔弩张,怒目相向;就是在那里大动干戈,互相砍杀。在这过程中,各国垄断资产阶级为了壮大自己,孤立对方,又都本着各自的利害关系,在国家间加紧进行反革命勾结。经过多年纵横捭阖,多番分化改组,围绕着英、德两霸这一对主要矛盾,英、俄、法、德、奥、意等国逐渐分别形成了"协约国"

---

[295] 列宁:《关于民族问题的批评意见》,载《列宁全集》第 20 卷,人民出版社 1958 年版,第 17 页。
[296] 列宁:《论民族自决权》,载《列宁选集》第 2 卷,人民出版社 1972 年版,第 523、521 页。
[297] 同上书,第 523 页。
[298] 同上书,第 522 页。

和"同盟国"两大帝国主义集团。这两大敌对集团的形成促使列强争夺世界霸权的斗争更加白热化,终于以奥匈帝国皇太子斐迪南遇刺事件作为导火线,在1914年7月底8月初爆发了以欧洲大陆为主要战场的帝国主义大战。后来,随着日本和美国的参战,随着两大帝国主义集团把殖民地和半殖民地也强行拖进战争的漩涡,战火就进一步蔓延到亚洲、非洲以及大西洋、太平洋等广大地区,发展成为人类历史上规模空前的世界大战。

战争是政治的继续,帝国主义战争是帝国主义政治的继续。"1914—1918年的战争,从双方来说,都是帝国主义的(即侵略的、掠夺的、强盗的)战争,都是为了瓜分世界,为了分割和重新分割殖民地、金融资本的'势力范围'等等而进行的战争"[299]。更具体地说,这次"战争的真正实质,就是英、法、德三国之间为瓜分殖民地和掠夺竞争国而进行斗争,就是俄国沙皇政府和统治阶级图谋夺取波斯、蒙古、亚细亚土耳其、君士坦丁堡、加里西亚等地"[300]。

第二国际死亡了

大战的炮声一响,第二国际的修正主义群丑们闻声起舞,演出了一幕又一幕彻底背叛无产阶级的丑剧。他们把历次国际代表大会通过的关于反对帝国主义战争的庄严决议,全都抛到九霄云外,纷纷打起"保卫祖国"的旗号,狂热地支持本国反动统治者进行帝国主义战争,煽动各国工人互相残杀。

在这方面,战前已经在修正主义道路上走得很远的德国社会民主党右派领导人,又一次起了"带头"的作用。战争刚爆发,这个党的议会党团就发表声明:"我们不能在这危险关头把祖国置诸不顾","敌人的入侵正在威胁着我们……必须保障我国的文明与独立"[301],并以"党纪"约束全党议员一致投票赞成反动政府的军事拨款,往侵略战火上添油。接着,这个党的中央委员会和议会党团又联名发表《告各地党组织书》,公然拾取威廉皇帝的牙慧,无耻宣称:"为了保障德国人民的自由发展,我们要求:门户开放,也就是说,德国有在一切殖民地从事经济活动的平等权利。"[302]这些话,充分表述了这些社会帝国主义者的卑鄙意愿:通过战争,扩大德国的殖民掠夺范围,从本国资产者手中分尝一杯人肉羹汤!

同时,这个党的工贼头目们把持工会,下令禁止工人群众罢工,以确保战争机器

---

[299] 列宁:《帝国主义是资本主义的最高阶段》,载《列宁选集》第2卷,人民出版社1972年版,第732页。
[300] 列宁:《俄国社会民主工党国外支部代表会议》,载《列宁全集》第21卷,人民出版社1959年版,第137页。
[301] 《德国社会民主党议会党团关于军事拨款的第一次声明》(1914年8月4日),载《第一国际第二国际历史资料》,新莫斯科出版社1926年版,第210号文件。
[302] 同上。

正常运转,还煽惑和诱骗工人上沙场去为资本家的钱包"捐躯"。这个党的中央机关报《前进报》甚至向反动军事当局保证:在今后的宣传中,决不再涉及"阶级斗争和阶级仇恨"问题;还指派专人到前线去"激励士气"。这个党的右派首脑谢德曼、列金等人则由反动政府面授机宜,出差到许多中立国家去摇唇鼓舌,游说同党,争取支持。

德国社会民主党修正主义头目们的这些丑恶表演,深得容克资产阶级主子的欢心,1914 年 9 月,他们通过其御用文人汉斯·德尔布吕克立即表示"嘉许":"原来德国工人所追求的也不过是要和全国同胞站在一起,当祖国召唤时,就去厮杀!……社会民主党人把他们的党纲束之高阁,而站在民族的旗帜下来和大家一道进军,这是值得道谢的!"[303]

一吠领先,百吠齐起。欧洲各交战国的社会民主党在当权的右派的把持下,争先恐后,纷纷效尤德国社会民主党,发表同类叛变声明,进行同类叛变活动。法国党狂叫:"法国各阶层的神圣同盟万岁!""祖国万岁!"同时在一项宣言中大声疾呼:"现在问题关系到民族的未来和法国的生存,因而党再没有什么可以考虑的了";"不仅要为祖国的生存和法兰西的尊严而战,并且要为共和国的自由和文明而战"![304] 除了议会党团投票赞成军事拨款外,该党还通过决议"委派"盖得、桑巴、托马等人参加帝国主义战争内阁,分别担任不管部部长、劳动部部长和军械部部长;后来托马又当上"法国特使",衔命前往俄国鼓吹把大战打到底,仆仆风尘,足迹遍及后方和前线,为主子宣劳,可谓备极"辛勤"!

此外,长期窃踞第二国际"执行局主席"要职的王德威尔德,居然也脱下革命外衣,戴上大臣乌纱,回到比利时粉墨登场,为"祖国"的反动统治者效忠去了。奥地利社会民主工党在大战爆发当天就发表"呼吁书",既向上前线厮杀的士兵们"致敬",又警告全体党员在战争的"非常时期"中"必须认真遵守政府法令",甚至必须"避免任何不慎言论",循规蹈矩,服服帖帖;[305]接着又通过其中央机关报发出了沙文主义的狂吼。俄国的孟什维克以及英、意等国社会党和工党的许多头面人物,也都本着"阶级合作"的宗旨,表忠的表忠,入阁的入阁,一个个、一批批地投进了本国垄断资产阶级的怀抱。

至于第二国际各党的"中派",素来以"正统的"马克思主义和"不偏不倚"自吹,到了这个关键时刻,也露出了麒麟皮下的马脚:在表决军事拨款时,他们碍于睽睽众

---

[303] 〔德〕维纳·洛赫:《德国史》,北京大学历史系近代现代史教研室译,三联书店 1959 年版,第 343 页。

[304] 参见《法国社会党关于党员参加政府的宣言》,载〔苏联〕布拉斯拉夫斯基编:《第一国际第二国际历史资料》,新莫斯科出版社 1926 年版,第 211,220 号文件。

[305] 参见《奥地利社会民主工党执行委员会的呼吁书》,载〔苏联〕布拉斯拉夫斯基编:《第一国际第二国际历史资料》,新莫斯科出版社 1926 年版,第 229 号文件。

目,不敢公然投票赞成,于是极力主张弃权,即在这个大是大非问题上用暧昧默许的狡猾手法,从实际上支持了右派;同时,又在理论上为右派的叛变行为辩解,鼓吹在列强争夺世界霸权的不义战争中,"无产阶级也应该拿出自己的一切力量来使国土的独立和完整不受侵犯","一切国家的社会民主党人都有同等的权利或者同等的义务参加这种保卫"[306],等等。这些言行说明:"所谓'中派',事实上已经……向机会主义者投降了"[307],即同右派完全同流合污了。后来的事实也日益表明:"中派"实际上只是一度暗藏的右派!

当时,除俄国的布尔什维克外,各国社会党内虽有少数革命左派坚持无产阶级革命立场,反对帝国主义战争,但还未能提出彻底革命的口号,同机会主义者彻底决裂,力量也还很单薄,无法挽回第二国际的整个颓局。

在这种局面下,整个第二国际终于四分五裂,成为各自追随本国反动政府互相厮杀的社会沙文主义、社会帝国主义集团。"第二国际死亡了,它已被机会主义征服了"[308]。

第二国际的死亡,是各国社会党在恩格斯逝世后长期推行反革命修正主义路线的必然结果。这个惨痛教训从反面启示革命人民:在路线问题上的机会主义错误会给无产阶级革命事业带来何等严重的、致命的危害。正如列宁所总结的:"大战造成的危机……割破了早已溃烂的脓疮,表明了机会主义所扮演的真正角色就是资产阶级的同盟者"[309];"第二国际的破产,就是机会主义的破产"[310]。

祸根与火种

第一次世界大战的爆发和第二国际的破产,使民族殖民地问题更加突出,更加尖锐化。

这场历时四年三个月(1914年8月—1918年11月)的帝国主义大战,给世界人民,特别是给殖民地、半殖民地人民带来了空前浩劫。当时战火席卷欧、亚、非三大洲以及大西、太平两大洋。参战和被强迫拉入战争的国家达13个,战祸波及的人口达15亿以上,约占当时世界总人口的75%。双方动员的兵力共约7400万人,在战场上丧生的达1000万人,受伤的达2200万人,其中1000万人成为终身残废。由战争造成的饥饿和灾害导致无辜平民的死亡,更是不可胜数。据不完全统计,战争所

---

[306] 〔德〕考茨基:《战争时期的社会民主党》,载《新时代》第33卷(1914—1915年)第1册第1期,第5、7页。
[307] 列宁:《革命社会民主党在欧洲大战中的任务》,载《列宁全集》第21卷,人民出版社1959年版,第2页。
[308] 列宁:《社会主义国际的状况和任务》,载《列宁全集》第2卷,人民出版社1959年版,第23页。
[309] 列宁:《第二国际的破产》,载《列宁全集》第21卷,人民出版社1959年版,第233—234页。
[310] 列宁:《社会主义国际的状况和任务》,载《列宁全集》第21卷,人民出版社1959年版,第18页。

直接造成的经济损失高达2700亿美元。所有这些灾难,主要是落在殖民地、半殖民地人民头上。

列强的"资产阶级从殖民地、落后国家以及那些最偏僻的地方抽兵来参加这场帝国主义战争"[311]。数以百万、千万计的殖民地、半殖民地的"壮丁",在所谓"保卫大不列颠""保卫大俄罗斯""保卫大法兰西""保卫大德意志"之类的旗帜下,被驱赶到屠场。据统计,在这次大战期间,英国从所属殖民地共征集450万军队,其中单从印度一地就强征150万人。印兵无谓丧生殆半:阵亡者竟达70万人之多。法国从所属殖民地共征集了140万人。其中从热带地区被强拉入伍的非洲土人,除了大量死于枪炮之外,还因被服窳劣,无法适应欧洲冬日气候而死于风雪严寒。例如,一支塞内加尔土著部队于1917年2月被法国将军强行派往欧洲,总数11000人中竟有7500余人被活活冻死。

德国仅从土耳其一地单在1916年就强行征调12万名精壮士兵,以"供应"欧洲战场屠戮"急需"。德军总参谋长法尔肯汉事后在回忆录中无耻宣称:"对我来说,下述事实是用不着证明的:……两万五千名土耳其人代替两万五千名德国人在加里西亚流血牺牲,那对我们来说是非常重要的"[312]。法尔肯汉的自供,道出了那些强迫殖民地人民代为火中取栗的帝国主义盗匪们的共同心声。此外,列强还从殖民地征发了数百万民工,驱使他们上前线挖战壕或到后方当苦力。当时人口不到1000万的埃及就被强征去50万人。中国被逼诱"参战"后,有大批劳动人民被劫运到欧洲从事繁重劳役,因不堪折磨而巨量死亡。

大战期间,帝国主义列强空前疯狂地加紧榨取殖民地、半殖民地的物力财力,勒索了巨额的战费、粮食和各种战略物资。德国在土耳其专设"中央采购委员会",实际上是"采"而不购,拼命搜刮,搞得土耳其民穷财尽,经济彻底破产,致使饥饿和疾病仅在小亚细亚地区就夺去了250万人的生命。法国向所属殖民地摊派的强迫性"借款"多达11亿法郎,并掠夺了多达250万吨以上的粮食和原料。至于英国,单单每年从殖民地搜刮去的各种产品就值1.2亿英镑,超过战前10倍以上;战争期间,除日常的苛捐杂税激增外,仅从印度一地就又勒索了"自愿赠礼"1.4亿英镑,充当战费;此外,还抢走了大量粮食,后来,由此所造成的饥荒和疫疠竟吞噬了1200万印度人民。[313] 单单这个数字,就比整个大战期间世界各国在前线阵亡人数的总和还要多。

---

[311] 列宁:《共产国际第二次代表大会》,载《列宁选集》第4卷,人民出版社1972年版,第330页。
[312] 转引自〔苏联〕米列尔:《土耳其现代简明史》,朱贵生译,三联书店1958年版,第108—109页。
[313] 参见〔苏联〕巴拉布舍维奇等编:《印度现代史》(上册),北京编译社译,三联书店1972年版,第22—23、32—33页。

大战期间,帝国主义列强既把殖民地、半殖民地视为争夺的对象,又按历来的"传统"[314],把这些地区当作火并厮杀的屠场。在那几年里,沙俄先后从高加索侵入土耳其国境,强占伊朗的阿塞拜疆(1914年);又与英法进行肮脏交易,让它们同意沙俄"有权"兼并伊斯坦布尔、博斯普鲁斯和达达尼尔海峡以及马尔马拉海整个西岸(1915年);接着这三家强盗达成瓜分亚洲阿拉伯诸国的《萨依克斯-皮柯协定》[315],互相承认"有权"分别加以占领的殖民地和势力范围(1916年)。英国军队在亚洲占领波斯湾,攻入美索不达米亚,侵占巴格达,进兵巴勒斯坦、叙利亚和阿拉伯等地,排挤了德国势力(1914—1918年);在非洲则伙同法军先后瓜分了德国殖民地多哥和喀麦隆(1914、1916年),又独力夺取德属西南非(1915年),还在坦噶尼喀一带与德军进行长期的拉锯战,并最终夺取了德国在东非的殖民地(1918年);此外,早在大战初期就公然宣布埃及脱离土耳其成为英属"保护国"(1914年)。日本帝国主义则利用欧洲列强暂时无暇东顾的"良机",在亚洲大逞淫威,从德国手中攫夺中国领土青岛(1914年),又悍然提出灭亡中国的"二十一条"(1915年),妄图独吞整个中国;继而又与美国签订《兰辛—石井协定》[316],共同宰割中国(1917年);此外还夺取了德属太平洋马利亚纳等群岛(1914年)。美国也乘机出兵侵占了拉丁美洲的海地和多米尼加(1915、1916年)。在上述这些过程中,亚、非、拉许多地区的人民饱受了群盗恶斗、庐舍为墟、虎去狼来、拒狼进虎以及"新盗入门三把火"的无穷苦难。

总之,这次帝国主义大战对各国垄断资产阶级说来,是"大炮一响,黄金万两";但对全世界人民(特别是殖民地、半殖民地人民)说来,却是大炮一响,抓丁派款,粮食抢光,田园抛荒,妻离子散,家破人亡!

在新的沉重灾难中,不能不迸发出新的复仇怒火。大战四年,在历史的长河中只是短暂的一瞬,就在这短暂期间里,被压迫民族反帝反殖的斗争烈焰,在世界范围内四处冲天而起,其"密度"和"频率",在历史上是罕见的。

在亚洲,伊朗人民的抗俄斗争是名垂史册的。大战期间,被俄英瓜分占领的伊朗全国各省几乎全都出现了以农民为主体的游击队,开展反帝战斗,其中尤以北部

---

[314] 近代帝国主义盗匪们最早的几次争夺火并,都是以亚、非、拉人民的田园家舍当战场的:1898年的美西战争是在亚洲的菲律宾和拉美的古巴领土上进行厮杀;1899—1902年的英布战争是在非洲南部的土地上开枪放炮的;1904—1905年的日俄战争则是在中国领土上杀人放火的。

[315] 这项卑鄙的分赃密约先由英、法两国外交人员萨依克斯和皮柯拟定,随时送交沙俄外交大臣萨松诺夫,经萨松诺夫提出一些"条件"后三方达成协议。协议瓜分的范围包括叙利亚、黎巴嫩、巴勒斯坦、外约旦、伊拉克以及土耳其的大片领土。十月革命后,列宁领导的苏维埃政府公开揭露了这项密约,举世舆论大哗。参见外交学院国际关系教研室编:《近代国际关系史参考资料(苏联外交辞典选译)》,世界知识出版社1957年版,第286—289页。

[316] 这项秘密协定是由美国国务卿兰辛和日本特使石井背着中国人民签订的。其主要内容是:美国承认日本在中国享有"特殊利益";日本同意美国所谓"门户开放、利益均沾"的对华政策。参见外交学院国际关系教研室编:《近代国际关系史参考资料(苏联外交辞典选译)》,世界知识出版社1957年版,第291—292页。

吉兰省一带的"森林军"最为活跃,声威最盛。他们以茂密的森林作为掩护和屏障,神出鬼没地给沙俄占领军以沉重打击和严厉惩罚。剽悍凶残的沙俄哥萨克骑兵面对荆棘丛生的茂林,无所施其纵马砍杀的惯伎,只好"望林兴叹",处处被动挨打。许多游击战士蓄发以明志,立誓:"不到民族独立之日,决不剃头",表示了誓与沙俄帝国主义侵略者血战到底的决心。在伊朗南部,也爆发了桂西加部落的反英起义。

德国侵略者在土耳其的日子也很不好过。甚至在戒备森严的首都伊斯坦布尔,德国军官也常遭狙击而丧命;许多城市的饥民群众蔑视德、土反动当局的戒严令,纷起暴动;被强征入伍的壮丁和士兵成群结队地携械开小差逃跑,转移到山区和密林与当地农民相结合,开辟根据地,抗击前来"讨伐"的德、土反动军队;土属汉志、巴勒斯坦、叙利亚等地的阿拉伯民族也先后起义和开展游击战反对德、土的殖民统治。[317]

南亚次大陆也远非风平浪静。1916—1918年,印度孟买工人先后掀起了三次大罢工的汹涌浪潮,反抗殖民当局及英印资本家加强经济盘剥和政治压迫。大战后期,农民抗租税、反强征的革命风潮遍及信德、联合省、比哈尔和旁遮普各地。英印军队中被强迫去卖命的印度士兵频频哗变,1916年甚至有一整旅的印军在新加坡公开起义,在旁遮普的锡克教徒队伍也发生暴动。印度人民群众的这些革命行动都直接地冲击和削弱着英国的殖民"秩序",使英帝国主义殖民统治者经常处在心惊肉跳的境地。

日本帝国主义新的侵华暴行在中国激起了声势浩大的反日巨澜。1915—1916年,规模空前的抵制日货运动和示威游行风起云涌,席卷全国,迫使日货进口锐减;日资企业工人纷起罢工,日本商店挨炸,凶横跋扈的日本侵略者受到痛惩。这些,都严重地摧挫了日帝的凶焰。慑于民愤极大,中日反动派拍板成交的"二十一条"未能生效实施。直接负责对日事务的外交次长曹汝霖成了过街老鼠,在震撼全国的"诛曹汝霖以谢天下"的怒吼声中被迫通电辞职下台。随后不久,帝国主义的头号走狗、窃国大盗袁世凯也在举国声讨、众叛亲离的困境中一命呜呼,被扫进了历史的垃圾堆。

在大战期间,非洲人民反帝反殖的烽火也到处冲破漫漫夜空,遍照这个"黑暗大陆"的东西南北。法属阿尔及利亚、摩洛哥、突尼斯、塞内加尔、毛里塔尼亚、尼日尔、乍得、达荷美、马达加斯加,英属埃及、苏丹、尼日利亚、黄金海岸(即加纳)、尼亚萨兰(即马拉维),意属利比亚,葡属安哥拉以及比属刚果等地,或同时,或先后,连连爆发武装起义,开展游击战争,反抗各宗主国横征暴敛、加紧搜刮、强抓壮丁和滥派民伕

---

[317] 参见〔苏联〕雷斯涅尔等主编:《东方各国近代史》(第2卷),三联书店1958年版,第447—449页;〔苏联〕米列尔:《土耳其现代简明史》,朱贵生译,三联书店1958年版,第113—116页。

等殖民暴政。其中如摩洛哥的抗法战争和尼亚萨兰的奇伦布韦暴动,都曾轰动一时。

摩洛哥山区部落在大战期间高举独立义旗,建立起"国中之国",狠狠打击法国殖民"讨伐"军。单单1914年11月在黑尼夫腊附近一役,就一举击毙法军司令官拉韦尔杜尔上校及其手下六百余名侵略者。

1915年,尼亚萨兰人民起义抗英。义军首领奇伦布韦出身寒微,当过木匠和杂役。他愤怒控诉殖民主义者实行残暴掠夺压迫,强征非洲壮丁当炮灰白白送命,致使非洲"留下无数孤儿寡妇挨饿受苦";他提出:"让那些富翁、银行家、显贵、商人、种植园主和地主们自己去打仗去送死吧";他号召人民奋起反抗殖民暴政,夺回被霸占的土地家园。他身先士卒,率领义军攻陷殖民者的庄园,严惩凶残的庄园主,焚毁为虎作伥的教会教堂,围攻白人殖民者的城堡据点和军械库,一时声威远播。后来,起义遭到残酷镇压,奇伦布韦本人壮烈牺牲,但当地人民却长期不肯相信他确已战死沙场,认为他不久将重新露面,继续率军为解放祖国而冲锋陷阵。这反映了革命群众对民族英雄的高度崇敬和深切怀念。

史家认为:奇伦布韦暴动之所以意义重大,不仅在于它已有了一个初具雏形的革命纲领,采用了武装斗争的革命手段,而且主要在于参加这次起义的广大农民和农场劳工,并不是在部落血缘和部落团结的基础上由部落酋长领导起义,而是作为一定的被剥削阶级,从自己的队伍和自发的斗争中产生了自己的革命领袖,它标志着非洲劳动人民新的阶级觉醒。许多现代非洲人把这次起义看作是本大陆劳动人民比较自觉地为争取民族自决而开展反帝斗争的第一炮。

在非洲大陆以西的大西洋彼岸,拉丁美洲墨西哥人民的抗美斗争取得了重大胜利。1916年,墨西哥农民革命军迎击入侵的美帝反革命武装干涉军,打得十分英勇顽强,屡挫强敌,全国各爱国阶层也敌忾同仇,越来越多地投入声势浩大的抗美斗争,并且认真准备长期抗战。面对墨西哥人民不畏强暴的果敢行动,美帝侵略军终于被迫于翌年初撤退。在这场斗争中,雇工出身的农民革命军首领弗朗西斯科·比利亚起了重大作用。他痛斥国内上层人物的妥协投降倾向,坚持抗战到底。在1916年10月发表的告全国人民书中,比利亚义正辞严地表达了墨西哥人民捍卫民族独立的坚强意志:"要晓得,美国佬应当在很大程度上为我们的民族灾难负责";"在这民族独立遭到危险的真正考验关头,任何拒绝参加斗争的墨西哥人均应被宣布为叛徒";"外国资本家的财产应当收归(墨西哥)国有"。宣言末句庄严宣布:"墨西哥是墨西哥人民的!"

大战期间,除了亚、非、拉人民的反帝斗争外,在欧洲也爆发了殖民地起义,即著名的"都柏林暴动"。1916年,爱尔兰人民在本民族革命组织的领导下举义抗英,占领了首府都柏林的部分地区,宣布成立独立的爱尔兰共和国。这次起义虽然旋即遭到残暴镇压,但由于它发生在帝国主义的心脏地区,而且就在当时号称世界头号强国的英国老巢左近,因而引起举世瞩目,也使帝国主义者感到十分震惊!

总之,正是帝国主义大战造成的新灾难,激起了大战期间全世界被压迫民族反帝斗争的新高潮,同时也为此后更大规模的反帝斗争播下了新火种。

灾有源,祸有根。

早在战前,以列宁为首的国际无产阶级革命派就在第二国际的多次代表大会上以及大量论著中反复强调:帝国主义战争的祸根,就在于万恶的殖民主义、资本主义、帝国主义制度本身。大战爆发后,列宁横眉冷对第二国际叛徒们掀起的社会沙文主义狂潮,有如中流砥柱,巍然屹立,更加坚定顽强地反复阐扬这条真理。大战刚一打响,列宁就旗帜鲜明地提出"变现时的帝国主义战争为国内战争"[318],以革命制止战争的正确路线,号召世界人民奋起斗争,彻底推翻整个资本帝国主义制度。在大战过程中,列宁所制定的这条革命路线为愈来愈多的革命群众所接受、所掌握,在他的教育和鼓舞下,帝国主义列强国内的反战革命斗争日益波澜壮阔。事实表明:列强国内的革命群众逐步看清了祸根所在,并开始着手加以铲除。后来,在俄国爆发的伟大的十月社会主义革命,就是以革命制止战争和坚决铲除祸根的突出范例。这是问题的一个方面。

另一方面,大战期间殖民地、半殖民地的反帝起义爆发得如此广泛和频繁,这同样既是开始找到祸根的一种表现,又是开始铲除祸根的一种利锄。换句话说,这么广泛频繁的反帝起义标志着愈来愈多的被压迫民族日益觉醒:逐渐看清民族苦难的根源所在,逐步认识到只有采取暴烈的革命手段,加强反帝革命斗争,彻底推翻帝国主义的殖民统治,才能摆脱民族苦难,实现民族独立;同时大战短短数年间在广大殖民地、半殖民地平添了许多反帝革命斗争的新火种,它又和宗主国列强内部的无产阶级革命斗争互相配合,日益汇集成为彻底铲除上述祸根的强大力量。

在这种形势下,是向世界人民进一步揭示苦难的老根,进一步拨旺反帝革命的火种,以革命的烈火烧毁祸根,还是向世界人民遮掩祸根之所在,竭力扑灭反帝革命的火种,使祸根得以长存,从而使被压迫民族和被压迫人民继续忍受重重苦难?——这就是第一次大战期间马克思主义者与修正主义者在民族殖民地问题上进一步展开激烈论战的重点。

---

[318] 列宁:《战争和俄国社会民主党》,载《列宁选集》第2卷,人民出版社1972年版,第574页。

(二) 列宁对考茨基之流在民族殖民地问题上谬论的斗争

卡尔·考茨基(1854—1938)是德国社会民主党和第二国际的机会主义首领之一,是前述"中派"的代表人物。此人见过马克思,并曾在恩格斯的指导和帮助下,写过一些宣传和解释马克思主义的著作,长期主编德国党的理论刊物《新时代》,在传播马克思主义方面起过一定的积极作用,因此曾被看作是一个马克思主义理论家、"社会主义的权威人士"。然而,"考茨基虽然有过大功劳,但他从来不是一个在严重危机时期能立刻站到战斗的马克思主义立场上来的人"[319]。他在早年给马克思和恩格斯留下的印象,就是"一个天生的学究和搞烦琐哲学的人"[320]。后来,随着考茨基在政治上的蜕变堕落,上述那些早年经历,却成为他用以招摇撞骗的"政治资本"。恩格斯去世以后,考茨基以最大的"理论权威"自居,极其狂妄地自吹是一个"原始的马克思主义者",是"最后一个莫希干人"[321]。

第一次世界大战期间,考茨基的真实嘴脸日益明显暴露。他所鼓吹的修正主义谬论,其中包括在民族殖民地问题上的谬论,曾对世界无产阶级革命事业起过严重的腐蚀破坏作用,他成为"头号伪君子和糟蹋马克思主义的能手"。"在政治上和科学上很有威望的卡尔·考茨基,已经用自己的行为和可怜的遁词把自己给埋葬了"[322]。十月革命以后,他极端仇视和恶毒攻击无产阶级革命和无产阶级专政,还沐猴而冠,当上了德国反革命政府的外交部副部长,彻底完成了从机会主义者到社会帝国主义者的演变,成为无产阶级的叛徒和最凶恶的敌人。

在民族殖民地问题上,考茨基的谬论具有一定的"特色":如果说,伯恩施坦和万-科尔之流在这个问题上主要是颠倒黑白,鼓吹殖民主义和兼并政策的"正当性",公然要求永远保存殖民制度,那么,考茨基则主要是在"反对"殖民主义和兼并政策的幌子下,散播幻想,论证在资本主义条件下也可能根本消除殖民主义和兼并政策;如果说,伯恩施坦和万-科尔之流主要是为帝国主义者使用暴力实行殖民掠夺的罪行多方辩解,那么,考茨基则主要是向帝国主义者献策,"规劝"他们用"和平"的亦即更狡猾的办法实行殖民掠夺,并且致力于欺骗被压迫民族,即帝国主义者会自动放

---

[319] 列宁:《死去的沙文主义和活着的社会主义》,载《列宁全集》第21卷,人民出版社1959年版,第78页;《列宁选集》第1卷,人民出版社1972年版,第351页;《列宁选集》第2卷,人民出版社1972年版,第255页。

[320] 《恩格斯致奥·倍倍尔(1881年8月25日)》,载《马克思恩格斯全集》第35卷,人民出版社1971年版,第211页。

[321] 莫希干人是美洲一个已经绝种的民族。"最后一个莫希干人"原为美国库伯所著书名,西方习惯上用以借喻老前辈中最后仅存的代表人物。

[322] 列宁:《第二国际的破产》,载《列宁选集》第2卷,人民出版社1972年版,第663、644页。

弃暴力政策，甚至自动放弃殖民地；如果说，伯恩施坦和万-科尔之流的沙文主义理论都还比较粗糙和笨拙，那么，考茨基的沙文主义理论却是"花言巧语的"和"最精密最巧妙地以科学性和国际性伪装起来的"[323]。

所谓"超帝国主义"与"和平新纪元"

考茨基所杜撰的"超帝国主义"论，是他全面背离马克思主义的那一整套思想体系的基础。在他看来，帝国主义只是现代资本主义所可以采取也可以不采取的一种政策。推行这种政策，似乎只是统治者的一时迷误，它和现阶段资本主义生产方式之间并没有内在的联系。用考茨基自己的话来说，"帝国主义就是每个工业资本主义民族力图征服和吞并愈来愈多的农业地区"，"资本主义工业民族在力求不断扩展与其有贸易关系的农业地区时，也可能采用各种不同的形式。……帝国主义就是实现这种扩展要求的一种特殊的形式"[324]。因此，帝国主义"不是资本主义进一步发展所不可缺少的"，"它对资本主义统治下的工业生产继续进行来说不是必然的"；"帝国主义只是获得超额利润的手段之一，而不是唯一的手段。堵死了资本的这条道路，它会为自己寻找别的道路"[325]。考茨基的明确结论是："我也不把帝国主义看成某种不可改变的东西，我认为通过金融资本本身的另一种政策它就可能改变"[326]。

考茨基所鼓吹的"别的道路"或"另一种政策"，就是所谓"超帝国主义的政策"。他认为，帝国主义列强为了争夺殖民地而相互厮杀的战争政策，有必要也有可能代之以另一种"和平"政策。由于互相争夺殖民地势必会将列强"卷入无穷无尽的、耗尽人力财力的战争"，从而"把国家整个经济生活导向破产的道路"；[327] 由于"资本主义经济受到资本主义国家对立的最严重的威胁"，因此，据考茨基说，帝国主义者们幡然悔悟、不再好战嗜杀了，都想化干戈为玉帛了，"任何一个有远见的资本家今天都要向他的伙伴们大声疾呼：全世界资产者，联合起来！"于是乎世界资本主义就"可能"进入一个"把卡特尔政策应用到对外政策上的超帝国主义的阶段"。[328] 在这个阶段，"现在的帝国主义政策"就会"被一种新的超帝国主义政策所排除，这种新的超帝国主义的政策，将以实行国际联合的金融资本共同剥削世界，来代替各国金融资本的相互斗争"[329]。换言之，考茨基所设计的这第一座"仙山琼阁"是：列强合作，共宰

---

[323] 列宁：《第二国际的破产》，载《列宁选集》第2卷，人民出版社1972年版，第626、630页。
[324] 〔德〕考茨基：《帝国主义》，载《新时代》1914年9月11日。
[325] 〔德〕考茨基：《帝国主义战争》，载《新时代》1917年2月16日。
[326] 〔德〕考茨基：《两本论述重新学习的书》，载《新时代》1915年4月30日。
[327] 参见〔德〕考茨基：《民族国家、帝国主义国家和国家联盟》，纽伦堡1915年版，第五章。
[328] 参见〔德〕考茨基：《帝国主义》，载《新时代》1914年9月11日。
[329] 〔德〕考茨基：《两本论述重新学习的书》，载《新时代》1915年4月30日。

世界。即由帝国主义列强达成协议，缔结"和平"条约，建立一个超于帝国主义各国之上的金融资本国际联合，来"和平"地共享殖民掠夺之"乐"！据说，这么一来，争夺殖民地的战争就自行消失了，"持久和平"就自行来到了，于是就会"在资本主义内部造成新希望和新期待的纪元"[330]。

考茨基所设计的这座"仙山琼阁"，是以列强"自愿裁军"作为基石的。大战爆发之前，他就竭力散布虚幻的和平安全感，胡说什么帝国主义各国统治阶级"谁都害怕担负煽起现代战争的可怕恐怖的责任"，都自愿"要求裁军"[331] 他尤其强调：只要当时争夺世界霸权的两大主角英国和德国能带头裁军，则"至少能够带动欧洲的其他一切国家……参加裁军"[332]。而一旦实现了普遍裁军，"无限的经济资源将会解放出来——全世界一年有200亿。单凭这一大笔款项，社会变革就能够多么迅速地进行，它就可以多么没有痛苦地实现啊！"[333] 因此，社会民主党"必须不惜任何代价为争取自愿停止军备竞赛而努力"[334]。

考茨基唱起这支迷魂曲，力图使世界革命人民丧失警惕，昏然入睡，借以掩护帝国主义者疯狂扩军备战的活动，而曲声未罢，大战就轰然爆发了。于是他又适应人们痛恶帝国主义战争的情绪，布下新的迷雾，诡称"战争是军备竞赛的产物"，只要列强"自愿就裁军问题达成协议"，就"消除了最严重的战争根源"，因此，力争实现裁军应当成为"国际社会主义的和平纲领"的核心。[335] ——按此办理，为裁军而奋斗就压倒了甚至取代了一切反帝革命斗争。

鉴于素以"正统"马克思主义者自居的考茨基是第二国际最有"权威"的代表人物，鉴于他最善于"用娓娓动听的谎话代替了厚颜无耻的谎话"[336]，无产阶级革命导师列宁不能不以很大的精力，对考茨基的上述谬论进行毫不调和的揭露和斗争。他先后在《第二国际的破产》《论欧洲联邦口号》《论和平纲领》《帝国主义是资本主义的最高阶段》《帝国主义和社会主义运动中的分裂》等一系列论著中，针锋相对地、几乎是逐句逐段地痛斥了考茨基的"超帝国主义"论及其附属物。

为了深入探索现代资本主义的规律，列宁进行了艰巨的劳动，他对于《资本论》出版后半个世纪以来资本主义的发展过程，对于帝国主义时代的各种经济现象和政治现象进行了全面的、系统的研究，作出了科学的总结，从而深刻地揭示了帝国主义

---

[330] 〔德〕考茨基：《两本论述重新学习的书》，载《新时代》1915年4月30日。
[331] 参见〔德〕考茨基：《战争与和平》，载《新时代》1911年4月28日。
[332] 〔德〕考茨基：《五一节和反对军国主义的斗争》，载《新时代》1912年4月6日。
[333] 〔德〕考茨基：《战争与和平》，载《新时代》1911年4月28日。
[334] 〔德〕考茨基：《再论裁军》，第三节，载《新时代》1912年9月6日。
[335] 参见〔德〕考茨基：《民族国家、帝国主义国家和国家联盟》，纽伦堡1915年版，第四章第六节。
[336] 列宁：《帝国主义和社会主义运动中的分裂》，载《列宁选集》第2卷，人民出版社1972年版，第892页。

的本质。他根据马克思主义政治经济学的基本原理,分析了大量的事实,雄辩地论证:帝国主义并不是资本所可以采取也可以不采取的一种政策。帝国主义是垄断的、腐朽的、垂死的资本主义,是资本主义发展的一整个特殊的、必然的历史阶段。在这个阶段里,"少数富强国家……把垄断扩展到无比广阔的范围,攫取着数万万以至数十万万**超额**利润,让别国数万万人民'驮着走',为瓜分极丰富、极肥美、极稳当的赃物而互相搏斗着。帝国主义的经济实质和政治实质就在于此"[337]。因此,在资本主义发展的这个阶段里,各国垄断资产阶级所推行的一切对内对外的基本政策,都深深地植根于垄断资本主义这一经济基础之中,都是帝国主义的上述实质所决定的,都具有深刻的、内在的必然性。在垄断资本主义彻底消灭以前,帝国主义列强的殖民兼并政策和战争政策绝不可能自行泯灭,绝不可能自行"改变"成为非暴力、非兼并、非掠夺、非战争的"另一种政策"。

列宁援引大量确凿的事实,深刻地论证了产生殖民兼并政策的社会经济根源。他指出,从殖民地榨取天文数字般的巨额利润,"这就是帝国主义压迫和剥削世界上大多数民族和国家的坚实基础,这就是极少数最富国家的资本主义寄生性的坚实基础"[338];而利用殖民掠夺来缓和国内阶级矛盾,则更是帝国主义资产阶级用以"避免在国内发生爆炸"的不可缺少的手段[339]。所以,"殖民政策和帝国主义并不是资本主义的一种病态的可以纠正的偏差(并不像包括考茨基在内的庸人们所想象的那样),而是资本主义基础发展的必然结果"[340]。

列宁指出,考茨基所提出的关于帝国主义的定义,是极端荒谬的。就经济方面说,帝国主义的特点恰恰不是如考茨基所说的"工业资本",而是金融资本;正是金融资本的迅速发展迫使列强特别加紧推行殖民兼并政策;同时,帝国主义的特点恰恰不只是如考茨基所说的力图兼并农业地区,而且还力图兼并工业极发达的地区。就政治方面说,考茨基固然一般地谈到了帝国主义就是力图兼并,但是却讳言和掩饰帝国主义在政治方面总是力图施用暴力和实行反动这一极端突出的特点。

---

[337] 列宁:《帝国主义和社会主义运动中的分裂》,载《列宁选集》第2卷,人民出版社1972年版,第893页。

[338] 列宁:《帝国主义是资本主义的最高阶段》,载《列宁选集》第2卷,人民出版社1972年版,第784—785页。

[339] 一些帝国主义分子在为殖民政策辩护中也多少透露了他们想利用殖民掠夺来缓和国内革命危机的惶迫心情。例如,英国垄断资本寡头、英布战争的罪魁谢西尔·罗得斯在1895年就说:"我昨天在伦敦东头(工人区)参加了一个失业工人的集会。我在那里听到了充满'面包,面包!'的呼声的粗野的发言。回家时,我把看到的情形思考了一番,结果我比以前更相信帝国主义的重要了……帝国就是吃饱肚子的问题。要是你不希望发生内战,你就应当成为帝国主义者"。法国的资产阶级作家瓦尔在1905年说过:在一切"文明国家中都积下了一种危及社会安宁的急躁、愤怒和憎恨的情绪!脱离了一定阶级常轨的力量必须找到应用的场所,应当让它到国外去发泄,以免在国内发生爆炸"。美国国务卿海约翰在1898年则说得更明白、更"干脆":"或者是社会革命,或者是帝国主义,两者必其一!"(参见《新时代》1898年第16卷第1分卷,第304页;〔苏联〕布拉斯拉夫斯基编:《第一国际第二国际历史资料》,新莫斯科出版社1926年版,第168号文件。)看来,这些话,既是辩词,也是供状!

[340] 列宁:《意大利的帝国主义和社会主义》,载《列宁全集》第21卷,人民出版社1959年版,第337页。

列宁一语道破了考茨基所鼓吹的帝国主义本性"可能改变"论的荒谬关键。他指出，"关键在于考茨基把帝国主义的政策同它的经济割裂开了"[341]，"把帝国主义的政治同它的经济**割裂开了**，把政治上的垄断制和经济上的垄断制割裂开了"[342]。考茨基把猖獗于全世界的帝国主义暴力兼并行径解释为只是金融资本所"情愿采取"的一种政策，极力宣传在同样的金融资本的基础上似乎也可能产生另外一种并非帝国主义的资产阶级政策，鼓吹可以用后者来取代前者。"照这样说来，经济上的垄断是可以同政治上的非垄断、非暴力、非掠夺的行动方式相容的。照这样说来，世界领土的分割……也是可以同非帝国主义的政策相容的"[343]。显然，如此理解政治与经济之间的关系，那就根本违背了马克思主义政治经济学的起码常识。以马克思主义"权威"自居的考茨基竟然违背马克思主义的常识，这当然不是出于无知，而是妄图一手遮天，向饱尝殖民掠夺和帝国主义战争苦难的被压迫民族和被压迫人民，隐瞒产生殖民兼并政策与战争政策的真正基础和祸根所在，从而转移他们的斗争视线，以保存资本帝国主义制度于万古千秋。对此，列宁一针见血地指出，考茨基同那些公开跪在帝国主义面前歌功颂德的机会主义者比起来，是"更巧妙更隐蔽地（因此是更危险地）宣传同帝国主义调和"[344]。

"赊账的马克思主义"——"超等废话"

掠夺殖民地既然是帝国主义列强的共同需要，那么，是否有朝一日会出现考茨基所设计和鼓吹的那种美妙局面，即列强合作，共宰世界，从而"在资本主义内部"出现一个"持久和平"的"新纪元"？

列宁深入地探索了帝国主义阶段经济和政治的奥秘，发现经济和政治发展的不平衡是资本主义的绝对规律。他根据大量无可争辩的材料，明确指出：金融资本和托拉斯的出现并不是削减了而是大大增加了世界经济各个部分在发展速度上的差异。占有殖民地较少的、后起的帝国主义国家往往在经济发展的速度上和水平上，迅速赶上和超过占有大量殖民地的老牌帝国主义国家，它们要求按照新的实力对比来分配殖民地和势力范围。可是，到了帝国主义时代，整个地球早已瓜分完毕，从争霸的双方来说，既得利益者力求保住既得，后来居上者力求重新分配，这就不能不经常发生饱狗饿狗老狗新狗之间的激烈撕咬。"**新兴的**帝国主义国家不用暴力手段来重新瓜分殖民地，就不能得到比较老的（**又比较弱的**）帝国主义列强现在享有的那些

---

[341] 列宁：《帝国主义是资本主义的最高阶段》，载《列宁选集》第2卷，人民出版社1972年版，第811、812页。
[342] 列宁：《帝国主义和社会主义运动中的分裂》，载《列宁选集》第2卷，人民出版社1972年版，第885页。
[343] 列宁：《帝国主义是资本主义的最高阶段》，载《列宁选集》第2卷，人民出版社1972年版，第811页。
[344] 同上书，第812页。

特权"[345]。"试问,**在资本主义基础上**,要消除生产力发展和资本积累同金融资本对殖民地和'势力范围'的分割这两者之间不相适应的状况,除了用战争以外,还能有什么其他办法呢?"[346]

因此,在帝国主义时代,尽管整个资本主义经济正在朝着一个囊括一切企业和一切国家的世界性托拉斯的方向发展,但是,这种囊括一切的世界性托拉斯终究是不可能实现的幻想。因为,出于上述绝对规律的支配,在朝着这个方向发展进程中,列强之间充满了空前尖锐的矛盾冲突和空前猛烈的社会动荡,以致在还没有出现一个囊括一切帝国主义强国(特别是互相争夺全球霸权的头等强国)的全世界性托拉斯,即各民族金融资本"超帝国主义的"全世界联盟以前,帝国主义就必然要崩溃,资本主义一定会变成自己的对立物。[347]

当然,帝国主义列强在争夺殖民地和势力范围的过程中,并不是不间断地处在战争状态中的。在一定条件下,为了一定的目的,它们之间(甚至两大争霸死敌之间)可以互相勾结,达成这样那样的"和平"协议,结成这样那样的国际联盟。但是,列宁指出,这只不过是争霸双方斗争的**形式**暂时发生变化,而双方斗争的**实质**、斗争的**内容**——瓜分世界和争夺世界霸权,只要还存在帝国主义垄断资产阶级,就始终**不会**改变。这样的斗争内容,在双方实力对比发生新变化的时候,就势必重新采取战争的形式表现出来,双方再次兵戎相见,一决雌雄。可见,"'国际帝国主义的'或'超帝国主义的'联盟,不管形式如何,不管是一个帝国主义联盟去反对另一个帝国主义联盟,还是**一切**帝国主义强国结成一个总联盟,都**不可**避免地只会是前后两次战争之间的'暂时休战'"[348]。

因此,列宁强调:"我们的'和平纲领'应当说明帝国主义列强和帝国主义资产阶级不可能给予民主的和平。"[349]要争得持久和平和永久和平,就必须通过世界无产阶级社会主义革命,打倒和消灭一切垄断资产阶级,彻底埋葬帝国主义制度。

考茨基利用世界人民渴望和平的善良愿望进行政治投机,鼓吹"超帝国主义"与"和平新纪元"论,侈谈帝国主义条件下的"和平"。列宁一针见血地指出这类谬论实际上是"一个充满了甜蜜语句、小改良、小让步等的大骗局",是妄图"用修补资本主

---

[345] 列宁:《帝国主义和社会主义运动中的分裂》,载《列宁选集》第2卷,人民出版社1972年版,第892页。
[346] 列宁:《帝国主义是资本主义的最高阶段》,载《列宁选集》第2卷,人民出版社1972年版,第817、632、815、841—842页。
[347] 参见列宁:《给布哈林的小册子〈世界经济和帝国主义〉写的序言》,载《列宁全集》第22卷,人民出版社1958年版,第97—98页。
[348] 列宁:《帝国主义是资本主义的最高阶段》,载《列宁选集》第2卷,人民出版社1972年版,第837—838、795—796页。
[349] 列宁:《论"和平纲领"》,载《列宁全集》第22卷,人民出版社1958年版,第161页。

义的方法来巩固资本主义的统治"。[350] 它的客观的社会意义只有一个：就是拿资本主义制度下可能达到永久和平的希望，使饱受帝国主义战祸折磨的群众想入非非，"不去注意现代的尖锐矛盾和尖锐问题，而去注意某种所谓新的将来的'超帝国主义'的虚假前途"[351]。也就是说，用空言约许即将出现美好的未来，用虚无缥缈的仙山琼阁和海市蜃楼，诱骗群众逃避现实，放弃斗争，在幻景和麻醉中苟且偷生，静坐恭候那"持久和平"的"新纪元"也许某天清晨会翩然降临人间。因此，尽管考茨基素来自命为马克思主义理论"权威"，然而他那种"和平新纪元"的臆想和说教，却根本"没有一点马克思主义的气味"，它只不过是"赊账的马克思主义，许愿的马克思主义"[352]；整个"超帝国主义"论，只不过是一套荒谬绝伦的"超等废话"[353]！

对于考茨基在裁军问题上所散播的谬论和谎言，列宁也作了无情的揭露。列宁援引英国大资产阶级权威喉舌——《经济学人》杂志上所供认的数字，指出：属于不同国籍，甚至分别属于敌对阵营的帝国主义垄断资产阶级，既互相争夺，又互相勾结，他们正在扩张军备和战争方面干着得意的买卖，军火公司的利润正在逐年猛增，直线上升，而考茨基却睁着眼睛说瞎话，胡诌什么帝国主义列强统治阶级都已产生"裁军的要求"，出现裁军的"趋势"，这表明"他想在天真的市侩言谈和幻想的掩护下回避那些同矛盾和缓论丝毫不能相容的确凿事实"。[354] 列宁揭露说，所有帝国主义资产阶级及其政府关于"和平"与"裁军"的空谈，无非是想"竭力愚弄人民，进行彻头彻尾的欺骗"，无非是想"借以掩饰帝国主义和平的丑恶面目，掩饰分赃"。[355] 这位革命导师谆谆告诫世界人民切勿受骗上当，务必清醒地认识到："没有无产阶级的革命行动，就谈不上民主的和平与裁减军备。"[356]

所谓"友善关系"和"裁军节余援助开发"

同"列强合作、共宰世界"并列，考茨基所设计的第二座"仙山琼阁"是：虎狼行善、施恩赐福。他绞尽脑汁，竭力论证帝国主义的虎狼性是可以改变的，帝国主义列强有必要也有可能自觉自愿地同殖民地、半殖民地弱小民族建立"和平"的、"友善"

---

[350] 参见列宁：《世界政治的转变》，载《列宁全集》第23卷，人民出版社1958年版，第270、275页。
[351] 列宁：《帝国主义是资本主义的最高阶段》，载《列宁选集》第2卷，人民出版社1972年版，第836页。
[352] 列宁：《给布哈林的小册子〈世界经济和帝国主义〉写的序言》，载《列宁全集》第22卷，人民出版社1958年版，第96、97页。
[353] 列宁：《帝国主义是资本主义的最高阶段》，载《列宁选集》第2卷，人民出版社1972年版，第813、812页。
[354] 参见列宁：《第二国际的破产》，载《列宁选集》第2卷，人民出版社1972年版，第632、633页。
[355] 参见列宁：《资产阶级的和平主义与社会党人的和平主义》，载《列宁选集》第2卷，人民出版社1972年版，第902页。
[356] 列宁：《英国的和平主义和英国的不爱理论》，载《列宁全集》第21卷，人民出版社1959年版，第240、326页。

的、"以富济贫"的关系,因而后者无须庸人自扰,去开展艰苦卓绝的反帝革命斗争,以求根本推翻殖民统治。

众所周知,进入帝国主义时代以来,帝国主义殖民体系在一个相当长的历史时期里囊括并统治着整个世界。寥寥几个帝国主义强国依仗庞大的反革命暴力,操纵着全球弱国弱族的经济命脉和军政大权,对丧失了独立主权的广大殖民地、半殖民地人民进行着随心所欲的掠夺、奴役和宰割。殖民地、半殖民地的弱小民族虽然在不同时期不同地区掀起不同规模的民族解放运动和反帝革命斗争,对帝国主义进行了一定的打击,但是,总的说来,当时他们的力量仍然还相当幼弱;还缺乏正确、有力的领导;各地区众多弱小民族之间也还不能声气互通,自觉地组织起来,联合战斗。相形之下,帝国主义列强在实力对比上则仍然占有巨大的、压倒的优势,能够较为容易地对付和镇压弱小民族的解放运动和反帝斗争。因此,对于帝国主义列强说来,武力征服、军事占领和暴力镇压就成为它们维护殖民统治和扩大殖民地盘的最"拿手"、最"便宜"、最"有效"的手段。相应地,反革命的武力政策也就成为帝国主义列强用以对付殖民地、半殖民地的经常的、基本的和主导的国策。这一点,已被进入帝国主义时代以来的无数史实所反复验证,成为当年有目共睹、无可辩驳的现实。

然而,适应着帝国主义垄断资产阶级麻痹、瓦解被压迫民族反帝斗志的需要,考茨基却有意规避当年的无情现实,力图抹杀众所周知的事实,千方百计地把弱小民族的视线和注意力从帝国主义者正在极力推行的反革命武力政策上引向别处,借以削弱和破坏殖民地、半殖民地人民为根本推翻殖民统治而进行的以牙还牙、针锋相对的反帝革命战斗。考茨基就18世纪北美洲的英国殖民地通过武装斗争脱离英国宣告独立一事,为资产阶级总结了历史的"教训":不要简单地用老一套的暴力镇压手段去对付殖民地的民族解放运动,以免使这种"革命运动发展到极端尖锐"。各国资产阶级都应当向吸取了历史"教训"的英国资产阶级学习,要"善于用及时作出让步的办法挫断革命运动的锋芒";善于"通过让步的办法收买和腐化运动,或者使运动不采取暴力的方法"。[357]

据考茨基说,在实行殖民扩张中,"帝国主义的武力政策,对于资本主义经济发展来说远远不是必不可缺的",在各种扩张方法中,武力政策是"最费钱和最危险的,但决不是最有效的",应当而且可能改而"采取经济意义大得多的其他方法"。[358] 他列举了一大堆"数字",运用形而上学的、诡辩的手法,进一步证明"扩展国家疆域决

---

[357] 参见〔德〕考茨基:《民族国家、帝国主义国家和国家联盟》,纽伦堡1915年版,第四章第二节。
[358] 同上。

不是扩大商品输出或资本输出的唯一手段或最重要手段";证明为了要同落后地区"进行贸易"(按:这是"实行掠夺"的别称),并不需要"把它们作为殖民地加以占领";证明"不用武力占领"而"单靠经济因素的作用"并不会使"贸易"增长得慢些。因此,考茨基献策说:向落后地区实行扩张的愿望,"最好不用帝国主义的暴力方法,而用和平民主的方法来实现"。[359]

考茨基所说的"单靠经济因素的作用"与"和平民主的方法",究竟指什么呢?那就是在广大落后地区被压迫弱小民族并未摆脱帝国主义者直接、间接的殖民统治或军事占领的条件下,亦即在这些民族政治上完全丧失独立自主权利、经济命脉完全操在外国垄断资本家手中这种极不自由极不平等的条件下,让宗主国和殖民地、半殖民地之间"签订一种尽可能近似自由贸易的贸易协定",双方"平等地"撤除关税壁垒或尽量降低关税,建立"友善的关系",实行"最频繁的交流","这种关系既便于向农业地区输出商品和资本,又同样便于从这些地区取得各种原料"。如所周知,考茨基所极力鼓吹的这种我骑着你、你驮着我的"友善关系"与"经济合作",丝毫不是什么新鲜货色,它实质上依然还是宗主国强加于殖民地、半殖民地的不等价交换,即依然还是殖民主义者、帝国主义者们早已行之多年的掠夺方法之一,而且多年的历史事实证明,这种掠夺办法又恰恰是以武力征服作为基础或后盾的。可是在考茨基所设计的这第二座"仙山琼阁"里,这种保持殖民统治现状并在"友善关系"和"自由贸易"幌子下进行的殖民掠夺方法,却突然同帝国主义的武力政策彻底"绝缘",毫不相干了;同时,考茨基胡吹,这种建立在帝国主义者继续实行殖民统治基础之上的"友善关系"和"自由贸易"简直是美不可言:它不但"是促进经济发展的最好办法,同时也是实现和保障世界和平的最有效手段",而且还能使劳动群众的苦难和牺牲减轻到"最少"程度。[360]——按照考茨基的如意算盘,这样做,既可以同样收到吸吮殖民地人民膏血的实惠,又可以避免在殖民地激起暴烈的反帝革命运动,这对于欧美列强说来,岂不一举两得?!

考茨基胡诌,对于殖民地、半殖民地被压迫民族说来,似乎大可不必首先进行激烈的艰苦的反帝斗争以摆脱殖民压迫取得独立自主,从而在平等、互利的基础上同欧美列强进行必要的经济交往,而只要在不根本触动殖民统治秩序的基础上同欧美列强建立上述那种"友善关系",实行"自由贸易",便可以一举三、四得;它意味着列强对殖民地、半殖民地"不是选择扩张殖民帝国的手段"了,即不再实行武力征服和军事占领了;列强向殖民地、半殖民地大量输出资本,意味着"极迅速地发展各农业

---

[359] 参见〔德〕考茨基:《民族国家、帝国主义国家和国家联盟》,纽伦堡1915年版,第四章第二节。
[360] 同上书,第五章。

国家的生产力",修筑铁路,建造灌溉工程;意味着发展工业,把农业国"努力变成工业国",以取得"繁荣"和"独立"。[361] 此外,考茨基还公然撒谎,说是帝国主义列强业已出现"裁减军备的趋势",它们会把裁军节省下来的钱用以援助殖民地、半殖民地进行开发,据称,"西欧的军备负担越少,就会有更多的资金可以用来在中国、波斯、土耳其、南美洲等地修筑铁路",从而"更为有效得多"地"促进工业发展"[362]云云。一句话,考茨基极力宣扬的是:殖民地、半殖民地人民完全可以指靠和坐等帝国主义者的"慷慨援助",以臻于富强康乐!

为了防止被压迫民族和被压迫人民起来造反,考茨基在甜蜜的哄骗之外,又兼施隐约的恫吓。他极力渲染帝国主义者手中现代化杀人武器如何"厉害",说是"在现今条件下,没有一次战争对各民族(特别是对无产阶级)不是一种不幸,我们讨论的是,我们用什么手段能够防止有爆发危险的战争,而不是讨论哪些战争有益,哪些战争有害"[363]。他打出的旗号是"反对"一切战争,而其实质则在于反对包括民族解放战争在内的一切革命战争,妄图使被压迫民族和被压迫人民在帝国主义反革命暴力下永远服服帖帖——借维护世界"和平"之名,行压制世界革命之实。

往强盗头上洒圣水与从一牛身上剥两皮

考茨基所设计的这第二座"仙山琼阁"——虎狼行善、施恩赐福,同第一座一样,也是"上穷碧落下黄泉,两处茫茫皆不见"的。对于这又一骗局,列宁也在深刻分析帝国主义本性的基础上,彻底加以戳穿。

列宁指出,帝国主义在政治上的特点是全面的反动,是民族压迫的加强。在帝国主义时代,民族压迫和暴力兼并的趋向即破坏民族独立的趋向,不是比以前减弱

---

[361] 参见〔德〕考茨基:《民族国家、帝国主义国家和国家联盟》,纽伦堡1915年版,第五章;〔德〕考茨基:《帝国主义》,载《新时代》1914年9月11日。

[362] 〔德〕考茨基:《再论裁军》,第三节,载《新时代》1912年9月6日。

[363] 〔德〕考茨基:《战争时期的社会民主党》,载《新时代》1914年10月2日。自第一次世界大战结束到第二次世界大战爆发前夕,考茨基这种隐约的恫吓又逐步"升级"为公开的讹诈。他鼓吹:在战争"恐怖"下,为了实现"和平",帝国主义时代的一切重大问题都已"退居次要地位";"在现有的社会里,尽管人口中的大多数感到很窘迫,或者甚至陷入极度的绝望,他们终究还是能够生存下去。反之……下一场战争不仅会带来贫穷和灾难,而且要彻底摧毁一切文明,而留下来的仅仅是冒烟的废墟和腐烂的尸体"。他诡称:"殖民地居民的解放将通过和平方式来实现",以致"一切暴力手段都变成多余的";帝国主义军队"在技术上所占的优势越大",殖民地人民的武装反抗就"越加荒唐",殖民地人民如果胆敢起来暴动造反,则"瞬息间"很快就被打垮","没有产生巨大影响的希望",云云。(参见〔德〕考茨基:《战争和民主》,导言,柏林1932年版;《社会主义者和战争》,布拉格1937年版,第四编第八章第四节。)考茨基对全世界被压迫者拼命渲染战争恐怖和散播失败主义悲观情绪,要他们永远跪着求生,这就更加彻底地暴露了他那社会帝国主义者的丑恶嘴脸。这些反动谬论后来为赫鲁晓夫之流所全盘继承,成为他们宣染核恐怖实行核讹诈的蓝本。

了,而是变本加厉了。[364] 因为,列强对世界各地弱小民族实行榨取和支配,尽管采取了这样那样的不同形式,但是,总的说来,在当时的历史条件下,"对于金融资本最'方便'最有利的当然是使从属的国家和民族丧失政治上的独立**这样的**支配","只有占领殖民地,能充分保障垄断组织获得胜利,战胜同竞争者斗争中的各种意外事件"[365];因为,对弱小民族实行暴力兼并,实行直接统治,才能使经济掠夺"更方便,更便宜,更如意,更稳妥"[366];因为,"兼并就是在政治上保证'投入'被兼并国家的千万个企业的亿万资本获得利润"[367]。这就决定了帝国主义者必然要使用反革命暴力来征服和镇压那些不愿意丧失民族独立、不愿意"和平"地忍受宰割的殖民地、半殖民地人民。

列宁还进一步揭示说,为了保障对殖民地、半殖民地的掠夺和榨取,有百万富翁们的全国委员会即所谓政府专门为之服务,这些政府把亿万富翁们的子弟"安置"在殖民地和半殖民地,充当什么总督、大使、领事、各种官员和牧师之类的吸血虫;另外,这些政府又拥有庞大的反革命暴力——陆军和海军,作为防止和镇压殖民地、半殖民地人民造反的工具。列宁强调说,在帝国主义时代,少数强国掠夺广大殖民地、半殖民地人民的罪恶行径,就是这样组织起来的,在资本主义制度下,也只能这样组织。因此,期待帝国主义者会自动放弃殖民地和势力范围,自动不再使用反革命暴力镇压殖民地、半殖民地人民的革命要求,那就无异于痴人说梦,与虎谋皮。[368]

当然,帝国主义者对殖民地和势力范围的控制和统治,并不是在任何条件下都只有赤裸裸的武装占领这一手。列宁多次指出,在某些场合,帝国主义者出于被迫,或者为了欺骗,可以承认某些落后国家保留形式上的政治独立,但却对这些国家的经济、财政、政治、军事和外交,牢牢地掌握着掠夺权和控制权。然而,这决不是意味着不经过艰苦卓绝的反抗斗争,帝国主义者会像考茨基所宣扬的那样,自动赐予殖民地哪怕只是形式上的政治独立,更不是意味着帝国主义者会甘愿允许被压迫民族获得真正的、彻底的政治独立。恰恰相反,一旦被压迫民族的独立要求从根本上触动了殖民统治,帝国主义者就必然撕下一切伪装,图穷匕见,挥舞屠刀!所以,一切形式的殖民主义,不论是老殖民主义,还是新殖民主义,都一无例外地是以反革命的

---

[364] 参见列宁:《帝国主义是资本主义的最高阶段》,载《列宁选集》第2卷,人民出版社1972年版,第810、828、839页。
[365] 同上书,第802页。
[366] 列宁:《论对马克思主义的讽刺和"帝国主义经济主义"》,载《列宁全集》第23卷,人民出版社1958年版,第36页。
[367] 列宁:《路易·勃朗主义》,载《列宁全集》第24卷,人民出版社1957年版,第16页。
[368] 参见列宁:《论欧洲联邦口号》,载《列宁选集》第2卷,人民出版社1972年版,第707—708页,并参见同卷第819页。

暴力征服和暴力镇压作为基础、前提和后盾的。[369]

因此,列宁指出,像考茨基那样,不是向群众揭露真相,说明不推翻帝国主义资产阶级及其政府就不能制止暴力兼并和各种殖民压迫,特别是不向群众揭露本国帝国主义肆行暴力兼并和殖民压迫的真相,却只空口说什么"一切国家必须毫不含糊地打消兼并别国领土以及使某国人民屈从的念头",这种极端含糊其辞的善良词句,"其客观意义完全等于在加冕的资本主义强盗头上洒基督圣水",特别是等于为本国最富有侵略性、最凶恶的帝国主义者"**涂脂抹粉**"。[370]

在严厉批判考茨基谬论的过程中,列宁一再提醒世界革命人民,对于帝国主义者和社会帝国主义者在对外关系上所经常使用的伪善辞令和"庄严"声明,切切不可轻听轻信。他揭露说:"难道我们不是经常看到,所有帝国主义列强的外交都是以极其善良的'一般的'词句和'民主的'声明自我标榜,借以**掩饰**对弱小民族的掠夺、欺凌和压迫吗?"[371]因此,如果我们陷入基督教式的冥想默念,沉湎于一般善良词句的善心好意,而不揭穿这种词句的实际的政治意义,那我们就不再是马克思主义者,也根本不再是社会主义者了。列宁问道:"一个成年人能不能只注意人们自己对自己的**看法**而不去检查他们的行为呢?一个马克思主义者能不能把愿望、声明同客观事实**不**区别开来呢?"回答是斩钉截铁的:"不,不能!"[372]

至于考茨基这个"中派"头子吹得天花乱坠的"以富济贫""援助开发"论,究其实质,无非是前述第二国际右派头目们所鼓吹的"传播文明"论的变种。这个五彩缤纷的肥皂泡,在事实面前,也是不戳自破的。

列宁以考茨基之流所备加颂扬推崇的列强竞相在那些丧失了政治独立和经济自主权的落后地区修筑铁路一事为例,指出:在那些资产阶级御用教授和小资产阶级庸人看来,修筑铁路似乎是一种传播文明的事业,可是在资本主义生产资料私有制的条件下,帝国主义者实际上是"把这种建筑事业变成对**十亿**人民(殖民地加半殖民地),即占世界人口半数以上的附属国人民,以及对'文明'国家资本的雇佣奴隶进行压迫的工具"[373]。

---

[369] 参见《列宁全集》第4卷,人民出版社1958年版,第334—336页;《列宁全集》第15卷,人民出版社1959年版,第156—157、195、200页;《列宁全集》第19卷,人民出版社1959年版,第82—83页;《列宁全集》第22卷,人民出版社1958年版,第250、252、255—256页;《列宁全集》第23卷,人民出版社1958年版,第36、39、46、274页;《列宁全集》第31卷,人民出版社1958年版,第130页。

[370] 参见列宁:《资产阶级的和平主义与社会党人的和平主义》,载《列宁选集》第2卷,人民出版社1972年版,第905页。

[371] 同上书,第904页。

[372] 列宁:《路易·勃朗主义》,载《列宁全集》第24卷,人民出版社1957年版,第16页。

[373] 列宁:《帝国主义是资本主义的最高阶段》,载《列宁选集》第2卷,人民出版社1972年版,第733页。

根据大量事实，列宁还进一步剖析了帝国主义列强在十分苛刻的政治、经济条件下对殖民地、半殖民地那些失去政治和经济独立自主权的弱小民族提供经济"援助"和"贷款"的实质，指出它实际上是一种资本输出，是为帝国主义国内大量的"过剩资本"寻找出路，利用这些落后地区资本少、地价贱、工资低、原料廉的条件，攫取在其本国无法攫得的巨额暴利。它所追求的，决不是考茨基之流所胡吹的"促进"这些地区的"繁荣"与"独立"，而是贪得无厌地榨取这些地区人民的脂膏，"要从一条牛身上剥下两张皮来"[374]：第一张皮是从"贷款"盘剥高利，第二张皮是作为借债条件，迫使债务国用这批"贷款"购买债权国的过剩产品，从中牟取又一笔暴利。此外，帝国主义债主们还力图利用这些落后国家由此产生的经济上的依赖性，达到破坏其国家主权，从政治、军事、外交上加以全面控制的凶恶目的。[375] 考茨基之流把凶恶的强盗描绘成仁慈的救世主，这就证明他们是强盗的同伙。

应当区分压迫民族和被压迫民族，反对"僧侣主义"

饱遭帝国主义者蹂躏、吞噬的殖民地、半殖民地弱小民族，既然不可能也不应当期待虎狼行善、施恩赐福，那么，怎样才能不当奴隶当主人？

鉴于帝国主义者一贯极其顽固地凭借庞大的反革命暴力维护殖民统治，列宁不止一次地强调被压迫民族必须用革命的暴力对付反革命的暴力。他指出："伟大的历史问题一定要由群众直接用暴力建立新制度来解决，而不能缔结一个保持腐朽的垂死的旧制度的协定来了结"[376]；在资本主义制度下，不经过多次革命，不"付出一系列革命和起义的代价"，被压迫民族就根本不可能获得真正的独立解放。[377] 他严词驳斥了那种否定正义战争（包括否定民族解放战争），向被压迫者宣传"废除武装""取消军备"的反动口号，告诫被压迫者如果不努力学会掌握武器，获得武器，并坚决拿起武器，那就只配被人当作奴隶使唤！[378]

列宁指出，帝国主义对殖民地、半殖民地弱小民族的残暴掠夺压迫，必然促使反对民族压迫、争取民族解放的斗争扩大化和尖锐化；而弱小民族被迫进行反帝的民族解放战争，又必然是它们的争取民族解放这种政治的继续。因此，在帝国主义时

---

[374] 列宁：《帝国主义是资本主义的最高阶段》，载《列宁选集》第2卷，人民出版社1972年版，第835页，另参见本卷第783—786页。

[375] 同上书，第805—806页。

[376] 列宁：《世界政治的转变》，载《列宁全集》第23卷，人民出版社1958年版，第276页；《列宁全集》第31卷，人民出版社1958年版，第449、455页。

[377] 参见列宁：《社会主义革命和民族自决权》《关于自决问题的争论总结》，载《列宁全集》第22卷，人民出版社1958年版，第139、331、332页。

[378] 参见列宁：《论"废除武装"的口号》，载《列宁全集》第23卷，人民出版社1958年版，第77、93、94页。

代,在亚、非、拉广大不发达地区,"殖民地和半殖民地的民族战争不仅是可能的,而且是**不可避免的**"[379]。

不但如此,即使在经济发达的欧洲地区,也仍然可能发生被压迫弱小民族抗击帝国主义侵略者的民族战争。由于帝国主义历来就是强食弱肉和贪得无厌的,它在力图兼并农业区域的同时,还力图兼并工业极发达的区域,因此,"即使在欧洲也不能认为民族战争在帝国主义时代不可能发生"[380]。本着对具体情况进行具体分析的一贯原则,1916年列宁在反对第二国际机会主义者拥护帝国主义战争中任何一方的同时,强调指出:恩格斯在1891年德国受到沙俄侵略的严重威胁时号召德国人民奋起为保卫民族独立而战的基本精神,是完全正确的,它仍然同样适用于当代欧洲那些被兼并的或受民族压迫的弱小国家反对帝国主义强国的民族战争。[381] 列宁公开声明:"如果在战争时期说的是保卫民主或反对压迫民族的压迫,那我是决不反对这种战争的,只要是属于这类性质的战争或起义,我也就不害怕'保卫祖国'这四个字。"[382]

总之,在帝国主义时代,"反对帝国主义列强的民族战争不仅是可能的和可以设想的,而且是不可避免的、**进步的、革命的**"[383]。

列宁的这些论述教导我们,不论是发达国家或者不发达国家,只要受到帝国主义强国的兼并和侵占,它们所进行的反兼并、反侵占的民族战争,就是正义的战争,就理应得到国际无产阶级的拥护和支持。

对于被压迫民族争取民族解放的斗争在推翻国际帝国主义总斗争中的重大革命作用,列宁作了充分的估计。他认为,"弱小民族是反帝斗争中的一个**独立**因素,是帮助反帝的**真正**力量即社会主义无产阶级登上舞台的一种酵母、霉菌"[384]。正因为如此,列宁着重指出:作为社会主义者,不但应当要求无条件地无代价地立即解放殖民地,而且还应当最坚决地支持这些国家的民族解放运动中最革命的分子,帮助他们举行起义和进行革命战争,反对压迫他们的帝国主义列强。[385] 而"如果我们拒绝支持被兼并地区的起义,那在客观上我们就是兼并者",就是"背叛社会主义"。[386]

---

[379] 列宁:《论尤尼乌斯的小册子》,载《列宁选集》第2卷,人民出版社1972年版,第851、872页。
[380] 同上书,第852页。
[381] 参见《列宁给印涅萨·阿尔曼德的三封信》,载《列宁全集》第35卷,人民出版社1959年版,第239、255—257页;《列宁全集》第22卷,人民出版社1958年版,第304—305页。
[382] 列宁:《给波利斯·苏瓦林的一封公开信》,载《列宁全集》第23卷,人民出版社1958年版,第198页。
[383] 列宁:《论尤尼乌斯的小册子》,载《列宁选集》第2卷,人民出版社1972年版,第853页。
[384] 列宁:《关于自决问题的争论总结》,载《列宁全集》第22卷,人民出版社1958年版,第352页。
[385] 参见列宁:《社会主义革命和民族自决权》,载《列宁全集》第22卷,人民出版社1958年版,第145页;《列宁全集》第23卷,人民出版社1958年版,第25—26页。
[386] 参见列宁:《关于自决问题的争论总结》,载《列宁全集》第22卷,人民出版社1958年版,第327页。

列宁深入考察了帝国主义时代在民族关系领域中日益变本加厉的强食弱肉现象，敏锐地看到帝国主义列强同弱小民族之间利害得失的根本对立与不可调和。他对当代民族关系的现实进行了深刻的阶级分析，三番五次地强调，就民族问题而言，"在社会民主党的纲领中，中心问题应该是把民族区分为压迫民族和被压迫民族。这种区分是由帝国主义的本质决定的"[387]；"社会民主党党纲应当指出帝国主义时代基本的、极其重要的和必然发生的现象：民族已经分成压迫民族和被压迫民族"[388]。他反复指出：从反对帝国主义的革命斗争的观点看来，正视这种现实，强调这种区分，是非常紧要的。

列宁的这一光辉思想和精辟论断，是列宁主义关于民族殖民地问题革命学说的主要立论基础之一。它的含义十分丰富、十分深刻，值得我们认真探讨和深入领会。

第一，它揭示了帝国主义时代民族关系中新出现的、世界性的严重分裂和对抗。民族压迫现象，并非自当代始。它在人类历史上已经存在过好几个世纪，但在相当长期内，它还只是局部性的现象，在全世界的民族关系中，并不占主导的地位。到了帝国主义时代，由于一小撮帝国主义强国把整个世界全部瓜分完毕，许多原先独立的国家和民族，纷纷沦为殖民地、半殖民地，世界人口中的绝大多数都受着残酷的殖民掠夺和民族压迫，因而民族关系上的全面分裂和全面对抗，就成为帝国主义时代世界中基本的（而不是附次的）、极其重要的（而不是无足轻重的）、必然发生的（而不是偶然出现的）、遍及全世界的（而不是局部地区的）现象。这种分裂和对抗是如此普遍、如此严重，不能不引起全世界革命人民的最大关注。

第二，它确证了被压迫民族革命抗争的正义性。有压迫就有反抗，压迫越重则反抗越烈，这是题中应有之义。毫不含糊地指明全世界一切弱小民族的被压迫地位，这不但意味着对压迫者的严正控诉和对被压迫者的深切同情，而且意味着雄辩地论证了被压迫民族的一切抗争，包括以革命暴力反击反革命暴力，直到实行民族解放战争，都是绝对正义、无可指摘的。

第三，它挖出了帝国主义时代世界性民族压迫现象的总根源。既然已经科学地断定：全世界民族之所以区分为压迫民族和被压迫民族"是由帝国主义的本质决定的"，那么，民族压迫的迅速扩大和变本加厉，世界民族关系中的全面分裂和严重对抗，归根到底，就是由帝国主义所造成的。毫不含糊地揭示了这一点，就等于是在谁敌谁友这个革命的根本问题上作出了明确无误的判断：帝国主义是被压迫民族的

---

[387] 列宁：《革命的无产阶级和民族自决权》，载《列宁全集》第21卷，人民出版社1959年版，第388页，《列宁全集》第22卷，人民出版社1958年版，第141、159页；《列宁全集》第30卷，人民出版社1957年版，第261页；《列宁全集》第31卷，人民出版社1958年版，第125、210页。

[388] 列宁：《社会主义革命和民族自决权》，载《列宁选集》第2卷，人民出版社1972年版，第720页。

死敌。

第四,它指明了被压迫民族解放斗争的总方向和根本道路。既然帝国主义是造成全球性民族压迫的总祸根,那么,被压迫民族只有把斗争矛头集中地指向帝国主义及其走狗,推翻帝国主义的统治,才能挣脱锁链,取得解放。既然帝国主义压迫者和弱小民族被压迫者之间的利害得失是根本对立、不可调和的,而帝国主义的本质和本性又是不会改变的,那么,只有如实地强调民族关系中被压迫者同压迫者之间的严格区分和势不两立,才能启迪和激发被压迫民族的觉醒,使他们对帝国主义压迫者不抱幻想,不图侥幸,不等恩赐,而切切实实地依靠自己实行长期艰苦的反帝革命斗争,以改变自己的奴隶处境,掌握自己的民族命运。

第五,它蕴含着"全世界无产者和被压迫民族联合起来"的伟大战略思想。民族关系是以阶级关系为基础的,民族压迫是阶级压迫的延长和扩大。揭露了遍及全球的民族压迫是由帝国主义的本质所决定、所造成的,实际上也就是揭露帝国主义垄断资产阶级是国际无产阶级和一切被压迫民族的共同敌人,号召对共同的敌人进行联合的斗争。1916年夏秋之间,在谈到国际无产阶级革命运动和被压迫民族革命运动的关系时,列宁认为从世界范围来看,弱小民族的民主要求,包括实行民族自决争取民族解放在内,原先是世界一般民主主义运动的一部分,现在则已成为世界一般社会主义运动的一部分;并且明确指出:"社会革命只能在各先进国无产阶级为反对资产阶级而进行的国内战争已经同不发达的、落后的和被压迫的民族所掀起的**一系列**民主革命运动(其中包括民族解放运动)联合起来的时代中进行"[389]。后来,到了第三国际成立初期(1920年间),列宁关于世界革命的这一伟大战略思想又进一步具体化为简明有力的战斗口号:"全世界无产者和被压迫民族联合起来!"[390]正是列宁,第一次把被压迫民族的反帝革命斗争看作是世界无产阶级社会主义革命的一个组成部分,提出了实行联合斗争的伟大战略方针。

列宁如此强调压迫民族和被压迫民族的原则区分,这就同考茨基之流的修正主义谬论严格划清了界限。列宁痛斥考茨基之流故意回避上述"中心问题",故意模糊甚至抹杀民族关系上压迫者与被压迫者的根本区分和势不两立。这伙叛徒,正如他们在国内阶级关系问题上,竭力掩盖无产阶级同资产阶级之间的对抗性矛盾,鼓吹阶级"协调"、阶级"合作"一样,他们在国际民族关系问题上,竭力掩盖被压迫民族同帝国主义之间的对抗性矛盾,挖空心思地"论证"似乎不必彻底摧毁资本帝国主义也

---

[389] 列宁:《论对马克思主义的讽刺和"帝国主义经济主义"》,载《列宁全集》第23卷,人民出版社1958年版,第54页;《列宁全集》第22卷,人民出版社1958年版,第335—336页。

[390] 列宁:《在俄共(布)莫斯科组织积极分子大会上的演说》,载《列宁全集》第31卷,人民出版社1958年版,第412—413页。

可以解决这个矛盾,欺骗被压迫民族去同自己不共戴天的敌人"协调""合作"——永当奴隶马牛,而永远保存资本帝国主义的统治秩序。可见,考茨基之流对帝国主义的全部荒谬看法,"**都浸透了**一种同马克思主义绝不相容的、掩饰和缓和最根本矛盾的精神","不管你怎样把考茨基的论断翻来覆去地看,这里面除了反动性和资产阶级改良主义以外,没有任何别的东西"。[391] 而混在国际共产主义运动队伍中的资产阶级改良主义者是何许人呢?列宁说,他们"照例都是一些走狗"[392]!

列宁痛斥考茨基在政治上的堕落和破产,揭露他恬不知耻地甘为帝国主义盗匪们充当神父牧师的卑鄙角色。因为,考茨基一方面对民族关系上的压迫者——嗜血成性的帝国主义盗匪,进行布道式的劝说[393],力图造成屠夫可以立地成佛的假象和错觉;另一方面,又对民族关系上的被压迫者——苦难深重的殖民地、半殖民地人民,进行麻醉性的安慰,绞尽脑汁妄想证明资本帝国主义不要殖民地,不用暴力征服和掠夺弱小民族,不搞扩张军备,不发动侵略战争,也是"可能"存在的,证明"和平"是最好的东西。用这些"理论"来美化资本帝国主义吃人制度,来"安慰被压迫者,给他们描绘一幅在保存阶级统治的条件下减少痛苦和牺牲的远景……从而使他们忍受这种统治,使他们放弃革命行动,打消他们的革命热情,破坏他们的革命决心"。这些,意味着什么呢?列宁指出,劝告无产阶级放弃革命行动,就是"直接背叛无产阶级",因为没有革命行动,一切诺言、一切美好的远景都只是空中楼阁而已。[394]

列宁揭露说,所有一切压迫阶级,为了维持自己的统治,都需要有两种社会职能:一种是刽子手的职能,另一种是牧师的职能。刽子手专管血腥镇压,牧师专搞安慰欺骗。列宁引述了费尔巴哈用以揭穿宗教安慰反动性的名言:即"谁要是安慰奴隶,而不去发动他们起来反对奴隶制,谁就是奴隶主的帮凶",尖锐地指出:考茨基竭力用歌颂帝国主义"和平"的靡靡之音来安慰和麻醉怨气冲天的被压迫民族和被压迫人民,这就表明"考茨基把马克思主义糟蹋到了骇人听闻的地步","把马克思主义歪曲成了最恶劣最笨拙的反革命理论,歪曲成了最龌龊的僧侣主义",而考茨基本人也就相应地在实际上堕落成为一个"不折不扣的牧师"和货真价实的叛徒![395]

---

[391] 参见列宁:《帝国主义是资本主义的最高阶段》,载《列宁选集》第2卷,人民出版社1972年版,第832、840页。

[392] 列宁:《世界政治的转变》,载《列宁全集》第23卷,人民出版社1958年版,第275页。

[393] 参见列宁:《论欧洲联邦口号》,载《列宁选集》第2卷,人民出版社1972年版,第708页,另参见本卷第635—636页。

[394] 参见列宁:《第二国际的破产》,载《列宁选集》第2卷,人民出版社1972年版,第638、639页。

[395] 同上书,第637—638页;《列宁全集》第23卷,人民出版社1958年版,第273页。这位身穿"马克思主义"外衣的"牧师"后来在1918年直接加入"刽子手"的行列,到以血腥屠杀德国革命工人而恶名昭著的艾伯特-谢德曼的反革命政府中当了大官,积极参与反革命活动。考茨基的袍笏登场表明:"牧师"与"刽子手"之间的"分工"并不是绝对"严格"的。

贼喊"捉贼"的沙文主义骗局

在民族自决这一具体纲领问题上,考茨基也采取了比较隐蔽因而更有欺骗性的沙文主义立场。在第一次世界大战期间,第二国际右派那些露骨的社会沙文主义者公开地赞成兼并,反对把民族自决的主张列入党的纲领。作为"中派"头子的考茨基则和他们略有"不同"。他口头上也承认和拥护民族自决,甚至还冠冕堂皇地主张社会民主党"要全面地和无条件地重视和坚持民族的独立"。但是,他为了讨好帝国主义殖民统治者,却无耻地阉割了民族自决权的核心内容,叫嚷什么,殖民帝国中的被压迫民族要求政治分离自由是"过分的";遭受帝国主义者殖民统治的弱小民族要求"国家独立"未免要求得"太过分了",[396]等等。他鼓吹不应当"把民族独立和民族主权混为一谈",在多民族的殖民帝国里,被压迫民族享有民族自治权就够了,不一定要替他们要求获得政治独立的平等权利。[397]

但是,如果人们以为考茨基在任何情况下都反对被压迫民族有政治分离权,那是不"公道"的。因为,在若干具体场合,考茨基也很"勇敢地"打出政治自决的旗号,赞成在同德国争霸的其他帝国主义强国统治之下的被压迫民族有分离的自由。例如,他鼓吹说,不能证明"波兰人必须隶属于俄国",应当承认波兰有从俄国分离出去的自由;他还斥责法国的社会党人不该背弃国际主义,因为他们竟想用战争来取得亚尔萨斯-洛林的自由。考茨基的同伙们则连篇累牍地发表文章,大谈特谈受到英国压迫的民族理应取得独立的问题;对于在印度不断高涨的反英民族解放运动,他们更是津津乐道,深表"同情",等等。在"论证"过程中,考茨基及其同伙给自己的主张"披上各种华丽的辞藻外衣,什么辞藻都有,什么话都讲,甚至扯到国际主义上面去"[398],一副道貌,俨然是这些被压迫民族的"天然盟友"!

然而,奇妙的是:考茨基及其同伙万分"同情民族的'民族自决',只是不同情本民族……所附属的那些民族的民族自决"[399]!他们对于处在德国帝国主义即考茨基分子自己的"祖国"统治下的那部分波兰人,绝不谈他们有从德国分离出去的自由;同样,对于亚尔萨斯-洛林应当有从德国分离出去的自由问题,特别是对于当时德国在非洲和亚洲霸占的广大殖民地有权脱离德国取得彻底独立的问题,考茨基及其同

---

[396] 参见《新时代》1915年4月16日;《新时代》1915年5月21日;《列宁全集》第21卷,人民出版社1959年版,第390页;《列宁全集》第22卷,人民出版社1958年版,第146页。
[397] 参见《新时代》1916年3月3日;《列宁全集》第22卷,人民出版社1958年版,第159页。
[398] 列宁:《论德国的和非德国的沙文主义》,载《列宁全集》第22卷,人民出版社1958年版,第177页。
[399] 列宁:《给布哈林的小册子〈世界经济和帝国主义〉写的序言》,载《列宁全集》第22卷,人民出版社1958年版,第97页。

伙更是三缄其口,不置一辞。[400]

除此之外,考茨基还极力赞同和美化第二国际右派在第一次大战期间所玩弄的一套欺世惑众和沽名钓誉的把戏:当时以英、法、俄等国的社会沙文主义者为一方,以德国和奥匈帝国的社会沙文主义者为另一方,曾分别在伦敦和维也纳开会,又是慷慨陈词,又是通过决议,争先打起了"维护"受对方蹂躏的弱小民族的"民族独立"和"民族自决"的堂皇旗号,来遮掩他们各自的沙文主义立场。[401] 对于如此明显的骗局,以"马克思主义"理论权威自居的考茨基不但不加以揭露,反而赞不绝口,备加推崇,胡说什么"所有过去在第二国际范围内拟定的和平纲领,如哥本哈根、伦敦、维也纳等纲领,都要求承认民族独立,这是十分公正的。这种要求应当成为我们在当前战争中的指南针"[402]。在他看来,这些分属两大敌对集团的露骨社会沙文主义者在互揭对方烂疮疤借以把自己打扮成"反兼并"英雄时所表现的完全一致,在竭力欺骗工人时所表现的完全一致,就是第二国际各党在要求和平问题上和赞助民族自决问题上意见"完全一致"的明证。就这样,"民族独立""民族自决"等这些本来反对帝国主义的革命口号,竟在第二国际右派那些社会沙文主义者的"一致"同意下,竟在"中派"社会沙文主义者考茨基进行"理论加工"的神奇咒语下,摇身一变,变成为捍卫帝国主义的反动口号了。

在民族自决问题上,考茨基在俄国的无产阶级叛徒队伍中找到了不少同道。"大名鼎鼎"的马尔托夫、托洛茨基等人在第一次世界大战期间,都"师承"考茨基的狡诈手法,为沙皇帝国主义政府的兼并政策和争霸政策张目。列宁恰如其分地把这伙叛徒称为"俄国的考茨基分子"。[403]

专供"输出"的"国际主义"第一千零一种的伪善

除了逐一批判考茨基在民族殖民地问题上的一般"理论"之外,列宁还无情揭露了考茨基在民族自决这一具体纲领上所采取的隐蔽的沙文主义立场。

如前所述,在当时的历史条件下,帝国主义者对弱小民族实行掠夺和剥削,其最"方便"、最"便宜"、最"如意"、最"稳妥"的方式,就是使这些民族丧失政治独立,对它们实行直接统治。反过来,弱小民族为了摆脱帝国主义者的压迫、剥削和掠夺,其首

---

[400] 参见《列宁全集》第22卷,人民出版社1958年版,第160、291页。
[401] 参见〔苏联〕布拉斯拉夫斯基编:《第一国际第二国际历史资料》,新莫斯科出版社1926年版,第239、240号文件。
[402] 〔德〕考茨基:《再论我们的幻想》,载《新时代》1915年5月21日;《列宁全集》第22卷,人民出版社1958年版,第155—156页;《列宁全集》第36卷,人民出版社1959年版,第392—393页。
[403] 参见列宁:《论"和平纲领"》,载《列宁全集》第22卷,人民出版社1958年版,第160、353—354页。

要前提就是要争得政治上真正的独立自主。因此，马克思主义者从国际无产阶级的利益出发，在反对帝国主义侵略扩张、殖民统治的斗争中，把反对政治兼并、实行民族自决列入自己的斗争纲领。

为了澄清糊涂思想和纠正概念上的混乱，列宁在大战以前就已明确指出，"从历史的和经济的观点看来，马克思主义者的纲领上所谈的'民族自决'，除了政治自决，即国家独立、建立民族国家以外，不能有什么别的意义"，"只能把自决权了解为国家分离权，而不能了解为任何别的东西"。[404] 大战期间，列宁一再重申：遭受帝国主义殖民统治的"被压迫民族的自决权，也就是政治上的自由分离权"；民族自决权"只是一种独立权，即在政治上同压迫民族自由分离的权利"。[405]

考茨基口头上也承认民族自决，但又主张不应当为遭受帝国主义殖民统治的被压迫民族提出政治分离自由的"过分"要求，把民族自决歪曲为民族"自治"。列宁尖锐地揭露说，这是为了讨好帝国主义资产阶级而把马克思主义民族纲领中最本质的东西一笔勾销，这是"以改良主义的方式而不是以革命的方式来表述社会民主党的民族纲领"。因为，对于帝国主义资产阶级说来，只要能把弱小民族强迫留在殖民大帝国的版图之内，那就无论什么样的"民族自治"都是可以答应的。它无碍于帝国主义者继续实行残酷的掠夺。由于考茨基这种曲意逢迎帝国主义者的主张偏偏又是在"拥护"民族自决的幌子下提出来的，所以"考茨基的社会沙文主义谎言说得最漂亮，因而对于无产阶级也最危险"！[406]

在反对帝国主义兼并政策的斗争中，要判断一个人究竟是真心实意地反对民族压迫，还是假仁假义地反对民族压迫，究竟是真正的国际主义者，还是冒牌的国际主义者，不但要看他是否一般地承认遭受殖民统治的弱小民族享有政治上的分离自由和独立自主权利，尤其要看他是否具体地承认受他"祖国"殖民统治的弱小民族享有政治上的分离自由和独立自主权利。列宁明确指出："只有**每个**民族的社会主义者都要求被自己民族压迫的民族有分离的自由，才是真心诚意地反对兼并，**也就是说，才是真心诚意地承认自决**"[407]，"不这样，无产阶级的国际主义就仍然是一句空话"[408]！

因为，在一定的条件下，甚至最凶恶、最贪婪的帝国主义者也可以把民族自决的

---

[404] 参见列宁：《论民族自决权》，载《列宁选集》第2卷，人民出版社1972年版，第512、509页。
[405] 参见列宁：《社会主义革命和民族自决权》，载《列宁全集》第22卷，人民出版社1958年版，第137、140页。
[406] 参见列宁：《革命的无产阶级和民族自决权》，载《列宁全集》第21卷，人民出版社1959年版，第390、391页。
[407] 列宁：《论"和平纲领"》，载《列宁全集》第22卷，人民出版社1958年版，第161、159页。
[408] 列宁：《社会主义革命和民族自决权》，载《列宁全集》第22卷，人民出版社1958年版，第141页。

口号接过去,表示"赞同"甚至"声援"在争霸敌手统治下的弱小民族实行政治分离。他们的如意算盘是一箭三雕:既借以削弱敌手,"从而改善自己的军事地位",增强自己的争霸实力;又借以欺骗怨声载道的本国人民,"转移他们的视线,从国内转向国外"[409];此外,还便于对这些弱小民族插手染指,直至伺机实行新的吞并,把这些地区收入自己的帝国版图或占为自己的势力范围。

列宁指出,当时德国的帝国主义资产阶级正是出于这样的险恶用心而大谈特谈受英国压迫的弱小民族的独立问题,而考茨基及其同伙在大战期间津津乐道"协约国"一方被压迫民族的分离自由,却绝口不谈"同盟国"一方被压迫民族的分离自由,这完全是迎合德国帝国主义资产阶级争夺世界霸权政策的需要,是为了向德国的反动皇帝威廉第二"效犬马之劳"。[410] 然而,"不幸的是,这班德国资产阶级的代理人竟是所谓德国'社会民主'党的党员"[411]。这一群帝国主义鹰犬,身披"社会主义"的漂亮外衣,口说"国际主义"的华丽辞藻,而这种"国际主义"又是专供"输出",在本国则被弃若敝屣,与本国"无缘"的。列宁愤怒地揭露说:"一句话,这是第一千零一种的伪善!"[412]他强调:"断定一个人,不是根据他的言论,而是根据他的行动"[413],提醒全世界被压迫民族和被压迫人民,定要擦亮眼睛,明辨真伪!

此外,列宁还痛斥考茨基美化伦敦和维也纳会议,竭力把第二国际两大右派集团互向敌方"输出"的"国际主义"敝屣加以"理论"装潢的诈骗行径。

显而易见,当时在伦敦和维也纳分别上演的这两场闹剧的实质,有如饿虎发誓赌咒要为豺狼血口中的小羊"伸张正义",加以"拯救",借以掩饰"从对方口中挖肉吃"的真正目的。而考茨基对此所作的歌颂性"剧评",其要害就在于故意抹杀社会沙文主义的兼并争霸政策同马克思主义的民族解放政策之间的根本对立和根本界限,把水搅浑,以假乱真,混淆视听。针对这一点,列宁明确指出:从当时交战的**双方**来说,都只是为了争相奴役其他弱小民族,而决不是为了这些民族的独立。因此,伦敦和维也纳这两帮互相火并撕咬的好汉们所宣称的"反对兼并""承认民族独立"等等,全都"是令人发指的谎言,是最无耻的伪善"。考茨基在这个问题上的新罪恶就在于:他们的这种伪善本来是一国的、笨拙的、显而易见的、触目的、工人看得清清楚楚的,现在考茨基却把它变成国际性的、巧妙的、隐蔽的、迷糊工人眼睛的伪善了。

---

[409] 列宁:《论德国的和非德国的沙文主义》,载《列宁全集》第 22 卷,人民出版社 1958 年版,第 177 页。
[410] 参见列宁:《社会主义革命和民族自决权》,载《列宁全集》第 22 卷,人民出版社 1958 年版,第 150 页,并参见同卷第 176—177、291 页。
[411] 列宁:《论德国的和非德国的沙文主义》,载《列宁全集》第 22 卷,人民出版社 1958 年版,第 177 页。
[412] 列宁:《给布哈林的小册子〈世界经济和帝国主义〉写的序言》,载《列宁全集》第 22 卷,人民出版社 1958 年版,第 97 页。西彦"一千零一",源于阿拉伯故事集《一千零一夜》,习惯上用以形容极多、极端、极度、绝顶、无与伦比。
[413] 列宁:《论德国的和非德国的沙文主义》,载《列宁全集》第 22 卷,人民出版社 1958 年版,第 177 页。

因此，对世界无产阶级说来，考茨基的诈骗手法比那些笨拙的社会帝国主义分子"更有害百倍、危险百倍，考茨基的伪善也更恶劣百倍"[414]。

作为全世界无产阶级的革命导师，作为伟大的国际主义者，列宁不仅狠揭狠批了德国籍的考茨基，而且猛烈抨击了俄国籍的"考茨基们"，无情揭穿他们那种身在贼窝却手指远方、高喊捉贼的卑鄙狡诈手法。列宁指出，俄国的考茨基分子马尔托夫、托洛茨基之流，口头上拥护民族自决，而实际上却丝毫"没有触及主要的根本的、本质的、接近实际的问题，即对于受'我的'民族压迫的民族应持什么态度的问题"。在民族自决问题上，他们舞文弄墨，连篇累牍地发表文章，用"国际主义"的华丽辞藻高谈阔论，哗众取宠，可是偏偏就"回避了主要的问题：俄国**即使在和平时期**，在更加野蛮的、中世纪的、经济落后的、军事官僚式的帝国主义基础上也打破了民族压迫的世界纪录"。因此，他们和当时已经在政治上严重堕落的普列汉诺夫之流一样，"**实际上就是帝国主义者和沙皇的走狗**"[415]。

为了在更多的俄国革命群众面前揭穿沙皇及其走狗们的真实面目，并用无产阶级国际主义思想武装广大的俄国革命人民，列宁还巧妙地使用"伊索寓言式的语言"，用暗示的方法，在沙皇政府书报检查机关认为"合法"的著作中，进一步阐述了上述观点。他举了一个简明易懂的例子：假定日本人指责美国人兼并菲律宾，试问会不会有很多人相信这是因为它根本反对兼并，而不是因为它自己想要兼并菲律宾呢？是不是应该承认，只有日本人起来反对日本兼并朝鲜，要求朝鲜有从日本分离的自由，才能认为这种反对兼并的斗争是真挚的，政治上是诚实的呢？

在沙皇政府被推翻之后，列宁亲自对这段隐晦语言的真实含义作了专门的说明：为了通得过反动的书报检查，"我不得不拿……日本作例子！细心的读者不难用俄国来代替日本，用芬兰、波兰、库尔兰、乌克兰、希瓦、布哈拉、爱斯兰和其他非大俄罗斯人居住的地区来代替朝鲜"[416]。十分明显，列宁在这里所着重揭露的，不是别的，而正是俄国沙皇及其各色走狗们的"第一千零一种的伪善"：在争夺世界霸权的过程中，他们经常打出"支持民族解放"的大纛，扛起"社会主义"的招牌，唱着"国际主义"的高调，借以挖争霸劲敌的墙脚，力图取代其霸主地位，接收其殖民掠夺特权；他们对于争霸劲敌蹂躏弱小民族，可以佯作"义愤"填膺之状，力主民族"自决"，而对于自己铁蹄下弱小民族极其强烈的自决呼声，却一贯装聋作哑，置若罔闻，噤若寒

---

[414] 列宁：《论"和平纲领"》，载《列宁全集》第22卷，人民出版社1958年版，第156页。

[415] 参见列宁：《关于自决问题的争论总结》，载《列宁全集》第22卷，人民出版社1958年版，第354页，并参见同卷第147—148、160—161页。

[416] 列宁：《帝国主义是资本主义的最高阶段》，载《列宁选集》第2卷，人民出版社1972年版，第731、840页。

蝉；他们自称是殖民地、半殖民地一切弱小民族的"天然盟友"，却又以殖民地或半殖民地的形式把一批又一批的弱小民族强行禁锢在大俄罗斯帝国的黑暗监狱里。

（三）列宁对库诺夫、谢姆柯夫斯基之流在民族殖民地问题上谬论的斗争

第一次世界大战前夕和大战期间，社会沙文主义者在民族自决问题上有两种主要色彩：一种就是上述考茨基、马尔托夫式的伪善，另一种则是下述库诺夫、谢姆柯夫斯基式的无耻。前者（"中派"）主要体现为甜蜜的哄骗，后者（右派）则主要体现为蛮横的叫嚣。

暴力"融合"的吹鼓手

当时，德国是后起的、野心勃勃的帝国主义国家，它在争夺世界霸权、吞并弱小民族方面，显得特别贪婪、疯狂。适应着德国容克垄断资产阶级的需要，在德国社会民主党内部出现了库诺夫[417]、连施[418]、帕尔乌斯[419]等狂热的社会帝国主义分子。他们公开地"跪在帝国主义面前歌功颂德"[420]，借口民族之间联系的加强以及经济与政治的集中具有历史进步作用，大力赞扬帝国主义的暴力兼并政策，鼓吹在强食弱肉、民族不平等的基础上实行民族的"联合"或"融合"，明目张胆地反对被压迫民族实行反暴力兼并、反帝国主义的革命斗争；同时，把马克思主义者关于实行民族政治自决即被兼并的弱小民族有权组织独立自主的民族国家的主张，诬蔑为所谓"过了时的理想""没有科学根据""小资产阶级的反动空想""鼓吹历史倒退"等等。

至于德国党内的老右派大头目伯恩施坦，他早先曾因明目张胆地鼓吹侵略有"理"、殖民有"功"而受到多年批判。此际，他学得更"乖巧"和狡诈些了。为了骗取群众信任，他在大战期间提交德国党中央的一份决议草案中[421]，略为改变了此前赤

---

[417] 亨利希·库诺夫（1862—1936），德国社会学家、历史学家，曾任柏林大学教授；德国右翼社会民主党人，露骨的社会沙文主义者和社会帝国主义"理论家"，篡改和伪造马克思主义的"能手"，列宁称之为"帝国主义和兼并政策的辩护士"（参见《列宁选集》第2卷，人民出版社1972年版，第812页）。1917—1923年任德国社会民主党中央机关刊物《新时代》编辑，从"理论"上疯狂攻击社会主义革命和无产阶级专政。

[418] 保罗·连施（1873—1926），德国社会民主党人，1905—1913年任该党左翼机关报《莱比锡人民报》编辑。第一次世界大战一爆发，连施就转而采取社会沙文主义立场；战后担任鲁尔区工人贵族机关报《德意志大众报》主编。

[419] 帕尔乌斯（即 A. L. 赫尔凡得，1869—1924），早年参加德国社会民主党左派，从事德国和俄国工运工作；俄国社会民主工党第二次代表大会以后，加入孟什维克派。他所提出的反马克思主义的"不断革命"论，后来成为托洛茨基用以反对列宁主义的武器。此人后来退出社会民主党，充当了德国帝国主义的代理人，从事大规模的投机倒把活动，在军需供应中发了横财。

[420] 列宁：《帝国主义是资本主义的最高阶段》，载《列宁选集》第2卷，人民出版社1972年版，第812页。

[421] 参见〔苏联〕布拉斯拉夫斯基编：《第一国际第二国际历史资料》，新莫斯科出版社1926年版，第215号文件。

裸裸赞扬殖民掠夺的腔调,转而采取两面手法。一方面,他伪善地声称"决不承认任何一个民族有征服其他民族的权利";另一方面,他在所拟定的具体方案里从实质上根本否定了这一漂亮词句。他避而不谈被压迫民族摆脱帝国主义的统治,从政治上分离出来成立独立国家的问题,却含糊其辞地提倡什么"国家自治的权利"。另外,按他的方案,被压迫民族要获得这种自治权利,还必须具备一系列的条件:第一,必须是居住在欧洲地区的民族;第二,必须"具有欧洲文化";第三,这些民族所居住的地区必须"在面积上足以使他们能够作为各民族国际联盟的一员而独立地发展";第四,被压迫民族的人民只能以"公民投票"的方式表达自己的意愿,而不得诉诸武力,虽然它们丧失独立正是帝国主义者实行暴力兼并的结果。至于居住在欧洲以外的亚洲、非洲、美洲广阔地区的被压迫民族的独立解放问题,在伯恩施坦的心目中,是根本不存在的。存在的只是"在保证当地居民在法律地位和物质生活上不致恶化的条件下",可以对殖民地作一些"国际变动",即可以将原来隶属于某一帝国主义国家的殖民地"变动"为隶属于另一帝国主义国家。在这里,伯恩施坦所慷慨地给予亚洲、非洲、美洲殖民地人民的唯一权利,就是可以在帝国主义列强之间"易主而事"——更换一个主人来奴役自己。这种方案,对于在争夺殖民地的"事业"中来迟了一步因而急欲重分世界的德国容克资产阶级说来,当然是最最惬意不过的了!

伯恩施坦的这种观点,是和当时流行于德国的兼并融合"进步"论紧密配合的,也可以说,这是一种改头换面的兼并融合"进步"论。

在"各族人民的监狱"——沙皇俄国,臭名远扬的保皇党大头目普利什凯维奇和资产阶级沙文主义者科科什金之流大叫大嚷:赞成弱小民族的政治自决,就是"不顾一切的冒险主义",就是"政治的盲动";就是"鼓励分裂",就会促使"统一完整"的国家陷于"瓦解"——这简直是"罪该万死"的大叛大逆!像列宁所揭露的,他们"甚至把分离的念头也当作罪恶"[422]。

俄国的社会沙文主义者谢姆柯夫斯基[423]、李普曼[424]、尤尔凯维奇[425]等人,充当了沙皇黑帮和资产阶级沙文主义者的应声虫,并且和库诺夫之流一个鼻孔出气,极

---

[422] 列宁:《论民族自决权》,载《列宁选集》第2卷,人民出版社1972年版,第562页。
[423] 谢姆柯夫斯基(即 С. Ю. 布隆施坦,1882年生,卒年未详),俄国孟什维克取消派分子,长期担任该派重要报刊编辑,极力宣传反对民族自决原则。1917年成为孟什维克党中央委员,1920年退出该党。后来在乌克兰当大学教授,从事科学、文学方面的工作。
[424] Ф. 李普曼(1882年生,卒年未详),大学教授,俄国崩得(犹太族知识分子和工人组织)分子首领之一。曾十分热衷于鼓吹鲍威尔的"民族文化自治"论,极力攻击民族自决原则。第一次世界大战期间,狂热支持沙俄政府的侵略兼并政策。十月革命以后成为维也纳第二半国际的拥护者。
[425] Л. 尤尔凯维奇(1885—1918),乌克兰民族主义分子,乌克兰社会民主党中央委员。在报刊上积极鼓吹狭隘民族主义思想。第一次世界大战期间,极力拥护沙俄政府的侵略兼并政策。

力反对实行民族自决。为了招摇撞骗,他们使用了一些颇为"马克思主义"的词句,给马克思主义者乱扣帽子,攻击民族自决的主张是什么"提倡民族闭关自守""闹分散主义"、阻碍和反对"同俄国整个无产阶级共同进行斗争""助长资产阶级民族主义"等等。

简言之,这些社会帝国主义分子妄图用他们骂街的唾沫,在人们面前布起一层迷眼的毒雾:在处理民族关系问题上,似乎正是反对帝国主义暴力兼并、主张民族自决权的国际马克思主义者"违背"历史发展规律,"阻碍"历史正常进程,"抛弃"了无产阶级国际主义;而歌颂帝国主义暴力兼并、反对民族自决权的他们,才是"顺应"历史发展规律,"促进"历史正常进程,"坚持"了无产阶级国际主义。

国际右派的新进攻,挑起了关于民族自决问题的新论战。第一次世界大战期间的这场新论战,实际上是战前在同一问题上长期论战的延续,但又不是简单的"旧话重提"。在新的历史条件下,这场论战具有比战前更加迫切的现实意义,论战的范围具有更加广泛的国际性,交锋的主题内容也更加全面深入。

在国际无产阶级左派队伍中,那些原先对民族自决问题抱有糊涂思想的人在大战业已爆发、帝国主义暴力兼并行为变本加厉的新条件下,尽管能为反对帝国主义战争而奔走呼号,不遗余力,但仍然未能从自己的错误认识中解脱出来,反而对原有的想法作了一些新的错误"论证"。

例如,波兰某些左派社会民主党人在1916年发表了一份《关于帝国主义和民族压迫的提纲》,严正声明反对任何暴力兼并,在这点上,他们似乎是同公开颂扬暴力兼并政策的社会帝国主义分子库诺夫之流严格划清了界限。但是,他们却在这份提纲中笼统含糊地肯定,在"帝国主义车轮碾压"下形成的政治集中和经济集中可以"为社会主义准备条件",因而声称"决不主张在欧洲树立新的国界标志,恢复被帝国主义拆除的国界标志",即反对被帝国主义暴力吞并的弱小民族实行政治自决恢复国家独立。

另外,左派队伍中还有一些人受到欧洲"文明"人传统观念和狭隘眼界的束缚,没有注意到或不认真考虑把民族自决原则推广运用于欧洲以外的亚洲、非洲和美洲殖民地、半殖民地的众多被压迫民族,"理由"是这些地区"没有无产阶级",不适用工人政党提出的民族自决口号。

诸如此类的新"论证",在逻辑上显然是自相矛盾的,在实践上则起了替帝国主义暴力兼并政策文过饰非和呐喊助威的作用,成为库诺夫和谢姆柯夫斯基之流用以诋毁和抨击民族自决原则的新的"理论炮弹",从而"不由自主地为社会帝国主义者效了劳"。[426]

在国际社会帝国主义分子的一片叫骂声中,以列宁为首的国际马克思主义者坚定不移地捍卫民族自决这一革命的民族纲领,从理论上给社会帝国主义分子以迎头痛击;同时,对某些左派社会民主党人的有害观点,则在"进行同志般的讨论"[427]中加以既尖锐严厉又令人信服的说理批评,帮助他们回到马克思主义的革命路线上来。

务必同尼古拉二世的"融合"主张严格划清界限

前面说过,列宁在第一次世界大战以前批判"民族文化自治"论的过程中,曾经科学地论述了关于民族分离独立和民族同化融合这两种历史趋向及其相互关系,教导世界无产阶级应当自觉掌握历史发展的客观规律,按规律办事,既要坚持民族平权和民族自决,反对大国沙文主义,又要坚持各族无产阶级的国际主义团结,反对狭隘民族主义。

大战以前,列宁曾经明确表示:"总的说来,我们是反对分离的。但我们拥护分离权,因为黑帮的大俄罗斯民族主义大大损害了民族共居的事业,有时**在自由分离以后**,反而可以获得**更多**的联系!!"[428]1914年4月间,列宁又在一篇题为《关于民族政策问题》、准备由布尔什维克代表在国家杜马中正式宣读的发言稿中,严正声明:"我们只重视自愿的联系,决不赞成强制性的联系。"[429]他还曾以俄国为例,具体剖析了强制融合的严重恶果,指出沙皇黑帮所推行的暴力兼并、民族压迫的政策,就是民族**分裂**的政策。他们通过维护大俄罗斯民族的压迫特权,制造民族对立,挑动民族残杀,煽起民族仇恨,以破坏各族工人之间的阶级团结,使统一的工人阶级队伍按民族标准陷于四分五裂,从而达到分而治之的险恶目的。[430] 因此,只有取消民族压迫特权,"取消强制性的、封建的和军事的联系,建立自愿的联系,才能够赢得各民族工人阶级的团结一致"[431]。而马克思主义者大力宣传和维护被压迫民族摆脱殖民统治的自决权,即政治上的分离权、独立权、自主权,就是为了不承认**强制性**的联系,通过反对任何民族特权,坚持民族平等,借以培养各族工人的阶级团结、阶级友爱精神,

---

[426] 参见列宁:《革命的无产阶级和民族自决权》,载《列宁全集》第21卷,人民出版社1959年版,第390页;《列宁全集》第22卷,人民出版社1958年版,第146、328—329页。

[427] 列宁:《关于自决问题的争论总结》,载《列宁全集》第22卷,人民出版社1958年版,第324页。

[428] 列宁:《给斯·格·邵武勉的信》,载《列宁全集》第19卷,人民出版社1959年版,第502页。

[429]《列宁全集》第20卷,人民出版社1958年版,第217页。

[430] 参见列宁:《民族平等》,载《列宁全集》第20卷,人民出版社1958年版,第232—233页;《列宁全集》第8卷,人民出版社1959年版,第320页;《列宁全集》第19卷,人民出版社1959年版,第303页。

[431] 列宁:《关于民族政策问题》,载《列宁全集》第20卷,人民出版社1958年版,第217页。

反对共同的阶级敌人。

从列宁在战前的有关论述中可以看出,马克思主义者在民族融合问题上的基本态度是:第一,赞同加强民族之间的联系和融合;但是,第二,这种联系和融合,必须以平等、自愿作为基础和前提。

大战期间,在关于民族自决问题的新论战中,为了批判兼并融合"进步"论,列宁进一步对上述基本态度作了更加鲜明也更加深刻的阐述。

列宁反复多次阐明:马克思主义者是各种狭隘民族主义的敌人,是民主**集中制**的拥护者,是反对分立主义的。马克思主义者深信:**在其他条件相同的情况下**,由各民族共同组成大国家的好处是不容置疑的。在一个按照民主集中制原则组织起来的统一的大国里,更便于不同民族在各方面直接地互通有无,取长补短,互助合作,共谋繁荣;也更便于不同民族的工农大众直接地加强联系,紧密团结,同心协力,共谋解放。因此,总的说来,大国比小国更有利于解决发展经济的任务,也更有利于无产阶级对资产阶级开展斗争。

如果进一步从人类社会历史发展的全过程着眼,那么,中央集权制的大国是从中世纪的分散状态走向将来全世界社会主义的统一体的一个巨大历史步骤;同时,民族本身只是一个历史范畴,它和阶级一样,只是人类历史发展到一定阶段的产物,并非自古就有的,也非永世长存的。从长远说,社会主义、共产主义的目的不只是要消灭人类划分为阶级的现象,而且要消灭人类划分为许多小国的现象,要消灭各民族间的任何隔离状态;不只是要使各民族互相亲近,而且要使各民族互相融合,成为一体。[432]

但是,在如何实现这些目的的问题上,马克思主义者的路线同修正主义者、社会帝国主义者却是根本对立、形同水火的。

在马克思主义者看来,由于帝国主义到处实行暴力兼并和殖民统治,世界各地不同民族之间在平等自愿的基础上互相接近和互相融合的正常进程,受到了极其严重的阻挠和破坏,代之而来的是遍及全球的弱肉强食和民族压迫。以暴力兼并为基础的强迫联系和强迫融合,不但给众多的弱小民族带来了种种社会灾难,而且也给强国大族的劳动者加固了沉重的阶级枷锁,归根到底,造成了全球性的民族对抗和民族分裂。这种现象,对于各族无产阶级的国际主义团结,对于无产阶级社会主义革命事业的进展,对于全人类的解放和共产主义目标的实现,危害至深,破坏极大!

---

[432] 参见列宁:《社会主义革命和民族自决权》,载《列宁全集》第22卷,人民出版社1958年版,第140页;《列宁全集》第20卷,人民出版社1958年版,第29、98—99、217页;《列宁全集》第21卷,人民出版社1959年版,第86页;《列宁全集》第24卷,人民出版社1957年版,第51页。

正是针对这种由帝国主义暴力兼并和民族压迫造成的世界性社会病象,马克思主义者力主被压迫弱小民族应当有权从帝国主义殖民帝国整体中分离出来,借以彻底摆脱民族压迫,实现独立自主,即应当享有民族自决权。对于此种主张,列宁再次明确解释说:"我们把分离权的问题和我们是不是提倡分离的问题区别开来"[433];"民族自决权从政治意义上来讲,只是一种独立权,即在政治上同压迫民族自由分离的权利";"这种要求并不等于分离、分散、成立小国家的要求,它只是反对一切民族压迫的彻底表现"[434]。

换句话说,马克思主义者提倡民族自决原则决不是意味着提倡一切民族通通分离单干,各自组建小国,更不是意味着提倡一切民族各自局处一隅,闭关自守,互相隔绝,而仅仅是意味着对一切民族压迫现象的深恶痛绝,意味着对民族压迫所造成的民族对抗、民族分裂现象的痛心疾首;反过来,同时也就是意味着对世界各族人民在民族平等基础上实现民族亲近、民族融合的强烈愿望!因为,承认、宣传、维护民族自决权,就无异于承认、宣传、维护弱小民族的平等独立地位和当家作主权利,这就有利于他们彻底摆脱帝国主义的暴力兼并和民族压迫,有利于消除由民族压迫所造成的民族对抗和民族分裂,有利于廓清民族之间的猜疑、憎恨或仇视,增强不同民族工农大众的阶级团结。而所有这些,都归结到一点:有利于不同民族在完全平等、自愿的基础上实现亲近和融合。

可见,提倡遭受异族殖民统治的弱小民族享有分离独立权与实现各民族亲近融合,两者之间,貌似相反,实则相成。对于两者之间的这种关系,列宁作了出色的概括。他指出:马克思主义者是主张民族融合的,但是,在帝国主义对弱小民族肆意实行暴力兼并、殖民统治和民族压迫的现实条件下,没有分离自由,便不能从强制的融合、从兼并过渡到自愿的融合。"正如人类只有经过被压迫阶级专政的过渡时期才能达到阶级的消灭一样,人类只有经过一切被压迫民族完全解放的过渡时期,即他们有分离自由的过渡时期,才能达到各民族的必然融合"[435]。

列宁还以最简明的语言,突出地强调了马克思主义者坚持民族自决权的根本用意。他总结说,我们宣传和维护民族自决权,"**决**不是为了'提倡'实行分离,相反地,是为了促进和加速各民族的**民主**的亲近和融合";我们之所以要求给遭受帝国主义

---

[433] 列宁:《论对马克思主义的讽刺和"帝国主义经济主义"》,载《列宁全集》第23卷,人民出版社1958年版,第61页。

[434] 列宁:《社会主义革命和民族自决权》,载《列宁全集》第22卷,人民出版社1958年版,第140页;《列宁全集》第20卷,人民出版社1958年版,第217页;《列宁全集》第21卷,人民出版社1959年版,第392—393页。

[435] 列宁:《社会主义革命和民族自决权》,载《列宁全集》第22卷,人民出版社1958年版,第141页;《列宁全集》第23卷,人民出版社1958年版,第64页。

暴力兼并和殖民统治的一切被压迫民族以分离自由，"**只是因为我们主张自由的、自愿的**亲近和融合，不主张强制的亲近和融合。**如此而已！**"[436]

由此可见，在马克思主义者看来，在存在着帝国主义殖民统治的条件下，承认民族分离权与促进各民族亲近融合，这两者之间，是手段与目的关系，是途径与终点的关系。承认民族分离权本身并不是目的或终点，而仅仅是反帝革命斗争、促进民族自愿亲近融合的有效手段和有效途径。

正由于坚持遭受殖民统治的弱小民族享有分离自由权仅仅是一种手段，它同促进反帝革命斗争、促进各族自愿亲近融合这一目的比较起来，只是相对的、第二性的、被决定的东西，因此马克思主义在有关民族自决权即分离自由权的宣传鼓动和具体运用上，就不应当把它绝对化、僵死化，不应当把它看成是独立自在或一成不变的。恰恰相反，必须视其是否能最有效地服从于和服务于上述目的，在宣传和运用上保持必要的灵活性。

在这方面，列宁的有关论述中有两项要点是特别值得注意的：

第一，仅仅赞助有利于反帝的革命的分离运动，坚决反对不利于反帝的反动的分离运动。列宁在战前有关论述的基础上，再一次重申："决不允许把民族有权自由分离的问题和某一民族在某个时期实行分离是否适当的问题混为一谈"[437]。他认为对于后一问题，马克思主义者应当在各个不同的场合，从当时当地的实际情况出发，根据整个社会发展的利益和无产阶级争取社会主义的阶级斗争的利益，全面地权衡利弊，分别地加以解决，即分别地表示赞成分离或反对分离。

列宁明确指出，民族自决的要求，并不是什么绝对的东西，而只是世界整个社会主义革命运动的一小部分。"在个别的具体情况下，部分可能和总体相矛盾，那时就必须抛弃这一部分"[438]。他还特地引述马克思和恩格斯当年坚决反对在欧洲为沙俄霸权扩张充当马前卒的某些小民族所掀起的反动民族运动，作为光辉的策略范例，教育革命人民应当从中吸取有益于将来的极其宝贵的教训。[439]

列宁的这些教导启示我们：必须严格区分革命的和反动的民族分离运动，以便决定予以赞助还是加以反对；而判断某一民族分离运动之是非，则必须以它在反帝反霸斗争总结中的实际结果作为标准，看它对帝国主义、霸权主义是起了削弱和瓦

---

[436] 列宁：《论对马克思主义的讽刺和"帝国主义经济主义"》，载《列宁全集》第 23 卷，人民出版社 1958 年版，第 62 页。

[437] 列宁：《俄国社会民主工党（布）第七次全国代表会议（四月代表会议）》，载《列宁全集》第 24 卷，人民出版社 1957 年版，第 269 页；《列宁全集》第 19 卷，人民出版社 1959 年版，第 237、427 页。

[438] 列宁：《关于自决问题的争论总结》，载《列宁全集》第 22 卷，人民出版社 1958 年版，第 336 页。

[439] 同上书，第 335 页。

解的作用,还是起了巩固和加强的作用。[440] 当民族分离的要求不是有利于促进反帝革命斗争、促进各民族平等自愿的亲近和融合,反而是被帝国主义、霸权主义所利用,从而加剧民族对抗和民族分裂或者损害各族工农大众共同的、整体的革命利益时,马克思主义者就应当对这类要求断然加以否定和反对,对它开展必要的斗争。

第二,制定民族纲领,务必切合本国国情,以利于各族自愿融合,共同推进革命。列宁在大战前数月发表的一篇专论民族自决权的长文中强调:在分析任何一个社会问题时,马克思主义理论的绝对要求,就是要把问题提到一定的历史范围之内。如果谈到某一国家的具体的民族纲领,那就一定要估计到在同一历史时代这个国家不同于其他各国的具体特点,而决不能生搬硬套。[441] 在大战期间,列宁写了另一长篇专文批驳对民族自决原则的曲解和攻击,文中再次强调:"一切民族都将走到社会主义,这是不可避免的,但是一切民族的走法却不完全一样",在国家类型、政治体制、民主形式上,"每个民族都会有自己的特点"[442],一定会表现出多样性、丰富多彩。因此,决不能"一律用浅灰色"去描绘这方面的未来,否则就顶多只能作出蹩脚可笑的图画。

十月革命胜利之后,列宁更是多次重申这样的思想:当每个国家采取具体的途径来解决统一的国际任务,向着社会主义、共产主义的共同革命目标迈进时,无论如何也不能在斗争策略规则上要求千篇一律、死板划一、彼此雷同,以致作茧自缚,贻害革命。恰恰相反,各国的马克思主义者都必须认真考察研究、探索、揣摩和把握本民族的特点,在具体运用共产主义基本原则时,把它在细节上正确地加以改变,使它正确地适应于民族的和民族国家的差别。[443]

列宁的这一光辉指导思想,当然也完全适用于各国民族纲领的正确制定和民族问题的妥善解决。他无疑是要求各国共产党人在各自的全部革命实践中,其中也包括在民族纲领的制定和民族问题的解决方面,务必从本国的实际情况出发,勇于探索,善于创新,多辟新径,殊途同归。

从列宁的以上论述中,我们显然可以看出:鉴别和判断任何民族纲领和民族政策之是否正确,其首要标准就在于看这种纲领和政策是否最切合于本国国情,从而最有利于促进反帝革命斗争,最有利于促进各民族平等自愿的亲近融合和团结合

---

[440] 对于这方面的思想观点,斯大林曾以列宁的有关论述为依据,在《论列宁主义基础》一文中作了出色的阐发。参见《斯大林全集》第6卷,人民出版社1956年版,第124—126页。

[441] 参见列宁:《论民族自决权》,载《列宁选集》第2卷,人民出版社1972年版,第512页。

[442] 列宁:《论对马克思主义的讽刺和"帝国主义经济主义"》,载《列宁全集》第23卷,人民出版社1958年版,第64—65页。

[443] 参见列宁:《共产主义运动中的"左派"幼稚病》,载《列宁选集》第4卷,人民出版社1972年版,第246页;《列宁全集》第29卷,人民出版社1956年版,第168页;《列宁全集》第30卷,人民出版社1957年版,第138—139页。

作,归根到底,是否最有利于共同推进无产阶级社会主义、共产主义的革命事业。

为了促进各民族在平等自愿基础上的亲近融合,马克思主义政党应当对一切民族的工农群众进行无产阶级国际主义教育。列宁指出,这种教育工作的具体内容在实行帝国主义压迫的大民族和遭受帝国主义压迫的弱小民族中,显然不应完全相同,而应当有不同的侧重点。

在压迫民族中,国际主义教育的重心必须是大力宣传并且要工人坚持遭受殖民统治的被压迫民族有分离的自由,对于某一弱小民族的分合去留问题,应当按照该弱小民族自己的意愿去解决;不应当专为本民族着想,而应当把一切民族的利益、一切民族的普遍自由和平等置于本民族之上。

而在被压迫民族中,国际主义教育的重心则应当放在各民族"自愿**联合**"这末尾两个字上,围绕这个中心开展宣传鼓动工作,教育群众在任何场合都应当反对小民族的狭隘观点、闭关自守和各自为政,时刻注意把各族无产者的国际主义阶级团结以及各族工农共同的革命事业放在第一位,积极提倡顾全整体和大局,局部利益服从总体利益;在完全平等、自愿的基础上,通过各种形式,同其他民族亲近融合,以便和外族的工农群众齐心协力,共同为无产阶级的革命事业努力奋斗![444]

然而,就世界的全局而论,马克思主义者对于反对大国沙文主义的斗争和反对狭隘民族主义的斗争,又并不是等量齐观,平均使用力量的。

列宁教导说,由于我们这个时代的帝国主义使一些大国对其他民族的压迫成了一种普遍现象,一小撮大国的民族正在压迫世界上大多数民族和大多数居民,并且当时为了巩固对其他民族的压迫而正在进行着帝国主义战争,因此,"正是同大国民族的社会沙文主义进行斗争的观点,应该成为社会民主党民族纲领中决定性的、主要的、基本的观点"[445]。

从这一适应于客观现实和反映了时代特色的基本观点出发,马克思主义者在全世界范围内理所当然地应以更大的努力,来宣传和维护遭受帝国主义殖民统治的弱小民族享有自决权即自由分离权的思想原则,为被压迫弱小民族从帝国主义大国大族的暴力兼并和殖民统治下实行政治分离、另组独立国家的自由权利而大声疾呼,坚决斗争!

可是,当时身为社会民主党人的库诺夫、连施和谢姆柯夫斯基之流,不唯不严格遵循上述主要的、基本的观点,反而借口经济集中、政治集中和民族融合的历史进步

---

[444] 参见列宁:《关于自决问题的争论总结》,载《列宁全集》第22卷,人民出版社1958年版,第340—341页;《列宁全集》第20卷,人民出版社1959年版,第29页;《列宁全集》第23卷,人民出版社1958年版,第61—62页。

[445] 列宁:《革命的无产阶级和民族自决权》,载《列宁全集》第21卷,人民出版社1959年版,第389页。

作用,赞成和颂扬帝国主义对弱小民族实行暴力兼并,恣意攻击和恶毒诽谤马克思主义者关于民族自决权的正确主张,反对弱小民族享有摆脱帝国主义殖民统治、组建独立国家的自由分离权。列宁尖锐揭露说,这只能说明他们是"相当露骨的资产阶级奴仆"[446],是"露骨的社会帝国主义者"[447]。

列宁反复强调:同他们根本相反,马克思主义者决不能按帝国主义者的理解来坚持经济集中和政治集中的进步性。要使各民族互相接近乃至进一步融合,达到这个目的的方法决不应当是暴力,也决不应当是其他任何形式的强制,而应当"仅仅是各民族工人和劳动群众的自由的和兄弟般的联合"[448],即仅仅是"使各民族在真正民主和真正国际主义的基础上相互接近乃至相互融合"[449]。

有鉴于国际共产主义运动中在民族融合问题上存在着暴力吞并融合和平等自愿融合这两条水火不相容的路线,列宁谆谆教导各国人民要善于进行阶级分析,"研究社会**各阶级**对这个问题的态度"[450],以便通过比较,进行鉴别,识破那些假马克思主义者、假国际主义者的真貌。他说:"如果压迫的、兼并的大民族中的社会民主党人仅仅一般地鼓吹民族融合,而忘记了,哪怕是一分钟忘记了'他的'尼古拉二世、'他的'威廉、乔治、彭加勒等**也主张**和小民族**融合**(用兼并手段),……那么,这样的社会民主党人在理论上是可笑的学理主义者,在实践上是帝国主义的帮凶!"[451]

当今世界上存在着大国霸权主义者。他们多年来拼命鼓吹在强食弱肉和民族不平等的基础上实行民族融合,实行经济集中和政治集中,实行"经济一体化"和"政治一体化"。大国霸权主义者们究竟如何对待当年尼古拉二世的主张?他们记住了什么,"忘记"了什么?——这是值得人们深思的!

在揭批兼并融合"进步"论的过程中,列宁还针对那种形"左"实右的荒谬观点,即夸夸其谈地用"革命"词句唱高调、轻视民族解放运动伟大革命意义的观点,作了辛辣的嘲讽。[452]

列宁认为,如果把帝国主义时代的社会革命看成是"纯粹"由国际无产阶级进行的革命,那就是一种"迂腐可笑的观点"。这种人实际上是把社会革命设想成这样:

---

[446] 列宁:《社会主义革命和民族自决权》,载《列宁全集》第22卷,人民出版社1958年版,第146页。
[447] 列宁:《关于自决问题的争论总结》,载《列宁全集》第22卷,人民出版社1958年版,第353、328—329页。
[448] 列宁:《无产阶级在我国革命中的任务》,载《列宁全集》第24卷,人民出版社1957年版,第51页;《列宁全集》第22卷,人民出版社1958年版,第143—144、329页。
[449] 列宁:《革命的无产阶级和民族自决权》,载《列宁全集》第21卷,人民出版社1959年版,第393页。
[450] 列宁:《论民族自决权》,载《列宁选集》第2卷,人民出版社1972年版,第526页。
[451] 列宁:《关于自决问题的争论总结》,载《列宁选集》第2卷,人民出版社1972年版,第867页。
[452] 参见列宁:《关于自决问题的争论总结》,载《列宁全集》第22卷,人民出版社1958年版,第349—352页。以下三段引文均见上列诸页论述,不另注出处。

大概,有一支队伍在这一边排好队,喊道:"我们赞成社会主义",而另一支队伍在那一边排好队,喊道:"我们赞成帝国主义",这就是社会革命吧!

列宁指出:"谁要是等待'纯粹的'社会革命,谁就**永远**要落空,谁就是不懂得真正革命的口头革命家"。因为,历史表明:像俄国1905年那样的民主革命,就是"由人民中**一切**具有不满情绪的阶级、团体和分子的一系列的战斗构成的";而就社会主义革命而言,它也"**不能不**是一切被压迫者和不满者的群众斗争的爆发",而绝不仅限于无产阶级觉悟分子的参加。面对这五光十色的群众斗争,只要"**客观上**他们是向**资本**进攻的",先进的无产阶级就应当和能够"统一和指导这个斗争",借以实现自己的革命目的。

如果在无产阶级争取社会主义的伟大解放斗争中,轻视被压迫弱小民族的反帝革命运动,"不善于利用反对帝国主义**个别灾难**的**一切**人民运动来加剧和扩大危机,那我们就不是好的革命家"。当时有人借口民族解放运动参加者的社会成分不"纯"而无视运动所产生的客观效果,把欧洲一次具有广泛群众基础的弱小民族的起义蔑称为小资产阶级的"盲动"。对此,列宁严肃地指出:第一,这是一种"教条式和书呆子式的奇怪评价";第二,也是更重要的,这种评价竟同当时俄国的帝国主义分子对同一运动所作的反动评价"'偶然'吻合一致",在这种情况下,"眼睛总该睁开了吧!!"

离婚自由不等于"家庭瓦解"

为了更有力地反击社会沙文主义、社会帝国主义者的上述诬蔑,揭露其谬论的实质,为了使更广大的群众理解和接受马克思主义关于民族自决的主张,列宁还对民族之间分离与融合、分散与集中的关系,作了一个十分通俗、十分恰切的譬喻。

他指出,在婚姻家庭关系上,反动分子反对离婚自由,叫嚷什么允许离婚自由就是促使"家庭瓦解",实际上他们是想维护男性对女性欺凌肆虐的特权。其实,第一,"承认妇女有离婚**自由**,并不等于**号召**所有的妻子都来闹离婚"[453];第二,把离婚自由赋予家庭关系上的被压迫者,势必使家庭关系上的压迫者有所忌惮,不能肆逞淫威,因此,这不但不会使家庭关系"瓦解",而且相反地会使这种关系在家庭民主这一更加牢实的基础上巩固起来。同理,把拥护民族自决权即拥护弱小民族享有摆脱帝国主义殖民统治的政治分离权和独立自主权的人,诬蔑为"闹分散主义""鼓励分裂""促使国家瓦解""破坏工人国际主义团结"等等,这"正像责备拥护离婚自由的人是

---

[453] 列宁:《论对马克思主义的讽刺和"帝国主义经济主义"》,载《列宁全集》第23卷,人民出版社1958年版,第67页。

在鼓励破坏家庭关系一样愚蠢,一样虚伪"[454]。因为,进行这种诬蔑的人,醉翁之意不在酒,其实际目的无非是妄图极力保住帝国主义压迫民族的大国沙文主义特权,就像非难离婚自由的人实际上是力图保住"大男子"的压迫特权一样。

在这方面,列宁特别愤怒地谴责和声讨沙皇黑帮一贯对俄罗斯帝国"大家庭"中的许多弱小民族实行封建家长式的暴虐统治。

列宁认为,欧洲的波兰、芬兰、乌克兰以及亚洲的蒙古、土尔克斯坦等等,都是俄国沙皇和资本家的占领地或殖民地,"对俄国说来,试图在被压迫民族和殖民地之间找出某种重大的差别,那是特别荒谬的"[455]。在俄国,半数以上,几乎是 3/5 的居民遭受着"打破世界纪录"的民族压迫,遭受着沙皇黑帮和大俄罗斯民族地主资本家的残酷掠夺和暴虐摧残。这些吸血鬼拼命鼓吹大俄罗斯民族主义,"有多次血腥镇压民族运动的传统"[456]。而对弱小民族的压迫,转移了斗争视线,分裂了革命队伍,又反过来成为大俄罗斯民族本身解放事业的莫大障碍,它"是一根有两头的棍子"[457],这棍子一头打击弱小的"异族人",另一头打击俄罗斯民族的工友,起着巩固沙皇专制统治的作用。

针对这种情况,列宁一方面号召各族被压迫人民共同奋起彻底摧毁沙皇反动政权,同时又坚决主张各被压迫弱小民族应当享有从俄罗斯帝国的"大家庭"中分离出去的自由权利。因为只有这样,才能更有效地反对民族压迫,从而团结和发动各族人民,更有力地打击沙皇专制统治,加速它的彻底覆灭!列宁强调说:"俄国社会民主党绝对必须承认受沙皇制度压迫的民族有同俄国自由分离的权利"[458],"要无条件地反对统治民族……对于在国家关系上愿意分离的民族用任何形式施用任何暴力"[459],如果自称"社会主义者"而又不按此行事,那就必然是"沾满了血污的帝国主义君主派和帝国主义资产阶级的走狗"[460]。

1917 年 2 月革命以后,沙皇政府刚被推翻不久,在两个政权并存的局面下,列宁再一次强调说,无产阶级政党应当立即宣布和实行:"一切受沙皇制度压迫、被强迫合并或强迫划入版图的民族,即被兼并的民族,都享有同俄国分离的完全自由"[461]。

---

[454] 列宁:《论民族自决权》,载《列宁选集》第 2 卷,人民出版社 1972 年版,第 534 页。

[455] 列宁:《论对马克思主义的讽刺和"帝国主义经济主义"》,载《列宁全集》第 23 卷,人民出版社 1958 年版,第 63 页注;《列宁全集》第 25 卷,人民出版社 1958 年版,第 39—40 页。

[456] 列宁:《1913 年有党的工作人员参加的俄国社会民主工党中央委员会夏季会议的决议》,载《列宁全集》第 19 卷,人民出版社 1959 年版,第 427 页。

[457] 列宁:《民族平等》,载《列宁全集》第 20 卷,人民出版社 1958 年版,第 233 页。

[458] 列宁:《社会主义革命和民族自决权》,载《列宁选集》第 2 卷,人民出版社 1972 年版,第 727 页。

[459] 列宁:《民族问题提纲》,载《列宁全集》第 19 卷,人民出版社 1959 年版,第 237 页。

[460] 列宁:《社会主义革命和民族自决权》,载《列宁选集》第 2 卷,人民出版社 1972 年版,第 726 页。

[461] 列宁:《无产阶级在我国革命中的任务》,载《列宁选集》第 3 卷,人民出版社 1972 年版,第 50 页。

他指出:民族压迫政策是沙皇专制制度的可耻"遗产","我们俄国的工人和农民决不用强力扣留任何一块非大俄罗斯的土地或殖民地"[462];"否认自由分离权,就是直接继续沙皇政府的政策","就等于拥护侵略政策或兼并政策"[463]。

民族自决口号新的革命内容

在关于民族自决问题的新的论战中,列宁对民族自决这一口号的历史演变过程作了简要的回顾,并精辟地阐明了新的历史时代赋予这个口号以崭新的、更加丰富充实的革命内容。

列宁指出,关于民族自决这个要求,早在17和18世纪就已经由小资产阶级提出来了。从整个世界历史发展进程来看,民族运动的产生是同资本主义上升时代,即资本主义彻底战胜封建主义的时代联系在一起的。这种运动的经济基础就是:弱小民族的新兴资产阶级为了发展资本主义商品生产,赢得更多的利润,就必须尽力夺得和全面控制本民族本地区的商品销售市场。要实现这一目的,就必须使操着同一种语言的人群所居住的地域用国家形式统一起来,建立最能满足资本主义发展要求的独立的民族国家。为了建立独立的民族国家,就不能不努力反抗强大异族封建势力的专制统治和民族压迫,实现本民族的政治自决,从异族集体中脱离、分离出来。

所以,民族自决本来就是作为一种反对封建专制主义的斗争口号,即资产阶级民主主义的斗争口号而提出来的。

但是,历史发展到19世纪末20世纪初,出现了许多重大的新情况、新因素。资本主义已发展到它的最后阶段即帝国主义阶段,帝国主义列强变本加厉地推行暴力兼并政策,把整个世界瓜分完毕,使民族压迫成为全球性的普遍现象。"帝国主义造成新的基础上的民族压迫",所以,"帝国主义是在**新的**历史基础上的民族压迫的时代"。

在这个新的时代里,由于民族压迫的加强和扩大,被压迫民族的反抗斗争也相应地加强和扩大,使民族自决大大增加了"问题的迫切性",民族自决口号的呼声遍及全球,"帝国主义使这一陈旧的口号更新了"。[464] 在新的历史条件下,这个老口号获得了新活力,增添了新革命内容。

民族自决口号的更新,粗略地说,主要体现在以下几个方面:

---

[462] 列宁:《有没有通向公正的和平的道路?》,载《列宁全集》第25卷,人民出版社1958年版,第40页。
[463] 列宁:《俄国社会民主工党(布)第七次全国代表会议(四月代表会议)》,载《列宁全集》第24卷,人民出版社1990年版,第269页。
[464] 参见列宁:《关于帝国主义的笔记》,载《列宁全集》第39卷,人民出版社1963年版,第841页;《列宁全集》第20卷,人民出版社1958年版,第396—397页;《列宁全集》第22卷,人民出版社1958年版,第141页。

第一，民族自决的口号不再仅仅适用于欧洲，而且广泛适用于全世界。

如所周知，在世界历史上，西欧是资本主义的摇篮；作为资本主义发展的伴生现象，民族运动也最早出现在西欧，并相继产生于欧洲其他地区和北美。依据民族自决原则而组建的许多独立"民族国家对于整个西欧，甚至对于整个文明世界，都是资本主义时期**典型**的正常的国家形式"[465]。因此，长期以来在欧洲"文明"人的传统观念和一般心目中，剩下的只是那些居住在欧洲、"文化水平"颇高、同样属于"文明"人而又尚未建立独立国家的弱小民族该不该实行民族自决和如何实行民族自决的问题了。

适应着新时代的新要求，列宁果敢地同这种传统观念实行彻底的决裂，严厉批驳了那种硬说民族自决口号早已"过时"和不适用于亚洲、非洲和美洲广阔地区的荒谬观点。

列宁就民族自决问题把当时世界上的主要国家分成三类。第一类是西欧的先进资本主义国家和美国：在这些地区，总的说来资产阶级进步的民族运动早已结束。但是，对于迄未挣脱殖民枷锁的爱尔兰人说来，对于在帝国主义大战中遭到暴力兼并因而丧失民族独立的弱国弱族说来，实行民族自决仍然是一个十分现实、毫不过时的问题。对于这些地区压迫民族中的无产阶级说来，则大力赞助受本族帝国主义资产阶级压迫的弱小民族实行民族自决，更是责无旁贷的义务，也不存在"过时"问题。

第二类是欧洲东部的国家：奥地利、巴尔干国家，尤其是俄国。在这些地区，资产阶级民族民主运动当时正在迅猛发展，民族压迫与反民族压迫的斗争十分尖锐。这些国家的无产阶级如果不坚持遭受殖民统治的弱小民族享有民族自决权，就不可能完成民主革命和促进社会主义革命。民族自决的口号在这里不但没有过时，反而具有十分迫切的现实意义。

第三类是中国、波斯、土耳其等半殖民地国家和一切殖民地：在这些地区，人口共达10亿，约占当时世界总人口的60％。这里的资产阶级民族民主运动，一部分刚刚开始，一部分方兴未艾，远未结束。在这个幅员最广、人口最多、受民族压迫最残酷的地区里，实行民族自决、彻底摆脱帝国主义殖民统治，更是当务之急，刻不容缓！因为，全世界的社会主义者都"应当要求无条件地、无代价地立即解放殖民地，——这个要求在政治上的表现只能是承认自决权"[466]。"所谓解放殖民地，就是实行民族

---

[465] 列宁：《论民族自决权》，载《列宁选集》第2卷，人民出版社1972年版，第509页。
[466] 列宁：《社会主义革命和民族自决权》，载《列宁全集》第22卷，人民出版社1958年版，第145页。

自决"[467]。

可见,"过时"论是对世界客观现实的严重歪曲和根本背离,是纯主观的反动玄想。

列宁揭露了"过时"论的症结和要害,指出,持"过时"论者的眼光只注视着英、法、意、德等民族解放运动已成为过去的那些国家,而没有注视到东方,没有注视到亚洲,没有注视到民族解放运动正在发生和将要发生的殖民地、半殖民地。可谓一叶障目,不见泰山!但是,作为一个马克思主义者,就"必须承认一切民族均有自决权",民族自决的原则和要求应当适用于遭受帝国主义统治和压迫的一切民族和一切殖民地,特别是应当适用于"**欧洲以外的一切**被压迫民族,即一切殖民地"。[468] "欧洲人常常忘记殖民地人民**也是**民族,谁容忍这种'健忘精神',谁就是容忍沙文主义"[469];谁如果认为只有欧洲某些"文明"民族才配享有民族自决权,而欧洲以外其他众多遭受帝国主义殖民统治的"不文明"民族则不配享有同等权利,进而赞成采用兼并手段对这种权利加以破坏,那他就堕落成为社会帝国主义者而决不是马克思主义者了。

列宁进一步强调:在马克思主义者看来,即使对于那些没有工人而只有奴隶主和奴隶等的殖民地国家,提出"自决"也不仅不是荒唐的,而且是绝对必须的。这首先是因为他们所遭受的民族压迫最为沉重和残酷,提出民族自决即自由分离正是他们反抗帝国主义殖民统治和民族压迫的正确方向;同时也因为马克思主义者、工人政党的口号从来就不仅仅是向工人提出的,民族自决的口号,和工人政党党纲中的其他各种民主要求一起,历来就是作为共同的斗争纲领向全体劳动者、向全体人民提出来的;更何况,绝大多数的殖民地、半殖民地早就诞生了无产阶级并且正在成长壮大之中!由此可见,所谓欧洲以外的殖民地地区"没有无产阶级"因而不适用工人政党提出的民族自决口号云云,是极端荒谬的瞎说。

列宁的这些论述,如此彻底地冲破了欧洲"文明"人传统的狭隘眼界,如此明确地把民族问题和殖民地问题紧密地联结在一起,从而把民族关系上的压迫与反压迫斗争当作全球性的突出现象加以全盘深入的考察和分析,特别是如此郑重地把广大殖民地、半殖民地的彻底解放当作世界性的紧迫现实问题,提到全世界革命人民议事日程上来,这在马克思主义的发展史上还是第一次。

---

[467] 列宁:《论对马克思主义的讽刺和"帝国主义经济主义"》,载《列宁全集》第23卷,人民出版社1958年版,第58页。

[468] 参见列宁:《和平问题》,载《列宁全集》第21卷,人民出版社1959年版,第269、270、384页。

[469] 列宁:《论对马克思主义的讽刺和"帝国主义经济主义"》,载《列宁全集》第23卷,人民出版社1958年版,第58页。

第二,民族自决的口号不再仅仅是反对封建专制主义的斗争口号,而且主要成为反对资本帝国主义的斗争口号。

列宁指出:民族自决也就是争取民族彻底解放、争取彻底独立和反对兼并的斗争。可是,"在帝国主义时代,资本主义已由反封建主义斗争中的民族解放者,变为各民族的最大压迫者"[470]。遍及全球的民族压迫现象既然是帝国主义造成的,实现民族自决就是力争彻底摆脱帝国主义的统治和奴役,因此,在新的历史条件下,民族自决这一口号的斗争矛头理所当然地是径直指向帝国主义的。所以,列宁教导说,"民族自决的口号同样必须同资本主义的帝国主义时代**联系**起来","我们主张进行革命斗争反对帝国主义"[471],而决不赞成保持帝国主义对弱小民族肆意宰割的现状,也决不赞成那对既想改变现状又想逃避大规模反帝革命战争的庸俗的空想。

一方面,不立足于坚持被压迫民族有自决权即自由分离权,就不可能同帝国主义进行真正彻底的斗争;另一方面,不进行最坚决的反帝斗争,包括必要时进行暴烈的民族解放战争,民族自决就成为骗人的空话。因此,只有坚持民族自决原则并把实现民族自决同最坚决最彻底的反帝斗争紧密地联系起来,"才能在我们这个时代对民族问题作出无产阶级的而不是小市民的提法"[472],才能同那种市侩式的、企望不经过酷烈反帝斗争便能实现民族解放的右倾机会主义虚幻空想严格划清界限。

第三,民族自决的口号不再仅仅与民主革命相联系,而且紧密地与社会主义革命相联系。

民族问题是"民主问题之一"[473],而民族自决则是"政治民主要求之一"[474]。在历史上,争取民族自决向来和其他各种民主主义要求一样,都是同资产阶级民主革命联系在一起的。

进入帝国主义和无产阶级革命时代以后,尽管就民族自决这一要求本身而言,它仍然是民主主义性质的,但是,由于这时无产阶级社会主义革命已经成为直接实践的问题,革命的对象是帝国主义垄断资产阶级,而争取民族自决,作为马克思主义政党在民族问题上的革命纲领,其斗争矛头也是直指帝国主义垄断资产阶级的,因此,在新的历史条件下,实现民族自决的革命斗争同实现社会主义的革命斗争,两者所面临的敌人是共同的:从革命的阵线上说来,实现民族自决的斗争起着打击和削

---

[470] 列宁:《社会主义与战争》,载《列宁选集》第2卷,人民出版社1972年版,第670页;《列宁全集》第23卷,人民出版社1958年版,第25页。
[471] 列宁:《和平问题》,载《列宁全集》第21卷,人民出版社1959年版,第271页。
[472] 同上。另参见《列宁选集》第2卷,人民出版社1972年版,第720页。
[473] 参见列宁:《革命的无产阶级和民族自决权》,载《列宁全集》第21卷,人民出版社1959年版,第387页。
[474] 参见列宁:《社会主义革命和民族自决权》,载《列宁选集》第2卷,人民出版社1972年版,第722、718页。

弱社会主义革命的敌人、支持和援助社会主义革命力量的作用。同时，对于被压迫民族的无产阶级说来，反对帝国主义殖民统治、争取民族自决斗争的彻底胜利，乃是进一步实行社会主义革命的必要前提和直接准备；而要取得民族自决斗争的彻底胜利，也离不开正在开展社会主义革命斗争的、压迫民族中无产阶级的支持和声援，以击败共同的敌人。

正因为如此，列宁在1915年明确指示："我们应当**把**争取社会主义的革命斗争同民族问题的革命纲领**联系**起来"[475]。1916年，列宁在《关于自决问题的争论总结》一文中更加明确地强调说，对于当代被压迫民族的各种民主要求，都不应当孤立地来看，而应当**从世界范围**来看：在新的历史条件下，被压迫民族关于实行民族自决的要求已经成为整个无产阶级社会主义革命运动的一个组成部分。[476]

总之，列宁关于民族自决口号内容更新的光辉创见和雄辩论述，准确地反映了新时代的新现实和新要求。这些创见和论述是对马克思主义民族殖民地革命学说的重大发展，并且作为一项威力巨大的新思想武器，对马克思主义的总理论武库作了十分重要的添加。

两类民族在自决问题上的不同重点

在第一次世界大战爆发以前，列宁就要求人们注意：民族问题上的机会主义在压迫民族中和在被压迫民族中有着各不相同的表现。[477]

大战爆发之后，在论述民族自决口号内容更新的过程中，列宁再三提醒压迫民族的无产者和被压迫民族的无产者，在民族自决问题上开展反对机会主义斗争中应当特别加以注意的重点是各不相同的。这些教导，比较完整集中地体现在1916年先后发表的《社会主义革命和民族自决权》《关于自决问题的争论总结》等纲领性和总结性的光辉论著之中。

就帝国主义压迫民族的无产阶级而言，对待民族自决问题，首先必须切忌谈远不谈近、谈虚不谈实：只用笼统抽象的泛泛空谈去反对兼并和赞成一般的民族平等，而对于深受本族帝国主义压迫、被强制扣留在本国疆界以内的弱小民族的政治自决问题，则态度暧昧，默不作声。对于这个具体的要害问题，压迫民族的帝国主义资产阶级历来是最为忌讳、最感到"不愉快的"，无产阶级则必须针锋相对，反其道而行

---

[475] 列宁：《革命的无产阶级和民族自决权》，载《列宁全集》第21卷，人民出版社1959年版，第387页。
[476] 参见《列宁全集》第22卷，人民出版社1958年版，第335—336页。
[477] 参见列宁：《论民族自决权》，载《列宁选集》第2卷，人民出版社1972年版，第522页。

之,敢于直接触及和戳破这个"脓疮",旗帜鲜明地要求受本族帝国主义压迫的一切弱小民族和殖民地享有自决权即享有政治分离的充分自由,并为此而开展斗争。如果不敢或不肯这样做,那么,无论说得多么动听,无产阶级国际主义就仍然是口惠而实不至,形同画饼。

其次,必须切忌把义务当恩赐,视自救为救人:要求让受本族帝国主义压迫的一切弱小民族和殖民地享有自决权,支持其获得民族解放,这不但是压迫民族中无产阶级应尽的国际主义义务,而且是后者自身获得社会解放的首要条件。列宁多次援引马克思对爱尔兰民族自决问题的精辟分析,反复重申和详尽阐明马克思和恩格斯提出的关于"奴役其他民族的民族是在为自身锻造镣铐""压迫其他民族的民族是不能获得解放的"著名论断,指出:马克思在 1869 年之所以要求英国工人支持爱尔兰脱离英国而独立,"正是从英国工人的革命斗争着想"[478];他提出这个要求,并不是要"替爱尔兰主持公道","而是从**压迫民族即英国民族**的无产阶级反对资本主义的革命斗争的利益出发的。这个民族对其他民族的压迫限制了和损害了**这个**民族的自由"[479]。

列宁强调,马克思和恩格斯当年在爱尔兰问题上的原则立场为全世界各个压迫民族的无产阶级提供了应当怎样对待民族自决和民族解放运动的伟大范例,这个范例在民族压迫遍及全球的帝国主义时代,尤其"具有巨大的实际意义"[480]。他分析道:马克思和恩格斯没有活到帝国主义时代,现在全世界已经形成了一个由寥寥五六个帝国主义殖民大强国组成的体系,其中每个大强国都正在残暴地压迫其他民族,"而这种压迫是人为地延缓资本主义崩溃的办法之一,是人为地支持那些统治世界的帝国主义民族的机会主义和社会沙文主义的办法之一"[481]。换句话说,帝国主义列强对广大殖民地、半殖民地的残酷压迫剥削,正是造成这些强国内部修正主义思潮泛滥成灾的一项主要条件,也是使这些国家内部革命工人运动受到严重阻碍、反资本主义决战长期迁延的一个主要原因。

列宁的这些分析,为帝国主义压迫民族的无产者找到了他们自身长期处在雇佣奴隶地位的病根,教育他们必须领悟到"救人实乃自救"的辨证道理,把全力支持受本国本族压迫的殖民地、半殖民地人民实现民族自决,看作他们自身争取自我阶级

---

[478] 列宁:《社会主义革命和民族自决权》,载《列宁全集》第 22 卷,人民出版社 1958 年版,第 143 页。
[479] 列宁:《革命的无产阶级和民族自决权》,载《列宁全集》第 21 卷,人民出版社 1959 年版,第 389 页;《列宁全集》第 20 卷,人民出版社 1958 年版,第 440—441 页。
[480] 列宁:《论民族自决权》,载《列宁选集》第 2 卷,人民出版社 1972 年版,第 553 页。
[481] 列宁:《关于自决问题的争论总结》,载《列宁全集》第 22 卷,人民出版社 1958 年版,第 336 页;《列宁全集》第 18 卷,人民出版社 1959 年版,第 583 页;《列宁全集》第 31 卷,人民出版社 1958 年版,第 169 页。

解放的必经途径和必要手段。只有这样,才能认真摆脱帝国主义资产阶级的蛊惑煽动和修正主义思潮的腐蚀毒害,促使自身思想革命化,加速社会主义革命的到来,取得无产阶级自身和全人类的彻底解放。

以上,是帝国主义压迫民族中的无产阶级在民族自决问题上应当特别注意的两大要害。

另外,就被压迫民族中的无产阶级而言,他们在对待民族自决问题上应当特别注意些什么呢?

首先,争取民族自决必须不损害阶级团结。列宁教导说:"被压迫民族的社会党人必须特别坚持和实现被压迫民族的工人和压迫民族的工人的完全的无条件的(包括组织上的)团结"[482]。否则,就不能同本民族资产阶级所鼓吹的狭隘民族主义严格划清界限,就不能保持和捍卫无产阶级在民族解放运动中的独立性,即保持和捍卫无产阶级在反帝革命斗争中的领导权。

其次,争取本民族的自决的同时,切切不要去破坏他民族的自决。既要谨防本民族资产阶级去同压迫民族的资产阶级实行反动的妥协,尤须严杜本民族资产阶级把民族解放的口号变成欺骗工人的手段,在对外政策上"竭力同相互竞争的帝国主义强国之一相勾结,来实现自己的掠夺目的"[483],肆意欺凌比本民族更加弱小的他国他族,破坏他国他族的独立和主权。

最后,争取民族自决必须切忌弄成虎去熊来,易主而事。列宁告诫说:"争取民族自由、反对一个帝国主义强国的斗争,在某种情况下可能被另一'大'国利用来达到它的同样的帝国主义的目的"[484]。显然,要避免出现这种名为"自决"实是"他决"的可悲局面,被压迫民族的无产者和革命人民务必加倍提高警惕,既要及时识破这"另一大国"的假仁假义、口蜜腹剑,又要坚决揭露本国本族反动势力开门揖新盗的背叛行径,为本民族真正彻底的解放而斗争。

列宁的这些教导,是对历史上民族解放运动经验教训的科学总结,也是对帝国主义时代客观现实的深入解剖。它对于全世界被压迫民族被压迫人民正确分析正确对待错综复杂的国际阶级斗争和民族斗争,具有极其重要的现实指导意义。

---

[482] 列宁:《社会主义革命和民族自决权》,载《列宁选集》第2卷,人民出版社1972年版,第721页。另参见《列宁全集》第23卷,人民出版社1958年版,第61—62页。

[483] 列宁:《社会主义革命和民族自决权》,载《列宁选集》第2卷,人民出版社1972年版,第721页。

[484] 同上。

四、十月革命以后第三国际初期,列宁在民族殖民地问题上清除修正主义流毒的斗争

(一) 1917 年底至 1924 年初民族殖民地问题面临的新形势

第一次世界规模的帝国主义大战给苦难深重的各国被压迫人民增添了无穷的新灾难,逼使人民群众更快地走上根本推翻资本帝国主义制度的革命道路;同时,大战使帝国主义列强严重地互相削弱,十分有利于革命人民从最薄弱的一个环节上冲破世界资本帝国主义体系的锁链,而它果然被冲破了!

在以列宁为首的布尔什维克党的领导下,俄国的工农群众通过 1917 年的二月民主革命,摧毁了万恶的沙皇制度,埋葬了长达三百年的罗曼诺夫王朝;紧接着,又在同年俄历十月二十五日(公历 11 月 7 日),通过武装起义,一举推翻了帝国主义资产阶级的临时政府,建立了世界上第一个无产阶级专政的社会主义国家。

伟大的转折和崭新的时期

十月社会主义革命的伟大胜利,是人类历史的伟大转折。它"改变了整个世界历史的方向,划分了整个世界历史的时代"[485],"给世界人民解放事业开辟了广大的可能性和现实的道路"[486]。它破天荒第一次打破了世界资本帝国主义体系的坚冰,开通了驶向社会主义的航路,指明了通往共产主义的航向,从而使人类历史迈进一个崭新的纪元。

十月革命以后,在世界政治中出现了一系列前所未有的重大因素,使全世界被压迫民族反帝革命斗争的局面焕然改观,从而使全世界殖民地、半殖民地的民族解放运动也进入了一个崭新的时期。

十月革命使原先无所不包的、一统的世界资本帝国主义体系,在全球 1/6 的土地上崩溃,严重地削弱了国际帝国主义势力。沙皇俄国这个拥有殖民地 1700 多万平方公里的庞大殖民帝国的瓦解覆灭,不能不给整个世界殖民体系以极其沉重的打击。这就大大地改变了全世界压迫民族和被压迫民族两大敌对营垒之间的力量对比,十

---

[485] 毛泽东:《新民主主义论》,载《毛泽东选集》(一卷本),人民出版社 1970 年版,第 628 页。

[486] 毛泽东:《全世界革命力量团结起来,反对帝国主义的侵略》,载《毛泽东选集》(一卷本),人民出版社 1970 年版,第 1249 页。

分有利于被压迫民族的解放事业。

十月革命以后,在列宁和斯大林的正确领导下,俄国从欧亚两洲反动势力的主要堡垒,一变而为国际无产阶级公开的革命基地;从被压迫小民族的死敌,一变而为殖民地、半殖民地民族解放运动的后盾。在十月革命的重大影响和直接推动下,许多先进资本主义国家内部的无产阶级革命运动获得新的重大进展,有力地支持了殖民地、半殖民地的民族解放运动。反过来殖民地、半殖民地蓬勃开展的民族解放运动,直接打击和严重削弱了国际帝国主义势力,也极其有力地支持了第一个无产阶级专政的社会主义国家,声援了资本帝国主义国家无产阶级的革命斗争。面对共同的敌人,这种互相支持、互相声援的关系,在社会主义国家、资本主义宗主国无产阶级社会主义革命和殖民地、半殖民地民族民主革命之间架起了一道桥梁,使它们紧密地联结成为一条反对世界帝国主义的国际统一战线。从此以后,殖民地、半殖民地的民族民主革命就不再是旧的资产阶级和资本主义的世界革命的一部分,而是新的世界革命的一部分,即无产阶级社会主义世界革命的一部分,成为无产阶级社会主义世界革命的伟大的同盟军。

十月革命一声炮响,给殖民地、半殖民地人民送来了马克思列宁主义,它和当地的工人运动相结合,在一些国家和地区相继产生了共产党。其中有些国家和地区的无产阶级,通过自己的马克思列宁主义革命政党,开始逐步掌握民族民主革命运动的领导权,使长期以来在黑暗中摸索、寻求革命真理的人民,从此能够得到思想上政治上正确的领导。正是由于十月革命以后马克思列宁主义在全世界的广泛传播,大大地帮助了被压迫民族的先进分子和革命组织,促使他们开始用无产阶级的宇宙观作为观察国家民族命运的工具,重新考虑自己所面临的迫切问题,作出新的结论。他们对帝国主义压迫的认识,终于从感性阶段上升到理性阶段;他们的斗争,终于从缺乏明确、彻底的反帝革命纲领上升到坚定地确立彻底的反帝革命纲领,大大提高了觉悟水平和斗争水平,从而使这些国家的民族民主运动能够提高到一个崭新的阶段。

十月革命后,中国革命成为无产阶级社会主义世界革命的一部分。在占世界人口总数1/4、占弱小民族人口总数将近一半的中国,1919年爆发了反帝反封建的五四运动,在"外争国权、内惩国贼"等战斗口号下,以无产阶级为首的全国人民开展了声势浩大的反对帝国主义及其走狗反动军阀的革命斗争,大大促进了马克思列宁主义同中国工人运动的结合。1921年,伟大的中国共产党诞生了,从此以后,中国人民的革命斗争以崭新的面貌出现在世界上。随着时间的推移,中国革命日益发展成为无产阶级社会主义世界革命的"伟大的一部分",[487]在愈来愈大的程度上打击着和摧毁着国际帝国主义反动统治的根基。以毛泽东同志为首的中国共产党所领导的中国人民革命的胜利,改变了东方和世界的形势,为被压迫民族和被压迫人民的解放事业开辟了新的道路。

"二贼相争,两败俱伤"

十月社会主义革命的胜利,严重地打击了世界帝国主义战争势力。列宁领导的苏维埃政权在初建后的第二天就颁布了著名的《和平法令》,提议各交战国立即缔结和约,实现"不割地(即不侵占别国领土,不强迫合并别的民族)不赔款的和平"[488],并且挫败了国内外战争势力的种种阻挠和破坏,在1918年3月与德国签订了《布列斯特—立托夫斯克和约》,使苏维埃俄国完全摆脱了帝国主义战争。

在十月革命的强大影响下,在俄国榜样的有力启迪下,欧洲许多国家饱遭战祸的革命人民纷纷把枪口转向本国反动政府,奋起以革命制止战争。保加利亚王国、奥匈帝国、德意志帝国内部先后爆发了声势浩大的反战起义和暴力革命,保、土、奥、德四国政府先后被迫宣布投降。第一次世界大战终于在1918年11月正式结束。

两大帝国主义集团这一场历时四年多的大火并,在一定程度上造成了列宁所预期的局面:"二贼相争,两败俱伤"[489]。大战使俄、德、奥三大帝国陷于土崩瓦解。英、法、意等帝国主义虽是所谓"战胜国",也打得精疲力竭,元气大伤,实力锐减,有的走向衰落,有的负债累累。在大战末期和战后初期财政危机、经济危机的冲击下,深受十月革命影响和鼓舞的无产阶级和革命群众在帝国主义各国内部一再掀起波澜壮阔的罢工和骚动的浪潮,往往在短短的一年之中,单单一个国家参加罢工或骚动的人数就多达几百万乃至上千万(如1918年夏秋在日本爆发轰动全球的"米骚动",在三个月中参加暴动斗争的革命群众就多达千万人以上)。其中,意大利的二百多万罢工工人在1920年甚至夺取了本国北部所有的大工厂,主持生产和分配,南意的贫苦农民也展开了夺取地主土地的运动,使反动阶级的统治一度摇摇欲坠。德国工人在新建的德国共产党的领导下,于1919年4月间举行武装起义,一度建立了巴伐利

---

[487] 参见毛泽东:《新民主主义论》,载《毛泽东选集》(一卷本),人民出版社1970年版,第632页。
[488] 列宁:《全俄工兵代表苏维埃第二次代表大会》,载《列宁全集》第26卷,人民出版社1959年版,第227页。
[489] 列宁:《给印涅萨·阿尔曼德(1917年1月19日)》,载《列宁全集》第35卷,人民出版社1959年版,第263页。

亚苏维埃共和国;1923年10月,在萨克森和图林根两个地区一度建立了工人政府,还在汉堡地区举行武装起义,把反动警察缴了械,同数量上占绝对优势的政府军激烈搏斗了三天。

在这同时,各国工人和革命士兵还积极开展保卫刚刚诞生的、革命的苏维埃俄国的运动,在"不许侵犯俄国"的口号下,以拒绝装运杀人武器和军需物资、拒绝作战等实际行动,努力制止对俄国的反革命武装干涉,有效地支持和保卫了无产阶级世界革命的第一个公开基地。

"阿芙乐尔"号炮声的余震未已,1919年3月又在匈牙利爆发了社会主义革命,长期遭受沉重民族压迫和阶级压迫的匈牙利人民,继俄国十月革命之后,从又一个薄弱环节再度冲破了世界资本帝国主义体系的锁链。尽管这又一个无产阶级专政的国家只存在133天,但它是对国际帝国主义势力的又一重大打击,同时也是对世界被压迫民族被压迫人民的又一重大鼓舞。

上面这些情况,都促使国际帝国主义势力在十月革命后六七年间进一步遭到削弱,从而为世界被压迫民族的解放斗争造成了十分有利的国际环境。

然而,帝国主义列强决不会因为国内的动乱而改变其吞噬殖民地、半殖民地人民的虎狼本性。相反,为了缓和国内的经济危机和政治危机,它们在新的条件下向被压迫弱小民族加紧展开了新的进攻。

新的分赃和新的抗争

第一次世界大战结束后,帝国主义列强按照新的实力对比,在1919年1月开场的"巴黎和会"上,对殖民地和势力范围实行了新的分赃,展开了新的争夺。战场上的火并厮杀暂时转化为会场上的勾心斗角,而会场上的尔虞我诈又孕育着下一次战场上的大炮轰鸣。

经过五个月又十天的互相攻讦和激烈争吵,列强勉强达成暂时妥协,于1919年6月末签订了对德和约,即《凡尔赛条约》。随后又相继签订了对奥、对保、对土等一系列和约。根据这些和约的有关规定,德国在非洲、亚洲、大洋洲所有的殖民地全部由几个主要的帝国主义"战胜国"以接受"委任"代行统治的美名加以瓜分,德属东非的大部分(坦噶尼喀)划归英国,德属西非的多哥和喀麦隆由英法分割,德属西南非改由英国自治领南非联邦统治,德属萨摩亚归英国自治领新西兰接管,德属新几内亚以及太平洋赤道以南诸岛(除萨摩亚和瑙鲁以外)改隶于英国自治领澳大利亚,太平洋赤道以北德属诸岛则为日本所得;土耳其在西亚和北非的所有属国全由英、法、意宰割瓜分;连欧洲一些弱小民族的疆土,也竟如一盘豆腐,任凭列强横切竖割,支离破碎,东归西并。此外,《凡尔赛条约》竟不顾当时中国也是个"战胜国",公然规定把德国在我山东省攫取的一切非法特权和胶州湾租借地转让给日本。[490] 荒唐悖谬,无以复加!

为了进一步从组织上巩固这种新的分赃局面和新的殖民"秩序",巴黎和会还制定了《国际联盟盟约》,列为《凡尔赛条约》的第一部分,并于 1920 年 1 月正式宣告成立"国际联盟"。这个拥有四十多个会员国的国际组织,打出的旗号是"促进国际合作"、"维护国际和平与安全",实际上却是三五个帝国主义大国用以共同宰割世界、奴役弱小民族、镇压民族解放运动的得力工具。例如,在《国际联盟盟约》(它被吹捧为"国联"的"宪法"——根本大法)中,公然诬蔑许多弱小民族"尚不能自立",需要"先进国"加以"监护(保佐)",并以此作为借口,公然以弱小民族的"太上皇"自居,定出了一整套"委任统治"的规章制度,建立了"委任统治委员会"的常设机构,而且堂而皇之地以"国联"名义向殖民盗匪颁发一张又一张的"委任状";"授权"他们对这些弱小民族实行直接统治。[491]——时至 20 世纪 20 年代,居然还如此行事,这倒是完全符合 15 世纪末西班牙国王把哥伦布"预封"为海外殖民总督的历史"传统"!

作为巴黎和会与《凡尔赛条约》的继续与延长,列强又在 1921 年 11 月至 1922 年 2 月搞了个"华盛顿会议",签订了条约,保证"互相尊重"在太平洋地区的殖民"权益",并共同确定了列强在中国的"门户开放、机会均等"原则,实质上等于公开宣布对中国实行"国际共管",从而使中国成为帝国主义诸大国共同宰割的对象。[492]

就这样,通过这种臭名昭著的"凡尔赛—华盛顿体系",战后帝国主义盗匪们完成了对整个地球的重新分赃,确定了世界帝国主义殖民统治的新"秩序",结成了共同对付和镇压民族解放运动的新的反革命同盟;并且在这些新条件下,对殖民地、半殖民地人民实行更残暴、更疯狂的压迫和掠夺。

但是,殖民地、半殖民地的人民在大战期间被迫付出了几千万人的生命代价,难道是为了易主而事,更换一伙新的老爷来奴役自己?帝国主义者在战时和战后给他们制造巨大的新灾难的同时,也制造了同样巨大的新仇恨和新觉醒,旧恨加新仇促

---

[490] 参见《凡尔赛条约》第 156—158 条,载《国际条约集(1917—1923)》,世界知识出版社 1961 年版,第 136—137 页。

[491] 参见《国际联盟盟约》《根据国际联盟盟约第二十二条的委任统治文件》,载《国际条约集(1917—1923)》,世界知识出版社 1961 年版,第 266、274—275、552—583 页。

[492] 参见《关于太平洋区域岛屿属地和领地的条约》第 1 条、《九国关于中国事件应适用各原则及政策之条约》第 1—5 条,载《国际条约集(1917—1923)》,世界知识出版社 1961 年版,第 738、767—768 页。
1922 年 7 月发表的《中国共产党第二次全国大会宣言》愤怒地揭露说:"华盛顿会议给中国造成一种新局面,就是历来各帝国主义者的互竞侵略,变为协同的侵略。这种协同的侵略,将要……使四万万被压迫的中国人都变成新式主人国际托拉斯的奴隶。"参见《中共党史教学参考资料》(第一辑),新华书店北京分店 1957 年版。

使弱小民族同帝国主义者的矛盾空前激化。而大战期间数以千万计的殖民地、半殖民地人民被帝国主义资产阶级驱赶到战场上参与了现代化的战争,被驱赶到欧洲工厂中接触了革命的无产者,其中有些人还亲自经历或亲自参加了俄国十月革命和欧洲无产者的革命斗争,凡此,都使他们经了风雨,见了世面,受了熏陶,提高了政治觉悟,掌握了军事技术,学会了使用新式武器的本领(列宁说过:"这是一种非常有用的本领,我们为此要向资产阶级深深地致谢"[493])。他们当中的许多人回到祖国之后就成为反帝革命斗争的政治、军事骨干。同时,在大战期间,在帝国主义列强忙于互相厮杀的间隙,殖民地、半殖民地一些国家和地区的民族资本主义经济有了较大的发展。相应地,这些国家工人阶级的队伍也较为迅速地成长壮大,阶级觉悟和民族意识不断提高,开始作为一支引人注目的独立的社会阶级力量登上了政治舞台。

由于各种革命因素和革命力量日益增长,特别是在十月革命的影响和鼓舞下,在马克思列宁主义的传播和武装下,在无产阶级革命政党的正确领导下,亚洲、非洲和美洲广大地区以工人阶级为首的人民群众的反帝革命斗争和民族解放运动就以空前迅速猛烈和空前广泛深入的态势,蓬勃发展起来了。"拥有十亿以上人口、受尽压迫的殖民地各国人民的反抗……一年比一年、一月比一月、甚至一星期比一星期更加剧烈"[494],"连最'有威力的'列强也阻挡不住他们了"[495]!

单在十月革命以后短短六七年间,亚非拉到处都燃起反帝革命斗争的怒火。

在亚洲,中国人民于 1919 年掀起了反帝反封建的革命狂澜;全球瞩目的五四运动,在中国人民和世界人民的反帝斗争史上写下了光辉的崭新篇章。朝鲜人民于 1919 年举行了全国性的武装起义,全国 218 个府郡中,爆发示威和起义的多达 211 个,参加斗争的群众达 200 万人以上,严惩了日本侵略者和亲日地主,空前沉重地打击了日本的殖民统治。印度人民于 1918 年至 1922 年连续地举行大规模的罢工示威和武装暴动,到处袭击英国的殖民统治机构和亲英地主的庄园,抵制和焚烧英货,武装抗租抗税。其中,马德拉斯省马拉巴尔地区起义的贫苦农民甚至还宣布成立"哈里发共和国",在农村中建立了自己的政权机构,坚持了 5 个月之久,在印度现代史上开创了一个良好的范例。阿富汗人民于 1919 年全力支援本国仅有的 5 万军队,奋勇抗击在数量上和装备上都占绝对优势的 34 万英国殖民侵略军,终于迫使英帝国主义者同意签订协定,承认阿富汗的主权和独立。伊朗人民于 1920 年掀起了反英武装起义,一度在阿塞拜疆省建立了反帝反封建的民族政府,并在吉兰省建立了吉兰共和

---

[493] 列宁:《共产国际第二次代表大会》,载《列宁选集》第 4 卷,人民出版社 1972 年版,第 330—331 页,并参见同卷第 103 页。

[494] 列宁:《俄共(布)第十次全国代表会议》,载《列宁全集》第 32 卷,人民出版社 1958 年版,第 427 页。

[495] 列宁:《〈真理报〉创刊十周年纪念》,载《列宁全集》第 33 卷,人民出版社 1957 年版,第 312 页。

国,打击了英帝国主义及其走狗的反动统治。土耳其人民于1920年至1922年进行了艰苦的民族解放战争,并在列宁领导的苏维埃俄国的国际主义援助下,击败了英法等国的侵略占领军,推翻了帝国主义走狗的封建王朝,建立了共和国。

在非洲,埃及人民于1919年发动了驱逐英国侵略者的大规模武装起义,工人和学生在城市同英国占领军逐街逐巷展开激烈血战,农民则在乡村广泛开展游击战打击殖民强盗,广大埃及妇女也毅然冲破了"闺阃"制度的传统约束,拿起武器同侵略者英勇搏斗。经过反复较量,终于迫使英帝国主义者在1922年承认埃及独立,摆脱了"保护国"的屈辱地位。摩洛哥里夫族人民于1921年以原始武器勇敢顽强地抗击装备精良的西班牙殖民侵略军,取得了全歼两万名强敌的辉煌胜利,建立了"里夫共和国";接着又先后在1924年和1925年进一步粉碎了西班牙10万殖民军的反扑,挫败了法国殖民军的进犯,一度使整个西属摩洛哥国土几乎全部光复,并严重震撼了法属摩洛哥的殖民统治。

在拉丁美洲,阿根廷人民于1918年至1924年开展了反对帝国主义走狗反动独裁统治的斗争,罢工示威一浪高过一浪,武装起义也在城乡各地频频爆发,到处打击和惩罚反动军警,使伊里戈延反动政权一度濒于垮台!此外,在墨西哥、巴西、智利、秘鲁等其他拉美国家,1918年至1920年广大人民群众反美帝、反独裁的革命斗争也有如风起云涌,遍及各地,而且在不少国家发展成为革命的武装暴动。其中,墨西哥部分地区的工人和农民甚至占领矿场自行管理生产,夺取大庄园主的土地加以平分;某些城市和州还曾仿效俄国一度宣布成立苏维埃,由此可见十月革命影响深刻广泛之一斑。

总之,十月革命以后数年间,亚非拉广大地区漫天而起的反帝烽火和革命风暴,以其新的气势和新的声威,空前有力地同欧美先进国家的无产阶级革命运动互相呼应和互相促进,搅得国际帝国主义资产阶级惊恐万状。加强血腥镇压,是他们的看家本领;继续蒙蔽欺骗,也是他们的拿手惯伎。主人挥手,走狗出笼:大战爆发后业已四分五裂的第二国际的余孽们,战后又重新啸聚纠集,在无产阶级革命和无产阶级专政的一系列基本问题上,其中包括在民族殖民地问题上,继续大放其毒。或老调重弹,或陈腔新唱,一时猡猡之声,又复此落彼起了。

沉滓泛起,僵尸还魂

正当帝国主义主子们在巴黎折冲樽俎、纵横捭阖之际,他们的奴才——分属两大敌对阵营的第二国际余孽们,经过四年之久的相对龇牙咆哮之后,也在伯尔尼聚首一堂,握手言欢,共商反革命大计。1919年2月的伯尔尼会议选出了社会党"国际"(史称"伯尔尼国际")的常设委员会和执行委员会,老牌的第二国际右派头子布兰亭得意洋洋地宣告:"国际又复活了。"这次会议所通过的一系列反革命修正主义的决议表明:巴黎的帝国主义头子们和伯尔尼的社会帝国主义头子们之间,是心心相印、紧密唱和、大演政治双簧的。国际马克思主义者恰如其分地指出:伯尔尼国际是"第二国际的僵尸还魂"[496],是"巴黎和会的从属机构和国际联盟的辅助机关",是"国际帝国主义代理人的组织",是"黄色的、背叛的、变节的国际"。[497]

一方面是沉滓的泛起,另一方面则是精华的聚集:在大战期间反帝、反修的共同斗争过程中,愈来愈多的国际马克思主义者逐步团结在列宁周围,于1915年开始组成了齐美尔瓦尔得左派集团,设立了自己的常务局,进一步开展活动,加强斗争。从此以后,特别是在伟大的十月革命以后,国际左派队伍更加迅速扩展壮大。1919年3月,在列宁亲自领导和主持下,三十个国家的共产党和左派社会党组织的代表参加了共产国际的成立大会,正式组成了共产国际——第三国际。在国际共运史上,这是一件影响深远的大事。大家知道,自从恩格斯逝世以后,第二国际修正主义分子在国际共产主义运动队伍中造成了长达二十余年之久的思想混乱和组织瓦解状态,现在,终于由第三国际在世界范围内竖起了一面鲜红的革命大旗,号召全世界一切被压迫阶级和被压迫民族集合在这面旗帜之下,这就使全世界革命者为之耳目一新,倍感振奋!第三国际成立之初,就遵循马克思列宁主义的革命原则,制定了大力促进无产阶级世界革命事业的基本路线和行动纲领。

在民族殖民地问题上,第三国际愤怒谴责帝国主义列强战后变本加厉地推行殖民掠夺政策,尖锐揭露伯尔尼社会党国际"奴颜婢膝地为威尔逊国际联盟效劳";同时严正声明:"与黄色的社会党国际相反,共产主义无产阶级的国际将支援被剥削的殖民地人民反对帝国主义的斗争,以便促使世界帝国主义体系最后崩溃。"[498]

列宁领导下的第三国际的革命路线和斗争实践,代表了国际无产阶级和被压迫民族被压迫人民的根本利益和共同愿望,它在世界革命人民中享有崇高的威望。

有鉴于此,第二国际的"中派"余孽们为了捞取政治资本,以便在工人群众中继续招摇撞骗,纷纷厚着脸皮申请加入第三国际。但是,他们又拒不接受第三国际的革命纲领和革命章程,这样的申请理所当然地碰了壁。于是,他们别立门户,独树一帜,1921年2月在维也纳组成了"社会党国际工人联合会"(史称"维也纳国际"或"第

---

[496] 《对伯尔尼代麦会议的态度(共产国际第一次代表大会的决议)》,载〔苏联〕布拉斯拉夫斯基编:《第一国际第二国际历史资料》,新莫斯科出版社1926年版,第247号文件。
[497] 参见列宁:《论第三国际的任务》,载《列宁全集》第29卷,人民出版社1956年版,第457、459页。
[498] 《共产国际行动纲领》,载中国人民大学马克思列宁主义教研室编辑:《第三国际》,中国人民大学出版社1958年版,第34页。

二半国际"),借以显示自己颇有异于"伯尔尼国际"那些声名狼藉的右派余孽,并非后者的同类。然而,维也纳国际的一切言行却处处表明其在思想政治路线的大是大非问题上,同伯尔尼国际是亦步亦趋、并无二致的。"第二半国际的先生们很想自称为革命家,但实际上一到紧要关头就变成了反革命分子"[499]。在1923年5月的汉堡代表大会上,两派余孽干脆进一步实现了组织上的合并,定名为"社会主义工人国际"。本出一丘而暂分两窟的黄貉和灰貉终于又同归一穴、抱成一团了。

沉滓再度泛起,本相越加分明。在暂时分家终又合穴的过程中,两派余孽共同的基本立场是:继续鼓吹阶级调和、阶级"合作"、议会道路与"和平"过渡。其中不少死心塌地的资产阶级走狗相继入阁当官,甚至担任资产阶级反动政府的首脑,窃据军政要职,一遇奴隶造反,便下令把革命推入血泊,"为资产阶级执行刽子手职务",成为"一群卑鄙的杀人犯"[500]。

他们继续"发扬"大战期间社会沙文主义的"传统",在"国际"会议等各种场合,各自为本国主子效力,攻讦对方,推卸战争罪责,力求攫得更多的割地赔款,争得更大的霸权。

他们紧密合作,互相唱和,共同恶毒攻击无产阶级专政,积极支持帝国主义列强对初生的社会主义国家实行反革命武装干涉和各种颠覆活动,力图把它扼杀在摇篮之中。

他们拥护和支持本国垄断资产阶级的殖民掠夺和侵略扩张政策,百般美化国际帝国主义巩固殖民统治的最新工具——国际联盟,并且对日益觉醒、起来造反的世界弱小民族,极尽欺骗、恐吓、诬蔑、挑拨之能事,妄图稳住日趋崩溃的帝国主义殖民体系的阵脚。

(二) 列宁对第二国际余孽们在民族殖民地问题上谬论的斗争

为国联唱颂歌

如前所述,战后各国帝国主义者通过缔结一系列国际条约,从法律上确定了对整个地球的重新分赃,又通过成立国际联盟,力图进一步从组织上巩固新的分赃局

---

[499] 列宁:《新时代,新形式的旧错误》,载《列宁全集》第33卷,人民出版社1957年版,第6页。
[500] 参见列宁:《论第三国际的任务》,载《列宁全集》第29卷,人民出版社1956年版,第466页。
据上述汉堡代表大会通过的《社会主义工人国际章程》第15条规定:该"国际"的执行委员如果参加资产阶级反革命政府内阁,只是暂时自动失去"国际"执委资格;而过足官瘾、捞够赏钱之后,一旦退出政府,这些"政治娼妓"和"杀人犯"就立即恢复了"社会主义"的"童贞",又"可以再度当选为执行委员"。参见〔苏联〕布拉斯拉夫斯基编:《第一国际第二国际历史资料》,新莫斯科出版社1926年版,第271号文件。

面和新的殖民"秩序"。对于这个由殖民主义者全盘操纵,高举着"白色的反革命的大旗","号召全世界一切反革命分子集合于其旗帜之下"的反动机构,[501]第二国际的余孽们却顶礼膜拜,推崇备至。他们公然作出决议,把这个世界性的反革命组织同他们梦寐以求的"社会主义理想"扯在一起,把帝国主义政客们关于成立国际联盟的主张,说成是"非社会主义的政治活动家们"如今已被迫"承认实现这个社会主义理想——成立国际联合会(联盟)是当务之急"。[502]

他们利用全世界被压迫民族被压迫人民痛恨帝国主义战争和殖民掠夺政策的心理,渲染战争恐怖,散布"和平"幻想,胡诌什么"下一次战争就会把世界完全毁灭掉。……这种灾难只有成立国际联盟才能防止";而被压迫民族则应当安分守己,静待殖民主义者所操纵的国际联盟来"确认各族人民的权利不容侵犯",由国际联盟来"制定法律",妥加"保护","为最迅速地提高土著居民创造条件",于是乎结社自由、出版自由、集会自由、地方自治自由乃至"国家自决的自由",都会从天而降![503] 这些空头支票,集中到一点,就是在新的历史条件下再次要弄考茨基之流的故伎:竭力模糊和抹杀压迫民族和被压迫民族的根本对立。

余孽们当然也知道国际联盟的现状是不得人心的,于是在多次的决议中反复向国际联盟的未来抹上一层层浓重的金色油彩,冀能增强它的欺骗性。这种骗术集中表现在"使国际联盟民主化"的口号上。所谓"民主化"的具体办法就是把参加国际联盟执行机构——理事会的人选成员,由原先各国政府指定的代表,更换为各国议会诸党派选出的代表,从而把国际联盟逐步改组为社会党人(即社会帝国主义者)占优势的国际性代表机关。同时,分别由各国工人对本国代表在国际联盟的活动"实行直接监督"。据说,经过如此这般的一番"充实和改善"之后,国际联盟就会"真正地成为捍卫各国人民的和平与权利的机构",成为"正义与持久和平的自然的工具","公正地"处理一切国际纠纷。因此,各国无产阶级理应"全力支持"国际联盟,好让它顺利地完成它所担负的"伟大任务"。[504]——第二国际的余孽们把他们自己所耽

---

[501] 参见毛泽东:《中国社会各阶级的分析》,载《毛泽东选集》(一卷本),人民出版社1970年版,第4页。

[502] 参见《关于国际联盟问题的决议》,载〔苏联〕布拉斯拉夫斯基编:《第一国际第二国际历史资料》,新莫斯科出版社1926年版,第243号文件。

[503] 参见《关于国际联盟问题的决议》《关于领土问题的决议》,载〔苏联〕布拉斯拉夫斯基编:《第一国际第二国际历史资料》,新莫斯科出版社1926年版,第243、244号文件。

[504] 参见《关于国际联盟问题的决议》《帝国主义和约与工人阶级的任务》,载〔苏联〕布拉斯拉夫斯基编:《第一国际第二国际历史资料》,第243、272号文件;〔德〕约·连茨:《第二国际的兴亡》,学庆译,三联书店1974年版,第185页。
关于这方面的思想观点,后来由考茨基作了更肉麻表述:他吹捧国际联盟是达到"理想目标"的"至高无上的手段",通过它,能够"创造一个持久和平的时代,把地球变成自由、平等、彼此友爱地联合起来的各民族的一个大家庭的居处"。因此,虽然国际联盟的现状不能令人满意,"但是正如对待国家或议会的态度那样……要激励无产阶级十分有力地去支持那些旨在加强国际联盟和使国际联盟的组织更为合理的一切努力"。参见〔德〕考茨基:《国际问题和社会民主党》,第九章;〔德〕考茨基:《社会主义者和战争》,第四编第七章第八节。

迷的"议会道路"从国内延伸到国际,诱骗被压迫民族沿着这条死胡同去求得"解放",这是他们的又一"创造性"发明!

一方面是对国际联盟的顶礼膜拜,另一方面则是对弱小民族的鄙夷蔑视。这是第二国际余孽们作为国际资产阶级走狗的本质所决定的。

第二国际的余孽们假仁假义地自称赞同民族自决,同时却直接搬用了帝国主义殖民老爷们的语言,恶毒诬蔑亚洲、非洲和美洲许多弱小民族"还没有达到自决的水平",将殖民地、半殖民地亿万人民的自决权一笔勾销。在伯尔尼黑会上,他们公然通过决议,[505]鼓吹"还没有达到自决水平的民族,应该由国际联盟加以保护并且由国际联盟促进它们的发展"。——为虎狼颁发了"保护"羔羊的最新"许可证"![506]

在这份盖有"社会主义"印章的"许可证"上赫然写着:国际联盟的一项"重要任务",就是在国际上推行"贸易自由","开放殖民地门户"。如果有哪个弱小民族不愿敞开国门,引狼入室,而打算实行或保留关税制度,则必须"交国际联盟讨论","经国际联盟批准"。——如果国际"太上皇"们不批准,弱小民族就理应平毁关税壁垒,听凭帝国主义列强"自由"地占领本国市场,"自由"地倾销舶来商品,"自由"地摧残民族经济。[507]

这份"许可证"上还赫然写着:"应当授权国际联盟,使它能扩大成为一个调节重要物资和原料的生产和分配的机关"。这段温文尔雅的外交辞令,其真实含义是:全世界各地的一切重要原料和自然资源,统统应当由三五个强国的殖民盗帮打起国际联盟的新旗号加以统一占有、统一控制,并统一"分配"到他们的私囊中去。可是据

---

[505] 参见《关于国际联盟问题的决议》,载〔苏联〕布拉斯拉夫斯基编:《第一国际第二国际历史资料》,新莫斯科出版社 1926 年版,第 243 号文件。

[506] 社会帝国主义者在伯尔尼通过的这项决议同帝国主义者在巴黎通过的《国际联盟盟约》第 22 条,从内容到用词,都是互相呼应的。该盟约明文规定:许多殖民地国家"其居民尚不克自立",因而国际联盟应当"以此种人民之保佐委诸……各先进国,该国即以受任统治之资格为联盟施行此项保佐"。参见《国际条约集(1917—1923)》,世界知识出版社 1961 年版,第 274 页。
关于"自决水平"问题,考茨基在其晚年著作中也胡诌:许多殖民地已经同宗主国建立了"紧密的经济关系","一旦突然切断这种关系",就不可能不给殖民地土著居民"造成重大损失",甚至会"又沦入东方专制统治的阶段";殖民地、半殖民地人民"无知而且散漫",还不具备"相当文明"的"前提","如果英国人今天撤出印度,这个帝国将完全陷于无政府状态"。结论是:"不应当立即就让殖民地的居民自己管理自己!"在他看来,殖民地、半殖民地人民一旦摆脱了西方吸血魔鬼,就肯定活不好、活不了。晚年的考茨基连最后一层的"中派"外衣也脱得精光,干脆和右派社会帝国主义者穿上连裆裤了。参见〔德〕考茨基:《国防问题和社会民主党》,第四章;〔德〕考茨基:《社会主义者和战争》,第四编第八章第四节。

[507] 第二国际余孽们在 1923 年汉堡黑会的决议中更进一步宣布:"为反对关税保护制……而斗争,也是工人阶级的一项职责"。参见〔苏联〕布拉斯拉夫斯基编:《第一国际第二国际历史资料》,新莫斯科出版社 1926 年版,第 272 号文件。

余孽们说,此项"授权"纯粹是为了"把世界产量增加到最高限度"[508],而丝毫不意味着你的就是我的。——伯恩施坦和万-科尔早年鼓吹的"资源人类共有论"本来只是个别人物的邪说,此时竟正式上升为"国际"的"庄严"决议。

"保护"云云,原来如此!

除此之外,第二国际余孽们目睹战后亚非拉民族解放运动来势空前迅猛,锐不可当,便进一步施展故伎,利用世界各国人民饱尝帝国主义战祸后渴望世界和平的善良愿望,居心险恶地把争取民族解放的斗争同维护世界和平的斗争对立起来,妄图孤立和破坏民族解放运动。

他们诡称支持弱小民族的"真正解放",却又以维护国际"和平"为名,不许被压迫民族使用革命的暴力抗击压迫民族的反革命暴力。按照他们规定的清规戒律,被压迫民族纵然世代横遭帝国主义的武力征服、军事占领和残暴的殖民统治,也不许以牙还牙,动刀动枪,借以改变丧权辱国和疆土沦亡的现状,而只能温良恭俭让地请求一小撮殖民恶霸所操纵控制的国际联盟来主持"公道",通过"国际协商""国际仲裁法庭""公民投票"等"和平手段","以民主方式解决民族问题","而且最好在国际联盟范围内解决"。[509] 余孽们甚至还极力鼓吹殖民地"解放"的范围尺寸,不得超出直属宗主国所设置的牢笼栏栅。例如,臭名昭著的社会帝国主义分子海德门[510]在谈论英属殖民地民族解放运动时,就以老爷式的傲慢口吻宣称:"英国渴望的是,新的发展和解放应该在英国指导下,和平地进行"[511]。一句话,他们妄图用"和平"的绳索,绑住被压迫民族革命造反的手脚,用"和平"的刀斧,削尽被压迫民族反帝斗争的锋芒,借以保持既定的殖民"秩序"。

如果有谁敢于蔑视他们的"和平"戒律、"和平"牢笼以及"和平"绳斧,敢于倡导反帝革命,鼓吹以革命暴力回敬反革命暴力,这些社会帝国主义战争贩子们便把自己装扮成"和平卫士",大声咆哮,信口雌黄地咒骂别人"好战""危害世界和平"。在这方面,第二国际、第二半国际的头子鲍威尔跳得很高。这个"出色的社会主义叛

---

[508] 第二国际余孽们在1925年马赛黑会的决议中说得更"透彻":国际联盟内的经济组织应当"保证在一切国家之间合理分配原料资源,反对高额保护关税制度和经济上的民族主义";殖民地国家的国民经济"应当置于真正国际性的(?!)机构的控制之下,并受国际联盟的监督"。考茨基在临死前一年更为蛮横无耻地公开声称:国际联盟的任务之一就在于"把某些国家对生存必需的资源和动力的单独占有转变为全人类所占有","国际联盟自身应当占有这些场地"!参见〔苏联〕布拉斯拉夫斯基编:《第一国际第二国际历史资料》,新莫斯科出版社1926年版,第276号文件;〔德〕考茨基:《社会主义者和战争》,第四编第八章第五节。

[509] 参见《关于国际联盟问题的决议》《关于领土问题的决议》《关于东方问题的决议》,载〔苏联〕布拉斯拉夫斯基编:《第一国际第二国际历史资料》,新莫斯科出版社1926年版,第243、244、281号文件。

[510] 亨利·迈尔斯·海德门(1842—1921),英国律师,政论家,英国社会党创始人和领导人之一,改良主义者。1900—1910年任第二国际执行局委员。第一次世界大战期间,成为英国沙文主义者的首脑,露骨地为英国政府的殖民主义、帝国主义政策辩护。敌视十月社会主义革命,并积极赞助对苏俄进行武装干涉。

[511] 〔英〕海德门:《亚洲的觉醒》,卡富尔出版公司1919年版,第270页。

徒""不可救药的有学问的混蛋"[512]，肆意歪曲国际马克思主义者关于支持民族解放斗争、促进世界革命和以革命制止战争的一贯主张，恶毒诬蔑以列宁为首的国际无产阶级革命派是在提倡什么"为了完成世界革命必须进行新的世界战争"，指责共产国际不该支援殖民地、半殖民地反帝革命斗争，以致"产生了新的世界战争的极大危险"[513]。余孽们通过诸如此类的造谣中伤，在全世界人民中进行挑拨离间，妄图把国际无产阶级革命派从渴望世界和平的群众中孤立起来。

另外一位同鲍威尔"声名"不相上下的"理论家"希法亭[514]，深知要瓦解民族解放运动和败坏无产阶级世界革命事业，单靠极右的手法是"效果"有限的，于是便以形"左"实右的言词欺世惑众。他诽谤殖民地、半殖民地人民（主要是贫苦农民）过于"落后"，革命性"太差"，进而诋毁马克思主义者关于先进国家无产阶级与被压迫民族结成反帝同盟的正确主张是所谓"机会主义"路线，鼓吹等待"纯粹的"工业无产阶级在全世界实行"纯粹的"社会主义革命。他用这类极端"革命"的漂亮空话，极力回避和无限期拖延无产阶级所面临的迫切革命任务，为自己及同伙临阵脱逃、变节投敌的罪行遮羞盖丑，开脱罪责；并妄图借以破坏国际反帝革命统一战线，分裂世界反帝革命大军，予以各个击破。

十月革命胜利和第一次世界大战结束以后，第二国际余孽们在民族殖民地问题上的上述新"理论"，实际上大多是这伙叛徒在战前和大战期间同类谬论的旧词新谱、滥调新唱。由于国际马克思主义者多年来的揭露批判，由于这帮社会帝国主义者丑恶面目的日益暴露，由于被压迫民族被压迫人民的日益觉醒，战后这类谬论的市场也相应地逐步缩小。但是，其流毒所及，仍然对无产阶级世界革命事业发生重大的消极影响和破坏作用。为了进一步清除这种消极影响和破坏作用，以列宁为首的国际马克思主义者在新的条件下开展了新的斗争。

熊未打死就为分熊皮而厮咬

十月革命胜利后，列宁所领导的布尔什维克党在一个幅员辽阔、人口众多的国

---

[512] 列宁：《政治家的短评》，载《列宁全集》第30卷，人民出版社1957年版，第327页。

[513] 〔奥〕鲍威尔：《关于东方问题的决议》，载〔苏联〕布拉斯拉夫斯基编：《第一国际第二国际历史资料》，新莫斯科出版社1926年版，第281号文件。
在这场血口喷人的合唱中，后来考茨基的调门拉得更高。他不但污蔑国际马克思主义者通过"煽动民族矛盾来为世界大战推波助澜"，"需要战争来作为革命的序幕"，而且诽谤被压迫民族的反帝革命斗争"危害"了世界"和平"，胡说什么"对于世界和平说来，帝国主义的危害不过是微小的。而东方的民族意图……的危害看起来还要大"。这个维护世界"和平"的"宪兵"公然把苦主诬赖为凶手，好让真正的凶手逃脱，这正说明他自己是凶手的同谋犯。参见〔德〕考茨基：《国防问题和社会民主党》，第九章、第十章第三节。

[514] 鲁道夫·希法亭（1877—1941），经济学家，德国社会民主党和第二国际首领之一。1907—1915年担任该党中央机关报《前进报》编辑。第一次世界大战期间，同考茨基一起成为"中派"主义头子。极力鼓吹"有组织的资本主义"，歌颂资产阶级的国家垄断资本主义，从"理论"上百般粉饰帝国主义制度，同时恶毒攻击无产阶级专政。1923年和1928年两度参加资产阶级政府内阁，任财政部部长。

土上执掌了政权,建立了世界上第一个无产阶级专政的社会主义国家。革命胜利的事实雄辩地证明了列宁主义路线的无比正确,以列宁为首的国际无产阶级革命派的威望空前提高。

1919年共产国际的成立,使国际无产阶级革命派在思想政治路线上、组织上和行动上加强了统一和团结。

在这些有利条件下,列宁率领国际马克思主义者为肃清修正主义流毒,其中包括在民族殖民地问题上的修正主义流毒,开展了更加广泛深入、更加卓有成效的斗争。

究竟应当怎样看待战后成立的国际联盟?这是当时国际马克思主义者同国际修正主义者论战的焦点之一。

第二国际的余孽们把国际联盟吹捧为维护国际和平的卫士、弱小民族的救星,在世界被压迫民族和被压迫人民中散播新的博爱"福音"。对于这场花样翻新的政治骗局,列宁本着一贯的原则精神,无情地加以戳穿。

列宁尖锐地指出:所谓在资本主义制度下各民族能够和平共居和一律平等的说教,只不过是"市侩的民族幻想"[515]。第二国际余孽们把国际联盟与他们的"社会主义理想"扯在一起,可是,现实无情:由几个帝国主义大国全盘控制的国际联盟却是建立在资本主义私有制的基础之上的。列宁说,私有制就是掠夺,以私有制为基础的帝国主义国家就是强盗的国家,而强盗为了分赃就不免要互相厮杀。他们之间的老规矩历来是"熊还没有打死,甚至还没有动手打,就要分熊皮,并且为这只熊闹起纠纷来了"[516]。国际联盟成立伊始,帝国主义列强为了根据新的实力对比重新分割世界,争夺世界霸权,不是在这个组织内部舌剑唇枪,激烈争吵,就是在这个组织外部刀拔弩张,一触即发。因此,帝国主义列强之间的国际联盟纵能在短暂的期间内造成国际"和平"的错觉,但是事实很快就证明:"这臭名远扬的联盟原来是个肥皂泡,马上就破灭了"[517];它只是"纸上的联盟"[518],更形象些说,它只是"疯狗联盟,他们在抢肉骨头"[519]。

出于利欲薰心,强者对于强者向来是不讲和平的,而强者对于弱者则尤其不讲

---

[515] 列宁:《民族和殖民地问题提纲初稿》,载《列宁选集》第4卷,人民出版社1972年版,第272页。
[516] 列宁:《在莫斯科省的县、乡、村执行委员会主席会议上的演说》,载《列宁全集》第31卷,人民出版社1958年版,第291页。
[517] 列宁:《俄共(布)中央委员会报告(1920年3月29日在俄共(布)第九次代表大会上)》,载《列宁选集》第4卷,人民出版社1972年版,第160页。
[518] 列宁:《在全俄农村工作干部第二次会议上的演说》,载《列宁全集》第31卷,人民出版社1958年版,第150页。
[519] 列宁:《在全俄矿工第一次代表大会上的讲话》,载《列宁全集》第30卷,人民出版社1957年版,第454页。

和平。大战结束后,凡尔赛"和约"的缔结和国际联盟的成立,不但不能使帝国主义列强对弱小民族的殖民压迫和殖民掠夺有所减轻,反而使这种压迫和掠夺达到了前所未有的广度和深度。对于这种局面,列宁作了十分精辟的科学分析。

列宁对全世界人口的分布情况作了统计,指出:大战爆发前夕,大约10亿人口被置于殖民地、半殖民地的屈辱地位;战后,帝国主义列强通过签订《凡尔赛条约》和成立国际联盟之类的倒行逆施,使遭受殖民压迫和殖民掠夺的人口骤然增至12.5亿人以上,并且使这些人口的"贫困、破产达到了空前未有的程度"[520]。更为重要的是:如果说,战前列强对殖民地、半殖民地的分赃和掠夺在国际社会上还是比较"名不正言不顺"的,那么,战后一系列国际会议、国际条约、国际联盟却使这种分赃和掠夺"合法化"了,"有史以来破天荒第一次把十二亿五千万人遭受掠夺、奴役、贫困、饥饿和屈居附属地位的事实,用法律形式固定下来了"[521]。简言之,殖民掠夺的范围扩大了,殖民掠夺的程度加深了,殖民掠夺的秩序"法定"了,这就是战后国际联盟的三大最新"德政"。

列宁还进一步揭露了国际联盟的反动本质,指出它实际上是一个"企图瓜分管理各国家的权利,企图分割世界"[522]的反革命机构;《国际联盟盟约》所明文规定的"委任统治"制度,则更是空前明目张胆的强盗立法,"人们所谓分配殖民地委任统治权,就是分配被委托去盗窃和抢劫的权利"[523]。对于这样一个助纣为虐、择弱而噬的反动组织,第二国际余孽们竟把它美化为在国际上主持公道、扶弱抑强的救命菩萨,力图诱骗世界被压迫民族和被压迫人民去膜拜它,"支持"它,"保卫"它,这和这伙叛徒在大战期间鼓吹"保卫祖国"一样,实际上等于保卫本国资产阶级吸血鬼的利益,都是"不可容许的叛卖性妥协的最主要表现"[524]。

不切实援助弱小民族的反帝革命,"国际主义"就成为一块假招牌

关于如何看待国际联盟的论战,实质上牵涉到被压迫民族的解放应当走什么道路的问题:是走改良主义的道路,还是走革命造反的道路?是寄希望于帝国主义贵族老爷们,想入非非,等待恩赐,还是唤醒和依靠奴隶们自身,丢掉幻想,奋起战斗?

---

[520] 列宁:《共产国际第二次代表大会》,载《列宁选集》第4卷,人民出版社1972年版,第322—323、316—318页。

[521] 同上。

[522] 列宁:《俄共(布)中央委员会报告(1920年3月29日在俄共(布)第九次代表大会上)》,载《列宁选集》第4卷,人民出版社1972年版,第160页。

[523] 列宁:《在全俄东部各民族共产党组织第二次代表大会上的报告》,载《列宁选集》第4卷,人民出版社1972年版,第103页。

[524] 列宁:《共产主义运动中的"左派"幼稚病》,载《列宁选集》第4卷,人民出版社1972年版,第224页。

换句话说,大战后有关国际联盟问题的争论,实质上是大战前和大战期间关于民族解放道路问题论战的继续和发展,是在新形势下就老问题展开了新的论战。

第二国际余孽们把国际联盟视如神物,并指望把它"充实和改善"成为各国议会的国际性代表机构——"国际议会",这是完全符合他们的一贯"传统"的。正如列宁所揭露的,这些社会帝国主义者所习惯地认为"正常的",是要殖民地、半殖民地亿万人民甘愿忍受旷古未闻的剥削和明目张胆的掠夺,忍受饥饿、暴力和侮辱,好让"文明"人能够"自由地""民主地""议会式地"决定他们的命运,任意摆布和宰割他们。[525] 正是从这种"正常的"帝国主义立场出发,他们就"理所当然"地把弱小民族的反帝革命造反义举统统看作"越轨行动",把坚决支持这种义举的国际马克思主义者统统诬为"好战"和"危害和平"。

列宁痛斥了第二国际余孽这种假维护国际"和平"之名,行维护帝国主义殖民秩序之实的反革命言行。他一针见血地揭露说:这些社会帝国主义者的惯用伎俩是口头上伪善地承认国际主义,而事实上却"用市侩民族主义与和平主义偷换国际主义"[526];口头上诡称赞助民族自决,事实上却反对本着革命的精神进行工作,反对切切实实地援助殖民地、半殖民地被压迫民族的反帝斗争。因此,他们的所谓"国际主义"云云,只不过是狗肉摊上的羊头,只不过是"一块假招牌"[527]!

同第二国际余孽的这种反革命立场针锋相对,列宁号召参加第三国际的"各国共产党必须直接帮助附属的或没有平等权利的民族……和殖民地的革命运动"[528];并且鲜明地提出:第三国际在民族殖民地问题上的全部政策,主要应该是使各民族和各国的无产者和劳动群众联合起来,共同进行革命斗争,战胜资本主义。"如果没有这一胜利,便不能消灭民族压迫和不平等的现象"[529]。他强调:"除了用革命推翻资本主义之外,任何国际仲裁法庭,任何关于裁减军备的谈论,任何对于国际联盟的'民主'改组,都不能使人类摆脱新的帝国主义战争"[530],摆脱帝国主义的殖民掠夺。在列宁的建议和主持下,第三国际作出决定:凡是愿意加入第三国际的党,不仅要揭露公开的社会沙文主义的穷凶极恶,而且要揭露社会和平主义的假仁假义。反之,不做到这一点,就意味着没有同第二国际余孽们严格划清界限,因而就没有资格参加坚持世界革命的第三国际。

---

[525] 参见列宁:《〈真理报〉创刊十周年纪念》,载《列宁全集》第33卷,人民出版社1957年版,第311页。
[526] 列宁:《民族和殖民地问题提纲初稿》,载《列宁选集》第4卷,人民出版社1972年版,第274页,并参见同卷第337页。
[527] 同上。
[528] 同上书,第274页。
[529] 同上书,第272页。
[530] 列宁:《加入共产国际的条件》,载《列宁选集》第4卷,人民出版社1972年版,第310页。

正确认识帝国主义时代的分裂和对抗

列宁谆谆教导世界革命人民务必十分清醒地认识到帝国主义时代世界性的分裂和对抗。1919年,他提醒说:"劳动者不应当忘记,资本主义把民族分成少数的压迫民族,即大国的(帝国主义的)、享有充分权利和特权的民族,以及占大多数的被压迫民族,即附属或半附属的、没有平等权利的民族"[531]。由于前者对后者长期实行压迫、剥削、掠夺、奴役,后者对前者的不满和不信任已经积累了好几百年。第一次帝国主义世界大战以及战后帝国主义列强种种新的倒行逆施,促使这两者之间的分裂和对抗进一步加深了,恶感和仇恨也进一步加剧了。

1920年,列宁在分析国际形势的一项报告中,把当时总计拥有17.5亿人口的世界各国划分为三类:一类是在大战中和大战后大发横财和扩大了掠夺地盘的寥寥几个国家,总人口还不到2.5亿,而其中又只有一小撮上层分子才能享受殖民掠夺的利益;另一类是战后基本保持原来地位的发达国家,总人口不超过2.5亿,这些国家因实力削弱而在经济上或军事上依赖于帝国主义新霸主;还有一类是拥有10亿人口、始终处在被压迫地位的广大殖民地、半殖民地,以及拥有2.5亿人口、战后沦于殖民地地位的国家,其中包括同样被帝国主义战争"置于同殖民地毫无差别的境地"[532]的第一个社会主义国家——苏维埃俄国。这就是说,战后遭受民族压迫和殖民掠夺的人口已从战前的10亿人激增到12.5亿人,实际上就是使"十二亿五千万人依附于一小撮富翁,处于无法生存的境地"[533]。一句话,民族压迫的范围空前扩大了,被压迫民族同压迫民族之间的矛盾也空前激化了。

列宁认为,从世界全局来说,"所有导致革命的资本主义基本矛盾、帝国主义基本矛盾,所有引起了对第二国际作激烈斗争的工人运动中的基本矛盾,都是同世界人口的这种划分联系着的"[534]。"十二亿五千万人决不会让'先进的'、文明的资本主义任意奴役下去,要知道,他们占世界人口百分之七十!"[535]在全世界两大民族营垒矛盾空前激化的情况下,被压迫民族的反帝革命怒火燃遍全球,就成为历史的必然!

对于世界人口的这种划分以及由此引起的矛盾对抗的空前激化,第二国际余孽们历来不是正视它、揭露它,而是千方百计地回避它、掩饰它。他们的惯伎之一,就是使用资产阶级民主派的伪善辞令,"只限于空洞地、形式地、纯粹宣言式地承认民

---

[531] 列宁:《为战胜邓尼金告乌克兰工农书》,载《列宁选集》第4卷,人民出版社1972年版,第148页。
[532] 列宁:《共产国际第二次代表大会》,载《列宁选集》第4卷,人民出版社1972年版,第316页。
[533] 同上书,第324页。
[534] 同上书,第318页。
[535] 同上书,第325页。

族平等,在实践上却不负任何责任"[536],并借此把寥寥几个帝国主义大国残酷压迫全世界弱小民族的现实遮盖起来,妄图平息世界性的反帝革命风暴,阻挠和破坏世界革命的正常进程。

针对第二国际余孽们的这种惯伎,列宁号召参加第三国际的各国共产党一定要"揭露其虚假和伪善"[537],揭露帝国主义资产阶级经常破坏民族平等的种种事实。他教导说,在观察和处理一切民族殖民地问题时,不要从修正主义者所津津乐道的资产阶级"民主""平等"之类的抽象原则出发,而要从具体的现实的各种现象出发,对帝国主义时代具体的历史情况,首先是经济情况,作出准确的估计,而"帝国主义的特点就是现在全世界已经划分为两部分,一部分是人数众多的被压迫民族,另一部分是人数甚少的、拥有巨量财富和强大军事实力的压迫民族"[538];帝国主义时代所特有的现象,就是"为数无几的最富强的先进资本主义国家对世界绝大多数人实行殖民奴役和金融奴役"[539]。

正是从这种最基本、最主要的客观现实出发,列宁亲自为第三国际的第二次代表大会起草了一份著名的有关民族殖民地问题的纲领性文件,而且一再提醒代表们注意贯穿于整个提纲的基本思想,极其鲜明地指出:"我们的提纲中最重要最基本的思想是什么呢?就是被压迫民族和压迫民族之间的区别。同第二国际和资产阶级民主派相反,我们强调这种区别"[540]。

在这里,值得注意的是:列宁在把当时属于资本主义世界的多种国家分别划归上述三类的同时,把社会主义的苏维埃俄国同殖民地、半殖民地被压迫民族列在同一类里。列宁这样划分,难道是忘记了或忽视了社会主义同资本主义之间的原则界限吗?不是的,绝对不是!因为:

第一,众所周知,资本帝国主义存在着固有的三大基本矛盾,即资本主义国家内部无产阶级同资产阶级的矛盾;帝国主义列强之间的矛盾;帝国主义同殖民地、半殖民地人民之间的矛盾。[541] 随着十月革命的胜利,从世界范围来看,又开始出现了另一项基本矛盾,即帝国主义国家同社会主义国家之间的矛盾。在地球上出现了第一个社会主义国家之后,不是别人,而正是列宁本人在论述资产阶级和无产阶级两种外交方式的时候,明确指出:现在地球上有两个世界,一个是资本主义的旧世界,一

---

[536] 列宁:《民族和殖民地问题提纲初稿》,载《列宁选集》第4卷,人民出版社1972年版,第273页。
[537] 同上书,第271页。
[538] 列宁:《共产国际第二次代表大会》,载《列宁选集》第4卷,人民出版社1972年版,第333页。
[539] 列宁:《民族和殖民地问题提纲初稿》,载《列宁选集》第4卷,人民出版社1972年版,第271页。
[540] 列宁:《共产国际第二次代表大会》,载《列宁选集》第4卷,人民出版社1972年版,第332—333页。
[541] 参见斯大林:《论列宁主义基础》,载《斯大林全集》第6卷,人民出版社1956年版,第65—66页。

个是正在成长的新世界。[542] 显而易见,列宁在此处对于资本主义世界和社会主义世界这两种社会制度的原则界限,是划分得清清楚楚、十分严格,毫不暧昧含糊的。

当然,同时也要看到,列宁在另外一些场合却对世界政治力量按照另外一些标准作了别种划分。例如,按照世界各民族间最本质的相互关系,划分为压迫民族和被压迫民族两大营垒。我们认为,在学习列宁的这些论述时,不但要把上述不同的划分联系起来,作为一个整体加以全面理解,而且要把这些划分同帝国主义和无产阶级革命时代世界上存在的诸项基本矛盾联系起来,加以综合领会。

如果说,列宁关于资本主义旧世界和社会主义新世界的"两分法",主要是如实地反映了帝国主义和无产阶级革命时代世界中帝国主义国家同社会主义国家之间的矛盾;如果说,列宁关于压迫民族和被压迫民族的"两分法",主要是如实地反映了帝国主义和无产阶级革命时代世界中帝国主义同殖民地、半殖民地广大人民的矛盾,那么,列宁关于世界人口和国家的上述"三分法",就主要是如实地、综合地反映了同一时代世界中帝国主义同殖民地、半殖民地广大人民的矛盾,帝国主义国家同社会主义国家之间的矛盾,帝国主义国家同帝国主义国家之间的矛盾以及这些矛盾之间的相互关系。例如,划入遭受帝国主义强国残酷压迫和殖民掠夺这一类型的12.5亿人口中,既有原先的殖民地、半殖民地国家,体现了帝国主义同殖民地、半殖民地人民之间的矛盾;也有初生的第一个社会主义国家,体现了帝国主义国家同社会主义国家之间的矛盾;还有当时的帝国主义战败国,体现了帝国主义国家同帝国主义国家之间的矛盾。此外,当时世界总人口中的其余5亿人,虽同属资本主义国家,但也分为战后实力扩张和实力削弱两类,则又从另一领域体现了帝国主义列强之间的矛盾。

简言之,这种"三分法",和上述两种"两分法"一样,都是列宁对帝国主义和无产阶级革命时代世界政治力量的基本划分,这三种划分,无疑都是完全正确的。它们的区别,只是在于革命导师分析问题时的着眼点有所不同:在不同的场合,从不同的角度,分别地对帝国主义和无产阶级革命时代世界的某一种基本矛盾进行单独的考察,或者全面地对帝国主义和无产阶级革命时代世界的多种基本矛盾进行综合的考察。

第二,在帝国主义和无产阶级革命时代,世界的任何一种基本矛盾都不是孤立自在的。各种基本矛盾之间,是互相联系、互相渗透和互相影响的。帝国主义国家同社会主义国家之间的对立,帝国主义同殖民地、半殖民地广大人民的对立,这两种

---

[542] 参见列宁:《全俄苏维埃第九次代表大会》,载《列宁全集》第33卷,人民出版社1957年版,第123页。

基本矛盾之间的关系也不能例外。列宁把全世界人口和国家划分为三类,并且把苏维埃俄国同殖民地、半殖民地被压迫民族列为同类,这显然是着眼于和强调了业已取得革命胜利和掌握国家政权的无产阶级,应当更加坚定地同殖民地、半殖民地的被压迫民族站在一起,在反对国际帝国主义的共同斗争中,同命运,共呼吸,互相支持,互相援助,协同进击,合力挫败共同的敌人。这是社会主义革命在一国立足生根和巩固发展的绝对需要,也是社会主义革命在全世界逐步推进的绝对需要。可见,列宁在划分国际政治阵线时这样做,丝毫不是忘记了或忽视了当时的苏维埃俄国已经是社会主义国家,丝毫不是动摇了苏维埃俄国的社会主义发展方向,恰恰相反,列宁的这一立场,不但真正坚持了苏维埃俄国的社会主义发展方向,而且完全符合于国际无产阶级革命事业的利益。它为国际无产阶级争取社会主义世界革命的胜利作出了极其正确的战略规定,也为后来的一切社会主义国家树立了光辉的榜样。

被压迫民族要参与决定世界命运

列宁不但启迪被压迫民族要充分认识帝国主义的残暴本性,意识到同帝国主义的根本对立,从而下定反帝革命斗争的决心,而且鼓励被压迫民族要彻底看透帝国主义的虚弱本质,估量到奴隶们自身的强大力量,从而树立反帝革命必胜的信心。他一贯教导被压迫民族,既要不存幻想,又要不畏强暴。

第二国际那些社会帝国主义分子视世界弱小民族如草芥。他们以西方殖民老爷们祖传的倨傲态度,或者诬蔑许多弱小民族"还没有达到自决水平",或者诋毁他们过于"落后"和革命性"太差",或者恫吓他们不得拿起武器以暴抗暴,以免被"完全毁灭"。

列宁严厉驳斥了诸如此类的流氓恶霸哲学,并且以无产阶级革命家的远见卓识,充分估计和热情歌颂殖民地、半殖民地人民所蕴藏的巨大革命威力和所能发挥的巨大革命作用。

他总结了被压迫民族奋起抗击国际帝国主义的胜利实践,满怀信心地指出:尽管这些民族非常弱小,尽管欧洲压迫者在斗争中运用了最优良的武器和战术,似乎拥有不可战胜的力量,但是被压迫民族所进行的革命战争一旦把千百万被剥削劳动者真正唤醒,就会激发出创造奇迹的毅力和才能,就完全能够击败帝国主义侵略者,争得民族的解放。[543] 列宁的这一科学总结,充满了对被压迫落后民族劳苦大众的无限信赖,它教育和鼓舞殖民地、半殖民地人民要从根本上藐视貌似不可战胜的帝国

---

[543] 参见列宁:《在全俄东部各民族共产党组织第二次代表大会上的报告》,载《列宁选集》第4卷,人民出版社1972年版,第97页。

主义者,敢于斗争,敢于胜利!

前面说过,早在第一次世界大战以前,列宁在通盘考察"全球各地和各种形式的世界解放运动"[544]时,就高度评价亚洲众多被压迫民族掀起的反帝革命义举,并且把亚洲被压迫民族的觉醒与欧洲无产阶级开展夺取政权的战斗并列,作为20世纪初世界历史开始迈进新阶段的主要标志。十月革命胜利和第一次世界大战结束以后,列宁看到世界被压迫民族特别是东方各弱小民族反帝革命斗争的浪潮空前高涨,看到他们"最终卷入了全世界革命运动的总漩涡"[545],他十分高兴地作了个今昔对比:长期以来,西方殖民强盗们一向用东方亿万人民"给资本主义文化和文明当肥料",强迫他们"仅仅充当别人发财的对象",而今,继东方觉醒时期之后,一个新的时期到来了:拥有七亿多人口的"印度和中国在咆哮着",东方众多弱小民族纷纷挺身奋起,不当"肥料",要当家作主了,他们要求掌握自己的命运,要求"参与决定世界命运""参与决定全人类命运"[546]了。根据此类情况,列宁判断说,占全世界人口绝大多数的殖民地、半殖民地劳动群众业已发生了"根本的变化"[547],在国际政治舞台上,他们"现在已经作为独立的、积极的革命因素出现了"[548]。

面对这种大好形势,列宁科学地综合概括了世界革命的新鲜经验,其中也包括世界被压迫民族被压迫人民大力支援第一个社会主义国家抗击国际帝国主义的胜利经验,他明确地指出:各先进国家的劳动人民反对帝国主义者和剥削者的国内战争正开始同反对国际帝国主义的民族战争结合起来。因此,今后世界社会主义革命不会仅仅是或主要是每一个国家的革命无产者反对本国资产阶级的斗争。不会的。"这个革命将是受帝国主义压迫的一切殖民地和国家、一切附属国反对国际帝国主义的斗争"[549]。

列宁再三提醒人们注意被压迫民族占世界人口绝大多数并且蕴藏着巨大革命潜力这两大特点,他科学地断定:十月革命以后,殖民地、半殖民地的亿万人民群众已经成为用革命行动彻底摧毁国际帝国主义这一伟大事业中的重大力量,他们的反帝革命运动起初是为争取民族的解放,将来一定会转而反对资本主义,即必将从民

---

[544] 列宁:《亚洲的觉醒》,载《列宁全集》第19卷,人民出版社1959年版,第68页。
[545] 列宁:《宁背少些,但要好些》,载《列宁选集》第4卷,人民出版社1972年版,第709页。
[546] 列宁:《在全俄东部各民族共产党组织第二次代表大会上的报告》,载《列宁选集》第4卷,人民出版社1972年版,第103页;《列宁全集》第33卷,人民出版社1957年版,第312—313页。
[547] 列宁:《共产国际第三次代表大会》,载《列宁全集》第32卷,人民出版社1958年版,第442、469页;《列宁全集》第31卷,人民出版社1958年版,第204页;《列宁全集》第32卷,人民出版社1958年版,第154页;《列宁全集》第33卷,人民出版社1957年版,第312、313页。
[548] 同上。
[549] 列宁:《在全俄东部各民族共产党组织第二次代表大会上的报告》,载《列宁选集》第4卷,人民出版社1972年版,第102页。

族民主革命进一步发展为社会主义革命,"在未来的世界革命的决战中……它所起的革命作用,也许比我们所希望的要大得多";"他们一定会在世界革命的下一个阶段中起非常巨大的革命作用"[550]。

无产阶级同被压迫民族结成联盟

正因为殖民地、半殖民地人民在摧毁国际帝国主义的斗争中所具有的巨大潜能是如此之不容忽视,他们在未来世界革命的决战中所能起的革命作用是如此之举足轻重,所以,列宁在为无产阶级社会主义世界革命确立战略思想、制定战略路线的时候,极其强调全世界无产阶级必须同全世界被压迫民族联结成强大的国际反帝革命统一战线,实现尽可能紧密的联盟,以战胜共同的压迫者——国际垄断资产阶级。

大家知道,由于资本主义发展不平衡,社会主义革命不可能在一切先进国家同时获得胜利。同样由于资本主义发展不平衡,当代世界中除了高度发展的资本主义民族之外,还有许多很弱小和经济十分不发达的民族,它们在觉醒之后有着强烈的革命要求,但这种革命要求却不可能在一开始就是社会主义性质的。基于对这些客观现实进行深入的研究分析,列宁早在大战期间就断定:未来世界范围内的社会革命,只能在各先进国家无产阶级的社会主义革命同落后地区被压迫民族所掀起的一系列民族民主革命互相联合起来的时代中进行。[551]

大战以后,根据这种正确判断,列宁在1920年提交共产国际第二次代表大会讨论的一项纲领性文件中,明确地制定了一条根本指导原则:"共产国际在民族和殖民地问题上的全部政策,主要应该是使各民族和各国的无产者和劳动群众为共同进行革命斗争、打倒地主和资产阶级而彼此接近起来"[552]。因为只有这种接近和联盟,才能保证最终战胜资本主义,从而消灭一切阶级压迫和民族压迫,实现全人类的解放。

列宁的这一战略思想包含着以下两个主要方面:

一方面,列宁早就指出:殖民地、半殖民地人民在争取民族解放的革命斗争中,"有各文明国家里的无产阶级做他们的可靠的同盟者"[553]。特别是殖民地、半殖民地人民可以利用宗主国无产阶级掀起推翻本国反动统治者的革命斗争和国内战争所造成的大好时机,来发动民族起义,争得本民族的独立解放。十月革命以后,列宁又

---

[550] 列宁:《共产国际第三次代表大会》,载《列宁全集》第32卷,人民出版社1958年版,第469、442页。

[551] 参见列宁:《论对马克思主义的讽刺和"帝国主义经济主义"》,载《列宁全集》第23卷,人民出版社1958年版,第54页。

[552] 列宁:《民族和殖民地问题提纲初稿》,载《列宁选集》第4卷,人民出版社1972年版,第272、275页。

[553] 列宁:《落后的欧洲和先进的亚洲》,载《列宁全集》第19卷,人民出版社1959年版,第83页;《列宁全集》第23卷,人民出版社1958年版,第53—54页。

强调:被压迫民族的解放斗争只有同国际无产阶级反对国际帝国主义的革命斗争直接联系起来,才能顺利地发展,才能有所成就。对于弱小民族中的亿万被剥削劳动群众说来,他们获得彻底解放的唯一希望是国际革命的胜利,国际无产阶级是他们的"唯一同盟者"。[554]

基于这种思想,列宁多次教导被压迫民族的无产阶级政党必须坚持无产阶级在民族解放运动中的领导权,用无产阶级国际主义精神教育本民族的工农群众,严防本民族的资产阶级用反动的民族主义毒害工农的阶级意识,分裂和破坏劳动者的国际团结,分裂和破坏国际反帝革命统一战线。

另一方面,列宁尤其着重强调:先进国家的无产者在争取阶级解放的革命斗争中,必须取得殖民地、半殖民地各被压迫民族劳动群众的援助,首先是东方各民族劳动群众的援助。如果没有这种援助,他们是不能取得胜利的。[555] 因此,"如果欧美工人的反资本斗争不把被资本压迫的千百万'殖民地'奴隶最紧密地全部团结起来,那么先进国家的革命运动事实上只不过是一场骗局"[556]!

在这里,列宁显然是把欧美先进国家无产阶级同亚洲、非洲和美洲广大落后地区被压迫民族劳苦大众的紧密团结和联合斗争,把后者对前者的援助,看成是欧美先进国家无产阶级争得自身解放的必要前提。

可以说,这是列宁在十月革命之后新的历史条件下,把自己历来一贯坚持的思想原则,提到新的高度上再次加以极力强调。而其所以必须如此强调,显然是从欧美先进国家社会主义革命的动力、对象以及十月革命后新旧两个世界的力量对比进行综合考察和深思熟虑的结果。

首先,从欧美先进国家社会主义革命的动力来说,既然实行殖民掠夺是这些国家无产阶级深受腐蚀毒害、革命工人运动遭到严重阻碍破坏、反资本主义决战长期迁延的一个主要原因,[557]那么,没有殖民地、半殖民地众多弱小民族奋起开展反帝革命斗争以推翻殖民统治,就无法促使欧美先进国家无产阶级思想革命化,也就无法促进欧美社会主义革命的到来。

---

[554] 参见列宁:《在全俄东部各民族共产党组织第二次代表大会上的报告》,载《列宁选集》第4卷,人民出版社1972年版,第105、95页。

[555] 同上书,第105页。

[556] 列宁:《共产国际第二次代表大会》,载《列宁全集》第31卷,人民出版社1958年版,第238页。

[557] 参见列宁:《关于共产国际第二次代表大会的基本任务的提纲》,载《列宁选集》第4卷,人民出版社1972年版,第300页;《列宁全集》第13卷,人民出版社1959年版,第60—61页;《列宁选集》第22卷,人民出版社1958年版,第337—338页;《列宁选集》第23卷,人民出版社1958年版,第104—105页;《列宁选集》第26卷,人民出版社1959年版,第148—149页;《列宁选集》第28卷,人民出版社1956年版,第411页;《列宁选集》第31卷,人民出版社1958年版,第202—203、229页。

其次，从欧美先进国家社会主义革命的对象来说，既然实行殖民掠夺是欧美垄断资产阶级物质力量和精神力量的一个主要源泉，是他们人为地延长资本主义寿命推迟资本主义崩溃的一项主要办法，[558]那么，没有殖民地、半殖民地众多弱小民族奋起开展反帝革命斗争以推翻殖民统治，就无法严重削弱欧美垄断资产阶级，也就无法大大促进欧美社会主义革命的胜利。

再次，从十月革命后社会主义新世界同资本主义世界的力量对比来说，由于资本主义发展不平衡的规律导致革命发展不平衡，社会主义革命只能首先在单独一个或寥寥几个国家内获得胜利从而处在资本主义包围之中。因此，在相当长时期里，资本主义旧世界在实力对比上占有巨大的优势，并且基于对社会主义国家的共同仇视而实行反革命的国际联合。在这种情况下，如果没有国际无产阶级的共同声援，特别是如果没有亚洲、非洲和美洲广大地区被压迫民族亿万群众积极开展反帝革命斗争以牵制和削弱国际帝国主义，社会主义国家就无法改变上述十分不利的实力对比，难以避免陷于孤立和遭到扼杀的巨大危险，也就谈不上巩固和发展社会主义革命的胜利成果。

历史表明：十月革命后，正是由于当时殖民地、半殖民地广大地区反帝革命运动的蓬勃发展，迫使国际帝国主义穷于应付从而无法全力以赴去扼杀初生的苏维埃政权；正是世界被压迫弱小民族亿万群众反帝革命斗争的蓬勃发展，形成了一项重大的有利因素，使幼弱的社会主义国家能够在虎狼环伺的资本主义包围之中生存下去和成长起来。[559]

总之，欧美先进国家的无产阶级（其中包括业已取得社会主义革命初步胜利的俄国无产阶级）同亚洲、非洲和美洲广大落后地区的被压迫民族有着共同的敌人。从无产阶级世界革命的斗争全局进行综合考察，殖民地、半殖民地人民的反帝革命斗争和民族解放运动，既是直接打击和严重削弱国际帝国主义垄断资产阶级的，客观上同时也就是直接打击和严重削弱欧美先进国家无产者国内的反动统治者以及社会主义国家的外部敌人。因此，欧美先进国家的无产阶级理应把殖民地、半殖民地人民的反帝革命斗争和民族解放运动，看成是对自己的一种最可靠的支援，看成是自己直接的切身的利益所在，从而理应无条件地予以全力支持。而如果不这样看和这样做，那就不论其"社会主义革命"口号喊得多么高亢激昂（如像前述希法亭之流那样），"事实上只不过是一场骗局"！

---

[558] 参见列宁：《关于自决问题的争论总结》，载《列宁全集》第22卷，人民出版社1958年版，第336页。

[559] 参见列宁：《在共产国际第三次代表大会上关于俄共的策略的报告提纲》，载《列宁全集》第32卷，人民出版社1992年版，第441—442、427页；《列宁全集》第31卷，人民出版社1958年版，第295—296页。

正因为如此,列宁特别注意教导欧美先进国家的共产党人,在对待殖民地、半殖民地的民族解放运动时,务必摆脱一国一族的狭隘自私立场,同第二国际那些社会帝国主义者所一贯鼓吹的"市侩民族主义"和"民族利己主义"严格划清界限;务必坚持无产阶级国际主义的革命原则,并且把它摆在首要地位。

对于第一个社会主义国家——苏维埃俄国的共产党人,列宁尤其要求他们清醒地认识到,俄国革命"最大的历史课题就是:必须解决国际问题,必须唤起国际革命,必须从我们狭隘的民族革命转到世界革命"[560],因而更应当率先严格按照无产阶级国际主义行事。"而无产阶级的国际主义,第一,要求一个国家的无产阶级斗争的利益服从全世界范围的无产阶级斗争的利益;第二,要求正在战胜资产阶级的民族,有能力和决心去为推翻国际资本而承担最大的民族牺牲"[561]。大家都知道,列宁在1920年提出这一号召的时候,正是年轻的苏维埃俄国遭到14个国家反革命武装干涉的艰难时刻。尽管本国处境是如此困难,还是这样说,这样做,勇于为世界革命事业承担最大的民族牺牲,这是何等无私的胸襟!何等伟大的气魄!何等远大的眼光!只有真正以解放全人类为职志的阶级及其政党和领袖,才具有这样的胸襟、气魄和眼光。

根据上述革命原则,列宁不但在他执笔拟定并获得第三国际第二次代表大会通过的关于民族殖民地问题的纲领性文件中,把直接援助殖民地、半殖民地被压迫民族的革命运动,作为各国共产党责无旁贷的义务,一般地规定下来;而且在他亲自起草并获得大会通过的另一项重要决议中,把切实支持本国殖民地的反帝革命运动,作为各宗主国工人政党申请加入第三国际的先决条件之一,特别地加以规定。决议明文写着:"凡是愿意加入第三国际的党,都必须无情地揭露'本国的'帝国主义者在殖民地所干的勾当,不是在口头上而是在行动上支持殖民地的一切解放运动,要求把本国的帝国主义者从这些殖民地赶出去,教育本国工人真心实意地以兄弟般的态度来对待殖民地和被压迫民族的劳动人民,不断地鼓动本国军队反对对殖民地人民的任何压迫"[562]。这项规定意味着设下了一道关口,严防那些顽固坚持社会帝国主义立场的第二国际余孽们削尖脑袋,钻进威望日益提高、"在某种程度上已经成了时髦"[563]的第三国际——共产国际当中来,捞取政治资本。同时,这项规定实际上还意味着:把对待本国帝国主义反动统治阶级殖民侵略暴行所采取的态度,作为检验真

---

[560] 列宁:《关于战争与和平的报告》,载《列宁全集》第27卷,人民出版社1958年版,第80页。
[561] 列宁:《民族和殖民地问题提纲初稿》,载《列宁选集》第4卷,人民出版社1972年版,第274页;《列宁选集》第3卷,人民出版社1972年版,第589页。
[562] 列宁:《加入共产国际的条件》,载《列宁选集》第4卷,人民出版社1972年版,第311页。
[563] 同上书,第308页。

假共产党、真假马克思主义者的重要试金石。

当年,以列宁为首的布尔什维克党,就是严格按照第三国际这项规定的革命精神率先身体力行。

事例之一:早在俄国无产阶级政权建立后的第二天,列宁就在他亲自为苏维埃政府草拟的第一个法令中向全世界庄严宣告:坚决废除宰割小民族的秘密外交,立刻着手公布俄国地主资本家政府同其他帝国主义国家所缔结的企图在大战结束后兼并领土、瓜分殖民地和势力范围的全部秘密条约,借以彻底揭露本国帝国主义者及其外国盗伙们的贪婪狠毒、卑鄙无耻和口蜜腹剑;同时宣布"立即无条件地废除"这些密约。[564]

事例之二:十月革命胜利后的最初几个月里,列宁在万机待理之际就迅即签署发布宣言和指令[565],公开声明废除沙俄政府参与签订的关于瓜分土耳其、霸占君士坦丁堡、勒索土属阿尔明尼亚领土的一切条约,支持被俄国占领的土属阿尔明尼亚人民实行民族自决;废除关于瓜分波斯(伊朗)的条约,尽速从波斯撤出俄国占领军,等等。1921年初,遵循列宁的指示,苏维埃俄国政府又先后同长期饱遭沙俄侵略欺凌的弱小邻国正式签订了一系列平等的友好条约。在这些条约中,不但旗帜鲜明地公开谴责沙俄对这些弱小国家的暴力压迫和殖民掠夺政策,而且具体规定坚决放弃一系列的殖民特权。例如,在波斯和苏俄友好条约中明文规定:沙俄历届政府强加于波斯、侵害波斯人民权利的所有各种协定概行作废;把沙俄时期霸占的波斯领土和"租借地"一律归还波斯;沙俄政府为了控制波斯而付出的对波贷款一笔勾销,无须偿还;沙俄为了侵略目的而在波斯境内兴建的铁路、公路、港口设施和有关房产等,全部无代价地交给波斯,借以部分地赔偿沙俄军队对波斯所造成的种种损害;取消俄国在波斯的领事裁判权,等等。[566] 此外,对阿富汗和土耳其,也签订了类似的条约,作出了类似的规定。[567]

事例之三:在第三国际作出上述决议的前后,列宁领导下的苏维埃政府于1919年7月和1920年9月就沙俄帝国主义者强加给中国的不平等条约,一再发表对华宣言,郑重表示:"以前俄国政府历次同中国订立的一切条约全部无效,放弃以前从中国夺取的一切领土和中国境内的俄国租界,并将沙皇政府和俄国资产阶级从中国夺

---

[564] 参见列宁:《全俄工兵代表苏维埃第二次代表大会》,载《列宁全集》第26卷,人民出版社1959年版,第228页。

[565] 参见《人民委员会〈告俄罗斯和东方全体伊斯兰教劳动人民书〉》《人民委员会关于"土属阿尔明尼亚"的指令》,载《苏联民族政策文件汇编》,中央民族事务委员会参事室,1954年,第37、47—48页。

[566] 参见《波斯和俄罗斯苏维埃联邦社会主义共和国友好条约》,载《国际条约集(1917—1923)》,世界知识出版社1961年版,第613—620页。

[567] 同上书,第620—623、632—636页。

得的一切,都无偿地永久地归还中国"[568]。

列宁对中国的这项无产阶级革命政策,尽管由于当时的历史条件而未能实现,但对待老沙皇殖民侵略的"遗产"采取如此鲜明的决裂态度——分毫不取,悉数退赃,这就从一个重要的侧面证明了:当年列宁领导下的布尔什维克党是当之无愧的马克思主义、国际主义的党;当年列宁领导下的苏维埃政府是当之无愧的无产阶级革命政权。

(三)列宁对第三国际内部布哈林、罗易之流在民族殖民地问题上"左"倾空谈的斗争

马克思列宁主义在其生命的途程中每前进一步都得经过战斗。

列宁关于民族殖民地革命学说的严整体系,同列宁关于其他方面的革命学说一样,是在同形形色色的机会主义作斗争中逐渐形成和不断发展、完善起来的。在这个过程里,列宁既坚决反对民族殖民地问题上的右倾机会主义,也坚决反对这个问题上的"左"倾机会主义。他本着马克思主义的一贯原则立场,以主要精力揭露和批判当年最为猖獗的"来自右面的修正主义",同时也毫不放松对"来自左面的修正主义"[569]开展严肃的斗争。

十月革命以前的史实说明了这一点,十月革命以后的史实也同样有力地说明了这一点。

在十月革命以后到1924年初列宁逝世这段时间里,如果说,在民族殖民地问题上的右倾机会主义谬论主要来自业已破产的第二国际的余孽,那么,在同一问题上的"左"倾机会主义空谈则主要来自诞生不久的第三国际内部。

当时,第三国际队伍中在民族殖民地问题上热衷于"左"倾空谈的,不仅有混迹于俄国共产党(布尔什维克)行列之内的极左分子,而且有欧洲其他国家的左派社会民主党人;此外,还有亚洲一些被压迫民族中刚刚出现的第一批共产党人。

所谓"劳动者自决"和"暴力镇压不可避免"

"劳动者自决"论是布哈林[570]在1919年提出来的。

早在1915年,布哈林就自命为"具有周密理论的极左派"。他以极左的面目出

---

[568] 《俄罗斯苏维埃联邦社会主义共和国政府对中国政府的宣言(1920年9月27日)》。参见《中国近代对外关系史资料选辑》(下卷·第1分册),上海人民出版社1977年版,第18页。

[569] 参见列宁:《马克思主义和修正主义》,载《列宁全集》第15卷,人民出版社1959年版,第20页。

[570] 尼古拉·伊万诺维奇·布哈林(1888—1938),1906年加入俄国社会民主工党(布尔什维克),主要从事宣传工作。从1917年党的第六次代表大会起任中央委员;十月革命后,历任中央政治局委员、共产国际执行委员会委员和主席团委员、《真理报》主编等要职。

现，坚决反对马克思主义者提出"民族自决权"口号和积极支持民族解放运动。在这方面，他所耍弄的基本手法之一，就是片面地、僵死地强调阶级斗争和阶级分析，把阶级斗争同民族斗争机械地对立起来，把无产阶级争取社会主义的斗争同争取民族解放的斗争机械地对立起来，并以开展阶级斗争为名，全盘否定和取消争取民族解放的斗争。

为了哗众取宠，布哈林在伙同皮达可夫[571]炮制的一份提纲[572]中高喊，必须"对整个资本主义制度采取十分鲜明的革命态度"。什么是"十分鲜明的革命态度"呢？据布哈林分析：马克思主义者对于帝国主义侵略兼并弱小民族这一反动政策所作出的回答，只应该是无产阶级的社会主义革命，而不应当提出民族自决这类属于民主主义性质的、"最低限度"的要求。他认为，当时已经到了"在国际范围内动员无产阶级的力量去进行国际活动、去推翻资本主义"的时候，在这种时候，还"吸引无产阶级的注意力去解决'民族问题'，就变得极其有害"。

他攻击"民族自决"的口号，硬说在这个口号下，"整个策略路线是指向民族斗争而不是指向阶级斗争"，它势必会"转移"无产阶级的阶级斗争视线，"分散"无产阶级的力量，使无产阶级的活动"丧失"国际性质。因此，提出"民族自决"的口号，提出民族解放的任务，就意味着只是满足于"在资本主义文明的领域内提出'局部性的'任务"，就"意味着引诱无产阶级力量离开问题的实际解决，意味着使它们同有关的民族资产阶级集团的力量实行联合"。

布哈林和皮达可夫的上述"左"倾空谈，在提出的当时就遭到列宁的批评和驳斥。

列宁对实行社会主义革命同争取民主的斗争这两者之间的关系，作了精辟的分析。

诚然，遭受帝国主义殖民统治的被压迫民族争取民族解放、争取民族自决权利，只是一种民主主义的要求，它本身并非社会主义性质的口号。但是，应当看到："社会主义革命不是一次行动，不是一条战线上的一次战斗"[573]，它是充满了剧烈的阶级冲突的整整一个时代，是在一切战线上，即在一切经济和政治问题（其中也包括民族问题）上长长一系列的战斗，这些战斗只有靠剥夺资产阶级才能完成。在争取社会主义的过程中，无产阶级如不首先在各个领域内为争取民主而进行全面彻底的革命

---

[571] 格奥尔基·列奥尼多维奇·皮达可夫（1890—1937），1910年参加俄国社会民主工党（布尔什维克）。十月革命后，曾任俄共（布）中央委员、乌克兰临时工农政府主席、苏俄国家计委副主席等职。

[572] 参见〔苏联〕布哈林、皮达可夫：《关于自决权的提纲》（1915年11月），载〔苏联〕甘钦和费舍：《布尔什维克与世界大战》，伦敦1940年英文版，第219—221页。

[573] 列宁：《社会主义革命和民族自决权》，载《列宁选集》第2卷，人民出版社1972年版，第717页。

斗争,就不能为战胜资产阶级做好准备。因此,"如果认为争取民主的斗争会使无产阶级脱离社会主义革命,或者遮挡住社会主义革命等等,那是根本错误的"[574]。

其次,斗争实践日益显示:以消灭帝国主义为目的的社会主义革命的爆发和发展,同被压迫民族和被压迫人民要求民主、反抗压迫的义愤日益增长,有着**不可分割**的联系。而布哈林和皮达可夫上述谬论的错误关键,就在于他们"不能了解这样一个问题,即**怎样把已经到来的帝国主义同争取改革的斗争,同争取民主的斗争联系起来**"[575]。

最后,在沙俄政府对众多弱小民族实行残酷殖民统治的情况下,俄国无产阶级政党提出民族自决的口号,这"将有助于把一切民族迅速地争取到我们这边来",有助于用劳动者反对剥削者的共同意志把各族人民联合起来,投入共同的战斗。反之,在当时俄国条件下,如果不提出民族自决的口号和要求,"如果各民族之间没有真正的**民主**关系,因而没有国家分离的自由,那就**不可能**使各民族的工人和劳动群众去进行反对资产阶级的国内战争"[576],从而社会主义革命也就成为空谈和泡影了。

可见,以所谓"十分鲜明的革命态度",唱着"社会主义革命"和"反帝"的高调,却完全忽视甚至根本否定现实的属于民族民主革命性质的反帝政治斗争,这在客观上无异于"从承认帝国主义存在'堕落'到替帝国主义**辩护**"[577]。

对于来自列宁的批评帮助,布哈林和皮达可夫并未从中吸取应有的教益,他们仍然坚持自己的错误见解。

十月革命胜利之后,第三国际成立之初,顺应着当时国内外形势的巨大变化,俄国共产党(布尔什维克)在1919年3月中下旬召开的第八次代表大会把修改党纲列为首要议题。在讨论新党纲草案时,布哈林再次坚决反对把民族自决权的有关条文继续载入党纲。[578] 他仍然从自己那种狭隘僵死的所谓"阶级观点"和"阶级斗争"概念出发,对自己的"左"倾空谈作了新的论证。一方面,他冠冕堂皇地宣称:"任何民族的任何特权,民族之间的一切不平等现象,都应该废除";"我们反对各种各样的民族压迫,我们绝对不想强制任何人跟随我们"。另一方面,他又以阶级观点"十分鲜明"的姿态扬言:既然民族是各个阶级的总和,"民族概念包括该社会的一切阶级",那么,在谈论民族自决问题时,问题的提法就"不是无产阶级或者资产阶级,而是既包括无产阶级,也包括资产阶级"。据此,布哈林推论说:"'民族自决权'口号和无产

---

[574] 列宁:《社会主义革命和民族自决权》,载《列宁选集》第2卷,人民出版社1972年版,第717页。
[575] 列宁:《论正在产生的"帝国主义经济主义"倾向》,载《列宁全集》第23卷,人民出版社1958年版,第4、14页。
[576] 列宁:《答皮·基也夫斯基(尤·皮达可夫)》,载《列宁全集》第23卷,人民出版社1958年版,第16页。
[577] 列宁:《论正在产生的"帝国主义经济主义"倾向》,载《列宁全集》第23卷,人民出版社1958年版,第4页。
[578] 参见〔苏联〕布哈林:《在俄共(布)第八次代表大会上关于党纲的报告》《在俄共(布)第八次代表大会上关于党纲报告的结论》,载《俄共(布)第八次代表大会·速记记录》,莫斯科1959年俄文版,第46—48、109—112页。

阶级专政原则是互相矛盾的","既然我们现在坚持无产阶级专政的方针,那么……我们就不能提出民族自决权的口号"。

为了解决上述矛盾,布哈林极力主张在新党纲中删去"民族自决"的旧口号,而代之以新的、与无产阶级专政目标"相应的口号",即"每个民族的劳动阶级的自决"。他以强大的俄罗斯民族和弱小的、曾遭沙俄吞并的波兰民族之间的关系为例,对这个新"公式"的要义作了解释:"如果波兰民族的工人不愿意和我们处在一个国家里,我们将不强拉着他们,我们准许并将尊重波兰无产阶级的意志,但是我们绝不准许也并不尊重波兰资产阶级的意志"。

布哈林的这些观点在俄共(布)的第八次代表大会上再次获得皮达可夫的全力支持。不过,皮达可夫这次却比布哈林走得更远。

十月革命以前,皮达可夫就曾在1916年间撰写专文[579]论证"民族自决"口号之不可取。他把自己的眼光局限于欧洲一隅,而无视整个世界的现实,硬说历史的发展已经超越资本主义发展和民族国家确立的时代,民族国家已经从当初的"发展生产力的最好形式"转变为"生产力发展的桎梏",因此,提出"民族自决"这个口号是"空想的"和"有害的"。皮达可夫尤其反对向长期遭到帝国主义掠夺因而经济发展十分落后的殖民地提出这一口号,他藐视殖民地人民的革命精神和自主能力,以十分倨傲和鄙夷的口吻质问道:对殖民地来说,"'自决'是向谁提出来的呢?向各殖民地的资产阶级?向阿拉伯乡巴佬?向农民?"他攻击说:"向殖民地提出自决口号,在社会主义者来说是非常荒唐的。"

十月革命胜利以后,皮达可夫的极左立场有了新的"发展"。在俄共(布)第八次代表大会讨论党的民族纲领时,他甚至公开宣告立即"取消"民族,说是"任何民族都不需要,需要的是全体无产者的联合"。当时俄共(布)党内有些人在十月革命胜利和第三国际成立的大好形势鼓舞下,头脑发热,忘乎所以,充分暴露了大俄罗斯沙文主义的狂妄。他们在谈论当时世界革命进程和国际关系时,居然主张组织什么"世界国民经济委员会",并且要求全世界"一切民族的党隶属于俄共中央委员会"。对于这些被列宁称为"入了迷的同志"的自大狂,皮达可夫援引不伦不类的"事实"加以"论证",说什么"乌克兰的共产党员就是按着俄共(布)中央的指示而行动的"[580]。他的言外之意就是说:既然在莫斯科有一个出色的中央委员会,那么一切民族自决又

---

[579] 题为《论民族自决权》。参见《列宁全集》第23卷,人民出版社1958年版,第387页,注解⑫⑭。
[580] 按:在1917年十月革命胜利之后至1922年底成立苏联(苏维埃社会主义共和国联盟)之前这段时间里,原沙俄统治下的各民族曾分别组成六个各自独立的社会主义国家。当时,"俄罗斯苏维埃联邦社会主义共和国"和"乌克兰苏维埃社会主义共和国",同其他各共和国一样,都有各自独立的中央政权。参见《苏联民族政策文件汇编》,中央民族事务委员会参事室,1954年,第4、104、244号文件。

有什么用处呢？在这些荒谬看法遭到列宁严肃批评之后，皮达可夫居然反唇相稽说："难道你认为这不好吗？"

除了布哈林和皮达可夫之外，在当时俄共（布）中央还有另一个重要领导人在民族殖民地问题上采取类似的极左的狂妄立场。他就是普列奥布拉任斯基[581]。

1920年6、7月间，普列奥布拉任斯基在一份列宁起草的供俄共（布）若干领导人讨论的重要文件上提出了"修改和补充"的意见[582]。一方面，他主张应当把建立"统一的经济整体"放在首要地位，认为"在革命以后，民族问题的解决必须服从于把已经成立的各个社会主义共和国建设成为统一的经济整体的任务"。另一方面，他断言：在帝国主义时代，被压迫民族的民族意识和民族主义思潮"已经衰颓变质"；在经济发展落后的国家里，民族的商业资产阶级和知识界的上层分子决不肯在本民族中培养民族主义的掘墓人，恰恰相反，他们必然要仿效历史先例，力图"大体上按照资产阶级民族国家形成时期那样的方式来解决民族问题，这么一来，他们就成了已经衰颓变质并且注定要灭亡的民族主义的代表"。

根据诸如此类的"理论前提"，普列奥布拉任斯基推导出两项荒谬的结论：一是在帝国主义时代，被压迫民族的民族解放运动业已完全失去了革命的发展前途，因此，"夸大殖民地民族起义的革命意义是错误的"；二是经济发展先进的欧洲即将出现一系列的社会主义共和国，社会主义的欧洲各共和国或"欧洲共和国联盟"中的无产阶级理应充当落后国家中的"民族主义的掘墓人"。如果落后国家中的下层劳动群众还不能推举出代表自己利益的集团来执掌政权并和欧洲结成联邦，而"欧洲共和国联盟"又不能同这些落后国家中"占统治地位的民族集团达成经济上的协议，那就不可避免地要用暴力镇压他们，并强迫那些重要的经济地区归并入欧洲共和国联盟"。

布哈林、皮达可夫和普列奥布拉任斯基的上述主张尽管用词不一，角度不同，但他们所挥舞的却是相同的、似是而非的、令人眩目的"旗帜"：持"阶级斗争"，发扬"国际主义"，推进"世界革命"！加之他们都身居要职，是第一个社会主义国家或共产国际的领导人、头面人物，这样，他们就在当时的俄国共产党和国际共运面前提出了以下几个方面的重大问题：

第一，在帝国主义和无产阶级革命时代，殖民地、半殖民地的民族解放运动在世

---

[581] 叶甫盖尼·阿列克谢也维奇·普列奥布拉任斯基（1886—1937），1903年参加俄国社会民主工党（布尔什维克）。十月革命后，历任俄共（布）中央委员、中央委员会书记、《真理报》编辑等职。

[582] 〔苏联〕普列奥布拉任斯基：《对列宁起草的民族和殖民地问题提纲初稿的评论》，载《苏共历史问题》1958年第2期，第16页。另参见《列宁全集》，莫斯科1963年俄文第5版，第41卷，第513页；《共产党人》1968年第5期，第39页。

界历史发展的全局中究竟占有什么地位？它是否仍然起着历史的进步的作用？这种运动以及为了赞助这种运动而提出的"民族自决"口号，对于无产阶级开展阶级斗争、推进世界革命来说，究竟是"极其有害"的，还是极其有利的？

第二，在帝国主义和无产阶级革命时代，对于遭受帝国主义殖民统治的弱小民族，是否可以否定其民族自决权，改而提倡"劳动者自决"？应当怎样如实地观察和分析被压迫民族内部的阶级相互关系？怎样理解民族斗争同被压迫民族内部的阶级斗争之间的辩证关系？

第三，在帝国主义和无产阶级革命时代，压迫民族中的无产阶级及其政党，特别是先进国家中已经取得社会主义革命胜利的无产阶级及其政党，应当怎样正确对待落后国家和被压迫民族的民族主义和民族感情？在新的革命形势下，民族观念、主权观念是否已经完全"过时"？国际公法上的主权平等、领土完整与不可侵犯等基本原则是否可以弃置不顾甚至肆意践踏？是否可以由最早取得社会主义革命胜利的某一个民族的共产党来充当世界革命的指挥中心，让全世界其他"一切民族的党隶属于"它，按照它的"指示"而行动？一个社会主义国家是否可以借口"推进世界革命"、消灭"注定要灭亡的民族主义"而对落后国家中的弱小民族滥施暴力，越俎代庖，"输出"革命？是否可以借口建立社会主义的"统一的经济整体"而强行吞并那些属于落后国家弱小民族的"重要的经济地区"？

以上这三个方面的重大问题，在十月革命取得胜利、无产阶级社会主义世界革命进入一个新的发展阶段、民族解放运动蓬勃兴起的时代条件下，不仅对俄国共产党而且对全世界共产党人都具有空前迫切的实践意义。特别是其中第三方面的问题，更是在社会主义革命已经取得一国胜利这一新情况下，首次出现在国际共运史上的新问题。对于这些重大问题，都亟待一一作出符合马克思主义革命原则的、科学的解答。

第一个作出这种解答的，是伟大的列宁。

不承认民族而只承认劳动群众，那是空洞至极的废话

关于上述第一方面的问题：

列宁在十月社会主义革命前后的一系列著作中，对帝国主义和无产阶级革命时代民族解放运动的历史地位和历史作用，都作了详尽的、令人信服的论证。前面引述过的[583]列宁关于"民族自决"口号革命内容更新的论断，关于殖民地、半殖民地民

---

[583] 参见本书第一编第3章第三部分及第4章第二部分中的有关内容。

族解放运动已经成为无产阶级社会主义世界革命的一个组成部分的论断,关于世界范围的社会革命只能在各先进国家无产阶级的社会主义革命同落后地区被压迫民族的民族民主革命联合起来的时代中进行的论断,关于被压迫民族的劳动群众已经成为用革命行动摧毁国际帝国主义的积极因素的论断,关于先进国家无产阶级社会主义革命如果没有殖民地、半殖民地被压迫民族劳动群众的援助就不可能取得胜利的论断,关于被压迫民族的反帝革命运动必将从民族民主革命进一步发展为社会主义革命的论断,关于被压迫民族的反帝革命斗争必将在未来世界革命决战中发挥非常巨大的革命作用的论断,等等,其批判矛头首先是指向那些蔑视和敌视殖民地、半殖民地民族解放运动的第二国际右翼分子、社会帝国主义分子的,同时也是针对当时国际左派以及俄国布尔什维克党队伍中布哈林等人的上述极左谬论的。换言之,在这些正确论断中,列宁对殖民地、半殖民地民族解放运动和"民族自决"口号作出了恰如其分的历史评价,在民族殖民地的最基本的问题上坚持了马克思主义的革命原则,既痛斥了从伯恩施坦到鲍威尔之流的"来自右面的修正主义",又批驳了从爱尔威到布哈林之流的"来自左面的修正主义"。

关于上述第二方面的问题:

列宁断然表示:"决不能说:'打倒民族自决权!我们只让劳动群众有权自决'"[584],更决不能随意宣告"取消民族"。"当然,这是很美妙的事情,也是会实现的事情,但只能是在共产主义发展的另一个阶段上"[585]。

列宁指出,无产阶级政党看待任何民族问题,都必须"站在严格的阶级观点上"[586]。但是,在运用阶级观点分析具体问题时,却不能从教条和概念出发,玩弄概念游戏,也不能从主观愿望出发,"把愿望当作现实"[587],而只能从实际情况出发,在正视客观现实的基础上确定具体的纲领、口号和措施。"不承认实际情况是不行的,因为它会强迫你承认它"[588]。

在各种实际情况中,首先必须认真考察和具体分析的是各民族所处的社会历史发展阶段、内部阶级分化的程度以及劳动人民阶级觉醒的现有水平。

列宁指出,既然世界上所有国家各个民族都还处在从中世纪制度到资产阶级民主制或从资产阶级民主制到无产阶级民主制道路的不同阶段上,即都还远未发展到一切民族都在完全平等自愿的基础上完全融合的共产主义阶段,那么,在相当长的

---

[584] 列宁:《关于党纲的报告》,载《列宁全集》第29卷,人民出版社1956年版,第149页。
[585] 列宁:《关于党纲报告的结论》,载《列宁全集》第29卷,人民出版社1956年版,第165—166页。
[586] 列宁:《关于党纲的报告》,载《列宁全集》第29卷,人民出版社1956年版,第146页。
[587] 同上书,第143页。
[588] 同上书,第148页。

历史时期内，民族就仍然作为一个客观实体而存在。在这种现实面前，如果我们说不承认什么民族，而只承认劳动群众，"那就是空洞到极点的废话"[589]。

诚然，民族内部是划分为阶级的，劳动者同剥削者彼此的阶级利益总的说来是对立的。但是，"勾去民族自决而写上劳动者自决是完全不正确的，因为这样的提法没有考虑到各民族内部的分化是如何困难、如何曲折"[590]。由于各民族的剥削者长期以来总是利用民族矛盾来掩盖阶级矛盾，甚至捏造各种流言蜚语，对本民族劳动群众进行欺骗和挑拨，煽动盲目的民族主义排外情绪，离间他们同异族阶级兄弟的亲密关系，致使劳动群众往往难于清醒地意识到本民族内部的阶级对立，看不清事情的真相。在这种情况下，如果无视现实，不尊重民族观念和主权平等原则，否定一切遭受帝国主义殖民统治的弱小民族都享有自决权，那就无异于授人以柄，替这些民族的剥削者增添欺骗宣传的口实和扩大欺骗宣传的效果，使劳动者更难于摆脱本族剥削者的影响，从而"阻碍我们所应当促进的无产阶级分化出来的过程"[591]。

而帝国主义压迫民族（或曾经是帝国主义压迫民族）中的无产阶级政党严格遵守主权平等原则，在自己的纲领中公开承认民族自决权，这就有利于消除民族矛盾，揭穿被压迫民族的剥削阶级利用民族矛盾掩盖阶级矛盾的各种欺骗宣传，有利于劳动者从本民族剥削者的影响下解脱出来，这就意味着促进了被压迫民族内部的阶级分化、阶级斗争和革命发展。列宁以1917年底苏维埃政权承认沙俄属地芬兰独立之后芬兰内部阶级分化的情况为例，指出："由于我们承认了民族自决权，那里的分化过程就容易些了"[592]；当时"在芬兰，无产阶级和资产阶级分开的过程是非常明显、强烈和深刻的"。事实证明，"每个民族都应当获得自决权，而这会促进劳动者的自决"。[593]

由此可见，对于遭受帝国主义殖民统治的弱小民族，以只承认"劳动者自决"为借口来否定其民族自决，貌似坚持了阶级观点，实则严重脱离实际，只会阻碍各族劳动者的阶级觉醒、阶级团结和阶级解放，而且客观上只会助长帝国主义殖民统治者的反动气焰；而坚持承认民族自决，从字面上看似乎未提到阶级，实则有利于各族劳动者的阶级觉醒和阶级团结，从而有利于共同开展反帝革命斗争，求得民族解放和阶级解放，这才是无产阶级的阶级政策，才是真正"站在严格的阶级观点"上。

至于究竟谁是被压迫民族分离意志的代表者，列宁认为对于这个问题也必须考

---

[589] 列宁：《关于党纲报告的结论》，载《列宁全集》第29卷，人民出版社1956年版，第165—166页。
[590] 列宁：《关于党纲的报告》，载《列宁全集》第29卷，人民出版社1956年版，第146—147页。
[591] 同上书，第145页。
[592] 同上书，第145页。
[593] 同上书，第148页。

虑到该民族所处的历史发展阶段,从历史观点与阶级观点的结合上作出判断。[594] 总的说来,作为剥削者和寄生虫的资产阶级确实是"该受万分鄙视"[595]的。然而,在一定的历史条件下,无产阶级政权的代表往往不得不以被压迫民族中曾经起过刽子手作用的资产阶级代表人物作为谈判对手,不得不同他们在外交场合中互相握手甚至"彼此恭维几句"。列宁说:"这是多么不好啊!但这是必须做的事情"[596]。显然,这样做的目的,也在于澄清他们的欺骗宣传,争取还处于他们影响之下的广大劳动群众。

对待被压迫民族的民族感情必须特别慎重

关于上述第三方面的问题:

为了最大限度地争取和团结被压迫民族中的广大劳动群众,以促进无产阶级世界革命事业的发展,列宁在批判布哈林之流的左倾空谈过程中,多次反复强调压迫民族(或曾经是压迫民族)中的无产阶级要正确地对待被压迫民族中的民族感情残余。对待遭受帝国主义殖民统治的弱小民族,尤应严格遵守主权平等原则,切实尊重他们的自决权利。

这一点,对于曾经长期充当压迫民族的大俄罗斯人说来,尤其显得重要。

众所周知,沙皇俄国是各族人民的监狱。长期以来,大俄罗斯民族的地主资产阶级在实行民族压迫方面打破了世界纪录。因此,正如列宁所尖锐指出的:"其他民族的劳动群众对大俄罗斯人都不信任,把他们看做一个进行盘剥、压迫的民族";对于许多弱小民族说来,大俄罗斯人就是压迫者、骗子的同义语;他们理所当然地"曾经引起所有其他民族的切齿痛恨"[597]。甚至也引起其他民族劳动群众对俄罗斯民族中无产阶级的猜疑和憎恨。对于这些来自被压迫民族劳动群众的猜疑、不信任和憎恨感,大俄罗斯民族的无产阶级及其政党应当采取什么态度呢?能否简单粗暴地扣上"民族主义"的帽子加以谴责和压制呢?

列宁认为,压迫民族(或曾经是压迫民族)中有共产主义觉悟的无产阶级对于长期饱遭压迫的国家和民族的民族感情残余"要特别慎重,特别注意"[598]。

首先,必须对这类民族感情进行具体的分析。当然,应该看到:这类民族感情同

---

[594] 参见列宁:《俄共(布)党纲草案》,载《列宁全集》第29卷,人民出版社1956年版,第103页。
[595] 列宁:《关于党纲的报告》,载《列宁全集》第29卷,人民出版社1956年版,第146页。
[596] 同上书,第145页。
[597] 列宁:《关于党纲报告的结论》,载《列宁全集》第29卷,人民出版社1956年版,第167页;《列宁全集》第31卷,人民出版社1958年版,第130页。
[598] 列宁:《民族和殖民地问题提纲初稿》,载《列宁选集》第4卷,人民出版社1972年版,第276页。

落后国家或被压迫民族由于小农生产、宗法制度和闭塞保守而产生的小资产阶级偏见——民族利己主义和民族狭隘性有关,这些偏见,只有在各先进国家内的帝国主义和资本主义消灭之后,只有在落后国家的全部经济生活基础急剧改变之后才能消逝,因此它的消逝过程就不能不是相当缓慢的。对它采取简单急躁或粗暴压制的态度非但无济于事,反而大有碍于问题的解决。

同时,尤其重要的是应当看到:上述民族感情的产生正是压迫民族长期施加残酷民族压迫所必然造成的严重恶果。对于这一点,更须具体分析,谨慎对待。列宁指出,在这种场合,"抽象地提出一般民族主义问题是极不恰当的"。必须把压迫民族的民族主义和被压迫民族的民族主义区别开来,把大民族的民族主义和小民族的民族主义区别开来。他强调,"对于第二种民族主义,我们大民族的人,在历史的实践中几乎永远都是有过错的,我们施加了无数暴力……和侮辱"[599]。既然被压迫民族对压迫者异族的不信任和憎恨感是在长期历史中形成和累积起来的,那么,要使他们改变看法,改变感情,就不可能求之于一朝一夕,"要知道,这是一个长期的事情,要知道,这是不能用任何法令消除的"[600]。换言之,企图用一纸具文或其他口惠而实不至的空话来改变他们的看法和感情,是办不到的。只有这样认识问题,方能正确处理问题。

其次,基于以上认识,为了消除被压迫民族的不信任和憎恨感,压迫民族中夺得了国家政权的无产阶级必须认真采取有效的措施来矫正和弥补上述历史上的过错。为此,就不能仅仅限于形式上宣布民族平等,而且要切切实实地在行动上帮助以前受压迫的民族获得事实上的平等,完全解放殖民地、半殖民地被压迫民族,直到承认他们的民族自决权,"以便摧毁这种不信任的基础"[601]。"这样才能保证资本主义遗留下来的、各民族劳动群众的不信任和被压迫民族工人对压迫民族工人的愤恨完全消失,而建立起自觉自愿的联盟",才能"真正使各民族的工人和农民在推翻资产阶级的革命斗争中接近和融合起来"[602]。

最后,除了努力做到各民族之间的真正平等、承认殖民地、半殖民地被压迫民族的自决权之外,为了更快地消除上述猜疑心和憎恨感,压迫民族中已经取得政权的无产阶级及其政党对历史上长期遭受压迫的弱小民族,还"必须作某种让步"[603]。列

---

[599] 列宁:《关于民族或"自治化"问题(续)》,载《列宁全集》第36卷,人民出版社1959年版,第631、629—630页。
[600] 列宁:《关于党纲报告的结论》,载《列宁全集》第29卷,人民出版社1956年版,第167页。
[601] 列宁:《俄共(布)党纲草案》,载《列宁全集》第29卷,人民出版社1956年版,第88页。
[602] 同上书,第8、102页。
[603] 列宁:《民族和殖民地问题提纲初稿》,载《列宁选集》第4卷,人民出版社1972年版,第276页。

宁强调说,压迫民族即大民族的国际主义,"不仅在于遵守形式上的民族平等,而且在于压迫民族即大民族要以对待自己的不平等来抵偿生活上实际形成的不平等"[604],要以自己对待被压迫民族人民的耐心忍让态度或作出这样那样的让步来"抵偿"压迫民族即大民族的政府在过去的历史上给他们带来的那种不信任、那种猜疑、那种侮辱。此外,列宁还特别提醒大民族的无产阶级注意:长期受侮辱受压迫的民族的劳动群众"对平等感、对自己的无产阶级同志破坏这一平等(哪怕是出于无心或由于开玩笑)是最敏感的。因此,在这种情况下,对少数民族多让步一些,多温和一些,比让步不够、温和不够要好些"[605]。

共产主义不能用暴力来移植 决不要从莫斯科发号施令

十月革命胜利之后,国际资产阶级及其奴仆们把俄国布尔什维主义和列宁领导下的苏维埃政权视同洪水猛兽和致命瘟疫,除了对幼弱的第一个社会主义国家进行反革命武装进犯,妄图把它"扼杀在摇篮里"之外,还通过各种宣传工具大造反革命舆论,说是布尔什维克拥有大量军队,想用占领手段在别国别族培植布尔什维主义,想用"红军的刺刀"强迫别国别族接受他们的制度,从而"造成和俄国一样的混乱状态",等等。这一类流言,对于当时在列宁领导下坚持国际主义立场、信守民族自决原则的布尔什维克党和苏维埃政权说来,当然是可笑的无稽之谈。但是,在长期遭受大俄罗斯人、"大莫斯科主义者"压迫的许多弱小民族劳动群众中,却有着相当的思想影响,增加了他们对当时苏俄的疑惧和反感。

在这种情况下,俄国布尔什维克党内部居然也有人——如普列奥布拉任斯基之流——在极左辞句的掩盖下,主张对落后国家中的弱小民族滥施暴力、吞并领土,这就更加显得令人不能容忍。

列宁坚决反对无视国际公法关于各国应当互相尊重主权和领土完整的基本准则,借口"社会主义经济建设"而用暴力吞并异国弱小民族疆土的做法。他指出:"在民族问题上不能说无论如何也需要经济上的统一。当然这是需要的!但是我们应当用宣传、鼓动、自愿的联盟来达到它"[606]。针对普列奥布拉任斯基提出的关于民族问题的解决必须"服从于"建立所谓社会主义经济统一体任务的主张,列宁曾经写下十分简短而又十分明确的批注:"决不能简单地'服从于':对照我写的第十二条"[607]。这里所说的"第十二条",就是指列宁所起草的《民族和殖民地问题提纲初稿》中的最

---

[604] 列宁:《关于民族或"自治化"问题(续)》,载《列宁全集》第36卷,人民出版社1959年版,第631页。
[605] 同上书,第632页。
[606] 列宁:《关于党纲报告的结论》,载《列宁全集》第29卷,人民出版社1956年版,第167页。
[607] 列宁:《对普列奥布拉任斯基评论的批注》(初次发表于《苏共历史问题》1958年第2期,第16页)。

后一条。[608] 此项简明批注意味着,列宁再次强调和提醒大国强族中业已执掌政权的无产阶级及其政党务必注意遵守和执行在这一条条文中明确规定的基本原则:一定要"特别慎重"地对待被压迫弱小民族的民族感情,要善于作出必要的让步,从而唤起和增进世界各国和各民族的无产阶级和全体劳动群众"自愿追求联盟和统一的愿望",加强国际阶级团结,共同完成最后战胜世界资本主义和国际帝国主义的崇高事业。决不容许以任何借口,肆意违反国际公法准则和粗暴践踏民族自愿原则,恃强凌弱,强加于人,迫使"服从"。

当年,列宁领导下的苏维埃俄国确实不愧是无产阶级专政的社会主义国家,不愧是无产阶级世界革命的第一个根据地,因而获得世界革命人民的充分信任。然而,即使是在这样的历史条件下,列宁仍然明确宣布:"共产主义是不能用暴力来移植的"[609]。对待那些经济发展比较落后的弱小国家和民族,尤其不应越俎代庖,"输出革命"。当这些国家和民族内部的革命还未完全成熟,广大劳动群众还处在本族剥削者影响之下因而还完全服从于"自己的"剥削者的时候,"我们是否可以到这些民族那里去说:'我们要打倒你们的剥削者'呢?我们不能这样做";"这里必须等待这个民族的发展,等待无产阶级与资产阶级分子分开,这种发展过程是必不可免的"。[610] 列宁在仔细审读普列奥布拉任斯基提出的关于"不可避免地要用暴力镇压"落后国家和弱小民族的统治阶层,并强迫其所属重要经济地区并入"欧洲共和国联盟"的书面意见之后,特地把这些谬见部分用黑线标出,打了两个大问号,并严厉批评道:"说得太过分了。说什么'不可避免地''要用暴力**镇压**',这是无稽的和荒谬的。根本错误!"[611]这寥寥数语,相当鲜明地体现了列宁对于在国际关系民族关系中借口"推进革命"而滥施暴力的霸权行径,是何等的深恶痛绝!

不言而喻,对落后国家和民族内部的阶级分化和革命发展进程作必要的耐心等待,反对以"促进世界革命"为名对落后国家弱小民族滥施暴力,这都是切实尊重弱国弱族主权、严格遵守民族自决原则的必备条件。反过来,也只有切实尊重弱国弱族主权、严格遵守民族自决原则,才能增强各族工农的国际团结,从而真正促进世界革命。这是问题的一个方面。另一方面,正如列宁所指出的:就民族自决原则而言,"问题的本质在于:不同的民族走着同样的历史道路,但走的是各种各样的曲折的小

---

[608] 参见《列宁选集》第4卷,人民出版社1972年版,第276页。
[609] 列宁:《关于党纲的报告》,载《列宁全集》第29卷,人民出版社1956年版,第148页。
[610] 同上书,第145—146页。
[611] 列宁:《对普列奥布拉任斯基评论的批注》(初次发表于《苏共历史问题》,1958年第2期,第16页)。另参见《列宁全集》第41卷,莫斯科1963年俄文第5版,第513页。

径,文化较高的民族的走法显然不同于文化较低的民族"[612]。从这个意义上说,尊重民族自决原则就是承认和尊重不同民族在共同历史道路上具体行进方法的多样性和特殊性,就是承认和尊重世界历史发展的客观规律,也就是承认和尊重历史唯物论。

由此可见,马克思主义者所大力倡导的对落后国家弱小民族自决自主权利的切实尊重,这不但是真正促进世界革命的需要,而且是自觉顺应历史规律的体现。在这里,始终贯穿着革命性和科学性的高度统一。

因此,如果不想背离无产阶级世界革命,不想陷入历史唯心主义的泥潭,那么,任何先进国家先进民族中执掌政权的无产阶级及其政党都绝不能也绝对无权自以为是,把自己的主观意志或局部经验当作一成不变的僵死公式,到处乱套,强加于人,要求落后国家弱小民族奉命照办。对于此点,列宁说得既幽默又严肃:"还没有颁布一个法令要一切国家都用布尔什维克的革命日历,即使颁布了这样的法令,也是不会执行的。"[613]

列宁谆谆教导俄国共产党人必须实事求是、恰如其分地估计本国的革命经验。他指出,当时俄国只是"积累了在一个存在着无产阶级和农民的特殊关系的国家里实行摧毁资本主义的初步措施的实际经验。如此而已"。如果缺乏自知之明,不是这样看待问题,如果把在俄国革命过程中所做过的一切,事无巨细,全都说成是"一切国家的一种理想",认为做出了"很多的天才发现"和实行了"一大堆的社会主义新奇东西",那是十分可笑的。针对当时俄共中央某些领导人的自大行为,列宁告诫说:"如果我们自充好汉,吹牛夸大,我们就将成为全世界的笑柄,成为纯粹的吹牛家!"[614]

列宁的结论是斩钉截铁的:"决不要从莫斯科发号施令!"[615]

在批判布哈林等人上述谬论的过程中,列宁并不停留在就事论事上。他还以敏锐的洞察力,透过布哈林等人用极左词句织成的帷幕,看清背后隐藏着的大俄罗斯沙文主义的幽灵。他指出:在当时俄国共产党队伍中,仍然有人轻视或蔑视被压迫弱小民族,不愿尊重各民族的独立权利和平等地位,甚至公然反对当时的俄国革命政府把沙皇时代从弱小民族处侵夺到手的赃物退还原主,指责什么不该把"很好的渔场""送人";也还有人不许学校用俄语以外的其他民族语言讲课,等等。列宁认

---

[612] 列宁:《关于党纲报告约结论》,载《列宁全集》第29卷,人民出版社1956年版,第168页。
[613] 列宁:《关于党纲的报告》,载《列宁全集》第29卷,人民出版社1956年版,第148页。
[614] 列宁:《关于党纲报告的结论》,载《列宁全集》第29卷,人民出版社1956年版,第164页。
[615] 列宁:《关于党纲的报告》,载《列宁全集》第29卷,人民出版社1956年版,第149页。

为,此类人在俄共队伍中还很多;并且提醒大家对此类人应当保持警惕,应当把他们的红色表皮"刮一刮",借以认出他们的本相,免得受蒙蔽欺骗。他说:"刮一刮某个共产党员,你就会发现他是大俄罗斯沙文主义者"[616]。列宁号召一切真正的共产党人:"我们必须同他们作斗争!"[617]

罗易等的"不相干"论和"完全绝缘"论

十月革命以后,随着马克思列宁主义的广泛传播,随着殖民地、半殖民地革命运动的蓬勃开展,在亚洲、非洲和拉丁美洲的一些国家和地区相继出现了第一批的共产主义者和共产主义组织。在这些共产主义者当中,有些人由于马克思列宁主义的理论素养不足,对殖民地、半殖民地的实际情况缺乏深入的调查了解,或者出于小资产阶级的主观、急躁和狂热,因而对落后国家和民族作出错误的形势估量和阶级估量,以左倾机会主义的立场和观点来看待被压迫弱小民族的解放运动,在有关殖民地、半殖民地革命运动的性质、对象、动力、战略、策略等问题上,提出了一系列错误的主张。

在这方面的典型人物,是来自印度的马纳本德拉·纳特·罗易(1887—1954)。

罗易早年接受民族主义思想,参加反英恐怖主义极左组织的活动,1915年出国到处设法秘密购运军火,一度侨居墨西哥。在十月革命胜利的影响下,1919年罗易参加筹建墨西哥共产党,并于1920年以墨共代表团团长的身份出席共产国际第二次代表大会,同时参加大会专设的"民族和殖民地问题委员会"工作。在苏俄居留期间,他以"东方后起之秀"的姿态,同无产阶级革命导师列宁辩论过民族殖民地问题[618],并曾为共产国际第二次代表大会草拟民族殖民地问题《补充提纲》的初稿,因而"名噪一时"。但是,正如罗易自己所说,他个人的"政治演化过程"和政治观点是"从激烈的民族主义突然跳到共产主义",当时他具有"刚刚改变信仰者的一股狂热"。事实也证明:这种信仰更新和思想转变的过程来得如此"突然",使得他在民族殖民地问题上的主张难以真正"跳"出原先那过激的、极左的思维轨道和既定框框。[619]

---

[616] 列宁:《关于党纲报告的结论》,载《列宁全集》第29卷,人民出版社1956年版,第167页。

[617] 同上书,第168页。

[618] 据罗易回忆,当时许多与会代表"对于从每一个国家的经济情况和政治局势来分析革命的可能性,看法各有不同。对客观可能性的不同估量,产生了对于革命斗争的组织方法和策略的互相冲突的意见"。罗易自称他同列宁的主要分歧之一在于:"列宁认为民族资产阶级在历史上能起革命作用,因而应当受到共产党人的支持。我是不同意他那种观点的。"参见罗易:《罗易回忆录》(第3卷),孟买1964年英文版,第48、49、56节。

[619] 罗易是共产国际第二、三、四、五代表大会的代表,历任共产国际常设的执行委员会候补委员、委员等要职。1927年曾以共产国际专使身份到过中国。回印度后于1936年参加了国大党。

罗易从纯主观的愿望出发,对 20 世纪 20 年代初殖民地革命运动的性质作了错误的判断。他断言:"认为殖民地民族出于经济和工业的落后而势必经历资产阶级民主阶段,这种设想是不正确的。许多殖民地的事变进程和情况并不证明这种设想"[620]。罗易以印度为例,认为当时英属印度内部的群众革命运动并不是着重于争取民族解放,它"很快就具有争取经济解放和社会解放以及争取消灭一切阶级统治的性质"[621]。显然,在罗易看来,当时印度所面临的并不是(或至少主要不是)民族民主革命,而是社会主义革命了。这还不止限于印度一地,而是当时"许多殖民地的事变进程"的共同特点。

罗易是这样"论证"他的上述基本观点的:他认为,在印度以及其他许多殖民地、半殖民地被压迫民族中同时存在着两种力量、两种运动。一种是由土著资产阶级、中间阶层和青年学生在民族主义口号下开展的民族解放运动,另一种是由工人和贫苦农民在反对一切剥削制度口号下开展的群众性革命运动,这两种力量和两种运动是各自为政、各自独立的,甚至是相互对立的。"资产阶级民主性质的民族运动只局限于人数不多的中间阶层范围,它并不反映群众的意图志向……群众并不同资产阶级民族主义首领们一道走,他们正在走向革命,而这种革命同资产阶级民族主义运动是互不相干的";"如果认为资产阶级民族主义运动反映了全体居民的情绪和意向,那是错误的"。

那么,广大群众的情绪和意向究竟何在呢?罗易认为,在于迅即消灭一切剥削制度。他说:"殖民地的革命运动实质上是经济斗争","殖民地的资产阶级民族主义民主派力图建立自由的民族国家,可是,工人和贫苦农民群众却奋起(尽管在许多场合是不自觉的)反对那种容许如此残酷地剥削的制度。因此,我们看到,在殖民地中有着两种彼此互相对立的力量,它们是不能共同发展的"[622]。

十分明显,罗易上述判断的立论基础,是过高地估计了殖民地、半殖民地中社会经济发展成熟的程度、内部阶级分化的速度以及工农群众(特别是广大小农)阶级觉悟的水平,并且相应地过低估计了争取民族解放的斗争对于广大工农争取阶级解放

---

[620] 〔印度〕罗易:《关于民族和殖民地问题的补充提纲(初稿)》,第 9 条。这份提纲的初稿文本曾保存于苏共中央马克思列宁主义研究院中央党史档案馆。列宁曾对这份初稿进行过多处原则性的修改和订正。之后又经共产国际第二次代表大会专设的在列宁直接领导下开展工作的民族和殖民地问题委员会多次讨论、修改。代表大会最终正式通过的《关于民族和殖民地问题的补充提纲》,是这份文件的第九稿。它和初稿比较起来,早已"面目全非"——焕然一新了。参见《列宁全集》第 41 卷,莫斯科 1963 年俄文第 5 版,第 473 页;《共产国际第二次代表大会(记录)》,莫斯科 1934 年俄文版,第 105、496—499 页。

[621] 〔印度〕罗易:《印度革命党宣言——告英国无产阶级书》,载俄文《民族生活报》1920 年 7 月 25 日,第 1—2 页。

[622] 参见〔印度〕罗易:《关于民族和殖民地问题的补充提纲(初稿)》,第 7、10 条;〔印度〕罗易:《在民族和殖民地问题委员会中的发言》,载《共产国际第二次代表大会公报》1920 年 7 月 27 日,第 1—2 页。

的斗争所起的巨大促进作用以及这两种斗争的密不可分,似乎被压迫民族的工农大众可以不经历和不参加反帝反殖、争取民族解放和国家独立的斗争,就能毕其功于一役,一举消灭一切剥削制度,实现彻底的阶级解放。

从这种主观主义、冒险主义的形势估量和阶级估量出发,罗易认为殖民地、半殖民地的民族解放运动同共产党人是"不相干"的。他反对被压迫民族中的共产党人赞助和参加当地的属于资产阶级民主性质的民族解放运动,也反对共产国际对这种运动表示赞助和支持,否则,就会祸害无穷。据他说,"支持殖民地的资产阶级民主运动,就意味着助长民族情绪的发展,这种情绪归根到底会阻碍群众阶级意识的觉醒";同时,这么一来,就无异于助长当地资本主义的发展,就无法"防止本国的资本主义取代业已消失的外国资本主义而发展起来,继续压迫和剥削人民"。[623]

罗易对于在殖民地、半殖民地开展"早期阶段"的阶级斗争不感兴趣。他所说的"早期阶段"的阶级斗争,显然就是指反对帝国主义殖民统治和反对本国封建势力的斗争。他硬说:"在殖民地从事尽量早期阶段的阶级斗争——这意味着使人民闭眼无视欧洲资本主义移植过来的危险。当这种资本主义在欧洲将会被推翻的时候,它却能够在亚洲找到避难所,从而一开始就消灭了这种被推翻的可能性"[624]。为了避免殖民地资产阶级民族主义分子把欧洲资本主义"移植过来"的危险,共产党人和共产国际就"不应当在他们当中去寻找支援殖民地革命运动的途径"[625],即不应当把殖民地的民族资产阶级看作是革命斗争中可能的同盟者。恰恰相反,在殖民地、半殖民地,"共产国际应当仅仅协助开创和发展共产主义运动"[626]。

在这几段话里,罗易实质上就是极力主张共产党人可以不顾殖民地、半殖民地经济发展十分落后的现状,不顾反帝反封建任务远未完成的实况,也不顾阶级力量对比上明显不利的处境,立即在这些国家和民族中发动工农群众开展反对本国资产阶级和消灭本国资本主义的无产阶级社会主义革命。如果共产党人不这样做,反而去赞助和支持当地的资产阶级民族民主运动,按照罗易的见解,那就不但会阻碍殖民地、半殖民地"群众性革命运动"的发展,而且会推延乃至破坏欧美国家社会主义革命的成功。

因此,罗易要求共产国际把有关支持殖民地、半殖民地民族解放运动的斗争纲

---

[623] 参见〔印度〕罗易:《关于民族和殖民地问题的补充提纲(初稿)》,第10条。
[624] 同上书,第11条。
[625] 同上书,第7条。
[626] 〔印度〕罗易:《在民族和殖民地问题委员会中的发言》,载《共产国际第二次代表大会公报》1920年7月27日,第1—2页。

领和实际措施,概予一笔勾销。[627]

罗易的基本观点得到了波斯(伊朗)共产党人苏尔坦-扎德(1889—1938)的赞同和支持。

苏尔坦-扎德是波斯共产党的创始人和领导人之一,曾多次出席共产国际代表大会,并曾任共产国际执行委员会委员。他在共产国际第二次代表大会上作了关于东方社会革命前途的报告。他对东方各落后国家和民族内部阶级力量的对比作了盲目"乐观"的估计。尽管他承认"整个东方总的说来还处在封建奴隶制时代",许多东方国家"还是封建的或半封建的国家",但是,他认为在这些落后国家和民族中,异国统治者、本国封建王公、宗教僧侣、豪商巨贾以及民族资产者等各种剥削者之间的利害矛盾冲突十分激烈,同床异梦,以至于"在各统治阶级内部没有也不可能有一致的利益",而当地的农民群众又备受各种残酷沉重的压迫。这些因素加在一起,就在许多东方国家中"造成了异常闷热的天气"。他断定:当时"西方革命的霹雳轰鸣已经震撼了东方的大地,……全世界革命的时代已经来临了"!

据此,他坚决主张在殖民地和半殖民地中"开创和支持纯粹的共产主义运动,借以对抗各种资产阶级民主流派"。他危言耸听地硬说,在全世界革命时代已经到来的情况下,共产党人和共产国际如果实行支持落后国家资产阶级民主运动的政策,"那就意味着把群众推向反革命的怀抱";"就会给我们造成最悲惨的结局"。[628]

参加共产国际的意大利社会民主党左派领袖塞拉蒂[629]也支持罗易和苏尔坦-扎德的看法,坚决反对共产党人和共产国际赞助殖民地、半殖民地的民族民主革命运动。

塞拉蒂打出了名为"反对阶级合作"实是左倾宗派主义的旗号,对国际马克思主义者关于声援落后国家民族民主运动的主张横加指责,说是:第一,就先进国家而

---

[627] 〔印度〕罗易:《在民族和殖民地问题委员会中的发言》,载《共产国际第二次代表大会公报》1920年7月27日,第1—2页。

[628] 参见〔波斯〕苏尔坦-扎德:《在共产国际第二次代表大会第五次全体会议上的发言(1920年7月28日)》,载《共产国际第二次代表大会(记录)》,莫斯科1934年俄文版,第118—120页;《民族生活报》1920年8月1日,第2页。

就在苏尔坦-扎德提出上述主张的同时,波斯共产党的其他领导人阿布科夫等在参加1920年著名的吉兰反英起义取得初步胜利,建立了吉兰共和国,组成了反帝反封建的革命统一战线政权之后,立即开始从事如苏尔坦-扎德所鼓吹的"纯粹共产主义运动"的实践,他们提出了社会主义革命的口号,并在吉兰共和国辖区内任意征用和没收小地主、商人和手工业者的财产,排挤和逮捕资产阶级代表人物。于是资产阶级、小地主以及受他们影响的农民和手工业者纷纷退出革命队伍,统一战线遂告瓦解,共产党人陷于孤立。终于招致了民族民主革命的失败。参见〔苏联〕伊凡诺夫:《伊朗史纲》,李希沁等译,三联书店1973年版,第386—392页。

[629] 扎钦托·梅诺蒂·塞拉蒂(1872—1926),意大利社会党领导人之一。1915—1923年意大利社会党中央机关报《前进报》主编。第一次世界大战期间持国际主义立场,参加过齐美尔瓦尔德和昆塔尔代表会议。共产国际成立后,主张意大利社会党加入共产国际,曾率领意大利社会党左派代表团参加共产国际第二次代表大会。1924年以"第三国际派"名义加入意大利共产党。

言,这种主张势必会"给先进国家的共产主义无产阶级的立场带来特别严重的危害",因为无产阶级"始终是公开敌视任何形式的阶级合作的";第二,就落后国家而言,各种资产阶级民主派别所搞的民族解放运动,即使是采取暴动起义的方式,也毫无革命意义,"一般说来都不是革命性的行为",因为他们"进行这些活动,要么是为了正在诞生中的民族帝国主义的利益,要么是为了另外一个国家的资本帝国主义的利益,这个国家正在同原先的宗主国进行着竞争"。

此外,塞拉蒂还从革命队伍应当纯而又纯、阶级意识应当净而又净这一基本观点出发,断言这些国家中的无产阶级必须同一切剥削者(其中也包括号称"革命民族主义者"的各种资产阶级民主派)"完全绝缘",才能开展阶级斗争。因此,民族解放运动也"只有在工人阶级始终保持同一切剥削者完全绝缘状态的条件下,才能产生革命的结果"。共产党人如果对资产阶级政党即所谓革命的民族主义分子表示支持,或者同他们结成哪怕是间接的、暂时的联盟,那么,"这一类联盟只能模糊无产阶级的意识"[630],破坏无产阶级社会主义革命事业。

罗易、苏尔坦-扎德以及塞拉蒂上述哗众取宠的极左言论,并不是全无市场的。他们的基本观点在共产国际队伍中,特别是在共产国际第二次代表大会专设的民族和殖民地问题委员会内部以及大会全体会议上造成新的思想混乱,意见纷纭,争论十分激烈。据当时民族和殖民地问题专设委员会的秘书马林[631]的归纳,争论时大家感到十分棘手的最大"难题仅仅在于要找到一种正确的方针来处理落后国家和殖民地中革命的民族主义运动与社会主义运动之间的相互关系"[632]。

这个大难题,确实是在当时历史发生巨大转折这一新情况下出现的新问题,是前人所未曾遇到过因而也未曾加以解决的新难题。

因为,在十月革命以前,马克思主义学说的传播、工人阶级社会主义革命运动的开展以及社会主义革命政党的活动,主要局限在欧美先进资本主义国家的范围内。亚洲、非洲和美洲广大殖民地、半殖民地落后地区虽也时常爆发群众性的革命斗争,但一般都是属于反殖、反帝、反封建性质的民族民主运动。十月革命以后,随着马克思主义在殖民地、半殖民地的广泛传播,随着当地工农群众的进一步阶级觉醒,在这些地区也开始出现了以实现社会主义、共产主义作为奋斗目标的革命政党组织,在

---

[630] 〔意〕塞拉蒂:《在共产国际第二次代表大会第五次全体会议上的发言(1920年7月28日)》,载《共产国际第二次代表大会(记录)》,莫斯科1934年俄文版,第155页。
[631] 亨里克·马林(1883—1942),原为荷兰社会民主党人,1913—1919年住在爪哇,加入爪哇共产党和荷兰共产党。共产国际二大代表。1921—1923年首任共产国际执行委员会派驻远东地区的代表,住在中国。
[632] 〔荷〕马林:《在共产国际第二次代表大会第五次全体会议上的发言(1920年7月28日)》,载《共产国际第二次代表大会(记录)》,莫斯科1934年俄文版,第138页。

广大群众中开展革命活动。在从事革命斗争的实践中,他们不能不面临涉及如何正确处理当地民族民主革命运动与社会主义革命运动二者关系的一系列现实具体问题,诸如:

(1) 在十月革命以后出现的新历史情况下,广大殖民地、半殖民地群众革命运动的任务和性质究竟应当是什么?是反帝反封建的民族民主革命,还是反资本主义的社会主义革命?

(2) 这种革命运动的对象和动力是什么?当地资产阶级中鼓吹民族主义、要求民族独立的阶层是革命的对象,还是革命的动力?怎样全面地、辩证地分析被压迫民族中的资产阶级与资产阶级民族主义?

(3) 殖民地、半殖民地的广大农民群众和西方先进国家的农民有什么不同?他们能不能立即接受无产阶级的社会主义、共产主义革命主张?

(4) 殖民地、半殖民地的民族民主革命运动同共产党人是否毫"不相干"?共产党人和共产国际对这种运动应当采取什么基本方针?是坚决反对,是袖手旁观,还是大力支持?工人阶级同本民族资产阶级中要求反帝反封建的阶层应当"完全绝缘",还是应当结成革命联盟?

(5) 殖民地、半殖民地的民族民主革命运动的发展前途是怎样的?如果共党人和共产国际支持和赞助这种运动,是否必然导致西方资本主义的易地"移植"和助长"民族帝国主义"的形成和发展?

对于上述这些在共产国际内部引起激烈争论的一系列新"难题",列宁在科学分析殖民地、半殖民地的社会历史现实、认真总结群众革命斗争实践经验的基础上,创造性地一一加以妥善解决。

党提出的任务必须适合于殖民地东方农民国家的水平

在共产国际内部就上述问题展开同志式争论的过程中,列宁充分显示了他那谦虚谨慎、平等待人、充分发扬民主与坚持革命原则高度结合的一贯作风。

作为第一个社会主义国家以及共产国际的创始人和领导者,作为公认的无产阶级革命导师,列宁当时在全世界已经享有崇高的声望和权威。但他把为共产国际第二次代表大会草拟的《民族和殖民地问题提纲初稿》,不但提交俄共党内许多有关同志,而且也提交前来参加国际会议的许多弱国小党的代表,广泛征求意见,请他们"提出自己的评论、修正、补充和具体说明"[633]。例如,据罗易事后回忆,当时交给他

---

[633] 列宁:《关于民族和殖民地问题初稿》,载《列宁选集》第4卷,人民出版社1972年版,第270页;《列宁全集》第41卷,莫斯科1963年俄文第5版,第513页,第82条注解。

的那份文件，左上角由列宁亲笔签名并写明："罗易同志：请提批评和建议"。当年罗易本人的感受是："一个伟大的革命执政官，怎么会有那样谦虚和宽容的精神，竟在文件上写下了那样一段简短说明！收件人是个小人物，因此他那样做并不是出于例行的客套。"在争论过程中，列宁认真地倾听了来自罗易的反对意见，并建议他把自己的见解正式以书面形式提交代表大会全体会议作进一步的讨论。罗易写道："我获得了受到一位伟大人物平等相待的非常难得的荣幸；列宁这样对待我，证明了他的伟大。他完全可以拒绝浪费他的宝贵时间，去同一个无足轻重的青年人讨论问题。那样一来，我就没有机会让共产国际代表大会听取我的意见了"。[634]

又如，列宁事先得知意大利社会党代表团团长塞拉蒂等人歧见甚深，而大会专设的有关委员会进行讨论时他们均未参加，便在开会当天特地给塞拉蒂写了便条**邀请他们到会**，并在便条中询问："为什么不派任何一个意大利同志出席殖民地问题委员会，以便申述自己关于**不支持资产阶级民主运动**的观点？"[635]

列宁这种认真倾听来自同志的反对呼声、珍视一得之见并善于集思广益的一贯作风，是无产阶级革命领袖高贵品质的一个重要组成部分，它从一个侧面体现了列宁的伟大。这一点，连他的论敌也无法否认。

与此同时，列宁坚定的革命原则性在上述争论过程中也表现得同样明显和充分。他对上述一系列问题善于作出科学解答，正是他敢于不顾各种极左辞句的非难，始终坚持革命真理的必然结果。

在分析任何一个社会问题时，马克思主义理论的绝对要求，就是要把问题提到一定的历史范围之内。同时，只有客观地考虑某个社会中一切阶级相互关系的全部总和，因而也考虑该社会发展的客观历史阶段，考虑该社会和其他社会之间的相互关系，才能成为无产阶级革命政党制定正确策略的依据——这是列宁所一贯坚持的历史唯物主义的基本原则。[636] 列宁对殖民地、半殖民地群众革命运动所作的全部分析以及所制定的正确策略，也同样贯穿着这一基本原则。

在苏尔坦-扎德所草拟的论述东方社会革命前途的发言稿上，列宁写下了简明的批注：

"(1) 各种有产的剥削阶级陷于分裂

"(2) 大部分人口是受**中世纪剥削**的农民

"(3) 在工业中——**零星细小的手工业者**

---

[634] 参见〔印度〕罗易：《罗易回忆录》(第3卷)，孟买1964年英文版，第45、51节。
[635] 《列宁全集》第51卷，莫斯科1965年俄文第5版，第244页。
[636] 参见列宁：《论民族自决权》《卡尔·马克思》，载《列宁选集》第2卷，人民出版社1972年版，第512、602页。

"(4) 结论:**使**苏维埃体制和共产党(党的成分、党的特殊任务)都**适合于**殖民地东方**农民**国家的水平。

"实质就在这里。关于这点必须加以思考并**找出具体**的答案。"[637]

可以说,这几行简明批注大有助于人们理解列宁考虑东方殖民地问题时的思维,也是革命者分析同一问题时应当遵循的基本大纲。

据我们理解和体会,在列宁所写的这几行简明批注当中,既含有符合一般殖民地、半殖民地客观实际的形势估量和阶级估量,也包含着以这些正确估量为基础的、适用于一般殖民地、半殖民地革命运动的基本策略要求:(1) 必须看到本国剥削者与外国剥削者之间、本国剥削者各阶级各阶层之间的矛盾,并充分加以利用;(2) 必须看到当地资本主义工业不发达、现代产业无产者队伍不够壮大、身受中世纪式封建主义剥削的农民占居民的绝大多数等具体情况,设法把所有这些被剥削的劳动者引上革命大道;为此,(3) 在把共产党人的基本主张、共产主义的基本原则具体运用到这些落后国家和民族中去的时候,就应当认真考虑这些国家和民族所具有而欧洲各国所没有的特殊条件,把这些原则在细节上正确地加以改变,使之正确地适应和运用于民族的和民族国家的差别,[638]即适合于落后的殖民地、半殖民地农民国家的水平。

列宁认为,把马克思主义的普遍真理、共产主义的基本原则运用到世界广大殖民地、半殖民地革命的具体实践中去,这是特别崇高而又相当困难的任务,是当时"全世界共产主义者所没有遇到过的任务";"这些任务的解决方法,……无论在哪一部共产主义书本里都找不到"。[639] 所以,革命形势要求共产党人勇于和善于在实践中去寻找,去从事创造性的探索。

对于如何把共产主义基本原则运用于殖民地、半殖民地"农民国家"的问题,列宁在十月革命胜利以后的一系列重要著作中进行了具体的剖析,提供了原则性的"具体的答案"。

落后国家首先需要解决的斗争任务不是反对资本而是反对中世纪残余

关于殖民地、半殖民地群众革命运动的任务和性质问题,列宁在十月革命以前

---

[637] 列宁:《对阿·苏尔坦-扎德关于东方社会革命前途的报告的批注》,载《列宁全集》第41卷,莫斯科1963年俄文第5版,第457页。

[638] 参见列宁:《在全俄东部各民族共产党组织第二次代表大会上的报告》《共产主义运动中的"左派"幼稚病》,载《列宁选集》第4卷,人民出版社1972年版,第104、246页。

[639] 参见列宁:《在全俄东部各民族共产党组织第二次代表大会上的报告》,载《列宁选集》第4卷,人民出版社1972年版,第105页。

论述民族殖民地的大量著作中,几乎每一篇都从不同的角度对它进行过剖析。其中尤以《中国的战争》《世界政治中的引火物》《巴尔干和波斯的事变》《中国的民主主义和民粹主义》《新生的中国》《亚洲的觉醒》《落后的欧洲和先进的亚洲》《论民族自决权》《社会主义革命和民族自决权》《论尤尼乌斯的小册子》等著名篇章,对殖民地、半殖民地群众革命运动的反帝反封建斗争任务、对这种革命运动的资产阶级民族民主革命性质,论述得更为充分和明晰。

这方面的问题由于客观事实本身十分彰明昭著,在当时的国际共产主义运动中本来并不存在多大争论而且业已基本解决。但是,在十月革命以后殖民地、半殖民地群众革命运动空前高涨这种新形势下,罗易和苏尔坦-扎德等人提出了超越革命现实阶段的极左空谈并且开始从事冒险主义和宗派主义的实践,这就不能不引起列宁对这个问题重新加以关注。

因此,十月革命以后,特别是在共产国际第二次代表大会就民族殖民地问题进行专门讨论前后这段期间里,列宁又在总结革命经验的基础上,以革命前沙俄所属诸殖民地的现实情况作为典型,对落后国家和民族中群众革命运动的任务和性质问题作了重要的补充分析。

列宁指出:"这些国家最重要的特点就是资本主义前的关系还占统治地位",在这些国家和民族里几乎还没有工业无产阶级,"因此,还谈不到纯粹的无产阶级运动"。[640] 这些地区人民群众的绝大多数,都还"不是受过资本主义工厂锻炼的人",而是"遭受中世纪压迫的劳动农民"。[641] 对本国封建势力来说,他们都还"处于半封建依附地位","不仅受商业资本剥削而且也受封建主和封建国家剥削"。[642] 这就意味着:作为殖民地、半殖民地群众革命运动主力军的广大农民群众,在所处的经济地位上以及直接的革命要求上,不但迥异于欧洲先进国家的产业无产者,也不同于先进国家中的农民。

与此相适应,在这些落后国家中开展的群众革命运动,就国内来说,首先"需要解决的斗争任务不是反对资本而是反对中世纪残余"[643],即反对封建剥削制度和各种封建主势力。

另外,落后国家的广大人民群众还长期受外国帝国主义资产阶级的残酷压迫和

---

[640] 参见列宁:《共产国际第二次代表大会》,载《列宁选集》第 4 卷,人民出版社 1972 年版,第 335 页。
[641] 参见列宁:《在全俄东部各民族共产党组织第二次代表大会上的报告》,载《列宁选集》第 4 卷,人民出版社 1972 年版,第 104 页。
[642] 参见列宁:《共产国际第二次代表大会》,载《列宁选集》第 4 卷,人民出版社 1972 年版,第 335 页。
[643] 列宁:《在全俄东部各民族共产党组织第二次代表大会上的报告》,载《列宁选集》第 4 卷,人民出版社 1972 年版,第 104 页。

剥削,而外国帝国主义势力又总是同落后国家内部的封建反动势力互相勾结并充当后者的靠山,因此,落后国家的群众革命运动在解决反封建斗争任务的过程中,就必须同时大力开展反对国际帝国主义的斗争,直至进行"反对国际帝国主义的民族战争"[644]。

斗争任务决定革命性质。由此可见,十月革命以后殖民地、半殖民地人民群众的反帝反封建斗争,按其社会性质说来,基本上依然还是资产阶级民主主义性质的革命。

在这里,当然应把列宁的上述观点同列宁在1916年提出的另一观点,即关于被压迫民族要求自决的斗争开始成为世界社会主义运动一部分的著名论断[645]紧密地联系起来,作为一个整体加以全面领会。换言之,在十月革命后的新形势下,从世界范围内的斗争全局和革命阵线来看,这种反对国际帝国主义的革命斗争已经成为全世界无产阶级社会主义革命的同盟军,从而成为无产阶级社会主义世界革命的一个组成部分。但是,从它在本国本地历史发展过程中的地位来看,殖民地、半殖民地人民群众的反帝反封建革命斗争,仍然还没有超越资产阶级民主主义阶段。

在共产国际第二次代表大会所专设的民族和殖民地问题委员会中,列宁还以当时的印度为例,针对罗易关于即速"开创和发展共产主义运动","争取消灭一切阶级统治"等超越革命现实阶段的极左空谈,进行了令人信服的反驳。他指出,直到当时为止,"印度的共产主义分子还迄未能在自己国内把共产党建立起来,仅此一端,就足见罗易同志的观点在很大程度上是无根无据的"[646]。

后来,列宁在1921年同蒙古代表团的谈话中,也建议蒙古的革命者应当根据本国的实际情况,逐步地推进革命而不要急躁冒进,立即实行社会主义革命变革。列宁指出,在蒙古,大多数居民是游牧的牧民,应当建立一个群众性的"蒙古阿拉特党"[647],使广大阿拉特群众团结在党和政府周围,为国家的经济发展和文化发展而奋斗;在当时条件下,不应当立即把这个党"改变"为共产主义政党。列宁解释说,共产党就其阶级实质说来是无产阶级的政党,因此,蒙古的"革命者还需要在自己的国家建设、经济建设和文化建设方面做大量的工作,才能从牧民中形成无产阶级群众,然后无产阶级群众才能帮助人民革命党'改变'为共产党。简单地换一块招牌是有害

---

[644] 列宁:《在全俄东部各民族共产党组织第二次代表大会上的报告》,载《列宁选集》第4卷,人民出版社1972年版,第102页。
[645] 参见列宁:《关于自决问题的争论总结》,载《列宁全集》第22卷,人民出版社1958年版,第335—336页。
[646] 关于列宁发言的这段简略记载,见于《共产国际第二次代表大会公报》1920年7月27日,第2页。
[647] "阿拉特"系蒙语音译,意指革命前受封建主压迫剥削最重的贫苦牧民。

的、危险的"[648]。

列宁对于殖民地、半殖民地群众革命运动任务和性质的论述,始终贯穿着不断革命论和革命发展阶段论相结合的精神,也贯穿着列宁所一贯倡导的反空谈、重实干的精神:"少唱些政治高调,多注意些极平凡的……共产主义建设事实";"少说些漂亮话,多做些**日常**平凡的事情"[649]!

坚持无产阶级对民族民主革命的领导权 竭力使农民运动具有最大的革命性

在认清革命的任务与性质的基础上,无产阶级所面临的首要问题就是正确判断革命的对象与动力,区分敌、我、友,确定领导者、同盟军以及打击方向。

列宁认为,即使在无产阶级十分幼弱的落后国家里,共产党人也应该在群众革命斗争中尽力担负起领导者的作用。[650]

列宁教导殖民地、半殖民地的无产阶级先进分子"应该组成能够独立进行斗争的基干队伍,即党的组织"[651],并且必须密切地结合本国的具体情况,创造性地运用一般的共产主义理论原则,以便把革命运动不断推向前进。在这个过程中,首要的关键在于这些国家的无产阶级政党务必坚持对民族民主革命的领导权,贯彻执行一条马克思主义的革命路线。

殖民地、半殖民地的共产党人要在民族民主革命中坚持无产阶级的领导权,就必须正确处理两个方面的关系,第一是无产阶级同本国农民群众的关系,第二是无产阶级同本国资产阶级的关系。列宁科学地分析了殖民地、半殖民地社会的经济、政治现状和阶级相互关系,认为在这些国家的民族民主革命运动中,无产阶级及其政党必须领导农民运动,充分满足农民群众的革命要求,同农民结成广泛的联盟;同时,也要在一定条件下联合资产阶级民主派,同他们结成反帝反封建的统一战线,但是,无产阶级应当保持自己的独立性,严防资产阶级民主派同无产阶级争夺革命的领导权,把革命引入歧途,甚至葬送革命。

领导者如果没有被领导者,就不成其为领导者。无产阶级必须有一个自愿接受无产阶级领导的、人数众多的、可靠的同盟,这是领导权思想本身所要求的。在落后国家中占人口绝大多数的劳动农民群众就是这样的同盟军。

为了发动农民和领导农民,列宁认为应当从思想、政治、经济等方面采取一系列措施。主要是:

---

[648] 列宁:《同蒙古人民共和国代表团的谈话》,载《列宁全集》第42卷,人民出版社1987年版,第256页。
[649] 列宁:《伟大的创举》,载《列宁选集》第4卷,人民出版社1972年版,第8、17页。
[650] 参见列宁:《民族和殖民地问题委员会的报告》,载《列宁选集》第4卷,人民出版社1972年版,第335页。
[651] 同上书,第336页。

(1) 必须紧密结合群众的切身利益,用人民懂得的语言进行共产主义宣传,借以在长期遭受中世纪压迫因而一向闭塞保守的农民群众中激发起独立思考政治问题、独立进行政治活动的愿望,激发他们把自己组织起来的革命积极性。[652]

(2) 鉴于广大农民群众不但深受帝国主义压迫剥削,而且饱遭封建主义压迫剥削,因此,无产阶级在领导他们进行反帝斗争的同时,必须领导和支持他们大力开展反封建斗争。无产阶级政党"必须特别援助落后国家中反对地主、反对大土地占有制、反对各种封建主义现象或封建主义残余的农民运动,竭力使农民运动具有最大的革命性"[653]。

(3) 必须普遍宣传关于农民苏维埃、劳动者苏维埃的思想,"只要是条件允许的地方,他们就应该立即设法建立劳动人民苏维埃"[654],用这样的方法把苏维埃制度的基本原则应用到资本主义前的关系占统治地位的国家中去,从而通过这样的工农政权组织,更有力地推进革命。

列宁告诫说,在农民占人口绝大多数的情况下,无产阶级政党如果不同农民运动发生一定的关系,不在实际上支持农民运动,那么,要在这些落后的国家里实行共产主义的策略和共产主义的政策就是空想。[655] 只有大力支持和充分满足劳苦农民的革命要求,帮助他们打碎身上的枷锁,并对他们进行社会主义、共产主义的前途教育,才能使广大劳苦农民群众自愿接受无产阶级及其政党的领导,摆脱来自资产阶级的各种不良影响,并在民族民主革命取得胜利之后,继续跟随无产阶级逐步向社会主义、共产主义迈进。

既要借助于资产阶级民族主义,又要严防资产阶级叛卖革命

领导者如果不能贯彻本阶级的领导意图,也就不成其为领导者。无产阶级必须独占革命领导地位,挫败资产阶级篡夺革命领导地位从而把革命引入邪途的企图,这也是领导权思想本身所要求的。

但是,在殖民地、半殖民地的特定条件下,资产阶级既是革命领导权的争夺者,又是可能的革命同盟军。一方面,他们是无产阶级的直接剥削者,可是另一方面,为了对抗本族更腐朽的剥削者,为了对抗异族更强大的剥削者和侵略者,他们又同无

---

[652] 参见列宁:《在全俄东部各民族共产党组织第二次代表大会上的报告》《民族和殖民地问题委员会的报告》,载《列宁选集》第 4 卷,人民出版社 1972 年版,第 104、105 页,另参见同卷第 335 页。

[653] 列宁:《民族和殖民地问题提纲初稿》,载《列宁选集》第 4 卷,人民出版社 1972 年版,第 275 页,另参见同卷第 104 页。

[654] 列宁:《共产国际第二次代表大会》,载《列宁选集》第 4 卷,人民出版社 1972 年版,第 335 页,另参见同卷第 275 页。

[655] 参见同上书,第 334 页。

产阶级有着某种程度上的利益一致性。此外，由于历史上和经济上的原因，他们的文化水平和政治经验都远胜于幼弱的或不甚壮大成熟的无产阶级，而无产阶级却不但要防止他们篡夺革命领导权，而且要促使他们愿意接受自己的领导，还要防止他们投向革命的敌方，即投向反革命阵营。凡此种种，都大大增加了问题的复杂性。不妨说，前述罗易、塞拉蒂等人的"不相干"论和"完全绝缘"论等极左空谈，其错误的关键之一，就是在这个复杂问题面前不知所措，草率鲁莽或逃避困难。列宁对此所作的辩证分析，则为世界众多落后国家的无产阶级政党提供了解决这一复杂问题的钥匙。

"要战胜更强大的敌人，只有尽最大的力量，同时**必须**极仔细、极留心、极谨慎、极巧妙地一方面利用敌人之间的一切'裂痕'，哪怕是最小的'裂痕'，利用各国资产阶级之间以及各个国家内资产阶级各集团或各派别之间的一切利益对立，另一方面要利用一切机会，哪怕是极小的机会，来获得大量的同盟者，尽管这些同盟者是暂时的、动摇的、不稳定的、靠不住的、有条件的。"[656] 这是列宁从多年革命斗争中总结出来的一条基本经验。他在教育国际共产党人在革命斗争中应当正确对待落后国家和民族的资产阶级时，显然是把这条基本经验作为指导思想之一的。

列宁在十月革命以前就依据大量历史事实，对被压迫民族里的资产阶级在民族民主革命中所表现的两面性，作了出色的分析和总结。

他指出，从全世界历史上看，资本主义彻底战胜封建主义的时代，总是同被压迫民族的民族运动联系在一起的；而这些民族中的资产阶级，在一切民族运动开始时，又总是很自然地充当运动的首领——领导者。因此，被压迫民族中的资产阶级在一定历史时期和一定程度上具有反对封建势力、反对民族压迫、要求民主平等、要求民族独立的民主主义进步趋向。[657] 即使在帝国主义时代，一切被压迫弱小民族反对帝国主义侵略兼并的斗争，包括民族解放战争，都是进步的、革命的，与此相应，参加或领导这种民族解放斗争和民族解放战争的资产阶级，当然也仍然发挥着历史的进步的作用。[658] 这是问题的一个方面。

在这同时，列宁又明确指出：在许多场合，"被压迫民族的资产阶级**只是**空谈民

---

[656] 列宁：《共产主义运动中的"左派"幼稚病》，载《列宁选集》第4卷，人民出版社1972年版，第225页。
列宁这部在国际共运中负有盛名的论著，以单行本形式发表于1920年共产国际第二次代表大会召开前夕，并曾分送给各与会代表阅读。据罗易事后回忆，这部批评"左派"幼稚病（包括轻视甚至排斥革命同盟者的问题）的名著中所阐述的基本观点，曾经是代表们普遍关心和争论得"最激昂慷慨的"中心问题之一。参见《列宁选集》第4卷，人民出版社1972年版，第268—269页；〔印度〕罗易：《罗易回忆录》（第3卷），孟买1964年英文版，第50节。

[657] 参见《列宁选集》第2卷，人民出版社1972年版，第508、521、524页。

[658] 参见《列宁全集》第22卷，人民出版社1958年版，第303—305页；《列宁全集》第23卷，人民出版社1958年版，第198页；《列宁全集》第35卷，人民出版社1959年版，第239、255—257页。

族起义,实际上却偷偷地同压迫民族的资产阶级实行反动勾结,从背后来**反对**本国人民"[659]。历史曾经多次表明:只要革命的无产阶级在资产阶级面前站了起来,资产阶级就会出卖祖国、人民和民族的利益;为了维护他们的阶级私利,被压迫民族的资产阶级甚至不惜在本民族受压迫、受屈辱最厉害的时候,丧心病狂地依靠压迫民族的士兵来镇压敢于伸手夺取政权的无产者同胞。也就是说,他们甚至可以"连一秒钟都没有犹豫,立刻就同民族公敌,同践踏其祖国的外国军队勾结起来镇压无产阶级运动"[660]。这是问题的另外一个方面。

基于对资产阶级劣根性的深刻分析和对世界各国历史经验的科学总结,列宁不仅十分强调被压迫民族的无产阶级始终**只是有条件地**、只是在一定方向上支持本民族的资产阶级,始终必须严防本民族的资产阶级用反动的民族主义思想毒害工农群众的阶级意识;[661]而且多次提醒被压迫民族的无产阶级政党对于本民族资产阶级在反对外族压迫的斗争中所经常出现的妥协叛卖倾向,务必保持高度的警惕,开展原则的斗争。

在这些论述里,列宁站在无产阶级的立场上对于被压迫民族中资产阶级两面性的解剖,对他们在民族民主革命斗争中何时可能是盟友,何时可能是敌人的划分,是清清楚楚、界限分明的。

特别值得注意的是:列宁在 1912 至 1913 年针对当时半封建半殖民地中国的资产阶级所作的分析,对于社会历史条件基本相似的一切殖民地、半殖民地说来,都具有普遍的意义。

当时,列宁就把中国的资产阶级划分为两大部分:一部分是同本国封建势力与外国帝国主义势力紧密勾结的自由派资产阶级,另一部分则是要求反对封建势力、反对帝国主义的民主派资产阶级。列宁指出,尽管西方的资产阶级已经完全腐朽,但是在东方、在亚洲出现的这种民主派资产阶级及其政治代表人物则"还能从事历史上进步事业"[662],"还同人民一起反对反动势力"[663],因而还"能够代表真诚的、战斗的、彻底的民主主义"[664]。至于自由派资产阶级,其政治代表人物则往往充当着"反动势力的朋友"。在对内方面,他们惯于"在君主制和革命之间实行随风倒的政

---

[659] 列宁:《论对马克思主义的讽刺和"帝国主义经济主义"》,载《列宁全集》第 23 卷,人民出版社 1958 年版,第 55 页;《列宁全集》第 22 卷,人民出版社 1958 年版,第 142 页。
[660] 列宁:《马克思主义和修正主义》,载《列宁全集》第 15 卷,人民出版社 1959 年版,第 19 页;《列宁全集》第 6 卷,人民出版社 1959 年版,第 420 页。
[661] 参见列宁:《论民族自决权》,载《列宁选集》第 2 卷,人民出版社 1972 年版,第 521—523 页。
[662] 列宁:《中国的民主主义和民粹主义》,载《列宁选集》第 2 卷,人民出版社 1972 年版,第 425 页。
[663] 列宁:《落后的欧洲和先进的亚洲》,载《列宁全集》第 19 卷,人民出版社 1959 年版,第 82 页。
[664] 列宁:《中国的民主主义和民粹主义》,载《列宁选集》第 2 卷,人民出版社 1972 年版,第 425 页。

策",而且"最善于变节"[665]:昨天害怕皇帝,匍伏在他面前;后来眼看革命民主派即将取得胜利,就背叛了皇帝;明天则可能又同什么旧的或新的"立宪"皇帝勾结而出卖革命民主派。与此同时,在对外方面,他们则惯于为了阶级和集团的私利,为了扼杀革命而与帝国主义者结成反革命联盟。总之,他们是"中国民主、自由的敌人"[666]。后来,中国的事变进程准确地、典型地证实了这一点。

在这些论述里,列宁站在无产阶级立场上对殖民地、半殖民地资产阶级中两大阶层的分析,对他们在民族民主革命中谁可能是盟友,谁可能是敌人的划分,也是清清楚楚、界限分明的。

十月革命以后,特别是在共产国际第二次代表大会召开前后一段时间内,列宁又在上述科学分析的基础上就这个问题进一步加以阐发。

当时在这个问题上存在着两个方面的疑问:(1)按照马克思主义的一般理论,资产阶级同无产阶级是两大对立的阶级,那么,作为无产阶级先锋队的共产党以及作为全世界无产阶级指挥部的共产国际是否应该支持落后国家的资产阶级民主运动;如果加以支持,在原则上是否可以允许,在理论上是否正确。(2)按照马克思主义的一般理论,资产阶级民族主义和无产阶级国际主义是两大对立的思想潮流,那么,一贯坚持无产阶级国际主义的各国共产党人是否可以支持被压迫民族中的资产阶级民族主义思潮以及在这一思潮指导下的民族解放运动。

列宁向来提倡对问题从实际出发进行具体分析,反对从概念出发进行抽象推导。本着这种精神,他对上述疑问进行了有力的澄清。他向存在这些疑问的同志耐心地反复阐明帝国主义时代被压迫民族的资产阶级民族民主运动在无产阶级社会主义世界革命事业中的重要地位和巨大作用,阐明共产国际和共产党人同被压迫民族中愿意反帝反封建的资产阶级结成革命统一战线的必要性。在这同时,列宁对提出疑问的同志(包括争论的对手)的一得之见,又十分珍视,及时采纳,并据以对自己所起草的《民族和殖民地问题提纲初稿》作了补充修改。其中重要的修改之一就是把各国共产党必须帮助落后国家的"资产阶级民主解放运动"的提法,改为必须帮助这些国家的"革命的解放运动"。[667]

这样修改,突出了"革命"两字,就强调了要把存在于殖民地、半殖民地中的反动

---

[665] 列宁:《中国的民主主义和民粹主义》,载《列宁选集》第2卷,人民出版社1972年版,第428、425、450页。
[666] 列宁:《落后的欧洲和先进的亚洲》,载《列宁全集》第19卷,人民出版社1959年版,第83页。
[667] 根据共产国际二大所设"民族和殖民地问题委员会"秘书马林向与会全体代表所作的汇报,该委员会在列宁主持下初步决定:(1)《民族和殖民地问题提纲初稿》第6条与第11条第1段中的"资产阶级民主解放运动"改为"革命的解放运动";(2)第11条第5段中的"资产阶级民族民主运动"改为"革命运动"。这些修改连同其他一些文字修改都经代表大会审查通过。参见《共产国际第二次代表大会(记录)》,莫斯科1934年俄文版,第104、492、494、495页;《列宁选集》第4卷,人民出版社1972年版,第272、274—275、334页。

的改良主义运动同革命运动严格加以区分,即要把受帝国主义培植、为帝国主义效劳、借点滴改良和小恩小惠以转移反帝革命斗争视线和愚弄群众的一切反动骗局,同真正反对帝国主义、要求根本推翻帝国主义殖民统治的革命群众斗争严格加以区分;要把帝国主义在被压迫民族中物色和豢养的资产阶级代理人集团同愿意参加反帝斗争的资产阶级集团严格加以区分。

列宁指出,"实际上,在落后国家和殖民地国家里,这种区别最近已经表现得十分明显"。由于帝国主义国家的资产阶级和殖民地、半殖民地的资产阶级"已经有相当密切的关系",所以后者往往(甚至可以说在大多数场合下)虽然也支持民族运动,但同时又与前者妥协,"同他们一起来反对一切革命运动和革命阶级"。所以,作出上述修改的用意,就在于着重强调"只有在殖民地国家的资产阶级解放运动真正具有革命性的时候,在这种运动的代表人物不阻碍我们用革命精神去教育、组织农民和广大被剥削群众的时候,我们共产党人才应当支持并且一定支持这种运动"。列宁认为,对这份纲领性的文件作了这样的修改之后,"这就更确切地表达了我们的观点"。[668]

由此可见,列宁在考察殖民地、半殖民地的民族民主运动时,显然就是把它划分为两大类,而且显然是以反帝不反帝作为识别和划分真革命与假革命,从而决定应予支持抑或应加以反对的首要标准。

至于上述第二方面的疑问,它同第一方面的疑问是紧密关联的,同时它在国际共运史中实际上并不是第一次提出的新问题,而只是在十月革命胜利后新形势下的"旧话重提"。关于共产党人究竟应当如何正确对待被压迫民族中的资产阶级民族主义问题,列宁在十月革命以前和以后的长期斗争实践中,曾经从不同角度作过多次论述。通过对列宁有关论述的学习,我们可以从中得到以下几点启示:

(1)作为民族问题上的两种世界观,资产阶级民族主义和无产阶级国际主义是互相对立的、不可调和的。前者的要害在于以民族观念取代或否定阶级观念。当被压迫民族的资产阶级用反动的民族主义思想毒害本民族工农群众的阶级意识,抹杀本民族内部的阶级对立和阶级斗争,破坏各族劳动者的国际联合和阶级团结,或者甚至企图为本民族攫取特权的时候,共产党人就应当坚决反对,开展斗争。[669]

(2)应当把压迫民族的资产阶级民族主义同被压迫民族的资产阶级民族主义区别开来。共产党人必须从国际反帝斗争的全局上去看待被压迫民族的资产阶级民族主义,切不可单从一国一族的狭隘观点出发,因醉心于反对被压迫民族的资产阶

---

[668] 参见列宁:《共产国际第二次代表大会》,载《列宁选集》第 4 卷,人民出版社 1972 年版,第 334—335 页。
[669] 参见《列宁全集》第 20 卷,人民出版社 1958 年版,第 9、409—412 页。

级民族主义,而忘掉了极端凶恶极端反动的帝国主义压迫民族的资产阶级民族主义,从而在客观上充当了后者的帮凶。[670]

（3）压迫民族对于被压迫民族中资产阶级民族主义的形成和传播犯有历史过错,负有一定责任。共产党人（尤其是压迫民族中的共产党人）对待被压迫民族的民族感情必须特别慎重。[671]

（4）每个被压迫民族的资产阶级民族主义都含有反对压迫、要求平等自由的一般民主主义内容,具有历史的进步意义。在这思想内容的影响下,有助于民族意识的觉醒和反帝斗争的开展。被压迫民族开展的群众性反帝革命斗争,是摧毁国际帝国主义的积极因素,是帮助无产阶级登上舞台的强力酵母。因此,对于被压迫民族资产阶级民族主义思潮中所包含的一般民主主义内容,共产党人应当加以无条件的支持。[672]

（5）在反革命的帝国主义的西方压迫下,出现了革命的和民族主义的东方。[673]被压迫民族中资产阶级民族主义的产生是有其历史根据的,共产党人在为无产阶级革命事业而斗争的过程中,不是应当"绝缘"而是"应当借助于正在这些民族中间产生出来并且必然要产生出来的资产阶级民族主义"[674]。

列宁对被压迫民族中的资产阶级和资产阶级民族主义所作的剖析,实际上已经从思想上为共产党人确立了对待这个阶级所应当采取的又联合又斗争的基本方针。也就是说,在落后国家的民族民主革命的全过程中,共产党人既要尽力争取资产阶级民主派作为无产阶级的盟友,又要始终不懈地反对他们的反动的民族主义倾向、改良主义倾向、妥协投降倾向;既不能同他们"完全绝缘",又不能同他们完全合一。只有这样,才能确保无产阶级对革命实行正确的领导,确保反帝反封建斗争的彻底胜利,并促进无产阶级社会主义世界革命的发展。因此,在反帝反封建斗争中,应当同殖民地和落后国家的资产阶级民主派结成临时联盟,实行革命的联合,但是决不能同他们融合。

总之,无产阶级及其政党务必努力掌握革命统一战线的领导权,而决不能充当

---

[670] 参见《列宁全集》第20卷,人民出版社1958年版,第412、415、454页。另参见《列宁全集》第36卷,人民出版社1959年版,第631页。

[671] 参见《列宁全集》第31卷,人民出版社1958年版,第130页;《列宁全集》第36卷,人民出版社1959年版,第628—632页。

[672] 参见《列宁全集》第20卷,人民出版社1958年版,第412页;《列宁全集》第22卷,人民出版社1958年版,第352页;《列宁全集》第30卷,人民出版社1957年版,第138页。

[673] 参见列宁:《宁肯少些,但要好些》,载《列宁选集》第4卷,人民出版社1972年版,第710页。

[674] 列宁:《在全俄东部各民族共产党组织第二次代表大会上的报告》,载《列宁选集》第4卷,人民出版社1972年版,第105页。

资产阶级的盲目追随者,"甚至当无产阶级运动还处在萌芽状态时,也绝对要保持这一运动的独立性"[675]。

在特定条件下落后民族的国民经济可以避免资本主义发展阶段

共产党人和共产国际既然应当同殖民地、半殖民地的资产阶级民主派结成反对国际帝国主义、反对国内封建势力的临时联盟,支持和赞助当地的资产阶级民族民主革命运动,那么,这是否会不可避免地在当地同时造成"移植"西方资本主义、培植"民族帝国主义"的严重恶果?如果共产党人和共产国际同殖民地、半殖民地的资产阶级民族民主革命运动"完全绝缘",不予理睬,而径自立即开展社会主义革命运动,这是否就可以使当地国民经济"防止"或避过资本主义泛滥的发展阶段?

对于这个问题,罗易和塞拉蒂等人的回答是肯定的。同他们相反,列宁的回答则是否定的。

众所周知,在人类社会历史上,资本主义的发展阶段曾经带来了巨大的物质文明,但也同时制造了巨大的社会灾难和社会罪恶。所以,如何消灭或如何避免这些灾难和罪恶的问题,始终是社会先进思想家和革命导师探索的中心课题。马克思和恩格斯在研究和揭示社会发展基本规律和基本进程时曾经设想过:在特定的条件下,有些国家和民族的社会发展"能缩短和减轻分娩的痛苦"[676]。具体些说,如果西欧资本主义发达国家的无产阶级取得胜利和生产资料转归公有之后,在革命和建设方面为落后国家作出榜样和给予积极支持,那么,许多处于资本主义以前发展阶段的国家或刚刚踏上资本主义发展道路的国家,就可以"大大缩短自己向社会主义社会发展的过程,并可以避免我们在西欧开辟道路时所不得不经历的大部分苦难和斗争"[677]。

马克思、恩格斯对落后国家未来发展道路的这种设想,当时并未引起人们应有的重视,后来又遭到第二国际修正主义者恶毒的攻击。例如,以殖民地问题"理论权威"自居的万-科尔就曾嘲笑说:"马克思提出的关于某些国家至少可能部分地在自己的经济进化过程中越过资本主义阶段的假设,并没有得到实现"[678];他硬说殖民地人民饱遭资本主义、殖民主义的折磨苦难,都是理所应当和绝对不可避免的。据他宣称,只有这样"才能走向文明"[679]。德国的社会沙文主义者大卫也曾应声叫嚷:"无

---

[675] 列宁:《民族和殖民地问题提纲初稿》,载《列宁选集》第4卷,人民出版社1972年版,第275、334页。
[676] 马克思:《资本论》,载《马克思恩格斯全集》第23卷,人民出版社1972年版,第11页。
[677] 恩格斯:《〈论俄国的社会问题〉跋》,载《马克思恩格斯全集》第22卷,人民出版社1965年版,第502页。
[678] 〔荷〕万-科尔:《殖民政策和社会民主党》,载〔苏联〕布拉斯拉夫斯基编:《第一国际第二国际历史资料》,新莫斯科出版社1926年版,第168号文件。
[679] 同上。

论在什么地方,人类通过资本主义的痛苦过程是不可避免的","殖民地也必须经过资本主义,在那儿人们也不可能从荒野中跳入社会主义"[680]。

如果说,万-科尔等右倾机会主义分子根本否定了落后国家经济发展避免资本主义泛滥阶段的任何可能性,那么,罗易等人的左倾空谈则是不顾马克思、恩格斯提出的先决条件而无限夸大了这种可能性。而一旦按照罗易等人那种迅即开展"纯粹的"社会主义革命的主张去做,那就无异于揠苗助长,只能促使无产阶级及其政党在殖民地、半殖民地的群众革命运动中迅速陷于孤立,造成革命的夭折,从而也同样根本否定了避免资本主义泛滥阶段的可能性。左倾与右倾,历来就是难兄难弟、异途同归的。

无论是万-科尔等人的右倾谬论,还是罗易等人的左倾空谈,都是无视历史发展规律的。因为"一切民族都将走到社会主义,这是不可避免的,但是一切民族的走法却不完全一样";"在社会生活各方面的社会主义改造的速度上,每个民族都会有自己的特点",[681]这是列宁在十月革命前一年就已明确提出随后又反复加以强调的基本观点。在批判罗易等人的左倾空谈过程中,列宁既坚持了马克思、恩格斯早年提出的上述原则性的设想,又根据当时的革命实践和时代的现实对这种设想加以丰富和发展,并把努力创造先决条件以促进这种可能性转化为现实,当作一项迫切的战斗实践任务,向全世界无产者及其政党、向全世界被压迫民族提了出来。

列宁认为,对于某些殖民地、半殖民地落后国家说来,在十月革命以后所形成的特定的国内外条件下,国民经济的资本主义发展阶段并不是不可避免的。在这些国家里,只要无产阶级及其政党紧紧地掌握民族民主革命的领导权,把民族民主革命引向彻底胜利,同时得到无产阶级专政的社会主义国家的竭诚帮助,就"可以不经过资本主义发展阶段而过渡到苏维埃制度,然后经过一定的发展阶段过渡到共产主义"[682]。这样,列宁就从原则上指明了落后国家民族民主革命的光明发展前途,正确地解决了落后国家群众革命运动往何处去的问题。至于必须采取什么具体手段才能达到这个目的,列宁则把这个问题留待后人的革命实践去解答,他说:"这不可能预先指出。实际经验会给我们启示的。"[683]

列宁的这一英明预见,已经为中国等国家的革命实践所证实,并正在不断地得

---

[680] 〔德〕大卫:《在斯图加特代表大会上的发言》,载《社会民主党斯图加特代表大会会议记录》,柏林前进书店1907年版,第30—31页。
[681] 参见列宁:《论对马克思主义的讽刺和"帝国主义经济主义"》,载《列宁全集》第23卷,人民出版社1958年版,第64—65页;《列宁全集》第29卷,人民出版社1956年版,第168页;《列宁全集》第31卷,人民出版社1958年版,第73—74页。
[682] 列宁:《共产国际第二次代表大会》,载《列宁选集》第4卷,人民出版社1972年版,第336页。
[683] 同上。

到新的验证。但是,它也正在遭到大国霸权主义者的严重歪曲和无耻阉割。他们打着"列宁主义"的旗号,到处诱骗亚、非、拉美落后国家接受他们在经济上、军事上以及文化教育上的所谓"全面援助"和所谓"无私援助",胡说什么这样就可以取得政治上和经济上的彻底独立,就可以通过所谓"非资本主义道路",走向社会主义、共产主义。

可是全世界稍微有点马克思列宁主义常识的人都知道,列宁为亚、非、拉美落后国家所指出的上述光明发展道路,其国际前提条件,只能是无产阶级专政的社会主义国家提供国际主义的帮助,而决不能是超级大国实行霸权主义和利己主义的控制和盘剥;其国内前提条件,只能是无产阶级及其政党牢牢掌握民族民主革命的领导权,实行一条马克思主义的革命路线,建立以工农联盟为主体的革命政权,而决不能是地主资产阶级篡夺了民族民主革命的领导权,实行一条妥协投降的路线,建立地主资产阶级专政的政权。

面对霸权主义者对列宁科学论断的歪曲和阉割,人们耳边自然回响起列宁对共产党人的明确指示以及对修正主义者的辛辣嘲讽。

关于国际条件方面,列宁早在十月革命以前就已提醒一切被压迫弱小民族注意:在争取民族自由解放、反对某一个帝国主义强国的斗争中,务必严防另一个帝国主义大国利用这种斗争来达到它同样的帝国主义目的。[684] 十月革命以后,就在列宁指明落后国家民族民主革命在一定条件下可以径直过渡到社会主义这一光明前途之前一个多月,他也再次强调这个问题的另一方面,即"必须向一切国家特别是落后国家的最广大的劳动群众不断地说明和揭露帝国主义列强一贯进行的欺骗,帝国主义列强打着建立政治上独立的国家的幌子,来建立在经济、财政和军事方面都完全依赖于它们的国家"[685]。可见,列宁对落后国家民族民主革命发展前途的关注和指导是十分全面的:既指出了它所可以争取的美好前景,又指出了它所可能遇到的危险陷阱;教导被压迫弱小民族在争取自由解放的全过程中要走上坦途,要谨防暗算;要坚持国家和民族的独立自主,巩固和发展得来不易的胜利成果,并在条件成熟时按照人民的意愿走上社会主义道路;要提高警惕,识破骗局,尽力避免在摆脱某一帝国主义国家的殖民奴役之后,又被套上另一帝国主义国家的殖民枷锁。

关于国内条件方面,列宁在十月革命后为共产国际制定的关于民族殖民地问题的纲领性文件中,教导全世界共产党人:"必须坚决反对把落后国家内的资产阶级民

---

[684] 参见列宁:《社会主义革命和民族自决权》,载《列宁选集》第2卷,人民出版社1972年版,第721页。
[685] 列宁:《民族和殖民地问题提纲初稿》,载《列宁选集》第4卷,人民出版社1972年版,第275页。

主解放思潮涂上共产主义的色彩"[686]。同时,人们还不能不注意到:列宁早在十月革命以前总结世界各国历史经验教训时,就已明确指出:1848 年欧洲各国的革命使社会各阶级**在行动中**暴露了自己的面目,事变进程已经"最终地证明了**只有无产阶级具有社会主义本性**",因而一切关于**非阶级的社会主义**的学说,都是胡说八道;而 20 世纪初期亚洲各国的革命进程也同样向我们揭示了无产阶级与任何资产阶级之间的明显界限。"有了欧亚两洲的经验,谁若还说什么非阶级的政治和非阶级的社会主义,谁就只配关在笼子里,和澳洲袋鼠一起供人观赏。"[687]

"全世界无产者和被压迫民族联合起来!"

社会主义世界革命的最后胜利是绝对有保证的

列宁关于民族殖民地问题的以上论述,从大力促进无产阶级社会主义世界革命着眼,不仅对压迫民族的共产党人实行了正确的战略指导,而且也对被压迫民族的共产党人以及其他革命分子实行了正确的战略指导。

列宁关于先进国家的无产阶级必须同殖民地、半殖民地人民联结成反帝革命统一战线的基本思想和革命原理,为国际无产阶级社会主义世界革命事业,同时也为全世界被压迫民族的彻底解放事业,确立了一条战无不胜的斗争路线,制定了唯一正确的战略方针。

列宁的这些基本思想原理,以相当集中和十分简明的形式体现在他亲自为共产国际第二次代表大会起草的《民族和殖民地问题提纲初稿》这一纲领性文件中。在大会专设的民族和殖民地问题委员会里,来自 18 个国家(其中大半是殖民地、半殖民地国家)的委员们原先在许多重大原则上争论纷纭,但是在列宁谆谆善诱的正确引导下,终于得以"在一切最重要问题上完全取得了一致的意见"[688]。1920 年 7 月,列宁起草的上述纲领性文件在代表大会全体会议上获得一致通过[689],列为大会的正式决议,从而使上述唯一正确的路线和战略成了全世界共产党人所必须共同遵守的基本行动准绳。这意味着第二国际及其余孽们在无产阶级世界革命和民族殖民地问

---

[686] 列宁:《民族和殖民地问题提纲初稿》,载《列宁选集》第 4 卷,人民出版社 1972 年版,第 275 页。在共产国际第二次代表大会正式通过的《民族和殖民地问题决议》里,列宁所拟初稿中此处的"资产阶级民主解放思潮"数字已更改为"并非真正共产主义的革命解放思潮"。参见《共产国际二次代表大会(记录)》,莫斯科 1934 年俄文版,第 495 页。

[687] 列宁:《马克思学说的历史命运》,载《列宁选集》第 2 卷,人民出版社 1972 年版,第 438、440 页。

[688] 列宁:《共产国际第二次代表大会》,载《列宁选集》第 4 卷,人民出版社 1972 年版,第 332 页。

[689] 在有表决权的 169 名代表中,仅塞拉蒂等三人在投票时弃权,无人反对。连当时曾同列宁争论的主要对手罗易本人也投票赞成列宁的基本观点(后来罗易出尔反尔,又背离了这些基本观点)。参见《共产国际二次代表大会(记录)》,莫斯科 1934 年俄文版,第 155、161、625 页。

题上修正主义路线的完全彻底破产,也标志着列宁在这个问题上长期进行反修斗争的光辉胜利总结。

在列宁的直接指导下,共产国际不仅为世界无产者的解放而大声疾呼和积极战斗,而且为与无产者解放事业密切相关的、全世界一切被压迫弱小民族的解放而大声疾呼和积极战斗。正是在这个意义上,列宁表示:"的确,我们现在不仅是全世界无产者的代表,而且是被压迫民族的代表"[690]。

共产国际的执行委员会把列宁的上述战略思想和斗争路线归结为一句简洁明了的战斗口号:"全世界无产者和被压迫民族联合起来!"列宁认为这个口号是完全正确的。[691] 这个口号,大大丰富和发展了马克思和恩格斯在《共产党宣言》结语中所发出的"全世界无产者联合起来"的战斗号召,成为激荡全球的时代最强音!

在1920年共产国际第二次代表大会上,列宁十分高兴地指出:先进资本主义国家的革命无产者同殖民地、半殖民地的革命群众之间的自觉联合,已经开始形成。他教育和激励全世界的共产党人,今后一定要全力以赴,"进一步加强这种联合"。列宁满怀信心地断言:"一旦各国被剥削被压迫工人的革命进攻……同迄今还站在历史外面、只被看作历史客体的亿万人民的革命进攻联合起来,世界帝国主义就一定会灭亡"[692]。

为了切实加强这种联合,列宁多次反复强调必须大力肃清第二国际余孽们所一贯鼓吹的社会帝国主义、社会沙文主义思想的深远流毒。他尤其着重于对当时世界上第一个社会主义国家的共产党人教诲谆谆。他明确提出:"应该特别坚决地反对"存在于俄罗斯共产党人队伍之中的"大俄罗斯帝国主义思想和沙文主义思想"。[693]

俄国反革命分子的卑鄙行刺,为世界革命事业的过度操劳,使列宁的健康受到严重损害,以致自1921年冬季起,列宁一直是抱病坚持工作,并且数度因病情恶化而被迫停止办公。就是在这样的情况下,列宁还惦记着提醒俄共中央务必注意大力清除在某些领导人头脑中根深蒂固的大俄罗斯沙文主义。他尖锐地指出:毫无疑问,会有一部分领导人"沉没在这个肮脏的大俄罗斯沙文主义的大海里,正如苍蝇沉没在牛奶里一样"[694]。本着疾恶如仇的一贯精神,列宁在一张给俄共(布)中央政治局的便笺中写道:"我宣布同大俄罗斯沙文主义进行决死战。我那颗讨厌的蛀牙一治

---

[690] 列宁:《在俄共(布)莫斯科组织积极分子大会上的演说》,载《列宁全集》第31卷,人民出版社1958年版,第412页。
[691] 同上书,第412—413页。
[692] 列宁:《共产国际第二次代表大会》,载《列宁选集》第4卷,人民出版社1972年版,第330页。
[693] 参见列宁:《立宪会议选举和无产阶级专政》,载《列宁全集》第30卷,人民出版社1957年版,第239页。
[694] 列宁:《关于民族或"自治化"问题》,载《列宁全集》第36卷,人民出版社1959年版,第629页。

好,我就要用满口的好牙吃掉它"[695]!

列宁,全世界无产阶级的伟大革命导师,在其战斗一生的最后几个月,在沉重的病痛中,仍然念念不忘全世界被压迫民族被压迫人民的彻底解放。他对包括中国在内的殖民地、半殖民地亿万人民,即人口最多、灾难最深、革命性最强、革命潜能最大的人民,尤其寄予厚望。他进一步发挥了关于弱小民族亿万群众在未来世界革命决战中必将起非常巨大作用的思想观点,科学地预言和坚定地相信:世界的命运,决定于人口的大多数。他在病榻上给全世界革命人民留下的最后遗言之一是:世界革命斗争的结局,归根到底取决于这一点——占世界人口绝大多数的被压迫民族正在"非常迅速地卷入争取自身解放的斗争中,所以在这个意义上讲来,世界斗争的最终解决将会如何,是不能有丝毫怀疑的。在这个意义上讲来,社会主义的最后胜利是完全和绝对有保证的"[696]!

结束语:学习列宁关于民族殖民地的革命理论,实践列宁的革命遗训

迄今,列宁离开我们已经九十多年,但他的革命遗训却永远留在了人世间,鼓舞着占全世界人口绝大多数的被压迫民族数十亿弱势群体大众,世世代代投入解放自身的斗争。后人在学习列宁关于民族殖民地革命理论的学说之际,耳边自然而然回响起欧仁·鲍狄埃创作于1871年的《国际歌》歌词:"从来就没有什么救世主,也不靠神仙和皇帝,要创造人类的幸福,全靠我们自己。我们要夺回劳动果实,让思想冲破牢笼,快把那炉火烧得通红,趁热打铁才能成功。这是最后的斗争,团结起来到明天,英特纳雄耐尔就一定要实现。这是最后的斗争,团结起来到明天,英特纳雄耐尔就一定要实现!"这首战斗歌曲,一百四十多年来响彻全球每一个角落。在此之前,全球弱势群体绝大多数大众一直处在殖民地、半殖民地丧权辱国的地位,饱受西方列强的侵略、压迫、榨取和掠夺。时至今日,全球绝大多数国家已经取得民族独立,但是,"霸权主义"和"强权政治"的侵害仍然存在,时时肆虐,破坏亚、非、拉地区乃至全世界的和平与安宁,危害包括发达国家在内的全球黎庶大众。因此,要实现"英特纳雄耐尔",仍然有待于全球黎庶大众,继续秉持列宁遗训,不渝不懈,与时俱进,强化反殖、反帝、反霸的斗争,才能最终实现全人类共商共建共享、富强康乐幸福的共同体。

---

[695] 列宁:《关于反对大国沙文主义给政治局的便笺》,载《列宁全集》第33卷,人民出版社1957年版,第334页;联共(布)中央马恩列学院编:《列宁生平事业简史》,新华书店1949年版,第405、411页。
此处列宁原话中的"Великорусскому шовинизму"一词,应译为"大俄罗斯沙文主义"。《列宁全集》中文版第33卷第334页译为"大国沙文主义",似不准确。现据《列宁全集》俄文第4版第33卷第335页原文改译。

[696] 列宁:《宁肯少些,但要好些》,载《列宁选集》第4卷,人民出版社1972年版,第710页;《列宁全集》第32卷,人民出版社1958年版,第442、469页。

第17章 论经济主权原则是当代国际经济法首要的基本规范

>> 内容提要

国际经济法的基本规范或基本原则,指的是贯穿于调整国际经济关系的各类法律规范之中的主要精神和指导思想。国际经济法的基本原则需获得众多主权国家的共同认可和普遍赞同。在最近六十多年来的"南北矛盾"和"南北合作"进程中逐步形成了国际经济法的若干基本原则,其中经济主权原则乃是首屈一指的根本。本文分析了经济主权原则的提出背景,具体阐述经济主权原则的基本内容及其形成过程。全文强调:1974年两次联合国大会先后通过的《建立国际经济新秩序宣言》和《各国经济权利和义务宪章》,是获得众多主权国家共同认可和普遍赞同的纲领性的法律文献,享有国际权威,其中对各国享有的经济主权的主要内容,作出了明确的规定,主要包括如下五个方面:(一)各国对本国内部以及本国涉外的一切经济事务享有完全、充分的独立自主权利;(二)各国对境内一切自然资源享有永久主权;(三)各国对境内的外国投资以及跨国公司的活动享有管理监督权;(四)各国对境内的外国资产有权收归国有或征用;(五)各国对世界性经贸大政享有平等的参与权和决策权。

>> 目　次

一、南北矛盾与国际经济法基本原则的演进
二、经济主权原则的提出
三、经济主权原则的形成过程及其基本内容
　　(一)各国对本国内部以及本国涉外的一切经济事务享有完全、充分的独立自主权利,不受任何外来干涉
　　(二)各国对境内一切自然资源享有永久主权

（三）各国对境内的外国投资以及跨国公司的活动享有管理监督权

（四）各国对境内的外国资产有权收归国有或征用

（五）各国对世界性经贸大政享有平等的参与权和决策权

国际经济法的基本原则，指的是贯穿于调整国际经济关系的各类法律规范之中的主要精神和指导思想，指的是这些法律规范的基础和核心。

如前所述，国际经济法规范是由国际公法、国际私法、国际商务惯例以及各国涉外经济法、民商法等互相交叉渗透而形成的多门类、跨学科的边缘性综合体，因此，从整体上说，贯穿于国际经济法各类规范中的基本原则，既不是只由单一主权国家通过国内立法独自加以制定的，也不是只由少数几个主权国家通过国际条约联合加以确认。此外，在社会经济制度各异、形形色色主权国家林立的当代国际社会中，更不可能也不应该如某些学者所鼓吹的那样，组成凌驾于各个主权国家之上的具有什么"联合主权"的"国际政府"或"世界政府"，由其"立法机构"去制定统一的"跨国法"和统一的国际经济法基本原则。

在调整国际经济关系过程中，某些最基本的行为规范和行动准则，只有获得国际社会广大成员即众多主权国家的共同认可和普遍赞同，才能逐渐形成为国际经济法的基本原则。

一、南北矛盾与国际经济法基本原则的演进

随着历史和时代的演进，国际社会成员即主权国家的数量和结构发生了重大的变化，处境不同、利益相异的各类国家之间的力量对比发生了重大的变化，相应地，能够获得国际社会广大成员即众多主权国家共同认可和普遍赞同的国际经济法的基本原则，也必然会有重大的变化、更新和发展。

就国际经济法中所包含的在经济领域方面的国际公法而言，第二次世界大战结束以前，被承认为国际公法主体、有权参加创立和制定国际公法行为规范和行动准则的国家，只有区区四十多个。世界上大部分地区当时都还是殖民地、附属国，受着殖民主义国家、宗主国的统治和压迫，从而根本没有参加制定或创立国际公法规范和准则的权力和机会。在长达二三百年的历史时期中，制定或创立国际公法规范和准则的权力，成为欧美列强的"专利"和特权。由此而产生的传统的国际公法规范和准则，就势必在许多方面强烈地体现了列强的既得利益，充满了殖民主义和强权政

治的色彩。

就国际经济法中所包含的各国涉外经济法、民商法而言,第二次世界大战结束以前处在殖民地、附属国地位的众多弱小民族,或者根本没有立法权,或者只有形式上的立法权,实际上只能直接采用或简单"移植"殖民主义国家、宗主国的涉外经济法、民商法。

第二次世界大战结束以后数十年来,被压迫弱小民族的反殖民主义斗争陆续胜利,众多新主权国家相继兴起,逐渐形成了发展中国家聚合的第三世界。作为主权国家,它们上升为国际公法的主体,成为国际公法上各种权利的享受者和各种义务的承担者,而且是制定国际公法上各种行为规范和行动准则的积极参加者和全权创立者。换句话说,基于国际社会的内部结构和力量对比产生了重大和深刻的变化,制定或创立国际公法规范和准则已不再是西方"文明"国家即欧美列强垄断的特权,而是国际社会全体成员即所有主权国家的共同任务了。

与此同时,众多第三世界发展中国家,作为新兴的主权国家,开始有了独立的国内立法权,可以根据本民族的利益和意志自主地制定出本国的涉外经济法、民商法,用以调整本国境内的涉外经济关系。

各发展中国家尽管在社会经济制度、政治倾向和意识形态等方面存在着这样那样的差异,但它们有着受压迫、被剥削的共同屈辱历史,有着通过艰苦奋斗挣脱殖民枷锁、获得独立自主的共同斗争经历,有着政治上仍然被歧视、经济上不发达、科技上很落后、在国际财富分配上仍受不公平待遇的共同现实处境,因而有着彻底改变这种现状的共同愿望和强烈要求。

特别值得注意的是:近六十多年来,世界经济全球化的趋势日益加速发展,它使各国经济的互相依存、互相影响日益强化和不断加深。但是,迄今为止,经济全球化趋势是在不公正、不合理的国际经济旧秩序没有根本改变的情况下发生和发展的,因而势必继续加大穷国与富国的发展差距。根本的出路在于努力推动建立公正合理的国际经济新秩序,以利于各国共同发展。

为了实现改变不公平、不合理现状的共同奋斗目标,第三世界各国在参加制定或各自制定各类国际经济法行为规范和行动准则的过程中,总是力争除旧布新、破旧立新:对于传统国际经济法的各种行为规范和行动准则,要求加以全面的、逐一的检查和审查,凡是符合于改造国际经济旧秩序、建立国际经济新秩序需要的,就加以沿用、重申或强调;凡是违反这种需要的,就加以改订、废弃或破除。

第三世界发展中国家的这种要求和努力,当然会遇到来自发达国家的各种阻力和障碍。因此,在当代国际经济法基本规范或基本原则更新发展的全过程中,始终贯穿着强权国家保护既得利益、维护国际经济旧秩序与贫弱国家争取平权地位、建立国际经济新秩序的矛盾和斗争。这种矛盾斗争，乃是当代世界性"南北矛盾"斗争的主要内容。

由于世界经济全球化的发展，发展中国家与发达国家之间既有互相矛盾、互相斗争的一面，又有互相依存、互相合作的一面。因此，每一个回合的"南北矛盾"斗争，往往以双方的妥协以及国际经济秩序在某种程度上的除旧布新而告终。妥协之后经过一段期间，又在新的条件下产生新的斗争。如此循环往复，螺旋式上升，逐步形成基本上适合于新时代潮流和符合新历史需要的国际经济法基本规范或基本原则，获得国际社会广大成员即众多主权国家的共同认可和普遍赞同。当然，也应当看到，其中有些认可和赞同，是勉强的、非完全自愿的。因此，又孕育着新的矛盾和新的斗争。

在最近六年来"南北矛盾"斗争中逐步形成的国际经济法基本规范或基本原则，可以大体上归纳为经济主权原则、公平互利原则、全球合作原则以及有约必守原则等四个方面，其中的经济主权原则，乃是当代国际经济法中首要的、最基本的原则和规范。

二、经济主权原则的提出

主权原则一直是国际公法中最基本的原则。在不同类型的国家林立并存、强权政治仍然时隐时现的现代国际社会中，主权仍然是独立国家最宝贵的属性。众多现代国家，特别是挣脱殖民主义枷锁后争得独立的众多发展中国家，面临的现实问题是如何维护主权而不是削弱或限制主权。超级大国有些学者鼓吹"联合主权"论，其潜台词是"联合起来，由我主宰"；有些学者鼓吹"主权有限"论，其歇后语是"限你不限我，你有限而我无限"；有些学者鼓吹"主权弱化"论，其真心话则是"你弱化，我强化，你听命于我"。归根到底，都是为霸权主义、弱肉强食和侵略扩张制造理论根据。

国家享有主权，意味着它有权独立自主，也意味着它在国际社会中享有平等地位，不俯首听命于任何其他强权国家。第三世界诸弱小民族，通过长期艰苦的斗争，才争得主权国家的地位，得来不易，当然倍加珍惜。它们从事国际交往活动的基点和中心，都在于巩固和维护自己的主权。因为，只有坚持主权，才能保障独立自主，在国际社会中享有平等地位，获得应有的权益；才能清除殖民主义残余，彻底摆脱压迫和剥削；才能避免和防止重新陷于被压迫、被剥削的境地。

在多年的斗争实践中,第三世界各国极其强调和坚持主权原则,不仅使这个原则得到巩固,而且使它获得重要的发展。最值得注意的是,它们所强调和坚持的国家主权,已经不局限于传统的政治方面,而且强有力地、相当突出地扩展到经济方面,把"经济主权"这一概念和原则,与固有的"政治主权"概念和原则相提并论,促使它在国际社会中获得日益广泛的共同认可和普遍赞同,从而日益被确立为国际经济法中最基本的行为规范和行动准则。

本来,国家主权是一个含义相当广泛的概念,既包括国家在政治上的独立自主,也包括国家在经济、社会以及文化等诸方面的独立自主,即既包括政治主权,也包括经济主权、社会主权以及文化主权等。主权国家对于本国领土上的一切人和物,除国际法上规定的少数例外,都享有排他的管辖权,这已是现代国际社会的共识和常识,为举世所公认、所周知。据此,经济主权指的就是国家在本国内部和本国对外的一切经济事务上,都享有独立自主之权,当家做主之权。从而,主权国家有权完全独立自主地选择本国的经济制度,不受任何外来干涉;有权完全独立自主地控制和处置本国境内的一切自然资源;有权完全独立自主地管理和监督本国境内的一切经济活动;有权完全独立自主地以平等主体的法律地位参与世界性经济事务(即国际经贸大政)的决策,所有这些,本来都是"主权"这一总体概念的题中应有之义。

但是,数十年来,众多发展中国家却在各种国际场合一再强调和坚持自己在上述经济领域方面享有独立自主权利,鲜明地、突出地提出了经济主权的概念和原则,并为维护自己的经济主权而大声疾呼,不懈奋斗,要求和促使国际社会予以确认,这是有其特定的历史原因和现实原因的。

从历史上看,大多数发展中国家在第二次世界大战结束以前都处在殖民地的地位,受到异国殖民主义者的直接统治,境内的各种自然资源以及有关的经济命脉,都为殖民主义国家资产者及其公司所垄断或操纵。殖民地人民处在完全无权的地位。在传统的国际法观念中,殖民地不是拥有主权的政治实体,既无政治主权,更无经济主权。还有一些发展中国家在第二次世界大战结束以前名义上是独立国家,但实际上处在半殖民地的地位,受到殖民主义列强的间接统治,境内的自然资源以及有关的经济命脉,也大多数被外商垄断或控制。它们虽具有形式上的政治独立,但其政治主权和经济主权都是严重残缺不全的。

第二次世界大战结束后,全球殖民地、半殖民地众多被压迫弱小民族相继挣脱了殖民枷锁,争得了民族解放和国家独立,享有政治上的独立自主。但是,作为取得政治独立的条件,它们在独立之际往往被迫签订条约或协定,同意保留原殖民统治者或宗主国在当地的许多既得权益和特惠待遇。因此,许多新兴的发展中国家在取得政治独立之后相当长的时期里，境内的重要自然资源及有关的经济命脉仍然在不同程度上受到发达国家殖民主义势力的控制；旧日的经济结构虽然有所改变，但远未根本改变，因而在经济上仍然遭受着发达国家殖民主义势力的盘剥和榨取，甚至仍然处在从属和附庸的地位。从实质上说，在这里，政治独立与经济独立，政治主权与经济主权，被人为地割裂开来了。

诚然，发展中国家的政治独立和政治主权，是得来不易，极其可贵的，它为弱小民族进一步争得经济独立和经济主权，创造了必备的先决条件。但是，实践证明：如果不紧接着奋力尽快争得经济独立和经济主权，那么，归根结底，政治独立和政治主权就有名无实，形同画饼；有朝一日，势必得而复失，荡然无存。简言之，第三世界众多发展中国家从实践中深刻地认识到：经济主权和政治主权是密不可分的，政治主权是经济主权的前提，经济主权是政治主权的保障。因此，它们坚持不懈地要求和促使整个国际社会鲜明地确认各国享有独立的经济主权，特别是各国对本国境内自然资源享有永久主权。这种坚持不懈的努力，实质上是全世界弱小民族反殖民主义斗争的必要继续和必然发展。

三、经济主权原则的形成过程及其基本内容

经济主权原则是国际经济法中的首要基本规范。

1974年12月12日，联合国大会第29届会议以压倒性多数，通过了《各国经济权利和义务宪章》(以下简称《宪章》)这一纲领性、法典性文件。它明确地记载和鲜明地肯定了第三世界众多发展中国家数十年来关于建立国际经济新秩序的各项基本要求，其中包括它们为之奋斗多年的关于确认和维护各国经济主权的正义主张。

《宪章》第1条明文规定："每一个国家都享有独立自主和不容剥夺的权利，可以根据本国人民的意愿，不仅选择本国的政治、社会和文化制度，而且选择本国的经济制度，不受任何形式的外来干涉、压制和威胁。"

《宪章》第2条进一步规定："每个国家对本国的全部财富、自然资源以及全部经济活动，都享有并且可以自由行使完整的、永久的主权，其中包括占有、使用和处置的权利。"

《宪章》第10条又进一步规定："各国在法律上一律平等，并且作为国际社会的平等成员，有权充分地和切实有效地参加解决世界性的经济、财政金融以及货币等重要问题的国际决策过程；特别是有权通过相应的国际组织，并遵循这些组织的现行

规章或逐步改善中的规章,参加这种决策过程,并且公平地分享由此而来的各种效益。"

可以认为,这三条规定,把发展中国家所极力强调的经济主权原则,作了高度的概括和"浓缩",体现了当代国家经济主权原则最基本的本质内容:其中,第1条突出地强调了各国在经济制度总体上的独立自主权利,即经济主权;第2条概括了经济主权在本国境内的主要体现,即不仅对本国境内的一切财富、一切自然资源享有完整的永久主权,而且对本国境内的一切经济活动享有完整的永久主权;第10条则着重强调了本国在国际社会中平等地参与世界性经济事务决策(即国际经贸大政)的权利,即在世界性经济事务上享有完全平等的决策权。

在一个具有纲领性、法典性的国际权威文献中,对各国享有的"经济主权"的内容作出范围如此广泛的明确规定,这是众多发展中国家多年来共同奋斗的重大成果。

早在1952年1月,联合国大会第6届会议就通过了第523(Ⅵ)号决议,即《关于经济发展与通商协定的决议》,率先肯定和承认各国人民享有经济上的自决权。这种规定虽然比较抽象和空泛,但毕竟是个良好的开端,具有重要意义。

1952年12月,联合国大会第7届会议通过了第626(Ⅶ)号决议,即《关于自由开发自然财富和自然资源的权利的决议》,开始把自然资源问题与国家主权问题联系起来,明文规定:"各国人民自由地利用和开发其自然财富和自然资源的权利,乃是他们的主权所固有的一项内容。"作为联合国大会的一般决议,此项决议的实际意义当时并未引起人们重视。时隔半年多,它就开始显现出作为一种法律文献的实际效果:1953年9月日本东京高等法院以及1954年9月意大利罗马民事法院先后就"英伊石油公司"国有化问题发表法律见解时,就都援引联合国的此项决议,作为一种法理根据,论证东道国伊朗对英资"英伊石油公司"采取国有化措施是一项合法的行为。这就使人们对联合国的此类决议开始刮目相看。

此后,南北两方(即发展中国家与发达国家)在联合国内外又经过整整十年的磋商、谈判和论战,1962年12月在联合国大会第17届会议上通过了第1803(ⅩⅦ)号决议,即《关于自然资源永久主权的宣言》(以下简称《永久主权宣言》),正式确立了各国对本国境内的自然资源享有永久主权的基本原则。这是发展中国家维护本国经济主权、争取经济独立的重大成果。但是,由于当时在联合国内外南北两个营垒的力量对比上,双方处在相持不下的状态,所以在各国对本国自然资源实行国有化或征收问题上,《永久主权宣言》虽然基本肯定了各国有权采取此类措施,但又设定了若干限制,而且有关的规定含有调和妥协、模棱两可的重大缺陷,下文将另作分析

[参见本文第三部分之(四)]。

众多发展中国家为了进一步维护自己的经济主权,当然不能就此止步。此后,南北两方又经过十余年的磋商、谈判和论战,导致1974年5月联合国大会第6届特别会议通过了第3201(S—Ⅵ)号和3202(S—Ⅵ)号决议,即《建立国际经济新秩序宣言》(以下简称《宣言》)和《建立国际经济新秩序行动纲领》(以下简称《纲领》);紧接着,同年12月联合国大会第29届会议又进一步通过了第3281(XXIX)号决议,即《宪章》。这些纲领性的法律文献,从全世界国际经济秩序实行重大变革和除旧布新的全局上,从作为调整全球国际经济关系的"根本大法"(宪章)的高度上,以更加鲜明的文字,不但再次确认和强调了各国对本国境内的全部自然资源享有完整和永久的主权,而且确认和强调各国对本国境内的一切经济活动也享有完整的和永久的主权。同时,删除了前述《永久主权宣言》中关于国有化问题的无理限制规定和含混模棱之处,这就使发展中国家多年来力争的经济独立和经济主权,上升到更高的层次,包含了更广的内容。《宣言》《纲领》和《宪章》的通过,是众多发展中国家在第二次大战结束后三十余年来协力奋斗的一次重大突破,也是国际经济秩序破旧立新过程中的一次重大飞跃和明显转折。作为国际经济法的首要基本规范,经济主权原则的确立、巩固和发展,也进入了一个崭新的阶段。

根据联合国大会的上述基本文献以及其他有关决议,国家经济主权原则的主要内容大体上可归纳为以下五个基本方面:

(一) 各国对本国内部以及本国涉外的一切经济事务享有完全、充分的独立自主权利,不受任何外来干涉

这是国家经济主权原则的总体现。据此,各国有权独立自主地选择本国的经济制度,并按确立和发展这种经济制度的需要,一方面,独立自主地制定各种内国的和涉外的经济政策和经济立法;另一方面,独立自主地对外缔结或参加各类国际经济条约,开展对外经贸往来,不受任何外来的干涉、压制和威胁。

当然,国家在对外缔结或参加各类国际经济条约之后,基于权利与义务同时并存的国际通行准则,其经济主权和有关的权利难免在一定范围和一定程度上受到某种影响、约束或限制。但是,如能从本国现实的国情和现有的综合国力出发,坚持以自愿、公平、互利为基础,坚守权利与义务的对等与平衡,则这种影响、约束或限制,就是缔约各方协调意志的结果,也是各方自主全面权衡和自愿乐于接受的产物。从这个意义上说,一国自愿地接受对本国经济主权及其有关权利的某种限制,也是自觉行使其经济主权的一种表现形式,体现了原则坚定性与策略灵活性的高度结合,

体现了善于全面权衡利弊、善于趋利避害的高超决策艺术。

(二) 各国对境内一切自然资源享有永久主权

各国境内的自然资源是该国人民生存和发展的物质基础。《永久主权宣言》明确规定:"承认各国享有根据本国国家利益自由处置本国自然财富和自然资源的不可剥夺的权利,并且尊重各国的经济独立";"建立和加强各国对本国自然财富和自然资源的不可剥夺的主权,能够增进各国的经济独立"。基于这一原则,《永久主权宣言》特别强调:"为促进发展中国家的经济开发而实行的国际合作,不论其方式是公私投资、交换货物、交换劳务、技术援助,或是交换科学情报,都应以促进这些国家的独立发展为目的,并且应以尊重这些国家对本国自然财富和自然资源的主权为基础。"简言之,这就是把尊重东道国对本国自然资源的主权作为南北之间一切国际经济交往和经贸活动的前提。

长期以来,人们谈论自然资源主权问题时,一向着眼于陆地资源。随着科技的长足发展,海洋资源引起举世瞩目。顺应着形势的发展,1970年联合国大会第25届会议以及1972年联合国大会第27届会议先后通过第2692(XXV)号和第3016(XXVII)号决议,将各国对本国自然资源享有的永久主权,从陆上资源进一步扩展到该国邻接海域以及大陆架上覆水域的资源。

发展中国家关于对本国自然资源享有完整永久主权的主张,受到发达国家某些法学家的抨击。有些人诬蔑发展中国家这种正当要求是什么"主权迷了心窍";有些人则指责这种主权观念是"最大的开倒车"。英国代表在1974年联合国大会第6届特别会议上,公开扬言第三世界国家对各自本国的自然资源只能享有"有限的主权",主张各国对本国自然资源只是行使"监护人"的职责。作为"监护人",对于被"监护"的资源只享有相对的经营管理权。他所鼓吹的这种特殊身份使得资源丰富的国家对本国自然财富的全权主人翁或全权所有者的地位,下降为"托管国"或"受托代管人"的地位,只是代表世界其他各国对其本国境内的自然资源享有占有权或部分、有限的所有权。另外一些西方国家代表的主张虽不像英国代表那样赤裸和露骨,却也对永久主权观念表示了重大的保留,要求资源国的主权应当与所谓的"国际利益"互相"协调一致"。当时担任法国外交部长的米歇尔·诺贝尔声称:"自然资源应当隶属于资源国的主权,但是,作为现代经济生活的一种条件,它对于一切受益于它的人都负有某种特殊的责任。"这种外交辞令的弦外之音,显然不难意会。

众所周知,如今的发达国家大多是当年的殖民主义国家、宗主国。它们对于其本土上的全部自然资源,历来是全权的所有者;对于殖民地、半殖民地的自然资源,则长期是蛮横的霸占者。它们对其本土资源,从来不与他国慷慨分享。而在弱小民族摆脱殖民枷锁、收回经济主权之际,却以所谓"国际利益""现代经济生活"需要为名,力图继续染指发展中国家的自然资源,其论证逻辑,无非是"我的归我独享,你的我占一份"。这种逻辑,理所当然地遭到众多发展中国家的谴责和抨击。

经过激烈的论战,联合国大会第6届特别会议通过的《宣言》终于写上了:"每一个国家对本国的自然资源以及一切经济活动拥有完整的、永久的主权。为了保护这些资源,各国有权采取适合本国情况的各种措施,对本国的资源及其开发事宜加以有效的控制管理,包括有权实行国有化或把所有权转移给本国国民。这种权利是国家享有完整的永久主权的一种体现。任何国家都不应遭受经济、政治或其他任何形式的胁迫,阻挠它自由地、充分地行使这一不容剥夺的权利。"同时,《宣言》还进一步郑重宣布:"一切遭受外国占领、异族殖民统治或种族隔离的国家、地区和民族,在它们所固有的自然资源以及其他一切资源受到盘剥榨取、严重损耗和毁损破坏时,有权要求物归原主,并向施加上述侵害的外国殖民主义者索取充分的赔偿。"对《宣言》所厘定并郑重宣布的这些原则,随后不久通过的《宪章》以更加鲜明、具体的文字加以重申和再次强调。

(三) 各国对境内的外国投资以及跨国公司的活动享有管理监督权

《宣言》和《宪章》一再强调:东道国对于本国境内的一切经济活动享有完整的、永久的主权,并且突出地强调对境内外国资本和跨国公司的管理监督权。

欧美国家的资本输出由来已久。19世纪末至20世纪初,资本主义发展到帝国主义阶段,资本输出逐渐凌驾于商品输出之上,具有特别重要的意义,成为帝国主义的基本特征之一。从历史上看,资本输出的主要目的,在于更方便地利用东道国当地廉价的原料、便宜的劳力和广阔的市场,更有效地掠夺殖民地的自然资源和剥削殖民地人民的劳动成果,以攫取超额利润。

在发展中国家境内进行经营活动的外国资本和跨国公司,如能遵守东道国的政策法令,服从东道国的管理监督,对于东道国的经济发展是可以发挥积极作用的。发展中国家可以根据自身的需要,有计划、有步骤、有选择、有限制地引进外国的雄厚资金、先进技术和管理经验,以弥补本国资金的不足,提高本国的生产技术水平和企业管理水平,增加本国劳动者的就业机会,促进国民经济的发展。

但是,觅利是资本的本性。在殖民主义旧轨道上走惯了的外国资本和跨国公司,为了攫取超额利润,往往在其经营活动中不顾发展中国家制定的发展目标、经济改革和有关的法令规章,在投资导向、资源保护、税金缴纳、贸易管理、价格监督、外汇管制、劳工保护、环境保护等方面，以各种不法手段，逃避和抵制东道国政府的管辖。特别是一些规模巨大的跨国公司，往往凭借其雄厚资金和垄断东道国经济要害部门的特殊地位，排挤和打击东道国的民族工商业；或者飞扬跋扈，公然无视东道国的法律，贪婪地、不择手段地榨取最大限度的利润，成为东道国实现经济独立、保证民族生存与发展的重大障碍和主要威胁。有的甚至凌驾于东道国政府之上，为所欲为，干涉东道国的内政，严重侵犯东道国的政治主权。本书第一编第1章第三部分末尾提到的美国跨国企业——"国际电话电报公司"20世纪70年代初期在智利干涉内政、从事颠覆活动，就是典型事例之一。

可见，发展中国家与外国资本以及跨国公司之间管制与反管制的矛盾和斗争从未止息。其实质，显然是侵害东道国经济主权与维护这种经济主权的尖锐冲突。

经过长期的联合斗争，第三世界众多发展中国家关于管制外国资本和跨国公司的正义要求，终于载入了《宣言》《纲领》和《宪章》。

《宣言》除了一般地宣告各国对本国境内的一切经济活动享有完整的永久主权之外，特别强调："接纳跨国公司从事经营活动的国家，根据它们所拥有的完整主权，可以采取各种有利于本国国民经济的措施来管制和监督这些跨国公司的活动。"《纲领》进一步规定：国际社会在这方面应当采取具体行动，制定一套国际性的跨国公司行动准则，借以防止跨国公司干涉东道国的内政；对跨国公司在东道国境内的各种活动加以管束，责成它们取消各种限制性的商业惯例，遵守发展中国家本国的发展计划和发展目标，必要时，可以重新审议和修改过去已经签订的协议；促使跨国公司按公平和优惠的条件向发展中国家转让技术和传授管理技能；在照顾到各方合法权益的基础上，对跨国公司把利润汇回本国的额度加以限制；鼓励跨国公司把所得利润在发展中国家里进行再投资。

《宪章》重申了上述基本精神和原则，同时以更为鲜明的文字，强调了它的法律规范性，即通过东道国制定的法律规范，加以贯彻实现。《宪章》规定：各国有权根据本国的法律和条例，对境内的外国资本实行管辖和管理；有权对境内跨国公司的经营活动加以管理监督，有权采取各种措施，以确保跨国公司的经营活动切实遵守本国的法律、条例和规章制度，符合本国的经济政策和社会政策。

当前众多发展中国家所面临的现实问题是：在吸收和利用外国资本促进本国经济发展的过程中，既要对境内外商的合法权益加以切实的保护，使他们确实有利可图；又要将境内外国资本和跨国公司的活动纳入国际经济新秩序的轨道，按照《宪章》的基本规定，要求外商充分尊重东道国的经济主权，切实遵守东道国的法律法规，接受严格的管理和监督。

(四)各国对境内的外国资产有权收归国有或征用

东道国政府在必要时是否有权把境内的外国人资产收归国有的问题,在相当长的历史时期内存在着激烈的争论。在殖民主义盛行的年代,按照西方殖民强国的传统观点,落后地区的东道国政府对于境内外国投资家的财产,只有保护的义务,没有"侵害"的权利。一旦予以"侵害"(包括征用或国有化),就构成所谓"国际不法行为",投资家的本国政府就"有权"追究东道国的"国家责任",甚至可以以"护侨"为名,大动干戈,兴兵索债。面对这种横暴的武装入侵,东道国"有忍受干涉的法律义务"。这种观点,在西方国际法学界中曾经长期占据统治地位。至20世纪初,南美著名法学家、阿根廷外交部部长德拉果率先向这种占统治地位的传统观点挑战,谴责殖民强国向弱国兴兵索债乃是侵略他国领土、干涉他国内政之举,是一种真正的国际违法行为。对于这种来自弱小民族的正义呼声,直到20世纪50年代,西方国际法学界仍有一些"权威"学者(如劳特派特)公然表示反对,扬言"德拉果主义"是"没有根据的,并且未得到一般的承认"。

但是,随着弱小民族的进一步觉醒,从20世纪30年代末起,上述这种根本否认东道国政府有权征用外资从而掌握本国经济命脉的传统观点,由于其不符合时代潮流,毕竟已经难以坚守原来的阵地,不得不开始有所后退。这一迹象,比较典型地体现在1938年墨西哥实行土改、征用境内的美资地产和石油企业时美国所采取的态度上。当时美国的外交照会提出:"依据法律和公平合理的一切准则,不论为了何种目的,如果不针对征用提供迅速及时、充分足够以及切实有效(prompt, adequate and effective)的赔偿,任何政府都无权征用(外国人的)私有财产。"这些措辞尽管气势汹汹,十分强硬,但在逻辑上却可以推导出这样的结论:如果给予"迅速及时、充分足够以及切实有效的赔偿",东道国政府就有权征用境内的外国人私有财产。后来,在美国法学界具有一定"权威性"的《美国涉外法律综合诠解(第2版)》一书,以更加明确的语言,阐述了美国的上述观点。它认为:国家征用境内的外国人财产,如果不是为了公益目的,或不按上述标准给予赔偿,才是国际法上的不法行为。反之,就不视为国际法上的不法行为。在为了公益目的而征用外国私人财产的场合,就此种征用本身而论,并非国际法上的不法行为,只有在征用时不按上述标准给予赔偿,这种"拒赔"才构成国际法上的不法行为,从而引起"国家责任"问题。

从表面上看,此时外资国有化或征用问题争执的焦点,似已转移到赔偿标准上,但按照美国所主张的赔偿原则,即所谓"国际法上的公平标准",往往索价极高,甚至迹近敲诈勒索,实际上大大限制、削弱,甚至无异于取消了贫弱的发展中国家行使经济主权、征用外资、掌握本国经济命脉的基本权利。美国的此种主张得到西方发达国家(多是原先的殖民强国)的支持。与此相反,鉴于许多外资在殖民主义统治时期或在被征用前业已获取了巨额利润,鉴于本国财力薄弱的现实情况,发展中国家(均是原先的殖民地或半殖民地)一贯主张在征用外资时只按照东道国国内法的规定给予赔偿,从而维护自己的政治主权和经济主权。可见,关于征用赔偿标准问题之争,究其实质,依然是贫弱国家对外资是否充分享有征用权或收归国有权之争,或者说,它是历史上长期存在的征用权之争的延长和继续。

经过激烈论战,1962年联合国大会第17届会议通过了《永久主权宣言》,它意味着在国际社会上开始普遍承认各国有权把外资控制的自然资源及其有关企业收归国有或加以征用,但它同时规定:"采取上述措施以行使其主权的国家,应当按照本国现行法规以及国际法的规定,对原业主给予适当的赔偿。"这种妥协性的措辞,实际上就是上述两种对立主张的简单相加,是非并未判明,分歧并未解决。与此同时,此项决议还在"序言"中要求发展中国家尊重当年在殖民统治下被殖民主义者攫取的既得利益,保证"绝不损害任何联合国会员国(按:指原先的殖民主义国家或宗主国)在既得财产上对于继承国和继承政府(按:指新兴的发展中国家及其政府)享有权利和承担义务这一问题的任何方面的立场"。

直到1973年,联合国大会第28届会议通过了第3171(XXVIII)号决议,规定国有化的赔偿问题以及因赔偿引起的争端,均应按照实行国有化的国家的国内法加以解决;紧接着,1974年联合国大会第29届会议又以压倒性大多数票通过了《各国经济权利和义务宪章》,明文规定:"每个国家都有权把外国资产收归国有、征用或转移其所有权。在这种场合,采取上述措施的国家应当考虑本国有关的法律、条例以及本国认为有关的一切情况,给予适当的补偿。"对比1962年的上述决议,在征用赔偿标准上,删除了"以及国际法的规定"等字样,也删除了关于发展中国家绝不损害殖民主义者在殖民统治时期所攫取的既得利益的无理要求。至此,终于在一项具有重大权威性的国际经济法的基本文献中,不但以毫不含糊的语言肯定了每个国家必要时可以征用境内外资的经济主权权利,而且排除了西方发达国家按照它们的传统观念在征用赔偿问题上对发展中国家所施加的所谓"国际法上的公平标准"的约束。

由此可见,世界上弱小民族对于境内外资必要时实行国有化或加以征用的合法权利,是经过长期的奋斗才开始获得国际社会普遍承认和充分肯定的。这是一种得来十分不易的经济主权权利。迄今为止,它仍然是新、旧两种国际经济秩序矛盾斗争的焦点之一。

(五) 各国对世界性经贸大政享有平等的参与权和决策权

前文提到,国家享有主权,意味着它有权独立自主,也意味着它在国际社会上享有平等的地位,不俯首听命于任何其他强权国家。这种平等地位在国际经济领域中的主要体现之一,就是国家不分大小、贫富和强弱,在世界性经贸大政的讨论、磋商和作出决定的全过程中,都享有完全平等的参与权和决策权。

国家在世界性经贸大政中的参与权和决策权,既是国家经济主权的重要组成部分,也是国家经济主权的重要保证。完全没有这种参与权与决策权,国家经济主权就是残缺不全的;虽然各有一定的参与权和决策权,但权力的分配很不平等,很不公平,或徒具虚名,有名无实,则在世界性经贸大政的磋商和决策过程中,就不可避免地会出现以大压小、仗富欺贫和恃强凌弱的现象,从而使小国、贫国、弱国的经济主权和正当经济权益,得不到基本保证。

在当代世界性经贸大政的磋商和决策过程中,最为常见的三大弊端是:

第一,只由七八个最发达国家的首脑或其代表(如"七国集团"或"八脑会议")进行密室磋商,黑箱作业,或进行半公开、半隐秘的讨价还价,定出基调或基本框架之后,交由十几个或二十几个发达国家组成的经济性组织或区域性组织(如"经合组织"或"欧洲联盟"),协调各方利害关系,定出共同主张和一致步调,然后,才提交全球性的经贸大政会议或国际经济组织进行讨论。这种做法从一开始就排除了、剥夺了全球众多发展中国家的知情权和参与权,常令它们不明就里,措手不及,缺乏必要和足够的思想准备、理论准备和实践准备,从而在磋商或论战过程中处在劣势或弱势地位。

第二,事先就在全球性国际经济组织的体制规章上,定出不公平、不合理的表决制度,实行表决权力大小不一甚至极端悬殊的投票安排。在这方面的典型表现,就是迄今为止仍在国际货币基金组织和世界银行中大行其是的"加权表决制",它使寥寥几个经济大国或区区十几个经济强国加在一起,就可以操纵全球性重大经济事务的决策;其中超级大国更享有的特多投票权或特大表决权,往往可以在很大程度上左右重大决策,甚至可以在一定条件下实现其独家否决的特权。而众多发展中国家在这种极不合理、极不公平的决策体制下,往往陷入进退维谷的两难选择:一是被迫签字"画押",吞下苦果;另一是被迫退出困境,自行"孤立"。在全球经济一体化、各国经济互相紧密依存的现实情势下,两者势必都会损害到弱国的经济主权和各种经济权益。

第三,就全球唯一的超级大国而言,它在世界性经贸大政的磋商和决策进程中,历来奉行的"国策"是"本国利益至上"和"对人对己双重标准",这是它的两大行动准则。它不但可以在这种磋商和决策过程中,凭借其经济实力上的绝对优势,实行纵横捭阖,左右或操纵全局,而且可以在全球性经济会议决策之后,随时根据自己的需要,拒不遵守或完全背弃自己依国际条约承担的义务,凭借自己经济实力上的强势,刚愎自用,一意孤行。

上述三大弊端集中到一点,其首要症结就在于世界性经贸大政决策权力的国际分配,存在着严重不公。

这种决策权力分配不公所直接导致的后果是:国际经济秩序的主要决定权,国际经贸往来"游戏规则"的制定权和确立权,往往操在经济强国、经济大国和超级经济大国之手,从而必然造成全球财富的国际分配,也随之出现严重不公。

如所周知,全球财富国际分配的严重不公,正是当代世界中国际经济旧秩序未获根本改造和仍然持续存在的最本质的表现,也是众多发展中国家的经济主权和经济权益得不到保证和经常受到侵害的主要恶果。一言以蔽之,权力分配与财富分配之间,往往存在着不可分割的因果关系,这是人类社会中"古今中外莫不皆然"的真实历史和无情现实。有鉴于此,为了改变全球财富国际分配的严重不公,就必须从"源头"上根本改变世界性经贸大政决策权力分配的严重不公。

可以说,全球众多发展中国家之所以如此突出强调一切国家应当对世界性经贸大政享有平等的参与权和决策权,其根本原因就在于此。

第 18 章　论中国在"入世"谈判中应当坚持经济主权原则[*]

>> 内容提要

本文针对 1997 年中国"入世"谈判中遇到的现实问题,运用国际经济法中有关国家经济主权原则的理论,加以剖析,论证中国在"入世"谈判中应当坚持经济主权原则,从本国国情出发,力争以发展中国家的身份,与其他有关国家开展有理、有利、有节的谈判磋商,达成公平互利的"入世"协议。

>> 目　次

一、新加坡 WTO 部长会议分歧的根因:南北国家经济主权之争
二、南方国家强调经济主权的来由
三、经济主权原则已成为当代国际社会的共识
四、经济主权原则的主要内容
五、各国对经济主权的自愿限制
六、中国维护经济主权的基本立场

当前,国际经济风云激荡,一系列与国际经济相关的事件均涉及国家主权,特别是经济主权。为此,本报记者阚文新走访了厦门大学国际经济法研究所陈安教授、曾华群教授和廖益新教授,一起讨论有关当代国家经济主权这一重大原则问题。

---

[*] 本文原为《法制日报》约稿,由曾华群执笔、陈安修订,以记者"走访"报道形式,刊登于该报 1997 年 3 月 22 日第 8 版。原题为《当代经济主权问题纵横谈》。

一、新加坡WTO部长会议分歧的根因：南北国家经济主权之争

记者：1996年12月在新加坡举行的世界贸易组织部长会议上，发达国家与发展中国家对会议议程发生重大分歧，重演了70年代中期在联合国大会上南北双方对阵的局面。请问，这一分歧是否存在深层次的原因？

陈安教授：在这次世贸组织部长会议上，发达国家提出了要在"一视同仁"的基础上把贸易同劳工标准和环境标准联系起来，进一步公开投资规则和协调反托拉斯政策等新议题，而发展中国家则主张会议应集中讨论各国履行现有贸易协议的情况，反对增加新议题。乍一看，这只不过是议题之争，但诚如您所提出的，这里存在深刻的经济和政治原因。众所周知，在基于市场经济、自由竞争、非歧视和互惠原则的世贸组织体制下，经济发展水平相当的国家之间的贸易活动能从该体制中分享利益，而在经济发展水平悬殊的发达国家与发展中国家之间，如果僵死地、过多过广地适用"一视同仁"规则，即不顾世贸成员经济发展水平的多样性而强行划一，实行"一刀切"的做法，就意味着进一步削弱甚至剥夺发展中国家民族经济竞争的机会和能力。它的实质，就像是要求先天不足、后天失调、大病初愈的弱女与体魄强健、训练有素的壮汉，在同一起跑点上"平等地"赛跑，从而以"平等"的假象掩盖不平等的实质。早在百余年前，马克思就在《哥达纲领批判》这一传世之作中揭示了形式上"平等"的弊病，提倡以实质上的平等即承认差别的公平原则取代形式上的"平等"。他的精辟见解对于我们认识当代南、北两大类国家之间应有的公平互利关系，具有极其现实的指导意义。发展中国家民族经济的发展是个逐步的、渐进的过程。在这次会议上，发达国家从强烈的利己主义出发，急不可耐地提出这些新议题，企图在世贸组织中确立更为广泛、更加苛刻的"一视同仁"和"一刀切"的新规则，其实际后果势必严重阻碍发展中国家民族经济的发展进程，因而理所当然地遭到发展中国家的一致反对。

从更深层次看，这次议题之争实质上是发展中国家长期以来维护国家主权，特别是经济主权斗争的继续。

二、南方国家强调经济主权的来由

记者：在国际论坛和实践中，为什么发展中国家作为一个整体，特别强调国家主权？

曾华群教授：从历史上看，第二次世界大战结束后，随着被压迫的弱小民族反殖民主义斗争的陆续胜利，出现了许多新兴的主权国家，即发展中国家。这些国家尽管在社会经济制度、政治倾向和意识形态等方面各有差异，但有着共同的遭受压迫、奴役的屈辱史和挣脱殖民枷锁的艰苦奋斗史，又同样面临政治上被歧视、经济不发达以及在国际经济决策和财富分配方面遭受不公平待遇的现实处境。这种共同的历史和现实遭遇促使发展中国家形成了在国际社会中具有共同立场的政治力量。

虽然，主权原则是传统国际法的最基本原则，但在历史上，列强从来没有认真遵循过这一原则，恃强凌弱、践踏弱国主权的事例不胜枚举。即使在当前国际社会中，强权政治仍时隐时现，有时甚至咄咄逼人。超级大国某些学者鼓吹所谓"联合主权""主权有限"等论调，其潜台词是"联合起来，由我主宰""限你不限我，你有限而我无限"，归根结底，是为霸权主义、侵略扩张、新殖民主义和新干预主义张目。因此，发展中国家独立后的首要任务，就是巩固和维护其来之不易的国家主权，特别是经济主权。

记者：经济主权是国家主权的应有之义，为什么发展中国家要特别突出经济主权这个概念呢？

陈安教授：这个问题提得好。国家主权以往一般强调的是政治主权，发展中国家突出经济主权这一概念同样可从历史上寻找原因。许多发展中国家在获得独立时，作为对原宗主国的妥协，往往被迫签订条约，同意保留原宗主国在当地的一些既得权益或特惠待遇。其结果是，这些发展中国家在取得政治独立后的相当长时期，本国境内重要的自然资源和其他经济要害部门仍不同程度地受到原宗主国的控制。实质上，这些国家的政治独立与经济独立、政治主权与经济主权，被人为地割裂开了。发展中国家从实践中深刻认识到，政治独立和政治主权为其进一步争取经济独立和经济主权创造了重要的先决条件，但如不紧接着初步实现政治独立之后奋力争取尽快实现经济独立，则经济独立和经济主权将形同虚设，甚至将得而复失。显然，发展中国家争取实现其经济独立和经济主权的斗争，是历史上长期反殖民主义斗争的继续，直接关系其生存和发展。

三、经济主权原则已成为当代国际社会的共识

记者：主权原则是国际法的基本原则，目前，是否存在国际社会普遍接受的经济主权原则？

廖益新教授： 应当说，通过国际社会特别是发展中国家的长期努力，经济主权原则在70年代中期已经确立。这一原则主要是由一系列联合国大会决议宣示的。在1962年《关于自然资源永久主权的宣言》中，正式规定了各国对本国境内自然资源享有永久主权，这是发展中国家维护本国经济主权的重大成果。然而，取决于当时南北力量对比情况，该决议也存在一些不公平的妥协性规定。此后，南北国家又经历长达12年的磋商、谈判和论战，1974年，在联合国大会上相继通过了《建立国际经济新秩序宣言》《建立国际经济新秩序行动纲领》和《各国经济权利和义务宪章》。这些纲领性的法律文件，以更鲜明的文字，不但重申了各国对本国境内自然资源的永久主权，而且确认和强调各国对本国境内的一切经济活动（包括外商投资、贸易活动）享有完整的、永久的主权，同时删除了《关于自然资源永久主权的宣言》中不公平的妥协性规定。这就使发展中国家长期以来力争实现的经济独立和经济主权，上升到更高的层次，包含了更广泛的内容。

必须指出，上述文件在起草过程中，经历了发展中国家与发达国家的反复较量和激烈斗争，在表决通过时，少数发达国家投了反对或弃权票。然而，这些文件以压倒性绝大多数通过的事实本身已充分反映了国际社会绝大多数成员的共同意志，也雄辩地说明经济主权原则已得到国际社会的普遍承认和接受。

四、经济主权原则的主要内容

记者： 一般理解，国家主权意味着对内至高无上，对外独立平等，经济主权原则是否也可以这样理解，其主要内容是什么呢？

陈安教授： 经济主权是国家主权在经济领域的表现。经济主权原则同样可以从对内和对外两个方面说明。

对内方面，首先各国有权自由选择符合本国国情的经济制度；其次，各国对本国境内自然资源和一切经济活动享有完整的、永久的主权（包含所有权或支配权、管辖权和管理权等）。这是传统国际法的"属地管辖"原则在经济领域的体现。美国在1996年3月和8月先后通过的《赫尔姆斯-伯顿法》和《达马托法》显然违反了上述传统原则，是对古巴、伊朗和利比亚经济主权的侵犯。

各国经济主权在对外方面主要表现在：

第一，各国在国际经贸大政决策中，具有平等的参与权和决策权。实际上，在许多场合，发展中国家远未能取得这种平等权利。例如，在国际货币基金组织、世界银行集团等机构中,都实行加权表决制,各国的发言权和表决权是同其财富实力和"认股"多寡直接挂钩的。"财大气粗"在这些组织中成为"法定"的原则。因此改变这种现状,在经济领域真正体现各国主权平等的原则,是建立新国际经济秩序的重要任务。

第二,各国有权自主地确立国际经济关系、签订国际经济条约和参与国际经济组织。国家之间的双边经济关系,只能由有关国家双方确立,第三方无权干涉。美国《赫尔姆斯-伯顿法》和《达马托法》企图干预其他国家的双边经济关系,不仅侵犯了古巴、伊朗和利比亚的主权,也侵犯了同上述三国进行正常经贸往来的所有国家的主权,因此,它不可避免地触犯众怒,成为众矢之的。

五、各国对经济主权的自愿限制

记者:刚才谈到各国有权自主签订国际经济条约和参与国际经济组织,是经济主权的表现形式之一。然而,一旦一国签订国际经济条约或参与国际经济组织(例如世界贸易组织或欧洲联盟)之后,其经济主权是否被削弱了?

陈安教授:国际经济条约可分为双边条约和多边条约。当前,各国在缔结双边经济条约实践中,如以公平互利为基础,对经济往来中的权利义务关系作出互相对等的明确规定,互有得失,则从整体上说,一般不致影响各自的经济主权。

多边经济条约比较容易导致对缔约国经济主权的限制,但这种限制本身就是许多主权国家协调意志的产物,同时也是以参加国的自主权衡与自愿接受为效力前提的。例如根据《华盛顿公约》,缔约国在一定条件下,应将本国政府与另一缔约国国民之间的投资争端交由 ICSID 解决,其结果是排除了本国对此类争端的司法管辖权。然而,应该看到,一国是否缔结或加入该公约和接受 ICSID 体制,完全由该国自主决定。由于接受该体制有利于增强外国投资者在东道国投资的安全感,从而有利于吸引更多外资以发展本国经济,许多发展中国家出于国家整体和长远利益的考虑,权衡利弊,还是自愿接受该体制。在这个意义上,一国自愿通过国际条约安排接受对其经济主权的某些限制,也是其经济主权的正当行使;同时也体现了在公平互利基础上开展"南北互补"和"南北合作"的基本精神。就世贸组织而言,情况也是如此。该组织要求缔约国减让关税、取消贸易壁垒、公开贸易政策等,对缔约国经济主权构成了一定的限制。然而,这同样是以缔约国自主缔结该条约即自愿加入该组织和自愿接受有关义务为前提。事实上,由于这种缔约的自主性与自愿性,任何国家所能接受的对其经济主权的条约限制,都是有分寸、有选择和有限度的。任何国家都不应不顾本国的现实国情和漠视本国的根本利益,去接受对本国经济主权产生无理限制甚至破坏作用的国际机制。中国就早日加入世贸组织进行艰苦的、有理有利有节的谈判和斗争,其根本原因也在于此。

曾华群教授: 在战后兴起的区域性经济组织中,欧洲联盟经济一体化程度最高。与其他区域性经济组织不同的是,欧盟最终将导向"欧洲邦联"或"欧洲联邦"。因此,欧盟面临一体化日益加深与成员国维护本国主权和民族利益之间的矛盾。随着一体化合作向纵深发展,往往意味着一些限制成员国主权的政策措施和法律要出台。面临这些对传统国家主权观念的挑战,成员国不得不进行痛苦的抉择。不过,欧盟成员国目前仍保留作为主权国家的基本权能,并保留恢复其完整主权的权利。这点在英国表现得最为突出,每当欧盟一项新政策出台时,英国往往基于本国利益反复考虑是否接受,甚至在公众舆论中重新讨论是否应该继续待在欧盟。

六、中国维护经济主权的基本立场

记者: 实行改革开放政策以来,中国积极开展国际经济交往活动,请谈谈中国坚持经济主权原则的最新实践。

陈安教授: 中国是主权牢牢在握的独立国家,中国人民十分珍惜自己经过长期奋斗得来不易的主权权利。在国际经济交往活动中,中国始终站在发展中国家的共同立场上,利用国际讲坛、国际经济组织,为改革旧国际经济秩序,建立新国际经济秩序而不懈努力。在签订国际经济条约或加入国际经济组织的有关谈判中,中国始终坚持和维护经济主权原则,从本国国情出发,在公平互利的基础上,达成有关条约或接受有关国际机制。例如,众所周知,尽管"复关"和加入世贸组织的谈判旷日持久,难关重重,中国坚持经济主权原则,有关加入多边贸易体制的基本立场和方针不变。中国是发展中国家,而并非某些别有用心的国际人士所指称的"发达国家"或"准发达国家"。中国坚持主张,中国的市场开放只能是逐步的、渐进的,并与中国的经济发展水平相一致。中国所能接受的只能是发展中国家所应承担的世贸组织协定义务。任何超过这一范围的、企图强加给中国的歧视性条件,都是不能接受的。

第 19 章　论中国"入世"后海峡两岸经贸问题"政治化"之防治[*]

>> 内容提要

中国"入世"后海峡两岸经贸往来面临新的格局。台湾地区当局为追求错误的政治目的,仍然无视形势新发展,以政治分歧干扰两岸经贸交流和经济合作,并力图把两岸经贸问题进一步"政治化""外交化"和"国际化"。本文探讨用以预防和治理台湾地区当局将两岸经贸问题政治化的五种可能途径,并综合分析了其不同的可行条件。

>> 目　次

一、适用于两岸经贸关系的 WTO 基本规则

二、两岸经贸问题被台湾地区当局"政治化"的现实和可能

三、防止两岸经贸争端被台湾地区当局"政治化"的几种设想

　　(一) 组建我国四地自由贸易区的设想和问题

　　(二) 援用"安全例外"条款的设想和问题

　　(三) 援用"互不适用"条款的设想和问题

　　(四) "中国台北"单独关税区 WTO 成员资格的重新审定问题

　　(五) 更新观念,接受挑战,善用 DSU/DSB 机制

四、几点结论

---

[*] 中国法学会 WTO 研究会和厦门大学国际经济法研究所于 2001 年 12 月 14 日至 16 日在厦门联合举办了"中国入世后海峡两岸经贸法律新问题研讨会"。本文是根据作者在会上的发言稿整理扩充而写成。全文约 30000 字,其中约 22000 字发表于《中国法学》2002 年第 2 期;接着将全文辑入《国际经济法论丛》第 6 卷(法律出版社 2002 年版),冀能引致更多读者的评论和指教。本文撰写过程中,承华东政法学院朱榄叶教授、厦门大学国际经济法研究所房东博士提供部分资料,谨此志谢。

2001年11月10日,世界贸易组织(以下简称"世贸组织"或"WTO")第四次部长级会议通过了《关于中国加入世贸组织的决定》。翌日,根据1992年关贸总协定理事会主席声明所确定的原则,本次部长级会议又通过决定,同意中国的台湾地区以"台湾、澎湖、金门、马祖单独关税区(简称'中国台北')"的名义,加入世贸组织。按照有关程序分别履行批准手续之后,中国自2001年12月11日起正式成为世贸组织成员;中国台湾地区则自2002年1月1日起,也正式成为世贸组织的另一成员。[1]

自此时起,海峡两岸就面临着如何按照《世界贸易组织协定》(以下简称《世贸组织协定》或《WTO协定》)厘定的原则和规则,进一步开展两岸经贸往来的新课题。

本文拟就今后适用于两岸经贸关系的WTO基本规则、两岸经贸问题被台湾地区当局"政治化"的现实与可能以及防治两岸经贸争端"政治化"的设想等问题,提出管见,以就教于海内外方家。

一、适用于两岸经贸关系的 WTO 基本规则

台湾海峡两岸的相继"入世",为两岸之间经贸往来的正常化和健康发展提供了新的有利因素。如所周知,世贸组织是一个全球性的经贸平台,其主要宗旨在于建立完整、健全、持久的全球性多边贸易体制,促进贸易自由化,实现全球各成员的共同经济繁荣。为实现此目标,其主要途径是在各成员间"达成互惠互利安排,大幅度削减(substantial reduction)关税和其他贸易壁垒,消除国际贸易关系中的歧视待遇"[2]。两岸相继"入世",意味着已经分别作出郑重承诺:在今后一切对外贸易活动中,包括两岸彼此间的一切贸易活动中,均将恪守《世贸组织协定》厘定的各项基本原则及其相关的具体规则。

换言之,举凡肇始于《关税及贸易总协定》并为《世贸组织协定》所承袭和发展的用以促进全球贸易自由化的各项基本原则,诸如公平贸易原则、非歧视原则、互惠互利原则、最惠国待遇原则、国民待遇原则、大幅度削减关税和其他贸易壁垒原则、透明度原则、协商一致原则等[3],均应根据两岸分别加入WTO时所作的承诺,完全适

---

[1] 参见《中国加入世贸组织》《就中国台北加入世贸组织问题外经贸部和国台办负责人发表谈话》,分别载《人民日报》(海外版)2001年11月11日、2001年11月13日。

[2] 《马拉喀什建立世界贸易组织协定》(Marrakesh Agreement Establishing the World Trade Organization,以下简称《世贸组织协定》或《WTO协定》),序言。其中 substantial reduction 一词,现在通行的两种中译本译为"实质性削减"或"切实削减",似不尽达意。改译为上,以供对照参考。

[3] 分别参见《1994年关税及贸易总协定》(以下简称"GATT 1994")第1、2、3、8、10、11条。GATT 1994是《WTO协定》的首要附件协定。

用于两岸之间的经贸往来。

特别值得注意的是,与参加世贸组织的所有其他成员相同,今后两岸都应切实信守《世贸组织协定》第 16 条第 4 款明文规定的"一揽子"义务,即:"每一成员方均应确保其法律、条例和行政程序完全符合各项附件协定所规定的义务。"[4]这是一条涵盖性极广、约束力特强的关键条款或"总管"条款。

如所周知,现行的《世贸组织协定》是由一个**主协定**以及 17 个"**附件协定**"(annexed agreements)构成的有机整体。根据《世贸组织协定》第 2 条第 2 款,所有这 17 个附件协定及其相关的一系列法律文件,都是《世贸组织协定》的不可分割的组成部分(integral parts),对所有成员都具有约束力。换言之,缔约各方对于就多个领域、多种议题开展多边谈判所达成的各种多边贸易协定,必须**同时全盘接受**,有如市场采购中的"成套买卖"或"一揽子交易"(package deal),不得只从中选择接受部分协定而拒绝接受其他部分协定。

据此,海峡两岸相继参加世贸组织之后,作为它的两个成员,就必须分别以《世贸组织协定》主协定、17 个附件协定以及其他相关法律文件作为标准,对各自现行的全部法律、条例以及一切行政程序规定进行全面的审查并采取相应的立法和执法措施。具体说来,举凡完全符合《世贸组织协定》整体规定的现行政策法令,就应继续推行;举凡不完全符合的,就应加以修订和调整;举凡完全不符合的,就应彻底废止,完全**改弦更张**。只有这样,才能做到确保海峡两岸两个关区内的政策法令,都完全符合《世贸组织协定》的整体"游戏规则"。

但是,要在两岸经贸往来中切实履行各自的承诺,贯彻实现促进贸易自由化的上述各项原则,却殊非易事。迄今为止,有关两岸经贸往来问题的谈判,一次又一次地陷入僵局,其主要症结就在于台湾地区当局长期以来竭力将两岸经贸问题"**政治化**",不断地以政治分歧干扰两岸经贸交流,阻挠两岸经贸合作。

二、两岸经贸问题被台湾地区当局"政治化"的现实和可能

中国在"入世"以前,就已长期采取经济上对外开放的基本国策。在对台经贸往来过程中,二十多年来,始终坚持不以政治分歧影响和干扰两岸经贸交流和经济合

---

[4]《世贸组织协定》第 16 条第 4 款,其英文原文为:"Each member shall ensure the conformity of its laws, regulations and administrative procedures with its obligations as provided in the annexed agreements." 兹根据原文译出,译文与现在通行的两种中译本略有不同。

作的方针,在关税、贸易、投资、税收、金融、运输等诸多方面,对前来大陆从事贸易、投资各类商务活动的台商,一贯给予全方位、多层次的优惠待遇,致使大陆对台商产生了强大的"磁吸"作用。据有关主管部门统计,迄2001年底为止,两岸贸易额累计已超过2232亿美元,其中大陆对台出口360.40亿美元,大陆自台进口1872.22亿美元,两相抵扣,台湾地区从中获得的贸易顺差高达1511.93亿美元之巨;与此同时,在投资方面,大陆已累计吸收台资50820项,合同台资547.25亿美元,实际使用293.18亿美元。目前,大陆已成为台湾地区第二大出口市场和最大的贸易顺差来源地。[5]

中国在"入世"之后,已经并正在继续依据《世贸组织协定》有关促进贸易自由化的宗旨、原则和各项规定,对国内各项原有的对外经贸政策和法规进行调整、改订和更新,并将遵循WTO的整体规定,在最大范围和最高层次上,继续对台商给予各种优惠待遇,俾能以更强的力度促使两岸经贸往来更加全面、快速和健康地发展。

但是,反观**海峡对岸**,台湾地区当局在"入世"前后,为了追求其狭隘的政治目的,无视两岸人民的共同愿望和根本利益,长期设置各种障碍,阻挠两岸经贸往来的健康发展,并刻意地将两岸经贸问题"政治化"。

这种"政治化"主要表现为两种形式:

第一,以"国家安全"之类的政治借口,制定针对大陆的限制性和歧视性经贸政策和相关"法规",阻挠两岸双边贸易的正常进行,特别是阻挠大陆的商品和服务业进入台湾;阻碍台资流向大陆,特别是阻碍大陆资金进入台湾;并对大陆经贸人员的进出台湾、两岸经贸商务纠纷的处理,设定了种种无理限制和歧视待遇。在这方面,台湾地区1991年"国家统一纲领"和1992年"台湾地区与大陆地区人民关系条例"的相关规定,就是刻意将两岸经贸问题"政治化"的典型表现。台湾地区当局至今仍然限制1500余项大陆农工产品进口台湾地区,不但造成大陆对台贸易逆差累计高达1511亿美元,而且迄今尚未批准任何一家大陆资本的企业在台湾地区注册,这与大陆已批准台资企业5万余家形成极其强烈的反差对比。凡此种种,归根结底,也在很大程度上削弱了台湾地区企业在世界市场上的竞争力,损害了台湾地区广大消费者的利益。[6]

第二,台湾地区当局出于政治目的而滥用世贸组织中的争端解决机制(以下简称"DSU/DSB机制"),刻意将两岸经贸争端"国际化",力图以"国际性"的"对簿公

---

[5] 参见新华社报道:《海峡两岸经贸交流获长足发展》,载《人民日报》(海外版)2002年2月11日。
[6] 参见《唐树备:加入世贸组织后两岸需要及早进行协商》,http://www.chinataiwan.org/portal.po? UID (Sept.1,2002)。

堂"方式,扩大政治影响,制造政治错觉,拓展"国际生存空间"。

上述第一种形式,是台湾地区当局已经行之多年的现实,至今未见有改弦易辙的重大举措。而且随着岛内政治格局的变化和民进党成为"立法院"的第一大党,今后还可能沿着原有的方向变本加厉。上述第二种形式,则是台湾地区当局正在积极策划并力求付诸实施的图谋,有种种迹象表明,它在一定条件下将从可能转化为现实。

就在"中国台北"单独关税区的代表在"入世"《议定书》上签署而"墨汁未干"之际,台湾地区当局就针对两岸经贸关系新局面发出这样的"政治"喊话:"加入 WTO 后,希望两岸能在同样国际组织、同样规则下,进行有秩序及比较正面的发展;至于所谓的'大三通',必须两岸协商,能**在 WTO 架构下来谈**。"[7]紧接着,台湾地区当局主管大陆事务的"陆委会"随即发表"声明",公开扬言:"两岸**互不隶属**,双方加入世贸组织(WTO)申请案也是分开处理,'入世'后将是两个独立、平行、**对等**的会员体";"WTO 部长会议通过两岸同时入会案,此举标志着**国际社会**已正式接纳两岸成为**国际自由体系**一员。这个体系为两岸提供一个新的沟通、对话与咨商管道。透过 WTO 的架构,双方不再需要预设任何政治立场,也无须设置前提,即可依据现有规范与架构,针对共同和各自关切的经贸议题,自然地进行对话与咨商。"[8]对于台湾地区当局诸如此类的"政治喊话",台湾舆论界曾经及时作出中肯的解读,指出:"[台湾]当局显然对 WTO 的政治效益颇有寄望,期借 WTO 的国际架构来建立两岸在**政治上的对等地位**";"将 WTO 变成一个'**经贸为借口,政治为目标**'的借题发挥的政治舞台";"欲借此迫北京在**国际注目**下放弃对'一中原则'或'九二共识'的坚持"。[9]

国际上,密切注视台海两岸政治互动关系的"明眼"人士,也一眼看穿和一语道破台北"政治葫芦"中装入的最新"膏药"和最新盘算:"对台北而言,预计在[2002年]1月份的'入世'是一次**外交上的偷袭**。台北把加入 WTO 看作是世界其他国家实实在在地承认了台湾确实是一个**独立**于北京的实体。"[10]

针对台湾地区当局借"中国台北""入世"之机,力图将两岸经贸问题进一步"政治化""外交化"和"国际化"的最新盘算,中国政府反复多次阐明了自己的原则和立

---

[7] 台湾地区"中央社 2001 年 11 月 12 日电"报道当时"行政院长"张俊雄的表态,载《参考消息》2001 年 11 月 14 日。着重点是引者所加,下同。

[8] 台湾《联合报》2001 年 11 月 13 日报道:《两岸方入世,即掀攻防战》;《台当局企图以"WTO 架构"偷换"一中"》,载《参考消息》2001 年 11 月 15 日。

[9] 台湾《联合报》2001 年 11 月 14 日社论:《正确定位 WTO:经贸平台?政治舞台?》,载《参考消息》2001 年 11 月 16 日。

[10] 美国《商业周刊》2001 年 11 月 19 日文章:《台湾入世可能进一步扰乱两岸关系》,载《参考消息》2001 年 11 月 21 日。

场。在两岸"入世"前夕,就严肃指出:"两岸加入世贸组织(WTO)为两岸经贸发展特别是直接'三通'提供了契机,但这些问题都是**中国人自己**的事情,可以在**一个中国**的原则下协商解决,**不需要借助 WTO 架构**下的争端解决机制,也不需要借助其他场合。""两岸之间的问题都可以协商,但前提和基础是必须看作为**一个国家内部**的事务,不能看作**国际**或国与国之间的事务。"[11]

两岸代表相继在"入世"《议定书》上签署之后,中国政府又严正声明:"我们欢迎中国台北在中国加入世贸组织之后以'中国台北'的名义加入世贸组织。……需要指出的是,两岸先后加入世贸组织之后,**两岸经贸关系仍属中国主体与其单独关税区之间的经贸关系,两岸经贸关系只有在一个中国框架内才能得到发展**。"[12]

新近,中国政府又在更高的层次上郑重表示:两岸双方已先后加入世贸组织,这是双方一件大事,也是进一步发展两岸经贸关系的新契机。当前,经济全球化程度不断加深,**区域经济合作**的趋势更加突出。面对共同的机遇与挑战,两岸同胞理应甘苦共尝,相互扶持。因此,"**我们主张不以政治分歧干扰两岸经贸交流。限制两岸经济合作的人为障碍,应当尽快拆除。两岸经贸问题应该也完全可以在两岸之间解决。**"[13]

综上所述,不难看出:第一,在两岸经贸问题上,特别在两岸直接"三通"问题上,从来就存在着力图使其"政治化"和反对使其"政治化"的重大分歧和争斗。第二,在两岸相继"入世"之后,台湾地区当局囿于小"利"而昧于大势,任意曲解和可能滥用WTO的各种机制,在更多层面和更多场合,加强力度,继续扩大推行其把两岸经贸问题"政治化"的基本方针,并进一步把它"外交化"和"国际化";制造更大的"新麻烦",使两岸人民根本利益和祖国统一大业受到更严重的伤害。有鉴于此,对这种新的现实和可能,显然有必要依据《WTO 协定》所厘定的基本原则、有关规则及其历史实践进程,加以剖析,探讨其防治之方法与途径。

三、防止两岸经贸争端被台湾地区当局"政治化"的几种设想

根据世贸组织现行的基本原则、具体规则及其历史实践,结合海峡两岸相继"入世"后面临的新格局,可以考虑为防治两岸经贸问题被台湾地区当局进一步"政治

---

[11] 《国台办发言:两岸之间的问题不需借助 WTO 架构解决》,http://202.106.83.158/xxjb0042.htm。
[12] 《就中国台北加入世贸组织问题外经贸部和国台办发言人发表谈话》,载《人民日报》(海外版)2001年11月13日。
[13] 参见钱其琛:《坚持"和平统一、一国两制"基本方针,努力推动两岸关系发展》(在江泽民主席《为促进祖国统一大业的完成而继续奋斗》重要讲话发表七周年座谈会上的讲话),载《人民日报》(海外版)2002年1月25日。

化",提出以下五种设想或五种途径:(1)建立我国四地自由贸易区;(2)援用"安全例外"条款;(3)援用"互不适用"条款;(4)对"中国台北"单独关税区重新定位以及(5)更新观念,接受挑战,善用 DSU/DSB 机制。下文将逐一探讨这五种设想或五种途径在 **WTO 体制中的条款依据**,剖析其中可能出现的新问题,并综合权衡比较其利弊得失,从而谨慎、灵活地趋利避害,从容取舍。

(一)组建我国四地自由贸易区的设想和问题

1995 年的《世贸组织协定》(WTO)是由 1947 年的《关税及贸易总协定》(GATT)演进发展而来的。前者对后者有重大的发展,又在许多方面继续沿用后者的基本原则和有关规定(以下简称为"WTO/GATT 体制")。[14] 关于组建自由贸易区问题,即是其中一例。

按照 WTO/GATT 体制,各缔约成员相互之间在征收进出口关税方面应当实行"普遍最惠国待遇",即任何缔约方在关税方面给予任何另一缔约方产品的优惠待遇,应当立即无条件地给予其他所有缔约方的同类产品。[15] 但是,作为"普遍最惠国待遇"的一种例外,WTO/GATT 体制又允许某些**经贸关系特别密切**的缔约方,即两个或两个以上关税区的中小群体(a group of two or more customs territories),另行组建为"自由贸易区",在其有关成员之间互相给予特别优惠的关税待遇,即"实质上(substantially)对原产于各成员境内各种产品的一切贸易,互相取消关税以及其他限制性商业规章"。而此种互相给予的**特惠待遇**,可以不给予自由贸易区成员以外的其他 GATT 缔约方。[16] 有人通俗地比喻:这是允许在 WTO/GATT 的大集体大家庭中,另搞"小团伙";小团伙"哥们"间互相给予的特惠,可以不让大家庭中的其他成员分享。

由于此种做法既能够给各有关成员带来"左右逢源"的实惠,而又并不违反 WTO/GATT 的整体规范,从而是合理合法的,再加上客观实践证明,这种组织形式对于全球经济的共同繁荣确能起到促进作用,因此,20 世纪 80 年代后期以来,随着经济全球化程度不断加深,组建"自由贸易区"之类区域性经济合作组织的趋势,也日益强化和更加突出。据 WTO 现任总干事穆尔(Moore)透露:迄 2000 年 11 月底止,经 WTO 秘书处登记在案的区域性贸易协定已达 170 多个,另有 70 多个也在磋

---

[14] 参见《1947 年关税及贸易总协定》(GATT 1947)经过修订,成为《1994 年关税及贸易总协定》(GATT 1994),并作为《世贸组织协定》的首要"附件协定"(annexed agreement),对世贸组织的所有成员具有全面的约束力。
[15] 参见 GATT 1994,第 1 条第 1 款。
[16] 参见 GATT 1994,第 24 条第 8(b)款。

商谈判之中。[17] 对于近十几年来如雨后春笋般相继出现的此类协定,《世贸组织协定》在其首要附件中给予了积极的评价,认为"此类协定各参加方的经济更加紧密的一体化,可以对世界贸易的扩大作出贡献"[18]。世贸组织的最高决策机构新近在多哈会议后发表的《部长会议宣言》中,也对 WTO 框架下的区域性贸易协定加以充分肯定,宣称:"我们强调确认世贸组织是制定全球性贸易规则和促进全球贸易自由化的无与伦比的论坛;同时,我们也承认各种区域性贸易协定在推动贸易自由化、扩大贸易和促进发展等方面,能够发挥重大的作用。"[19]

如今,中国既已加入世贸组织,对于上述行之有效的国际惯例或通行做法,自有参考、借鉴的可能和必要,并可结合中国国情,采取"拿来主义",加以妥善运用。据报道,中国对外经贸部副部长龙永图在香港举行的一个大型国际研讨会上透露,"中国政府正考虑"入世"后在内地、香港及澳门之间建立一个自由贸易区,在世界贸易组织有关条例和框架之下进一步促进中国内地、香港与澳门的经济发展和繁荣。""中国'入世'后,在内地、香港和澳门之间建立自由贸易区完全符合世界贸易组织的贸易协定,而且有利于加强彼此间的贸易往来,有利于密切相互的经济合作"[20]。香港经济学家也认为,在内地和港澳地区之间逐步建立起一种自由贸易关系,形成比一般世贸组织成员之间更加紧密的贸易互惠关系,将更能体现内地与港澳地区之间一个国家几个关税区的特殊关系和客观现实。

香港有的学者则更进一步倡议组建"大中国自由贸易区",参照欧盟、北美自由贸易区、东盟的架构,立足于中国国情,逐步建立起**包括我国台湾地区**在内的一国两岸四地(大陆、港、澳、台)自由贸易区。除了在四地之间实行比一般 WTO 成员之间更紧密的协作和更优惠的互惠措施之外,还设置**特定的争端解决机制**,以专门解决一国两岸四地之间的经贸争端。[21]

这一设想和倡议,符合我国四个关税区广大人民的共同利益,符合 WTO/GATT 体制下的常规,符合当代潮流,自是可取之道。果能实现,就可避免将两岸经贸问题和经贸争端"政治化""外交化"和"国际化"的种种弊端和危害。但是,这一设

---

[17] See Moore, Globalizing Regionalism: A New Role for Mercosur in the Multilateral Trading System, http://www.wto.org/english/news-e/spmm.htm.

[18] 参见《GATT 1994, d. 关于1994年关贸总协定第24条解释的谅解》,载《乌拉圭回合多边贸易谈判结果法律文本》(以下简称《乌拉圭回合法律文本》),法律出版社2000年版,第26页。

[19] Doha WTO Ministerial 2001: Ministerial Declaration, adopted on 14 Nov. 2001, para. 4, http://www.wto.org/english/thewto-e/minist-e.

[20] 《中国正考虑在内地与港澳之间建立自由贸易区》,载《人民日报》(海外版)2001年11月29日。

[21] 参见莫世健:《论世贸组织内大中国自由贸易区的法律框架》,载《国际经济法论丛》(第5卷),法律出版社2002年版。

想的实现,却必须以海峡彼岸台湾地区当局承认"一个中国"的原则作为基础和前提。衡诸当前现实,台湾地区当局至今仍然坚持其顽固立场,甚至公然推翻当年"汪辜会谈"已经达成的关于"一中各表"的"九二共识",则此议在目前可预见的一定时期内,恐难实现。不过,如果在WTO/GATT框架下,分两步走,第一步先把中国内地、港、澳这三个关税区妥善地组建为具有中国特色的自由贸易区,充分发挥其互补互助的综合集体优势,强化其在国际市场上的竞争能力,共同为13亿中国人民谋取到令人艳羡的福祉,则这一自由贸易区对海峡彼岸的台湾地区当能发挥相当有力的示范作用和"磁吸"效应,并在时机成熟时导致第二步,促使管辖着"中国台北"关税区的台湾地区当局改变立场,同意加盟。这应当是可以合理预期的。

(二) 援用"安全例外"条款的设想和问题

在WTO/GATT体制中,"安全例外"条款是常被援用但至今争议很大的条款。

前文述及,世贸组织要求其所有成员都应恪守WTO/GATT体制下的各项原则和规范,在贸易领域相互给予关税减让等各种互利互惠的待遇,以不断促进彼此之间和全世界范围内贸易自由化。但是,全球各国、各地区与贸易有关的具体形势是极其复杂多变的,为了保护其成员在某些特定情况下的合理权益,世贸组织又允许其成员在某些特定情况下,作为**例外**,可以在一定程度上**暂时偏离**(deviate from)其本应恪遵的某项原则或规范,即**暂不履行**其原先承诺承担的某种义务。前述允许组建"自由贸易区",即是对"普遍最惠国待遇"原则的一种例外;而以"安全利益"为由暂时偏离WTO/GATT有关规范和暂不履行其原有义务,则是另一种例外,而且是更加重要的例外。

根据WTO/GATT体制中"安全例外"条款,《1994年关税及贸易总协定》中的任何具体规定,均"不得被解释为阻止任何缔约方采取其认为对保护其基本安全利益(essential security interests)所必须的任何行动",其中包括与武器、弹药和作战物资的贸易有关的行动,在战时或国际关系中其他紧急情况下采取的行动,等等。[22]

两岸分别"入世"后,作为**同一个中国主权实体**下的两个关税区,任何一方对其相互之间的贸易往来,可否以保护自身"基本安全利益"作为理由,援引"安全例外"条款,偏离WTO/GATT的现有规范,设置贸易障碍,拒绝给予对方应有的各种优惠待遇,阻挠贸易自由化的进程?据笔者所知,这在WTO/GATT体制五六十年的演进史上,还是一个新鲜问题。围绕着这一中心,又可分解为以下三个"子"问题,即:

---

[22] 参见 GATT 1994,第21条,载于前引《乌拉圭回合法律文本》,第456页。

(1) 台湾地区当局是否可能在 WTO 新体制下,援引"安全例外"条款,继续阻碍两岸经贸的健康发展？或者更进一步援引此例外条款,滥用 WTO 中的争端解决机制,制造新的"麻烦",把两岸经贸问题更加"政治化""国际化"？

(2) 中国政府是否可能在 WTO 新体制下,援引"安全例外"条款,拒绝继续给予台商各种优惠以继续促进两岸经贸的健康发展？或者进一步援引此例外条款,排除台湾地区当局对 WTO 中争端解决机制的滥用？

(3) 台湾地区当局是否可以在 WTO 新体制下,援引"安全例外"条款,继续和强化其向美国等采购武器的贸易行动(以下简称"向美购武"或"对台售武"),并使此类行动获得 WTO/GATT 体制下和国际法上的合法地位？

对于上述第一个"子"问题,答案应当是**肯定**的。如所周知,李登辉当权年代长期推行"戒急用忍"方针阻挠两岸经贸正常往来,其最基本的"理论借口"就是所谓保护台湾岛的"安全利益"。如今,台湾地区当局承袭了李登辉的衣钵,虽在岛内外压力下提出了所谓"积极开放,有效管理"的"调整"办法,貌似有所"松绑",实则许多迹象表明其基本方针并未改弦易辙,以致被嘲为"开放开放,**开而不放**;松绑松绑,**松而又绑**"。特别是"新政策"中的"有效管理"一词,留下模糊的解释空间,论者认为它不过是台湾地区当局捞取更多选票的一种"障眼"术或"掩耳"法,不过是"戒急用忍"的政治"变种",或新瓶装旧酒。[23] 其最新例证之一是:就在"中国台北"关税区的代表在"入世"《议定书》上签署的前后,由台湾地区"**国家安全局**"牵头、"经济部""财政部""警政署"参与的"WTO 因应小组"秘密会议频频举行,研拟在两岸"入世"后的新"对策",议题分商品、人力、资金、情报、高科技五个小组,其中资金小组是整个会议的焦点,判定大陆"极有可能利用世贸市场开放之便对台展开经贸统战";"连带势必衍生'以商围政''以商乱政'的情形,届时,台湾将面对长年经济基业受制于人形成的'**内乱**'"。[24] 此例说明:台湾地区当局早就加紧策划于密室,研究"因应"之策,并已下定决心在"**入世**"之后,仍然耍弄故伎:打起保护"**国家安全**"的破旗,危言耸听,欺骗舆论,蛊惑人心,继续阻挠两岸经贸往来的健康发展。

但是,如果较深入地回顾 WTO/GATT 体制的**历史实践**,则不难发现,台湾地区当局的这一如意盘算是极难得逞的。在 GATT 的历史实践中,曾经有过三起比较典

---

[23] 台湾舆论界综合观察了岛内"松绑政策"的种种现实,指出:以"松绑"取代"戒急用忍","虽然方向正确,但是目前的规范仍束绑了小脚,一路走来将会始终颠簸";台湾地区当局一方面作出"积极开放"的姿态,"给厂商萝卜吃,一方面也祭出种种审查机制、动态调节机制,及事后管理手段作为棒子,……以利掌控资金流向"。参见杜震华:《松绑"戒急用忍"不如"三通"》,载台湾《中央日报》2001 年 11 月 8 日;《萝卜＋棒子》,载台湾《工商时报》2001 年 11 月 8 日;《参考消息》2001 年 11 月 10 日。

[24] 台湾《东森新闻报》2001 年 11 月 21 日报道,香港《明报》2001 年 11 月 22 日报道:《台称要防大陆"经济统战"》,载《参考消息》2001 年 11 月 23 日。

型的援用"安全例外"条款的争端[25],兹分别简介如下:

(A) 阿根廷诉欧共体、加拿大和澳大利亚限制进口案

阿根廷东南沿海的马尔维纳斯群岛(又称福克兰群岛),原为阿国领土,1832年后被英国长期占领。1982年阿根廷采取了收复失土的措施,英国对阿悍然发动侵略战争,因强弱悬殊,以阿方失败告终,史称"马岛战争"。在"马岛战争"期间,在英国的积极策划和推动下,欧共体及其成员国(含英国)、澳大利亚和加拿大等自1982年4月10日起对阿根廷实行进口限制,以示"制裁"。1982年4月30日,阿根廷向当时的GATT理事会投诉,指控这些国家所采取的措施均非出于经济和贸易方面的原因,衡诸《关贸总协定》的原则和有关规范,显属非法行为,应予撤销。这些被诉国家援引《关贸总协定》第21条所规定的"安全例外"条款,论证其行为的"合法性"。双方舌剑唇枪,展开激烈争辩,GATT理事会未作结论。其后不久,迫于全球公正舆论,[26]被诉诸国于1982年6月底撤销了上述对阿的无理限制措施。但被诉方援用"安全例外"一举之是非曲直以及是否合法,迄未澄清。[27]

为要个"说法",讨回公道,并防止今后"安全例外"条款再被任意滥用,阿根廷继续坚持要求GATT理事会作出决定,正式确认被诉诸国对阿采取的进口限制属于违法行为。此项正当要求因受被诉诸强国抵制,未果。阿遂声明保留其在《关贸总协定》体制下的一切权利,"包括可能在适当时候援用GATT第23条规定来确定(determine)这些制裁所造成的损害"[28]。它还进一步要求GATT理事会以"协商一致"方式将其意见写进针对GATT第21条作出解释的文件中。1982年11月,GATT缔约方全体受理该争端,又经一番激烈争辩,GATT

---

[25] See Robert Hudec, *Enforcing International Trade Law: the Evolution of Modern GATT Legal System*, Appendix/Part I: 207 GATT Complains, Nos. 112, 125, 143, Butterworth Legal Publishers, 1993, pp. 502, 512-513, 527-528; Oliver Long, Law and Its Limitations in the GATT Multilateral Trade System, Martinus Nijhoff Publishers, 1985, pp. 81-83. (其中译本为:《关贸总协定多边贸易体制的法律及其局限》,童守云译,中国社会科学出版社1989年版,第102—104页。)另参见朱榄叶:《关税与贸易总协定国际贸易纠纷案例汇编》,法律出版社1995年版,第28,33—37,70—71页;余敏友等:《WTO争端解决机制概论》,上海人民出版社2001年版,第134—136页。

[26] 在1982年"马岛战争"期间,除英国外,欧共体其余国家(法国、联邦德国、意大利、荷兰、比利时、卢森堡、丹麦、爱尔兰、希腊等)以及加拿大和澳大利亚,都根本不是国际公法意义上的"交战国"(belligerents)。它们与阿根廷之间,全部都是"非交战国"(nonbelligerents)关系,实际上纯属群强纠合,欺压弱小,却胡乱援引GATT第21条"基本安全利益"例外条款,对阿实施贸易"制裁",显得极其牵强附会,难以自圆其说,徒贻天下笑柄。See Robert Hudec, supra, p. 176.

[27] See Report of the Council of Representatives on Work Carried out Since the Thirty-seventh Session of the Contracting Parties, doc. L/5414, 12 Nov. 1982, p. 17.

[28] GATT第23条规定:各缔约方认为其GATT项下的任何权益受到侵害时,有权依有关程序,向缔约方全体投诉,缔约方全体应立即对有关投诉进行研究,并向有关缔约方提出改正建议或作出相应裁决。

理事会仅仅同意在作出第 21 条正式解释的决定之前,先制定援用第 21 条的程序性"指导原则"。该"指导原则"规定,今后凡援用 GATT 第 21 条"安全例外"条款采取贸易限制措施者,应尽早通知各缔约方;受影响的所有缔约方有权保留其在关贸总协定体制下的一切权利,并且有权请求理事会对该问题进行相应的全面审查。但对于阿根廷要求就"安全例外"条款本身作出正式解释一事,GATT 理事会虽表示要加以"进一步研究"(further study),但一直采取拖延、回避态度,最后不了了之。[29]

(B) 尼加拉瓜诉美国削减食糖配额案[30]

尼加拉瓜是中美洲农业国,经济上以生产和出口粮、糖、咖啡为主。自 20 世纪 30 年代初起,尼国长期由亲美军阀索摩查家族统治,沦为美国的半殖民地。1979 年桑地诺民族解放阵线推翻了索摩查家族的独裁统治,建立了独立自主的新政权,触犯了美国在尼的"既得利益"。于是美国视桑地诺阵线政权为眼中钉,力图予以扼杀。除大力支持尼国内部反政府武装的颠覆活动外,于 1983 年 5 月起大幅度削减从尼国进口食糖的配额,从原有的每年进口 58000 短吨骤减为每年 6000 短吨(1 短吨=2000 磅=907.2 公斤),即大约十削其九,只留其一;并将削减下来的食糖配额重新分配给其他拉美国家。据统计,此举将使尼国每年损失 1400 万美元的外汇收入。美国所持"理由"是:美国对其自身"安全"和整个拉丁美洲的"安全"负有维护责任。大幅削减从尼国进口食糖配额,旨在削弱尼国政府用于军事目的以及资助中美地区"颠覆活动"和"极端分子"的财源,以保障和增强美国和拉美的"安全"与"稳定"。

1983 年 5 月 26 日,尼加拉瓜向 GATT 理事会投诉,指控美国此举是为了追求特殊的政治目的而给予尼加拉瓜的**歧视**待遇,从而违反了《关贸总协定》第 13 条第 2 款关于"数量限制的**非歧视**管理"的规定,即"在对任何产品实施进口限制时,缔约方应当做到使此种产品的贸易分配尽可能接近在无此类限制的情况下各缔约方预期获得的份额"。同时,还指控美国此举也违反了《关贸总协定》第 2 条关于关税减让表的规定、第 11 条关于取消数量限制的规定以及该协定第 4 部分关于"贸易与发展"和给予发展中国家特惠待遇的规定。

双方经协商无法解决争端,尼加拉瓜遂于 1983 年 6 月 27 日进一步要求 GATT 理事会成立专家组审理此案。1983 年 10 月 18 日理事会主席宣布,经与

---

[29] See Oliver Long, supra, pp. 81-82; Robert Hudec, supra, pp. 502, 176.
[30] See United States-Imports of Sugar from Nicaragua, Report of the Panel adopted on 13 March 1984(L/5607-31S/67), http://www.wto.org/english/dispu-e/gt47ds-ehtm.

各方磋商，决定成立由 R. Peren，H. Sarraillet 和 C. Manhusen 组成的三人专家组，并且已授权专家组主席 Peren 与有关各方商定本案"审理范围"（terms of reference）为："依据 GATT 有关规定，审理由尼加拉瓜提交缔约方全体的关于美国对从尼加拉瓜进口食糖采取措施的争端案，并作出事实认定（findings），以便协助缔约方全体依据 GATT 第 23 条的规定，提出建议，或作出裁定。"

这样，受理本案的专家组从一开始就把争讼双方中的**政治分歧**问题，即有关美国援用"安全例外"条款本身的理由之是否合法问题，是否触犯 GATT 规范问题，完全**排除在"审理范围"之外**，把**贸易争端从政治分歧**中完全"剥离"出来，而仅仅"就事论事"，审理美国所采取的限制尼糖进口新措施是否符合 GATT 的有关规定。经过将近 5 个月的调查听审和取证，专家组于 1984 年 3 月初作出了本案的审结报告，呈交 GATT 理事会，其中认定：美国将尼糖进口配额从原有的 58000 短吨骤减为 6000 短吨此举，表明美国违反了《关贸总协定》第 13 条第 2 款关于"非歧视"的规定，"美国未能履行它根据《关贸总协定》所承担的义务。""专家组建议缔约方全体要求美国迅速向尼加拉瓜分配符合《关贸总协定》第 13 条第 2 款规定标准的食糖进口配额。"此项专家组审结报告在 GATT 理事会上引起激烈争辩。众多国家认为：为了追求政治目的而施加贸易限制，是不合理、不正当的，因而主张正式通过此项审结报告。美国代表则极力强调 GATT 组织根本无权处置此类国际争端。1984 年 3 月 13 日，此项审结报告终于在 GATT 理事会上获得通过。但是，美国政府仍坚持原有立场，并公然表示：只有在美—尼之间的政治矛盾找到妥善解决方案之后，美国才会撤销上述措施。足见美国当年即使在 GATT 原多边体制下，依然我行我素，不受任何多边规范的约束，表现得十分霸气和蛮横。[31]

此案的审理虽未能最终解决美—尼矛盾，但关贸总协定前任总干事奥利弗·隆（瑞士籍人士）却从"方法论"的角度对它的审理经验作出了相当积极的肯定。他总结说："此案的审理在关贸总协定的法律方面有一些值得注意的特色。首先，它表明，至少在某些争端中，有可能将**政治因素**与**贸易因素分隔**开来；其次，它表明，即使在处理政治色彩很浓的争端中，专家组程序也是颇能发挥作用的。"[32]

(C) 尼加拉瓜诉美国禁运案

尼—美贸易争端前波未平，后波又起：1985 年 5 月 1 日美国总统里根宣布，

---

[31] See Robert Hudec, supra, pp. 512-513, 176.
[32] See Oliver Long, supra, p. 83. 另参见前引童译中文本，第 104 页；余友敏等书，第 136 页。

由于尼加拉瓜政府的政策和行为对美国的"国家安全"和外交政策构成"特别的威胁",根据美国1976年的《国家紧急状态法》,美国政府决定自1985年5月7日起,对尼加拉瓜实行全面禁运,并禁止美国人与尼加拉瓜进行任何贸易,以示对尼实行"制裁"。针对美国政府此种变本加厉、背弃GATT多边规则义务的强霸行为,尼加拉瓜向GATT理事会投诉,请求成立专家组审理此案,并作出决定,要求美国取消禁运。在嗣后的激烈争辩中,美国坚主GATT专家组不能审议美国援引GATT第21条"安全例外"条款这一行动的合法性问题,在此前提下,才能同意成立专家组。显见其"做贼心虚",色厉内荏。为了打破僵局,GATT理事会同意接受美国提出的这一条件,并成立了专家组。据此,专家组成立之后在其"审理范围"(terms of reference)中,排除了上述审议内容,也不审议依据国际公法其他准则提出的其他指控,而仅限于就贸易论贸易。1985年10月,专家组提交了调查审结报告,作出了貌似"模棱两可"实为"委婉"地批评美国的认定:一方面,承认美国有权实行贸易禁运,另一方面,又认为美国的禁运措施有悖于GATT推进贸易自由化的基本宗旨。美国固然有权援引GATT第21条"安全例外"条款,但也需要有稳定的贸易政策,在两者互相矛盾不可得兼时,美国选择了前者,而放弃了后者,这是错误的选择。但是,专家组并未针对美国的这种错误选择进一步提出改正建议。同年11月,GATT理事会对专家组的报告作了讨论。当事国双方以及相关各方对决议案文的内容和措辞又各执一端,僵持不下。经理事会与争端双方磋商协调,迄未能化解僵局,遂将专家组报告作为未经通过的文件存档搁置。[33] 此后1987、1988年,尼加拉瓜政府又多次向GATT理事会投诉,指控美国的禁运措施违背它自己在GATT中承担的国际义务,但始终未获理事会积极回应。直至1989年,尼加拉瓜大选,产生了新总统,美国才在1990年2月正式解除了对尼的禁运。[34]

以上三宗案例,具体情节各异,但其中"安全例外"条款的援用者却颇有"共性":第一,都是为了追求政治目的,蓄意将经贸问题政治化。第二,都是对GATT体制下"安全例外"条款加以**曲解**和**滥用**。第三,都是**背弃**了自己参加GATT多边体制时作出的郑重承诺,自食其言,违反国际义务。第四,GATT的缔约方全体(contracting

---

[33] 按照当时的议事规则,GATT理事会对争端案件作出处断决定时,采取"协商一致"(consensus)的方式,即对于受理审议的争端事项加以处断的拟议决定(proposed decision),出席会议的全体成员无人正式表示反对,方可视为经"协商一致"作出了决定。这种表决制度往往导致某些大国在GATT内部敢于独行其是,不受约束,从而使GATT当年的争端解决机制显得软弱、低效。参见陈安:《世纪之交围绕经济主权的新"攻防战"》,载《国际经济法论丛》(第4卷),法律出版社2001年版,第84—86页。

[34] See Robert Hudec, supra, pp.527-528, 202.

parties)其理事会在处理此类蓄意把经贸问题与政治冲突挂钩、曲解和滥用"安全例外"条款因而引发的争端时,总是回避直接触及棘手的政治分歧,而尽可能将经贸问题从政治争端中**剥离**出来,"在商言商",**就贸易谈贸易**,并以《关贸总协定》本身的规则为准绳,求得问题的妥善解决。诚如关贸总协定前任总干事奥利弗·隆所总结的:在 GATT 体制下,当事人将争端提交缔约方全体及理事会之后,如果其中的政治意义大于贸易意义,缔约方全体及其理事会就只打算在《关贸总协定》的职权职责范围之内行事。它们总是尽一切努力避免卷入政治性的纷争,而将解决政治争议的责任留给其他相关组织去处理。"为了把贸易因素和政治因素**隔离**开来,GATT 理事会总是**将政治因素搁置**一边,而只受理审查该案争端是否与《关贸总协定》的具体规定相关联,能否根据《关贸总协定》的具体规定来处断。"[35]第五,正因为 GATT 缔约方全体及其理事会对此类因曲解和滥用"安全例外"条款引发的争端,采取上述"政贸分离"的处断方针,因此,此类争端制造者的违规、违法行为,极难得到其他缔约方的普遍认同,恰恰相反,到头来总是遭到其他缔约方和国际舆论的同声谴责和广泛批评,即使是超级大国或经济强国,也未能例外和"幸免"。其"政治收支结算",总是所失远超于所"得"。

简言之,在 GATT 体制下滥用"安全例外"条款者的以上五点"共性",似可概括为:目的相近,手段相似,**后果相同**。

由此可见,两岸"入世"后,如果台湾地区当局仍然昧于大势,不识时务,也拒绝"以史为鉴",硬要要弄故伎,在 WTO/GATT 的新框架下曲解和滥用"安全例外"条款,继续把两岸经贸问题政治化,以阻挠两岸经贸往来的健康发展,则到头来势必是"偷鸡不着蚀把米",除了进一步在世贸组织和国际社会中丢丑之外,不会有其他什么美果可尝。这就是对前述第一个"子"问题持肯定答案的"发展前景"。

关于前述第二个"子"问题,即中国政府是否可能在 WTO 新体制下援引"安全例外"条款,以应对台湾地区当局的"经贸政治化"行径及其后果?其答案应当是否定的。至少就现有的两岸关系"生态学"环境看,应是否定答案。

这是由中国政府对待两岸经贸问题的基本立场、基本政策方针所决定的。因为:首先,如前文所述,中国政府反复多次强调:"两岸加入世界贸易组织之后,两岸经贸关系仍属中国主体与其单独关税区之间的经贸关系";两岸经贸问题始终"都是中国人自己的事情",可以在一个中国原则下和一个中国范围内,自行协商解决;"**两岸经贸问题应该也完全可以在两岸之间解决**"。[36]换言之,在可预见的未来岁月中,

---

[35] 参见前引 Oliver Long 原著,第 81 页;童译中文本,第 102 页。
[36] 见前引钱其琛讲话;外经贸部和国台办发言人谈话。

没有必要援用"安全例外"条款,主动把两岸经贸争端问题提交WTO去求得解决。其次,亦如前文所述,中国政府在"入世"前后,已经并正在继续依据WTO促进贸易自由化的诸般原则和规则,调整和更新对外开放的政策法令,在更大范围、更多层次和更强力度上,扩大对外开放。因此,对于"血浓于水"的本国同胞——台商,势必继续给予在WTO新框架下的各种可能的最大优惠;甚至在条件成熟时,也给予"自由贸易区"的同等特惠待遇,这也不是不可预期的。既然如此,中国政府显然不会在台湾地区当局继续阻挠两岸经贸正常往来的新情况下,援用"安全例外"条款,自行改变对广大台商给予最大优惠的政策。因为,中国政府对待迄今仍坚持"台独"走向的台湾地区当局与对待心向祖国的广大台商,从来就是严格区分、绝不混淆的。

但是,如果台湾地区当局不但长期拒不改弦更张,而且误判"入世"后的新格局、新形势,顽固地和加速地沿着"台独"走向愈行愈远,并且变本加厉,进一步肆意**滥用WTO中的争端解决机制**,不断地制造新麻烦和挑起新事端,千方百计地借"入世"之机把两岸关系"国际化",则中国政府届时是否可能援用"安全例外"条款,又当别论。关于这一点,下文将另作分析。

关于前述第三个"子"问题,即台湾地区当局能否在WTO新体制下援引"安全例外"条款,使其向美国等采购武器的贸易行为获得WTO/GATT体制下和国际法上的"合法"地位?其答案也应当是否定的。其所以然,有着三个方面的原因:

第一,贸易自由化须受国际公法准则的约束。WTO/GATT体制所借以建立和运行的法律根据是《WTO协定》。后者的立约宗旨,是在经贸这一有限的领域,即在非政治领域,建立一个全球性的多边平台,即全球性的多边贸易体制,以促进全球**贸易自由化**(trade liberalization)。这种"自由化",当然不应当也不可能是无条件的、绝对的、不受任何法律约束的"自由化"。即使就体现了促进贸易自由化宗旨的WTO诸项基本规则而言,其关税减让的幅度,贸易壁垒撤除的范围,非歧视措施、最惠国待遇、国民待遇实施的程度,也都是必须具备一定条件和受到一定限制的,而这些条件和限制的本源,归根结底,则是来自各**主权国家**在政治上和经济上的协商意志和协调权力。因此,在当代国际社会中,任何全球性的经贸平台或多边贸易体制,都不是孤立自在和至高无上的,它的持续存在和正常运作,是与国际政治上现有的多边体制互相配合、相辅相成的;相应地,它必须也必然要切实遵守和直接受制于国际政治关系、**国际公法**上的一切基本原则,而不得任意违背、侵害、践踏、直至破坏这些基本原则。否则,就势必造成国际政治秩序和国际经济秩序的混乱,并最终导致经贸平台本身的瓦解和覆灭。

第二，对台售武是触犯国际强行法(jus cogens)[37]的违法行为。当代国际社会上行之多年的《维也纳条约法公约》，在序言中开宗明义地强调"条约必须遵守原则是举世公认的(universally recognized)"。《公约》第 26 条规定："凡在有效期中的条约对各当事国均有拘束力，各当事国必须真诚守信地(in good faith)履行。"第 27 条又进一步指出国际条约与缔约国国内法之间的关系，明文规定："条约当事国不得援引其国内法规定作为理由而不履行条约。"这就是众所周知的"有约必守"(pacta sunt servanda)原则。与此同时，《公约》第 53 条又明文强调："条约在缔结时如与一般国际法强制性规范(peremptory norm)相抵触，条约无效。""一般国际法强制性规范是指由国家组成的国际社会整体接受并公认为不容许侵害毁损……的规范。"[38]而"有约必守"原则以及不得侵害国家主权原则，即一切国家应当互相尊重国家主权的独立和领土的完整，这都是早已厘定于《联合国宪章》[39]和举世公认的国际法强制性规范。

据此，任何全球性的政治公约、经济公约，包括《WTO 协定》，其缔结、运作和执行，显然也都不得任意违反、背离上述国际法强制性规范。衡之台湾地区当局向美国购武以及美国对台售武的现实，则购买与销售双方，显然都是直接违反、践踏《联合国宪章》和《维也纳条约法公约》有关"有约必守"以及国家主权不容侵害这些国际法强制性规范的。它们之间的购、销行为，显然都不属于 WTO 体制下的促进贸易自由化的合法范畴；恰恰相反，此类行为都应属于国际法上的不法行为或违法行为。

众所周知，台湾自古即属于中国。中国人由大陆赴台开发、经营、生息繁衍，已长达 1700 余年。1885 年，中国清朝政府正式划定台湾为中国的单一省，并任命巡抚统辖全岛。1895 年起台湾虽一度被日本侵略者霸占，但第二次世界大战结束前后，一系列国际协定和法律文书已重新确认中国对台享有主权，并使台湾重归祖国怀抱。[40]

---

[37] 强行法(jus cogens)，又称强制法、绝对法，指必须绝对执行的法律规范，不允许法律关系参与者一方或双方任意予以伸缩或变更。其相对名称为任意法(jus dispositivum)，又称相对法，指可以随意选择取舍的法律规范，允许法律关系参与者在法定范围内自行确定相互间的权利义务关系。

[38] 1969年《维也纳条约法公约》较通行的中译本有二，这里摘引的内容是根据其英文本原文，参照通行译本，另行改译。参见李浩培：《条约法概论》，法律出版社 1987 年版，附录一第 605、613、620、633、654、671、701、711、720 页。关于国际法强制性规范或强行法的各种见解及其分析，见同书第 294—303 页。

[39] 参见《联合国宪章》第 2 条第 1、2、4、7 款。

[40] 1943 年 12 月 1 日中、美、英三个同盟国签署的《开罗宣言》，1945 年 7 月 26 日中、美、英及苏联共同签署的《波茨坦公告》，一再重申：日本所窃取于中国之土地诸如中国东北、台湾、澎湖列岛等，均应归还中国。1945 年 8 月 15 日，日本宣布投降，在《日本投降书》中对上述国际协定表示接受。同年 12 月 25 日，受降主官代表中国政府宣告：自即日起，台湾及澎湖列岛已正式重归中国版图，所有一切土地、人民、政事皆置于中国主权之下。至此，台湾、澎湖完全重归于中国主权管辖之下，并已获得国际社会的普遍承认。详见：《台湾问题与中国的统一》(1993 年 8 月 1 日)；《一个中国的原则与台湾问题》(2001 年 4 月 7 日)，http://www.chinataiwan.com.org/。

但是，1949年中华人民共和国成立之后，美国出于其称霸全球的战略需要，长期拒绝在外交上承认中国，并极力扶持退踞台湾的国民党集团窃踞新中国在联合国中的合法席位。经中国与全球主持正义的国家联合斗争，终于在1971年10月25日由第26届联合国大会通过2758号决议，驱逐了台湾地区当局的代表，恢复了中华人民共和国在联合国的席位和一切合法权利。美国政府鉴于大势已去，无力回天，为避免自己陷于彻底孤立，遂于20世纪70年代之初开始对华建交谈判，并在其后发表的三份中美联合公报中，反复重申："美国认识到，在台湾海峡两边所有中国人都认为只有一个中国，台湾是中国的一部分。美国政府对这一立场不提出异议。"[41]"美利坚合众国承认中华人民共和国政府是中国的唯一合法政府。""美利坚合众国政府承认中国的立场，即中国只有一个，台湾是中国的一部分。"[42]"互相尊重主权和领土完整、互不干涉内政是指导中美关系的根本原则。……美国政府非常重视它与中国的关系，并重申，它无意侵犯中国的主权和领土完整，无意干涉中国的内政，也无意执行'两个中国'或'一中一台'政策。"[43]

特别应当指出的是，在上述发表于20年前的第三个中美联合公报中，美国政府还专门就对台售武问题作出郑重的、具体的承诺："美国政府声明，它**不寻求**执行一项**长期**向台湾出售武器的政策，它向台湾出售的武器在**性能**和**数量**上将不超过中美建交后近几年供应的水平，它准备**逐步减少**它对台湾的武器出售，并经过一段时间导致**最后**的解决。"[44]

相隔15年之后，中美双方又发表联合声明，分别和共同重申恪守上述三个联合公报："中方强调，台湾问题是中美关系中最重要最敏感的核心问题，恪守中美三个联合公报的原则，妥善处理台湾问题是中美关系健康、稳定发展的关键。美方重申，美国坚持一个中国的政策，遵守中美三个联合公报的原则。"[45]

简言之，在尊重中国国家主权和领土完整以及与之紧密相关的削减和停止对台售武问题上，美国历届政府可谓信誓旦旦，好话说尽，言犹在耳。但是，对照众所周知的美国对台售武的现实，自上述第一个公报发表后长达30年的期间内，美国政府不但未信守诺言，"逐步减少"对台售武，反而不断变本加厉，在对台售武的**性能**和**数量**上均大大超过中美建交后1982年的原有水平。如果把这种严重食言、背信弃义、

---

[41]《中美联合公报》(1972年2月28日)，http://www.chinataiwan.org/。
[42]《中华人民共和国和美利坚合众国关于建立外交关系的联合公报》(1979年1月1日)，http://www.chinataiwan.org/。
[43]《中华人民共和国和美利坚合众国联合公报》(1982年8月17日)。
[44] 同上。
[45]《中美联合声明》(1997年10月29日)，http://www.chinataiwan.org/。

践踏"有约必守"和国家主权原则等国际强行法规范的违法行为,说成是符合 WTO/GATT 体制宗旨和规则的合法行为,说成是符合国际公法的正当行为,那就不啻是对 WTO/GATT 体制和国际公法基本准则荒谬绝伦的歪曲和极端严重的亵渎!至于美国国内至今仍有"鹰派"人士以实施美国国内的《与台湾关系法》为借口,"论证"美国对台售武行为之"合法性"和坚持此种践踏国际强制性规范的违法实践,只不过是徒然凸显其对《维也纳条约法公约》第 27 条禁止规定之无知、蛮横和理屈词穷,实在无法掩尽天下人耳目,因为后者毫不含糊地载明:任何条约当事国均不得援引其**国内法**规定作为理由而不履行国际条约。

第三,欧美其他军事工业强国对台售武行为,也是触犯国际强行法的违法行为。近数十年来,除美国之外,欧美其他军工强国的军火商及其政府对台售武情事,亦时有发生,伏而又起。此类行为,当然也是属于违反"有约必守"和"他国主权不容侵害"等国际强行法规范的不法行为。因为,在这些国家与中国建交之初,都毫无例外地在有关建交的双边公报中公开宣布:尊重中华人民共和国主权和领土的完整,承认中华人民共和国政府是中国的唯一合法政府,台湾是中国的一部分。不言而喻,一方面宣称尊重中国主权和领土的完整,另一方面却在经济利益驱动下把各种先进武器出售给严重损害和破坏中国主权与领土完整的地方叛乱集团或顽固分裂势力,这种言行不一、违背国际信义和国际义务的不法行为,不论来自何方,理所当然和毫无例外地受到中国政府的谴责、抵制和相应的制裁。中国政府的这一基本立场,显然不会因中国的"入世"而稍有松动和改变,因为在台湾地区当局的分裂主义和"台独"走向未有彻底改弦易辙的条件下,任何对台售武这一国际非法行为,都绝不可能在 WTO/GATT 体制下和国际公法上摇身一变,突然变成为什么"贸易自由化"的"合法"行为。其理至显,已如上文第一、二点所述,毋庸多赘。

(三) 援用"互不适用"条款的设想和问题

"中国台北"单独关税区"入世"后,台湾地区当局力图把世贸组织这一"经济平台"转换作为"政治舞台",以两岸经贸问题为口实,借题发挥,追求将两岸整体关系"外交化"和"国际化",这一图谋早在 2001 年 11 月间就已经昭然若揭。新近的讯息是:其"陆委会"主管曾多次鼓吹要将两岸关系"引导"到 WTO 架构下,"提升"到"国际层次",通过加入世贸组织,**一举为台湾"打开 140 扇国际大门"**,"积极参与国际事务,扩大台湾在国际的生存空间"[46]。

不难预料,在现行的 WTO 体制下,最有可能被台湾地区当局滥用来作为"政治舞台"的,就是其中的"争端解决机制":台方以两岸某种经贸问题或某项经贸争端作为"切入口"或突破口,寻衅肇事生端,以"申诉人"(claimant)的身份,向世贸组织所设的"争端解决机构"(Dispute Settlement Body,DSB)投诉,"迫使"中国政府以"被诉人"(respondent)身份,与台方代表在 WTO 这一拥有 144 个成员国家和地区(单独关税区)的全球性国际组织中,"对簿**国际**公堂",制造"**国际**争端"的错觉,进而利用国际各种新闻媒体从中"炒作",混淆国际视听,扩大国际政治影响,捞取国际政治资本。

针对这种图谋,学界有人提出,中国政府不妨"未雨绸缪",考虑援用 WTO 体制下的"互不适用"条款,特别申明对两岸经贸问题及有关争端互不适用《世贸组织协定》的"附件 2",即互不适用《关于争端解决规则与程序的谅解》(Understanding on Rules and Procedures Governing the Settlement of Disputes,DSU),借以从源头上和根本上堵塞台湾地区当局力图将两岸问题"外交化"和"国际化"的"通道"。因为,世贸组织中的"争端解决机构"(DSB)据以设立的"**法源**"以及据以运作的规则,就是 DSU 这份多边协定。如能做到两岸经贸争端"互不适用"DSU 这一多边协定,则一旦台方将两岸经贸争端提交 DSB 解决,就是"所请于法无据,应予驳回"了。此种设想是否可取,应作具体分析。

《世贸组织协定》第 13 条就是专门针对"多边贸易协定在特定成员间的互不适用"问题作出的规定。其中第 1 款载明:"任何成员,如在自己成为成员时或在另一成员成为成员时,不同意在彼此之间适用本协定及附件 1 和**附件 2** 所列多边贸易协定,则**这些协定**在该两成员之间互不适用。"这里所列的"附件 2",就是指 DSU 这一多边"谅解书"。同时,同条第 3 款规定:在 WTO 成立之后即 1995 年 1 月 1 日以后参加 WTO 的新成员,"只有在不同意对另一成员适用的一成员在部长级会议**批准**关于加入条件的协议**之前**,已按此通知部长级会议的前提下,第 1 款(关于互不适用)的规定方可在该两成员之间援用实施"。此外,同条第 4 款又进一步作出概括性的重要补充:"在任何成员请求下,部长级会议可审议本条在**特殊情况**下的运用情况,并提出适当建议。"

根据本条第 1 款和第 3 款的上述明文规定,中国政府现在如欲正式要求在两岸经贸问题争端上互不适用 DSU 这一多边协定,就会遇到两个方面的具体问题,即:

---

[46] 参见《入世后两岸经贸的趋势》,http://www.unn.com.cn/GB/channel2567/2577/2579/200201/25/153823.html。

第一,如前文所述,《WTO协定》乃是"一揽子"协定,各成员在参加缔结和接受本协定时,"要么全部,要么全不",不允许只从中挑选接受某些规定却又拒绝其中另外某些规定。DSU协定乃是整个《WTO协定》不可分割的一部分,这是《WTO协定》第2条第2款所明文涵盖的。据此,结合第13条第1款的文字表述,则一成员如欲提出对另一成员"互不适用",看来也只能就《WTO协定》及其17个附件协定这一不可分割的整体,作出全盘的抉择。如果选择"全盘互不适用",这显然不符合中国参加WTO的本意,也不符合中国政府对台湾地区这一中国主权下单独关税区的基本政策。第二,中国作为WTO的新成员,如欲提出对另一成员即"中国台北"单独关税区"互不适用",则应在相关的部长级会议批准中国**加入之前**,即2001年11月10日之前提出并已通知部长级会议,方为有效。如今显已失去时效。

当然,也应当看到,第13条第4款"概括性"的补充规定,留下了较大的解释空间和援用的可能性。如果台湾地区当局甘冒天下之大不韪,肆无忌惮地硬把两岸经贸问题争端"外交化"和"国际化",对中国造成了极大的危害,到了令人忍无可忍的地步,则届时中国自可考虑援用第13条第4款的上述规定,同时也援用《1994年关贸总协定》第21条关于"安全例外"的规定,提请部长级会议作为"**特殊情况**"加以审议,并提出相应的处断建议。但是,对条文中所称"特殊情况"究应作何解释,其内涵和外延如何界定,按《WTO协定》第9条第2款的规定,应由部长级会议以3/4的多数票通过,方能生效。由此可见,援用第13条第4款的上述规定并提出相应的请求,其审议、批准的条件和程序可谓相当严格和复杂,且含有诸多模糊不清和难以确定的**解释变数**。显然,非到万不得已,一般成员是不会轻易提出此项申请的。

不过,整个DSU这一多边协议,经过1995—2001年前后大约七年的实施和十分频繁的运用,实践表明:其中某些规定已显得不能适应形势发展的新需要,故2001年11月在多哈举行的WTO第四次部长级会议上已决定把DSU作为新一轮多边谈判的项目之一,对它进行新的审议、磋商和必要的修订。这一决定已引起WTO全体成员瞩目。中国现在既已成为WTO的正式成员之一,自当在重新审议、修订DSU的过程中,提出合理的改革建议,与其他缔约成员一起,促使WTO中的DSU/DSB机制更趋健全与完善,杜绝一切形式的歪曲和滥用。此项工作定于2002年1月启动,并定于2003年5月以前达成新的协议,完成修订工作。[47]

---

[47] See Doha WTO Ministerial 2001: Ministerial Declaration, adopted on 14 November 2001, para. 30; The Doha Declaration Explained, http://www.wto.org/english/thewto-e/minist-e.

(四)"中国台北"单独关税区 WTO 成员资格的重新审定问题

对世贸组织,人们喻之为"经济联合国"。此称突出地强调它的功能、职权和职责,在于"经济"领域而不宜插手政治,也生动地形容它在全球范围内的广泛代表性和重要性,堪与当今主司全球性政治事务的联合国互相媲美,相辅相成。

但是,此称在"通俗易懂"的同时,却也"易滋误解"。因为世贸组织不像联合国(United Nations)那样,全是主权国家(nation)的联合体。世贸组织的成员,除了大量的主权国家外,还有相当数量的"单独关税区"(separate customs territory)。这种成员结构,是它与联合国最大的区别之一。

根据《1947年关贸总协定》原有的规定,"单独关税区"指的是"在处理其对外贸易关系和本协定规定的其他事项方面享有完全自主权"的某国部分领土。[48] 一方面,"单独关税区"既是归属于某一主权国家并受其政治管辖的部分领土,却又在处理本地区的外贸关系等方面享有自主权;另一方面,该地区虽在处理本地外贸关系等方面享有自主权,却又在国际法公认的"身份"和地位上,仍然只是归属于该主权国家并受其政治管辖的部分领土。正因为一个主权国家及其属下的"单独关税区"有着这种法定的管辖与被管辖关系,所以,各个参加缔约的主权国家的政府,在它向缔约方全体的"执行秘书"(其后改称"总干事")交存"接受书"(instrument of acceptance)时,应遵守如下程序:

(a) 接受本协定的每一政府即代表其**本土**及其负有国际责任的**其他领土**接受本协定,但在其自己接受本协定时即通知缔约方全体的执行秘书的单独关税区除外。

(b) 根据本款(a)项中的例外如此通知执行秘书的任何政府,**可随时通知**执行秘书,其接受应对原先被排除在外的一个或多个单独关税区生效,且此项通知应自执行秘书收到之日后的第30天生效。[49]

由此可见,一个主权国家不但在加入 GATT 之际,有权从本国所辖的全部领土中划出一定地区,作为"单独关税区"和另一个缔约方,与本国同时加入 GATT;而且有权在如此行事之后,随时通知"执行秘书"(总干事),撤销原先的"单独关税区",在外贸关系等方面,对它**改按**本国的其他**一般**领土同等对待。简言之,该"单独关税区"之存废、之设立与撤销,"悉听"其所属的主权国家之需要与"尊便"。

---

[48] 参见 GATT 1947 第 26、31、33 条。
[49] GATT 1947 第 26 条第 5 款。

《1947年关贸总协定》中有关"单独关税区"的上述规定,一字未易,被全盘吸收和承袭,纳入《1994年关贸总协定》,作为《WTO协定》的首要附件的内容之一,而且其中关于"单独关税区"含义的界定,还直接被移植于《WTO协定》这一主协定本身的第12条第1款,加以重申,从而延续和强化了GATT已推行近半个世纪之久的原有体制。

正是依据WTO/GATT体制的上述规定,中国政府代表在正式签署"入世"《议定书》前夕就强调指出:根据1992年GATT理事会主席声明所确定的原则,中国"入世"后,中国的台、澎、金、马地区作为"中国台北单独关税区",也加入世贸组织,从此之后,两岸就既是一个主权国家内部的关系,又是两个世贸组织成员的关系。[50]

也正是依据WTO/GATT体制的上述规定,台湾岛内也不乏头脑冷静的明智人士或内行人士,针对台湾地区当局力图把两岸经贸问题"政治化""外交化"和"国际化"的盘算,提出了善意的"劝告"或委婉的"警告"。他们指出:"海峡两岸经贸关系有其特殊性,期待WTO的争端解决机制会成为两岸经贸交涉的一个主要途径,是不切实际的想法。"鉴于中国政府"必定坚持海峡两岸的经贸问题属于国内事务,不在WTO的规范之内",因而"必定将两岸的经贸纠纷拉抬定位为国家主权问题",在这种情况下,台湾地区当局如不识时务,硬要"主动运用WTO的争端解决机制以促成两岸平等对话",则"**可能提供中共重提台湾会员(WTO成员)地位定位的机会**"![51]"将两岸问题搬到国际机构中处理,有时反而可能会增加其困难度",妄图借此迫使中国政府"在国际注目下放弃对'一中原则'或'九二共识'的坚持,恐亦**不啻缘木求鱼**",而且"恐怕会出现难以收拾的局面"!因此,他们"劝告"和警告说:"台湾方面应当谨慎以对,不要轻率地将自己的转圜空间完全堵死"![52]

这些"劝告"或警告,似是隐隐约约,实为明明白白。所谓"重提台湾**会员地位定位**"问题,"出现**难以收拾的局面**",看来显然都是"**于法有据**"的!即在国际公法的基本原则——主权原则下,在WTO/GATT的现有条约准则和有关规则下,台湾地区当局如一意孤行,定要在"台独"走向之下,不择手段地滥用WTO争端解决机制,对中国的国家主权肆无忌惮地长期挑衅和肆意侵害,严重违反甚至破坏WTO的有关规则,那么,就难免有朝一日会被依法取消"单独关税区"和WTO成员资格,徒然自

---

[50] 参见中国对外经贸部石广生部长谈话,见《两岸先后加入世界贸易组织将为推动"三通"提供契机》,《人民日报》(海外版)2001年10月19日第3版。

[51] 参见姚思谦:《WTO机制无法解决两岸贸易争端》,载于台湾《中国时报》2001年11月17日。(见《参考消息》2001年11月19日。)

[52] 参见台湾《联合报》2001年11月14日社论:《正确定位WTO:经贸平台? 政治舞台?》,载《参考消息》2001年11月16日。

取其辱,自食苦果。看来,任何明智者都不会不希望避免当年被逐出联合国的历史重演于当今的"经济联合国"之中。

(五) 更新观念,接受挑战,善用 DSU/DSB 机制

如前文所述,种种迹象表明:两岸"入世"后,台湾地区当局"在 WTO 框架下",不但将继续推行其原有的把两岸经贸问题"政治化"的"既定方针",而且还图谋把 WTO 这一经济平台当作政治舞台,待机寻衅,特别是滥用 DSU/DSB 机制,制造"**国际争端**"假象,进一步把两岸经贸问题"外交化"和"国际化"。

有人认为,一旦台湾地区当局利用 DSU/DSB 机制,挑衅生端,则最佳的对应之方就是:置之不理!你奈我何?因为"泥鳅掀不起大浪"。反之,如果事事"应诉",就恰恰进了所设圈套,客观上扩大了和增强了其所追求的"国际轰动效应",一如当年"麻烦制造者"李登辉所言:"闹得愈大愈好。"

此种对策设想,不切合实际,似有不妥。这是因为:

第一,如前文提及,双方相继"入世"之后,两岸关系既是一个主权国家内部两个关税区之间的关系,又是世贸组织两个成员之间的关系。从国际公法上说,中国关税区与"中国台北"关税区,前者是**主权实体**和国家主体,后者则是**非主权实体**和国家主体下属的一个地区;而且按 WTO/GATT 规则,后者之获得"单独关税区"的资格,必须经由前者即它所隶属的主权国家提出倡议,发表声明,予以确认。[53] 单独设立关税区之后,一旦情势变更,前者还可随时通知有关国际组织,撤销后者的"单独关税区"资格。[54] 因此,两者的法定身份地位是显有不同的。但是,在这一前提之下,不能不看到:在世贸组织的现行体制之中,作为该组织的两个成员,其在该组织范围内所享有的权利和承担的义务,却是一视同仁的,并无轩轾之分。即使只是"单独关税区"成员,在其 WTO 成员身份**存续期间**,也享有与 WTO 其他任何国家成员完全相同的权利,包括完全相同的**诉讼权利**。

第二,单就 DSU/DSB 争端解决机制及其运行程序而言,任何一个 WTO 成员,包括"单独关税区"身份的成员,都享有同等的诉讼权利,都**有权**向另一成员,针对在后者境内发生的经贸争端,提出交涉,请求进行双边磋商。并同时将此事通知 WTO 中专设的"争端解决机构"DSB。被请求方成员应在收到此项请求后 10 天内作出答复,30 天内与请求方成员真诚地磋商,以求得解决。如被请求方置之不理,逾期不答

---

[53] 参见 GATT 1994 第 26 条第 5(a)、5(c)款。
[54] 参见 GATT 1994 第 26 条第 5(b)款。

或逾期仍拒绝磋商,则请求方即起诉方(complaining party)**有权**直接向 DSB 请求设立专家组(panel),以受理和审议本案。[55] 特别值得注意的是:

第三,"如起诉方提出请求,则专家组应最迟在此项请求首次作为一项议题列入 DSB 议程的会议之后的下一次 DSB 会议上设立,除非在此次会上 DSB 经**协商一致决定不设立**专家组。"[56] 专家组成立之后,必须在规定的"审限"内(最长不超过 9 个月),就其职权范围,针对有关争端进行调查和审议,并根据调查结果写出审结报告,以协助 DSB 就有关争端向当事人提出建议,或作出裁决。[57]

紧接着,DSB 应迅速将此项专家审结报告散发给 WTO 的全体成员,广泛征求评论意见。然后,"在向各成员散发专家报告后 60 天内,该报告应在 DSB 会议上通过,除非某一当事方向 DSB 正式通报其上诉的决定,或者 DSB 经协商**一致决定不通过该报告**。如某一当事方已通知 DSB 决定上诉,则在上诉程序终结以前,DSB 不审议通过该专家组报告。"[58]

上诉机构受理案件后,必须在规定"审限"(最长不超过 90 天)内审结,并将审结报告呈交 DSB,同时散发给 WTO 全体成员广泛征求评论意见。"上诉机构报告应由 DSB 通过,争端各方**应无条件接受**,除非在报告散发各成员后 30 天内,DSB 经协商**一致决定不通过该报告**。"[59]

上述专家组审结报告或上诉机构审结报告经 DSB 通过之后,即由后者监督执行审结报告中所提出的建议内容或裁决内容。[60]

由上述 DSU/DSB 争端解决机制运作程序概况中,可以看出几个关键要点,不容忽视:(1) 运作程序追求高效率、透明度、公开性、多边性,而且在程序进展中步步相连,环环相扣,相当细密,不留下任意拖延的空间。(2) 强调经 DSB 通过后的审结结论就是终局性裁断,具有很强的法律约束力和执行力,"争端各方应无条件接受"。否则,就会受到相应的经济制裁。(3) 特别值得注意的是:DSB 在设立专家组、通过专家组审结报告或上诉机构审结报告时,采取了十分特殊的"**反向协商一致**"(negative consensus)的表决方式,即"一致反对,才能否决",或"一票赞成,即可通过"。具体言之,在任何缔约方向 DSB 起诉,请求成立专家组调查争端时,除非 DSB 全体成员一致决定予以驳回,就应同意该投诉缔约方的请求,及时设立专家小组,进

---

[55] 参见 DSU 第 4 条第 2 款、第 3 款、第 7 款。
[56] 参见 DSU 第 6 条第 1 款。
[57] 参见 DSU 第 7 条。
[58] DSU 第 16 条第 4 款、第 15 条第 2 款、第 16 条第 1、2 款。
[59] DSU 第 17 条第 14 款、第 5 款。
[60] 参见 DSU 第 21—23 条。

行调查。在专家小组（相当于一审机构）或上诉机构（相当于二审机构）向DSB提交调查处理报告之后，除非DSB全体成员一致决定不予采纳，就应及时同意通过该项审结报告，并责成各有关当事方无条件地接受有关的建议，或履行有关的裁决。否则，违反DSB决定的当事方（通常就是败诉方）就会受到相应的各种制裁或报复。[61] 简言之，DSB在处断争端过程中实行这种新的决策原则，实际效果就是：只要起诉方或潜在的胜诉方在DSB会议上坚持通过专家组或上诉机构正式认定的请求，就会实现"一票赞成，即可通过"的结局。

显而易见，在这样的程序规则下，如果涉讼的被诉方对于起诉方提出的指控和挑衅，不积极应诉和答辩反驳，而只是消极地"**置之不理**"，则纵使是"恶人先告状"（即被诉方实是一向守法循规的正派成员，起诉方却是违法牟利的邪恶成员），也无法阻止争讼程序的不断进行；而且，实为受害人的被诉方无异于自动放弃了依法反击、据理力争、澄清迷雾、以正胜邪的权利。其影响所及，就极可能造成专家组—上诉机构—DSB层层偏听偏信，错裁错断，从而出现"好人吃亏受屈，坏人趾高气扬"的**冤案结局**。

因此，中国"入世"后，一旦面对任何横逆"原告"，包括居心叵测和别有用心的"中国台北"原告，从而被迫当了"被告"，就必须在认识上摆脱一些习惯的误区，诸如"置之不理，你奈我何"[62]、"对簿公堂，岂不跌份"、"坐上被告席，有理矮三分"[63]等，必须彻底**更新观念**，发扬"君子讼以止讼"[64]的优良传统和古训，敢于和善于运用DSU/DSB机制的现行规则，积极应诉，从容对付，挫败一切不法图谋。

四、几点结论

（一）中国"入世"后，面对台湾地方当局把两岸经贸问题"政治化""外交化"和

---

[61] 指可以针对既不遵守WTO规则又不服从DSB处理决定的缔约成员方采取歧视性措施，暂停给予有关协定项下的各种关税减让或其他各种优惠待遇。参见DSU第3条第7款。

[62] 改革开放以来，曾有多起涉外案件由外国法院或仲裁机构受理，作为被诉人的中国企业对境外发来的起诉状、仲裁申请书和开庭通知，往往置之不理，以为"尔其奈我何"。到头来，受到"缺席判决"或"缺席裁决"，拿到的是偏听偏信、颠倒黑白的判决书或裁决书，吃了大亏。此类教训，值得吸取。

[63] 在当代法治国家的多种"案例汇编"中，儿子告老子、晚辈告前辈、部属告上司之类的民事诉讼，民告官、公司告政府、下级部门告上级部门、地方当局告中央政府之类的行政诉讼，简言之，不同身份者对簿公堂，可谓"家常便饭"，屡见不鲜，"辈分""身份"较"高"者，从无所谓"跌份"问题；在社会心态上，也都形成了共识：原告未必有理，被告未必无理；谁笑在最后，谁笑得最美！

[64] 此语曾有多种理解，其中一解是指守法人士一旦被迫当了被告，就应通过积极参加诉讼，澄清是非，打击抢先告状的恶人，从而使社会正义与守法观念深入人心，达到制止"恶人先告状"的现象再现，减少和止息不应有和不必要的诉讼。

"国际化"的新图谋和新行径,其可行的防治途径,似可粗略列出以上五种。其所以"可行",指的是它们都符合WTO本身的基本"游戏规则"。但是相比较而言,其可行之时机条件和轻重缓急,又各有不同。

(二)就组建我国四地自由贸易区而言,此径虽是"双赢互利"之首选,但在台方僵持无理立场的现实情况下,条件似未成熟,尚需待之来日。就援用"安全例外"条款或"互不适用"条款而言,尚存在许多程序上的碍难和解释上的变数,既不易实现也不宜轻易尝试。就重新审定"中国台北"关区地位和WTO成员资格而言,衡之中国政府对台湾地区当局一再宽容等待、力求做到仁至义尽的一贯政策,非到忍无可忍,看来一时不会轻易动用此种"猛剂",出此"杀手锏"。因此,相形之下,最为可循的常规常法,乃是更新观念,善用DSU/DSB机制,从容对应,变被动为主动。

(三)要善用DSU/DSB机制,就不但要加强学习,熟谙其中的一切**程序**运作规则体系,洞悉其中的环环相扣和首尾呼应的机变诀窍,而且要加强学习,熟谙WTO多种多边协定浩繁的**实体**规则体系,全面掌握其中各种权利义务的交错互动。此外,还要回顾研究GATT的**历史实践**,熟知其在先前**案例**中向来"在商言商而不言政"和坚持"**政经分离**"的处断原则和习惯做法,随时加以援引论证。诚能如此,则不难做到充分利用WTO/DSU/DSB国际论坛,强化国际社会的"一个中国"共识,挫败对方将两岸经贸问题和经贸争端"政治化""外交化"和"国际化"的一切不法图谋。

(四)在当代法治国家的多种"案例汇编"中,儿子告老子、晚辈告前辈、部属告上司之类的民事诉讼,民告官、公司告政府、下级部门告上级部门、地方当局告中央政府之类的行政诉讼,简言之,不同身份者对簿公堂,可谓"家常便饭",屡见不鲜,"辈份""身份"较"高"者,从无所谓"跌份"问题;在社会心态上,也都形成了共识:原告未必有理,被告未必无理;谁笑到最后,谁笑得最美!

(五)"君子以讼止讼"此语曾有多种理解,其中一解是指守法人士一旦被迫当了被告,就应通过积极参加诉讼,澄清是非,打击抢先告状的恶人,从而使社会正义与守法观念深入人心,达到制止"恶人先告状"现象再现,减少和止息不应有和不必要的诉讼。

第 20 章 世纪之交在经济主权上的新争议与"攻防战":综合评析十年来美国单边主义与 WTO 多边主义交锋的三大回合[*]

▶▶ 内容提要

在经济全球化加速发展的条件下,各国经济主权的原则和观念是否应当弱化和淡化? 这是当代国际论坛上颇有争议的一大理论问题。本章以 WTO 体制运作十年来美国单边主义与 WTO 多边主义交锋的三大回合作为中心,综合评析美国"1994 年主权大辩论"、1998—2000 年"301 条款"争端案以及 2002—2003 年"201 条款"争端案的前因后果和来龙去脉,指出这三次交锋的实质,都是美国经济"主权"(经济霸

---

[*] 本文部分内容约 1.5 万字,最初以《美国 1994 年的"主权大辩论"及其后续影响》为题,发表于《中国社会科学》2001 年第 5 期。随后,全稿约 4.75 万字,题为《世纪之交围绕经济主权的新"攻防战"——从美国的"主权大辩论"及其后续影响看当代"主权淡化"论之不可取》,发表于《国际经济法论丛》第 4 卷。2002—2003 年世界贸易组织中发生举世瞩目的"201 条款"争端案,美国在 2003 年 7 月"初审"中"败诉"后,笔者根据当时案情发展,结合过去研究心得,撰写了英文稿"The Three Big Rounds of U. S. Unilateralism Versus WTO Multilateralism During the Last Decade: a Combined Analysis of the Great 1994 Sovereignty Debate, Section 301 Disputes (1998-2000), and Section 201 Disputes (2002-2003)"[《十年来美国单边主义与 WTO 多边主义交锋的三大回合:综合剖析美国"主权大辩论"(1994)、"301 条款"争端(1998—2000)以及"201 条款"争端(2002—2003)》,全文约 6.5 万字],发表于美国 *Temple International & Comparative Law Journal*, Vol. 17, No. 2, 2003(《天普大学国际法与比较法学报》2003 年第 17 卷第 2 期),并将其中部分内容摘要改写为中文稿《美国单边主义对抗 WTO 多边主义的第三回合——"201 条款"争端之法理探源和展望》(约 2 万字),发表于《中国法学》2004 年第 2 期。英文稿发表后,引起国际人士关注。2003 年 11 月,美国在"201 条款"争端案"再审"(终审)中再度败诉。笔者应总部设在日内瓦的"South Centre"("南方中心",众多发展中国家缔约组建的政府间国际组织,被称为发展中国家的"智库",中国是其成员国之一)约稿,又结合本案终审结局,将上述英文全稿再次作了修订增补,由该"中心"作为"T. R. A. D. E. Working Papers 22"("贸易发展与公平"专题工作文件第 22 号),于 2004 年 7 月重新出版单行本,散发给"南方中心"各成员国理事以及 WTO 各成员常驻日内瓦代表团,供作决策参考;同时,登载于该"中心"网站上(http://www.southcentre.org/publications/workingpapers/paper22/wp22.pdf),供读者自由下载。以上相继发表的各篇中英双语论文,旗帜鲜明,见解独到,旁征博引,资料翔实,论证严谨,在国内外学术界获得广泛好评。2004—2006 年,本系列论文先后获得中国省部级科研优秀成果奖一等奖三次,国家级科研优秀成果奖二等奖一次(详见本书第七编第 4 章"陈安论著、业绩获奖一览(以倒计年为序/2016—1960)")。现将上述各篇文章的内容重新综合整理,辑入本书,列为第一编第 20 章和第 21 章。

权)与各国群体经济主权之间限制与反限制的争斗;都是植根于美国在1994年"入世"之初就已确立的既定方针:力图在"入世"之后仍然推行其单边主义政策,以维护和扩大其既得的经济霸权,可以随时背弃其在WTO体制中承担的多边主义义务。

上述既定方针,是美国"1994年主权大辩论"得出的结论,它标志着在这第一回合大交锋中美国单边主义的胜利和WTO多边主义的败北。其后,在第二回合的大交锋中,审理"301条款"争端案的专家组执法不公,以模棱两可、"小骂大帮忙"的方式偏袒美国,实际上导致美国单边主义的再度获胜和WTO多边主义的再度败北。在第三回合的大交锋中,经过"两审"结案,美国终于在2003年11月败诉,这虽然标志着美国单边主义的初步败北,固属可喜,但是充其量,只能把它视为十年来WTO多边主义此前两次事实上"败北"之后的"初度小胜",对其发展前景,实在不宜过度乐观。因为,美国总统在"201条款"争端案中败诉之后发表声明,对上述既定方针毫无改弦易辙之意,足见祸根未除,"病根"仍在,故其单边主义的霸权顽症可能随时复发,WTO多边主义仍然前途多艰,可谓"庆父不去,鲁难未已"。鉴此,善良的人们不能不经常保持清醒,增强忧患意识,随时谨防美国单边主义大棒之卷土重来和再度肆虐。

另一方面,"201条款"争端案中WTO多边主义之初度小胜,端赖与美国对垒的22个主权国家敢于和善于运用掌握在自己手中的经济主权,与经济霸权开展针锋相对的斗争。可见,所谓WTO正式运转之后,有关国家经济主权的原则和概念应当日益"淡化""弱化"云云,此类说词,至少是不符现实、不够清醒的,也是很不可取的;至于美国权威学者鼓吹经济主权"过时"论云云,则显然是居心叵测的理论陷阱,对此,不能不倍加警惕!

>> 目 次

一、新争议的缘起:乌拉圭回合与世贸组织
二、新争议在美国的折射:"1994年主权大辩论"
　(一)主权观念已经"过时"应予"废弃"论
　(二)美国的"主权"(既得霸权)应予捍卫论
　(三)美式"主权废弃"论与美国"主权捍卫"论的"矛盾"与"统一":美国单边主义
　　　(美国霸权)的初胜与WTO多边主义(他国群体主权)的初败
三、美国的"主权大辩论"与美国的"301条款"
　(一)"301条款"是美国的霸权立法
　(二)美国"主权大辩论"的首要结论:美国的霸权立法"301条款"不许改变

四、美国"主权大辩论"的后续影响之一:"301条款"争端案
    (一)美国"301条款"引发的欧—美经济主权争讼案:缘由与前奏
    (二)美国"301条款"引发的欧—美经济主权争讼案:指控与抗辩
    (三)WTO/DSB专家组对本案经济主权争讼的裁断:美国单边主义(美国霸权)的再度获胜与WTO多边主义(他国群体主权)的再败
    (四)本案专家组裁断留下的执法形象
    (五)本案专家组裁断留下的疑窦与隐患

五、美国"主权大辩论"的后续影响之二:"201条款"争端案
    (一)"201条款"争端案的起因
    (二)"201条款"争端案的"初审"结论
    (三)"201条款"争端案的"终审"结论
    (四)对"201条款"争端案结局的客观评价:WTO多边主义(他国群体主权)两败之后的小胜与美国单边主义(美国霸权)的"依然故我"

六、美国"主权大辩论""301条款"争端案以及"201条款"争端案之宏观小结:庆父不去,鲁难未已!

    时序更新,人类社会开始步入21世纪。在新、旧世纪交替之际,国际社会经济全球化加速发展,各国间互相依存关系加速深化,号称"经济联合国"的"世界贸易组织"(以下简称"世贸组织"或WTO)正式成立并已运行十年。在这种新的宏观背景下,各国的主权藩篱是否正在加速撤除,或应该加速撤除?经济主权的原则和观念是否已显陈旧,并且正在弱化和淡化,或应该弱化和淡化?——这是当代国际社会中出现的新的现实问题,也是摆在国际论坛上颇有争议的一大理论问题。

    这个现实问题和理论问题,涉及当代国际经济交往、国际经济关系的许多层面,而在1994—2004年这十年中,则比较集中地、比较典型地体现在如何对待世贸组织这个问题上。

    兹以简介WTO体制引发的美国"1994年主权大辩论"作为切入点,概述WTO多边体制与美国单边主义(unilateralism)[1]的重大冲突,以及此种冲突导致的欧共体—美国争讼等重大案件,剖析1994—2004年这十年中围绕着国家经济主权问题的"攻防战"的来龙去脉,并从中探讨它们对全球众多发展中国家的重大启迪。

---

    [1]"单边主义"(unilateralism)实质上含有自私自利、我行我素、刚愎自用、一意孤行、专横独断等多重意义。它是"多边主义"(multilateralism)的对立面。《WTO协定》是一项全球性的多边国际条约,依据这个国际条约建立起来的全球性多边贸易体制,提倡全体成员互利互惠、互相尊重、平等协商、民主决策、恪守协议,可概括地称之为"多边主义"。

这场新的"攻防战"之所以值得重视,不但因为它涉及国家经济主权原则这一重大理论问题,而且因为它首先"爆发"于第一世界"超强"国内,继而主要交锋于第一世界与第二世界之间,而其影响和启迪,则广泛地普及于广大的第三世界,因而突显出它具有全球性的重大意义。

一、新争议的缘起:乌拉圭回合与世贸组织

如所周知,世贸组织是经济全球化加速发展的产物。成立这个世界性组织的必要前提或必经程序,是缔结多边国际条约,即由各个主权国家和若干单独关税区在平等、自愿、互惠、互利的基础上,通过谈判磋商,协调各方意志,达成共识,签订"一揽子"[2]的多边国际条约,制定对参加缔约各方都具有法律约束力的国际行为规范和行动准则,共同遵守。对于每个主权国家说来,参加缔约是为了获得某些经济权益,而按照权利义务对等和平衡的原则,在获得经济权益的同时,又必须承担相应的经济义务,接受某些约束,这就意味着各缔约国都同意对自己原先享有的经济主权权力或权利,加以一定范围和一定程度的自我限制。但是,由于各国国情不同,利害得失不一,甚至互相矛盾,因此在谈判磋商过程中,要求在何种范围、何种程度上限制他国的经济主权,愿意在何种范围、何种程度上限制本国的经济主权,就成为讨论和争执的核心和焦点。

世贸组织号称"经济联合国",1986—1994年参加缔约谈判的多达125个成员方,各方国情不一,要求不同,所涉及的各类国际经贸往来问题又空前广泛,要使如此大量、如此多样的缔约成员在如此广泛的问题上协调一致,达成共识,当然障碍重重,步履维艰。不过,耗时八年之久的乌拉圭回合谈判,各方外交家们纵横捭阖,折冲樽俎,讨价还价,尽管其形式多样,但归根结底,却始终集中于和围绕着同一个核心:在国家经济主权问题上,进行着限制与反限制的争斗、妥协和合作。而乌拉圭回合终于取得缔约成果,世贸组织终于正式成立并运行十年以来,新一轮的大争斗又已在酝酿和兴起之中,争斗的核心依然还是各国之间、各类国家之间在经济主权上的限制与反限制问题。

深入地观察和了解近年来围绕着国家经济主权问题展开的纷繁复杂争斗的全貌,自非易事。但是,如果寻找和选择一个恰当的"切入点",通过"解剖一只麻雀",

---

[2] 指缔约各方就多个领域、多种议题开展谈判,并应同时全盘接受谈判达成的所有协议,不得只从中选择接受部分协议而拒绝接受其他部分协议。详见《世界贸易组织协定》第2条第2款。

析微知著,从中粗略地了解有关争斗的大体脉络和轮廓,则是可以做到的。这只"麻雀",就是在《世界贸易组织协定》(以下简称《WTO协定》)谈判后期和签署、批准前后这段期间里,在美国国内"爆发"的一场有关国家经济主权问题的论战。可以说,这场论战乃是国际社会上有关国家经济主权限制与反限制争斗的一种反映、一种"折射"。

二、新争议在美国的折射:"1994年主权大辩论"

(一) 主权观念已经"过时"应予"废弃"论

1989年间,美国的国际公法"权威"教授路易斯·汉金(Louis Henkin)在海牙国际法研究院(Hague Academy of International Law)发表系列演讲,针对国际公法上的若干重大问题,回顾和重新审议传统的观念,论证当代的最新发展。他特别提到,国际公法在二战以后的"冷战"期间,经历了拥有核武器的两个超级大国的长期对峙,也经历了第三世界发展中国家的纷纷崛起。长期以来,"主权"一词被误引滥用(misconceived invocation of "sovereignty"),阻碍了国际公法的现代化和健康发展。[3] 汉金认为,"主权"一词到处充斥泛滥,其根源在于它"不幸地"被人们曲解了。他扬言:"'主权'是个有害的字眼,这不仅是因为它一向效劳于各种可怕的国家神话,而且因为在国际关系中,甚至在国际公法中,它往往成为一种时髦用语,取代了深思熟虑和谨慎行事"[4];因此,他强调:"对于国际关系来说,特别是对于国际公法来说,主权一词在很大程度上肯定是没有必要的,最好避免使用";他甚至鼓吹:"我们该把主权一词作为旧时代的残余遗物(relic)摆放到历史的陈列架上去。"[5]

20世纪90年代初,苏联解体,"冷战"结束,美国成为全球唯一的超级大国。汉金认为,值此将要进入21世纪的转折时期,国际公法必须对业已发生变化的"世界秩序"(world order)作出新的回应,国际社会应当敏锐地抓住新的时机,克服"旧秩序"留下的各种障碍(old order obstacles),进一步改善国际公法。[6] 这段话的弦外之音,显然是指:苏联解体和"冷战"结束后,国际的实力对比发生了有利于美国的重大变化,应当抓住大好时机,努力清除国际公法上传统的、体现了"旧秩序"的主权观

---

[3] See L. Henkin, *International Law: Politics and Values*, Martinus Nijhoff Publishers, 1995, pp. xi, 1-2.
[4] Ibid., p. 8. (本文以下各处摘引文字中的"黑体",均由引者标出。)
[5] Ibid., p. 10.
[6] Ibid., p. 2.

念,好让霸权主义者所鼓吹的"主权过时"论,在全球通行无阻。

1993年5月,正当乌拉圭回合谈判紧张进行,各国、各类国家经济主权之争如火如荼之际,汉金教授又专门发表了《关于主权的神话》一文,针对数年来弱小国家在许多方面坚持独立自主、不肯俯首听命于超级大国的现象,进行了猛烈的抨击。其主要论点如下:

> 在政治空气中,弥漫着大量的"主权"空谈,它往往污染了政治空气……"主权"一词,被用以说明国家的独立自主(autonomy),说明在制定[国际]法律规范和建立各种体制时,必须得到国家的同意。"主权"一词,被用以论证和界定各国的"私事",各国的政治独立和领土完整,各国的权利及各国人民的权益不受干涉,各走自己的路。但是,主权一词也已经发展成为有关国家庄严和强盛的一种神话,这种神话曲解了主权这一概念,散布迷雾,模糊了其真实含义和价值所在。这种神话往往是空话连篇,并且有时对人类的各种价值观念起着破坏性的作用。例如……我们至今仍然时常听到有人主张一个主权国家不能同意接受某些国际准则(international norms)的约束,诸如,有关人权的国际准则,或有关经济一体化的国际准则(如在欧洲)。更加常见的是,"主权"一词一直被援引来抗拒各种"入侵干预"措施("intrusive" measures),不肯按照各种国际义务——人权义务或武器控制协议义务,接受监督控制。……是时候了,应当把主权[的神话]带回现实尘世,加以审查、剖析,重新构思这个概念,恰如其分地削减其范围,取出其规范性的内容,加以重新包装,甚至重新命名。汉金的结论是:应当"废弃这个"S"字!"[7]

汉金这段"高论",当然不是无的放矢的"空谈"。其立论的现实主旨,显然在于为美国在国际上推行的各种"大棒"政策张目,便于美国在全球打着"人权高于主权""防止和控制大规模杀伤性武器扩散高于主权""经济一体化高于经济主权"之类的旗号,推行其新干涉主义、新炮舰主义和新殖民主义。其矛头所向,当然包括20世纪80—90年代一切不愿屈服于美国政治霸权和经济霸权的弱小民族。这种理论,在美国国内,当时是一片附和声,鲜见异议。美国国际法学会并将汉金的这种高论,作为一篇"新闻信札"(newsletter)及时地广为散发、宣传。

然而,历史很会嘲弄人。仅仅时隔年余,美国国内就"爆发"了一场有关美国可

---

[7] (Away with the "S" word!) Louis Henkin, The Mythology of Sovereignty, ASIL, Newsletter, March-May,1993, pp.1-2. "S"是英文"主权"(sovereignty)一词的第一个字母。此处意指"应当废弃'主权'一词!"如予连读,则有"扔掉这把利剑(sword)吧!"的双关含义。

否放弃自己的"主权"的大辩论,许多美国的学者和政客纷纷强调美国切不可轻易全盘接受作为乌拉圭回合谈判成果的《WTO协定》的法律体制,特别是其中的争端解决机制,以免美国自己的经济决策主权受到削弱、侵害、毁损或剥夺。于是,汉金极力主张予以"废弃"的主权观念,又被许多美国学者"捡"了回来,郑重其事地进行新的"论证"。

(二) 美国的"主权"(既得霸权)应予捍卫论

作为美国政府外贸国策的主要顾问之一,约翰·杰克逊(John H. Jackson)教授当时曾亲身经历这场全国性大辩论,并两度出席美国参议院财政委员会、外交委员会举办的公听会,发表"证词"。据他事后撰文[8]评介,当时这场辩论的缘由和要点大体如下:

1986年启动、历时八年的"乌拉圭回合谈判",终于在1994年4月15日落幕,各成员方代表签署了《乌拉圭回合多边贸易谈判成果最后文本》和《WTO协定》。作为1947年《关税及贸易总协定》(以下简称"GATT")的继续和重大发展,WTO的主要改革之一,在于建立了一套新的争端解决机制,弥补了GATT原争端解决机制的"先天缺陷"(birth defect)。

根据GATT第22、23条及其后续补充、修订文件的有关规定,各缔约成员政府之间发生国际贸易争端,应自行协商解决;如当事各方在一定期间内经反复协商仍不能达成圆满的解决办法,则可将有关争端问题提交缔约方全体(Contracting Parties)研究处理。一般的做法是:由缔约方全体指定中立的专家小组(panel)认真调查有关事实,并以GATT的有关规则作为准绳,提出处理建议,报请缔约方全体审夺。后者经讨论通过,应向有关当事方提出相应建议,或作出相应裁决,要求当事方加以执行。但是,在缔约方全体大会或在其闭会期间举行的"代表理事会"(Council of Representatives)上,多年来一向实行"协商一致"(consensus)[9]的决策程序,即与会者全体一致同意才能通过,致使争端中的被诉方或潜在的败诉方可以尽力设法阻挠大会或理事会达成全体一致的决议或决定,从而在实际上造成"一票否决"的后果,导致GATT的整个争端解决机制显得低效和软弱。

---

[8] See John H. Jackson, The Great 1994 Sovereignty Debate: United States Acceptance and Implementation of the Uruguay Round Results, *Columbia Journal of Transnational Law*, Vol. 36, Special Double Issue, 1997, pp. 157-188.

[9] 在《WTO协定》第9条的一项注解中,就"consensus"一词的特定含义作了专门解释:"在某一事项提交会议作出决定时,只要与会缔约成员代表中无人正式表示反对,就视为该有关机构已经以一致同意(consensus)作出决定"。

有鉴于此,《WTO 协定》的缔约各方在总结 GATT 实践经验的基础上,达成了《关于争端解决规则与程序的谅解书》(Understanding on Rules and Procedures Governing the Settlement of Disputes,以下简称 DSU 或《谅解书》)。其中规定:设立"争端解决机构"(Dispute Settlement Body,DSB),它实际上是 WTO 总理事会(General Council)以不同名义召开的会议,由它全权处断争端。DSB 有权"设立专家组,采纳专家组和上诉机构报告,监督裁决和建议的执行,以及授权暂停适用有关协定项下的关税减让和其他义务"[10]。尤其重要的是,在 DSB 中,彻底改变了 GATT 实行多年的上述"协商一致"的程序,转而采取"反向协商一致"(negative consensus)的决策原则,即"一致反对,才能否决",或"一票赞成,即可通过"。具体言之,在任何缔约方向 DSB 投诉,请求成立专家组调查争端时,除非 DSB 全体成员一致决定予以驳回,即全体一致决定不设立专家小组,否则,就应同意该投诉缔约方的请求,及时设立专家小组,进行调查。在专家小组(相当于一审机构)或上诉机构(相当于二审机构)向 DSB 提交调查处理报告之后,除非 DSB 全体成员一致决定不予采纳,就应及时同意通过该项审结报告,并责成各有关当事方无条件地接受有关的建议,或履行有关的裁决。[11] 否则,违反 DSB 决定的当事方(通常就是败诉方)就会受到相应的各种制裁或报复。[12] 简言之,DSB 在处断争端过程中实行这种新的决策原则,实际效果就是:只要受害的申诉方或潜在的胜诉方在 DSB 会议上坚持经过专家小组或上诉机构正式认定的正当请求,就会实现"一票赞成,即可通过"的结局。

由此可见,WTO 的争端解决机制远较 GATT 的原有机制强硬和高效,这种争端解决机制如能确保正常地运作,对于那些经济实力强大的缔约成员,特别是其中的超级大国,无疑是一种比较有力的约束。因为它们在国际贸易中,往往因"财大"而"气粗",按民族利己主义和霸权主义行事,造成对弱国贸易利益的重大损害;而实施上述争端解决新机制之后,一旦再遇到受害方投诉,像美国这样的超级贸易大国就难以再依仗其经济强势和借助于过去实行的"协商一致"原则,随心所欲地阻挠和逃避任何制裁。

上述这种新的争端解决机制乃是整个《WTO 协定》体制中一个不可分割的组成部分,1994 年 4 月 15 日美国谈判代表在该"一揽子"协定上签署之后,政府主管部门将它呈交美国国会审议批准。紧接着,美国国会两院针对《WTO 协定》的全套规定举行了一系列的听证会和全会。在此期间,许多议员对乌拉圭回合的谈判成果横加

---

[10] 《谅解书》第 2 条第 1 款。
[11] 参见《谅解书》第 6 条第 1 款、第 16 条第 4 款、第 17 条第 14 款。
[12] 指可以针对既不遵守 WTO 规则又不服从 DSB 处理决定的缔约成员方采取歧视性措施,暂停给予有关协定项下的各种关税减让或其他各种优惠待遇。参见《谅解书》第 3 条第 7 款。

指责,认为批准接受《WTO协定》就是"违宪"行为,因为它"侵害了美国的主权",其主要论据之一,就在于担忧接受新争端解决机制之后,势必会"毁损、剥夺美国的主权"。持此种观点的议员,不妨称之为"主权担忧派"。另一些议员针对上述观点加以反驳,认为接受WTO体制,包括其中不可分割的争端解决机制,完全无损于美国自己的主权。持此种观点的议员,不妨称之为"主权自信派"。国会内两派议员的激烈争论,经过广播、电视、报刊等各种媒体炒作,多种学术性和商务性公开论坛也纷纷卷入这场是非曲直之争,遂形成全国性的论战,杰克逊教授称之为"1994年主权大辩论"(the Great 1994 Sovereignty Debate),而1994年也就成了在美国具有"历史意义"的大辩论之年。[13]

杰克逊坦言,"参加或接受一项条约,在一定意义上就是缩小了国家政府行动自由的范围。至少,某些行动如不符合条约规定的准则,就会导致触犯国际法"[14];"反对派"之所以反对《WTO协定》中的争端解决程序,就因为它相当强硬严峻,不再允许单一国家(贸易大国)对专家小组的处断报告自由地实行抵制,拒不接受。[15] 因此,日后它势必对美国所追求的经济目标,对美国的对外经贸政策及其有关立法措施,产生约束作用和不利影响。对于WTO新争端解决机制如此神经过敏和疑虑重重(nervousness),正是反映了美国当局强烈希望留权在手,俾便日后在特定情况下,尤其是在"可能危及国家基本目标"的情况下,可以采取"灵活的"抵制措施,拒绝严格遵守国际条约规定的各项准则。[16]"许多国会议员担心授予WTO的决策权力是否会侵害到美国独立自主的最高决策权"[17];美国人经常关注的主要问题是:"美国这个国家难道应当承担义务,允许一个国际机构有权作出决策,对本国(或本国有关国际经济关系的主张)施加影响,而不把这种权力保留在本国政府手中?"[18]"许多反对此项条约的人断言:WTO会危及美国的主权,因为许多决定可由WTO作出,并凌驾于美国法律之上"。[19] 据此,杰克逊反复强调指出:1994年美国这场有关维护本国"主权"的全国性大辩论,其实质和关键就在于权力分配问题(questions about the allocation of power),即决策权力如何在国际机构与美国政府之间恰如其分地分配的问题。[20]

---

[13] See J. Jackson, The Great 1994 Sovereignty Debate, supra note 8, pp. 169-170.
[14] Ibid., p. 172.
[15] Ibid., p. 177.
[16] Ibid., p. 175.
[17] Ibid., p. 174.
[18] Ibid., p. 179.
[19] Ibid., p. 173.
[20] Ibid., pp. 160,179,182,187-188.

在这场全国性的主权问题大辩论中,杰克逊教授曾于 1994 年 3 月 23 日以美国对外贸易代表公署总顾问的身份,出席参议院财政委员会公听会发表证词。除缕述 WTO 体制的来龙去脉之外,他还针对美国国内有关"接受 WTO 体制会损害美国主权"的反对派见解,作了如下的解释和"澄清":

> 关于 WTO 体制的效果及其对美国法律的各种影响作用,存在着某些思想混乱。几乎可以肯定:就像美国国会处理最近几项贸易协定的情况一样,WTO 和乌拉圭回合订立的各项条约并不会自行贯彻在美国法律之中,因此,它们不能自动地变成美国法律的一部分。同理,WTO 专家小组争端解决程序作出的结论也不能自动地变成美国法律的一部分。相反,通常是经过美国国会正式立法,美国才必须履行各种国际义务或执行专家小组报告书作出的结论。一旦美国认为问题十分重要,以致明知自己的某种行为可能不符合自己承担的国际义务,却仍然有意地违背有关的国际性规范准则(international norms),那么,根据美国的宪法体制,美国政府仍然享有如此行事的权力。这种权力能够成为事态发生严重错误时的重要抑制力量。当然,这种权力不宜轻易动用。[21]

杰克逊教授上述这段"证词"给当时的议员们以及其后的所有读者们至少提供了以下信息,证实了以下几条"美国信念":

第一,美国在参加缔结任何国际条约时,一贯把本国利益以及维护本国利益的美国"主权"和美国法律,放在首要地位。

第二,美国参加缔结的国际条约,其中所规定的各种国际行为规范和行为准则,以及美国所承担的国际义务,通常都必须通过体现美国"主权"的主要机构——美国国会加以审议、批准和立法,才能转变成为美国国内法律的一部分,才能在美国贯彻实施。

第三,一旦美国认为有必要采取某种措施、行动来"维护"本国的重大利益,它就"有权"自由行动,即"有权"不受国际行为规范和行为准则的约束,"有权"违背自己依据国际条约所承担的国际义务,自行其是,我行我素。这种权力,就是美国的"主权",就是美国在任何国际"权力分配"过程中始终保留在自己手中的美国"主权"!

杰克逊教授所论证的这种美国"主权"信念,在当时 WTO"赞成派"中具有代表性。经过数月的全国性"主权大辩论","赞成派"的这种"主权"信念在全国范围内,特别是在国会内,逐渐占了上风,使大多数国会议员逐渐摆脱了 WTO"反对派"关于

---

[21] J. Jackson, Testimony Before the Senate Finance Committee, 23 March 1994, in *Legal Problems of International Economic Relations*, 4th ed., West Group, 2002, p. 223.

"主权"的担忧,进而确信即使加入WTO之后美国"主权"仍然牢牢掌握在自己手中,终于促使美国众议院和参议院在1994年11月29日和12月1日分别以288票:146票和76票:24票相继批准了《WTO协定》。

十分有趣的是:作为WTO"赞成派"和WTO"反对派"之间的一种"妥协",也作为当时的总统克林顿(民主党)与参议院多数派首领多尔(共和党)之间达成的一笔"交易",由后者出面,在投票前数日提议通过专门立法,建立一个法定的专门"委员会",由五名美国联邦法官组成,专门负责审查日后WTO争端解决机构通过的、不利于美国的各种专家小组报告书,评估和判断它们是否违反了四项特定标准,即:(1)是否逾越了授权范围或审理范围;(2)是否既不增加美国承担的WTO条约义务,也不减少美国享有的WTO条约权利;(3)办事处断是否公平公正,是否有专横武断或失职不端行为;(4)是否违反了应有的审查标准,包括针对反倾销问题设定的审查标准。经仔细审议评估之后,这个专门委员会应向国会报告审查结论。如果该专门委员会断定WTO争端解决机构通过的专家报告书违反了上述四项标准之一,且此类专家报告书在五年之内累计达到三份之多,则美国国会就应考虑作出决定,退出WTO这个全球性组织,自行其是[22](以下简称为"美式事不过三"原则或"美国败诉不过三"立法)。

这个专门立法,数年来正在由有关议员积极推动之中,并待机"击发"!杰克逊认为,这项立法建议本身,它的明确主张,以及它所设定的审查标准,全面地、十分鲜明地表露了WTO"反对派"对于美国"主权"可能受损的忡忡忧心。[23]

(三)美式"主权废弃"论与美国"主权捍卫"论的"矛盾"与"统一":美国单边主义(美国霸权)的初胜与WTO多边主义(他国群体主权)的初败

回顾和揣摩美国这场"主权大辩论"的前前后后,人们不禁深感纳闷:1989年至1993年期间,美国国际公法权威教授路易斯·汉金曾经一再鼓吹主权观念已经"过时",主张应该把它当作旧时代的残余"摆放到历史的陈列架上去";并且痛斥它是"有害的字眼",是"空谈",是"神话",应予根本"废弃"。当时这些高论在美国国内学界一向被奉为经典。何以转眼之间,到了1994年,美国国际公法的另一位权威教授约翰·杰克逊却把被汉金教授痛斥和"废弃"的主权"空谈"和"神话",恭恭敬敬地请

---

[22] See Gary Horlick, WTO Dispute Settlement and the Dole Commission, *Journal of World Trade*, Vol. 29, No. 6, 1995, pp. 45-48; John H. Jackson, The Great 1994 Sovereignty Debate: United States Acceptance and Implementation of the Uruguay Round Results, *Columbia Journal of Transnational Law*, Vol. 36, Special Double Issue, 1997, pp. 186-187.

[23] Ibid.

了回来,并且不惮其烦地详加论证?何以这种"空谈"和"神话"转眼之间又变成了美国国会议员们心目中的神圣不可侵犯的"神物"?

面对这一"难题",人们可以通过细读杰克逊教授事后撰写的一篇大作,从中获得启发。1997年,杰克逊教授在回顾和总结美国1994年这场"全国性主权大辩论"时,针对其前辈[24]"权威"汉金的前述立论,颇为委婉、但却十分明确地表示了异议。他提出:"在词语使用上,我的看法,可能有些显得与汉金教授的部分观点**恰恰相反**,特别是在他论及'该把主权一词作为旧时代的残余遗物摆放到历史的陈列架上去',或论及'应当废弃主权一词'的场合,我的看法截然相反……有目共睹的事实是:'主权'一词当今仍然在广泛地使用之中,在不同的场合,往往蕴含着不同的派生含义(sub-meanings)。"[25]因此,杰克逊教授主张应当把"主权"一词加以"**分解**"(decompose),以便**分别在不同的场合恰当地加以使用**。

这段委婉的言词初读似感有些"晦涩",但结合其上下文细加揣摩,便不难领悟到以下两点:

第一,汉金教授的主权观与杰克逊教授的主权观,貌似相反,实则相成:原来两位教授的用词遣句是**各有所指**:汉金教授主张应予"废弃"的主权,乃是专指不愿臣服于超级大国的弱小民族的主权,因为它们总是举着主权这面义旗,抵制超级大国的干涉主义和霸权主义;而杰克逊教授主张应予保护的"主权",乃是专指超级大国美国自身的"主权",因为打起"主权"这面堂皇的大旗,恰恰可以用来遮盖和掩护美国既得的霸权,从而抵制国际条约义务、国际行为规范和国际行为准则对美国的约束。一句话,两位美国教授对"主权"一词的看法确实是**一对矛盾**:汉金的"废弃论",乃是针对弱小民族主权的进攻之"**矛**",用以攻破弱小民族的主权藩篱和屏障,攫取新的霸权权益,多多益善;而杰克逊教授的"保护论",则是遮掩美国"主权"即既得霸权的护卫之"**盾**",不许既得霸权受损分毫!真可谓**功能不同,各有妙用**。看来,美国在国际社会中处事的"实用主义"和"双重标准",于此又是一大例证。

第二,由杰克逊加以阐释论证的上述美国式主权"信念",即参加WTO这一全球性多边体制之后,美国仍然"有权"不受多边主义的约束,仍然"有权"继续推行其单边主义的政策和法律云云,乃是美国国会当初终于批准《WTO协定》的**思想基础**和

---

[24] 1997年适值汉金教授80岁"大寿",美国哥伦比亚大学主办的《哥伦比亚跨国法学报》特邀请美国负有盛名的若干法学教授撰文,进行跨国法、国际法学术讨论,并汇辑成为纪念文集(festschrift)。杰克逊教授是被邀请撰文者之一,时年六十多岁。

[25] See John H. Jackson, The Great 1994 Sovereignty Debate: United States Acceptance and Implementation of the Uruguay Round Results, *Columbia Journal of Transnational Law*, Vol. 36, Special Double Issue, 1997, pp. 158-159.

理论前提,乃是美国参加WTO之初就已确立的既定方针和行动指南。可见,贯穿于上述这场"主权大辩论"全过程的美国单边主义(美国霸权)与WTO多边主义(他国群体主权)首度大交锋的结局,乃是前者的胜利,后者的败北!美国参加WTO之后,之所以不断地用美国的单边主义阻挠、冲击和破坏WTO的多边主义,其最主要和最新的思想理论根源,盖在乎此!

三、美国的"主权大辩论"与美国的"301条款"

其实,归根结底,究其本质,无论是WTO"反对派"忡忡担忧其"可能受损"的,还是WTO"赞成派"喋喋论证其"仍然在握"的,并**不是美国的经济主权**,而是美国的经济霸权。

在这方面,最明显的例证是美国贸易法规中所谓"301条款"的多年实践,以及美国国会在上述"大辩论"后作出的决定:坚持继续实施"301条款"。

(一)"301条款"是美国的霸权立法

"301条款"一词屡屡见于中外报端,人们耳熟能详,这是"美国贸易代表"[26]频频挥舞的一根用以威胁和压服外国贸易对手的"狼牙棒",充分体现了美国在国际贸易领域中的经济霸权。它原是1974年《美国贸易法》的第301条(Section 301),其后几经修订,扩充了内容,共计10条,习惯上仍统称为美国贸易法"301条款"(以下沿用此习惯统称),其核心内容是:如果美国贸易代表确认外国的某项立法或政策措施违反了该国与美国签订的贸易协定,或虽未违反有关协定,但却被美国单方认定为"不公平""不公正"或"不合理",以致损害或限制了美国的商业利益,美国贸易代表便有权不顾国内其他法律以及国际条约准则作何规定,径自依照美国贸易法"301条款"规定的职权和程序,凭借美国经济实力上的强势,采取各种单边性、强制性的报复措施,以迫使对方取消上述立法或政策措施,消除其对美国商业造成的损害或限

---

[26] United States Trade Representative,又译"美国贸易谈判代表",简称"USTR",由美国总统任命,参议院确认,具特命全权大使衔,原主司美国对外贸易谈判,1974年以后设公署于华盛顿,成为美国政府的常设机构,职权不断扩大:参与美国政府对外贸易决策;就对外贸易问题向联邦政府其他机构、部门发布政策指南;代表美国政府主持或参加各种对外贸易谈判;接受美商"投诉",保障美商对外贸易权益;执行"301条款",对外国贸易对手发起"侵权""违约"调查,决定采取报复行动或制裁措施等。

制,或提供能令美国官方和有关经济部门感到满意的赔偿。[27]

"301 条款"的主旨、要害和实际作用,就在于**单方自立**"公平"与否的"美式"标准,以**单方施加**"制裁"、实行报复作为恫吓或"惩罚"手段,迫使外国开放其国内市场。这一霸权立法及其实施,曾在国际社会中引起广泛谴责和抨击,因为这一美国国内立法显然背离了美国参加缔结的 GATT 这一多边国际条约的规定,以**单边自立标准、单边判断**和**单边施加**报复制裁,取代了 GATT 原有争端解决机制中的有关交由中立专家小组调查、审议后,报请 GATT 理事会审夺处断的**多边**原则,从而违背了美国承诺承担的国际义务。但是,"美国利益至高无上"以及"笑骂由他,厚利我自赚之",这乃是美国"实用主义"哲学在经贸领域的一贯体现,并由此导致国际社会中的正常贸易秩序时常受到美国"301 条款"的不当干扰。

试以中国"领教"过的三次"报复措施"和"经济制裁"为例:[28]

早在 1991 年 11 月,"美国贸易代表"即以中国未能对美商的知识产权给予"充分、有效"的保护以及未能对拥有知识产权的美商给予"公平"的市场准入机会,作为借口,将中国列为适用美国贸易法"301 条款"的"重点国家",并单方片面宣布了总值为 15 亿美元的对华"报复清单",后经双方反复磋商,终获合理解决。

1994 年 6 月 30 日,美方重施故伎,再次将中国列为"重点国家",同时提出许多直接干涉中国立法、司法和内政的苛刻要求,诸如:修改中国民法,缩短审限;修改民事诉讼收费规定,从廉收费;每周两次在国内大规模打击对美侵权行为,并向美国报告,直到美方满意为止;每季度"向美国政府报告"一次中国查处对美侵权的情况,等等。由于美方要求过苛,经 7 轮磋商,未能解决争端,美国遂于 1994 年 12 月 31 日单方面宣布了总值为 28 亿美元的对华"报复清单",妄图迫使中国就范。中国对此进行了针锋相对、有理有利有节的斗争:一方面,严正指出:美国采用单边报复手段对付其他国家贸易对手,显然违背有关国际公约、条约关于通过多边协商解决争端的原则规定,已经受到国际社会的普遍谴责;另一方面,根据《中华人民共和国对外贸易

---

[27] See Trade Act of 1974 § 301, 19 U.S.C. §§ 2411-2440 (1994); Sections 301-310 of the Trade Act of 1974, Report of the Panel, United States-Sections 301-310 of the Trade Act of 1974, Annex 1, WT/DS152/R,(22 December 1999), pp. 352-364, http://www.wto.org/english/tratop.e/dispu-e/wtds.152r.doc. 另参见张玉卿、关越:《美国贸易法 301 条款》,载《国际贸易》1992 年第 6—9 期;杨国华:《美国贸易法"301 条款"研究》,法律出版社 1998 年版,第 36—57 页。

[28] 参见《外经贸部公布拟对美贸易反报复清单》(1994 年 12 月 31 日)和《对外贸易经济合作部公告:中华人民共和国对美利坚合众国的贸易反报复清单》(1996 年 5 月 16 日),分别载《人民日报》1995 年 1 月 1 日第 2 版和 1996 年 5 月 16 日第 2 版;张月姣(中国对外经贸部条法司前司长):《中美知识产权磋商:背景和成果》,载《国际贸易》1995 年第 4 期,第 4—5 页。有关概况,可参见美国贸易代表公署编制的综合性一览表:Section 301 Tables of Cases(as of 9 August 1999), No. 301-386,PRC:Intellectual Property Protection;No. 301-388,PRC:Market Access;No. 301-392,China:Intellectual Property Rights(http://www.ustr.gov/reports/301 report/act301.htm)。

法》第 7 条的规定(即任何国家或者地区在贸易方面对中国采取歧视性的禁止、限制或其他类似措施的,中国可以根据实际情况对该国或该地区采取相应的措施),由中国对外经贸部公布"拟对美贸易反报复清单",其中规定:对若干种从美国进口的大宗产品,加倍征收关税;暂停从美国进口其他若干大宗产品;暂停与美方谈判若干大型合资项目;暂停美商在华设立投资公司的申请,等等;同时,明确宣布:"上述措施拟于美国正式执行对中国出口产品报复时生效"。眼看对华"报复""制裁"无法如愿以偿,且可能失去中国的广阔市场,美方有所"收敛",取消了原先坚持的若干苛刻要求,中美双方终于在 1995 年 2 月 26 日以"换文"形式达成"双赢"协议,避免了一场由美方挑起、一触即发的"贸易战"。

1996 年春夏之交,中美贸易争端又起,美方又片面单方宣布中国为"特别 301 条款重点国家",并宣布了总值为 30 亿美元的对华"报复清单",中国政府主管部门也再次郑重宣告:"为维护国家主权和民族尊严,……我国将不得不采取相应的反报复措施",含八项内容,并规定"以上措施将于美国对我出口产品报复措施生效时生效"。经过艰苦谈判,终于又在 1996 年 6 月 17 日达成了中美双方都可以接受的协议。这场新的"较量"再次证明:国家间的贸易纠纷,特别是大国之间的贸易纠纷,应该并且只能通过平等磋商求得公平合理解决,"单边报复"等恃强欺弱的做法,往往无济于事,无法得逞,徒显其蛮横形象而已。

有鉴于美国"301 条款"实质上乃是这个超级大国的单边霸权立法,严重背离了 GATT 的多边精神,因此,在 1986—1994 年的乌拉圭回合谈判中,绝大多数 GATT 成员,特别是许多"领教"过美国"301 条款"滋味的 GATT 成员,决心通过改革,强化前述 GATT 原有争端解决机制的约束力,以制止美国的刚愎自用和一意孤行(unilateralism,又译"单边主义""独断专行主义"),并且实现了 DSB 表决原则的前述改革更新。

但是,在美国贸易代表签署《WTO 协定》、并提交美国国会审议批准的过程中,却激起轩然大波,引发了"1994 年主权大辩论"。

(二)美国"主权大辩论"的首要结论:美国的霸权立法"301 条款"不许改变

在这场大辩论中,美国国会议员们却凭着训练有素的政治敏感,毫不含糊地坚持:决不许改变"301 条款",决不能改变该条款授权的美国贸易谈判代表的谈判地位和行政职能。其结果是:"除了在程序上稍作微小修订之外,301 条款仍然纹丝未动。"[29]美国专家指出:"这一法律条款,也许是1994年国会大辩论中有关主权的各种审议考虑中**最关紧要、首屈一指的政治主题**(the most important political bellwether)。"[30]

不难看出,美国的行政代表签署了WTO的国际协定,美国的立法当局却仍然坚持继续实施与《WTO协定》相左的"301条款",其实际效果无非是"脚踩两船,左右逢源":在美国与他国政府间发生国际贸易争端时,特别是当美国充当"被告"时,如果经由WTO的争端解决程序作出的结论或裁决有利于美国,美国就可以"胜诉方"的身份,"信守"国际条约,冠冕堂皇地表示赞同和接受此种结论或裁决;反之,一旦有关的结论或裁决不利于美国,使美国成了"败诉方",此时,它虽已不能再在WTO的DSU程序及其"negative consensus"表决中逞其故伎,单方阻挠专家小组报告和DSB最后决定的达成、通过和执行,却仍可同样冠冕堂皇地打着"维护美国经济主权""维护美国宪法体制"(constitutional institution)的大旗,弃DSB决定如敝屣,并对实施或履行DSB决定的"胜诉方"加以抵制,甚至加以报复。除此之外,只要美国认为必要,它仍可完全撇开WTO的DSU程序,随心所欲地**单方启动**仍然牢牢在握的"301条款",以既是**原告**又兼**法官**的双重身份,按自己设定的"法定"标准,把从事"不公平"贸易行为的"罪名"强加于对方"被告",并绳之以"法"!这岂不是又一次证明:在强权政治和霸权主义条件下,"公法乃凭虚理,强者可执其法以绳人"![31]

由此可见,美国所倍加珍惜呵护的,乃是极力扩张了的"主权",乃是披着"主权"外衣的**既得霸权**;而美国国会在批准加入《WTO协定》之后,仍然坚持保留和实施"301条款"的现有立法,这就如同穿上厚厚的双重铠甲,力图使既得霸权做到"刀枪不入",万古千秋。

四、美国"主权大辩论"的后续影响之一:"301条款"争端案

1995年1月《WTO协定》正式生效以来,美国就是按其在"主权大辩论"中得出的上述"结论"行事的:既参加WTO这一多边贸易体制,享受其他成员给予美国的各

---

[29] See John H. Jackson, The Great 1994 Sovereignty Debate: United States Acceptance and Implementation of the Uruguay Round Results, *Columbia Journal of Transnational Law*, Vol. 36, Special Double Issue, 1997, pp. 183-184.

[30] Ibid., pp. 183-184.

[31] 晚清中国思想家郑观应名言(参见(清)郑观应:《盛世危言·公法》(卷一),光绪二十四年(1898年)三味堂刊,第42页)。人类社会已进入21世纪,而19世纪末弱小民族思想家发出的慨叹,至今仍具有十分现实的意义,这实在是对历史、对至今仍不愿改弦易辙的强权者的强烈讽刺。

种优惠和权利;又继续推行美国的一系列单边主义政策和法律,享受其自私自利、损人肥己的特权。实践证明:美国的这种做法,在某些场合,确实达到了它"左右逢源"的预期目的。其典型之一,就是1995年的"美—日汽车市场争端案"。[32] 当时,美、日两国政府曾就日本国内汽车及汽车部件市场的开放问题进行过多轮谈判,因双方各持己见,争端迄未解决。美国作为WTO成员方之一,却置WTO/DSU多边性争端解决体制于不顾,径自依照《美国贸易法》"301条款"的规定,于1995年5月16日单方宣布将对从日本进口的轿车按货价征收100%的关税,以示惩罚。这一税率大大高于美国关税减让表承诺的对汽车征税2.5%的约束税率,新关税总额将高达59亿美元。面对这种单边主义的报复,日本政府于1995年5月22日向WTO/DSB投诉,指控美国违反了WTO多边体制规定的国际义务。但终于在美国强大的压力下,于1995年6月28日与美国达成"谅解":日本接受了美国有关开放日本国内汽车及其部件市场的若干具体要求;美国尝到了施压的"甜头",取消了前述对从日本进口的汽车征收惩罚性关税的决定。

但是,在另一些场合,美国上述"左右逢源"的盘算却引发了相当激烈的"商战"和论战,使美国一度成为众矢之的。其典型之一,就是1996年至2000年绵延长达四五年之久的"美—欧香蕉贸易争端案"[33]以及由此导致的"欧—美'301条款'争端案"。[34]

(一)美国"301条款"引发的欧—美经济主权争讼案:缘由与前奏

1996年2月和1998年8月,美国为首并策动"美元香蕉"区的厄瓜多尔、危地马拉、洪都拉斯、墨西哥四国,先后两度通过WTO机制向欧共体提出磋商谈判要求,理由是欧共体在进口、销售该五国香蕉中所实行的各种管制措施,使它们获得的待遇低于欧共体给予《洛美协定》缔约成员的优惠,从而违背了世贸组织的一般规则,构成了贸易歧视。在有关谈判正在持续进行之际,1998年11月10日,美国以欧共体拟定实行让步的香蕉进口新体制仍不符合世贸组织的要求为借口,径自依据《美国贸易法》"301条款",单方宣布了将对欧共体采取报复措施的清单以及实行制裁的时间表,胁迫欧共体继续让步。在有关争端按DSU程序提交仲裁之际,美国竟又径自

---

[32] See US Imposition of Import Duties on Automobiles from Japan, WT/DS6/1, WT/DS6/5, WT/DS6/6, http://docsonline.wto.org/GEN.-SearchResult.asp.

[33] See Reports of the Panel, European Communities Regime for the Importation, Sale and Distribution of Bananas Recourse to Article 21.5 (Separately) by Ecuador & by the European Communities, WT/DS27/RW/ECU; WT/DS27/RW/EEC.

[34] See Report of the Panel, United States Sections 301-310 of the Trade Act of 1974 (hereinafter "ROP"), WT/DS152/R, 22 December 1999, http://www.wto.org/english/tratop-e/dispu-e/wtds152r.doc.

于 1999 年 3 月 3 日突然发动"闪电式"报复,单方宣布:美国决定对英国、意大利、德国、法国等欧共体国家输往美国的约 20 种热销产品,按货价征收高达 100% 的关税,以示惩罚,其总额约为 5.2 亿美元。美国这一独断专行举动,使 WTO 建立的多边体制面临新的重大威胁。1999 年 4 月 6 日,DSB 仲裁庭作出的裁决确认:欧共体上述香蕉进口新体制虽对美国的利益构成损害,但其损害程度远低于美国单方声称的 5.2 亿美元,其实际损失约为 1.914 亿美元[35],仅及其宣布数额的 36.8% 左右。换言之,美国单方宣布的损失数字中,竟含有高达 63.2% 的"水分"!

鉴于美国在《WTO 协定》正式生效,DSU 多边性争端解决机制正式开始运作之后,仍然继续依据其国内法"301 条款",一再对 WTO 的其他成员实行单边主义的威胁和报复,并且屡屡得逞或"奏效",欧共体遂于 1998 年 11 月 25 日,即上述"香蕉大战"逐步升级、美国根据"301 条款"于 1998 年 11 月 10 日单方宣布对欧报复清单之后,在 1999 年 1 月 26 日要求 DSB 正式成立专家组,审理此案。显而易见,欧共体此举乃是"开辟第二战场",反守为攻,从"美元香蕉案"中的"被告",变为"301 条款案"中的"原告",把原案中气势汹汹的美国推上了新案的被告席。

如所周知,不少国家曾在不同程度上吃过美国"301 条款"的苦头。此次由欧共体牵头,一呼多应:巴西、喀麦隆、加拿大、哥伦比亚、哥斯达黎加、古巴、多米尼克、多米尼加、厄瓜多尔、中国香港地区、印度、以色列、牙买加、日本、韩国、圣卢西亚以及泰国,先后纷纷要求以与本案有利害关系的第三方身份,参与本案的磋商谈判和专家组的审理程序。如果欧共体以其 15 个成员国计算,则连同诸多第三方,使本案审理过程实际上形成三十多个 WTO 成员共同"声讨"美国"301 条款"的局面。

1998 年 12 月 17 日,争端当事人举行谈判未能解决纷争。应欧共体请求,DSB 于 1999 年 3 月 2 日决定成立专家组处断此案。据此,WTO 总干事于 1999 年 3 月 31 日指定戴维·哈威斯(David Hawes)、特杰·约翰尼逊(Terje Johannesen)和约瑟夫·威勒(Joseph Weiler)三人为本案专家组成员,哈威斯担任组长。其审理范围(terms of reference)是:"根据欧共体在 WT/DS152/11 号文件中所援引各项协定的有关规定,审议欧共体在该文件中提交 DSB 的事项,作出认定,以协助 DSB 按照上

---

[35] See Decision by the Arbitrators, European Communities-Regime for the Importation, Sale and Distribution of Bananas-Recourse to Arbitration by the European Communities Under Article 22.6 of the DSU, WT/DS27/ARB, pars. 1.1, 8.1, http://www.wto.org/english/tratop-e/dispu-e/1735d.doc.
据报道,事后欧盟与美国就此项争讼达成了新的协议:欧盟自 2001 年 7 月 1 日起开始实施新的香蕉进口制度;相应地,美国也在当天取消了对来自欧盟的有关进口商品征收 100% 惩罚性关税的决定。参见《投桃报李,有来有往》,载《国际经贸消息》2001 年 7 月 3 日第 1 版。

述各项协定的规定,提出建议,或作出裁定。"

质言之,这场由《美国贸易法》"301条款"引发的WTO众多成员间的对垒和论战,突出地体现了在经济全球化加速发展的新形势下,各国**经济主权上限制与反限制的新斗争**;其中既主要体现了全球经济霸主与其他经济**强**国之间在经济主权问题上的大火拼,也涵盖了众多经济**弱**国与全球经济霸主在经济主权问题上的新较量。

具体说来,本案的涉讼当事人,"原告"(complainant,又译"起诉人""起诉方")是欧共体15国,其中包含德、英、法、意四大经济强国;"被告"(respondent,又译"应诉人""应诉方")是全球经济霸主"超强"美国;正式参讼的"第三方"(third party)十几个WTO成员,其中包含日本、加拿大两大经济强国,它们实际上完全站在"原告"欧共体一方。综合起来,这场**反对**"301条款"与**维护**"301条款"两大势力之间的争讼,其**主角**乃是全球经济最发达的七国集团一分为二,围绕着各自**经济主权的限制与反限制**这个核心和焦点,展开了**大对决**。在这场大较量中,"超强"虽强,但独自以"孤家寡人"身份面对其他六强,再加上虽然较弱但不甘示弱的其他许多欧洲发达国家以及亚、非、拉美许多发展中国家一起挥戈"上阵",从双方实力对比上说,似可称之为"旗鼓相当,难分轩轾"。这种局面,在世界贸易发展史上,是十分罕见的。审理本案的专家组,则可称为"处于两大之间"。

本案专家组在1999年3月31日组建成立之后,经过长达约9个月的审理,于1999年12月22日向各方当事人签发了审结报告书,并呈交DSB审批。这份报告书洋洋数万言,单单正文就长达351页。由于当事人欧共体与美国均未提起上诉,DSB遂于2000年1月27日正式通过了专家组的审结报告。

专家组的审结报告虽如限作出,而且未遭上诉,但却留下了令人不敢恭维的执法形象以及一系列的法律疑窦和隐患,值得认真探讨。下文分别简介和剖析本案审理过程中"控""辩"各方的立论要点,专家组审结报告的主要内容以及其中留下的疑窦和隐患。

(二) 美国"301条款"引发的欧—美经济主权争讼案:指控与抗辩

(1) 欧共体代表的指控[36]

欧共体代表指控:美国在《WTO协定》确立的多边体制生效后,仍然坚持保留和实施《美国贸易法》第301—310条所规定的**单边主义**报复和制裁,其所作所为,背弃

---

[36] See Report of the Panel, United States Sections 301-310 of the Trade Act of 1974 (hereinafter "ROP"), WT/DS152/R, 22 December 1999, http://www.wto.org/english/tratop-e/dispu-e/wtds152r.doc. paras. 3.1; 4.1-4.18; 4.26-4.48; 4.100-4.119; 4.126; 4.146-4.153; 7.1-7.8.

了美国在签订《WTO协定》时作出的郑重承诺和承担的国际义务。欧方特别强调,《美国贸易法》上述条款的规定与DSU第23条有关"**加强多边体制**"的具体规定是互不相容的:

第一,DSU第23条第2款(a)项规定:WTO成员之间遇有贸易争端,必须根据DSU确立的规则和程序加以解决。除此之外,任何成员均不得自行单边断定(make a determination)其贸易权益受到损害;任何成员在断定其自身权益受到损害时,其断定的内容必须与DSB根据DSU规定通过的专家报告书、上诉庭报告书或仲裁裁决书所认定的内容(findings)完全相符。

但是,《美国贸易法》第304条(a)(2)(A)款却要求美国贸易代表径自单方断定其他WTO成员是否损害了美国依据WTO某项协定享有的权益,而完全不顾DSB是否已经按多边程序通过了专家报告书或上诉庭报告书所作出的认定。

同时,《美国贸易法》第306条(b)款要求美国贸易代表径自单方断定DSB针对有关争端提出的整改建议是否已经获得贯彻执行,而完全不顾DSU规定的多边认定程序是否已经完结。

由此可见,《美国贸易法》的这些规定直接违反了DSU的上述规定。

第二,DSU第23条第2款(c)项规定:WTO成员[37]如未能在合理的期限内履行DSB作出的整改建议或决定,则应依DSU规定的多边程序,先确认对该成员暂停给予有关协议规定的关税减让等优惠的范围和幅度(level),并经DSB授权同意之后,方可对该成员采取暂停给予关税减让优惠等制裁措施。

但是,《美国贸易法》第306条(b)款却要求美国贸易代表在争端对方未能如期履行DSB建议时,既不经DSU多程序确认制裁的范围和幅度,也不经DSB授权同意,即径自根据《美国贸易法》第301条和第305条(a)款,单方作出决定并采取制裁措施。

由此可见,《美国贸易法》的这种规定直接违反了DSU的上述规定。

第三,《1994年关贸总协定》(以下简称"GATT 1994")第1、2、3、8、11条分别规定了最惠国待遇、关税减让表、国民待遇、降低规费及简化输出入手续、取消数量限制等多边性的互惠待遇和共同义务,WTO的全体成员应共同遵守。遇有争端,应当遵循多边程序予以解决。

但是,《美国贸易法》第306条(b)款却要求美国贸易代表随时径自单方作出决定,对贸易争端所涉的外国进口货物征收高额关税、高额规费或施加各种限制。

---

[37] 一般是贸易争端中"败诉"的一方。

由此可见,《美国贸易法》的这些规定直接违反了上述 GATT 1994 中的一项或多项规定。

第四,退一步说,即使将《美国贸易法》第 301—310 条解释为:"**允许**"(permit)美国贸易代表在执法时可以有所选择,可以避免作出违背 WTO 多边体制的单方断定和采取单边主义报复制裁措施,但是它也允许美国贸易代表在执法时,可以通过自由裁量,径自作出**背离** WTO 多边体制的单方断定,径自采取单边主义报复制裁措施。因此,显然不能认为这些条款已为美国履行其在 WTO 体制中承担的国际义务提供了"稳妥可靠的法律依据"(sound legal basis);而缺乏这种可靠的法律依据,势必对 WTO 其他成员及其经济经营者(economic operators,指一般公司、企业等)形成一种威胁和法律上"捉摸不定"(legal uncertainty)的氛围和环境,这就从根基上毁坏了 WTO 这一多边贸易体制的"安全保障和可预见性"(security and predictability)。[38]

第五,更有甚者,《美国贸易法》第 301—310 条的规定,实质上乃是表达了一种经过深思熟虑和**精心设计**的方针政策(a deliberate policy),提供一种特殊模式,便于美国随时采取背离 WTO 多边体制的行政措施。美国之所以在其法典上坚持保留《美国贸易法》第 301—310 条这样的立法,无论在其法律条文的字面措辞上,还是在其立法者的主观意图上,都是蓄意授权美国贸易代表,可以无视和违反美国在 WTO 多边体制中承担的各种国际义务,径自独断专行:既可作出单边主义的断定,又可采取单边主义的制裁,以追求其双重目的:或直接"诛杀"其对手,或以"诛杀"相威胁,迫使其对手俯首就范。此种双重目的,可称为"达摩克利斯头上悬剑效应"(Damocles sword effect)。[39]

欧共体代表强调指出:在实践上,美国向来惯于利用其"301条款"所产生的这种"达摩克利斯头上悬剑效应",形成"经常存在的威胁"(constant threat),作为一种"讨价还价"的手段(bargaining tool),力图从其贸易对手国家方面勒索和榨取各种非分的减让和优惠权益。美国此种行径,即使在《WTO 协定》生效之后,也毫不改弦更张,而不惜背弃美国自己在 WTO 体制中所承担的国际义务。在前述"美元香蕉案"中,美国就是如此一意孤行,使欧共体权益受到侵害。而 WTO 的其他成员,诸如加

---

[38] See Report of the Panel, United States Sections 301-310 of the Trade Act of 1974 (hereinafter "ROP"), WT/DS152/R, 22 December 1999, http://www.wto.org/english/tratop-e/dispu-e/wtds152r.doc., paras. 4.35, 7.5.

[39] Ibid., paras. 4.43-4.44; 7.5-7.6. 希腊神话传说:暴君迪奥尼修斯曾命其廷臣达摩克利斯就座,并以一根马鬃悬一把利剑在后者头顶上,以示其处境极端危殆。其后此词转义为:大祸临头、处境危殆。参见《辞海》相关条目,上海辞书出版社 1979 年缩印本,第 1038 页;《新英汉词典》,上海译文出版社 1989 年版,第 293—294 页。

拿大、韩国、中国香港地区、印度、日本和巴西等,直至在《WTO协定》已经生效之后,也都有过类似的经历,吃过类似的苦头,因而同声谴责美国坚持"301条款"的单边主义实践,认同和支持欧共体的诉求。[40]

由此可见,无论如何**不能**把《美国贸易法》第301—310条看成是《WTO协定》第16条第4款所规定的、**符合**WTO法律体制的美国国内法。因为《WTO协定》第16条第4款明文规定:WTO"每个成员应当确保其国内的各种法律、条例以及行政程序完全符合WTO各种附件协定所规定的各项义务",与此相对照,《美国贸易法》第301—310条却违反了前引WTO法律体制的多种规定和多项国际义务。

第六,基于以上理由,欧共体代表请求本案专家组明确裁定:[41]

(A) 美国未能确保其国内的《美国贸易法》切实遵守世贸组织DSU第23条、GATT 1994第1、2、3、8、11条的各项具体要求;美国的所作所为,违背了上述各种国际协定以及《WTO协定》第16条第4款规定的各项国际义务,从而取消了或侵害了欧共体根据上述各种国际协定享有的各种权益;

(B) 由专家组建议DSB正式要求美国采取改正措施,使《美国贸易法》完全符合美国在世贸组织DSU、GATT 1994以及《WTO协定》中所承担的各项国际义务。

(2) 美国代表的抗辩[42]

针对欧共体代表提出的指控和诉求,美国代表提出了抗辩,其要点如下:

第一,《美国贸易法》第301—310条的规定无碍于美国"不折不扣地遵循"(following to the letter...)DSU的各项规定和要求。"301条款"的有关立法授权给美国贸易代表,使其可以充分自由裁量,"力求遵守"(to pursue and comply with)多边性的争端解决程序。欧方不能单凭臆测,断言美国贸易代表一定会以违反WTO规则的方式来行使其自由裁量权。欧方之所以向WTO/DSB提出本案,指控美国的"301条款",把前述"香蕉贸易争端"指责为美国的单边主义行为所致,这是为了转移视线,掩盖欧共体自身在前述"香蕉贸易争端案"中未能遵守DSB裁定和建议。[43]

第二,《美国贸易法》第301—310条,只是一种"任意性立法"(discretionary

---

[40] See Report of the Panel, United States Sections 301-310 of the Trade Act of 1974 (hereinafter "ROP"), WT/DS152/R, 22 December 1999, http://www.wto.org/english/tratop-e/dispu-e/wtds152r.doc. paras. 4.45-4.48.

[41] Ibid., paras. 3.1; 7.7-7.8.

[42] See Report of the Panel, United States Sections 301-310 of the Trade Act of 1974 (hereinafter "ROP"), WT/DS152/R, 22 December 1999, http://www.wto.org/english/tratop-e/dispu-e/wtds152r.doc. 3.2; 4.19-4.25; 4.49-4.65; 4.120-4.125; 4.128-4.140; 4.142-4.145; 4.154; 7.9.

[43] Ibid., paras. 4.49-4.52.

legislation),而不是"强制性立法"(mandatory legislation)。它赋予美国贸易代表的自由裁量权是极其充分的(more than adequate discretion)。后者完全可以在每一个案件中都遵照 DSU 第 23 条以及 WTO 体制中的其他规定,行使自己的职权。具体而言,第 304 条允许美国贸易代表在每个案件中都根据 DSB 专家组和上诉庭作出的认定,来判断美国的贸易权益是否(whether)受到侵害;第 306 条则允许美国贸易代表在每个案件中都依据 DSU 第 22 条的规定,要求并且获得 DSB 的授权同意,以便暂停给予争端对方关税减让等优惠。可见,《美国贸易法》第 301—310 条的规定,与 WTO 体制中的 DSU 第 23 条、《WTO 协定》第 16 条第 4 款以及 GATT 1994 第 1、2、3、8、11 各条的有关规定,都是完全一致的。[44]

第三,法律面前,人人平等。法律既是弱者的保护人,也是强者的保护人;它给予小国和大国的保护,应当是一视同仁的;它给予"得人心者"和"不得人心者"(the popular and the unpopular,又译"受欢迎者和不受欢迎者")的保护,也应当是不分轩轾的。诚然,美国知道其贸易法第 301—310 条并不是得人心、孚众望的。但是 WTO 和 DSU 体制并不是一个"举行得人心竞赛"的俱乐部,用以专门对付某个成员(a club to be used in a popularity contest against any one member)。如果 WTO 多边体制确实想要保护弱者,那么,它就必须也保护强者不受到无端攻击,即不应仅仅因为他强大就要受到攻击,而不是因为他做了什么坏事、错事。[45]

据此,一国的法律,只要它并不指令(command)其行政当局故意背弃 WTO 体制规定的各种国际义务,就没有犯什么过错。而《美国贸易法》第 301—310 条既然允许(allow)美国贸易代表恪守(comply fully with)美国在《WTO 协定》及其全部附件中承担的各种国际义务,这就说明美国的此项法律并没有背弃或违反美国在 WTO 体制中承担的国际义务。换言之,此项法律的存在本身丝毫也没有违反这些国际义务。

由此可见,欧共体提出本案诉求,只是想把这场讼争转变成为对美国现行贸易政策实行政治上的攻击,此举恰恰突显出欧共体在法律根据上是十分空虚无力和毫无理由的。[46]

第四,美国代表特别强调:1994 年 9 月 27 日,美国总统向美国国会提交了《乌拉圭回合协定法》(Uruguay Round Agreements Act of 1994)的立法草案,同时也提交

---

[44] See Report of the Panel, United States Sections 301-310 of the Trade Act of 1974 (hereinafter "ROP"), WT/DS152/R, 22 December 1999, http://www.wto.org/english/tratop-e/dispu-e/wtds152r.doc. 3.2; paras. 4.54-4.58; 7.9.

[45] Ibid., paras. 4.62; 7.11.

[46] Ibid., paras. 4.64-4.65.

了另一份《政府行政声明》(Statement of Administrative Action,简称 SAA),这两份文件都在 1994 年 11 月间获得国会两院批准通过,因而都具有法律约束力。就后者而言,其中特别明文规定:如果有人投诉称美国根据《WTO 协定》享有的权益受到损害而由美国政府发起调查,则:

> 美国贸易代表**将(will)**:
> - 按照现行法律的要求援用 WTO 的 DSU 程序;
> - 依据 DSB 通过的专家组或上诉庭的认定结论,按 301 条款的要求,断定美国在有关协定中享有的权益已经(has been)受到侵害或遭到否定;
> - 遵循专家组或上诉庭通过的对美方有利的审结报告,允许被诉方在合理的期间内实施报告中提出的改正建议;
> - 在上述期间内如问题仍未解决,将要求 DSB 授权同意实行报复。[47]

可见,这份《政府行政声明》实际上已经对美国贸易代表在执法时的自由裁量权加以限制,有效地排除了(preclude)美国贸易代表在 DSU 审理程序终结以前,擅自作出违反 DSB 认定内容的判断,擅自采取违反 DSB 授权同意的报复措施。[48]

第五,在这份《政府行政声明》第 1 页,开宗明义地规定:

> 本声明阐述了为实施乌拉圭回合各项协定而将要采取的重大行政行为。……本声明对美国政府当局(administration)有关解释和实施乌拉圭回合各项协定的看法,作出了权威性的阐述,以便美国履行其国际义务,并在国内法律中加以贯彻。美国政府当局认为,美国国会期望今后美国政府机构(administrations)将会遵守和实施(will observe and apply)本声明中作出的解释和承诺。而且,由于本声明将由美国国会在实施乌拉圭回合各项协定的同时予以批准,因此本声明中针对这些协定作出的解释说明具有特别的权威意义。[49]

在本案审理过程中,美国代表在专家组面前信誓旦旦,"毫不含糊地、正正经经地、反反复复地、毫无条件地确认"(explicitly, officially, repeatedly and unconditionally confirmed)在上述《政府行政声明》中作出的许诺,即美国贸易代表

---

[47] SAA, pp. 365-366. See Report of the Panel, United States Sections 301-310 of the Trade Act of 1974 (hereinafter "ROP"), WT/DS152/R, 22 December 1999, http://www.wto.org/english/tratop-e/dispu-e/wtds152r.doc., paras. 4.121; 7.112.

[48] Ibid., para. 7.109, note [683].

[49] Ibid., para. 7.110.

将(would)"依据 DSB 通过的专家组或上诉庭的认定结论,按'301 条款'的要求,断定美国在有关协定中享有的权益已经受到侵害或遭到否定"。"美国的法律已经排除了美国贸易代表不依据被通过的专家组或上诉庭的认定结论而径自作出上述肯定判断的可能。"[50]

第六,基于以上各点理由,美国代表请求本案专家组明确裁定:[51]

(A) 欧共体未能举证证明:《美国贸易法》第 301—310 条要求美国贸易代表,不顾 DSB 的认定,不经 DSB 的授权,径自断定美国权益受损,径自采取停止关税减让优惠等报复措施,从而违反 WTO 体制中 DSU 第 23 条以及 GATT 1994 第 1、2、3、8、11 条的各项规定。

(B)《美国贸易法》第 301—310 条并未指令(mandate)采取违反 DSU 或 GATT 1994 任何规定的行动,也未排除(preclude)采取遵守上述协定中各项国际义务的行动。

(C) 全盘驳回欧共体的一切诉求。

(三) WTO/DSB 专家组对本案经济主权争讼的裁断:美国单边主义(美国霸权)的再度获胜与 WTO 多边主义(他国群体主权)的再败[52]

本案专家组在 1999 年 3 月 31 日组建成立之后,经过长达约 9 个月的审理,充分听取了欧共体一方的多轮指控和美国一方的多轮抗辩,也听取了以"第三方"身份正式参加审理过程的 12 个国家和地区[53]对美国"301 条款"的指控以及美方的相应抗辩,于 1999 年 12 月 22 日向双方当事人签发了审结报告书,并呈交 DSB 审批。由于双方当事人均未提起上诉,DSB 于 2000 年 1 月 27 日正式通过了本案专家组的审结报告。

如前所述,这份报告书洋洋数万言,单单正文就长达 351 页。其中主要认定内容

---

[50] SAA, pp. 365-366, See Report of the Panel, United States Sections 301-310 of the Trade Act of 1974 (hereinafter "ROP"), WT/DS152/R, 22 December 1999, http://www.wto.org/english/tratop-e/dispu-e/wtds152r.doc., paras. 7.115;7.109, note [683].

[51] Ibid., paras. 3.2;4.65;4.145.

[52] See Report of the Panel, United States Sections 301-310 of the Trade Act of 1974 (hereinafter "ROP"), WT/DS152/R, 22 December 1999, http://www.wto.org/english/tratop-e/dispu-e/wtds152r.doc., paras. 7.10-7.189;8.1.

[53] 除欧共体 15 个成员国外,原先表示将参加本案审理程序及保留参加权利的"第三方",共达 21 个 WTO 成员。其后正式参加的第三方有 16 个成员,其中的 12 个成员,即巴西、加拿大、古巴、多米尼克、多米尼加、中国香港地区、印度、牙买加、日本、韩国、圣卢西亚以及泰国,都对美国的"301 条款"分别提出尖锐指控。

和裁断结论是：[54]

第一，专家组认定自身在本案中的职能（function）是"**司法审理性质的**"（judicial）；根据 DSU 第 11 条的规定，其职责（duty）在于："针对案件的各项事实，就其是否适用有关协定，以及是否遵守有关协定，作出客观的评估；并且应当作出其他有关的认定结论（findings），以协助 DSB 根据有关的协定，提出建议或作出裁定。"[55]

同时，专家组又自称其受命审理的范围仅限于欧共体提出的各项具体指控，而不对《美国贸易法》第 301—310 条是否符合 WTO 的各项协定作出**全面的评估**（overall assessment）；除欧共体具体指控以外，不对有关"301 条款"的其他任何方面进行审查；特别是**不对美国曾经在某些具体案件中**根据"301 条款"采取的**具体行动**是否违反 WTO 体制，进行审查。[56]

第二，专家组指出：《美国贸易法》第 304 条（a）款要求美国贸易代表在美国发起违约侵权调查之后在 18 个月以内断定美国的权益"**是否**"（whether）受到侵害或遭到否定，而并非要求后者在期限内断定美国权益"**已经**"（have been）受到侵害或遭到否定。该法律条文确实赋予美国贸易代表广泛的自由裁量权，在每个贸易争端案件中作出"是"或"否"的断定。

但是，就《美国贸易法》"301 条款"的法律条文的措辞用语（statutory language）而言，该第 304 条（a）款虽**未强制**美国贸易代表必须在 DSU 多边审理程序终结以前作出美国权益已经受损的断定，却也并不排除美国贸易代表在上述审理程序终结以前作出上述断定。换言之，这些法律措辞为美国保留了（reserves）径自采取单边主义措施的权利。因此，这些措辞用语至少可以作为"初步证据"（prima facie），证明美国的"301 条款"违背了 DSU 第 23 条关于"加强多边体制"的规定。

因此，美国贸易代表**仍然有权**在 DSU 多边性审理程序终结以前，径自作出**单边主义**的断定（unilateral determination）。[57]

第三，根据《维也纳条约法公约》第 31 条规定的条约解释通则，对照 DSU 第 23 条第 2 款（a）项的条文、上下文及其立法宗旨，专家组认定：《美国贸易法》第 304 条的措辞用语至少可以作为"**初步证据**"（prima facie），证明它并不符合 DSU 第 23 条第 2

---

[54] See Report of the Panel, United States Sections 301-310 of the Trade Act of 1974 (hereinafter "ROP"), WT/DS152/R, 22 December 1999, http://www.wto.org/english/tratop-e/dispu-e/wtds152r.doc., paras. 7.31-7.33；7.109-7.112；7.126，8.1，supra，WT/DS152/R，22 December 1999.
[55] Ibid., para. 7.12.
[56] Ibid., para. 7.13.
[57] Ibid., paras. 7.31-7.33.

款(a)项的规定。因为根据 DSU 第 23 条关于"加强多边体制"的规定,美国已经承诺在解决贸易争端时应当援用和遵守 DSU 规定的多边性规则和程序,而不得径自采取单边主义措施。而《美国贸易法》第 301 条的规定却与此相反,它在法律条文的措辞用语上**为美国保留**(reserves)**了径自采取单边主义措施的权利**。

可以说,在这一点上,专家组**基本上赞同**和**接受**了欧共体方对美国"301 条款"的**指控**,**批驳**和**拒绝**了美国方作出的**抗辩**。

第四,但是,专家组又认为:仅凭**初步证据**,还不足以**最终确认**美国已经背弃了《WTO 协定》所规定的各项国际义务。除了上述法律文字措辞外,还应当综合考察美国国内的"**体制因素和行政因素**"(institutional and administrative elements),才能作出全面的认定。

专家组所称的"体制因素和行政因素",**主要**是指 1994 年 9 月间"主权大辩论"之际由美国总统提交美国国会的《**政府行政声明**》(SAA)。专家组认为:(1) SAA 是由美国总统连同美国实施《WTO 协定》的国内立法即《乌拉圭回合协定法》草案,一并提交美国国会审议通过的,它具有合法性和权威性。(2) SAA 明确表述了美国政府当局的权威性意见,今后美国政府机构(administrations)将(would)遵守和实施其中作出的解释和承诺。对此种解释和承诺,"国内外的有关行为人**均可予以信赖**"(on which domestic as well as international actors can rely)。(3) SAA 中明确规定和承诺:美国贸易代表将(will)依据 DSB 通过的专家组或上诉庭的认定结论,断定美国的有关权益已经受损,这就意味着在 DSB 审议通过上述认定结论以及 DSU 审理程序终结以前,美国贸易代表径自断定美国权益已经受损的自由裁量权,实际上已被取消了(curtailed)。

综上,专家组认定:尽管《美国贸易法》第 304 条在法律条文的措辞用语上允许美国贸易代表在 DSU 审理程序终结以前径自作出单方断定,但是这种自由裁量权,已被美国政府当局在 SAA 中**合法地**、**有效地予以取消**。[58]

可以说,在这一点上,专家组**完全赞同**和**接受**了美国代表就"301 条款"争讼问题提出的**抗辩**,拒绝和**驳回**了欧共体代表提出的**指控**。

第五,在本案审理过程中,欧共体代表曾揭露:就在 1994 年 SAA 这份美国代表反复援引的、据称是表述美国政府**权威性**意见的政府声明中,却包括了另外一段**自相矛盾**的表白:

---

[58] See Report of the Panel, United States Sections 301-310 of the Trade Act of 1974 (hereinafter "ROP"), WT/DS152/R, 22 December 1999, http://www.wto.org/english/tratop-e/dispu-e/wtds152r.doc., paras. 7.109-7.112.

有人担心乌拉圭回合达成的各项协定,特别是其中的争端解决机制,今后会造成美国政府机关比较**不愿意**实施美国"301 条款"规定的各种制裁,因为实施这些制裁可能**违背**美国所承担的贸易义务,从而可能给美国招来 DSU 体制所授权的反报复(counter retaliation),这种担心是没有根据的。……正如目前[59],美国可以选择采取"301 条款"规定的各种制裁行动,此类行动**并未经过 GATT 授权**,那些成为此类行动目标的外国政府也可以采取同类的行动作出回应。这种局面,在乌拉圭回合各项协定生效后**也不会改变**。在 GATT 体制下可能遇到的反报复的风险,从来就**未能阻挡**美国在有关案件中采取行动,诸如半导体案、药品案、啤酒案以及荷尔蒙饲料所产牛肉案等,都是如此。[60]

欧共体认为,这段见于美国政府当局 SAA 声明的针对《乌拉圭回合协定法》作出的权威性解释,以明白无误、毫不含糊的措辞(terms)宣布了美国的一项政策:美国认为自己所承担的国际义务完全无碍于它采取单边主义的报复行动。

对欧共体代表所作的上述揭露和分析,专家组不予采信。专家组认为:尽管 SAA 中有些措辞用语显示了某种矛盾心态(ambivalent),但是"依据美国宪法"(following US constitutional law),在解释法律文件时,遇有含糊不清、模棱两可之处,就要尽可能作出符合于美国承担的国际义务的解释,予以解决。这一解决办法,可以适用于本案。[61]

第六,基于以上各点理由,本案专家组作出如下审理结论:

(A)《美国贸易法》第 304 条(a)(2)(A)款,并不违反 DSU 第 23 条第 2 款(a)项;第 306 条(b)款并不违反 DSU 第 23 条第 2 款(a)项或第 23 条第 2 款(c)项;第 305 条(a)款并不违反 DSU 第 23 条第 2 款(c)项;第 306(b)条并不违反 GATT 1994 第 1、2、3、8、11 条。

(B)以上结论,全部或部分地以美国政府当局在前述 SAA 声明中针对 WTO/DSU 体制所作的各点承诺和保证(undertakings, guarantees)作为基础。因此,一旦美国政府当局或美国政府的分支机构背弃了(repudiate)或者以任何其他方式取消了这些承诺和保证,则上述结论中作出的各项认定就不再继续有效(would no longer

---

[59] 指 1994 年 9 月 SAA 提交美国国会审议之际,当时 WTO 协定尚未生效,国际贸易仍按 GATT 1947 的规则进行运作。

[60] SAA, p. 366 et seq. See Report of the Panel, United States Sections 301-310 of the Trade Act of 1974 (hereinafter "ROP"), WT/DS152/R, 22 December 1999, http://www.wto.org/english/tratop-e/dispu-e/wtds152r.doc., paras. 4.108-4.111.

[61] See Report of the Panel, United States Sections 301-310 of the Trade Act of 1974 (hereinafter "ROP"), WT/DS152/R, 22 December 1999, http://www.wto.org/english/tratop-e/dispu-e/wtds152r.doc., para. 7.113.

be warranted,又译:"就失去正当的理由和根据");相应地,美国的现行法律就违背了 DSU 第 23 条规定的国际义务,从而会使美国因此承担"国家责任"(State responsibility)。[62]

(四) 本案专家组裁断留下的执法形象

综观本案专家组在其审结报告中作出的冗长论证以及上述认定和裁断要点,可以看出:专家组不但未能切实遵照 DSU 第 11 条规定的职能和职责,认真审查美国"301 条款"这一霸权立法,追究美国在 1995 年 1 月 WTO 体制正式运作之后仍然多次对 WTO 其他成员采取单边主义威胁的霸权实践,鲜明地裁断其中的大是大非;反而把实际上只是一纸空文、内容充满自相矛盾、毫无法律强制约束力的前述 SAA 行政声明,任意"拔高",美化为美国作出的"承诺和保证",并鼓吹什么对于美国总统在其中作出含糊其词的空言约许,"可予以信赖"。简言之,这份审结报告的论证"特色"是:在"两大"之间,依违两可,双方讨好,八面玲珑;对美国"301 条款"这一霸权立法及其霸权实践,采取"小骂大帮忙"的手法,曲为辩解,加以袒护宽纵。因而留下了令人不敢恭维的执法形象以及一系列的法律疑窦和隐患。[63] 难怪国际上已有学者对本案专家组的审结报告作出了这样的总体评价:"'美国 301 条款案'专家组的审结报告在政治上是很精明圆滑的(astute),但其法律根基的某些方面,却是破绽百出的(flawed)。对于世贸组织争端解决机构今后的发展说来,这份审结报告所具有的政策方针性含义,令人产生了严重的关切和忧虑"。[64]

兹就上述几点印象分别简析如下:

(1) 自我设限,谨小慎微,不越"雷池",有亏职守

如前所述,自"301 条款"在 1974 年《美国贸易法》上正式出现以来,美国的贸易代表即频频挥舞这根"狼牙棒",借以威胁和压服其外国政府贸易对手,榨取非分的霸权经济利益。二十多年来的实践记录,充分证明它早已遭到世界舆论的普遍谴责。关于这一点,连美国官方代表也略有"自知之明",承认"美国知道自己的第

---

[62] See Report of the Panel, United States Sections 301-310 of the Trade Act of 1974 (hereinafter "ROP"), WT/DS152/R, 22 December 1999, http://www.wto.org/english/tratop-e/dispu-e/wtds152r.doc., paras. 7.126; 8.1.

[63] 对本案审结报告的评析,详见陈安:《世纪之交围绕经济主权的新"攻防战"》,第四部分,载《国际经济法论丛》(第 4 卷),法律出版社 2001 年版,第 95—131 页;或陈安:《国际经济法学刍言》(上),北京大学出版社 2005 年版,第 123—141 页。

[64] Seung Wha Chang (Korean), Taming Unilateralism Under the Trading System: Unfinished Job in the WTO Panel Ruling on United States Sections 301-310 of the Trade Act of 1974(《在贸易体制中驯服单边主义:世贸组织专家组在 1974 年〈美国贸易法〉第 301—310 条裁断中的未了职责》), Law and Policy in International Bussiness, Vol. 31, No. 4, 2000, p.1156.

301—310条并不是得人心、受欢迎的"(The United States knows that Sections 301-310 are not popular)。[65]

在本案审理过程中,"申诉方"欧共体15个成员和实际参加的"第三方"16个成员,都针对"被诉方"美国的"301条款"加以猛烈抨击。此种局面足以说明美国的此项立法及其有关实践已在许多WTO成员中激起**公愤**。面对审理过程中出现的这种现实,专家组在其审结报告中也转述了美国代表的上述"自供",说是"在呈文中,美国自愿承认'第301—310条'是一项不得人心的立法"(In its submissions, the US itself volunteered that Sections 301-310 are an unpopular piece of legislation)。[66]

但是,紧接着,专家组就为自己的审理范围设定了"**三不**"限制,即:第一,不对美国的"301条款"是否违反WTO体制作出全面评估;第二,除欧共体的具体指控外,不审查"301条款"的其他方面;第三,不审查美国在若干具体案件中实施"301条款"的所作所为。[67]

专家组虽自称其职能是"**司法**审理性质的",但是,面对在国际社会中**干犯众怒、激起公愤**的美国"301条款"这一霸权立法及其霸权实践,却以上述"**三不**"自我设限,未能针对经济霸主的这一霸权立法也**执法如山**,全面追究和彻底审查,以判明其中的**大是大非**。这种审理方法和审理作风,突出地显示了其"如临深渊,如履薄冰",谨小慎微,趑趄不前,唯恐越"雷池"一步,缺乏刚正不阿、严正执法的胆气和魄力。

其实,专家组的**法定职能、职权和职责**,早已由DSU第11条作了总的规定,即除了针对案件的事实及其是否违反有关协定作出客观评估之外,还"**应当作出其他有关的认定**结论,以协助DSB根据有关的协定,提出建议或作出裁定"。可以说,这就是WTO/DSU体制赋予DSB专家组以**法定权限和权力**。必要时不但可以、而且**应该**根据案情主题的牵涉和关联,适当扩大其审理的范围和深度,作出"**其他有关的认定**"。

就本案而言,欧共体所作的具体指控是"301条款"中第304—306条的若干关键内容,这些内容与"301条款"的其他各项规定处处**血肉牵连,不可分割**地形成一个**有机的整体**。如果是一个恪守、恪遵DSU第11条上述职责、职权规定的专家组,岂能对这血肉牵连不可分割的整体,视而不见,刻意回避,对这个霸权立法在整体上的是非曲直,即整体上是否违背WTO体制,避而不作"**全面评估**"?又岂能对这一霸权立法的**具体实践**已经引发的群情激愤和世界舆论,充耳不闻,置之不理?即岂能对三

---
[65] See Report of the Panel, United States Sections 301-310 of the Trade Act of 1974 (hereinafter "ROP"), WT/DS152/R, 22 December 1999, http://www.wto.org/english/tratop-e/dispu-e/wtds152r.doc., para. 4.62.
[66] Ibid., para. 7.11.
[67] Ibid., para. 7.13.

十多个WTO成员共同指控的"301条款"具体的**霸权实践,不予审查,不予追究**,因而无法判明是非,无从"协助DSB根据有关规定"作出正确处断?如此"司法"审案,难道不是**有法不依、有亏职守**?而如此断案,更令人不禁想起一则流行颇广的寓言:某甲中箭受伤,求医于某乙。乙取出小锯,锯断甲体外的箭杆,即称手术完毕,要求付酬。甲惶惑不解,诉说箭镞尚在体内。乙答:"我是外科医生,只管体外部分。箭镞既在体内,请另找内科医生!"

(2)"两大"之间,依违两可,双方讨好,八面玲珑

本案的涉讼当事人,"申诉方"是欧共体15国,其中包含德、英、法、意四大经济强国;"被诉方"是全球经济霸主"超强"美国;正式参讼的"第三方"16个WTO成员,其中包含日本、加拿大两大经济强国,它们实际上完全站在"申诉人"欧共体一方。综合起来,这场**反对**"301条款"与**维护**"301条款"两大势力之间的争讼,其**主角**乃是全球经济最发达的七国集团一分为二,围绕着各**自经济主权的限制与反限制**这个核心和焦点,展开了**大对决**。这种局面,在世界贸易发展史上,如果不是空前绝后的,那也是十分罕见的。在这场大较量中,"超强"虽强,但独自以"孤家寡人"身份面对其他六强,再加上虽然较弱但不甘示弱的其他许多欧洲发达国家以及亚洲WTO成员一起挥戈"上阵",从双方实力对比上说,似可称为"旗鼓相当,难分轩轾",审理本案的专家组,则可称为"处于两大之间"。

专家组的审结报告在1999年12月22日发布之后,"原告"欧共体与"被告"美国均表示不再上诉,但其各自的"说词"却体现了"**各取所需**"、颇有不同的"精神胜利法"。

美国贸易代表公署抢先在12月22日当天即发布号外"新闻公告",宣称:"WTO的解决争端专家组已经驳回欧盟提出的指控,确认1974年《美国贸易法》的'301条款'完全符合WTO体制";并且得意洋洋、霸气十足地扬言:美国的"301条款过去一向是、今后仍然是我们强制实现美国国际贸易权益的基石(cornerstone)"。[68]

美国的这一"**胜利**"说词当然并非毫无根据,因为本案专家组的审结报告的确认定美国"301条款"并不违反WTO/DSU体制。但是,它却**避而不谈**审结报告中的这种认定是有特定的**前提条件**和**保留条件**的,即上述专家组认定的第4点:美国当局在SAA中已经**承诺**排除了美国贸易代表在DSU程序终结之前,未经DSB授权即径自作出单边判断和径自采取报复制裁的**自由裁量权**。一旦美国政府或其分支机构以

---

[68] See Press Release by the Office of the U. S. Trade Representative, Executive Office of the President, Press Release Nos. 99-102, WTO Panel Upholds Section 301 (22 December 1999), http://www.ustr.gov/releases/1999/12/99-102.html.

任何形式背弃了这一承诺和前提条件,则上述认定即归无效,"301条款"的继续存在就违反了美国在WTO体制中承担的国际义务,美国就将承担由此引起的国家责任。可见,美国的"胜利"说词**避而不谈**上述认定**前提条件**和保留条件,显然有随意"**阉割**"之嫌。

紧接美国上述"新闻公告"之后,欧盟贸易专员帕斯科·拉米(Pascal Lamy)于翌日即12月23日也发布了号外"新闻公告",宣称:"欧盟**满意**地注意到WTO专家组现已公布'301条款案件'的审结报告",它"对欧盟、对多边体制都是上好的结果";"总的说来,这是**多边体制的胜利**。……任何一方都不能自称凯旋班师,因为,尽管'301条款'这一立法仍可在卷未废,但本案专家组已予澄清:它只能在严格遵循WTO体制规则的条件下才可以用来对付WTO的其他成员。令我高兴的是美国已经在这方面作出了**必要的承诺**(the necessary commitments)"。[69] 但是,这一"胜利"说词却避而不谈欧共体一方原先的主要诉求,即通过DSB的处断从根本上否定美国"301条款"这一霸权立法,远未实现。[70]

欧共体的这一"**胜利**"说词当然也不是毫无根据的。因为通过本案的争讼,它确已有效地制止了美国在前述"香蕉争端"中凭借"301条款"独断专横地"索赔"5.2亿美元的威胁和讹诈,迫使美国接受经WTO/DSU多边体制裁定的1.914亿美元的"赔偿"额,排除了原定"索赔"额中高达63.2%的水分;[71]同时,也迫使美国在审理过程中向国际社会一再"当众"表白今后将在恪遵WTO/DSU多边体制的前提下来实施"301条款"。但是,欧共体一方原先的期待和**主要的诉求**,即通过DSB的建议或决定从**根本上**否定和取消美国"301条款"这一单边主义的霸权立法,则**远未实现**。因此,所称"多边体制的胜利",显然也只是相当表面的、有限的和不稳的,因为**祸根仍在**,"**病根未除**",美国"301条款"的**霸权顽症**仍然可能随时"**复发**"。

此案审结报告由于双方均不上诉,DSB遂在2000年1月27日正式予以批准通过。国际舆论对此一审结报告,褒贬不一,但以下评价却颇值得注意:

在"双方均不上诉"的意义上说来,"本案专家组的裁断看来似乎是一种公平的'政治性'裁断,因为它讨好了双方,至少是给双方都保全了面子。但是,本案专家组作出的这种裁断在法律上却是虚弱无力的,尽管它并非全盘谬误"[72]。这一总体评

---

[69] See Press Release by the EC, Press Release No. 86/99, WTO Report on U. S. Section 301 Law: A Good Result for the EU and the Multilateral System (23 December 1999), http://www.insidetrade.com.
[70] 由于本案双方均未上诉,DSB遂于2000年1月27日正式通过了本案专家组的审结报告。
[71] 参见本章第四部分之(一)。
[72] See Seung Wha Chang (Korean), Taming Unilateralism under the Trading System: Unfinished Job in the WTO Panel Ruling on United States Sections 301-310 of the Trade Act of 1974(《在贸易体制中驯服单边主义:世贸组织专家组在1974年〈美国贸易法〉第301—310条裁断中的未了职责》), *Law and Policy in International Bussiness*, Vol. 31, No. 4, 2000, p. 1185.

估看来是不无根据的,对照本案专家审结报告中的最后两点结论及其表述"方法",在其"一擒一纵"之间,确实体现了颇为"纯熟"的"玲珑"与"圆滑"。

(3) 欲纵故擒,貌擒实纵,先作"小骂",后帮大忙

在本案审结报告中,专家们旁征博引,乃至于用很多篇幅,逐字逐句地阐释《维也纳条约法公约》第31条规定的用以解释国际条约的各项原则和准则,并煞有介事地论证了在国际社会中恶名昭著的"301条款"霸权立法,在其法律条文的措辞用语上确实违反了WTO/DSU明确规定的多边体制,因而美国确实违反了它所承担的国际义务。[73] 但是,紧接着就是"**笔锋一转**",转向了以更多的篇幅和更大的力气,硬说法律条文中的**白纸黑字**及其**确凿含义**只是"**初步证据**",仍然不能凭以最后认定该霸权立法确实违反了WTO的国际法制和国际义务。接着,又援引DSU第11条关于"应当作出其他有关认定结论"作为自己的权能依据,抛开了原先的"三不"自我设限,[74] 即**突破了**单单只就"301条款"若干被指控的条款**本身"就事论事"**的限制,越出了"301条款"的本身,把人们的注意力引向"**301条款**"以外的所谓美国"**体制因素**"和行政因素,不惮其烦地逐一征引和细细论证美国行政当局的SAA声明以及美国出庭代表的旦旦信誓和并不高明的一再表白,说是美国行政当局的声明可以修改、取消美国国会的正式立法,说是SAA中已经**取消了**美国贸易代表根据"301条款"采取单边主义决策和措施的**自由裁量权**,从而最终肯定:美国的这**一单边主义**的霸权立法,并**不违反WTO**的多边体制。而对于SAA中**自相矛盾**之处,又以所谓的美国"**宪法原则**"为由,要求世人相信经济霸主定会作出符合其国际义务的解释,加以"**信赖**"。

对如此这般的整体论证过程及其"方法",稍一综合观察,便不难看出其中"轨迹"确实很像政坛某些政客们的一种做法,即:翻手为云,覆手为雨;抽象肯定,具体否定;本欲纵之,故作"擒"之;貌似"擒"之,实为纵之;先加"小骂",继帮大忙!

(4) 袒护霸权,曲为辩解,疑窦甚多,隐患不少

这是以上三点审理方法和审理作风的必然归宿,也是缺乏刚正不阿、秉公执法胆魄的必然后果。下文专就这方面的归宿与后果,加以简扼剖析。

(五) 本案专家组裁断留下的疑窦与隐患

细察本案专家组审结报告的内容及其作出的最后裁断,不难发现,其中留下的

---

[73] See Report of the Panel, United States Sections 301-310 of the Trade Act of 1974 (hereinafter "ROP"), WT/DS152/R, 22 December 1999, http://www.wto.org/english/tratop-e/dispu-e/wtds152r.doc., paras. 7.58-7.97.

[74] Ibid., paras. 7.119, 7.13.

法律疑窦和隐患，主要有以下几个方面：

（1）疑窦与隐患之一：SAA是郑重保证，还是一席空言？

美国总统提交美国国会批准通过的SAA，果真是具有**强制性**约束力的法律规范吗？

如前所述，本案专家组赞同和采信了美方提出的主要抗辩理由，认定美国的SAA已经合法地、有效地排除了"301条款"原先赋予美国贸易代表的自由裁量权，使后者不能在DSU多边审理程序终结和DSB作出决定以前，不顾DSB作出的决定和授权范围，径自作出单边主义的决定和径自采取单边主义的报复措施。

显然，专家组的这一采信和认定，是以SAA的有关声明对美国贸易代表具有**强制性**约束力为前提的。但是，如果认真查对SAA原文下述**关键段落**中的**关键用词**，就应当得出这样的结论：这种强制性约束力的前提事实上并不存在。

关键段落（A）：SAA有关声明的原文如下：

> ... the DSU does not require any significant change in section 301 for investigations that involve an alleged violation of a Uruguay Round agreement or the impairment of U. S. benefits under such an agreement. In such cases, the Trade Representative **will**：
>
> • **invoke** DSU dispute settlement procedures, as required under current law；
>
> • **base** any section 301 determination that there has been a violation or denial of U. S. rights under the relevant agreement on the panel or Appellate Body findings adopted by the DSB；
>
> • following adoption of a favourable panel or Appellate Body report, **allow** the defending party a reasonable period of time to implement the report's recommendations; and
>
> • if the matter cannot be resolved during that period, **seek** authority from the DSB to retaliate(emphasis added). [75]

这段文字的中译文已摘引于本章第四部分（二）之（2）"**美国代表的抗辩**"第4点。其中明确指出：世贸组织的DSU多边体制并不要求对美国"301条款"中有关发起调

---

[75] SAA, pp. 365-366; Report of the Panel, United States Sections 301-310 of the Trade Act of 1974 (hereinafter "ROP"), WT/DS152/R, 22 December 1999, http://www.wto.org/english/tratop-e/dispu-e/wtds152r.doc., para. 7.112.

查追究的规定,作出重大的修改。如果有人投诉称美国根据 WTO 协定享有的权益受到侵害,则在美国政府发起调查追究时,"美国贸易代表**将**(will)"采取以下四点做法,即:(1)**将援用**(will invoke)……(2)**将依据**(will base…on)……(3)**将允许**(will allow)……(4)**将要求**(will seek)……其中"will"这个词,就是这个关键段落中的**关键词**。从其英文原有含义说,它是个**软性的、任意性的、模棱两可的**助动词(auxiliary verb)。在**法律用语**中,它迥异于"shall"(应当、必须)这个**硬性的、强制性的、斩钉截铁的、没有商量余地的、必须遵照**执行的助动词。

SAA 中所列举的上述 4 点做法,并未指令美国贸易代表在发起上述调查追究时"**必须援用**""**必须依据**""**必须允许**"和"**必须要求**"。简言之,对美国贸易代表说来,SAA 中列举的 4 点做法并非必须遵照执行的指令,**并非强制性**的法律规范,并无任何强制性的法律约束力。

关键段落(B):在这份 SAA 的首页中,开宗明义地提到"[F]uture Administrations **will** observe and apply the interpretations and commitments set out in this Statement"[76]("今后美国政府机构**将会**遵守和实施本声明中作出的解释和承诺")。这种措辞再次表明,美国行政当局**根本无意**将 SAA 中针对 WTO 体制与美国"301 条款"关系所作的声明、解释和承诺,作为行政命令,指令今后美国政府各级机构(包括美国贸易代表公署)必须切实遵行。

关键段落(C):正如欧方代表在本案审理过程中所揭露的,美国这份 SAA 声明中包含了一段明显地自相矛盾的内容,即公开声明:认为 WTO/DSU 体制生效之后,美国的政府机关会比较不愿意实施"301 条款"规定的各种单边主义制裁,这种担心是没有根据的。直到 1994 年 9 月,即 SAA 送交美国国会当时为止,美国贸易代表一向可以不经当时 GATT 的授权,径自采取"301 条款"规定的各种单边主义制裁行动,而无所忌惮;今后,即使在 WTO 协定正式生效之后,情况仍照旧不变,美国贸易代表仍可无所忌惮地"我行我素"。[77] 把这段声明联系到前文提到的 1994 年 9 月**当时**美国国内的**历史情景**,即当时美国国会内外正在如火如荼地展开"**主权大辩论**","主权自信派"和"主权担忧派"之间正在进行"舌剑唇枪"的论战[78],显然可以看出:SAA 中的这段"**声明**"乃是以美国行政当局为代表的"**主权自信派**"专门针对国会内

---

[76] SAA, p.1; Report of the Panel, United States Sections 301-310 of the Trade Act of 1974 (hereinafter "ROP"), WT/DS152/R, 22 December 1999, http://www.wto.org/english/tratop-e/dispu-e/wtds152r.doc., para. 7.110.

[77] See SAA, p.366 et seq.; Report of the Panel, United States Sections 301-310 of the Trade Act of 1974 (hereinafter "ROP"), WT/DS152/R, 22 December 1999, http://www.wto.org/english/tratop-e/dispu-e/wtds152r.doc.

[78] 详见本章第三部分。

外的"**主权担忧派**"作出的表态、昭告和安抚,用以消除他们对 WTO/DSU 新多边体制的**顾虑**和**担心**。

由此可见,美国政府当局之所以在 SAA 这份法律文件中反复使用"**will**"一词,之所以在 SAA 这同一份文件中作出了内容自相矛盾的(ambivalent)声明和表态,这一现象正**综合地**说明了美国政府当局从来不愿、也**从来未曾把话说"死"**,从来就为自己继续实施"301 条款"这一霸权立法留下足够的"余地";也相当准确地反映了美国当局对这一霸权立法"**恋恋不舍、貌弃实留**"的真实心态。其后不久,这一 SAA 行政声明果然连同其《乌拉圭回合协定法》一并获得美国国会通过,这也正说明美国统治阶层一贯奉行的"利己主义""单边主义""实用主义""脚踩两船、左右逢源"等行动哲学和行为准则,再一次获得"有力的贯彻"和"生动的表现"。

本案专家组成员谅必都是既精通法学、也精通英语的饱学之士。但是,他们对 SAA 中前述(A)、(B)两个**关键段落**两度使用的关键词"**will**"及其在**法律**上的含义,却似无意实有意地避而不究或视若无睹;对上述(C)段与(A)(B)两段的自相矛盾之处,又轻描淡写地以"依据美国宪法"的"解释"办法,一带而过,加以"开脱",并以根据"美国宪法"解释原则作出似是而非的"结论",否定和取消了原先根据国际公认的《维也纳条约法公约》第 31 条解释准则作出的确凿结论。而且更进一步把 SAA 中软性的、含糊其辞的、自相矛盾的声明,**任意"拔高"**,美化为美国已对国际社会作出了"排除"单边主义霸权行为的"保证"(guarantees)[79],要求世人予以"**信赖**"[80],如此曲为辩解,并据此断案,客观上岂不涉嫌袒护霸权?

(2)疑窦与隐患之二:USTR 是切实遵行,还是肆无忌惮?

在 WTO 协定生效之后,美国贸易代表果真切实遵行 SAA 声明中作出的上述(A)、(B)两段"承诺"和"保证"吗?

在本案审理过程中,美方代表矢口否认美国贸易代表曾经实际采取单边主义的报复措施。其说词是:

> 记录表明:美国贸易代表从来没有不依据 GATT 和 WTO 争端解决程序审理的结论而径自按《美国贸易法》第 304 条(a)(1)款断定美国在 GATT 或 WTO 协定中享有的权益受到侵害。一次也没有![81]

---

[79] See Report of the Panel, United States Sections 301-310 of the Trade Act of 1974 (hereinafter "ROP"), WT/DS152/R, 22 December 1999, http://www.wto.org/english/tratop-e/dispu-e/wtds152r.doc., para. 7.126.

[80] Ibid., para. 7.111.

[81] US oral statement, second meeting, para. 16; Report of the Panel, United States Sections 301-310 of the Trade Act of 1974 (hereinafter "ROP"), WT/DS152/R, 22 December 1999, http://www.wto.org/english/tratop-e/dispu-e/wtds152r.doc., para. 7.128.

针对被诉人美方代表的全盘抵赖，申诉人欧方代表列举了美国贸易代表在前述"美元香蕉案"中公布报复清单的事实，日本作为与本案有利害关系的第三方，也列举了美国贸易代表在前述"汽车部件案"中公布报复清单的事实，共同批驳和揭露美方的抵赖是无理的。

如前所述，在"美元香蕉案"中，WTO/DSU 多边审理程序终结、DSB 正式授权许可美国实施对欧报复的具体日期是 1999 年 4 月 19 日。然而，美国贸易代表却早在 1998 年 11 月 18 日（即在上述 DSU 程序终结之前五个月），就单方宣布了对欧制裁的报复清单；其后，又在 1999 年 3 月 3 日（即在上述 DSU 程序终结之前 47 天），再次单方宣布高达 5.2 亿美元含有大量讹诈"水分"的对欧报复清单。在"汽车部件案"中，美国贸易代表则根本抛开了 DSU 多边程序，未向 WTO/DSB 提出任何申请或投诉，就径自依美国"301 条款"的规定，在 1995 年 5 月 16 日单方宣布了对日制裁的报复清单。

这些事实，都发生于美国政府的 **SAA 声明生效**和 WTO/DSU 机制正式运作**之后**。它们不但赫然登录在美国政府当时的《联邦公报》上[82]，也见于美国贸易代表公署自己编制的《301 条款案件一览表》。[83] 这些确凿事实有力地证明美国行政当局在 SAA 中所作的声明，对于美国贸易代表说来，**毫无强制性**的法律约束力；后者的所作所为，不但没有恪守和遵行 SAA 中所作的"承诺"和"保证"，而且弃之如敝屣，抛之于脑后；这也足以证明美国政府在 SAA 中所作的声明，实质上只是玩弄**两面手法**，力图掩人耳目而已。

但是，面对这些确凿事实，本案专家组竟然以下述借口，敷衍搪塞，不予追究：

其一，"审查美国在某些具体案件中的具体行为，这不是我们的任务。"[84]

其二，"我们认为：提交我们的有关证据不足以推翻我们针对《美国贸易法》第 304 条作出的前述结论。"[85]

---

〔82〕 See Notice of Determination and Request for Public Comment Concerning Proposed Determination of Action Pursuant to Section 301: Barriers to Access to the Auto Parts Replacement Market in Japan, 60 Fed. Reg. 26, 745(1995); Press Release by the Office of the U. S. Trade Representative, Executive Office of the President, Press Release No. 98-113, USTR Announcing List of European Products Subject to Increased Tariffs(21 December 1998); 63 Fed. Reg. 71,665-666; USTR Press Release 99-117, United States Takes Customs Action on European Imports, 3 March 1999, available in USTR, The USTR Home Page.

〔83〕 See Section 301 Tables of Cases (as of 9 August 1999), No. 301-393, Japan Auto Parts; No. 301-100, the EC and the Importation, Sale, and Distibution of Bananas, http://www.ustr.gov/reports/301 report/act 301. htm.

〔84〕 See Report of the Panel, United States Sections 301-310 of the Trade Act of 1974 (hereinafter "ROP"), WT/DS152/R, 22 December 1999, http://www.wto.org/english/tratop-e/dispu-e/wtds152r.doc., para. 7.12.

〔85〕 See Report of the Panel, United States Sections 301-310 of the Trade Act of 1974 (hereinafter "ROP"), WT/DS152/R, 22 December,1999, http://www.wto.org/english/tratop-e/dispu-e/wtds152r.doc., para. 7.130.

综观上述两案的全程,可以看出:美国是在挥舞"301条款"大棒进行威胁和讹诈,达到了预期目的,尝足"甜头"之后,"见好就收",最终未正式实施原定的单边主义报复制裁。按照美方自我辩解的逻辑:在上述两案中,美国贸易代表既然最终均未真正实施原定的单边报复制裁,就算是"宽宏大量",并未违背自己在WTO体制中承担的国际义务。按此逻辑,则《联合国宪章》就不应禁止在国际关系中使用武力威胁,而各国刑法中也不应规定敲诈勒索是犯罪行为,或者说,以**武力威胁**他国并不违反国际法,实行**敲诈勒索**也并不触犯刑法了。[86] 这种说词,岂不荒谬之极?

但是,本案专家组在其审结报告中,竟然采信了这种极其荒谬的抵赖说词。如此审断,不但纵容了美国在上述两案中以"301条款"实行威胁讹诈的行径,而且无异于鼓励美国今后继续依仗这根单边主义的霸权大棒,横行于国际经贸领域,其影响所及,势必使WTO/DSU多边体制遭到更多、更大的削弱和破坏。

于是,问题的关键就转入了凭借"301条款"实行**威胁**和**讹诈**这一行为**本身**,究竟是否违反WTO法制,是否背弃美国承诺的国际义务,是否应当承担国家责任。

(3) 疑窦和隐患之三:耍弄"悬剑"效应,是守规,还是违法?

"301条款"的"达摩克利斯悬剑"效应,果真不违背WTO/DSU的多边体制,不背弃美国承担的国际义务吗?

如前所述,"301条款"最初在1974年《美国贸易法》上正式出现,二十多年来,一直是美国贸易代表频频挥舞、用以威胁和压服外国贸易对手的一根"狼牙棒"。凭借这根大棒所产生的强大的"达摩克利斯悬剑"效应,美国屡屡达到预期的讹诈目的,备尝"甜头"。据美国贸易代表公署自己编制公布的《301条款案件一览表》,自1975年7月1日至1999年8月5日,24年间共立案处理119件。据统计,其中只有15件是最后正式实施了预定的单边主义贸易制裁;其余104件,约占案件总数的87.4%,美国的对手都是在"兵临城下"的巨大压力下,被迫屈服。可见,单单宣布报复措施本身就足以形成强大的威慑和胁迫力量,迫使美国的贸易对手国家,特别是经济实力弱小的国家,"同意"开放其国内市场,或与美国达成十分有利于美国的协议,以解决贸易争端。同时,上述案件实践的总体比例也足以说明:单单宣布报复措施所能发挥的"威力"和收到的"效果",也远远超过了这些报复措施的最后实际执行。[87]

---

[86] 参见《联合国宪章》第2条第4款,《中华人民共和国刑法》第274条。
[87] See Taming Unilateralism... supra note [62], p. 1157; Jay L. Eisenstat, Comment, The Impact of the World Trade Organization on Unilateral United States Trade Sanctions Under Section 301 of the Trade Act of 1974: A Case Study of the Japanese Auto Dispute and the Fuji-Kodak Dispute, *EMORY INT'L L. REV.* Vol. 11, pp. 137, 153-154 (arguing that the Congressional intent underlying Section 301 is to open foreign markets by creating "credible threats of retaliation").

美国贸易代表公署官员们在实施"301条款"的执法过程中,通常采取的手法是:其一,在收到美商"投诉"申请或"举报"信息,经审议立案之后,即正式发起调查追究(to initiate an investigation),并在《联邦公报》上公布立案概要,同时迅即通知对手国家要求就调查事项进行磋商谈判;其二,邀请美国各方利害关系人提出书面评论(含新的"举报"和投诉);其三,举行"公众听证会",听取各方投诉意见;其四,公布初步拟定的报复清单,提交贸易对手国,并根据案情发展,随时修订增补报复清单;其五,正式实施报复制裁。在上述"执法"过程中,经过美国强大"媒体"的积极炒作,常常闹得满城风雨,不但在谈判过程中不断对对手国家形成精神上的威胁,而且实际上也使外国的有关商家和企业,在"山雨欲来风满楼"的情势下,对随时可能出现的高关税、高规费、停清关、增刁难等诸多报复性风险,心存疑惧,从而不得不及早采取避险措施,诸如减少或停顿输美货物的生产,或将原定输美的货物中途改输他国,或增加投保保险金,等等,这就导致有关商品的成本剧增,大大削弱了有关商家和有关商品在国际市场上的公平竞争能力,甚至完全剥夺了它们在国际市场上的平等竞争机会。

由此可见,美国凭借其经济实力上的绝对强势推行"301条款"霸权立法,从其在《联邦公报》上正式公布立案和发起调查开始,其日益强化的"达摩克利斯悬剑"效应,实质上就已经不断地对贸易对手国家及其有关商家和商品,造成重大的**歧视待遇**,破坏了和践踏了WTO/GATT国际贸易体制中最基本的原则,即最惠国待遇原则和国民待遇原则;而在程序上,则破坏了和践踏了WTO/DSU体系中的基本原则,即解决争端的多边性审理裁断原则。换言之,这种"悬剑"效应,远在有关的报复制**裁正式实施之前**,就**已经侵害了**、破坏了对手国家依据WTO多边体制所享有的**实体上和程序上**的双重权利和利益。对此种做法,美国在1995年1月《WTO协定》正式生效之后,依然我行我素,拒不改弦更张,这就完全背弃了美国在WTO法律体制中所承担的国际义务。

对于如此彰明昭著的"悬剑效应"及其对WTO体制的破坏性后果,本案专家组在其洋洋数万言的审结报告中也只是轻描淡写,点到为止;接着,同样以美国的SAA声明及其"宪政"解释为由,不予深入追究。[88] 如此断案,其客观效果确实是混淆了大是大非,袒护了经济霸主,鼓励了经济霸权。

---

[88] See Report of the Panel, United States Sections 301-310 of the Trade Act of 1974 (hereinafter "ROP"), WT/DS152/R, 22 December 1999, http://www.wto.org/english/tratop-e/dispu-e/wtds152r.doc., paras. 7.89-7.92.

（4）疑窦与隐患之四：纵容"301条款"，是无关大局，还是后患无穷？

本案审结报告对美国"301条款"所作的袒护和纵容，其"示范"作用和后续影响，是无关大局，不妨姑妄"听"之？还是后患无穷，不容忽视？

如前所述，本案围绕着"301条款"这一霸权立法展开的对垒和论战，突出地体现了在全球经济**一体化**加速发展的新形势下，WTO众多成员在各国经济主权上限制与反限制的新斗争。在整个较量过程中，以美国为一方，在维护其"经济主权"的大纛下，力图继续以"301条款"作为进攻武器和护身法宝，保持和扩大其既得的经济霸权，继续保住其全球经济霸主的地位。这一主旨早在1994年美国国内"主权大辩论"中就已经"浮出水面"，并大事张扬鼓吹，成为当时美国国会审议中"首屈一指的政治主题"。[89] 与此相反，以欧共体牵头的三十多个WTO成员为另一方，则力图通过WTO多边体制，要求修改和废弃"301条款"，从而有效地限制和削弱美国的经济霸权，维护自己不断受到"301条款"侵害的经济主权。

面对此项事关全球性大局的争端，本案专家组要做到恪尽职守，秉公断案，自应以WTO/DSU体制中的基本规定，作为行事准则和行为规范。

《WTO协定》鲜明地规定了自身的宗旨，即通过全体缔约成员的共同努力，建立起"**一体化的**、更有活力和更加持久的**多边贸易体制**"。为此，各成员应当确保其国内的各种法规和程序完全符合它在WTO各项协定中承担的国际义务（序言，第16条第4款）。

作为与《WTO协定》配套并服务于其宗旨的强有力保证，《DSU》在其"总则"中也鲜明地规定："WTO的争端解决制度是为**多边贸易体制**提供**安全保障**和可预测性的中心环节"（第3条第2款）；它的首要目标，通常是确保撤销那些被认定为**不符合**WTO各项**国际协定**内容的各种**国内法规**和措施（第3条第6款）。而依据DSU机制设立的各案专家组，其主要职责就在于针对案件的各项事实，就其是否切实遵守有关国际协定作出客观的评估和有关的认定，以协助DSB提出整改建议或作出处断决定，责成争端当事人切实遵行（第11条）。

以上这几条规定，可谓互相呼应，**环环相扣**，毫不含糊地为各案专家组设定了其专门职守和行为**准则**。

本案专家组面对已经激起国际社会公愤，并由三十多个WTO成员同声指控和严词谴责的美国"301条款"，明知其具体规定和具体实践确实**违反了WTO多边体制**中的**多项协定**，而且白纸黑字，证据确凿，却不但不予深究，**不提出**相关**整改建议**，经

---

[89] 详见本章第三部分。

DSB审定批准,责令美国认真修改和废除其臭名昭著的霸权立法,反而以前述"小骂大帮忙"的手法,掩人耳目,从实质上给予全盘肯定,允许其**原封不动,全面保留**。这样的审结报告显属袒护和纵容霸权,有亏职守,因而已经引起国际学术界与舆论界有识之士的非议、批评。[90]笔者认为,对这样纵容霸权的审结报告,如果听之任之,不加深入批判、抵制,则随着时间的推移,就可能逐步导致以下四种"连锁反应":

第一,就美国而言,今后可以利用本案专家组所作的审断结论,作为最新的"**保护伞**"和"**避弹衣**",继续无所忌惮地利用其"301条款"的霸权立法,继续维护、巩固和扩大其全球经济霸主的地位;继续通过单边主义的威胁和讹诈,进一步打开外国贸易对手的国内市场,攫取非分的、不平等的权益,而又不受WTO/DSU多边体制的约束,完全避开或藐视在WTO/DSU体制中遭到法律指控和反向制裁的后续"风险"。因为专家组在审结裁断中所作的唯一保留,即一旦美国背弃其在SAA中作出的"承诺"与"保证",则"美国将承担由此引起的国际责任"(... the US would incur State responsibility)云云,那只是念念有词却全然无效的**伪劣"紧箍咒"**,它根本制服不了桀骜不驯的当代"齐天大圣"!

第二,就其他**经济强国**而言,今后可以"以美为师",仿此办理,以含糊其辞、掩人耳目的国内"行政声明",掩护本国各种形式的单边主义立法和措施,各行其是,既可欺凌弱者贸易对手,又可避免受害的经济弱国援用WTO多边体制加以指控和制裁。

第三,为自卫计,各**经济弱国**也将被迫采取含糊其辞的国内"行政声明",以规避WTO多边贸易体制的约束规定,规避自己承担的国际义务。

第四,在上述各种**单边主义**国内立法的**交互撞击**下,WTO全体成员经多年努力共同建立起来的一体化**多边体系**,其根基势必逐步被彻底**撞毁**,终将使WTO体制陷于土崩瓦解,荡然无存,造成历史的大倒退。千里之堤,尚且可溃于蝼蚁之穴,何况WTO体制初建不久,远非"千里之堤",而前述"301条款"大案要案之错误裁断,也远

---

[90] See Seung Wha Chang (Korean), Taming Unilateralism Under the Trading System: Unfinished Job in the WTO Panel Ruling on United States Sections 301-310 of the Trade Act of 1974(《在贸易体制中驯服单边主义:世贸组织专家组在1974年〈美国贸易法〉第301—310条裁断中的未了职责》), *Law and Policy in International Bussiness*, Vol. 31, No. 4, 2000, pp. 1224-1226.

韩国学者Seung Wha Chang在上述论文中指出:本案专家组所作的裁断,其法律基础是虚弱、动摇的(shaky)。因为它不集中精力,审查1994年美国当局在SAA中表述的自相矛盾的立场以及美国国会在通过《乌拉圭回合协定法》时的其他有关记录;它不认真审查1995年《WTO协定》生效后美国在若干具体案件中背弃WTO义务的所作所为,却完全采信了美国的抵赖说词;完全信赖美国代表在审理过程中的"保证"表态。所有这些,都将给WTO/DSU的争端解决机制带来危险。这些评论确实颇有见地。但是,作者在文末却特地声明:撰写本文的目的,不是代表美国贸易对手指责美国的"301条款",而只是敦劝美国今后不要再滥用"301条款"。作者声称美国的"301条款"与WTO的多边贸易体系可以"同时并存、和平共处"(coexist);WTO需要美国充当"领袖"(leader)才能保持其多边贸易体系,等等。这些"善良愿望"在一定程度上显示了某种糊涂与天真;希望通过规劝,让虎狼改荤吃素;期待以薄荷甘草,根治霸权顽症。

非"蝼蚁之穴"。

由此可见,世人对本案专家组审结裁断的后续影响,确实不可掉以轻心。

※　※　※

前文提到,美国在1994年"入世"之际通过其国内"主权大辩论",确立了美国式的"主权"信念和既定方针,即参加WTO这一全球性多边体制之后,美国仍然"有权"不受多边主义的约束,仍然"有权"继续推行其单边主义的政策和法律。可见,贯穿于上述这场"主权大辩论"全过程的美国单边主义(美国霸权)与WTO多边主义(他国群体主权)**首度大交锋**的结局,乃是前者的胜利,后者的败北!

美国在1994年"入世"之后果然就按此既定方针行事,并由此引发了上述"301条款"争端案,体现了美国单边主义与WTO多边主义**第二度大交锋**。本案专家组作出政治上玲珑圆滑、法律上破绽百出、实质上袒护霸权的上述裁断。对此,在被诉方美国得意洋洋、霸气十足地宣称"胜诉"之后,起诉方欧共体也不无勉强地自称"这是多边体制的胜利"。但衡诸事实,欧共体一方原先的期待和**主要的诉求**,即通过WTO/DSB的多边主义裁断从**根本上**否定和取消美国"301条款"这一单边主义的霸权立法,则**远未实现**。就这一关键问题而言,显示出美国单边主义(美国霸权)与WTO多边主义(他国群体主权)第二度大交锋的结局,乃是前者的再度获胜,后者的**再度败北!**

就WTO/DSB本身而言,面对美国单边主义的"301条款"霸权立法,竟然显得如此软弱、姑息和无奈,在大是大非上含糊暧昧,依违两可,留下了"祸根"和"病根",因此,随后在WTO体制内美国经济霸权与各国经济主权之间限制与反限制的争斗,美国单边主义与WTO多边主义之间的交锋较量,当然不可能就此止息。

五、美国"主权大辩论"的后续影响之二:"201条款"争端案

果然,就在"欧—美'301条款'争端案"的轩然大波终于平息之后,不到15个月,即2002年3月初,美国又挑起了"欧—美'201条款'争端案"。

"201条款"原是1974年《美国贸易法》的第201条(Section 201),其后几经修订,扩充为四条,但习惯上仍统称为美国贸易法"201条款"(以下沿用此习惯统称)。[91]

---

[91] See Trade Act of 1974,§201,19U.S.C§§2251-2254.另参见韩立余译:《美国贸易法》,法律出版社1999年版,第60—80页。

"201条款"的核心内容是:如果美国确认从外国进口的某项物品,其数量增长到足以对美国国内生产同类物品的产业造成严重损害,或使其面临严重的威胁,则美国总统有权采取一切适当和可行的措施,包括在一定时期内对该有关进口物品加征额外关税或限制进口数量,借以帮助和促进美国国内产业针对进口产品,开展竞争。

比较起来,"201条款"与前述"301条款"有迥然相异的法律功能,却又有异曲同工和殊途同归的立法特色。一方面,就其法律功能而言,"301条款"的主旨和效应,在于保证美国产品能够长驱直入和充分占领其他国家的国内市场;而"201条款"的主旨和效应,则在于充分保护美国国内产业及其国内市场的"高度安全",使其免受外国进口产品的强劲竞争。换言之,前者是用以攻入他国市场的"坦克和大炮",后者则是用以保障美国本国市场的"坚壁和高垒"。另一方面,就其立法特色而言,"201条款"与"301条款"相同,在实质上和实践中,都是在维护美国国家经济"主权"这一大纛下在全球推行美国经济霸权,具有强烈的单边主义(unilateralism)色彩,置美国已经承担的多边主义(multilateralism)国际义务于不顾。

在这方面,其最新典型就是由美国挑起的上述"欧—美'201条款'争端案"。[92]

(一)"201条款"争端案的起因

早在2001年6月下旬,美国国际贸易委员会(USITC)[93]依据1974年《美国贸易法》的"201条款",就外国进口钢铁对美国钢铁行业的影响和损害进行调查,历时约半年之后,于同年12月19日将调查认定的结论和有关措施建议提交美国总统布什。布什于2002年3月5日正式宣布:自3月20日起,对于由某些外国进口到美国的10类钢铁产品采取"保障措施"(safeguard measures),分别加征从8%至30%的额外关税,为期3年。[94]

美国政府宣称:之所以采取上述"保障措施",是由于全球钢铁产量严重过剩,世界市场供过于求,且其中许多产品大量进口美国,导致美国钢铁产业受到严重影响和损害。通过采取上述"保障措施",可以为美国钢铁业提供时间和机会,对本产业

---

[92] See The Final Reports of the Panel on Unite States-Definitive Safeguard Measures on Imports of Certain Steel Products (hereinafter "ROP/DS248-259"), 11 July 2003, pp. A-1-H-4, http://www.wto.org/english/traptop-e/disput-e/DS248. 另参见《美201钢铁案水落石出》;杨国华:《美国钢铁保障措施案背景及专家组裁决》(以下简称"杨国华文"),分别载《公共商务信息导报》2003年7月16日第1版、2003年7月28日第2版。

[93] 美国国际贸易委员会(United States International Trade Commission,USITC)是根据美国宪法设立的政府顾问机构,本身并不属于行政职能部门。国际贸易委员会的主要职能包括:在反倾销和反补贴调查中负责产业损害调查;对贸易和关税问题进行研究,并就此向国会、总统和其他政府机构提供信息和建议。

[94] See Proclamation No. 7529 of 5 March 2002, To Facilitate Positive Adjustment to Competition from Imports of Certain Steel Products, *Federal Register*, Vol. 67, No. 45, 7 March 2002, p. 10553.

进行"积极调整"(positive adjustment),以适应和对付进口货的竞争。但是,国际舆论认为:美国钢铁产业整体的低迷现状,主要症结在于美国国内钢铁产业的结构落后,大型综合钢铁厂技术更新缓慢,成本太高,敌不过美国本国诸多小钢铁厂采用高新技术、节约生产成本、降低售价的同类产品的强劲竞争,致使大厂的许多钢铁工人就业困难。而布什政府在 2002 年 3 月之际采取这些"保障措施",除了经济原因之外,还追求一项政治目的:为了向国内的大量钢铁工人"示好"取悦,以便在 2002 年 11 月举行的美国国会中期选举中,为布什自己所属的美国共和党争取更多的工人选票。

美国政府把本国钢铁产业基于其自身内因产生的不景气,归咎于从外国进口的同类产品的竞争,并以此作为借口,采取上述单边主义的国内"保障措施",对多种进口钢铁产品大幅度加征额外关税。这种做法,直接违背了美国在国际条约中承担的多边主义义务,特别是背弃了它在 WTO/GATT"关税减让表"中所作出的庄严承诺,对正常的国际钢铁贸易和多边主义的世界贸易秩序产生了相当大的冲击和破坏作用,因而激起了许多受害国家的强烈反应,纷纷运用自己手中掌握的国家经济主权,实行"自卫反击":欧共体(15 国)、日本、中国等先后向 WTO 通报了准备对美国产品实施贸易报复的清单[95];欧共体、日本、韩国、中国、瑞士、挪威、新西兰以及巴西等受害国家相继向 WTO 争端解决机构(DSB)提出申诉,要求对美国违反 WTO 规则、破坏全球多边贸易体制的行为加以处断和纠正。诸受害国家在 2002 年 4 月中旬至 6 月中旬之间,先后联合地或分别地与美国开展磋商,但均未能达成协议。应诸受害国家的请求,WTO 所设"争端解决机构"(DSB)遂于 2002 年 7 月 25 日决定正式组建一个专家组,综合受理受害国家的八宗申诉案。[96] 紧接着,加拿大、中国台北、古巴、墨西哥、泰国、土耳其以及委内瑞拉等七个 WTO 成员相继要求作为"第三方"(third parties)参与本案的整个审理过程。

---

[95] 例如,欧共体在 2002 年 3 月 22 日迅即拟就一份针对美国产品的报复清单,其中包括 325 种美国产品,声称:如果美国在同年 6 月 18 日以前不改弦更张,迅即停止前述无理加征额外关税的单边主义专横行为,并赔偿欧共体由此遭受的损失,则欧共体国家将自即日起,针对上述清单所列的各种从美国进口的产品,分别加征 10%至 30%的额外关税,总值约为 25 亿欧元,大体相当于欧共体钢铁产业因美国加征额外进口关税而蒙受的损失。

就中国而言,据估算,美国采取的上述措施将使中国每年约 3.7 亿美元的钢铁产品出口受到重大影响。经与美方磋商,未获解决,中国驻 WTO 代表团遂于 5 月 17 日向 WTO 递交了中国对美国部分产品中止关税减让的报复清单,并且声明:中国将在 WTO 争端解决机构最终裁决美国 201 钢铁保障措施违反 WTO 有关协议后,对来自美国的上述产品加征 24%的附加关税,加征后的关税增额约 9400 万美元。参见:《美国关税壁垒》及前引杨国华文,分别载《公共商务信息导报》2003 年 6 月 23 日第 2 版,2003 年 7 月 28 日第 2 版。

[96] 欧共体 15 国作为一个整体,联合提出一宗申诉案(claim),其案件编号为 WT/D248(EC v. US);其余七宗申诉案的编号分别是 WT/D249(Japan v. US);WT/D251(Korea v. US),WT/D252(China v. US),WT/DS253(Switzerland v. US),WT/DS254 (Norway v. US),WT/DS258 (Newzealand v. US),以及 WT/DS259(Brazil v. US)。

在此项由美国挑起的"201条款"争端中,"原告"(complainant)实际上多达22个主权国家和地区,并以美国作为共同的"被告"(respondent)。其"原告"之众多、"被告"之孤立、涉及面之广泛及其对WTO体制和全球贸易秩序未来影响之大,均不亚于前述"301条款"争端,故其争讼进程和是非曲直,为举世所瞩目。

(二)"201条款"争端案的"初审"结论

经过涉讼各方几近一年的对簿公堂和舌剑唇枪,综合审理本案的专家组终于在2003年7月11日作出了综合性的审结报告。其主要内容是:

(1)本案专家组支持欧共体等八个"原告"方提出的申诉和指控,认定"被告"方美国自2003年3月20日起针对某些进口钢铁产品采取的"保障措施"(加征额外的进口关税等),就其总体而言,不符合美国自己参加缔结的WTO《保障措施协定》和GATT 1994。[97]

(2)确切地说,美国实行的上述"保障措施"不符合GATT 1994第19条第1款以及WTO《保障措施协定》第3条第1款的规定,因为美国未能确凿论证和充分说明"意外的发展情况"确已导致钢铁进口产品大量增加,并因此对美国国内有关产业

---

[97] 为便于读者对照查索,兹将本案专家组援引的有关主要条文摘录如下:
GATT 1994 第19条 对某些产品进口采取紧急措施
1. (a)如因意外情况的发展,并因某一缔约方承担本协定各项义务(包括关税减让义务)的影响,进口至该缔约方领土的产品大量增加,以致对该领土内同类产品或直接竞争产品的国内生产者造成严重损害或严重损害威胁,则该缔约方有权在防止或补救此种损害所必需的限度和时间内,对该产品全部或部分中止承担义务,或者撤销或修改关税减让。(b)……
《保障措施协定》(第1—4条)
第1条 总则 本协定为采取保障措施制定规则,此类措施应理解为GATT 1994第19条所规定的措施。
第2条 条件 1.一成员只有在根据下列规定已经确认正在进口至其领土的某种产品的数量与国内产量相比绝对地或相对地大量增加,以致对生产同类或直接竞争产品的国内产业造成严重损害或严重损害威胁,方可对该产品采取保障措施。2.保障措施应针对某种正在进口的产品实施,而不考虑其来源。
第3条 调查 1.一成员只有在其主管机关根据以往制定的程序进行调查、并按GATT 1994第10条规定公布周知后,方可采取保障措施。该调查应包括对所有利害关系方作出合理公告,举办公开听证会,或采取其他适当方式,让进口商、出口商以及有利害关系的其他各方都能够提出证据和意见,包括让他们有机会针对其他各方的陈述作出答复并提出意见,特别是提出关于保障措施的实施是否符合公共利益的意见。主管机关应公布一份报告,列出其对所有有关事实问题和法律问题的调查结果和理由充分的结论。2.……
第4条 严重损害或严重损害威胁的确认 1.……2.(a)在根据本协定规定确认增加的进口货是否对某种国内产业已经造成严重损害或即将造成严重损害的调查中,主管机关应评估影响该产业状况的客观的和可量化的一切有关因素,特别是有关产品按绝对值和相对值计算的进口增加的比率和数量,增加的进口货所占国内市场的份额,销售水平、产量、生产率、设备利用率、利润和亏损以及就业等方面的变化。(b)除非调查根据客观证据证明有关产品增加进口与严重损害或严重损害威胁之间存在因果关系,否则不得作出(a)项所指的确认。如增加进口之外的其他因素正在同时对国内产业造成损害,则此类损害不得归因于增加的进口。(c)主管机关应依照第3条的规定,迅速公布对被调查案件的详细分析以及对已审查诸因素相关性的论证说明。
(以上中译文参见对外经贸部国际经贸关系司译:《乌拉圭回合多边贸易谈判结果法律文本》,法律出版社2001年版,第275—276、454页;汪尧田等译:《乌拉圭回合多边贸易谈判成果》,复旦大学出版社1995年版,第187—188、334—335页。)

造成严重损害。

（3）美国实施的上述"保障措施"不符合 WTO《保障措施协定》第 2 条第 1 款和第 3 条第 1 款的规定，因为美国未能确凿论证和充分说明其所列举的各种事实足以支持其"进口产品激增"的论断。

（4）美国实施的上述"保障措施"不符合 WTO《保障措施协定》第 2 条第 1 款、第 4 条第 2 款(b)项以及第 3 条第 1 款的规定，因为美国未能确凿论证和充分说明"进口产品激增"与"对美国国内有关产业造成严重损害"两者之间存在着"因果关系"。

（5）美国实施的上述"保障措施"不符合 WTO《保障措施协定》第 2 条第 1 款和第 4 条第 2 款的规定，因为美国的做法未能遵守有关"对应性"(parallelism)的要求，即要求在保障措施为其预设条件的产品与保障措施后来加以制约的产品之间，具备一定的对应性。

基于以上各点，本案专家组的审结报告作出如下结论：

（1）美国采取的上述"保障措施"已经违背了 WTO《保障措施协定》和 GATT 1994 的有关规定，已经取消了或损害了各"原告"方依据上述协定享有的正当权益；因此，

（2）本案专家组建议 WTO 争端解决机构(DSB)责成美国更改上述"保障措施"，使它符合于美国在上述国际协定中承担的国际义务。[98]

作为本项"201 条款"争端案的"败诉"方，美国对本案专家组的上述审结报告表示不服，并于 2003 年 8 月 11 日向 WTO 的"上诉机构"(Appellate Body)提起上诉。

（三）"201 条款"争端案的"终审"结论

2003 年 11 月 10 日，上诉机构发布了终审报告，除稍作改动外，维持上述专家组审结报告中绝大部分原有裁断。[99]

美国总统鉴于本案败局已定，无可挽回，加以美国已经从其推行了 21 个月之久的单边主义"保障措施"中捞到了大量实惠，"已经达到了预期的目的"，乃于 2003 年 12 月 4 日宣布：自即日起，终止实行美国的上述"保障措施"。[100] 本案遂告最后落幕。

---

[98] See ROP/DS248-259, pp. A-1-4, B-3, C-4, D-4, E-4, F-4, G-4, H-4.
[99] See WT/DS248/AB/R～WT/DS259/AB/R, paras. 513-514.
[100] See President's Statement on Steel, http://www.whitehouse.gov./news/release/2003/12/20031204-5.html. 另参见《美国取消保护性钢材进口关税，同时实施预警系统》,http://www.sina.com.cn;《商务部发言人崇泉就美国撤销钢铁保障措施发表谈话》,http://www.mofcom.gov.cn/article/200312。

纵观和细察本案争讼的过程，其中所蕴含的原则碰撞和法理冲突，很值得追本溯源，认真探讨，仔细剖析。

如所周知，关税自主权本是各国经济主权的重要内容之一。各国对外来进口产品是否征收关税以及厘定税率之高低，本属各国经济主权权限范围，悉由各国自行决定。但是，在国际贸易的实践过程中，各主权国家都力图增加本国的关税收入，因而难免发生利害冲突，甚至发展成为商战，导致两败俱伤。有鉴于此，自 1947 年起，国际社会各成员以 GATT/WTO 机制作为依托和支柱，力图通过互惠互利的安排，各自大幅度削减关税及其他贸易壁垒，逐步建立起健全的多边贸易体制，以促进全球范围内的贸易自由化，实现共同的经济繁荣。这是国际社会各成员协力追求的共同利益和长远利益。[101]

但是，在追求实现共同利益和长远利益的同时，各成员却仍然各有自己的局部利益和眼前利益。这就难免又引起种种新的矛盾与冲突。归根结底，就是各成员国家在经济主权（包括关税自主权）上的限制与反限制。自 1947 年签订 GATT 以来，此种限制与反限制的斗争，反映在关税减让问题上，经历了以下几度"周而复始"的进程和逐步上升的层次，即关税互相减让；关税减让的例外；对关税减让例外的控制；对此种控制的破坏；对破坏此种控制的制裁。可谓一"魔"一"道"，相生相克，迄未止息。具体地说：

（1）为了共同的和长远的利益，各成员达成多边协议，对各自的关税自主权实行一定程度的**自我限制**，互相实行关税减让。这体现为 GATT 1947/1994 第 2 条关于"关税减让表"的规定，即每一缔约方给予其他缔约方的贸易待遇不得低于 GATT 所附"减让表"中规定的待遇，对于从其他缔约方进口到本国境内的产品，在一定的条件下，不得在规定的"普通关税"之外，任意加征额外关税。

（2）与此同时，为了各成员局部的或眼前的利益，各成员达成多边协议，对各自的关税自主权作出重大保留（或**反限制**）。这体现为 GATT 1947/1994 第 19 条关于"对某些产品进口采取紧急措施"的规定，即在特定的情况下，如因某种外国产品进口数量激增，以致本国生产同类产品的企业在市场竞争中受到严重损害或面临严重损害的威胁，则作为上述关税减让原则的例外，本国有权在必要的限度和时期内，实行适当的"自我保障"，对上述外国进口产品暂停给予原先约定的关税减让，撤销或者修改原定的减让，并酌情加征额外关税。

但是，在嗣后四五十年的国际贸易实践中，有些成员，特别是少数经济强国，往

---

[101] 参见《1947 年关税及贸易总协定》，小序；《马拉喀什建立世界贸易组织协定》，小序。

往过分强调本国的局部利益和眼前利益,滥用上述有关"紧急措施"的例外规定,任意实行无理的、过度的、单边主义的"自我保障",以致严重损害生产上述进口产品的其他外国的合法权益。此时此际,**滥用**"紧急措施"的少数强国,其经济主权就开始转化成为经济**强权**或经济**霸权**,因为它无视国际协定的约束。

(3) 为了防止和消除滥用单边主义"自我保障"措施造成新的关税壁垒和贸易障碍,避免由此引起互相报复和两败俱伤,各成员又达成新的多边协议,对各自保留在自己手中的关税自主权或**反限制权**,实行新的限制和**多边控制**。这一宗旨充分体现在和始终贯穿于 1994 年 WTO 体系中新出现的多边性专题协定即《保障措施协定》之中。其"序言"反复强调:"有必要澄清和加强 GATT 1994 的纪律,特别是其中第 19 条(对某些产品进口采取紧急措施)的纪律";"有必要重新建立对保障措施的**多边控制**,消除逃避多边控制的保障措施"。

(4) 但是,经济上的强权国家,为了自身局部的和眼前的利益,又往往不甘接受上述重新建立起来的、更加严格的"多边控制",不惜背弃自己在这个新缔结的专题性多边国际协定中作出的庄严承诺和承担的国际义务,凭借自己的经济实力和强势,依然随心所欲,时时滥用单边主义的自我保障措施,从而对上述"多边控制"造成**新的破坏**,严重影响国际贸易的正常秩序。此种行为,究其实质,乃是经济强国对自身经济主权的单边扩张,乃是超级大国自身经济霸权的旧病复发,乃是对其他国家经济主权的恣意侵害。

在这方面,最新的"典型"就是 2002 年 3 月至 2003 年 12 月间美国依据本国贸易法的"201 条款"径自采取针对外来钢铁进口产品的"保障措施"。

(5) 为了预防和制止违反或破坏上述"多边控制"的行为,各成员又在上述多边协议中规定,受害方有权向 WTO 体制中带有强制司法性质的"争端解决机构"(DSB)起诉,通过 DSB 依法审理、裁断、责成加害方撤销其单边主义的"自我保障"措施。[102] 加害方"败诉"之后,如在一定期间内仍拒不履行 DSB 的裁断,则 DSB 可授权受害方实施必要的报复和制裁,包括停止给予加害方一切关税减让等。在此种情况下,加害方不但在物质上得不到什么便宜,而且还要受到国际舆论的普遍谴责,在道义上遭到巨大损失,从而在国际社会中陷于孤立,到头来,在国际利害得失的"总结算"中得不偿失。

在这方面,其最新的"典型",就是上述"201 条款"钢铁进口争端案最后以被告方

---

[102] WTO《保障措施协定》第 14 条规定,WTO 体制中带有强制司法性质的《争端解决谅解书》(DSU)的全部规则,适用于有关保障措施的一切争端。

美国"败诉"以及美国总统不得不宣布取消原有单边主义"保障措施"告终。

（四）对"201条款"争端案结局的客观评价：WTO多边主义（他国群体主权）两败之后的小胜与美国单边主义（美国霸权）的"依然故我"

此次"201条款"争端事件的以上结局，意味着WTO多边主义对美国单边主义的胜利，当然值得世界公正舆论的称道和赞许。但是，如果把2002—2003年的"201条款"争端，与前述美国1994年的"主权大辩论"以及1998—2000年的"301条款"争端联系起来，加以宏观的综合考察，则可以说，2003年11月结案的上述"201条款"钢铁进口争端，乃是晚近十年（1994—2004）来美国单边主义（美国霸权）对WTO多边主义（他国群体经济主权）的第三次大冲击，乃是美国单边主义对抗WTO多边主义的第三个大回合。相应地，此次交锋的结局，只能综合评估为WTO多边主义先前两次"败北"之后的初度"小胜"，WTO多边主义仍然前途多艰。因为，尽管在这第三回合的交锋中，美国的单边主义以"败诉"告终，但美国在2003年12月4日发表的前述"总统声明"中，不但对其已经实行了21个月单边主义"保障措施"给其他国家从事钢铁生产和钢铁贸易的对手造成重大损失这一霸道行为装聋作哑，不作任何检讨，反而进一步公开宣称：美国今后仍将继续"执行我们自己的贸易法律"，并且将进一步强化针对外国进口产品的"监督措施"。[103] 其语调、语意与当年"301条款"争端案审结后美国贸易代表在1999年12月22日发表的前述公告如出一辙，足见美国在此次"败诉"后，对受到全球诟病的本国单边主义霸权立法，仍然毫无改弦更张、弃旧图新之意。

六、美国"主权大辩论""301条款"争端案以及"201条款"
争端案之宏观小结：庆父不去，鲁难未已！

以史为鉴，可以知兴替。WTO体制运作十年来（1994—2004）上述三大回合交锋的具体时间、地点和表现形态上，虽各有差异，但如加以综合考察，便不难看出其中的共同特点和发展轨迹，即核心相同，旗号相同，因果相连，祸根未除。

---

[103] See President's Statement on Steel, http://www.whitehouse.gov/news/release/2003/12/ 20031204-5. html. 另参见《美国取消保护性钢材进口关税，同时实施预警系统》，http://www.sina.com.cn；《商务部发言人崇泉就美国撤销钢铁保障措施发表谈话》，http://www.mofcom.gov.cn/artcle/200312。

第一,十年来上述三大回合交锋,其法理核心相同,即都是美国经济霸权与他国经济主权之间的限制与反限制,也都是美国单边主义与 WTO 多边主义之间的原则大碰撞。[104]

第二,在上述三大回合交锋中,美国单边主义冲击 WTO 多边主义时,打出的旗号相同,即都是行使美国的"主权",贯彻美国的"法律",维护美国的"权益",借以掩盖和粉饰其经济霸权的实质。

第三,上述三大回合交锋,都是首先由美国寻衅,挑起争端;三大回合,前后因果紧密相连,后两次争端的"基因",都直接地、深深地植根于美国早在 1994 年"入世"之初就已确立的既定方针,即美国在加入 WTO、勉强接受多边体制之后,依然我行我素,继续奉行单边主义,极力维护和扩大既得的经济霸权。

第四,在上述第三回合即"201 条款"争端案中,WTO 多边主义虽然获得"初度小胜",但其影响力和实际效果显然只是相当有限和很不稳定的,因为**祸根仍在,病根未除**,美国基于其特有的"主权"信念在参加 WTO 之初就已确立的既定方针和行动指南始终如一;美国的霸权积习及其单边主义霸权立法依然"健在如恒",并未受到丝毫损伤,从而,任意挥舞"301 条款""201 条款"之类大棒为所欲为的霸权顽症仍然可能随时复发。今后在 WTO 体制内美国经济霸权与各国经济主权之间限制与反限制的争斗,仍将时伏时起,难以止息。套用一句中国古谚,可谓"庆父不去,鲁难未已"。因此,人们不能不经常保持清醒,增强忧患意识,随时谨防美国单边主义大棒之卷土重来和再度肆虐。

第五,"201 条款"争端案中 WTO 多边主义之初度小胜,端赖与美国对垒的 22 个主权国家敢于和善于运用掌握在自己手中的经济主权,及时列出"报复清单"、采取报复措施,并且及时联合起来共同把全球唯一的超级大国推向 WTO/DSB 的被告席等等,通过诸如此类的反击措施,对经济霸权开展针锋相对的斗争。[105] 反之,如果不坚持经济主权,或忽视经济主权这一武器的充分运用,则面对经济霸权的横行与肆虐,经济实力上的弱者势必无以自卫、自保,即使是小胜也不可得,更遑论积小胜为大胜,实现全球的共同繁荣。由此可见,国内外一度相当"时髦"的理论,即认为

---

[104] See An Chen: The Three Big Rounds of U. S. Unilateralism versus WTO Multilateralism During the Last Decade: A Combined Analysis of the Great 1994 Sovereignty Debate, Section 301 Disputes (1998-2000), and Section 201 Disputes (2002-2003), South Centre, T. R. A. D. E. Working Papers 22 (http://www.southcentre.org/publications/workingpapers/paper22/wp22.pdf). 另参见陈安:《美国单边主义对抗 WTO 多边主义的第三回合——"201 条款"争端之法理探源和展望》,载《中国法学》2004 年第 2 期。

[105] 参见《中美钢铁贸易战中方胜诉》《贸易争端:政府力量不可忽视》,载《深圳商报》2003 年 11 月 12 日第 B2 版。

全球经济一体化加速发展、"经济联合国"WTO正式运转之后,有关国家经济主权的原则和概念应当日益"淡化""弱化"云云,此类说词,至少是脱离实际、不够清醒的,也是很不可取的;至于经济主权的原则和概念已经"过时"云云,则显然是居心叵测的理论陷阱,对此,不能不倍加警惕!

第 21 章　世纪之交在经济主权原则上的新争议与"攻防战"对发展中国家的重大启迪

≫ 内容提要

本章内容紧接上一章,提醒全球弱势群体即广大发展中国家,在当代经济主权原则上的新争议与"攻防战"中,切勿轻信和盲从来自霸权国家的花言巧语、"时髦"理论。应当从本国国情出发,增强忧患意识,珍惜经济主权,善用经济主权保护民族权益,抵御霸权欺凌和其他风险,警惕理论陷阱,摒除经济主权"淡化"论、"过时"论、"废弃"论。

≫ 目　次

一、增强忧患意识,珍惜经济主权
二、力争对全球经贸大政决策权实行公平的国际再分配
三、善用经济主权保护民族权益,抵御霸权欺凌和其他风险
四、警惕理论陷阱,摒除经济主权"淡化"论、"过时"论、"废弃"论

美国 1994 年的这场"主权大辩论"是在经济全球化加速发展、WTO 体制即将在全球范围内开始运作之际发生的。在这种国际宏观背景下,发生于全球唯一的超级大国国内的、以"301 条款"之存废为首要主题的这场大辩论,其原因当然远非限于美国国内,其后续影响也当然远远超出一国范围。

果不其然,《WTO 协定》正式生效之后不久,作为这场"主权大辩论"确立既定方针的后续影响,就开始接二连三地发生了"日—美汽车部件贸易争端案""美—欧香蕉贸易争端案""欧—美'301 条款'争端案"以及"欧—美'201 条款'争端案"。这些大案、要案的具体进程和结局虽各有差异,但它们都是以美国作为争端较量的强大

"敌手";都紧密地关联到美国"301条款"或"201条款"这些霸权立法,或直接以这些霸权立法的存废作为讼争主题;其讼争的核心与实质,都是美国经济霸权("主权")与他国群体经济主权之间限制与反限制的新型国际争斗。

可以说,从1994年至2004年这些以经济主权之限制与反限制作为实质和核心的激烈论战,其此起彼伏的发展进程,为国际社会提供了一系列重大的信息,值得人们加以认真研究,尤其值得全球众多弱小民族加以认真剖析和探讨,从中获得某些启发。

兹试将这些前后绵延起伏长达十年、以经济主权问题为核心的激烈论战对发展中国家的启迪,简述如下:

一、增强忧患意识,珍惜经济主权

大量事实表明:在经济全球化加速发展和WTO体制正式运作的条件下,各国之间和各类国家之间的经济主权"攻防战",不但迄未止息,而且有时还相当激烈。因此,发展中国家不可不正视客观现实,增强忧患意识,强化主权观念,珍惜经济主权。

在WTO体制中,为期十年的上述"攻防战",主要表现为国际社会中的**最强者**不但力图保住自己既得的经济霸权,而且力图进一步削弱**次强者**,特别是力图损害众多**弱者**得来不易的经济主权。国际霸权主义者在经济主权问题上一贯奉行着"双重标准":视自己的经济"主权"(实为经济霸权)为神物,视弱小民族的经济主权为草芥。

面对这种霸权主义进攻之"矛"与霸权主义"自卫"之"盾",面临此种利矛坚盾的不断挥舞,作为弱小民族的发展中国家,显然不可"太平麻痹",刀枪入库,马放南山;显然不能不增强忧患意识,强化主权观念,加倍珍惜经济主权,切忌懵懵然地接受经济主权"过时"论、"废弃"论、"弱化"论或"淡化"论。[1]

---

[1] 现任国际法院大法官(日本前驻联合国大使)小和田恒强调:"尽管全球化在不断发展,但以主权国家为核心的框架并未消失。……问题在于,当各国的价值观发生冲突时,如何从国际社会的观点出发来确定公共秩序。在目前的国际体系中并没有决定这种秩序的中央集权。……如今一些人倡导的单边主义,则是要用单方面的价值观和政策来推动全球化。这就有陷入'全球化的单边主义'的危险。这种做法不可能形成真正意义上全球化的公共秩序。……不可否认,在国际社会中,实力决定国际关系。拥有实力的主体可以对国际秩序的形成发挥巨大作用。不过,这里的关键问题是**要区分'霸权'和'领导力'两个概念**。前者是通过把自己的政策和价值观强加给他人的方式来建立秩序,而后者是在得到他人的赞成和支持的基础之上来建立秩序。这是二者的本质区别。**在可预见的未来,既然无法建立'世界政府',那么以主权国家为核心的目前这种国际体系就会继续下去。我们必须正视国家之间力量不均衡这种无法回避的现实**。在美国是唯一超级大国的现实中,我们要设法使这种领导力朝着能得到其他国家支持的方向发展,才能促进真正意义上的全球化。"参见《全球化与单边主义》,原载《朝日新闻》2003年8月31日,译文载《参考消息》2003年9月14日第3版。

二、力争对全球经贸大政决策权实行公平的国际再分配

全球性经贸大政决策权力的**国际分配**乃是当代各国经济主权"攻防战"的重要组成部分。因此,发展中国家亟应在此种决策权力的国际分配中力争获得平等的一份。

全球性经贸大政决策权力的国际分配是否公平、合理,决定了弱国经济主权能否得到应有的保护,进而决定全球财富的国际分配是否公平合理。三者之间的关系乃是"原因→结果+原因→结果"。相应地,要改变全球财富国际分配严重不公的现状,就必须大大增强对弱国经济主权的保护;为此目的,就必须从"源头"上改革全球经贸大政决策权力国际分配严重不公的弊端。

如前所述,杰克逊教授在回顾和总结美国1994年这场全国性"主权大辩论"时,曾一再强调指出它的关键和实质就在于**权力分配**问题,即国际事务的决策权力如何在国际机构与美国本国政府之间恰当地分配。这种见地,可谓抓住了问题的**要害**,把话说到了点子上。但是,也许是由于身份和地位的局限,杰克逊教授未能(或未敢)进一步揭示出国际经贸大政决策权力在超级大国与众多发展中国家之间的**现有分配**是何等的**不公**!事实表明,在国际经贸大政决策权力这块"大蛋糕"的现有分配体制中,美国所已经得到的,远远超过了它所应得的平等的一份,而在美国的1994年"主权大辩论"中,无论是主权"自信派",还是主权"担忧派",貌似针锋相对,实则其立论的根本出发点是"心有灵犀一点通"的,即都是死死抱住已在自己"餐盘"中那"超级大份"的国际事务决策权,不让分毫,甚至还进而觊觎着并力图攫取他人盘中那本来就已经很小的一份,以遂其饕餮之欲。

众所周知,60多年前按照"布雷顿森林体制"组建的世界银行和国际货币基金组织这两大全球性经济组织,至今仍实施着当年由美国主持推行的以"缴资"多寡为基础的"加权表决制",从而使美国在有关的国际经济事务中一直享有"超级大份"的决策权。[2] 在乌拉圭回合谈判中,美国曾经力图施展故伎,将此种"加权表决制"移植

---

[2] 例如,在"国际货币基金组织"中,美国一国享有的投票权曾经长期占总投票权的20%左右,而不少贫弱国家的投票权仅分别占总投票权的0.1%或0.01%,大小悬殊数百倍甚至数千倍。其后,投票权比例虽略有"微调",但此种悬殊现象迄今未有根本性改变。

到 WTO 之中,由于遭到广大发展中国家的坚决抵制,未能如愿。[3]

多年来,若干国际经济组织不同决策机制的实践已经反复地证明:采用以经济实力和"钱包大小"为基础的"加权表决制",往往导致仗富欺贫、以大压小和恃强凌弱;反之,实行"一国一票"的平权表决制,则不但有助于大小平等、以富济贫和互补互利,而且尤其有助于扶弱抑强。在美国前述这场"主权大辩论"中,主权"担忧派"所最为忌惮的,正就是 WTO 体制中的一国一票**表决制**以及 DSB 中的"反向协商一致"表决制的有机结合,使得美国难以再在 WTO 这个全球性国际经济组织中凭借自己的经济强势横冲直撞,不受任何约束。强者、霸者之所惮,当然就是弱者之所欲。发展中国家弱小民族要在当代经济主权的"攻防战"中,保护自己的应有权益,显然必须凝聚集体的力量,联合自强,力争在全球经贸大政决策权力的国际再分配中,获得自己应有的**平等**的一份。

三、善用经济主权保护民族权益,抵御霸权欺凌和其他风险

一国的经济主权,即是在本国对内对外的一切经济事务上享有的独立自主之权。在经济全球化的新形势下,发展中国家尤应敢于坚持和善于运用本国的经济主权。

在经济全球化加速发展的大潮流中,发展中国家面对的是机遇与风险并存的局势。要利用机遇,就必须牢牢掌握自己手中的经济主权,以它作为**主要杠杆**,才能对各种内外经济因素实行必要的引导、组织和管理。要预防和抵御风险,也必须依仗牢牢在握的经济主权,以它作为**主要屏障**,采取各种切实有效的措施,对各种可能发生和已经发生的风险,及时地加以化解和消弭。

简言之,要在经济全球化加速发展的大潮中,趋利避害,则牢牢掌握和始终坚持经济主权就是"**不可须臾离**"的前提和基础。

"天下没有免费的午餐。"欲有所取,必有所予,这是市场经济的常规。要利用机遇,要调动外国的各种经济资源服务于本国的经济建设,就须付出必要的代价,即在完全独立自主的基础上,对自己的某些经济权力和经济权益作出**适度的自我限制**。这个"度",就是:(1) 坚持义务与权利的平衡,坚决抵制外来的过苛要求。对于可能

---

[3] See John H. Jackson, The Great 1994 Sovereignty Debate: United States Acceptance and Implementation of the Uruguay Round Results, *Columbia Journal of Transnational Law*, Vol. 36, Special Double Issue, 1997, pp. 161, 174-175.

对本国产生严重冲击、影响国家安全和社会稳定的非分要求,尤应断然回绝,寸步不让。[4] (2)独立自主地全面权衡利弊得失,力争利大于弊,失少于得。(3)对于可能伴随机遇而来的各种风险,诸如国民经济命脉重新操于外强之手,财政金融失控、混乱,国有资产和国库税源大量流失等,则务必居安思危,增强忧患意识,早加预估,早有预见,早作防患。(4)对于风险过大而效益不彰的让步和代价,宜思虑再三,慎之又慎,切不可轻率约许。(5)约许之前和之后,均须早作安排,提高防御和消弭风险的能力。只有这样,才能在经济全球化大潮的冲击下,始终保住本国经济上的独立自主,如中流砥柱,岿然屹立。

四、警惕理论陷阱,摒除经济主权"淡化"论、"过时"论、"废弃"论

理论上的错误,势必导致实践上的盲目,并为此付出惨重的代价。纵观当代世界南北矛盾的全局,对于发展中国家弱小民族说来,"**主权弱化**"论或"**主权淡化**"论显然是不可取的。

在经济全球化加速发展的情势下,形形色色的主权观念"**淡化**"论、"**弱化**"论时时会在不同的场合悄然出现。它们可能在一定条件下形成为一种"**新鲜**",一种"**时髦**";一些涉世未深、未尝过弱小民族苦难滋味的善良人们,可能惑于某些似是而非的说辞、"论据"和假象,**懵懵然地**成为这种"时髦"理论的附和者。但是,放眼世界,联系到当代经济霸权主义仍然时时肆虐的现实,以及为它张目的来自霸权国度的主权"**过时**"论、主权"**废弃**"论,细加思考,则不啻是当头棒喝,从反面**催人猛醒**:原来,主权"**过时**"论、主权"**废弃**"论的主旨在于彻底解除弱小民族的思想武装,好让当代霸权主义在全球通行无阻;"**淡化**"论和"**弱化**"论的"**发展方向**",正是归宿于"**过时**"论和"**废弃**"论。这种归宿,绝不是弱小民族之福,而是善良的人们不能够预见其后果的**理论陷阱**。

人们如果头脑冷静,加强对当代国际现实的观察和比较,那就自然会接受符合客观实际的正确判断:在经济全球化加速发展的条件下,"霸权主义和强权政治依然

---

[4] 例如,2001年初在中国加入世贸组织的"一揽子协议"谈判中,一些发达国家成员对中国的农业政策调整提出了过苛的要求,遭到中国代表团的拒绝。代表团团长、首席谈判代表龙永图强调:"在农业方面,中国有9亿农业人口,保持农业的稳定,对于中国的社会安定和经济发展都有极其重要的意义。……中国政府需要在加入世贸组织后,保留符合世贸组织规定的农业支持手段,9亿农业人口的利益永远是我们考虑一切问题的出发点。"参见《世贸组织中国工作组第15次会议结束》,载《人民日报》2001年1月19日第3版。

存在,发展中国家维护国家的主权、安全和利益的任务依然艰巨"[5]。

作为全球最大的发展中国家,中国在 19 世纪至 20 世纪政治主权、经济主权的"攻防战"中,经历过丧权辱国、饱受列强宰割的巨大历史创痛,也经历了通过百年苦斗,恢复国家尊严,在政治上、经济上自己当家作主的巨大历史欢欣。如今,已经步入 21 世纪,在经济全球化加速发展的新情势下,又面临着**新百年中的经济主权"攻防战"**。际此时刻,很有必要时时重温邓小平同志留下的殷殷叮咛:"中国人民珍惜同其他国家和人民的友谊和合作,更加珍惜自己经过长期奋斗而得来的独立自主权利。任何外国不要指望中国做他们的附庸,不要指望中国会吞下损害我国利益的苦果。"[6]

---

[5] 江泽民:《中非携手合作,共创新的世纪》,载《人民日报》2000 年 10 月 11 日第 1 版。
[6] 邓小平:《中国共产党第十二次全国代表大会开幕词》(1982 年 9 月 1 日),载《邓小平文选》第 3 卷,人民出版社 1993 年版,第 372 页。

第 22 章　论社会帝国主义主权观的一大思想渊源：民族虚无主义的今昔[*]

>> 内容提要

主权问题是国际法学上的一个根本问题，也是国际反霸斗争中十分现实的问题。20世纪50年代中期至80年代，苏联领导集团在这个问题上散播了不少貌似"国际主义"实为民族虚无主义——大国沙文主义的谬论，制造思想混乱，借以为蹂躏弱国主权，推行世界霸权政策张目。本文回顾和缕述当年马克思、恩格斯和列宁与伪装成"国际主义者"的形形色色的民族虚无主义者多次论战的历史事实，追本溯源，探讨曾经猖獗一时的社会帝国主义主权观的理论基础和思想渊源，揭露它既是对国际法主权原则的粗暴践踏，又是对马克思主义的主权观的彻底背离，从而进一步澄清了它的反动实质。

>> 目　次

一、三种谬论，一大基石
　　（一）他国"疆境不足道"论
　　（二）苏联"最高主权"和弱国"有限主权"论
　　（三）互相"越界爱国"论
二、追本溯源，看"俄国佬精神"与民族虚无主义的早期结合
三、斥祖国"无所谓"论，"我们是社会主义祖国的护国主义者"
四、"刮一刮"红色表皮，"你就会发现他是大俄罗斯沙文主义者"
五、借鉴历史，明辨真伪

---

[*] 本章撰写于1980年"中苏交恶"和"大论战"时期。其中大部内容曾发表于《吉林大学社会科学学报》1981年第3期，第30—40页。因限于篇幅，发表时全部注解均被删节。现按当初原有文稿，将全文和全部注解重新整理收辑于本书，俾便读者逐一查索引文出处。

主权,是每个国家独立自主地处理一切内政外交事务的最高权力。通俗地说,一个国家享有主权,就是享有自己当家作主之权。它是国家作为国际社会的一个独立成员而存在的必备条件,是国家作为国际公法主体所不可或缺的最基本的属性。

国家无论大小强弱,都应享有完全平等的主权。世界和平的维持,国际社会的安宁,其首要前提是国际社会的全体成员———一切国家都互相尊重主权的完整和不可侵犯。这些都是当代国际社会生活中最基本的准则。关于各国主权完全平等以及应当互相尊重主权的原则业已明文载于《联合国宪章》[1]之中,获得举世的共同确认,从而使这些原则成为国际公法上的根本原则。这是全世界弱小民族和亿万革命人民经过许多世代的长期斗争所获得的重要成果。

强国推行霸权,是弱国维护主权的死敌,反之,弱国维护主权则是强国推行霸权的大碍。任何形式的帝国主义、殖民主义、支配主义,为了推行霸权扩张政策,无不千方百计地力图否定国际公认的传统的主权观念和国际公法上的主权原则,力图削减、践踏,甚至完全剥夺弱国弱族在国际社会中应享的平等主权。这类否定弱国弱族主权、鼓吹弱肉强食的谬论,有赤裸裸地不加掩饰的,也有蒙上各种漂亮伪装的。披着"无产阶级国际主义"美丽画皮的民族虚无主义,即从根本上否定一切民族观念,进而否定民族自决权[2]和国家主权的邪说,就是后者当中的一种。对于这种邪说,在1953年至1980年本文撰写期间,苏联领导集团一向是积极鼓吹,不遗余力的。

一、三种谬论,一大基石

苏联领导集团在"国际主义"幌子下践踏弱国弱族的神圣主权,并非自今日始。二十余年来,在极力推行世界霸权政策过程中,他们对敢于抵制苏联各种侵略颠覆阴谋,敢于维护国家主权和民族尊严的弱国弱族人民,往往血口喷人,诬蔑为"违背"国际主义,奉行"狭隘民族主义",妄图以诸如此类的大帽子和紧箍咒,从精神上迫使后者就范。与此同时,他们又在国家主权问题上极力杜撰和鼓吹各种谬论,借以作为掩护苏联坦克和炮舰横冲直撞的迷雾和烟幕。这些谬论中较为典型的有以下

---

[1] 《联合国宪章》开宗明义,"重申……大小各国平等权利之信念"(序言);规定各会员应当遵行"主权平等之原则"(第2条第1项);"发展国际间以尊重人民平等权利及自决原则为根据之友好关系"(第1条第2项);不得干涉"在本质上属于任何国家国内管辖之事件"(第2条第7项)。参见《国际条约集(1945—1947)》,世界知识出版社1959年版,第36—37页。

[2] 民族自决权也就是民族自主权或民族主权。任何遭受殖民统治的弱小民族都有权自己决定自己的命运,甚至在政治上从殖民帝国中分离出来,组建本民族的独立国家。建立了独立国家的民族,其民族主权便与国家主权融为一体。

三种：

（一）他国"疆境不足道"论

1959年，当时的印度政府在中印边境多次挑起武装冲突；1962年10月，竟进一步向中国领土发动大规模武装进攻。中国人民为了保卫社会主义祖国主权和领土的完整，被迫进行自卫反击。在这次历史事件中，披着"社会主义国家领导人""共产党人""列宁的继承者"等多层画皮的苏联领导集团，出于其争夺世界霸权的全球战略的需要，竟然在经济上和军事上，特别是在政治上，全面援助和支持当时印度政府的侵华行动。一方面给他们送去了几十亿卢比的经济"援助"和军事"援助"；另一方面又开动宣传机器，恶毒诬蔑中国人民实行自卫反击的正义行动是所谓"狭隘的民族态度的表现"[3]；并且信口雌黄，胡说什么"我们是共产党人，国境线在哪里通过对我们不是主要问题"[4]，对于领土幅员广阔的国家来说，"几公里算得了什么"[5]；"中印争议地区人烟稀少，对人的生活没有很大价值"[6]，含沙射影地攻击中国不该不放弃自己祖国的领土，以满足当时印度政府的非分要求。他们恬不知耻地宣称：上述这些荒谬言论都是"遵循列宁的观点"[7]，而中国人民的正义行动却是"非列宁主义的"。

众所周知，马克思列宁主义历来强调国际主义与爱国主义的统一，既坚决反对不顾国际革命斗争大局的狭隘民族主义，又尤其坚决反对提倡弱肉强食的大国沙文主义和社会沙文主义。姑且慢说苏联领导集团的上述谬论是如何彻底背叛了列宁遗训（这一点我们将在下面详述），即以这些谰言同现实生活的常识以及国际法的基本准则作对比，就可以明显看出它是何等荒诞绝伦。第一，当时中印边界问题所牵涉到的，是印度方面侵占中国神圣领土12.5万平方公里的问题。中国人民千百年来就劳动、生息在这片广阔的领土上，它的面积，比苏联的阿塞拜疆和亚美尼亚两个加盟共和国的面积总和还要大。试问，这难道是"几公里"的问题吗？第二，领土是民族和国家赖以生存的物质基础，是民族和国家行使主权的直接对象和固有空间。领土的完整性受到侵害和破坏，就意味着民族和国家主权的严重损缺。因此，任何民族和国家都有权利也有义务保卫自己所固有的一切神圣领土，这是国际法上公认的起码准则。《联合国宪章》第2条第4项也明文责成各会员国不得使用武力或以其他

---

[3]《苏共中央给中共中央的口头通知》(1960年2月6日)。
[4]〔苏联〕赫鲁晓夫：《在布加勒斯特对中共代表团团长的谈话》(1960年6月22日)。
[5]〔苏联〕赫鲁晓夫：《同印度〈新世纪〉周刊记者的谈话》(1959年11月7日)。
[6]〔苏联〕赫鲁晓夫：《在苏联最高苏维埃会议上的讲话》(1962年12月12日)。
[7] 同上。

任何方法侵害他国领土的完整。[8] 试问,有哪一位并非帝国主义狂夫的人,在什么时候什么地方规定过:被压迫弱小民族或社会主义国家只许保卫自己的人烟稠密的领土,而不许保卫自己那些"人烟稀少"的领土?第三,按照"共产党人可以不管国境线在哪里通过"云云的谬论,试问,这岂不是等于说,在仍然存在着阶级和国家的现实世界中,在仍然存在着帝国主义、社会帝国主义和资产阶级反动派的现实世界中,社会主义国家竟然根本无权保卫自己的边界,根本无权捍卫祖国的神圣领土和维护民族的应有尊严,而理应撤尽藩篱,开门揖盗,引狼入室了?显而易见,鼓吹这种逻辑和提倡这种哲学的,非盗即狼,这是不证自明的。

(二)苏联"最高主权"和弱国"有限主权"论

1968年8月,苏联领导集团悍然出动重兵,以希特勒"闪电战"的方式,对捷克斯洛伐克实行军事占领。之后,莫斯科的官方报刊就连篇累牍地为这种赤裸裸践踏别国主权的暴行张目,胡说什么"把主权看成是最高的绝对的宝贵的东西"是"废话";"任何企图把自己的民族利益放在首位,闭关自守和与外界隔绝的做法,必然会使主权受到无法补救的损害"。他们把大举武装侵捷说成是保卫所谓"最高主权"[9];甚至还公然宣称,苏联可以决定别国的命运,"包括它的主权的命运在内"[10]。

在这一片聒噪声中,他们既说不能"把主权看成是最高的",又说要保卫"最高主权",何以如此语无伦次,自打嘴巴?原来,后者专指苏联君临一切的权力,即任意摆布宰割别国的权力,它是最高的、绝对的、宝贵的、无限的,因而应当坚决保卫;前者则泛指一切弱国弱族自己当家作主之权,它是低等的、相对的、贱价的、有限的,因而不妨肆意践踏。这两者,就是这样高度地"统一"起来了。主权竟有高低贵贱,可以分等论价,这么一来,弱国弱族的主权就变成了奴权,即当奴隶之权;而苏联那"最高主权"实际上就是霸主之权即霸权的别称。他们说得如此蛮横跋扈,的确帮助全世界弱小民族大大地开了眼界!

狰狞既露,自须浓施粉黛。侵捷之后两年半,似乎已"事过境迁",勃列日涅夫1971年3月在苏共二十四大上宣称:"我们郑重宣布,我们对谁都没有领土要求,……也不打算进攻任何人,我们主张各国人民自由和独立地发展。"他还说,"不使用武力和不以使用武力相威胁来解决争端,这应当成为国际生活的法规"[11],并建议缔

---

[8] 参见《国际条约集(1945—1947)》,世界知识出版社1959年版,第37页。
[9] 苏联《国际生活》1968年第11期。
[10] 苏联《红星报》1969年2月14日。
[11] 〔苏联〕勃列日涅夫:《苏共中央委员会总结报告(1971年3月30日)》。

结国际条约加以保证,妄图给人以"屠刀已放、从此成佛"的印象。可是1973年参加"欧安会"第一阶段会议的苏联代表团发言人索芬斯基在赫尔辛基答复记者质问时,奉旨并不排除再次按侵捷方式保卫"最高主权",扬言"将来仍然是这样";而1976年6月特意发表的侵捷军指挥官、苏军前副总参谋长什捷缅科的"遗作"[12]中,也把侵捷暴行当作"采取集体措施"保卫"最高主权"的光辉范例。这就又一次促使世人恍然大悟:原来苏联领导集团所竭诚建议制定的上述国际"法规",只不过是为了捆住他人手脚而便于自己为所欲为。你看,他们不是进一步跨出了"大家庭"的门槛,采取类似的"集体措施",就在1976年当年终于把安哥拉人民刚刚获得的主权再次变换为奴权了吗?他们不是更进一步干脆丢弃了最后一片遮羞布,变"集体措施"为独夫单干,又在1979年把自己的"最高主权"即霸权统治强加到阿富汗人民头上去了吗?

(三) 互相"越界爱国"论

作为苏联"最高主权"和弱国"有限主权"论的推衍和延长,最近几年莫斯科又响起一片"越界爱国"论的喧嚣声。1973年4月19日的《红星报》领先鼓吹:"军事大踏步前进了,我们武装力量的对外职能有所改变",苏联人的"爱国主义……正在越出国界",要"展开积极的攻势"。字句虽略有闪烁支吾,语意却并不含糊:苏联军队的"对外职能"扩展到国外去,应当"越出国界",去展开"爱国主义"的"攻势"!擅长"军事文学"的小说家们也紧密配合。例如,1973年出版的中篇小说《勃兰登堡门旁》,借用一个到东欧某国探亲的苏联军属卡什塔诺夫的脑袋,想出了这样的高见:"既然自己的亲生儿子在那里生活服役,那么一个别人的国家也就不怎么是别人的了。"同时,又借用一个苏联军人谢尔盖的脑袋,让他在听军乐队演奏苏联和东欧各国国歌时放胆地胡思乱想:用"一种异常光明的基调"把"各国国歌连接起来演奏,就会是一支统一的国歌"。谢尔盖的胡想实际上就是苏联领导集团的美梦,他和他的父亲卡什塔诺夫都积极响应号召,"越出国界"去"爱"苏联领导集团惨淡经营多年的、囊括许多"别人的国家"在内的"统一的"殖民大帝国了。这是"越界爱国"论实际含义的一个方面。

哲学家毕竟比小说家高明,他们对"越界爱国"论作出了更全面的概括:"在社会主义制度下,可以说,爱国主义正在越出国界,它表现为……忠于世界社会主义大家庭的利益",因而,"社会主义国家已不是祖国这个字眼传统意义上的单个的'祖国'

---

[12] 参见〔苏联〕什捷缅科:《在战斗中产生的兄弟情谊》,载苏联《在国外》周报1976年5月7日。

了"[13]。这么一来,"越界爱国"论就又增添了另一层新的含义,即除了苏联殖民侵略者可以"越出国界"去"爱"别人国家的领土资源以及各色财富之外,"大家庭"中的小成员们还应当"越出国界"去"爱"那个称王称霸的封建家长。

多年来的事实反复证明:前一种越出国界的"爱",就是西洋传说中那死神的亲吻,一经此吻,弱国的主权就立即呜呼哀哉了,"传统意义上"的独立的祖国,也就此魂归地府,至多只剩下一个听凭宰割的躯壳!某些国家丧权辱国的现状,就是被苏联越界"爱"上了的现实样板。后一种越出国界的"爱",就是按俄罗斯的"古礼",屈膝匍伏,去亲吻农奴主的脚背;就是去爱异国的暴君,向他们纳贡称臣。近年来东欧各国被迫勒紧裤带挤出几十亿卢布的资金,派出几十万的劳力,背井离乡到苏联境内去做苦工,为它伐木采矿、开发资源、铺设油管等等,就是这后一种"越界爱国"的小小范例[14]。而这一类样板和范例的总和,同时也就是"打破"民族和国家的"狭隘"界限,在"大家庭"中实行所谓"社会主义经济一体化"或"建立一个作为统一综合体的社会主义经济"[15]的精髓所在。

如果你既不愿接受那越界飞来的死神之吻,也不愿越界去亲吻异国暴君的脚背;如果你坚持国家主权的独立和领土的完整,守住祖国的大门和民族的藩篱,严防虎狼闯入,那你就是罪该万死的"狭隘民族主义",就是对"大家庭"的严重不"忠",而大家长就要对你执行严厉的封建"家法":开动插着"国际主义"大旗的巨型坦克,撞毁你的国门,碾平你的家园。这就叫做运用"最高主权",实行"国际专政"!

苏联领导集团所鼓吹的上述三种谬论,尽管其具体论点不一,花样不断翻新,但作为社会帝国主义主权观的构成部分,却贯穿着同一条思想黑线,立足于同一块理论基石。这就是貌似国际主义的民族虚无主义。

因为,在"国际主义"的大纛之下,这三种谬论的矛头所指,都集中在同一个要害上,即力图否定、取消、剥夺弱小民族的民族生存权利和民族独立自主;这三种谬论的立论根柢,都集中在同一个焦点上,即极力鼓吹:弱小民族的民族尊严、民族主权、民族藩篱和民族意识,一概都是无关宏旨、无足挂齿、无须尊重的,一概都是可有可无、有不如无的。

---

[13] [苏联]哈纳扎罗夫:《爱国主义和社会进步》(书评),载苏联《哲学问题》1975 年第 4 期。

[14] 据报道,单是敷设从苏联乌拉尔地区的奥伦堡到苏联西部边境的天然气输送管道这一项工程,保加利亚、匈牙利、民主德国、波兰、捷克斯洛伐克五国除要分摊 60 亿卢布的资金外,还得派几万名工人"越出国界"到苏联去服苦役,把长达 2800 公里的管道分段包干完成,苏联只负责勘探设计,此外便可不花分文,坐享其成。对苏联来说,这种做法,既可向东欧各国转嫁苏联国内的经济困难,又可控制对东欧各国的原燃料供应从而加强经济盘剥和政治奴役,还可通过这条管道把天然气输往西欧各国牟取暴利。真是"一箭多雕"!列宁曾说过:剥削从落后国家来的、低工资的工人的劳动,正好是帝国主义的特别典型的特征。奥伦堡工程就是一个新的例证。

[15] [苏联]赫鲁晓夫:《世界社会主义体系发展的迫切问题》,载苏联《和平和社会主义问题》1962 年第 9 期。

苏联领导集团极力宣扬诸如此类的谬论，妄图造成一种错觉，似乎马克思主义者既然提倡超越于民族国家界限之上的无产阶级国际主义，那就意味着可以对民族、祖国、主权、领土等观念采取虚无主义态度，全面加以否定；对于国际公法上关于国家主权独立和领土完整的基本准则，似也可以径予漠视甚至弃置不顾。他们千方百计地妄图模糊、抹杀无产阶级国际主义同民族虚无主义之间的根本界限，并进一步偷天换日，用民族虚无主义来冒充和取代无产阶级国际主义，借以混淆视听，为自己的霸权侵略扩张开脱罪责。不言而喻，这是对无产阶级国际主义的严重歪曲和无耻篡改。

二、追本溯源，看"俄国佬精神"与民族虚无主义的早期结合

民族虚无主义的出现，并非始于现代。

百余年来，某些混迹于国际共运队伍中的老机会主义分子、老社会帝国主义分子，先后曾经不止一次地在"国际主义"的招牌下贩卖过民族虚无主义的毒品，借以麻醉弱小民族，从理论上为国际豪强的侵略兼并和霸权统治作伥助虐。如今，苏联领导集团极力鼓吹社会帝国主义的主权观，尽管在新的历史条件下具有新的"特色"，但从其理论基石和立论根柢上观察，可以说是颇为"源远流长"的。换言之，当前颇为喧嚣的社会帝国主义主权观，就其基本点而言，乃是国际共运史上曾经数度出现的民族虚无主义谬论谰言的继续和伸延；而这些谬论谰言，又是当年屡经革命导师痛加挞伐、早有定论的。

"有比较才能鉴别"[16]。要准确地辨认和充分地揭露当前社会帝国主义主权观的反动本质，显然不能仅限于就事论事，而很有必要进一步从现状与历史的结合上，认真地寻根究蒂，探索这种反动主权观的思想渊源之所在，以便通过比较对照，弄清今日的社会帝国主义者在主权观问题上究竟如何全盘承继了老机会主义者、老社会帝国主义者的理论衣钵，如何彻底背叛了革命导师的谆谆教导。这样，才能剥光今日社会帝国主义者身上那"列宁门徒"的楚楚衣冠，使全世界人民更加清晰地认出他们的丑恶原形。

为此，就必须回顾马克思主义对民族虚无主义开展斗争的大体过程。

在国际共运史上，马克思主义者反对民族虚无主义的斗争，曾经经历过几个重

---

[16] 毛泽东：《在中国共产党全国宣传工作会议上的讲话》，载《毛泽东选集》第5卷，人民出版社1977年版，第416页。

大回合。其中第一个重大回合，是马克思和恩格斯对蒲鲁东分子民族观、主权观的尖锐批判。

在第一国际成立初期，来自法国的蒲鲁东主义者极力鼓吹他们那种以小资产阶级空想为基础的"社会革命"，对任何民族问题都持全盘否定的态度。他们要求第一国际把全部注意力集中在他们所设计的"社会革命"（实则是改良主义的海市蜃楼），根本不必过问同无产者"无关"的民族问题。他们硬说民族特性是"无稽之谈"，一切民族特性和民族本身都是"陈腐的偏见"，工人阶级犯不着为此分心。他们特别反对把声援波兰人民抗击沙俄殖民统治恢复民族独立和国家主权、抵抗俄国佬对整个欧洲的威胁，作为全欧工人阶级共同的战斗任务，列入第一国际代表大会的议事日程，并且信口雌黄，诬蔑提出这种议案的马克思主义者"抄袭了"波拿巴主义的反动的民族原则。[17] 针对这类荒谬的观点，马克思、恩格斯进行了尖锐的揭露和坚决的反击，从而进一步阐明了无产阶级的民族观和主权观。

早在马克思主义诞生之初，马克思、恩格斯就对无产阶级进行国际主义教育，提出"工人没有祖国"这一著名论断，号召全世界无产者不分国别、族别联合起来进行斗争。就在这个同时，他们已经明确指出：就斗争形式而言，无产阶级反对资产阶级的斗争首先是一国范围内的斗争。每一个国家的无产阶级当然首先应该打倒本国的资产阶级，在本国本族的范围内取得政治统治，所以它本身暂时还是民族的。[18] 既然无产者在开展阶级斗争、争取阶级解放的过程中，其基本的、经常的、主要的活动舞台首先是在一国一族的范围之内，那么，对无产者说来，本国本族总的处境和命运就不可能是"无关"大局和"不必过问"的问题，尽管无产者所理解的祖国和民族同资产者所鼓吹的往往有很大的差异甚至完全不同。

民族斗争，说到底，是一个阶级斗争问题。民族压迫实质上是阶级压迫的一种表现形式，因此，争取阶级解放和争取民族解放总是息息相关的。从被压迫民族中工农大众的角度来看，他们在走向阶级解放的途程中所必然要遇到的第一个巨大障碍，就是强大异族的压迫和掠夺，因此，"排除民族压迫是一切健康和自由的发展的基本条件"，与此相应，被压迫民族中的无产阶级的党就应当"把解放国家提到自己纲领的首要地位"。[19] 反之，不首先维护或恢复民族独立和国家主权，不首先反对民

---

[17] 参见恩格斯：《工人阶级同波兰有什么关系？》，载《马克思恩格斯全集》第 16 卷，人民出版社 1964 年版，第 170—171、583 页。

[18] 参见马克思、恩格斯：《共产党宣言》，载《马克思恩格斯选集》第 1 卷，人民出版社 1995 年版，第 262、270 页。

[19] 参见《恩格斯致卡·考茨基（1882 年 2 月 7 日）》，载《马克思恩格斯全集》第 35 卷，人民出版社 1971 年版，第 261 页。

族压迫、争取民族独立解放,阶级解放就势必成为空谈。这个道理是十分明显的,无待赘述。另一方面,从压迫民族中工农大众的角度来看,对弱小民族所实行的民族压迫同样也是他们走向阶级解放途程中的一大障碍。因为,对弱小民族实行压迫和掠夺乃是强国大族剥削阶级物质力量和精神力量的重大源泉,也是他们在本国内部毒化工农阶级意识、转移斗争视线、巩固反动统治、加强阶级压迫的必要手段。因此,压迫民族中的无产者如果不赞助弱小民族维护民族独立和国家主权的斗争,不反对民族压迫或者甚至受骗去支持这种民族压迫,那就无异于加重自己身上的枷锁,严重削弱甚至完全破坏自己的阶级解放事业。"奴役其他民族的民族是在为自身锻造镣铐"[20],"压迫其他民族的民族是不能获得解放的"[21]——马克思和恩格斯的这两句名言,正是革命导师针对强国大族的工人阶级敲起的响亮警钟!

鉴于民族压迫与阶级压迫、民族解放与阶级解放之间的关系是如此密不可分,所以,马克思号召国际工人阶级必须为维护弱小民族的独立和主权反对民族压迫、支持民族解放、实现民族平等而斗争,并且庄严宣告:为此而进行的斗争,"是争取工人阶级解放总斗争的一部分"。[22] 不言而喻,在这一英明判断中,既包含着无产阶级国际主义思想,又包含着无产阶级爱国主义思想,可以说,它是国际主义与爱国主义的高度统一。

对比之下,蒲鲁东分子所鼓吹的民族虚无主义,乍看起来似乎也是主张打破民族狭隘眼界、超越于民族界限之上的,因而与马克思所倡导的无产阶级国际主义略有几分"相似"。但是,由于它从根本上否定民族问题,取消民族独立主权观念,无视民族压迫,非难民族解放运动,不争民族平等,这就意味着要求弱小民族安于被压迫被奴役的现状。所以,它实际上既是对无产阶级国际主义的严重歪曲,又是对无产阶级爱国主义的彻底背离。有鉴于此,马克思在民族虚无主义论调刚一露头的时候,就以惊人的洞察力,透过其极左的辞句,一眼看清其极"右"的实质,尖锐地指出,这种论调实质上就是提倡由"模范的"强大民族来吞并各个弱小民族。[23]

特别应当注意的是:蒲鲁东及其门徒们以民族虚无主义的观点和态度来对待当时波兰人民为恢复民族独立和国家主权而开展的抗俄斗争,进而非难和反对欧洲各国民主力量对波兰民族解放运动的大力支持,这就更加突出地显示了这种观点和态度的反动性,尤其令人不能容忍。对此,马克思曾经愤怒地指出,这是"为了迎合沙

---

[20] 马克思:《机密通知》,载《马克思恩格斯全集》第16卷,人民出版社1964年版,第474页。
[21] 恩格斯:《流亡者文献》,载《马克思恩格斯全集》第18卷,人民出版社1964年版,第577页。
[22] 马克思:《国际工人协会成立宣言》,载《马克思恩格斯选集》第2卷,人民出版社1995年版,第135页。
[23] 参见马克思:《致恩格斯(1866年6月20日)》,载《马克思恩格斯全集》第31卷,人民出版社1972年版,第230—231页,并参见同卷第224页。

皇而表现了愚蠢的厚颜无耻"[24]。

如所周知,当时的沙俄是"欧洲一切反动势力的堡垒",庞大的俄国反动军队曾经多次公开侵入欧洲邻国帮助当地的反动派绞杀一切革命,扮演着"世界宪兵"的可耻角色;而处在俄国殖民统治下的波兰国土,又成为沙俄楔入欧洲心脏地带,觊觎全欧和施加霸权压力的巨大前进基地。因此,沙俄不但是波兰人民而且是欧洲各族人民最凶恶的敌人。相应地,波兰民族争取独立解放的抗俄战斗不但是直接打击沙俄在波兰一国的殖民统治,而且也能严重削弱沙俄对全欧的霸权主义影响,促进全欧革命运动的发展。蒲鲁东分子不从欧洲无产阶级革命斗争的全局来观察问题,却以貌似"革命"的民族虚无主义空谈来非难波兰的民族解放运动,马克思认为,这只能说明他们是被"俄国佬精神束缚住了",从而在客观上充当了俄国佬"最新的同盟军"[25],即成为沙俄推行霸权主义政策,肆意奴役掠夺弱小民族的可耻帮凶。

在批判民族虚无主义的斗争中,恩格斯还作了另外一些十分重要的补充。他强调,无产阶级的国际运动,无论如何只有在独立民族的范围内才有可能,国际合作只有在平等者之间才有可能,因此,从国际观点来看,民族独立以及建立在民族独立基础之上的国家主权、主权平等原则,绝不是很次要的事情,恰恰相反,"民族独立是一切国际合作的基础"[26],如果属于统治民族的第一国际会员竟然号召被征服的和继续受压迫的民族忘掉自己的民族性和丧权辱国的处境,号召"抛开民族分歧"等等,那么,"这就不是国际主义,而只不过宣扬向压迫屈服,是企图在国际主义的掩盖下替征服者的统治辩护,并使这种统治永世长存"[27]。

马克思、恩格斯的上述言论,充分揭示了民族虚无主义的反动本质,从而帮助人们认识到:第一,在国际共运史上,民族虚无主义从开始出现之日起,就是侵略者、征服者,特别是俄国霸权主义者手中的精神武器和理论鸦片。它的反动性就在于为征服者的侵略暴行和霸权统治张目,力图麻痹被压迫弱小民族的民族意识和抗暴斗志,从而使他们俯首帖耳,任人宰割。第二,民族虚无主义从开始出现之日起,就披着"国际主义"的美丽画皮,但它实质上只不过是改头换面的大国沙文主义。必须透过假象看清本质,谨防受骗上当。

---

[24] 马克思:《论蒲鲁东》,载《马克思恩格斯全集》第16卷,人民出版社1964年版,第35页。

[25] 马克思:《致恩格斯(1866年1月5日)》,载《马克思恩格斯全集》第31卷,人民出版社1972年版,第172页。

[26] 《恩格斯致卡·考茨基(1882年2月7日)》,载《马克思恩格斯全集》第35卷,人民出版社1971年版,第262、261页。

[27] 恩格斯:《关于爱尔兰支部和不列颠联合委员会的相互关系》,载《马克思恩格斯全集》第18卷,人民出版社1964年版,第87页。

三、斥祖国"无所谓"论,"我们是社会主义祖国的护国主义者"

第二国际后期,列宁对爱尔威分子民族观、主权观的批判,是国际共运史上马克思主义者反对民族虚无主义斗争的第二个重大回合。

20世纪的最初几年中,帝国主义列强重新瓜分世界、争夺世界霸权的矛盾冲突愈演愈烈,各国的反动统治者疯狂扩军备战,并在国内拼命煽起沙文主义狂热,以"保卫祖国"为名,力图欺骗和驱使本国劳动者充当炮灰。在这场所谓"保卫祖国"的欺骗宣传中,第二国际中的右翼社会党人即修正主义分子纷纷成了本国反动统治者的应声虫和吹鼓手。针对这种情况,各国马克思主义者大力开展斗争,揭露帝国主义战争的罪恶本质,戳穿"卫国"骗局,提醒劳动者切勿上当。在这个过程中,法国的伪马克思主义者爱尔威也独树一帜,经常以极左面目出现,宣传他那独特的有关祖国、民族问题的观点。

在1907年第二国际的斯图加特代表大会上,爱尔威极力宣扬祖国"无所谓"论,他鼓吹说,"任何祖国都只是资本家的奶牛";"祖国是统治阶级的祖国,与无产阶级无关"。对无产阶级来说,无论生活在哪一个祖国都无所谓,生活在君主制的德国,或共和制的法国,或专制的土耳其,反正都一样;无论德国受法国统治还是法国受德国统治,对无产阶级也都无所谓。由于无产阶级横竖都要遭受资本家的剥削,所以"资本家在什么样的民族和什么样的政府的标识之下进行剥削,对于无产阶级说来是无关紧要的"。因此,爱尔威强调:"祖国对于所有无产者来说都只是幻想,说真的,他们犯不着为了幻想而拼得头破血流。"[28]

基于这种观点,爱尔威蔑视任何有关民族独立和国家主权的观念,表示坚决反对任何涉及"祖国"和"民族"问题的战争。据他说,这是"马克思主义"的思想观点,因为马克思本人就说过:"工人没有祖国"。

在大力鼓吹这些奇谈怪论的基础上,爱尔威进一步要求以代表大会的名义,宣布反对所有一切战争。

在当时,爱尔威的真实面目尚未充分暴露。列宁对爱尔威的主张作了一分为二的、马克思主义的具体分析。一方面,他肯定爱尔威的思想从一定意义上说,包含有"一个实际上正确的内容":它企图说明当时修正主义者、社会沙文主义者所宣扬的

---

[28] 参见《列宁全集》第13卷,人民出版社1959年版,第63、74页;《列宁全集》第15卷,人民出版社1959年版,第168—169页。

资产阶级爱国主义的欺骗性,强调工人阶级国际团结的重要性。但是,另一方面,列宁又十分严厉地指出,就整体而言,爱尔威所宣扬的只是一种"半无政府主义的谬论";特别是就其不分青红皂白地反对一切战争(包括争取民族独立解放的革命战争)以及否定任何有关祖国和民族的思想观点而言,爱尔威及其信徒们的主张尤其具有极大的反动性。

列宁指出,"战争是资本主义的必然产物,无产阶级不能拒绝参加革命战争"[29]。列宁特别强调:祖国这个政治的、文化的和社会的环境,是无产阶级进行阶级斗争过程中最强有力的因素,所以,"无产阶级不能对自己为之进行斗争的政治社会和文化的条件采取无所谓的、漠不关心的态度,因而,他们对本国的命运也不能抱无所谓的态度"[30]。

列宁严厉驳斥了对马克思所说的"工人没有祖国"一语的曲解。他屡屡援引马克思本人当年在第一国际内部嘲笑和驳斥法国蒲鲁东主义者歪曲无产阶级国际主义思想的事例,说明民族虚无主义与大国沙文主义之间的"血缘关系"[31],说明那种不分青红皂白地否定一切民族、祖国的思想言论,实际上是全盘否定一切弱小民族争取民族解放、维护民族尊严、捍卫祖国独立的神圣权利,从而为觊觎他国领土主权的侵略者提供了最好的"理论根据",助长了帝国主义者、扩张主义者的气焰。

1914年8月,在第一次世界大战爆发后的最初几天里,就是这个善于哗众取宠、一向极力鼓吹民族虚无主义的爱尔威,竟猛然摇身一变,成了一个极端的社会沙文主义分子,并自告奋勇地作为参战志愿兵去报到了。后来,他又和历来公开鼓吹社会沙文主义的桑巴、托马以及盖德等人加入了法国资产阶级的"全民族的"战争政府。这件事当然只不过是当时整个国际机会主义逆流中的一个小水泡,然而这个具有强烈讽刺意义的小水泡,却十分具体、十分生动地显示了民族虚无主义与大国沙文主义作为孪生兄弟的血缘关系,从一个小小的侧面证实了马克思和列宁上述见解的无比正确。恰如列宁所说的:"河水的流动就是泡沫在上面,深流在下面。然而就连泡沫也是本质的表现!"[32]

在革命洪流的冲刷下,爱尔威这个曾经轰动一时的小丑迅速沉没、销声匿迹了。但是,爱尔威之流所广为兜售的民族虚无主义观点以及祖国"无所谓"论,却由于它

---

[29] 列宁:《斯图加特国际社会党代表大会》,载《列宁全集》第13卷,人民出版社1959年版,第63页。
[30] 列宁:《好战的军国主义和社会民主党反军国主义的策略》,载《列宁全集》第15卷,人民出版社1959年版,第168—169页。
[31] 参见《列宁全集》第20卷,人民出版社1958年版,第437—438页;《列宁全集》第21卷,人民出版社1959年版,第389页。
[32] 列宁:《黑格尔〈逻辑学〉一书摘要》,载《列宁全集》第38卷,人民出版社1986年版,第134页。

具有极左的、"革命"词句的装潢,仍在继续扩散。其流毒所及,甚至使当时国际革命队伍中的一些人也深受影响,在不同的时期和不同的历史条件下出现了种种糊涂观念。总的说来,他们致力于揭露和反对资产阶级文痞和修正主义分子鼓吹在业已爆发的帝国主义战争中"保卫祖国"的骗局,这是完全正确的。但其中有些人却从真理再往前"多走了一步",进而怀疑和否定在帝国主义时代所发生的一切保卫祖国独立或争取民族解放的战争;也有些人醉心于反对被压迫民族中的资产阶级狭隘民族主义,却忽略了甚至忘记了比它更危险、更凶恶多倍的压迫民族中的资产阶级大国沙文主义,有如列宁所讽喻的:"猫是老鼠心目中最凶的野兽"[33]。——眼光短浅,见小忘大;思想片面,以偏概全。只看到了"猫",忘记了世界上还有穷凶极恶的帝国主义虎狼熊罴。

为了进一步肃清爱尔威之流的思想流毒,澄清关于祖国、民族、主权、领土等问题上的糊涂观念,列宁在第一次世界大战爆发、第二国际破产之后迄十月革命胜利之初,又反复地就这个问题作过一系列的阐释和论述。

可以说,列宁在这一段期间里为此而进行的努力,乃是国际共运史上马克思主义者反对民族虚无主义斗争的第三个重大回合。

根据马克思主义的历史观点和科学精神,列宁首先对"工人没有祖国"一语作了经典性的解释。他指出,马克思、恩格斯这句话的原意只是说,各国无产者的经济状况是国际性的,他们的阶级敌人和解放条件也是国际性的,因此他们的国际团结比民族团结更为重要。[34] 这也就是说,全世界的无产者,不论属于哪个国家哪个民族,都是同命运、共呼吸的阶级兄弟;由于他们有着共同的阶级遭遇、共同的阶级敌人和共同的奋斗目标,而且只有通过联合的斗争才能获得共同的解放,因此,他们应当不问国家、民族的差别,实现国际性的阶级团结,进行国际性的阶级搏斗。在这个意义上,不妨说,马克思、恩格斯所教导的"工人没有祖国",和他们所号召的"全世界无产者联合起来",实际上是同一思想观点的不同表述。可见,"工人没有祖国"一语的原意,与祖国"无所谓"论以及任何其他民族虚无主义观点,都是风马牛不相及的。

其次,列宁强调,为了准确地理解和掌握"工人没有祖国"这一原理的真谛,务必把它同马克思、恩格斯的其他教导联系起来加以考察。他提醒人们注意:不是别人,

---

[33] 参见列宁:《论民族自决权》,载《列宁选集》第2卷,人民出版社1995年版,第537页。
[34] 参见列宁《给印涅萨·阿尔曼德》(1916年11月20日),载《列宁全集》第35卷,人民出版社1959年版,第234—235页。

而正是"同一个马克思曾经不止一次地号召进行民族战争"[35];而恩格斯也曾经在1859年和1891年先后两度直接激发德国人的民族感情,直接号召德国人民奋起进行民族战争,抗击侵略者,保卫祖国主权和领土完整。

一方面讲工人没有祖国,另一方面又号召保卫祖国,从表面上看来,似乎"马克思和恩格斯今天说东,明天说西,是他们头脑不清楚吗?"针对这个问题,列宁斩钉截铁地回答说:"不是的"!

列宁进一步明确指出,"祖国是个历史的概念。……关于祖国和保卫祖国的原理不可能在一切条件下都是同样适用的"[36]。无产阶级对"祖国"和"民族",在不同的历史条件下应当采取不同的态度。他反复强调这样的思想:在帝国主义战争中,"保卫祖国"当然是一种骗局,由于这种战争从双方来说都是掠夺性的,因而无产阶级对它的态度应当遵循这样的原则:"二贼相争,两败俱伤";但是,在民族解放战争中,就完全是另一回事了。"受民族压迫的国家为反对实行民族压迫的国家而'保卫祖国',这不是欺骗,社会主义者也决不反对在这样的战争中'保卫祖国'"[37];"依我看,在民族战争中承认'保卫祖国'是完全符合马克思主义的",因此,无产阶级绝对"不能拒绝在民族战争中保卫祖国",否则,就将犯下"天大的错误"![38]

十月革命胜利之初,列宁又针对那些否定一切"保卫祖国",对社会主义祖国的国防抱轻率态度的错误思想,作了尖锐的批判。

列宁指出,承认保卫祖国,就是承认战争的正当性和正义性。要衡量和判断任何战争是否正当、正义,只能从争取无产阶级解放的标准和观点出发,其他标准、其他观点,我们是不承认的。根据这条根本原则,凡是剥削阶级为了巩固自己的反动统治而进行战争,这就是罪恶的战争,在这种战争中的"护国主义"就是卑鄙行为,就是背叛社会主义;反之,凡是已经取得政权的无产阶级为了保卫社会主义胜利果实,为了巩固和发展社会主义而被迫进行战争,这种战争则是完全正当的和神圣的。因此,列宁庄严地宣告:"必须保卫社会主义祖国"。"谁要是对无产阶级已经获得胜利的国家有国防采取轻率的态度,他就是在破坏同国际社会主义的联系。……当我们已成为开始组织社会主义的统治阶级的代表时,我们就要求一切人严肃地对待国防"[39]。"我们是社会主义祖国的护国主义者"[40]。

---

[35] 列宁:《给印涅萨·阿尔曼德》(1916年11月30日),载《列宁全集》第35卷,人民出版社1959年版,第239页。
[36] 同上书,第238、239页。
[37] 列宁:《论对马克思主义的讽刺和"帝国主义经济主义"》,载《列宁全集》第23卷,人民出版社1958年版,第25页,并参见同卷第198页;《列宁全集》第35卷,人民出版社1995年版,第263页。
[38] 列宁:《给印涅萨·阿尔曼德》(1916年11月30日),载《列宁全集》第35卷,人民出版社1959年版,第239页。
[39] 列宁:《论"左派"幼稚性和小资产阶级性》,载《列宁全集》第27卷,人民出版社1958年版,第306页。
[40] 列宁:《关于对外政策的报告》,载《列宁全集》第27卷,人民出版社1958年版,第351页。

在革命导师的这些光辉论述中,马克思主义的主权观体现得十分鲜明。它有力地澄清了民族虚无主义所造成的思想混乱。给人们以两项重大的启示:第一,马克思主义者从来就认定被压迫民族和被侵略国家有权利也有义务奋起捍卫民族独立和国家主权;第二,当问题涉及反对民族压迫、争取民族解放的时候,特别是当问题涉及保卫社会主义祖国领土和主权的完整,对帝国主义及其走狗的侵略进攻实行自卫反击的时候,如果像当年法国的蒲鲁东分子或爱尔威分子那样,在"国际主义"的美丽幌子下贩卖民族虚无主义的私货,把正义的卫国行动诬蔑为"狭隘民族主义",那就是根本背叛了无产阶级国际主义,根本背叛了马克思列宁主义。这种人,要么是侵略者的帮凶,要么是侵略者的后台,要么本身就是凶恶的侵略者,三者必居其一!甚至一身而二三任!

四、"刮一刮"红色表皮,"你就会发现他是大俄罗斯沙文主义者"

在1919年以后的一段期间里,列宁对布哈林等人伪国际主义民族观、主权观的无情揭露,是国际共运史上马克思主义者反对民族虚无主义斗争的第四个重大回合。

1919年3月共产国际成立之初,俄共(布)顺应着当时国内外形势的重大变化,把修改党纲列为第八次代表大会的首要议题。会上,布哈林坚决主张从党纲中删去关于民族自决权的条文。[41]他从自己那种狭隘僵死的"阶级观点"和"阶级斗争"概念出发,扬言:既然"民族概念包括该社会的一切阶级",那么,在谈论民族自决问题时,问题的提法就"不是无产阶级或者资产阶级,而是既包括无产阶级,也包括资产阶级"。据此,布哈林推论说:"'民族自决权'口号和无产阶级专政原则是互相矛盾的","既然我们现在坚持无产阶级专政的方针,那么……我们就不能提出民族自决权的口号"。他坚持要取消这个旧口号,代之以新的、与无产阶级专政方针"相应"的口号,即"每个民族的劳动阶级的自决"。据他举例解释:"如果波兰民族的工人不愿意和我们处在一个国家里,我们将不强拉着他们,我们准许并将尊重波兰无产阶级的意志,但是我们绝不准许也并不尊重波兰资产阶级的意志"。

布哈林的这些观点在会上获得皮达可夫的全力支持,而后者又比前者走得更远。皮达可夫甚至宣布立即"取消"民族,说是"任何民族都不需要,需要的是全体无产者的联合"。当时俄共党内有些人在十月社会主义革命胜利和第三国际成立的大好形势鼓舞下,头脑发热,忘乎所以,充分暴露了大俄罗斯沙文主义的狂妄。在谈论

---

[41] 参见〔苏联〕布哈林:《关于党纲的报告》;《关于党纲报告的结论》,载《俄共(布)第八次代表大会速记记录》,1959年俄文第2版,第46—48、109—112页。

当时世界革命进程和国际关系时,他们居然主张组织什么"世界国民经济委员会",并且要世界"一切民族的党隶属于俄共中央委员会"。对于这些被列宁称为"入了迷的同志"的自大狂,皮达可夫援引不伦不类的"事实"加以"论证",说什么:"乌克兰的共产党员就是按照俄共中央的指示而行动的"[42]。他的言外之意就是说,既然在莫斯科有一个出色的中央委员会,那么一切民族自决又有什么用处呢?在这类荒谬看法遭到列宁严肃批评之后,皮达可夫居然反唇相讥说:"难道你认为这不好吗?"

除了布哈林、皮达可夫外,当时俄共中央还有另一位重要领导人普列奥布拉任斯基在民族观、主权观上采取了类似的狂妄立场。普列奥布拉任斯基在一份列宁起草的供俄共若干领导人讨论的重要文件上提出了"修改和补充"意见[43]。一方面,他主张应当把建立"统一的经济整体"放在首要地位,认为"在革命以后,民族问题的解决必须服从于把已经成立的各个社会主义共和国建设成为统一的经济整体的任务";另一方面,他断言:在帝国主义时代,被压迫民族的民族意识和民族主义思潮"已经衰颓变质",是"注定要灭亡"的。根据诸如此类的"理论前提",普列奥布拉任斯基推导出两项荒谬的结论:一是在帝国主义时代,被压迫民族的民族解放运动业已完全丧失了革命的发展前途。二是经济发展先进的欧洲即将出现一系列的社会主义共和国,社会主义的欧洲各共和国或"欧洲共和国联盟"中的无产阶级理应充当落后国家中的"民族主义的掘墓人"。如果落后国家中的下层劳动群众还不能推举出代表自己利益的集团来执掌政权并和欧洲结成联邦,而"欧洲共和国联盟"又不能同这些落后国家中"占统治地位的民族集团达成经济上的协议,那就不可避免地要用暴力镇压他们,并强迫那些重要的经济地区归并入欧洲共和国联盟"。

布哈林、皮达可夫、普列奥布拉任斯基的上述主张尽管用词不一,角度不同,但他们所挥舞的却是相同的、似是而非的、令人炫目的旗帜:坚持"阶级斗争",发扬"国际主义",推进"世界革命"!加以他们都身居要职,是第一个社会主义国家或共产国际的头面人物,这样,就在俄共和整个国际共运面前提出了以下两个方面的重大问题:

第一,在帝国主义和无产阶级革命时代,对于遭受帝国主义殖民统治的弱小民族,是否可以否定其民族自决权、改而提倡"劳动者自决"?怎样理解民族斗争同被压迫民族内部阶级斗争之间的辩证关系?

---

[42] 在1917年十月革命胜利之后至1922年成立苏维埃社会主义共和国联盟之前,原沙俄统治下的各民族曾分别组成六个各自独立的社会主义国家。当时,"俄罗斯苏维埃联邦社会主义共和国"和"乌克兰苏维埃社会主义共和国",同其他共和国一样,都有各自独立的中央。

[43] 参见〔苏联〕普列奥布拉任斯基:《对列宁起草的〈民族和殖民地问题提纲初稿〉的评论》(初次发表于《苏共历史问题》1985年第2期,第16页),载《共产党人》1968年第5期,第39页。此人曾任俄共(布)中央委员、中央委员会书记。

第二,在帝国主义和无产阶级革命时代,民族观念、主权观念是否已经完全"过时"?国际公法上的主权平等、领土完整与不可侵犯等基本原则是否可以弃置不顾甚至肆意践踏?是否可以由最早取得社会主义革命胜利的某一个民族的共产党来充当世界革命的指挥中心,让全世界其他"一切民族的党隶属于"它?一个社会主义国家是否可以借口"推进世界革命"、消灭"注定要灭亡的民族主义"而对落后国家弱小民族滥施暴力?是否可以借口建立社会主义的"统一的经济整体"而强行吞并那些属于落后国家弱小民族的"重要的经济地区"?

这些在新情况下出现的新问题,亟待一一作出符合马克思主义革命原则的、科学的解答。第一个作出这种解答的,是伟大的列宁。

列宁断然表示:"决不能说:'打倒民族自决权!我们只让劳动群众有权自决'"[44];更不能随意宣告"取消民族"。"当然,这是很美妙的事情,也是会实现的事情,但只能在共产主义发展的另一个阶段上"[45]。

列宁指出,世界各国各族的发展阶段和发展水平虽不相同,但都还远未发展到一切民族都在完全平等自愿的基础上完全融合的共产主义阶段,因此,在相当长的历史时期内,民族就仍然作为一个客观实体而存在。在这种现实面前,如果我们说不承认什么民族,而只承认劳动群众,"那就是空洞到极点的废话"[46]。

诚然,民族内部是划分为阶级的,劳动者同剥削者彼此的阶级利益总的说来是对立的。但是,"勾去民族自决而写上劳动者自决是完全不正确的,因为这样的提法没有考虑到各民族内部的分化是如何困难,如何曲折"[47]。由于各民族的剥削者长期以来总是利用民族矛盾来掩盖阶级矛盾,煽动盲目的民族主义排外情绪,离间本族劳动者同其异族阶级兄弟的关系,在这种情况下,如果无视现实,不尊重主权观念和主权原则,否定一切遭受帝国主义殖民统治的弱小民族都享有自决权,那就无异于授人以柄,替该民族的剥削者增添欺骗宣传的口实和扩大欺骗宣传的效果,使劳动者更难于摆脱本族剥削者的影响,从而"阻碍我们所应当促进的无产阶级分化出来的过程"[48]。反之,帝国主义压迫民族(或曾经是帝国主义压迫民族)中的无产阶级政党严格遵守主权平等原则,公开承认民族自决权,这就有利于消除民族矛盾,揭穿各种欺骗宣传,有利于劳动者从本族剥削者的影响下解脱出来,从而促进被压迫民族内部的阶级斗争和革命发展。换言之,遭受帝国主义殖民统治的"每个民族都应当获得自决权,而这会促进劳动者的自决"[49]。

---

[44] 列宁:《关于党纲的报告》,载《列宁全集》第29卷,人民出版社1956年版,第149页。
[45] 列宁:《关于党纲报告的结论》,载《列宁全集》第29卷,人民出版社1956年版,第165—166页。
[46] 列宁:《关于党纲的报告》,载《列宁全集》第29卷,人民出版社1956年版,第148、146—147页。
[47] 同上书,第148、146—147页。
[48] 同上书,第145、148页。
[49] 同上。

列宁特别强调，对于曾经长期充当压迫民族的大俄罗斯人说来，尤其必须严格遵守主权平等原则，切实尊重弱小民族的自决权。

众所周知，沙皇俄国是各族人民的监狱。长期以来，大俄罗斯民族的地主资产阶级在实行民族压迫方面打破了世界记录。因此，正如列宁所尖锐指出的："其他民族的劳动群众对大俄罗斯人都不信任，把他们看做一个进行盘剥、压迫的民族"；对于许多弱小民族说来，大俄罗斯人就是压迫者、骗子的同义语：他们理所当然地"曾经引起所有其他民族的切齿痛恨"[50]。对于来自被压迫民族劳动群众的这种不信任和憎恨感，大俄罗斯民族的无产阶级及其政党应当采取什么态度呢？

列宁认为，在这种场合，"抽象地提出一般民族主义问题是极不恰当的"，必须把压迫民族的民族主义和被压迫民族的民族主义区别开来。他强调，对于后者，大俄罗斯民族的人"在历史的实践中几乎永远都是有过错的，我们施加了无数暴力……和侮辱"[51]。因此，夺得了国家政权的俄罗斯无产阶级如果信守国际主义原则，就有责任认真地弥补和矫正历史过错。不能仅限于形式上宣布民族平等，而且要切实在行动上帮助以前备受大俄罗斯帝国主义殖民压迫的弱小民族获得事实上的平等，直到承认他们的民族自决权，即承认他们有分离的自由。这样，才能使各族工农在共同的革命斗争中接近和融合起来，建立起自觉自愿的联盟。[52]

列宁坚决反对无视国际公法关于各国互相尊重主权和领土完整的基本准则，借口建立"统一的经济整体"而用暴力吞并落后国家弱小民族疆土的做法。他指出："在民族问题上不能说无论如何也需要经济上的统一。当然这是需要的！但是我们应当用宣传、鼓动、自愿的联盟来达到它"[53]。针对普列奥布拉任斯基提出的关于民族问题的解决必须"服从于"建立所谓社会主义经济统一体的主张，列宁写下简短明确的批注："决不能简单地'服从于'：对照我写的第12条"[54]。这"第12条"，就是指列宁所起草、后来经共产国际第二次代表大会正式通过的纲领性文件《民族和殖民地问题提纲初稿》中的最后一条，其中规定：各国（尤其是欧美列强）的共产党人"对于受压迫最久的国家和民族的民族感情残余要特别慎重，特别注意"[55]。显然，列宁的上述批注是再一次强调不许以任何借口，肆意违反和粗暴践踏自愿原则，恃强凌

---

[50] 列宁：《关于党纲报告的结论》，载《列宁全集》第29卷，人民出版社1956年版，第167页；《列宁全集》第31卷，人民出版社1958年版，第130页。

[51] 列宁：《关于民族或"自治化"问题（续）》，载《列宁全集》第36卷，人民出版社1959年版，第631、629—630页。

[52] 参见《列宁全集》第29卷，人民出版社1956年版，第88、102页。

[53] 列宁：《关于党纲报告的结论》，载《列宁全集》第29卷，人民出版社1956年版，第167页。

[54] 列宁：《对普列奥布拉任斯基评论的批注》，初次发表于《苏共历史问题》1958年第2期，第16页。

[55] 列宁：《民族和殖民地问题提纲初稿》，载《列宁全集》第4卷，人民出版社1958年版，第276页。

弱,强加于人,迫使"服从"。

当年,列宁领导下的苏维埃俄国确实不愧是无产阶级专政的社会主义国家,不愧是无产阶级世界革命的第一个根据地,因而获得世界革命人民的充分信任。然而,即使是在这样的历史条件下,列宁仍然明确宣布:"共产主义是不能用暴力来移植的。"[56]对待那些经济发展比较落后的弱小国家和民族,尤其不应越俎代庖,"输出"革命。"这里必须等待这个民族的发展,等待无产阶级与资产阶级分子分开"[57]。列宁在仔细审读普列奥布拉任斯基提出的关于"不可避免地要用暴力镇压"落后国家弱小民族的统治阶层并强迫其所属重要经济地区并入"欧洲共和国联盟"的书面意见之后,特地把这些谬见部分用黑线标出,打出了两个大问号,并严厉批评道:"说得太过分了。说什么'不可避免地'、'要用暴力镇压',这是无稽的、荒谬的。根本错误"![58] 这寥寥数语,相当鲜明地体现了列宁对于在国际关系和民族关系中借口"推进革命"而滥施暴力的霸权行径,是何等的深恶痛绝!

不言而喻,反对以"促进世界革命"为名对落后国家和弱小民族滥施暴力,这是切实尊重主权平等、严格遵守民族自决原则的必备条件。反过来,也只有切实尊重弱国弱族的主权、严格遵守民族自决原则,才能增强各族工农的国际团结,从而真正促进世界革命。这是问题的一个方面。另一方面,正如列宁所指出的:就民族自决原则而言,"问题的本质在于:不同的民族走着同样的历史道路,但走的是各种各样的曲折的小径,文化较高的民族的走法显然不同于文化较低的民族。"[59]从这个意义上说,尊重民族自决和国家主权,也就是承认和尊重不同民族不同国家在共同历史道路具体行进方法上的多样性和特殊性,也就是承认和尊重世界历史发展的客观规律性。这样,尊重弱国弱族的主权就和尊重历史唯物论水乳交融,并且成为尊重历史唯物论的一种具体表现了。

由此可见,信守国际法上的主权平等原则,尊重弱族弱国自决自主的权利,这不但意味着站在严格的阶级观点上,坚持了无产阶级的阶级性和革命性,而且意味着站在严格的科学观点上,坚持了唯物主义的科学性。简言之,马克思主义的主权观,贯穿着党性与科学性的高度统一。

因此,如果不想背离无产阶级世界革命、背离历史唯物主义、背离马克思主义的主权观,那么,任何先进国家先进民族中执掌政权的无产阶级及其政党都决不能、也绝对无权自以为是,把自己的主观意志或局部经验强加于人,要求落后国家弱小民

---

[56] 列宁:《关于党纲的报告》,载《列宁全集》第29卷,人民出版社1956年版,第148、145—146页。
[57] 同上。
[58] 参见《列宁全集》第41卷,俄文版1963年版,第513页。
[59] 列宁:《关于党纲报告的结论》,载《列宁全集》第29卷,人民出版社1956年版,第168页。

族奉命照办。对于此点,列宁说得既幽默又严肃:"还没有颁布一个法令要一切国家都用布尔什维克的革命日历,即使颁布了这样的法令,也是不会执行的"[60]。同时,针对当时俄共中央某些领导人的自大狂,列宁告诫说:"如果我们自充好汉,吹牛夸大,我们就将成为全世界的笑柄,成为纯粹的吹牛家"[61]。列宁的结论是斩钉截铁的:"决不要从莫斯科发号施令"[62]!

在批判布哈林等人蔑视弱族弱国主权的各种民族虚无主义谰言时,列宁并不停留在就事论事上。他还以敏锐的洞察力,透过他们用极左辞句织成的帷幕,看清背后隐藏着的大俄罗斯沙文主义的幽灵。他指出,在当时俄共队伍中仍然有不少人蔑视被压迫弱小民族,不愿意尊重各民族的独立权利和平等地位,甚至公然反对当时的俄国革命政府把沙皇从弱小民族处侵夺来的赃物退还原主,指责什么不该把"很好的渔场""送人",等等。列宁提醒大家对此类人应当保持警惕,应当把他们的红色表皮"刮一刮",好让人们看清本相,以免受骗,他说:"刮一刮某个共产党员,你就会发现他是大俄罗斯沙文主义者"[63]。列宁号召一切真正的共产党人同他们作坚决斗争。他本着疾恶如仇的一贯精神,在一张给俄共(布)中央政治局的便笺中写道:"我宣布同大俄罗斯沙文主义进行决死战。我那颗讨厌的蛀牙一治好,我就要用满口的好牙吃掉它"[64]!

列宁的上述教导,集中到一点,就是坚决反对和无情揭露俄共队伍中打着"国际主义"旗号、以"革命"姿态出现的大俄罗斯沙文主义。他旗帜鲜明地坚决反对本国——第一个社会主义国家的某些领导人以任何漂亮借口,继承老沙皇的霸权侵略传统,恃强凌弱,择肥而噬;坚决反对他们耍弄民族虚无主义的理论故伎,粗暴践踏国际公法基本准则,肆意破坏弱国弱族主权和领土的完整,保持殖民"遗产"和扩大殖民统治。

五、借鉴历史,明辨真伪

马克思、列宁在世期间,马克思主义者反对民族虚无主义的几次重大斗争,情况

---

[60] 列宁:《关于党纲的报告》,载《列宁全集》第29卷,人民出版社1956年版,第148、149页。
[61] 列宁:《关于党纲报告的结论》,载《列宁全集》第29卷,人民出版社1956年版,第164页。
[62] 列宁:《关于党纲的报告》,载《列宁全集》第29卷,人民出版社1956年版,第148—149页。
[63] 同上书,第167页。
[64] 列宁:《关于反对大国沙文主义给政治局的便笺》,载《列宁全集》第33卷,人民出版社1957年版,第334页。

大体如上。在这些斗争中,始终贯穿着和鲜明地体现了马克思主义主权观和社会帝国主义主权观的根本对立。

在这些斗争中,无产阶级革命导师马克思和列宁关于揭露民族虚无主义、批判社会帝国主义主权观的光辉论述,具有重大的现实意义和深远的历史意义。它和马克思、列宁的其他遗训一样,都是后人从事革命战斗的锐利思想武器,也是他们鉴别敌友、明辨真伪的准确圭臬。

马克思主义者坚持无产阶级国际主义、反对民族虚无主义的斗争,时起时伏,绵延不断。它开始于百余年前,现在仍在进行之中,将来还要进行下去。在这些斗争中,从历史与现状的结合上,人们可以看出哪些规律性的现象,吸取哪些主要的教益呢?粗略地说,可以列出以下几点:

第一,民族虚无主义是社会帝国主义主权观的立论根基或"理论基础"。社会帝国主义主权观的核心和宗旨,就是力图论证扩张有"理"、侵略有"功"以及弱小民族爱国有"罪"。这种主权观,是社会帝国主义那一整套霸权扩张"理论"体系中的一个重要组成部分。同社会帝国主义的其他"理论"一样,这种主权观也具有"口头上的社会主义实际上的帝国主义"[65]这一共同特色,而其具体的独特装潢则是所谓"无产阶级国际主义"。在国际共运史上,民族虚无主义历来是作为一种伪国际主义出现的。它是奸商们用来以假乱真、诱人入套的貌似"国际主义"的一种赝品。

第二,民族虚无主义历来就是大国沙文主义的变种,是以大国沙文主义为基调而谱成的和声。无论在历史上还是在现实中,这两者总是共生相伴,形影不离的。另外,由于民族虚无主义有着"革命"辞句的精致装潢,比一般赤裸裸的大国沙文主义具有更大的欺骗性,从而能更有效地为殖民主义、帝国主义、霸权主义的侵略扩张政策辩解和张目,因而更受帝国主义者和社会帝国主义者的喜爱。正因为他们需要使用它作为遮掩侵略的理论烟幕,因而这种迷眼毒雾虽屡遭揭露和廓清却又一再有人重新广泛施放、鼓吹,不遗余力。

第三,民族虚无主义在历史上曾经为老沙皇的世界霸权政策出过力,又为苏联领导集团变本加厉的世界霸权政策效过劳。

苏联领导集团拼命鼓吹他国"疆境不足道"论、弱国"有限主权"论和互相"越界爱国"论,强令弱国弱族忘掉"传统意义"上的祖国、民族、主权、领土。对这类谰言,如果查一查它们在俄国历史上和国际共运史上的"血缘",便知其嫡祖乃是罗曼诺夫

---

[65] 列宁:《论第三国际的任务》,载《列宁全集》第29卷,人民出版社1956年版,第458页。

王朝的大俄罗斯沙文主义;而其近亲则是蒲鲁东分子所鼓吹的"民族陈腐"说、爱尔威分子所宣扬的"祖国无所谓"论以及普列奥布拉任斯基所叫嚷的"越界镇压""暴力归并"定理。

第四,当前甚嚣尘上的社会帝国主义的主权观,是历史上同类主权观的再现,但又并非简单的重复。在新的历史条件下,它具有更大的欺骗性,也远比当年危险得多,凶恶得多。

如果说,当年民族虚无主义、社会帝国主义主权观的鼓吹者曾分别遭到革命导师本人的严厉批判,因而声名狼藉,那么,当今社会帝国主义主权观的鼓吹者却盗用革命导师的名字来招摇撞骗,欺世惑众。他们的所作所为是对伟大的列宁和列宁主义的背叛和亵渎,要透过这一系列假象看清他们的本质,从而对他们开展针锋相对的斗争,往往要经历一个十分痛苦的过程,付出相当重大的代价。

如果说,当年民族虚无主义、社会帝国主义主权观都还只是影响不大的一席书生清谈、一种学说流派或一股反动思潮,那么,当今的社会帝国主义主权观却已被具体化成为一个极端贪婪的超级大国的根本国策,成为这个超级大国推行世界霸权主义的理论根据。这种"国策化"了的反动主权观,它所凭借依仗的,已经远不仅仅限于政客文痞们的如喙之口、如簧巧舌和如刀之笔,而主要是一系列现代化的宣传工具、一整套巨大的反动国家机器以及规模十分庞大的侵略性武装暴力。它紧密地配合着这些庞大的侵略性武装暴力,成为碾平弱国疆界、撞毁弱族国门的"理论坦克",正在肆虐于全球。面对这种欺骗性、危险性、凶恶性都比以往同类大得多的反动主权观,全世界弱国弱族的革命人民当然丝毫不能掉以轻心。相反,务必以更大的注意力,对它的反革命实质开展无情的揭露和批判,肃清影响,以正视听。

第五,为了进一步弄清当今社会帝国主义主权观的反动实质,除了把它同历史上的社会帝国主义主权观进行比较外,还应当把它同历史上的一般帝国主义主权观进行比较。鼓吹后者的典型人物,首推臭名远扬的希特勒和杜勒斯。希特勒当年视德国的霸权为至高无上的神物,视弱族弱国的主权为低贱之极的草芥,狂叫德国、日耳曼民族"有权统治别人"。杜勒斯也鼓吹民族主权"已经变成陈腐了的观念"[66]。杜勒斯的同事、以宣扬赤裸裸的帝国主义观点而"闻名"于世的国际法"权威"杰塞普则公开提倡对弱小国家的主权加以削减或"限制",胡诌什么"无限制的主权如今已经不被看作是国家的最宝贵的或最迫切要求的属性";弱族弱国素常所坚持用以捍

---

[66] 参见美国《外交季刊》1957年10月号。

卫民族尊严和国家独立的主权观念和主权平等原则，只不过是"传统的国际法所赖以建立的流沙"。为了论证帝国主义霸权扩张政策可以"造福"人类，普度众生，他竟公然要求彻底冲刷"流沙"，否定国际社会和国际法上公认的传统的主权观念和主权平等原则，极力鼓吹以操纵在帝国主义霸主手中的所谓"联合的主权"代替"单个国家的主权"[67]。

苏联领导集团既自称拥有"最高主权"，又硬说弱国"主权有限"，还胡诌什么祖国一词已不是"传统意义上单个的祖国"——这些，显而易见，倒全都是传统意义上的帝国主义法西斯狂言！

希特勒曾经"叱咤风云"，固一世枭雄也，而今安在哉？这是奉行希特勒传统的新希特勒们应当记取的。

---

[67] 参见〔美〕杰塞普：《现代国际法》，1948年版，第2、12—13、14—42页。

第 23 章　中国南海疆土：卧榻之旁，岂容强霸鼾睡？
——剖析菲律宾"南海仲裁案"之悖谬与流毒*

▶▶ 内容提要

2013—2016 年，菲律宾"南海仲裁案"在国际三股邪恶势力（美国霸权主义势力、菲律宾卖国主义势力、日本军国主义势力）互相勾结狼狈为奸下，在国际舞台上演出了一场披着法律外衣的政治闹剧和重金收买的丑剧，全球瞩目，举世哗然。其间，沐猴而冠、穿着"国际法官"大袍、实为日本军国主义鹰犬的柳井俊二，是这场闹剧和丑剧的总导演；若干见钱眼开、出卖良知的"钦定"仲裁员扮演了丑角，堕落成为菲律宾卖国主义势力出钱豢养的专业打手；"临时仲裁庭"先天染毒，后天枉法，作出裁决，漏洞百出，贻笑天下。本文以事实为根据，综合整理中外公正舆论提及的"南海仲裁案"临时仲裁庭三年来的种种"猫腻"黑幕、指鹿为马、枉法裁断，加以揭露、批判、挞伐。同时，郑重提醒国人，"南海仲裁案"丑剧虽已落幕，但其流毒深远，不可小觑，有待肃清；中国南海面临的国际形势，有利不利并存，虎狼环伺未已，寻衅滋事，蠢动频频。鉴此，中国人亟宜居危思危，加强研究，采取对策，玉帛干戈，两手并重，努力做到"中国卧榻之旁，不容强霸鼾睡，不许邪恶肆虐"！

▶▶ 目　次

一、菲律宾南海案仲裁庭组建染有先天严重"胎毒"：国际三股邪恶势力"杂交"而生的畸形产儿

　　（一）美国霸权主义势力：圈洋为湖　巴蛇吞象

---

* 本文由陈安与蒋围合作撰写。蒋围是国家重点学科厦门大学国际法学科 2015 届博士，现任西北政法大学国际法研究中心讲师。

（二）菲律宾卖国主义势力：开门揖盗　认贼作父

（三）日本军国主义势力：豢养鹰犬　沐猴而冠

（四）法官与仲裁员违规滥权：见利忘义　枉法裁断

（五）记者有意抹黑或无知盲从：佛头着粪　偷天换日　鱼目混珠

二、菲律宾南海仲裁案实体裁决：枉法裁断　满纸荒唐

（一）历史性权利问题

（二）岛礁问题

（三）海洋管辖权争议问题

三、菲律宾南海仲裁案裁决对中国的严重不利影响

四、菲律宾南海仲裁案仲裁裁决的悖谬与流毒

（一）越权裁决了南沙群岛的主权问题

（二）部分证据存在真实性和证明力的问题

（三）仲裁庭在岛礁法律地位问题上的谬误

（四）仲裁庭解释《公约》条款随心所欲

（五）对历史性权利和传统捕鱼权的歪曲解释

五、本案仲裁裁决作出后中国南海面临的国际形势：有利不利并存　虎狼环伺未已

六、结论：忧患意识　居危思危　肃清流毒　任重道远　玉帛干戈　两手并重　增强国力　自求多福

2013年1月22日，菲律宾单方面提起南海仲裁案。2013年6月21日该案仲裁庭（以下简称"南海案仲裁庭"）组建成立。[1] 2015年10月29日南海案仲裁庭发布管辖权及可受理性裁决，[2] 2016年7月12日作出最终裁决。南海案仲裁庭认为，中国对"九段线"[3]内海洋区域的资源主张历史性权利没有法律依据；南沙群岛无一能够产生延伸海洋区域的岛屿，且南沙群岛不能够作为一个整体共同产生海洋区域；

---

[1] See The South China Sea Arbitration (The Republic of Philippines v. The People's Republic of China), https://pca-cpa.org/en/cases/7/. See also Award of 12 July 2016 in the South China Sea Arbitration Before an Arbitral Tribunal Constituted Under Annex VII to the 1982 United Nations Convention on the Law of the Sea Between the Republic of the Philippines and the People's Republic of China, PCA Case N° 2013-19, para. 30, https://pcacases.com/web/sendAttach/2086.

[2] See Award of 29 October 2015 on Jurisdiction and Admissibility of the South China Sea Arbitration Before an Arbitral Tribunal Constituted Under Annex VII to the 1982 United Nations Convention on the Law of the Sea Between the Republic of the Philippines and the People's Republic of China, PCA Case N° 2013-19, https://pcacases.com/web/sendAttach/1506.

[3] "九段线"又称"南海断续线"或"U型线"。

中国在南海的行为妨碍了菲律宾的合法权利,[4]中国违反了海洋环境保护和保全的义务,等等。[5]菲律宾15项仲裁事项,除被仲裁庭以"军事活动例外"排除对第14(a)—(c)项的管辖权和驳回第15项外,几乎得到全部支持。这一裁决对中国对南沙群岛的主权及在南海可主张的海洋权益产生了极其严重的不利影响。

但是,这一仲裁裁决存在一系列重大缺陷。首先,仲裁庭的组建上存在极其严重的先天的、道义上、法理上的不足:事实表明,仲裁庭的组建,乃是当代**国际三股反动势力杂交的畸形产儿**,具体说来,就是菲律宾卖国求荣势力总代表的前总统阿基诺三世,在美国霸权主义势力的全盘操控和公开支持下,与日本军国主义互相勾结、狼狈为奸的产物。其次,仲裁庭对于其根本没有管辖权的事项**擅自滥用权力**,非法确立管辖权,以此为前提所进行的任何程序及其所发表的任何观点,当然都不具备合法性基础。其三,细观其实体裁决,更是存在众多悖谬与流毒。其四,中国政府为何对此裁决"嗤之以鼻",认为这一裁决只不过是"一张废纸"?[6] 在此种情况下,中国南海面临的国际形势是什么?中国应从哪些方面采取有效措施,破解和肃清此裁决的重重悖谬与深远流毒?

因此,本文将从以下五个方面,即南海案仲裁庭组建染有先天严重"胎毒",南海仲裁案实体裁决之枉法裁断与满纸荒唐,南海仲裁案裁决对中国的严重不利影响,南海仲裁案仲裁裁决的悖谬与流毒,仲裁裁决作出后中国在南海面临的国际形势,逐一进行探讨和剖析。最后,作出简短的结论。

---

〔4〕 该案仲裁庭认为:(a)中国妨碍菲律宾的捕鱼和石油开采;(b)中国妨碍建设人工岛屿;(c)中国未阻止中国渔民在该区域的捕鱼活动。仲裁庭还认为,菲律宾渔民和中国渔民一样,在黄岩岛也享有传统的渔业权利,而中国限制菲律宾渔民进入该区域,这就妨碍了后者渔业权利的行使。仲裁庭进一步认为,中国执法船对菲律宾船只进行拦截的行为非法地造成了严重的碰撞危险。参见《南海仲裁案(菲律宾共和国 v. 中华人民共和国)新闻稿》,http://www.pcacases.com/web/sendAttach/1803。

〔5〕 参见《南海仲裁案(菲律宾共和国 v. 中华人民共和国)新闻稿》,http://www.pcacases.com/web/sendAttach/1803。

〔6〕 2016年7月5日,前中国国务委员戴秉国在华盛顿举行的中美智库南海问题对话会上指出:南海仲裁结果不过是一张废纸而已。参见王盼盼:《戴秉国:南海仲裁结果不过是一张废纸》,http://world.gmw.cn/2016-07/06/content_20849010.htm。
2016年7月12日,中华人民共和国外交部发布声明,认为关于应菲律宾共和国单方面请求建立的南海仲裁案仲裁庭于2016年7月12日作出的裁决,是无效的,没有拘束力,中国不接受、不承认。参见《中华人民共和国外交部关于应菲律宾共和国请求建立的南海仲裁案仲裁庭所作裁决的声明》,http://www.fmprc.gov.cn/nanhai/chn/snhwtlcwj/t1379490.htm。

一、菲律宾南海案仲裁庭组建染有先天严重"胎毒"：国际三股邪恶势力"杂交"而生的畸形产儿

（一）美国霸权主义势力：圈洋为湖 巴蛇吞象

据历史记载，公元 1 世纪初，罗马大帝国鼎盛时期，曾经穷兵黩武，征服和吞并地中海四周弱国疆土，把面积多达 250 多万平方公里偌大的整个地中海这一国际海域，围圈和霸占成为罗马帝国一国的"内湖"。[7] 2000 多年之后，"美利坚帝国"不自量力，妄图仿效当年罗马大帝国穷兵黩武，围圈和霸占国际海域成为一国内湖的故技，把面积多达 18000 多万平方公里偌大的整个太平洋这一国际洋域，围圈和霸占成为"美利坚帝国"一国的"内湖"，其野心之大，其贪婪之甚，超过罗马大帝国 70 多倍（太平洋面积约为地中海面积的 72 倍），犹如中国古籍《山海经》所描绘的怪诞故事"巴蛇吞象"。这种痴心妄想，违反时代潮流，违背国际共识，势必美梦落空，徒贻历史笑柄！但美国当权鹰派出于一国私利，利令智昏，其穷兵黩武，肆意侵犯他国疆土，霸占国际海域、国际洋域的行径，从未止息！

近几十年来，面对中国逐渐和平崛起的现实，美国某些政客、军人和学者起劲地"贼喊捉贼"，鼓吹"中国威胁"论。美国前总统奥巴马自 2009 年执政以来，在对华政策方面更加重视对华防范、遏制、围堵。[8] 2012 年，随着美军在"反恐战争"中取得阶段性成果，奥巴马政府重提和加紧推行"亚太再平衡"战略，即"重返亚太"战略。这个战略的基础和核心，就是按照美国立国前后四百多年[9]的传统，凭武力、靠"拳头"说话，计划从 2013 年开始，至 2020 年，将 60% 海军舰艇集中到太平洋地区。[10] 自此时起，原来相对太平的太平洋就日益不太平，波涛起伏，日益动荡不安，进入"多事之秋"！2013 年 12 月 17 日，时任美国国务卿克里访菲时宣布，美国将为菲律宾安

---

〔7〕 See Arthur Edward Romilly Boak，A History of Rome to 565 A. D.，The Macmillan Company，1921 p. 204，http://www.gutenberg.org/files/32624/32624pdf.pdf? session_id=08f7b128913f78994ba0cbb6aa6b7561766 3894c; The Mediterranean Sea—A Brief History，http://www.mediterranean-yachting.com/Hist-7.htm. 另参见邢群麒主编：《世界历史全知道（上）》，江苏美术出版社 2014 年版，第 62 页。

〔8〕 参见陈积敏：《美国亚太再平衡战略及其对中国的挑战》，http://www.qstheory.cn/international/2015-02/09/c_1114300613.htm.

〔9〕 参见陈安：《美国霸权版"中国威胁"谰言的前世与今生》，江苏人民出版社 2015 年版，第 171—210 页。此书第三章第五节第二目缕述美国建国前后四百多年来（从 1607 年英国在北美建立第一个殖民地到 1776 年英属北美十三个殖民地宣布独立组建美国，历经 169 年；从 1776 美国建国迄今（2018 年），又历经 242 年。两者相加，共历 411 年），美国对北美大陆、对亚洲、非洲、拉丁美洲穷兵黩武，大肆实行殖民扩张的斑斑劣迹和累累罪行。

〔10〕 参见陈安：《美国霸权版"中国威胁"谰言的前世与今生》，江苏人民出版社 2015 年版，第 139 页。

全部队提供 4000 万美元的新援助,以帮助菲律宾在与中国围绕南海主权争议紧张关系不断上升的背景下保护菲领海。[11] 对于克里此次东南亚之行,美国《基督教科学箴言报》称,克里宣布美国将提升对东南亚国家海上安全援助,目标明显是针对中国在同邻国领土争端中日益"咄咄逼人"的姿态。[12]

(二) 菲律宾卖国主义势力:开门揖盗 认贼作父

菲律宾原是中国南海邻邦,两国平等友好往来已达千年以上。[13] 近年来,菲律宾考古学者曾在菲律宾西南部苏禄群岛(Sulu Islands),发掘不少中国晚唐和北宋时代的瓷器出土,这说明中国很早就与当地有了友好往来的关系。中国与苏禄国友好往来的政治关系,尤以明朝永乐年间最为频繁。史载:"永乐十五年(公元 1417 年),其国东王巴都葛叭哈剌、西王麻哈剌叱葛剌麻丁、峒王妻叭都葛巴剌卜并率其家属头目凡三百余人,浮海朝贡,进金镂表文,献珍珠、宝石、玳瑁诸物。礼之若满剌加,寻并封为国王。赐印诰、袭衣、冠带及鞍马、仪仗器物,其从者亦赐冠带及有差。居二十七日,三王辞归。各赐玉带一,贡金百、白金二千,罗锦文绮二百,帛三百、钞万锭、钱二千缗、金锈蟒龙、麒麟衣各一。东王次德州,卒于馆。帝遣官赐祭,命有司营葬,勒碑墓道,谥曰恭定,留妻妾傔从十人守墓……"[14]

相形之下,西方列强对菲律宾说来则是虎狼之邦,屡屡实行弱肉强食。1565 年西班牙殖民者以优势兵力占领菲律宾宿务岛,1571 年占领马尼拉。此后相继侵占菲律宾大部分土地,建立殖民统治。1898 年美国发动帝国主义"狗咬狗"战争,从西班牙手中夺取了菲律宾,继续对菲律宾实行长期的殖民统治。第二次世界大战期间,日本发动"狗咬狗"战争,从美国手中夺取了菲律宾,迫使菲律宾沦为日本的殖民地。1945 年二战结束,日本败北,美国又从日本手中夺回了对菲律宾的统治权,并在菲律宾长期霸占大片农地和海湾,建立庞大的苏比克军事基地,继续实行事实上的军事占领。在多次反复的"狗咬狗"战争中,菲律宾人民饱尝战乱频仍、丧权辱国、生灵涂炭、殖民统治、压迫掠夺的痛苦,奋起反抗,经过长期反美斗争,终于迫使美国在 1992

---

[11] 参见韩硕、于景浩、刘德:《克里访越菲令南海又起波澜 称不承认中国防识区》,http://world.huanqiu.com/exclusive/2013-12/4671764.html。

[12] 参见《克里访越菲令南海又起波澜 称不承认中国防识区》,http://news.qq.com/a/20131218/004321.htm? pgv_ref=aio2012&ptlang=2052。

[13] 参见郑炳山:《龚廷彩对促进我国与菲律宾友好往来的贡献》,载《福建论坛(社科教育版)》1983 年第 3 期;中国驻菲律宾大使:《中菲友好交往合作符合现实需求》,http://www.dzwww.com/xinwen/xinwenzhuanti/2008/ggkf30zn/201606/t20160610_10725749.htm。

[14] (清)张廷玉等:《明史》卷三二五·列传第二百十三·外国六,http://www.guoxue.com/shibu/24shi/mingshi/ms_325.htm;郑炳山:《龚廷彩对促进我国与菲律宾友好往来的贡献》,载《福建论坛(社科教育版)》1983 年第 3 期,第 86 页。

年11月最终撤出其军事力量,使菲律宾走向独立自主。[15] 但好景不长,如今美国又在南海版"中国威胁"论烟幕掩护下,勾结菲律宾卖国主义势力,大规模卷土重来,恢复变相的军事占领:"轮值存在"或"轮换驻扎"。

菲律宾卖国求荣势力总代表前总统阿基诺三世(Aquino III)自2010年6月底就任以来,在南海问题上多次挑起事端,咄咄逼人,[16]将民众的注意力引向南海争端,并利用南海争端中表现出的强硬态度重新树立政府形象,[17]以缓解国内的贫富差距带来的社会冲突和重建民众对政府的信任。另外,为获得美国的支持,阿基诺三世加大与美国的勾结,甚至不惜出卖国家主权。2010年,美国不但向菲律宾提供了高达1.4亿多美元的直接经济与军事援助和4.34亿美元的援助合同,还多次派遣智库成员和政府要员访问菲律宾。[18] 2011年2月,阿基诺三世撤换了之前态度"软弱"、表示南海问题"无须美国干涉"的罗慕洛(Romulo)外长,重新任命了"得心应手"的新外交部部长,即菲律宾前驻美大使德尔·罗萨里奥(Albert del Rosario)。[19] 2012年9月,阿基诺三世签署命令,将包括中国南海"九段线"以部分水域和菲律宾群岛以西海域命名为"西菲律宾海",还要求所有政府机关、学校此后在文件、课本及国内外往来信件中都必须使用这一名称。[20] 2013年1月,菲律宾单方面就中菲两国在南海的争议提起《联合国海洋公约》(以下简称《公约》)附件7项下"强制仲裁"。2014年菲美签署《加强防务合作协议》,这一协议给予美国军队使用菲律宾本土基地更大的自由,美军可更广泛使用菲方一些指定的军事基地和设施,包括机场和港口;美军有权在这些地方新建设施和部署装备、战机和军舰。[21] 美国在20世纪的大部分时间在菲律宾拥有军事基地,但在20世纪90年代初被赶出菲律宾。当时,在反殖民主义情绪的驱动下,菲律宾议会通过一项立法,禁止任何外国政府在该国运行军事基地,除非签署了参议院批准的条约。[22] 2014年菲美《加强防务合作协议》的签署,实质上是让美军重返菲律宾,让渡部分主权给美军。简言之,一度被菲律宾人民赶跑了的虎狼,十年之后又被菲律宾卖国势力总代表前总统阿基诺三世恭恭敬敬地请了回

---

[15] 参见李涛、陈丙先编著:《菲律宾概论》,世界图书出版公司2012年版,第95—128页。
[16] 参见汪树民:《菲律宾在南海问题上与中国的对抗及原因分析——以阿基诺三世上任以来为例》,载《海南师范大学学报(社会科学版)》2015年第5期,第103页。
[17] 参见梁静:《菲律宾阿基诺三世政府的南中国海政策研究》,郑州大学2015年硕士论文,第34页。
[18] 参见杨超:《围绕菲美加强防务合作协议(EDCA)的菲律宾南海战略转向及其美国因素》,载《东南亚纵横》2015年第6期,第43页。
[19] 参见梁静:《菲律宾阿基诺三世政府的南中国海政策研究》,郑州大学2015年硕士论文,第27页。
[20] 参见边驿卒:《别了,阿基诺!》,http://news.ifeng.com/a/20160510/48746139_0.shtml。
[21] 参见冯俊扬:《美菲签署10年期新防御协议》,http://news.sina.com.cn/s/2014-04-29/111030031625.shtml。
[22] 参见《美菲签署〈加强防务合作协议〉即将生效 美军将重返菲律宾》,http://mil.qianlong.com/2016/0113/269379.shtml。

来,引狼入室,开门揖盗,认贼作父。

(三) 日本军国主义势力:豢养鹰犬 沐猴而冠

中日久有宿怨。日本侵华战争造成中国军民伤亡 3500 多万人,给中国造成了空前巨大的民族灾难,留下了刻骨铭心的惨痛记忆。但日本右翼分子不思悔改,否定日本二战侵略史,历任日本首相反复参拜供奉日本战犯牌位的靖国神社,篡改教科书,粉饰侵华战争,重整军备,近年来反复挑起彻底占领和完全并吞中国固有领土钓鱼岛的纠纷,置本地区安全于危险境地。[23] 安倍晋三重新上台以来,日本又勾结菲律宾卖国势力,在对抗中国的问题上结成同盟,加上美国霸权势力的从中撮合,日本与菲律宾的"合作"日益升温,[24] 日本成了菲律宾卖国势力新的战略伙伴和"次大靠山"。2012 年 7 月,日菲签署了防卫合作协定。[25] 2013 年 7 月,菲律宾总统阿基诺宣称,"菲律宾的战略伙伴只有两个国家,那就是美国和日本"。[26] 2015 年 6 月 4 日阿基诺三世与安倍签署南海防卫战略合作伙伴声明,强化战略伙伴关系,在南海问题上抱团指责中国。[27] 阿基诺力挺安倍修改宪法解释,解禁所谓"集体自卫权",声称扩大日本自卫队的军事作用,有助于盟友的安全。[28] 在此背景下,菲律宾卖国势力勾结当时窃据要津、担任"国际海洋法庭庭长"的日籍法官柳井俊二,以"恶人先告状"的"原告"(plaintiff, applicant, claimer)身份,提起了南海仲裁案。

柳井俊二何许人也?他原本也只是个"名不见经传"的小小人物,却因其趋炎附势,巴结权贵,长袖善舞,迅速成为日本军国主义势力豢养的"法律鹰犬"。请看经过中国新华社初步查证的柳井俊二"安倍走狗履历"和"军国思维家谱":[29]

据公开资料显示,柳井俊二是日本"资深外交官",也是日本右翼势力的代表,其父亲做过外务省条约局局长。柳井俊二从 1961 年开始在日本外交部门工作,仕途基

---

[23] 参见《日菲合流在损害地区稳定》,http://www.cssn.cn/gj/13332/rf_hl/rf_zspl/201506/t20150630_2054566.shtml。

[24] 参见汪树民:《菲律宾在南海问题上与中国的对抗及原因分析——以阿基诺三世上任以来为例》,载《海南师范大学学报(社会科学版)》2015 年第 5 期,第 107 页。

[25] 参见《日菲合流在损害地区稳定》,http://www.cssn.cn/gj/13332/rf_hl/rf_zspl/201506/t20150630_2054566.shtml。

[26] 参见汪树民:《菲律宾在南海问题上与中国的对抗及原因分析——以阿基诺三世上任以来为例》,载《海南师范大学学报(社会科学版)》2015 年第 5 期,第 107 页。

[27] 参见李珍、陆中、李大明、汪析、柳直:《日卖菲武器搅浑南海 两国联合声明挑衅中国》,http://world.huanqiu.com/photo/2015-06/2779730.html。

[28] 参见《日菲合流在损害地区稳定》,http://www.cssn.cn/gj/13332/rf_hl/rf_zspl/201506/t20150630_2054566.shtml。

[29] 参见李忠发、邹伟、臧晓程:《欺世盗名的"怪胎"——揭露菲律宾南海仲裁案仲裁庭的真面目》,http://news.xinhuanet.com/world/2016-07/17/c_1119231354.htm;《柳井俊二与临时仲裁庭的那些勾当》,http://news.cctv.com/2016/07/16/ARTIeTVs55049tZuD4x7zI69160716.shtml。

本平顺,屡屡升迁,1997年任日本外务省事务次官(副部长),1999—2001年担任日本驻美大使。2005年,他被日本政府举荐到"国际海洋法法庭"(International Tribunal for the Law of the Sea)出任法官,2011年至2014年晋升担任"国际海洋法法庭"庭长。此外,柳井俊二长期担任日本首相安倍晋三私人咨询机构"安全保障法制基础再构筑恳谈会"的主席。该机构主要是为安倍政府修宪、解禁集体自卫权、强化日美同盟等行动提供政策及理论支持。

早在1990年海湾战争期间,时任日本外务省条约局局长的柳井俊二为推动日本通过《联合国维和行动协力法》,让自卫队走出国门发挥了积极作用。2013年8月4日,在南海仲裁案临时仲裁庭组建刚满月时,他以"安全保障法制基础再构筑恳谈会"会长身份参加日本NHK《星期日讨论》节目,公开阐述其政治立场,扬言"日本"的岛屿受到"威胁",强调日本存在"敌人",需要强化武力来保障日方"安全"。2014年5月,柳井将要求"解禁集体自卫权"的报告书交予日本首相安倍晋三。[30] 菲律宾提起强制仲裁,柳井俊二服务于日本的政治需要,双方共同利用《公约》中的一些机制缺陷,在南海问题上向中国施加压力。所以,南海仲裁案不仅涉及中菲之间南海问题上的具体争议,其背后还充满了复杂的政治博弈。临时仲裁庭从组建之初,就有中日海洋岛屿争端的背景因素,带有不可告人的政治图谋和尚待揭露的阴谋诡计。[31]

本案仲裁庭由五名仲裁员组成。按照《公约》附件7仲裁程序规则,菲律宾和中国各指任一名仲裁员,剩下三名由菲律宾和中国共同指任。[32] 菲律宾任命德国籍仲裁员吕迪格·沃尔夫鲁姆(Rüdiger Wolfrum),因中国坚决拒绝参与该案,时任国际海洋法法庭庭长、日本籍法官柳井俊二擅自代替中国任命波兰籍仲裁员斯坦尼洛夫·帕夫拉(Stanislaw Pawlak)。之后,柳井俊二任命了其他三名仲裁员:法国籍仲裁员皮埃尔·科特(Jean-Pierre Cot)、荷兰籍仲裁员阿尔弗莱德·松斯(Alfred H. Soons)和加纳庭长托马斯·门萨(Thomas A. Mensah)。[33] 2016年7月12日,该案

---

[30] 对柳井俊二身份的揭破,可参见《外交部副部长刘振民就南海仲裁案仲裁庭所谓裁决约束力问题答记者问》,http://www.fmprc.gov.cn/ce/ceph/chn/sgdt/t1380890.htm。刘振民指出,柳井俊二当既是国际海洋法法庭的法官,同时也是日本安倍政府安保法制恳谈会会长,他在协助安倍解禁集体自卫权、挑战二战后国际秩序方面起了很大作用,他也曾是日本驻美国大使。亦可参见向东、崔浩然:《南海仲裁案临时仲裁庭之公正性剖析》,载《东南亚研究》2017年第2期,第129页;蒋丰:《起底南海仲裁庭幕后推手柳井俊二:鹰派,对华恶劣》,http://gold.jrj.com.cn/2016/07/13075421181505.shtml。

[31] 参见于向东、崔浩然:《南海仲裁案临时仲裁庭之公正性剖析》,载《东南亚研究》2017年第2期,第130页。

[32] 参见《公约》附件7第3条"仲裁法庭的组成"。

[33] Award of 12 July 2016, para. 30.

仲裁庭作出一致裁决。这是一起少见的全体仲裁员一致同意裁决内容的仲裁案。[34] 由日本籍法官柳井俊二擅自代替中国任命"代表中国利益"的波兰籍仲裁员斯坦尼洛夫·帕夫拉的仲裁员,对裁决内容完全没有任何异议。可见,2011年至2014年"沐猴而冠"、粉墨登场、晋升担任"国际海洋法法庭"庭长的柳井俊二,不但是安倍政府的铁杆死党、智囊团人物,而且确实是安倍政府长期豢养的、地地道道的"法律鹰犬"!其狡诈阴险、两面三刀、一手遮天、幕后操盘、全程导演南海仲裁案丑剧,劣迹斑斑,近年来已被中国和国际公正舆论不断揭露、批判、挞伐。其具体情节,有心查索的读者不妨从本文的许多注解[35]中"按图索骥",这里就不逐一赘述了。

(四) 法官与仲裁员违规滥权:见利忘义 枉法裁断

据揭露,前述柳井俊二的"安倍走狗履历"和"军国思维家谱",已明显构成当代国际司法惯例上应当"回避"的条件,但当时担任"国际海洋法法庭"庭长的柳井俊二却恬不知耻地通过幕后操盘,全程导演南海仲裁案丑剧。丑剧中的几个丑角"演员"——仲裁员,全是见钱眼开、骨头发软、见利忘义的柳井同伙,他们之中居然有人在被柳井指定为本案仲裁员之后,背弃应有职业操守和学术操守,公开"忘记"原有一贯的正确学术主张,颠倒是非,自打嘴巴,赞成自己一贯反对的错误岛礁见解,反对自己一贯坚持的正确岛礁主张,借以获得天价"酬金",[36]实质上堕落成为菲律宾卖国主义势力总头目阿基诺三世出钱豢养的专业打手。对此,时任中国外交部副部长刘振民2016年7月13日向中外记者公开揭露说,本案仲裁庭5名仲裁员是挣钱的,挣的是菲律宾的钱,可能还有别人给他们的钱,但可以肯定的是他们是有偿服务的。给多少钱?据有关人士透露,本案仲裁员的薪酬高达每小时600欧元,如按每日工作8小时计算,仲裁员每日薪酬为4800欧元,相当于3.7万多元人民币。据初步核算,三年来南海仲裁案大概费用开支约为2600多万欧元,约占2015年菲律宾财政预算的两千分之一。

在政治操弄下,由阿基诺三世政府强行推进而达成的南海仲裁案裁决,惹起菲

---

[34] 参见《南海仲裁案(菲律宾共和国 v. 中华人民共和国)新闻稿》,http://www.pcacases.com/web/sendAttach/1803。

[35] 参见本章注解[24]—[36]。

[36] 例如,在2015年11月关于实体问题的庭审中,菲律宾所请专家证人斯科菲尔德教授,一反以往其学术成果中称太平岛为"岛"的说法,在本案中将太平岛定性为"礁"。斯科菲尔德还曾撰文指出,南沙群岛至少存在12个符合岛屿定义并可以主张专属经济区和大陆架的岛屿。然而在仲裁庭听证时,他却反口称南沙群岛没有一个岛可主张专属经济区和大陆架。还有,荷兰籍松斯教授曾长期主张,确定岛礁的法律地位是海洋划界密不可分的组成部分。但成为本案仲裁员后,这位教授也一反过去的立场,强调岛礁法律地位的判定可以与海洋划界问题脱钩,从而为菲律宾恶意规避中方有关海洋划界的排除性声明背书。参见李忠发、邹伟、臧晓程:《欺世盗名的"怪胎"——揭露菲律宾南海仲裁案仲裁庭的真面目》,http://news.xinhuanet.com/world/2016-07/17/c_1119231354.htm。

律宾国内的怨声。菲律宾前总统办公厅主任、专栏作家戈韦托·蒂格劳（Rigoberto D. Tiglao）在《马尼拉时报》发表评论文章说，"他们（美国）在南海没有主权声索，也不是《联合国海洋法公约》的缔约国……仲裁案给了美国干预南海事务的借口，美国中央情报局或者国务院应该给菲律宾报销这笔高昂的诉讼费和律师费。"[37]中国南海研究院院长、南海问题资深专家吴士存对此表示，与国际法院法官酬劳由联合国经费支付不同，临时仲裁庭仲裁员是明码标价、有偿服务。因中国不参与，因此整个案件所有费用完全由菲方承担，背后的猫腻不言自明。"仲裁庭（本来）也可以裁决自己没有管辖权，但如果这样的话，就意味着仲裁员们丢了自己的饭碗。"[38]

事实再清楚不过了，南海仲裁案由始至终就是一场披着法律外衣的政治闹剧和金钱收买的丑剧，其背后有着不可告人的图谋。

（五）记者有意抹黑或无知盲从：佛头着粪 偷天换日 鱼目混珠

三年来，西方追风"狗仔"记者虽非南海仲裁案这场政治闹剧和丑剧的"演员"，却扮演了各种不太光彩的"观众"角色：有意抹黑者有之，无知盲从者有之，佛头着粪者有之，偷天换日者有之，鱼目混珠者有之。

稍懂国际法常识的大学生一般都知道，荷兰海牙是国际司法机构和仲裁机集中的国际城市，这些机构良莠不齐，水平悬殊，其中联合国的司法机构国际法院（International Court of Justice，ICJ）与南海仲裁案临时仲裁庭（the Arbitral Tribunal Constituted Under Annex VII to the 1982 United Nations Convention on the Law of the Sea between the Republic of the Philippines and the People's Republic of China，简称 the Arbitral Tribunal of South China Sea Arbitration）之间几乎毫无相干；位于荷兰海牙的常设仲裁法院（Permanent Court of Arbitration，PCA）与南海仲裁案临时仲裁庭有些联系，但二者的联系非常有限，常设仲裁法院仅为南海案仲裁庭提供秘书服务，仅仅是这个仲裁庭在庭审的时候使用了常设仲裁法院的大厅。[39] 此外，常设仲裁法院的历史悠久，于 1900 年成立，并于 1902 年开始运作，它是政府间的国际组织，独立于其他国际组织之外，为国际社会提供多种纠纷解

---

[37] Rigoberto D. Tiglao，Psst … "All Superpowers Usually Ignore International Verdicts"，*The Manila Times*，July 15, 2016，http://www.manilatimes.net/todays-front-page-july-15-2016/273827/.《菲媒体称菲支付南海仲裁案律师费三千万美元》，http://www.chinanews.com/gn/2016/07-15/7940511.shtml;《菲律宾前总统办公厅主任蒂格劳：3000 万美元律师费可能白花》，http://world.huanqiu.com/article/2016-07/9183750.html.

[38]《南海仲裁幕后：菲律宾花了 2 亿元 还要找美国"报销"》，http://world.huanqiu.com/article/2016-07/9187568_2.html.

[39]《中方：南海仲裁庭法官挣菲律宾钱 提供有偿服务》，http://news.sina.com.cn/c/nd/2016-07-13/doc-ifxuaiwa6768446.shtml。

决服务。常设仲裁法院目前共有 121 个缔约国。[40] 而南海仲裁案"临时仲裁庭"则聚集了日本军国主义鹰犬柳井俊二全盘指定的一撮宵小之徒和学界败类,毫无公正性可言。

常设仲裁法院的仲裁裁决与联合国国际法院的判决具有明确的法律约束力不同,常设仲裁法院的仲裁裁决只有被**双方认可时才能生效**。虽然常设仲裁法院的仲裁机制完全依赖"当事各方的同意",包括在仲裁开始之前,当事各方商定各种实际事项和程序(例如提交仲裁问题的措辞及指定仲裁员)。但是,常设仲裁法院的仲裁过程通常**不对外公开**,仲裁费用也由当事方承担。另外,常设仲裁法院与联合国的国际法院虽同属海牙和平宫"租客",但二者没有任何隶属关系。在南海仲裁案中,"临时仲裁庭"与常设仲裁法院的联系,只是体现在临时仲裁庭租用了常设仲裁法院的办公地荷兰海牙和平宫作为其庭审场所,并聘请常设仲裁法院书记官处为其提供秘书服务,这实质上是一种**雇佣关系**。正因为有这些关系,菲律宾和西方媒体才得以别有用心地将南海仲裁案"临时仲裁庭"与常设仲裁法院**故意混淆**起来。南海仲裁案"临时仲裁庭"也正是利用这种关系,将其办公文件及裁决结果的发布,署名为"常设仲裁法院"并附有其徽标,借此招摇撞骗,欺骗国际社会,给人一种南海仲裁案"临时仲裁庭"的"裁决"是由"常设仲裁法院"作出的错觉。再加上西方媒体的蓄意炒作,"常设仲裁法院"甚至被人误认为就是这次南海仲裁案的仲裁机构。[41]

至于"国际海洋法法庭",虽是有影响的专门性的海洋法国际司法机构,但它与南海仲裁案"临时仲裁庭"之间也无紧密联系,成立和运作的依据也有差别。"国际海洋法法庭"是依据《公约》设立的独立司法机构,旨在裁判因实施《公约》的解释和适用所引起的争端,设在**德国汉堡**,自 1994 年 11 月 16 日《公约》生效后一直存在,属于常设机构。法庭依照《公约》《国际海洋法法庭规约》和法庭《规则》的各项规定运作。根据《公约》,"法庭的管辖权包括按照本《公约》向其提交的一切争端和申请,和将管辖权授予法庭的任何其他国际协定中具体规定的一切申请",以及"如果同本《公约》所包括的主题事项有关的现行有效条约或公约的所有缔约国同意,则有关这种条约或公约的解释或适用的任何争端,可按照这种协定提交法庭"。[42]

如果说南海仲裁案"临时仲裁庭"与"国际海洋法法庭"有一些关系的话,那就是 2013 年时任"国际海洋法法庭庭长"的日本军国主义鹰犬法官柳井俊二指派了南海

---

[40] See Arbitration Services, PCA-CPA, https://pca-cpa.org/en/services/arbitration-services/. 另参见中华人民共和国驻荷兰王国大使馆:《国际司法机构—常设仲裁法院(PCA)》,中华人民共和国驻荷兰王国大使馆网站, http://nl.china-embassy.org/chn/gjf/t238056.htm。

[41] 参见于向东、崔浩然:《南海仲裁案临时仲裁庭之公正性剖析》,载《东南亚研究》2017 年第 2 期,第 123 页。

[42] 同上书,第 123—124 页。

仲裁案"临时仲裁庭"的部分仲裁员和庭长,但这并不代表"国际海洋法法庭"受理或参与了南海仲裁案。2016年7月15日,"国际海洋法法庭"新闻官本雅明·贝尼尔施克(Benjamin Benirschke)在接受中国新闻社记者采访时表示,"国际海洋法法庭"与南海仲裁案并无关系,"国际海洋法法庭既没有在南海仲裁案件中扮演任何角色,也不会对其他国际性质法院或是法庭所作出的任何裁决发表任何评论。"这种官方表态,澄清了事实,也反映了"国际海洋法法庭"的真实立场。[43]

由上述分析可见,南海仲裁案"临时仲裁庭"并不是一种常设机构,也不是国际上有影响力的、具有权威性的国际仲裁机构,更不是联合国国际法院的一部分。它只是适应菲律宾在南海问题上的非法诉求,在一些西方势力的支持下,所组成的一个临时仲裁机构。它作出的"裁决"既不是联合国国际法院、国际海洋法法庭的裁决,也与联合国没有任何关系。该庭对南海仲裁案的所谓"审理"和"裁决",根本不能代表国际社会广泛承认的国际司法、国际仲裁,其公正性严重缺乏,其所谓"裁决"也只能是无效和没有任何拘束力的。[44]

二、菲律宾南海仲裁案实体裁决:枉法裁断 满纸荒唐

在日本军国主义"法律鹰犬"柳井俊二全盘操持下,南海仲裁案临时仲裁庭于2015年10月29日发布了关于管辖权和可受理性裁决,认定菲律宾所提全部诉求均构成中菲两国关于《公约》解释和适用的争端,裁定对菲律宾部分诉求有管辖权,并对其余诉求的管辖权问题保留至实体阶段一并审理。[45] 中国国际法学会2016年6月10日针对南海仲裁案的管辖权问题发表《菲律宾所提南海仲裁案仲裁庭的裁决没有法律效力》一文。该文对南海仲裁庭的管辖权进行了全面的批驳,认为中国对南海诸岛及其附近海域拥有无可争辩的主权。中菲两国在南海的争议,核心是由于菲律宾非法侵占中国南沙群岛部分岛礁而引发的领土主权问题,以及有关海

---

[43] 参见于向东、崔浩然:《南海仲裁案临时仲裁庭之公正性剖析》,载《东南亚研究》2017年第2期,第124页。
[44] 同上。
[45] See PCA Case N° 2013-19, Award on Jurisdiction and Admissibility of the South China Sea Arbitration Before an Arbitral Tribunal Constituted Under Annex VII to the 1982 United Nations Convention on the Law of the Sea Between the Republic of the Philippines and the People's Republic of China, 29 October 2015, https://pcacases.com/web/sendAttach/1506. 另参见中国国际法学会:《菲律宾所提南海仲裁案仲裁庭的裁决没有法律效力》(2016年6月10日),法律出版社2016年版,第1页。

洋划界问题。这也正是菲律宾所提南海仲裁案的本质之所在。[46] 该裁决至少存在六大谬误:第一,错误地认定菲律宾所提诉求构成中菲两国有关《公约》解释或适用的争端;第二,错误地对不属于《公约》调整而本质上属于陆地领土主权问题的事项确定管辖权;第三,错误地对已被中国排除适用强制程序的有关海域划界的事项确定管辖权;第四,错误地否定中菲两国存在通过谈判解决相关争端的协议;第五,错误地认定菲律宾就所提仲裁事项的争端解决方式履行了"交换意见"的义务;第六,背离了《公约》争端解决机制的目的和宗旨,损害了《公约》的完整性和权威性。[47]

中国法学会因此认为,仲裁庭对菲律宾所提诉求确立管辖权是完全错误的。仲裁庭越权管辖已超出《公约》所赋予的职权范围,仲裁庭罔顾事实,曲解法律,显失公正,违反审慎原则,其所作裁决完全是一项政治性裁决。已有不少中国和外国国际法学者对仲裁庭越权管辖提出质疑。非法行为不产生权利。仲裁庭对于其明显没有管辖权的事项非法确立管辖权,以此为前提所进行的任何程序及其所发表的任何观点,都不具备合法性基础。无论仲裁庭最终就案件实体问题作出何种裁决,当然都不具有任何法律效力。[48]

德国学者 Stefan Talmon 也认为,法庭没有对中国的立场文件、其他官方声明以及学术著作给予适当的关注。将中国对南沙群岛整体的主权主张歪曲成对其中单个岛礁的主权主张,使仲裁庭驳回了中国的异议:争端事实上有关在南海的领土主权。如果仲裁庭考虑到了中国的真实立场,就理应认定本案的真实争端是对南沙群岛的领土主权,并因此认为该临时仲裁庭没有管辖权。[49] 仲裁裁决看来并不公正,它通过推论、假定和歪曲而拥有管辖权;仲裁庭并没有保护不出庭一方(中国)的利益和尊重国际法规则。[50]

中国历来对整个南沙群岛享有领土主权。早在1947年,当时的中国政府发布了标明南海断续线的官方地图。中国政府认为南海是"地缘政治利益区域和中国历史性水域的一部分"。[51] 1958年《中华人民共和国政府关于领海的声明》和1992年《中

---

[46] 参见中国国际法学会:《菲律宾所提南海仲裁案仲裁庭的裁决没有法律效力》(2016年6月10日),法律出版社2016年版,第1页。

[47] 同上。

[48] 同上书,第3页。

[49] See Stefan Talmon, The South China Sea Arbitration: Observations on the Award on Jurisdiction and Admissibility, *Chinese JIL*, Vol. 15, 2016, para. 175.

[50] Ibid., para. 177.

[51] See Stefan Talmon, Bingbing Jia (eds.), *The South China Sea Arbitration: A Chinese Perspective*, Halt Publishing, 2014, p. 50.

华人民共和国领海及毗连区法》均明确规定,中国的领土包括东沙群岛、西沙群岛、中沙群岛和南沙群岛。这里是将南沙群岛作为整体纳入中国陆地领土。南沙群岛包括众多岛礁,其中的岛、礁、滩、沙等作为南沙群岛的组成部分,均属于中国的陆地领土。菲律宾主张,美济礁、仁爱礁和渚碧礁等属于低潮高地,不应被据为领土,这直接挑战中国对南沙群岛的领土主权。仲裁庭如果认可菲律宾的诉求,就等于企图否定中国对南沙群岛作为整体享有的领土主权。[52] 1993年4月13日,中国台湾地区制定"南海政策纲领",其前言中指出:"南沙群岛、西沙群岛、中沙群岛及东沙群岛,无论就历史、地理、国际法及事实,向为我国固有领土之一部分,其主权属于我国。南海历史性水域界线内之海域为我国管辖之海域,我国拥有一切权益。"[53] 2016年7月,中国政府发布白皮书《中国坚持通过谈判解决中国与菲律宾在南海的有关争议》,再次重申,中国人民在南海的活动已有2000多年历史。中国最早发现、命名和开发利用南海诸岛及相关海域,最早并持续、和平、有效地对南海诸岛及相关海域行使主权和管辖。中国对南海诸岛的主权和在南海的相关权益,是在漫长的历史过程中确立的,具有充分的历史依据、法理依据和事实依据。有鉴于此,国际社会对于中国对南海诸岛拥有主权和在南海的相关权益,一向没有争议,包括西方权威图书馆馆藏的大量中外历史典籍的地图,都是无法否认的如山铁证![54]

但是,以菲律宾前总统阿基诺三世为首的菲律宾卖国主义势力却罔顾事实和铁证,一意孤行,勾结和依仗美国霸权主义和日本军国主义势力,单方提起"南海仲裁案"。其所提请求仲裁事项可分成三大类:(1)中国在《公约》规定的权利范围之外,对"九段线"(即中国南海断续线)内的水域、海床和底土所主张的"历史性权利"与《公约》不符;(2)中国依据南海若干岩礁、低潮高地和水下地物提出的200海里甚至更多权利主张与《公约》不符;(3)中国在南海所主张和行使的权利非法干涉菲律宾基于《公约》所享有和行使的主权权利、管辖权以及航行权利和自由。[55] 根据菲律宾这三类请求仲裁事项,本案仲裁庭将实体阶段裁决分成历史性权利问题、岛礁法律地位问题和海洋管辖权争议问题三大类,作出荒唐裁决。兹缕述和剖析如下:

---

[52] 参见中国国际法学会:《菲律宾所提南海仲裁案仲裁庭的裁决没有法律效力》(2016年6月10日),法律出版社2016年版,第17页。

[53] Stefan Talmon, Bingbing Jia (eds.), *The South China Sea Arbitration: A Chinese Perspective*, Halt Publishing, 2014, p.50.

[54] 参见外交部边界与海洋事务司编:《中国应对南海仲裁案文件汇编》,世界知识出版社2016年版。

[55] 中华人民共和国外交部:《中华人民共和国政府关于菲律宾共和国所提南海仲裁案管辖权问题的立场文件》(2014年12月7日),第8段。

(一) 历史性权利问题

在历史性权利问题上,仲裁庭认为,中国对"九段线"内的海域主张权利和管辖权,与菲律宾产生了争议。这一争议涉及三个相关但又不同的问题:

(1)《公约》,尤其是专属经济区和大陆架规则是否保留《公约》生效以前以协议或单边行为的方式确立的,但不符合《公约》规定的生物和非生物权利?

(2)《公约》生效以前,中国在其领海以外的南海海域对生物资源和非生物资源有历史性权利和管辖权吗?

(3)《公约》缔结之后,中国确立了对南海生物和非生物资源的权利和管辖权吗?是否与《公约》相符?[56]

对于第一个问题,仲裁庭认为,《公约》文本明确规定,它全面处理了其他缔约国在专属经济区和大陆架内的全部权利,没有留下可以主张历史性权利的任何空间。[57] 中国对于"断续线"内生物资源和非生物资源所主张的历史性权利,不符合《公约》的规定,因为其超出了中国依据《公约》可以享有的海洋区域的范围。[58] 因此,自中国加入《公约》及《公约》生效以来,中国对于"断续线"内区域生物资源和非生物资源曾经可能享有的任何历史性权利都已被《公约》废止。[59]

对于第二个问题,仲裁庭认为证据显示,无论是菲律宾,还是中国,都在历史上使用过南海中的这些岛屿。这些证据最多只能证明,它们对于这些岛屿主张过历史性权利,但是不能证明中国对于其领海以外的这些水域享有历史性权利。[60] 行使国际法上许可的自由并不会产生历史性权利。在引入《公约》制度之前,国际海洋法律制度只承认宽度很窄的领海,其余广大海域都是公海。在这种海洋制度下,几乎整个南海海域都是公海的一部分。超出其领海界限的南海航行、贸易和捕鱼活动,表示中国是在行使公海上的权利。[61] 因此,在领海之外进行的航行和捕鱼活动,不能构成历史性权利形成的基础。本仲裁庭也无法查明有任何一个证据表明,中国曾经在历史上管理或控制其领海之外的南海海域的捕鱼活动。对海底非生物资源的历史性权利,这在理论上都不可能。《公约》谈判之时,海底采矿只是概念上的,近岸石油开采刚开始,近年来深海区域开采才成为可能。中国海洋石油总公司1982年成

---

[56] Award of 12 July 2016, para. 234.
[57] Award of 12 July 2016, para. 261.
[58] Ibid.
[59] Award of 12 July 2016, para. 262.
[60] Award of 12 July 2016, para. 266.
[61] Award of 12 July 2016, para. 269.

立。对于海底,仲裁庭认为不存在作为历史性权利基础的历史性活动。[62] 因此,仲裁庭认为,中国在 1996 年批准《公约》时,放弃了中国之前曾经享有的在南海上的公海自由。[63]

对于第三个问题,自 1996 年《公约》生效以来的这些年,中国是否取得过与《公约》不相符合的权利和管辖权。[64] 仲裁庭认为,某缔约国要主张与《公约》不相符的权利,须得到其他缔约国的默认,经过足够长的时间后,毫无疑问地能证明,此等权利不仅存在,而且得到其他国家的广泛默认。就中国而言,自《公约》生效以来,历史性权利在中国《专属经济区和大陆架法》中提及过。[65] 其他缔约国并不知道中国历史性权利的性质或范围。直到 2009 年,中国才在照会中说明其对断续线内区域主张历史性权利,但从那一天起,中国的这一主张便遭到其他缔约国的明确反对。因此,中国并没有取得与《公约》不符的权利和管辖权。[66]

(二) 岛礁问题

在岛礁问题上,仲裁裁决的内容可以分成三部分:(1) 岛礁的法律地位;(2) 南沙群岛整体能否主张专属经济区和大陆架;(3) 南沙群岛是否存在能主张专属经济区和大陆架的单个岛礁。

1. 岛礁法律地位

仲裁庭认为,黄岩岛、华阳礁、永暑礁、赤瓜礁、西门礁、南熏礁(北)是高潮地物。东门礁、南熏礁(南)、渚碧礁、美济礁、仁爱礁是低潮高地。东门礁位于西门礁和景宏岛高潮地物 12 海里之内,南熏礁(南)位于南熏礁(北)和鸿庥岛高潮地物 12 海里内,渚碧礁位于中业岛上高潮地物敦谦沙洲 12 海里内。低潮地物是一国的水下陆块,属于领海或大陆架的法律制度内。

关于低潮高地的法律地位,仲裁庭认为,《公约》第 13(2) 条规定,如果低潮高地全部与大陆或岛屿的距离超过领海的宽度,则该高地没有其自己的领海。该款没有明确说明低潮高地不能拥有专属经济区和大陆架。但是《公约》已暗含了这一限制,低潮高地不能拥有领海,自然不能拥有专属经济区和大陆架。《公约》第 121(3) 条也暗示了这一限制。该款规定即使是视为岩礁的高潮地物也不能拥有专属经济区和

---

[62] Award of 12 July 2016, para. 270.
[63] Award of 12 July 2016, para. 271.
[64] Award of 12 July 2016, para. 273.
[65] Award of 12 July 2016, para. 275.
[66] Ibid.

大陆架。[67]

尽管在低潮高地的物理描述中有"陆地"这一术语,但是低潮高地并不是法律意义上一国的陆地领土组成部分。相反它们是一国的水下陆块,属于领海或大陆架的法律制度内。因此,因为不同于陆地领土,仲裁庭同意这一观点:"低潮高地不能被占有,尽管沿海国对位于其领海内的低潮高地有主权是基于沿海国对领海的主权"[68]。

2. 南沙群岛整体能否主张专属经济区和大陆架

仲裁庭提到,其注意到中国主张:"中国以南沙群岛整体主张领海、专属经济区和大陆架。"[69]其认为可以从两个方面理解中国的整体性主张。如果中国认为在需要评估人类居住和经济生活标准的同时,人类可以通过使用相关的海洋地物来维持,仲裁庭同意。仲裁庭意识到岛上的一小群人口常常会利用一群礁石或岩礁来维持其生活。[70]因此法庭并不限于考虑菲律宾在其诉状中提出的地物,而是要求菲律宾提供南沙群岛中所有重要高潮高地的详细信息。[71]

但是,仲裁庭不赞同中国主张南沙群岛能划群岛或直线基线,并能以南沙群岛整体主张海域区域。群岛直线基线的适用应严格按照《公约》的规定进行。《公约》第47(1)条将群岛直线基线的适用限于"群岛国"。第46条将"群岛国"界定为"全部由一个或多个群岛构成的国家,并可包括其他岛屿"[72]。中国主要由亚洲大陆的领土构成,并不符合群岛国的定义。《公约》第47条将群岛基线的使用限于"这种基线应包括主要的岛屿和一个区域,在该区域内,水域面积和包括环礁在内的陆地面积的比例应在1∶1至9∶1间"。在任何可以想象的划南沙群岛基线系统中,南沙群岛的水陆比大大超过了9∶1。[73]

《公约》第7条规定了沿海国使用直线基线的某些情形。仲裁庭注意到一些国家在其远洋群岛中使用直线基线产生类似群岛基线的效果。在仲裁庭看来,南沙群岛采用直线基线违反了《公约》。《公约》第7条规定直线基线适用于"在海岸线极为曲折的地方,或者如果紧接海岸有一系列岛屿。"远洋群岛并不属于这类情形。尽管《公约》没有明确排除直线基线在其他情形中的使用,但是仲裁庭认为《公约》第7条直线基线和第46、47条群岛基线不适用于其他情形,尤其是不符合群岛基线标准的

---

[67] Award of 12 July 2016, para. 308.
[68] Award of 12 July 2016, para. 309.
[69] Award of 12 July 2016, para. 571.
[70] Award of 12 July 2016, para. 572.
[71] Ibid.
[72] Award of 12 July 2016, para. 573.
[73] Ibid.

远洋群岛。对第7条和第47条的任何其他解释将使这两条规定的条件无意义。[74] 尽管存在一些国家的相反实践,但是仲裁庭认为这些背离这一规则的实践并不表明,背离《公约》的行为已经成为了新习惯国际法规则。[75]

3. 南沙群岛中的单个岛礁是否能主张专属经济区和大陆架

南沙群岛中的单个岛礁能否主张专属经济区和大陆架,与《公约》第121(3)条的解释密切相关。《公约》第121(3)条是"不能维持人类居住或其本身的经济生活的岩礁,不应有专属经济区或大陆架"。

仲裁庭认为,根据第121(3)条的文本、上下文、目的与宗旨及起草历史,[76]在确定地物的法律地位时,应当根据地物的自然能力,不考虑旨在增加其维持人类居住或其本身经济生活能力的外来添加或修改。[77]该条中的措辞"人类居住"应当理解为,是一个稳定的人类群体居住在该地物之上,该地物就是他们的家之所在。这样的人类群体不一定人口众多,在一个遥远的环状珊瑚岛上,仅有少数个人或者少数家庭,就足以认定为"人类居住"。[78]

"其本身的经济生活"应当围绕该地物本身进行,而不是仅仅关注于其周围领海内的海域或海底。经济生活完全依赖于外部资源,或者目的在于将地物作为资源消耗活动的客体而与当地人民无关的。[79]

该款是一个转折句,因此其能力既可以是维持人类居住的能力,也可以是维持其本身经济生活的能力。无论哪种能力,都足以使该地物有资格成为一个高潮地物,从而拥有专属经济区和大陆架。[80]海洋地物维持人类居住或其本身经济生活的能力,须依据客观标准,而不是该地物是否现在、曾经有人类居住,或者是人类居所或有经济生活。[81]在评估地物维持人类居住或其本身经济生活的能力时,必须个案进行。《公约》起草者们审查过若干特定的测试标准,但都予以拒绝,其目的就在于维护第121(3)条规定的一般性规则。

但是,仲裁庭认为,构成一个地物自然能力的主要因素是可以识别的。这些主要因素包括是否存在淡水、食物和住所,其数量是否足够到使一群人可以在此地物上进行不确定期间的生活。这些因素还包括一些必须考虑到的事实。这些事实会

---

[74] Award of 12 July 2016, para. 575.
[75] Award of 12 July 2016, para. 576.
[76] Award of 12 July 2016, para. 539.
[77] Award of 12 July 2016, para. 542.
[78] Award of 12 July 2016, para. 541.
[79] Award of 12 July 2016, para. 543.
[80] Award of 12 July 2016, para. 544.
[81] Award of 12 July 2016, para. 545.

影响到地物之上的居住条件和对于经济生活的开发,包括主流气候状况、该地物与其他人类居住地区和其他人群的距离远近、该地物之上及周围维持生计的潜在可能性。虽然这些因素对于维持人类居住及经济生活具有一定的作用和重要性,但其作用和重要性也因个案而有所不同。面积微小、不能居住的地物可能明显不适合居住。[82] 在评估地物的此等能力时,应当适当顾及一组小岛地物集体维持人类居住或经济生活的能力。只要这些岛屿从整体上成为一个网络的一部分,可以维持人类居住,符合争议地物之上人民的传统生活方式,本仲裁庭不会认为,多个岛屿以这种方式所起的作用可以等同于外部供应。[83]

仲裁庭没有发现太平岛曾经从岛外进口过土壤的证据,因而认为,这些证据最有可能地反映了太平岛在自然状况下维持人类居住或其本身经济生活的能力。但是,太平岛上进行此等耕作的能力是有限的,其本身的农业并不足以维持一定规模的人口生存。南沙群岛中其他地物的此等能力更加有限,在它们之上进行具有重大意义的耕作,其难度远远超过在比它们面积更大、蔬菜更多的太平岛和中业岛这两个地物上进行的耕作。[84]

仲裁庭认为太平岛、中业岛、西月岛、南威岛、北子岛、南子岛不属于《公约》第121(3)条能维持人类居住或本身经济生活的岛屿。南沙群岛其他不重要的高潮地物亦是,没有单独列出的必要。[85] 仲裁庭认为南沙群岛中没有高潮地物能维持人类居住或其本身的经济生活,根据《公约》第121(3)条的规定,此类地物不能有专属经济区或大陆架。[86]

(三) 海洋管辖权争议问题

海洋管辖权争议问题主要由仲裁庭针对菲律宾第8—14项仲裁事项的裁决内容构成,涉及中国干涉菲律宾的海洋管辖权、菲律宾渔民在黄岩岛的传统捕鱼权、海洋环境的保护和保全以及航行安全等。

1. 中国干涉菲律宾行使海洋管辖权问题

菲律宾在第8项请求提出,中国非法地妨碍了菲律宾享有和行使其对专属经济区和大陆架的生物和非生物资源的主权权利。本案仲裁庭认为这一事项有关中国

---

[82] Award of 12 July 2016, para. 546.
[83] Award of 12 July 2016, para. 547.
[84] Award of 12 July 2016, para. 596.
[85] Award of 12 July 2016, paras. 622, 625.
[86] Award of 12 July 2016, para. 626.

的行为干涉菲律宾在其专属经济区内石油开采、地震带调查（seismic surveys）和捕鱼。[87] 仲裁庭看来，中菲双方有关生物和非生物资源的争端在于双方对各自在断续线内菲律宾海岸200海里范围内享有的南海海域的分歧。很明显，双方认为各自对此区域资源享有专属权利，并因此行事。[88] 仲裁庭认为，相关海域构成菲律宾的专属经济区和大陆架，仅有菲律宾对其中资源享有专属权利。[89] 在非生物资源的行为方面，中国海监船在礼乐滩阻碍 M/V Veritas Voyager 并要求其离开，违反了《公约》第77条，该条赋予菲律宾对礼乐滩海域大陆架的权利。[90] 在对生物资源的干涉方面，中国2012年禁渔令意图适用于北纬12度以北的菲律宾专属经济区，且不限于中国船舶，对菲律宾渔民带来破坏后果。中国2012年禁渔令违反了《公约》第56条，该条赋予菲律宾对其专属经济区内生物资源的权利。[91] 菲律宾没有证据表明中国政府阻止菲律宾渔民在美济礁和仁爱礁捕鱼。[92] 但是，仲裁庭认为这些事件没有发生不表明中国的行为不会导致阻止菲渔民去美济礁和仁爱礁捕鱼的后果。仲裁庭可以想象中国执法船舶的存在会导致菲渔民避开这些区域。但是，仲裁庭不准备基此作出违反公约的决定。[93]

因此，仲裁庭认为，中国海监船在2011年3月1—2日阻止 M/V Veritas Voyager 违反了《公约》第77条。中国2012年禁渔令违反《公约》第56条。[94]

2. 中国违反船旗国勤勉义务的问题

第9项请求有关菲律宾指控中国未阻止其公民及船舶开发菲律宾专属经济区内的生物资源的行为非法。仲裁庭认为，菲律宾这一仲裁事项有关美济礁和仁爱礁。[95] 美济礁和仁爱礁位于菲律宾专属经济区内，菲律宾对这一区域内的资源享有主权权利，中国渔民在这些岩礁的捕鱼活动受菲律宾专属经济区渔业法规制。[96] 仲裁庭认为中国渔民在美济礁和仁爱礁活动的记录仅限菲律宾海军2013年5月的报告。其中，在仁爱礁最重要的证据，是菲律宾在一定距离观察到的中国渔船的活动，并且中国政府船没有试图执行其规则或限制中国渔船的活动。[97] 仲裁庭认为，中国

---

[87] Award of 12 July 2016, para. 690.
[88] Award of 12 July 2016, para. 696.
[89] Ibid.
[90] Award of 12 July 2016, para. 708.
[91] Award of 12 July 2016, para. 712.
[92] Award of 12 July 2016, para. 714.
[93] Award of 12 July 2016, para. 715.
[94] Award of 12 July 2016, para. 716.
[95] Award of 12 July 2016, para. 718.
[96] Award of 12 July 2016, para. 735.
[97] Award of 12 July 2016, para. 745.

通过其海监船容忍和没有适当勤勉阻止中国渔船2013年5月在美济礁、仁爱礁捕鱼,没有适当顾及菲律宾在其专属经济区的主权权利,违反了《公约》第58(3)条的义务。即,未尽船旗国勤勉义务。[98]

3. 黄岩岛传统捕鱼权问题

菲律宾第10项请求指控中国非法地阻止菲律宾渔民在黄岩岛寻求生计的传统捕鱼活动。该项仲裁事项的事实是2012年后中国政府船舶在黄岩岛海域,并干涉菲律宾渔民靠近这一地物的行为。[99] 仲裁庭认为,黄岩岛领海是菲律宾、越南和中国渔民的传统渔场。[100] 传统捕鱼独立于主权问题。[101]

菲律宾一方面主张,中国在领海外的历史性权利因为《公约》的通过和习惯国际法中的专属经济区概念而消失。另一方面,菲主张其在黄岩岛的传统捕鱼权必须受保护,即使中国对这一地物享有主权。[102] 但是仲裁庭认为这两个观点中不存在矛盾,而是反映了专属经济区创设的特定情形。[103] 在《公约》中的专属经济区制度采用之后,仲裁庭不认为《公约》起草者意图让传统或手工捕鱼权在引进专属经济区制度后继续存在。[104] 在领海中,《公约》继续保留大部分已经存在的法律制度。《公约》的创新是通过12海里领海宽度,不是发展其内容。该案仲裁庭看不出《公约》的通过意图改变领海中的既得权利,与专属经济区不同的是,领海中的传统捕鱼权仍然受国际法保护。该案仲裁庭同样注意到大多数传统捕鱼发生在临近海岸的地方。[105]

2012年5月后,中国政府船只阻止菲律宾渔民在黄岩岛捕鱼。菲律宾提供的证据表明,菲律宾渔民在黄岩岛入口处受到中国船舶的物理阻拦并被中国船舶用水枪驱赶。中国政府船只的行为属于中国官方行为,这些行为的后果可归属于中国。[106] 2012年5月中国阻止菲律宾渔民在黄岩岛捕鱼的行为,没有尊重保护菲律宾渔民传统捕鱼权的国际法。[107]

4. 海洋环境保护和保全问题

菲律宾第11项请求指控中国在黄岩岛、仁爱礁、华阳礁、永暑礁、南薰礁、赤瓜礁、东门礁和渚碧礁违反了《公约》中保护和保全海洋环境的义务;12(b)项指控中国

---

[98] Award of 12 July 2016, para. 757.
[99] Award of 12 July 2016, para. 760.
[100] Award of 12 July 2016, para. 761.
[101] Award of 12 July 2016, para. 793.
[102] Award of 12 July 2016, para. 800.
[103] Award of 12 July 2016, para. 801.
[104] Award of 12 July 2016, para. 803.
[105] Ibid.
[106] Award of 12 July 2016, para. 810.
[107] Award of 12 July 2016, para. 812.

对美济礁的占领和建造活动违反了《公约》中保护和保全海洋环境的义务。

仲裁庭认为,菲律宾指控中国环境损害违法行为为两类:有害捕鱼实践和有害建造活动。[108] 仲裁庭认为中国容忍和保护中国渔船在黄岩岛、仁爱礁和南沙其他地物采捕濒危物种,违反了《公约》第192条和194(5)条。[109] 中国在7个海洋地物上的建造活动对海洋环境导致了灾难性和长期的损害。中国违反了《公约》第192条、194(1)条、194(5)条。[110] 没有证据证明中国试图与其他南海沿岸国合作或协调,中国没有履行《公约》第197、123条要求合作的义务。[111] 中国亦未尽《公约》第206条环境影响评估的义务。[112]

5. 中国对美济礁占领和建造活动的非法性问题

菲律宾第12(a)、(c)项请求指控中国对美济礁的占领和建造活动:(a)违反了《公约》关于人工岛屿、设施和结构的规定;(c)构成违反《公约》规定的试图据为己有的违法行为。

仲裁庭认为,美济礁是低潮高地,位于菲律宾专属经济区内,因而是其专属经济区和大陆架的一部分。美济礁不位于中国所主张地物能产生的海域范围内。[113] 根据《公约》第60条,只有菲律宾有权建造或授权建造。[114] 中国在美济礁上的建造活动,使美济礁成了人工岛。中国未获得菲律宾的许可建造人工岛,违反了《公约》第60条规定。[115]

对于菲律宾第12(b)项指控,法庭认为美济礁不能被占有,美济礁不是法律意义上的陆地领土,是一国水下陆块的组成部分,受大陆架法律制度的约束。低潮高地不同于陆地领土,不能被占有。[116] 中国在没有菲律宾授权的情况下,在美济礁上建造人工岛和设施,违反了《公约》第60和80条有关菲律宾在专属经济区和大陆架上的主权权利。低潮高地不能被占有。[117]

6. 中国政府船危险航行问题

菲律宾第13项请求指控中国危险地操作其执法船给在黄岩岛附近航行的菲律宾船造成严重碰撞危险的行为,违反了中国在《公约》下的义务。

---

[108] Award of 12 July 2016, para. 817.
[109] Award of 12 July 2016, paras. 992-993.
[110] Award of 12 July 2016, para. 983.
[111] Award of 12 July 2016, para. 986.
[112] Award of 12 July 2016, para. 990.
[113] Award of 12 July 2016, para. 1030.
[114] Award of 12 July 2016, para. 1036.
[115] Award of 12 July 2016, paras. 1037-1038.
[116] Award of 12 July 2016, para. 1041.
[117] Award of 12 July 2016, para. 1043.

仲裁庭认为《公约》第94条使《国际海上避碰规则》并入公约，一并约束中国。《国际海上避碰规则》作为确保海上安全必要措施的"普遍接受的国际规则"，违反该规则，构成违反《公约》本身。[118] 仲裁庭考虑了菲律宾提交的 Allen 报告和 2016 年 4 月 15 日 Gurpreet S. Singhota 船长的报告。[119] Gurpreet S. Singhota 认为中国违反了《国际海上避碰规则》第 2、6、8、15 和 16 条。[120] 因此，仲裁庭认为中国在黄岩岛领海的执法船舶，对菲律宾船舶和人员造成了严重的碰撞危机和危险。中国违反了《国际海上避碰规则》第 2、6、8、15 和 16 条，并因此违反了《公约》第 94 条。[121]

7. 菲律宾第 14 项请求

该事项指控自从 2013 年 1 月仲裁开始，中国非法地加剧并扩大了争端，包括：

(a) 妨碍菲律宾在仁爱礁海域及其附近海域的航行权利；

(b) 阻止菲律宾在仁爱礁驻扎人员的轮换和补给；

(c) 危害菲律宾在仁爱礁驻扎人员的健康和福利；以及

(d) 在美济礁、华阳礁、永暑礁、南薰礁、赤瓜礁、东门礁和渚碧礁从事挖沙填海和人工岛屿的建造和建设活动。

仲裁庭驳回了菲律宾 14(a)—(c)项请求，但是认可了菲律宾 14(d)项请求，认为，在争端解决过程中，该争端的当事方有义务防止该争端的加剧和扩大。中国(a)在位于菲律宾专属经济区内的低潮高地美济礁建设了大规模的人工岛屿；(b)对珊瑚礁生态系统造成了永久的、不可恢复的破坏以及(c)永久性地消灭了关于相关岛礁自然状态的证据。中国违反了在争端解决过程中争端当事方防止争端的加剧和扩大的义务。[122]

三、菲律宾南海仲裁案裁决对中国的严重不利影响

菲律宾南海仲裁案对中国的严重不利影响如下：

1. 对南海诸岛主权的严重不利影响

中国自古对南海诸岛有不可置疑的主权。仲裁庭裁决中国南沙群岛组成部分

---

[118] Award of 12 July 2016, para. 1083.
[119] Award of 12 July 2016, para. 1084.
[120] Award of 12 July 2016, para. 1085.
[121] Award of 12 July 2016, paras. 1108-1109.
[122] 参见《南海仲裁案（菲律宾共和国 v. 中华人民共和国）新闻稿》，http://www.pcacases.com/web/sendAttach/1803。

的美济礁、仁爱礁是菲律宾专属经济区和大陆架的一部分。这实质上是否认了中国对南沙群岛的主权,甚至是对西沙群岛的主权。中国南沙群岛、西沙群岛和中沙群岛中的低潮高地及水下地物要么属于距离其200海里范围内的沿海国,要么属于国际海底,要么属于沿海国的外大陆架。

2. 对南海诸岛所能主张海洋区域的严重不利影响

根据仲裁裁决,中国不能以南沙群岛整体或其中的任一岛礁主张专属经济区和大陆架。中国所能主张的海域范围,仅限南沙群岛内高潮高地的12海里领海和黄岩岛12海里领海。然而,南沙群岛中大部分高潮高地被南海周边国家侵占,中国所能实际控制的海域范围仅限太平岛、赤瓜礁、华阳礁、永暑礁、南薰礁(北)和西门礁12海里范围,美济礁500米安全带以及中沙黄岩岛12海里范围。

3. 对我国在南海历史性权利主张的严重不利影响

仲裁庭否决中国在南海的历史性权利的主张,中国不能在南海中主张任何历史性权利。

4. 对海洋管辖权方面的严重不利影响

(1) 中国不能阻止菲律宾以及其他国家的渔民在黄岩岛及其领海捕鱼的传统权利,越菲在黄岩岛领海捕鱼有了法律依据。越南会进一步加大对西沙群岛的侵渔力度,以保证其在西沙群岛的历史性捕鱼权。

(2) 中国不能干涉越南在万安滩、菲律宾在礼乐滩的油气勘探开采活动,因为这些区域属于越南或菲律宾的专属经济区和大陆架。

(3) 加大了中国在黄岩岛上的岛礁建设难度。仲裁庭认为中国的岛礁建设行为不只对海洋环境造成了不可逆转的损害,而且加剧了争端,违反了与南海沿岸国进行合作的义务和《公约》第206条中的环境影响评估义务。可以预见的是,只要黄岩岛一旦进行岛礁建设行为,必然会遭到越菲等国以及国际社会违反了保护海洋环境义务的指控。

(4) 中国不得干涉菲律宾在仁爱礁的轮岗补给及菲律宾渔民在仁爱礁的捕鱼行为。

(5) 中国与菲、越的后续南海权益斗争恐将进一步复杂化。仲裁裁决赋予了菲律宾对美济礁的主权权利。菲律宾有可能在中菲关系恶化时,要求中国拆除设施、支付环境损害费和使用费。此外,越南亦不仅能主张渚碧礁、南薰礁(南)和东门礁分别为其所占敦谦沙洲、鸿庥岛、景宏岛的领海基点,[123]而且能主张西沙群岛中位于其海岸200海里内的低潮高地和水下地物为其专属经济区和大陆架的一部分。

(6) 南海断续线内海域为我国一直主张的传统渔场,中国与菲律宾、印度尼西

---

[123] 南海仲裁案仲裁庭裁决南薰礁(南)位于南薰礁(北)和越占鸿庥岛高潮高地12海里重叠海域内,东门礁位于西门礁和越占景宏岛高潮高地12海里重叠海域内。

亚、马来西亚等南海周边邻国的渔业纠纷恐将进一步增加。仲裁庭否认了中国渔民在南海的历史性捕鱼权,认为中国所能主张的海域范围仅限南沙群岛中的高潮高地和黄岩岛所享有的12海里范围,南海断续线内位于菲律宾、马来西亚和印尼海岸200海里范围内的水域分别属于菲律宾、马来西亚和印度尼西亚的专属经济区和大陆架。我国渔民不得在这些传统渔场捕鱼。

四、菲律宾南海仲裁案仲裁裁决的悖谬与流毒

(一) 越权裁决了南沙群岛的主权问题

仲裁庭在裁决中多次提及中国和菲律宾的有关证据有关南沙群岛和黄岩岛的主权。比如:

裁决第264段:中国在公开声明、外交照会及《立场文件》中一再声称它对南沙群岛和黄岩岛拥有主权。中国认为,从历史上看,它的国民就在南海进行航行和贸易,中国渔民在南沙群岛进行居住、工作和生活。对此,中国渔民世代传承下来的更路簿等都有明确记载。这些证据可以让仲裁庭有依据处理对于南沙群岛和黄岩岛的主权问题。不过,本仲裁庭没有获得这样的授权。[124]

第265段:证据显示,无论是菲律宾,还是中国,都在历史上使用过南海中的这些岛屿。这些证据最多只能证明,它们对于这些岛屿主张历史性权利。

第267段:由于本仲裁庭并不处理主权问题,因而对那些证明中菲两国任何一方在历史上曾经使用过这些岛屿的证据,本仲裁庭并不感兴趣。

《公约》并不涉及领土主权,仲裁庭不能处理领土主权争端,仅能解决《公约》解释和适用的问题。这一点在前述裁决第264、267段得到了体现。但是,仲裁庭不能处理南沙群岛和黄岩岛的主权问题,并不能表明仲裁庭可以绕过主权问题,从而实质裁决南沙群岛的主权问题。中国加入《公约》并未放弃对南沙群岛的主权,仲裁庭在未处理南沙群岛主权的情况下,裁决南沙群岛组成部分的美济礁、仁爱礁是菲律宾专属经济区或大陆架的一部分,实质上是否认了中国对南沙群岛的主权。仲裁庭在绕过直接处理主权问题的情况下,对南沙群岛的主权归属作出裁决,仲裁庭此种裁决的公正性和合法性就荡然无存了,其违法性即**枉法裁断**就极其彰明昭著了!

因为,菲律宾所提诉求与中菲领土主权问题密不可分,处理这些诉求,依据现行

---

[124] Award of 12 July 2016, para. 264.

的国际法基本准则和国际实践惯例,必须先行判定南海部分岛礁的领土主权归属。依据国际法上的"陆地统治海洋"原则(1969 年北海大陆架案判决第 96 段,1978 年爱琴海大陆架案判决第 86 段),陆地领土主权是海洋权利的基础和前提。联合国国际法院指出,"海洋权利源自沿海国对陆地的领土主权"(2001 年卡塔尔—巴林案判决第 185 段)且"陆地领土状况是确定沿海国海洋权利的出发点"(2001 年卡塔尔—巴林案判决第 185 段,2007 年尼加拉瓜—洪都拉斯案判决第 113 段)。《公约》框架下的海洋权利必须以陆地领土主权为基础。《公约》在序言中开宗明义地指出,"认识到有需要通过本《公约》,**在妥为顾及所有国家主权的情形下**,为海洋建立一种法律秩序"。如果在领土主权问题尚未解决的情形下处理海洋权利问题,就无法做到妥为顾及相关国家主权。因此,先行判定国家领土主权是依据《公约》确定沿海国海洋权利的前提。[125] 否则,就必然是极其彰明昭著的**枉法裁断!!**

(二) 部分证据存在真实性和证明力的问题

证据是证明案件事实的依据。《公约》附件 7 第 9 条提及,仲裁法庭在作出裁决前,必须不但查明对该争端确有管辖权,而且查明所提要求在事实上和法律上均确有根据。但是仲裁庭采纳的部分证据存在真实性和证明力的问题。

其中存在真实性问题的典型证据包括:

第一,针对菲律宾第 11 项和第 12(b)项,仲裁庭在 2016 年 7 月 12 日裁决中提及,"最近的证据也表明中国渔民大规模捕捞濒危玳瑁。这些中国渔民被菲律宾逮捕,遭致了中国的抗议。"[126] "最近的证据"是指 2015 年 12 月 15 日 BBC 新闻《为什么中国渔民毁坏南海珊瑚礁》[127] 和 2014 年 11 月 25 日外交部发言人华春莹在例行记者会上的发言。[128] 这两个证据均指向 2014 年 5 月"琼琼海 09063 号"渔船案,但是

---

[125] 参见中国国际法学会:《菲律宾所提南海仲裁案仲裁庭的裁决没有法律效力》(2016 年 6 月 10 日),法律出版社 2016 年版,第 10 页。

[126] Award of 12 July 2016, para. 952 and footnote 1135.

[127] See R. Wingfield-Hayes, Why Are Chinese Fishermen Destroying Coral Reefs in the South China Sea, BBC (15 December 2015), www.bbc.com/news/magazine-35106631 (Annex 862). 相关内容是:2015 年 12 月 15 日 BBC 新闻《为什么中国渔民毁坏南海珊瑚礁》提到:"2014 年 5 月,来自潭门的一艘渔船被菲律宾警察在半月礁扣押。菲律宾警察在潭门渔船上发现了 500 头玳瑁,其中大部分已经死亡。菲律宾一个法院判处 9 名中国偷渔者一年监禁。北京非常愤怒。其外交部要求立即释放被判刑的中国偷鱼者,并指控菲律宾在中国南沙群岛水域非法扣押中国渔船及渔民严重侵犯了中国主权。"

[128] See Ministry of Foreign Affairs of People's Republic of China, Foreign Ministry Spokesperson Hua Chunying's Regular Press Conference (25 November 2014), www.fmprc.gov.cn/mfa_eng/xwfw_665399/s2510_665401/2511_665403/t1214543.shtml. 相关内容是:针对"菲律宾地方法院以'非法捕捞海龟'为由判决 9 名中国渔民每人缴纳 10 余万美元罚款"这一非法行使管辖权的行为,中国外交部发言人华春莹指出,中国对南沙群岛及其附近海域拥有无可争辩的主权,菲律宾方面在中国南沙群岛海域非法抓扣中国渔船渔民并作出所谓"司法判决",严重侵犯了中国主权和管辖权。中方对此坚决反对,要求菲方立即无条件释放中国渔船和渔民。

这一事件并不能表明中国渔民大规模捕捞海龟。

"琼琼海09063号"渔船上的海龟并非中国渔民自己捕捞,而是从菲律宾人或者其他国家的渔民处收购的。菲律宾国内媒体对这一事件的报道如下:菲律宾GMA新闻网5月8日称,菲律宾海警8日称在接到当地渔船向外国渔船倒卖珍稀海龟的情报后锁定了被认为是可疑船只的"琼琼海09063号"。[129] 菲律宾巴拉望持续发展委员曾公开承认,存在一个由外国买家和国内供应者组成的"供求体系",即菲律宾人负责捕捉濒危的海龟,然后以每只1.5万至3万比绍的价格,大批量卖给中国人。《菲律宾每日问询者报》11日援引军官的话称,中国船只不想靠近巴拉望海岸,他们更喜欢在半月礁与供应商会面。[130]

事实上,"琼琼海09063号"渔船也不可能在短短数天内捕捞500多只海龟。"琼琼海09063号"渔船4月中旬离开潭门渔港赴南沙,出海时没有携带捕捞海龟的大网等工具,4月29日到达半月礁。从4月29日到达半月礁海域到5月6日被菲律宾非法扣押有6天多时间。半月礁一带不是海龟的聚集区域,没有携带捕捞工具的"琼琼海09063号"难以在6天多的时间内捕捞到500多只海龟。[131] 可见,无论是菲律宾国内媒体的报道,还是从事实上考量,"琼琼海09063号"渔船均无法在短时间内捕捞500多只海龟。有关2014年5月半月礁事件的信息,互联网上有详尽的报道,但是仲裁庭并没有尽到查明半月礁事件这一事实的义务,错误认定中国渔民大规模捕捞海龟。

第二,针对菲律宾第10项请求,仲裁庭认为,虽然有几个国家对黄岩岛主张主权,但有证据显示,黄岩岛周围水域业已持续成为渔民们的传统捕鱼场。[132] 历史上的地图证据显示,在黄岩岛与菲律宾本土之间存在着某种联系。菲律宾在1734年制作的一幅地图上,包括了黄岩岛。[133] 这一地图是1734年西班牙佩德罗·穆里略·维拉德的《菲律宾群岛水道与地理图》。其出处是2014年3月19日 Antonio Remiro Brotóns 所撰 Spain in the Philippines (16th—19th Centuries) 一文第16页、24页的地图。[134]

此图1734年在马尼拉出版,作者是西班牙耶稣会士佩德罗·穆里略·维拉德(Pedro Murillo Velarde)。在这幅地图中提到两位西班牙人,一位是绘图者弗朗西斯科·苏亚雷斯(Francisco Suarez),一位是地图镌刻者尼古拉斯·克鲁斯·巴盖伊

---

[129] 参见《菲方:抓扣中国渔民系怀疑其倒卖海龟 否认开火》,http://www.kankanews.com/a/2014-05-09/0014727235.shtml。

[130] 参见《中国渔民拒绝菲方审讯坚称在中国海域捕捞》,http://news.sina.com.cn/c/2014-05-13/025830121196.shtml。

[131] 参见《外媒:菲方当面拒绝中方所提释放渔民要求》,http://news.163.com/14/0513/01/9S3CPJ5V00014AED.html;《被菲扣押中方船员家属质疑捕海龟说法 或是栽赃》,http://news.takungpao.com/mainland/focus/2014-05/2469834_3.html。

[132] See Award of 12 July 2016, para. 761.

[133] See Award of 12 July 2016, para. 762.

[134] See Award of 12 July 2016, note 775.

(Nicolas dela Cruz Bagay)。这幅地图被认为是所有菲律宾地图的母本。菲律宾网站认为这是一张最早出现"Panacot"浅滩的地图,在菲律宾语中"Panacot"一词是威胁或危险的意思,并将"Panacot"浅滩误认为中国的黄岩岛。[135] 当1734至1744年西班牙人绘制这两幅菲律宾地图时,英国的商船斯卡伯勒号(Scarborough)尚未在黄岩岛出事,菲律宾人和西班牙人还不清楚黄岩岛的存在和位置,否则英国商船不会因偏离航路而触礁。1734年《菲律宾群岛水道与地理图》、1744年《菲律宾群岛地图》显示的Panacot岛礁,不仅形状与黄岩岛的形状不一致,而且位置也不一样。所以,仅凭1734年这幅地图来说明黄岩岛属于菲律宾是不足为据的,其观点并不能成立。[136] 黄岩岛被正确地画在欧洲人绘制的地图上,是基于1748年一艘属于英国东印度公司的商船斯卡伯勒号在黄岩岛触礁沉没,为了纪念此次事故,黄岩岛被英国人命名为"Scarborough Shoal"或"Scarboro",即水位下落时可见的沙洲或浅滩。[137]

其中,存在证明力问题的典型证据,如:

在针对菲律宾第11项和第12(b)项请求的事实背景部分,仲裁庭提到"在南海,海洋洋流和海洋物种和生物圈一起,在不同生态系统之间创建了高度的互联性。这意味着,发生在黄岩岛和南沙群岛上的任何环境损害,其影响都不会只局限于邻近海域,而是会影响到南海其他地方生态系统的健康状态及生存能力。"仲裁庭用Carpenter第一份报告的第8页,[138] 第二份报告的第3页[139]、第26—27页[140] 和

---

[135] 参见李孝聪:《从古地图看黄岩岛的归属——对菲律宾2014年地图展的反驳》,载《南京大学学报(哲学·人文科学)》2015年第4期,第76—87页。

[136] 同上。

[137] 同上。

[138] Carpenter第一份报告第8页对高度互联性的解释如下:珊瑚礁生态系统的物种,和大多数海洋动植物一样,以成体或幼体的形式随着洋流流动。南海东部的表层洋流受控于季风的变化,东部的海水不断流入太平洋。太平洋的海水随着北部赤道洋流进入南海北部。北部赤道洋流从东往西穿过整个太平洋,进入吕宋北部和台湾岛之间的海域。来自太平洋的表层水流,穿过南海和菲律宾进入印度尼西亚水域,最终流入印度洋。这创建了来自南沙群岛和黄岩岛的海洋生物进入菲律宾群岛内海的关联。See Professor Kent E. Carpenter, Eastern South China Sea Environmental Disturbances and Irresponsible Fishing Practices and Their Effects on Coral Reefs and Fisheries (22 March 2014), p. 8.

[139] Carpenter第二份报告的第3页说明第一份报告强调了南海不同生态系统的互联性。这是由季风驱动的洋流带来海水循环所维持的,并由太平洋和印度洋海水流出和流入交换影响的。互联性以通过提供幼体补充南海内外其他生态系统的方式使南沙群岛生态系统在南海中非常重要。2014年Carpenter报告也表明互联性意味着这些岩礁的任何环境损害会减少母体数目,降低幼体的丰富度,减少位于洋流下游方向岩礁的补充潜能,并影响其生存能力。See Professors Kent E. Carpenter and Loke Ming Chou, Environmental Consequences of Land Reclamation Activities on Various Reefs in the South China Sea, 14 November 2015, Annex 699 of South China Sea Arbitration, p. 3.

[140] Carpenter第二份报告的第26—27页提及,南沙群岛岩礁是高度互联的,并在维持和补充生物多样性方面有重要作用。建模模拟表明这一岩礁群是珊瑚三角洲基因多样性的重要上游来源,因为来自南沙群岛的幼体通过洋流穿过南海中部到达吕宋和巴拉望的西部海岸,并进入菲律宾海。南沙群岛很可能是菲律宾巴拉望岩礁和南海大多数孤立岩礁石珊瑚Acropora millepora幼体的重要来源。这一物种幼体的连通性是可能穿过南海并进入珊瑚三角洲的。在像这样的岩礁系统,即使一个岩礁的损失或退化造成南沙群岛所有岩礁,以及南海其他岩礁整体互联性的缺口。See Professors Kent E. Carpenter and Loke Ming Chou, Environmental Consequences of Land Reclamation Activities on Various Reefs in the South China Sea, 14 November 2015, Annex 699 of South China Sea Arbitration, pp. 26-27.

Ferse 报告的第 37—39 页[141]来支持"高度互联性"。

但是 Ferse 报告明确指出有关南海"高度互联性"的研究资料极其缺乏,[142]"高度互联性"问题不仅存在高度不确定性而且无法确定互联的程度。根据仲裁庭所援引的专家报告,南海存在互联性。这种互联性是由洋流和海洋生物圈两个要素创建的。但是,创建"互联性"的海洋物种生物圈在互联性方面存在不确定性,[143]并且无法确定此种互联对维持渔业或生物多样性的重要性[144]及互联的程度。[145]"发生在黄岩岛和南沙群岛上的任何环境损害"是否会影响"南海其他地方生态系统的健康状态及生存能力"并不清楚。仲裁庭在此基础上,错误类推"发生在黄岩岛和南沙群岛上的任何环境损害,其影响不限于直接受影响区域,而且会影响到南海其他地方生态系统的健康状态及生存能力"。**此种错误类推几近主观武断和随便臆断,岂能取信于天下?!**

(三) 仲裁庭在岛礁法律地位问题上的谬误

菲律宾所提第二类仲裁请求指控中国依据南海若干岩礁、低潮高地和水下地物

---

[141] Ferse 报告的第 37—39 页提到,两个研究确定了南沙群岛和更广泛热带西太平洋区域、以及南海群岛岩礁之间的互联性模式。研究结果表明:1. 南沙群岛是菲律宾西部沿海珊瑚礁幼体的重要来源,远达苏禄群岛;2. 苏禄群岛的幼体几乎不到南海;3 在南沙群岛中西部珊瑚礁(中国所建七连礁位于这一区域)是幼体来源珊瑚礁最少的,因此是对破坏最少修复的(are thus least resilient to perturbations)。See Sebastian C. A. Ferse, Peter Mumby and Selina Ward, Assessment of the Potential Environmental Consequences of Construction Activities on Seven Reefs in the Spratly Islands in the South China Sea, pp. 37-39.

[142] See Sebastian C. A. Ferse, Peter Mumby and Selina Ward, Assessment of the Potential Environmental Consequences of Construction Activities on Seven Reefs in the Spratly Islands in the South China Sea, p. 37. (Conclusions regarding the broader impacts of construction activities on the seven reefs are limited by the paucity of scientific field studies on connectivity in the Spratly Islands).

[143] 专家研究报告在创建"互联性"的海洋物种生物圈方面使用了 likely、possible、may、potential 等不确定性质的措辞,表明南海海洋物种生物圈互联性的不确定性。Carpenter 第二份报告中提到:"The Spratlys are **likely** an important source of larvae of the hard coral Acropora millepora for the Philippine's Palawan reefs as well as South China Sea's most isolated reefs and larval connectivity of this species is **possible** throughout the South China Sea and into the Coral Triangle."。Ferse 报告提到:"the Spratly Islands do indeed have the **potential** to be an important source of fish larvae to the Philippines and vice-versa","while larvae **may** indeed reach the Philippines","This is particularly **likely** to be true given the heavily over-exploited nature of fisheries resources in the Philippines"。See Sebastian C. A. Ferse, Peter Mumby and Selina Ward, Assessment of the Potential Environmental Consequences of Construction Activities on Seven Reefs in the Spratly Islands in the South China Sea, p. 37.

[144] Ferse 报告第 37 页提到:However, while larvae may indeed reach the Philippines, **this does not necessarily imply that such connections are important for maintaining fisheries or biodiversity**. A more pertinent question is whether larval supply to reefs of the main Philippine islands contains an ecologically important component from the Spratly Islands. For example, if the Spratly Islands only comprised 1% of all the larvae arriving in the Philippines it is doubtful that this would be ecologically important.

[145] Ferse 报告第 37 页提到:**It is not possible to provide a specific figure on the strength of these links** but inspection of the results suggest that the **potential** for larval dispersal is about equal in both directions, depending on the seasons.

提出的200海里甚至更多权利主张与《公约》不符。中国并非依据南海若干岩礁、低潮高地和水下地物提出的200海里甚至更多权利，相反，中国依据南沙群岛整体主张领海、专属经济区和大陆架。对于岛礁法律地位问题，涉及群岛的整体性、能主张专属经济区和大陆架的"岛屿"的判断标准、低潮高地的法律地位三个方面。

1. 远洋群岛的整体性问题

在远洋群岛的整体性问题上，《公约》并未排除大陆国家远洋群岛类似适用群岛国制度，仅仅是遗留了这一问题。《公约》未对大陆国家远洋群岛作出规定，也未规定远洋群岛的基线问题。在第三次联合国海洋法会议期间，加拿大、智利、冰岛、印度、印尼、毛里求斯、墨西哥、新西兰和挪威等9个国家在1974年举行的第二次会议上提出群岛制度应扩及大陆国家远洋群岛。《公约》最终未写入上述条款。《公约》仅规定了群岛国制度，没有规定大陆国家远洋群岛问题。新加坡国际法学者达文波特（Tara Davenport）认为："《公约》在有关远洋群岛问题上留下一个空白"，"因为国际社会没有准备解决远洋群岛问题，它是被《公约》有意省略的"。根据《公约》，有关远洋群岛制度属于"公约未予规定事项"。[146]

虽然仲裁庭认为"大陆国家对远洋群岛采用直线基线做法"未成为国际习惯法，但是这些实践在促成这方面规则发展方面有较大作用。当今世界已经有挪威、法国、厄瓜多尔、印度、丹麦、西班牙、葡萄牙、英国、加拿大、阿根廷等10多个国家正式采用直线基线并且构建了远洋群岛法律制度。大陆国家在远洋群岛采用直接基线的做法在《公约》通过之前就已经存在。《公约》通过之后，丹麦、阿根廷、法国、印度、葡萄牙、英国、加拿大、阿根廷等至少8个国家对远洋群岛采用直线基线或改进先前的直线基线设置。上述国家设定直线基线的法令均向联合国秘书处进行了登记，其中的大部分法令还由《联合国海洋法公报》进行了公布。上述国家在远洋群岛设定直线基线以后，除了美国以外，几乎没有国家公开反对。此外，现行的国际条约包括《公约》均未禁止大陆国家在远洋群岛设定直线基线。因此从法理上分析，大陆国家构建远洋群岛法律制度的实践在较大程度上具备了构成国际习惯法的"物质要素"和"心理要素"，属于正在形成中的国际习惯法，其本质上构成了重要的国际惯例。因此，仲裁庭在解释《公约》第7、47条时，没有考虑到构建大陆国家远洋群岛制度的做法正在成为习惯国际法的重要事实，即没有考虑《公约》当事国重要的嗣后惯例，因而不符合该约文的通常含义。[147]

---

[146] 参见马新民：《菲律宾南海仲裁案裁决程序问题评析》，载《吉林大学社会科学学报》2017年第2期，第12页。

[147] 参见王勇：《论南海仲裁案仲裁庭对于〈联合国海洋法公约〉解释权的滥用》，载《国际观察》2017年第2期，第111—112页。

2. 能主张专属经济区和大陆架"岛屿"的判断问题

《公约》第121(3)条规定"不能维持人类居住或其本身的经济生活的岩礁,不应有专属经济区或大陆架"。在第三次联合国海洋法会议上,受制于各国的严重分歧,《公约》有关岛屿的规定只有一条,并且是两种对立观点妥协的产物,天生具有模糊性。日本、希腊、法国、委内瑞拉、英国、巴西、葡萄牙、伊朗、厄瓜多尔和澳大利亚等国反对将岛礁进行分类处理,要求给予所有类型的岛礁同样的海洋权利;而多米尼加、新加坡、德国、苏联、阿尔及利亚、韩国、丹麦、蒙古、土耳其和哥伦比亚等国则要求对岛礁进行分类,给予不同类型的岛礁不同的海洋权利。最终,两类国家达成妥协,形成了《公约》第121(3)条,但对其中关键术语的含义并未澄清,从而给各国留下了解释的空间。[148]

菲律宾所聘请的专家证人斯科菲尔德教授在其2012年所写文章《南海争端中的岛礁争议和石油因素》中,认为对《公约》第121(3)条可以作完全对立的解释。因该条款以措辞模糊著称,国际法院或法庭在既往的国际司法与仲裁实践中均有意避开直接解释与适用该条款。[149] 包括仲裁案中菲方专家证人在内的众多国际法学者均认为,仅基于文本而建立起对《公约》第121条的确切解释,已经被贴上了"几乎不可能"的标签。[150]

有学者认为,仲裁庭在阐释《联合国海洋法公约》第121(3)条含义时具有强烈的主观倾向,通过推定意图为缔约国创设权利和义务,偏离了"有疑从轻"解释和演变性解释的合理化路径,以"释法"之名行"立法"之实,悖离了条约解释的目的。[151]

此外,本案仲裁庭对《公约》第121(3)条作出解释,认为对一个岛礁的权利主张取决于:(a)该岛礁的客观承载力;(b)在自然状态下,是否能够维持;(c)一个稳定的人类社群或者;(d)不依赖外来资源或纯采掘业的经济活动。按照这样的说法,当今世界上的很多国家和地区都不能算作岛屿,如新加坡和马尔代夫等。仲裁庭对《公约》的解释已经背离了《公约》的宗旨和目的。[152] 这种解释,罔顾和无视当今国际现存事实,其闭目塞听,主观武断,徒贻天下笑柄!

---

[148] 参见姚莹:《岛礁法律地位的解释问题研究——以"南海仲裁案"的实体裁决为中心》,载《法商研究》2017年第3期,第184页。

[149] 同上。

[150] 参见马金星:《南海仲裁案裁决中有关岛礁法律地位问题的评介》,载《国际法研究》2017年第1期,第63页。

[151] 同上,第74页。

[152] 参见欧阳玉靖:《南海仲裁案的应对及启示》,载《边界与海洋研究》2017年第1期,第7页。

3. 低潮高地法律地位问题

仲裁庭通过《公约》第 13(2)条、第 121(3)条推断低潮高地不能被占有，领海之外的低潮高地不能主张领海、专属经济区和大陆架。但是，《公约》并未有条款明确提及低潮高地是专属经济区和大陆架的一部分，仲裁庭的推断也仅能说明领海外的低潮高地不能主张领海、专属经济区和大陆架，这不能说明领海外的低潮高地就是大陆架或专属经济区的一部分，尤其是作为群岛组成部分的低潮高地。仲裁庭需要区分大陆架或专属经济区上的单独低潮高地和作为群岛组成部分的低潮高地。后者是领土主权问题，而不应该简单地用《公约》来解决。

菲律宾在《公约》生效后的前两年也一直认为美济礁是领土。这表明《公约》缔约国在缔约之时并未认为美济礁等低潮高地是专属经济区和大陆架的一部分。菲律宾所提供的证据表明，在 1998 年 11 月之前，菲律宾一直认为美济礁是其本国领土的一部分，中国在美济礁上建造设施侵犯了菲律宾主权。之后，菲律宾才开始转变立场，认为美济礁是其专属经济区和大陆架的一部分。这些证据包括：

（1）2004 年卡拉延岛群事件年代表（Armed Forces of the Philippines, Chronology of Events in the Kalayaan Island Group）。该证据第 2 页提及中国侵入菲律宾的领水（territorial waters）。[153]

（2）1995 年 2 月 6 日菲律宾外交部副部长致中国驻马尼拉大使的备忘录（Memorandum from the Undersecretary of Foreign Affairs of the Republic of the Philippines to the Ambassador of the People's Republic of China in Manila）。该备忘录明确提及美济礁是菲律宾领土的一部分（Panganiban Reef is part of Philippine territory）。中国船舶和人员出现在这一区域侵犯了菲律宾的主权，违反了国际法规则。这进一步证实了菲律宾认为美济礁属于领土。[154]

（3）1998 年 11 月 9 日菲律宾驻北京大使致菲律宾外交部的第 ZPE-77-98-S 号备忘录（Memorandum from Ambassador of the Republic of Philippines in Beijing to the Secretary of Foreign Affairs of the Republic of the Philippines, No. ZPE-77-98-S）。菲律宾驻京大使在这一文件中称美济礁是菲律宾领土的一部分。[155]

（4）1998 年 11 月 11 日菲律宾外交部政策副部长 Lauro L. Baja 致所有菲律宾大

---

[153] See Armed Forces of the Philippines, Chronology of Events in the Kalayaan Island Group (2004), MP, Vol. III, Annex 53.

[154] See Memorandum from the Undersecretary of Foreign Affairs of the Republic of the Philippines to the Ambassador of the People's Republic of China in Manila (6 Feb. 1995), MP, Vol. III, Annex 17.

[155] See Memorandum from Ambassador of the Republic of Philippines in Beijing to the Secretary of Foreign Affairs of the Republic of the Philippines, No. ZPE-77-98-S (9 Nov. 1998), MP, Vol. III, Annex 34.

使的备忘录（Memorandum from Lauro L. Baja, Jr., Undersecretary for Policy, Department of Foreign Affairs, Republic of the Philippines to all Philippine Embassies）。该备忘录坚称美济礁是菲律宾领土的一部分，中国占领美济礁是非法的。[156]

（四）仲裁庭解释《公约》条款随心所欲

一方面，在国际条约数量日益增多以及条约实践日益复杂的背景下，条约解释权的重要作用也日益凸显。另一方面，国际社会尚缺乏有效规制仲裁庭滥用条约解释权的国际法手段，该权力极易被滥用。目前国际法上仅《维也纳条约法公约》对于仲裁庭如何正确行使条约解释权有原则性的规定，但是该公约没有规定对于滥用条约解释权的制裁手段以及对于受害方的救济手段，习惯国际法也没有此项规定。[157]

在有关海洋环境的仲裁事项中，仲裁庭在提出"第 192 条的内容由《公约》第 11 部分的其他条款和其他可适用的国际法规则所补充"观点时，并未提供得出这一观点的国际法依据。另外，《联合国海洋法公约评论》对这一问题的看法，与仲裁庭的观点截然相反。该评论指出，《公约》本身清晰表明，第 192 条的义务常受《公约》规定的具体权利和义务制约。[158] 即使《公约》第 194、195 和 196 条采用"应当（shall）"命令式的措辞，但是这些条款可能的义务范围是有限的，不是绝对的。《公约》第 12 部分规定了一系列的法律原则，没有对国家规定具体的义务或赋予具体的权利（quantifiable rights）。[159] 本案仲裁庭将《公约》第 192 条的义务绝对化，并将受《公约》规定的具体权利和义务制约，扩及《公约》之外的其他可适用的国际环境法规则制约。仲裁庭的宽泛解释背离了缔约国意图。

（五）对历史性权利和传统捕鱼权的歪曲解释

在历史性权利和传统捕鱼权方面，学者 Sophia Kopela 认为仲裁庭在论证历史性权利和《公约》关系、在对传统捕鱼权的定性和论证上存在问题。包括：

第一，仲裁庭结合《公约》第 311 条和第 293(1) 条认为，《公约》第 10 条和第 15 条

---

[156] See Memorandum from Lauro L. Baja, Jr., Undersecretary for Policy, Department of Foreign Affairs, Republic of the Philippines to all Philippine Embassies (11 November 1998), MP, Vol. III, Annex 35.

[157] 参见王勇：《论南海仲裁案仲裁庭对于〈联合国海洋法公约〉解释权的滥用》，载于《国际观察》，2017 年第 2 期第 112 页。

[158] See M. Nordquist, et. al., eds., United Nations Convention on the Law of the Sea 1982: A Commentary, Vol. 4 (2002), para. 192.11(c), p. 43.

[159] See M. Nordquist, et. al., eds., United Nations Convention on the Law of the Sea 1982: A Commentary, Vol. 4 (2002), para. 192.1, p. 36. It is clear from the Convention as a whole, that the obligation of article 192 is always subject to the specific rights and duties laid down in the Convention.

明确允许或保存的或者与《公约》相容的在先权利可以继续存在。仲裁庭的这一结论存在若干方面的问题。仲裁庭在解释为什么规定"《公约》与其他公约和国际协定关系"的第 311 条可以类推适用于"《公约》与作为习惯国际法规则的历史性权利之间",没有进行论证。类似的,并不清楚为什么仲裁庭认为有关同一事项先后所订条约的《维也纳条约法公约》第 30(3)条可以适用。此外,《公约》第 293 条有关争端解决和准据法,并非有关《公约》和包括历史性权利在内的其他国际法规则的关系。它们之间的关系一直避免在国际文件中提及,并由习惯国际法和一般解释规则规定。尽管可以说条约之间的关系可以适用于条约与习惯的关系,但这并非意味着《维也纳条约法公约》明确管理条约之间的相关条款和《公约》有关其与其他协定关系的条款也能适用于《公约》与习惯国际法或在先权利的关系。《公约》中唯一有关《公约》与习惯国际法关系的条款是序言中的"本公约未予规定的事项,应继续以一般国际法的规则和原则为准据",仲裁庭并没有援引。《公约》没有明确的条款禁止保存历史性权利或使其无效。历史性权利,是基于特别制度建立的,并因此视为特别法,不能被取代。[160]

第二,仲裁庭认为私权属于个人和其社区,但不是国家。然而其援引的 Eritrea/Yemen 仲裁案对既得权(recognized rights)的性质却是相当不清楚。在 Eritrea/Yemen 仲裁案中,仲裁庭所指的是累积下来的支持双方的"某些历史性权利",暗示这些权利属于国家,接着提及"这一权利赋予两国的渔民从事手工捕鱼"。在这一海洋划界裁决中,法庭指出西方的法律拟制(western legal fiction)不适用,包括其中的法律权利,甚至是个人所拥有的那些权利。这些权利可以被视为是属于为国民利益服务的国家和国民的混合权利。[161]

第三,南海仲裁案仲裁庭没有非常清楚地鉴别传统/手工捕鱼权。这些权利通常与当地人民维持生计的权利相关,并且其实施与社区的传统和习惯有关。法庭似乎依靠领海中没有关于历史性/传统捕鱼权的条款,其并没有解释为什么国家在其实施主权的区域接受或者已经接受这样的限制,并且这些区域对其经济和安全非常重要,而不是在远离海岸的实施主权权利的海洋区域。这一主张也和仲裁庭提出的历史性权利由于缺乏明确的条款保护相矛盾,而且也与公约不相容。《公约》第 2(3)

---

[160] See Sophia Kopela, Historic Titles and Historic Rights in the Law of the Sea in the Light of the South China Sea Arbitration, *Ocean Development & International Law*, Vol. 48, No. 2, 2017, p. 184. 在这点上,曲波持相同的观点。参见曲波:《论南海仲裁案历史性权利实体裁决的瑕疵》,载《吉林大学社会科学学报》2017 年第 2 期,第 38 页。

[161] See Sophia Kopela, Historic Titles and Historic Rights in the Law of the Sea in the Light of the South China Sea Arbitration, *Ocean Development & International Law*, Vol. 48, No. 2, 2017, p. 193.

条和《公约》缺乏这样的明确条款并不能支持仲裁庭这一主张。《公约》第2(3)条的基本原理是确保一国在符合国际法的情况下最大可能地行使主权,而并非根据沿海国单边需求行使。此外,《公约》第58(2)条清晰规定"其他与本部分相容的相关国际法适用于专属经济区"。历史性/传统捕鱼权,尤其是南海仲裁庭承认的个人权利,在领海和专属经济区的区别并不存在可信的理由。这些权利的存在和关联应该在各海洋区域情况的基础下考察,并能肯定其存在。[162]

第四,仲裁庭看不出《公约》的通过意图改变领海中的既得权利并得出,与专属经济区不同的是,领海中的传统捕鱼权仍然受国际法保护。仲裁庭同样注意到,大多数传统捕鱼发生在临近海岸的地方。[163]黄岩岛距离菲律宾苏比克港约126海里,南北仅有几块岩礁露出水面,人类目前无法居住。以传统捕鱼权发生在临近海岸的地方并不符合实际,这个海岸应该从巴拉望海岸起算。

五、本案仲裁裁决作出后中国南海面临的国际形势:有利不利并存 虎狼环伺未已

仲裁裁决作出后中国面临的国际形势大体上有利。但同时也面临各种不确定的不利因素。

从有利方面看,第一,2016年菲律宾新任总统杜特尔特上台后,中菲关系得到极大改善。2016年10月杜特尔特访华,中菲两国签署13项双边合作文件并发表了《中菲联合声明》,重申通过友好磋商和谈判,以和平方式解决在南海的争议。中菲两国友好关系全面恢复。中国所面临的南海仲裁案仲裁裁决承认与执行的压力骤减。第二,俄罗斯、巴基斯坦、捷克、匈牙利、黑山、埃塞俄比亚等许多国家公开表态,明确支持中方在南海问题上的有关立场。只有美国、日本、菲律宾和越南等少数国家支持仲裁裁决。第三,不少国际组织也发表公告或声明,撇清与南海仲裁案仲裁庭或其裁决的关系,联合国、联合国国际法院、国际海洋法法庭等都相继澄清"南海仲裁案"与其无关,公开与该仲裁庭及其裁决切割。[164]

虽然形势大体有利,但是仍存在不容忽视的不利情况。第一,中菲关系改善并

---

[162] See Sophia Kopela, Historic Titles and Historic Rights in the Law of the Sea in the Light of the South China Sea Arbitration, *Ocean Development & International Law*, Vol. 48, No. 2, 2017, pp. 195-196.

[163] Award of 12 July 2016, para. 803.

[164] 参见马新民:《菲律宾南海仲裁案裁决程序问题评析》,载《吉林大学社会科学学报》2017年第2期,第6页。

非"一劳永逸",从此"高枕无忧"。当前两国关系改善并不意味着菲律宾会视"南海仲裁裁决"为"一张废纸"。2016年7月28日,杜特尔特曾称:感谢前任总统即阿基诺三世为菲律宾赢得一张王牌。[165] 杜特尔特在8月24日塔奈视察菲律宾陆军第二步兵师时发表讲话称,"即使我们现在不提海牙仲裁庭裁决问题,但是我们总会就此算账"。"如果领土遭到侵犯,那么我们会不惜流血牺牲。我们绝不屈服。"[166] 现实表明,南海仲裁裁决是菲律宾与中国进行谈判,索取经济利益的凭仗和可用"王牌",杜特尔特会利用这一有利裁决,向中国政府索取更多的利益。现在只是暂时搁置仲裁裁决,菲律宾政府最终仍会要求中国落实这一裁决。关键的问题是菲律宾什么时候要求中国落实这一裁决。如果中国给予菲律宾足够优渥的经济利益且维持南海目前的现状,这一时间会无限延后。如果菲律宾的经济要求不能得到满足,且认为受到领土安全"威胁",则不排除会出现新的可能性:菲律宾很快会借助美国等国际邪恶势力抗衡中国,进一步蚕食中国南海诸岛疆土,损害中国主权和核心权益。[167]

第二,日本军国主义邪恶势力觊觎挑拨未减。"南海仲裁裁决"作出后,中国对南海诸岛的主权和海洋权益受到极大挑战。2017年1月,日本军国主义首相安倍晋三接连访问菲律宾、澳大利亚和印度尼西亚等国家,所到之处均都主动提及南海问题,并含沙射影,暗指中国为挑动南海争端的始作俑者,甚至提出要联合上述国家来共同应对未来可能出现的"南海危机"。[168]

第三,美国霸权主义邪恶势力公开挑衅和侵犯未减反增。2017年5月25日,美国海军"杜威"号导弹驱逐舰(DDG-105)进入了中国南沙群岛美济礁12海里范围内,进行所谓"自由航行"行动。"杜威"号不仅进入了中国美济礁的12海里内,还在那里逗留了一个半小时,并开展了救生训练。[169] 五角大楼发言人、海军上校杰夫·戴维斯宣称,美军的航行行动"依据国际法",并表示"我们每天都在亚太地区开展行动,包括南海"。[170] 8月10日,美军"麦凯恩"号导弹驱逐舰未经中国政府允许,擅自进入中国南沙群岛有关岛礁邻近海域,进行所谓"航行自由行动"。[171]

---

[165] 参见《杜特尔特称感谢阿基诺赢得仲裁赢得了一张王牌》,http://mil.news.sina.com.cn/china/2016-07-29/doc-ifxunyya2726031.shtml。

[166] 张程:《美媒:菲总统涉华表态前后不一 高调回应南海仲裁》,http://www.cankaoxiaoxi.com/world/20160826/1282300.shtml。

[167] See Jiang Wei, Pragmatist Duterte Puts Country First, *Global Times*, 2016/10/23, p. 15.

[168] 参见康霖:《2017年会出现"南海危机"吗?》,http://opinion.huanqiu.com/plrd/2017-01/9973395.html。

[169] 《美媒曝美国军舰驶近美济礁细节:逗留超1小时搞训练》,http://mil.news.sina.com.cn/china/2017-05-29/doc-ifyfqqyh8914152.shtml。

[170] 参见萧达、李珍、辛斌、青木:《美军舰擅自驶近美济礁》,http://www.fx361.com/page/2017/0526/1800659.shtml。

[171] 参见外交部:《外交部发言人耿爽就美国军舰擅自进入中国南沙群岛有关岛礁邻近海域答记者问》,http://www.fmprc.gov.cn/web/fyrbt_673021/t1483938.shtml。

第四,美日澳印"四角菱形"围堵态势隐隐成型。2017年8月,美国、日本和澳大利亚召开三方战略对话部长会议,并发表了联合声明。其中有关南海的段落提到:部长们号召中国和菲律宾遵守南海仲裁案仲裁裁决。因为这一裁决是最终和有法律约束力的。[172] 虽然特朗普总统上任后不久宣布,结束前任总统奥巴马确立的"亚太再平衡战略",[173] 但是,他接着提出了"印太战略"。"印太"这一覆盖了整个亚太地区,穿过印度洋,直达中东和非洲的广袤地域,是世界经济增长中心。2017年11月5日,特朗普总统飞抵日本东京的横田美军基地,随即向近2000名驻日美军官兵和部分日本自卫队队员发表演讲。特朗普第一次向外界描述了他的"印太战略"构想:"印度洋—太平洋地区许多国家的繁荣,得益于美国现役军人和我们的盟友所作出的牺牲,还将得益于你们一如既往的牺牲。"[174] 早在特朗普访问亚洲之前,美国高官已经围绕这一概念进行了高调的外交活动。10月18日,美国国务卿蒂勒森在美国战略与国际研究所(CSIS)的演讲中,首先提出"自由而开放的印太"这一概念,透露了未来以美国、印度、日本、澳大利亚四国为首的本地区安全架构。[175] 2017年11月初,澳大利亚加入美国、印度和日本,重启"四方安全对话"(Quadrilateral Security Dialogue,简称quad)。[176] 2017年11月23日,澳大利亚发表十几年来的第一份外交政策白皮书,建议堪培拉在该地区发挥更积极的作用,并对北京的"领土野心"采取更加强硬的立场。该报告批评北京在南海的岛屿建设工程达到了"前所未有的速度",称澳大利亚反对建造军事用途的"人工结构"。报告还对东海和台湾海峡可能会动用的武力或强制手段表示关切,并呼吁有关方面保持克制。报告还警告说,如果没有美国在该地区的积极参与,那么权力可能会更快地转移,从而损害澳大利亚的利益。澳大利亚总理马尔科姆·特恩布尔(Malcolm Turnbull)在发表这份文件时含沙射影,表示:"我们绝不同意强权即公理";强调:面对海上争端引发的紧张关系,澳大利亚应加强与美国的联盟,以应对中国在印度洋—太平洋地区不断增长的势力。[177]

第五,美国霸权主义邪恶势力支持"台独"分裂中国之心不死。美国参、众两院

---

[172] See A Year After Losing Arbitration, China Wins Control of South China Sea, http://www.atinitonews.com/2017/08/a-year-after-losing-arbitration-china-wins-control-of-south-china-sea/.

[173] 参见张家栋:《特朗普口中的"印太"只是一个概念,而且还面临五大尴尬》,http://news.163.com/17/1118/07/D3GQP4M2000187VE.html。

[174]《特朗普的印太战略前景如何 都有哪些国家参与》,http://mil.news.sina.com.cn/2017-11-16/doc-ifynvxeh5073294.shtml。

[175] 参见《特朗普口中的"印太"只是一个概念,而且还面临五大尴尬》,http://news.163.com/17/1118/07/D3GQP4M2000187VE.html。

[176] 参见《澳大利亚发布外交白皮书 警告中国威胁》,http://www.ftchinese.com/story/001075197?print=y。

[177] 同上。

"2018财政年度国防授权法案"报告指出,国会认为美方应考量美台军舰重新相互停靠的"适当性与可行性",以及应邀请台湾军队参加"红旗"军演等。[178] 中国驻美公使李克新12月8日在华盛顿对此公开表示,他已告诉美国国会友人,"美国军舰抵达高雄之日,就是我解放军武力统一台湾之时"。[179] 但是,特朗普对于李克新公开提出的严重警告,公开蔑视,置若罔闻,我行我素,12月12日,特朗普迅即签署了《2018财政年度国防授权法案》。[180]

第六,南海仲裁案在后续的国际司法案件被援引,流毒待清。在2016年10月"东帝汶与澳大利亚调解案"中,南海仲裁案被援引,用于解释《公约》第281条。这一调解案决定的第50段提到:《公约》第281条被认为是对《公约》第15部分项下法庭或仲裁庭管辖权的一项可能阻碍。[181] 第55段提到《公约》第281条被《公约》第15部分项下的法庭或仲裁庭在众多场合考虑。正如东帝汶指出,南海仲裁案仲裁庭适用第281条并分析该条中与程序有关的各种法律文件。[182] 在2015年11月国际海洋法法庭第25号"巴拿马诉意大利案"中,意大利在2016年9月22日的庭审中提到,《公约》为不同的海洋区域规定了不同的制度,新近"菲律宾诉中国案"附件7项下仲裁庭所作裁决强调了这一点。[183] 尽管《公约》第296(2)条规定这种裁判仅在争端各方间和对该特定争端具有拘束力,但是根据《国际法院规约》第38条的规定,司法判例是证明国际法规则的辅助手段。在某些情况下,司法判决被视为国际法状态的权威依据。"辅助手段"的实际意义不可小觑。一系列连贯的判决自然会对国际法产生重大影响。[184] 菲律宾南海仲裁案仲裁裁决中的某个或某部分内容如果被后续案例一再援引,构成前后一致的多次实践,那么,不仅这些案例中前后一致的内容会成为国际法规则,而且被援引裁决的"权威性"和"公信力"也会得到极大的提高。

---

[178] 参见《中国驻美公使:美军舰抵达高雄之日就是我军武统之时》,http://mil.news.sina.com.cn/2017-12-10/doc-ifypnqvn2381431.shtml。

[179] 同上。

[180] President Donald J. Trump Will Make the American Military Great Again,https://www.whitehouse.gov/briefings-statements/president-donald-j-trump-will-make-american-military-great/。另参见《特朗普签了! 2018美国防授权法纳入评估台美军舰互停》,http://news.ifeng.com/a/20171213/54126733_0.shtml。

[181] See Conciliation between The Democratic Republic of Timor-Leste and The Commonwealth of Australia, Decision on Australia's Objections to Competence in the Conciliation between Timor-Leste and Australia, PCA Case N° 2016-10, para. 50, https://pcacases.com/web/sendAttach/1921.

[182] Decision on Australia's Objections to Competence in the Conciliation Between Timor-Leste and Australia, PCA Case N° 2016-10, para. 55, https://pcacases.com/web/sendAttach/1921.

[183] The M/V "Norstar" Case Preliminary Objections (Panama v. Italy), Public sitting held on Thursday, 22 September 2016, at 10 a.m. ITLOS/PV.16/C25/5/Rev.1, p. 6.

[184] 参见〔英〕伊恩·布朗利:《国际公法原理》,曾令良、余敏友等译,法律出版社2007年版,第12页。

六、结论:忧患意识 居危思危 肃清流毒 任重道远 玉帛干戈 两手并重 增强国力 自求多福

中国对南海诸岛拥有不可置疑的主权。南海仲裁案的裁决存在明显的枉法裁断,导致公正缺失沦丧。南海仲裁案的裁决对中国对南海诸岛的主权和海洋权益产生了极为严重的不利影响。在南海仲裁案裁决作出后,中菲关系的改善和国际社会大部分成员对中国的支持,国际形势大体有利,但是也存在不少不利因素。南海仲裁案在后续的国际司法案件中一再被援引,使该案仲裁庭作出的部分规则很可能在将来成为国际法规则。在现实层面,美国以"行使航行自由"为名,不断进入中国南沙群岛美济礁等12海里范围内,构成对中国领土主权和海洋权益的挑战和威胁。美日澳要求落实南海仲裁裁决和诬蔑中国之叫嚣不绝于耳,围堵侵害中国核心权益之图谋接二连三。有鉴于此,南海仲裁案丑剧虽然暂时告一段落,但是防止仲裁裁决中的内容成为国际法规则,保护中国对南海诸岛的主权和海洋权益,对南海仲裁案加强研究、揭露和批判,仍是今后中国国际法学界责无旁贷的重点任务和正义担当。一言以蔽之,邪恶强霸,觊觎未减,肃清流毒,任重道远。居危知危,亟宜警惕!玉帛干戈,两手并重。[185] 增强国力,自求多福,方能立于不败之地!

最后,让我们再次大声疾呼:中国南海疆土,卧榻之旁,岂容强霸鼾睡?不许邪恶肆虐!

---

[185] 关于中国领导人"玉帛干戈,两手并重"这一战略思想的传承与坚持,参见本书第一编第 15 章"六论中国在构建 NIEO 中的战略定位:聚焦评析中国在'金砖国家'崛起十年中的引领作用以及'守法'与'变法'理念的碰撞",第十部分,"如何全面完整准确地理解习近平治国理政导世的理念体系?"另参见《中央军委举行 2018 年开训动员大会,习近平向全军发布训令》,http://www.xinhuanet.com/politics/201801/03/c_1122206083.htm。

第24章　金鸡报春，聆听龙吟，辨析鹰嚣
——学习习近平近期讲话的点滴感悟*

▶▶ 内容提要

2017农历鸡年伊始，以习近平主席在达沃斯经济论坛上的演讲为开端，中国以自身的态度和行动为低迷的世界经济指明了方向，"龙吟声声"引发了全球关注。中国开放、包容、负责任的大国形象得到了一致好评。在大洋彼岸的美国，特朗普政府却在不遗余力"抹黑"中国，"鹰嚣阵阵"：在政治上频频挑衅中国的主权底线，对"一个中国"原则阳奉阴违；推出了"印太战略"，在军事上利用印度与台湾"围堵"中国；在贸易领域，针对中国的单边主义与保护主义措施愈演愈烈。在此复杂背景下，中国在争取建立友好大国关系的同时，应当不忘强军兴军备战，认真充分作好"两手准备"。

▶▶ 目　次

一、中国智慧为世界经济走出困境涤荡雾霾
　　（一）针砭时弊：不是经济全球化的错
　　（二）共同合作，同舟共济
　　（三）中国以新形象参与全球的建设和发展
二、美国总统换届引发全球关注，"鹰派"言论甚嚣尘上
　　（一）对华舆论歪曲造势，"鹰派"人士占据内阁重要位置
　　（二）美国利益至上，"中国威胁"谬论变本加厉
　　（三）在台湾问题上言行不一，危害中国主权
　　（四）贸易领域单边主义故态复萌

---

* 本文由陈安与翟雨萌合作撰写。翟雨萌是国家重点学科厦门大学国际法学科2016级博士生。

三、力争建立友好大国关系,时刻不忘强军兴军备战
    (一)超越分歧,走向共赢
    (二)警惕遭遇挑衅,不忘强军兴军
    (三)主权不容侵犯,《反分裂国家法》是红线
四、简短的结论:报晓金鸡甫去,骏犬接踵奔来,新年全球何往,谜底尚待揭开!

    近年来,在逆全球化、保护主义盛行的背景下,国际社会面对的危机逐渐凸显。面对诸多问题,中国国家主席习近平的达沃斯演讲,揭开了2017农历鸡年国际舞台上中国之声的序幕。随后中国在国际、国内舞台上的表现,更是逐步印证了中国积极提倡友好合作应对危机、维护多边机制的决心和行动,得到了世界的高度关注和广泛好评。在"中国智慧""中国方案"受到高度赞誉的同时,美国新任总统唐纳德·特朗普(Donald Trump)及"鹰派"人士对中国的态度,颇为扑朔迷离,变幻莫测,口头上"敦睦邦交",行动上"两面三刀":一方面在外交上时不时释放一些"友好"信号,另一方面却在中国周边的东海、南海、台海、印太问题上,处心积虑地围堵、遏制、侵犯中国疆土,小动作频频,使臭名昭著的杜勒斯"战争边缘"政策[1]的幽灵重现,在上述地区徘徊,随时可能"擦枪走火"!

    本文回顾和梳理2017年以来中国在国际舞台上言行一致的"大事件",学习习近平同志的讲话,分析在复杂的国际局势中,中国如何贡献自身的智慧,"龙吟之声"如何振聋发聩。同时,概述"特朗普时代"特朗普本人及美国"鹰派"人士的言论和行为,分析未来中美关系的发展前景和中国的必要应对。

一、中国智慧为世界经济走出困境涤荡雾霾

    习近平主席的达沃斯演讲揭开了2017农历鸡年国际舞台上中国之声的序幕。其后的演讲与达沃斯演讲的主旨一脉相承,均体现了中国心系全球、开放包容的大国形象和中国智慧。中国也以实际行动证明"中国智慧"绝非空谈。

---

[1] 美国的一种对外政策。1956年1月,"战争贩子"美国国务卿杜勒斯主张美国"不怕走战争边缘,但要学会走到战争边缘,又不卷入战争的必要艺术"。这种主张被称为"战争边缘政策"。参见郑建邦主编:《国际关系词典》"战争边缘政策"词条,中国广播电视出版社1992年版。

(一) 针砭时弊：不是经济全球化的错

目前，各国对世界局势的不确定性产生担忧，全球经贸的复苏、世界局势的稳定是全球人民的共同期盼。2017年伊始，中国在达沃斯经济论坛上交上了中国答卷，为全球经济治理带来了中国的新思路、新方法。作为世界经济的风向标，在2017年年初，达沃斯论坛将"振兴全球经济"这一全球关注的问题作为主要议题之一，而中国国家领导人习近平的亮相引发了全球关注。参与论坛的3000多位精英对习主席的演讲充满期待，希望全球政商领袖能共同探寻世界经济复苏之路，为应对经济放缓与就业不足指明方向。

达沃斯当地时间17日，习近平主席发表了"共担时代责任 共促全球发展"的主题演讲。纵观整个演讲，习主席对经济全球化进行了客观、全面、深入的分析，主要观点可以分成三部分。第一，追根溯源看问题，而不是全部归咎于经济全球化。当今世界确实面临着许多问题，但是解决世界面临的不确定性的最佳方案，是从根源上找到问题的症结。将问题简单地归结于经济全球化，容易导致保护主义发展的趋势，是不能从根本上解决问题的。第二，经济全球化的产生是必然的而不是人为的。"融入世界经济是历史的大方向"，"人为切断"各国之间的联系"是不可能的，也是不符合历史潮流的"。同时，经济全球化为世界各国的经济发展做出了贡献，加强了全球、区域经济的友好合作。第三，经济全球化是一把"双刃剑"，在给各国带来经济红利的同时，也致使各国之间的联系更加紧密。这种紧密的联系就使得世界经济疲软的时候，发达国家和发展中国家难免都会受到冲击。全球各国在此背景下，需要"合作应对一切挑战"，而不是各自为战，退回"避风港"。习近平主席在深刻剖析全球化背景下各国面临的主要问题，即全球增长动能不足、全球经济治理滞后、全球发展失衡等问题之后，交出了中国的方案，即"第一，坚持创新驱动，打造富有活力的增长模式。第二，坚持协同联动，打造开放共赢的合作模式。第三，坚持与时俱进，打造公正合理的治理模式。第四，坚持公平包容，打造平衡普惠的发展模式"[2]。这应是世界经济走出困境的最佳方案和出路，只有按照这条道路向前走，才能从根本上涤荡金融危机的雾霾，走出忧心忡忡的困境。

近年来，有媒体将欧美发生的多起大事件形容为"黑天鹅"事件，2016年更是被

---

[2] 习近平：《共担时代责任 共促全球发展——在世界经济论坛2017年年会开幕式上的主旨演讲》，http://news.xinhuanet.com/mrdx/2017-01/18/c_135992405.htm。

形容为"黑天鹅元年"。[3] 保护主义和民粹主义的抬头让各国感觉全球经济的发展迷雾重重。纵观习主席的演讲,面对全球性问题,中国没有回避,也没有闪烁其词。中国在达沃斯论坛上发出的"中国声音"掷地有声,展现了大国的决心。习主席的上述讲话正是从长远角度,秉持可持续发展的原则,揭示了经济全球化已经是不可逆转的趋势。各国需要寻求更加包容开放的市场,而不是退到自己的"避风港"。

在论坛开始之前,习主席的出席就引起了世界关注。在全球经济低迷、逆全球化趋势愈演愈烈的背景下,振兴全球经济,中国能够提出什么样的方案?在论坛结束之后,各大媒体纷纷表示,中国展现了负责任的大国形象,成为了国际舞台上的焦点,捍卫了自由的世界经济秩序,收获了历史性赞誉。习主席的演讲很好地为各国答疑解惑,不仅指出了未来世界经济的发展方向,更以开放包容的姿态让各国看到了未来合作的希望。有媒体报道:"过去一年从西方世界传出的都是保守和消极的信号,而中国领导人释放的则是鼓舞人心的正能量,让人们在笼罩世界的重重不确定性中看到了希望和方向。"[4] "中国方案"好评如潮。[5]

(二) 共同合作,同舟共济

正如上述演讲所反复强调的,面对错综复杂的国际国内局势,中国已经表明了大国的态度,勇于承担责任,探索国际合作的新方式、经济增长的新动力,维护国际秩序公正与公平。"一带一路"倡议的推进更是让各国人民看到了中国捍卫多边机制,促进贸易、投资自由化的决心。在全球化已经不可逆转的形势下,各国已经向"人类命运共同体"迈进,不仅中国,各国想要齐头并进,开辟新出路,需要携手合作,共同承担责任。"合作,意味着参与方地位的相对平等,也代表成果和风险都要共享共担。"[6] "共担时代责任,共促全球发展"的"共"字正是表明了没有哪一个国家能够置身事外。各国需要"携手"面对困境。在全球经济陷入危机的时刻,中国主动肩负起时代的责任,为世界发展贡献了中国智慧,被誉为"世界经济的领航者"。但是,独木不成林,各国合作才有可能找到世界经济的新出路。各国需要共享成果、共担风

---

[3] "黑天鹅"事件(Black Swan Event)指非常难以预测,且不寻常的事件,通常会引起市场连锁负面反应甚至颠覆。英国退出欧盟、特朗普赢得美国大选、意大利修宪公投失败,堪称2016年三大"黑天鹅"事件。

[4] 李永群等:《中国主张在达沃斯收获历史性赞誉》,http://cpc.people.com.cn/GB/n1/2017/0124/c64387-29045066.html。

[5] 有外国学者和媒体表示:"国际社会将在未来面对一个更加坚定的中国。中国的自信不仅来源于对日益增长的综合国力充满信心,而且还在于中国对国际形势作出的于己有利的判断","中国声音将变得更加响亮、更为明亮","中国有意愿、有资源、有领导力"。参见汤先营:《中国有意愿、有资源、有领导力》,http://news.gmw.cn/2017-11/23/content_26871887.htm。

[6] 《新媒:"一带一路"机遇巨大,也有三大挑战》,http://column.cankaoxiaoxi.com/2017/0518/2010076.shtml。

险,平等参与决策、享受权利、履行义务,才能在危机到来之际共渡难关。

2017年是中国在国际舞台上大放光彩的一年,让世界更加了解中国,声声"龙吟"响彻全球。特别是在十九大召开之后,中国得到了海外智库专家和媒体的热议,并且他们"高度赞赏中国过去5年对维护世界和平繁荣、促进多边合作和推动国际社会共同应对全球性挑战等做出的重要贡献……中国的发展不仅将造福中国人民,也将惠及世界"[7]。

值得关注的是,2017年习近平主席在达沃斯论坛上演讲的热度一直持续到2018年冬季达沃斯开幕。2018年冬季达沃斯论坛主题为"在分化的世界中加强合作"。显而易见,中国一直呼吁和倡导的共同合作,得到了世界的认可。在这次论坛上,中国再次成为了被关注的焦点。全世界都在关注中国在全球问题中将会扮演怎样的角色,中美贸易未来如何发展。2018年1月24日,中共中央政治局委员、中央财经领导小组办公室主任刘鹤在达沃斯论坛上做了主旨发言。谈及全球问题,刘鹤提出,各国应当"跳出局限加强务实合作"并维护多边贸易机制,[8]与2017年习近平主席的演讲主旨一脉相承。

(三) 中国以新形象参与全球的建设和发展

1. 世界和平的建设者

历史已经证明,冲突和对抗只会两败俱伤。目前,恐怖主义仍在部分地区肆虐,网络安全、气候变化等安全威胁仍然是人类面对的重大挑战。面对复杂的国际局势,和平与发展仍然是当今时代的主题。从"和平共处五项原则"到"人类命运共同体"理念,和平一直是其中的重要内涵。"这100多年全人类的共同愿望,就是和平与发展。"[9]2017年是中国在国际舞台上活跃的一年,习主席在多个场合强调了中国遵循和平共处五项原则、维护世界和平的决心。在联合国日内瓦万国宫"共商共筑人类命运共同体"的高级别会议上,习主席指出,各国已经紧密地联系在了一起,形成了"人类命运共同体"。"世界命运应该由各国共同掌握,国际规则应该由各国共

---

[7] 王微:《外媒看十九大:进入新时代,中国更自信》,载《青年参考》2017年10月25日第12版。
[8] 参见《刘鹤在世界经济论坛2018年年会上的致辞(全文)》,http://www.xinhuanet.com/world/2018-01/25/c_1122310663.htm。
[9] 习近平:《共同构建人类命运共同体——在联合国日内瓦总部的演讲》,http://politics.people.com.cn/n1/2017/0119/c1001-29033860.html。

同书写,全球事务应该由各国共同治理,发展成果应该由各国共同分享。"[10] 而和平是各国构建"人类命运共同体"的重要前提,也是未来各国需要努力的方向。习主席从《威斯特伐利亚和约》《联合国宪章》、和平共处五项原则等国际社会公认的原则出发,强调各国需要"坚持对话协商,建设一个持久和平的世界","面向未来,中国维护世界和平的决心不会改变"。[11] 在 2017 厦门金砖会晤上,习主席指出包括中国在内的金砖国家"是世界和平的维护者、国际安全秩序的建设者"[12];党的十九大报告也指出,"中国将……恪守维护世界和平、促进共同发展的外交政策宗旨"。[13] 建设世界和平并非一句口号,中国政府和人民始终反对以武力来解决冲突和分歧,中国在参与国际事务中,始终以世界和平为己任,比如,应联合国要求和邀请,多次向外国动乱地区派遣中国的维和部队、海军亚丁湾护航编队,体现了中国建设和维护世界和平秩序的决心。

2. 全球发展的贡献者

近年来,中国综合实力的增强引起了西方国家的警惕,不断散播"中国威胁"谬误,枉顾中国一直在为全球发展做出重要贡献的实际行动。习主席在 2017 年年初的达沃斯演讲中就指出,"中国的发展是世界的机遇,中国是经济全球化的受益者,更是贡献者",[14] 中国"对世界经济的贡献率超过百分之三十"。[15] 中国一直积极参与多边对话与协商。从 2017 年 5 月的"一带一路"高峰论坛到 2017 厦门金砖会晤,中国作为东道主一直致力于与其他国家开展多领域的沟通、交流与合作。

2016 年的杭州 G20 峰会上,各国不仅决定将在创新驱动增长的新领域进行合作,还达成了全球第一个多边投资规则框架——《二十国集团全球投资指导原则》。而在 2017 年"一带一路"高峰论坛举办之前,还曾有媒体猜测中国此举是为了"寻找反对特朗普的声音",[16] 但事实上,从习主席上述演讲中一直传递的精神及论坛取得的成果可以看出,中国一直在强调平等协商,探索世界经济增长的新动力,并与其他

---

[10] 习近平:《共同构建人类命运共同体——在联合国日内瓦总部的演讲》,http://politics.people.com.cn/n1/2017/0119/c1001-29033860.html。

[11] 同上。

[12] 参见习近平:《在金砖国家工商论坛开幕式上的讲话(全文)》,http://www.xinhuanet.com/politics/2017-09/03/c_1121596338.htm。

[13] 习近平:《决胜全面建成小康社会 夺取新时代中国特色社会主义伟大胜利——在中国共产党第十九次全国代表大会上的报告》,http://www.xinhuanet.com/2017-10/27/c_1121867529.htm。

[14] 习近平:《共担时代责任 共促全球发展——在世界经济论坛 2017 年年会开幕式上的主旨演讲》,http://news.xinhuanet.com/mrdx/2017-01/18/c_135992405.htm。

[15] 参见习近平:《决胜全面建成小康社会 夺取新时代中国特色社会主义伟大胜利——在中国共产党第十九次全国代表大会上的报告》,http://www.xinhuanet.com/2017-10/27/c_1121867529.htm。

[16] 参见《外媒:中国广邀世界领袖参加高峰论坛 "一带一路"成重头戏》,http://www.cankaoxiaoxi.com/china/20170215/1688396.shtm。

国家、国际组织分别在"五通"领域达成众多的合作成果,向世界的发展交出了中国答卷。中国参与的金砖国家合作,"在新开发银行和应急储备安排建设、电子商务、贸易和投资便利化、服务贸易、本币债券、科技创新、工业合作、政府和社会资本合作等领域取得了一系列成果,拓展了经济合作广度和深度。"[17]在2017年9月于福建厦门举行的金砖国家峰会上,倡导开放包容的经济模式、促进贸易和投资便利化、和平安全、人文交流的主题在《金砖国家领导人厦门宣言》中又一次得到了强调,[18]重申了金砖国家"对话而不对抗,结伴而不结盟"的立场,[19]这也一直是中国外交的基本立场。

3. 国际公正秩序的维护者

几十年来,中国一直在为维护和平、建立公正合理的国际秩序而努力。中国是国际秩序的捍卫者,但是捍卫的是公正合理的国际秩序。习主席不断强调各国应当平等参与国际大政方针的决策,"各国和国际司法机构应该确保国际法平等统一适用"。[20] 主权和尊严必须得到尊重,这是和平共处五项原则的精神内涵,也是国际社会广泛认可的原则,[21]更是命运共同体的价值追求。在本书第一编中,笔者详细论述了中国在建立国际经济新秩序方面的努力以及战略定位。中国发起的"一带一路"倡议等等,都是在为建立公正合理的国际秩序而努力。

正如十九大报告强调的,中国一直是世界和平的建设者、全球发展的贡献者、国际秩序的维护者。上述演讲多次提出"共同""平等"等词语,又一次重申了中国维护公平公正的国际秩序、促进世界和平与发展、捍卫多边机制的决心,体现了中国作为大国的担当。这无疑是对死灰复燃的"中国威胁论"的又一次有力回击,也是对贸易保护主义和民粹主义的坚决反对。世界各国目前都面临着重大的挑战,在此紧要关头,共同携手才是应对危机的应有之义。外媒用"开启'全球化新时代'","世界应张开双臂拥抱'一带一路'倡议"来形容"一带一路"战略的前景。[22] 值得注意的是,这并不是中国一家的舞台。中国维护的是世界共同和平,捍卫的是公平公正的国际秩序,倡导的是各国平等参与,共同合作,共担风险。

---

[17] 习近平:《在金砖国家工商论坛开幕式上的讲话(全文)》,http://www.xinhuanet.com/politics/2017-09/03/c_1121596338.htm。

[18] 参见《金砖国家领导人厦门宣言》,http://www.xinhuanet.com/politics/2017-09/03/c_1121596338.htm。

[19] 参见习近平:《在金砖国家工商论坛开幕式上的讲话(全文)》,http://www.xinhuanet.com/politics/2017-09/03/c_1121596338.htm。

[20] 习近平:《共同构建人类命运共同体——在联合国日内瓦总部的演讲》,http://politics.people.com.cn/n1/2017/0119/c1001-29033860.html。

[21] 同上。

[22] 参见《外媒评述"一带一路"激活全球贸易》,http://www.cankaoxiaoxi.com/finance/20170515/1994541.shtml。

二、美国总统换届引发全球关注,"鹰派"言论甚嚣尘上

在2017新年之际,习主席在达沃斯论坛发表演讲,倡导合作、共赢,表达了中国的决心,为"振兴世界经济"贡献了中国智慧。而在2017年1月20日,特朗普宣誓就职,从此开始了特朗普的总统任期。在竞选后期和上任伊始,特朗普就中国问题一时抛出骇人听闻的言论,一时又对中国示好,难以观察其对华态度和未来中美关系走向。但是,在特朗普执政一年之后,处处强调"美国优先""美国利益至上",视中国为潜在威胁,在政治军事、经济贸易等领域"抹黑"中国。不难看出美国目前对中国仍然保持歪曲、怀疑、警惕乃至敌视态度,致使未来中美关系的走向,依然迷雾重重。

(一) 对华舆论歪曲造势,"鹰派"人士占据内阁重要位置

1. 竞选期间将矛头对准中国

近年来,中国在国际舞台上展现的大国形象在得到好评的同时,也引发了诸如美国等国家的警惕,特别是在中美贸易逆差较大的背景下。现任美国总统特朗普在竞选演讲期间,抓住了美国民众关心的经济衰退和失业率问题,频频将矛头指向中国,试图将美国的经济社会问题都归咎于中国,为自己的竞选造势。

2016年6月28日,特朗普在宾夕法尼亚州的演讲中,提到了中国12次,指责中国操纵汇率,抢走美国人的工作机会,并且表示要对中国发起"贸易战"。[23] 在他的其他演讲中,持续地抨击中美贸易,将美国的失业问题归咎于中国的廉价出口,指责中国运用不正当竞争手段"欺诈"美国,以此"抹黑"中国。此前,特朗普还公开说,美国人不应当为了一些蝇头小利,来巴结乞求中国,并公开将中国视作"敌人"(enemy)。然而其本人却一直被诟病采用伪善的"双重标准"。有媒体披露,他本人多年来一直希望将其酒店和房地产生意落脚在北京、上海、广东、深圳等城市,努力寻求机会打入中国市场。[24] 在他的竞选网站中,有专门的栏目阐述"美中贸易改革",可见有关中国的问题是其竞选关注的重要方面,这一趋势也一直延续至今。在其竞选期间,有媒体称,美国与亚洲关系的政治损害已经造成。[25] 在竞选期间,特朗

---

[23] 参见《特朗普演讲12次提及中国 扬言把中国列为货币操纵国》,http://www.cankaoxiaoxi.com/world/20160630/1212703.shtml.

[24] See As Trump Bashed China, He "Sought Hotel Deal with Its Government", https://www.rawstory.com/2016/10/as-trump-bashed-china-he-sought-hotel-deal-with-its-govt/.

[25] 参见《港媒:特朗普把中国视为骗子 反华叫嚣不得人心》,http://www.cankaoxiaoxi.com/china/20160101/1042943.shtml.

普对奥巴马的"重返亚太战略"反应较为冷淡,但是在上台之后,开始强调"印太战略",中国是其主要的关注对象,这一点将在后文进行分析。

2. 内阁"鹰派"嚣声不断

特朗普的内阁成员中,"鹰派"人士占据着重要位置,时时发出嚣声。由此可以看出,未来对华政策可能不容乐观,不能不引起中国的密切关注。

(1) 美国国务卿蒂勒森

现任美国国务卿雷克斯·蒂勒森(Rex Tillerson)为资深的美国企业家,在成为候选人期间,就对中国的南海疆土建设举措展开了猛烈抨击。蒂勒森表示,中国在南海建设岛屿并安装军备设施的行为就像俄罗斯吞并克里米亚一样。中国应当立即停止岛屿建设。他认为**中国在南海的行为"极其令人担忧"**,如果进入具有重要军事意义同时也是重要国际贸易航道的南海水域由北京说了算,将对整个全球贸易构成"威胁"。[26]

2017年3月18日,蒂勒森访华期间,又表现得十分"友好",充分释放尊重与合作的信号。他两次重复了对中美关系的描述,即"不冲突不对抗、相互尊重、合作共赢"的14字原则。虽然蒂勒森多次表达过希望与中国维持良好的关系,但南海问题仍然是其关注的重点。2017年6月5日,蒂勒森在与澳大利亚外长毕晓普举行会面后的记者会上表示,尽管中国是经济和贸易强国,美国也渴望与中国建立富有成效的关系,但"美国不会允许中国使用其经济实力来摆平、摆脱其他问题,无论是在军事化南中国海岛屿问题上,还是在未能适当地向朝鲜施压问题上"。[27]

总体来看,蒂勒森希望与中国保持良好的关系,以促进中美经贸领域的合作,但是蒂勒森对南海的关注为2018年年初美国军舰进入黄岩岛12海里埋下了伏笔,未来美国在南海问题上很有可能大做文章。2018年2月初,又是这个蒂勒森在出访南美途中,大放厥词,贼喊捉贼,公开诬蔑中国是什么"新帝国主义列强",挑拨离间,力图阻挠和破坏中国与南美各国开展的平等互利双赢合作。[28]

---

[26] 参见《蒂勒森:不允许中国用经济实力摆平一切》,http://www.zaobao.com/realtime/china/story20170606-768910。

[27] 同上。

[28] 中国外交部发言人迅即批驳蒂勒森的新谬论,指出,美方有关说法完全违背事实,是对广大拉美国家的不尊重。中国和拉美国家同为发展中国家,面临着共同的发展阶段和发展任务,双方的合作基于共同利益和相互需求,秉持的是平等互利、开放包容、合作共赢的理念。拉美国家心里是有杆秤的,在深化对华合作方面是有高度共识的。中拉合作是南南合作的组成部分,造福双方人民。我们希望有关国家摒弃零和博弈的过时观念,以开放、包容的心态正确看待中拉合作和中拉关系发展。参见《外交部发言人:中拉合作基于共同利益和相互需求》,http://www.xinhuanet.com/overseas/2018-02/03/c_1122361902.htm。中国舆论界进一步揭露指出,蒂勒森将中国形容成"新帝国主义列强",其实是力图维护美国在西半球的霸主地位。美一直将拉美视为自己的"后院",要拉美国家只与美国发展关系,禁止他国涉足。参见《美国务卿蒂勒森:中国是"新帝国主义列强"!》,http://www.sohu.com/a/220793026_162220。

（2）国防部部长马蒂斯

现任美国国防部部长詹姆斯·马蒂斯(James Mattis)是退役的美国海军陆战队上将,指挥过多次战争,"杀人如麻",言辞激烈,人称"疯狗马蒂斯"。在候选人阶段,马蒂斯就声称,美国军力不足以"威慑中俄",并声称"(世界秩序)正遭受二战以来最大的攻击"。除此之外,马蒂斯还多次"炮轰"中国,明确表示出对华不信任感,并提出对华政策要更加严厉。[29] 2018年1月,马蒂斯访问印尼并表示,"希望帮助印尼在亚太海上安全领域扮演主要角色",而印尼日前也出现了抢夺南中国海主权的意图。在访问印尼之后,马蒂斯将访问越南。随着中国在南海的岛礁建设持续推进,马蒂斯含沙射影地表示:"希望大国不要把自己的意志强加给小国。"[30]

（3）太平洋司令哈里斯

另一位政治军事上的重要人物是美国太平洋司令哈里斯。哈里斯曾明确表示,将"再次派遣"军舰到中国南海岛礁邻近海域巡航。在印度新德里举办的"瑞辛纳对话"论坛上,哈里斯强调中国对印度洋—太平洋地区的地区稳定是"不利"的,是一种长期"挑战"。[31] 此言论无疑是在为美国"印太"战略寻找借口,加强美国与印度之间的关系,在中印争端中火上浇油。

（4）贸易委员会主席纳瓦罗

著名的"鹰派"人士纳瓦罗为现任美国贸易委员会主席,也是《致命中国》这一影片的出品人。外界曾猜测,纳瓦罗作为特朗普对华顾问,中美贸易必有一战。纳瓦罗的《正在到来的对华战争:在哪儿开战,如何能赢?》这本书也正是特朗普的最爱之一。有评论称:"纳瓦罗的上台不仅代表贸易保护主义,而且代表了美国非主流反华偏见在长期努力之后,终于走到前台。"[32]使得之后美国对中国发起"301"调查、无视WTO规则、妄言"美国国内法优先"的做法,有"路"可循。从特朗普及其内阁成员的言论来看,虽然美国也口头表示不愿意轻易与中国为敌,但是行动上,美国对中国无端猜疑和肆意歪曲却不减反增,在政治、军事、经济方面仍旧把中国当成对手甚至敌人。

---

[29] 参见堵开源:《美国候任防长"疯狗"马蒂斯称美军实力无法威慑中俄》,http://www.guancha.cn/military-affairs/2017_01_13_389184.shtml。

[30] 《外媒:马蒂斯访问印尼盯防中国意味浓》,http://www.cankaoxiaoxi.com/world/20180124/2253106.shtml。

[31] 参见《美海军上将诬指中国挑战影响地区稳定 是"沉重的包袱"》,http://www.cankaoxiaoxi.com/mil/20180120/2252615.shtml。

[32] 李建华:《美对华鹰派纳瓦罗来了 中美贸易必有一战?》,https://www.myzaker.com/article/5861bb5e1bc8e07b17000023/。

(二) 美国利益至上,"中国威胁"谬论变本加厉

2017 年年底,美国公布了《国家安全战略报告》(National Security Strategy of the United States of America),其中频频用"对手"(competitor)、"威胁"(threat)等词语形容中国。在该报告中,中国被描述成一个居心叵测的、"威胁"美国安全和繁荣、破坏自由和公平的经济秩序的"野心家"。[33] 而中国综合实力的增强、在亚太地区的活动都是为了增强自身的军事力量,控制舆论,扩大影响力。显而易见,特朗普政府的这份报告完全是在刻意制造亚太地区的紧张氛围,变本加厉地鼓吹"中国威胁"谬论,蛊惑人心,力图挑拨中国和周边国家的关系。美国将对中国采取的针对性措施,似乎都是在复杂的国际局势下、在中国的"逼迫"下不得已的"自保"行为,但其本质无非是在为自身的坚持霸权主义和强权政治寻找借口。

中国外交部发言人 2018 年 1 月 22 日回应:"到底是谁对国际规则合则用、不合则弃?是谁动辄干涉别国内政,甚至以武力相威胁?相信世界各国人民对此看得很清楚,自有公论。我们希望美方摒弃冷战思维,正确看待当今世界和中美关系,停止歪曲中方战略意图,……维护中美关系长期健康稳定发展,这才是符合中美两国和世界各国利益的正确选择。"[34]

不仅特朗普政府如此描述中国,美国的智库也在层层加码地渲染"中国威胁"谬论。2018 年 1 月 2 日,美国"欧亚智库"(Eurasia Group's)发布了《2018 全球风险预测报告》(Eurasia Group's Top Risks for 2018)。[35] 该智库预测的十大风险中,中国赫然名列第一。但是纵观该报告,对中国的态度总是处于自相矛盾之中。比如,一方面该报告承认,中国以"互不干涉内政"为原则的对外经贸和外交活动将受到更多欢迎。另一方面,欧亚智库还是用"扩张"(expansion)这个带有霸权主义和强权政治色彩的词语,来形容和强加于中国在亚洲地区的活动,并强调中国与美国及其盟友之间是对立的关系;亚洲的几个国家比如日本、印度、韩国、澳大利亚,将中国视为对其"民主资本主义"模式的"威胁"。欧亚智库预测,在中国的南海、朝鲜问题和美中贸易关系上,中美之间将会出现更多的摩擦。

---

[33] Eg. "China and Russia began to reassert their influence regionally and globally. Today, they are fielding military capabilities designed to deny America access in times of crisis and to contest our ability to operate freely in critical commercial zones during peacetime". See National Security Strategy of the United States of America, https://news.usni.org/2017/12/18/document-national-security-strategy-united-states-america.

[34] 新华社:《外交部回应美国国家安全战略报告涉华内容》,http://news.xinhuanet.com/world/2017-12/19/c_1122136663.htm。

[35] See Eurasia Group, Eurasia Group's Top Risks for 2018, https://www.eurasiagroup.net/issues/top-risks-2018.

此外，该报告坦率供认：“美国利益至上”及其政策侵害了美国领导的国际秩序，全球面临的不确定性和风险显著增加；地缘政治问题将是2018年世界面对的主要困难；目前美国垄断治理的"全球秩序"正在解体；世界缺少共同价值观，等等。但是，**话锋一转**，分析到中国，该报告却将中国在这方面的努力和影响力视作全球需要"警惕"的风险，全然无视中国呼吁全球各国共同合作以促发展，构建"人类命运共同体"，正是习近平主席上述演讲贯穿始终的宗旨，也是未来中国努力的方向。事实上，在2017年，中国就多次重申过，我们反对霸权主义和强权政治[36]，"不论中国发展到什么程度，永远不称霸，永远不搞扩张"[37]。

（三）在台湾问题上言行不一，危害中国主权

一年多的时间，特朗普在"一个中国"问题上言行不一致，频频插手台海问题。而近期美国提出的"印太战略"，在政治和军事上针对中国的态势逐渐明朗，需要警惕。

1. 就任前夕，"破例"与蔡英文通话

2016年12月，在赢得竞选还未就任时，特朗普就在推特上主动发布与蔡英文通电话的消息。这一举动被各大媒体批判，指出他打破了美台1979年"断交"以来37年的外交惯例，释放出严重的错误信号，以"被批""菜鸟犯下的错误"等字眼来形容**特朗普**的这次"**特离谱**"行为。[38] 不仅如此，特朗普12月11日在接受美国福克斯电视台（Fox News）采访时，还为与台湾地区领导人蔡英文的通话进行辩护，并公开表示，他理解"一个中国"原则，但是不明白美国为什么一定要受其约束，**除非中国在贸易或其他领域让步**。[39] 特朗普的这句话引起了轩然大波，他竟然为"一个中国"问题设定了前提，想要以此为条件和中国讨价还价。不论他究竟是无心之失，还是刻意为之，作为即将上任的美国总统，特朗普会对台湾问题以及"一个中国"原则一无所知吗？不论其目的是什么，这番表达都已经触犯了中国的底线，受到各方的严厉批评。中方随后表示："坚持一个中国原则是发展中美关系的政治基础。如果这一基

---

[36] 参见《金砖国家领导人厦门宣言》，http://www.xinhuanet.com/politics/2017-09/03/c_1121596338.htm。

[37] 习近平：《决胜全面建成小康社会 夺取新时代中国特色社会主义伟大胜利——在中国共产党第十九次全国代表大会上的报告》，http://www.xinhuanet.com/2017-10/27/c_1121867529.htm。

[38] 参见《特朗普炫耀与蔡英文通话 被美媒批犯下菜鸟错误》，http://military.china.com/important/11132797/20161205/30064796_all.html。

[39] See Fox News Sunday Exclusive: Donald Trump on Cabinet Picks, Transition Process, http://www.foxnews.com/transcript/2016/12/11/exclusive-donald-trump-on-cabinet-picks-transition-process.html。

础受到干扰和破坏,中美关系健康稳定发展和两国重要领域合作就无从谈起。"[40]美国白宫 12 日重申,美国政府坚定奉行"一个中国"原则。在两个月之后的 2 月 10 日,特朗普与国家主席习近平通话时强调,他充分理解美国政府奉行"一个中国"原则的高度重要性,将坚持奉行"一个中国"原则。虽然如此表态,美国却没有放弃在台湾问题上做文章,虽然打着遵循"一个中国"原则的伪善幌子,却屡屡背信弃义,频频插手台海问题,明目张胆地干涉中国内政。其最新佐证就是:

2. 美台军舰互停、高层互访可能性增强

2017 年年底,特朗普签署了预算近 7000 亿美元的《2018 美国国防授权法》(National Defense Authorization Act for Fiscal Year 2018),其中"与印度—亚洲太平洋地区有关的事项"(Matters Relating to the Indo-Asia-Pacific Region)部分,强调美国将加强与台湾的防务合作,规范对台防务产品与服务,并且评估中国不断扩大的全球接入对美国的影响。[41]但引起最多争议的是,在附件第 1259 条第(7)款赫然写明要"考虑重建美台军舰互停港口的可行性"(consider the advisability and feasibility of reestablishing port of call exchanges between the United States navy and the Taiwan navy)。在该法案中,美国还在为军舰互停寻找借口,认为"符合美国认定的一个中国原则"。这种蹩脚辩解,犹如"掩耳盗铃",只能自欺,岂能掩尽天下人耳目?

不仅美台军舰可能互相停靠,在有关台湾问题的其他方面,美国的行为更是花样翻新,层出不穷。2018 年 1 月 9 日,美国国会众议院通过了《台湾旅行法》(Taiwan Travel Act)[42],

---

[40] 《国台办:坚持一个中国原则是台海和平稳定的基石》,http://www.xinhuanet.com/politics/2016-12-14/c_1120116321.htm。

[41] See Sec. 1259. Strengthening the defense partnership between the United States and Taiwan, Sec. 1259A. Normalizing the transfer of defense articles and defense services to Taiwan, Sec. 1259B. Assessment on United States defense implications of China's expanding global access, National Defense Authorization Act for Fiscal Year 2018, Congress. Gov, https://www.congress.gov/bill/115th-congress/house-bill/2810.

[42] See H. R. 535—Taiwan Travel Act, Congress. Gov, https://www.congress.gov/bill/115th-congress/house-bill/535. Taiwan Travel Act. 其原文和中译如下:

(Sec. 2) This bill expresses the sense of Congress that the U. S. government should encourage visits between U. S. and Taiwanese officials at all levels.

The bill states that it should be U. S. policy to: (1) allow U. S. officials at all levels to travel to Taiwan to meet their Taiwanese counterparts; (2) permit high-level Taiwanese officials to enter the United States under respectful conditions and to meet with U. S. officials, including officials from the Departments of State and Defense; and (3) encourage the Taipei Economic and Cultural Representative Office and any other instrumentality established by Taiwan to conduct business in the United States.

(第二条)本法案表达了美国国会的意见:美国政府应该鼓励各级美国官员和各级台湾官员互访。

本法案提出,美国的政策应该是:(1)允许美国各级官员前往台湾会见台湾同行;(2)在一定条件下,允许台湾高层官员进入美国,会见美国各级官员,包括会见美国国务院和国防部的官员;(3)鼓励"台北经济文化代表处"和台湾的任何其他机构在美国开展业务。

开篇就**背信弃义**[43]、**明目张胆**地宣称,"本法案表达了美国国会的意见:美国政府应该鼓励各级美国官员和各级台湾官员互访。"《台湾旅行法》继《国防安全战略报告》为军舰互停提供可能之后,又为美、台双方**高层官员**互访预留出了广阔空间;上述举措层层加码,既为台湾"台独"势力分裂中国的罪恶活动打气撑腰壮胆,也为美国"鹰派"分裂和侵略中国的罪恶活动大开方便之门!

简言之,2017年年底到2018年年初,美国在台湾问题上屡屡背信弃义,连连抛出"重磅炸弹",频频插手两岸关系,已经严重触及了中国的底线。这一系列对中国的试探和挑衅,一再践踏和严重违背了当代国际法公认的国家主权原则和国际公认的"一个中国"原则。看来特朗普之前声明的尊重"一个中国"原则,完全可能是阳奉阴违,装模作样,欺世惑众,更加证明了在美、台关系问题上,我们需要高度警惕。警钟声声,长鸣不已,中国人岂能充耳不闻,不未雨绸缪,不早作准备,不严肃应对?!

3. 美国"印太"战略浮出水面

美国提出的"印太"战略,目前包括四国,即美国、日本、澳大利亚、印度。从目前的趋势来看,"印太"战略不仅仅局限在经济合作领域,势必和美日勾结,把东海问

---

〔43〕 中国外交部发言人陆慷和国务院台办发言人马晓光相继在记者会上强调,该《台湾旅行法》议案严重违反一个中国政策和中美三个联合公报原则,干涉中国内政,中方对此表示坚决反对。中方敦促美方恪守"一个中国"政策和中美三个联合公报原则,慎重处理台湾问题,不与台湾进行任何官方往来和接触,不向"台独"分裂势力发出任何错误信号,以实际行动维护中美关系大局和双方在国际事务中的合作。参见《2018年1月11日外交部发言人陆慷主持例行记者会》,http://www.fmprc.gov.cn/web/fyrbt_673021/jzhsl_673025/t1525034.shtml;《国台办:坚决反对美众议院通过所谓"台湾旅行法议案"》,http://www.gwytb.gov.cn/wyly/201801/t20180117_11894598.htm。
中美建交三个联合公报,特别是1978年12月16日发表的《中华人民共和国和美利坚合众国关于建立外交关系的联合公报》郑重宣告:"中华人民共和国和美利坚合众国商定自一九七九年一月一日起互相承认并建立外交关系。美利坚合众国承认中华人民共和国政府是中国的唯一合法政府。在此范围内,美国人民将同台湾人民保持文化、商务和其他非官方关系。美利坚合众国政府承认中国的立场,即只有一个中国,台湾是中国的一部分。"这是中美双方应当恪守的国际条约之一。时隔40年,如今美国国会众议院全票通过《台湾旅行法》草案,明目张胆地背信弃义,践踏国际条约。此草案已提交美国国会参议院审议,通过后再交美国总统签署,立即成为有约束力的美国法律。对此卑鄙行径,中国官方一再表示坚决反对。但中国某些学者却居危不知危,公开散播一厢情愿的幻想,寄望于美国参议院未必会通过、美国总统未必敢签署。针对此种误导中国公众的错误看法,也有头脑清醒的中国学者一针见血地批评说:"不止一位所谓专家都很轻描淡写地认为,美国人不敢往下做。意思是,众议院虽然通过了,但参院一定不会通过。再退而求其次,即使参院通过了,美国总统也一定不会签署。问题在于,这些专家凭什么会有这样的看法?他们哪来的底气?美国人跟他们商量过了?当然没有。可是他们这样的所谓'自信'到底是从哪里来的?……面对美国这样的挑衅,中国人民当然不会吞下这枚苦果。中国会作出最适当的反应,而这些反应会让美国人后悔。问题在于,某些所谓专家,凭什么就主观地认为,美国人不会让中美关系失控。这样的认识太危险了,也太可笑了。我们必须提醒我们的人民,一定不能被这些所谓专家的盲目自信所迷惑。美国人是可能让参院通过这项法案的。美国总统也是可能签署这项法案的。这项法案完全可能成为一项正式的法律。如果真的出现了这种情况,我们这些专家将作何解释?将做何反应?正常的反应是针对最坏的情况出现。不能把希望寄托在对手的所谓理智上。只有考虑最恶劣情况的出现,我们才能立于不败之地。如果美国通过了这项法案,我们就必须要美国承担由此产生的一切后果。这些后果要让美国心痛、肚痛、头痛。让美国有苦说不出,打碎了牙齿往肚子里咽。……"详见胡懋仁:《解禁"台湾旅行法",你以为美国不敢这么做吗?》,http://www.sohu.com/a/217605169_425345。

题、台海问题、南海问题纠缠结合在一起,以此牵制中国。

（1）对中国有明显的针对性

此前,特朗普对奥巴马政府的"重返亚太"战略的态度似乎较为冷淡,同时宣布退出《跨太平洋伙伴关系协定》(Trans-Pacific Partnership Agreement,TPP),外界对特朗普的新政策猜测纷纷。2017年年底至2018年年初,随着美国"印太"战略逐渐浮出水面,美国试图通过中印、台湾问题遏制中国在亚太地区发展的野心逐渐清晰。2017年11月,特朗普在越南出席 APEC 峰会时多次提出"印太",强调加强"印度—太平洋国家友谊和商务的联系,来共同推进我们的繁荣和安全。"[44]这似乎已经表现出了"印太"战略的苗头,而且,舆论界依据美国多年来一贯的"冷战思维"和"霸主积习",合乎逻辑地预测,特朗普所说的"繁荣和安全",美国与印太地区国家的合作,显然不会只局限在经贸层面上,它既有地区上的"安全"合作,更可能会有军事战略上的设想。这可能是特朗普下一步的外交政策的重要内容之一。

果然,"图穷匕首见",2017年12月底出笼的《2018美国国防授权法》,赫然将"与印度—亚洲太平洋地区有关的事项"列为标题之一,强调"印度—亚太地区的安全、稳定和繁荣对美国的国家利益至关重要"(the security, stability, and prosperity of the Indo-Asia-Pacific region are vital to the national interests of the United States),"美国应该在该地区保持一定的威慑侵略行为的军事能力,并在必要时应对地区性威胁"(the United States should maintain a military capability in the region that is able to project power, deter acts of aggression, and respond, if necessary, to regional threats)等等,这就突出显现了美国对印太地区的战略野心,而在这一地区的中国和俄罗斯则被美国视为"潜在对手"(potential adversaries)。[45] 美国的《国家安全战略报告》"以小人之心度君子之腹",公开指责:"中国试图取代美国在印度—太平洋地区的地位"(China seeks to displace the United States in the Indo-Pacific region)。[46] 简言之,新近出笼的上述两份文件,都花了大量篇幅论证中国实力的增强是如何"威胁"美国在印度洋—太平洋地区的地位、"威胁"该地区的安全,体现出

---

[44] 辛恩波、于潇清:《特朗普亚太行再强调"印太"概念,美国新亚洲战略呼之欲出?》,http://www.thepaper.cn/newsDetail_forward_1863328。

[45] See National Defense Authorization Act for Fiscal Year 2018, Congress. Gov, https://www.congress.gov/bill/115th-congress/house-bill/2810.

[46] See National Security Strategy of the United States of America, U. S. Department of State, https://r.search.yahoo.com/_ylt=AwrBT7ZvcHFasD4AgVRXNyoA;_ylu=X3oDMTEyZDhlbTYyBGNvbG8DYmYxBHBvcwMxBHZ0BWQDQjQ3MjFfMQRQRzZWMDc3I/RV=2/RE=1517412592/RO=10/RU=https%3a%2f%2fwww.state.gov%2fdocuments%2forganization%2f63562.pdf/RK=2/RS=kZwndUvgOLOVfiDtvbEW6z5FQ5M-.

美国至今仍然坚持其多年来一贯的"冷战思维"和"霸主积习",毫无"改弦更张"之意。

从目前的趋势来看,美国的"印太"战略相较于奥巴马的"重返亚太"战略,在该地区更加偏向于军事的合作,有过之而无不及。马蒂斯接连访问印尼、越南,不断鼓吹"印太"战略,联合中国周边国家对中国进行围堵的意图逐渐清晰凸显。而美国不停地渲染中国对印度洋—太平洋地区的"威胁",无疑显示出"印太"战略的矛头主要针对的就是中国。未来特朗普政府是否会遵照该法案和报告的内容,目前不能遽下定论,有待持续观察,但是这两份文件对中国的态度绝对称不上"友好",却是不争的事实。

(2) 印度和台湾是美霸牵制中国的重要棋子

印度占据着印度洋的重要地理位置,同时与中国接壤。近期印度频频对中国挑衅,使得美霸的"印太"战略更加显现出防范和围堵中国的意图。2017年6月18日,印度边防人员越过中印边境线,中印由此在洞朗开始了长达一个月的对峙。虽然这次"6·18中印洞朗对峙事件"最后和平落幕,但无疑给中印关系带来了重大的负面影响。不仅如此,印媒称,2018年年初,莫迪或许会访问"阿鲁纳恰尔邦"(即中国藏南地区)。[47] 然而,"中方在中印边界问题上的立场是一贯和明确的,我们从来不承认所谓的'阿鲁纳恰尔邦'"[48]。印度在中印边境上小动作频频,其背后的美霸原因值得深究。此外,印度也曾多次表态拒绝"一带一路"倡议。近期《印度时报》还声称,印度洲际导弹可以打击中国北方,[49]这已经是明显的挑衅行为。虽然美霸倡导和主持的"印太"战略的四国之间也存在分歧,但是该战略的影响范围绝不限于美、日、澳、印四国。如果四国展开军事合作,中国和印太地区的其他国家将陷入非常被动的局面。

在美、日、澳、印四国展开合作之后,台湾方面紧随美国《2018美国国防授权法》的脚步,于2017年12月26日公布了台湾版的《2017防务报告书》,其中首次将美台军事合作"台面化",详细披露了美台多方面的军事合作。[50] 此外,美台还在积极寻

---

[47] 参见《学者批莫迪欲再访藏南:对中方的恶意挑衅!》,http://military.china.com/important/11132797/20180104/31910198.html。

[48] 《外交部发言人:中方坚决反对印度领导人到争议区活动》,http://www.xinhuanet.com/politics/2017-11/20/c_1121984391.htm。

[49] 参见张骜:《印度成功试射烈火5导弹 印媒放话能打击中国北方》,http://mil.huanqiu.com/world/2018-01/11534672.html。

[50] 参见《台媒:蔡英文当局首发防务报告书 制定所谓"新战法"》,http://www.cankaoxiaoxi.com/tw/20171227/2249571.shtml。

求双方高层互访的可能性。蔡英文无疑是在向美国献媚示好,希望对外界炫耀已经与美国构建紧密的军事同盟关系,向大陆示威,颇有将美国当作"靠山""狐假虎威"的架势。一直以来,美国都是希望借美台军事合作来达到牵制中国的目的。虽然从长远来看,美国不可能忽视与中国的关系,但是随着印太战略的逐渐明朗化,台湾问题无疑被美国当作遏制中国在亚太地区发展的重要突破口。美国力图遏制中国在亚洲的影响力,阻碍中国的经济贸易发展,捍卫美国在全球的霸权地位。

我们需要警惕的不仅仅是印度和台湾问题,从特朗普及其"鹰派"内阁成员的态度和行为可以看出,中国周边的国家(比如马蒂斯访问的印尼和越南等)可能都将成为美国的利用对象。对中国主权的挑衅未来不会停止。比如2018年1月17号晚,美国"霍珀"号导弹驱逐舰进入中国黄岩岛12海里内海域,印证了哈里斯之前的言论。外交部发言人表示,中国海军依法对美舰进行了识别查证,予以警告驱离。中国国防部20日也发表声明称:"美方一再派遣军舰非法进入中国南海岛礁邻近海域……破坏地区和平稳定,与两国两军关系稳定发展的势头背道而驰。"[51]

由此可见,在特朗普亲自组织和率领下,几个大名鼎鼎的"鹰派"人物在内阁中大权在握,霸术权术兼施,红脸白脸合唱,这是大家目睹的现实。对此,包括中国在内的全球国家,务必需要警惕特朗普政府未来在印太地区、东海、台海、南海问题上大做文章,口头上"敦睦邦交",行动上"两面三刀",继续损害中国的主权核心权益,继续破坏亚太、印太地区和全球的和平秩序。

(四)贸易领域单边主义故态复萌

美国"鹰派"贸易委员会主席上任之后,不仅贸易保护主义趋势进一步加强,还对中国采取了一系列贸易措施,霸权单边主义故态复萌。

1. 美国国内法优先

在特朗普竞选期间,就明确地展现了单边主义的倾向,其利己主义表现在经贸领域,出现了贸易保护主义进一步加强的迹象。美国贸易代表办公室(USTR)2017年3月1日向美国国会提交了《2017年贸易政策议程报告》(2017 Trade Policy Agenda),主张"不会原封不动遵守"世界贸易组织(WTO)争端解决程序,而是以美

---

[51]《外媒:美军舰擅闯黄岩岛海域遭警告驱离》,http://www.xinhuanet.com/mil/2018-01/22/c_129796418.htm。

国国内法优先（Americans are not directly subject to WTO decisions）。[52]

众所周知，在 WTO 争端解决机制下，败诉的国家必须停止违反世贸规则的行为，但 USTR 狡辩说，美国即使败诉"也不会改变国内法律和商业习惯"，公然推出了背离世贸组织规则、对贸易对象国征收高额关税这种"特朗普式"的保护主义政策。美国国内法中一些与 WTO 规则相抵触的内容，已成为美国对抗他国的王牌。一旦美国单方认定对象国实行了"不公平贸易"，便"有权"对其采取单方面关税报复措施。USTR 于 1 日提交的报告就将臭名昭著的美国国内法"301 条款"和"201 条款"，列为制裁对方的"强有力的手段"。[53]

2. "301 条款""201 条款"大棒卷土重来

《2017 年贸易政策议程报告》提交没几个月的时间，美国果然按照其报告所说，对中国发起了"301 调查"。美国贸易代表办公室当天发表声明说："将调查中国政府在技术转让、知识产权、创新等领域的实践、政策和做法是否不合理或具歧视性，以及是否对美国商业造成负担或限制。"[54] 此外，2018 年 1 月 22 日，美国宣布运用"201 条款"，对进口洗衣机和光伏产品加征"保障性关税"。[55]

美国的"301 条款"与"201 条款"源于《美国贸易法》第 301 条和第 201 条，是单边主义贸易保护的缩影。它无视公平合理的多边贸易规则，多年来一直饱受国际批评和诟病。在 20 世纪和 21 世纪之交，美国单边主义与 WTO 体制有三大回合的交锋，其中的核心争议就是"301 条款"和"201 条款"。美国大量运用"301 条款"对他国发起调查，被多次诉至 WTO 争端解决机构。本书第一编第 20 章和第 21 章对相关内容有着全面的剖析和论述。"这三次交锋的实质，都是美国经济'主权'（经济霸权）与各国群体经济主权之间限制与反限制的斗争；都是植根于美国在 1994 年'入世'之初就已确立的既定方针：力图在'入世'之后仍然推行其单边主义政策，以维护和扩

---

[52] "In other words, even if a WTO dispute settlement panel-or the WTO Appellate Body-rules against the United States, such a ruling does not automatically lead to a change in U. S. law or practice. Consistent with these important protections and applicable U. S. law, the Trump Administration will aggressively defend American sovereignty over matters of trade policy."See 2017 Trade Policy Agenda and 2016 Annual Report, Ustr, https://ustr.gov/about-us/policy-offices/press-office/reports-and-publications/2017/2017-trade-policy-agenda-and-2016.

[53] "Section 301 can be a powerful lever to encourage foreign countries to adopt more market-friendly policies."See 2017 Trade Policy Agenda and 2016 Annual Report, Ustr, https://ustr.gov/about-us/policy-offices/press-office/reports-and-publications/2017/2017-trade-policy-agenda-and-2016.

[54] 金旼旼、高攀：《美国正式对中国发起"301 调查"》，http://www.xinhuanet.com/fortune/2017-08/19/c_1121508900.htm。

[55] 参见金旼旼、高攀：《财经观察：美国政府单边主义贸易保护"组合拳"后果堪忧》，http://www.xinhuanet.com/fortune/2018-01/23/c_1122303302.htm。

大其既得的经济霸权,可以随时背弃其在WTO体制中承担的多边主义义务。"[56]

虽然"301条款"在WTO裁决结果中有胜有负,但是纵观以往"301条款"案件,均有数量众多的国家作为第三方参与,多年来全球大多数国家都极力反对美国的贸易霸权。这次美国重启"301条款"和"201条款"调查,又一次印证了笔者之前的分析和判断,即:"庆父不去,鲁难未已"。因此,人们不能不经常保持清醒,增强忧患意识,随时谨防美国单边主义大棒之卷土重来和再度肆虐。[57]

在贸易保护主义和单边主义盛行的特朗普时代,单边主义故态复萌。在各国为探索世界经济新出路而努力的同时,美国却肆意破坏多边贸易规则。这种单边保护主义的做法最终的结果只能是两败俱伤。中国政府曾多次声明,中美应当维护WTO规则的权威性,维护多边贸易体制。若美方不顾事实采取行动,中方将采取所有适当措施,坚决捍卫中方合法权益。[58] **先礼后兵,[59] 先"玉帛"后"干戈",这是中国数千年来的传统美德和民族自信,谓予不信,[60] 请霸君试试!**[61]

3. 拒绝承认中国的市场经济地位

特朗普2017年11月18至20日来华访问,两国企业在两场签约仪式上共签署经贸合作项目34个,给予美方超级优惠待遇,金额高达2535亿美元。当时此君笑容满面,喜滋滋地揣着这份访华"A+成绩单",向美国国会和选民老百姓报功去了。然而在结束行程几个星期的时间里,美国当局就向WTO提交了一份声明,拒绝承认中国的市场经济地位。美国的声明涉及的正是近期舆论热议的《中国入世议定书》(以下简称《议定书》)第15条。《议定书》第15条的内容是"确定补贴和倾销时的价格可比性","如受调查的生产者不能明确证明生产该同类产品的产业在制造、生产和销售该产品方面具备市场经济条件,则该WTO进口成员可使用不依据与中国国

---

[56] 关于《美国贸易法》"301条款"和"201条款"的内容及其挑起的典型国际争端和讼案,详见本书第一编第20章和第21章,分别题为"世纪之交在经济主权上的新争议与'攻防战':综合评析十年来美国单边主义与WTO多边主义交锋的三大回合""世纪之交在经济主权原则上的新争议与'攻防战'对发展中国家的重大启迪"。

[57] 详见本书第一编第20章第六部分:美国"主权大辩论""301条款"争端案以及"201条款"争端案之宏观小结:庆父不去,鲁难未已"。

[58] 参见金旼旼、高攀:《财经观察:美国政府单边主义贸易保护"组合拳"后果堪忧》,http://www.xinhuanet.com/fortune/2018-01/23/c_1122303302.htm。

[59] 参见释义:礼:礼貌;兵:武力。先按通常的礼节同对方交涉,如果行不通,再用武力或其他强硬手段解决。出处:(明)罗贯中《三国演义》第十一回:"刘备远来救援,先礼后兵,主公当用好言答之,以慢其心,然后进兵攻城,城可破也"。资料来源:http://chengyu.t086.com/cy10/10407.html。

[60] 参见释义:如果以为我的话不真实。出处:《诗经·王风·采葛》:"谓予不信,有如皦日"。资料来源:http://chengyu.t086.com/cy9/9979.html。

[61] 参见王兆贵:《李白的"大话"与"大数据"》,http://history.gmw.cn/2017-09/25/content_26322643.htm。

内价格或成本进行严格比较的方法",[62]这种方法一般被称为"替代方法",而(d)款规定这种做法在中国加入 WTO 15 年后终止。近期,国内外就 15 年届满后"替代方法"能否继续适用引发了争议。

事实上,WTO 成员方多年来一直不承认中国的市场经济地位。《议定书》第 15 条显示了中国在加入 WTO 的时候作出的让步。"这种代价包括,自 2001 年加入世贸组织的每一年间,中国一直是各成员发起反倾销调查的头号目标。2001 年至 2016 年,世贸成员对中国出口产品发起的反倾销调查超过了一千起,数量超过第二大目标国的三倍。"[63]在美国之前,日本和欧盟已经宣布拒绝承认中国的市场经济地位。美国与其他国家此举无非是想在第 15 条中寻找解释空间,主张对中国产品继续适用"替代方法"。如果按照第 15 条(d)款的规定,在中国加入 WTO 15 年后终止"替代方法"的做法,那么以后要证明中国产品在这些国家存在倾销将会变得非常困难。美、日、欧此举无非是想借"反倾销反补贴"之名继续向中国企业征收高额税款,同时保护其本国产业,是贸易保护主义的又一次体现。

正如笔者之前所述,"全球经济的发展始终贯穿着强权国家与弱势群体之间的斗争",即螺旋上升的"6C 律"。[64] 中国目前又遇到了以美国为首的发达经济体在经贸领域对我国的挑战。中国加入 WTO 的 16 年来,一直是多边机制的维护者。但是目前,我国需要警惕以美、日、欧三方为代表的成员方在 WTO 对中国的大规模、多方面的"围堵"。以拒绝承认中国的市场经济地位向中国施压,仍旧企图适用"替代国"价格的做法,对中国商品征收高昂的反倾销反补贴税。

近期,中评社的一篇社评指出:"中国取得完全市场经济地位之后,却遭遇世界性的贸易保护主义,美国、欧洲联盟和日本对中国的迅速发展耿耿于怀,他们抓住有利时机,拒绝承认中国的市场经济地位,试图对中国施加压力,在经济上遏制中国"。社评强调:"**中国应无惧退出世界贸易组织**"。[65] 事实上,如前所述,在 2010 年,笔者就曾分析过,每一次"6C"的循环,"都把国际经济秩序以及和它相适应的国际经济法规范,推进到一个新的水平或一个新的发展阶段"。面对以 WTO 规则为代表的国际经济立法,"国际弱势群体固然不能予以全盘否定,也无力加以彻底改造,但是,当然

---

[62]《中国入世议定书》第 15 条,http://www.people.com.cn/GB/jinji/31/179/20020125/656050.html。
[63] 倪浩:《不承认中国市场经济地位,中方批美国"出尔反尔"》,http://world.huanqiu.com/exclusive/2017-12/11457790.html。
[64] 参见本书第一编第 13 章"四论中国在构建 NIEO 中的战略定位:聚焦评析 WTO 体制下的立法、执法、守法与变法"。
[65] 参见乔新生:《社评:中国应无惧退出世界贸易组织》,http://bj.crntt.com/crn-webapp/touch/detail.jsp?coluid=7&kindid=0&docid=104900316。

更不能心甘情愿地忍受其中蕴含的各种不公与不平",而是应该"以公平公正为圭臬,促使WTO法制和法治与时俱进,造福全球"。[66]

近年来,各国对中国捍卫全球化并提出中国方案、倡导共赢合作度过难关的倡议给予了高度评价。在各国寻求出路的同时,美国却试图切断各国在全球化中的联系。特朗普的上述举措将美国商人的极端利己主义和圆滑狡诈体现得淋漓尽致。习主席在达沃斯论坛上的讲话已经语重心长、苦口婆心、一针见血地指出了美国这种做法的谬误:"搞保护主义如同把自己关进黑屋子,看似躲过了风吹雨打,但也隔绝了阳光和空气。打贸易战的结果只能是两败俱伤。"[67]中美两个贸易大国需要联手合作,推动贸易和投资便利化,携手开辟全球经济新的增长点,而不是相互对抗。

三、力争建立友好大国关系,时刻不忘强军兴军备战

(一) 超越分歧,走向共赢

正如习主席演讲中一直阐述的,当今世界各国如果想要携手共渡难关,需要"坚决摒弃冷战思维和强权政治,走对话而不对抗、结伴而不结盟的国与国交往新路"[68]。习主席曾在多个场合表示,中美之间要建立新型的友好大国关系,一直在释放积极、友好的信号。观察特朗普方面,态度却令人捉摸不定。一方面,在与中国领导人和高层的交流中,一再表态中美应争取共识,他理解尊重"一个中国"原则,争取友好大国关系;另一方面,却又在印太地区、东海、台海、南海问题上大做文章。中国成语可谓丰富多彩,诸如言不由衷、口是心非、出尔反尔、阳奉阴违、两面三刀、笑里藏刀、口蜜腹剑等等,但是,即使全部加在一起,似也不足以描绘和刻画此君的"特离谱"形象和特质!

由于中美政治体制的差异,加上中国一直走"不结盟"的路线,"游离于美国主导的同盟体系之外",导致"美国对中国的政治制度一直抱有不认可和不信任的态度,

---

[66] 详见本书第一编第13章"四论中国在构建NIEO中的战略定位:聚焦评析WTO体制下的立法、执法、守法与变法"。
[67] 习近平:《共担时代责任 共促全球发展——在世界经济论坛2017年年会开幕式上的主旨演讲》,http://news.xinhuanet.com/mrdx/2017-01/18/c_135992405.htm。
[68] 习近平:《决胜全面建成小康社会 夺取新时代中国特色社会主义伟大胜利——在中国共产党第十九次全国代表大会上的报告》,http://www.xinhuanet.com/2017-10/27/c_1121867529.htm。

期待中国市场经济成长起来后会导致政治变革,在对华政策上从未放弃'两面下注'"[69]。早在1972年的《中美上海联合公报》中已经明确声明:"任何一方都不应该在亚洲—太平洋地区谋求霸权,每一方都反对任何其他国家或国家集团建立这种霸权的努力。"而美国此举无疑是对中美联合声明的违背。

根据美国欧亚智库的《2018全球风险预测报告》以及达沃斯世界经济论坛公布的《2018年全球风险报告》,地缘政治问题是2018年全球面临的最主要的风险。[70] 中美大国关系的走向无疑将对世界地缘政治问题产生重要影响。2018年1月,盖洛普公司发布的一份民意调查报告显示,特朗普的"美国优先"政策和保护主义趋势使得全球对美国领导力的满意度一年内大跌将近20个百分点,是历史首次。[71] 各国都对美国在政治、经济上的表现大失所望。事实上,中美在经济、贸易领域应当展开多项合作,在世界多极化、经济全球化、文化多样化、社会信息化深入发展的背景下,在全球面临的不确定性增加的局势下,在尊重主权的基础上展开友好合作应该是双方的共同追求。中美之间应该建立起有效的沟通和合作机制。由此才能走向共赢。历史已经证明,"大国和睦,世界就能和平稳定;大国交恶,世界就会冲突动乱。"[72]

(二) 警惕遭遇挑衅,不忘强军兴军

正如前文所述,值特朗普上台一年之际,在台湾问题上小动作不断,在经贸、政治领域围堵中国的意图明显,挑衅行为时常出现,如中印边界、台海、黄岩岛问题,插手民族问题等。因此,在争取大国友好关系的同时,我们也不能放松警惕。中国也曾多次表态,美国应对自身言行负责,我们不惧挑战。强军兴军,是我们的重要防线。

党的十九大报告将"强军开创新局面"作为重要内容之一。在"历史的新起点上,面对国家安全环境的深刻变化",我们需要"坚持走中国特色强军之路,全面推进国防和军队现代化","坚持富国和强军相统一……建设强大稳固的现代边海空防"。2017年国际局势发生了深刻变化,在印度蠢蠢欲动、美台军舰可能互停、日澳"军事

---

[69] 参见傅莹、王缉思主编:《超越分歧 走向双赢——中美智库研究报告(中方)》,部分内容摘录自《中美的亚太共存之道:超越现存安全架构》,http://www.sohu.com/a/144163225_677531。

[70] "This year's report covers more risks than ever, but focuses in particular on four key areas: environmental degradation, cybersecurity breaches, economic strains and geopolitical tensions." See The Global Risks Report 2018, World Economic Forum, https://www.weforum.org/reports/the-global-risks-report-2018.

[71] See Satisfaction with the United States, GALLUP News, http://news.gallup.com/poll/1669/general-mood-country.aspx.

[72] 王毅:《大国当为世界各国遮风挡雨,不能相互对抗》,http://www.fmprc.gov.cn/web/zyxw/t1439574.shtml。

互访"协定谈判、美加启动所谓的"联合国军"等复杂背景下,我国强军兴军,是维护主权的需要,绝不是为了搞霸权或扩张。如果不加强军队建设、增强防御能力,将会非常被动,中国的边境和主权很可能受到损害。在追求和平友好的大国关系的同时,决不能"坐以待毙",需要稳固防线,增强国防军队实力。此外,强军兴军不仅是为了巩固我国国防、应对危机,也是"反恐维稳、抢险救灾、国际维和、亚丁湾护航、人道主义救援等重大任务"的要求。[73]

(三) 主权不容侵犯,《反分裂国家法》是红线

主权不容侵犯是中国的底线,不容置疑。冷战思维和强权政治的理念理应摒弃。事实上,历史证明,这正是中国一直以来秉持的理念。早在1953年,中国就提出了"和平共处五项原则"的精神内涵,并被国际社会所公认。而现在,面对非传统威胁,和平与发展仍然是当今世界的主题。

中国是国际秩序的捍卫者,但是捍卫的是公正合理的国际秩序。主权和尊严必须得到尊重,不干涉内政,这是和平共处五项原则的精神内涵,也是国际社会广泛认可的原则,[74]更是人类命运共同体的价值追求。2017年,部分势力在港澳、台湾问题上小动作频频,特别是临近年末,更是现出了挑拨两岸关系的险恶用心。十九大报告指出,历史已经证明"一国两制"是举世公认的成功。未来我们要在"一国两制""港人治港""澳人治澳"基础上,推进与内地的合作。而在台湾问题上,"一个中国"原则贯穿两岸关系的始终,坚持"九二共识"。中国一直致力于与其他国家友好合作,但是"我们坚决维护国家主权和领土完整,一切分裂祖国的活动都必须遭到全体中国人的坚决反对"。[75] 针对台湾问题,我国于2005年3月通过了《反分裂国家法》。其中明确指出该法的制定目的就是"为了反对和遏制'台独'分裂势力分裂国家,促进祖国和平统一,维护台湾海峡地区和平稳定,维护国家主权和领土完整,维护中华民族的根本利益"。《反分裂国家法》第8条明确指出,"'台独'分裂势力以任何名义、任何方式造成台湾从中国分裂出去的事实,或者发生将会导致台湾从中国分裂出去的重大事变,或者和平统一的可能性完全丧失,国家得采取非和平方式及其他必要措施,捍卫国家主权和领土完整。"我国坚决反对美台任何形式的官方往来

---

[73] 参见习近平:《决胜全面建成小康社会 夺取新时代中国特色社会主义伟大胜利——在中国共产党第十九次全国代表大会上的报告》,http://www.xinhuanet.com/2017-10/27/c_1121867529.htm。

[74] 参见习近平:《共同构建人类命运共同体——在联合国日内瓦总部的演讲》,http://politics.people.com.cn/n1/2017/0119/c1001-29033860.html。

[75] 参见习近平:《决胜全面建成小康社会 夺取新时代中国特色社会主义伟大胜利——在中国共产党第十九次全国代表大会上的报告》,http://www.xinhuanet.com/2017-10/27/c_1121867529.htm。

和军事交流,[76]台湾如果坚持和美国"与虎谋皮",美国如果无视中国《反分裂国家法》的规定,违反"一个中国"原则以及中美联合公报的声明,肆意妄为,必将自食恶果。

四、简短的结论:报晓金鸡甫去,骏犬接踵奔来,新年全球何往,谜底尚待揭开!

斗换星移,岁序更新。去年今日,报春金鸡"喔喔"啼声绕梁未已,今年此时,报春骏犬"旺旺"吠声响彻全球。今年全球究竟走向何方?龙吟音量究竟能否盖过鹰嚣?人类究竟能否掌握自己的命运?和平究竟能否取代战乱?全球治理究竟继续保持霸权垄断,抑或阔步迈上民主康庄?诸如此类谜底,没有哪个神仙救世主能够准确预测和指点迷津。不过,近日倒有一篇中国人前往达沃斯现场采写的长达六千字、图文并茂的客观报道,向全球提供了令人"喜忧参半"的感性信息和理性剖析,其中既叙述了一年来中国阳光、中国智慧、中国方案之广受欢迎、好评如潮,也反映了当今公众对战乱烽火四起、核战阴云密布之焦虑重重、忧心忡忡!还提到了德国总理默克尔振聋发聩的警语:"今年是一战结束 100 周年,要认真反思!"这些正负两面、喜忧参半的信息,值得有心人粗略浏览或细细品读。[77] 兹照录如下,以飨读者:

各国政要为何冒 40 年不遇暴雪,也要去达沃斯?

首发:2018 年 1 月 26 日《新华每日电讯》

作者:《新华每日电讯》记者韩松

暴雪:危机中的世界

很难想象,在一个边远严寒、人口 1.3 万的小镇上,竟然诞生了这样一个世界级盛会。

1 月 21 日凌晨 2 时,我由北京首都机场出发,经 9 小时到达法兰克福,停留 4 小时等待转机,又飞行 1 小时,终于到达日内瓦。次日一早,乘火车前往达沃

---

[76] 参见《外交部:中方坚决反对美台进行任何形式的官方往来和军事联系》,http://news.xinhuanet.com/world/2016-12/09/c_129398209.htm.

[77] 参见韩松:《各国政要为何冒 40 年不遇暴雪,也要去达沃斯?》,https://mp.weixin.qq.com/s?__biz=MjM5ODU0NTk5NA%3D%3D&idx=1&mid=2653237544&sn=2f7af44e3dfa7a56eb684f2d57183d4e.

斯,中间转车两次,用时5小时。

由此可知,前往达沃斯的旅程有多漫长。实际上,中国人较大规模参与世界经济论坛(即达沃斯论坛)仅是近年的事。很难想象,在一个边远严寒、人口1.3万的小镇上,竟诞生了这样一个世界级盛会。从国家元首到公司老板,均不辞辛苦纷至沓来。

本届达沃斯年会,有包括美国总统特朗普等70位国家元首或政府首脑以及38位国际组织负责人在内的3000名嘉宾出席。

火车沿途所见瑞士风光,令人惊叹。尤其进入达沃斯境内,纯白洁净,才感觉到了真正的雪乡。这里随便一条穿越峡谷的火车道都是联合国世界文化遗产。体验仙境或是人们前来达沃斯的一个理由。

但刚下火车,我就被平生所未见的鹅毛大雪所袭。道路冰封,汽车堵成长串。注册报到的代表们拖着行李箱,蹒跚而行,不时有人滑倒雪中。随后知道,这是达沃斯论坛创办40年来同期最大的一场雪。

车站和街头没有志愿者,也没有论坛工作人员,看不到指路牌。问了6位路人及警察,才弄明白应该到哪儿报到。注册中心距离火车站仅300米,步行了约半个小时。

我以"媒体领袖"身份办完手续,欲乘火车前往下榻的酒店(达沃斯小镇接待能力有限,只能选择住在较远处的村子中)。在自动售票机买了票,火车却迟迟不来。问扫雪工,才知因为雪崩警报,取消了班次。出租车也打不到。又询问路人,建议坐另外的火车前往他地,换乘汽车,汽车到站后,再换另一趟火车。

辗转迂回4个小时,才于饥寒交迫中抵达酒店。看着灯光下片片纷乱的雪花,不禁想到本届达沃斯论坛的主题"在分化的世界中打造共同命运"。

当天至少有两场活动因为嘉宾难以赶到而取消。还有不少人被困在附近村镇无法及时注册。

虽然雪灾确实严重,但我与同事也不禁为瑞士的"办事效率"发出感叹。要搁在"集中力量办大事"的中国,怎么可能呢?至少会有志愿者把你领回去吧。要打造共同命运,先要打通雪中道路。而实际上,这个世界目前面对的危机要比大雪严重得多。

当今世界遇到了什么难题

不少人回顾了中国国家主席习近平一年前在达沃斯论坛上的讲话,认为今天更显穿透力。

很快发现,日内瓦大学教授克劳斯·施瓦布创办的达沃斯论坛,是一个问题导向的活动,从头至尾是"问题—应答"模式。会议中心复杂的巨型空间被分割成一个个单元,人们或演讲,或交流,或参加高科技的体验,或接受新闻媒体采访。就这样,要开4天会。

虽然雪很大,但主要活动未受影响。各国领袖的演讲按时举行。他们均提到,当今世界正处于"复杂""变化"和"不确定"的严峻挑战之中。

德国总理默克尔面临的问题:气候变化、民粹主义、保护主义、移民危机。

意大利总理真蒂洛尼头疼的问题:失业、移民问题、保护主义、气候变化。他和默克尔都谈到欧洲还不是一个强大的联盟,今后欧盟需要掌握自己的命运。

巴西总统特梅尔遇到的问题:就业、贫困、经济增长、保护主义。

加拿大总理特鲁多关心的问题:贸易问题、保护主义、不平等。

印度总理莫迪认为世界面对的挑战有3种:气候变化、恐怖主义和保护主义。

············

人们也谈到战争。我进入会场后参加的第一场专题,与地缘政治有关。一位女士站在幻灯前大声说:"要吸取第一次世界大战的教训,现在存在核战争的危险!"我参加的第二场专题,关于网络安全,又有人拿核危机来作比喻。第三场便是莫迪的演讲,他又提到核武器,提到"毁灭性力量"。

本届达沃斯还有一个专题讨论就叫做"核威胁下的国际安全",讲的是有核国家越来越多,"首先使用"不受限制,由此带来应对难题。

莫迪说,"希望大国之间的竞争不要演变为战争。"默克尔讲,今年是一战结束100周年,要认真反思。

施瓦布认为,这正是"分化"的表现。"由于在包容性发展和世界资源保护方面的集体失能,我们现有的多套全球治理体系同时面临着失灵风险。为避免这一状况,我们首先应做的即是建立新的合作模式,而这样的合作必须排除狭隘的利益观,必须建立在人类共同命运的基础之上。"

人们也纷纷就解决危机、应对挑战提出办法,包括合作、改革、共享、对话、理性等。单边主义、保护主义、反全球化的趋向遭到了几乎所有演讲者的反对和批判。来自文艺复兴故乡的真蒂洛尼总理说,"看看我们的历史,我们的根,那就是全球化的。"

但除了推动经济复苏,人们还更多谈到了社会、文化和心灵,呼吁在这些方面进行改革。这才是根本的东西。

最终还是要让分化的世界整合起来。"天下一家"的观念再次被提起。

哈佛医学院一位教授在一个关于空气污染的演讲中说，看看坐在你身边的人吧，关系太亲密了——你呼出的空气，会被对方吸入。其他方面情况，也可类推。

莫迪讲，根据印度古代的经典，世界是一个大家庭。有了共同的挑战，就有了团结的基础。

英国经济学家拉沃丝称，最早人类通过家庭照料财产和物品，两千年前由城邦国家照看家产，再后来成了民族国家，它就像从前的家庭一样，要照看好这颗星球上的一切，不让它们被毁坏。

不少人回顾了中国国家主席习近平一年前在达沃斯的讲话，认为那些话在今天更显穿透力。

首次出席达沃斯年会的中国国家主席习近平说，"人类已经成为你中有我、我中有你的命运共同体，利益高度融合，彼此相互依存。每个国家都有发展权利，同时都应该在更加广阔的层面考虑自身利益，不能以损害其他国家利益为代价。"

脑洞大开的"冬令营"

本届论坛设计了六大议程，又分化为约400场讨论或演讲，覆盖了人类能想象得到的各个方面。

但是，达沃斯论坛不止于此。共同命运不意味着"统一命运"。会议的议程是多样的，这正是达沃斯吸引人前来的特点。各色人都可以在这里找到自己感兴趣的话题，找到自由表达和交流的空间。

马云在他的专场对话中，谈起了女性赋权、科技革新、个人财富等话题。他说，女性在智商、情商、爱商3个商值之间是比较平衡的，如果想让公司成功，并且以智慧的、关怀他人的方式运作，女性是非常好的选择。

刘慈欣之后的雨果奖得主郝景芳以"全球文化领袖"身份，参加了"科幻小说之梦"的讨论。她说："我和科技、文化专家一起谈科幻，特别尽兴。"最后，上百人坐在桌子上，一人讲一句他们心目中的未来。

事实上，本届论坛在总的主题下，设计了全球、地缘政治、经济、区域、行业与商业、未来六大议程。它们又分化为约400场讨论或演讲，仅看名字，五花八门，覆盖了人类能想得到的各个方面，的确是脑洞大开。

比如，"工作的未来"，是讲述一个人类不再有工作的世界以及今天如何为之作好准备；"终结现代奴隶制度"，是说要把4000万沦为全球化犯罪的牺牲品的人解救出来;"2030年的地缘政治地图",描述了第四次工业革命带来政治革命;"脱欧经济"讲的是英国脱欧后出现的新经济形态;"系统化贸易震荡",是假设贸易战如果持续不断爆发而解决争端的多边机构又很脆弱该怎么办。

"2018年会是下一场金融危机的开始吗?",围绕目前出现的一些让人担忧的现象作出预警。"自拍文化"讲的是手机自拍如何改变我们看待自己以及跟他人联系的方式;"文化的武器化"讲述的是文化战争。还有"晨间冥想""难民营里的一天""谈谈宗教"等体验式主题。

由于汇集了全球顶级专业精英,各种地域性的讨论往往具有深度,如"美国的海外议程""俄罗斯战略展望""阿拉伯世界的未来治理""东南亚在变化的时代走向繁荣"等。连"地中海问题"都有人研究。

达沃斯就像一个人类学的大课堂,或是研究地球未来的冬令营,所有人像小学生一样,规规矩矩坐着或站着学习。在这里,东方和西方、社会主义和资本主义、佛教和基督教,坐在一起,求同存异,探索人类苦思不得其解的共同难题。

得数据者得天下

远古时期,土地是最重要的资产;200年前,机器取代土地,成为最重要的资产;今天,数据正取代机器,成为最重要的资产。

本届达沃斯论坛上,最热的词可能是"数据"。

莫迪说,数据正在创造最大机会和最大挑战。谁能控制数据,谁就能控制世界。

默克尔讲,数据是21世纪最重要的原材料。谁拥有它,谁就能决定民主、参与和经济繁荣的进程。

最受欢迎的演讲者之一,是《人类简史》和《未来简史》的作者尤瓦尔·赫拉利。这个谢顶的以色列精瘦男子,在讲台上不停挥舞手臂。他把中国研制的"神威—太湖之光"超级计算机照片作为幻灯背景。他的演讲主题是《未来还是人类的吗?》。

他说,我们也许是最后一代智人了。地球将被另一种实体主宰,比我们与尼安德特人的差别更大。21世纪经济的主要产品,不是武器和汽车,而是心智。控制数据,就将控制人类和生命的未来。远古时期,土地是最重要的资产,它们集中在少数人手里,社会因此分化为贫民和贵族;200年前,机器取代土地,成为最重要的资产,它们集中在少数人手里,分化出无产阶级和资产阶级;今天,数据正取代机器,成为最重要的资产,它们集中在少数人手里,人将会分为不同物种。

这场演讲是在默克尔演讲后进行的,也是在同一个大厅。听众的反应是呆住了,所有人都不再看手机,只死死看着演讲者。

为了让大家体验数据科技的双刃剑,达沃斯论坛设计了"归零日"的虚拟现实体验。它模拟了黑客入侵伊朗核设施主机的过程,中情局、摩萨德、军情六处等都参与其中。

戴上眼镜后,立即置身跟真实场景一样的空间,漫游在计算机软件里,把一个个关键元件摧毁,并在现实世界中引发人员死亡。13分钟的经历结束之后,我背上直冒冷汗。

整整一面墙的巨型屏幕是"世界形势空间",利用大数据,由不同的演讲者,每天几次介绍全球投资、贸易、能源、生态、和平、冲突、贫富差距等演变趋势。

比如讲到贸易,就在世界地图上用颜色和图形显示出国与国的贸易格局以及它们随时间的变化周期。一眼看到,美国大都是逆差,用蓝色表示;而中国的贸易额增长最大,用红色表示。

在高附加值产品出口中,美国最大,日本次之,中国增长迅速。这些都按照压缩时间,用同心圆的扩张和缩减来表示。风力设备出口方面,中国成长为最大国,而风能设备的最大进口者是美国。太阳能设备的最大出口国是中国。服务业出口方面,美国最大,中国较小,次于印度。

看了这些不断变化的动图就明白了,各国都在增加在全球高附加值供应链中的位置。有人说,所有这些讲的无非就是一个故事——美国与中国的竞争。但达沃斯代表、中国能源专家林伯强认为,更主要是合作,"我们去年还从美国买了油气"。

关于生态环境的大数据,最让人触目惊心。按时间显示的野生动物灭绝过程让代表们屏住呼吸。拉沃丝讲:"我1970年出生,刚好是这个记录开始的时间;到记录截止的2012年,我42岁。人的短短一生里,地球上的野生动物数量减少了58%!"

但大数据并非万能的。在观看了用大数据表现的全球污染形势后,一位肯尼亚代表说,这里面并没有反映西方发达国家向发展中国家转移、倾倒工业废料的问题。

像G7(七国集团)峰会一样,达沃斯论坛上,最多的还是西方面孔,用的语言也是英语。有人说,事实上,那些提了又提也难以解决的全球问题,正是每年出席达沃斯论坛的某些国家的部分有钱人造成的。

这些人住在镇上一夜几千美元的酒店里,组组午餐会的几十人,身家加在一起就是几万亿美元。他们在会上也应发展中国家代表的请求,就解决非洲和南美的贫困和环保问题提出建议,但往往很空泛。

中国的选择

我在两天中,参加了十几场专题讨论,发现不管什么主题,几乎都会涉及中国,往往还是热点话题。

中国与会者是达沃斯的一道特别风景,代表中有政府官员、企业家、学者、文化人和媒体人等。在会场上,常常能听到汉语。

施瓦布在介绍中国嘉宾刘鹤时说,这是中国最新当选的中共中央政治局委员,担任着中央财经领导小组办公室主任等职务。这是达沃斯连续4年接待中国领导人。

中国在达沃斯的选择,包括两重意义。

一是中国在新时代的战略选择,也就是中国未来会成为一个什么样的国家。

刘鹤做了题为《中国的经济政策》的演讲。他介绍,中国未来几年经济政策的顶层设计,关键就是要实施好"一个总要求""一条主线"和"三大攻坚战"。对此,他逐一作了带有背景的介绍和解释,目的还是要让国外听众听懂中国未来"两步走"的规划。

二是中国的发展给世界带来的新选择,也就是解决全球问题的中国方案。

刘鹤讲,中共十九大报告是一份透明度很高的施政纲领,里面提的每件事都是向中国人民的庄严承诺,都必须做到。而做到这些事,将为世界各国发展提供新的机遇。

他还说,中国已经出现了世界上人口规模最大的中等收入群体,形成巨大的国内市场,我们相信这个4亿人左右而且快速增长的中等收入群体的开放市场,将对全球的发展做出重大贡献。

刘鹤得到了当天我听到的时间最长的掌声。

另外还有"一带一路"专场,被认为很好地支持了论坛的"共同命运"主题。

亚投行行长金立群以流畅而地道的英语,回答了外国人关注的问题,包括私营企业如何在"一带一路"中取得投资回报、项目会否成为"政绩工程"、建设是否有环境高标准等。

美国和俄罗斯的企业老总则讲述了参与"一带一路"尝到甜头的故事。

直接挂名中国的论坛专场还有"中国怎样引领世界""中国:向繁荣开放""中国在新时代"等,甚至上海交通大学也有一个专题。

中国人参与各种主题讨论的情况也很多。天津等地方政府还举办了"中国之夜"。

我在两天中,参加了十几场专题讨论,发现不管什么主题,几乎都会涉及中国,往往还是热点话题。有时会让人喜忧参半。大数据展示了世界各地的夜间灯火,代表用电量的趋势以及经济活跃程度。我看到中国不断明亮了起来,而美国在黯淡下去。

在讲到污染话题时,代表中国的图形变大,仅次于印度,一起成为世界地图上最刺目的"大红斑"。但同时,局部颜色又有改变,好消息、坏消息并存——传统污染致死率降低,现代新型污染致死率上升。

中国与会者中,身着名牌西装拿着特制手机的民营企业家的识别度比较高。参加达沃斯论坛当然有各种好处:

提升对世界的认知,改善自身形象及素质,多认识人,当面接触世界大腕——在会场上,随时就可能与比尔·盖茨或者刘强东擦肩而过。当面聆听特朗普讲话,跟看电视也是不一样的。最后,是各种商机。这也反映了中国企业走进世界舞台中央的趋势。

对于一些中国企业家来说,有没有参加过达沃斯,就像有没有去过南极点或北极点一样,具有某种标志性意义。但达沃斯门槛比较高,成为达沃斯会员需缴6万美元,参会还要再纳3万美元门票费。

而对于许多国际社会的人士来说,聆听中国声音,了解中国方案,则成了前来达沃斯的一个理由。

中国缺席的达沃斯恐怕就不是达沃斯了。

第 25 章　论国际经济法中的公平互利原则是平等互利原则的重大发展[*]

▶▶ 内容提要

本章分析了国际经济法中公平互利原则提出的背景,阐述了它的形成过程,认为:公平互利原则与国际公法传统意义上的主权平等原则、平等互利原则,既有密切的联系,又有重要的区别。"公平互利"是"平等互利"的重大发展;在国际经济交往和国际经济关系中确立和贯彻公平互利原则,其主旨在于以新的平等观取代旧的平等观,以实质上的、真正的平等取代形式上的、虚假的平等;其关键在于对分配不公的世界财富实行公平互利的国际再分配,以促进建立公平合理的国际经济新秩序。本文以较大篇幅,以"非互惠的普遍优惠待遇"为例,说明公平互利原则的初步实践,并且强调发达国家对发展中国家实行的"普惠待遇",貌似单方的施惠,实为双方的互惠;貌似富国慷慨的恩赐,实为历史旧债的部分清偿。

▶▶ 目　次

一、公平互利原则的提出

二、公平互利原则的形成过程及其主要宗旨:"公平"与"互利"的联系和区别

三、公平互利原则的初步实践之一例:非互惠的普遍优惠待遇

---

[*] 本章的基本内容,原载于笔者参撰和主编的《国际经济法总论》(法律出版社 1991 年版),经修订整理,另行独立成篇,发表于《中德经济法研究所年刊》(1992),南京大学出版社 1992 年版。此后,又经多次修订或剪裁,分别辑入笔者参撰和主编的《国际经济法学》(北京大学出版社 1994—2017 年第 1—7 版)、《国际经济法学新论》(高等教育出版社 1994—2017 年第 1—4 版)、《国际经济法学专论》(高等教育出版社 2002—2007 年第 1、2 版)、《国际经济法》(法律出版社 1999—2017 年第 1—4 版)。

一、公平互利原则的提出

第二次世界大战结束以后数十年来,被压迫弱小民族的反殖民主义斗争陆续胜利,众多新主权国家相继兴起,逐渐形成了发展中国家聚合的第三世界。基于国际社会内部结构和力量对比产生了重大、深刻的变化,制定或创立国际公法规范和准则已不再是少数西方"文明"国家即欧美列强垄断的特权,而是国际社会全体成员即所有主权国家的共同任务了。

第三世界各国尽管在社会经济制度、政治倾向和意识形态等方面存在着这样那样的差异,但它们有着受压迫、被剥削的共同屈辱历史,有着通过艰苦斗争挣脱殖民枷锁的共同斗争经历,有着政治上仍然受歧视、经济上仍然不发达、在国际财富分配上仍然遭受不公平待遇的共同现实处境。因此,它们有着彻底改变这种现状的共同愿望和强烈要求,并且正在进行改造国际经济旧秩序、建立国际经济新秩序的共同斗争。

国际经济法中的"公平互利"(mutual and equitable benefit)原则,就是在这样一种全球性的"大气候"下提出来的基本法理原则之一。

众所周知,当代国际社会中存在着由来已久的"南北矛盾"。"南北矛盾"的主要根源,在于世界财富的国际分配存在着严重的不公,而且这种分配不公具有不断扩大的趋向。试以联合国分别在1974年和1992年发布的两项文件中所列举的基本数字为例:20世纪70年代初,发展中国家的人口约占世界人口总数的70%,却只享有世界国民总收入的30%;发达国家的人口只占世界人口总数的30%,却享有世界国民总收入的70%。到了90年代初,这种分配不公、贫富悬殊的局面,即发达国家与发展中国家之间的经济鸿沟,又进一步扩大和加深了:占世界人口总数20%的富国,占有世界国民总收入的80%以上;占世界人口总数80%的贫国,却只占世界国民总收入的20%以下。近年来,富国每年向第三世界各国提供的经济援助总额约为500亿美元;同时,富国依仗其经济实力上的绝对优势控制国际市场给第三世界贫穷国家造成的损失,每年竟高达5000亿美元。换言之,"劫贫济富"竟是"乐善好施"的10倍!

不平则鸣!则争!正是在这样的历史背景下,第三世界国家在近数十年来为建立国际经济新秩序而奋斗的过程中,除了极力强调应当在国际经济关系中认真贯彻"尊重各国经济主权""南北平等合作以共谋发展"等基本法理原则之外,也大声疾呼应在国际经济关系中大力贯彻"公平互利"这一基本法理原则。

与"尊重各国经济主权"等原则并列,"公平互利"原则获得众多主权国家的赞同,从而开始成为当代国际社会的共识。其主要标志应当是 1974 年联合国先后两次大会通过的两大基本文献,即当年 5 月联大第 6 届特别会议通过的《建立国际经济新秩序宣言》(以下简称《宣言》)以及同年 12 月联大第 29 届常会通过的《各国经济权利和义务宪章》(以下简称《宪章》)。

《宣言》强调:国际经济新秩序应当建立在彼此公平相待的基础上,国际社会一切成员国应当根据公平原则,开展最广泛的合作,借以消除经济差距,达到共同繁荣。[1]《宪章》将《宣言》中所列举的关于建立国际经济新秩序的 20 条法理原则,以简明扼要的文字,归纳整理为 15 条,鲜明地提出了公平互利原则。[2]

国际经济法中的公平互利原则与国际公法中传统意义上的主权平等原则、平等互利原则,既有密切联系,又有重要区别。公平互利原则是主权平等原则和平等互利原则的重大发展。

公平(equity)与平等(equality)有时是近义的,有时却是径庭的。在某些场合和特定条件下,表面上的"平等"实际上是不公平的;反之,表面上的"不平等"却是公平的。

发展中国家为了在国际经济交往、国际经济关系中实现公平互利原则,为了在国际经济新秩序中确立公平互利原则,为了对分配不公的世界财富实行公平互利的国际再分配,曾经进行过并且正在继续进行不懈的斗争。

二、公平互利原则的形成过程及其主要宗旨:"公平"与"互利"的联系和区别

国际公法中传统意义上的主权平等,主要指的是在国际社会中,国家不分大小强弱,都具有平等的国际人格,享有平等的法律地位,既没有高低贵贱之分,也不允许存在统治与被统治关系,任何国家都不应要求享有任何特权。传统的主权平等原则的着眼点,显然是侧重于国与国之间的政治关系。

在殖民主义盛行的年代,全球众多殖民地、附属国不具备或被剥夺了国际公法主体的身份,缺乏独立的国际人格,没有主权,也就没有平等可言。因此,在传统的

---

[1] 参见《宣言》第 4 部分,第 2 点。
[2] 参见《宪章》第 1 章,第 5 点。

国际公法观念中,主权平等原则对它们是概不适用的。殖民国家与殖民地之间、宗主国与附属国之间,存在着公开的统治与被统治关系,这种赤裸裸的不平等关系曾经长期被认为是"合法"的,并且往往被以国际不平等条约的形式从法律上加以肯定和固定。当年的主权平等原则,只被推行于欧美所谓"西方文明国家"之间。但是,由于资本主义弱肉强食规律的普遍作用,即使是在这些"文明国家"之间,主权平等原则也经常遭到破坏。

第二次世界大战以后,殖民地、附属国众多弱小民族挣脱殖民枷锁,建立了独立的国家,具备独立的国际人格,成为国际社会的正式成员,并且根据国际公法上主权平等的原则,开始与一切强国、大国、富国一起,并立于世界民族之林,享有平等的法律地位。这是国际关系史和国际公法史上的一大进步。

但是,由于种种历史的原因和现实的原因,这些弱小民族建立的新兴发展中国家在国际社会中的平等地位,往往遭到强权政治和霸权主义者的轻视、侵害和践踏。因此,发展中国家对于传统国际公法中经过一定更新的主权平等原则,经常加以重申和强调,并且为维护、捍卫这一原则而联合斗争。

另一方面,在国际交往实践中,发展中国家愈来愈感受到,仅仅从或主要从政治角度强调主权平等原则,往往只能做到形式上的平等,难以实现实质上的平等。在某些场合,发达国家往往以形式上的平等掩盖实质上的不平等。因此,发展中国家开始侧重从经济角度、从实质上重新审视传统意义上的主权平等原则和形式平等问题,并对传统原则和传统观念加以更新、丰富和发展,赋予新的时代内容,明确地提出了互利原则,不但用以调整国际政治关系,而且尤其用以调整国际经济关系,从而使平等原则上升到新的高度。

互利,指的是各国在相互关系中,应当做到对有关各方互相都有利。反对为了利己,不惜损人,即不能通过损害他国的利益来满足本国的要求,更不能以牺牲他国、压榨他国为手段,攫取本国单方的利益。民族利己主义和由此派生的霸权主义,是互利原则的"死敌"。

国家与国家之间的关系,只有建立在平等的基础上,才能做到互利;只有真正地实现互利,才算是贯彻了平等的原则,才能实现实质上的平等。

可见,把互利与平等联结融合起来,作为指导和调整国际政治关系和经济关系的一项根本原则,标志着国际法上主权平等原则的重要发展。

中国是国际社会中最早提出并积极推行平等互利原则的国家之一。早在中华人民共和国成立前夕,中国人民政治协商会议在1949年9月29日通过的《共同纲领》中,就明确地把平等互利规定为与一切外国建立外交关系的一个前提条件;同时,郑重宣布:"中华人民共和国可在平等和互利的基础上,与各外国的政府和人民恢复并发展通商贸易关系"[3],即明文规定平等互利原则乃是中国实行对外经济交往、调整国际经济关系的基本准则。

1954年4—6月,中国与印度、缅甸一起,率先把平等互利原则与互相尊重主权和领土完整、互不侵犯、互不干涉内政、和平共处等原则结合起来,共同积极倡导把这五项原则作为指导当代国际关系的基本准则。随着时间的推移,和平共处五项原则经历了二十多年的实践考验,至70年代中期,它们不但已经获得广大发展中国家的积极赞许和大力维护,而且开始得到许多发达国家的认可和肯定,相继被载入不胜枚举的国际性法律文件之中。平等互利原则与其他四项原则并列,成为举世公认的国际公法基本原则。

1974年5月和12月,在联合国大会上先后通过了《宣言》和《宪章》。这两项具有重大国际权威性的法律文献,以大体相同的语言文字,把和平共处五项原则的基本内容加以吸收,或列为建立国际经济新秩序20条原则的首要组成部分,或列为调整国际经济关系15条基本准则的首要组成部分。

值得注意的是,无论《宣言》或《宪章》,都把平等原则与互利原则重新分开,分别列为建立国际经济新秩序的两条基本原则或调整国际经济关系的两项基本准则,分别加以重申和强调:一方面,强调各国主权一律平等;另一方面,强调各国交往必须公平互利(mutual and equitable benefit)。[4] 联系到《宣言》和《宪章》中论及国际经济关系时,又多次提到必须贯彻公平原则[5],显然可以看出:这两大国际经济法文献既把平等与互利分开,分别从不同角度加以重申,又把公平与互利联系起来,加以突出和强调。这种新措辞和新规定,实际上是丰富和发展了互利原则,如实地反映了广大发展中国家在国际经济交往中新的呼声和强烈愿望。

众所周知,在一切正常、自愿的国际经济交往中,由各自求利构成的互利,历来是互相交往的起点和动因,也是终点和归宿。换言之,实行国际经济交往的双方,说到底,是为了谋求各自的利益。没有这一点,各方就没有交往的动力。因此,如果在交往中任何一方不让对方也获得相应的或对等的利益,甚至但求利己,不惜损人,则这种交往势必中断,归根结底,一方原先为自己谋求利益的愿望也就落空了。所以,在正常、自愿的国际经济交往中,互利乃是双方矛盾利益的交汇点、调和点和融合点;同时,互利是成交的前提和基础。只有实现真正的互利,才能使国际经济交往中

---

[3] 参见外交部编著:《中华人民共和国对外关系文件集(1949—1950年)》(第一集),世界知识出版社1957年版,第1—4页。

[4] 参见《宣言》第4部分,第1、2点;《宪章》第1章,第2、5条。

[5] 参见《宣言》第4部分,第10点;《宪章》序言,第2章,第6、14、26条。

正常、自愿的成交周而复始，生生不息，互补互益，不断扩大，从而促进世界经济的普遍繁荣。

但是，在当代国际经济交往的实践中，互利原则的贯彻往往遇到干扰、阻碍和破坏。在发达国家与发展中国家之间的经济交往中，尽管以不平等条约为基础的公开的不平等，一般说来已经大为削弱或已不复存在，但是发达国家仍然凭借其经济实力上的绝对优势，对历史上积贫积弱因而经济上处于绝对劣势的发展中国家，进行貌似平等实则极不平等的交往，实行形式上有偿实则极不等价的交换。其常用的主要手段，就是对于经济实力悬殊、差距极大的国家，"平等"地用同一尺度去衡量，用同一标准去要求，实行绝对的、无差别的"平等待遇"。其实际效果，有如要求先天不足、大病初愈的弱女与体魄强健、训练有素的壮汉，在同一起跑点上"平等"地赛跑，从而以"平等"的假象掩盖不平等的实质。

例如，根据1947年的《关税及贸易总协定》，自20世纪40年代中期至70年代初期，在国际贸易关税体制中长期推行互惠原则、最惠国原则以及无差别原则，这在经济发展水平大体相当的国家之间说来，基本上是公平的、可行的。但是，由于把这些原则绝对化、僵化，因而不顾发展中国家与发达国家之间发展水平的差距和经济实力的悬殊，要求一切缔约方在国际贸易中无条件地实行对等互惠，"平等"地大幅度削减关税。其结果，往往导致发展中国家的民族工业、国内市场以及对外贸易进一步萎缩，造成富国更富、贫国更贫的局面。又如，在《国际货币基金协定》中，主要依据各国缴纳基金份额这一统一的、"平等"的标准，决定各会员国所享有的决策权和借款权，实行"份额面前，人人平等"，往往导致财大者气粗，以富欺贫。

诸如此类形式上的"平等"，不但未能消除世界财富原有的国际分配不公，而且增添了新的国际分配不公，严重阻碍实质平等和真正互利的实现。

正是在这种背景下，第三世界众多发展中国家在强调各国主权平等的同时，在强调各国在政治上、法律上享有平等地位的同时，又侧重从国际经济关系方面，大声疾呼和强烈要求贯彻公平互利原则，突出地强调了公平的重要性和迫切性，并且借助于联合国大会通过的《宣言》和《宪章》，使它上升为建立国际经济新秩序的一项基本原则和调整国际经济关系的一项基本准则。

公平互利原则进一步明确了平等互利的真实含义，丰富了平等互利的内容，是平等互利原则的重要发展。

在国际经济交往中强调公平互利，究其主要宗旨，端在于树立和贯彻新的平等观。

对于经济实力相当、实际地位基本平等的同类国家说来，公平互利落实于原有平等关系的维持;对于经济实力悬殊、实际地位不平等的不同类国家说来,公平互利落实于原有形式平等关系或虚假平等关系的纠正以及新的实质平等关系的创设。为此目的,就应当积极采取各种措施,让经济上贫弱落后的发展中国家有权单方面享受非对等性的、不要求直接互惠回报的特殊优惠待遇,并且通过给予这些貌似"不平等"的特惠待遇,补偿历史上的过错和纠正现实中的弊病,以实现真正的、实质上的平等,达到真正的公平。

这种新的平等观,是切合客观实际需要的,是科学的,也是符合马克思主义基本观点的。早在百余年前,马克思在剖析平等权利时,就曾经指出:用同一尺度去衡量和要求先天禀赋各异、后天负担不同的劳动者,势必造成各种不平等的弊病,并且断言:"要避免所有这些弊病,权利就不应当是平等的,而应当是不平等的。"[6]马克思的这种精辟见解,对于我们深入理解当代发展中国家提出的关于贯彻公平互利原则、实行非互惠普惠制等正义要求,具有现实的指导意义。

只有在公平互利的基础上建立新型的国际经济关系,才能逐步纠正目前存在的国际贫富悬殊的不合理现象,实现全球各类国家在经济上的均衡发展和共同繁荣。换言之,贯彻公平互利原则不仅对发展中国家有利,从世界战略全局和发达国家本身利益出发,在发达国家和发展中国家之间建立公平互利关系,也有助于缓和发达国家的经济困难,有利于世界的和平与稳定。

三、公平互利原则的初步实践之一例:非互惠的普遍优惠待遇

《宪章》规定:为了加速发展中国家的经济增长,消除发达国家与发展中国家之间的经济鸿沟,发达国家应当尽可能在国际经济合作的领域内给予发展中国家"普遍优惠的、不要求互惠的和不加以歧视的待遇"(generalized preferential, non reciprocal and non-discriminatory treatment)。同时,责成发达国家根据国际关税主管机构的决定,针对发展中国家出口的产品,积极推行"普遍的、不要求互惠的和不加以歧视的关税优惠制度"(generalized non-reciprocal and non-discriminatory tariff preferences)。[7] 前者通常简称"非互惠的普惠待遇"或"普惠待遇",以区别于国际法中的传统概念"互惠待遇"和"最惠国待遇"。后者是前者的原则在关税体制中的

---

[6] 参见马克思:《哥达纲领批判》,载《马克思恩格斯选集》第3卷,人民出版社1995年版,第305页。
[7] 参见《宪章》第2章,第18、19条。《宣言》第4部分第14点以及《纲领》第1部分第(3)、I、J点也作为类似的规定。

具体运用,通常简称"非互惠的关税普惠制""关税普惠制""普惠关税制""普遍优惠制"或"普惠制"。

发达国家对发展中国家实行"非互惠的普惠待遇",是公平互利原则的一种具体运用和初步体现。

如前所述,在第二次世界大战结束后推行了几十年的《关税及贸易总协定》(以下简称《总协定》),其中关于"互惠、最惠国、无差别"待遇的原则,对于发展中国家与发达国家之间的贸易往来而言,是显失公平的。1964年,在联合国贸易和发展会议的首届大会上,与会的77个发展中国家共同呼吁改变《总协定》中不合理、不公平的规定,要求发达国家排除不利于发展中国家出口的障碍,针对来自发展中国家的商品给予普遍的、非互惠的和非歧视的关税优惠待遇,并把这种要求与建立国际经济新秩序的总要求紧密联系起来,加以强调。会议终于通过了一项重要原则:"发达国家应当给予全体发展中国家减让,把发达国家之间相互给予的一切减让,推广给予发展中国家;在给予这些减让时,不应要求发展中国家以任何减让作为回报。……应当把所有发展中国家作为一个整体,给予新的优惠减让;这种优惠,不应推广给予发达国家。"[8]这一原则初步描绘了非互惠的普惠待遇的基本轮廓。

经过众多发展中国家多年的联合斗争,促使《总协定》这一国际公约先后在1964年11月、1971年6月以及1978年11月对十分僵硬的"互惠、最惠国、无差别"的原有体制,三次作了局部的修订和变更,逐步认可和肯定了专门给予发展中国家出口产品的"非互惠的普惠待遇"以及"非互惠的关税普惠制"。[9] 在这个过程中,发展中国家又通过集体的努力,促使此种普惠原则和普惠关税制在1974年正式被载入联合国大会通过的《宣言》《纲领》和《宪章》等具有国际权威性的法律文献。通过这些国际公约、国际法律文献以及相应的国际关税实践,逐步在法律上确立了普惠待遇原则和普惠关税制的合法地位。

在普惠关税制中,"给惠国"(或"施惠国")指的是对发展中国家制造和出口的商品给予关税普惠待遇的发达国家;"受惠国"指的是享受发达国家给予关税普惠待遇的发展中国家;"受惠产品"指的是被列入给惠国方案清单中的、享受关税普惠待遇的受惠国商品。

---

[8] See Proceedings of the United Nations Conference on Trade and Development, Final Act and Report (United Nations publication), Vol. I, annexes A.I.1, A.I.2 and A.I.3, pp.18-26.

[9] 参见《总协定》决议:L/3545,L/4093;汪暄:《论关税及贸易总协定下的贸易自由化》;高燕平:《国际贸易中的普遍优惠制》,载《中国国际法年刊》,中国对外翻译出版公司1987年版,第44、59、60、63、161—163页。

经过多边谈判,《总协定》组织在1978年11月作出第L/4093号决议:"……缔约国可以给予发展中国家有差别的和更有利的优惠待遇,而不把这种待遇给予其他缔约国";"发达的缔约国不得期望发展中国家在贸易谈判中给予与它的发展、财政和贸易需要不相称的互惠"。

在当前的国际实践中,一般是由各给惠国(发达国家)根据本国的立法程序,分别制订给予受惠国(发展中国家)关税普惠待遇的具体方案。方案的制订国即给惠国拥有相当大的自由裁量权和决定权,即可以单方面随意决定受惠国名单、受惠产品范围、受惠关税减免幅度以及反普惠的保护措施等等。因此,严格说来,国际上现行的关税普惠制实际上还只是各发达国家各种不同给惠方案的简单凑合,远非发展中国家原先所要求的普遍的、非互惠的和非歧视的关税优惠制度。一般说来,在各种普惠制方案的制订上,作为普惠制倡议者的众多发展中国家几乎毫无发言权,只是消极被动地认可或接受由发达国家单方制订的既定方案。

在现行的各类关税普惠制中,由于其中几个关键问题的决策权完全操纵在有关的发达国家手中,因此它们在确定受惠国名单时,往往出于经济或政治考虑,厚亲薄疏,排斥"异己",甚至以此作为实施"经济制裁"或政治要挟的手段;在开列受惠产品清单时,往往把对发展中国家出口利益有重大影响的产品(诸如纺织品、皮革制品、儿童玩具、某些农产品等),排除在受惠产品范围之外;在厘定关税优惠减免幅度时,往往设定各种"配额"和"最高限额",来自发展中国家的出口产品超过一定的额度,其超过部分就不得享受普惠待遇;此外,还借口保护国内同类产业和国内市场不受"干扰"和"威胁",采取名目繁多的"保护性措施",设置各种"非关税壁垒",推行"逐渐取消优惠"条款,这就使得关税普惠制在实际执行中受到重重限制,大打折扣,甚至流于有名无实。

可见,现行的普惠制实际上是南北矛盾和南北妥协的产物。对比传统的、绝对的"互惠、最惠国、无差别"体制,它可以说是一项重要的改革;而对比原来意义上的普惠制,则还有相当大的差距。实施现行的普惠制,对于许多发达国家说来,意味着它们已经开始从国际经济旧秩序的原有阵地上退却,在退却过程中却又步步为营,力求尽多地保住既得利益;对于广大发展中国家说来,意味着它们在建立国际经济新秩序方面已经有所推进,在继续推进中却遇上重重壕堑,每前进一步都要再经过新的艰苦斗争。

在继续推进普惠制问题上,发展中国家正在开展新的联合斗争。其首要着力点,显然应当集中于:力争在上述几个关键问题上享有参与决策的权利,即改变发达国家"一言堂"的现状,实行南北双方的"众言堂",通过认真的南北新谈判和新协商,达成新的共识,采取新的普惠措施,共同努力贯彻。1975年、1979年、1984年以及1989年先后签订的四个《洛美协定》,由非洲、加勒比地区和太平洋地区几十个发展中国家与欧洲经济共同体国家实行集体的南北对话和谈判,陆续达成了比较有利于发展中国家的协议,逐步实施和改进了有关非互惠的普惠待遇的体制。这就是广大发展中国家正在朝着上述方向不断努力前进的一个有力例证，也是它们在这个方向上取得的一项重要成果。

实践证明：在南北对话和谈判中，为了取得新的、公平合理的共识，达成新的、公平合理的协议，在法理上必须澄清几个基本观念：

第一，实施非互惠的普惠待遇，既不是发达国家的恩赐和施舍，更不是发展中国家的讨赏和乞求。稍具历史知识者都懂得：今日的发达国家大多是当年的殖民主义国家或宗主国，它们今日的富强与当年对殖民地、附属国的掠夺和盘剥，有着密切的历史联系和因果牵连。今日发展中国家的贫弱落后，就是它们当年在殖民枷锁下长期遭受盘剥和榨取的历史积淀。历史上的恩仇可以淡化和消除，历史上的巨债却不宜一笔勾销。从这个意义上说，如今发达国家单向地给予发展中国家"非互惠的普惠待遇"，其实质，不妨认定为历史旧债的部分偿还，即历史上债务人的继承者对于历史上债权人的继承者的初步清偿。这本来就是国际公法上关于国家责任原则、国家继承原则以及政府继承原则的法定内容和法定要求。

第二，所谓"非互惠的普惠待遇"，其中"非互惠的"一词，并不完全准确。诚然，从局部的、短期的角度看，给惠国不要求受惠国立即给予直接的反向回报，因而勉强可以说是"非互惠的"。但是，从全局的、长远的角度看，给惠国实际上从受惠国不断取得重大的回报和实惠。以前述四个《洛美协定》为例，参加缔约的非、加、太地区数十个发展中国家原先绝大多数都是欧共体发达国家的殖民地、附属国或"势力范围"，历来是欧共体国家极其重要的原料供应地和商品的销售市场。通过《洛美协定》，欧共体国家诚然给予非、加、太地区国家以普惠待遇，反过来，欧共体国家也相应地确保和扩大了在这些地区国家中的经济利益，确保了许多重要原料的来源，扩大了商品的销售市场；同时，在资本主义社会"自由竞争"体制下，在美国和日本等"商战劲敌"面前，占了上风。由此可见，所谓"非互惠"或"不要求互惠"，实际上仍贯穿着"投桃者求报李"和"礼尚往来"的用意，也蕴含着商场上"等价有偿"的法理原则。

第三，在当代现实的国际市场中，发达国家凭借其经济实力和垄断手段，可以随意操纵各类商品的价格，致使来自发展中国家的农矿原料产品、初级工业产品与来自发达国家的以这些原料和初级产品作为根基的精制产品以及其他科技产品之间往往存在着纯属人为的重大"剪刀差"。两类国家的两类产品价格贵贱的悬殊，并不真正体现两类商品中所凝聚的社会必要劳动量的重大差异。相反，这种人为"剪刀差"正是对经济学上"等价交换"原则和法学上"等价有偿"原则的严重背离。针对这种国际贸易往来中显失公平的现实弊端，要求发达国家单向地对发展中国家采取

"非互惠的普惠待遇",充其量只不过是对上述不公弊端的纠正,对弊端后果的补偿和补救,只不过是"等价交换"和"等价有偿"等公平原则的恢复和重建。因此,这绝不是什么"非分要求",更不是"过分苛求"。

第四,在现代科技条件下,国际社会中各类国家的经济在很大程度上是互相联系、互相依存和互相补益的。国际社会的各类成员只有实现共同的发展,才能有效地谋求各自的繁荣。任何国家或国家集团在谋求自身发展的过程中,都不能置他国利益于脑后。过分损人,终必害己。诚如《宣言》所郑重宣布的:"发达国家的利益同发展中国家的利益,彼此再也不能截然分开;发达国家的兴旺发达,同发展中国家的成长进步是息息相关的;整个国际社会的繁荣昌盛,取决于它的各个组成部分的繁荣昌盛。开展国际合作以共谋发展进步,是一切国家义不容辞的目标和共同的职责。"[10] 由此可见,富强的发达国家对贫弱的发展中国家实施"非互惠的普惠待遇",说到底,只是发达国家对整个国际社会应尽的一份职责。

总之,认真贯彻实行"非互惠的普惠待遇"和"非互惠的关税普惠制",有助于加强发展中国家产品在国际市场上的竞争能力,扩大它们的出口,改善这些国家经济上贫困落后的处境,从而纠正国际上贫富悬殊和分配不公的现状。与此同时,这种新体制也给发达国家带来许多现实的利益和对等的实惠,特别是从全局和长远的角度来看,对发达国家也是十分有利的。由此可见,这种新体制乃是公平互利原则的一种具体运用和初步体现,是国际经济新秩序的一种重要构成因素。

应当指出,从当前国际现状的整体来看,公平互利原则的贯彻实行,还只是略见端倪,有所进展;发展中国家在国际经济关系中的不利地位,尚未得到重大改变;要真正实现公平互利,还需经过长期的奋斗和不懈的努力。

---

[10] 《宣言》第3部分。

第26章 "南北矛盾"的词源、发展与中国的两手应对[*]

>> 内容提要

本文从"南北矛盾"的词源入手,考察这一语词的提出及其产生的历史背景。接着,以冷战结束作为分界线,深入挖掘冷战结束前与冷战结束后"南北矛盾"的内涵与外延,了解"南北矛盾"这一语词的发展脉络及其经世致用的历史进程,从而论证"南北矛盾"仍然是21世纪构建国际政治经济新秩序中有待解决的首要问题。最后,探析"南北矛盾"下中国的两手应对。

>> 目 次

一、"南北矛盾"的提出及其产生背景
  (一)"南北矛盾"的提出
  (二)"南北矛盾"的产生背景
二、冷战结束前的"南北矛盾"
  (一)冷战结束前"南北矛盾"的内涵
  (二)冷战结束前"南北矛盾"的外延
三、冷战结束后的"南北矛盾"
  (一)冷战结束后"南北矛盾"内涵的多样化
  (二)冷战结束后"南北矛盾"外延的新表现
四、"南北矛盾"的未来与中国的两手应对
  (一)和平手段:合作共赢
  (二)军事手段:居安思危

---

[*] 本章由陈安与张金矜合作撰写。张金矜是国家重点学科厦门大学国际法学科2016级博士生。

一、"南北矛盾"的提出及其产生背景

(一)"南北矛盾"的提出

"南北矛盾",也可表述为"南北关系"或"南北问题"。这一术语作为发达国家与发展中国家之间关系的代名词,被国际关系和国际法学者广泛使用。然而,很少有人知悉这一语词源自何处。早在1958年,印度开国总理尼赫鲁(Pandit Nehru)就曾指出:"当今世界最根本的分歧并不在共产主义和反共产主义国家之间,而在高度发达的工业国家和挣扎于生存边缘的发展中国家之间。"[1]这一论断虽然揭示出"南北矛盾"的本质问题,但是却没有使用相应的语词。据学者研究,"南北矛盾"一词最初由英国劳埃德银行行长奥利弗·弗兰克斯爵士(Sir Oliver Franks)在1959年11月的《新国际平衡:对西方世界的挑战》(The New International Balance: Challenge to the Western World)一文中提到。[2] 弗兰克斯爵士在文中使用的是"North-South problem"即"南北问题"这一表述。弗兰克斯爵士在文中就"南北问题"的国家界定、问题性质和发达国家的应对方案展开了论述。

首先,弗兰克斯爵士对"南北问题"涉及的对象,即两类国家作出了比较准确的划分。他提出,所谓的"南北问题",是指北方工业化国家与欠发达国家、发展中国家的关系问题。欠发达国家、发展中国家位于工业化国家的南方,或在中南美洲、非洲,或在中东、南亚,或在太平洋诸岛。[3] 这一界定意味着,南北国家(或说发达国家与发展中国家)的划分并非简单地等同于南半球国家与北半球国家的区分,也不同于大多数发展中国家位于南半球,而大多数发达国家位于北半球这种"常见"说法。考察地理可知,完全或部分位于北半球的国家中包括47个亚洲国家、44个欧洲国家、38个非洲国家、23个北美洲国家、7个南美洲国家(其中委内瑞拉、圭亚那、苏里南、法属圭亚那完全位于北半球,哥伦比亚、厄瓜多尔、巴西部分位于北半球)、2个大

---

[1] Cite from Mohammed Bedjaoui, *Towards a New International Economic Order*, Holmes & Meier Publishers, 1979, p. 34.
[2] 参见〔英〕奥利弗·弗兰克斯爵士:《新国际平衡:对西方世界的挑战》,张泽忠译,于湛旻校,载《国际经济法学刊》2008年第15卷第4期,第2页。
[3] 参见〔英〕Sir Oliver Franks, The New International Balance: Challenge to the Western World,载《国际经济法学刊》2008年第15卷第4期,第16页。

洋洲国家（密克罗尼西亚和波利尼西亚均部分位于北半球）。[4] 完全或部分位于南半球的国家包括28个大洋洲国家、22个非洲国家、9个南美洲国家、3个亚洲国家（东帝汶完全位于南半球，印度尼西亚和马尔代夫部分位于南半球）。[5] 由此可见，单纯从国家数量上无法看出大多数发展中国家位于南半球，这种简单根据南北半球国家数量的区分有失妥当。而弗兰克斯爵士使用了"欠发达国家、发展中国家多位于工业化国家的南方"这一表述则较为准确，与事实基本相符。[6]

其次，弗兰克斯爵士对"南北问题"进行了定性。在他看来，一方面，南北问题虽然与东西问题有联系，但是它并非隶属于东西问题，而是一个独立的问题，与紧张的东西方关系同样重要。另一方面，南北问题关乎世界的平衡，即当前世界的平衡取决于全球视野下工业化的北方国家与发展中的南方国家之间关系的合适定位，尤其是新生发展中国家的命运。许多发展中国家为快速发展经济而不惜任何代价的做法可能会导致国家因暴政而崩溃，也可能导致国家因外来资本而崩溃。[7] 虽然弗兰克斯爵士没有具体指出"南北问题"是什么，但是从他的论述中可以了解到，北方发达国家开始认识到南方国家的未来经济发展，以及南北国家之间的经济关系定位对于世界平衡及其自身利益具有重要影响。据此推断，南方国家的经济发展问题应是"南北问题"的重要内容。

最后，弗兰克斯爵士提出了应对"南北问题"的方案。"如果北美和欧洲想要在南北问题中取得胜利的话，至关重要的是我们的经济实力要强大到足以完成我们的使命……这意味着我们必须加快经济增长，既能满足提高国内生活水平和防御的需要，也能满足那些我们必须给予的援助的需要，以免全球天平出现对我们严重不利的倾斜。"这一方案的深层含义有二：一是资本主义各国有必要对南方国家的开发进行援助，防止南方国家投入社会主义的"怀抱"。[8] 二是"建立一个非正式的论坛，为各国政府对于新时期的全球事务应当作出的政治决策提供基础"[9]。这可以理解为，发达国家意图借助这个非正式论坛掌控"南北问题"的走势和发展中国家的发展

---

[4] 参见"北半球"，https://baike.baidu.com/item/%E5%8C%97%E5%8D%8A%E7%90%83/1696203?fr=aladdin。

[5] 参见"南半球"，https://baike.baidu.com/item/%E5%8D%97%E5%8D%8A%E7%90%83/1696241?fr=aladdin。

[6] 参见"世界地图图册"，https://baike.baidu.com/pic/%E4%B8%96%E7%95%8C%E5%9C%B0%E5%9B%BE/6216/0/aa64034f78f0f736eb2cd3c50355b319eac41327?fr=lemma&ct=single#aid=0&pic=aa64034f78f0f736eb2cd3c50355b319eac41327。

[7] 参见[英]奥利弗·弗兰克斯爵士：《新国际平衡：对西方世界的挑战》，张泽忠译，于湛旻校，载《国际经济法学刊》2008年第15卷第4期，第3页。

[8] 参见卫中兴：《南北问题的回顾与展望》，载《管理世界》1992年第2期，第107页。

[9] [英]奥利弗·弗兰克斯爵士：《新国际平衡：对西方世界的挑战》，张泽忠译，于湛旻校，载《国际经济法学刊》2008年第15卷第4期。

模式。

综上所述,由弗兰克斯爵士提出的"南北矛盾"一词表明,"南北矛盾"是指位于发达国家与位于其南方的发展中国家之间的矛盾,其中发展中国家的经济发展问题是矛盾的主要内容。从发达国家的利益出发,向发展中国家提供资金援助,开展合作磋商是应对方案。其实,"南北矛盾"并不是弗兰克斯爵士一拍脑门就提出来的,其背后有着深刻的历史内涵。"南北矛盾"为什么在20世纪50年代末被提出,而不是其他时间?这一语词为什么由北方人士率先提出?我们认为回答上述问题能够更好地理解"南北矛盾"一词,因此有必要深入挖掘"南北矛盾"一词产生的历史背景。

(二)"南北矛盾"的产生背景

虽然"南北矛盾"被"名词化"提出是在20世纪50年代末期,但这一问题绝不是二战后才产生的。"南北矛盾"由来已久,并伴随着殖民主义、帝国主义的对外扩张、掠夺形成和发展。[10]

1. "南北矛盾"的实质开端

据史料记载,南北关系的残酷开端可以追溯到15世纪自由资本主义时期。这一时期,"南北矛盾"的核心表现是西方殖民主义者对弱小民族发动侵略战争、暴力征服、杀人越货、践踏人权、经济剥削和政治吞并。[11] 具体言之,在人权方面,亚非拉地区人民遭受殖民者惨无人道的对待,他们任人宰割、毫无权利可言。[12] 例如,殖民者对土著居民进行残忍的种族灭绝,对非洲黑人开展猎捕和贩奴业务,对印第安人强制劳役,对亚非拉地区人民的财产强取豪夺等罄竹难书的罪状。[13] 在经济领域,殖民者的暴力和强制行为贯穿始终,形成以弱肉强食为本质的不平等、不等价、不公平、非自愿、非互利的经济秩序。这也正是国际经济旧秩序的雏形和渊源。[14] 例如,欧洲移民在南北美洲和加勒比地区发展奴隶制的种植园经济,为欧洲提供商品。拉丁美洲长期处于为欧洲服务的生产体系中,不公平的、非互利的经济交往模式导致

---

[10] 参见华展实:《南北矛盾的激化及其新特点》,载《世界经济》1988年第3期,第1页。
[11] 参见本书第一编第16章"论马克思列宁主义对弱小民族国家主权学说的重大贡献",第一部分下"殖民十恶"。
[12] 参见高岱、郑家馨、张在华、夏方晓:《世界历史——殖民扩张与南北关系》(第25册),江西人民出版社2011年版,第80—81页。
[13] 参见陈安:《陈安论国际经济法学》(第一卷),复旦大学出版社2008年版,第47—52页。
[14] 同上书,第53—54页。

其一直处于低度发展状态。[15] 在政治方面,殖民主义者霸占弱小民族的领土,控制其主权。尤其在 19 世纪末,自由资本主义过渡到垄断资本主义时期,也被称为"帝国主义时期"。在这一阶段,殖民地对于宗主国的意义更为重要,由此开始了"一个全世界殖民政策的特殊时代",殖民地经济被进一步纳入资本主义国际分工体系之中。西方大国对于亚非拉国家的殖民政策虽有差异,但是这些政策的一个共同点是以确立和巩固政治统治为前提,以政治"兼并"来维持和实现对殖民地的经济"兼并"。[16] 直至 20 世纪初期,殖民地被瓜分完毕,殖民体系最终形成。资本输出已经成为帝国主义列强剥削殖民地或附属国人民的主要形式。此时,殖民地或附属国人民已经完全丧失民族独立和国家主权,在政治、经济、军事、外交、文化等方面受宗主统治和支配,继续遭受殖民地宗主国赤裸裸的剥削和掠夺。在这个意义上,"南北矛盾"已经在世界范围内实质形成。[17]

在殖民地独立前夕,亚非拉弱小民族的政治和经济受到资本主义强国的控制和支配,完全丧失国家主权。它们无法独立自主地选择和控制自己的政治经济制度。也就是说,在这一时期,这些弱小民族未能以独立国家的身份参与到国际政治经济交往中。同时,在殖民时期,国际社会由"弱肉强食"理论支配,帝国主义侵略掠夺殖民地被视为理所当然的行为,殖民地列强自然也不会去关心"南方"的政治地位和经济发展。因此,殖民地独立前的"南北矛盾"并非**国家层面**、**现代意义**上的"南北矛盾"。这一时期,矛盾的核心内容是,殖民地国家人民为推翻殖民统治、争取国家独立而斗争,帝国主义为维护和巩固其殖民统治而残酷镇压民族解放运动。

2. 国家层面的"南北矛盾"初步成形

二战结束之后,亚非拉地区争取民族独立的斗争不断升级,尤其是 1955 年万隆会议的召开,将反帝国主义、反殖民主义的斗争推向新的高潮。在这一背景下,长期遭受殖民统治的全球弱小民族开始纷纷寻求并获得了民族解放和国家独立。越来越多的南方殖民地以独立国家的身份登上国际舞台,这为"南北矛盾"词源的形成提供了国家层面的政治外壳。原殖民地宗主国为了继续剥削和控制这些原殖民地和原附属国,在承认被压迫民族享有民族自决权的同时,通过构建不公平的国际经济秩序,继续维护并扩大利益。这也被称为"新型殖民主义政策"。[18] 原殖民地、半殖民地国家在获得政治独立后,均开始迫不及待地发展本国经济。它们意识到现存国

---

[15] 参见高岱、郑家馨、张在华、夏方晓:《世界历史——殖民扩张与南北关系》(第 25 册),江西人民出版社 2011 年版,第 82—83 页。
[16] 参见巫宁耕:《试论南北矛盾的经济根源》,载《经济学家》1991 年第 4 期,第 71 页。
[17] 参见华展实:《南北矛盾的激化及其新特点》,载《世界经济》1988 年第 3 期,第 1 页。
[18] 参见巫宁耕:《试论南北矛盾的经济根源》,载《经济学家》1991 年第 4 期,第 72 页。

际经济秩序的不平等,并主张构建公平公正的国际经济新秩序。至此,在国家层面、现代意义上的"南北矛盾"初步成形。

"南北矛盾"之所以在20世纪50年代末获得发达国家的重视,主要缘于发达国家的危机意识。一方面,20世纪50年代中期之后,发展中国家开始集结起来,主张构建国际经济新秩序,使发达国家感受到了威胁和压力。1955年万隆会议以前,南方发展中国家所开展的争取建立国际经济新秩序的斗争尚处于酝酿阶段。斗争是自发的、分散的、个别的行动,并且无组织、无纲领,人们对南北问题的实质还缺乏明确的认识。这些贫穷弱小国家不仅经济和技术实力无法与发达国家匹敌,而且在面对欧美大国时的谈判能力很弱。正是由于被压迫国家所共同经历的屈辱历史,以及对本国经济发展的渴望,这些国家采取集体行动战略,集结成为南方阵营,提高与北方国家谈判时的要价能力。[19] 在这一背景下,北方国家开始意识到发展中国家对于经济发展的追求,会打破其构建起的世界平衡。它们以自身利益为核心建立的传统国际经济关系和国际经济旧秩序面临着发展中国家的破坏和冲击。另一方面,"南北矛盾"的产生无法脱离当时"东西矛盾"的背景。以苏联为核心的社会主义阵营的出现,引起资本主义世界的极大恐慌。为了防止出现更多国家被"赤化"为社会主义国家,发达国家的一些有识之士也开始重视南方问题,重视南方国家的发展问题。他们决定为南方国家提供援助,将它们拉入资本主义阵营,防止它们被"东方化"或"赤化"。综上所述,"南北矛盾"一词的提出和产生背景使我们对"南北矛盾"的本质内容形成了初步认识,即原殖民地宗主国与原殖民地之间的剥削与反剥削、控制与反控制。

二、冷战结束前的"南北矛盾"

按照历史发展的顺序,本章的第二部分拟考察"南北矛盾"一词提出后至冷战结束前这一阶段,"南北矛盾"的内涵发展和表现样态。

(一) 冷战结束前"南北矛盾"的内涵

冷战结束前,毛泽东主席根据美苏争霸与广大第三世界国家崛起等国际局势,在1974年提出了著名的"三个世界"理论。毛主席以国家经济实力对比和世界各国

---

[19] See Charles A. Jones, *The North-South Dialogue: A Brief History*, Frances Pinter, 1983, pp. 10-15.

在国际政治博弈中的趋向为基础,指出美国、苏联两个超级大国属于第一世界;日本、欧洲、澳大利亚和加拿大属于第二世界;包括中国在内的广大亚非拉发展中国家及地区属于第三世界。[20] 在这一时期,美苏两个霸权国家在政治、经济、军事、外交等方面展开全面竞争,这也被表述为"东西矛盾"。这一时期的"南北矛盾"的内容虽然主要关注的是新独立殖民地国家的经济发展问题,但是"南北矛盾"与"东西矛盾"却互相交叉渗透,纠缠在一起,难以截然分开。

在这个历史阶段,虽然亚非拉国家相继取得了政治独立,但是由于这些国家长期遭到殖民统治,在经济上仍然依附于发达国家的经济体系。原殖民地宗主国也以不同形式在不同程度上控制着这些国家的经济命脉。在旧有的经济结构下,发达国家运用各种手段,直接或间接地继续占有、控制发展中国家的自然资源;继续以不公平的条件向发展中国家输出资本,榨取超额利润;利用自身在国际市场上的垄断地位,压低发展中国家的原料和初级产品价格,抬高自己工业产品的出口价格,进行不等价交换,以牟取暴利。广大发展中国家意识到,缺乏经济独立的政治独立是不完全、不稳固的。因此,为了脱离发达国家的控制和剥削,铲除国内的殖民主义残余势力,发展中国家必须从根本上改变旧有的经济结构,建立国际经济新秩序,独立自主地掌握本国经济命脉,充分利用本国自然资源,大力发展本国经济。[21] 1955年,万隆会议成功召开,发展中国家认识到"团结就是力量",于是开始从集体行动中寻找突破。它们先后于1961年发展出不结盟运动,1962年号召成立联合国贸易和发展会议,1963年组成77国集团。发展中国家借助这些平台在经济发展问题上,制订出发展中国家的共同目标和联合行动纲领,采取集体谈判策略和共同立场,致力于反对帝国主义、霸权主义和争取建立国际经济新秩序的斗争。[22] 下面以不结盟运动和77国集团为例,阐释发展中国家的集结行动。

不结盟运动虽然是一个政治论坛,但是在1961年第一次不结盟国家和政府首脑会议通过的最后文件中,已经初步涉及反对国际经济旧秩序的问题。例如,要求废除国际贸易中的不等价交换,要求稳定原料和初级产品价格,要求发展中国家在经济领域采取联合行动,等等。1964年,第二次不结盟国家首脑会议通过《和平和国际合作纲领》,指出:"和平必须建立在健全和巩固的经济基础上,持续的贫穷必然构成对世界和平和繁荣的威胁,经济解放是争取消除政治控制斗争中的一个必不可少的因素。所有国家都有责任为迅速建立一种新的和公正的经济秩序贡献力量。"实际

---

[20] 参见杨洋:《从"三个世界"理论看毛泽东晚年国际战统思想》,载《华中人文论丛》2012年第2期,第132页。

[21] 参见陈安:《陈安论国际经济法学》(第一卷),复旦大学出版社2008年版,第59页。

[22] 参见宿景祥:《从77国集团首脑会议看南北矛盾》,载《时事报告》2000年第5期,第58页。

上,这是不结盟运动在其首脑会议通过的最后文件中,第一次提出需要一个"新的国际经济政策"。此后,不结盟运动开始把争取建立国际经济新秩序这一立场作为制定不结盟政策总纲领的指导思想。[23]

77国集团在1964年的哈瓦那首脑会议中发表了两份文件:一份是有关政治和意识形态方面的《最后声明》。这份声明指出,国际经济关系,特别是国际合作方面越来越强烈的不对等和不平衡,加剧了南北之间的不平等。南方国家未能在平等的基础上与发达国家分享全球化的各种利益,而是被排除在各种进程和各种机遇之外。这一声明强烈呼吁南方国家以同一种声音,采取行动,从根本上加速改变国际经济旧体制,寻求建立正义、平等、和平和发展的国际经济新秩序。声明主张建立有助于南方国家经济增长和发展的多边贸易体制,要求发达国家履行有利于发展中国家出口的规定,免除最贫穷国家的债务。另一份是《哈瓦那行动计划草案》。该草案要求各国努力加强国际合作,相互补充,以消除由全球化导致的大量发展中国家,特别是不发达国家的边缘化。[24]

(二) 冷战结束前"南北矛盾"的外延

具体说来,冷战结束前,国际经济新秩序的"南北矛盾"先是集中体现在发展中国家对经济主权的追求上,再是发展中国家在经济发展中的债务问题。

1. 经济主权

20世纪60—70年代的主要矛盾是围绕着发展中国家的经济主权展开的。

虽然1952年1月,在联合国大会第6届会议上通过了《关于经济发展与通商协定的决议》,率先肯定和承认各国人民享有经济上的自决权,但是这种规定较为空泛和抽象。1952年12月,联合国大会第7届会议通过了《关于自由开发自然财富和自然资源的权利的决议》,开始把自然资源问题与国家主权问题相联系。它规定:"各国人民自由地利用和开发其自然财富和自然资源的权利,乃是他们主权所固有的一项内容。"但是,这项决议并未引起人们的重视。此后,经过南北双方国家在联合国内外10年的磋商、谈判和论战,于1962年12月在联合国大会第17届会议上通过了《关于自然资源永久主权的宣言》,正式确立了各国对本国境内的自然资源享有永久主权的基本原则。这是发展中国家维护本国经济主权、争取经济独立的重大成果。但是,由于南北双方在各国对本国自然资源实行国有化和征收问题上相持不下,最

---

[23] 参见高志平:《不结盟运动倡导国际经济新秩序历程探微》,载《求索》2010年第12期,第251页。
[24] 参见宿景祥:《从77国集团首脑会议看南北矛盾》,载《时事报告》2000年第5期,第54页。

终仅达成了妥协性规定。这项宣言虽然意味着国际社会开始普遍承认各国有权把外资控制的自然资源及其有关企业收归国有或加以征用,但采取上述措施以行使其主权的国家应当按照本国现行法规以及国际法的规定,对原业主给予适当的赔偿。同时,这项决议在序言中要求发展中国家尊重当年在殖民统治下被殖民主义者攫取的既得利益,保证"绝不损害任何联合国会员国在既得财产上对于继承国和继承政府享有权利和承担义务"这一问题的任何方面的立场。这一决议表明,发展中国家对境内的外国资产收归国有或征用的合法权利受到发达国家的限制。也就是说,经济主权革命尚未成功,南方国家仍需努力。

在众多发展中国家的积极推动下,1974年5月,联合国大会第6届特别大会通过了《建立国际经济新秩序宣言》《建立国际经济新秩序行动纲领》。同年12月,联合国大会第29届会议又进一步通过了《各国经济权利和义务宪章》。这些纲领性的法律文件删除了1962年《关于自然资源永久主权的宣言》中关于国有化问题的无理限制规定,并澄清了含混模糊之处。上述三个文件的通过是众多发展中国家在二战结束后协力奋斗的一次重大突破,也是国际经济秩序破旧立新过程中的一次重大飞跃和明显转折。它们确立了国家经济主权的五项内容:各国对本国国内以及本国涉外的一切经济事务享有完全、充分的独立自主权利,不受任何外来干涉;各国对境内一切自然资源享有永久主权;各国对境内的外国投资以及跨国公司的活动享有管理监督权;各国对境内的外国资产有权收归国有或征用;各国对世界性经贸大政享有平等的参与权和决策权。1976年,在第五次不结盟国家和政府首脑会议上,通过了《经济宣言》,其中新增了"新的国际经济秩序"部分,重申"决定通过集体行动建立和执行在各项决议中所表明和规定的国际经济新秩序",并指出该秩序是不可或缺的。[25]

此外,在这一时期,南方产油国确立了石油主权。20世纪70年代的资源国有化政策在促进南方国家实现其开发战略方面发挥了重要作用。在收回由发达资本主义国家的跨国公司所支配的资源并将其置于诸发展中国家的主权之下,为其本国的发展而开发方面,国家起到了重要作用。70年代,各产油国联合起来建立了石油输出国组织(Organization of the Petroleum Exporting Countries,以下简称OPEC)。OPEC各成员国废除以往关于石油权利的依附性协定,收回石油主权,行使国家主权,决定大幅度提高原油价格并付诸实现,从而确立了关于资源的主权,向经济自立的方向迈出了一大步。[26] 综上所述,这一时期,在经济主权问题上,发展中国家取得了初步胜利。

---

[25] 参见高志平:《不结盟运动倡导国际经济新秩序历程探微》,载《求索》2010年第12期,第253页。
[26] 参见〔日〕堀中浩:《"南北问题"之今昔》,李公绰译,载《国际经济评论》1991年第3期,第9页。

2. 债务问题

20世纪80—90年代,"南北矛盾"主要集中于发展中国家的债务危机。在摆脱帝国主义和殖民主义,实现政治独立后,随着经济主权抗争的初步胜利,发展中国家开始关注自身的经济发展。发展中国家由于缺少资本的原始积累,在充分调动自身资源的同时,开始寻求国际上的经济援助。在联合国发展体系内,世界银行、IMF和国际农业发展基金(International Fund for Agriculture Development)等都承诺为发展中国家提供部分发展资金,促进发展中国家的经济发展。但是,联合国发展体系向发展中国家提供资金的能力有限,远不能解决发展中国家的资金困难。[27] 有鉴于此,向发达国家银行贷款成为发展中国家解决发展资金问题的常用方式之一。恰逢20世纪70年代至80年代初,OPEC国家的大部分石油收入流入发达国家的银行,银行界的信贷能力急剧膨胀,于是资本开始转向发展中国家寻求出路。发达国家政府为推动本国跨国企业对发展中国家的经济扩张和渗透,争相以优惠条件和各种便利鼓励本国银行业,特别是私人商业银行对发展中国家进行无节制的信贷扩展业务。

在80年代初,由于发达国家的经济衰退和财政赤字更加严重,发达国家政府竭力实施财政紧缩政策,从而向发展中国家转嫁危机。美国为维持美元的强势地位而推行的财政紧缩政策导致贷款利率持续走高,美元的名义利率1970年不过1.3%,1980年则高达13.6%,1981、1982年上升到16%,甚至曾达到21.5%。在这种情况下,发展中国家需要偿还的债务利息支出自然成倍增长。[28] 同时,发达国家开展贸易保护主义,竭力压低原材料和初级产品的价格。在这种高压下,1982年,墨西哥政府声明被迫暂时停止偿付高达900多亿美元巨额外债的到期本息。紧接着一连几十个发展中债务国先后宣布无力支付到期债务。

80年代以来的债务危机暴露了现行国际金融体系的重大缺陷,发展中国家迫切要求改革不合理的国际经济秩序。在1985年举行的IMF和世界银行年会上,代表发达国家利益的十国集团和代表发展中国家利益的二十四国集团,就提出了针锋相对的国际货币秩序问题及改革报告。[29] 其中,发达国家在研究国际货币体系中的浮动汇率、多边监督、国际清偿手段和IMF的作用之后,得出"由IMF条款体现的国际货币体系的基本结构是合理的,无须重大的制度性变动"这一结论。而二十四国集

---

[27] 参见王子川:《试评联合国发展体系的活动》,载《国际经济合作》1986年第1期,第32页。
[28] 参见王子川:《发展中国家的发展资金和债务问题》,载《国际经济合作》1987年第10期,第33页。
[29] 参见任映国:《从发展中国家债务问题看国际金融体系的变革趋势》,载《世界经济》1987年第9期,第49页。

团则认为,国际货币体系必须进一步改革,并且债务问题亟需得到解决。[30] 为缓解债务危机,发展中国家强烈要求发达国家降低贷款利率,减少贸易保护措施,增加对它们的发展援助。[31] 这一时期,由于债务负担过于沉重,发展中国家在"南北斗争"中处于弱势地位。

三、冷战结束后的"南北矛盾"

按照历史发展的顺序,本章的第三部分拟考察冷战结束后至今"南北矛盾"的内涵发展和表现样态。

(一)冷战结束后"南北矛盾"内涵的多样化

冷战结束后,世界局势展现出新样态。

其一,随着苏联解体,"美苏争霸"的局面不复存在,"东西矛盾"也逐渐淡出人们的视野。和平与发展开始成为当今世界的主题,要和平、谋稳定、促合作、求发展成为全球人民的共同愿望和历史潮流。以经济发展为核心内容的"南北矛盾"开始重新成为国际社会的重点关注对象。

其二,苏联的解体导致国际政治经济秩序更加不平衡。在冷战结束初期,美国成为唯一的超级大国。然而,美国仍然保留不合时宜的"冷战思维",它把原先针对苏联的政治、经济安全的战略重点转向了南方发展中国家。随着中国等新兴经济体经济水平的提升,其政治地位和军事实力也有所提高,"南北矛盾"的内涵不再局限于单一的经济领域,开始包含政治、军事方面的冲突。

其三,随着中国综合国力的愈发强大,美国感到自身的**霸权垄断**地位受到"威胁",遂耍弄"贼喊捉贼"的历史惯伎,千方百计地将中国"妖魔化",大肆鼓吹"中国威胁"谰言。[32] 同时,美国到处插手发展中国家之间的事务,寻找间隙"钻空子",力图挑拨南南关系(如中印关系),破坏南方国家的内部团结。也就是说,随着"南北矛盾"的发展,开始衍生出和强化了某些"南南矛盾"。

---

[30] 参见任映国:《从发展中国家债务问题看国际金融体系的变革趋势》,载《世界经济》1987年第9期,第50页。

[31] 参见安建国:《第三世界的债务危机与南北关系的调整》,载《瞭望》1985年第51期,第33页。

[32] 这一谰言的"基调"是:随着中国经济的发展、军力的提升和综合国力的增强,中国必将"危害"其他国家尤其是周边国家的利益,并对国际秩序提出挑战,"危害"亚太安全,对世界的稳定构成"威胁"。详见陈安:《美国霸权版"中国威胁"谰言的前世与今生》,江苏人民出版社2015年版,第15—67、133—237页。

其四,南北国家开始认识到人类发展对地球环境构成了严重破坏,遂将可持续发展问题提上议程。在环保、气候等与可持续发展相关问题的磋商中,先发展的北方国家和后发展的南方国家在责任承担方面存在着难以调和的"南北矛盾"。

由此可见,冷战结束后,"南北矛盾"的内涵不再局限于经济发展,也扩展到政治、军事、环保等领域。

(二) 冷战结束后"南北矛盾"外延的新表现

下面主要从**经济、政治、社会**三个方面阐释冷战结束后"南北矛盾"的具体表现。

1. 经济方面

冷战结束后,随着经济全球化的加速,国际贸易、国际投资和国际金融领域都出现较快的发展,国际经济法体系也日趋成熟。然而,在上述三个领域国际规则的形成和发展过程中,"南北矛盾"仍是最大的阻碍。全球财富的国际再分配是矛盾的核心内容,新旧国际经济秩序的根本分野也在于全球财富国际再分配的公平与否。[33] 发达国家凭借其强大的经济实力,在制定国际经贸"游戏规则"中牢牢掌握着"主导权",从而成为全球化进程中的最大受益者。发展中国家仍处于弱势地位,被动接受着于己不利的规则,被迫承受着经济全球化的负面后果。2008年爆发的金融危机造成国际经济格局的变动,也成为冷战结束后"南北矛盾"的转折点。

(1) 2008年金融危机之前

在2008年金融危机之前,发达国家作为经济全球化的最大受益者,积极鼓吹"华盛顿共识"。1989年,美国国际经济研究所在华盛顿牵头召开了一个研讨会,出席者包括美国财政部等部门官员、金融界和企业界人士、世界银行和IMF等国际机构的代表。会议形成的"华盛顿共识"本质上是以新自由主义为基础的"市场原教旨主义",也被视为一种"新帝国主义"。"华盛顿共识"鼓吹私有化、自由化和市场化,否定国家干预在经济和社会发展进程中的重要性和必要性。"共识"的最终目的是要实现有利于国际垄断资本的全球一体化。[34] 这一经济理念要求发展中国家放宽对本国贸易、投资和金融的法律管制,实际上是发达国家"撬开"发展中国家市场大门的工具。发达国家推行的新自由主义在世界范围内造成工人大量失业、贫富两极分化、政府垮台、社会动乱等严重社会问题,尤其对于广大发展中国家而言,更是灾难性后果。

---

[33] 参见陈安:《陈安论国际经济法学》(第一卷),复旦大学出版社2008年版,第110页。
[34] 参见赖风:《"华盛顿共识"的理论悖论与当代金融危机》,载《江西社会科学》2010年第2期,第79页。

在"华盛顿共识"的指引下,市场经济在世界范围内广泛推行,以市场为导向的国际经济秩序得到进一步强化。最典型的例子是,相对于以往的《关贸总协定》,《世界贸易组织协定》拓展了贸易自由化的范围,强化了贸易自由化的纪律。但是,以市场为导向的国际经济秩序始终存在着失灵的可能。失灵的主要情形之一是,过度的自由竞争容易造成贫富国家之间不公平的结果。[35]因此,发展中国家坚持倡导建立更加公平合理的国际经济秩序。

在投资领域,随着新自由主义的盛行,发达国家开始要求发展中国家实行对外投资的自由化。自20世纪90年代开始,投资保护协定的数量激增,发达国家在确保本国海外投资的安全方面,开始提出更高的要求,进一步推动发展中国家放宽甚至取消对外国投资的法律管制。一方面,在抽象原则上,发达国家试图借助国民待遇原则的"非歧视"功能,限制发展中国家对外资的管理权。另一方面,在具体规则上,发达国家要求发展中国家取消外资的各种履行要求,包括当地成分要求、出口实绩要求、贸易平衡要求、国内销售要求、技术转让要求等。经济全球化背景下,虽然适度放宽对外国投资的限制对南北双方均有利,但是由于发展中国家技术水平和管理水平都比较落后,国内企业和外资企业相比不具有竞争优势,需要得到法律的保护。这意味着,发展中国家对于外资管制的放宽程度终归是有限的,不可能达到发达国家,尤其是美国要求的那种开放系数。这也构成南北双方在国际投资自由化程度上的分歧。[36]

在金融领域,发达国家借助IMF和世界银行的结构性贷款将国内经济政策改革、新自由主义作为向发展中国家贷款的条件。由于发达国家在IMF中认购的份额较多,根据加权投票制,它们的投票表决权也就越大。美国是拥有份额最多的国家,它在IMF的各项活动中起着决定性作用。IMF创立初期并没有贷款限制性条件,后来在美国的提议下,开始对贷款附加条件。根据《国际货币基金协定》的要求,当会员国发生国际收支暂时性不平衡时,IMF向会员国提供短期信贷,提供给会员国的财政部、中央银行、外汇平准基金等政府机构,贷款限于贸易和非贸易的经常性支付,额度与会员国的份额成正比。IMF提供贷款的附加条件,是指IMF会员国在使用IMF贷款时必须采取一定的经济调整措施,以便在贷款项目结束或即将结束时能够恢复对外收支的平衡。诚然,IMF要求会员国进行经济调整部分是出于回收贷款资金的考虑。但是,实践表明,这些经济调整政策不仅没有对借款国的经济起到积

---

[35] 参见徐崇利:《新兴国家崛起与构建国际经济新秩序——以中国的路径选择为视角》,载《中国社会科学》2012年第10期,第187页。
[36] 参见徐崇利:《从南北纷争焦点的转移看国际投资法的晚近发展》,载《比较法研究》1997年第1期,第49—50页。

极作用,反而使借款国的经济与政治主权受到严重侵害。因为在很大程度上,IMF 成为发达国家推行金融自由化政策,打开发展中国家金融市场的逐利工具。[37] 例如,1997 年亚洲金融危机时,IMF 和世界银行向印度尼西亚提供 370 亿美元的一揽子财政援助,条件包括:美国和 IMF 派专家协助改组该国的金融行业、对外开放市场、推行私有化计划等。与之相似,在金融危机中,但凡接受 IMF 援助的国家,无一不被要求进一步开放金融市场。发展中国家国内金融市场尚不发达,管理体系尚不成熟,法制尚不健全,过早开放本国的资本市场,无疑为国际游资的投机行为打开了方便之门,本国却无力应对可能产生的金融风险,因此经济陷入恶性循环。这也反映出发达国家金融霸权对于发展中国家金融主权和金融安全的侵略。[38]

(2) 2008 年金融危机之后

2008 年金融危机使发达国家遭受重创,"华盛顿共识"走向衰落。世界经济复兴和增长的重心有进一步向新兴国家转移的趋势。发展中国家开始参与到全球经济治理活动中,"南北矛盾"虽然有所缓解,但是仍然不可忽视。

在国际贸易方面,WTO"多哈发展回合"谈判停滞不前,其中"南北矛盾"仍然是重要原因之一。WTO 需要 164 个成员方通过协商一致的方式达成协议。[39] 其中,发展中国家的优势在于数量,而发达国家的优势在于谈判技巧和影响力。从谈判内容来看,"多哈发展回合"将贸易与环境、贸易与发展、竞争政策、贸易与投资、电子商务、贸易与金融等问题进一步引入 WTO 的谈判范围,而这些问题恰恰是发展中国家和发达国家存在重大分歧的领域。一方面,发达国家在"新议题"中具有比较优势,而发展中国家对于"新议题"有所防备,不希望过早在这些领域达成多边规则。另一方面,在农业谈判中,发展中国家在农业领域具有比较优势,而发达国家却不愿意减少国内补贴,这导致发展中国家也不愿意在其他领域支付相应对价。[40] 南北双方互不让步,导致"多哈发展回合"陷入僵局。此外,从贸易争端解决实践来看,2008 年金融危机导致全球经济萧条,国家的贸易保护主义开始抬头。在危机中遭受重创的美国更是表现出明显的贸易保护主义倾向。例如,美国一再地修改自由贸易协定条款并加大对其他国家的贸易制裁,尤其体现在对中国连续发起的"贸易战"上,包括:美国钢铁业针对中国发起反倾销诉讼;美国商务部对中国油井管产品启动反倾销和反

---

[37] 参见陈高翔:《论美国控制下的 IMF 与金融霸权》,载《南方金融》2003 年第 9 期,第 57 页。
[38] 同上。
[39] See Members and Observers, https://www.wto.org/english/thewto_e/whatis_e/tif_e/org6_e.htm.
[40] 参见沈虹:《论多哈回合谈判的新趋势和中国的策略定位》,载《汕头大学学报(人文社会科学版)》2011 年第 4 期,第 78—79 页。

补贴合并调查;美国国际贸易委员会启动对中国轮胎产品的特保调查,又对中国无缝钢管实施反倾销和反补贴调查。[41]

在投资方面,随着金融危机后发展中国家经济实力的上升、发达国家经济实力的相对衰退,世界经济格局发生了变动。在投资领域,发达国家和发展中国家均开始同时扮演东道国和投资者母国"双重角色"。发达国家开始有意识地提高对国内投资的监管权,发展中国家也开始关注对海外投资者权利的保护。也就是说,在投资领域,南北国家就某些核心问题已经达成共识。但是,这并不意味着"南北矛盾"已不存在。例如,在中国—加拿大2012年的BIT谈判中,双方在征收补偿标准、最惠国待遇条款的适用范围、金融审慎例外条款、税收措施例外条款、用尽当地救济例外条款和国家重大安全例外条款中存在的分歧意味着"南北矛盾"仍然不能被忽视。[42]再如,历时九年谈判,进展仍然缓慢的中国—美国BIT仍然面临着层层阻碍。其中,双方在负面清单、环境标准、投资与投资者定义、国有企业、外汇资金转移、金融服务、业绩要求、法律法规透明度和争端解决机制等方面仍存在难以调和的分歧。这也是投资领域"南北矛盾"的现实反映。[43]

在金融领域,2008年金融危机的爆发表明,传统上由发达国家组成的七国集团难以在全球金融治理活动中担当重任。发达国家开始重视发展中国家对全球治理的参与和对全球责任的分担。自2008年华盛顿峰会起,二十国集团领导人峰会开始取代七国集团,在全球金融治理中扮演引领角色,并成为讨论全球主要经济决策的重要论坛。二十国集团既包括由发达国家组成的七国集团,也包括新增的发展中国家,成为南北合作的重要平台。二十国集团在推动IMF和世界银行改革中发挥出重要作用,打破了长期由发达国家垄断的全球治理格局。[44]但是,我们也应该看到,二十国集团的讨论也是"共识中见分歧"。由于发达国家和发展中国家的需求不同,"南北矛盾"也非常明显。例如,发达国家的经济复苏需要提高需求、刺激就业,而发展中国家的经济复苏则需要化解通胀压力。[45]此外,以美国为首的发达国家仍然主导着国际金融机构。例如,虽然2016年IMF份额改革正式生效,中国、巴西、印度和

---

[41] 参见姚姣姣:《金融危机下的新贸易保护主义——以美国为例》,载《世界经济情况》2009年第10期,第28页。

[42] 参见陈安、谷婀娜:《"南北矛盾视角"应当"摒弃"吗?——聚焦"中—加2012 BIT"》,载《现代法学》2013年第2期,第141—147页。

[43] 参见刘红:《中美BIT谈判之路道阻且长》,http://money.163.com/17/0609/08/CMFMU5T1002580S6.html;陈安、李庆灵:《国际投资法中"身份混同"问题之宏观剖析与中国应对》,收辑于本书第三编第8章。

[44] 参见徐洪才:《加强G20框架下国际政策协调》,载《全球化》2012年第12期,第39页。

[45] 参见《G20共识中见分歧 各方为何争论不休》,http://www.chinadaily.com.cn/hqzx/hu_adl_g20/2011-10/28/content_13998885.htm。

俄罗斯四个新兴经济体跻身 IMF 股东前十名,但是并未改变美国享有"一票否决权"的现实。[46] 也就是说,IMF 仍处于美国的主导下。或者说,国际金融秩序中的"南北矛盾"仍然存在。再如,2008 年金融危机后,作为"富人俱乐部"的巴塞尔委员会开始将部分发展中国家纳为成员方,使其有机会参与国际金融监管规则的制定。然而,由于发达国家金融市场与发展中国家相比更加成熟,监管机构更具影响力,因此这些金融监管规则的制定权仍然牢牢掌握在发达国家手中,而发展中国家的参与仅从表面上增强了这些机构的合法性。

由此可见,在国际经济领域,"南北矛盾"仍然是切实存在的。

2. 政治方面

(1) 政治理念冲突

冷战结束后,以美国为首的发达国家一再高举"人权高于主权"旗帜,给国际社会造成了极大的思想混乱。20 世纪 90 年代以来,"人权高于主权论"成为美国"扩展民主"(democratic enlargement)[47]、推行新干涉主义的重要工具。美国的人权外交始于 20 世纪 60 年代,冷战后,美国将人权因素与其对外战略有机地结合在一起。1994 年,美国政府举起十分亮丽但极其伪善的"民主"大旗,正式提出了"参与和扩展战略"(engagement and enlargement),[48] 主张加强由寥寥几个主要"市场民主国家"(即以美国为首的强霸发达国家)组成的大家庭,在一切可能的地方帮助促进和巩固"新的民主制"和市场经济;抵御敌视"民主和市场经济"国家的侵略;不仅以提供援助的方式,而且以直接扩展"民主"和市场经济的方式,在严重缺乏"人道主义"的地区,完成美国的"人道主义"议程。自从这一战略被提出后,**寥寥几个强霸发达国家开始形成一股挑战和否定国家主权原则的政治思潮**,"主权演变论""主权可分论""人权高于主权论""主权过时论"等言论甚嚣尘上。这些国家的直接目的在于为其干涉别国内政制造理论依据,规避干涉别国内政的责任,实现以美国为首的强霸发达国家的战略目标,从政治上压制它们认为"不听话"的发展中国家。例如,以美国为首的北约国家以"人道主义"名义干预南联盟

---

[46] 参见《IMF 份额改革正式生效 中国投票权升至第三》,http://news.xinhuanet.com/fortune/2016-01/29/c_128682430.htm。

[47] See The White House, A National Security Strategy of Engagement and Enlargement, 1994, http://nssarchive.us/national-security-strategy-1994/.

[48] Ibid.

战争。[49]与之相反，南方国家则认为"主权优先于人权"，要求先维护主权，然后实现人权，强调主权是人权的前提。人权与主权的关系之争已经成为"南北矛盾"与南北斗争的一个重要内容，必须正确处理人权与主权的关系，才能缓解"南北矛盾"。发展中国家应该清醒认识到，"主权过时论"是大国主宰小国、强国欺压弱国的一大骗局。[50]

（2）军事对峙不断

冷战结束后，南北双方军事对峙并不少见。尤其在美国"重返亚太"计划的推行下，国际社会并不太平。"南北矛盾"不仅直接体现为南方国家和北方国家之间的战略冲突，也衍生出"南南矛盾"。

近年，"南北矛盾"的典型军事事件要属美国在韩国部署"萨德"全球反导系统。韩国不顾中俄强烈反对，以应对朝鲜核导弹威胁为由，临时部署"萨德"，意在巩固韩美同盟，确保美国为其提供延伸威慑和安全保障。然而，这一举动不仅削弱了东北亚地区国家导弹攻防和核威慑能力，打破了地区战略平衡，而且引发该地区国家在政治、经济、军事、外交等领域的博弈。[51]美国在韩国部署"萨德"，会削弱中俄对美国的战略核威慑能力。面对东北亚战略均衡被打破的局面，中俄不得不进一步加强战略协调和务实合作，采取政治、经济、外交和军事等措施予以应对。

此外，近年来在中国南海地区、南亚地区、西亚地区频频爆发的"南南矛盾"，本质上和根源上也是"南北矛盾"的衍生品，其中引起国际关注的"中菲南海争端"和"中印边境纠纷"就是典型表现。

在实行"重返亚太"战略后，美国与亚太地区多个国家的"联系"迅速加强。在中菲南海争端问题上，美国就以各种方式支持菲律宾一方。中菲南海争端本来是中国

---

[49] 参见吕有志：《论"人权高于主权"的本质》，载《浙江大学学报（人文社会科学版）》2001年第2期，第46页。详见陈安：《世纪之交在经济主权上的新争议与"攻防战"：综合评析十年来美国单边主义与WTO多边主义交锋的三大回合》中英双语系列论文。最初，其中文部分发表于《中国社会科学》2001年第5期；随后，其长篇英文全稿发表于美国 Temple International & Comparative Law Journal, Vol. 17, No. 2, 2003（《天普大学国际法与比较法学报》2003年第17卷第2期）；接着，又将其中部分内容摘要改写为中文稿，发表于《中国法学》2004年第2期。英文稿发表后，引起国际人士广泛关注。应总部设在日内瓦的政府间组织"South Centre"（"南方中心"）约稿，又结合有关案件终审结局，将上述英文全稿再次作了修订增补，由该"中心"作为"T.R.A.D.E. Working Papers 22"（"贸易发展与公平"专题工作文件第22号），于2004年7月重新出版单行本，散发给"南方中心"各成员国理事以及WTO各成员常驻日内瓦代表团，供作决策参考；同时，登载于该"中心"网站上（http://www.southcentre.org/publications/workingpapers/paper22/wp22.pdf），供读者自由下载。现将上述各文内容再度综合整理，分设两章，题为"世纪之交在经济主权上的新争议与'攻防战'：综合评析十年来美国单边主义与WTO多边主义交锋的三大回合"与"世纪之交在经济主权原则上的新争议与'攻防战'对发展中国家的重大启迪"，收辑于本书第一编第20章和第21章。

[50] 参见罗会钧：《论经济全球化背景下改善南北关系的途径》，载《湘潭大学学报（哲学社会科学版）》2006年第3期，第133页。

[51] 参见吴晶晶：《韩国部署"萨德"的政策演变》，载《国际问题研究》2017年第6期，第83页。

和菲律宾双方之间的纠纷,**不需要也不容许任何第三国粗暴干涉**,但是美国却多次在国际会议上讨论南海问题,对中国的行为指手画脚,并多次用美菲之间的军事同盟关系给中国施加压力。[52] 美国"重返亚洲"战略有两个目标:一是加固对中国的包围圈,遏制中国崛起;二是削弱中国在亚太地区的影响力,维护美国自身的霸权领导权。[53] 自2012年中菲围绕黄岩岛和南海主权发生争端以来,美国一直没有明确表态支持何方。2014年2月13日,美国海军作战部部长乔纳森在菲律宾国防大学回答提问时称,如果中菲在南海发生冲突,美国将支持菲律宾。[54] 2016年中菲南海仲裁案被视为披着法律外衣的政治闹剧。事后,菲律宾一些有识之士也认清了中菲南海仲裁案的现实。例如,菲律宾前教育部副部长安东尼奥·瓦尔德斯表示:"这个仲裁的唯一受益者绝对不是菲律宾,而是美国,他们是为了反对中国而做的。"菲律宾前众议员萨图尔·奥坎波也表示:"阿基诺三世政府不应把南海争议问题诉诸仲裁庭。中国和菲律宾如果发生冲突,将给美国借口插手该区域事务。"[55] 2017年8月7日,日本外相河野太郎、美国国务卿蒂勒森和澳大利亚外长毕晓普在菲律宾首都马尼拉举行三国外长会谈并发表联合声明,含沙射影、指桑骂槐地要求南海声索国"避免从事填海、建设前哨基地、将争议海上地物予以军事化",还敦促中国和菲律宾遵守所谓的"南海仲裁案裁决",并呼吁东盟成员国尽快与中国签订具有法律约束力的南海行为准则。对此,中国外交部部长王毅在东亚峰会外长会议上指出,中国和东盟国家有能力也有智慧谈成一个能够管控分歧、维护地区和平的南海行为准则。我们不希望域外国家就此指手画脚,甚至试图下指导棋。[56] 2017年11月16日,中菲联合发布联合声明,强调针对南海问题,两国建立中菲南海问题磋商机制。[57] 随着中菲关系回暖,美国坐不住了。2018年1月,美国军政当局又一次直接派遣军

---

[52] 参见魏涵:《美国重返亚太战略对中菲南海争端解决的影响》,载《学理论》2014年第19期,第38页。详见陈安、蒋围:《中国南海疆土:卧榻之旁,岂容强霸鼾睡?——剖析菲律宾"南海仲裁案"之悖谬与流毒》,收辑于本书第一编第23章。

[53] 参见朱陆民、刘燕:《中菲南海对峙的深层原因及对东盟的双重影响》,载《西南科技大学学报(哲学社会科学版)》2014年第1期,第29页。

[54] 参见《美将军:若中菲在南海冲突 美将支持菲律宾》,http://world.huanqiu.com/exclusive/2014-02/4829713.html。

[55] 参见《菲律宾多名重要人士指出南海仲裁案为美国阴谋》,http://www.xinhuanet.com/mil/2016-07/13/c_129140788.htm。

[56] 参见《王毅驳美日澳涉南海声明:和平维护者还是搅局者?!》,http://www.xinhuanet.com/world/2016-07/26/c_1119285424.htm。

[57] 参见《中华人民共和国政府和菲律宾共和国政府联合声明》,http://world.people.com.cn/n1/2017/1116/c1002-29650677.html。

舰硬闯中国西沙领海。[58] 这也暴露出中菲矛盾的本质和根源。

近年持续发酵的中印冲突也带有"南北矛盾"的明显烙印。2017年6月26日，印度边防人员在中印边界锡金段越过边界进入中方境内，阻挠中国边防部队在洞朗地区的正常活动。从这时起，中印双方在边界开始了两个月的对峙。直至8月28日，印方将越界人员和设备全部撤回印方边界一侧。[59] 2017年12月31日晚，印度内政部部长辛格在中印边境的马特里"印藏边境警察部队"营区慰问官兵。2018年1月1日，他又在北阿坎德邦的涅隆谷边防哨所与士兵们一起庆祝新年。印度高官2018年首次视察地点选在中印边境，中国学者指出，这体现出印度对中印边境问题的重视。印度不断加强在中印边境地区的军事部署，多位政府高官多次"到访"中印边境地区，显然都在传递一个重要信号：在中印边境地区，印度正在作与中国长期纠缠的准备。[60] 据印军高官声称，印军已根据作战需要对其下一项五年计划（2018—2023年）进行调整，重心将转向发展基础设施和增强作战能力等方面。其中，沿印度北部实际控制线和中印边界锡金段增强印度陆军军事能力的项目将被赋予优先权。[61] 中印边境纠纷表面上是"南南矛盾"，其本质是"南北矛盾"。从历史层面看，中印边境争端起源于英国殖民主义者一手策划的"麦克马洪线"和"约翰逊线"，印度独立后，全盘继承英国殖民政权遗产，加紧对中国领土的侵略和扩张，进而妄图实现自身的南亚帝国梦是引发中印边境争端的核心原因。[62]

军事对峙随时可能"擦枪走火"，进一步发展成为军事冲突，甚至转化成为大规模的战争，这是不言而喻的。这就再次验证了两百多年前德国军事理论家卡尔·冯·克劳塞维茨（Carl Von Clausewitz，1780—1831）的明确警告："战争是政治的暴力继续。"当前美国就是沿着这条"玩火自焚"的危险道路步步迈进的。

3. 社会方面

随着可持续发展理念的深入人心，南北双方国家开始认识到人类盲目发展对全

---

[58] 自2015年10月起至今，美国军政当局反复多次派遣军舰硬闯中国领海。参见《美军舰"巡航"遭批危害地区和平》，http://news.xinhuanet.com/world/2015-10/28/c_128365995.htm；《国防部新闻发言人就美军舰进入中国南沙群岛有关岛礁邻近海域发表谈话》，http://www.xinhuanet.com/world/2016-05/10/c_1118841916.htm；《美军舰进入黄岩岛十二海里内 我海军依法识别查证警告驱离》，http://www.xinhuanet.com/mrdx/2018-01/21/c_136911986.htm。

[59] 参见《外交部：印方已将越界人员和设备全部撤回边界印方一侧》，http://world.people.com.cn/n1/2017/0828/c1002-29499507.html。

[60] 参见《印高官新年夜"视察"中印边境，打什么算盘？》，http://military.china.com/important/11132797/20180104/31915295.html。

[61] 参见《印陆军调整"五年计划"聚焦中印边境基建后勤》，http://www.xinhuanet.com/mil/2018-01/04/c_129782817.htm。

[62] 参见《中印边境对峙专题报告（军工行业）：中方六大机构密集发声 界线即是底线》，http://www.cfi.net.cn/p20170808000673.html。

球环境的破坏,在这一方面双方的矛盾焦点集中于**责任承担**上。

发达国家回避历史责任,强调现实责任的重要性。发达国家认为,发展中国家的工业化发展以及人口的过度膨胀与贫困的加深,对环境构成了巨大的现实威胁。具言之,它们认为发展中国家是造成"温室效应"的元凶,是发展中国家对自然资源的超负荷开发利用与污染加剧了资源消耗与环境退化,损害了全球环境的可持续性。因此,它们主张制定统一的环保措施,不断要求发展中国家尽早承担减排或限排温室气体的义务。它们特别强调中国和印度等发展中大国也有责任进行减排。

发展中国家则强调历史责任和现实义务,坚持"共同但有区别的责任"原则,尽量推迟自身承诺减排义务的时间。[63] 发展中国家主张,若要求发展中国家与发达国家承担相同的责任,对发展中国家是不公平的。它们认为,发达国家是全球资源消耗与环境退化的主要制造者并消费全世界75%的资源和能源,而发展中国家则是主要受害者。此外,南北间初级产品与制成品的不平等交换造成环境收益与环境成本分配的极度不公平,严重削弱了发展中国家的环保能力,加剧了发展中国家环境的恶化。[64] 因此,发达国家理应对环境的可持续性负有主要责任和义务,率先采取行动保护全球环境。

如何衡量发达国家和发展中国家的相对义务,如何为各缔约方以量化的形式确定限排或减排的具体目标,成为全球气候变化谈判中的核心问题。

在发展中国家的长期努力下,在里约地球首脑会议上,"共同但有区别的责任"原则被确立为处理发达国家与发展中国家关系的基本原则。会上达成的《联合国气候变化框架公约》指出:"注意到历史上和目前全球温室气体排放的最大部分源自发达国家,发展中国家的人均排放仍相对较低,所以各缔约方应当在公平的基础上,并根据它们共同但有区别的责任和各自的能力,为人类当代和后代的利益保护气候系统。"公约特别强调:"发达国家缔约方应当率先对付气候变化及其不利影响。"随后,《京都议定书》也对"共同但有区别的责任"原则作出了实质性规定。然而,京都机制并未得到真正的贯彻,发达国家以发展中国家没有承担减排指标为借口,拖延履行议定书的规定。美国甚至以主要发展中大国没有参与这一减排行动为由退出了议定书。可持续发展领域的矛盾已经日益成为"南北矛盾"的重要表现形式。[65]

《巴黎协议》作为最新磋商成果,以发展中国家的妥协告终。根据《巴黎协议》,

---

[63] 参见杨素群:《冷战后国际环境领域的南北矛盾》,载《山东师范大学学报(人文社会科学版)》2003年第1期,第11页。
[64] 参见周圣葵:《冷战后南北矛盾焦点的转向》,载《太平洋学报》1996年第4期,第75页。
[65] 参见李强:《国际气候谈判中的南北矛盾》,载《贵州气象》2014年第1期,第58—59页。

所有国家都以"国家自主贡献"的方式作出了非约束性的减排承诺。本来发展中国家要求发达国家作出有约束力的承诺,而发展中国家依自愿作出承诺。但是,美国代表的西方发达国家明确要求各方都作出具有约束力的减排承诺。僵持不下的结果是,所有国家都以"国家自主贡献"的方式进行自愿性承诺。发达国家的减排义务从《京都议定书》中的"承诺"(commitments)到《哥本哈根协定》中的"许诺"(pledges),再到《巴黎协定》中的"贡献"(contributions),"受约束"力度明显逐步弱化,南北的法律义务已经趋同,甚至没有差别。[66]

四、"南北矛盾"的未来与中国的两手应对

如前所述,本章探讨"南北矛盾"一词的来源、"南北矛盾"产生的历史背景、不同历史阶段的"南北矛盾"的内涵与外延等等,并非在"象牙之塔"中从事概念游戏。质言之,本章的主旨在于,以史为据,以史为鉴,以史为师,梳理历史的经验教训,探索正确的理论,经世致用,用以指导当代的实践,特别是用以指导当代中国人的实践,积极探讨、剖析和论证21世纪新历史下应对"南北矛盾"的基本方案。[67]

前文提到,南北关系的残酷开端可以追溯到15世纪自由资本主义时期。这一时期,"南北矛盾"的核心表现是西方殖民主义者对弱小民族发动侵略战争、暴力征服、杀人越货、践踏人权、经济剥削和政治吞并。从那时起算,迄今已历时数百年。数百年来,"南北矛盾"的具体情况虽随时变动,但其核心表现及其本质则一脉相承,并未发生根本改变。强霸发达国家始终以自私利益为出发点,不但千方百计、竭思殚虑地维护既得利益,而且贪婪无餍、不择手段地侵害世界弱势群体的公平权益和核心利益。其典型事实就是,"冷战时代"结束近三十年来,美国霸权主义势力不断在全球各地到处穷兵黩武,侵略扩张,屠杀无辜,为非作歹,破坏世界和平安宁秩序,其"冷战思维"和"热战举措"从未停息一天!有鉴于此,全球大众务必清醒地认识到应对"南北矛盾"和开展反霸斗争,仍然是维护21世纪国际政治经济和平秩序中的主要内容。中国作为全球最大的发展中大国,义不容辞,理应勇于担当,在维护众多发展中国家权益和开展反霸斗争中,发挥中流砥柱作用和引领作用,采取必要的两手措施:

---

[66] 参见谢来辉:《巴黎气候大会的成功与国际气候政治新秩序》,载《国外理论动态》2017年第7期,第121页。

[67] 参见本书第一编第16章"论马克思列宁主义对弱小民族国家主权学说的重大贡献",第一部分下"殖民十恶"。

(一) 和平手段：合作共赢

1. 南北合作

开展南北合作是解决"南北矛盾"的最佳选择，这已经成为国际共识。但是，从历史发展来看，实质上的"南北矛盾"从15世纪萌芽至今已有五百多年的历史，它在国际政治经济秩序之中留下深深的烙印和顽疾。冰冻三尺，非一日之寒。这一矛盾的化解并不容易，需要世界各国长期的共同努力。[68] 经济全球化的深入发展，也增强了南北两类国家之间的相互依赖。例如，在经济领域，南方国家需要北方国家的资金、技术、市场支持，北方国家需要南方国家的原料、各种初级产品、投资市场。如果双方长期处于对立僵持状态，势必会阻碍全球经济的发展，造成生产严重萎缩，导致"两败俱伤"。[69] 2008年金融危机之后，全球治理的南北两类领导者开始由七国集团转向更具包容性的二十国集团。目前，二十国集团处理的议题已从经济领域逐步向政治和安全事务方面延伸。这个集团作为缓冲区，开展平等对话，不仅有助于淡化南北关系的冲突，也有助于促进和增强南北合作。[70]

中国作为世界上最大的发展中国家，应该在国际政治经济关系中继续勇于担当，发挥南北合作的"桥梁"作用。2008年金融危机后，中国不仅开始广泛参与到全球经济治理机构中，如G20峰会、巴塞尔委员会等，而且提出并实现了诸多促进南北合作共赢的有益构想，包括"一带一路"倡议、组建亚洲投资基础设施银行（以下简称亚投行）等。这为"南北合作"，化解"南北矛盾"提供了有益的方案和平台。

习近平同志多次提出构建"人类命运共同体"的主张，强调"人类只有一个地球，各国共处一个世界"，"世界各国命运相连、休戚与共"。在2015年4月22日的亚非领导人会议上，习近平同志指出："从建设人类命运共同体的战略高度看，南北关系不仅是一个经济发展问题，而且是一个事关世界和平稳定的全局性问题。坚持相互尊重、平等相待，是开展南北合作的政治基础。合作共赢的基础是平等，离开了平等难以实现合作共赢。国家不分大小、强弱、贫富，都是国际社会平等成员，都有平等参与地区和国际事务的权利。要尊重各国主权、独立、领土完整，尊重各国自主选择

---

[68] 参见陈安：《陈安论国际经济法学》（第一卷），复旦大学出版社2008年版，第457页。

[69] 参见陈安：《论南北合作是解决内部矛盾的最佳选择》，载《陈安论国际经济法学》（第一卷），复旦大学出版社2008年版，第458页；本书第一编第12章"三论中国在构建NIEO中的战略定位：聚焦评析'匹兹堡发轫之路'走向何方——G20南北合作新平台的待解之谜以及'守法'与'变法'等理念碰撞"。

[70] 参见郭树勇：《G20使南北关系由对抗走向平等对话》，http://world.people.com.cn/n1/2016/0730/c1002-28597261.html。

的社会制度和发展道路,反对干涉别国内政,反对把自己的意志强加于人。"[71]

各国只有相互尊重、平等相待,才能合作共赢、共同发展。"人类命运共同体"的经济内涵是,坚持合作共赢,建设一个共同繁荣的世界;谋求开放创新、包容互惠的发展前景,推动国际社会均衡、协调发展。其政治内涵是,建立平等相待、互商互谅的伙伴关系。国家之间要构建对话不对抗、结伴不结盟的伙伴关系,秉持和平、主权、普惠、共治原则,把深海、极地、外空、互联网等领域打造成各方合作的新领域。其环境内涵是,强调可持续发展。[72]

中国近些年提出的"一带一路"倡议、组建的亚投行,正是秉持着构建"人类命运共同体",促进南北合作共赢的理念与思想。以亚投行为例,此前发达国家主导的世界银行、亚洲开发银行和IMF面对全球市场的巨额资金需求,要么不愿意提供开发资金,要么求远大于供,杯水难以应对车薪。更重要的是,这些金融机构对于新兴市场和发展中国家的资本诉求,往往附带必须"遵循"发达国家价值观的政治条件。1998年亚洲金融危机中的一些国家和后来乌克兰接受的援助均是如此。中国以支持亚洲地区的基础设施建设为目的,于2013年提出筹建亚投行。截至2017年12月19日,亚投行的成员已由成立之初的57个增至84个。其中,同时包括发达经济体和发展中国家。由此可见,亚投行已经成为助力发展中国家基础设施建设,搭建南北合作平台的成功典范。[73]

2. 南南合作

南北合作的成功离不开南南合作的促进和支持。南南合作是指南方发展中国家联合起来,增强南北合作中南方国家的话语权,从而更加全面有效地促进平等的南北合作。

早在1982年,时任中共中央总书记的胡耀邦同志就强调:"南南合作有助于冲破现存不平等的国际经济关系和建立国际经济新秩序,具有伟大的战略意义。"[74]接着,中国外交部部长吴学谦在第38届联合国大会上指出:"南南合作是一种新型的国际经济关系。加强南南合作,走集体自力更生的道路,发展独立自主的民族经济,减少对发达国家的依赖,这是发展中国家争取经济繁荣,增强自身经济实力的可靠途

---

[71]《习近平在亚非领导人会议上的讲话(全文)》,http://news.xinhuanet.com/politics/2015-04/22/c_1115057390.htm。

[72] 参见王义桅:《怀古今中外 系东西南北 习近平人类命运共同体思想的大气魄》,载《人民论坛》2017年第28期,第39页。

[73] 参见《亚投行晒两周年成绩单:成员扩至84个 项目贷款总额42亿美元》,http://www.mofcom.gov.cn/article/i/jyjl/m/201712/20171202692071.shtml。

[74] 胡耀邦:《全面开创社会主义现代化建设的新局面(在中国共产党第12次代表大会上的报告)》,人民出版社1982年版,第43页。

径。"[75] 1984年5月29日,邓小平同志在会见巴西领导人时,更言简意赅地强调:"南北问题的解决当然要靠南北对话。不过,单靠南北对话还不行,还要加强第三世界国家之间的合作,也就是南南合作。"[76] 三十多年来,实践已经反复证明中国人指出的"南南合作"道路是正确的和卓有成效的。金砖国家领导人会晤、金砖银行成立和"一带一路"倡议都是沿着南南合作这条道路不断创新和取得重大成效的最新范例。

金砖国家引领南南合作。2017年9月3—5日,金砖国家领导人第九次会晤在厦门召开,墨西哥、埃及、泰国、塔吉克斯坦和几内亚五国也成功融入其中,扩大了金砖国家的"朋友圈",有望引领南南合作向更高水平发展。[77]

金砖银行是金砖国家之间合作建立的第一个实体性机构,也是二战以来首次在没有发达国家参与下由五个主要发展中国家自主创立的多边金融机构。金砖银行的制度安排体现出南南合作的两大基本特征,即平等和互利。与其他国际金融组织和区域性银行组织的份额制不同,金砖银行的五个创始成员国采取"等额出资""平等享有话语权"原则。虽然中国的经济实力在其他四国之上,但是仍然愿意采取平等原则,恰恰体现出中国一直以来所主张的"中国永远不称霸,永远不做超级大国,永远属于发展中国家"[78]。

"一带一路"倡议也被视为加强"南南合作"的良好契机和典范成果。2015年4月,在纪念万隆会议60周年大会上,中国国家主席习近平明确指出,加强南南合作,需要加强机制建设,探讨建立南南合作新架构。"一带一路"为加强南南合作的机制建设提供了新契机。[79] 联合国秘书长南南合作特使、联合国南南合作办公室主任豪尔赫·切迪克于2017年5月在接受采访时指出,"一带一路"倡议已经成为南南合作的典范。[80]

---

[75] 吴学谦:《中华人民共和国代表团团长、国务委员兼外交部部长吴学谦在联合国大会第三十八届会议上的发言》,载《中华人民共和国国务院公报》1983年第21期,第1002页。
[76] 《维护世界和平,搞好国内建设》,http://cpc.people.com.cn/GB/64184/64185/66612/4488786.html。
[77] 参见《专家谈"金砖+":做大金砖朋友圈 中国引领南南合作新机制》,http://www.xinhuanet.com/world/2017-09/02/c_129694708.htm。
[78] 朱杰进:《万隆精神、新南南合作与金砖发展银行》,载《国际关系研究》2015年第2期,第25页。
[79] 参见许利平:《"一带一路"为南南合作增添新动力》,http://www.81.cn/jfjbmap/content/2017-04/23/content_175510.htm/。
[80] 参见《专访:"一带一路"倡议已成为南南合作典范——访联合国秘书长南南合作特使、联合国南南合作办公室主任豪尔赫·切迪克》,http://www.xinhuanet.com/2017-05/09/c_1120942413.htm。

(二) 军事手段:居安思危

虽然中华民族素来热爱和平、追求和平,中国最早提出并坚持"和平共处五项原则",但是从"南北矛盾"的表现样态中不难看出,这个世界一直是纷争不断,烽火处处,和平秩序屡遭强霸国家破坏。单以中国周边而言,近年来,东海中国领土钓鱼岛地区、南海中国疆土地区,风浪迭起;美国在韩国部署萨德反导系统、中印边境"剑拔弩张"的紧张局势,都表明战争隐患层出不穷,战争风险在日益增长。

最新事例之一是,2018 年 1 月 17 日晚,美国"霍珀"号导弹驱逐舰未经中国政府允许,擅自进入中国黄岩岛 12 海里内海域。中国海军依法对美舰进行了识别查证,予以警告驱离。美方军舰有关行为损害中国的主权和安全利益,对中方在有关海域开展正常公务活动的船只和人员安全造成严重威胁,违背国际关系基本准则。美国先是在 2017 年《美国国家安全战略报告》中将中俄视为"威胁"美国"国家安全"的"竞争对手"(**潜在敌国**、假想敌国)。报告指出,"中国和俄罗斯挑战美国的实力、影响和利益,企图侵蚀美国的安全和繁荣。中俄意图通过削弱经济自由和公平、扩展军队以及控制信息和数据来压制社会和扩大他们影响力"。随后,2018 年 1 月 19 日,美国国防部部长马蒂斯在新公布的《国防战略》报告中声明:"国家间战略竞争,而非恐怖主义,是现在美国国家安全的首要关切。"[81] 从美国政府先后发布的报告和开展的挑衅行动可以看出,美国政府的"冷战"思维和"零和"博弈仍然存在,这意味着真正意义上的和平远未来临。

这也提醒我们,在看似"和平"的环境里,一定要提高警惕,居安思危,牢记"忘战必危"的古训。[82] 在发生矛盾争端时,中国主要会谋求通过外交谈判或国际司法手段予以解决。但是,在重大国家利益面前,中国绝不会一味强调和平而无原则地让步以至于损害国家利益。[83] 正如 2017 年 7 月 30 日,国家主席习近平在庆祝中国人民解放军建军 90 周年沙场阅兵时发表的重要讲话中所表达的,"天下并不太平,和平需要保卫"[84]。中国安全和发展正面临更加复杂严峻的风险挑战,实现中华民族伟大复兴,必须建设一支强大的军队。习近平主席鲜明地提出了在新形式下的强军目标,即"推进强军事业,必须始终聚焦备战打仗,锻造召之即来、来之能战、战之必胜

---

[81] 参见《美发布〈国防战略〉报告称大国竞争优先》,http://www.xinhuanet.com/mil/2018-01/20/c_129795331.htm。
[82] 参见梁云祥:《国际关系的战和定律》,载《人民论坛》2013 年第 2 期,第 47 页。
[83] 同上。
[84] 《天下并不太平 和平需要保卫》,http://news.fznews.com.cn/dsxw/20170804/5983ebf08ee8c.shtml。

的精兵劲旅"[85]。

当前,由霸权主义国家"冷战思维"和"热战举措"引发的"南北矛盾",不断危及世界和平与中国的重大安全利益。在无法和平化解矛盾时,中国当然有必要动用军事力量,坚决维护国家主权、安全、发展利益,坚决维护地区和世界和平。[86]

总之,新世纪,新局势,新征程,新博弈,新问题,中国领导人在如何应对更加复杂严峻的风险挑战方面,早已居安思危,成竹在胸,未雨绸缪,确定战略,并且谋定而后动,正在率领全国人民积极践行两手战略,为进一步化解和解决21世纪全球性"南北矛盾"问题,为维护世界和平和安全,为构建国际政治经济新秩序,为全人类的幸福康乐,继续做出新的、更大的贡献。

---

[85] 《聚焦备战打仗,锻造召之即来来之能战战之必胜的精兵劲旅》,http://www.81.cn/jmywyl/2017-10/11/content_7781912.htm.

[86] 参见《习近平:绝不允许任何一块中国领土从中国分裂出去》,http://politics.people.com.cn/n1/2016/1111/c1001-28854065.html.

第 27 章 论南北合作是解决南北矛盾的最佳选择

>> 内容提要

本章针对1974年两次联合国大会相继通过的《建立国际经济新秩序宣言》和《各国经济权利和义务宪章》中倡导的"全球合作"原则,结合其后三十多年来的实践发展,加以诠解和剖析。全文侧重分析南北矛盾上升为当代国际经济关系中主要矛盾的各种原因;指出南北矛盾的根源在于世界财富的国际分配存在严重的不公;论证南北矛盾的实质是积贫积弱的众多发展中国家反抗弱肉强食的国际经济旧秩序,要求建立公平互利的国际经济新秩序,而少数原先是殖民主义列强的发达国家,却力图保留既得利益和垄断地位,维护国际经济旧秩序,抵制和反对建立国际经济新秩序。但是,这两大类国家在当代现实经济生活中形成的极其密切的互相依存和互相补益关系,却决定了它们之间"合则两利,离则两伤"。这就促使这两大类国家终究要在不同发展阶段的南北争斗中,互相妥协让步,作出"南北合作"的最佳选择,从而解决各个相应阶段的南北矛盾。文文还以《洛美协定》的多次签订和不断更新,说明南北合作原则的实践不断地往前推进。

>> 目 次

一、全球合作原则的中心环节:南北合作
二、南北合作原则初步实践之一例:《洛美协定》和《科托努协定》
三、《洛美协定》和《科托努协定》的生命力与局限性

南北矛盾,由来已久。南北矛盾和由此而来的南北争斗与冲突,给当代国际社会的和平共处以及世界经济的发展繁荣,带来了重大的负面影响。在长期的实践中,全球有远见的政治家们逐步认识到:开展南北合作乃是解决南北矛盾的**最佳选**

择。这种看法逐渐发展形成了**国际共识**。其重要标志之一,就是1974年两次联合国大会相继通过的《建立国际经济新秩序宣言》(以下简称《宣言》)和《各国经济权利和义务宪章》(以下简称《宪章》)对南北合作这种最佳选择,作出了相当明确的规定。

强调全球各类国家之间开展全面合作,特别是强调南北合作,以共谋发展,这是始终贯穿于《宣言》《建立国际经济新秩序行动纲领》(以下简称《纲领》)和《宪章》中的一条主线。

《宪章》对于全球合作、共谋发展这一主题,就其基本目标、基本范围、首要途径以及中心环节,都作了相当明确的规定。兹归纳如下:

全球合作的基本目标:实行世界经济结构改革,建立公平合理的国际经济新关系和国际经济新秩序,使全球所有国家都实现更普遍的繁荣,所有民族都达到更高的生活水平。为此,一切国家都有义务对世界经济实现平衡稳定的发展做出贡献,都有义务充分注意发达国家的福利康乐同发展中国家的成长进步是息息相关的;充分注意到整个国际社会的繁荣昌盛取决于它的各个组成部分的繁荣昌盛。[1]

全球合作的基本范围:一切国家都有责任在公平互利的基础上,在经济、社会、文化、科学技术等各种领域中通力合作,以促进整个世界特别是发展中国家的经济进展和社会进步。合作是多领域、多层次和全方位的。[2]

全球合作的首要途径:所有国家在法律上一律平等,并且作为国际社会的平等成员,有权充分地和切实有效地参加解决世界性经济、财政、货币问题的国际决策,从而公平地分享由此而来的各种利益。[3]

全球合作的中心环节:一切国家都应切实尊重其他国家的主权平等,不附加任何有损于他国主权的条件,对发展中国家加速本国经济发展和社会进步的各种努力给予合作,按照这些国家的发展需要和发展目标,提供有利的外部条件,扩大对它们的积极支持。[4]换言之,全球合作的中心环节在于开展南北合作。

一、全球合作原则的中心环节:南北合作

全球合作这一中心环节的形成,不是偶然的。众所周知,当代国际社会各类成员之间,存在着许多对矛盾与合作的关系。其中,比较重要的有:"东西关系",通常

---

[1] 参见《宪章》序言、第8、31条。
[2] 参见《宪章》序言、第3、4、9、11—14、17、23、27、28、30条。
[3] 参见《宪章》第10条。
[4] 参见《宪章》序言、第17条。

指社会主义国家与资本主义发达国家之间的关系;"南北关系",通常指发展中国家与发达国家之间的关系;"南南关系",通常指发展中国家相互之间的关系;"北北关系",通常指发达国家相互之间的关系。这许多对矛盾与合作的关系,彼此之间又互相交叉、互相影响和互相渗透,构成了一幅极其错综复杂的世界政治经济关系的总画面,或一张世界政治经济关系之网。

在这许多对矛盾与合作的关系之中,南北关系是全世界政治经济关系中的主要矛盾,是贯穿于世界政治经济关系之网的一条主纲。这是因为:第一,其他几对矛盾与合作的关系都是局部性的,南北之间的矛盾与合作关系则是全球性的,牵动到和决定着整个世界政治经济的全局和全貌。第二,如果追溯到历史上殖民地和附属国弱小民族与殖民主义列强之间的矛盾,则南北矛盾的形成和发展,已有数百年的历史渊源。冰冻三尺,非一日之寒。要化解这种由来已久的全球性矛盾,并且使它转化为全面的合作,需要全世界各国长期的共同努力。第三,当代南北双方在经济上的利害冲突是极其尖锐的,同时,双方在经济上互相依存、互相依赖、互相补益的关系也是最为密切的。相应地,无论是矛盾冲突还是协调合作,对于全球经济的影响,也是最为深刻、最为巨大的。

简言之,南北矛盾的广度、深度以及解决这一矛盾的难度,使得它上升为当代国际政治经济关系中的主要矛盾。

南北矛盾的根源在于世界财富的国际分配存在着严重的不公。根据估算,发展中国家的人口占世界人口总数的70%,却只享有世界国民总收入的30%。另一种统计数字表明:发展中国家占世界人口的3/4,只享有世界国民总收入的1/5。反之,发达国家只占世界人口的1/4,却享有世界国民总收入的4/5。这种分配不公、贫富悬殊的局面,是长达几个世纪的殖民主义、强权政治和霸权主义造成的历史恶果。[5]

南北矛盾的实质是发达国家凭借其历史上长期形成的、在国际经济体系中的垄断地位和绝对优势,继续控制和盘剥发展中国家,力图维护国际经济旧秩序;而历史上长期积贫积弱的发展中国家,不愿继续忍受发达国家的控制和剥削,起而抗争,维护本国的民族经济权益,力图变革国际经济旧秩序和建立国际经济新秩序。

南北合作的根据是发达国家与发展中国家在现实的经济生活中存在着极其密切的互相依存和互相补益的关系。前者需要来自后者的原料、燃料和各种初级产品,需要后者的商品市场和投资市场;后者需要来自前者的资金、技术、粮食和各种中、高级工业产品,也需要前者的商品市场。任何一方对于对方说来,都是不可或缺

---

[5] 在不同阶段由不同联合国机构提供的文献中,世界财富国际分配的具体比例略有差异和出入,但存在严重分配不公、贫富悬殊的局面,则始终如一,且有愈演愈烈之势。

的。缺少对方,或与对方长期处在严重对抗的地位,而又不作任何妥协退让,势必造成生产的严重萎缩和破坏,导致现实经济生活的严重混乱。"合则两利,离则两伤"。正是出于这种现实的考虑,南北合作问题总是伴随着南北矛盾问题,作为同一个问题的两个不同方面,形影不离地以同样的频率出现于国际社会的一切政坛和论坛,被列为同等重要的议事日程和谈判主题,引起国际社会的同等重视。

但是,要在公平互利的基础上推动南北合作,阻力颇大。阻力来自发达国家,特别是来自第一世界的美国。时至今日,美国仍然有相当多眼光比较狭隘短浅的政界、法律界人士,不肯承认《宪章》具有国际法上的约束力;指责第三世界众多发展中国家为建立国际经济新秩序而进行的联合斗争是"多数人的暴政",竭力宣扬现存国际经济旧秩序"对全世界起了良好的作用",没有改革的必要。这种态度反映了美国是现存国际经济旧秩序中最大的既得利益者,因而成为这种旧秩序的主要"守护神"。

相对而言,第二世界各国的政界、法律界人士中,尽管也有不少国际经济旧秩序的维护者和辩护人,但毕竟也出现了一些能够比较冷静地正视南北互相依存现实的明智人士。他们意识到,本国在能源、原料和市场问题上,严重地依赖第三世界,如果进行僵硬对抗以致发生危机,首当其冲的是其自己。他们认识到,继续僵硬地全盘否定第三世界在国际经济秩序中破旧立新的正当要求,强行维护甚至加剧国际上贫富悬殊的现状,归根到底,对所有发达国家都是很不利的。因此,自20世纪70年代中期起,法国前总统吉斯卡尔·德斯坦等人开始积极倡议实行"南北对话",认真探讨南北合作问题。

在第三世界的强烈要求下,在第二世界部分国家领导人和有识之士的现实考虑下,南北两大类国家的对话和合作取得了初步的成果,其中较为重要的,首推1975年至1989年先后签订的四个《洛美协定》,以及2000年签订的《科托努协定》。

二、南北合作原则初步实践之一例:《洛美协定》和《科托努协定》

《洛美协定》的全称是《欧洲经济共同体—非洲、加勒比和太平洋(国家)洛美协定》,简称《洛美协定》或《洛美公约》。它在当前的南北关系中,是最大的经济贸易集团。

1975年2月,属于第三世界的非洲、加勒比和太平洋地区46个发展中国家(以下简称"非加太地区国家"),会同属于第二世界的欧洲共同体9个国家,在西非国家多哥的首都洛美,签订了贸易和经济协定,有效期 5 年。其主要内容是:(1) 非加太地区国家的全部工业品和 99.2% 的农产品进入欧洲共同体时,可以享受豁免关税和不受数量限制的优惠待遇;欧洲共同体成员国向非加太地区国家出口商品时,并不要求得到同等的优惠,而只享受最惠国待遇。(2) 非加太地区国家向欧洲共同体出口的 12 种重要产品的价格跌落到一定水平以下时,可以申请从欧洲共同体所设立的专门基金中取得补贴,以保证非加太地区国家的出口收入。这种补贴一般是无息贷款,分 7 年还清;对一些最不发达国家说来,这种补贴是赠款,不必偿还。(3) 欧洲共同体在 5 年以内向非加太地区国家提供 33.9 亿欧洲货币单位(约合 42 亿美元)的财政援助。在这笔援助中,70% 是无偿赠款,其余 30% 是条件优惠的低息长期贷款,年利率 1%,还款期限为 40 年,另加宽限期 10 年。这个协定,通称"第一个《洛美协定》"。

1979 年 10 月在多哥洛美签订的《洛美协定》,通称"第二个《洛美协定》",有效期仍为 5 年。这个新协定的主要内容是:(1) 把非加太地区国家享受出口补贴的农副产品种类增加到 44 种,从而扩大了享受特别优惠待遇的范围;(2) 增订了关于稳定上述国家 9 种主要矿产品出口收入的优惠补贴制度(这种补贴一般是低息贷款,年利率 1%,分 10 年还清);(3) 规定欧洲共同体在 5 年内向非加太地区国家提供的财政援助增加到 56 亿欧洲货币单位,约合 74.5 亿美元。参加签署这个新协定的非加太地区成员国增加到 63 个。

1984 年 12 月在多哥洛美签订的《洛美协定》,通称"第三个《洛美协定》",有效期也是 5 年。这个协定增加的新内容是:(1) 确认了参加缔约的南北两大类国家双方之间的平等伙伴和相互依存关系;(2) 强调要加强非加太地区国家的集体自力更生能力,优先发展农业,争取粮食自给;(3) 扩大了合作的领域,增加社会文化、环境保护、捕鱼、私人投资和国际旅游等合作内容;(4) 欧洲共同体许诺优先援助最不发达国家,并向非洲难民提供援助;(5) 欧洲共同体同意将非加太地区国家享受稳定出口收入优惠待遇的产品,由原来的 44 种扩大到 50 种;(6) 欧洲共同体在 5 年内向非加太地区国家提供的财政援助增加到 85 亿欧洲货币单位(约合 83 亿美元)。参加签署这个新协定的非加太地区成员国增加到 66 个,欧洲共同体成员国增加到 10 个。

1989 年 12 月在多哥洛美签订的《洛美协定》,通称"第四个《洛美协定》",有效期延长一倍,即 10 年。这个协定又增添了一些新的内容,主要是:(1) 欧洲共同体应在财政上支持非加太地区国家近年来所进行的经济结构调整计划;(2) 允许这些国家不再偿还欧洲共同体提供的用以稳定非加太地区国家农矿产品出口收入的贷款补贴;(3) 进一步扩大这些国家农产品和工业品向欧洲共同体的出口;(4) 欧洲共同体在 5 年内应向非加太地区国家提供财政援助 120 亿欧洲货币单位(约合 132 亿美元),其中 108 亿为赠款,12 亿为优惠贷款,总金额比第三个《洛美协定》增加 40%。参加签署这个协定的非加太地区成员国增加到 68 个,欧洲共同体成员国增加到 12 个。其后,两类成员国又分别增加了 3 个,迄 2000 年 5 月,成员国合计 86 个。

第四个《洛美协定》于 2000 年期满。在此之前,世界经济全球一体化的进程明显加快。欧洲共同体于 1993 年进一步发展成为欧洲联盟。世界贸易组织于 1995 年正式成立,新的世界性贸易体制和有关规则开始运作和实施。适应新形势的发展,《洛美协定》成员国自 1998 年秋起开始就原协定的更新和改订问题进行谈判,其间意见不一,分歧不少,但终于在较为公平合理的基础上达成了各方都可以接受的新协议。2000 年 6 月 23 日,欧盟 15 个成员国以及非加太地区 77 个国家在贝宁的科托努(Cotonou)共同签署了新的《伙伴关系协定》(Partnership Agreemen),简称《科托努协定》,用以取代原先的《洛美协定》。其有效期长达 20 年,每隔 5 年修订一次。《科托努协定》规定了新的发展目标、新的伙伴关系以及新的实施途径和运作方式,但又设定 2000—2007 年底为"过渡期"(preparatory period,或译为"预备期"),在这 8 年以内,基本上仍继续维持现行的体制,在此基础上,进一步磋商和逐渐过渡到新的伙伴关系体制。[6] 其发展前景,令人瞩目。

三、《洛美协定》和《科托努协定》的生命力与局限性

综观上述四个《洛美协定》以及《科托努协定》的发展进程,可以看出:发展中国家与发达国家之间的互利合作关系是有生命力的。这表现在:

第一,实施《洛美协定》30 多年来,参加缔约的南北两大类国家总数不断增加,从 55 国逐步递增至 86 国。至 2000 年 6 月,《科托努协定》继承和取代了《洛美协定》,参加《科托努协定》的成员国又进一步扩大为 93 个。其后,随着欧共体(欧盟)的再度

---

[6] See Development New ACP-EU Agreement, http://europa. eu. int/comm/development/cotonou/index-en. htm, inter alia, Press Release & Speech by Mr. Poul Nielson dateel 23/06/2000. 国际舆论认为:WTO 体制下的西雅图部长会议不欢而散,无果而终(1999 年 12 月),ACP-EU 体制下的《科托努协定》却得以达成,形成鲜明对比,发人深思。同时,此项长期协定的达成,使加勒比地区发展中国家保持欧盟各国作为稳定的重要贸易伙伴,并获得重要砝码,借以抗衡强邻超级大国的经济霸权;反过来,欧盟各国也在非加太有关地区的对美、对日"商战"中,占了上风。
《科托努协定》中有关南北合作的特惠规定过渡期等,已获 WTO 第四次部长级会议(多哈会议)作出专题决定,予以认可和支持。See EC-the-ACP-EC Partnership Agreement, Decision of 14 Nov. 2001, WT/MIN(01)/15, http: www. wto. org/.

扩大,《科托努协定》的成员国也再度增至103个。

第二,南北合作的内容和范围不断扩大。每一个《洛美协定》与前一个《洛美协定》相比,欧洲共同体及其后的欧洲联盟向非加太地区国家提供的优惠条件都有所改善。

第三,每次续订协定的谈判,都历经艰难,从南北矛盾重新激化到南北重新对话,从舌剑唇枪到互相妥协,最后总能达成对发展中国家更为有利、使南北合作有所前进的新协议。

第四,每一个新的南北协议,从总体上说,都更有利于双方在各个领域谋求更全面的合作,建立更稳定、更合理的国际经济关系。

但是,也应当看到:迄今为止,《洛美协定》式的南北合作,仍然远未能从根本上改变南北双方之间很不平等、很不公平的经济关系。这表现在:

第一,在两类国家之间的贸易交往中,仍然存在着严重的不等价交换。非加太地区国家向欧洲共同体及其后的欧盟出口的产品,95%以上是初级产品,在西欧垄断资本操纵国际市场的条件下,价格时时被压低;而欧洲共同体及其后的欧盟向非加太地区国家出口的产品,85%是中级、高级的制成品,价格却不断上涨。两类产品价格之间不合理的"剪刀差"始终存在,且有逐渐扩大的趋势。

第二,关税上的普惠待遇往往伴随着种种非关税壁垒的重重限制。欧洲共同体及其后的欧盟各国在实践中,往往巧立名目,以"卫生条例""质量规定"以及各种行政手段,对来自非加太地区国家的出口产品采取"保护主义"措施,施加新的限制。

第三,用以稳定非加太地区国家出口收入的补贴和给予这些国家的财政援助,其绝对数量虽不断递增,但相对于这些积贫积弱国家发展经济的现实需要说来,差距仍然很大。

第四,由于在殖民地阶段长期形成的"畸形经济",迄今积重难返,许多非加太地区国家往往不得不继续接受外来的指令,在农业或牧业生产上依然实行单一种植、单一经营和单一出口,从而严重影响了这些国家国民经济的正常健康发展,难以彻底摆脱经济落后状态。

由此可见,《洛美协定》和《科托努协定》在实现南北合作、改变南北不平等关系、纠正世界财富国际分配严重不公现象方面,虽已取得初步的重要成果,但距离实现彻底公平互利的南北合作,从而建立起国际经济新秩序的总目标,还有相当漫长、艰辛的路程。

第 28 章　论全球合作的新兴模式和强大趋势:南南合作与"77 国集团"*

▶▶ 内容提要

本章针对 1974 年两次联合国大会相继通过的《建立国际经济新秩序宣言》和《各国经济权利和义务宪章》中倡导的"全球合作"原则,结合其后四十多年来的实践发展,加以诠解和剖析。全文强调:南南合作与南北合作都是"全球合作"的重要组成部分,但南南合作的政治基础、经济基础、内在实质和实践效应,均与南北合作有重大的差异;南南合作乃是国际经济关系上众多弱者之间的互济互助,以共同应对或联合反抗来自强者和霸者的弱肉强食,而南北合作则是国际经济关系上众多弱者与少数强者之间在不同阶段的互相妥协和互相让步。南南合作,联合自强,旨在增强众多弱者在"南北对话"中的实力和地位,争得与少数强者"平起平坐"的对话态势和公平合理的应得权益,从而在公平合理的基础上更有效地全面促进"南北合作",而并非意味着众多弱者与少数强者彻底割断关系,更非以南南合作完全取代南北合作。在上述理论分析的基础上,本文还以较大篇幅回顾和评述"77 国集团"四十多年来在曲折中逐步发展壮大以及努力增进联合自强的长期实践,说明南南合作在国际经济秩序除旧布新进程中正在发挥着日益增强的作用。

▶▶ 目　次

一、南南合作与南北合作的联系和区别
二、南南合作的战略意义
三、南南合作的初步实践:"77 国集团"的初露头角、一度削弱与重整旗鼓

---

* 本章的基本内容,原载于笔者参撰和主编的《国际经济法总论》(法律出版社 1991 年版),此后又经多次修订或剪裁,分别辑入笔者参撰和主编的《国际经济法学》(北京大学出版社 1994—2017 年第 1—7 版);《国际经济法学新论》(高等教育出版社 1994—2017 年第 1—4 版);《国际经济法学专论》(高等教育出版社 2002—2007 年第 1、2 版);《国际经济法》(法律出版社 1999—2017 年第 1—4 版)。

（一）20 世纪 60 年代中期至 70 年代末："77 国集团"初露头角

（二）20 世纪 80 年代初至 90 年代中期："77 国集团"一度削弱

（三）20 世纪 90 年代后期至 21 世纪初："77 国集团"重整旗鼓

四、南南合作实践的强化与"多哈发展回合"的曲折进程

（一）"多哈发展回合"的启动与中国的"入世"

（二）"坎昆会议"与"20 国集团"的崛起

前文提到，全球合作的中心环节，在于开展南北合作。

但是，鉴于发达国家，特别是其中的霸权国家和强权国家，在南北对话、南北合作过程中总是极力坚持和扩大既得利益，步步为营，不肯轻易让步。因此，《建立国际经济新秩序宣言》（以下简称《宣言》）、《建立国际经济新秩序行动纲领》（以下简称《纲领》）和《各国经济权利和义务宪章》（以下简称《宪章》）在强调南北合作的同时，也十分强调南南合作，大力提倡在南北谈判、南北合作进程中，发展中国家应当采取联合行动，借以强化国际弱势群体即发展中国家在南北对话中的谈判实力，维护和争得公平合理的权益。

《宣言》强调：全球各发展中国家，必须通过单独的和集体的行动（individual and collective action），在经济、贸易、财政以及技术等方面加强相互之间的合作，并且把加强这种合作列为建立国际经济新秩序的 20 条重大原则之一。[1]《纲领》进一步指出："发展中国家之间的联合自强（collective self-reliance，又译'集体的自力更生'）以及日益扩大的互助合作，将进一步加强它们在新的国际经济秩序中的作用。"[2]《宪章》也重申了全球发展中国家加强互助合作的重要性。[3]

发展中国家相互之间开展经济合作，国际上通称为"南南合作"。这是一种新型的互济互助、取长补短、互利互惠、共同发展的国际经济关系。20 世纪 70 年代以来，南南合作越来越受到第三世界的普遍重视，第三世界国家召开的一系列国际会议都把它列为重要议题之一，要求发展这种新型合作关系的呼声愈来愈高。

一、南南合作与南北合作的联系和区别

南南合作与南北合作，都是全球合作的重要组成部分，这是两者的共同点。但是，

---

[1] 参见《宣言》第 4 部分。
[2] 参见《纲领》第 7 部分。
[3] 参见《宪章》第 21、23 条。

南南合作的政治基础、经济基础、内在实质及实践效应,却与南北合作有重大的差异。

第一,就其政治基础而言:目前世界上共有190多个独立国家,其中约160多个是发展中国家,属于第三世界。第三世界各国在经济模式、政治制度、国内政策、对外关系等方面各行其是,并不相同。但是,它们过去都戴过殖民主义的枷锁,独立后都面临着振兴民族经济、维护国家独立的共同任务。相似的历史遭遇,大体相同的国际地位,共同的现实利害,使得它们在一系列重大的世界经济和政治问题上,有许多共同的语言。这是发展南南合作的牢固政治基础。

第二,就其经济基础而言:第三世界各国在取得独立以前,由于长期遭受殖民主义、帝国主义的压迫和剥削,由于受国内前资本主义生产关系的束缚,生产力发展水平很低,人民极其贫困。当时它们的对外经济关系,主要是向殖民国家、宗主国提供农矿原料和燃料,它们自己相互之间不可能有多少经济往来。独立以后,尽管一般说来仍未能摆脱贫困落后,但由于大多数国家采取了一系列政策和措施,大力促进民族经济的发展,使国家的经济面貌产生了重大的变化:农业、工业、科技都在原有基础上取得了较大的进步和发展;国际性商品经济的发展程度日益提高,增强了互通有无、实行国际交换的必要与可能;加上各国拥有的自然资源丰富多彩,各有自己的特色,使得各国的经济既分别具有自身的优势,又与他国经济具有很大的互补性和互利性。至于全球发展中国家拥有辽阔的土地、众多的人口和广大的市场,更是第三世界国家在全球经济关系中所具备的集体优势。简言之,第三世界各国独立以来经济结构的变化和经济力量的增强,乃是发展南南合作的良好经济基础。

第三,就其内在实质而言:由于南南合作是在上述政治基础和经济基础上形成和发展起来的,因此这种合作的内在实质迥然不同于南北合作。南北合作,说到底,是国际经济关系中剥削者与被剥削者、强者与弱者之间的妥协,也是对弱肉强食规则缓慢的逐步否定;南南合作则是国际经济关系中被剥削者与被剥削者、弱者与弱者之间的互济,也是对弱肉强食规则的联合反抗。

第四,就其实践效应而言:南南合作的这种实质决定了它在国际社会中的实践效应,具有重大的特色和深远的影响,即"这种合作有助于冲破现存不平等的国际关系和建立国际经济新秩序,具有伟大的战略意义。"[4]

第二次世界大战后的历史实践证明:上述判断是言之有据、完全正确的;半个多

---

[4] 胡耀邦:《全面开创社会主义现代化建设的新局面(在中国共产党第12次代表大会上的报告)》,1982年版,第43页。

世纪以来建立国际经济新秩序斗争所取得的步步进展,无一不是第三世界国家团结合作、共同努力的结果。[5]

二、南南合作的战略意义

众所周知,国际经济旧秩序是第三世界国家争取经济独立、巩固政治独立的严重障碍,是它们发展民族经济的桎梏。因此,早在20世纪50年代,一系列亚非拉国家陆续争得政治独立以后,就在国际经济关系领域展开了破旧立新的斗争。第三世界各国争取建立国际经济新秩序的斗争,从一开始就是与它们之间的团结合作紧密地联系在一起的。1955年4月在印尼万隆召开的亚非会议,高举团结反帝的旗帜,初步形成了"南南联合自强"的战略思想,并且明确宣告一切国际关系(包括国际经济关系)必须建立在互相尊重主权和领土完整、平等互利等五项原则基础上。[6]

在1964年召开的第一届联合国贸易和发展会议上,第三世界国家组成了"77国集团",共同促使联合国把"贸发会议"确定成为联合国在经济方面的一个常设机构,从而使第三世界国家得到了一个可以联合起来与全球发达国家讨论南北经济关系问题的重要国际讲坛。

在广大第三世界国家的联合推动下,1974年召开的联合国大会第6届特别会议和第29届会议相继通过了《宣言》《纲领》《宪章》等重要法律文献,把争取建立国际经济新秩序的斗争推进到一个新阶段。70年代中期,第三世界的石油输出国团结一致,拿起石油武器,在第三世界非产油国的大力支持下,同国际石油垄断资本开展斗争,终于夺回了"油价决定权"这一关键性权力。之后,广大第三世界国家又以其他各种原料为武器,向不平等的国际经济旧秩序展开了猛烈的冲击。

70年代后期至80年代,鉴于全球性的南北谈判往往陷入僵局,发展中国家日益重视南南合作,并以南南合作来推动南北谈判,促进南北合作。1979年,第三世界众多发展中国家聚会于坦桑尼亚,并通过《阿鲁沙联合自强纲领和谈判纪要》,突出地强调了发展中国家实行联合自强的战略,制定了相应的实施要领。1981年的《加拉加斯行动纲领》和1982年的《新德里磋商》进一步开拓了发展中国家相互间实行经济

---

[5] 参见陈安:《南南联合自强五十年的国际经济立法反思——从万隆、多哈、坎昆到香港》,载《中国法学》2006年第2期。See also An Chen, A Reflection on the South-South Coalition in the Last Half Century from the Perspective of International Economic Law-making: From Bandung, Doha and Cancún to Hong Kong, *The Journal of World Investment & Trade*, Geneva, April 2006, Vol. 7, No. 2.

[6] 参见本书第一编第4章"论国际经济法的产生和发展"第三部分之(二)"创立国际经济法新规范的斗争"。

合作的领域和途径。同时,各类发展中国家又根据互济互助和联合斗争的需要,先后组建了二十多个区域性的经济一体化组织,诸如拉丁美洲自由贸易协会、中美洲共同市场、加勒比共同体、东非共同市场、中非关税及经济同盟、西非经济共同体、阿拉伯共同市场、东南亚国家联盟等;成立了十几个地区性财政金融组织,诸如亚洲开发银行、非洲开发银行、拉丁美洲开发银行、阿拉伯货币基金、安第斯储备基金等;建立了二十多个原料生产和输出国组织,诸如石油输出国组织、国际铝土生产国协会、铜矿出口国政府联合委员会、可可生产者联盟等。发展中国家通过这些组织,实行联合自强,并借以与发达国家的各种无理要求相抗衡。

面对这样的国际形势,一些发达国家为了保证自己的能源和原料供应,扩大向第三世界国家的出口,不得不在不同程度上改变过去的传统方式,从盛气凌人的"对抗",逐渐转向平起平坐的"对话",并在一些局部问题上向第三世界国家作出了一定的让步。

由此可见,建立国际经济新秩序的斗争所取得的步步进展,确实无一不是第三世界国家联合自强、共同奋斗的结果。

历史的经验和严峻的现实使第三世界国家进一步认识到:

第一,现存的国际经济体制,是在经济实力基础上形成的。要改变它,首先也要依靠实力。第三世界国家争取建立国际经济新秩序的斗争,同它们过去争取政治独立的斗争一样,不能指望和等待任何人的"恩赐"。国际经济关系领域破旧立新斗争的进程,在很大程度上取决于第三世界国家本身经济力量的增长和它们相互间团结合作的加强。第三世界国家拥有的经济实力越大,它们对世界经济大政的发言权、参与权、决策权就越大,对某些在南北关系问题上坚持僵硬立场和专横态度的发达强国,也就能发挥更大的制约作用。因此,发展中国家应当把发展和壮大自己的经济实力摆在首要位置。

第二,历史的教训表明:在经济上过分依赖发达国家,对第三世界国家民族经济的发展极为不利。加强南南合作,走弱者联合自强的道路,建立独立自主的民族经济,减少对发达国家的依赖,才是它们争取经济繁荣、增强自身经济实力的可靠途径。

第三,实行南南合作,把各个分散的、在经济上相对弱小的第三世界国家联合起来,凝聚成一股强大的国际力量,就能够提高这些国家在南北对话、南北谈判中的地位,迫使态度僵硬或蛮横的发达国家对改革不公平的国际经济关系转而采取比较现实的态度,从而打破僵局,开辟改革旧国际经济关系的新局面。

第四,南南合作从一开始就是建立在弱者互助互济、公平互利的基础之上的。

它是全球合作的一种新兴模式和强大趋势。同时,它本身就是国际经济新秩序的一种体现。因此,一切发展中国家对已经出现的南南合作这一新兴模式和强大趋势,都应倍加珍惜,全力扶持和推进。

由于长期殖民统治遗留下来的问题,某些第三世界国家之间存在着一些矛盾和争端,有时甚至导致双方兵戎相见;各国处境不同,内外政策不一,在某些问题上也会产生一些新的分歧。对于这些争端和分歧,如果处理不当,势必成为南南合作发展的障碍。但是,由于第三世界国家之间没有根本的利害冲突,只要有关各方能够排除超级大国的干扰,以大局为重,互谅互让,耐心协商,就定能化解矛盾和纠纷,消除争端和分歧,把南南之间具有巨大潜力的互济互利合作推进到新的、更高的阶段。

第五,南南合作,并非意味着与北方国家割断关系,更不是为了取代南北经济合作。南南合作,有助于推动南北谈判,改善南北关系,在公平互利的基础上促进南北经济合作,以实现全世界各类国家普遍的经济繁荣。

三、南南合作的初步实践:"77 国集团"的初露头角、一度削弱与重整旗鼓

"77 国集团"是全球众多发展中国家实行南南合作的重要组织形式,也是它们凝聚分散力量,通过联合奋斗,推动国际经济秩序破旧立新的重要手段。

1964 年 3 月至 6 月,联合国贸易和发展会议在瑞士日内瓦举行第一届会议。会议结束前夕,与会的 77 个发展中国家基于共同的奋斗目标和共同的利益,发表了《77 国联合宣言》(Joint Declaration of the Seventy-Seven Developing Countries Made at the Conclusion of the UNCTAD),形成了"77 国集团",相约在国际经贸和发展的重大事务和有关的国际会议上,采取统一的立场、步调和行动,以伸张弱小民族共同的正义要求,维护发展中国家集体的合法权益。此后,又有许多发展中国家相继参加了这个国家集团,迄今为止,其成员国已增至 131 个,但仍沿用"77 国集团"这个具有历史意义的原始名称。中国 1971 年恢复在联合国的合法席位和安理会常任理事国的席位之后,虽未直接加入这个集团,成为其正式成员,但一向与这个集团保持密切的协作关系,积极支持其维护弱小民族共同权益、推动国际经济秩序除旧布新、破旧立新的正义要求。[7]

---

[7] See Clement Robes (Chair for the Group of 77 and China for 1999), The Group of 77 and China: Current Priorities, NY 12/01/99, http://www.southcentre.org/southletter/s/33/.

这个国家集团,作为第三世界在联合国内部最大的联合体(as the Largest Third World Coalition in the United Nations),在组建迄今的五十多年中,经历了曲折的发展道路:它在南北矛盾—南北对话—南北合作的总进程中,通过南南合作,取得了重大的成就,也遭遇到重大的困难,其影响力一度有所削弱。进入世纪之交,它又重整旗鼓,恢复了活力,开始了新的征程。以下简述其发展概况:

(一) 20 世纪 60 年代中期至 70 年代末:"77 国集团"初露头角

"77 国集团"自成立之初,就设定自己的行动宗旨,即(1)旗帜鲜明地为发展中国家表述自己的正义主张,促进发展中国家集体的经济权益;(2)在联合国体制内部,在有关国际经济一切重大问题的南北谈判中,增强发展中国家的"集体谈判能力"(joint negotiating capacity);(3)在发展中国家之间,加强经济合作和技术合作。

"77 国集团"的最高决策机构是"77 国集团部长会议",每年召开一次,时间选定在每届联合国大会在纽约举行之初;同时,在每届联合国贸易和发展会议、联合国工业发展组织、联合国教科文组织召开大会之际,定期集会,俾便集团成员国的代表们事先及时聚会,共商大计,协调立场,研究共同对策,从而在后续大会上采取联合行动。[8]"77 国集团"的总部设在美国纽约联合国总部所在地;另在联合国各有关专门机构的所在地日内瓦、罗马、维也纳、巴黎、内罗毕,设立"77 国集团分部"(Chapters of the Group of 77),就近参加各该有关组织的日常活动。此外,还在美国首都华盛顿,组成代表发展中国家权益的"24 国集团",参与国际货币基金组织和世界银行的活动。[9]

在 20 世纪 60 年代中期至 70 年代末,"77 国集团"的联合奋斗是卓有成效的。[10]由众多发展中国家弱小民族凝聚分散力量而形成的综合实力,在联合国体系内各种政治、经济的论坛和舞台上,发挥了应有的作用:运用第三世界在联合国内平等表决制形成的多数优势,促使联合国的各种机构通过了比较公平合理和有利于发展中国家的决议,其中包括若干具有法律约束力的决定;推动联合国创设了一些新的机构

---

[8] See What Is the Group of 77, p. 1, http://www.g77.org/geninfo/.

[9] 日内瓦是联合国贸易和发展会议(UNCTAD)秘书处所在地,罗马是联合国粮食及农业组织(UNFAO)所在地,维也纳是联合国工业发展组织(UNIDO)所在地,巴黎是联合国教科文组织(UNESCO)所在地,内罗毕是联合国环境规划署(UNEP)所在地,华盛顿是国际货币基金组织和世界银行总部所在地。

[10] See South Centre, Thirty Years of the Group of 77(1964-1994), United for a Global Partnership for Development and Peace, South Centre Publications, 1994, pp. 1-8.

或机制,实施有助于贫弱国家经济增长的各种方案[11];通过联合国各种讲坛的论战或有关的决议,对国际社会中的政治霸权和经济霸权,加以批判、抵制和约束;敦促联合国各有关机构就全球性经济发展严重失衡、世界财富的国际分配严重不公、南北两类国家贫富悬殊的鸿沟不断扩大等重大问题,加强研究评析,采取相应的有效措施,逐步加以解决。

其中,特别值得称道的是:针对南北两类国家之间商品贸易中长期存在严重失衡和价格"剪刀差"问题提出的改革方针,即对发展中国家实行"非互惠的普惠待遇"等原则,就是在1964年联合国贸发会议上,由"77国集团"率先提出倡议,并经多年坚持不懈的努力,终于推动《关贸总协定》不公平、不合理的原有体制进行了局部的改进。针对国际经济旧秩序提出鲜明的战略性变革主张,即联合国1974年通过的《宣言》《宪章》,也是首先在联合国贸发会议上由"77国集团"酝酿、发动、磋商、论证,统一了认识,再提交联合国大会,作出了具有重大历史意义的决议,形成了国际经济秩序除旧布新的纲领性文献,比较系统地初步确立了符合时代潮流的国际经济法的新法理原则。关于这方面的成就和意义,本书第一编第1章第一部分之(三)已经提及,兹不另赘。

(二) 20世纪80年代初至90年代中期:"77国集团"一度削弱

在这个阶段,由于国际形势的发展变化,"77国集团"所体现的南南合作的整体力量及其在国际舞台上的影响有所削弱。这主要是由于:[12]

第一,"77国集团"的组织机构和日常联系本身比较松散,不够紧密;成员众多,要求各异,缺乏一个强有力的、比较稳定的核心领导机构,步调往往难以统一,或在采取统一立场过程中,行动迟缓,贻误时机。相形之下,发达国家却以"77国集团"为核心,挟其经济和政治实力上的固有强势,步步为营地维护其既得利益,步调一致地对付、抵制发展中国家提出的变革要求。

第二,"77国集团"本身缺乏一个常设的高水平研究机构和宣传机构,未能经常

---

[11] 诸如:推动各有关国家缔结各种专项商品协定,实施综合性商品方案,设立公共基金,以促进发展中国家资源的开发和初级商品的出口;促进召开援助最不发达国家的各种专题会议,减免穷国的官方债务;促进修订对发展中国家不利的国际运输规则,控制损害技术落后国家的限制性商业做法;设计和阐明各种南南合作的项目,就弱国经济发展的重大外部环境和条件问题开展南北对话,促进制订和实施连续性的"联合国十年发展规划"(UN Decades of Development)等等。

[12] See Thirty Years of the Group of 77(1964-1994), United for a Global Partnership for Development and Peace, South Centre Publications, 1994, pp. 9-16; The Future of the Group of 77, South Centre Background Paper for the Ministerial Round Table of Group of 77, Midrand, South Africa, 1996, South Centre Publications, 1996, pp. 1-5.

广泛收集有关的资料信息,针对客观形势的变化及其引发的错综复杂的问题,及时地进行深入的研究和剖析,作出科学的评估和判断,进而及时地提出切合实际的对策、方案和倡议,并加以充分的论证和宣传,进行必要的舆论准备。因此,在"南北对话"的各种国际论坛和国际谈判中,南方谈判代表面对经济强国智囊精心设计的议程、议题、方案、论点和论据,往往处在守势,陷于被动应付,难以主动出击、开拓新的局面。

第三,发达国家改变了谈判的策略。一方面,发达国家对发展中国家的联合奋斗采取了分化瓦解的手法,不断利用单个发展中国家经济上的脆弱和财政上的急需,实行"大棒加胡萝卜"(club with carrot)的政策,通过双边谈判,"各个击破",使后者偏离"77国集团"原定的集体奋斗目标和轨道,从而不断削弱南方国家整体的凝聚力和战斗力。另一方面,发达国家又千方百计地转移谈判的场所和目标,尽力回避或架空"77国集团"在其中占有优势的联合国贸发会议,把多边谈判的主阵地和主议题转到和纳入原"布雷顿森林体制"机构及原《关贸总协定》所设定的框架之中,以便由少数经济强国对有关议程、议题、议事规则、进程、结论和结局加以全面主导和全盘控制,从而大大削弱了发展中国家凝聚共识、集体谈判和联合行动的机会和能力。

第四,20世纪90年代初,苏联瓦解,东欧各社会主义国家也发生政治剧变,致使在各种"南北对话""南北谈判"的场合,原先支持发展中国家的声援力量和表决票数优势有所削弱。

由于以上诸因素的综合作用,在许多国际多边谈判中,特别是在长达8年之久(1986—1994)的GATT/WTO乌拉圭回合谈判之中,发展中国家往往未能像昔日那样凝聚共识,集体决策,联合行动,从而往往在多边谈判中处在弱势地位。相形之下,发达国家,特别是其中的经济大国和强国,却常能在旧体制之下,凭借其综合实力,操纵全局,在制定国际经贸大政方针及其"游戏规则"方面处在绝对主导的地位。

有鉴于此,发展中国家回顾和总结了这一历史阶段的缺失和教训,重新认识到"南南联合"在"南北对话"和更新国际经济立法中的重要意义,开始着手进行自身力量的重新整合。1994年,它们一致达成《建立南方中心协定》(Agreement to Establish the South Centre,以下简称《协定》)。根据《协定》建立起来的"南方中心"(South Centre),是一个政府间组织(intergovernmental organization),其主要宗旨是:加强南方各国的团结,针对发展中国家在南北矛盾和南北对话过程中面临的各种问题,以及它们在国际舞台上应有的共同政策取向和集体联合行动方针,加强研究,提出建议,供"77国集团"以及其他所有发展中国家的决策当局参考和采用。其后,"南方中心"逐渐形成专门为众多发展中国家出谋划策的一个小型"智囊机构"(a small think tank)。实践证明:随着时间的推移,根据《协定》组建的"南方中心"在凝聚发展中国家的意志和力量,强化南南联合,促进南北平等对话和南北互利合作,更新国际立法等方面,正在发挥着日益重要的"智囊"作用。

(三) 20世纪90年代后期至21世纪初:"77国集团"重整旗鼓

"南方中心"组建和成立以来,进行了许多有益的研究、出版和宣传工作。其中,比较重要的两份文献是《七十七国集团的三十年(1964—1994)》和《77国集团的未来》。前者着眼于总结过去的经验教训,后者着眼于规划未来的行动指针。

"南方中心"的研究结论强调:在经济全球化加速发展的条件下,全球经济大政(macro-economic working of the global economy)及其有关国际经济立法,实际上由寥寥几个经济强国组成的"7国集团"所把持和操纵,**没有任何单一的发展中国家的力量能够改变这种现状**。因此,今后在针对一系列全球性问题进行讨论和决策的国际论坛上和多边谈判中,南方各国比以往任何时候都更加需要采取集体联合行动,才能赢得公平、公正和合理的成果。为了维护发展中国家共同的根本利益,必须适应形势的变化,通过精心研究和科学设计,调整和更新"77国集团"的纲领,重新协调不同的利益,增强共识和内部凝聚力。"南方中心"提出的这些研究结论和鲜明主张,在2000年4月间召开的"南方首脑会议"(South Summit)上获得了更加充分和更加系统的论证,上升到一个新的层次,并且被接受为南方各国政府在今后国际多边谈判中的共同指针。

此次首脑会议在古巴首都哈瓦那举行。这是"77国集团"成立36年以来召开的层次最高、规模最大的一次会议。当时共132个发展中国家的元首、政府首脑或其代表聚首一堂,共商全球大计,其中心主题就是:如何应对世界经济加速全球化给众多南方国家带来的严峻挑战和重大风险;如何通过南方国家的团结一致和联合行动,敦促南北平等对话,力争南北完全平等地参与世界经济大政的决策和有关法律规则的制定;如何开展南北互利合作,建立一个公正、公平、合理的国际经济新秩序。会议结束时,发表了《南方首脑会议宣言》以及为实现此项宣言而制定的《哈瓦那行动纲领》。[13]

鉴于"77国集团"组织比较松散,亟需组建一个比较稳定的核心领导机构,此次

---

[13] See Declaration of the South Summit; Havana Programme of Action, http://www.g77.org/summit/Declaration; summit/Programme of Action.
中国派出的高级代表团出席参加了这次会议,并作了长篇发言,强调:"南南合作首先是一种团结精神,同时也是发展中国家联合自强、寻求共同发展的重要途径……只有团结起来,才能提高发展中国家在南北对话中的地位,才能有效参与国际经济决策,才能在全球化过程中最大限度地维护自身利益。"参见《人民日报》2000年4月15日第1版。

首脑会议决定筹组一个"南方协调委员会"(South Coordination Commission),由南方首脑会议主席、不结盟运动主席、东南亚国家联盟主席、阿拉伯联盟主席、加勒比共同体主席、非洲统一组织主席等南方国家各大区域性组织的主要领导人共同组成,其主要职能就是统一协调和组织实施此次首脑会议制定的上述《哈瓦那行动纲领》和有关南南合作的各项决定。[14]

此次南方首脑会议的上述举措和行动举世瞩目。它促使第三世界众多弱小民族重新凝聚,重整旗鼓,焕发出新的团结奋斗精神。因此,国际舆论认为,它标志着"77国集团"发展史上的一个新的重大转折,也标志着进一步加强"南南联合"、更新国际立法、推动国际经济秩序除旧布新和破旧立新,开始了新的征程。[15] 此时,原先的 GATT 体制已进一步发展成为 WTO 体制。因此,如何在这个号称"经济联合国"的新体制中发挥发展中国家集团的作用,提高自己在全球经贸大政及其法律规则问题上的发言权、参与权、决策权和制定权,就成为"77国集团"面临的新课题。

四、南南合作实践的强化与"多哈发展回合"的曲折进程

21世纪伊始,"77国集团"从发展中国家权益的角度,回顾和总结了1995年初至2001年初 WTO 体制运作6年过程中的利弊得失,在 WTO 第四次部长级会议召开之前19天,即2001年10月22日,发表了一份宣言[16],用"一分为二"的观点,既肯定了这一多边贸易体制在促进全球共同发展进程中的重要作用与积极意义,又指出了其中存在许多亟待认真贯彻实施的郑重诺言以及亟待纠正更新的先天缺陷,即对待发展中国家的权利与义务的失衡与不公;同时,就贯彻现有的合理协定以及纠正现有的各种缺陷提出了全面的改进建议,强调:"必须全面地和诚信地实施乌拉圭回合协定并且纠正其中存在的各种失衡与不公"[17]。这些改进建议涉及消除或改变发展中国家产品出口到发达国家的市场准入障碍、发达国家的高关税以及形形色色的非关税壁垒等诸多方面存在的问题。

这些针对 WTO 体制现状的不足和缺陷提出的全面的改进建议,体现了发展中

---

[14] See Martin Khor, Havana Summit, a Defining Moment in G77 History; Coordinating Commission Set Up, Third World Economics, No. 232, Geneva, 2000, pp. 2-3, 12-14.

[15] See South Summit in Havana to Mark a "Turning Point" for Developing Countries, http://www.g77.org/summit/pressrelease; see also supra, Havana Summit, a Defining Moment in G77 History.

[16] Declaration by the Group of 77 and China on the Fourth WTO Ministerial Conference at Doha, Qatar, 22 October 2001, http://www.g77.org/Docs/Doha.htm.

[17] Ibid., para. 5.

国家的共同要求,指出了WTO体制进一步改善以及走向公平、公正、透明、公开的方向,符合国际经济法和国际经济秩序进一步弃旧图新的时代潮流。引人注目的是:这些要求乃是以"77国集团"当时所实际涵盖的132个发展中国家发表共同宣言的方式,正式提交WTO最高决策机构——第四次部长级会议,显示出众多发展中国家在新千年新世纪伊始举行的此次南北多边谈判中,确实是**"有备而来"**,确实是国际政治经济舞台上不可忽视的有组织、有纲领的集体力量。

(一)"多哈发展回合"的启动与中国的"入世"

在众多发展中国家重新凝聚和强烈要求下,2001年11月10日,WTO在卡塔尔首都多哈举行的第四次部长级会议(通称"多哈会议")上通过了《多哈宣言》,决定:以全球发展中国家普遍面临的发展问题为中心,全面启动新一轮的全球性多边贸易谈判(通称"多哈发展回合"谈判,或简称"DDR"),以便对现有的WTO体制和规则,即有关的国际经济立法,加以必要的改善和更新。宣言中特别强调:"WTO成员的大多数是发展中国家,我们(部长级会议)寻求把发展中国家的需要和利益摆在本宣言通过的工作方案的中心地位"[18],并且明确规定:依据本宣言设定各项议题进行新一轮的多边磋商谈判,应当在2005年1月1日以前结束。[19]

从法律的角度看,WTO体制及其各项多边规则乃是国际经济法的一个重要组成部分。因此,十几年来举世瞩目的"多哈发展回合"谈判,其法律实质或法律定性,乃是针对有关世界贸易的现行国际经济立法如何进一步除旧布新问题而开展的新一轮全球性磋商,其主旨在于促使WTO现行体制及其各项多边规则——各项国际经济立法,获得必要的更新和改善。

会议还通过了《关于中国加入世界贸易组织的决定》,中国自2001年12月11日起正式成为WTO成员。这就为众多发展中国家在WTO体制内部开展南南合作和进行联合斗争增添了强大的中坚力量。

在新一轮的全球性多边贸易谈判中,首要的议题和难题是农业问题。长期以来,它一直是南北经济利害冲突的焦点和核心,也是南北经济合作的主要领域。

众所周知,由于历史的原因,绝大多数发展中国家都是经济落后、"以农立国"的国家,农产品出口往往是国民经济的重要命脉。但是,在国际市场竞争中,发展中国家出口的农产品却处于极大的劣势和困境,其所以然,除了生产技术落后之外,主要

---

[18] Doha WTO Ministerial 2001: Ministerial Declaration (hereinafter "Doha Declaration"), 14 Nov. 2001, http://www.wto.org/english/thewto-e/minis-e/mino-e, paras. 5, 2, 12, 45.

[19] Ibid., paras. 12, 45.

是由于许多发达国家对本国的市场采取一系列保护主义措施,在"市场准入"(market access)方面设置了重重障碍,阻挠发展中国家农产品顺畅入境;同时,又对本国的农业生产给予多种"国内资助"(domestic support,又译"国内扶持"或"国内支持"),并对本国农产品的出口给予各种"出口补贴"(export subsidy)。这三种因素综合起来,就对正常、公平的国际农产品贸易起了严重的扭曲作用,严重损害了众多发展中国家的权益,使它们本来就落后的经济发展有如"雪上加霜",更加艰难竭蹶。

针对发达国家采取的这些违反正常市场公平竞争规则的措施,南北两大类国家经过了长期的论战和谈判。在1994年的《农业协定》中,WTO全体成员在放宽市场准入、削减国内支持和削减出口补贴三方面初步达成共识,并约定于五年后进一步开展谈判,达成新的协议,以便在一定的期间内对现行体制逐步实行根本性改革(fundamental reform),纠正和防止对世界农产品市场的限制和扭曲,从而确立公平的、切实遵守市场规则的贸易体制。[20] 但是,事隔六年,发达国家在这方面的承诺仍然是口惠而实不至,迟迟未能兑现。所以,在2001年的《多哈宣言》中,对此再次加以强调和重申[21],并且规定:应在2003年3月31日以前由参加新一轮农业谈判的各方共同拟定一个综合性的改革草案,以便进一步提交第五次部长级会议(即"坎昆会议")审议。

(二)"坎昆会议"与"20国集团"的崛起

然而,由于发达国家一直坚持其无理立场,不肯作出实质性让步,故新一轮的农业谈判和其他重大议题的谈判一样,进展十分缓慢,逾期多时,南北两大类国家之间无法达成共识。有鉴于此,以巴西、印度和中国为首的20个发展中国家经过磋商协调,形成了共同的谈判立场,并于WTO第五次部长级会议在墨西哥坎昆召开之前8天,即2003年9月2日,向WTO秘书处总干事递交了一份有关全球农业贸易改革的联合提案:《关于农业问题的框架建议》,[22] 要求作为本届会议的正式文件,散发给与会的全体成员代表进行讨论,待取得共识后,纳入本届会议的宣言。这份建议的主要内容是:(1)削减国内资助:一切发达国家应在规定的时间内按规定的百分比指标,大幅

---

[20] 参见《农业协定》,序言,第20条,载《世界贸易组织乌拉圭回合多边贸易谈判结果法律文本》,法律出版社2000年版,第33、46页。

[21] See supra, Doha Declaration, paras. 13, 14.

[22] Agriculture-Framework Proposal, Ministerial Conference, Fifth Session, Cancún, 10-14 September 2003, WT/MIN(03)/W/6, 4 Sept. 2003. 提交此项联合倡议的国家是阿根廷、玻利维亚、巴西、智利、中国、哥伦比亚、哥斯达黎加、古巴、厄瓜多尔、萨尔瓦多、危地马拉、印度、墨西哥、巴基斯坦、巴拉圭、秘鲁、菲律宾、南非、泰国以及委内瑞拉,共20个发展中国家,其后土耳其申请参加此项联合提案,被合称为"21国集团"。接着,埃及和尼日利亚也相继于2003年9月9日和9月30日加入,作为共同的倡议国。

度削减政府给予本国农业的各种优惠资助和补贴。(2)放宽市场准入:发达国家的进口关税应在规定的时间内按规定的百分比指标,加以削减,降低税率,扩大课税进口产品的配额(quota)。(3)削减和取消出口补贴:发达国家应当承诺在规定的年限内取消对本国产品出口的各种补贴,特别是取消对发展中国家十分不利的各种出口补贴。

坎昆会议于2003年9月10日正式开幕后的五天中,WTO各成员之间最主要的分歧集中在农业贸易改革问题上。而会上的所有分歧,归根结底,最主要的是发展中成员与发达成员之间根本性的利害矛盾和冲突。由于各方立场差距甚大,争论非常激烈,预定在本次会议结束时发表的"部长宣言"草案几经修订,各方依然在发达国家放宽市场准入、削减国内资助、削减和取消出口补贴的程度、幅度和期限等方面相持不下,无法打破僵局,形成共识。最终,大会主席墨西哥外长宣布会议结束,草草收场。至此,坎昆会议继西雅图会议之后,再次无果而终。[23]

此次会议虽以无果告终,但它在WTO体制的发展史上,在南北对话的发展史上,都具有不可忽视的作用,其影响是巨大和深远的。它突出地显示了南南联合自强在南北对话中的地位和作用。

前文提到,自20世纪40年代中期第二次世界大战结束后数十年来,在全球经贸大政问题的决策上,在世界贸易体制的设计和有关规则的制定过程中,一向都是美国、欧盟等发达国家和地区占有主导地位。而此次会议上,却出现了新的局面:发展中国家比较紧密地联合起来形成集团[24],就全球性的经贸重大议题鲜明地表明自己的共同立场和主张,与发达国家,特别是与其中的经济强国公开抗衡。这种新局面显示了众多发展中国家联合奋斗的意志和实力,引起国际舆论的"刮目相看"。[25]

---

[23] 参见许宏治(人民日报驻墨西哥记者):《坎昆会议无果而终》,载《人民日报》2003年9月16日第3版。

[24] 据当时媒体报道:此次会议上出现了"发展中国家以三大集团对抗发达国家"的现象。除上述"21国集团"之外,另外两个集团是由非加太国家、非洲联盟国家和孟加拉等最不发达国家聚合组成的联盟,以及多米尼加、肯尼亚、斯里兰卡等33国结成的联盟。参见《世贸部长会议发展中国家以三大集团对抗发达国家》,http://www.people.com.cn/GB/jingji/1037/2091073.html。

[25] 法新社记者2003年9月12日报道:在这次坎昆会议上,美国和欧盟实际上面对的是二十多个发展中国家组成的集团,这些国家主要有巴西、中国和印度等。日本《每日新闻》记者于同年9月13日报道:贸易人士分析说:"会议上政治色彩比经济谈判色彩更浓。"其背景是,欧美一直主导贸易自由化谈判,发展中国家反对这个世贸组织延续多年的框架,可以说是发展中国家向发达国家发起挑战,想和发达国家"一决雌雄"。英国《经济学家》周刊在当年9月15日的一期发表了题为《坎昆会议已成重大事件》的文章,指出:"此次会议高明的政治手段比会议产生的任何单项建议都将具有更加深远的影响。以中国、印度和巴西为首的发展中国家第一次自我组织起来,形成联盟,即21国集团,表明了它们要与欧盟和美国较量的意愿。就像工会的诞生一样,发展中国家发现了团结、行为准则和对抗的力量。""中国的参与对这一进程至关重要。印度和巴西以前曾努力组建一个发展中国家集团,但总是因各种经济或政治压力而失败。中国是一个大国,而且地位重要,所以不可能任意摆布。有了中国,这个联盟才有意义。""世贸组织是一个发展中国家在其中拥有较大权力的论坛。如果联合起来,它们就能获得平等待遇;如果单独行事,它们就会被当作是乞讨者。"日本《朝日新闻》于同年9月13日报道:在世贸组织的部长会议上,首次出席会议的中国显示出影响力,发挥了重视实际利益的非凡的外交手腕。应特别指出的是中国在农业谈判中的影响,中国同发展中国家站在一起,明确主张:在农业问题上应停止实施以美欧为主导的世界贸易组织体制。参见《坎昆会议:农业问题成为焦点》和《中国在坎昆展现非凡外交手腕》,分别载于《参考消息》2003年9月14日第4版和9月17日第1版。

事后不久,"77国集团"和中国的外交部部长在一年一度的集会中总结了坎昆会议的得失,明确表示:此次会议未能就发展中国家所关切的问题达成协议,令人失望。但是,"在坎昆会议上,发展中国家在多项谈判中发挥了根本性的作用(fundamental role)。我们郑重地重申,在今后世贸组织多哈回合进一步开展谈判过程中,我们一定会在同等程度上继续显示出目标的一致和力量的团结。"[26]

作为"77国集团"和全球发展中国家共同的"智囊机构","南方中心"特地在其机关刊物中转载了知名教授瓦尔登·贝罗(Walden Bello)论述坎昆会议的专题论文,[27]其中提出:此次世贸组织部长级会议的无果而终明显地体现了全世界人民的胜利,绝大多数发展中国家已经看穿了多哈会议之后欧美强国屡屡背弃诺言的惯伎和贪得无厌的本质,故此次前往坎昆与会的大多数代表都采取了团结起来实行自卫的行动,从而使美国和欧盟不再能一如往昔,任意左右多边谈判的全局。贝罗教授强调,此次会上形成的"20国集团"(Group of 20)是一个具有重大意义的新事物,它可能大大有助于改变全球的力量对比。这个由巴西、中国、印度和南非等大国牵头的新生集团,其潜力不容轻视,代表着全球一半以上的人口和全球63%以上的农民,团结在一起。无怪乎美国的代表们认为"20国集团"的聚合和形成乃是发展中国家力图重新推动早在20世纪70年代就已提出要建立的"国际经济新秩序"。贝罗教授满怀希望地指出:"20国集团"有可能成为南南合作的引擎,对贸易以外的投资政策、资本流通政策、工业政策、社会政策以及环境政策等,也开展南南合作,加以统一协调,从而力争改变WTO的现状。[28]

---

[26] Ministerial Declaration, by the Ministers of Foreign Affairs of the Group of 77 and China, New York, 25 Sept. 2003, http://www.g77.org/Docs/Dec/2003.htm.

[27] See Walden Bello, The Meaning of Cancún, in South Letter, No. 39, p. 18, 2003, http://www.southcentre.org/southletter/s139.

[28] Ibid.

第 29 章 论南南联合自强五十年的
　　　　 国际经济立法反思
——从万隆、多哈、坎昆到香港*

>> **内容提要**

　　WTO 体制及其各项规则乃是国际经济法的一个重要组成部分。五年来举世瞩目的多哈发展回合谈判,说到底,乃是有关现行国际经贸立法进一步除旧布新的全球性多边磋商。多哈回合谈判于 2001 年底启动,2003 年在 WTO 坎昆会议上因南北矛盾激化不欢而散。事后,各方又于 2005 年 12 月举行 WTO 香港会议,就多哈回合重启新一轮谈判,初步打破了僵局,但仍留下关键性争端难题,悬而未决。由于后续谈判僵局一直未能化解,2006 年 7 月底,WTO 总理事会决定全面停止多哈回合所有议题的谈判。经过反复磋商,2007 年 2 月,WTO 总理事又决定全面恢复所有议题的谈判。此后,南北各方经长达 17 个月的折冲樽俎,各有让步,阴霾渐散。但是,又因强权和霸权国家的自私和蛮横,2008 年 7 月底,关键性谈判再度破裂,僵局重现。看来,此后相当长一段时期内,势必又面临另一番南北角力,前景难卜。本文根据五

---

　　* 本篇专论有中、英两种文本。随着"多哈回合"谈判形势的发展,笔者数度应邀增订或改写此文,被中国及国际组织机关公报等国内外六种权威学刊相继采用、转载、转译,并被辑入英文学术专著。中文本最初发表于《中国法学》2006 年第 2 期;其增订补充稿,连载于《世界贸易组织动态与研究》2006 年第 9、10 两期。
　　英文和韩文的不同版本先后发表于四种学刊:(1) Be Optimistic, or Be Pessimistic? —The Fork Confronting DDR and WTO After Its Hong Kong Ministerial Conference(《乐观? 悲观? 何去? 何从? ——香港会议后多哈回合与世贸组织面临岔路口》),发表于国际组织"南方中心"(South Centre)机关刊物《南方公报》(*South Bulletin*)第 120 期,2006 年 3 月。"南方中心"是 62 个发展中国家缔约组建的政府间国际组织,总部设在日内瓦,被称为众多发展中国家的共同"智库",中国是其成员国之一。(2) A Reflections on the South-South Coalition in the Last Half Century from the Perspective of International Economic Law-making: From Bandung, Doha and Cancún to Hong Kong(《南南联合自强五十年的国际经济立法反思:从万隆、多哈、坎昆到香港》),发表于《世界投资与贸易学刊》(*The Journal of World Investment & Trade*)2006 年第 7 卷第 2 期。(3) Weak Versus Strong at the WTO(《世贸组织中群弱抗衡强权》),发表于《日内瓦天下大事论坛》季刊(*The Geneva Post Quarterly—The Journal of World Affairs*),创刊号,2006 年 4 月。(4) 被转译为韩文后,发表于韩国仁荷大学《法学研究》(*The Journal of Inha Law*)2006 年第 9 卷第 1 期。新近,英文稿的最新增订本又被辑入学术专著 *Economic Law Through World Trade: A Developing World Perspective*(《从发展中国家视角看世界贸易经济法》),Kluwer Law International, Alphen aan den Rijn, 2007。

十多年来发展中国家在南北矛盾中实行南南联合自强、力争更新国际经济立法的主要史实,并结合 WTO 香港会议以来的最新发展,以史为师,尝试探索和论证通过南南联合自强、更新国际立法的历史轨迹,指出:由于"南弱北强"的实力悬殊,弱小民族要求更新国际经济立法、改变国际经济旧秩序的联合奋斗,只能在步履维艰中曲折行进,不能急于求成或盲目乐观,因此"速胜论"是缺乏足够根据的;另一方面,由于"南北依存"和"南多北寡"(得道多助,失道寡助)的时代潮流,WTO 香港会议之后即使谈判再度受挫或破裂,WTO 多边体制也未必就此陷于瘫痪瓦解,无须过于失望悲观,因此"瓦解论"也是缺乏足够根据的。弱小民族要求逐步更新国际经济立法,争得自身应有权益,舍韧性的南南联合自强,别无他途可循。

目 次

一、多哈回合全球谈判的法律实质
二、从万隆到多哈:五十多年来南南联合自强始终在曲折中行进
 (一)南方国家的万隆会议(即首届亚非会议)
 (二)南方国家的"77 国集团"
 (三)南方首脑会议
 (四)"多哈发展回合"的启动与中国的"入世"
三、多哈—坎昆进程中南南联合自强的新面貌和新曲折
四、香港会议前南北矛盾的僵局及其"乍暖还寒"
五、香港会议的积极成果:"千呼万唤始出来,犹抱琵琶半遮面"
六、香港会议后南北谈判的断而复续与僵局的再现
七、从五十多年来南南联合自强的历史轨迹展望 DDA 和 WTO 今后的走向
 (一)南北矛盾和南南联合自强的历史轨迹:"6C 律"及其特点
 (二)"多哈发展回合"谈判的成功:舍韧性的南南联合自强,别无他途可循

2006 年 7 月下旬,从日内瓦 WTO 总部发布的官方信息表明:由于以美国为首的寥寥几个最富国家在取消农产品补贴和开放市场这一关键问题上,始终不肯作出必要的让步,谈判僵局一直未能化解。WTO 秘书处总干事拉米于身心交瘁之余,不得不在 7 月 24 日正式宣称:"面对这个长期以来无法打破的僵局,我能建议的唯一行动方案,便是**全面停止所有议题的谈判**。"7 月 28 日,WTO 总理事会正式批准了拉米

的上述建议。[1]

紧接着,DDR/WTO多边体制几近"彻底失败"、濒临"最终瓦解"之类的悲观论调又再度上升为国际舆论的主流。[2]

多哈回合全球谈判和世贸组织多边体制面临歧途岔路,今后究竟走向何方?这是当前举世关注的热点问题和难点问题。

一、多哈回合全球谈判的法律实质

从法律的角度看,WTO体制及其各项多边规则乃是国际经济法的一个重要组成部分。五年来举世瞩目的"多哈回合"谈判,[3]说到底,乃是针对有关世界贸易的现行国际经济立法如何进一步除旧布新问题而开展的全球性磋商,其主旨在于促使WTO现行体制及其各项多边规则——各项国际经济立法获得必要的更新和改善。

多哈回合谈判于2001年底启动后,进展迟缓。2003年9月14日,就多哈回合展开谈判的"坎昆会议"即WTO第五次部长级会议,由于南北两大类成员之间激烈的利害冲突,导致不欢而散,无果而终。经过两年多大大小小的折冲樽俎,又于2005年12月13—18日在香港召开WTO第六次部长级会议,继续多哈回合谈判。此次会议初步打破了停滞两年多的僵局,获得一些积极进展,但仍留下若干关键性争端难题,悬而未决。鉴于两年来在主要议题上的南北矛盾迄今未能较好化解,如今又再宣布**"全面停止所有议题的谈判"**,看来,在原定最后期限即2006年底以前,完成多哈谈判的良好愿望已经完全落空。今后,势必继续面临另一番剧烈的南北角力,前景殊难预卜。

---

〔1〕 See Lamy, It's Time for Serious Thinking on What's at Stake Here, http://www.wto.org/english/news_e/news06_e/tnc_chair_report_27july06_e.htm; WTO News, General Council Supports Suspension of Trade Talks, http://www.wto.org/english/news_e/news06_e/gc_27july06_e.htm. 另参见《多哈回合遭受"重大挫折"》,载《参考消息》2006年7月26日第4版。

〔2〕 诸如:DDR/WTO全球多边谈判"遭受重大挫折"、"谈判已经破裂"、"谈判已经无限期推迟"、"重启谈判可能需要数月或数年时间"、"无限期中止离彻底失败不远了",等等。在7月24日当天的各代表团团长全体大会上,多边谈判的主持人拉米十分无奈、语重心长地说:"想我坦诚相告:在今天大会的与会者中没有赢家、输家之分。今天这里只有输家。"用中国成语说,就是"两败俱伤"!("Let me be clear: there are no winners and losers in this assembly. Today there are only losers.") 参见《参考消息》同上综合报道。See also WTO News—DDA June/July 2006 Modalities: Summary 24 July, Talks suspended, "Today there are only losers.", http://www.wto.org/english/news_e/news06_e/mod06_summary_24july_e.htm; http://www.wto.org/english/news-e/news06-e/tnc-dg-stat-24july06-e.htm.

〔3〕 2001年11月在卡塔尔首都多哈举行的WTO第四次部长级会议发表了《多哈宣言》,决定:以全球众多发展中国家普遍面临的发展问题为中心,全面启动新一轮的全球性多边贸易谈判,通常简称"多哈发展回合"(Doha Development Round)或"多哈回合"谈判。

但是，如果认真回顾坎昆会议和香港会议之前和之后的历史和现实，似乎也还可以梳理出若干线索，有助于探讨香港会议之后多哈回合谈判的大体走向。

历史往往会重演——在不同的历史条件下，出现大同小异的历史现象。

回首2003年10月坎昆会议"失败"之际，世人基于立场和视角的差异，其"第一反应"就是颇有分歧的。归纳起来，大概有四种看法：

(1) 认为"两败俱伤"：南北双方僵持各自的立场，形同冰炭，WTO前景暗淡，甚至面临瓦解。

(2) 认为"北赢南输"：北方保住了既得利益；南方要求太苛，"由于拒绝让步，穷国空手而归"（by refusing to compromise, poor countries have come away with nothing）。[4]

(3) 认为"南赢北输"：南方显示了力量，北方尝到了"苦头"，从此北方不敢轻慢、小视南方，多哈发展回合的谈判以及WTO体制可能从此步入坦途。

(4) 认为"输赢未定"：南北两方尚难分胜负，也未必"两败俱伤"，仍有望达到"双赢"——从南北新冲突走向南北新合作。

对2005年12月香港会议的结局，国际舆论的评价又再度见仁见智，褒贬不一：或称"香港会议圆满闭幕，获得圆满成功，为明年完成多哈议程奠定良好基础"；或称香港会议只是"促使多哈回合向前迈进了一小步"；或称香港会议之后"多哈回合前景依然暗淡"；或称"与其假装取胜，不如坦承失败"；或称"香港协议没有兑现多哈承诺，是对穷国的背叛"。

这些看法，都不是全然没有"根据"，但也未必都很周全。如果站在南方国家——发展中国家的立场和视角，则两年多以来，在坎昆会议和香港会议上以"20国集团"等六个南方成员弱势群体的团结和崛起为主要代表的**南南联合自强**，其来龙去脉十分值得认真回顾和思考。

二、从万隆到多哈：五十多年来南南联合自强始终在曲折中行进

第二次世界大战结束以来，众多发展中国家强烈要求彻底改变数百年殖民统治所造成的本民族的积贫积弱，要求彻底改变世界财富国际分配的严重不公，要求更新国际经济立法，彻底改变不公平不合理的国际经济旧秩序，建立起公平合理的国

---

[4] See Cancún's Charming Outcome, *The Economist*, 20 September 2003, p. 13.

际经济新秩序。但是,这些正当诉求却不断地遭到在国际社会中为数不多的发达强国即原先殖民主义强国的阻挠和破坏。它们凭借其长期殖民统治和殖民掠夺积累起来的强大经济实力,千方百计地维持和扩大既得利益,维护既定的国际经济立法和国际经济旧秩序。由于南北实力对比的悬殊,发展中国家共同实现上述正当诉求的进程,可谓步履维艰,进展缓慢。其主要进程大体如下:

(一) 南方国家的万隆会议(即首届亚非会议)

1955 年 4 月,《亚非会议最后公报》向全世界宣告了亚非弱小民族共同的奋斗目标和行动准则:迅速根除一切殖民主义祸害,维护国家主权和民族独立,并在互利和主权平等的基础上,开展国际经济合作。为此目的,必要时可以"采取集体行动","采取一致的态度",或"制定共同的政策",或"在国际会谈中事先进行磋商,以便尽可能促进它们共同的经济利益"。[5] 可以说,正是从此时起,众多发展中国家在全球性南北矛盾十分尖锐和"南弱北强"力量悬殊的形势下,开始形成明确的战略思想:**南南联合自强**。

(二) 南方国家的"77 国集团"

1964 年 6 月在联合国贸易和发展会议(UNCTAD)上成立的"77 国集团",[6] 是全球众多发展中国家实行"南南联合自强"的重要组织形式,也是它们凝聚分散力量,通过联合奋斗,更新国际经济立法,推动国际经济秩序破旧立新的重要手段。

"77 国集团"作为第三世界在联合国内部最大的联合体,组建迄今,已经五十多年。它在这段历史时期,**经历了曲折的发展道路**:在南北矛盾—南北对话—南北合作的总进程中,通过南南联合自强,在更新国际立法方面取得了重大的成就,也遭遇到重大的困难,其影响力一度有所削弱。但是,在 20、21 世纪之交,它又重整旗鼓,恢复了活力,开始了新的征程。

在 20 世纪 60 年代中期至 70 年代末这段时间里,"77 国集团"的联合奋斗是卓有成效的,其突出的事例有:(1) 1964—1968 年,大力倡导和率先制定了有利于发展

---

[5] 参见《亚非会议最后公报》,"甲、经济合作",http://big5.china.com.cn/chinese/2005/wlhy50/838285.htm。

[6] 迄今为止,其成员国已增至 131 个,但仍沿用"77 国集团"这个具有历史意义的原始名称。中国 1971 年恢复在联合国的合法席位和安理会常任理事国的席位之后,虽未直接加入这个集团,成为其正式成员,但一向与这个集团保持密切的协作关系,积极支持其维护弱小民族共同权益、更新国际经济立法和推动国际经济秩序除旧布新、破旧立新的正义要求。See Clement Robes (Chair for the Group of 77 and China for 1999), The Group of 77 and China: Current Priorities, NY 12/01/99, http://www.southcentre.org/southletter/s/33/.

中国家的"非互惠的普惠待遇"等改革方针和新的法理原则,推动了当时 GATT 1947 旧法律体制的局部改革;[7](2) 1974 年,以压倒性多数票[8]推动联合国大会通过了《建立国际经济新秩序宣言》以及《各国经济权利和义务宪章》。这些纲领性、法典性国际文献所确立的基本法律观念和基本法理原则,[9]是新型国际经济法基本规范发展的重要里程碑,也是此后进一步建立新型国际经济法规范体系的重要基石。经过 30 多年来的实践,这些基本法律观念和基本法理原则已日益深入人心,逐渐成为当代国际社会的法律共识。[10]

在 20 世纪 80 年代初至 90 年代中期,由于各种因素的综合作用,在许多国际多边谈判中,特别是在长达八年(1986—1994)之久的 GATT/WTO 乌拉圭回合谈判之中,发展中国家往往未能像昔日那样凝聚共识,集体决策,联合行动,从而往往在多边谈判中处在弱势地位。相形之下,发达国家,特别是其中的经济大国和强国,却常能在旧体制之下,凭借其综合实力,操纵全局,在制定国际经贸大政方针及其具有法律约束力的各种"游戏规则"(以下简称"法律规则")方面,处在绝对主导的地位。

有鉴于此,发展中国家回顾和总结了这一历史阶段的缺失和教训,重新认识到"南南联合"在"南北对话"和更新国际经济立法中的重要意义,开始着手进行自身力量的重新整合。1994 年,它们一致达成《建立南方中心协定》,并且依靠这个由众多发展中国家共建的政府间组织,积极开展有关南北矛盾、南北谈判对策的全面研究。20 世纪 90 年代后期起,"南方中心"的研究结论反复强调:在经济全球化加速发展的条件下,全球经济大政及其有关国际经济立法,实际上由寥寥几个经济强国组成的"七国集团"所把持和操纵,**没有任何单一的发展中国家的力量能够改变这种现状**。因此,今后在针对一系列全球性问题进行讨论和决策的国际论坛上和多边谈判中,

---

[7] 参见《关贸总协定》决议:L/3545,L/4093;汪暄:《论关税及贸易总协定下的贸易自由化》;高燕平:《国际贸易中的普遍优惠制》,载《中国国际法年刊》,中国对外翻译出版公司 1986 年版,第 44、59、60、63、161—163 页。

[8] 《宪章》草案交付表决时,120 票赞成(其中绝大多数是发展中国家);6 票反对(美国、英国、联邦德国、丹麦、比利时、卢森堡);10 票弃权(日本、法国、意大利、加拿大、奥地利、荷兰、挪威、西班牙、爱尔兰、以色列)。

[9] 如果把贯穿于《宣言》和《宪章》中的法理原则加以粗略概括,其最主要之点在于:第一,确认了各国的经济主权是不可剥夺、不可让渡、不可侵犯的。各国对本国的自然资源以及境内的一切经济活动,享有完整的、永久的主权。各国有权对它们实行切实有效的控制管理,包括必要时对外资企业实行国有化或将其所有权转移给本国国民。跨国公司的经营活动,必须遵守东道国的政策法令,接受东道国的司法管辖和管理监督;不得强行索取特惠待遇,不得干涉东道国内政。第二,确认应当按照公平合理和真正平等的原则,对世界财富和经济收益实行国际再分配,以遏制和消除富国愈富、贫国愈贫的危险趋向和恶性循环。为此,必须在国际生产分工、国际贸易、国际技术转让、国际税收、国际货币制度、国际资金融通、国际运输、公海资源开发等领域,全面地逐步变革现行的不合理、不公平的法律体制,并对发展中国家采取各种不要求互惠的优惠措施。第三,确认一切国家,特别是发展中国家,在一切世界性经济问题上都享有平等的参与权、决策权和受益权。国家不论大小,不论贫富,应该一律平等。国际经济事务应该由世界各国共同来管,而不应当由一两个超级大国来垄断,也不应当由少数几个富强的发达国家来操纵。为此,必须在有关的国际组织和有关的国际经济事务上,变革现行的仗富欺贫、恃强凌弱、以大欺小的决策体制。

[10] 参见陈安:《国际经济法学刍言》(上卷),北京大学出版社 2005 年版,第 61—69 页。

南方各国比以往任何时候都更加需要采取集体行动,才能赢得公平、公正和合理的成果。为了维护发展中国家共同的根本利益,必须适应形势的变化,通过精心研究和科学设计,调整和更新"77国集团"的纲领,重新协调不同的利益,重新增强共识和内部凝聚力。[11] 实践证明:随着时间的推移,根据上述《建立南方中心协定》组建的"南方中心"在凝聚发展中国家的意志和力量,强化南南联合,促进南北平等对话和南北互利合作,更新国际立法等方面,正在发挥着日益重要的"智囊"作用。"南方中心"的组建及其积极开展活动,标志着"77国集团"开始重整旗鼓。

(三)南方首脑会议

2000年,南方首脑会议在古巴首都哈瓦那举行,这是"77国集团"成立36年以来召开的层次最高、规模最大的一次会议。当时共132个发展中国家的元首、政府首脑或其代表聚首一堂,共商全球大计,其中心主题就是:如何应对世界经济加速全球化给众多南方国家带来的严峻挑战和重大风险;如何通过南方国家的团结一致和联合行动,敦促南北平等对话,力争南北完全平等地参与世界经济大政的决策和有关法律规则的制定;如何开展南北互利合作,建立一个公正、公平、合理的国际经济新秩序。会议结束时,发表了《南方首脑会议宣言》以及为实现此项宣言而制定的《哈瓦那行动纲领》[12];决定筹组一个"南方协调委员会",统一协调和组织实施此次首脑会议制定的上述《哈瓦那行动纲领》和有关南南合作的各项决定。[13] 国际舆论认为,这标志着"77国集团"发展史上一个新的重大转折,也标志着进一步加强"南南联合"、更新国际立法、推动国际经济秩序除旧布新和破旧立新,开始了新的征程。[14]

此时,原先的GATT体制已进一步发展成为WTO体制。因此,如何在这个号称"经济联合国"的新体制中发挥发展中国家集团的作用,提高自己在全球经贸大政及其法律规则问题上的发言权、参与权、决策权和制定权,就成为"77国集团"面临的

---

[11] See Thirty Years of the Group of 77(1964-1994), United for a Global Partnership for Development and Peace, South Centre Publications,1994, pp. 13-16; The Future of the Group of 77, South Centre Publications,1996, pp. 5-11.

[12] See Declaration of the South Summit; Havana Programme of Action,http://www. g77. org/summit/Declaration; summit/Programme of Action.
中国派出的高级代表团出席参加了这次会议,并作了长篇发言,强调:"南南合作首先是一种团结精神,同时也是发展中国家联合自强、寻求共同发展的重要途径……只有团结起来,才能提高发展中国家在南北对话中的地位,才能有效参与国际经济决策,才能在全球化过程中最大限度地维护自身利益。"参见《人民日报》2000年4月15日第1版。

[13] See Martin Khor, Havana Summit, a Defining Moment in G77 History; Coordinating Commission Set Up. Third World Economics, No. 232, Geneva, 2000, pp. 2-3, 12-14.

[14] See South Summit in Havana to Mark a "Turning Point" for Developing Countries, http: //www. g77. org/summit/pressrelease; Havana Summit, a Defining Moment in G77 History, supra note 12.

新课题。

(四)"多哈发展回合"的启动与中国的"入世"

在众多发展中国家重新凝聚和强烈要求下,2001 年 11 月 10 日,WTO 在卡塔尔首都多哈举行的第四次部长级会议(通称"多哈会议")上通过了《多哈宣言》,决定:以全球发展中国家普遍面临的发展问题为中心,全面启动新一轮的全球性多边贸易谈判,以便对现有的 WTO 体制和规则,即有关的国际经济立法,加以必要的改善和更新。会议还通过了《关于中国加入世界贸易组织的决定》,中国自 2001 年 12 月 11 日起正式成为 WTO 成员。这就为众多发展中国家在 WTO 体制内部开展南南合作和进行联合斗争增添了强大的中坚力量。

从以上简略的历史回顾中,不难看出:第一,从万隆到多哈,五十多年来,南南联合自强、更新国际经济立法的过程,始终在曲折中行进;第二,由 2001 年多哈会议启动的"多哈发展回合"谈判以及其后 2003 年坎昆会议和 2005 年香港会议上的风云变幻,实质上乃是五十多年来南北矛盾冲突以及南南联合自强、更新国际立法的过程在曲折中行进的一个新阶段。

三、多哈—坎昆进程中南南联合自强的新面貌和新曲折

21 世纪伊始,"77 国集团"从发展中国家权益的角度,回顾和总结了 1995 年初至 2001 年初 WTO 体制运作 6 年过程中的利弊得失,在多哈会议召开之前 19 天,即 2001 年 10 月 22 日,发表了一份宣言,即《77 国集团和中国关于 WTO 第四次部长级会议的宣言》[15],就贯彻现有的合理协定以及纠正现有的各种立法缺陷提出了全面的改进建议,强调:"必须全面地和诚信地实施乌拉圭回合协定并且纠正其中存在的各种失衡与不公。"[16]

这些针对 WTO 体制及其现有立法缺陷提出的改进建议,体现了发展中国家的共同要求,符合国际经济法和国际经济秩序进一步弃旧图新的时代潮流。引人注目的是:这些要求乃是以"77 国集团"当时所实际涵盖的 **132 个发展中国家发表共同宣言**的方式,正式提交 WTO 最高决策机构——第四次部长级会议,显示出众多发展中

---

[15] Declaration by the Group of 77 and China on the Fourth WTO Ministerial Conference at Doha, Qatar, 22 October 2001, http://www.g77.org/Docs/Doha.htm.

[16] Ibid., para. 5.

国家在新千年新世纪伊始举行的此次南北多边谈判中,确实是**"有备而来"**,确实是国际政治经济舞台上不可忽视的有组织、有纲领的集体力量。

在众多发展中国家的集体努力和共同奋斗下,上述有关改进 WTO 现状的许多要求和建议,被多哈会议接受作为重新审议和磋商的议题,并且在《多哈宣言》中特别强调:"WTO 成员的大多数是发展中国家,我们(部长级会议)寻求把发展中国家的需要和利益摆在本宣言通过的工作方案的中心地位";[17]同时规定,在下一次即第五次部长级会议("坎昆会议")上,应当针对各项磋商谈判的进展情况作出评估,作出必要的决定。

坎昆会议于 2003 年 9 月 10 日正式开幕后的五天中,各成员代表团纷纷阐述自己对新一轮谈判("多哈回合")各项议题的立场和看法,其中最主要的分歧集中在农业贸易改革问题上。[18]而会上的所有分歧,归根结底,最主要的是发展中成员与发达成员之间根本性的利害矛盾和冲突。由于各方立场差距甚大,争论非常激烈,预定在本次会议结束时发表的"部长宣言"草案几经修订,各方依然在发达国家放宽市场准入、削减国内资助、削减和取消出口补贴的程度、幅度和期限等方面相持不下,无法打破僵局,形成共识。最终,大会主席墨西哥外长宣布会议结束,草草收场。至此,坎昆会议继西雅图会议之后,再次不欢而散,无果而终。[19]

此次会议虽以无果告终,但它在 WTO 体制的发展史上,在南北对话的发展史上,都具有不可忽视的作用,其影响是巨大和深远的。它突出地显示了**南南联合自强在南北对话和更新国际经济立法中的地位和作用。**

自 20 世纪 40 年代中期第二次世界大战结束后数十年来,在全球经贸大政问题的决策上,在世界贸易体制的设计和有关法律规则的制定过程中,一向都是美国、欧盟等发达国家和地区占有主导地位。而此次会议上,却出现了新的局面:发展中国家比较紧密地联合起来形成各种集团[20],就全球性的经贸重大议题及其有关法律规则,鲜明地表明自己的共同立场和主张,与发达国家,特别是与其中的经济强国公开

---

[17] Doha WTO Ministerial 2001: Ministerial Declaration (hereinafter "Doha Declaration"), 14 November 2001, http://www.wto.org/english/the_wto-e/minis-e/mino/-e, paras. 5、2、12、45.

[18] 本次会议分歧较大的另一类议题是"新加坡议题",其中包括有关投资、竞争、贸易便利化和政府采购透明度等四个方面的新议题。这些议题早在 1996 年在新加坡召开的 WTO 第一次部长级会议上即提出,但迄未正式启动多边谈判。此次坎昆会议上,对于是否在近期内正式启动这些新议题的谈判,发达成员与发展中成员也存在重大矛盾,迄难达成共识,陷入僵局。

[19] 参见许宏治(人民日报驻墨西哥记者):《坎昆会议无果而终》,载《人民日报》2003 年 9 月 16 日第 3 版。

[20] 据当时媒体报道:此次会议上出现了"发展中国家以三大集团对抗发达国家"的现象。除上述"21 国集团"之外,另外两个集团是由非加太国家、非洲联盟国家和孟加拉等最不发达国家聚合组成的联盟,以及多米尼加、肯尼亚、斯里兰卡等 33 国结成的联盟。参见《世贸部长会议发展中国家以三大集团对抗发达国家》,http://www.people.com.cn/GB/jingji/1037/2091073.html。

抗衡。这种新局面显示了众多发展中国家联合奋斗的意志和实力,引起国际舆论的"刮目相看"。[21]

事后不久,"77国集团"和中国的外交部部长在一年一度的集会中总结了坎昆会议的得失,明确表示:此次会议未能就发展中国家所关切的问题达成协议,令人失望。但是,"在坎昆会议上,发展中国家在多项谈判中发挥了根本性的作用(fundamental role)。我们郑重地重申,在今后世贸组织多哈回合进一步开展谈判过程中,我们一定会在同等程度上继续显示出目标的一致和力量的团结。"[22]

四、香港会议前南北矛盾的僵局及其"乍暖还寒"

坎昆会议"失败"后,自2003年10月至2005年11月,两年多以来,WTO体制内关于恢复"多哈发展回合"新一轮谈判的南北磋商时冷时热,"乍暖还寒";南北两方虽各有妥协让步,但对垒、对抗的局面迄未根本改善、改变。2004年7—8月,谈判一度出现转机,似见"柳暗花明",从而响起"乐观"的基调。但是,此后北方的强者、霸者又再"开倒车",依然口惠而实不至,故谈判进展甚微,各方情绪又转化为"悲观"。[23]简况如下:

坎昆会议后经过长达十个月的僵局,南北各方经过艰难的讨价还价,以欧盟、美

---

[21] 法新社2003年9月12日报道:在这次坎昆会议上,美国和欧盟实际上面对的是二十多个发展中国家组成的集团,这些国家主要有巴西、中国和印度等。它们要求富国大幅削减农产品补贴并完全取消对农业出口商的官方资金援助。日本《每日新闻》同年9月13日报道,贸易人士分析说:"会议上政治色彩比经济谈判色彩更浓。"其背景是,欧美一直主导贸易自由化谈判,发展中国家反对这个世贸组织延续多年的框架,可以说是发展中国家向发达国家发起挑战,想和发达国家"一决雌雄"。英国《经济学家》周刊在当年9月15日的一期发表了题为《坎昆会议已成重大事件》的文章,指出:"此次会议高明的政治手段比会议产生的任何单项建议都将具有更加深远的影响。以中国、印度和巴西为首的发展中国家第一次自我组织起来,形成联盟,即21国集团,表明了它们要与欧盟和美国较量的意愿。就像工会的诞生一样,发展中国家发现了团结、行为准则和对抗的力量。""中国的参与对这一进程至关重要。印度和巴西以前曾努力组建一个发展中国家集团,但总是因各种经济或政治压力而失败。中国是一个大国,而且地位重要,所以不能任意摆布。有了中国,这个联盟才有意义。""世贸组织是一个发展中国家在其中拥有较大权力的论坛。如果联合起来,它们就能获得平等待遇;如果单独行事,它们就会被当作是乞讨者。"日本《朝日新闻》同年9月13日报道:在世贸组织的部长会议上,首次出席会议的中国显示出影响力;中国发挥了非凡的外交手腕;中国同发展中国家站在一起,明确主张:在农业补贴问题上应当停止实施以美欧为主导的世界贸易组织体制。参见《坎昆会议:农业问题成为焦点》《中国在坎昆展现非凡外交手腕》,分别载于《参考消息》2003年9月14日第4版、2003年9月17日第1版。

[22] Ministerial Declaration, by the Ministers of Foreign Affairs of the Group of 77 and China, New York, 25 Sept. 2003, http://www.g77.org/Docs/Dec/2003.htm.

[23] 参见陈安:《南南联合自强五十年的国际经济立法反思——从万隆、多哈、坎昆到香港》,载《中国法学》2006年第2期。See also An Chen, A Reflection on the South-South Coalition in the Last Half Century from the Perspective of International Economic Law-making: From Bandung, Doha and Cancún to Hong Kong, *The Journal of World Investment & Trade*, Vol. 7, No. 2, April 2006.

国为首的发达国家迫于发展中国家南南联合的强大压力,终于在农业问题上作了一些让步。部分地同意发展中国家的主张,相应地,发展中国家也在非农产品市场准入问题上作了一些让步,WTO 的 147 个成员终于在 2004 年 8 月 1 日通过了 WTO 总理事会《多哈工作计划决定》,将多哈回合的谈判从完全破裂的边缘挽救了回来,并把原定**完成谈判的期限延至 2005 年 7 月底**。长期的僵局终于被打破,"久雨初晴",令人一度乐观,当时的 WTO 总干事素帕猜甚至认为这是一项"真正的历史性的成就"(a truly historic achievement);当时的美国谈判代表佐立克也称之为"里程碑"(milestone)。但是,上述协定实质上只是一个继续谈判的"框架",仅限于列明主要议题、基本原则、主要方针和抽象"承诺",而各项十分棘手的具体问题均被留到随后拟定具体"谈判模式"(modality,又译"谈判细节方案")阶段再逐一解决。

随后开展的具体"模式(细节)"问题的谈判,自 2004 年 8 月初到 2005 年 7 月底,经历了各种层次、各种主题、各种集团和各种规模的会议磋商和讨价还价,在少数问题上虽略有进展,但在整体上,特别是在关键问题上,又出现了曲折、坎坷和障碍。

WTO 总干事素帕猜鉴于经过延长之后预定完成谈判的新期限(2005 年 7 月底)即将届满,而自己的现职任期也将在 2005 年 8 月底届满,乃在 2005 年 7 月 29 日向 WTO 总理事会呈交了一份综合性的报告,其中概述了一年以来诸项议题谈判中的若干积极表现,之后,以大量篇幅缕述了谈判进展的步履维艰:农业问题的谈判进展迟缓,远远落后于预期;其他领域的谈判,也大同小异。他总结说:"令我遗憾的是,消极面超过了积极面。我的坦率评估是:要达到我们(完成多哈谈判)的目标,还有很长的路要走。"有鉴于此,素帕猜在报告中反复呼吁和敦促南北各方谈判代表加强"密集磋商"(intensive consultations),寻找利益的"交汇点"(convergence),各自尽可能"放弃长期僵持的立场,走向中间地点,实行必要的妥协"。他同时宣告,把完成多哈发展回合多边谈判的最后期限推迟到 2006 年底。

素帕猜这份类似"临别赠言"的综合报告,其通篇基调可以说是相当"灰色"、失望的,还夹杂着坦率的焦虑、善良的期待和委婉的无奈。这和一年前即 2004 年 8 月初"久雨初晴"和似见"柳暗花明"时的乐观情绪形成相当明显的对照。

2005 年 9 月 1 日,帕斯科·拉米(Pascal Lamy)走马上任,接替了离职的素帕猜。拉米在会见媒体时,发表了简短讲话,寥寥三段,措辞低调,声称:"大家都知道,我本人也必须时刻铭记:WTO 总干事手中并没有魔杖(magic wand)。WTO 的事务不可能按此法(挥舞魔杖)办理。WTO 的成员们才有决策权。"[24]

---

[24] Statement to the Media by Pascal Lamy upon Taking Office on 1 September 2005, http://www.wto.org/english/news_e/news05_e/dg_lamy_1sept05_e.htm.

2005年9月14日,WTO新任总干事拉米首次主持"贸易谈判委员会"(TNC)会议,他呼吁和敦促各方加紧谈判,以便快步跑到(run-up to)预定于同年12月在香港举行的WTO第六次部长级会议。他强调:"只有把有关发展的主题摆在谈判的中心位置,多哈回合谈判才能取得成功。"他期待:香港会议若能达成重要协议,则2006年底结束本轮多边谈判的整体任务就完成了2/3。但他同时承认,世贸组织各成员必须付出极为艰苦的努力才能完成上述目标。[25]

据新闻报道,[26]2005年11月8日,拉米在日内瓦主持召开了一个"小型部长级会议",旨在为加速香港会议的准备工作获得新的政治推动(political momentum)。与会者有欧盟、美国、日本、加拿大、瑞士、新西兰、澳大利亚、韩国、印度、巴西、中国、中国香港、马来西亚、泰国、巴基斯坦、埃及、南非、赞比亚、阿根廷、墨西哥、牙买加等二十几个成员的高级代表(部长、副部长或大使)。日内瓦外交界对此举议论纷纷,称之为"小型部长绿屋会议",期待它能挽救香港会议可能的"失败"。但据有关信息,由于欧盟和美国坚持既得利益和既定立场,拒不在农业谈判的主要问题上作出较大让步,却掉转矛头,无理苛求发展中国家对来自美、欧等发达国家和地区的"非农产品",大幅度降低进口关税和开放国内市场。因此,南北各方的关键性代表正在紧张地进行"口水战"(blame game)。印度工商部部长卡莫尔·纳思(Kamal Nath)在接见英国广播公司记者时,尖锐地批评欧美的苛刻要求是"只肯拿出一英寸,要换回的,不只是一英尺,而是一英里"(giving an inch and asking not just for a foot but a mile)。他强调印度一定要保护本国许多小农户的权益。巴西以及其他许多发展中国家代表都认为:发达国家是否在农业问题上真正作出必要的让步,改变其扭曲自由贸易的政策,乃是"多哈发展回合"谈判成败的关键问题和检验标准。而欧盟与美国两大强权在此问题上仍然坚持各自的既得利益,并且在谈判中互相呼应,互相默契,互相"原谅",沆瀣一气。更有甚者,它们正在力图转移视线,把香港会议可能受挫或可能失败的责任转嫁到发展中国家身上。对欧美代表的此种手腕和图谋,WTO日内瓦总部走廊上的南方成员代表们无不感到愤愤不平。

两天之后,即2005年11月10日,鉴于谈判中南北分歧甚大,无法弥合,而时间又十分紧迫,拉米不得不大大降低他在上任之初即9月14日提出的前述乐观期待,即在香港会议上能够达成重要协议,从而使多哈回合谈判的整体任务一举完成2/3。他在2005年11月10日当天向各成员派驻WTO总部的使团团长们通报了一周以

---

[25] See Lamy Opens "New Phase" in Trade Talks, http://www.wto.org/english/news_e/news05_e/tnc_stat_lamy_14sep05_e.htm.

[26] See Martin Khor, Trade: Mood at WTO Gloomy as "Ministerial Green Room" Convenes, in SUNS # 5911 Wednesday, 9 November 2005 [Geneva, Email Edition].

来谈判进展步履维艰的最新情况,并以委婉的口气提出:"如果大家都同意:在召开香港会议之前我们无法在全面的谈判模式(细节方案)(full modalities)上达成共识,那么就必须重新调整(recalibrate)我们对香港会议的期望值,仔细考虑我们在香港会议上以及会议之后要求达到什么,从而不降低整个多哈发展回合宏伟目标的总体水平。"[27]

与此同时,拉米也不忘一再敦促各方各作必要的妥协让步。他强调:在谈判中采取"要么同意接受,要么拉倒算了"的态度,是无助于各种谈判获得进展的。他强调:"只要有心前进,就会有路可走,我们现在必须找到出路。"

拉米的反复呼吁,可谓苦口婆心,恪尽职守。但国际舆论对他提出的"必须重新调整我们对香港会议的期望值"——降格以求的倡议,却不无非议和批评。其中,比较典型的是发表于美国《国际先驱论坛报》上的一篇专论,题为《此番贸易谈判何以需要失败?》[28],它尖锐地指出:

> 有人提倡掩盖争议,降低目标,淡化失败形象。这是错误的做法。只有促使此番谈判归于失败,才能彻底打破当前在农业问题上和本轮贸易回合谈判中的整个僵局。尽管农业在当今全球产业经济整体中只占微小的份额,但是农业的自由化却是促使多哈回合谈判紧扣其发展主题的关键所在。许多贫弱国家在农产品上具有比较优势,对它们说来,强劲有力的农产品出口乃是经济增长的必备条件。但是,第三世界的农民们根本无法与富强国家每年享有农业补贴3000亿美元的农产品开展竞争。——按理说,各国政府本来可以在本月以内坐在谈判桌前达成协议,促使香港会议成功。但是,掩盖农业问题谈判中出现的僵局却是最最危险不过的做法。企图通过掩盖许多争议来避免在新闻报道中出现谈判失败的大字标题,等于是发出误导信号。这种做法无异于让法国的领导人认为他们可以享受例外待遇,继续娇惯其许多特殊产品的农业部门,同时却伪装成十分关怀贫弱国家的发展目标。这种做法也让日本的领导人相信他们可以拒绝接受对农产品征收关税不得超过100%的最高限额,[29]却仍然宣称他们信守诺言,拥护世界贸易体制。这种做法还允许美国每年花费190亿美元

---

[27] Lamy Says Diferences Require "Recalibration" of Hong Kong Expectations, Calls for "Negotiating Spirit" to Advance Trade Talks, http://www.wto.org/english/news_e/news05_e/stat_lamy_nov05_e.htm.

[28] Christina Davis, Why These Trade Talks Need to Fail? in *International Herald Tribune*, 7 December 2005, http://www.iht.com/articles/2005/12/07/opinion/eddavis.php. 据该报与编者注:本文作者是美国普林斯顿大学威文逊学院的政治学助理教授,是《粮食对抗自由贸易:国际机构如何促进农业贸易自由化》一书的作者。

[29] 据新华社报道,日本为"保护"本国大米市场,目前对进口大米所征关税竟高达778%。参见《农业谈判——多哈回合谈判的重中之重》,http://finance.people.com.cn/GB/42773/3943545.html.

补贴本国的农场主,却竖起指头戳向别人,指责其他国家政府不肯实现农产品贸易自由化。反之,如果此番谈判遭到明显失败,却能引起许多国会的院外说客们和广大公众的注目关切,他们现在毫不关心那些没完没了针对各种贸易公式细微末节进行的冗长谈判。应当把一系列的争议广泛地公之于众。此番谈判的失败可以突出地显示农业自由化与更广泛的贸易自由化之间的密切联系。

上述评论显然是强调应把当前南北双方在农业问题上产生严重分歧和陷入僵局的真相,如实地、透明地向全球大众公告周知,借以振聋发聩,促进他们明白自身的现实处境,以便进一步开展虽然更加艰巨,但也更加有效的南北谈判;反对向公众掩盖和隐瞒矛盾冲突的严重程度和事实真相,只是轻描淡写,降格以求,粉饰"太平",转移视线,削弱国际弱势群体的斗志或使之松懈。

五、香港会议的积极成果:"千呼万唤始出来,犹抱琵琶半遮面"

2005年12月13—18日,在香港召开WTO第六次部长级会议,继续开展多哈回合的新一轮多边贸易谈判。在这连续6天之中,各方在此前所拟《部长宣言》草稿的基础上,进行密集谈判,夜以继日,甚至通宵达旦。据WTO总干事拉米统计,一共召开了450次大小会议,进行了200多场协调磋商,举行了6次重大集会,终于在12月18日的最后时刻,通过了《部长宣言》的第五稿。拉米在当晚的新闻发布会上,一方面充分肯定本次会议取得的若干实质性进展,指出:"**我们终于促使多哈回合的谈判在经历一段冬眠期之后开始回到了正轨上**";另一方面又强调:"今后必须加快谈判速度,因为已经没有歇息停留的时间。"[30]

本次部长会议主持人、香港工商及科技局局长曾俊华列举了本次会议取得的主要成果,[31]即各方商定:(1)发达成员将在2013年全面取消一切形式的农产品出口补贴;(2)发达成员和部分发展中成员2008年起向来自最不发达国家的所有产品提供免关税、免配额的市场准入;(3)发达成员将在2006年取消棉花的出口补贴,并同

---

[30] See Day 6: Ministers Agree on Declaration that "Puts Round Back on Track", http://www.wto.org/English/thewto_e/minist_e/min05_e/min05_e18dec_e. 另参见《世贸第六次部长级会议闭幕通过〈部长宣言〉》, http://finance.people.com.cn/GB/42773/3952155.html;《世贸组织第六次部长级会议在香港闭幕》, http://world.people.com.cn/GB/1029/3952117.html。

[31] 参见《WTO香港会议主席曾俊华在记者招待会上的发言要点》,载港府《新闻公报》2002年12月18日, http://sc.info.gov.hk/gb/www.info.gov.hk/gia/general/200512/18/P20。

意优先磋商在较大幅度上减少对棉花的国内资助;(4)为非农产品市场准入的谈判定下具体方向,WTO各成员同意采用"瑞士公式",以达到较高关税需面对较大减幅的原则,并同意农产品的市场准入与非农产品的市场准入两者的市场开放幅度应该相称;(5)为在2006年底完成多哈回合谈判订立了路线图,一致同意在2005年4月30日以前就农业问题以及非农产品市场准入问题的具体谈判细节达成共识,并于同年7月31日以前就这两大议题提交具体减让承诺建议,2006年底以前全部完成多哈回合谈判等;(6)在服务业方面,已就2006年进一步开展谈判的方向和模式达成共识。时任香港行政长官曾荫权就此次世贸会议发表声明,盛赞此次会议"圆满闭幕,大会发表《香港部长宣言》,为明年完成多哈议程奠定良好基础";"香港顺利举办部长级会议,圆满成功"。[32]

但是,在国际舆论上,对此次香港会议所取得的成果和达成的协议,看法并不一致,非议者并不少见,甚至不妨概括为"褒贬不一,毁誉参半"。[33]这是因为:

第一,上述列举的六项成果中,可分为两类,即"三实三虚"。其中,(1)(2)(3)三项是具有实质内容和定有时间界限的,设立了具体检验其实际效果的尺度和标准,它们在一定程度上纠正了发达成员过去"口惠而实不至""开空头支票"的积习和惯伎。它们虽值得肯定,但仍有若干重大不足和隐患。[34]就其中(4)(5)(6)三项而言,它们仍然只停留在空洞的意愿和抽象的表态上,并不能形成有法律约束力的义务和可操作的规则,也并未定出可检验的具体标准。

这些方向性的意愿和表态,其基本内容早在四年多以前即2001年11月多哈发展回合谈判启动之初,就已大体规定和明确提出;而其中关于本轮谈判完成期限之设定为2006年底,更是多哈宣言原定三年期限(2001年11月—2004年12月)的一再拖延以及实际效果的连续降格和倒退。故2005年香港会议上《部长宣言》的这后三项内容,在一定程度上只是2001年多哈会议上《部长宣言》的"旧话重提"和重新"拨乱反正",用拉米的话说,即是"经历一段冬眠期之后开始回到了正轨上",严格说来,并不能算是新的重大成果。

第二,就前述设定具体实现期限的第一项成果而言,也应作进一步的具体分析。此项成果规定:发达国家应于2013年全面取消一切形式的农产品出口补贴。据国际

---

[32] 参见《香港行政长官就世贸会议发表声明》,载港府《新闻公报》2002年12月18日,http://sc.info.gov.hk/gb/www.info.gov.hk/gia/general/200512/18/P20。

[33] 参见《世贸香港协议毁誉参半》,载《参考消息》2005年12月20日第4版。

[34] 参见陈安:《南南联合自强五十年的国际经济立法反思——从万隆、多哈、坎昆到香港》,载《中国法学》2006年第2期。See also An Chen, A Reflection on the South-South Coalition in the Last Half Century from the Perspective of International Economic Law-making: From Bandung, Doha and Cancún to Hong Kong, *The Journal of World Investment & Trade*, Vol. 7, No. 2, April 2006.

知名的评论家《第三世界网络》主编马丁·科尔(Madin Khor)揭示：[35]老谋深算的欧盟代表始终坚持原议,寸步不让,旨在作为谈判交换筹码,力图从发展中国家方面勒索更多的让步,即以更大幅度的国内市场向欧盟的非农产品和服务贸易业开放准入。直到香港会议最后一天的"绿屋谈判"的最后一小时,曼德森恐干犯众怒,才终于抛出2013年的期限约许。而根据英国"行动援助组织"(Tim Rice of Action Aid)的统计,欧盟拖延至2013年才取消农产品出口补贴,其所可能减少的出口补贴不过10亿欧元。相形之下,欧盟每年给予农业生产的国内资助却高达550亿欧元。前者只相当于欧盟每年给予农业国内资助的1.8%,后者却占98.2%。这是扭曲国际农产品自由贸易、阻碍农产品贸易自由化的最大消极因素,而在香港会议上却毫未触及,依然文风不动。因此,对欧盟说来,其谈判策略和实际后果只不过是"勉强抛出小恩小惠,顽固死守豪夺巨利"。

第三,就前述设定具体实现期限的第二项成果而言,会议一致同意自2008年起向最不发达国家所有出口产品提供免关税、免配额的市场准入优惠待遇。这当然是一个值得称道的积极成果。但是,据拉米透露的信息,此项给予最不发达国家出口产品的"双免"待遇,其所涉及的贸易额还不到全球贸易总额的1%,不会对任何其他国家构成"威胁",因此不难获得其他成员赞同。[36]但是,此举也因其所占比重很小,对占全球贸易总额99%的现存的不公平、不平衡、被扭曲的贸易秩序,几乎没有什么触动或影响。何况,这其中还存有一个例外或漏洞,即按《部长宣言》所定:[37]为某些发达成员在给予最不发达成员"免关税、免配额"优惠方面,设下了一条"规避条款"(escape clause)。该条款规定,在给予"双免"优惠方面有困难的国家,可以用保护"敏感产品"国内市场作为理由,照旧实行高关税、低配额。而这些所谓"敏感产品",却正是不少最不发达国家具有出口优势的产品,诸如纺织品、大米、糖、皮革、水产品等等。例如,日本可以根据该条款,继续对来自最不发达国家的大米征收高达778%的进口关税,从而把来自最不发达国家的这一"敏感产品"全部拒之门外;美国也明确表示,来自最不发达国家孟加拉、柬埔寨的纺织品进入美国时不得享受上述"双免"待遇。因此,所谓"双免"优惠在相当程度上意味着:最不发达国家根本不能生产或并无比较优势的产品,"有权"享受"双免"待遇;而它们具有比较优势的出口产品,

---

〔35〕 See Madin Khor, Trade: WTO Ministerial Outcome Imbalanced Against Developing Countries in SUNS (Email Edition, Geneva), ♯5941, 21 December 2005, http://www.sunsonline.org/.

〔36〕 See Pascal Lamy's Ministerial Conference Diary, http://www.wto.org/english/thewto_e/dg_e/pl_visitors_e/min05_blog_e.htm.

〔37〕 See Ministerial Declaration, Sixth Ministerial Conference, adopted on 18 December 2005, Article 47, Annex F, (36)(a)(i),(ii), WTO, WT/MIN(05)/DEC. 另参见葛传红:《世贸香港峰会成就中国"穷国代言人"形象》,载《国际金融报》2005年12月23日第15版。

却全被拒之门外。归根到底,"它们只能在无力实现权利的领域里被赐予了权利"。[38]这形同墙上画饼,岂能真正充饥?

第四,就前述设定具体实现期限的第三项成果而言,发达成员承诺在2006年底以前取消棉花出口补贴。这当然是有积极意义的,但其影响面也很有限,因为:(1)棉花只是几十种农产品之一,发达国家只在单项棉花出口上限期取消补贴,而在其他多项农产品出口上仍然长期坚持给予巨额补贴,故单项取消棉花出口补贴一举对于改变国际市场上整体农产品贸易被严重扭曲的局面说来,形同"杯水车薪",实效甚微。(2)单项棉花出口补贴对比发达国家给予棉业巨额国内资助而言,比重微乎其微。以美国为例,它给予本国棉业的国内资助每年高达38亿美元,占其给予棉业各种补贴总额的80%—90%;欧盟给予其境内棉业的国内资助,也占类似比重。而此次香港会议对于在欧美发达成员棉业各种补贴总额中占八九成比重的国内资助问题,毫未真正触及和设定取消期限,可谓"捡了芝麻,丢了西瓜"。

第五,最为重要的是,如前文所述,早在1994年的《农业协定》中,WTO全体成员已基本达成共识,约定于1999年进一步开展谈判,针对发达国家用以扭曲国际农产品贸易的"市场准入""国内资助"和"出口补贴"三大保护主义措施,即扣在发展中国家农产品出口业身上的三大"枷锁",予以削减和废除。但时至2005年,11年的时光如水流逝了,发达国家从未认真落实兑现。在香港会议上,除了在撤除"出口补贴"这一大枷锁上开出了令人捉摸不定的八年之后(即2013年)才可能兑现的"远期支票"之外,对于扣在发展中国家农产品出口业身上沉重得多的另外两大枷锁,却始终仍停留在虚情假意和"口惠而实不至"的原有水平上,不予认真放松或撤除。

第六,在此前的冗长谈判中,以欧盟和美国为首的发达国家坚持要求发展中国家对来自发达国家的非农产品,更大幅度地开放国内市场,作为发展中国家农产品进入发达国家国内市场的交换条件。发达国家对发展中国家弱势群体提出的此种勒索性要求,在《部长宣言》中并未明确地予以抵制,只在其第24条中,对此作出了含糊其词的规定,说是"对于农产品市场准入和非农产品市场准入的开放幅度应当相称(Comparably high level of ambition in market access for Agriculture and NAMA)。此种幅度应按特殊与差别待遇原则予以平衡和构成比例"。此种表述实际上是将南北双方的观点简单相加,留下许多争议隐患。

基于以上各点不足、漏洞和隐患,国际舆论上出现了这样的总体评价:"香港部长级会议的结局对发展中国家有失公平";"香港部长会议证实:多哈宣言所规定的

---

[38] See Madin Khor, Trade: WTO Ministerial Outcome Imbalanced Against Developing Countries, in SUNS [Email Edition, Geneva], #5941, 21 December 2005, http://www.sunsonline.org/.

发展主题始终被抛在屋角,并一直处在昏睡状态之中";"香港会议产生了失衡的效果,这种效果会使发展中国家在今后一年有关服务贸易以及非农产品市场准入问题的谈判中,增添更多的困难。"[39]此外,还有一些非政府组织(NGO)负责人对香港会议达成的协议颇有微词,指出"这不是协议,是欺诈,是对全球24亿贫困人口的侮辱";"这次会议是一个失败,会议只是对农产品补贴作出了微不足道的削减";"这个协议没有兑现帮助发展中国家的承诺,而这正是4年前启动的多哈贸易谈判的中心宗旨";"这是一个很令人失望的版本,是对发展承诺的一种背叛,富国的利益再次占了上风"。[40]

作为62个发展中国家参与的政府间组织和"南方集团思想库"之"南方中心"派出的代表们对香港会议的评价是:"虽然这个回合号称为'发展回合',但发展中国家和最不发达国家却不得不结成强大的联合战线,并通过长期和艰苦的奋斗,才能获得一些成果";"就发展主题而言,今后还有许多悬案有待达成协议"。在这次香港会议上,发展中国家和最不发达国家不得不在非农产品市场准入和服务贸易市场准入等问题上作出重大让步和接受妥协,以便挽救多边贸易体制。简言之,是"发展中国家作出了自我牺牲才挽救了多哈发展回合",使它"免于完全失败"。今后,"号称'发展回合'的本轮谈判要继续行进,可谓路漫漫其修远!"[41]

参加世贸组织香港会议的中国代表团新闻发言人于会议闭幕后表示:此次会议在农业、非农、棉花以及发展问题上都取得了一些积极的进展。他同时还说:"到目前为止,多哈谈判只是取得了部分进展,今后谈判还有很艰巨的任务"。[42] 中国商务部的有关报道称:"就整个农业贸易谈判来说,这只是迈出了一小步。在农业方面,还有削减扭曲贸易的国内支持和市场准入的两大难题";"多哈回合期待突破"。[43]

六、香港会议后南北谈判的断而复续与僵局的再现

香港会议后,果如当时国际主流舆论所料,又出现了新的谈判僵局,一直未能化

---

[39] See Madin Khor, Trade: WTO Ministerial Outcome Imbalanced Against Developing Countries, in SUNS [Email Edition, Geneva], #5941, 21 December 2005, http://www.sunsonline.org/.

[40] 参见《世贸香港协议毁誉参半》,载《参考消息》2005年12月20日第4版。

[41] Developing Countries Sacrifice to Save Doha Negotiations, Press Release, Hong Kong, 18 December 2005, http://www.southcentre.org.

[42] 参见新华社香港2005年12月18日电:《中国代表团称香港会议取得的进展是积极的》,http://www.people.com.cn/GB/1029/3952111.htm。

[43] 参见《多哈回合期待突破》,载《公共商务信息导报》2005年12月20日第1版。

解。2006年7月28日,WTO总理事会正式批准了总干事拉米的提出的建议:全面停止多哈回合所有议题的谈判。

紧接着,多哈回合谈判几近"彻底失败"、WTO多边体制濒临"最终瓦解"之类的悲观论调,又再度上升为国际舆论的主流。[44]

但是,就在WTO总理事会批准总干事拉米的建议,同意全面暂停一切议题谈判之际,与会成员们又表达了共同的强烈期待:第一,大家一致认为确有必要空出一段时间进行反省、反思,但希望这段中断的时间是临时的和短暂的,因为确实有必要尽快把谈判拉回到正轨上来。第二,大家都表示应当共同维护迄今为止已经达成的各项谈判成果,并在此基础上巩固加强,而不是推倒重来。

经过多方沟通,时隔半年,冬尽春来,拉米于2007年2月7日向WTO总理事会正式报告:经过反复磋商,全世界政坛的领袖们现已取得共识,明确要求全面恢复所有议题的谈判。此时,香港会议上原先设定的2006年底以前全面完成"多哈回合"谈判的期待,显已逾期落空。拉米遂再次敦促南北各方和各利益集团都要作出必要的妥协让步,寻找新的利益交汇点,并且强调"现在是所有国家都要为达成协议做出贡献的时候了!""每个国家都必须做出自己的贡献,大国、强国应当比小国、弱国做出更多的贡献。"看来,半年前一度全面停顿、奄奄一息、濒临"彻底失败"的"多哈回合"谈判,此时又逐步"起死回生"了。

然而,在此后历时17个月的反复磋商中,南北双方虽各有让步,逐渐走向"利益交汇点",但在2008年7月29日,又因强权和霸权国家的自私与蛮横,由南北30多个代表性国家参加的小型部长级会议的谈判再度破裂。拉米在当天举行的新闻发布会上说:"此次谈判已经破裂,与会成员始终无法弥合它们之间的分歧。"他解释说,谈判破裂主要是因为世贸组织重要成员在发展中国家"农产品特殊保障机制"上难以达成一致。所谓"农产品特殊保障机制",是指发展中成员可在农产品进口激增的情况下,采取提高关税等特殊保障措施以保护本国农业免受冲击。以印度为代表的发展中成员要求放宽对本国采取特殊保障措施的限制,以保护本国相对脆弱的农业生产,维护粮食安全,但遭到了美国的反对。

---

[44] 诸如:DDR/WTO全球多边谈判"遭受重大挫折"、"谈判已经破裂"、"谈判已经无限期推迟"、"重启谈判可能需要数月或数年时间"、"无限期中止离彻底失败不远了",等等。在7月24日当天的各代表团团长全体大会上,多边谈判的主持人拉米十分无奈,语重心长地说:"恕我坦诚相告:在今天大会的与会者中没有赢家、输家之分。今天这里只有输家。"("Let me be clear: there are no winners and losers in this assembly. Today there are only losers.") 用中国成语说,就是"两败俱伤"! 参见《世贸香港协议毁誉参半》,载《参考消息》2005年12月20日第4版。See also WTO News—DDA June/July 2006 Modalities: Summary 24 July, Talks Suspended. "Today there are only losers.", http://www.wto.org/english/news_e/news06_e/mod06_summary_24july_e.htm; http://www.wto.org/english/news-e/news06-e/tnc-dg-stat-24july06-e.htm.

拉米承认,这次再度破裂对延宕七年之久的多哈回合是"沉重的打击"。但他表示,过去一周多的紧张谈判毕竟也取得了一定成果,他将尽力以此为基础,推动谈判重归正轨。他说,世贸组织153个成员现在需要一些时间考虑下一步如何行动。另外,有些国际人士则认为:原先曾经预期能在2008年底完成多哈回合谈判的希望显得更加渺茫,谈判进程很可能再耽误数年。[45]

以上各种褒贬毁誉,立场不一,视角不同。但古有明训,"兼听则明"。所有这些评论都值得认真倾听,仔细分析,科学判断,借以"为我所用",预测和评估今后可能的发展,从而作出正确的对策定位,并据以采取必要的措施。

七、从五十多年来南南联合自强的历史轨迹展望 DDA 和 WTO 今后的走向[46]

从以上简略的历史回顾中,不难看出:第一,从万隆到多哈直到如今,五十多年来南南联合自强、更新国际经济立法的过程,时起时伏,以不同的形式存在,以不同的强度发挥作用,但始终在坎坷的道路上不屈不挠地曲折行进。第二,由2001年多哈会议启动的"多哈发展回合"谈判,历经2003年坎昆会议、2005年香港会议以及其后的风云变幻,实质上乃是五十多年来南北矛盾冲突以及南南联合自强、更新国际立法的过程在曲折中行进的一个新阶段。第三,随着经济全球化的加快和加深,贫富鸿沟的进一步扩大,以及发展中国家觉醒意识和凝聚力的进一步提高,南南联合的总趋势是逐步地和不断地增强的。在南南联合自强的情势下,南北矛盾的发展进程也是有迹可循的:

(一) 南北矛盾和南南联合自强的历史轨迹:"6C 律"及其特点

前文提到,在国际经济的发展过程中,在全球经济的发展过程中,国际社会始终

---

[45] 中国代表团团长、商务部部长陈德铭在2007年7月底此次谈判破裂后表示,多哈回合谈判目前出现严重困难的关键是美国在自己利益得到保障后漫天要价。印度商业和工业部部长纳特也批评美国不顾多哈回合旨在促进发展中成员发展的本意,为了一己私利阻碍谈判进程。参见《世贸组织多哈回合谈判关键一搏宣告失败》,http://news.163.com/08/0730/00/4I2FVT7G0001121M.htm。

[46] See An Chen, South-North Conflicts in a Historical Perspective, excerpted from "Be Optimistic, or Be Pessimistic? —The Fork Confronting DDR and WTO After Its Hong Kong Ministerial Conference"(陈安:《乐观?悲观?何去?何从?——香港会议后世贸组织与多哈回合面临岔路口》), in the South Bulletin, No. 120, March 2006;also be posted on the website of the intergovernmental organization, South Centre, http://www.southcentre.org. See also An Chen, Weak Versus Strong at the WTO: The South-South Coalition from Bandung to Hong Kong (陈安:《世贸组织中群弱抗衡强权》), The Geneva Post Quarterly—The Journal of World Affairs, April 2006.

贯穿着强权国家与弱势群体之间的争斗,前者力图维护既定的国际经济秩序和国际经济立法,以保持和扩大既得的经济利益;后者力争更新现存的国际经济秩序和国际经济立法,以获得经济平权地位和公平经济权益。五十多年来,这些争斗往往以双方的妥协而告终,妥协之后又因新的矛盾而产生新的争斗,如此循环往复不已。这种历史进程似可概括地称为**螺旋式的"6C 轨迹"或"6C 律"**,即 Contradiction(矛盾)→ Conflict(冲突或交锋)→ Consultation(磋商)→ Compromise(妥协)→ Cooperation(合作)→ Coordination(协调)→ Contradiction New(新的矛盾)……但每一次循环往复,都并非简单的重复,而都是螺旋式的上升,都把国际经济秩序以及和它相适应的国际经济法规范推进到一个新的水平或一个新的发展阶段,国际社会弱势群体的经济地位和经济权益也获得相应的改善和保障。

回顾五十多年来南北矛盾与南北合作的史实,以下几条基本线索一直是贯穿其全程的,今后仍将长期存在,不会轻易改变:

第一,南北之间的矛盾和冲突,势必在今后相当长的一段历史时期里持续存在。因为它的形成,并非一日之寒,至今仍然根深蒂固;而且循环往复,不断衍生。其主要原因就在于国际资本的贪婪痼疾和国际强权的利己顽症,极难根除,更不可能不"药"而愈。化解三尺冰冻和根治痼疾顽症,显然不应期待于一朝一夕。面对当代国际社会的此种基本现实,不能不保持清醒的头脑、足够的耐心、不挠的韧性。

第二,在南北矛盾与冲突中,南北力量对比上的"南弱北强",也势必在今后相当长的一段历史时期里持续存在。这是因为,历史上数百年残酷的殖民统治和殖民掠夺给众多弱小民族造成的积贫积弱,积重难返,不可能在短期内获得根本改变。在改变世界财富国际分配严重不公,更新国际经济立法,改变国际经济旧秩序的抗争过程中,单个弱小民族、单个发展中国家的力量当然是单薄的,只能是"人为刀俎,我为鱼肉";反之,南南联合的群体凝聚力愈大,就愈有助于改变"南弱北强"的战术态势和战术劣势,甚至可以转化为暂时的战术优势,这是五十多年来的南北较量史实所反复证明的。但是,迄今为止,南南联合自强所发挥的力量和作用,虽能在一时一事上获得可喜的成果与胜绩,却难以在总体上根本改变"南弱北强"的战略态势和战略劣势,更不可能在某一次角力中使国际强权对手"一败涂地"或从此"一蹶不振"。可见,2003 年坎昆会议过程中"20 国集团"等南方群体团结崛起,展示了实力,使国际经济强权操纵会议的如意算盘落空失败后,国际舆论上一度出现的"南赢北输,WTO 从此步入坦途"论,看来就是对上述暂时的战术优势估计偏高,对上述长期的战略劣势估计不足。

第三,基于以上两点,在南北角力的进程中,南南联合自强者务必树立起"持久战"的战略思想。南南联合自强者既不能立足于速战速决速胜,期待"毕其功于一役",迅即制服强权对手,也不能因一时一事之小进展和小胜利而沾沾自喜或盲目乐观,错估形势。否则,一旦再度遇到必然会一再遇到的曲折和挫折,就容易迅速转成悲观失望,松懈斗志,甚至失去"前途依然光明"的信心。与此同时,也不能低估国际强权对手历来惯用的而且必然继续使用的"大棒加胡萝卜""分而治之""分化瓦解,各个击破""以连横制合纵"[47]等伎俩及其可能效果。对此,南南联合自强者务必随时保持警惕,密切关注,认真对付,及时破解。

第四,五十多年来,南北矛盾与南北依存始终是同时存在的。经济全球化的加速发展和贫富鸿沟的扩大,常常激化或加深了南北之间的矛盾与冲突;与此同时,也强化了南北之间互相依赖的程度。两者之间的经济互补性和日益强化的互相依赖性(经济利益的犬牙交错和相互交织),使得国际强权者不可能与全球众多发展中国家坚持对抗到底,断绝经济往来。面对占全球80%以上人口、不断增强其内部凝聚力、并非"一盘散沙"的国际弱势群体提出的正当要求和强大压力,国际强权者在权衡利弊的前提下,往往不得不作一定的让步和妥协。五十多年来不断出现的南北抗衡僵局,总会通过南北的对话和磋商,找出双方对抗利益的中间交汇点(convergence),并在适当的"火候"下,达成南北合作,避免两败俱伤,实现"双赢"新局面。尽管这种新局面随后又常常遭到南北新矛盾和新冲突的削弱甚至破坏,但经济全球化加速发展的时代潮流和南北必须互相依赖的客观现实,又赋予南北合作以旺盛的生命力。

从这种意义上说,南北合作会"生病",甚至会"身患重症",但不会迅即"无药可医,不治而亡"。五十多年来反复出现的前述"**6C轨迹**",就是这方面的历史记录和事实明证。可见,2003年坎昆会议失败后,国际舆论上一度出现的"北赢南输"论和"两败俱伤,WTO前景暗淡,面临瓦解"的悲观看法,与前述"南赢北输,WTO从此步入坦途"的看法一样,也是缺乏足够的历史依据和现实依据的。

(二)"多哈发展回合"谈判的成功:舍韧性的南南联合自强,别无他途可循

笔者认为,多哈回合自2001年11月正式启动至2006年7月27日全面停止多哈回合所有议题的谈判,又自2007年2月7日开始全面恢复谈判至2008年7月29

---

[47] 春秋战国后期,秦国最强大且十分霸道,齐、楚、燕、赵、韩、魏六国均相对弱小而受欺。南北为纵,六国地连南北,故六国联合抗秦谓之"合纵"。东西为横,秦地居西,六国居东,故六国共同服从秦国谓之"连横"。"合纵"是当时六国的政治战略家苏秦的主张,"连横"是当时秦国的政治战略家张仪的主张。参见《辞海》(缩印本),"合纵连横"词目,上海辞书出版社1979年版,第319页。

日WTO小型部长级会议关键性谈判再度破裂,近七年来出现的时起时伏、忽冷忽热、乍暖还寒和艰难曲折,充其量只不过是近五十多年来南北矛盾和南北合作进程中多次反复出现"6C"现象之一,只不过是近五十多年来上述"6C轨迹"的再次展现,只不过是五十多年来上述"6C律"螺旋式发展的一个新阶段、新环节、新循环。这次"6C"新循环目前仍在进行之中,尽管步履维艰,却是"合乎常规",实属"司空见惯"!以史为师,就不难看到:尽管WTO总理事会2007年1月一度决定全面停止多哈回合所有议题的谈判,尽管2008年7月底WTO小型部长级会议关键性谈判再度破裂,但是WTO多边体制也未必就此陷入瘫痪、瓦解状态,到了适当"火候"和一定时机,激烈的南北矛盾势必再度走向平和的南北合作。其所以然,根本原因就在于前述第四点所阐述的"南北依存"的历史必然性和"南北合作"的旺盛生命力。

除此之外,WTO的前身即"GATT 1947"的发展史,也从事实上和实践上有力地说明了上述"南北依存"的历史必然性和"南北合作"的旺盛生命力。

1947年10月30日签订的《关税及贸易总协定》,自其诞生至1993年12月15日止,在46年期间,共经历了8轮即8个"回合"新的全球性多边贸易谈判,以便对对"GATT 1947"具有法律约束力的各种规则加以"与时俱进"的调整和修订。其简况可列表如下:

表 1-29-1 《关税及贸易总协定》历次谈判回合[48]

年份	参加国家/地区数	地点/名称	谈判主题
1947	23	日内瓦	关税
1949	13	安纳西	关税
1951	38	托尔圭	关税
1956	26	日内瓦	关税
1960—1961	26	日内瓦/狄龙回合	关税
1964—1967	62	日内瓦/肯尼迪回合	关税与反倾销措施
1973—1979	102	日内瓦/东京回合	关税、非关税措施、"框架"协议
1986—1994	123	日内瓦/乌拉圭回合	关税、非关税措施、各种规则、服务行业、知识产权、争端解决、纺织品、农业问题、建立世贸组织等

从上表所列有关史实中可以看出:(1)每"回合"的新一轮多边谈判,其参谈成员

---

[48] See Understanding the WTO, 3rd edition, Previously published as "Trading into the Future" September 2003, revised October 2005, http://www.wto.org/english/thewto_e/whatis_e/whatis_e.htm.

数目愈多,议题愈多,费时也愈多。(2)"东京回合"费时六年,"乌拉圭回合"费时八年,都不算短。(3)以史鉴今,如今"多哈回合"的新一轮多边谈判,参加谈判的成员原已多达148个,后又增加到153个,其参谈成员之多、议题范围之广、南北利害矛盾之深以及解决难度之大,均不逊于甚至超过"东京回合"或"乌拉圭回合"。加上如今南南联合的自觉性与凝聚力也比WTO初建之际有颇大提高,面对国际强权对手设定的扭曲规则和不公待遇,当然不甘随人俯仰,南南联合自强者不会在强权对手的压力或利诱下轻易低头或就范。因此,自2001年11月《多哈宣言》提出和启动新一轮多边谈判以来,原先预期完成本轮谈判的最后期限不得不一延再延,即从2004年12月底延至2005年7月底,又再延至2006年底,接着又因僵局、停顿而再度逾期。即使从2001年11月起算,迄2008年底,总计费时也只是七年左右,较之历史上曾经有过的"东京回合""乌拉圭回合",也大体相当或不见得更长。何况,"多哈回合"尽管步履维艰,"三起三落",屡陷僵局,但毕竟落而又起,持续不断,始终在曲折之中迈步向前。

世人诚然都期待"多哈发展回合"谈判能够早日全面完成,逐步更新国际经济立法,使南北合作、走向全球共同繁荣的进程,更少曲折,更多平顺,更大和谐。但是,此次香港会议的原有"期望值"被迫降低,已经达成的"积极成果"是虚多于实,遗留待决的悬案和难题又均属事关大局,南北利害冲突颇大,妥协殊为不易。因此,世人的上述善良愿望,在可预见的将来,看来难以迅速和顺利实现。面对此种现实,似不宜稍有"积极成果"便过于乐观,忽视前进途程中势必再现的坎坷;也不宜因重大难题、悬案依然"健在",前途依然多艰,便过于急躁、失望或悲观。回顾和总结历史,以史为师,人们就不难运用慧眼,客观地正视现实,多一份冷静、耐心和韧性,少一些脱离实际的乐观或悲观。即使香港会议之后,"多哈发展回合"再次"起死回生",各项重大难题、悬案的谈判再次出现"拉锯"或僵局、再次受挫甚至再次不欢而散,也早在意料之中,早有思想准备。应继续以南南联合自强的韧性奋斗精神,从容应对,力求"多哈发展回合"的新一轮多边谈判在今后的一定时期里,得以在公平互利、南北合作的基础上全面完成。

总之,要逐步更新国际经济立法,建立起国际经济新秩序,**舍韧性的南南联合自强,别无他途可循!**

值得重视的是,在南南联合自强和南北对话的历史途程中,近几年来出现的一种新的力量组合和对话方式开始渐露头角,举世瞩目:由最发达强国组成的七国集团或八国集团的首脑与若干主要发展中国家的领导人定期会晤,开展南北对话,磋商"天下大事",共谋解决全球性热点难点问题。此种对话方式已实行数次,最近一次就是 2008 年 7 月在日本举行的八国集团首脑同中国、印度、巴西、南非和墨西哥五个发展中国家领导人对话会议。

会议期间,中国领导人胡锦涛针对这种南南联合自强和南北对话的新形式作了精辟的分析。[49]他指出:当今世界正处在大变革大调整之中。共同分享发展机遇,共同应对各种挑战,推进人类和平与发展的崇高事业,事关各国人民的根本利益,也是各国人民的共同心愿。发展中国家是维护世界和平、促进共同发展的重要力量。**近年来,发展中国家整体力量上升、团结合作加强,在国际事务中的影响和作用日益增长**。中国、印度、巴西、南非和墨西哥五国都是重要的发展中国家,人口占世界的42%,国内生产总值占世界的12%。**加强五国的协调合作,不仅有利于各自国家发展,也有利于加强南南合作、推动南北对话、推进人类和平与发展的崇高事业**。过去的一年里,五国初步建立起多个层面的协调机制,围绕同八国集团举行对话会议密切沟通、加强协调,取得了积极成果。我们应该以此为基础,继续作出努力。当前,五国已成为世界经济体系的重要组成部分和世界经济增长的重要推动力量,应该就世界经济增长中的重大问题加强沟通和协调,开展互惠互利的双边和多边合作,共同应对不利因素,保持经济较快发展的势头和活力,继续为世界经济发展做出贡献。

胡锦涛主席强调:"南南合作是发展中国家取长补短、实现共同发展的重要途径。我们**应该为促进南南合作做出积极贡献、起到表率作用**。一方面,我们应该共同促进多边主义和国际关系民主化,增强发展中国家在国际事务中的参与权和决策权,为发展中国家发展争取有利外部环境。另一方面,我们应该积极推动国际经济、金融、贸易、发展体系改革,维护发展中国家正当权益,提高发展中国家应对各种风险和挑战的能力,促进世界经济均衡、协调、可持续发展。"

同时,胡锦涛主席指出,五国应该着眼长远,推进南北对话。我们应该继续本着积极务实、求同存异的原则,推动南北国家建立平等、互利、合作、共赢的新型伙伴关系。"**总之,我们五国合作潜力很大,在维护世界和平、促进共同发展方面可做的事情很多。加强团结合作不仅符合我们五国人民的利益,也符合世界各国人民的共同利益**。"

胡锦涛主席的这些分析,言简意赅,既总结了南南联合自强的过去,又展望了南南联合自强的未来,还着重强调了上述五个重要发展中国家所承担的全球性历史任务及其在南南联合自强中应当发挥的**表率作用**和**中流砥柱作用**。这些精辟分析,引起了全球公众的共同关注,对于中国今后在推动建立国际经济新秩序历史进程中的

---

[49] 参见《胡锦涛在发展中五国领导人集体会晤时的讲话》,http://news.xinhuanet.com/newscenter/2008-07/08/content_8512384.htm。

自我"战略定位",尤其具有启迪意义和指导意义。

可以想见,经过近年来坎昆会议以及香港会议前后的历练,包括中国在内的众多发展中国家今后在多边谈判中,必将更加自觉地加强南南联合,以增强在南北对话中的实力地位,扩大自己在全球经贸大政问题上的发言权、参与权与决策权,以维护自己的正当权益。

但是,也不能不看到:面对发展中国家的重新组合和联合奋斗,少数经济强权国家正在重新耍弄其分化瓦解的故伎,力图通过各种双边谈判或地区性安排,予以各个击破。[50]

由此可见,在当代国际社会中,有两种力量或两种走向:一方面是加强南南合作,推动国际经济秩序的全面更新,从而实现公平互利基础上的南北合作和全球繁荣;另一方面是瓦解南南合作,从而维护少数经济强权国家在国际经济旧秩序下的既得利益。这两种力量、两种走向之间的国际较量和角力,今后还将长期存在。国际经济秩序破旧立新、新旧更替的历程,依然任重而道远。但南南合作的道路合乎时代需要,定会与时俱进,越走越宽!

---

[50] 据媒体报道:坎昆会议期间,美国面对发展中国家的"集团作战",就曾竭力采取分化政策。美国对参加"21国集团"的中美洲国家表示:如果它们脱离"21国集团",美国将增加从这些国家进口产品的配额。美国参议院财政委员会主席格拉斯利(Charles Grassley)在2003年9月12日则警告说,他对那些正在与美国进行自由贸易区谈判但又加入"21国集团"的拉丁美洲国家表示"失望",拉丁美洲国家在坎昆的行为"会影响美国将来的决策",语含恫吓,并产生了一定的"效果"。例如,"20国集团"在坎昆会议期间原先有22个成员国,其后不久,秘鲁和哥伦比亚就因受到美国的压力而退出了。See Balakrishnan Rajagopal, A New Opportunity in Cancún's Failure, *Yale Global*, 3 December 2003, http://yaleglobal.yale.edu/display.article? id=2937. 当时与会的美国贸易副代表一面坚持强硬的态度,他公开怀疑"同床异梦的发展中国家是否能真正团结起来";另一面"想用经济援助等手段,拼命离间发展中国家的团结。"在此次坎昆会议开幕之前,美国总统小布什还曾亲自打电话与牵头提出21国联合提案的巴西总统卢拉协商,希望巴西作出妥协。但据说卢拉反驳:"不能损害国家利益。"(参见前引《三大集团对抗发达国家》和《坎昆会议:农业问题成关注焦点》)随后,美国又凭仗其实力,刻意冷落多边,"移情"双边。美国首席谈判代表佐立克(Zoellick)撰文鼓吹:"美国不能无所事事,坐等那些'不干'的国家";并且积极行动,去和那些"愿干"的国家("will-do" countries)在双边基础上寻求"合作"。See Robert Zoellick, America Will not Wait for the Won't-Do Countries, *Financial Times*, 22 September 2003. 许多信息表明,近年来美国一直在按此行事,已经陆续与一些国家签订了双边自由贸易协定,并正在与另一些国家谈判签订同类协定。

第 30 章　南南联合自强：年届"知命"，路在何方？

——国际经济秩序破旧立新的中国之声

≫ 内容提要

全球南南联合自强事业如果从 1964 年"77 国集团"*创建起算，于今（2014 年）正好步入"知天命"的"人生阶段"。半个世纪以来，为了实现国际经济秩序和国际经济法的破旧立新，从而争取更加公平公正的国际发展环境，全球南方国家通力合作，集体行动，在诸如国际贸易、国际投资和国际金融各领域均取得了可观成就，也遭遇了不少困难；有过高潮迭起，也有过持续低迷。中国儒家传统智慧提倡每十年即进行一次全面的人生反思，总结经验，以为未来改善自我、不息自强之借鉴。个人如此，群体亦然。全球南方国家在年届"知命"这个历史节点，显有必要回顾、梳理南南联合事业过往的成就和困难，用战略眼光重新审视曾经的高潮和低迷，并结合当前的国际经济新形势，避免战略短视，重新坚定理念自信和道路自信，在"知天命"之后，整装重新出发，迈步走上新的征程，争取新的成就。中国学人身处和平崛起之乡，在这个历史节点，将中国在南南联合事业中的传统自我定位实践加以梳理总结，

---

* "77 国集团"组建于 1964 年，截至 2014 年，其正式成员已增至 134 个国家，但仍沿用"77 国集团"这个原始名称。中国虽未正式加入该组织，但一直与它保持密切关系和采取联合行动。2014 年"77 国集团"组建五十周年之际，原联合国秘书长、南方中心主席、现任联合国和平大学欧洲和平与发展中心（ECPD）荣誉委员会主席加利先生，以 ECPD 和 77 国集团的双重名义，致函中国陈安教授，邀请他就"全球南方：年届半百，路在何方？"为主题，撰写论文并参加专题系列研讨会。

加利先生来函（详见本文附录）中特别提及，在当前快速变迁的全球政治经济环境下，发展中国家面临众多共同挑战，导致有人质疑甚至怀疑南南联合事业的奋斗目标和传统理念（traditional rationale）。对此，本文"有的放矢"，依据史实，强调指出：过往各国（包括中国）的革命和改革经验都表明，任何正义的事业都有潮起潮落的发展历程。在事业处于低谷的时候，人们尤应保持头脑清醒，坚定信念，重拾信心，才能排除万难，争得成功。可以断言：南南联合事业因符合时代历史潮流而必有无限光明前途。

本文初稿发表于《国际经济法学刊》2014 年第 3 期，由陈安和杨帆合作撰写。杨帆是国家重点学科厦门大学国际法学科 2016 届博士，现为厦门大学法学院国际法专业助理教授。本文初稿的英文版，发表于 *Journal of East Asia and International Law*（《东亚与国际法学刊》）2015 年第 1 期。

献予世人共享,互相策励,更是应尽的时代天职。值得重视的是,2008年以来,中国率先积极参与和推动金砖国家为国际经济秩序破旧立新鼓与呼。此种创举,正在不断走向新高度。2014年,中国又在国际金融体制方面获得引人注目的实质性突破,成功组建"金砖开发银行",独树一帜,挑战世界银行,犹如"风起于青萍之末",其可能的"蝴蝶效应"确实不容小觑,并为南南联合自强之光明前途平添了新的有力佐证。

目 次

一、引言:南南联合步入"知天命"之年

二、从万隆到福塔莱萨:南南联合的曲折发展

 (一)南方国家的"77国集团"

 (二)"南方中心"

 (三)南方首脑会议

 (四)"多哈发展回合"的启动与中国的"入世"

 (五)金砖国家领导人会晤

 (六)小结

三、国际经济法律实践中的南南联合

 (一)UN框架下的南南联合型立法及其嗣后质疑

 (二)GATT框架下的南南联合型变法及其嗣后实践

 (三)国际投资法领域内的南南合作

 (四)国际金融法领域内的南南合作

 (五)小结

四、中国对南南联合事业的自我定位

 (一)新中国第一代领导人的主要观点

 (二)新中国第二代领导人的主要观点

 (三)新中国第三代、第四代领导人的主要观点

 (四)新中国第五代领导人的主要观点

五、余论:"知命之年",再度出发

附录　加利先生约稿邀请函(原函及中译)

一、引言：南南联合步入"知天命"之年

中国儒家先贤孔子在总结他的人生历程时称："吾十有五而志于学,三十而立,四十而不惑,五十而知天命,六十而耳顺,七十而从心所欲,不逾矩。"[1]不论是群体组织还是个体自身,都必须不断学习和实践才能持续进步和提升。以此观之,全球南南联合自强事业如果从1964年"77国集团"创成起算,于今(2014年)正好步入"知天命"的"人生阶段",也理应科学总结过去,大步迈向未来。

儒者一般认为,所谓"知天命",即"领悟自己负有使命,必须设法去完成"[2]。在这一点上,个人和群体之间既有大同又有小异：个人自身大多需要经过生活阅历的累积和眼界的不断开阔,才能够逐步思考清楚其所负有的使命；而群体组织则通常生来就具有目的性,并因而"负有既定使命"。根据"77国集团"在《阿尔及尔宪章》(Charter of Algiers)中的说明,南南合作事业主要包括以下几个范畴的既定"使命"：一是在政治上实现和巩固南方国家的平等独立,二是在经济上在贸易、投资、金融和发展援助等各方面展开协同合作,三是在技术上进行互通和交换,从而推动南方国家经济社会整体全面发展。[3]为完成此种既定"使命",必经的主要途径是,通过变革不公正、不合理的国际经济旧秩序,以及建立更公平、更合理的国际经济新秩序,[4]以创造一个更公平、更公正的国际发展环境,从而使南方国家能够拥有更公平、更公正的发展机会。[5]

---

[1] 参见张燕婴译注：《论语》,中华书局2007年版,第13页。
[2] 知天命：领悟自己负有使命,必须设法去完成。这种使命的来源是天,所以称为"天命"。孔子说的"天命"包括三项内容：一、从事政教活动,使天下回归正道；二、努力择善固执,使自己走向至善；三、了解命运无奈,只能尽力而为。参见傅佩荣：《解读论语》,http://blog.sina.com.cn/s/blog_4a57bcc9010004zi.html。
[3] 当然,全球广大发展中国家乃至整个国际社会的全面发展,除了有赖于南南合作的开展,也必须依靠南北合作。南南合作与南北合作,都是全球合作的重要组成部分,这是两者的共同点。但南南合作的政治基础、经济基础、内在实质及实践效应,却与南北合作有重大的差异。详细内容可参见陈安：《陈安论国际经济法学》(第一卷),复旦大学出版社2008年版,第455—462页。
[4] 国际经济交往中所发生的国际经济关系,在特定历史阶段往往形成某种相对稳定的格局、结构或模式,通常称为"国际经济秩序"。国际经济秩序的建立和变迁,取决于国际社会各类成员间的经济、政治和军事的实力对比。与此同时,在各国统治阶级相互合作、斗争和妥协的基础上,也逐步形成了维护这些秩序的、具有一定约束力或强制性的国际经济行为规范,即国际经济法。国际经济法是巩固现存国际经济秩序的重要工具,也是促进变革国际经济旧秩序、建立国际经济新秩序的重要手段。参见陈安：《陈安论国际经济法学》(第一卷),复旦大学出版社2008年版,第110页。英文版本的相关论述,参见 *The Voice from China: An CHEN on International Economic Law*, Springer, 2014, p. 168。
[5] See also What Is South-South Cooperation, http://ssc.undp.org/content/ssc/about/what_is_ssc.html。

然而，在国际经济秩序和国际经济法的发展过程中，始终贯穿着强权国家保持和扩大既得经济利益、维护国际经济旧秩序与贫弱国家争取和确保经济平权地位、建立国际经济新秩序的矛盾和斗争，简称"南北矛盾"。南北矛盾冲突的焦点和实质，是全球财富的国际再分配。而新、旧国际经济秩序的根本分野，则在于全球财富国际再分配之公平与否。国际经济旧秩序是广大南方国家争取经济独立、巩固政治独立的严重障碍，是它们发展民族经济的桎梏。质言之，针对二战后由北方国家阵营主导制定的一整套国际经贸规则，由于其中含有各种不公平、不公正的内容，故南南联合事业一直致力于逐步加以改善和变革，致力于"弃旧图新"和"推陈出新"，建立起一种更加公平、公正的国际经济新秩序以及相应的国际经贸规则。简言之，南南联合事业的奋斗目标，始终聚焦于国际经济秩序和国际经济法的"破旧立新"。

中国学界普遍认为，国际经济法可以进一步细分为国际贸易法（包括货物、服务、技术等）、国际投资法、国际金融法等若干主要分支，而国际公法中诸如国家独立、主权平等、和平共处等若干基本问题，又对国际经济法理论和实践有直接的影响。因此，理应从这些主要分支领域切入，以国际经济法法理的视角检视：半个多世纪以来，全球南南联合事业"所负使命"的执行情况如何？其在国际经济各类事务中的立法、释法、执法、守法与变法的实践进程如何？它们在国际经济秩序破旧立新的总进程中发挥了哪些正面的促进作用？遇到了哪些重大障碍和阻力？今后应当如何群策群力，排除这些障碍和阻力？此外，作为中国学人，还理应回答：中国作为发展中大国和新兴崛起的大国，在南南合作事业中的自我定位和历来实践如何？今后应当如何在国际经济秩序破旧立新的总进程中进一步发挥其责无旁贷的历史作用？……

以上各种问题，都有待我们去认真反思，去科学总结。换言之，全球南方国家在年届"知命"这个历史节点，显然很有必要回顾、梳理南南联合事业过往的成就和困难，用战略眼光重新审视曾经的高潮和低迷，并结合当前的国际经济新形势，避免战略短视，重新坚定理念自信、理论自信和道路自信；在"知天命"之后，整装重新出发，迈步走上新的征程，争取新的更大成就。至于中国学人，身处和平崛起之乡，在这个历史节点，把中国在南南联合事业中的传统自我定位实践加以总结梳理，献与世人共享，互相策励，更是应尽的时代天职。

基于以上立意，本章拟按如下顺序进行回顾和展望：第一，按照大约每隔十年为一单元的历史跨度，简要回顾半个多世纪以来南南联合事业的曲折起伏进程；第二，分别考察国际经济法各主要分支领域中，南南联合所推动的代表性立法、变法措施及其嗣后实践的实际情况，以及由此带来的经验和启发；第三，对中国在南南联合事业中的自我定位和历来实践进行简要梳理；第四，缀以"余论"，对全章作扼要总结。

二、从万隆到福塔莱萨:南南联合的曲折发展

第二次世界大战结束以来,众多发展中国家强烈要求彻底改变数百年殖民统治所造成的本民族的积贫积弱,要求彻底改变世界财富国际分配的严重不公,要求更新国际经济立法,彻底改变不公平不合理的国际经济旧秩序,建立起公平合理的国际经济新秩序。但是,这些正当诉求却不断地遭到国际社会中为数不多的发达强国即原先殖民主义强国的阻挠和破坏。它们凭借其长期殖民统治和殖民掠夺积累起来的强大经济实力,千方百计地维持和扩大既得利益,维护既定的国际经济立法和国际经济旧秩序。由于南北实力对比悬殊,发展中国家共同实现上述正当诉求的进程,可谓步履维艰,进展缓慢。在1955年4月的万隆会议(即首届亚非会议)上,《亚非会议最后公报》向全世界宣告了亚非弱小民族共同的奋斗目标和行动准则:迅速根除一切殖民主义祸害,维护国家主权和民族独立,并在互利和主权平等的基础上,开展国际经济合作。为此目的,必要时可以"采取集体行动","采取一致的态度",或"制定共同的政策",或"在国际会谈中事先进行磋商,以便尽可能促进它们共同的经济利益"。[6] 可以说,正是从此时起,众多发展中国家在全球性南北矛盾十分尖锐和"南弱北强"力量悬殊的形势下,开始形成明确的战略思想:**南南联合自强**。

其后,南南联合自强事业虽然步履艰难,但其持续发展的进程,却也未曾中断。试略述其简要进程如下。

(一) 南方国家的"77国集团"

1964年6月在联合国贸易和发展会议(UNCTAD)上成立的"77国集团",[7]是全球众多发展中国家实行"南南联合自强"的重要组织形式,也是它们凝聚分散力量,通过联合奋斗,更新国际经济立法,推动国际经济秩序破旧立新的重要手段。

"77国集团"作为第三世界在联合国内部最大的联合体,组建迄今,已经五十多

---

[6] 参见《亚非会议最后公报》,http://news.china.com/zh_cn/domestic/945/20050419/12253346.html。
[7] 迄今为止,其成员国已增至134个,但仍沿用"77国集团"这个具有历史意义的原始名称。中国1971年恢复在联合国的合法席位和安理会常任理事国的席位之后,虽未直接加入这个集团,成为其正式成员,但一向与这个集团保持密切的协作关系,积极支持其维护弱小民族的共同权益,更新国际经济立法和推动国际经济秩序除旧布新、破旧立新的正义要求,在经社领域一般以"77国集团加中国"的模式表达共同立场。See Clement Robes (Chair for the Group of 77 and China for 1999), The Group of 77 and China: Current Priorities, NY 12/01/99, http://www.southcentre.org/southletter/s/33/.

年。在这段历史时期中,它经历了曲折的发展道路:在南北矛盾—南北对话—南北合作的总进程中,通过南南联合自强,在更新国际立法方面取得了重大的成就,也遭遇到重大的困难,其影响力一度有所削弱。但是,进入20、21世纪之交,它又重整旗鼓,恢复了活力,开始了新的征程。

在20世纪60年代中期至70年代末这段时间里,"77国集团"的联合奋斗是卓有成效的,其突出的事例有:(1) 1964—1968年,大力倡导和率先制定了有利于发展中国家的"非互惠的普惠制待遇"等改革方针和新的法理原则,推动了当时"GATT 1947"旧法律体制的局部改革;[8] (2) 1974年,联合国大会通过了《建立国际经济新秩序宣言》,[9] 随后又以压倒性多数票推动通过了《各国经济权利和义务宪章》。[10]

在20世纪80年代初至90年代中期,西方的新自由主义理念逐渐达至鼎盛,加上其他因素的综合作用,在许多国际多边谈判中,特别是在长达八年(1986—1994)之久的GATT乌拉圭回合谈判之中,发展中国家往往未能像昔日那样达成共识,集体决策,联合行动,从而往往在多边谈判中处于弱势地位。相形之下,发达国家,特别是其中的经济大国和强国,却常能在旧体制之下,凭借其综合实力,操纵全局,在制定国际经贸大政方针及具有法律约束力的各种"游戏规则"(以下简称"法律规则")方面,处在绝对主导的地位。也正是在这样的背景下,乌拉圭回合谈判的最终成果——《世界贸易组织协定》得以继续拓展贸易自由化的范围,强化贸易自由化的纪律。

(二)"南方中心"

有鉴于此,发展中国家回顾和总结了这一历史阶段的缺失和教训,重新认识到"南南联合"在"南北对话"和更新国际经济立法中的重要意义,开始着手进行自身力量的重新整合。1994年,它们一致达成《建立南方中心协定》,并且依靠这个由众多发展中国家共建的政府间组织,积极开展有关南北矛盾、南北谈判对策的全面研究。20世纪90年代后期起,"南方中心"的研究结论反复强调:在经济全球化加速发展的

---

[8] See GATT, Generalized System of Preferences, Decision of 25 June 1971, L/3545, L/3545, and Decision of 28 November 1979, L/4093. 另参见汪暄:《论关税及贸易总协定下的贸易自由化》、高燕平:《国际贸易中的普遍优惠制》,均载于《中国国际法年刊》,中国对外翻译出版公司1986年版,第44、59、60、63、161—163页。

[9] See Declaration for the Establishment of a New International Economic Order, United Nations General Assembly document A/RES/S-6/3201 of 1 May 1974, http://www.un-documents.net/s6r3201.htm.

[10] See Charter of Economic Rights and Duties of States, United Nations General Assembly Document A/RES/29/3281 of 12 December 1974, http://www.un-documents.net/a29r3281.htm. 宪章草案交付表决时,120票赞成,其中绝大多数是发展中国家;6票反对(美国、英国、联邦德国、丹麦、比利时、卢森堡);10票弃权(日本、法国、意大利、加拿大、奥地利、荷兰、挪威、西班牙、爱尔兰、以色列)。

条件下,全球经济大政及其有关国际经济立法,实际上由寥寥几个经济强国组成的"七国集团"所把持和操纵,**没有任何单一的发展中国家的力量能够改变这种现状**。因此,今后在针对一系列全球性问题进行讨论和决策的国际论坛上和多边谈判中,南方各国比以往任何时候都更加需要采取集体行动,才能赢得公平、公正和合理的结果。为了维护发展中国家共同的根本利益,必须适应形势的变化,通过精心研究和科学设计,调整和更新"77国集团"的纲领,重新协调不同的利益,重新增强共识和内部凝聚力。[11] 实践证明:随着时间的推移,根据《建立南方中心协定》组建的"南方中心"在凝聚发展中国家的意志和力量,强化南南联合,促进南北平等对话和南北互利合作,更新国际立法等方面,正在发挥着日益重要的"智囊"作用。"南方中心"的组建及其积极开展活动,标志着"77国集团"开始重整旗鼓。

(三) 南方首脑会议

2000年,南方首脑会议在古巴首都哈瓦那举行,这是"77国集团"成立36年以来召开的层次最高、规模最大的一次会议。当时共132个发展中国家的元首、政府首脑或其代表聚首一堂,共商全球大计,其中心主题就是:如何应对世界经济加速全球化给众多南方国家带来的严峻挑战和重大风险;如何通过南方国家的团结一致和联合行动,敦促南北平等对话,力争南北完全平等地参与世界经济大政的决策和有关法律规则的制定;如何开展南北互利合作,建立一个公正、公平、合理的国际经济新秩序。会议结束时,发表了《南方首脑会议宣言》以及为实现此项宣言而制定的《哈瓦那行动纲领》;[12] 决定筹组一个"南方协调委员会",统一协调和组织实施此次首脑会议制定的上述《哈瓦那行动纲领》和有关南南合作的各项决定。[13] 国际舆论认为,这标志着"77国集团"发展史上一个新的重大转折,也标志着进一步加强"南南联合"、

---

[11] See Thirty Years of the Group of 77(1964-1994), United for a Global Partnership for Development and Peace, South Centre Publications, 1994, pp.13-16; The Future of the Group of 77, South Centre Publications, 1996, pp.5-11.

[12] See Declaration of the South Summit; Havana Programme of Action, http://www.g77.org/summit/Declaration;summit/Programme of Action.

中国派出的高级代表团出席参加了这次会议,并作了长篇发言,强调:"南南合作首先是一种团结精神,同时也是发展中国家联合自强、寻求共同发展的重要途径……只有团结起来,才能提高发展中国家在南北对话中的地位,才能有效参与国际经济决策,才能在全球化过程中最大限度地维护自身利益。"参见《人民日报》2000年4月15日第1版。

[13] See Martin Khor, Havana Summit, a Defining Moment in G77 History; Coordinating Commission Set Up. Third World Economics, No.232, Geneva, 2000, pp.2-3, 12-14.

更新国际立法、推动国际经济秩序除旧布新和破旧立新，开始了新的征程。[14]

此时，原先的GATT体制已进一步发展成为WTO体制。因此，如何在这个号称"经济联合国"的新体制中发挥发展中国家集团的作用，提高自己在全球经贸大政及其法律规则问题上的发言权、参与权、决策权和制定权，就成为"77国集团"面临的新课题。

（四）"多哈发展回合"的启动与中国的"入世"

在众多发展中国家重新凝聚和强烈要求下，2001年11月10日，WTO在卡塔尔首都多哈举行的第四次部长级会议（通称"多哈会议"）上通过了《多哈宣言》，决定：以全球发展中国家普遍面临的发展问题为中心，全面启动新一轮的全球性多边贸易谈判（这也是WTO成立之后启动的首轮多边谈判），以便对现有的WTO体制和规则，即有关的国际经济立法，加以必要的改善和更新。此轮多边贸易谈判又称"多哈发展回合"谈判，或"多哈回合"谈判，寓意是要为发展中国家带来切实的利益。因此，取消阻碍发展中成员发展的措施是多哈回合的一个核心目标。会议还通过了《关于中国加入世界贸易组织的决定》，中国自2001年12月11日起正式成为WTO成员。这就为众多发展中国家在WTO体制内部开展南南合作和进行联合斗争增添了强大的中坚力量。

从法律的角度看，WTO体制及其各项多边规则乃是国际经济法的一个重要组成部分。举世瞩目的"多哈回合"谈判，说到底，乃是针对有关世界贸易的现行国际经济立法如何进一步除旧布新问题而开展的新一轮全球性磋商，其主旨在于促使WTO现行体制及其各项多边规则——各项国际经济立法，获得必要的更新和改善。

"多哈回合"谈判所涉议题远远超过GATT时期的历次谈判，不仅包括农业等传统领域，还涉及服务业、知识产权、市场透明度、外国投资、贫穷国家以低廉价格获得药品等众多新的领域。议题的广泛也导致众多谈判方集结形成形形色色的利益集团，这使得其自2001年底启动后进展迟缓。2003年9月14日，就多哈回合展开谈判的"坎昆会议"即WTO第五次部长级会议，由于南北两大类成员之间激烈的利害冲突，导致不欢而散，无果而终。经过两年多大大小小的折冲樽俎，各方又于2005年12月13—18日在香港召开WTO第六次部长级会议，继续多哈回合谈判。此次会议初步打破了停滞两年多的僵局，获得一些积极进展，但仍留下若干关键性争端难

---

[14] See South Summit in Havana to Mark a "Turning Point" for Developing Countries, http://www.g77.org/summit/pressrelease; Martin Khor, Havana Summit, a Defining Moment in G77 History; Coordinating Commission Set Up, Third World Economics, No. 232, Geneva, 2000.

题,悬而未决。自 2008 年以来,金融危机使得各国更关注自己的贸易政策,贸易保护主义倾向抬头,谈判更难以取得实质性的进展。在 2013 年 12 月 WTO 第九次部长级会议上,久拖不决的多哈回合谈判,在延期的 12 月 7 日最后一刻,出人意外地有了早期收获,这些收获被称为"巴厘岛一揽子协议"(Bali Package)。中国在其中扮演了促谈、促和与促成的角色。[15]

(五) 金砖国家领导人会晤

作为南方国家集团中不可忽视的一股力量,包括巴西、俄罗斯、印度、中国和南非在内的金砖国家,自 2009 年以来,已经成功举行六届领导人会晤,每届会晤都取得丰硕的阶段性成果,在推动和引导南南联合事业上做出了长足的贡献。在 2014 年于巴西举行的第六届领导人会晤上,更是发表了《福塔莱萨宣言》,[16]商妥并公布了建立金砖国家开发银行的框架协议,实质上即为对现有的西方发达国家主导的国际金融秩序和规则体系构成突破性的竞争和旗帜鲜明的公开挑战。对于众多南方国家而言,自 2008 年以来金砖国家不断深化的合作,无疑是一个鼓舞人心、提升斗志的重大利好消息。

(六) 小结

从以上简略的历史回顾中,不难看出:

第一,从万隆到福塔莱萨,近六十年来南南联合自强、更新国际经济立法的过程,始终在曲折中行进。事实上,二战结束以来,在全球经济的发展过程中,始终贯穿着强权国家与弱势群体之间的争斗,前者力图维护既定的国际经济秩序和国际经济立法,以保持和扩大既得的经济利益;后者力争更新现存的国际经济秩序和国际经济立法,以获得经济平权地位和公平经济权益。这些争斗往往以双方的妥协而告终,妥协之后又因新的矛盾而产生新的争斗,如此循环往复不已。这种历史进程似可概括地称为螺旋式的"6C 轨迹"或"6C 律",即 Contradiction(矛盾)→Conflict(冲突或交锋)→ Consultation(磋商)→ Compromise(妥协)→ Cooperation(合作)→ Coordination(协调)→Contradiction New(新的矛盾)……但每一次循环往复,都并非

---

[15] 由于印度未能在粮食安全上与 WTO 达成共识,"巴厘岛一揽子协议"中最为关键的《贸易便利化协议》未能在 2014 年 7 月 31 日的最后期限内通过。WTO 总干事阿泽维多(Roberto Azevedo)认为,多边贸易前景堪忧,WTO 正在进入一个"令人震惊的、充满不确定因素的阶段"。See Azevêdo. Members Unable to Bridge the Gap on Trade Facilitation,http://www.wto.org/english/news_e/news14_e/tnc_infstat_31jul14_e.htm.

[16] See Sixth Summit:Fortaleza Declaration and Action Plan,http://brics6.itamaraty.gov.br/category-english/21-documents/223-sixth-summit-declaration-and-action-plan.

简单的重复,而都是螺旋式的上升,都把国际经济秩序以及和它相适应的国际经济法规范推进到一个新的水平或一个新的发展阶段,国际社会弱势群体的经济地位和经济权益也获得相应的改善和保障。

第二,由 2001 年多哈会议启动的"多哈发展回合"谈判以及其后 2003 年坎昆会议和 2005 年香港会议上的风云变幻,直至 2013 年底"巴厘岛一揽子协议"的达成,实质上乃是近六十年来南北矛盾冲突以及南南联合自强、更新国际立法的过程在曲折中行进的一个新阶段,也是前述"**6C 律**"在新时代的再次展示。

第三,自 2008 年金融危机以来,金砖国家集团的几个"身材魁梧""体量重磅"的发展中国家持续开展深入合作,不仅本身是一个南南合作的成功示范,同时对世界范围内的全球南南联合事业(Global South Coalition),也必将产生积极的推动作用。

第四,以史为鉴,也容易看出,到目前为止,在国际经济法律领域内,南南合作事业的关注点偏重于立法和变法,而较少地涉及司法和执法。虽然没有人会否认建立公平合理的国际经济法律规则、变革当前不公平合理的国际经济法律规则的重要性,但是"法律的生命在于实践"这句法理格言同样适用于国际经济法。换言之,南南合作的"使命",似乎不能止步于或者满足于法律规则的建立,而应当也涵盖甚至更加重视这些规则的实践。下文将分别在 UN 框架下、GATT 框架下以及国际投资法和国际金融法领域内,考察南南联合下推动的立法、变法历程,以及这些规则面临的嗣后质疑或者其嗣后实践情况。

三、国际经济法律实践中的南南联合

(一) UN 框架下的南南联合型立法及其嗣后质疑

联合国一向是南方国家联合表达立场,并推动更加公平公正的新规则订立的重要场所。这种南南联合立法的活动,在 20 世纪 70 年代达到了高潮。在"77 国集团"及 UNCTAD 的推动促成下,1974 年的联合国大会以压倒性多数票通过了《建立国际经济新秩序宣言》(以下简称《宣言》)以及《各国经济权利和义务宪章》(以下简称《宪章》),这是联合国框架内南南联合成功推动的最具代表性的立法运动。

如果把贯穿于《宣言》和《宪章》的法理原则加以粗略概括,其最主要之点在于:第一,确认了各国的经济主权是不可剥夺、不可让渡、不可侵犯的。各国对本国的自然资源以及境内的一切经济活动,享有完整的、永久的主权。各国有权对它们实行切实有效的控制管理,包括必要时对外资企业实行国有化或将其所有权转移给本国国民。跨国公司的经营活动,必须遵守东道国的政策法令,接受东道国的司法管辖和管理监督;不得强行索取特惠待遇,不得干涉东道国内政。第二,确认应当按照公平合理和真正平等的原则,对世界财富和经济收益实行国际再分配,以遏制和消除富国愈富、贫国愈贫的危险趋向和恶性循环。为此,必须在国际生产分工、国际贸易、国际技术转让、国际税收、国际货币制度、国际资金融通、国际运输、公海资源开发等领域,全面地逐步变革现行的不合理、不公平的法律体制,并对发展中国家采取各种不要求互惠的优惠措施。第三,确认一切国家,特别是发展中国家,在一切世界性经济问题上都享有平等的参与权、决策权和受益权。国家不论大小,不论贫富,应该一律平等。国际经济事务应该由世界各国共同来管,而不应当由一两个超级大国垄断,也不应当由少数几个富强的发达国家操纵。为此,必须在有关的国际组织中和有关的国际经济事务上,变革现行的仗富欺贫、恃强凌弱、以大欺小的决策体制。

与此同时,众多发展中国家弱小民族凝聚分散力量,形成综合实力,运用第三世界在联合国内凭平等表决制形成的多数优势,促使联合国的各种机构通过了比较公平合理和有利于发展中国家的决议,其中包括若干具有法律约束力的决定。它们还推动联合国创设了一些新的机构或机制,实施有助于贫弱国家经济增长的各种方案,诸如:推动各有关国家缔结各种专项商品协定,实施综合性商品方案,设立公共基金,以促进发展中国家资源的开发和初级商品的出口;促进召开援助最不发达国家的各种专题会议,减免穷国的官方债务;促进修订对发展中国家不利的国际运输规则,控制损害技术落后国家的限制性商业做法;设计和阐明各种南南合作的项目,就弱国经济发展的重大外部环境和条件问题开展南北对话,促进制订和实施连续性的"联合国十年发展规划"(UN Decades of Development);等等。[17] 此外,它们通过联合国各种讲坛的论战或有关的决议,对国际社会中的政治霸权和经济霸权加以批判、抵制和约束;敦促联合国各有关机构就全球性经济发展严重失衡、世界财富的国际分配严重不公、南北两类国家贫富悬殊的鸿沟不断扩大等重大问题,加强研究评析,采取相应的有效措施,逐步加以解决。

前述纲领性、法典性国际文献所确立的基本法律观念和基本法理原则,是新型国际经济法基本规范发展的重要里程碑,也是此后进一步建立新型国际经济法规范体系的重要基石。经过几十年来的实践,这些基本法律观念和基本法理原则已日益

---

[17] See South Centre, Thirty Years of the Group of 77 (1964-1994), United for a Global Partnership for Development and Peace, South Centre Publications, 1994, pp. 1-8.

深入人心,逐渐成为当代国际社会的法律共识。[18]

尽管如此,这种南南联合型立法在实践中遭到了不小的阻力。作为《宪章》中的核心规定之一,东道国对于外国投资者的征收权利和补偿标准问题,[19]发达国家持续表示反对。这就导致了形成国际习惯法的关键因素持续欠缺,并使得《宪章》和《宣言》停留在宽泛原则的层面。[20]这也招致了许多来自学理上的质疑。传统上认为,对国家行为之认定,联大决议构成了一种非常强有力的证据,从而有助于国际习惯法规则的创制。[21]但是,不少学者仍然认为,诸如《宣言》和《宪章》等规范文件,完全不具有国际法上的约束力。例如,洛文费尔德教授在其2002年推出、2008年修订再版、流行全球的《国际经济法》教材中,对于占全球人口70%的发展中国家的正义主张和法学见解,对于改革国际经济旧秩序,建立国际经济新秩序,确立国际经济法新准则,维护和尊重各弱小民族国家的经济主权和经济立法,他仍然秉持和坚守其一贯的"美国立场",加以漠视、贬低和否定。其言曰:

> 时隔1/4世纪多之后,回首看看,如今《各国经济权利和义务宪章》与它在当年的表现相比,已经显得不那么重要了。如果当初确实存在把国际投资从国际法中分离出来的努力,则那种努力并没有得逞,尽管在20世纪60—70年代论战中提出的有关"主权"的各种诉求及其各种共鸣呼声,仍然不断地在联合国以及其他各种国际论坛中不绝于耳(continued to be heard)。……有一些《宪章》支持者的言论虽然力图赋予"国际经济新秩序"以法律的性质,并且把有关决议等同于立法,但这些挑战性见解看来基本上都属于政治性质。
>
> 美国和其他跨国公司的母国都反对发展中国家提出的这些挑战,不同意在各种传统原则中作出任何改变,否认通过国家实践(与联合国的决议相比较)已经在习惯法中对这些传统原则作出了替换或者修改。资本输出国的立场是:这些传统要求既坚实地建立在财产拥有者的道义权利上,也建立在一个有效国际体制的需求之上。此外,他们还争辩说,对于殖民时代所确立的适用于投资的各种传统准则,无论可以提出什么反对理由,这些传统准则显然应该适用于投资者和独立政府在商业基础上通过协商所作出的各种安排。[22]

---

[18] 参见陈安:《国际经济法学刍言》(上卷),北京大学出版社2005年版,第61—69页。

[19] See Charter of Economic Rights and Duties of States, Art. 2(c).

[20] See A. Cassese, *International Law*, 2nd ed., Oxford University Press, 2005, pp. 507-509.

[21] See M. Shaw, *International Law*, Cambridge University Press, 1991, p. 550; I. Brownlie, *Principles of Public International Law*, Oxford University Press, 1966, p. 14; R. Y. Jennings, The Discipline of International Law, Lord McNair Memorial Lecture, ILA 57 Conference, Madrid, offprint, p. 11.

[22] Andreas F. Lowenfeld, *International Economic Law*, Oxford University Press, 2002, pp. 412-414; Andreas F. Lowenfeld, *International Economic Law*, 2nd ed., Oxford University Press, 2008, pp. 492-493.

对于这种质疑,如细加揣摩,至少可以提出以下几个问题:

(1) 在 1974 年联合国大会上以压倒性多数赞成票通过的《宪章》,体现了当代国际社会绝大多数成员共同的国家意志和法律理念,它应当最符合少数服从多数的民主原则,也最能体现维护国际社会几十亿弱势人群的人权(主权和发展权)原则。美国素以"全球民主典范"自诩,素以"全球人权卫士"自许,可谓满口"仁义道德",何以在涉及国际社会的民主、国际弱势群体的人权(主权和发展权)的关键问题上,如此言行不一,完全背离和抛弃其一贯奉为至高圭臬的民主原则、人权原则?

(2)《宪章》通过之后,"时隔 1/4 世纪多",对于历经国际社会多年实践早已形成的国际性的"法律确信"和法律理念,何以竟可闭目塞听,熟视无睹,仍然只定性为"属于政治性质"? 何以始终不能定性为属于法律性质,成为具有法律拘束力的行为规范?

(3) 自 20 世纪 60 年代以来,即四十多年以来,在联合国及其他各种国际论坛上来自全球弱势群体的**主权诉求及其各种正义呼声**,既然始终不断,一直**"不绝于耳"**,那么以"领导世界"和指引全球走向为己任的世界头号大国,何以竟可"充耳不闻"或"置若罔闻"?

(4) 以"时代先驱"自命的美国,何以对于殖民主义时代确立的、陈旧的、"传统的"国际法准则和殖民主义者的"道义信念",如此念念不忘和恋恋不舍,而对于体现 21 世纪新时代精神的国际法新生规范,却又如此格格不入,视如敝屣,甚至视若寇仇?

以上这些问题,对于一切襟怀坦荡、不抱偏见的法律学人说来,看来都是值得深思、质疑和对照的,也都是不难逐一剖析、明辨是非和知所取舍的。

(二) GATT 框架下的南南联合型变法及其嗣后实践

1947 年 10 月,23 个国家在日内瓦签订了《关税及贸易总协定》(以下简称"GATT 1947"),并随即成立了相应的组织机构。此项协定的主旨是,要在世界范围内促进关税和贸易方面的国际合作,从而促使国际贸易自由化。当时,参加和主持缔约会议的国家主要是西方发达国家;协定的有关条款内容,也主要反映了以美国为首的西方发达国家的利益和要求。而绝大多数第三世界国家还处在殖民地或半殖民地地位,没有代表出席,因此它们的利益和愿望在这些协定中未能获得应有的反映和尊重。GATT 1947 的一项基本要求是,各缔约国在国际贸易中**无条件**地实行互惠,完全对等地大幅度削减关税,逐步实行国际贸易自由化。[23]

---

[23] 具体规定详见 GATT 1947 第 1 条第 1 款。参见世界贸易组织:《世界贸易组织乌拉圭回合多边贸易谈判结果法律文本》,对外贸易经济合作部国际经贸关系司译,法律出版社 2000 年版,第 424 页。

此项原则适用于经济发展水平相当的发达国家之间,基本上是公平的;而无条件地推行于经济发展水平悬殊的发达国家与发展中国家之间,则显失公平。[24] 发达国家的生产技术水平高,资金实力雄厚,商品竞争能力强,出口总额大,因而可以在发展中国家削减进口关税的条件下攫取厚利;反之,发展中国家的商品在国际市场上的竞争能力弱,出口总额小,因而从发达国家进口关税的对等减让中所取得的实惠就要小得多。另外,在经济实力悬殊的国家之间无差别地对等削减关税,往往导致发展中国家国内市场的丢失、民族工业的受害和对外贸易的萎缩。

20世纪40年代中期至60年代,全世界众多弱小民族先后摆脱了外国统治,争得独立,开始自主地参与国际经贸交往。它们在实践中日益觉察 GATT 1947 原先所体现的国际经济法原则及其有关规范,被深深地打上了国际经济旧秩序的烙印。它们和其他领域的国际经济法旧原则、旧规范一起,都面临着不断改造和根本变革的历史课题。在1964年 UNCTAD 的首届大会上,与会的77个发展中国家共同呼吁改变 GATT 1947中不合理、不公平的规定,要求发达国家排除不利于发展中国家出口的障碍,针对来自发展中国家的商品给予普遍的、非互惠的和非歧视的关税优惠待遇,并把这种要求与建立国际经济新秩序的总要求紧密联系起来,加以强调。此议最初于1964年由当时担任 UNCTAD 秘书长的劳尔·普雷毕施(Raul Prebisch)提出交付讨论,继而1968年在新德里经 UNCTAD 第二届大会基本通过。其大体框架是:"发达国家应当给予全体发展中国家减让,把发达国家之间相互给予的一切减让,推广给予发展中国家;在给予这些减让时,不应要求发展中国家以任何减让作为回报。……应当把所有发展中国家作为一个整体,给予新的优惠减让;这

---

[24] 在当代发达国家与发展中国家的经济交往中,尽管以不平等条约为基础的公开的不平等,一般说来,已经大为削弱或已不复存在,但是发达国家仍然凭借其经济实力上的绝对优势,对历史上积贫积弱,因而经济上处于绝对劣势的发展中国家,进行貌似平等实则极不平等的交往。其常用的主要手段,就是对于经济实力悬殊、差距极大的国家,"平等"地用同一尺度去衡量,用同一标准去要求,实行绝对的、无差别的"平等待遇"。其实际效果,有如要求先天不足、大病初愈的弱女与体魄强健、训练有素的壮汉,在同一起跑线上"平等"地赛跑,从而以"平等"的假象掩盖不平等的实质。为了纠正形式平等或虚假平等关系,创设新的实质平等关系,就应当积极采取各种措施,让经济上贫弱落后的发展中国家有权单方面享受非对等性的、不要求直接互惠回报的特殊优惠待遇,并且通过给予这些貌似"不平等"的特惠待遇,补偿历史上的殖民主义过错和纠正现实中的显失公平弊病,以实现真正的、实质上的平等,达到真正的公平。这种新的平等观,是切合客观实际需要的,是科学的,也是符合马克思主义基本观点的。早在百余年前,马克思在剖析平等权利时,就曾经指出:用同一尺度去衡量和要求先天禀赋各异、后天负担不同的劳动者,势必造成各种不平等的弊病,并且断言:"要避免所有这些弊病,权利就不应当是平等的,而应当是不平等的。"(见马克思:《哥达纲领批判》,载《马克思恩格斯选集》第3卷,人民出版社1995年版,第305页。)马克思的这种精辟见解,对于我们深入理解当代发展中国家提出的关于贯彻公平互利原则、实行非互惠普惠制等正义要求,具有现实的指导意义。参见陈安:《论国际经济法中的公平互利原则是平等互利原则的重大发展》,载陈安:《陈安论国际经济法学》,复旦大学出版社2008年版,第444—454页。

种优惠,不应推广给予发达国家。"[25] 这一原则初步描绘了非互惠的普惠待遇的基本轮廓。

经过众多发展中国家多年的联合斗争,GATT 1947 先后在 1964 年 11 月、1971 年 6 月以及 1978 年 11 月对十分僵硬的、无条件的"互惠、最惠国、无差别"的原有体制,作了三次**局部的修订和变更**,逐步地认可和肯定了专门给予发展中国家出口产品的"非互惠的普惠待遇"以及"非互惠的关税普惠制"。[26] 具体进程如下:

第一步:1964 年 11 月,GATT 各成员同意在 GATT 1947 中专门增加第 36—38 条,列为协定的第四部分,题为"贸易与发展",作出专门有利于发展中国家的新规定。其中,第 36 条第 1 款明文强调了本部分的基本原则和目标,即"**……在削减或取消针对欠发达缔约方贸易的关税和其他壁垒的谈判中,发达缔约方不期望因其做出的承诺而获得互惠**。"于是,对国际弱势群体有利的、**不要求互惠的**、较为公平的国际贸易原则,开始正式被载入 GATT 1947 这个全球性的国际商务条约。

第二步:1971 年 6 月,GATT 各成员正式通过了针对 GATT 1947 第 1 条普遍最惠国待遇的"豁免条款",决定在**十年期限之内**,授权发达国家可以背离普遍的最惠国原则,对发展中国家给予普遍的、非互惠的关税优惠待遇(generally preferential tariff treatment)。[27] 于是,对国际弱势群体有利的、不要求互惠的、较为公平的国际贸易原则,具体应用于**关税领域**,并正式定名为"普遍优惠关税制",简称"普惠制"(GSP),但是其有效期只以十年为限。

第三步:1979 年 11 月,GATT 各成员正式通过一项新的"授权条款"(enabling clause),题为"给予发展中国家有差别的、更有利的优惠待遇、互惠以及更充分参与权",针对 GATT 1947 第 1 条普遍最惠国待遇的规定,创设了一项"永久性的豁免",允许各给惠国分别根据各自的"普惠制"规定,对发展中国家给予优惠关税待遇。[28]

---

[25] See UNCTAD, Proceedings of the United Nations Conference on Trade and Development, Vol. I (Sales No.: 64. II. B. 11), United Nations, 1964, pp. 18, 25-26; United Nations, About GSP, http://www.unctad.org/templates/Page.asp? intItemID=2309&lang=1; United Nations, The History of UNCTAD 1964-1984, http://www.unctad.org/templates/webflyer.asp? docid=13749&intItemID=3358&lang=1&mode=downloads.

[26] 参见《关税及贸易总协定》决议;GATT, Generalized System of Preferences, Decision of 25 June 1971, L/3545, and Decision of 28 November 1979, L/4093. 另参见汪瑄:《论关税及贸易总协定下的贸易自由化》;高燕平:《国际贸易中的普遍优惠制》,载《中国国际法年刊》,中国对外翻译出版公司 1986 年版,第 44、59、60、63、161—163 页。

[27] See GATT, Generalized System of Preferences, Decision of 25 June 1971, L/3545, BISD 18S/24, http://www.lexisnexis.com/.

[28] See GATT, Differential and More Favourable Treatment Reciprocity and Fuller Participation of Developing Countries, Decision of 28 November 1979, L/4903, BISD 26S/203-205, http://www.wto.org/english/docs_e/legal_e/enabling1979_e.htm.

嗣后,上述"授权条款"中的这一长段文字被简化并被正式吸收于 GATT 1947,纳入 GATT 1947 的"附件 I:注释和补充规定"(Annex I, Ad Article XXXVI, Paragraph 8),专门列为一款。[29]

至此,国际弱势群体针对 GATT 1947 第 1 条"普遍最惠国待遇"实行必要变法的正当要求终于如愿以偿,即从原定的发达国家与发展中国家之间"无条件地实行互惠待遇",最终变革为"发达国家不期望获得互惠"。这个过程,如果从 1964 年第一次初步变法起算,迄 1979 年"尘埃落定",正式地、成熟地实行重大变法,前后长达 15 年之久。在这个相对漫长的历史进程中,发展中国家在 GATT 缔约国中的数量比例,也从 1948 年最初的"10 个发展中国家/23 个缔约国"增长到 1970 年的"52 个发展中国家/77 个缔约国"。[30] 此外,就在同一时期,南方国家在联合国框架下推动成立了专司贸易与发展的国际协调机构 UNCTAD,构成了对发达国家主导的 GATT 体制的潜在竞争,从而为发展中国家的变法要求增添了谈判筹码。国际弱势群体从这一关键性的历史事例和实践历练中获得了重大的启迪:它们针对不公平的"游戏规则"寻求变法的道路,从来就是崎岖不平的;但是,只要它们坚持不懈,群策群力,集体奋斗,就一定能够赢得光明的前景。

然而,前述变法在其嗣后实践中,却也"多有折扣",致使预期效果并不理想。20 世纪 70 年代开始,GATT 相关缔约方开始逐步实施"普惠制"。[31] 尽管它们普遍遵守约定,给予发展中国家贸易伙伴一定的关税减让,但在如食品、纺织品以及石油产品等关键性的贸易项下,却又设置重重限制。美国还采取了一种所谓"竞争需求"的标准,以随时检验某项贸易产品。如果相关发展中国家的此类贸易产品已经对美国形成竞争,那么美国将终止针对该项贸易产品的优惠关税。

在 1979 年启动的东京回合谈判中,以美国和欧共体为主导的发达国家阵营发动了一场针对发展中国家变法要求的反击,具体体现为:第一,"毕业条款"要求发展中国家在其自身国家实力和财富提升后,能够相应承担更多的 GATT 义务,并将被发达国家从它们各自的"普惠制"体系中排除出去;[32] 第二,"有条件最惠国待遇"的谈判策略,强迫发展中国家签订"配套"的东京回合协定,否则发达国家将无视作为

---

[29] 参见 GATT 1947 附件 I,第 36 条第 8 款。参见世界贸易组织:《世界贸易组织乌拉圭回合多边贸易谈判结果法律文本》,对外贸易经济合作部国际经贸关系司译,法律出版社 2000 年版,第 492 页。
[30] 数据来源:GATT/WTO 官网有关 GATT 缔约国的公开信息,http://www.wto.org/english/thewto_e/gattmem_e.htm。
[31] 例如,自 1971 年起,欧共体就开始对发展中国家给予普惠制项下的优惠待遇(主要形式为关税优惠待遇);而自 1976 年起,美国才开始依据其《1974 年贸易法》实施其普惠制安排。
[32] 例如,美国和欧共体相继在 1987 年和 1988 年将韩国排除在它们各自的"普惠制"体系之外。此后,中国香港地区、新加坡、中国台湾地区和泰国等国家和地区也被美国相继排除出该体系。

GATT体制基石的"无条件最惠国待遇"原则,拒绝给予未签字国以任何与协定相关的优惠。以上种种因素,导致"普惠制"给发展中国家带来的最终经济收益远远小于预期。例如,UNCTAD相关数据表明,1983年全年,"普惠制"给施惠国从接收国的进口贸易中只带来了大约2%的增幅。[33]

在纯粹法律规则解释和适用的层面,这种变法带来的效果也甚为有限。由于在前述GATT 1947第36—38条的措辞中多使用"给予积极考虑""尽可能"等模糊用语来"要求"发达国家,一般认为,这些条款难以直接转化为确定的法律义务以及在实际争端中转化为合理的法律责任。GATT争端实践表明,发展中国家事实上也曾在相关争端中援引这些条款主张应该获得优惠待遇,但当时的专家组在最终责任的认定上采取了极为谨慎、能不解释尽量不解释的态度。例如,在1989年欧共体甜苹果案中,专家组报告认为,由于已经认定欧共体的举措违反了GATT前三部分的规定,因此没有必要再对其是否违反第四部分进行考察,因为"缔约方在第四部分所作的承诺,适用于那些原本在前三部分被允许的措施"[34]。这种解释逻辑在1984年美国食糖案的专家组报告中也得到了重申。[35] 显然,这些规则解释的进路,与之前发达国家将普惠制等优惠举措定位为偏离GATT原则的立场是一致的。

(三) 国际投资法领域内的南南合作

早在第二次世界大战后关于建立国际贸易组织(以下简称"ITO")的谈判中,就已经有与投资相关的安排,但是它随着ITO一起"胎死腹中"。其后,与由一个过渡性的多边GATT机制规范的国际贸易不同,国际投资领域主要由国际习惯法调整。而对于具体适用何种国际习惯法的问题,在以资本输出为主要特点的北方国家与以资本输入为主要特点的南方国家之间存在严重分歧。20世纪六七十年代,国际上有关建立国际经济新秩序(以下简称"NIEO")的呼声高涨,而且在第三世界国家以数量取得"控制权"的联合国大会上也取得了相应的成就。这不仅使得北方国家订立多边投资规则的设想落空,而且还否定了它们将最低待遇标准、赫尔规则等有关国际投资保护的准则作为国际习惯法准则的一贯期望。

---

[33] See Karsenty and Laird, The Generalized System of Preferences: A Quantitative Assessment of the Direct Trade Effects and of Policy Options. UNCTAD Discussion Paper 18, 1987 UNCTAD, Geneva.

[34] See Panel Report of EEC—Restrictions on Imports of Dessert Apples—Complaint by Chile, L/6491, adopted on 22 June 1989, 36S/93, 134, para. 12.32.

[35] See Panel Report of United States—Imports of Sugar from Nicaragua, L/5607, adopted on 13 March 1984, 31S/67, 74, para. 4.6.

这些多边努力的失败导致北方国家借鉴德国的做法,[36]开始缔结双边的投资协定,以期对南方国家"各个击破"。事实上,这种战略也的确被成功推行。美国在20世纪70年代末期(1977年)推出了它的第一代BIT计划,其目标为:第一,通过建立一个包含赫尔规则的条约网络,以证明其作为国际习惯法准则的地位;第二,保护既有的以及未来的海外投资不受东道国政府行为的危害;第三,提供一种解决投资者与东道国之间争端,既不倚赖东道国法院也不需要美国政府直接参与的机制。[37] 其后,在90年代中期,又出现了两次订立多边投资规则的努力,即多边投资协定(以下简称MAI)的拟制以及在WTO框架内的相关谈判,但均以失败告终。[38]

上述这些历史事实导致截至目前,投资条约的谈判和缔结形式仍然以双边为主。这种缔约范式带来两个层次的后果:第一,南方国家在投资规则拟制领域的联合行动事实上不再可能,[39]甚至有观点进一步认为,它们之间还形成了事实上的互相"竞次"(原文为"Race-to-the-Bottom",又译"争相降格以求")的不良效应;[40]第二,南方国家之间的双边投资缔约可以形成另一种意义上的"双边南南合作"形式。

对于上述第一种看法,即认为国际投资领域中的"南南联合"变成了事实上的"南南竞次"这种观点,笔者认为,其说服性有限。首先,有学者通过实证分析已经指出:现实中,投资条约提供的制度环境对于吸引外资的作用并不明显,因为尤其是在投资的法制环境并非极端恶劣的时候,投资者首先考虑的是潜在投资国国内的经济

---

[36] 继与巴基斯坦在1959年签订第一个学界公认的现代意义上的BIT之后,德国在1962年至1972年缔结了46个此类协定。See Kenneth J. Vandervelde, The BIT Program: A Fifteen-Year Appraisal, in The Development and Expansion of Bilateral Investment Treaties, *American Society of International Law*, Proceedings Vol. 86, 1992, p. 534.

[37] See Kenneth J. Vandervelde, The BIT Program: A Fifteen-Year Appraisal, in The Development and Expansion of Bilateral Investment Treaties, *American Society of International Law*, Proceedings Vol. 86, 1992, pp. 534-535.

[38] 前者失败的原因可能是它设置的"从上到下"的谈判方式,其要求超前于时代,难以获得普遍认同,甚至在发达国家内部也有分歧。参见徐崇利:《经济全球化与国际经济条约谈判方式的创新》,载《比较法研究》2001年第3期,第62—71页。后者的失败则可能由于来自南方国家阵营的集体抵制。参见陈安主编:《国际经济法学新论》,高等教育出版社2007年版,第286页。

[39] 只有在多边的谈判缔约环境下,欠发达成员才可能形成集体意识。See Ruber E. Hudec, GATT and the Developing Countries, *Columbia Business Law Review*, Vol. 67, 1992, p. 68.

[40] 例如,Andrew T. Guzmán在其文中即注意到:欠发达国家作为一个集体在20世纪六七十年代在联大等国际舞台上发出的价值诉求,通过联大决议的形式对北方国家当时力图推行的国际习惯法标准予以否认;但是,在它们作为个体与北方国家进行双边谈判时却总是签订比该推翻的国际习惯法标准要求更高的条约。Guzmán认为,在面对存量缺乏太大弹性的潜在投资资本时,欠发达国家之间展开了规制竞争(regulatory competition),以各种承诺吸引外资。这样,便导致了一种竞次(race-to-the-bottom)的效应,使使它们争相制定对于投资者提供高保护标准的投资条约,从而使欠发达国家本来可能得到的利益转移到投资者身上。See Andrew T. Guzmán, Explaining the Popularity of Bilateral Investment Treaties: Why LDCs Sign Treaties That Hurt Them, *Va. J. International Law*, Vol. 38, 1997, p. 659.

商业因素,[41]而欠发达国家在谈判制定投资条约的时候应该不会对此没有认识。

其次,大部分 BIT 的谈判都是由北方国家发起的,例如:"在与潜在的缔约国开始 BIT 谈判之前,美国就已经作了充分准备。根据其 BIT 计划的目标,美国准备了一份 BIT 范本作为谈判的基础。"[42]最后,谈判过程中欠发达国家表达的可能不是其真实的意思表示。正如原美国国务院 BIT 谈判小组成员阿尔瓦雷茨(José Alvarez)坦言:"对许多国家来说,缔结 BIT 几乎都不是自愿的、毫无强制的交易。它们觉得它们必须签署协定,或者觉得不这么做就是愚蠢的……事实情况是,迄今美国 BIT 范本普遍被认为是一种'要么接受,要么走开'的建议,……BIT 谈判不是平等主权国家间的谈判。它更像是一场由美国根据其规矩开设的强化培训班。"[43]此外,应该注意到,并非所有第三世界的国家在有关投资条约的谈判中都很少作为。事实上,有不少谈判力强的发展中国家如中国、巴西、印度等,可以不完全屈从于发达国家的安排。例如,在中国早期签订的 BIT 中,对于投资争端的管辖权让渡程度便极为有限。[44]

质言之,在双边谈判的缔约范式中,面对强势的谈判对方,欠发达国家几乎没有或者无法利用任何谈判筹码,而且南方国家的集体合作也无法成形,难以汇聚集体力量提高谈判地位,从而提出类似前述联合国或者 GATT 框架下的立法和变法要求。这与其说是南方国家之间的"竞次"博弈,不如将其归为南北国家之间的双边非对称博弈。

在这样的现实情势下,南方国家之间缔结双边或者小范围区域型投资条约,成为它们在国际投资规则领域内进行可能的合作的主要方式。事实上,与南北型投资条约相比,南南型投资条约虽然大致相似,却也在一定程度上呈现出不同的倾向。[45]例如,南南型投资条约一般都会在前言里明确提及"发展和互惠",[46]并且条约框架相对较具弹性,便于发展中国家缔约方能够作出对其本国有利的保留和调整,有的

---

[41] 如对中国的实证分析,参见陈安:《中外双边投资协定中的四大"安全阀"不宜贸然拆除——美、加型 BITs 谈判范本关键性"争端解决"条款剖析》,以及《区分两类国家,实行差别互惠:再论 ICSID 体制赋予中国的四大"安全阀"不宜贸然全面拆除》,载陈安:《陈安论国际经济法学》(第三卷),复旦大学出版社 2008 年版,第 1079—1146 页。See An CHEN, *The Voice from China: An CHEN on International Economic Law*, Springer, 2014, pp.273-335.

[42] See Andrew T. Guzmán, Explaining the Popularity of Bilateral Investment Treaties: Why LDCs Sign Treaties That Hurt Them, *Va. J. International Law*, Vol. 38, 1997, p.659.

[43] See Gennady Pilch, The Development and Expansion of Bilateral Investment Treaties, *American Society of International Law*, Proceedings Vol. 86, 1992, pp.552-553.

[44] 参见季烨:《中国双边投资条约政策与定位的实证分析》,载陈安主编:《国际经济法学刊》2009 年第 16 卷第 3 期,第 172—203 页。

[45] See UNCTAD, South-South Cooperation in International Investment Arrangements, 2005.

[46] See e.g., China-ASEAN Framework Agreement, Preamble.

还作出有关"特殊及差别待遇"的规定。[47] 在此类条约的实体规定中,也可以发现部分特殊之处。例如,若干南南型投资条约就对"投资"的定义采取了较为克制的规定;[48]还有研究曾对南南型 BIT 中的国民待遇条款作过准定量的分析,发现此类条款在南南型 BIT 中通常规定得更为严格或者干脆就没有这条规定。[49]

(四)国际金融法领域内的南南合作

众所周知,作为战后美国及其西方同盟主导的布雷顿森林体系下国际金融秩序的支柱,国际货币基金组织(International Monetary Fund,以下简称"IMF")和世界银行(World Bank,以下简称"WB")主要由北方国家把持,服务于北方国家的利益。其鲜明特征之一是,该机构内的表决权在成员国中的不公分配,如 IMF 前五个成员国(美国、日本、德国、英国和法国)就占据了其约 40%的总表决权;而另一个不公规矩是,IMF 和 WB 默认分别由欧洲人和美国人轮流执掌主席大权。对此,主流的解释是:金融体系中,话语权应该由贷方而非借方掌握。发达国家凭借它们在 IMF 和 WB 中的主导地位,致使这两个国际金融机构在向发展中国家进行援助或审批借贷时,常常又会夹带"政治要求"的"私货",对当事国的经济体制甚至政治倾向作出种种苛刻规定,以为"条件"。因此,国际上要求改革现行国际金融制度的呼声一直没有停息。

2008 年,肇始于美国的次贷危机引发世界范围的全球金融危机,要求改革全球金融治理体系的呼声更是一度高涨。人们发觉,原来在金融领域内对借款国或被援助国经常"指点迷津"的 IMF 和 WB,对这次全球性金融危机的事前预警能力和事后应对能力低得惊人。

有鉴于此,中国领导人胡锦涛率先在 2008 年 7 月在日本举行的八国集团首脑与中国、印度、巴西、南非和墨西哥五个主要发展中国家领导人的对话会议中,针对这种南南联合和南北对话的新形式作了精辟的分析。[50] 他指出:当今世界正处在大变革、大调整之中。近年来,五国已成为世界经济体系的重要组成部分和世界经济增长的重要推动力量,应该为促进南南合作做出积极贡献,起到表率作用。一方面,我

---

[47] See e. g. , Treaty Establishing the Caribbean Community, Chapter VII, Art. 59(1).

[48] See e. g. , Framework Agreement on the ASEAN Investment Area, Art. 2.

[49] See Lauge Skovgaard Poulsen, The Significance of South-South BITs for the International Investment Regime: A Quantitative Analysis, *Northwestern Journal of International Law & Business*, Vol. 30, Issue 1, 2010, pp. 101-130.

[50] 参见《胡锦涛在发展中五国领导人集体会晤时的讲话》,http://news.xinhuanet.com/newscenter/2008-07/08/content_8512384.htm.

们应该共同促进多边主义和国际关系民主化,增强发展中国家在国际事务中的参与权和决策权,为发展中国家发展争取有利外部环境。另一方面,我们应该积极推动国际经济、金融、贸易、发展体系改革,维护发展中国家的正当权益,促进世界经济均衡、协调、可持续发展。

2009年6月中旬,中国、俄罗斯、印度、巴西四国在俄罗斯举行金砖国家首次正式峰会,公开发表联合声明,郑重表示:"我们承诺推动国际金融机构改革,使其体现世界经济形势的变化。应提高新兴市场和发展中国家在国际金融机构中的发言权和代表性。国际金融机构负责人和高级领导层选举应遵循公开、透明、择优原则。我们强烈认为应建立一个稳定的、可预期的、更加多元化的国际货币体系。"[51]英国《泰晤士报》首先敏感地惊呼:此举"标志着一个挑战美国全球主导地位的新的集团诞生"[52]。

鉴于南南联合力量之新崛起与不可侮,为借助新兴经济体的力量来应对此次金融危机,2009年9月下旬,美国倡议召开了二十国集团(G20)匹兹堡峰会,发达经济体与发展中经济体第一次以平等身份共同参与全球经济金融治理,G20正式取代七国集团(G7)成为国际经济金融治理的最重要平台。G20领导人系列峰会明确了国际金融监管的目标和时间表,定期审议国际金融监管改革进展。随后,2010年,在G20首尔峰会上,发达经济体历史性地承诺向发展中国家转移6%的IMF份额和3%的世界银行投票权,被天真的人们赞誉为"自布雷顿森林体系建立以来最大的一次话语权转让"。

然而,令人遗憾的是,尽管发达国家作出了改革的承诺,新兴经济体也多次对IMF和WB进行了增资,[53]但随着世界经济形势的变化,发达经济体逐步走出了金融危机最困难的阶段,开始"食言以自肥",以各种借口和"理由"拖延改革方案的落实,导致数年来改革国际金融机构的承诺一直停留在纸面上。[54] 在此种背景之下,作为负责任的发展中大国,中国选择另辟蹊径,积极推动促成或参与领导了若干不同层面的国际或区域金融机构的创设,力图团结全球南方国家,对国际金融旧秩序发起挑战。

最新典例之一:2014年7月15日,中国、俄罗斯、印度、巴西和南非五个金砖国

---

[51] 《金砖四国首次峰会》,http://finance.sina.com.cn/focus/bric_2009fh/。
[52] 《泰晤士报:金砖四国挑战美国权威》,http://finance.sina.com.cn/money/forex/20090617/16196362783.shtml。
[53] 例如,2012年,在G20墨西哥峰会期间,中国对IMF增资430亿美元,俄罗斯、印度、巴西各增资100亿美元,南非增资20亿美元。
[54] 金砖国家领导人对此特别表示遗憾,参见《福塔莱萨宣言》第18段。

家首脑在巴西聚首,并签署了《福塔莱萨宣言》,酝酿达两年之久的金砖国家开发银行(BRICS Development Bank,又称 the New Development Bank,以下简称"NDB")和应急基金(Contingent Reserve Arrangement,以下简称"CRA")正式宣告成立。这是二战以来,第一次有国家在国际金融秩序上,对美国主导的布雷顿森林体系提出**实质性的**公开挑战。挑战这一秩序的五个国家全部是"重磅"级的发展中国家,它们的人口占全球的 42.6%,国土面积占 29.6%,经济总量约占 21%,外汇储备约占一半,彼此间贸易额约占 15%,对全球经济增长贡献率高达 50%。按现在的增速计算,预计 10 年后,金砖国家经济总量将占全球的 40%,超过 G7。在这五个国家中,有两个联合国常任理事国,两个军事强国(核大国),两个人口超过 10 亿的大国,任何一个国家在所在区域都举足轻重,对周边都有重要的政治、经济影响力。

NDB 设立的初始目的,主要是为了解决成员国以及其他广大发展中国家基础设施建设资金短缺,并为它们的可持续发展的经济规划提供资金支持。根据 WB 的数据,每年发展中国家在基础设施投资方面的资金需求约在 1 万亿美元左右。但是,在目前的国际金融秩序下,各种资金相加都尚不能满足这方面的需求。此前,发达国家对发展中国家的投资主要集中在能源、制造业、服务业等领域,发展中国家基础设施投资一直存在资金缺口,NDB 的设立能解决这一问题。

在表决权的分配上,NDB 采取了成员国平权的设计方案,即不论成员国本身的经济体量大小,均只平等享有一票。相比 IMF 和 WB 的"财大气粗、加权表决"体制,NDB 的表决体制避免了"仗富欺贫、恃强凌弱"的不公。此外,相比 IMF 和 WB 通常附加政治条件的贷款而言,NDB 的放款条件就显得宽松许多,并没有那么强烈的政治意味。NDB 的最终目标只有一个,就是帮助各发展中国家独立自主地发展民族经济,建立平等互惠的合作关系。[55]

最新典例之二:2013 年 10 月,中国国家主席习近平在出访印尼时首次提出建立"亚洲基础设施投资银行"(Asian Infrastructure Investment Bank,以下简称"AIIB"或"亚投行")的倡议,旨在为"一带一路"经济带沿线亚洲国家的基础建设提供融资支持。此后,AIIB 的谈判和筹建工作进展迅速,包括中国、印度、新加坡等在内的 21 个首批意向创始成员国已于 2014 年 10 月 24 日正式签署《筹建亚投行备忘录》。

亚投行的初期资本达到 500 亿美元,成立后预计资本很快增至 1000 亿美元,这相当于由日本主导的亚洲开发银行(以下简称"亚行")资本(1750 亿美元)的 2/3。按照目前的约定,各意向创始成员国同意将以国内生产总值(GDP)衡量的经济权重

---

[55] 《福塔莱萨宣言》多次提到"平等",例如第 2、21、26、28 等各段。

作为各国股份分配的基础,因此中国将持有最大股份。但代表中国签约的中国财政部部长楼继伟强调,中国在亚投行并不刻意寻求"一股独大",也不一定非要占到50%的股份。随着亚投行成员的增多,中国的占股比例会相应下降。当然,按照经济权重计算,中国仍将持有最大股份,但这只是为了表示推动亚投行的决心和诚意,并非中国想要对它"绝对控股"。他还表示,"亚投行不搞政治化,不应变成国家之间博弈的机构"。[56]

最新典例之三:2014年11月8日,北京APEC峰会期间,习近平主席在加强互联互通伙伴关系对话会上宣布,中国将出资400亿美元成立"丝路基金"。习近平提出,要以交通基础设施为突破,实现亚洲互联互通的早期收获,优先部署中国同邻国的铁路、公路项目。设立丝路基金是要利用中国资金实力直接支持"一带一路"建设,但同时,"丝路基金是开放的,可以根据地区、行业或者项目类型设立子基金,欢迎亚洲域内外的投资者积极参与。"[57]

以上所列国际金融领域内的最新发展,都明确昭示着,在南方国家整体综合实力得以提升的新时代背景下,南方国家的合作呈现出新的活力,这种活力首先就体现在NDB对国际金融旧秩序的冲击上。面对这样一种变化,世界舆论可谓心态各异,毁誉参半。国际上不乏仁人志士,对NDB和CRA的建成表示了由衷的欢迎。例如,现任世行行长金墉(Jim Yong Kim)在2014年7月访问印度,会晤印度总理莫迪时称:"我们唯一的竞争对手是贫困。……任何致力于为基础建设提供金融支持、消除贫困的银行或组织,我们都表示欢迎。……WB已经作好准备,将为NDB提供有关技术支持和指导。"[58]对于亚投行,金墉也曾公开表示:"自从有了在基础设施投资方面没有足够资金的亚洲建立亚投行的想法之后,中国政府马上就开始与我们展开商讨。……我的感觉是,我们可以很好地与之(中国政府)展开合作。"[59]亚行行长中尾武彦也评论:"考虑到亚洲庞大的基础设施需求,为增加基础设施投资途径而成立亚投行是可以理解的。亚行有意与亚投行保持密切合作。"[60]

但是,另一种声音也不绝于耳,"唱衰"和"贬低"之词不断,甚至有评论将其与

---

[56] 参见楼继伟:《设立亚投行是多赢之举》,http://news.xinhuanet.com/2014-07/03/c_1111448768.htm。
[57] 《习近平在"加强互联互通伙伴关系"东道主伙伴对话会上的讲话》,http://news.xinhuanet.com/world/2014-11/08/c_1113170919.htm。
[58] Reuters,World Bank Chief Welcomes New BRICS Development Bank,July 23, 2014,http://in.reuters.com/article/2014/07/23/worldbank-india-idINKBN0FS1MV20140723。
[59] 李大明等:《世行行长公开支持中国筹建亚投行》,http://world.huanqiu.com/exclusive/2014-10/5181201.html? qq-pf-to=pcqq.c2c。
[60] 《中国领衔成立亚投行,美日质疑亚投行"透明度"》,http://www.guancha.cn/economy/2014_10_26_279778.shtml。

"中国威胁"论联系,鼓吹这个新机构不过是中国实现其一己私利的"棋子"。[61]

"唱衰者"认为,NDB尽管来势不小,但实际上基础不牢。其五个合作国虽然有着力求共同发展的宽泛目标,但本质上却差异巨大。例如,中国的经济体量是南非的28倍之多;印度的人均收入仅为俄罗斯的1/10;各国还存在民主制度和集权制度的政体差异;等等。这些价值诉求上的分歧,将在未来直接转化为治理上的实际困难,NDB的前景并不乐观。[62]对于亚投行,质疑者主要认为其在管理和透明度方面能否达到国际标准令人担忧。[63]

"贬低者"认为,NDB初始认缴资本仅有500亿美元,而即使以其全部法定资本1000亿美元来算,这个数字都显得缺乏分量。例如,WB 2013财政年度支出的资金就达到约315亿美元,[64]一些国家和区域性金融机构的配发额度更为惊人,巴西国家开发银行的2013财政年度支出达到了1904亿美元。[65] 另外,金砖国家和其他发展中国家在基建方面的资金需求也远远大于这个数字。例如,WB预计,仅仅是南非一个国家,在未来十年中这方面的资金需求大约就在2.5万亿美元左右!

"中国威胁"论者也抓住机会,鼓吹NDB是一个新的"中国阴谋",[66]中国利用这个平台,可以获取多重政治利益,包括:绕过IMF和WB进展缓慢的改革,另立国际金融门户,并占据主导地位;使得中国企业在外投资可能处于一个多边的金融支持框架下,并借用此类机构强调"可持续发展"的价值倡议,增强其投资合法性;通过多边机构来开展对外投资和援助,其国家外交政策的政治意味比双边方式要淡化,有利于中国在全球范围内的资本布局;等等。[67]

对于以上各种戴着"有色眼镜"看问题的论调,本文所持的观点是:

第一,NDB的设立,固然不意味着一种新的国际金融秩序已经完全建成,已经能

---

[61] See e.g., Matt Schiavenza, How the BRICS New Development Bank Serves China's Interest, July 18, 2014, http://www.ibtimes.com/how-brics-new-development-bank-serves-chinas-interest-1631664.

[62] See relating reports, e.g., what-the-new-bank-of-BRICS-is-all-about, http://www.washingtonpost.com/blogs/monkey-cage/wp/2014/07/17/what-the-new-bank-of-brics-is-all-about/.

[63] 参见周小苑:《"亚投行"是填空白不是打擂台》,http://finance.people.com.cn/stock/n/2014/1027/c67815-25913120.html。

[64] 以世界银行集团下国际复兴开发银行、国际开发协会的支出为准。See The World Bank Annual Report 2013, p.55.

[65] See The Evolution of the BNDES' Disbursements, http://www.bndes.gov.br/SiteBNDES/bndes/bndes_en/Institucional/The_BNDES_in_Numbers/#The_Evolution_of_the_BNDES__Disbursements.

[66] 对"中国威胁"论及其前身"黄祸"论的梳理和驳斥,参见陈安:《"黄祸"论的本源、本质及其最新霸权"变种":"中国威胁"论——中国对外经济交往史的主流及其法理原则的视角》,载《现代法学》,2011年第6期,第10—36页;相关英文版论述,参见 The Voice from China: An CHEN on International Economic Law, Springer, 2014, pp.44-100。

[67] See e.g., Matt Schiavenza, How the BRICS New Development Bank Serves China's Interest, http://www.ibtimes.com/how-brics-new-development-bank-serves-chinas-interest-1631664.

够与 IMF 和 WB"平起平坐、相互抗衡",甚至取代了它们在国际金融领域的传统主导地位。但是,历史地看,它又确实意味着南南联合自强事业在国际金融领域的一个小高潮、新突破和新起点。可以设想,在将来,不管是对于全新的、南方国家主导的金融秩序的建设,还是对于传统的国际金融秩序改革进程的推进,这个新机构都将发挥重要作用。正如中国俗语所云:"星星之火,可以燎原。"

中国古籍《尚书·盘庚上》首先记载:"若火之燎于原,不可向迩,其犹可扑灭?"其中,"燎原之火"原本用以比喻来势猛烈,人们不可靠近,更难以扑灭。后世此种比喻最为著名的创新用法,见于毛泽东同志早年答复林彪而散发的一封有关红军前途的信函。信中,毛主席以其惯常的精准和深刻洞见,批评了当时林彪以及党内一些同志对时局估量的一种悲观思想,指明当时的中国革命事业虽然处于初期,但有如小小火星可以引发燎原之火,其前途也势必一片光明。[68]

战国时期著名辞赋家宋玉也曾在其名篇《风赋》中借风婉言劝谏:"夫风生于地,起于青萍之末。侵淫溪谷,盛怒于土囊之口;缘太山之阿,舞于松柏之下;飘忽淜滂,激飏熛怒;耾耾雷声,回穴错迕;蹶石伐木,梢杀林莽。"原意指风从地上产生出来,开始时只先在青萍草头上轻轻飞旋,但会越刮越大,最后会成为猛烈狂暴的飓风,能够滚石拔木,摧枯拉朽,即是说大风是从貌似微不足道的小风发展而来的。后来,"风起于青萍之末"一语常被用以喻指大影响、大思潮、新体制、新秩序之初生阶段,它们最初往往从微细之处源发,不易察觉,不被重视。然而,一切新生事物,因其符合社会发展规律,符合时代历史潮流,尽管初期貌似微不足道,却具有强大的生命力;一切旧事物、旧体制、旧政权,因其逆历史潮流而动,尽管它们貌似十分强大,但在猛烈狂暴的飓风威力之下,往往难免土崩瓦解,彻底消亡。

中国民主革命先行者孙中山先生在领导中国人民推翻清朝封建帝制、建立民主共和体制的数十年革命进程中,尽管屡遭挫折和失败,革命队伍中许多人因此灰心失望,但他却越挫越勇,仍然信心满满,力排"众"议,断言"世界潮流,浩浩荡荡,顺之则昌,逆之则亡"。[69]

西方科学也曾从数理的高度证实民谚"蝴蝶效应",不容小觑。这些名言和民谚,其主要寓意也是大同小异、互相融通的。简言之,都是主张在革命或改革正义事业遭遇挫折,处于逆境低潮之际,不应目光短浅,丧失斗志,应当高瞻远瞩,看到未来美好前景,坚定信心,坚持奋斗,不渝不懈,排除万难,才能最后实现奋斗

---

[68] 参见《星星之火可以燎原》,载《毛泽东选集》第 1 卷,人民出版社 1951 年版。
[69] 1916 年 9 月,孙中山到海宁盐官观看钱江大潮,回上海后写下了名言"世界潮流,浩浩荡荡,顺之则昌,逆之则亡"。

目标。

毫无疑义,前辈哲人和革命家们的智慧理念及其实践经验已经历史进程反复检验,被证明为确属颠扑不破的行动真理和必胜战略。这些智慧理念及其实践经验对于当代投身于国际经济秩序破旧立新正义事业的全球志士仁人说来,也无疑具有极其重要的参考价值。特别是在这一正义事业困难重重、进展缓慢之际,在革命变革处于低潮低谷之际,在突破性的新生事物刚刚破土而出、庸人毁多誉少之际,尤其具有极其重要的参考价值和启迪意义。

第二,就 NDB 与 IMF 和 WB 的关系而言,我们认为可以用"互补"和"竞争"两个关键词来加以概括。NDB 所补充的,不仅是金砖国家和广大发展中国家在金融资本上的需求,它更重要的意义在于,满足了南方国家长期以来在金融制度上的需求,因为 NDB 提供了一个不论国家大小平等议事决策的平台,而且金融援助将不再附加各种苛刻"条件"。在这个意义上,NDB 将大有作为。另一方面,需要指出,NDB 构成的竞争,并非针对自由主义金融秩序本身,因为过往的发展经验表明,金砖国家以及其他广大发展中国家的确能够从自由主义的经济金融体系中获得一定利益。相反,NDB 给 IMF 和 WB 带来的,是关于国际金融机构自身公平和效率的竞争。对于这种竞争所可能带来的积极效果,如果忆及历史,我们不难发现:在 20 世纪 60 年代,由于南方国家集体在联合国框架下成功构建了它们的议事和发声平台 UNCTAD,并且使得当时的发展中国家阵营获得了一个在 GATT 体制之外的潜在竞争性制度,从而在一定程度上对 GATT 体制下最终的南南联合变法产生了积极的推动作用。[70] 因此,我们不妨预测:国际金融规则体系内这种竞争性体制的引入,也将有利于促进形成一种更加公平公正的金融秩序。

(五) 小结

上文简要梳理了南南合作事业在国际经济法不同分支的实践情况,通过比较分析,不难发现:

第一,在规范跨境投资的法律规则制定中,北方国家曾成功使用"分而治之"的战术,通过双边谈判缔约模式,推行了当时它们认为对其有利的条文——尽管如今反观,这类规定后来大有引火烧身的架势。不论如何,全球南方国家应该对这种战术保持警醒,因为南方国家只有通过联合、汇聚共同力量,才可能在制定或变革国际

---

[70] See Adeoye Akinsanya and Arthur Davies, Third World Quest for a New International Economic Order: An Overview, *International and Comparative Law Quarterly*, Vol. 33, 1984, p. 210.

经济法律规则的过程中与北方国家相对平等地抗衡。

第二,UNCTAD 当年推动实现 GATT 框架下南南联合型变法,以及当前 NDB 对 IMF 既得利益集团施加压力,推动传统国际金融秩序变革,均表明:在适当的时机以适当的方式引入现存体制以外的创新竞争机制,有助于南南合作事业逐步实现其预定目标。这种"斗而不破"的斗争哲学和智慧,[71]对于南南合作事业的推进将极为实用。

四、中国对南南联合事业的自我定位

任何对中国近现代史略有了解的人都不会否认,如同众多第三世界国家一样,近代中国通过自己的顽强抗争,在做出重大牺牲之后,才赢得独立自主的地位,并因而懂得:要从废墟和贫困中重新站立,只有通过自强不息、相互合作,才是最根本的出路。

在世界舞台上,中国外交的自我定位历来极为清晰。例如,早在 1916 年,中国近代民主革命的领袖人物孙中山先生的遗嘱就昭示后人:"余致力于国民革命凡四十年,其目的在求中国之自由平等。积四十年之经验,深知欲达此目的,必须唤起民众及联合世界上以平等待我之民族,共同奋斗。"中华人民共和国成立之后,数十年来,连续几代领导人吸收了孙中山先生"联合……共同奋斗"的战略思想,与时俱进地加以创新,提出了"三个世界"的理论与"和平共处五项原则",为中国的基本外交政策指明了长期的战略方向和策略方针。

(一) 新中国第一代领导人的主要观点

早在 1949 年 9 月下旬,即中华人民共和国成立前夕,毛泽东主席就一再强调:"在国际上,我们必须和一切爱好和平自由的国家和人民团结在一起",必须"团结国际友人",共同"反对帝国主义的侵略政策和战争政策"。这一战略思想随即被具体化并载入起着"临时宪法"作用的《共同纲领》,列为第七章"外交政策"。[72] 毛泽东同

---

[71] "斗而不破",实质上就是唯物辩证法的哲学思想在政治、军事或经济领域的灵活运用。当代中国领导人曾多次以这种哲学思想指导斗争实践,包括 1962 年的中印边境自卫反击战、1979 年的中越边境自卫反击战、1989 年的南中国海中美"撞机"事件谈判等等。中国一直坚持为正义事业而斗争,但同时留意毛泽东所倡导的"有理、有利、有节"三原则,在坚决抗击强权横逆,并赢得压倒性优势或必要成果后,又主动保持克制,适可而止,维护和平,造福黎庶。此种斗争策略通称"斗而不破"。参见《目前抗日统一战线中的策略问题》,载《毛泽东选集》第 2 卷,人民出版社 1991 年版,第 749 页;周文重(前中国驻美大使):《斗而不破:中美博弈与世界再平衡》,中信出版社 2016 年版。

[72] 参见毛泽东:《中国人民站起来了(1949 年 9 月在第一届全国政协会议上的讲话)》,载《毛泽东选集》第 5 卷,重庆出版社集团图书发行有限公司 2006 年版,第 5—7 页。《中国人民政治协商会议共同纲领》第 54、56、57 条。

志在 1974 年会见赞比亚总统时,首次提出按三个部分或类型划分世界的观点:"我看美国、苏联是第一世界。中间派,日本、欧洲、加拿大,是第二世界。——第三世界人口很多,亚洲除了日本都是第三世界。整个非洲都是第三世界,拉丁美洲是第三世界。"

在谈话中,毛泽东同志并没有继续指明划分三个世界的含义、作用和目的,亦未明确表示三个世界是对世界政治力量和国际关系格局的划分。虽然三个世界划分已被奉为中国对外战略和政策的理论基础,但官方并未提供具体论证和解说,直到 1977 年 11 月 1 日,才以《人民日报》编辑部名义发表了题为《毛主席关于三个世界划分的理论是对马克思列宁主义的重大贡献》的长篇文章,这是目前所能看到的对三个世界划分理论唯一权威的阐述。[73]

对毛泽东同志关于世界局势的这种基本判断和提法,有人曾经质疑,认为"三个世界"的划分只不过是"以'穷''富'为标准的,是对世界各国经济发展、经济实力状况的大致分类,并没有将其作为世界政治力量的划分"[74]。

这种论断显然没有认识到三个世界理论背后蕴藏的丰富哲学内涵及其对于实践的指导作用。毛泽东根据第二次世界大战后国际关系的新格局,创造性地提出把世界划分为三个部分的理论。他的这一思想萌芽于 20 世纪 40 年代的中间地带论思想,60 年代的中间地带论外交战略的雏形,形成于 70 年代。[75] 其后,在 1974 年 4 月 10 日联合国大会第六届特别会议上,邓小平同志全面阐述了毛泽东关于三个世界划分的理论,并说明了中国的对外政策。发言明确指出:中国是一个社会主义国家,也是一个发展中国家,中国属于第三世界。中国同大多数第三世界国家具有相似的苦难经历,面临共同的问题和任务。中国把坚决同第三世界其他国家一起为反对帝国主义、霸权主义、殖民主义而斗争看作自己神圣的国际义务。可以说,这种自我定位明确表明,中国将自己的身份认同为发展中国家、第三世界国家,其后中国与南方国家的合作、互助,对南南联合自强事业的大力支持,也都系根源于此。

如果说三个世界的划分明确了中国在世界舞台上的自我身份定位,那么"和平共处五项原则"则为中国的外交策略提供了根本性指导。此五项原则系由周恩来总理 1954 年出访印度和缅甸时首次提出,具体意涵包括:"互相尊重主权和领土完整、

---

[73] 参见《毛主席关于三个世界划分的理论是对马克思列宁主义的重大贡献》,载《人民日报》1977 年 11 月 1 日第 1 版。See also Robert Seltzer and Irwin Silber, Chairman Mao's (or Deng Xiaoping's) Theory of the Three Worlds Is a Major Deviation from Marxism-Leninism, *Line of March*, July-August, 1980, Vol. 1, No. 2.

[74] 例见吴敏:《对"三个世界"划分理论的疑问》, http://www.aisixiang.com/data/24537.html.

[75] See http://baike.baidu.com/view/109269.htm? fr=aladdin#1.

互不侵犯、互不干涉内政、平等互利、和平共处"。其后,在 1955 年 4 月 18 日至 24 日期间举办的万隆会议上,发表了著名的《关于促进世界和平与合作的宣言》,其中就完全吸收了"和平共处五项原则",并扩充为该宣言提出的十项国际关系原则。也正是在该届亚非会议上,首次提出了"南南联合自强"的战略思想。[76]

(二) 新中国第二代领导人的主要观点

自 1966 年,十年"文革",国内动荡,新中国旧伤未愈,复又大伤元气。以邓小平为首的新中国第二代领导人,拨乱反正,确立了以经济发展为中心的方针,并推行了持续至今的"改革开放"基本国策。以此为基础,在对外事务方面,邓小平提出"二十八字方针",即"冷静观察,稳住阵脚,沉着应付,善于守拙,决不当头,韬光养晦,有所作为。"这些内容并不是一次性提出来的,而是学界对邓小平在各个场合谈话内容的归纳。[77]

有一种见解认为,邓小平"二十八字方针"中的"善于守拙,决不当头,韬光养晦",就是告诫中国的领导人和广大群众应当明哲保身,只管本国内部事务,不管全球大是大非。这是因为,邓小平说过:"第三世界有一些国家希望中国当头。但是我们千万不要当头,这是一个根本国策。这个头我们当不起,自己力量也不够。当了绝无好处,许多主动都失掉了……中国永远不称霸,中国也永远不当头。"[78]如今全球建立国际经济新秩序的努力,困难重重,步履维艰,国际弱势群体即第三世界的实力不足,前景颇不乐观。在此种宏观环境下,中国人对于邓小平的上述对外战略思维和"处世之道",应当认真重温和切实遵循。因此,中国人今后不宜再坚持建立国际经济新秩序这一第三世界的共同奋斗目标。

但是,这种见解和看法至少忽略了以下基本事实:

第一,邓小平本人正是建立国际经济新秩序最早的倡议者之一。1974 年,在联合国大会特别会议上,邓小平郑重宣布:中国是一个社会主义国家,也是一个发展中国家,中国属于第三世界。中国同大多数第三世界国家一样具有相似的苦难经历,面临共同的问题和任务。中国把坚决同第三世界国家一起为反对帝国主义、霸权主

---

[76] 参见本章第一部分。
[77] 参见《改革开放政策稳定,中国大有希望》(1989 年 9 月 4 日)、《善于利用时机解决发展问题》(1990 年 12 月 24 日),载《邓小平文选》第 3 卷,人民出版社 1993 年版,第 321、363 页;李琪珍:《论邓小平的外交战略思想》,载《广东社会科学》2000 年第 6 期,第 75—76 页;陈向阳:《解读韬光养晦政策:仍是中国对外战略自觉选择》,http://news.sina.com.cn/c/2005-09-07/16467705377.shtml;许少民:《"韬光养晦,有所作为"刍议》,http://www.chinathinktank.cn/。
[78] 邓小平:《善于利用时机解决发展问题》(1990 年 12 月 24 日),载《邓小平文选》第 3 卷,人民出版社 1993 年版,第 363 页。

义、殖民主义而斗争,看作自己神圣的国际义务。中国坚决站在第三世界国家一边,而且永远不称霸。

正是在邓小平亲自参加的这一次联大特别会议上,他代表中国政府向国际社会提出了建立国际经济新秩序的基本主张。他说,国家之间的政治和经济关系,都应该建立在和平共处五项原则的基础上;国际经济事务应该由世界各国共同来管,而不应该由少数国家来垄断。占世界人口绝大多数的发展中国家应该参与决定国际贸易、货币、航运等方面的大事;发展中国家对自己的自然资源应该享有和行使永久主权;对发展中国家的经济援助应该严格尊重受援国家的主权,不附带任何条件,不要求任何特权。邓小平还强调:各国的事务应当由各国人民自己来管,发展中国家人民有权自行选择和决定他们自己的社会、经济制度。

正是在邓小平亲自参加的这一次联大特别会议上,大会通过了《建立国际经济新秩序宣言》和《建立国际经济新秩序行动纲领》,促使建立新的国际经济秩序成为全球发展中国家数十亿人口弱势群体的共同奋斗目标。作为具有"言行一致""言必信,行必果"优良民族传统的大国的英明领导人,他在世界庄严论坛上公开阐述的全球性战略思维以及中国在建立国际经济新秩序中的自我战略定位,理应是经过深思熟虑和一以贯之的。[79]

第二,正是邓小平本人在反复强调要"韬光养晦","千万不要当头"的同时,也一再强调"要有所作为","要**积极推动建立国际政治经济新秩序**"。邓小平提出,像中国这样的一个大国,"在国际问题上无所作为不可能,还是要有所作为。作什么?我看要积极推动建立国际政治经济新秩序"。[80] 换言之,邓小平关于中国"决不当头"的战略思维,绝不意味着在全球性南北矛盾等大是大非问题上,在国际经济秩序的新旧更替、弃旧图新、破旧立新的奋斗进程中,不再高举甚至悄悄丢弃了 NIEO 这一面鲜明亮丽的大纛和义旗,转而偃旗息鼓,提倡含糊暧昧,模棱两可,明哲保身,消极回避;恰恰相反,像中国这样一个大国在重大国际问题上理所当然地还是要有所作为,要旗帜鲜明地"积极推动建立国际政治经济新秩序"。

第三,邓小平本人早在 1977 年就明确提出应当完整地、准确地理解毛泽东思想,切忌割裂、歪曲、损害毛泽东思想。他十分强调:"要对毛泽东思想有一个完整的准确的认识,要善于学习、掌握和运用毛泽东思想的体系来指导我们各项工作。只有

---

[79] 参见邓小平:《在联大特别会议上的发言》,载《人民日报》1994 年 4 月 11 日第 1 版。
[80] 参见邓小平:《善于利用时机解决发展问题》(1990 年 12 月 24 日),载《邓小平文选》第 3 卷,人民出版社 1993 年版,第 363 页。

这样，才不至于割裂、歪曲毛泽东思想，损害毛泽东思想。"[81]众所周知，邓小平理论乃是毛泽东思想的继承与发展，邓小平理论本身也是一个完整的体系，邓小平的对外"二十八字方针"本身则是一个辩证的、全球战略思维的整体，任何时候都应加以完整、准确地理解，不能断章取义，取其一点，不及其余，以免割裂、歪曲、损害邓小平理论及其辩证的全球战略思维。

第四，作为邓小平理论的继承人，中国领导人一直致力于"南南联合"事业和"积极推动建立国际政治经济新秩序"。其典型事例之一是，自从2001年多哈大会上中国获准加入WTO十几年以来，中国一直在WTO内外全力以赴，积极参与处理南北矛盾和南北合作有关事宜。随着综合国力和国际影响不断增强，中国与金砖各国一起，多次挫败了霸权强权国家随心所欲操纵国际会议的如意算盘，为弱势群体国家争得较多的发言权和参与权。[82]

（三）新中国第三代、第四代领导人的主要观点

以江泽民为首的新中国第三代领导人在对外事务方面，努力贯彻执行邓小平提出的"二十八字方针"，做出了重要的贡献，取得了新的重大成就，经过多年艰苦的谈判，终于排除了强权发达国家设置的重重障碍，参加了号称"经济联合国"的WTO，并在WTO内外，与全球南方弱势群体共同开展抗衡国际强权的不懈斗争。

作为邓小平理论及其全球战略思维的继承者和接班人，以胡锦涛为首的新中国第四代领导人也一以贯之地积极倡导"南南联合"，积极推动建立国际政治经济新秩序。

新中国第四代领导人在这方面的重要实践，是中国在2001年"多哈发展回合"谈判启动后这十几年来，在WTO内外围绕着南北矛盾与南北合作而积极参与国际活动。众所周知，由于中国等发展中大国的综合国力和国际影响力的逐步提高，在WTO多哈会议、坎昆会议、香港会议的全过程中，中国与印度、巴西、南非和墨西哥等BRICSM(Brazil, India, China, South Africa, and Mexico)成员曾多次通力协作，折冲樽俎，使得国际霸权与强权不能随心所欲，操纵全局，从而为国际弱势群体争得较大的发言权。[83]

---

[81] 邓小平：《完整地准确地理解毛泽东思想》(1977年7月21日)，载《邓小平文选》第2卷，人民出版社1994年版，第42页。

[82] See An Chen, *The Voice from China: An CHEN on International Economic Law*, Springer, 2014, pp. 207-239.

[83] See An Chen, A Reflection on the South-South Coalition in the Last Half Century from the Perspective of International Economic Law-making: From Bandung, Doha and Cancún to Hong Kong, *Chinese Legal Science*, Vol. 2, 2006.

除此之外,前文提到,2008年7月,在日本举行八国集团首脑与中国、印度、巴西、南非和墨西哥五个主要发展中国家领导人会议期间,中国领导人胡锦涛针对这种南南联合自强和南北对话的新形式作了精辟的分析。[84] 他强调,这五个发展中大国应当为促进南南合作做出积极贡献,起到表率作用:一方面,应该共同促进多边主义和国际关系民主化,增强发展中国家在国际事务中的参与权和决策权;另一方面,应该积极推动国际经济、金融、贸易、发展体系改革,维护发展中国家正当权益,推动南北国家建立平等、互利、合作、共赢的新型伙伴关系。

这些精辟分析,引起了全球公众的共同关注,对于中国此后在推动建立国际经济新秩序历史进程中的自我战略定位,尤其具有启迪意义和指导意义。

此种表率作用和中流砥柱作用在2008年11月华盛顿金融峰会的南北对话中再一次获得实践的验证。

当时,全球正在经历着严重的国际金融危机。全球的主要发达国家和主要发展中国家的首脑于2008年11月中旬在美国华盛顿举行20国峰会,共商应对之策。包括中国、巴西、阿根廷、印度、印尼、墨西哥、南非在内的主要发展中国家,旗帜鲜明地提出:国际社会应该认真总结这场世界性金融危机的教训,在所有利益攸关方充分协商的基础上,对国际金融体系进行必要的改革。国际金融体系改革应该坚持建立公平、公正、包容、有序的国际金融新秩序的方向,应该坚持全面性、均衡性、渐进性、实效性的原则。要统筹兼顾,平衡体现各方利益,形成各方更广泛有效参与的决策和管理机制,尤其要体现新兴市场国家和发展中国家利益。同时,特别强调:应该推动国际金融组织改革,改革国际金融组织决策层产生机制,提高发展中国家在国际金融组织中的代表性和发言权。[85]

此种旗帜鲜明的主张由来已久,但在全球经历着严重的世界性金融危机之际重新提出,可谓意义非凡,举世瞩目翘首,抱有强烈的期待,具有强大的张力。不妨说,这是针对现有的国际金融组织机制(布雷顿森林体系)及其中体现的国际经济旧秩序,再次吹响了变革图新的号角,发达强权国家实在难以再"一如既往"地置若罔闻。

2009年4月在英国伦敦以及同年9月在美国匹兹堡相继举行的G20第二次、第

---

[84] 参见《胡锦涛在发展中五国领导人集体会晤时的讲话》,http://news.xinhuanet.com/newscenter/2008-07/08/content_8512384.htm。

[85] 参见《胡锦涛在金融市场和世界经济峰会上的讲话:通力合作、共度时艰》,http://news.xinhuanet.com/newscenter/2008-11/16/content_10364070.htm;《胡锦涛G20峰会发表讲话:携手合作同舟共济》,http://www.chinanews.com/gn/news/2009/04-03/1630688.shtml;《中国影响力引关注,美媒称G20首脑应北京会晤》,http://news.xinhuanet.com/world/2009-03/30/content_11099256.htm;《G20伦敦金融峰会催生国际新秩序》,http://news.xinhuanet.com/world/2009-04/04/content_11129541.htm。

三次金融峰会上,中国领导人关于主要发展中国家在承担全球性历史任务以及在南南联合自强中应当积极地有所作为,应当发挥表率作用和中流砥柱作用的主张,关于应当积极推进国际金融秩序破旧立新,进而积极推进国际经济秩序逐步地全面弃旧图新的主张,又再一次获得更加有力的实践的验证,[86]而且获得了南北共同指定"匹兹堡发轫之路"的重要突破。2009年9月25日匹兹堡峰会闭幕前正式公布的《领导人声明》,洋洋万言,在其最后结论中以"匹兹堡发轫之路"(The Path from Pittsburgh)为题正式宣布:"现在,我们共同指定(we designate)'G20峰会'作为我们今后开展国际经济合作的主要平台。"[87]至此,发达强权国家终于不得不放下"居高临下"、一向傲慢的架子,开始以"平起平坐"的姿态,与南方弱势群体的主要代表国家展开南北平等对话。[88]

2008年至2009年的以上这些事态一再表明:第一,南南联合自强的战略思想,正在全球范围内日益深入人心,成为国际弱势群体力争获得和维护国际平权地位的主要手段之一;第二,南南联合自强的战略目标,始终不渝地聚焦于力争在全球性经贸大政问题上享有公平合理的发言权、参与权和决策权;[89]第三,南南联合自强的根本宗旨,始终不渝地瞄准于推动国际经济秩序逐步实行弃旧图新的全面改革,改变当代全球财富国际分配严重不公的现状,逐步实现全球财富公平合理的国际再分配,实现全球经济的共同繁荣。

(四)新中国第五代领导人的主要观点

1949年以来中国共产党多年的持续执政,为新中国领导层参与国际治理思路的连贯性、稳定性提供了制度基础。在对外事务方面,尤其在南南联合自强、在国际经济法和国际经济秩序破旧立新的问题上,以习近平为首的新一代领导人仍然保持了一贯的传统自我定位,"既一脉相承,又与时俱进",在"接班"后多次对中国传统的自

---

[86] 参见《胡锦涛G20峰会发表讲话:携手合作同舟共济》,http://www.chinanews.com/gn/news/2009/04-03/1630688.shtml。

[87] G20 Leaders' Statement: The Pittsburgh Summit, September 24-25, 2009, "The Path from Pittsburgh: 50. Today, we designated the G-20 as the premier forum for our international economic cooperation", http://www.g20.utoronto.ca/2009/2009communique0925.html. 参见《G20峰会闭幕,发表〈领导人声明〉》,http://news.sina.com.cn/c/2009-09-27/072916365840s.shtml。

[88] 参见陈安:《三论中国在构建NIEO中的战略定位:"匹兹堡发轫之路"走向何方——G20南北合作新平台的待解之谜以及"守法"与"变法"等理念碰撞》,载《国际经济法学刊》2009年第16卷第4期。

[89] 参见陈安:《论中国在建立国际经济新秩序中的战略定位》以及《南南联合自强五十年的国际经济立法反思:从万隆、多哈、坎昆到香港(2008年增订本)》,分别收辑于陈安:《陈安论国际经济法学》,复旦大学出版社2008年版,第一卷第一编之VI、XIV。See also *The Voice from China: An Chen on International Economic Law*, Springer-verlag Press, 2013, Chapters 6 & 7.

我定位作出创新的阐析。就在 2016 年举行的和平共处五项原则发表 60 周年纪念大会上,习近平的讲话就数次重申和强调中国立场。他指出:

> 和平共处五项原则已经成为国际关系基本准则和国际法基本原则;有力维护了广大发展中国家权益;为推动建立更加公正合理的国际政治经济秩序发挥了积极作用……新形势下,和平共处五项原则的精神不是过时了,而是历久弥新;和平共处五项原则的意义不是淡化了,而是历久弥深;和平共处五项原则的作用不是削弱了,而是历久弥坚。……中国将坚定不移走和平发展道路。……中国将坚定不移在和平共处五项原则基础上发展同世界各国的友好合作。……中国将坚定不移奉行互利共赢的开放战略。[90]

习近平在接任中国国家主席后,于 2013 年至 2014 年相继前往非洲和拉美参加了第五次和第六次金砖国家领导人会晤,也分别印证了"中非"和"中拉"两种南南合作关系的重要地位。随着 21 世纪初中国进一步深入推行"走出去"战略,大量中国企业以及个人涌入非洲、拉美,世界舆论和学界也不可避免地出现了一些对中国的新看法。对于中非、中拉经贸合作的迅速发展和扩大,[91]一些西方媒体表现出某种"酸葡萄式"的"心理失衡",并且以"小人之心度君子之腹",又一次戴上"有色眼镜",张冠李戴,信口雌黄,硬给中国贴上了"新殖民主义"的标签。

这种指责逻辑,对于任何明辨是非的正直人士而言,都是不值一驳的。所谓"新殖民主义",本意是指二战后西方强权发达国家对发展中国家实施的一种改头换面的侵略政策和手段。它们被迫改变了直接进行殖民统治的陈旧方式,而采取比较隐蔽的、间接的殖民侵略手段,充分利用其经济优势,对非西方国家进行政治、经济、文化侵略(必要时也使用军事手段),把已取得政治独立的发展中国家置于它们的控制之下,以使这些国家继续充当其商品市场、原料产地和投资场所,继续最大限度地榨

---

[90] 参见《习近平在和平共处五项原则发表 60 周年纪念大会上的讲话》,http://www.xinhuanet.com/politics/2014-06/28/c_1111364206_2.htm。

[91] 中非经贸合作的实证数据:1992 年中非贸易额 8.33 亿美元,2000 年 106 亿美元,增加了超过 10 倍;2008 年中非贸易额首次突破 1000 亿美元,2009 年中国成为非洲的第一大贸易伙伴;2010 年中非贸易额 1269 亿美元,是 2000 年的十多倍。2012 年,中非贸易额接近 2000 亿美元,中非人员往来超过 150 万人次。截至 2012 年,中国对非洲的直接投资累计超过 150 亿美元。参见《习近平:像爱护眼睛一样珍惜中非友谊》,http://style.sina.com.cn/news/p/2013-04-06/0927119654.shtml。
中拉经贸合作的实证数据:2013 年,中国、巴西双边贸易额突破 900 亿美元,中国保持巴西第一大贸易伙伴地位,巴西成为中国第九大贸易伙伴;中国、阿根廷双边贸易额达 148 亿美元,是建交之初的 2400 多倍,中国已经成为阿根廷第二大贸易伙伴和主要投资来源国,阿根廷成为中国在拉美的第五大贸易伙伴;中国、委内瑞拉双边贸易额从建交初期的仅 140 万美元增至 192 亿美元,中国已经成为委内瑞拉第二大贸易伙伴,委内瑞拉成为中国在拉美的第四大贸易伙伴、重要能源合作伙伴和工程承包市场。

取财富。[92] 较之于此类不义之举，中国则反其道而行之，胸怀坦荡，行动透明，言行一致地贯彻"互利、互惠、合作、共赢"的基本方针。习近平主席在多种场合均强调："中国永远不称霸，永远不搞扩张"[93]；"中国不认同'国强必霸论'，中国人的血脉中没有称王称霸、穷兵黩武的基因"[94]；中国会"坚持正确义利观，义利并举，以义为先，促进南北对话和南南合作，特别是帮助发展中国家实现自主和可持续发展"[95]。

2014年11月，借G20布里斯班峰会之便，金砖国家领导人预先在澳大利亚举行非正式会晤，就合作以及重大国际和地区问题深入交换意见，取得高度共识。习近平强调指出，金砖国家合作要做到**政治和经济"双轮"驱动**，既做世界经济动力引擎，又做国际和平之盾，深化在国际政治和安全领域协调和合作，捍卫国际公平正义。金砖国家要积极参与国际多边合作，提高在全球经济治理中的话语权；要在即将举行的G20布里斯班峰会上加强协调合作，推动会议取得积极成果，致力于建设开放型世界经济，落实国际货币基金组织改革方案，推动解决全球发展问题。金砖国家要加强全方位合作，落实好巴西福塔莱萨会晤成果，加快推进金砖国家开发银行和应急储备安排有关建设进程，密切沟通和协调，确保G20布里斯班峰会取得成功，维护共同利益。[96]

金砖国家之间的这种协调立场、统一行动，与前述"77国集团与中国"在联合国大会论坛发声之前协调立场的南南联合之精神高度契合，或可视为南南联合之最新实践例证。

五、余论："知命之年"，再度出发

在"知天命"之年，从国际经济法的视角回顾南南合作的历史进程以及种种具体

---

[92] 列宁最早提出并论证"新殖民主义"的特征，指出帝国主义发展到它的国家垄断资本主义阶段，现代帝国主义国家的资本对外扩张出现了一些新情况、新特点，集中到一点就是"新殖民主义"代替了"老殖民主义"。列宁在1915年《关于帝国主义的笔记》中摘引了古斯塔夫·斯特芬的话："的确，现在不去直接占领其他洲的土地（这种占领我们称之为'殖民'），在一定程度上也能实行经济帝国主义和帝国主义的扩张。……不用直接去夺取土地或者实行政治侵略就可以在其他各洲获得经济利益的势力范围或统治范围。"参见列宁：《列宁全集》第39卷，人民出版社1959年版，第280页。

[93] 《习近平：中国欢迎周边国家"搭便车"》，http://news.sohu.com/20140823/n403698395.shtml.

[94] 《习近平在和平共处五项原则发表60周年纪念大会上的讲话》，http://www.xinhuanet.com/world/politics2014-06/28/c_126683735.htm.

[95] 参见《习近平接受拉美四国媒体联合采访》，http://news.xinhuanet.com/world/2014-07/15/c_126752272.htm.

[96] 《习近平出席金砖国家领导人非正式会晤》，http://finance.people.com.cn/n/2014/1116/c1004-26032998.html.

表现，人们不难得出以下几点结论：

第一，在国际经济法的不同分支内，南南合作呈现出不同的表现形式。在联合国以及 GATT 框架下的国际贸易法领域内，南方国家通过多边合作，凝聚力量，共同争取变法的努力取得一定成效；在国际投资法领域内，虽然以双边条约为主的缔结范式使得多边联合难以实施，但是南方国家之间的双边或多边合作形成的南南型投资协定，也呈现出与南北型投资协定不同的特征；在国际金融法领域内，长期要求变法而进展缓慢的南方集团形成了以金砖国家为主体的南南金融合作，并必将给世界范围内的众多南方国家带来新的发展契机。

第二，历史表明，在发达强权国家把持一切的国际经济秩序下，潜在和实在的竞争性国际制度一旦出现，势必有助于南南合作逐步推动变革旧秩序。国际贸易领域内南南合作变法的经验告诉我们，当年 UNCTAD 的成立以及发展中国家阵营通过 UNCTAD 框架进行国际贸易的现实威胁，对北方国家在 GATT 体制下被迫接受"非互惠制"和"普惠制"的变革产生了积极推动作用；如今，国际金融领域内，正在构建的、能够对传统布雷顿森林体系构成竞争的南南金融合作，也必将迫使北方国家主导的金融制度加速变革，或者至少搭建一个对南方国家更公平、公正的金融秩序框架。可以预见，随着南方国家阵营综合实力的不断增强，其合作构建竞争性的制度和秩序的能力也将不断增强，其用来与北方国家阵营对话谈判的筹码也将不断添加。

第三，我们必须清楚认识到，变法自强仅仅是南南合作的第一步。法律规则的生命在于实践，那些南方国家集体争取得到的、比国际经济旧秩序更为公平公正的法律规则，必须在实践运行中才能发挥它们的真正价值。

第四，自"77 国集团"组建半个多世纪以来，国际经济领域内的全球南南合作虽然道路崎岖坎坷，声势时起时伏，其主流却始终矢志不渝、伏而又起，从未中断，始终致力于一点一滴地去实现其"天赋使命"。如果说当年南方群体组建"77 国集团"的初衷主要在于集中弱国小国的分散力量，在战后既定的、以北方国家为主导的国际经济秩序下进行集体抗争，要求"破旧立新"，订立和实行更公平公正的国际经济规则，那么在半个多世纪后的当今，随着南方国家整体实力的持续增强，这种合作将更多体现在南方国家内部，展现出更多的主动性，并从侧面构成对南北抗争和南北合作双重关系的一种竞争推力。质言之，南南合作为实现其"天命"，途径多样，不仅存在"南北抗争"的战斗性的一面，也存在"南北合作"、共建全球繁荣的建设性的一面。

附录 加利先生约稿邀请函(原函及中译)

Boutros Boutros-Ghali
President
ECPD Honorary Council

European Center
for Peace and Development

University for Peace established by the United Nations

30 March 2014

Mr An Chen
China

Dear Mr Chen,

I am writing to you in my current capacity as I am writing to you in my current capacity as the Chairman of the Honorary Council of the European Centre for Peace and Development (ECPD) of the UN University for Peace, and also as the former UN Secretary-General, Secretary General of the Francophonie, and Chairman of the South Centre Board, my three successive posts that were concerned with the problématique of development and the role of the developing countries in the multilateral arena.

At the conference held on the occasion of its 30th anniversary, 11-12 October 2013, the ECPD organized a round table on the topic "Whither the Global South in the 21st century?". The proceedings showed that this issue merits a broader discussion, especially so as the Group of 77 is marking its 50th anniversary in 2014, an opportunity to pause and reflect on the meaning of the Global South, its future in the international arena and its roles in shaping globalization processes and the world economic and political order.

With this in mind, ECPD decided, in collaboration with the Group of 77, to invite a number of distinguished personalities and institutions, to contribute, a succinct written comment on the topic: "Global South: at 50 and beyond?" Contributions that we expect to receive will offer a spectrum of views at a time when developing countries face many common challenges in a changed and rapidly evolving global political and economic environment, and when the traditional rationale of the South is being questioned and even doubted by some.

Contributions that are received by 1 June 2014 will be made available at the Commemorative Summit on the 50th Anniversary of the Group of 77, 14-15 June 2014 in Santa Cruz, Bolivia, while the complete set of contributions received by 1 September 2014, will be presented at the Thirty-Eighth Annual Meeting of Ministers for Foreign Affairs of the Group of 77 in September 2014 in New York. To extend and widen reflexion and debate on this topic, ECPD plans to establish a website where future contributions will be accessible. In due course, the comments and opinions will be published in a single volume.

I hope that you will find it possible to accept this invitation and present your valuable views on this important issue.

Please accept my kind personal regards and appreciation,

Sincerely,

Boutros Boutros-Ghali

Phone: +381 11 3246-041, 3246-042, 3246-043, 3246-044, 3246-045 Fax: 3240-673, 3234-082
E-mail: office@ecpd.org.rs, ecpd@EUnet.rs

亲爱的陈安先生：

我现以原联合国秘书长、南方中心主席、现任联合国和平大学欧洲和平与发展中心（ECPD）荣誉委员会主席、法语区联合体秘书长的多重身份向您致信。我先后就任的这些职位，都与发展问题以及发展中国家在多边舞台上的角色问题相关。

2013年10月11日至12日，在ECPD成立30周年会议上，就"21世纪的全球南方向何处去？"这一话题曾组织一次圆桌论坛。当时的会议议程综述表明，此话题值得更深入的探讨，尤其是2014年恰值"77国集团"成立50周年。这个历史节点，也是一次停步反思的机会，让我们深入思考全球南方群体存在的意义，它在国际舞台上的未来前途，以及它在构建全球化进程和世界经济政治秩序中应当发挥的作用。

有鉴于此，ECPD决定，联合"77国集团"，以双重名义邀请若干杰出的个人和机构，以"全球南方：年届半百，路在何方？（Global South: at 50 and beyond?）"为主题，撰写简明评论。当前，全球政治经济环境已经改变并且仍在快速变迁，发展中国家正面临众多共同的挑战，导致有人质问甚至怀疑南南联合事业的传统理念（traditional rationale of the South），际此时刻，我们尤其期望投稿能够提供多方位的视角，以供集思广益。

2014年6月1日之前收到的投稿，将提交于2014年7月14日至15日在玻利维亚圣克鲁斯召开的"77国集团成立50周年纪念峰会"探讨；2014年9月1日之前收到的投稿，将提交于2014年9月在纽约召开的"77国集团第38届外交部长年会"探讨。为了扩大和深化有关这一话题的学理争鸣，ECPD计划专设网站，供今后刊载相关投稿之用。时机成熟之际，相关评论和观点将结集出版。

我希望您能够拨冗应约，并就此重要话题阐述您的宝贵见解。

请接受我个人的诚挚问候和致谢。

布特罗斯·布特罗斯-加利
2014年3月30日

（编辑：韩秀丽）

第31章 论"有约必守"原则在国际经济法中的正确运用*

>> 内容提要

"有约必守"这一源于民商法的基本原则,被援引运用于国际经济法领域,成为国际经济法的基本原则之一。在国际经济法中,"有约必守"原则具有双重含义,分别指"国际条约必须遵守"和"跨国合同(契约)必须遵守"。然而,任何原则的适用都有一定的前提条件和例外情况。"有约必守"原则的适用前提是"约"的合法。如果订立条约或契约时存在暴力胁迫、欺诈等违法因素,受害的当事国或当事人就没有遵守的法律义务,反而具有依法予以废除或撤销的法定权利。因此,"约"与"法"二者并不属于同一层次。总的说来,"法"(的合法性)高于"约"。合法的"约"具有法律约束力,这是法所赋予的,并且由此产生了"有约必守"的法律原则。反之,违法的"约"没有法律约束力,依法自始无效,或者可以依法撤销、废除。因此,对于违法的"约",毫无"必守"可言。据此,基于胁迫或欺诈而缔结,用以维护国际经济旧秩序的各种不平等条约,不属"必守"范围,反而在"可废"之列。此外,"有约必守"原则还可因"情势变迁"而不予适用。但"情势变迁"规定应严防被曲解滥用,既要防止殖民主义、帝国主义、霸权主义势力借口"情势变迁"任意毁约,侵害弱国和弱小民族;又要防止这些势力滥用《维也纳条约法公约》关于适用"情势变迁"的限制性规定,绑住发展中国家的手脚,阻碍它们实行废除各种不平等条约、变革现存国际经济旧秩序的正义斗争。可见,国际经济法中的"有约必守"原则以及作为其例外的"情势变迁"规定,都不是孤立存在的。只有紧密地结合前述经济主权原则和公平互利原则,才能对"有约必守"原则、"情势变迁"规定及其适用限制,作出全面的理解和正确的运用。

---

* 本章的基本内容,原载于笔者参撰和主编的《国际经济法总论》(法律出版社1991年版),其后又经多次修订或剪裁,分别辑入笔者参撰和主编的《国际经济法学》(北京大学出版社1994—2017年第1—7版)、《国际经济法学新论》(高等教育出版社1994—2017年第1—4版)、《国际经济法学专论》(高等教育出版社2002—2007年第1、2版)、《国际经济法》(法律出版社1999—2017年第1—4版)。

目　次

一、有约必守原则的基本内容
二、对有约必守原则的限制
　（一）合同或条约必须是合法、有效的
　（二）合同或条约往往受"情势变迁"的制约

"有约必守"（pacta sunt servanda），又译"约定必须遵守"或"约定必须信守"。这是一条很古老的民商法基本原则。就这条原则的原有意义而言，指的是民事关系当事人或商事关系当事人之间一旦依法订立了合同（又称"契约"），对于约定的条款，必须认真遵守和履行。后来，这条原则被援引运用于国家与国家之间的政治、经济等方面的外交关系，成为国际公法上的一条基本原则。由于它主要是通过国际条约这一形式来体现的，所以通常又称"条约必须遵守"或"条约必须信守"。

如前所述，本书立论，对于国际经济关系和国际经济法，均采用广义说，即举凡超越一国国境的经济交往，都属于国际经济关系；其主体包括国家、国际组织以及分属于不同国家的自然人和法人；国际经济法是用以调整上述国际（跨国）经济关系的国际法规范和各种国内法规范的总称。因此，这里所阐述的"有约必守"原则，就包括"条约必须遵守"与"合同（契约）必须遵守"这两重含义。

一、有约必守原则的基本内容

有约必守原则成为国际经济法的基本原则之一，这是由国际经济关系本身的基本要求所决定的。国家之间、不同国籍的当事人之间签订的各种经济条约、经济合同，只有在缔约各方或立约各方都诚信遵守和切实履行的条件下，才能产生预期的经济效果，才能维持和发展正常的国际经济交往和国际经济关系。从这个意义上说，有约必守原则乃是国际经济法必不可少的主要基石之一。

就国家间的条约而言，"有约必守"指的是当事国一旦参加签订双边经济条约或多边经济条约，就在享受该项条约赋予的国际经济权利的同时，也受到该条约和国际法的约束，即必须信守条约的规定，实践自己作为缔约国的诺言，履行自己的国际经济义务。否则，不履行条约所赋予自己一方的国际义务，就意味着侵害了他方缔约国的国际权利，构成了国际侵权行为或国际不法行为（international delinquency），就要承担由此引起的国家责任（state responsibility）。

有约必守原则已被正式载入国际公约。1969 年 5 月开放供各国签署并于 1980 年 1 月开始正式生效的《维也纳条约法公约》，在序言中，开宗明义地强调"条约必须遵守原则乃举世所公认"。第 26 条规定："凡有效之条约对其各当事国有拘束力，必须由各该国善意履行。"第 27 条又进一步指出国际条约与缔约国国内法之间的关系，明文规定："一当事国不得援引其国内法规定为理由而不履行条约"。

1974 年 12 月，联合国大会第 29 届会议通过《各国经济权利和义务宪章》。在这份当代国际经济法的基本文献中，列举了用以调整国际经济关系的 15 条基本准则，其中之一就是要求各国都"真诚地履行各种国际义务"。[1] 这显然是重申和再次强调"有约必守"的精神，因为各种国际义务首先和主要来自各种国际条约。履行国际义务，主要就是履行有关国际条约的具体表现。

就自然人、法人相互间或他们与国家之间的合同（契约）而言，"有约必守"指的是有关各方当事人一旦达成协议，依法订立合同，就具有法律上的约束力，非依法律或当事人重新协议，不得单方擅自改变。任何一方无合法原因不履行合同义务或者履行合同义务不符合约定条件的，对方有权请求履行或解除合同，并有权就不履行或履行不符合约定条件所造成的损失要求赔偿。在近现代各国民商立法中，普遍都有这一类基本条款规定。[2]

一般说来，第三世界众多发展中国家在其涉外民商立法和经济立法中，都十分重视贯彻上述双重含义上的有约必守原则。

试以中国为例。中华人民共和国成立以来，在其对外经济交往中一贯坚持"言必信，行必果"的民族优良传统，认真实践"重合同，守信用"的行动准则，并且在有关的各种国内法中作出了明确的规定。

针对中国自愿参加缔订的国际条约与中国国内法的优先适用问题，《中华人民共和国民法通则》第 142 条第 2 款明文规定："中华人民共和国缔结或者参加的国际条约同中华人民共和国的民事法律有不同规定的，适用国际条约的规定，但中华人民共和国声明保留的条款除外。"

《中华人民共和国民事诉讼法》第 260 条针对涉外民事诉讼程序问题，明文规定："中华人民共和国缔结或者参加的国际条约同本法有不同规定的，适用该国际条约

---

[1] 参见《宪章》第一章，第 10 点。
[2] 例如，在全世界大陆法系各国立法史上具有重大影响的 1804 年《法国民法典》（即"拿破仑法典"），至今仍在施行，其中第 1134 条第 1 款规定："依法订立的契约，对于缔约当事人具有相当于法律的效力。"同条第 3 款规定："前款契约应以善意履行。"第 1136—1155 条则详细规定了因各种违约行为即不履行契约而必须承担的损害赔偿责任。参见《法国民法典》，马育民译，北京大学出版社 1982 年版，第 226—229 页；《中华人民共和国民法通则》，第 111 条；《中华人民共和国合同法》，第 94、107—122 条。

的规定,但中华人民共和国声明保留的条款除外。"

这类规定充分说明:中国在依法调整涉外经济关系、处断涉外经济法律问题时,不论在实体法方面,还是在程序法方面,对于本国参加缔订的国际条约中的有关规定,都严格遵循有约必守原则,予以优先适用。

对于涉外经济合同,中国曾在1985年制定了专门的法律规范,即《中华人民共和国涉外经济合同法》,其中也有多处鲜明地体现着有约必守的基本原则,诸如:

第一,强调合同的法律约束力。第16条规定:"合同依法成立,即具有法律约束力。当事人应当履行合同约定的义务,任何一方不得擅自变更或者解除合同。"

第二,强调违约的法律责任。第18条规定:"当事人一方不履行合同或者履行合同义务不符合约定条件,即违反合同的,另一方有权要求赔偿损失或者采取其他合理的补救措施。采取其他补救措施后,尚不能完全弥补另一方受到的损失的,另一方仍然有权要求赔偿损失。"

第三,强调瑕疵合同中的合法条款仍有法律约束力。第9条第2款规定:"合同中的条款违反中华人民共和国法律或者社会公共利益的,经当事人协商同意予以取消或者改正后,不影响合同的效力。"换言之,在取消或改正合同中的违法条款之后,当事人各方对于合同中的一切合法条款,仍有义务按照有约必守原则,切实予以履行。任何一方仍然不得擅自变更或解除合同中的合法条款,否则,就应承担因违约而引起的损害赔偿责任。

第四,强调三类合同具有特强的法律约束力。第40条规定:"在中华人民共和国境内履行、经国家批准成立的中外合资经营企业合同、中外合作经营企业合同、中外合作勘探开发自然资源合同,在法律有新的规定时,可以仍然按照合同的规定执行。"换言之,以上三类涉外经济合同一经依法订立,中外双方都负有法定义务,按照有约必守原则,诚信履行;在履行过程中,即使有关的法律规定发生变更,合同中的原有规定仍然可以保持原有的法律约束力,并不因法律规定变更而削弱或消失。在合同的有效期限内,如遇法律规定发生变更,合同当事人(在实践中主要是外方当事人)有权斟酌利弊和权衡得失,既可以选择适用新的法律规定,也可以选择适用原有的法律规定,按照原有合同有关条款的原有规定,继续执行。对上述三类涉外经济合同赋予特别强的、排他性的法律约束力,可以说是中国政府根据本国国情给予来华投资外商的一种特惠待遇,旨在加强保护外来投资者的合法权益,以吸收更多外资,促进中国的社会主义建设。这种规定充分体现了中国在对外经济交往中一贯"重合同,守信用"和"有约必守"的传统,也有力地表明中国实行对外开放、吸收外资和保护外商合法权益的政策,确实是诚意的、长期的基本国策。

1999年3月，适应形势发展的需要，中国立法机构把先后分别制定和颁行的三种合同法，即《中华人民共和国经济合同法》《中华人民共和国涉外经济合同法》以及《中华人民共和国技术合同法》，融为一体，并加以修订增补，制定和颁行了《中华人民共和国合同法》，统一适用于一切内国合同和涉外合同。在这部新颁的法律中，吸收和保留了原《涉外经济合同法》关于有约必守原则的上述各项规定。[3]

二、对有约必守原则的限制

任何无可争辩的真理，都附有一定的条件、一定的限度，否则，"只要再多走一小步，仿佛是向同一方向迈的一小步，真理便会变成错误"[4]。这一至理名言也适用于有约必守原则。换言之，对于有约必守原则，也不能过分夸大其重要性，加以绝对化。它必须受到其他法律原则的制约，受到一定的限制，否则，势必导致极不公正的法律后果。

对有约必守原则的限制，主要有以下两个方面：

(一) 合同或条约必须是合法、有效的

1. 就合同而言

就合同而言，违法合同和缺乏其他必备条件的合同，都是自始无效的（void ab initio）。在各国的民商立法中，普遍都有此项基本规定。对于违法的因而是无效的合同（契约），当然谈不上"有约必守"。对于缺乏其他必备条件的合同，当然也不适用有约必守原则。

以现行的《法国民法典》为例，它一方面强调依法订立的契约对于缔约当事人双方具有相当于法律的效力；另一方面，同样强调契约的有效成立必须同时具备四项主要条件，即承担义务的当事人的同意、上述当事人的缔约能力、构成义务客体的确定标的、债的合法原因，[5]四者缺一，都会导致契约无效。

合同（契约）内容必须合法，这是《法国民法典》所反复强调的。该法典第1133条规定：如果订立契约的原因为法律所禁止，或原因违反善良风俗或公共秩序时，此种原因为不法原因；而第1131条则强调基于不法原因的债，不发生任何效力。该法典

---

[3] 分别参见1999年《中华人民共和国合同法》第8、107—112、52、56条。
[4] 列宁：《共产主义运动中的"左派"幼稚病》，载《列宁选集》第4卷，人民出版社1995年版，第257页。
[5] 参见《法国民法典》，马育民译，北京大学出版社1982年版，第222页，第1108条。

"总则"第6条中,把上述各点概括为"不得以特别约定违反有关公共秩序和善良风俗的法律"。

在英美法系诸国,不论在以判例法形式出现的普通法中,还是在以制定法形式出现的成文法中,也都贯穿着同样的基本原则。

如前所述,《中华人民共和国涉外经济合同法》鲜明地体现着有约必守原则。与此同时,它也同样鲜明地强调"违法合同自始无效"原则。其中,第4条、第9条、第10条分别明文规定:"订立合同,必须遵守中华人民共和国法律,并不得损害中华人民共和国的社会公共利益";"违反中华人民共和国法律或者社会公共利益的合同无效";"采取欺诈或者胁迫手段订立的合同无效"。这些法理原则已被吸收进1999年3月15日公布、自同年10月1日起施行的《中华人民共和国合同法》第7条和第52条之中。

由此可见,"违法合同自始无效"原则是与有约必守原则同样古老、同样普遍的一种法理共识,同样是举世公认的一条基本法理原则。二者相反相成,成为维护和发展正常经济交往和契约关系的两个必备前提。

但是,当人们把"违法合同自始无效"这一举世公认的法理原则适用于国际经济交往的实践时,由于各国社会、经济制度的不同,政治、法律体制的差异,法学观点的分歧,以及当事人利害的冲突,往往产生种种矛盾和争端。这些矛盾和争端集中到一点,就在于对什么是合法的合同、什么是违法的合同看法不同;或者说,合同之合法与违法,其根本界限和判断标准往往因国而异,因时而异。

在此种场合,就必须依据国际私法或法律冲突规范来认定准据法。除了法律许可当事人按照意思自治(autonomy of will)原则,自行选定准据法(lex voluntatis)外,一般应适用与合同有最密切联系的国家的法律(the law of the country which has the closest connection to the contract)。具体说来,又要依照合同争端的主要症结所在,分别选定合同缔结地法(lex loci contractus)、合同履行地法(lex loci solutionis)或物之所在地法(lex loci situs)等,作为准据法。

在通常情况下,除当事人依法自选准据法外,根据上述诸项冲突规范,判断国际经济合同之合法与否,一般应以东道国法律作为准据和标准,因为东道国的法律往往与国际经济合同具有最密切的联系。

但是,在国际经济交往的实践中,发达国家往往以东道国法制"不健全""不完备""不符合文明国家公认的一般法律原则""不够西方文明国家的法律水准"之类的借口和遁词,力图排除东道国法律的适用,而代之以发达国家所钟意的所谓"国际法标准"或"文明国家公认的法律原则"。

关于这方面的意见分歧和激烈论战，由来已久，其概况已略见于本章第一节。这里应当重新提起的是：1974年联合国大会先后通过的《建立国际经济新秩序宣言》（以下简称《宣言》）、《建立国际经济新秩序行动纲领》以及《各国经济权利和义务宪章》（以下简称《宪章》），反复强调东道国对于本国境内的一切经济活动享有完整的、永久的主权，可以依据本国的法律，对境内一切涉外经贸活动实行管理和监督，这是各国经济主权的主要体现之一。根据上述国际经济法基本文献中所明文记载的这一基本法理原则，结合法律冲突规范的一般准则，在一般情况下，选定东道国的国内法作为判断国际经济合同是否合法的准据和标准，从而决定是否应当在该合同上贯彻有约必守原则，这应当是毋庸置疑的。

由此可见，在国际经济法中，有约必守原则不是孤立存在的。只有紧密地结合经济主权原则和公平互利原则，才能对有约必守原则作出正确的理解和运用。

2. 就条约而言

就条约而言，要贯彻有约必守原则，其前提条件也在于条约本身必须是合法、有效的。

《维也纳条约法公约》第五编第二节专门针对条约的违法和失效问题，列举了八种情况。[6] 对于国际经贸条约和国际经济法来说，其中所列关于错误、诈欺、强迫和违反国际强行法[7]诸条款，尤其值得注意。

第一，错误：缔约时对于作为立约根据之事实的认定有错误，以致条约内容具有非文字性的实质错误，缔约国可据此撤销其承受条约拘束的同意。

第二，诈欺：一国因另一谈判国的诈欺行为而缔结条约，前者可援引诈欺为理由，撤销其承受条约拘束的同意。

第三，强迫：违反《联合国宪章》所包含的国际法原则，通过威胁或使用武力而缔结的条约，无效。

第四，违反国际强行法：违反一般国际法强制规范而缔结的条约，无效。任何新产生的条约，如与现存的一般国际法强制规范相抵触，即归于无效，应予终止。就《维也纳条约法公约》而言，"一般国际法强制规范"指的是某些最基本的国际法原则，它们已被国际社会全体成员共同接受，公认为不许触犯，只有日后产生具有同等性质的国际法基本原则，才能加以更改。

---

[6] 参见《维也纳条约法公约》第46—53、64条。中译文参见王铁崖、田如萱编：《国际法资料选编》，法律出版社1982年版，第714—716、719页；《关于国家和国际组织间或国际组织相互间条约法的维也纳公约》（1986年通过），第46—53、64条，联合国大会A/CONF.129/15号文件，1986年中文版单行本，第27—29、34页。

[7] 强行法（jus cogens），又称"强制法"、"绝对法"，指必须绝对执行的法律规范，不允许法律关系参与者一方或双方任意予以伸缩或变更。其相对名称为"任意法"（jus dispositivum），又称"相对法"，指可以随意选择取舍的法律规范，允许法律关系参与者在法定范围内自行确定相互间的权利义务关系。

根据上述标准,可以认定:国家主权平等原则、经济主权原则、公平互利原则等,都应属于国际强行法范畴。

由此可见,历史上和现实中一切以诈欺或强迫手段签订的不平等条约,一切背离主权平等原则、侵害他国经济主权的国际经贸条约,都是自始无效的或可以撤销的,它们都绝对不在"有约必守"之列,相反,应当把它们绝对排除在"有约必守"的范围以外。据此,发展中国家对于殖民统治时期列强强加于它们的不平等条约,对于独立初期因国力贫弱而被迫接受的新殖民主义条约,都有权在恢复国家主权平等、维护国家经济主权的正义旗帜下,依据国际社会公认的国际强行法规范,通过国际谈判,予以废除,从而改变弱肉强食的国际经济旧秩序,建立公平互利的国际经济新秩序。这样做,不但不违反有约必守原则,而且由于建立在经济主权原则和公平互利原则的基础之上,因此具有更大的权威性和更强的生命力。

发展中国家有权根据国际条约法和国际强行法的基本规定,废除弱肉强食的新、老殖民主义条约。其基本精神已被载入《宪章》等国际经济法基本文献。《宪章》强调:一切国家都有权利和义务个别地或集体地采取行动,消除殖民主义和新殖民主义;消除各种形式的外国侵略、占领和统治;消除由此而产生的各种经济后果和社会后果,从而为发展提供先决条件。[8]

总之,国际经济法上所称的"约",包括具体的条约和契约。"约"与"法"二者并不属于同一层次。总的说来,"法"(合法性)高于"约"。合法的"约"具有法律约束力,这是法所赋予的,并且由此产生了"有约必守"的法律原则。反之,违法的"约"毫无法律约束力,依法自始无效,或者可以依法撤销、废除。因此,对于违法的"约",毫无"必守"可言。

(二) 合同或条约往往受"情势变迁"的制约

"情势变迁"原是民商法上的一种概念,指的是:在合同(或契约)依法订立并且发生法律效力以后,履行完毕以前,当初作为合同订立之基础或前提的有关事实和情势,由于不能归责于当事人的原因,发生了无法预见的根本变化。在这种情况下,如果仍然坚持合同一切条款原有的法律约束力,要求全盘履行原有的约定内容,势必显失公平。因此,允许当事人要求或请求对合同中原有的约定内容加以相应的变更,而不必承担相应的违约责任。

在这方面,最常见的例子是由于通货膨胀而引起的债务清偿纠纷。借贷合同中

---

[8] 参见《宪章》第 16 条;《宣言》第 4 部分,第 1、5—9 点。

规定的款额贷出之后,到期清偿以前,或买卖合同规定的货物交割以后,货款付清以前,发生了大规模的战争、灾荒或严重的经济危机,导致通货膨胀和货币严重贬值,还债期限或付款期限届满时,如仍按原定金额偿还本息或付清货款,势必使贷方或卖方遭受严重损失,借方或买方则坐享不义之财或不当得利,这显然是不符合公平互利这一法理原则的。因此,贷方或卖方可援引情势发生根本变化为理由,要求或请求借方或买方按贷款或货物原有的实际价值,还清本息或付清货款。

从民商法学理论上说,这意味着合同当事人在立约当时是以某些基本情势或基本事态的继续存在为前提的,因此应当推定:在一切合同中都暗含着一项默示的条款,即规定"情势不变"或"事态如恒"的条款(clausula rebus sic stantibus)。[9] 一旦情势或事态发生根本变化(vital, essential or fundamental change of circumstances),当事人就有权根据这一默示条款,要求变更、解除或终止原有的合同。

许多国际法学者把当代各国立法中原来适用于合同(契约)的上述民商法法理原则引进国际法领域,认为国际条约也适用同一法理,即:如果由于不可预见的情势变迁或事态变化而使国际条约中所规定的某项义务,危及缔约国一方的生存或重大发展,该缔约国一方应当有权要求解除这项义务。[10]

把这一法理原则适用于国际条约,其合理之处在于,某一缔约国与另一缔约国签订条约之后,由于发生了缔约当时完全不能预料到的根本性情势变化,使前者在条约原有规定的事项上已蒙受或将蒙受严重损害,以致与后者在权利义务的利害关系上出现严重的不对等、不平衡、不公正,则前者可以援引情势变迁原则,要求解除有关义务,以保护本国的正当权益。

但是,困难在于,如何客观地判断立约当初的基本事态或基本情势究竟是否已经发生了根本变化。在国际社会尚未确立某种特定的程序或体制以前,单凭各缔约当事国自行判定,便有造成条约缺乏应有约束力和极不稳定的危险。特别是历史和实践已经证明,霸权主义和帝国主义国家曾经多次歪曲和滥用情势变迁原则,作为背信弃义、片面撕毁国际条约的借口,为其侵略扩张政策服务。因此,对于此项原则,国际法学界见解不一,有的强调其理论上的合理性,有的强调其实践中的不确定性和危害性,有的则兼赞其理论上的公平合理和实践中的有益无害,各执一端,长期聚讼纷纭。

1969 年 5 月通过的《维也纳条约法公约》对于上述争论作出了重要的初步结论,

---

[9] 参见〔美〕亨利·布莱克:《布莱克法学辞典》,1979 年英文第 5 版,第 226 页。
[10] 参见〔德〕奥本海原著,〔英〕劳特派特修订:《奥本海国际法》,王铁崖、陈体强译,商务印书馆 1981 年版(译自 1955 年英文版),上卷,第 2 分册,第 354—356 页;中国大百科全书出版社 1998 年版(译自 1992 年英文修订版),第 1 卷,第 2 分册,第 680—681 页;周鲠生:《国际法》(下册),商务印书馆 1983 年版,第 673—675 页。

承认可以援引"情势之根本改变"作为终止条约或退出条约的根据,从而使情势变迁原则正式成为国际上的实体法规范。但是,它在条文措辞上,采取极为审慎的态度,使此项原则的适用受到相当严格的限制。该公约第 62 条是这样表述的:

  一、条约缔结当时存在的情况发生根本改变而非当事国所预料者,不得援引作为终止或退出条约的理由,除非:
  (甲)此等情况的存在构成当事国同意承受条约拘束的必要基础;及
  (乙)此项改变之影响将根本变动依条约尚待履行的义务之范围。
  二、情况的根本改变不得援引为终止或退出条约的理由:
  (甲)倘若该条约确定一条边界;或
  (乙)倘若情况的根本改变系援引此项理由的当事国违反条约义务之结果,或该当事国违反对条约其他当事国所负其他国际义务之结果。
  ……

1986 年 3 月通过的《关于国家和国际组织间或国际组织相互间条约法的维也纳公约》,在第 62 条中也作了类似的规定。

一般认为,对上述条文可作如下解释:

第一,条文以否定式、消极性的措辞,规定了适用情势变迁原则的狭小范围,即在一般情况下"不得"援引它作为理由要求废约或退约,"除非"在特殊情况下才可以援引这个理由。前者是原则,后者是例外;前者是本文,后者是但书。在这里,显然是把情势变迁原则视为有约必守原则的一种例外。

第二,实现这种例外,必须同时具备许多要件,即:

(1) 发生情势变迁的时间必须是在缔约之后。反之,如果某种事实或情势在缔约以前即已客观存在,只是当事国在签约当时尚不知情或尚未认识,因而误断误签,则不在"情势变迁"之列。但是,可考虑是否属于《维也纳条约法公约》第 48 条规定的"错误"或第 49 条规定的"诈欺"。

(2) 情势变迁的程度必须是根本性的改变。

(3) 情势变迁的实况必须是当事国所未预见的。

(4) 情势变迁的结果必须是丧失了当事国当初同意接受该条约拘束的必要基础或基本前提。

(5) 情势变迁的影响必须是情势将根本改变依据该条约尚待履行的义务的范围。

(6) 情势变迁的原因必须不是出于该当事国本身的违约行为。

(7) 情势变迁原则适用的对象必须不是边界条约或边界条款。

《维也纳条约法公约》的上述规定，对情势变迁原则的适用加以严格限制，有助于阻遏殖民主义、帝国主义和霸权主义国家歪曲和滥用这一原则，背信弃义，任意毁约，以达到弱肉强食的目的。因此，这些规定是合理的、有益的。但是，在国际实践中，也必须注意防止殖民主义、帝国主义和霸权主义势力歪曲和滥用该公约对情势变迁原则的限制性规定，绑住第三世界国家的手脚，限制和破坏它们求解放、争生存、图发展的正当要求和正义行动，以继续维持弱肉强食的国际经济旧秩序。

在国际经济秩序破旧立新的斗争中，在废除极不公平的旧日殖民主义"特许协议""特惠条约"和恢复国家经济主权的斗争中，情势变迁原则一向是发展中国家有权掌握和正当使用的法理利器之一。

由此可见，在国际经济法中作为有约必守原则之例外的情势变迁原则，也不是孤立存在的。只有紧密地结合前述经济主权原则和公平互利原则，才能对情势变迁原则及其限制作出全面的理解和正确的运用。